◎四川大学建设世界一流大学文化传承创新专项
◎四川大学人文社科基地培育项目

隗瀛涛文集

WEIYINGTAOWENJI

隗瀛涛／著　何一民／编

四川大学出版社

项目策划：熊　瑜
责任编辑：袁　捷
责任校对：庄　剑
封面设计：墨创文化
责任印制：王　炜

图书在版编目（CIP）数据

隗瀛涛文集 / 隗瀛涛著；何一民编. — 成都：四川大学出版社，2020.2
ISBN 978-7-5690-3468-4

Ⅰ. ①隗… Ⅱ. ①隗… ②何… Ⅲ. ①隗瀛涛（1930-2007）－文集 Ⅳ. ① K825.81-53

中国版本图书馆CIP数据核字（2020）第 015824 号

书　名	隗瀛涛文集
著　者	隗瀛涛
编　者	何一民
出　版	四川大学出版社
地　址	成都市一环路南一段24号（610065）
发　行	四川大学出版社
书　号	ISBN 978-7-5690-3468-4
印前制作	四川胜翔数码印务设计有限公司
印　刷	成都国图广告印务有限公司
成品尺寸	185mm×260mm
印　张	56.75
字　数	1405千字
版　次	2020年9月第1版
印　次	2020年9月第1次印刷
定　价	498.00元

◆ 版权所有　◆ 侵权必究

扫码加入读者圈

◆ 读者邮购本书，请与本社发行科联系。
　电话：(028)85408408/(028)85401670/
　(028)86408023　邮政编码：610065
◆ 本社图书如有印装质量问题，请寄回出版社调换。
◆ 网址：http://press.scu.edu.cn

四川大学出版社
微信公众号

序　言

孟浩然诗云："人事有代谢，往来成古今。"于今，我们合作编纂三卷本《辛亥革命史》的挚友，健在的已经为数甚少了。所以四川大学何一民、华南师范大学谢放诸教授为其先师隗瀛涛先生九十冥寿出版文集，嘱我写序，自属义不容辞。

我与老隗正式结交很迟，因为20世纪50年代，新中国成立未久，政治运动又多，跨省区的学术会议极少，我俩也只有通过《历史研究》《近代史研究》以及《光明日报》的"史学"专栏相互有所了解，无非是以文会友的神交。直至1961年纪念辛亥革命五十周年，在武昌举办全国性学术讨论会，才由神交进为面交。不过由于我忙于应付繁杂会务，几乎没有任何时间与他在会下单独晤谈。

会后，我们都继续各自研究辛亥革命史，可以说是殊途同归。他是在保路运动研究雄厚的基础上，扩展成为四川地区史与社会史的总体研究。我则是在辛亥革命性质与社会结构、功能的研究过程中转向张謇的个案研究。我们都没有株守就事论事的陈旧积习，从而为自己的团队建设与学科发展赢得较大空间。

正是由于我们相知已深，所以1976年暑假，人民出版社委托我牵头组建《辛亥革命史》大型学术专著编写组，我就把林增平、隗瀛涛、吴雁南、王天奖等列入首批名单。编写组筹建初期，正处于"四人帮"垮台前后，政治局势极为复杂，"左倾遗毒"影响仍深，我们的处境十分困窘，作为主编之一的林增平仍然在湖南一个茶场被监督劳动。甚至在"文化大革命"结束以后，集体写作仍然是"党委+学者+工农兵"所谓的"三结合"模式，浪费了大量时间与精力。老隗从一开始就与我们共同承担政治风险，并且经历了许多磨难曲折。

1976年冬，编写组工作从一开始就是忙于开会。第一次会议是在长沙开的，由湖南师范学院主办。由于人民出版社极为重视，湖南省委宣传部也予以较多支持，所以比较隆重，人民出版社领导亲自出马，京、沪、宁许多知名学者也热情参加，前后花了20天时间。那真正是"务虚"大会。由我先后做了两次启发报告，一次是《揭批"四人帮"在史学领域的罪恶活动》，一次是《问题讨论介绍》。后面连续主题发言，有意把讨论集中于肃清曾经长期主宰史坛的所谓对资产阶级革命"立足于批"的影响。少数在"四人帮"统治时期红极一时的御用学者对资产阶级革命尤其深恶痛绝，说是资产阶级处于上升时期更具欺骗性，所以更加要着重批判。回想起来，当年这些"务虚"似乎也有合乎情理之处，因为如果仍然是"立足于批"，将如何对辛亥革命进行真正的学术研究？会上果然是讨论热烈，但意见纷纭，争论极多，有个别成员坚持己见，愤而退出编写组。当然，我们为了顾全大局，也耐心做了大量协调工作，理性与科学逐渐占了上风。老隗的雄辩口才也帮了我们大忙。

长沙会议以后，大家根据分工，各自回去正式撰写初稿，经过一番认真准备，编写组在贵阳师范学院举行第二次工作会议。虽然仍有"大批判"开路，但主要还是抓紧"务实"，相互审阅已成初稿，会上会下反复交流意见，主要学术骨干与责任编辑林言椒的主导作用日益彰显。会议从1977年4月14日开到4月23日，终于由出版社对编写体例、结构与文字内容提出统一要求，并且一致推定两位主编与老隗提前各写一节作为样稿。

最后一次编写组工作会议，是1977年10月28日至11月26日在四川大学举办。这次会议时间最长，成效最著，可以说是从群众性集体写稿到少数专家分工合作撰写的转折点。川大领导极为重视，安排住在规格甚高的省委内部招待所，清洁安静，便于潜心阅稿与交流，食宿与服务均属上乘，与在贵阳住劳改局犯人家属探亲的招待所形成鲜明对比。成都美景美食极多，假日活动丰富多彩，我们乐而不思离蜀。

会期之所以特长，是由于每人都需要通读已成之八十万字初稿，最后决定取舍，并且商讨最后修订统稿工作。会议决定春节以前各自分工修改相应初稿（有些是重写），1978年2月至4月由增平、瀛涛等人先行分编统稿，然后再请分卷主编轮流前往北京与我及增平共同审阅定稿。老实说，我们这才明确方向而且心中有数，心情分外愉悦。我非诗人，但会中会后诗兴突然大发，其中有两首自觉尚可诵读。一首是《看电影〈李时珍〉》："峨眉雄奇岷江清，巴山蜀水气象新。各路健儿重聚首，攻书愿学李时珍。"这是开会前的动员。另一首是会后东归，在轮船上写的《过三峡》："瞿塘映明月，神女绕白云。红日出江峡，郡峰染朱痕。苍鹰振翮飞，鱼鸥逐舟行。羊憩悬崖上，丹桔满山林。国泰山河壮，前途更光明。"

老隗重然诺，勇于承担繁重的撰写与最后定稿的工作，从不拖拉敷衍，并且极为关心整体工作，经常提出合理建议。北京定稿阶段，我们交流更多。由我执笔公开发表的《解放思想，实事求是，努力研究辛亥革命史》长文，实际上是多年编写工作的总结，其中包含许多集体智慧，特别是增平、瀛涛、天奖等重要骨干的共识。

老隗不仅是工作骨干，而且是欢乐源泉，他那铿锵的川东开县口音，经常会引发哄堂大笑，我虽生于安徽，但在江津读了五年中学，可以用当地土话与他"扯把子"，常常是一唱一和，俨然相声表演。我们都觉得成都话绵软，唯有川东口音才能显示豪气。他封我为"章总"（电影《创业》一个角色），我则干脆喊他"老鬼"。

我们共同尊崇林增平为"教授"(可怜的编写组只有一个教授),嘲弄吴雁南是"夫子"(迂腐),如此等等。我俩都属于天生的"阳光"中年(现在是老年),把欢笑带给人间,哀愁则自己消化。

瀛涛不仅热爱川大,而且更热爱祖国。他凭借自己的深厚学养与言论风采,把中国近现代史演绎成为雅俗共赏的爱国主义教材,从校内讲到校外,从成都讲到外地,好评如潮,中央相关部门亦给以高度评价。但他从来都认为这是一个历史学者应有的社会担当,丝毫没有借此自我夸耀。

我们这一代学者,大多生于乱世,历经战乱,流离颠沛,没有受到完整的良好高等教育,可以说是先天不足,后天失调。新中国成立以后,政治运动又多,曲折坎坷,岁月消磨,直至改革开放以后才能谈得上做点学问。我们颇有自知之明,从来不敢以"人梯"自居,因为缺少应有的高度;但我们从来也无怨无悔,不仅努力追踪前贤,还宁愿充当铺路石子,让年轻的后继者前进的道路稍为平坦一些。所以我们对学生充满期待,在传道授业方面花费更多精力,即使从事科学研究,大多是为青年搭桥开路,为他们创造较好环境与进取空间。而老隗师生关系之密切,真如家人父子,从学业到职业到生活等,都是无微不至的关爱。老隗的贤妻陈老师,两人相敬如宾,共同关心帮助学生,培育一些出色英才,可以说是我们这一代学者的典范。

老隗比我年轻,却早我多年逝去,但其音容笑貌,时时仍然浮现眼前,仿佛仍然相伴。冬至严寒,笔枯思滞,书不尽意,聊以表达我对老友的思念与敬意。

章开沅
己亥冬于桂子山实斋

隗瀛涛教授生平

巴蜀大地，人杰地灵。位于长江三峡边的开县，群山环抱，襟山带河，如嵌在大地上的一颗晶莹的翡翠。但在自然经济时代，开县却因地处偏僻，交通闭塞，商品经济不发达，又多旱涝灾害，加上社会制度的桎梏，老百姓的生计一直是十分艰难的。深受闭锢之苦的人总是渴望通达，走出小天地去闯大世界。所以，近代以来，开县外出求学求职的人不少，奋斗成材的也就不少。在开县杰出人物中，当代中国著名史学大家隗瀛涛教授也是其中一位。

隗瀛涛教授是新中国培养的著名历史学家。1984年至1989年任四川大学副校长。历任四川省政协第五届、第六届、第七届常委，国家社会科学基金中国历史评审组成员、四川省历史学会会长、四川省文史研究馆馆长、四川大学城市研究所名誉所长，历史学教授、博士生导师、四川省学术和技术带头人、教育部人文社会科学研究专家咨询委员会委员。1984年隗瀛涛教授荣获四川省人民政府授予的省劳动模范称号。1992年荣获国务院政府特殊津贴奖。

1930年4月17日，隗瀛涛出生在开县城郊水南桥隗家院子里。因他是长子，故他的出世给隗门带来了莫大的喜庆，起名"家声"，意寓远播家声之意。为防不测，转祸为福，转危为安，父母亲则给他取名"瀛涛"。瀛者，大海也，多的是水。又恐海水流不上身，又请波涛助之。此后，隗瀛涛教授果然人如其名，其学问如海洋般广阔，思想如波涛之浪涌。

青年时期，隗瀛涛在家乡担任小学教员。1951年，加入共青团。次年任开县城郊丰乐乡中心小学校校长。1953年，隗瀛涛走出大巴山，来到四川省的政治、经济、文化中心成都，考上四川省最高学府——四川大学，并进入当时全国闻名的历史系学习。川大历史系，名师云集，他们各有专长，教学方法各异，树立了隗瀛涛治学和做人的准则，真乃巍巍师表，学术楷模。1957年，隗瀛涛大学毕业，因学业优秀而留校任教。在其后的40余年科研、教学生涯中历任四川大学历史系讲师、副教授、教授、博士生导师。

隗瀛涛教授对社会的贡献主要表现在两个方面，一是教书育人，一是学术创新。

（1）教书育人，著述等身。作为一名教师，首要使命就是教书育人，为国家培养人才。隗瀛涛教授从教50年，从小学教师到大学教授，从小学校长到大学校长，总是诲人不倦，数十年如一日，特别是为扶持学生和中青年学者，他甘为孺子牛，甘当人梯，呕心沥血，无私奉献。隗瀛涛教授对学生高标准，严要求，他一方面传授他们知识和培养他们的思想，另一方面也教导他们踏实做人，刻苦为学，精益求精，永不停步，不断创新。他既是严师，也是益友，平易近人，和蔼可亲，在生活上对学生关心周到，爱护备至，使学生们如沐春风，健康成长。他的谆谆教诲深深地铭刻在学生们心中，并成为一种巨大的精神力量，推动着他们去走有意义的人生道路。数十年来，隗瀛涛教授的弟子遍布环球，桃李满天下，其中不少人已经成为社会的栋梁。

隗瀛涛教授既是教育家，也是著名的历史学家，他在中国近代史、中国地方史和中国城市史研究领域中自成体系，做出了许多开拓性的重要研究，取得了突出的学术成就，学术造诣精深，科研成果甚丰。特别是近年来，在中国城市史研究方面，居于国内外领先地位，是四川史学界的重要带头人之一。隗瀛涛教授学识渊深，思想开放，站在历史与现实的交汇点，立足于当今世界学术前沿制高点，不断开拓学术新领域。他先后在中国近代史、中国地方史和中国城市史领域，出版学术专著十余部，并在《历史研究》《近代史研究》等刊物上发表了有关中国地方史和中国近代史的论文50多篇，总字数达600多万字。连续两次获四川省政府颁发的四川省哲学社会科学优秀成果一等奖。1980年出版的《辛亥革命史》（中册）和1981年出版的《四川保路运动史》两部代表性著作，以丰富的第一手资料，对辛亥革命史和四川保路运动史做了深入、系统的研究，提出了有相当建树的学术见解,填补了中国近代史、中国地方史研究的空白,使我国在这一领域的研究水平提高到一个新的高度,在国内外史学界产生了重大影响,被誉为中国"最有影响的辛亥革命史著作","是最能体现目前中国辛亥革命史研究的观点、方法和水平的上乘之作","研究四川保路运动史的名著","在同类著作中堪称领先地位"。

（2）开拓创新,促进学术发展。隗瀛涛教授总是在研究中积极开拓新的领域,在理论方法上创新。他是国内最早开拓中国地方史研究的学者之一,其研究成果具有为中国地方史研究的发展提供"范式"的意义。作为我国近代城市研究的主要开拓学者,隗瀛涛对我国城市史学的建立和发展做出了重要贡献,取得了重大的研究成果,学术界赞誉为"结束了外国人研究中国近代城市的历史"。除此之外,隗瀛涛还对历史研究如何更好地为社会主义现代化建设服务进行了有益的探索。隗瀛涛教授连续主持承担了国家哲学社会科学"七五"重点课题"近代重庆城市史"、国家哲学社会科学"八五"重点课题"中国近代不同类型城市的综合研究",出版或发表了一系列在国内外有相当影响的专著和论文,为中国城市史研究的深入和发展做出了突出的贡献。城市史学作为历史科学和城市科学相交叉的一门新兴学科,近年来已成为国际学术界瞩目的研究领域。在国内,城市史学作为晚近兴起的研究领域,还没有成熟的理论体系和研究规范。隗瀛涛教授近几年就城市史研究的基本内容和线索、城市近代化和近代城市化等有关理论问题发表了一系列论文,提出了以研究城市的结构功能演变及其近代化为主要内容和基本线索的研究模式,在学术界已产生了重大的影响,被称为这一研究领域的"结构－功能学派","在研究城市近代化的理论上有重大突破"。他主编的国家哲学社会科学"七五"重点课题"近代重庆城市史",是新中国以来第一批研究中国近代城市史的学术专著之一。该书被学术界公认为是"一部开拓创新的力作","篇幅浩瀚、内容丰富、材料翔实,叙述畅达而立意新颖,为城市史研究开辟了蹊径,这是一部很有学术价值和现实意义的重要著作","为我国的近代城市史研究奠定了很扎实的基础";"具有开拓性意义","是迄今为止所见到的以马克思主义为指导,以历史事实为基础,全面系统剖析中国近代城市的优秀著作之一","无愧为国家哲学社会科学规划中的重点成果"。1992年该书荣获四川省哲学社会科学优秀成果一等奖。

由隗教授主持的国家"八五"重点科研项目成果"中国近代不同类型城市的综合研究"于1999年正式出版,这是我国第一部从全国范围内系统研究中国近代不同类型城市的重要学术著作,该书的出版,标志着中国近代城市研究从单体城市研究、区域城市研究进入整体的、综合性的宏观研究,对于中国近代城市史研究起了重要的推动作用,在学术界引起强烈的反响。扩大了近代城市史研究的成果,无论在城市研究理论方面还是学术水平方面,都达到了国内该领域内的领先水平。

隗瀛涛教授十分重视以科研育人才,培养造就学术队伍。他坚信:我国史学的未来，唯有靠后起之秀者，后起之强者。为此，组织中青年学者参加他主持的国家重点科研课题，通过科研培育人才，使一批年轻的学者脱颖而出。参加由他主持的研究项目的年轻学者，不少已晋升为教授、副教授，除承担集体科研项目外，还独立承担完成多项国家科研项目，成为学校的重要学术骨干，在学术界也有了知名度。以隗瀛涛教授为学术带头人的四川大学中国地方史专业，被国务院学位委员会批准为该专业第一个博士点。1988年隗瀛涛教授建立了四川大学城市研究中心（所），30年来城市研究所已经成为国内城市史研究的重要基地。

隗瀛涛教授也是一位社会活动家，他长期担任国内和省内若干学会的负责人，对于促进我国和四川省的学术繁荣发展做出了重要的贡献。他还担任了四川省政协第五届、第六届、第七届常委和省政协文史委副主任，以及四川省文史馆馆长。在此期间，由于他为人诚挚风趣，直言不讳，广交朋友，有着广泛的社会联系，对参政议政，服务大局，深入调研，建言立论有很高的热忱，为人民政协倾注了心血，做了大量的工作，在政协和社会各界中有很高的威信。他为编辑出版四川省政协的各类文史书籍付出了艰辛的劳动。为了办好《四川政协报》，他提出了很多很好的意见和建议，为巩固和发展我省的爱国统一战线做出了积极的贡献。

隗瀛涛先生生平影像资料

隗瀛涛先生在书房

1984年2月27日隗瀛涛
在美国国会大厦前留影

1999年5月5日隗瀛涛
七十岁留影

1996年隗瀛涛先生与夫人合影

隗瀛涛先生与夫人合影

1982年6月隗瀛涛先生与章开沅、林增平在长沙岳麓山留影

1985年秋隗瀛涛先生与友人在新都桂湖公园留影

1985年5月26日隗瀛涛先生与余长安留影

1987年11月隗瀛涛先生与周永林等摄于长江大桥南头

1989年1月20日隗瀛涛先生在重庆地方史研究信息交流会上留影

1996年4月13日隗瀛涛先生与许放、何一民、罗志田、余长安合影

1996年11月8日隗瀛涛先生与唐毅、何一民、谢放于中国国际航空航天博览会前留影

1997年隗瀛涛先生在成都古都学会成立典礼上与谭继和、何一民合影

1997年夏隗瀛涛先生与十位博士于四川大学先生住宅楼下合影

1998年隗瀛涛先生在吴玉章纪念馆前与于长安、曹萍留影

1999年4月18日隗瀛涛先生与陈建明、谢放、王炎、何一民合影

1999年5月隗瀛涛先生于桦林与博士、硕士生们合影

1999年6月29日隗瀛涛先生与田永秀博士合影

2000年夏隗瀛涛先生与卿希泰、鲜于浩、罗志田合影

2001年3月24日隗瀛涛先生与鲜于浩、何云庵合影

2003年2月16日晚隗瀛涛先生与孟广涵于重庆市南岸留影

2003年2月16日晚
隗瀛涛先生与周勇于
重庆市南岸合影

隗瀛涛先生与学生
合影

隗瀛涛先生与何一民、
皮明庥合影

隗瀛涛先生与谢放、吴雁南、何一民、郭世祐合影

隗瀛涛先生与四川大学城市研究所师生合影

2007年隗瀛涛先生追悼会现场

《保路运动史》插页

矗立在成都市人民公园的四川保路运动纪念碑

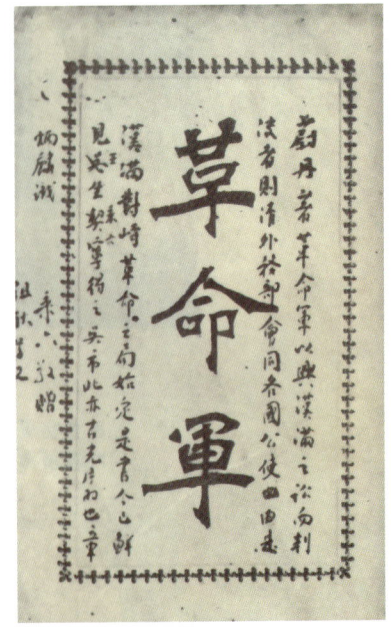

邹容和他的《革命军》

喻云纪像

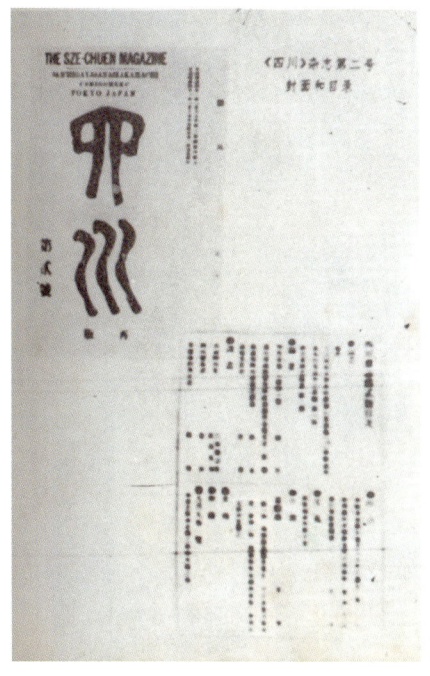

吴玉章主办的《四川》杂志
第二号的封面和目录

四川川汉铁路公司股东大会开会留影

宣传破约保路的报刊（四川大学原历史系博物馆藏）

四川保路运动时期的漫画
（四川大学原历史系博物馆藏）

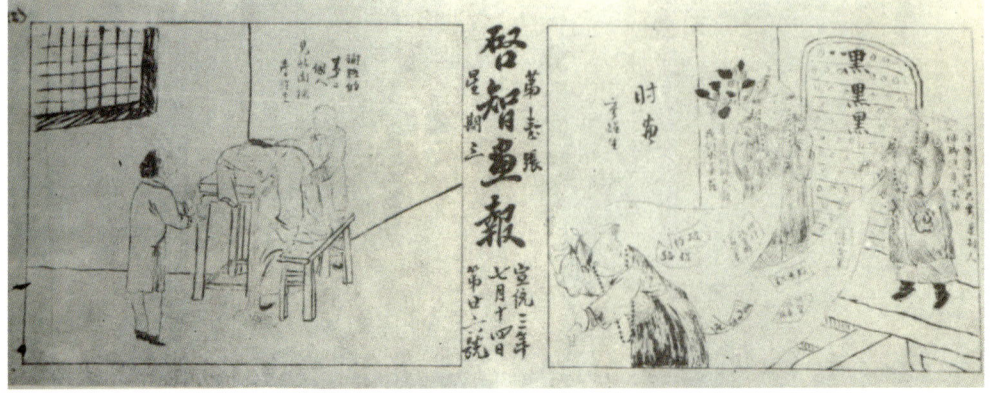

"成都血案"死难者照片

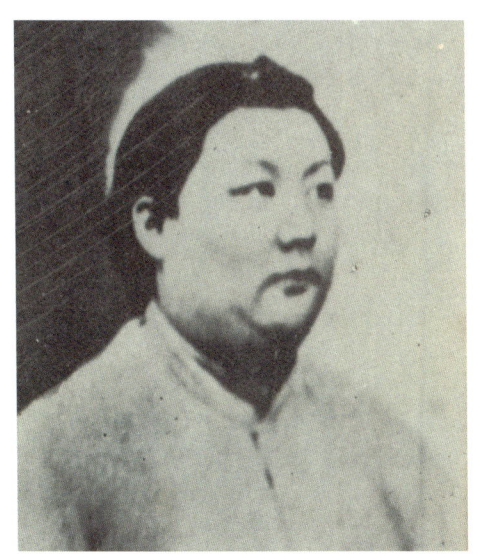 

王天杰像　　　　　　　　　龙鸣剑像

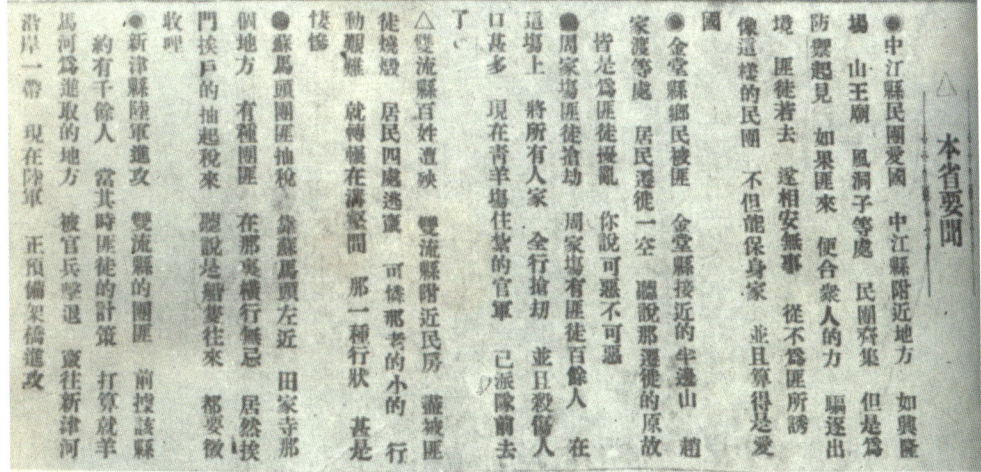

有关四川保路同志军的报道（四川大学原历史系博物馆藏）

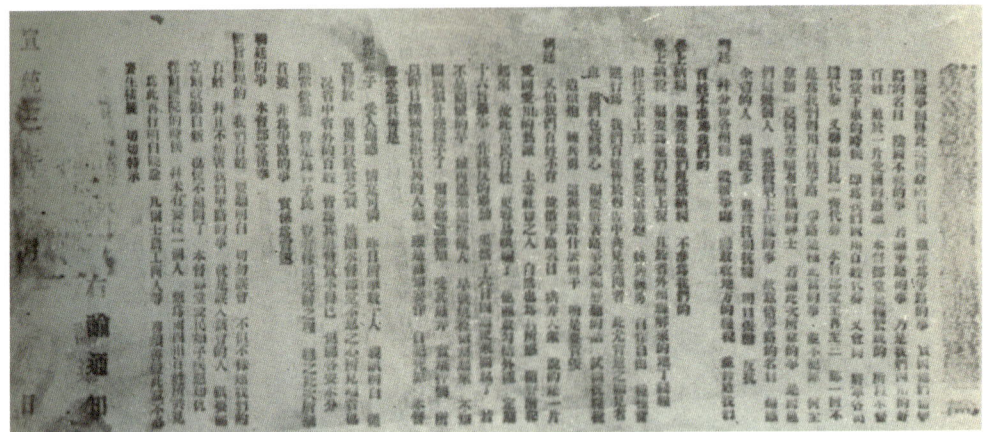

赵尔丰镇压同志军起义的告示(四川大学原历史系博物馆藏)

张培爵像　　　　　　　　　　　夏之时像

一九一一年十一月二十二日,重庆成立蜀军政府,推张培爵为都督,夏之时为副都督
(四川省博物馆叶萍供稿,陈振戈翻拍)

一九一一年十一月二十七日，蒲殿俊、朱庆澜任大汉四川军政府正副都督，成都兵变时，坠城逃走。

蒲殿俊像

朱庆澜像

辛亥年，十月十八日兵变后，尹昌衡、罗纶被推为成都四川军政府正副都督。图左为尹昌衡、图右为罗纶。

《重庆开埠史》插页

鉴于《重庆开埠史》(1983年版)照片质量不高,原版照片又一时难以找到。因此,在将《重庆开埠史》收入《隗瀛涛文集》,由四川大学出版社出版时,另选照片,加入其中。

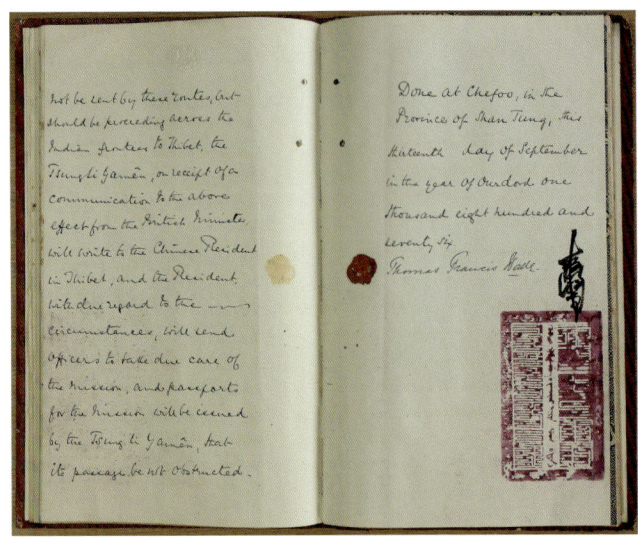

保存在英国国家档案馆中的中英《烟台条约》英文本,由中国直隶总督李鸿章与英国驻中国公使威妥玛签署。1876年9月13日

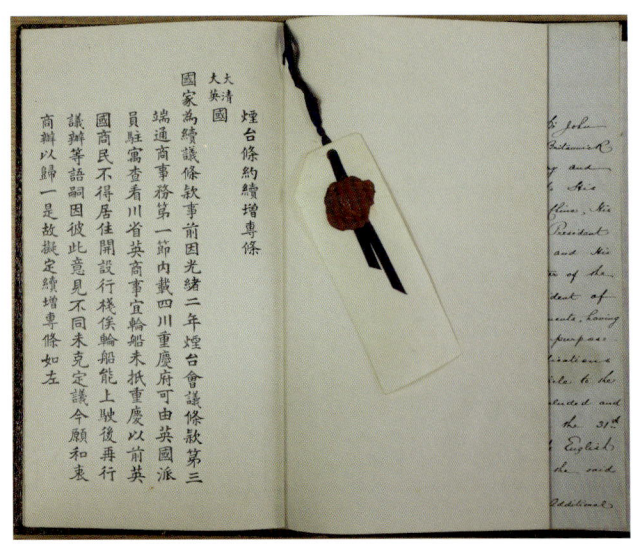

保存在英国国家档案馆中的《中英烟台条约续增专条》中文本。
1890年3月31日

立德乐夫妇

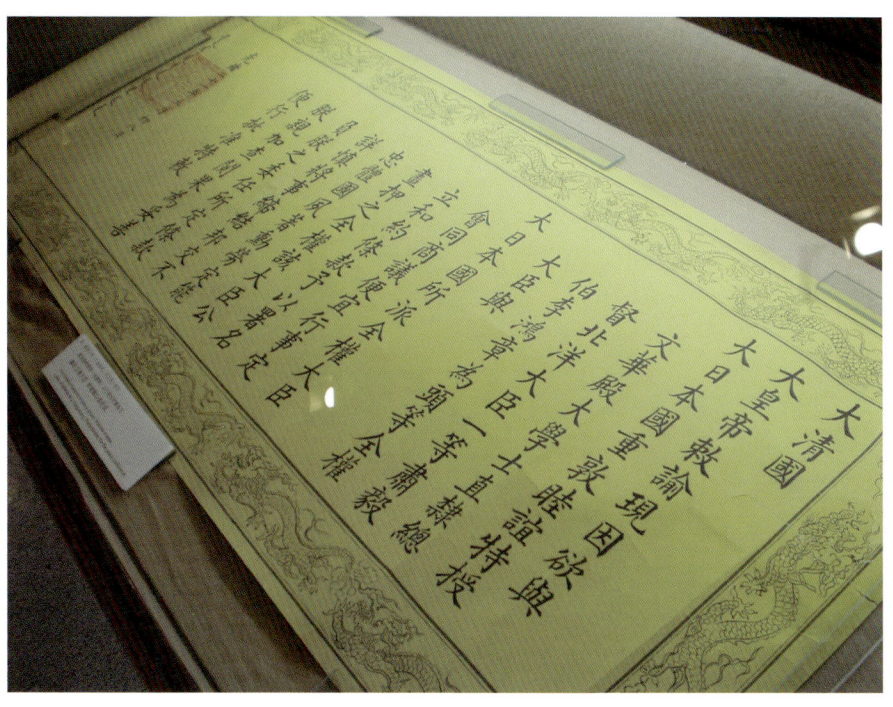

保存在日本外交史料馆中的清帝诏书。1895年3月4日（清光绪二十一年二月初八日），
清廷任命李鸿章为特命全权大臣，前往日本马关谈判并签署《马关条约》，
重庆被迫对日本开埠

保存在法国国家图书馆中的《渝城图》。其绘制时间为光绪初年（1875—1884年间）。这一时期正是英国强迫中国签订《烟台条约》《烟台条约续增专条》的时期。

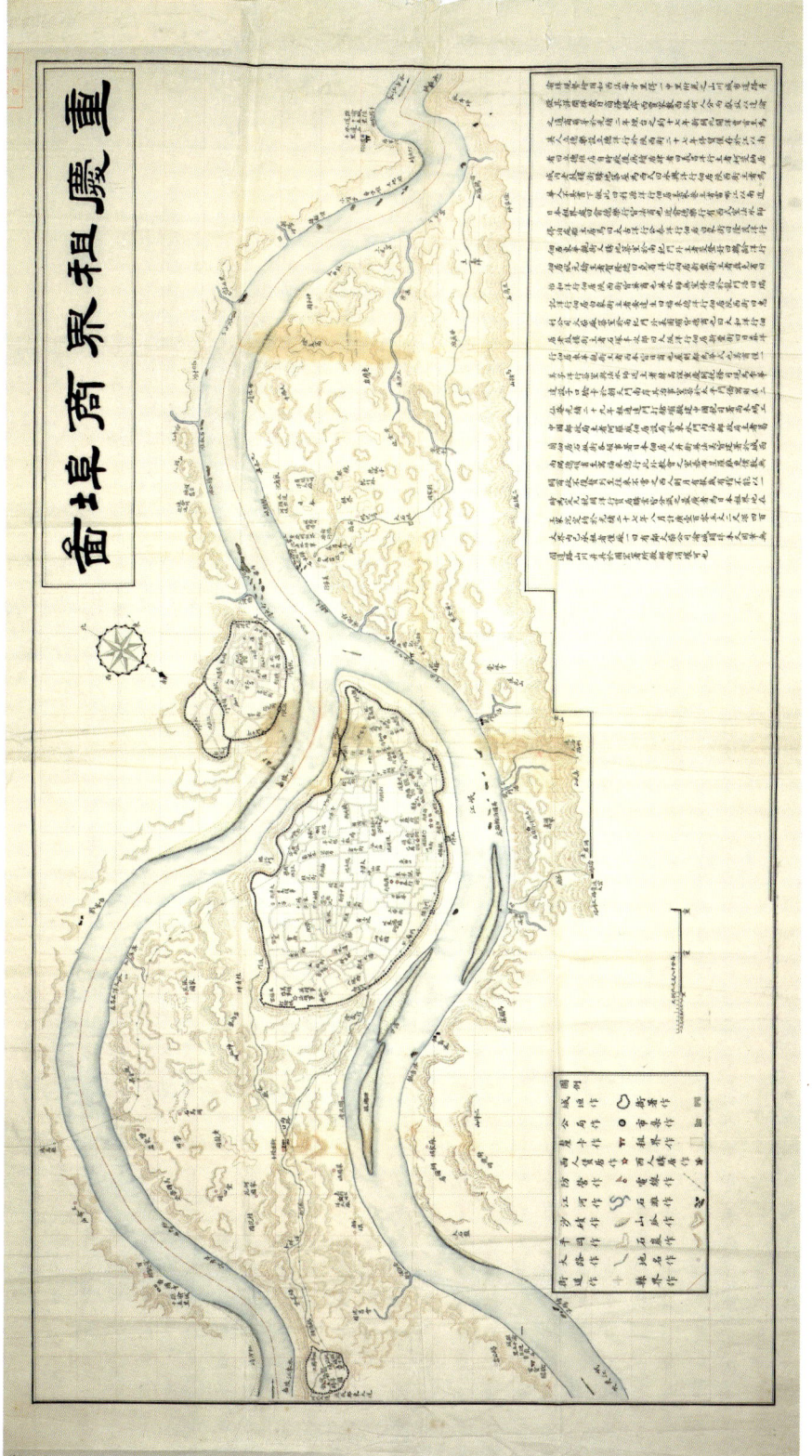

保存在日本京都大学的《重庆租界商埠图》(1907年左右绘制),完整地展现了1891年重庆开埠以后,英美法德日等国侵入重庆初期的状况

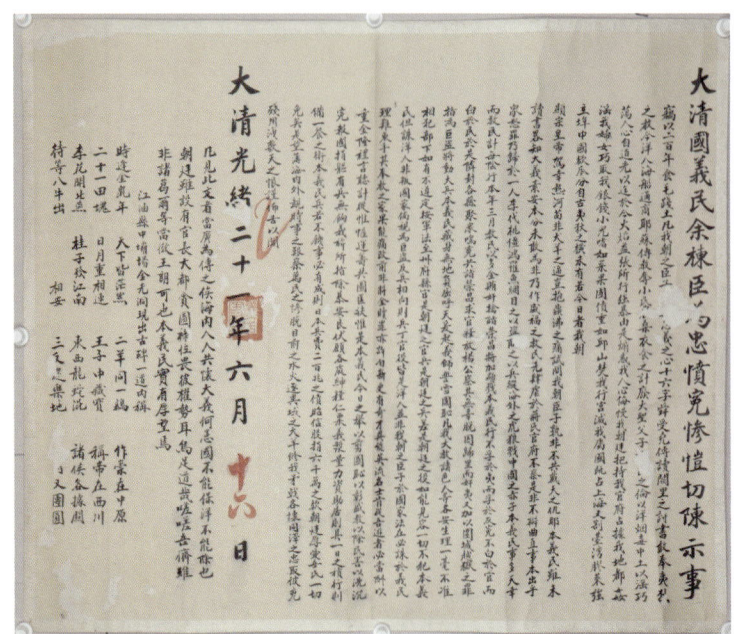

1895年8月6日（清光绪二十一年六月十六日）大足余栋臣起义告示

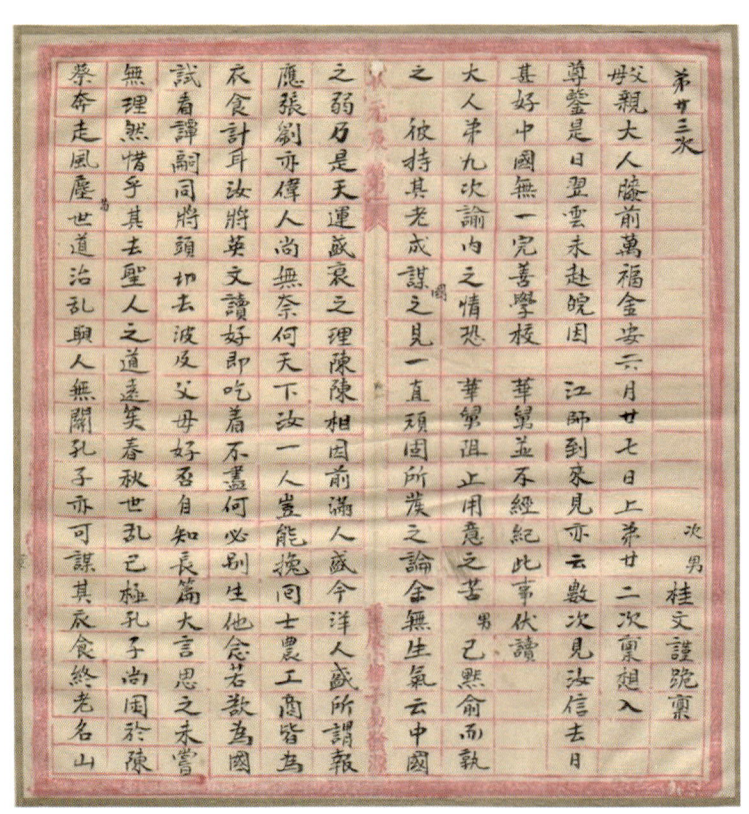

邹容致父母书，1901年8月14日（清光绪二十七年七月一日）

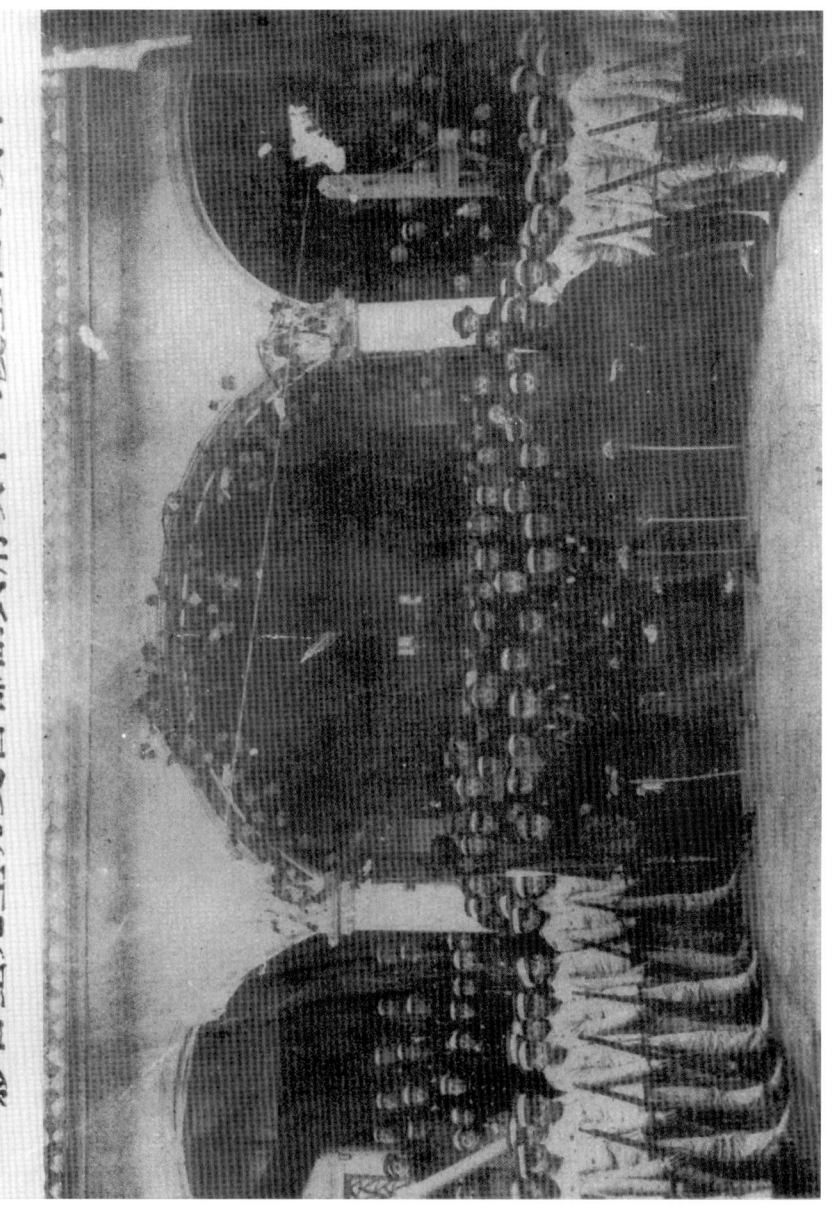

辛亥年蜀军政府暨副都督夏之时先生合影

保存在重庆中国三峡博物馆的1911年11月22日（清宣统三年十月初二）重庆蜀军政府成立合影

目 录

四川保路运动史 ………………………………………………………………（1）

  前言 ……………………………………………………………………………（3）

  第一章　保路运动前夕四川各族人民反帝反封建斗争的高涨 …………（7）

    一、帝国主义侵略势力的深入 ……………………………………………（7）

    二、清王朝的暴政 …………………………………………………………（22）

    三、保路运动前夕，四川人民自发斗争的特点和发展趋势 ……………（31）

  第二章　资本主义经济在四川的发生和初步发展及资产阶级的活动 ………（53）

    一、资本主义经济的发生和发展 …………………………………………（53）

    二、资产阶级立宪派的活动 ………………………………………………（65）

    三、资产阶级民主革命运动的勃兴 ………………………………………（80）

  第三章　川汉铁路公司的成立及其演变 ………………………………………（105）

    一、官办川汉铁路公司 ……………………………………………………（105）

    二、商办川汉铁路公司 ……………………………………………………（117）

    三、清王朝的铁路国有政策 ………………………………………………（129）

  第四章　波澜壮阔的保路爱国运动 ……………………………………………（137）

    一、四川绅商要求清政府收回路归国有成命的斗争——保路运动的第一阶段

       （1911年5月12日—6月17日）…………………………………………（137）

    二、四川保路同志会成立，破约保路——保路运动的第二阶段

       （1911年6月17日—8月24日）…………………………………………（143）

    三、罢市、罢课、抗捐、抗粮斗争——保路运动的第三阶段

       （1911年8月24日—9月7日）……………………………………………（169）

  第五章　保路同志军武装起义，四川独立 ……………………………………（186）

    一、保路运动发展成武装斗争 ……………………………………………（186）

    二、保路同志军武装斗争烈火燎原 ………………………………………（194）

    三、蜀军政府 ………………………………………………………………（212）

    四、大汉四川军政府的成立，两个政权的对峙与合并 …………………（221）

    四川保路运动大事记 ………………………………………………………（237）

重庆开埠史 (241)

第一章 重庆开埠始末 (243)
一 侵略者的野心 (243)
二 一场开埠的前哨战 (244)
三 马加理(Margary. A. R.)案中关于重庆开埠的交涉 (246)
四 英国强迫重庆开埠 (249)
五 日本强迫重庆开埠 (255)

第二章 帝国主义由点及面,对四川侵略的全面展开 (260)
一 领事馆的设立——帝国主义政治势力的侵入 (261)
二 租界和租借地的设立——第一次在四川建立起"国中之国" (263)
三 重庆海关 (265)
四 川江航权的丧失 (268)
五 经济侵略势力向全川渗透 (272)
六 疯狂掠夺四川矿产 (279)
七 宗教文化侵略的新阶段 (281)
八 自然经济的破坏和城乡商品经济的发展 (287)

第三章 重庆民族资本的发生和发展 (295)
一 火柴业 (295)
二 棉纺织业 (298)
三 缫丝业 (302)
四 电灯业 (304)
五 川江航运业 (305)
六 矿业 (307)
七 玻璃业 (308)
八 制造业 (311)
九 其他 (312)
十 买办资本的发生 (313)

第四章 社会基本矛盾的激化,重庆人民反帝反封建斗争的高涨 (315)
一 重庆人民自发斗争的新阶段 (315)
二 十九世纪末的维新思想和维新活动 (317)
三 重庆总商会 (322)
四 收回江北厅矿权的斗争 (327)

第五章 资产阶级革命运动在重庆兴起,蜀军政府成立的前前后后 (331)
一 二十世纪初重庆的形势 (331)
二 邹容和他的《革命军》 (334)

三　同盟会重庆支部的建立,革命力量的积聚 (340)
　　四　保路运动在重庆开展 (346)
　　五　蜀军政府的成立,辛亥革命的失败 (351)
　重庆开埠史大事记 (365)

重要论文选辑 (377)
　对四川近代史整体研究的思考
　　——《四川近代史稿》一书的前言 (379)
　盐塑造的城市·序 (384)
　历史研究的新视角 (389)
　中国资本主义萌芽与近代资本主义的产生 (393)
　西方宗教势力在长江上游地区的拓展 (405)
　近代四川城乡关系析论 (420)
　太平军在四川的战斗 (431)
　关于石达开评价的几个问题 (446)
　义和团在四川的活动 (456)
　义和团在四川迅速发展的原因及其特点 (465)
　辛亥革命与中国社会近代化
　　——以四川为例 (482)
　论四川辛亥革命时期资产阶级革命派和农民的联盟问题 (492)
　论四川辛亥革命的社会历史背景(上) (502)
　论四川辛亥革命的社会历史背景(下) (508)
　孙中山与四川辛亥革命 (515)
　辛亥四川保路运动 (520)
　四川保路运动 (529)
　论保路运动前夕四川人民自发斗争
　的特点和发展趋势 (543)
　关于四川保路运动的几个问题
　　——学习郭老有关保路运动论述的笔记 (555)
　四川保路运动简论 (569)
　四川保路运动是一场早期现代化运动 (578)
　论同盟会与四川会党 (586)
　一页不该忘记的历史 (602)
　邹容与20世纪中华民族的第一次腾飞 (612)
　文化新军"马前卒"邹容 (623)
　喻培伦自题小像 (632)

从喻培伦家书看中国资产阶级革命派的经济倾向……………………（635）
《四川》杂志的反帝爱国思想……………………………………………（644）
近代重庆城市史研究………………………………………………………（652）
近代中国区域城市研究的初步构想………………………………………（672）
上海开埠与长江流域城市近代化…………………………………………（679）
第一个提出"灭洋"口号的余栋臣…………………………………………（694）
端方被杀日期考……………………………………………………………（698）
詹天佑与川汉铁路的修建…………………………………………………（701）
蒲殿俊………………………………………………………………………（705）
爱国主义的杰出典范
　　——纪念吴玉章校长120周年诞辰………………………………（709）
黄季陆先生在四川的几件史事……………………………………………（716）
向封闭宣战　为开放呐喊…………………………………………………（719）
从文化转型谈中介论
　　——关于巴蜀文化转型的研究实例………………………………（728）
立足于巴蜀文化的研究……………………………………………………（737）
弘扬巴蜀文化　传承巴蜀文明
　　——关于"巴蜀文化走进千家万户丛书"的编写…………………（739）
四川近代文物与爱国主义教育……………………………………………（744）
发扬爱国主义的优良传统　增强青年学生的历史责任感………………（751）
创新扶青是《历史研究》的两大特色……………………………………（756）
成都府南河整治精神简论…………………………………………………（758）
爱国主义教育的好教材
　　——评《中国近代史纲》……………………………………………（764）
在救亡图存的旗帜下
　　——《强国之梦》总序………………………………………………（767）
承前启后继往开来的力作
　　——读《重庆通史》…………………………………………………（774）
雷鸣之前的闪电
　　——在《重庆通史》首发座谈会上的发言…………………………（777）
血肉长城　历史丰碑………………………………………………………（779）
文明起源与城市史研究……………………………………………………（781）
城市发展史研究的新视野
　　——评《传统与变革——中国内陆城市成都现代化的轨迹》……（783）
城市史研究的新里程
　　——评《近代中国城市发展与社会变迁》（1840—1949年）………（786）

目 录

一个历史学家的历史——古稀之年的回忆 ……………………………… （791）
  引　言 …………………………………………………………………… （793）
  一　山区里的故乡 ………………………………………………………… （794）
  二　消失了的家庭 ………………………………………………………… （799）
  三　在旧社会的 19 年 ……………………………………………………… （807）
  四　从小学教师到大学教授 ……………………………………………… （818）
  五　学术上的跋涉和探索 ………………………………………………… （834）

附　录 ……………………………………………………………………………… （857）
 山高水长　春华秋实
  ——记当代历史学家隗瀛涛教授 ……………………………………… （859）
 隗瀛涛先生与四川保路运动研究 ………………………………………… （876）

本书所引文献简目 ………………………………………………………………… （883）

后　记 ……………………………………………………………………………… （898）

四川保路运动史

本书所收《四川保路运动史》，以四川人民出版社1981年版为底本。此次整理为保留文献原貌，正文部分除订正了一些明显的讹误和对脚注格式进行局部统一外，其余一仍其旧。此外，需特别说明的有以下两事：（一）原书文前附有图像资料六页共二十余帧，此次为了印刷上的方便，将其移至本书彩插"隗瀛涛先生生平影像资料"之后；（二）底本脚注的著录项多残缺不全，为了使读者全面把握原书所引文献的版本信息，编者特在本书后附有《本书所引文献简目》，以供读者参阅。

前　言

七十年前，四川发生的保路运动是辛亥革命时期的著名历史事件。这次运动以鲜明的反帝反封建性和群众性以及武装起义的广泛性为特色。它在全国革命形势的推动下发生并给全国的革命运动以重大影响，起了"引起中华革命先"的历史作用。四川保路运动作为研究我国辛亥革命史不可缺少的重大课题之一吸引着中外学者的注意。

四川保路运动是近代四川社会基本矛盾的总爆发，是四川各种爱国力量和革命力量的大汇合。《辛丑条约》签订后，各族人民此伏彼起的反帝反封建斗争和同盟会在四川的多次武装起义为它作了历史准备。确切的历史事实证明，这次运动的基本动力是以农民为主体的人民大众。资产阶级作为这一时代的"主要动力"充当了运动的领导者。阶级关系的新特点，使四川保路运动和保路同志军起义不同于历史上旧式的农民运动和农民战争，而是中国资产阶级民族民主运动的一个组成部分。

资本主义经济在四川的发生和初步发展，特别是具有资本主义性质的川汉铁路租股的普遍抽收，将四川封建经济的一统天下，打开了一道小小的缺口，产生了民族资产阶级并促使封建地主在不同程度上向资本主义转化。辛亥革命时期四川新的经济力量和新的政治力量固然还是弱小的，但是其发展的要求却是迫切的。因此，四川这个僻处内地的省份出现声势浩大的资产阶级运动并非无源之水、无本之木。

领导保路爱国运动的立宪派士绅，尽管是由封建营垒中分化而出，身上还沾连着某些封建主义的色彩，也没有资产阶级民主革命意识。但是，他们在经济上与资本主义企业，尤其是和铁路这种近代化交通运输业有着密切的联系。他们既是川汉铁路的股东，又是商办川汉铁路公司的主持者。在政治上他们要求改封建君主专制政体为君主立宪政体，召开国会，实行一定的资产阶级民主，使资产阶级上层人士参加政权。在文化思想上，他们接收了一些西方资产阶级的政治和社会学说，主张用这些从外国学来的"真理"改造世界。所以这些立宪派士绅已明显地不同于专为地主阶级服务的封建士大夫，而是一个新的近代知识分子集团，作为民族资产阶级上层和有发展资本主义倾向的地主的政治代表而活跃于当时四川的历史舞台。保路运动时期的绅权与官权的斗争，其阶级本质不是封建阶级内部的斗争，而是资产阶级反对帝国主义及其走狗的斗争。

资产阶级政党中国同盟会在四川保路运动中的作用和孙中山的政治影响是不可忽视的。只要我们仔细查阅一下这一时期的史籍便可以清楚地看出，辛亥革命前，四川同盟会在孙中山和同盟会总部的指导下,势力已深入到四川多数州县,形成了以同盟会重庆机关部为首的革命中心力量。同盟会在四川发动的多次武装起义,使四川群众的自发斗争出现了与资产阶级民主革命合流的趋势。在保路运动阶段,同盟会又有效地准备了武装斗争,终于促成了四川的爱国运动向革命运动的飞跃,领导了保路同志军起义,推翻了清朝在四川的统治。资产阶级革命派领导的农民和广大下层民众的武装反清联合阵线,集聚了致清朝统治于死命的巨大力量。

从历史发展的脉络看,保路运动是民族资产阶级上层领导的收回利权运动的扩大,保路同志军起义是同盟会武装起义的发展。四川的运动既集中显示了中国资产阶级民族民主运动的特征,又暴露了中国资产阶级的弱点。历史设置了保路运动这个大舞台给中国资产阶级作淋漓尽致的表演,对它进行严峻的考验。资产阶级的两翼——立宪派和革命派进行的充分表演,充分地证明这个阶级无能将中国民族民主革命领导胜利,也无能领导中国人民实现祖国的现代化。

1959年6月13日,本书作者参加了老革命家、辛亥四川起义的参加者和领导者吴玉章在四川召集的研究辛亥革命史座谈会。在这次会议上,吴玉章同志曾详细地介绍了辛亥革命在四川的情形,指出:"辛亥革命时期四川最突出的事件就是保路运动。这个运动对辛亥革命起了巨大的作用。这次运动的特点是群众性的,动的面很宽,政治性强,一开始就是反对帝国主义的。说明人民有力量来办铁路。"他希望史学工作者尽快地把这段历史整理研究出来。在吴玉章同志的启示下,在张秀熟同志的关怀下,我开始了四川保路运动史的资料收集和初步的研究工作。从1966年起,十年浩劫,十年时间大浪费,写四川保路运动史的日程一再废延。粉碎"四人帮"后,我参加了由章开沅教授、林增平教授任主编的《辛亥革命史》一书的编写工作,与贵阳师范学院吴雁南教授一起任该书中册主编。在编书过程中深感辛亥革命史有分门别类、深入研究各省区的必要,写一本四川保路运动史对研究整个辛亥革命史不是没有意义的。于是,我在该书中册定稿付印后即动手写作本书。

这本书在比较系统地介绍四川保路运动史实的基础上,就这一运动发生的原因和作用、性质和特点,资产阶级立宪派和资产阶级革命派的作用,农民和会党等问题试作了一定的探索,提出了一些不成熟的看法,向辛亥革命史研究者和广大读者求教。我考虑到本书运用地方性史料较多,有些史料是在"文化大革命"前收集的。这些史料现在多有散失,所以在写作时力图在不大影响文章结构的原则下较完整地引用有关重要史料,以方便读者参考。由于本人学识浅陋,写书的时间仓促,错误和缺点一定不少,诚恳地期待专家和读者的批评指正。

在本书写作过程中,得到了四川人民出版社的支持和帮助。湘潭大学历史系崇汉玺同志,四川师范学院政史系徐溥副教授,四川省文史馆研究员张惠昌先生,四川省辛亥革命史研究会理事长吴德让同志,秘书张力同志为本书提供了重要资料和援助。日本学者森时彦、森纪子先生复印日本学者研究四川保路运动史的论文多篇和专著赠我参考。日本京都大学人文科学研究所岛田虔次教授，狭间直树教授，花园大学小野信尔教授，主动地提供了他们研究辛亥革命史的成果。美国历史学博士、拉特格斯大学副教授米彻尔·加斯特，加拿大约克大学陈志让教授提供了国外研究辛亥革命史的情况和资料。在此，向他们表示衷心的感谢。

隗瀛涛

一九八〇年十月于四川大学

第一章　保路运动前夕四川各族人民反帝反封建斗争的高涨

一、帝国主义侵略势力的深入

1911年，四川保路运动的发生是以《辛丑条约》签订后，帝国主义对中国的侵略在所谓"保全"的方式下全面加紧，清王朝完全投降了帝国主义而大肆卖国，中华民族与帝国主义的矛盾，人民大众与封建主义的矛盾空前激化，全国范围内民主革命潮流奔腾浩荡为历史背景的。在四川，十九世纪末二十世纪初年，正处于社会急剧变化的时期。在这一历史阶段，一面是帝国主义与封建主义相勾结，侵略势力加强渗透，使四川加速向半殖民地半封建深坑跌落；一面是各族人民反帝反封建斗争的高涨。真是血雨腥风的年代，艰苦奋斗的岁月。各族人民的反抗斗争前呼后拥，历久不衰。十年斗争，终于汇成了辛亥革命高潮，形成了辛亥革命时期，全国革命运动陡起的洪峰——四川保路运动。

以"天府之国"著称于世的四川省，是外国侵略者早就觊觎的地方。有的侵略者把四川看作志在必得的"中国的花园"①，有的则视为扩张势力的"第一注意之地"②。侵略者们不仅把四川作为倾销商品、掠夺原料、进行资本输出的广阔市场，而且当作侵略我国西藏和西南各省的战略基地。"川省据西陲之上，腴民殷阜，上通藏印，下达江海，左抱滇黔，右带陕湘（按：应为甘），因四通商战之地，而外人所亟欲驰逐争竞者也。"③ 因此，自第二次鸦片战争后，侵略者的魔爪即由沿海沿江开始向四川伸入，通过一系列政治、经济、军事、文化的侵略手段，一步一步地把四川推入半殖民地、半封建的深渊。

开商埠、设领事、夺取海关、设立租界

1876年的《中英烟台条约》，标志着外国资本主义对我国西南地区侵略的加强。这一不平等条约计三端十六款，其第三端不仅开辟川江咽喉之地湖北宜昌为通

---

① 《捷报》1911年5月6日。
② ［法］得酿德勒：《吞灭四川策》，见《云南杂志选辑》第443页。
③ 《东方杂志·实业》第2年第9号。

商口岸，而且还规定：四川重庆可由英国派员驻寓查看川省英商事宜，俟轮船上驶至重庆后，再议英人在重庆居住和开设行栈等事。其另议专条还规定：英国派员由四川等处入藏，以抵印度，探访路程。美、俄、德、法各国公使无不站在英国一边，"给英国公使以道义的支持，使其能实现对此一案所提出的要求"①，以便取得英国同等的侵略特权。《中英烟台条约》成了外国侵略者沿长江深入西南的法律依据，从而打开了四川乃至西南的大门。条约一经签订，英国即派"驻寓官"到重庆，由此"遍历川省，特为访查各处土产，采风问俗，以便日后通商之举"②。1882年，英国派贺西为领事驻重庆。③ 1890年《中英烟台条约续增专条》，进一步规定开重庆为通商口岸。第二年，英国夺取了重庆海关权，3月2日，建立起殖民地式的重庆海关。海关总税务局赫德派英人霍伯森为重庆关税务司，执掌大权。重庆遂开始沦为半殖民地城市、外国侵略我国西南的重要据点。

重庆的通商、设领和海关主权的丧失，不仅大有利于外国侵略者对四川的政治控制，而且为外国经济势力的扩张大开了方便之门。"重庆初开为通商口岸时，关心售卖洋货的人们都抱着生意兴隆的大希望。……输入数量确属步步高升。"④ 四川开始受到洋货的冲击。四川民众除深受封建剥削外又成了外国资本主义掠夺的对象了。

十九世纪末叶，世界资本主义已发展至帝国主义阶段，更迫切地要求夺取商品市场、投资场所和原料供给地，以攫取最大限度的垄断利润。随着在中国划分"势力范围"竞争的加剧，对四川的侵略也进一步加紧。1895年《中日马关条约》，标志着帝国主义对四川的侵略进入了一个更加猖獗的时期。《马关条约》规定开重庆为商埠并准许外国在此设立工厂。这时，除老牌的英、法帝国主义外，后起的美、日、德等国又迎头赶来。军事封建帝国主义沙皇俄国也虎视眈眈。它们争先恐后，张牙舞爪，无一不妄图把四川变成自己独占的殖民地。"俄人既由蒙古、新疆等地以侵入陕甘，则以地势易于南下之故，其必有得陇望蜀之心矣。法人既据有两广滇黔，亦有席卷四川之势，其不肯专让俄人南下牧马可知矣。而英人据有长江流域诸省。蜀为江源，必不肯让诸他人以据高屋建瓴之形势，且其通西藏，志在窥蜀，则

---

① 美国外交档案，转引自卿汝楫：《美国侵华史》第2卷，第145页。
② 四川大学历史系原藏巴县档案，英国驻渝庄翻译官《致四川总督照会》。
③ 民国修《巴县志》卷16"交涉"载：英国在重庆设领事是光绪十六年（1890），首任领事禄福礼。查四川大学历史系原藏巴县档案，英国在重庆设领事的时间比《巴县志》所记为早。《中英烟台条约》订立后，英国即派"驻寓官"至重庆，为设领和开埠作准备。光绪七年（1881）英国驻渝庄翻译官《致四川总督照会》即有"敝驻寓官"等语。光绪十年（1884），《重庆府札巴县饬保护英领事谢立山游历》内有："案准英国驻渝领事官谢函称：拟于本月由渝前往合川、铜梁、大足、内江、威远、荣昌至嘉定府峨眉县，由马边厅、屏山县一带游历。"可见，在1884年英国已在重庆设立领事了。又据吴杰：《中国近代国民经济史》第312页载："在《（中英）烟台条约》签订后六年，1882年英领事贺西到达重庆。"因此，笔者将英国在重庆设领时间定为1882年。
④ ［英］华特生著，李孝同译：《重庆海关1892—1901年十年调查报告》，《四川文史资料选辑》（第9辑），1963年。

此时西上瞿塘峡，东出打箭炉，而四川已在其范围内矣。"① 甲午战争后，法国由越南北上，积极侵入云南、广西、广东等省，奠定了法国"势力范围"的基础，进而企图以云南为通道向四川扩张，在英国"在华势力的堡垒扬子江流域间打入一个法国的楔子。这样法国自南推进同俄国的自北推进会合起来"②。法、俄的野心，立即遭到英国的反对。于是，英、法两国在1896年签订《索耳兹伯理—苏塞尔条约》，承认在云南和四川两省的侵略特权及利益"共同享受"，"两国保证为了这项目的对中国运用它们的影响和实行斡旋"③。英、法侵略者既相互争夺，又相互勾结，以中国的权益为牺牲，共同加强了在云南、四川的侵略势力。

日本以甲午战争的胜利者的姿态，插手四川，志在后来居上。1896年1月，"日本商务考察团"，由日本农务部官员率领到达重庆。"他们对于票号、当铺和当铺的利率，大帮信局，使用的度量（长度）和衡量（重量）、运费、银钱兑换、地价和工资，火柴制造以及对日本货物的一般需要，都作了详尽调查。"④ 为其商品和资本输入做准备。同年2月，日本驻上海总领事到达重庆，"意在取得地段作为日本租界"⑤。5月，日本在重庆设立了领事馆，作为日本侵略四川的指挥机关。美国则于1895年12月，借口成都等地群众反教会侵略斗争派出"美国委员会"到成都，借端肆行敲诈勒索。1896年12月，设立领事馆于重庆。同年3月，法国也在重庆设立了领事馆⑥，并派遣以洛歇领导的"法国里昂开发中国商业考察团"到重庆。这个"考察团"的成员，有的在四川全省（直至打箭炉）进行了"考察"。同时，英国派其驻广州总领事白瑞兰到重庆活动。12月，英国领事署官员波恩率领的"布拉克博恩考察团"到达重庆，"停留三周，不懈地搜集情报后，他们离重庆往成都"⑦。在甲午战争以后的几年间，外国的"考察团""委员会"一类捞取侵略情报的组织频繁地在四川活动，表示出帝国主义已加紧了侵略四川的步伐。

1901年《辛丑条约》签订后，帝国主义更全面加紧了对四川的侵略。在这一空前奴役性条约订立的同年，日本驻渝领事川畸桂与清政府川东道宝棻订立了《重庆日本商民专界约书》。据此，日本在重庆抢占土地143,080坪⑧，设立了日本租

---

① 《四川》第2号，第2页。
② [英] 菲利浦·约瑟夫著：《列强对华外交》，第135页。
③ [英] 菲利浦·约瑟夫著：《列强对华外交》，第136页。
④ [英] 华特生著，李孝同译：《重庆海关1892—1901年十年调查报告》，《四川文史资料选辑》（第9辑），1963年。
⑤ [英] 华特生著，李孝同译：《重庆海关1892—1901年十年调查报告》，《四川文史资料选辑》（第9辑），1963年。
⑥ 关于美、法两国在重庆设立领事馆的时间，《巴县志·交涉》分别记为1896年6月，1895年12月。本文所列时间出自《重庆海关1892—1901年十年调查报告》。
⑦ [英] 华特生著，李孝同译：《重庆海关1892—1901年十年调查报告》，《四川文史资料选辑》（第9辑），1963年。
⑧ 坪，日本的土地面积单位。1坪=3.305平方公尺。

界。① 帝国主义第一次在四川建立起"国中之国"。万县是下川东的门户。早在1891年，英国就看中了这个地方。重庆海关税务司霍伯森写道："除重庆外，川东的重要商业城市首数万县。万县除了本地相当大的商业可以自豪外，县城控制着大江和通到四川西部的各重要陆路。"② 流露出控制万县以扼长江并由此侵略川西的强烈欲望。通过1902年订立的《中英通商行船条约》，英国强迫中国增开万县为商埠，还规定减低税率，外资可以输入中国开矿。③ 至此，四川东部门户洞开，万县开始成为侵略者在四川的又一个重要基地。

各国驻重庆领事又怂恿重庆海关税务司华特森于1904年1月同清政府签订《永租打枪坝约》，永租重庆打枪坝④，严重侵犯我国领土主权。

夺取川江航行权

当时的四川，僻处祖国西南。四川盆地内部虽然是海拔350～700米的丘陵，但四周却为1000～3000米以上的高山和高原所环绕，除了东有长江与外界沟通以外，其他三面基本上是封闭的。而且川江滩多水急，三峡天险，触目惊心，重关复阻，交通十分困难。这种状况，对帝国主义的商品倾销和资本输出，不能不是一个重大的障碍。因此，夺取川江航行权，在川江开辟轮船航运和夺取四川的铁路建筑权，对帝国主义扩大四川和西南地区的侵略，便具有特殊的重要意义。"所以势所显然，（外国）资本家们在四川的进一步开拓，必须与四川以外的世界互相携手，共同努力改善交通工具。……承认只有改进运输工具才能在四川做出成绩。"⑤

在川江（长江的湖北宜昌至四川宜宾段）上行驶轮船是英国侵略者开始的。1889年，英国冒险家立德乐⑥造了一艘适应川江航行的"固陵号"轮船，强行试航。由于四川民众和宜昌成万的木船工人愤起阻止该轮启航，四川总督刘秉璋见众怒难犯，奏请清廷用银十二万两将"固陵号"收买。侵略者打通川江航路的企图一时未能得逞。

1898年，立德乐又在上海购买七吨小轮船"利川号"由宜昌试航川江，用三周时间到达重庆。此为川江航行机械轮船的开始。虽然"利川号"船小马力弱，不能运货，只能拖带木船，且须在沿途险滩雇纤夫拖拉过滩，但是，这艘小轮试航的

---

① 王铁崖编：《中外旧约章汇编》第2册，第1～5页。
② 《重庆海关1891年调查报告》。
③ 王铁崖编：《中外旧约章汇编》第2册，第107页。
④ 朱之洪等修、向楚等纂：《巴县志》卷17。
⑤ ［英］华特生著，李孝同译：《重庆海关1892—1901年十年调查报告》，《四川文史资料选辑》（第9辑），1963年。
⑥ A.J. 立德乐，英国人。1860年在上海以"一个志愿人员的身份"帮助清朝攻打太平军，1861年参加"洋枪队"，镇压太平天国革命，为中国人民所痛恨，以致在1864年他在景德镇几乎被瓷工打死。从1882年起，立德乐开始集中力量对四川进行侵略活动。著有《通过三峡》《峨眉山》《远东》等书。立德乐的冒险经历和对四川无孔不入的侵略活动，被外国侵略者们"誉为西部中国的英国开路先锋"（见《捷报》1908年11月7日，1909年7月31日）。

成功却大大鼓舞了帝国主义进一步夺取川江航行权的狂热。1899年5月，英国为了威胁四川人民反帝斗争和开辟川江航运，派炮艇"山鸡号"和"山莺号"闯至重庆江面，开外国军舰侵入川江的先例。同年6月，立德乐以轮船"先行号"，在洪水季节，由宜昌用七天时间，上溯400英里（约644公里），驶抵重庆。"先行号"轮船载重331吨，长180英尺（约54.8米），宽30英尺（约9.0米），机器马力1000匹。在叶滩"先行号"将两只中国木船浪翻，淹死二名中国人，留下了外国轮船在川江上横冲直撞，谋财害命的血腥记录。① 德国接踵而来。1900年，端记洋行在欧洲特制"瑞祥号"商轮，载重358吨，航行川江。于12月27日由宜昌开出，甫行20公里至崆岭滩触礁沉没。1901年8月，英国炮艇"山鸡号"更驶至叙府和嘉定江面。11月，法国炮艇"奥立号"也到重庆威胁四川义和团起义。1911年，美国华孚煤油公司有油船拖轮"美滩""美沪""美川"运煤油入川推销。其后，英国亚细亚火油公司有油船"真光""明光""蜀光""安南"② 等船驶入四川。

十九世纪末二十世纪初年，帝国主义各国为了夺取川江航行权，以炮艇为前锋，用武力为其商轮开路。据四川省洋务总局编《四川通省外国官员商民统计表》③，1909年，在重庆江面停泊的各国军舰如下：

国　名	艘数	舰　　名	舰上人员数
英　国	3	"威进""武克""武喇"（钢甲舰）	101人
法　国	1	"阿纳"（铁甲舰）	23人
德　国	1	"协脱"（铁甲舰）	22人
合　计	5		146人

帝国主义的军舰不仅驻泊重庆，而且进而深入岷江。1909年，就有英国军舰停泊嘉定城外，数日不走。日本也着手调查川江航道，并仿照法国炮舰，制造船只，侵入川江。以后，日清汽船会社在重庆设立了办事处，力图操纵川江航运。

美国学者威罗贝在其《外人在华特权和利益》一书中写道："在世界大多数先进国家，内河航行权是保留给本国的公民或臣民的，或者最多只在特别的条件和严格的限制下，才给与外国人。但是，在中国根据以1858年《中英条约》为始的各项条约，内地主要河流也供外人贸易航行。"④ 从十九世纪末年起，帝国主义已开始在川江行使内河航行的特权。以兵舰、轮船突破了四川东部的屏障——三峡天险，控制了川江轮船航运权。到了二十世纪初年，帝国主义更加紧了这一侵略进程，从而牢牢地控制了整条长江，把中国的内河——万里长江变为吮吸中国人民血

---

① 1900年以后，"先行号"由英国政府收购，开往上海配备武器，改为内河炮艇，并将其列入英国海军表册，名"金沙"兵舰。
② 重庆港务局辑：《川江航运发展史参考资料》。
③ 抄件原藏四川大学历史系档案室。
④ ［美］威罗贝著：《外人在华特权和利益》，生活·读书·新知三联书店，1957年版，第515页。

汗的一条大吸管，给中国带来了无穷的灾难。只是，在这一时期，帝国主义对川江航行的开拓、经营，还远不能满足它们的贪欲。因为川江滩多水急，轮船航行也是困难重重的。航行时间长，载货少而且风险大。"利川号"上行在叶滩费时三天半才上来。虽然两度航行成功，但又因船身太宽，在河道狭隘处不能运转。特别是"瑞祥号"的触礁沉没，更使侵略者对川江望而生畏。因此，"现时统计和所能列示的和轮船可能运载的贸易总值和商品性质，都不能够对投机者，提供特殊引诱，把资金投入这种冒险事业"①。于是，侵略者在继续探索改善川江航运的同时，将更多的注意力集中在川汉铁路上面，认定"修一条铁路联络重庆与宜昌"，"在路基建筑上并不见得有任何不可克服的或过大的困难"②，集中力量掠夺川汉铁路的投资和建筑权（详见本书第三章）。这是这一时期帝国主义掠夺四川交通运输业的基本势态。

掠夺矿产

冶矿是帝国主义在华投资的一个重要部门。外国侵略者对四川富饶的矿产资源垂涎已久。早在1865年，法国即派了一个探测队由云南进入四川叙州、重庆等地，探测矿藏，写了许多报告。在《帅岗至叙州一带搜矿纪要》《中国矿说》《四川矿说》等书中，详细记载了四川等省的矿产资源，野心毕露。帝国主义夺取四川矿产，在甲午战争后动手，加剧于《辛丑条约》之后。"查川省矿产素饶，久为外人歆羡，已被标占多处，犹复要索不已，此地甫经允办，又指他处为求，此国甫立合同，又挟利益均沾以为请，得步让步，愈让愈争。"③ 1896年，法国亨达利洋行的雷利达与四川商人钟毓灵私订合同，由法国开采四川石油。雷利达和法国矿师蒲武，随同法国驻重庆领事哈士到重庆并前往叙州、嘉定等府，泸州、自流井等处勘测石油。中国地方官川东道，"劝阻不听，无权管理，而洋商更一味狡执……借以挟制"④。1898年，美国侵略者又指索重庆真武山、吊洞沟一带矿地。1899年，法国领事又迫川督奎俊许以矿山权，开采灌县、嘉定、犍为、威远、巴县、綦江、合川等处煤铁矿。英国金融家摩根则勾结李鸿章，"数度访问中国，每次都有地质家、采矿师随来。彼等调查过山东、热河及其他省份的矿藏，最后看中了四川省"⑤。于是，通过签订《四川矿权草约》，夺得了四川全省煤、铁、石油等矿的开采特权，还企图开采四川麻哈金矿。被称为"西部中国的英国开路先锋"的侵略分子立德乐，早在1898年便夺得江北煤矿开采权。1901年，立德乐又插手麻哈金矿，并图

---

① ［英］华特生著，李孝同译：《重庆海关1892—1901年十年调查报告》，《四川文史资料选辑》（第9辑），1963年。
② ［英］华特生著，李孝同译：《重庆海关1892—1901年十年调查报告》，《四川文史资料选辑》（第9辑），1963年。
③ 《四川官报》，光绪三十一年正月下旬，第1册。
④ 汪敬虞编：《中国近代工业史资料》第2辑（上），第115页。
⑤ 汪敬虞编：《中国近代工业史资料》第2辑（上），第101页。

谋组织中英四川公司开采石油、金矿及锑矿。1904年他组成江北矿务公司。次年又与清政府订立《江北厅煤矿公司矿务合同》，获得江北厅所属煤、铁矿的开采权。同时，法国人代玛德也与川省官解白蜡委员候补知县刘鹏在北京私立合同，合办夔州府属巫山、大宁、云阳、开县、万县等地铜、煤各矿，并由英、法领事出面支持。① 帝国主义各国或由国家出面，或由公司成头，通过清政府，或者勾结卖国土劣，争先恐后地强夺四川的矿产权。在众狗争食之下，到了1904年，"今吾蜀矿务落于他人手者已过半矣"②。

1899—1904年帝国主义掠夺四川矿区的条约、合同如下表③：

条约、合同	签订年月	国别	矿种	矿区	期限
四川采矿条约	1899.1	英	煤、铁、石油	四川全省	50年
保富、福安公司合同	1899	法	煤、铁	灌县、犍为、威远、綦江、合川、重庆	
保富、和成公司合同	1902	法	石油	巴县、富顺、万县	50年
保富、普济公司合同	1902	英	煤、铁、石油	乐山等八州县	50年
江北厅煤矿公司矿务合同	1904.4	英	煤、铁	江北厅	50年

帝国主义将四川矿权夺到手后，先后投资设立采矿公司，用中国的廉价劳动力，窃取四川的各种矿藏。

1899—1904年帝国主义在四川已开、未开各矿如下表④：

名　称	成立时间	资本（千元）	矿种	矿区	简　史
布仕公司（会同公司）	1899	3,105	金、铅、石油	麻哈	1899年英人摩根成立布仕公司与李鸿章订约开采四川各矿。次年与扬子公司及四川官商矿务公司合并，开采麻哈金矿。因义和团运动兴起而中止。
福安公司	1899	13,986	煤、铁	灌县 犍为 威远 綦江 重庆 荣县	由法领事与川督奎俊决定与中国保富公司合办，未进行开采即解散。
和成公司	1902		石油	巴县 万县 富顺	1896年钟毓灵与法人雷利达合办，本年中请批准，未进行开采即解散。

---

① 中国科学院历史研究所第三所编：《锡良遗稿》第1册，第373页。
② 《四川留日学生为汉川铁路事敬告全蜀父老书》，见戴执礼编：《四川保路运动史料》，第21页。
③ 汪敬虞编：《中国近代工业史资料》第2辑（上），第34～35、104页。
④ 汪敬虞编：《中国近代工业史资料》第2辑（上），第143～147页。

续 表

名　称	成立时间	资本（千元）	矿种	矿区	简　史
普济公司	1902	10,000	煤、铁	乐山等州县	英人立德乐与四川保富公司订约合办。后又与四川全省煤矿、煤油公司合办，资本定300万两白银，中英各半，均未成功。
江北厅煤铁矿有限公司	1904	690	煤	江北厅	英人立德乐办，1905年3月在香港注册，1909年由中国赎回。

尽管在上表中，有的矿山在未正式开采之前或开采后不久，由于中国人民的反对或清政府未予批准等原因停办，但是，这些企业的筹办明白地表示了帝国主义对四川实行资本侵略，疯狂掠夺矿产权利的罪恶事实。因此，反对帝国主义掠夺矿权，要求收回已被夺取的矿产权利，便成了二十世纪初年四川群众反帝斗争的一个重要课题。

设立工厂、公司、洋行、倾销商品

外国人最先在四川开设工厂的是英国侵略分子立德乐。1891年，立德乐为了将四川土产猪鬃加工出口，牟取暴利，从天津招募一批技术工人到四川来试探猪鬃加工贸易。1896年，他的重庆贸易公司在南岸建立了猪鬃厂，清洗猪鬃，分别等级，运销外国市场。"这种猪鬃在伦敦和纽约都博得善价，立即售出。"[①] 1903年日商在重庆开设了友邻火柴厂，德商开办了惠利火柴厂。外国侵略者为了便利倾销商品、掠夺原料，还纷纷在四川开设洋行、公司一类侵略机构。1891—1911年的20年间，各国先后在四川设立这类机构达35个之多。[②]

开设年代	国别	名　称	开设年代	国别	名　称
1891	英	太古洋行	1903	日	东华公司
1891	英	怡和洋行	1904	德	元亨洋行
1894	法	异新洋行	1904	法	利源洋行
1894	美	大美药房	1904	美、英	美英纸烟公司
1896	英	永年人寿保险公司	1905	德	谦信洋行
1897	德	义昌洋行	1905	德	瑞记洋行
1899	美	美孚洋行	1906	日	福记洋行
1900	英	隆茂洋行	1907	英	庆源洋行

---

① ［英］华特生著，李孝同译：《重庆海关1892—1901年十年调查报告》，《四川文史资料选辑》（第9辑），1963年。

② 《四川省对外关系统计》，民国二年（1913）出版。

续表

开设年代	国别	名称	开设年代	国别	名称
1902	德	礼和洋行	1907	日	若林洋行
1902	日	大阪洋行	1907	日	聚福洋行
1902	日	太和洋行	1907	英	兵轮酒店
1903	德	惠利洋行	1909	德	宝丰洋行
1903	日	新利洋行	1909	德	爱礼洋行
1903	美	卜内门洋碱公司	1909	法	吉利洋行
1903	英	永明人寿保险公司	1909	美	胜家缝纫公司
1903	英	保家水险公司	1909	英	韦廉士药房
1903	英	嘉定火险公司	1911	日	瑞华洋行
1903	日	有邻火柴公司			

上表所列35家外国公司、洋行等，1891—1900年设立的有8家，而1900—1911年增设的多达27家。这个数字确凿地显示了《辛丑条约》后，帝国主义侵略势力向四川长驱直入的情形。

毛泽东同志指出："帝国主义列强还在中国经营了许多轻工业和重工业的企业，以便直接利用中国的原料和廉价劳动力，并以此对中国的民族工业进行直接的经济压迫，直接地阻碍中国生产力的发展。"① 1911年以前，帝国主义在四川经营的矿山和工厂虽然为数不多，但是，它们同外国的公司、洋行组织成为一个在四川输入商品和资本的经济侵略网，通过买办和商业高利贷者为中介，一面大量倾销商品，一面加紧掠夺工业原料。立德乐猪鬃厂利用四川的土产和廉价劳动力攫取大量利润，并引起外国人的竞争和中国商人贩运猪鬃出口，以致作为工业原料的四川猪鬃出口量迅速增加。1892—1901年经过重庆海关输出的猪鬃数量如下表②。

年度	数量（担）	价值（海关两）
1892	3,806	40,619
1893	5,147	55,347
1896	5,752	129,099
1899	6,289	120,663
1900	9,264	158,213
1901	8,070	159,812

---

① 毛泽东：《中国革命和中国共产党》，《毛泽东选集》合订本，第592页。
② [英]华特生著，李孝同译：《重庆海关1892—1901年十年调查报告》，《四川文史资料选辑》（第9辑），1963年。

再以羊毛为例。羊毛由打箭炉和松潘等地辗转运来重庆集中后,多运往美国,用作织毛毯的原料。1892年经重庆海关输出羊毛10,478担,1901年即增至16,824担。① 这表明四川已逐渐沦为外国帝国主义的原料供给地了。

帝国主义设立的厂矿使用中国的廉价劳动力,直接压迫和残酷剥削中国工人。立德乐猪鬃厂的劳资合同规定:"每日扎猪毛人须扎成六斤,如短一斤,罚银七分。"(合同第三条)"在此合同期内,扎猪毛人只能在立德乐洋行作工,不能另借雇于他人。除在行挂名之学徒外,不能另教别人。本行生意各事,不能泄漏,亦不能自揽生意。倘违此条,罚银五百两。"(合同第五条)当时,立德乐猪鬃厂扎捆猪鬃的技术工人每日按规格扎捆6斤,每月付工资银8两。倘工人违反合同第五条之规定则罚款高达5年以上的工资总数。立德乐用重罚的手段,把工人长期束缚在他的洋行里,供其任意榨取,并且实行技术、经营管理的严格保密,以压制中国民族资本和排斥其他外国的竞争者,垄断四川猪鬃的加工和贸易,其用心是极为恶毒的。工人加工猪鬃劳动条件十分恶劣,工场内又臭又脏。但是,合同规定:"扎猪毛人在立德乐洋行作工,如有病痛祸患,自行当受,概不与立德乐洋行相涉承担。"② 工人不仅没有人身自由,没有任何劳动保护,而且时遭人身侮辱,挨打受骂,形同奴隶。

洋货大量输入,是帝国主义侵略势力不断深入的重要征候。

1892—1911年间通过重庆海关输入四川的洋货总值如下表③:

年　度	价值(海关两)	年　度	价值(海关两)
1892	5,825,472	1899	13,075,176
1895	5,618,317	1901	12,598,741
1896	6,929,393	1902	16,000,000
1897	8,444,081	1911	19,000,000

其中,洋纱一项,1892—1900年的输入量如下表④:

---

① [英]华特生著,李孝同译:《重庆海关1892—1901年十年调查报告》,《四川文史资料选辑》(第9辑),1963年。

② 以上引文见四川大学历史系原藏巴县档案:《英商立德乐、洋商黄升之等九人罢工案》,光绪二十七年三月,《英领事韦礼敦致巴县令函》,附合同。

③ [英]华特生著,李孝同译:《重庆海关1892—1901年十年调查报告》,《四川文史资料选辑》(第9辑),1963年;[美]施特劳奇著,李孝同译:《重庆海关1902—1911年十年调查报告》,《四川文史资料选辑》(第9辑),1964年。

④ [英]华特生著,李孝同译:《重庆海关1892—1901年十年调查报告》,《四川文史资料选辑》(第9辑),1963年。

年　度	输入量（担）	年　度	输入量（担）
1892	129,145	1898	222,234
1896	170,633	1899	432,167
1897	231,282	1900	422,418

还值得注意的是：洋货不仅在重庆等沿江城市和地区泛滥，而且已侵及川西平原各县乃至川西北地区，销售量相当巨大。

1904年，各种洋货在川西北销行区域如下①：

①洋纱行销的区域：温江、绵阳、德阳、郫县、安县、梓潼、崇庆、绵竹。

②匹头洋布行销的区域：成都、简阳、理番、华阳、崇庆、彭县、双流、广汉、崇宁、新繁、什邡、江油、新都、绵阳、松潘、郫县、平武。

③洋广杂货行销的区域：成都、新繁、崇庆、华阳、新都、新津。

④洋油行销的区域：成都、华阳（原注：整个事实恐未全部搜纳入论文来）。

1904年，各种洋货在川西北行销数量如下表②：

县　名	货　品	时　间	数　量
郫　县	一般洋货	1年	300,000两（货值）
双　流	匹头、干菜	1年	8,500两（货值）
彭　县	匹头	1年	40,000两（货值）
崇　宁	洋布	1年	500匹
简　阳	匹头	1年	5,000两（货值）
崇　庆	洋纱	1年	300,000斤
什　邡	匹头	1年	20,000两（货值）
绵　阳	洋纱（每包40柄，价130千文）		3,000,000斤
江　油	洋纱	1年	3000斤
松　潘	匹头	1年	1000余件

除洋纱、洋布有增无已外，煤油、香烟、呢绒、西药乃至洋钉、缝衣针等都大量输入四川市场。其中煤油的增加尤其显著：1896年28,000加仑，1898年110,000加仑，1911年猛增至857,000加仑。③

关于洋货在川西南倾销的情形，郭沫若同志写道："帝国主义的恶浪不消说是早冲到我们那样偏僻的乡陬。譬如洋烟的上瘾，洋缎的使用，其他沾着'洋'字的

---

① 李文治编：《中国近代农业史资料》第1辑，第487页。
② 李文治编：《中国近代农业史资料》第1辑，第488页。
③ ［日］西川正夫：《四川保路运动前夜的社会状况》，《东洋文化研究所纪要》第45册，1968年。

日常用品,实在已不计其数。"① 他还就亲眼所见的事实,描写了洋货这种"机械生产品的大洪水"在嘉定地区的泛滥情况:"最初我们才下嘉定的时候(按:指1905年)……香烟还没有到嘉定,学生身上穿的还是一些银绸茧绸巴缎或毛兰布大衫之类的手工业的土产。但是隔不两年身上穿着完全变了。洋缎大呢哔叽天鹅绒乃至葱白竺布,一切东西差不多都带有一种洋味,机械生产品的大洪水流到了嘉定,大英烟草公司的'pirot'所谓'强盗牌'的香烟,也跟着他的老大哥鸦片阁下惠顾到我们城里了。"②

作为帝国主义实行经济掠夺的商品,在四川无孔不入地泛滥,不仅赚取了大量的财富,而且逐渐侵夺了四川手工业产品的市场。据《巴县志》记载:"自海关成立四五十年间,无岁不为入超。盖土货恒为生货或半生货,至于熟货则舍粗陋常物外往往而绝。而关税由于协定,失自主之权,无以保障土货,防制洋货之倾销,且彼设智巧,仰机利,挟其国力,以略取吾国货物销售之市场。或主客违言,纷难时起,尊俎折冲,舌人失词,一不当意,至不辞以艨冲飞弹相恫喝。……况以国人日习侈靡,贵远而贱近,不能涂蔽耳目以复返于淳朴。盖足令土货积滞,洋货畅行哉。"③ 这说明了帝国主义各国挟不平等条约为凭借,以武力为后盾,运用机制商品物美价廉的优势,冲击和排斥四川的手工业产品,从而使洋货充斥市场的严重情形。

外国商品对四川社会经济的破坏作用从洋纱、洋布对土纱、土布的排斥情况可见一斑。首先,"在各较大的城市和大江大河一带地方全用或部分用洋纱织成的布胜利地赛过土布"④。"至该货畅销之故,因川省土棉向取于沿江各省,贩运至该地区后,每斤零售价与洋棉纱相同,然洋棉纱不待再纺即可织布,土棉则须纺而后织,人工既费,成本亦增。"⑤ 洋货侵入生产领域,对城镇手工纺织业和农民家庭纺织业起了显著的破坏作用。从下列史料可以看出:

> 至乡镇间小工业,四十年前,纺花手摇车家皆有之,每过农村,轧轧之声不绝于耳。棉纱(按:指洋纱)畅行,此事尽废。⑥

> (四川)纺织业分布的地区,北而远至潼川,西边远至雅州,并且包括合川、遂宁县太和镇、万县、成都、眉州、中江、嘉定、叙府、泸州这些如此重要的商业中心——实际上把四川省的每一个重要城镇都包括在内。

> 所有织物的构成都很简单,包括平织布,平织花条格布,小点及菱形花色

---

① 郭沫若:《少年时代》,第39页。
② 郭沫若:《少年时代》,第111页。
③ 朱之洪等修、向楚等纂:《巴县志·商业》。
④ [英]华特生著,李孝同译:《重庆海关1892—1901年十年调查报告》,《四川文史资料选辑》(第9辑),1963年。
⑤ 汪敬虞编:《中国近代工业史资料》第2辑(下),第1102页。
⑥ 朱之洪等修、向楚等纂:《巴县志·工业》。

以及少数与我们（英国）棉麻布相等的织品。……绝大多数是用洋纱织的。洋纱因其价廉，形式方便及易于操作，很快地使纺车闲置无用。①

新繁之贫妇，多勤纺织，每一日能纺棉花半斤。近来洋棉线稍夺其利，村巷夜深，机声微矣。②

（洋纱的输入）使一向把手工纺织集中起来的遂宁受到损害。③

该县（三台）原产大宗土布，即潼川布极负盛名，销售于陕甘一带。……近年来自廉价的洋货充斥……现尚有少数的农家努力于制者，不过散在乡村，一家一二机而已。④

（嘉定）自洋布盛行，土布日贱，计共所赢，仅得往日之半耳。⑤

从巴县、遂宁、三台、嘉定这些四川手工纺织业的中心地区可以看出，先是洋纱排斥土纱，使"纺机闲置不用"，"机声微矣"。接着便是洋布打击土布，使"土布日贱"，生产量锐减。正如马克思和恩格斯所指出："旧的、靠国产品来满足的需要，被新的、要靠极其遥远的国家和地带的产品来满足的需要所代替了。过去那种地方的和民族的自给自足和闭关自守状态，被各民族的各方面的互相往来和各方面的互相依赖所代替了。"⑥"三峡天下险"，"剑阁天下雄"不能抵挡住帝国主义的商品和资本恶浪，僻处西南的四川的自然经济基础，从通都大邑到穷乡僻壤开始遭到不同程度的破坏。这是帝国主义侵略的腥风血雨所造成的。因此，这一破坏的本身就意味着四川人民遭到了前所未有的最凶恶的帝国主义压迫与掠夺。四川自然经济被破坏的过程，也就是四川广大的手工业者的破产、失业的过程，也是广大农民逐日贫困和中华民族与帝国主义的矛盾日趋尖锐的过程。

宗教文化侵略日益猖獗

外国侵略者的政治、经济侵略势力在四川日益深入的同时，其宗教文化侵略也日形猖獗。从十九世纪六十年代起，外国侵略者便派遣传教士络绎入川，作为侵略的先锋力量。外国的宗教文化势力，经过四十余年的渗透，到了二十世纪初年，已经深入到了四川各个角落，建立起了一个庞大的、盘根错节的宗教文化侵略网。这在全国也是突出的。1907年出版的《四川》杂志写道："四川以僻远故，其教徒之侵入亦较后于中原。计今遍布于四川之教会，厥有两派，一为法人所经营之天主教，一为英、美人所经营之福音教。天主教徒最早来，而其传播之范围亦广。自省会以迄县治教堂几遍。据日人神田正雄之调查，谓该教在四川现有信徒五十万人，

---

① 彭泽益编：《中国近代手工业史资料》第2卷，第247页。
② 余慎修、陈彦升纂：《新繁乡土志》卷9，第7页。
③ 彭泽益编：《中国近代手工业史资料》第2卷，第213页。
④ 张肖梅：《四川经济参考资料》，第15页。
⑤ 光绪修《嘉定县志》卷8，第15页。
⑥ 马克思、恩格斯：《共产党宣言》，《马克思恩格斯选集》第1卷，第255页。

实占支那全国天主教民之半教。……近数年来，福音教盛行，其势骎骎与天主教抗，教徒日增而未有艾。两教派之发达亦可云至矣。"① 据1909年12月四川99县的统计，法、英、美、德等主要帝国主义国家派入四川的主教、传教士人数如下表②：

时间 \ 人数 \ 国别	法	英	美	德
1863—1884	12	5	1	
1885—1900	69	107	19	
1901—1909	71	163	44	
合计511人	172	275	63	1③

  外国宗教势力的扩张情况是：一、从地区上看，宗教侵略势力已遍布四川各地，不仅全省138县县城有教堂，而且有的场镇也有外国教堂。为数众多的传教士散布很广，钻营极深。十九世纪六七十年代，外国传教士主要在重庆、泸州、合川、叙府等沿江城市和川西平原的成都、华阳、崇庆等地。甲午战争以后，他们开始深入边远地区。例如，1897年英国传教士至茂州。1898年法国传教士到马边，1901年到理县。二、在二十世纪初年，英、美两国的宗教势力扩张得特别迅速。《辛丑条约》后的九年间，英国传教士的数字比1885—1900年的15年增加了60%，而美国竟增加一倍以上。这说明美帝国主义更加注重精神方面的侵略活动。

  这一批"用传教的鬼话来掩盖掠夺政策的人"④，在四川的侵略罪行是罄竹难书的。他们借不平等条约所给予的特权，以巧取豪夺的办法，在四川掠夺了大量土地、房产，使不少城镇居民流离失所，许多农民变为教堂直接剥削的佃农。他们还敲诈勒索，甚至贩毒走私，纵容教徒杀人越货，包揽词讼，干涉内政，并借"传教"为名，在四川各地肆行间谍活动。据1909年的不完全统计，外国教会在四川135县所占的"教产"如下表⑤：

国　别	房屋（所）	地产（亩）
法	627	16,680
英	181	700
美	47	6
德	7	
合　计	862	17,386

---

① 梧生：《排外与仇教》，《四川》第1号，第70~71页。
② 参见四川省洋务局编：《四川通省外国官兵商民统计》，《外国主教暨传教士统计表》。
③ 开县有德国传教士1人，来川时间不详。
④ 列宁：《中国的战争》，《列宁选集》第1卷，第214页。
⑤ 四川省洋务局编：《四川全省教产表》。

外国教会还开办学校，对中国人实行奴化教育。仅巴黎国外布道会在四川设立的学校，1901年即达425所之多。① 1910年，美国教会在成都建立了"华西协合大学"。这所大学"校务由西人主办，教职员大都是美国、英国、加拿大三处之人，其行政组织均美国式"②。由于外国教会、学校、医院是帝国主义殖民政策的工具，外国传教士盘踞四川各处，骑在中国人民头上作威作福，无恶不作，四川人民从他们那里最直接地感受到了帝国主义压迫，不能不产生极度的憎恶。"盖教之入蜀，民皆不喜，而奸宄无赖之徒，争窜于教会，恃势横暴，民益恶之。"③ "光绪庚子、辛丑间气焰尤炽……人民愈切齿。"④ 因此，反教会侵略斗争便成了近代四川人民反侵略斗争的重要形式。四川是全国反教会侵略斗争最激烈和频繁的省份之一。

从上述各方面可见，帝国主义入侵四川虽比沿海各省约晚廿余年，但是，从十九世纪六十年代起，特别是甲午战争和八国联军战争以后，帝国主义对四川的军事的、政治的、经济的和文化的侵略全面加紧了。这反映出帝国主义侵略中国的深入，中国半殖民地化的加深。帝国主义武力瓜分中国的迷梦，在义和团的铁拳下被粉碎了。但是，他们并没有放弃吞噬中国这块"肥肉"的野心，对四川省也是馋涎欲滴，必欲吞之而后快。二十世纪初年，四川军医学堂教习、法国人得酿得勒公开著书提出"吞灭四川策"。作者"受彼国外务大臣之命，游历中国廿余年，以治人之术行灭国之策。……其著此书之目的，在扩张越南殖民地，进云南而吞灭四川。其野心更欲吞扬子流域，并吞中国全土"⑤。这不仅是法国的狂图，也是其他帝国主义的梦想。

> 西南山水蜀称奇，魂梦痴他碧眼儿。
> 艳说巴黎心已醉，潜通藏卫意难窥。
> 列强协约功成日，永夜新亭鬼哭时。
> 极目河山无恨慨，忍持樵斧坐观棋。⑥

这一首反映当时深重的民族危机的诗，是四川爱国者的沉痛呐喊。诗篇写出了帝国主义对四川和西南地区侵略势力咄咄逼人，中国民族危机的空前加深，人民的苦难更加深重的怵目惊心的形势。中国人民除了起而反抗，别无出路。

---

① [英]华特生著，李孝同译：《重庆海关1892—1901年十年调查报告》，《四川文史资料选辑》（第9辑），1963年。
② 私立华西协合大学：《私立华西协合大学大事一览》，第3页。
③ 朱之洪等修、向楚等纂：《巴县志》卷16，第5页。
④ 李良俊等修、王荃善等纂：《南充县志》卷10，第108页。
⑤ 中国科学院历史研究所第三所编：《云南杂志选辑》，第438页。
⑥ 《四川》第1号，第126页。"艳说巴黎心已醉，潜通藏卫意难窥"，近法人著有游记，谓四川繁盛可比巴黎。

二、清王朝的暴政

无奇不有的苛捐杂税

《辛丑条约》以后，清王朝彻底向帝国主义投降了，成了帝国主义统治中国的忠实走狗。"量中华之物力，结与国之欢心"① 的煌煌"上谕"，便是这个反动王朝卖身投靠的自白。这一事实足以表明，清王朝在政治上已堕落到了极点。在财政上，清王朝是债台高筑，危机空前。自1894年至1911年，外债达12亿多两，为甲午战争前所借外债总额的27倍。② 在风雨飘摇之中的清王朝已经不能照旧样统治下去了。为了换取帝国主义的支持，维持其垂死的统治，清王朝在二十世纪初，实行了"新政"，企图为它行将离去的生命，注射一剂苟延残喘的强心剂。

所谓"新政"，就是清王朝变本加厉，如狼似虎地镇压和掠夺中国人民的暴政。练兵是"新政"的主要内容。1905年，清政府拟定了在全国编练新军三十六镇（一镇相当于一师，预定四川编练二镇）的庞大计划。同年，清政府又设立"巡警部"，大力举办"警政"。练兵以筹款为先。无止境地搜刮民脂民膏，是清王朝偿付外债本息和推行"新政"的主要凭借。于是，清王朝三令五申加紧聚敛，各地官吏则巧立名目，滥兴捐税，竭泽而渔，朘削民众达到了骇人听闻的程度。1910年，"四川预算岁入银二千三百六十九万六千一百两。以盐茶课为大宗，正杂各税与捐输次之。岁出银三千一百四十四万二千余两，以解款、军政费为大宗，协款、教育费次之。不敷七百七十四万六千二十余两，预备金三百十万两在外"③。二十世纪初年，四川省的财政支出主要是：偿还赔款、外债，甘肃、新疆、云南、贵州、西藏的"协饷"和"新政"（主要是军费）用款。1905年，"川省供拨京外协饷等款，岁约七百万，而本省新政备举，防军罗布，用款又踵事而增"④。在赔款和外债方面，四川每年摊派庚子赔款达二百六十余万两⑤，仅次于江苏省，还摊派俄法借款、英德借款等每年百余万两。清政府为了搜刮巨额款项，在四川增旧税，添新税，税上加税，几乎闹到无物不税的地步。1908年，川督赵尔巽设立了"经征局"这个加强掠夺人民的机关。捐税是"向无者新设，有者重加，加至四五倍至十倍不止"⑥。名目繁多的苛税大致有以下三类：

---

① 光绪二十六年十二月二十六日"上谕"，中国史学会主编：《义和团》（四），第88页。
② 徐义生：《甲午战争到辛亥革命时期清政府的外债》，《经济研究》1957年第4、5、6期。
③ 《度支部试办宣统三年各省各衙门预算说明书》，《东方杂志》第7卷第12期"公牍"。
④ 中国科学院历史研究所第三所编：《锡良遗稿》第1册，第499页。
⑤ 于能模等编：《中外条约汇编》，第514页。
⑥ 廖世英等修、赵熙等纂：《荣县志·事记》。

1. 田赋附加税

津贴、常捐输、新捐输。①

据《巴县志》载："至光绪中叶，中日之战，庚子之变，拨款日增，摊派各省名曰新捐输。于是，四川于常捐输外，又有新捐输。……视正赋几十倍矣。"② 据日本学者西川正夫的统计，四川合川、武胜等14县田赋正粮、津贴、常捐输、新捐输的数额及比例如下表③：

县名	正粮（两）	比	津贴（两）	比	常捐输（两）	比	新捐输（两）	比	合计	比
合川	4,998	1.0	4,998	1.0	37,500	7.5	24,000	4.8	71,496	14.3
武胜	4,276	1.0	4,276	1.0	2,700			6.3	35,552	8.3
大竹	13,224	1.0	13,224	1.0	30,000	2.3	10,000	0.8	66,448	5.0
云阳	1,500	1.0	1,500	1.0	9,680	6.5	5,500	3.7	18,180	12.1
南川	2,462	1.0	2,400	1.0	14,000	5.7	9,000	3.7	27,862	11.3
江津	5,996	1.0	5,996	1.0	35,500	5.9	15,200	2.5	62,692	10.5
合江	5,829	1.0	5,829	1.0	19,500	3.3	13,000	2.2	44,158	7.6
富顺	12,366	1.0	12,366	1.0	45,000	3.6	26,000	2.1	95,732	7.7
荣县	8,386	1.0	8,386	1.0	28,500	3.4	16,000	1.9	61,276	7.3
温江	5,909	1.0	5,909	1.0	16,300	2.8	9,000	1.5	37,118	6.3
简阳	10,253	1.0	10,253	1.0	62,600			6.1	83,106	8.1
中江	9,504	1.0	9,504	1.0	32,600	3.4	19,000	2.0	70,608	7.4
乐至	6,408	1.0	6,408	1.0	11,290	1.9	57,800	9.6	81,906	12.6
广安	9,809	1.0	9,809	1.0	59,000			6.0	78,618	8.0

从此可见，在保路运动前夕，清王朝在四川征收的田赋附加税普遍超过正粮几倍乃至十几倍之多，只此一项，人民的负担增加了几倍至十几倍。百姓纳粮稍迟，"则拘之入官，治以抗粮之罪，鞭笞之下，血肉横飞，非纳钱则弗释，百家之中，每岁罹此祸者至少均有二三家"。④

2. 加重旧税捐

盐课，1895年每斤加收二文。1899年又加二文。1901年再加三文。

土药（鸦片）税，原每百斤收银五两二钱八分，1904年加一倍完纳。

---

① 津贴、常捐输、新捐输都是额定粮税以外的苛派。津贴、常捐输起于咸、同年间镇压太平天国革命时期，新捐输起于庚子赔款。
② 朱之洪等修、向楚等纂：《巴县志·赋役》。
③ ［日］西川正夫：《四川保路运动前夜的社会状况》，《东洋文化研究所纪要》第45册，1968年。
④ 《衡报》第6期（1908年6月18日）"川省农民疾苦谈"。

契税，全省原为七万八千余两，甲午战后加征十万两，庚子赔款后再加近两倍，征银五十二万余两。①

肉厘，"嗣因筹庚子赔款，经调任督臣奎（俊）奏定每斤捐二文，旋因难于核算，改为每猪一只收钱二百文，现（1909年）每只再加抽二百文，合之前收，共四百文"②。

烟酒厘金，1903年为筹练兵经费，川省派烟酒税五十万两。③

茶厘，1901年加抽百分之三十。

花生市称捐，每百斤征钱六十千文。④

3. 五花八门的新捐税

"四川朘削过各行省。除盐、油、糖、烟、丝、麻、布帛、煤、铁、彩票、土行大宗敛钱外，茶桌捐、床铺捐、一鸡一猫入城莫不有捐。如米店带油盐纸烛，先捐米底金五十两方准买米，又捐五十两方准买油，加卖一货必加一种底捐。提篮卖鲜花月捐千钱，叫街卖熟豆岁捐十金，污秽至尿屎，微贱至土优土娼皆有常捐。苦工宿店每夜八钱亦加四钱，他可知也。"⑤据大竹县的材料，当时"筵席有筵席捐，百物进城要见十抽一。过秤过斗要秤平斗息。农民卖一条肥猪，交了税买不回来一条小猪，卖一只鸡，约值四十多文铜钱，纳税要八文。……甚至卖十个鸡蛋要抽一个，挑一挑炭进城要抽大炭一块"⑥。在灌县等地，"对一切出入城门的商人，从药材、皮毛批发到贩布和卖花生的小商贩征收厘金，而且往往所收的税额超过货物的实值"⑦。其中，糖税是1908年川督赵尔巽为筹边藏军饷开征，每斤收税四文。油税是1904年锡良督川时开征的，每斤抽四文。奎俊督川时，"见农民入城担粪，即抽粪税，每担取数文，每厕月取数百文。税至于粪，真无微不至"⑧。1903年，岑春煊继奎俊督川，推行"新政"，开办警察以加强对人民的镇压。四川"自有警察而百孔千疮，其病乃不可救药，欲借以戢强暴而警察即强暴之媒，欲赖以维治安而警察即治安之蠹"⑨。四川人民不仅多了一重政治压迫，同时又多添一项经济负担。1910年，成都警察局在九眼桥设局抽"柴捐"以充警费。⑩叙府"因警款支绌，又仿川江水警察办法抽收'船捐'"⑪。周善培为警察长时，胡说回民卖牛肉"有害卫

---

① 周询：《蜀海丛谈·契税》。
② 宣统元年《四川通省经征局札》，原件藏新津县档案馆。
③ 中国科学院历史研究所第三所编：《锡良遗稿》第1册，第499页。
④ 李凌霄等修、钟朝煦纂：《南溪县志·财赋》。
⑤ 秦枏：《蜀辛》卷下，第2页。
⑥ 政协大竹县委员会：《李绍伊领导大竹农民起义的经过》，文史资料委员会编：《辛亥革命回忆录》（三），第294页。
⑦ 《华西教会新闻》1902年3月号。
⑧ 《民报》增刊《天讨》，《四川革命书》，中国史学会编：《辛亥革命》（二），"中国近代史资料丛刊"本，第311页。
⑨ 《四川》第1号"时评"。
⑩ 《蜀报》第9期"纪事"。
⑪ 《蜀报》第9期"纪事"。

生",每头牛收卫生费二百,并递加至羊豕鸡鱼等。清政府还抽收"春帖捐"。蓬溪抽收的数额"达一万数千钏,不得短少分文"①。此外,还有"纸捐""茶铺捐""官矿公税""邮件包裹税""烟灯捐""钱局捐""官硝公费"等苛派,真是无奇不有,无孔不入。据1910年富顺县经征局的报告,1909年该县实收杂税额如下表②:

田房税契	60,876 两
肉　厘	14,586 两
酒　税	19,447 两
油　税	7,253 两
糖　税	64,600 两
契　税	2,400 两（契税1000文抽底钱4文）
摊　捐	204 两
当　课	150 两
茶　课	240 两
合　计	169,750 两

前面已经提到富顺县原有粮额为 12,366 两,而上表所列,1909 年该县征收的新旧杂税额竟高达 169,750 两,为正粮额的 13.7 倍,大宗盐税尚未计算在内。江津县从 1909 年起,征团练费年额 19,000 余两。仅此一项即达正粮额的 3.2 倍。③ 所以,在辛亥革命前夕,四川各县的田赋附加税,旧税、新税诸端的征收额已超过正粮额的 20 倍左右。清王朝对四川人民的掠夺是骇人听闻的。

不仅如此,四川的地方官吏更贪酷似虎,借机牟利。"川省官吏,肆行贪黩,摊派赔款,劝办捐输,任意舞弊。"④"川省不肖州县,往往借罚款济公为名,为侵渔自肥之地。"⑤ 贪官污吏与地主劣绅相勾结,趁清王朝重捐掠民之机大肆贪赃,勒索追比,大刮民脂。"乡民不谙章程,动罹禁网,而司丁等因缘为奸,需索留难,横加拘罚(原章载偷漏……五倍处罚,经手自蚀,十倍处罚。)。"⑥ 甚至借推行"新政"为名,巧立名目,任加苛派。西昌县县令章庆,是川督赵尔丰十分赏识的干员。此人"莅任以来,视民如仇,暴厉剥削,滥罚勒捐,三月累万"⑦。其横征暴敛的劣迹从下列材料可见一斑。"(一)马草抽捐,贫民刈草一背,只售钱二三十文,亦按十抽五;(二)茶肉加厘,每茶一碗,售钱三文,章令以茶桌一张,勒令月缴二百文;(三)禁烟搜查,借禁烟为名至德昌,闻县人有烟,即令差勇按户搜

---

① 《蜀报》第 12 期"纪事"。
② [日]西川正夫：《四川保路运动前夜的社会状况》,《东洋文化研究所纪要》第 45 册,1968 年。
③ 聂述文等修、程德音等纂：《江津县志·食货志》。
④ 《清光绪朝实录》卷 505。
⑤ 中国科学院历史研究所第三所编：《锡良遗稿》第 1 册,第 491 页。
⑥ 李凌霄等修、钟朝煦纂：《南溪县志·财赋》。
⑦ 《帝国日报》辛亥年六月初七日。

查，有烟之户，罚款十倍，而无烟之家，亦被骚扰不堪，要皆阳借新政名目，其实金钱主义。"① 这些盘踞在四川各地的大小"金钱主义"者，如同洪水猛兽，贪婪地吞噬着四川人民的膏血。

生产凋敝，民生艰难

在四川保路运动发生的前夕，由于帝国主义侵略势力的深入，清王朝穷凶极恶的暴政，一个有"天府"之称的四川省被弄成了经济破产，民不聊生的人间地狱。这是连清朝统治者也不得不承认的事实。赵尔丰奏称："川省虽夙称繁富，然年来拨款日增，举办新政所需又复多方搜刮。凡可提可筹之款均经悉索无余。……势将如渔之竭泽，恐泽竭而尚难必得其鱼。"② 农业生产凋敝不堪，工商业一蹶不振。"工商利夺"，"农末困窘"。"光绪季年，国用过侈，影响民生，富者渐贫，贫者不富。"③ 从手工业和商业看，当时是"财力内竭，上下不周于用；欧、日纺织制造之物，流布于穷僻，故货权外授，虽女红亦为之废夺；生齿甲于寰宇，农末皆不足以养之，故旷土少而游民多"。④ 再如，由于清政府苛收糖捐，使糖坊主"畏如鬼神，愤而闭棚歇业……由是糖区锐减"，或因"罚垫重累而歇业者多"。农民因"工本亏折而种蔗日少"，甚至被迫"锄灭蔗种"⑤，致使制糖业衰敝不堪。这都是洋货和暴政给四川造成的严重恶果。

一切灾祸的最终承担者，是四川的劳动群众。地主交纳的田赋和捐税毫无例外地转嫁给农民。"今地方征榷，日繁且苛，田主重租以为偿。"⑥ 商人则提高售价将捐税转嫁给买主。例如，食盐这种人民生活的必需品的出售价格在有的地方由光绪中叶每斤五十文上涨至一百余文。原来农民可买二斤的钱，在辛亥革命前夕便只能买到一斤了。因此，随着清朝苛捐的增加，四川的物价上涨。在光绪朝三十余年中，四川"物价低昂比较相差二倍"⑦。至宣统年间，物价继续上升。这种情形，我们从南川、合江两县主要物价表可以看出。

南川县主要物价表⑧：

---

① 《民立报》辛亥年闰六月十四日。
② 赵尔丰：《赵季和奏议》卷2，四川民族事务委员会藏手抄本。
③ 李凌霄等修、钟朝煦纂：《南溪县志·食货》。
④ 中国科学院历史研究所第三所编：《锡良遗稿》第1册，第403页。
⑤ 李凌霄等修、钟朝煦纂：《南溪县志·食货》。
⑥ 王铭新、郭庆琳等纂修：《眉山县志·食货志》。
⑦ 彭文治等修、卢庆家等纂：《富顺县志·食货》。
⑧ ［日］西川正夫：《四川保路运动前夜的社会状况》，《东洋文化研究所纪要》第45册，1968年。

时 间	米一小斗（文）	指 数	盐一斤（文）	指 数	白布一件（文）	指 数
1875—1894	360～300	100～83	50	100	800～1200	100～150
1894—1908	300～380	83～106	60～80	120～160	同上	同上
1909—1911	460	128	80～100	160～200	1,300～1,600	163～200

合江县主要物价表①：

时 间	米一升（文）	指 数	盐一斤（文）	指 数	菜油百斤（文）	指 数
1875	46	100	28	100	4,000	100
1905	70	152	58	207	8,000	200

帝国主义掠夺，清王朝榨取，地主商人盘剥，劳动人民日益贫困、破产，高利贷乘机肆虐，群众苦难倍增。

典当业是以高利贷残酷剥削人民的金融组织。据巴县档案记载：1872年，巴县有当铺5家，1885年为11家，到了1910年增至166家。当铺的年利率高达20%～30%，"质店"更高，赎期更严。1912年四川典当资本与工业资本比较：典当资本1,651,000元，工业资本仅766,000元，典当资本为工业资本的215%。②典当资本的发展标志着人民穷困，靠典押维生的日多，社会经济凋敝日甚。在保宁、龙安二府，潼川府盐亭、遂宁一带，"该地之中为农民大病者则为债主。百户之间均有放债者四五家，均殷富之民也。而该地农民舍丝月（按：蚕丝成熟之月）外，而均以借贷为生。至于债金之息以三四分为恒例，多者五分，至少者亦二分五厘，索还之期均在丝月。……还款稍迟则债主加以诟骂或加以凶殴，其尤甚者则迫之以丝作抵，丝熟之后，禁其向他所销售，其价由债主制定，较普通丝价低廉数成。债主得之则昂其值以出售而收其利。故放债之人即收丝之人也。此外则对于农民诱之以田作抵于有田之家，岁贷以款，约以重息或历数岁不索及所欠既多，约与售田之值相等，则向之索价，以严厉相加。农民筹款无方不得不以田作抵"③。

土地兼并严重

帝国主义，一方面迫使广大农民破产，失去土地；另一方面又同中国的地主阶级相勾结，维持农村的封建剥削关系。这就大大助长了封建地主阶级的凶狂气焰，

---

① 王玉璋等修、刘天锡等纂：《合江县志·食货篇》。
② 汪敬虞编：《中国近代工业史资料》第2辑（下），第1017页。
③ 《衡报》第6号（1908年6月18日）"川省农民疾苦谈"。

加剧了土地兼并的趋势，使四川农村土地问题日益严重。辛亥革命前夕，土地日益集中在地主阶级手里，封建剥削更为苛残。

《合川县志》载："富者田连阡陌，贵敌王公，贫者地无立锥。力耕之农，率以田人之田。"①

《眉山县志》载："无田者居大半，率赁田而居，名曰佃户。每亩质钱若干曰压租，岁所收入十之六曰称租。主举家坐食，岁租有歉，则加其租或赎田他佃。"②

《温江县志》记载："今人浮于土，患则不免。农家自田者为粮户，僦耕者为佃户。一男子有四百亩以上者为上粮户，三十亩以上者为中粮户，三十亩以下者为下粮户。综邑之业田者，上粮户十之一不足，中粮户十之二，下粮户十之三有余，佃户十之四。"③无地或少地的农户占总农户的70%以上。

在灌县，"人口数十万，其田连阡陌称富有者仅十之一。产属中人，足以温饱者可十之四，贫无立锥专恃营业劳工以活者殆十之五"④。一县之中无寸土者竟达一半。

在井研县，"蜀中人浮于地，而井研尤患人满，无田之家居大半"⑤。全县有大半数的人没有土地耕种。

为了进一步说明辛亥革命前四川土地集中的情况，有必要再以简阳县为例考察一下更为具体的材料。据《简阳县志》的记载，该县粮户、粮额数字及比例如下表⑥：

	户 口			正 粮	
	户 数	户数比	粮户比	粮额（两）	粮额比
总户数	168,230	100		10,253	100
粮户外的户数	101,788	60.5		0	0
粮 户	66,442	39.5	100	10,253	100
粮额2钱以上	10,836	6.4	16.3	6,007	58.6
粮额2钱以下	55,606	33.1	83.7	4,246	41.4

此表说明：一、简阳县有田地的粮户只占总户数的39.5%，无地的佃农、雇农及城镇贫民占60.5%，比率甚高。二、纳二钱以上，即收租十石以上的粮户，只占粮户的16.3%，但占粮额58.6%，全县6.4%的粮户约占耕地60%。三、自耕农，即纳二钱以下的，占粮户的83.1%，占耕地40%约多一点。该县无地和少

---

① 张森楷等修：《合川县志·农业》。
② 王铭新、郭庆琳等纂修：《眉山县志·食货志》。
③ 张骥修、曾学传纂：《温江县志·民政》。
④ 叶大锵修、罗骏声纂：《灌县志·食货书》。
⑤ 张方善修、许闻诗纂：《井研县志·食货四》。
⑥ 林志茂等修、汪金相等纂：《简阳县志·食货篇》；[日]西川正夫：《四川保路运动前夜的社会状况》，《东洋文化研究所纪要》第45册，1968年。

地的户数占总户数93.6%。可见，土地是高度集中的。

以全省范围看，据"中央农业实验所"的调查，1912年，四川农民中，佃户占51%，半自耕农占19%，自耕农占30%。① 无地和少地的农户高达70%。佃农的数字为全国第二位（仅次于广东省）。可见，辛亥革命前夕的四川农民丧失土地的严重程度在全国也是突出的。有的地主占有田地几千亩，甚至一万亩以上。云阳县，"彭祖江有田一万亩以上"②。彰明县，"（严道三）专其心于陶朱猗顿之术，至咸同间，家遂起，逮光绪朝，田连阡陌矣"③。成都昭觉寺占有"良田七千余亩，常年出息有四五万金"④。

地主掌握了大部分土地，对农民实行重租高押的残酷剥削。当时四川地租率一般在60%左右。押金亦十分苛重。合川县，"田每石取保租银二百元，十之六纳租，土每石取保租银六十元，十之五纳粮"⑤。农民为了缴纳"押租"，"以押金往往出于借贷，又须付给利息"⑥。于是，"上粮户坐拥阡陌，食租衣税，自有余饶。中粮户为小康。下粮户纳税之外，用度或苦不给。佃户则终岁血汗，供田主租石外，不足养其父母妻子者常多"⑦。"贫民无力佃耕，往往失业，壮年逋荡，抵冒法律。"⑧ 广大农民在帝国主义和封建主义的压迫下，劳动繁重，生活艰难，痛苦不堪。资产阶级革命家邹容写道："今试游于穷乡原野之间，则见夫黧其面目，泥其手足，荷锄垄畔，终日劳劳而无时或息者，是非我同胞之为农者乎？若辈受田主土豪之虐待不足，而满洲人派设官吏，多方刻之，以某官括某地之皮，以某官吸某民之血，若昭信票⑨、摊赔款，其尤著也。是故一纳赋也，加以火耗，加以钱价，加以库平，一两之税，非五六两不能完，务使鬻妻典子而后已。"⑩ 这段话是辛亥革命前后，四川农民在平常年景苦难生活的生动写照。有人估计，1908年前后，川北"农民生活费每岁不过六元。……其食纯全米饭者月食米六升（按：一升约四斤），需制钱五百，其余薪费百文，油盐费百文，每岁食用不过十元。农民则并此而无之，致以每月食米二升为幸"。因此，"农民苦困几达极点"，"该地农民未有不夭折者，享年鲜逾四十，或二十余龄而即死，其故半由于饿，半由于苦。……甚至十余龄之童子，颜枯背屈有若老人。又疾疫流行，每在二三月间死者最众。实则此时为乏食之期，半由饿毙非尽疾疫也"⑪。若遇灾荒，农民则更是难以存命了。

---

① ［日］西川正夫：《四川保路运动前夜的社会状况》，《东洋文化研究所纪要》第45册，1968年。
② 朱世镛等修、刘贞安等纂：《云阳县志·耆旧二》。
③ 杨光炯编：《彰明乡土志》，旧抄本。
④ 《广益丛报》第4年第24号"纪闻"。
⑤ 张森楷等修：《合川县志·农业》。
⑥ 汤化培等修、李鼎禧等纂：《长寿县志》卷4。
⑦ 张骥修、曾学传纂：《温江县志·民政》。
⑧ 王铭新、郭庆琳等纂修：《眉山县志·食货志》。
⑨ 昭信票即昭信股票。1898年清政府为筹集对日赔款而发行的国内公债，定额银元1亿两，每股100两，通过官府强派给民众。邹容的家乡巴县被派银五万两。
⑩ 邹容：《革命军》第二章"革命之原因"。
⑪ 《衡报》第6期"川省农民疾苦谈"。

在辛亥革命前几年，四川自然灾害频繁而严重。清政府腐败不堪，水利失修，农民因贫困对自然灾害毫无抵御力，一遇天灾便是赤地千里，死亡流离，相望于道。1902年，"四川旱灾已不下七八十州县，每处饥民至少以五千计，已有数十万之多"①。蓬溪县，"辛壬冬夏之交，县民无所得食，扶老携幼，迁徙他乡，转死道途者，已难胜计。其不能走者，或男或女相守僵于牗下，或骨肉并命惨填沟壑，或将尽之喘卖及妻儿以图一饱，或一家之长，先杀其属后乃自裁。市廛寥落，闾巷无烟，徙死之余，孑遗无几"②。饥饿、流离、死亡之状，惨绝人寰！1904年，四川夔州、绥定、重庆、顺庆、保宁、潼川六府以及资州、泸州等地又发生严重旱灾。"愆阳连月，郊原坼裂，草木焦卷，已种者，谷则萎败不实，苕则藤蔓不生，田畴荒涸过多，几有赤地千里之状，乡民奔走十数里以求勺水，往往蔬蔌悉绝，阖门待毙。"③而川西平原又因都江堰年久失修被大水冲决成灾。"岷、沱来源会发盛涨，漫溢内江，九州县田亩几遭淹没。旋因水力迅猛，由人字堤冲裂数十丈，湃入外江，于是崇庆、温江、双流等州县，全罹水灾，冲刷田庐无算。"④1905年，"重庆大江上涨一百零八尺，许多地方被淹，损失巨大，溺死千人以上"。1907年，"成都平原大水，城内街道水深三尺，周围各县庄稼全毁"⑤。每遇灾荒，贪官奸商、豪绅恶霸则乘机囤积操纵，火中取栗，因之"米价陡贵，石米涨至十金以外"⑥。1910年，"成都自七月以来霖雨绵缀，禾头生耳，不得收获。斗米突贵四五百钱。近日檐霤尚淙淙未息也。农民负担力已尽矣。又值此奇灾，将何以为计耶！"⑦1911年，南充县因旱灾，"颗粒无收，道路死亡枕藉"⑧。夹江县，"连年饥死者甚多，棺木施尽，改用篾笆填葬"⑨。

　　帝国主义和封建主义的凶焰愈炽，四川社会愈是残破不堪，人民大众愈加难以生存。1906年，四川留日学生写道："四川虽以殷富闻，自咸同以后，地丁而外，津捐各款，名目繁多。近年来，兴学、练兵、办警察、筹赔款，竭泽而渔，势已不支。而外洋货物充塞内地，工徒失业，农商亦因此受亏。生计艰难，迥异昔日，疮痍满道，乞丐成群。节衣缩食，卖儿鬻女，而不足以图生活供丁赋者，比比然也。"⑩"农商受困"，"工徒失业"，"生计艰难"，"疮痍满道"，成了辛亥革命前夕四川社会的严重问题。当时，四川游民之多，贫民之苦，实为历史上所罕见。成都

---

① 高枬：《高给谏奏牍·恳请新督岑春煊迅速赴川折》。
② 曾世礼等修、庄喜泉等纂：《蓬溪近志·匪灾》。
③ 中国科学院历史研究所第三所编：《锡良遗稿》第1册，第414页。
④ 中国科学院历史研究所第三所编：《锡良遗稿》第1册，第449页。
⑤ [美]施特劳奇著，李孝同译：《重庆海关1902—1911年十年调查报告》《四川文史资料选辑》（第11辑），1964年。
⑥ 《光绪二十八年山东道监察御史高枬折》，转引自湖北省哲学社会科学学会联合会编：《辛亥革命五十周年纪念论文集》（上），第208页。
⑦ 《蜀报》第1年第3期。
⑧ 李良俊等修、王荃善等纂：《南充县志·要录》。
⑨ 罗国钧等修、薛志清等纂：《夹江县志·祥异》。
⑩ 戴执礼编：《四川保路运动史料》，第44页。

是清朝统治四川的政治、文化中心,即所谓四川的首善之区。但是,这里在二十世纪初年,"贫而乞丐者至众,省城每际冬令,裂肤露体者十百载道,号呼哀怜者充衢盈耳,偶遇风雪,死者枕藉,相沿有年,匪伊朝夕,南北各省皆所未见"①。省城成都已饿殍遍地,其他州县的惨状可以概见。

人民起而进行反抗斗争的根源在于社会经济基础之中。在二十世纪初,人民被帝国主义和封建主义驱至死亡线上,不能照旧生活下去了。帝国主义、封建主义的反动统治制造了自己的对立物。它们在将人民大众推向死亡线上的同时,也逼使人民大众走上反抗的战场。帝国主义、封建主义与中国人民大众的矛盾的急速尖锐化使人民革命的总爆发已成不可避免之势。而一次革命高潮的出现,又总是以无数分散的、规模不大的、屡仆屡起的反抗斗争为先导和源泉的。人民斗争的涓涓细流,终将汇成浩浩巨川。

三、保路运动前夕,四川人民自发斗争的特点和发展趋势

各族人民反抗斗争的高涨

1900年,标志着中国人民反帝爱国运动高潮的义和团运动,在我国的北方山东、河北等地和京、津地区波澜壮阔地发展起来。这一伟大运动,不仅粉碎了帝国主义列强武装瓜分中国的迷梦,而且推动了全国革命运动的高涨。

具有反侵略斗争传统的四川人民,在北方义和团的鼓舞下,迸发出反帝怒火,展开了斗争,响应北方义和团。1900年6月,罗文榜在大邑县唐场,举起"顺清灭洋"大旗,领导群众起义。同年八九月间,成都附近的群众,成群结队,自称"保国团",到处打击外国教会侵略势力。② 保宁府白庙场,侵略者新建的教堂也被群众焚毁。③ 从1901年清王朝为讨好帝国主义而惩办各地镇压群众反帝斗争不力的官吏的"上谕"中可以看出,在义和团运动高潮期间,四川名山、邛州、建昌、雅州、叙州、灌县、双流、崇庆、崇宁、南部、大足、郫县、温江等地都发生过群众反帝斗争。④

北方义和团在中外反动势力的残酷镇压下失败以后,四川义和团又揭竿而起。

有的义和团的成员在北方失败后分散潜入全国各地继续进行反抗斗争。"邪拳匪党,潜窜各处,渐次入蜀,乘便煽惑。"⑤ "自上年直隶义和团肇乱之后,其党流入川境,僭传邪教,遂至蔓延,而各种会匪以其易于惑人,无不从而传习。近且屡

---

① 中国科学院历史研究所第三所编:《锡良遗稿》第1册,第646页。
② 《华西教会新闻》1901年1—2月合刊。
③ 《华西教会新闻》1901年5—6月合刊。
④ 中国史学会编:《义和团》(四),第98页。
⑤ 罗湘云:《怡云馆文牍略存》。

变其名，曰神打，曰阴操，曰红灯教，其实皆系拳匪。"① 可见，北方义和团传入四川后，很快地与四川原有的会党结合起来，用红灯教等名义展开了新的斗争。由于四川社会矛盾十分尖锐，义和团一经传入，便迅速发展起来。四川群众接过义和团的反帝旗帜，继续战斗。这一斗争，以其发展迅速、广泛、持续时间长久，在二十世纪初年的四川近代史上十分引人注目。②

1902年是四川义和团起义的高潮时期。"成都、潼川、资州、眉州四属蔓延殆遍。"③ 是年6月，义和团首领李刚中以反洋教为号召，聚众千余人进攻资阳县城，与清军激战后，据胡家沟，杀清水河保正。资中义和团首领凌天顺、曾洪春等人率领群众起义响应资阳义和团的斗争。

自资阳义和团起义以后，"川东各邑学习神拳者纷纷而起"④。永川县陈福兴、唐木匠等人起义于朝阳寨。大足县龙水镇杨可亭聚集永川、荣昌、大足三县的义和团群众，出没于永川、大足、铜梁、荣昌四县之间。安岳地方亦"有习拳匪徒，杀毙教民多名之一事"。重庆有"带刀匪类及各处散勇，三五成群，在于城乡街市及茶坊酒肆任意横行。……种种不法，有干禁例"⑤。

在川西，义和团的气势更为磅礴。仁寿、简阳、金堂、华阳等地义和团，"纠众接仗……憨不畏死，进逼龙潭寺，省垣戒严"⑥。在川西的各支起义军中，以廖观音、曾阿义为首的一支，力量最为雄厚，"拥众数千，屡在石板滩、龙潭寺、苏家湾、三水关等处与官兵接仗"⑦。1902年9月14日，有一小队义和团突至成都西门青羊宫。同月15日，另一小队又持刀直奔四川督府附近的走马街。同时，彭山、眉山、新都、新繁、灌县、温江、郫县、德阳皆有义和团活动。成都一时被义和团所包围，使清朝统治者一筹莫展，"官心皇皇……不闻谋略，惟余恐惶"⑧。

在川北，义和团于1902年6月起义于射洪县，在首领徐机匠等人率领下，8月间，聚众一千余人，执武器旗帜，自称"顺天教"至三台县将外国教堂打毁，并占景福院，与地主武装团练发生战斗，击毙团练二十余名后进入太和镇，"所有的外国教堂都被打毁"，"老百姓不仅不抵抗，而且往往点着香烛之类欢迎"⑨。接着，三台县的义和团又派一部分队伍进攻盐亭县和玉龙镇等地，打击帝国主义、封建势力。

在川南，荣县天竺桥美国教堂于1902年7月被毁。庆符、筠连两县也有义和

---

① 四川大学历史系藏巴县档案："义和团专卷"。
② 有关义和团在四川的斗争情况，见拙著：《义和团在四川迅速发展的原因及其特点》，载中国科学院山东分院历史研究所编：《义和团运动六十周年纪念论文集》，中华书局，1961年。
③ 《光绪二十九年署四川总督岑春煊折》，转引自湖北省社会科学学会联合会编：《辛亥革命五十周年纪念论文集》第217页。
④ 罗湘云：《怡云馆文牍略存》。
⑤ 均见四川大学历史系藏巴县档案："义和团专卷"。
⑥ 均见四川大学历史系藏巴县档案："义和团专卷"。
⑦ 《四川官报》，光绪二十九年三月十六—十九日刊。
⑧ 王增祺：《聊园诗存》。
⑨ 《华西教会新闻》1902年11月号。

团活动。长宁、兴文、江安等地义和团达四五千人之多。

在1902年内,义和团起义遍及四川数十州县。他们打教堂,杀教士,驱逐侵略者,痛惩清军,攻打场镇县城,包围省城成都,致使清吏在事后仍谈虎色变,说义和团在1902年"叠酿巨案,蔓延广远,逼近省垣,用兵几及一年,为祸甚烈"①。这次起义虽然在川督岑春煊血腥镇压下暂时遭到挫败,但是,日益激化的阶级矛盾绝非刽子手的屠刀所能解决的。反动派的屠杀不但不能消灭人民的斗争,而且势将引起群众更大的仇恨。随着全国革命形势的发展,以1905年犍为县义和团起义为开端,又呈现出四川义和团斗争的新高涨。

1904年,犍为县有群众"学习邪教,念咒练拳"②。次年1月,犍为县知县李端棨探得县属文家山有张老三等练习神拳,立即率队"驰往格杀",群众奋起反抗。于是,义和团"传习愈盛,聚党众多,蓄谋滋大","分股突起","托名仇教"。③ 3月8日,观音店地方的义和团在王子田、蒋冥山、高自明的率领下,以红灯教名义,反对官府"借案勒索",聚众一两万人起义,占领龟头寨④,将罗城场等地保正、学董杀死。9日,在石板溪袭击清军靖川炮船,杀管驾史元豫等人。11日,义和团一千余人,分两路由镇江渡、真武山进攻犍为县城,自朝至暮,与清朝续备后军管带朱登五部激战于凤凰山。因受清军突击,战斗失利,牺牲四百余人。义和团遂退守铁山、龟头寨等处。铁山曾是太平天国时期李永和、蓝朝鼎起义军的根据地,犍为义和团以这里为依托坚持斗争,并分兵攻入荣县新桥场。川督锡良以川省"教堂林立,教士沓来,不早戡平,必滋他患"⑤,增调续备中军统领柴作舟、右军统领樊溥霖率军前往加强镇压。3月14日至19日,义和团在罗城场、龟头寨等地与清军激战,因清军乘雾偷袭,起义军猝不及防,遭到失败,全部退入铁山继续斗争。1911年,四川保路同志军起义时,犍为义和团群众再起并投入了保路同志军的行列。"辛亥三年正月十五日夜半,红灯教入城……七月十三日,成立保路同志会……各路同志军兴,声称赴省保路,救蒲、罗诸人。假道县城筹款,日屠猪治酒于北关外武庙,欢迎欢送,日每数十席。该军队伍、器械与红灯教无殊……气势汹汹。"⑥

犍为义和团揭竿起义后,屏山县属商州地方的义和团又起,聚数百人,竖旗于龙洞山,凭陡峻山势抗击清军。其他各地群众亦纷起响应,以致四川的统治者惊呼:"人心浮动,各处堪虞,仇教仇洋之广告,几于无地无之。"⑦ 1905年7月,宜宾县属高州大龙洞有1904年领导川滇边义和团的丁棕匠之子丁得原"创立邪教,

---

① 《东方杂志》第2年第6号"军事"。
② 《四川官报》光绪三十一年第9册。
③ 中国科学院历史研究所第三所编:《锡良遗稿》第1册,第475页。
④ 《东方杂志》第2年第4号"军事"。
⑤ 中国科学院历史研究所第三所编:《锡良遗稿》第1册,第476页。
⑥ 陈谦等修、罗绶香等纂:《犍为县志·武备志》。
⑦ 四川大学历史系藏巴县档案:"义和团专卷"。

煽纠乡民，打灭洋教"，竖旗造反。丁得原在清军重兵压境的严重形势下，率众由大龙洞出击，据洞"抗守益力"，最后失败。① 1906年，眉州又发生义和团首领管得宣领导的起义。起义军曾一度攻占了东工场。渠县土地场陈鸿图也率众起义"杀官祭旗"，"放枪拒捕"，打死打伤清军十余名。10月，义和团首领何如道在南部县和剑州、盐亭交界的光木山，聚众"伙习邪拳"，"制备旗帜、枪械、药弹"准备起义。10月27日，义和团数百人由南部进入剑州的广平场，同该处地主武装相遇，"开枪接仗"，打伤团勇八人。后在剑州知州章仪庆的镇压下，"逃散无踪"，分散活动。② 与南部义和团发生的同时，温江县吕尚彬等又"倡演邪拳"。平武县梁兆祥等杀掉了"场保"。③ 响应何如道起义的还有盐亭县达星五，资阳县陈孝先，昭化县邓守桢、邓巩生，梓橦县马少武等人。何如道在剑州失败后，潜往资阳，会同陈孝先图谋再举，不幸被清政府侦悉。陈孝先、何如道先后被捕遇害。

　　1907年，下川东开县的红灯教起义规模更为巨大。6月3日，谭汝霖、李文华等人利用开县群众抗收土药捐，乘势率众二百余人，"以仇教打土行为名"，打毁县属岳溪场的教堂、学堂及各局所。6日，开县县令侯昌镇率领防勇团丁前往镇压。谭汝霖率众迎战于陈家场，击毙丁勇多人。侯昌镇败奔县城。起事群众"由此势焰大张，不数日而众至数千，夔万大震"④。7月，开县义和团千余人进至新宁、垫江等地，"时聚时散"，在各场"估要军火"，将新宁讲治场、严家场、甘索铺、广福场、仁市场等处，酒捐油厘各局打毁，"枪房绅民财产，势将攻城"⑤。开县义和团的另一支则进至万县新场，"意在扑城"⑥。留在本县斗争的义和团群众在岳溪、陈家、南门、铁桥各场，"其锋甚盛，势将围攻县城"⑦，大有燎原之势。

　　清王朝在开县义和团起义的震骇下，惊惶难安，军机处电护理四川总督赵尔丰传清帝令："着即严饬各军迅速兜剿，查拿首要，解散胁众，务令赶紧扑灭，毋致蔓延窜扰。并将各处市镇学堂教堂饬属一律保护，勿再疏虞。"又令赵尔丰"督饬地方官协同营队认真搜捕，以期除莠安良"⑧。赵尔丰急忙由重庆等地调集重兵将这次起义残酷镇压下去，义和团首领和群众惨遭屠杀。

　　但是，1908年3月，安县草鞋街义和团又起，烧毁外国教堂，与清军发生战

---

① 《东方杂志》第3年第1号"军事"。
② 中国科学院历史研究所第三所编：《锡良遗稿》第1册，第629页。
③ 中国科学院历史研究所第三所编：《锡良遗稿》第1册，第622页。
④ 赵尔丰：《赵季和电稿·致锡清弼》，手抄本。
⑤ 光绪三十三年《川滇边务大臣护理四川总督赵尔丰折》，转引自湖北省社会科学学会联合会编：《辛亥革命五十周年纪念论文集》（上），第217页。
⑥ 光绪三十三年《川滇边务大臣护理四川总督赵尔丰折》，转引自湖北省社会科学学会联合会编：《辛亥革命五十周年纪念论文集》（上），第217页。
⑦ 光绪三十三年《川滇边务大臣护理四川总督赵尔丰折》，转引自湖北省社会科学学会联合会编：《辛亥革命五十周年纪念论文集》（上），第217页。
⑧ 两电均见中国史学会编：《辛亥革命》（三），《四川民变档案》，"中国近代史资料丛刊"本。

斗。①4月间，义和团又于午夜突进绵竹通口场教堂"纵火焚烧了教堂，然后遁去"②。

从1901至1911年，四川义和团的斗争此伏彼起，连绵不断，表示了中国人民反帝反封建斗争的坚韧性。义和团的英勇斗争同各族人民的反抗斗争相互呼应，不断打击了帝国主义侵略势力，冲刷着清朝反动统治的基础，为辛亥革命期间，四川保路同志军起义奠下了基础。以后，我们将看到，往往在义和团长期坚持斗争的地区，保路同志军的起义发动最迅速，群众最广泛，这表明四川义和团的斗争起了辛亥革命先导的作用。

四川省是一个多民族聚居的省份。帝国主义的走狗清王朝的专制统治是我国各民族人民的监牢，二十世纪初年，四川出现了各族人民共同反帝、反封建的革命形势。巴塘藏民、凉山彝民展开了规模较大的斗争，同汉族人民一道，为埋葬帝国主义的走狗清王朝共同奋斗。这是四川民族矛盾和阶级矛盾更加深刻，人民斗争日趋高涨的一个重要标志。

1904年，外国教会侵略势力已深入到藏族聚居的巴塘地区。法国在该处建有天主教堂三处，作为侵略藏民的据点。外国的侵略，引起藏民不满。他们斥责侵略者"污辱天地"③，"以教堂为不利于地方"④。是年12月24日，清朝驻藏帮办大臣凤全⑤率兵到巴塘。凤全不仅对藏族僧俗人民的反侵略呼声不予支持，而且助纣为虐，对教堂"力为保护"，"袒庇洋人"，以致藏民斥责"凤全办事悉为洋人而来"⑥。凤全还对藏民大施淫威，妨害宗教信仰自由，强行限定喇嘛人数，规定"二十年内暂停剃度"。该地丁零寺内有喇嘛一千五百名，凤全只许留三百名，其余一千二百名着令还俗，"如不遵从即行诛戮"⑦。加之，"天时荒旱，收成歉薄，民不聊生"，而凤全又带领都司吴以忠部清军到此抑勒收买粮食，"以致粮价腾贵"，"百姓无粮可食"。⑧凤全更加紧苛索劳役，强征牛羊、鸡子、柴草、豆料，并且扩大垦田，强占藏民土地。帝国主义及其走狗对藏民肆行欺压，引起了藏族僧俗群众的愤恨，他们忍无可忍，由巴塘土司出面屡次上书川督锡良，要求清政府惩办凤全："凤全教练洋操，袒庇洋人，应即加之诛戮；若川省派兵压境，惟有纠合台众

---

① 《华西教会新闻》1909年5月号。
② 《华西教会新闻》1909年第6号。
③ 《东方杂志》第2年第10号"军事"。
④ 中国科学院历史研究所第三所编：《锡良遗稿》第1册，第477页。
⑤ 凤全字荪堂，满洲镶黄旗人，由举人捐纳为知县。从1876年起，历任四川开县、万县、成都、绵竹、蒲江等县知县和崇庆州、邛州知州。1898年，凤全在资州任内，纠合地主武装，镇压大足县余栋臣反帝起义，击败其余部唐翠屏军于太平场。1902年，升任嘉定知府，率兵镇压四川义和团起义，深得川督岑春煊的赏识，加官晋爵，任成绵龙茂道。1904年被清廷任为驻藏帮办大臣〔见《清史稿•凤全传》；锡良：《凤全建祠请谥折》（光绪三十一年十一月初六日）〕。
⑥ 中国科学院历史研究所第三所编：《锡良遗稿》第1册，第477页。
⑦ 《东方杂志》第2年第10号"军事"。
⑧ 《东方杂志》第2年第10号"军事"。

联聚边番以死抗拒。"①但是锡良反诬藏民"狂悖实为至极",仍纵容凤全胡作非为。于是,巴塘藏民因申诉无门而组成"自立会"②,积极准备反抗斗争。

1905年3月26日,凤全诬百姓为盗贼,寺僧为窝主,令巴塘都司吴以忠带兵攻打丁零寺,打死喇嘛多人,从而引爆了巴塘藏民反帝反封建斗争。藏民"放枪伤勇","焚烧垦场,纠结日众",提出了"除去国内之祸患,地方之贪官"的口号③,群起驱逐凤全及其所部官兵。4月2日,藏民又焚毁法国教堂,与前来保护的清兵战斗,击毙清兵二十余人,打死都司吴以忠,捣毁粮署④,"番众汹汹,解喻不散",一时集众"不下三千五六百人",直逼凤全驻所,"枪炮齐施"。凤全慌忙遁入土司寨内,藏民"乘势将银鞘、军器、文卷等项,掳掠殆尽"并包围土司寨,捉拿凤全。⑤4月5日,凤全狼狈出走,藏民埋伏在距巴塘二十里的鹦歌嘴地方,当凤全一行进入伏击地段,"埋伏突起,前后截杀",将凤全及随员勇役五十余人全部击毙,又先后焚毁巴塘地区法国教堂三处,杀死法国司铎牧守仁、苏烈二人。这就是当时闻名全国的巴塘事件。

巴塘藏民的斗争,很快得到了里塘、瞻对等地藏民的响应,"土司番民附和甚多"。里塘藏民拒绝供应清军粮食,并赶造大炮,"断路掘阱,声言备拒官兵"。⑥于是川滇"边境骚然"。⑦云南维西厅藏族僧民也起事响应,打败清维西厅通判李祖佑所率兵勇,活捉教士余伯南,打死教士蒲德元、英人付礼士。⑧

巴塘藏民反帝反封建斗争爆发后,帝国主义者立即出面干涉。4月29日,英、法公使以"四川土番谋乱",要挟清王朝外务部保护在四川的外国传教士。三天以后,法国公使又指使清王朝"电令川督锡良从速查办"。⑨甚至扬言派法兵入川,"代为剿办"⑩,张牙舞爪地逼令其走狗加紧镇压巴塘藏民的斗争。于是,川督锡良先派四川提督马维骐带兵五营,"振旅西征",继派以屠杀川南人民而有"屠夫"之名的建昌道赵尔丰"提兵继进,力筹策应,更保其后路无忧"⑪。7月,巴塘藏民得知马维骐行至里塘,"喇嘛土司等人誓众祭旗,出而抵御,节节关隘扼险设伏,圮

---

① 中国科学院历史研究所第三所编:《锡良遗稿》第1册,第514页。
② 《东方杂志》第2年第4号"杂俎"。
③ 《东方杂志》第2年第10号"军事"。
④ 粮署,清政府粮员的官署。据《西康建省记》的《巴塘改流记》载:"巴塘……地方千里。里塘、曲登在其东,江卡、三岩在其西,云南在其南,德格在其北,跨于金沙江之上,有正副两土司,一宣慰,一宣抚,皆世袭其官,分管其地,清时屡次用兵西藏,并有驻藏官兵,故于巴塘设一粮员,以川省同知通判知州知县等官委任,三年交替,为转运粮饷计也。又设有都司一员,千总一员,于距巴塘八十里之竹陇设外委一员,由川省绿营中派弁兵往戍,三年更替。"
⑤ 均参见《记清光绪三十一年巴塘之乱》,《禹贡》第6卷第12期。
⑥ 中国科学院历史研究所第三所编:《锡良遗稿》第1册,第555页。
⑦ 《记清光绪三十一年巴塘之乱》,《禹贡》第6卷第12期。
⑧ 《记清光绪三十一年巴塘之乱》,《禹贡》第6卷第12期。
⑨ 《东方杂志》第2年第4号"杂俎"。
⑩ 《东方杂志》第2年第9号"杂俎"。
⑪ 中国科学院历史研究所第三所编:《锡良遗稿》第1册,第515页。

桥掘堑"①，奋起抵抗。7月16日，藏族起义群众于二郎湾袭击清军。次日，在三坝关与清军酣战。7月18日，藏族义军三百余人据大所关阻击，但被清军绕道腹背夹击，大所关失守，藏军伤亡甚大。清军乘势由奔察木进攻，于7月26日占领巴塘。藏民据丁零寺死守。最后因敌我力量悬殊，不得不分散突围，在四周丛林中伏击清军。锡良令马维骐派员带队四出搜捕起义僧民，大肆屠杀。赵尔丰兵剿七村，"斩馘亦不为少"，将巴塘起义镇压下去。

　　法国驻打箭炉主教倪德隆、法国驻重庆副领事何始康借巴塘藏民反抗斗争，向清政府勒索赔款二十余万两。清政府令四川省洋务局和赵尔丰向法国侵略者摇尾乞怜，承认赔款121，500两。川督锡良还厚颜无耻地说法国主教倪德隆，"顾念邦交"，"实教士中之能识大体者"，奏请清王朝赏给三品顶戴，赏何始康三等第一宝星，"俾资奖励"②，旋即奉到硃批："著照所请，外务部知道"③。清朝统治者对内残杀、对外投降的丑态可掬。赵尔丰于次年打下里塘稻城桑披寺后，由锡良上奏密保"该道清剿遘逆"，"坚忍卓绝，忠勇无伦"，"上备简擢"④，很快升任川滇边务大臣，用藏、汉人民的鲜血染红了自己的顶子。

　　自1903至1910年，四川大凉山彝族不断起事抗清。⑤ 1904年，西昌县阿什支彝族群众起而反抗清政府，"大股出巢焚杀"⑥。1905年，马家支彝族再起，"焚劫西昌县属大兴场"。锡良派高培焜率领常备前后两营前往镇压，但该军出省即纷纷逃散，"哨官畏罪僣亡数人，失去快枪八十支并子药甚多"⑦。吉耳等支彝民据碗厂河、四块坝等地节节抵抗清军，后据勺勺梁天险守卫。"强悍之众，扼守于此，堑山湮谷，又复削竹编刺，阻绝人迹。"⑧ 清军暴戾成性，向彝民"开炮破垒"，"纵火焚林"，杀死彝民百余名，更"毁其家庐，扰其耕牧，发其仓窌，搜其丛箐"⑨，费时半年，将这次彝民反抗斗争镇压下去。

　　1908年，美国传教士巴尔克由西昌经昭觉至美姑县属的牛牛坝，测绘地图，勘查矿产。当地彝民群起阻止。巴尔克竟用手枪将阿侯拉博等二人杀害。美国侵略者的暴行激起了彝民无比的愤怒。当即被阿侯家、苏呷家支的彝民将巴尔克用石头砸死，杀其随从。1909年7月，清川滇边务大臣赵尔丰率兵约三千人由西昌、马边两路进兵美姑镇压彝民起事。彝民起而抵抗，一度击退由马边前来的一路清军。由西昌前来的一路也遭到苏呷家彝众的阻击。清军到达美姑后，阿侯家、苏呷家联

---

①　中国科学院历史研究所第三所编：《锡良遗稿》第1册，第513页。
②　中国科学院历史研究所第三所编：《锡良遗稿》第1册，第582页。
③　中国科学院历史研究所第三所编：《锡良遗稿》第1册，第582页。
④　中国科学院历史研究所第三所编：《锡良遗稿》第1册，第595页。
⑤　龚书铎、陈桂英：《从清军机处档案看辛亥革命前后群众的反抗斗争》，湖北省社会科学学会联合会编：《辛亥革命五十周年纪念论文集》（上），第212页。
⑥　中国科学院历史研究所第三所编：《锡良遗稿》第1册，第411页。
⑦　《东方杂志》第2年第5号"军事"。
⑧　中国科学院历史研究所第三所编：《锡良遗稿》第1册，第533页。
⑨　中国科学院历史研究所第三所编：《锡良遗稿》第1册，第533页。

合进行反击，打死清兵不少。由于当地阿陆家、马家等黑彝家支观望不动，美姑彝民的反抗斗争终于被清政府镇压下去。①

这次彝民起事，不仅打击了帝国主义分子和清军，而且为同盟会在嘉定、屏山起义创造了有利条件。据同盟会会员熊克武在《辛亥前我参加的四川几次武装起义》一文中，回忆1909年同盟会决定于嘉定、屏山起义的原因时说：原因之一是嘉定、屏山"附近各县正调动二十五个巡防营围剿凉山的彝族，后防空虚"。② 这一事实说明，四川少数民族的自发反抗斗争具有促进和在客观上支持资产阶级领导的民主革命的重要意义。

尤其不能忽视的是，1907年成都满族群众中"竟有不肖之徒，借端煽惑，纠众哄堂塞署"的事件。这不能不引起清王朝的极度慌乱。清廷军机处电寄成都将军绰哈布、护理四川总督赵尔丰，严令"查明为首滋事造谣煽动之人，从严惩办，并将约束不严之协佐各员，分别查究，勿稍姑息"③。力图将满族群众的反抗斗争扼杀于襁褓之中。这说明，满族群众对满洲贵族的专制统治亦日益不满，统治民族内部的裂缝正在扩大，统治中国的少数满洲贵族到了众叛亲离、日形孤立的地步了。

在清朝反动统治下，我国各族人民包括满族群众在内都受着帝国主义和封建主义的压迫，共同生活在苦难的深渊之中。共同的悲惨命运把他们联结起来，对帝国主义、封建主义表示反抗。这种联结，不是清朝反动统治者所能割断的。他们反对帝国主义及其走狗的共同战斗，为清朝专制统治敲击着丧钟，召唤了辛亥革命的迅速到来。

帝国主义无孔不入的宗教文化侵略，清政府有增无已的苛捐杂税的盘剥，引起了全国群众抗捐税、反洋教斗争的高涨。在四川，除前面已写到的那些群众斗争一般都具有抗捐税、反洋教的性质外，其他各种形式的抗捐税、反洋教斗争一时遍及全川。这是二十世纪初年，清王朝统治危机加深的另一重要表现。

1902年，灌县发生了群众反对厘金苛索的暴动。1901年冬，清政府在灌县设立了厘金关卡，对一切出入的商人，从药材、皮毛批发商到贩布和卖花生的小商小贩苛收厘金。所收税额往往超过货物的价值，群众恨入骨髓。1902年，灌县群众捣毁了厘金关卡和经征局，商店关门，停止营业，全城罢市三天。灌县知县见事态严重，被迫自认不是，请求开市。经征局在事变后的两月内无法征税，不得不承认不再向零售商人索取税款。④ 灌县群众的抗捐暴动取得了一定的胜利。继灌县抗捐暴动，1904年9月，重庆群众为反对清政府厘金局苛索，全城罢市。⑤

1905年以后，四川群众的抗捐税、反洋教斗争有了进一步发展。这一年，成都群众反对清政府征收房捐罢市。同年冬，余切、杨钧、汪泽、肖光前等人，联络

---

① 四川少数民族社会调查组编：《四川彝族近现代史调查资料选集》（初稿）。
② 文史资料委员会编：《辛亥革命回忆录》（三），第20页。
③ 以上引文均见中国史学会编：《辛亥革命》（三），"中国近代史资料丛刊"本，第494页。
④ 《华西教会新闻》1902年3月号。
⑤ 《东方杂志》第2年第1号"杂俎"。

会党起兵于彭县石洞堰后山,称"大同军"。余切任元帅,杨钧为军师,"歃血誓师,为条令以诏群众"。①起义军一千七百余人与彭县堂勇、团练及崇宁、什邡、新繁、崇庆各县团练四千余人进行多次战斗,毙伤团练勇丁,焚毁思文场、河坝场天主教堂。附近的蒙阳场、海窝子等地群众纷起响应。清彭县县令赵嘉蕙"视其势不可遏也"②,乃派人找起义军头领游说分化。肖光前等动摇,余切、汪泽见事不可为,"毁玺节符帜"而去成都。1906年,余切加入同盟会,投身于同盟会领导的起义斗争。

1907年,"垫江毋间桥、新场等处穷民,向土行滋事",反对征收土药捐。永川、綦江、垫江等县群众亦因土行勒捐起而反抗。③邛州因抽纸捐,"有无知愚民纠众打毁收捐纸行"。④清政府增加盐税,"在公家以成本过重,定价自不得不昂,而民间多购食为艰,用盐遂不期而减,此实间阎困苦之情,有非官法所以绳也"。⑤于是群众纷起抗抽盐捐,"毁店伤勇之案层见叠出"。⑥

1909年,清政府命令调查户口,竖立门牌,加强统治并抽收门牌捐。威远会党首领刘香廷号召群众数千人,自称"天保元帅",进行反抗。数月之间,焚毁教堂无算。是年11月20日,刘香廷率二千余人至资州罗泉镇"掳掠"票厘局。⑦第二年,铜梁、大足等县大小纸厂约千余家,因抗收纸捐"相约罢市"。各纸厂工匠乘机与群众一道"群起滋事",将附近的厘局悉数捣毁。清朝重庆知府率兵前往镇压,捕杀抗捐群众数人,激起了群众更大的反抗。抗捐工人和群众举行起义,占领清政府储藏火药军械的多宝寺,"与官仇敌",将"寺中军械一律抢夺在手",袭击来犯的清军,并拟将多宝寺火药局轰毁。由于清政府大足县县令率重兵镇压,起义群众才不得不分散隐蔽起来。⑧1911年,西昌城又发生了反对县令章庆勒收茶铺捐的罢市斗争。四川群众反对清朝的抗捐罢市、暴动接连不断,直至保路运动全川大罢市,清朝覆亡为止。

还值得注意的是,二十世纪初年,四川工人阶级的斗争也有了初步开展。1904年,成都兵工厂六百余名职工,全体罢工,抗议工头克扣工资。⑨工人们前往总督衙门控诉、请愿,坚持罢工达半月以上,开四川产业工人罢工斗争的记录。1908年,5月30日,富、荣两厂盐业工人实行罢工,要求增加工资。官盐局嗾令营兵杀伤罢工群众。于是"民情愈为愤激,蜂拥入局,毁坏窗棂垣墙,势甚汹汹",盐

---

① 肖仲岑遗稿:《乙巳彭县之役》(写于民国初年)。
② 肖仲岑遗稿:《乙巳彭县之役》(写于民国初年)。
③ 赵尔丰:《赵季和电稿·致关道》《致柯逊庵》,手抄本。
④ 赵尔丰:《赵季和电稿·致军机处》,手抄本。
⑤ 赵尔丰:《赵季和奏议·陈明四川盐行情形片》,手抄本。
⑥ 赵尔丰:《赵季和奏议·陈明四川盐行情形片》,手抄本。
⑦ 吴鸿仁等修、黄清凉等纂:《续修资州志·杂编·兵燹》。
⑧ 以上均见《东方杂志》第7年第7号"中国时事汇录"。
⑨ 汪敬虞编:《中国近代工业史资料》第2辑(下),第1289页。

工一两万人,"人势鼎沸,炮声震天,人情惊危,颇有蠢动之势"。① 清朝统治者在盐业工人的坚决斗争下,不得不答应工人的要求,才将这次工人斗争平息下去。由于当时四川工业不发达,产业工人人数很少,他们的斗争又还处于自发阶段。但是,产业工人的罢工和暴动是四川历史上破天荒的新事物。这说明,四川的工人阶级,在二十世纪初年已开始以资产阶级民主革命追随者的身份,参加到反对帝国主义走狗清朝的革命洪流之中。

附:1900—1910年四川各族群众自发斗争简表

时 间	县 名	事 件	资料来源
1900	大 邑	罗文榜领导起义,"顺清灭洋"。	四川大学历史系藏巴县档案"义和团专卷"(以下简称"专卷")。
	成 都	"保国团"反教会斗争。	《华西教会新闻》1901年1—2月合刊。
	保 宁	反教会斗争。	同上。
	名 山	反教会斗争。	中国史学会主编:《义和团》(四),第598页。
	邛 州		
	建 昌		
	雅 州		
	叙 州		
	灌 县		
	双 流		
	崇 庆		
	崇 宁		
	南 部		
	大 足		
	郫 县		
	温 江		
	犍 为	反教会斗争。	《光绪朝东华录》"二十六年九月癸巳""二十七年六月己巳"条。李时岳:《反洋教运动》,第91页。
	富 顺		
	天 全		
	丹 棱	群众起事杀团绅王连邦。	《丹棱县志·杂事志》。
1901	重 庆	四川义和团发出揭帖号召"灭清、剿洋、兴汉"。	"专卷"。
	成 都	群众起事打毁外国教堂。	李时岳:《反洋教运动》,第96页。

---

① 《广益丛报》光绪三十四年六月二十日。

续 表

时 间	县 名	事 件	资料来源
1902	资 阳	义和团首领李刚中率众起义。	"专卷"。
	永 川	陈福兴、唐木匠率义和团起义。	《义和团运动六十周年纪念论文集》，第239页。
	安 岳	义和团起义。	同上。
	资 中	凌天顺、曾洪春领导义和团起义。	同上。
	大 足	龙水镇杨可亭起义。	同上。
	重 庆	义和团在城乡街市带刀活动。	"专卷"。
	仁 寿	义和团起义。	同上。
	简 阳		
	金 堂		
	华 阳		
	成 都	一队义和团进至青羊宫，另一队突进走马街。	
	眉 州	义和团起义。	《义和团运动六十周年纪念论文集》，第240页。
	德 阳		
	灌 县		
	温 江		
	郫 县		
	射 洪	徐机匠率义和团千余人起义。	《华西教会新闻》1902年11月号。
	潼 川	义和团起义转攻盐亭。	同上。
	庆 符	义和团起义。	《义和团运动六十周年纪念论文集》，第240页。
	筠 连		
	长 宁		
	兴 文		
	灌 县	群众反厘金苛索暴动。	《华西教会新闻》1902年3月号。

续 表

时 间	县 名	事 件	资料来源
1903	南 川	杨世玉率群众起事与团练交战。	《南川县志·前事·历代》。
	万 源	李裁缝率众起义。	《万源县志·史事门·大事》。
1904	西 昌	彝族阿什支抗清。	《锡良遗稿》第1册，第411页。
	重 庆	反清朝厘金局苛索，全城罢市。	《东方杂志》第2年第1号"杂俎"。
	富 顺	蓝俊章等约期焚教堂。	《四川官报》光绪三十一年，第28册。
	冕 宁	反教会斗争。	《东方杂志》第1年第7号"各省教务汇志"。
	广 安	反"新政"起事。	《东方杂志》第2年第1号"杂俎"。
	成 都	机器局工人罢工，反对工头克扣工资。	汪敬虞：《中国近代工业史资料》第2辑（下），第1289页。
1905	犍 为	义和团张老三等起义抗清。王子田等反对官府"借案勒索"。	《锡良遗稿》第1册，第475页。《东方杂志》第2年第4号"军事"。
	宜 宾	丁得原率义和团于龙硐山竖旗起义。	《东方杂志》第3年第1号"军事"。
	巴 塘	藏民起义反洋教、抗官府、杀清驻藏帮办大臣凤全。	《锡良遗稿》第1册，第555页。
	西 昌	彝族马家支等起事抗清。	《东方杂志》第2年第5号"军事"。
	成 都	市民反对房捐罢市。	同上，第2年第4号"财政"。
	彭 县	大同军起义。	肖仲苍遗稿：《乙巳彭县之役》。
	南 川	义和团余化龙（石匠）仇教，与团练战斗。	《南川县志·前事·历代》。
	荣 县	反教会斗争。	《荣县志·事纪》。
	嘉 定	红灯教起事。	《东方杂志》第2年第3号"杂俎"。
	叙 永	宝佛场群众与清军战斗。	同上，第3年第1号"军事"。
	仪 陇	群众起事抗清。	同上，第2年第9号"军事"。
	资 中	刘飞虎起事。	同上，第2年第6号"军事"。
	万 源	饥民数百人暴动。	《万源县志·史事门·大事》。

续表

时 间	县 名	事 件	资料来源
1906	眉州	义和团首领管得宣率众起义。	《东方杂志》第3年第4号"军事"。
	南部	义和团首领何如道率众起义。	《锡良遗稿》第1册,第629页。
	剑州		
	盐亭		
	巴州	民变。	《东方杂志》第3年第4号"杂俎"。
	射洪	税玉堂率众起义抗击清军。	同上,第3年第6号"军事"。
	渠县	团总陈鸿图"杀差祭旗",抗拒清军。	同上,第3年第12号"军事"。
	大竹	吴世题率义和团与团练作战。	《大竹县志·武备志》。
1907	开县	义和团起义。	《东方杂志》第4年第10号"军事"。
	广安	反盐斤加价暴动,捣毁盐店,打伤兵勇。	《赵季和奏议》卷2。
	岳池		
	南川	哥老会首领刘天成率众起义。	《南川县志·前事·历代》。
	垫江	群众抗收土药捐。	《赵季和电稿》卷1。
	永川		
	綦江		
	邛州	抗纸捐打毁纸行。	同上。
	平武	农民反苛捐起事。	《东方杂志》第4年第11号"军事"。
1908	剑州	民变。	《剑阁县续志·士女》。
	富顺	盐工罢工。	《广益丛报》光绪三十四年六月二十日。
	美姑	彝民打死美教士巴尔克。	《四川彝族近现代史调查资料选集》(初稿)。
	安县	草鞋街义和团起义。	《华西教会新闻》1909年5月号。
	绵竹	义和团焚烧通口场教堂。	《华西教会新闻》1909年5月号。

续 表

时间	县名	事件	资料来源
1909	崇庆	群众反对"新政",打毁教练所、经征局。	《崇庆县志·事纪》。
	威远	刘香廷抗捐起义。	《续修资州志·杂编·兵燹》。
	资州		
	富顺	反官盐局勒索起事。	《富顺县志·兵防·历代兵事》。
	大竹	义和团谢某率众起义,自称皇帝。	《大竹县志·武备志》。
	南川	群众起事。	《南川县志·前事·历代》。
1910	铜梁	纸厂工匠抗捐起义。	《东方杂志》第7年第7号"中国时事汇录"。
	大足		
	永宁	民变。	《汇报》第96、97、104期。
	大竹		
	广安		
	巴州		
	南江		
	通江		
	綦江		
	秀山		
	崇庆	民变。	《崇庆县志·事纪》。
	眉州	乡民捣毁局所。	《东方杂志》第7年第7号"中国大事记"。

斗争的特点及其发展趋势

由于二十世纪初年,中国社会阶级矛盾的发展和资产阶级领导的民主革命运动的勃兴,四川人民反帝反封建斗争在新的历史时期有了新的特点和新的发展趋势。探讨这些新特点和新趋势是研究四川保路运动史不可缺少的课题。

(一)四川义和团提出了"灭清、剿洋、兴汉"的口号

就迄今所发现的史料看,这是义和团失败后,中国人民在继续奋斗中最早明确提出的反对帝国主义及其走狗的革命口号之一,与河北深州安平等地"联庄会"提出

"扫清灭洋"口号同时。①

这一口号是四川义和团在一个揭帖中明确提出的。揭帖写道："今奉上帝令，灭清、剿洋、兴汉。行事多人协定，定今端午日戌时，天下各处，共期征伐，临时忽然起火为准。凡欲投者，在火起时，各执军器，将发剪短，只留寸长，勿包帕戴帽，以光头现短发为记。凡灭清之兵，概以头现短发为记。征伐时见头现短发者全留，见头未现短发者全除。其各短发军，待天明听点后，每人每日给饷钱一千文，决不食言。"② 按这一揭帖写明的日期是"光绪二十七年五月"，即1901年六七月间。据其中号召端午节起事之语，可以断定此帖应发于端午节之前，即旧历五月初一至初五（阳历6月16至20日）之间。可见，四川义和团提出"灭清、剿洋、兴汉"口号比直隶广宗景廷宾起义提出的"扫清灭洋"口号约早半年以上。③

在以上所引揭帖中，最值得我们注意的是：①明白地提出了"灭清、剿洋、兴汉"；②为达到此目的，强调了"天下各处"，"各执军器"，"共期征伐"，肯定了用暴力手段反帝反封建的道路；③提出了"将发剪短……以光头现短发"为"灭清之兵"的标记。这就是要除掉作为清朝专制统治奴役的象征——辫子，以示同清朝誓不两立，充实了反清的内容。

四川义和团的"灭清、剿洋、兴汉"的口号，把反对帝国主义和反对清朝的战斗任务联系了起来，主张用武装斗争去反对民族的和阶级的敌人，以达"兴汉"的目的。综观1902—1911年间，四川各地义和团活动的情形，基本上是按照这一口号行事的。这一口号具有纲领性和约束力。

列宁指出："每一个口号都应当根据一定的政治局势的整个特点来提出。"④ 四川义和团提出"灭清、剿洋、兴汉"口号并非偶然的现象。它是由二十世纪初年中国社会矛盾的特殊性规定的，也是十九世纪中叶以来，中国人民反对外国侵略者及其走狗的斗争实践经验的总结。它反映了当时政治局势的特点。

毛泽东同志指出："帝国主义和中华民族的矛盾，封建主义和人民大众的矛盾，这些就是近代中国社会的主要矛盾。""而帝国主义和中华民族的矛盾，乃是各种矛盾中的最主要的矛盾。"⑤ 如前所叙，《辛丑条约》签订后，帝国主义对四川全面加紧了侵略活动，这不能不引起帝国主义和中华民族这一近代中国社会最主要的矛盾加深，造成日益发展的人民反帝运动。"剿洋"的口号在自发的人民斗争中理所当

---

① 据《汇报》，光绪二十七年五月二十一日（1901年7月6日）载："深州安平均有联庄会匪，旗书'扫清灭洋'，共有七百余庄，约二十万余人。"储仁逊：《闻见录》，光绪二十七年四月二十九日（1901年6月15日）条（天津人民图书馆藏稿本）："深州武举田燮经在该州所属地方，倡立连（联）庄会，……旗上书'扫清灭洋'字样，比去夏拳匪尤为猖獗……"可见，1901年六七月间深州出现了"扫清灭洋"口号。
② 四川大学历史系藏巴县档案："义和团专卷"。
③ 据袁世凯：《覆陈剿办广宗等县匪徒情形折》（《养寿园奏议辑要》卷16）称："景廷宾始则传帖聚众，抗官击兵，继则竖旗造反，潜称伪号，甚至有'扫清灭洋'字样……"原奏景廷宾传帖集众的时间在1901年11月22日。
④ 列宁：《论口号》，《列宁选集》第3卷，第107页。
⑤ 毛泽东：《中国革命和中国共产党》，《毛泽东选集》合订本，第594页。

然地提了出来，作为一个朴素的反帝纲领。外国教会势力，在《辛丑条约》签订后在四川恶性膨胀，外国传教士更加猖狂地直接骑在中国人民头上作威作福。因此，人民群众也就自然地把自己对帝国主义的仇恨集中在他们日常所接触的外国传教士身上。打毁教堂、驱杀教士也就成了四川人民从十九世纪中叶起直至二十世纪初年反侵略斗争的基本内容和主要表现形式。尽管由于历史的和阶级的局限，当时四川人民对帝国主义的认识还处于感性认识的阶段，他们的"剿洋"斗争还具有笼统排外性。但是，这些斗争的锋芒都是指向侵略中国、压迫中华民族和人民的帝国主义的，因而是正义的和必要的。这正如列宁所说："那些用传教的鬼话来掩盖掠夺政策的人，中国人难道能不痛恨他们吗？"① 从这方面说，四川义和团的"剿洋"斗争是1898年余栋臣领导的反帝起义、1900年北方义和团和大邑罗文榜起义的继续和发展。即统治者所诬称："余蛮之发愤……至今蜀人犹啧啧乐道，遂使匪徒接踵而行之。"② 上海《汇报》亦称："川匪披猖，习拳者多，尚有余蛮子死灰复燃，将蔓及全省。"近代四川人民坚持反侵略的旗帜，勇敢奋斗，发扬了中华民族不甘屈服于外来侵略者的优良传统。

《辛丑条约》签订后，清王朝完全投降了帝国主义，成了一个名副其实的"洋人的朝廷"。帝国主义在义和团运动以后的一段时间，主要的不是用战争压迫而是用政治、经济、文化等比较温和的手段压迫中国，与中国的封建统治者结成反革命同盟来共同压迫人民大众。帝国主义掠夺的中国主权是由清王朝出卖的。帝国主义勒索的赔款、洋债是由清王朝代为向中国人民搜刮的："夫外人攫之虽疾，而我政府献之甚殷。"③ "今日之外务部，一卖国部耳，官大则多卖，官小则少卖。"④ 这是对卖国政府的一针见血的揭露。清朝推行"新政"，穷凶极恶的搜刮，敲骨吸髓的剥削，贪官污吏毒似虎狼，地主豪霸狠如毒蛇，人民深受其荼毒。清王朝残酷镇压余栋臣领导的反帝起义和义和团运动的血腥罪行进一步将它的走狗面目暴露于光天化日之下。这一切都不能不激化封建主义和人民大众的矛盾，显出国内矛盾特别的尖锐性。人民从斗争实践中认识了清王朝卖国到底的可耻面目，懂得了要摆脱外国侵略的奴役，在反对帝国主义的同时，还必须反对本国的反动政府。于是，将北方义和团和余栋臣、罗文榜起义使用过的"顺清灭洋""扶清灭洋"的口号加以发展，扬弃了"顺清""扶清"，坚持了"灭洋""剿洋"而形成"灭清、剿洋、兴汉"的新口号。这说明：四川义和团的斗争，不是简单地承袭前此的人民反帝运动，而是在新的历史条件下，不自觉地反映了客观存在的社会矛盾的特殊性，从而使人民的革命事业向前发展和深入了一步。

1904年，川督锡良奏称：四川人民进行的反抗斗争，"迹其煽惑之计，要亦不

---

① 列宁：《中国的战争》，《列宁选集》第1卷，第214页。
② 四川大学历史系藏巴县档案："义和团卷"。
③ 中国科学院历史研究所第三所编：《云南杂志选辑》，第627页。
④ 《四川》第2号，第111页。

外两端：其激民忿也，恒挟外人传教以为仇；其构民怨也，辄指公家之取民以为虐"。① 这就直接地供认了二十世纪初四川人民斗争的反对帝国主义及其走狗的起因和性质。人民反对帝国主义和封建主义斗争的具体表现，或起于抗捐抗税而及于帝国主义的教会、教堂；或起于反洋教斗争而引起反对清政府苛政虐民和地主豪霸压迫的暴动。四川义和团从一开始活动起，不仅打教堂、杀教士，同时"劫署围城"，"戕弁杀勇"，"持械抗官"，袭击清军和地主武装团练。在一支义和团义军突进成都时，"挥长柄刀，逐市人曰：侬不杀若，侬寻官兵斗也"。② 义和团打击豪绅富户，"始而打毁教堂，搜杀教民，继则无论民教，以打富济贫为名，择肥而噬，肆意掳杀，城内军火，搜劫一空"。③ 四川义和团把"打富济贫"，"抗粮抗捐"作为"字令"传授。还散发一种木刻唱本，将"都说要把贪官斩，不上粮来不出捐"④ 的主张广为宣传，号召战斗。四川人民从革命口号到斗争行动都把反帝反封建这两大革命历史任务结合起来，参并而行，从而登上了新的革命阶梯。

随着国内矛盾的日益激化，1905年以后，四川人民将斗争的矛头更集中到清王朝的身上。这个反动王朝越来越成为众矢之的。从这一年起，四川人民抗捐税的斗争次数显然增多，两次规模较大的起义事件（1905年巴塘藏民起义和1907年开县义和团起义）皆首先由抗官虐民而起。巴塘起义提出了"除去国内之祸患，地方之贪官"的口号，明确地揭露清朝驻藏帮办大臣凤全"袒庇洋人"。在反洋教的同时，起而杀死这个洋人的走狗，抗拒官兵。开县义和团起义是由反抗苛捐而起的，进而打毁教堂，而斗争锋芒则集中在抗击清军，打毁捐局，打击富户。这些史实表明，中国人民同帝国主义的走狗清朝的矛盾更加尖锐了。推翻清朝成了全国广大群众共同的要求和战斗目标。人民群众开始把爱国和革命联系在一起，清政府越是疯狂地镇压人民群众，巩固帝国主义在中国的半殖民地统治秩序，人民也越是集中力量反对卖国的清政府，为谋求祖国的独立、民主而奋斗。这是不以人们意志为转移的阶级斗争的客观规律。

"灭清、剿洋、兴汉"口号，既然是一定历史条件下的产物，它就不可避免地带有阶级和时代的烙印，具有历史局限性。它毕竟还是人民群众（主要是农民）自发斗争的口号。这一口号不仅笼罩着"今奉上帝令""降神念咒"的迷信色彩，而且"剿洋"仍停留在朴素而粗糙的阶段，没有超出十九世纪中叶开始的打毁教堂，逐杀教士、教民的范围，甚至连当时的"新式"学堂也一概在排斥之列。反侵略的正义性和笼统排外性交织在一起。"灭清"，要求打倒清王朝，这无疑是正确的。但是，以农民为主体的自发群众革命运动，是提不出新的政治制度去代替旧的封建专制制度的。"兴汉"，是四川义和团所争取实现的目标。但这最多也只能是以一个汉族帝国去代替满洲贵族帝国。因此，没有脱离古色斑斓的"排满兴汉"的窠臼，斗

---

① 中国科学院历史研究所第三所编：《锡良遗稿》第1册，第608页。
② 汪如海：《啸海成都笔记》。
③ 四川大学历史系藏巴县档案："义和团专卷"。
④ 四川大学历史系藏巴县档案："义和团专卷"。

争仍然在旧式农民战争的范围里徘徊不前。这就足以说明，二十世纪初年四川各族人民的反帝反封建斗争，一方面有了发展和提高；另一方面则仍然处于自发的阶段。中国革命需要有新的阶级来领导，以充实民主主义革命的内容。历史发展的辩证法将宣布旧式的农民运动的过时，资产阶级领导的民主革命运动将应时而兴。

（二）发动迅猛，群众面广，会党作用突出是这一时期四川群众斗争的另一特点

由于社会基本矛盾的尖锐化，四川的群众斗争往往是一触即发，星星之火，迅即造成燎原之焰。"一有倡首发难之人，遂成星火燎原之势。……故虽拥一妇人女子，稚儿顽童，一朝可以啸聚千百人。"① 1902年成都附近石板滩起义的义和团首领廖九妹，即以"十六岁柔弱女子"，"拥众数千，屡在石板滩、龙潭寺、苏家湾、三水关等处与官兵接仗"。② 义和团的义旗一举，分散的群众斗争之火很快燃遍四川省的各个角落，乃至成都、重庆等重要城市，岑春煊将二十世纪初年川省的群众斗争同半个世纪前的咸丰、同治年间的群众斗争做了一番比较。他说："溯查咸丰同治年间，川省匪徒无虑数十百股，然均有一定匪首，歼厥渠魁，胁从自散。此次匪徒，则不惟匪首难得主名，即股数亦无一定，大都无知妇孺、会匪、饥民，聚党数十或数百，便图起事。……及经大兵进剿，则又不耐一战，弃械狂奔，混入居民；民既容留，兵自莫辨孰为匪也。迨兵远去，若辈复又聚集……旋灭旋去，猝难尽绝。"③ 剥去其中诬蔑之词，我们不难看出，二十世纪初年人民斗争除具有发动迅速、斗争分散等特点外，参加的群众面也是十分广泛的。许多"无知妇孺"参加了斗争。从来源看，即所谓"盗贼、饥民、会匪、义和拳分之为四，合之为一"。④ 反动统治者所称的"盗贼、饥民、会匪、义和拳"是些什么人呢？主要是农民和手工业者以及失掉土地的农民、失业手工业者所形成的游民。义和团是"樵夫牧竖，多有练习"⑤，"蛊椎鲁以成众"⑥，"拳匪窃发、流氓响应"⑦，"成都等属，游民实繁，生计既穷，流而为盗"⑧。从各地起义首领的名称我们也可以看出这一点。例如永川县唐木匠、射洪县徐机匠、南川余石匠等。在帝国主义的压迫和清王朝的暴政掠夺下，四川某些中小地主也产生了不满，其中有的人，在群众斗争高涨的时候也同情甚至支持起义。有的团练头目，"不特本团习拳之人，该团首不肯举发，甚

---

① 《光绪二十八年署理四川总督岑春煊折》，湖北省社会科学学会联合会编：《辛亥革命五十周年纪念论文集》（上），第210页。
② 高枬：《高给谏奏牍·沥陈四川乱象请更换川督折》。
③ 《光绪二十八年署理四川总督岑春煊折》，湖北省社会科学学会联合会编：《辛亥革命五十周年纪念论文集》（上），第210页。
④ 高枬：《高给谏奏牍·沥陈四川乱象请更换川督折》。
⑤ 吴鸿仁等修、黄清凉等纂：《续修资州志·兵燹》。
⑥ 中国科学院历史研究所第三所编：《锡良遗稿》第1册，第476页。
⑦ 甘煮等修、王懋昭纂：《遂宁县志·杂记》。
⑧ 四川大学历史系藏巴县档案："义和团专卷"。

至暗中接济别处匪徒之军火钱米。及至官军将股匪击败，该匪等佯为平民装束，混入各团。各团又复容留，民与匪不能分"。① 起义群众"混入各团"，对某些地主武装团练在辛亥革命时期向其反面转化是具有重要意义的。到了1904年以后，群众反抗阵线更为扩大了。从阶级成分看，除仍以农民、手工业工人为主体外，产业工人展开了反对克扣工资或要求增加工资的斗争，商人、小商小贩和城市居民起而抗捐罢市。甚至有团总之类的地主也聚众起事，杀伤清军。从民族成分看，除了汉族而外，藏、彝群众，乃至满族群众也有了对清王朝不满和反抗的表示。清王朝倒行逆施，使自己日形孤立，成了人人喊打的过街老鼠。人民群众用斗争逐渐将清王朝驱至狭窄的死胡同。人民反抗阵线的扩大，为四川保路运动迅速成为全川性的政治运动和发展成规模巨大的武装斗争打下了群众基础。作为清王朝帮凶的"民团"开始出现反清迹象，这与辛亥革命时期许多地方的同志军以"民团"的名义而起不是没有因缘的。

二十世纪初年，四川会党势力的发展，是一个十分值得注意的历史现象。

会党（在四川主要是哥老会）是一个有悠久历史的反清秘密组织。原有的宗旨是"反清复明"。"自耶教传播，遂生嫌恶洋人之情，化为激烈之排外党。"② 随着中国半殖民地化的加深，社会经济日益凋敝，人民生计困窘。到了十九世纪末二十世纪初年，四川会党有了很大的发展。有人统计，哥老会从清嘉庆十五年（1810）到宣统二年（1910）的一百年中，在各省开设山堂共三十六个，四川省占十六个。其中在1898年至1910年间开设的有七个。③ 锡良奏称："结党烧会致盗之由，川东北有江湖、孝义等会，川西有平会、成会等名目，会首谓之'帽顶'，纠集处谓之码头。"④ "成都一属附近省会，教堂林立，而五方辐辏，啯、会各匪，出没其间，向称腹地盗薮。"⑤ 反映出四川会党在二十世纪初年活跃的情形。

会党的成员是十分复杂的。有农民、破产农民、失业手工业者、游民，有地主，也有清朝的士兵和散兵游勇。从四川的情况看，会党"以中下层人居多"，"多数是乡下的农民"。⑥ 会党以反清为宗旨，讲团结互助、济困扶危，对贫困不堪的农民和生活毫无保障的游民是很有吸引力的。因此，会党颇能勇敢奋斗而且约束严格，一呼百诺。⑦

在四川近代史上，会党曾多次参加过反侵略反封建斗争。余栋臣发动反帝起义的大足龙水镇，"彼处多哥老会，余隶籍其间，俨然翘楚，为同党所推尊……即推

---

① 四川大学历史系原藏：《岑春煊告示》。
② ［日］平山周：《中国秘密社会史》，第77页。
③ 卫聚贤：《中国帮会：红帮、汉留》，说文社。
④ 中国科学院历史研究所第三所编：《锡良遗稿》第1册，第396页。
⑤ 中国科学院历史研究所第三所编：《锡良遗稿》第1册，第441页。
⑥ 文史资料委员会编：《辛亥革命回忆录》（三），第203、274页。
⑦ 四川会党有一个历史发展过程。在辛亥革命以前，因它坚持"反清复明"，处于非法地位，不少会党组织起过反帝反封建的作用。辛亥革命后会党开始公开活动，成分更加不纯，逐渐成为反动派争权夺利的工具。到了国民党统治时期，会党更成了蒋介石进行特务统治的工具了。

余栋臣倡首。……余攘臂一呼，众人响应，将教堂付之一炬"。① 四川义和团起义后，不少地方的会党与义和团结合起来，共同战斗。岑春煊说："查此匪徒，虽以邪拳为名，其实系向来之会匪、啯匪、土匪之类，假名煽惑。……川省会匪、啯匪所在皆有。"②《宣汉县志》记述了新宁、东乡等地会党与红灯教结合的情形："哥老会俗称江湖，动辄寻仇报复，全省皆然，地方官严捕密拿而不能已也。二县之民，于是别立一会，名'孝义'。……后所谓红灯教者即'孝义'之遗，奸人乘之授以神咒，饮以符水，使其迷信，其人即执戈向前，谓刀不能伤，枪不能中，至死而不悔也。"③ 会党与义和团的结合，不仅壮大了义和团起义的声势，而且使会党更随义和团的发展而深入农村，在农民中扩大。

1905年以后，有的地方的会党首领直接出面领导抗捐税、反侵略斗争。如1909年威远数千人反抗门牌捐就是由"会匪"刘香廷领导的。因而会党与群众的联系更加密切起来，会党拥有更多的群众而声势日隆。迄至辛亥革命前夕，"四川省会一区，仁字旗公口，至三百七十四道之多，礼义两堂不与焉。至乡区各保，与夫临路之腰站，靡不保有公口，招待往来者，日不暇给，故民间有'明末无白丁，清末无腔子'之谣"。"各省汉留之盛，莫过于四川"。④ 可见，在保路运动中，会党成为资产阶级革命派与农民联盟的纽带并不是偶然的。正是有了这一纽带，遍及全川的同志军起义一呼而起，就有了凭借和可能。

（三）自发的骚动开始向自觉的资产阶级民主革命运动转变

这种趋势表现在：有的自发斗争开始与资产阶级革命派领导的起义相结合，成为资产阶级的革命同盟军。

如前所叙，二十世纪初四川各族人民的反帝反封建斗争，总的说来仍处于自发斗争的阶段。斗争是壮烈和广泛的，但为分散的和旋起旋灭的。这种情形表明，旧式农民战争确已过时。群众斗争需要一个新的阶级领导，向新的阶段前进。1905年资产阶级革命政党同盟会成立，标志着中国革命进入了比较完全意义上的资产阶级民主革命的时期。有的四川籍资产阶级革命党人奉孙中山之命回四川开展革命工作。他们在宣传民主革命思想，建立和发展同盟会组织的同时，还注意联络会党、新军发动武装起义。这些起义是四川历史上出现的新事件。它们是由资产阶级革命党人领导的、具有比较明确的资产阶级革命纲领的、为资产阶级夺取政权的武装斗争。在辛亥革命前，同盟会在四川发动的几次武装斗争中，有的起义便是利用当地群众自发斗争而发动的，从而开始出现群众自发斗争被纳入资产阶级领导的革命的范畴，使原有的斗争开始具有了新姿态。

1906年，同盟会会员李实发动江油起义前，"乃遍游龙安、绵竹、保宁、顺庆

---

① 《汇报》第174号《译华司铎被掳记》。
② 四川大学藏巴县档案："义和团专卷"。
③ 汪承烈等修、邓方达等纂：《宣汉县志·历代兵事》。
④ 刘师亮：《汉留全史》，第26页。

间，日以排满革命之说相传播……得豪杰之士数百人"。① 后因事泄，李实转战剑州、南部一带，得到何如道、达星武、蒲定川等人响应，带领群众参加李实领导的起义。据锡良奏称："八月间，有匪首何如道即吴如道，又名唐无量，在该县境与剑州、盐亭交界之光木山聚众演习邪教。"② "何如道倚为死党逋薮，在各处纠众助逆者，盐亭县为达星武。……随同拒敌之陈占魁、蒲定川……等一并缉获。"③ 这些人都是义和团首领，他们在李实起义前，已在这一带"纠习邪，伪立官职，制备旗帜、枪械、药弹"④，反抗清朝。后在李实"日以排满革命之说相传播"下，与之联合行动了。1905年大同军在彭县等地失败后，其主要首领（元帅）余切于次年参加了同盟会，投身到资产阶级领导的起义斗争之中。1907年，川东会党首领刘天成起义也是"党羽甚众且与革命勾结，省中所获学生杨维（按：革命党人）……皆其党也"。⑤ 据熊克武回忆：1908年同盟会发动广安起义时，"'孝义会'在这一带的势力不小，大竹同志与首领李绍伊有交情，如果我们有所行动，可以借助于他"。⑥ 李绍伊领导的孝义会的农民，在广安起义前已是据有大寨坪，揭橥"兴汉排清"旗帜的一支重要势力了。熊克武所说"大竹同志与首领李绍伊有交情"，实际上是经同盟会会员会肖德明等人的努力，李绍伊已于1906年参加同盟会，成了资产阶级革命政党的一员了。

这些群众自发斗争，"与革命勾结"，"潜通革党"的事实表明：随着资产阶级民主革命运动的蓬勃兴起，四川人民的反抗斗争，逐渐接受资产阶级革命党的影响，出现了汇入资产阶级民主革命洪流之中的发展趋势。列宁在1908年指出："'新精神'和'欧洲思潮'在中国的强有力的发展，特别是日俄战争以后，是用不着怀疑的，所以中国的旧式的骚动必然会转变为自觉的民主运动。"⑦ 在四川，尽管由于资产阶级革命派的软弱，保路运动以前，群众斗争多数仍停留在自发阶段。但是，上述发展趋势，无疑地反映了列宁所揭示的这一条中国革命发展的规律。它代表历史前进的方向，准备了辛亥革命时期四川群众自发斗争与资产阶级领导的民主革命的大汇合。

列宁指出："如果没有群众革命情绪的蓬勃高涨，中国民主派不可能推翻中国的旧制度，不可能争得共和制度。"⑧ 辛亥革命前夕，四川各族人民反抗斗争风起云涌，反映了四川群众革命情绪正在蓬勃高涨。人民的斗争造成了四川山雨欲来风满楼的革命形势，为迎接辛亥革命高潮做了历史的准备。1911年9月，《民立报》写道："川人此次争路，造因甚早。当余蛮子（按：指余栋臣）一案之后，川人排

---

① 邹鲁：《中国国民党史稿·李实传》，第1397页。
② 中国科学院历史研究所第三所编：《锡良遗稿》第1册，第608页。
③ 中国科学院历史研究所第三所编：《锡良遗稿》第1册，第622~623页。
④ 中国科学院历史研究所第三所编：《锡良遗稿》第1册，第609页。
⑤ 赵尔丰：《赵季和电稿》卷2，手抄本。
⑥ 文史资料委员会编：《辛亥革命回忆录》（三），第17页。
⑦ 列宁：《世界政治中的引火物》，《列宁全集》第15卷，第159页。
⑧ 列宁：《中国的民主主义与民粹主义》，《列宁选集》第2卷，第426页。

外之思想日甚一日，此次拒债争路，皆由于此。"① 因此四川保路运动和同志军大起义既是近代四川人民反帝反封建斗争的总爆发；又是由于时代的不同而具有新特点的新斗争。这个新斗争，是中国资产阶级民主革命的一个组成部分，是由中国资产阶级发动和领导的革命运动。

---

① 《民立报》辛亥七月十六日。

第二章 资本主义经济在四川的发生和初步发展及资产阶级的活动

一、资本主义经济的发生和发展

资本主义经济发生和初步发展的情况

毛泽东同志指出:"外国资本主义对中国的社会经济起了很大的分解作用,一方面,破坏了中国自给自足的自然经济的基础,破坏了城市的手工业和农民的家庭手工业;又一方面,则促进了中国城乡商品经济的发展。""这些情形,不仅对中国封建经济的基础起了解体的作用,同时又给中国资本主义生产的发展造成了某些客观的条件和可能。"① 本书第一章已经提到,从十九世纪末年起,帝国主义全面加紧了对四川的侵略活动,洋货倾销,资本输出,日渐严重地破坏了四川自给自足的经济基础,迫使大量农民和手工业者破产,从而造成了商品市场和劳动力市场。外国资本主义对四川自然经济的这种分解作用也给四川民族资本主义的产生和初步发展造成了客观条件。

四川资本主义的发生较诸沿海省份大约要晚二十年。四川资本主义经济在十九世纪末年开始发生,在二十世纪初年有了初步发展。其发生和初步发展情形,可见下列统计表。

---

① 毛泽东:《中国革命和中国共产党》,《毛泽东选集》合订本,第589页。

1891—1911年四川民族工业统计表[①]

业别	名称	成立年代	所在地	资本额（丝车、纺车数）	资料来源	备注
火柴	森昌	1891	重庆	50（千元）	汪敬虞：《中国近代工业史资料》第二辑（下），第714页。	创办人、土绅邓徽绩父子。
火柴	聚昌	1894	重庆		同上书，第714页。	
火柴	立德燧	1900	重庆		同上书，第1127页。	开办时用外商招牌，1901年并入森昌。
火柴	丰裕	1905	重庆	28（千元）	同上书，第888页。	
火柴	东华	1905	重庆	28（千元）	同上书，第888页。	创办人、卞鼎。
火柴	惠昌	1906	成都	44（千元）	同上书，第888页。	
火柴	信诚	1909	广安		同上书，第1153页。	创办人、徐子志。
火柴	溥利		泸州		同上书，第1153页。	创办人、陈宛溪。
缫丝	禅农	1902	潼川	丝车12部	尹良莹：《四川蚕业改进史》，第34页。	
缫丝	经纬	1908	合川		《合川县志》卷32，第12页。《四川》杂志第2号，第150页。	
缫丝	天福	1910	重庆	318部	杨大金：《现代中国实业志》（上），第142页。	创办人、温友鹤。
缫丝	惠工	1911	合川		《合川县志》卷32，第12页。	

[①] 本表系笔者根据现有资料的不完全统计。实际上，在这一段时期内，四川兴办的民族资本企业比本表所列还多一些。例如，火柴业，《巴县乡土志》卷下载：1907年重庆有火柴厂6家，《重庆海关1902—1911年十年调查报告》载：1911年四川省共有火柴厂9家，其中6家在重庆（两家是日商，一家德商）。华商猪鬃厂，1901年1家，1911年为14家。华商丝厂和丝织厂，1911年四川全省有18家。因为缺乏具体资料，尚无法确切列入本表。

续表

业别	名称	成立年代	所在地	资本额（丝车、纺车数）	资料来源	备注
缫丝	蔽川	1911	江北	470部	杨大金：《现代中国实业志》（上），第142页。	
	日升	1911	重庆	日式缫丝设备50套	汪敬虞：《中国近代工业史资料》第二辑（下），第802页。	
织布	吉厚祥织布厂	1900	重庆		《中国近代手工业资料》第2卷，第369～370页。	
	幼稚染织厂	1904	重庆	织机100台（木机）	同上。	
	富川织布厂	1904	重庆	日本织丝机30台	同上。	
	复原织布厂	1905	江北	铁轮机50台	同上。	
	协利织布厂	光绪末	重庆	织机20台	同上。	
造纸	富川造纸厂	1905	重庆	100（千元）	杨大金：《现代中国实业志》（上），第337页。	
	乐利造纸公司	1906	成都	100（千元）	汪敬虞：《中国近代工业史资料》第二辑（下），第916页。	创办人，朱秉堃。
	彭县造纸厂	1906	彭县	数千元	同上书，第814～815页。	一昼夜可出纸数万张。
	夹江造纸厂	1907	夹江	112（千元）	《四川杂志》第3号《十月记事一览》。	
玻璃	鹿嵩玻璃厂	1906	江北		汪敬虞：《中国近代工业史资料》第2辑（下），第818、886页。	1907年正式开工，创办人，何鹿嵩。
	万县玻璃厂	1908	万县		《四川文史资料选辑》第五辑，第234页。	
	盛源记玻璃厂	1911	重庆		同上。	

续表

业别	名称	成立年代	所在地	资本额（丝车、纺车数）	资料来源	备注
水电	成都自来水厂	1906	成都		汪敬虞：《中国近代工业史资料》第二辑（下），第825页。	创办人，尹德钧等。
	劝业场发电部	1908	成都	2万两	《启明年鉴》，第1页。	由劝业道周善培集商股开办。
	烛川电灯公司	1908	重庆	300（千元）	《广益丛报》宣统二年三月二十日"纪闻"。	
	启明电灯公司	1909	成都	300（千元）	《启明年鉴》，第2页。	创办人，陈养天等。
采矿	麻哈金矿	1895	冕宁	419（千元）	汪敬虞：《中国近代工业史资料》第二辑（下），第874页。	官商招商集股。
	宝兴铜厂	1896	荥经	114（百两）	《四川矿业勘查纪实》，第46页。	
	四合公司	1899	重庆		《巴县志》卷16"交涉"。	创办人，文国恩。
	灯盏窝金矿	1900	打箭炉		汪敬虞：《中国近代工业史资料》第二辑（下），第723页。	创办人，商人尹学贲、喻维煌等。
	天宝山铜矿	1902	彭县		《中国近代手工业史资料》第2卷，第393页。	创办人，魏子书。1903年被改为官办。1909年改为机器开采。
	风来煤矿	1902	犍为	60（千元）	汪敬虞：《中国近代工业史资料》第二辑（下），第870页。	创办人，肖凤来。
	古蔺铜矿	1905	古蔺		《东方杂志》第2年第2号"各省矿务汇志"。	创办人，赵汝骥。
	鹅公坝铜、铝、铁矿	1905	叙永		《东方杂志》第2年第5号"各省矿务汇志"。	创办人，万相廷，集股开办。
	大霍山煤矿	1905	罗江		同上。	创办人，士绅李某等合资开办。

续表

业别	名称	成立年代	所在地	资本额（丝车、纺车数）	资料来源	备注
采矿	狮子山铜矿	1906	灌县		《东方杂志》第3年第10号"各省矿务汇志"。	创办人，何某招股开办。
	宁远金矿	1906	宁远		汪敬虞：《中国近代工业史资料》第二辑（下），第786页。	创办人，肖华清。
	大洞岭煤矿	1906	垫江		同上。	创办人，绅士邹某。
	芦山铜矿	1906	芦山		《东方杂志》第3年第10号"各省矿务汇志"。	绅商合股开采。
	聚兴铅厂	1906	荥经		同上。	创办人，陈某。
	哑瓦洞、螺丝山煤矿	1906	巫山		《东方杂志》第3年第12号"各省矿务汇志"。	官商绅集股开采，日产煤一万余斤。
	罗泉井石油矿	1907	资州		《东方杂志》第4年第2号，第150页。	王、杨二人合资开井十余口取油。
	宝华煤矿公司	1907	奉节		《四川杂志》第2号。	邓孝可父子开办。
	万安场金矿	1908	达县	300（千元）	《东方杂志》第5年第5号"各省矿务汇志"。	由鲁仲仪发起集股开采。
	江北厅煤矿	1909	江北	690（千元）	汪敬虞：《中国近代工业史资料》第二辑（下），第761页。	由1908年成立的汇合矿务公司从英商立德乐手中赎回。
	四川矿务总公司	1909	成都	400万两	同上书，第547页。	官商合办。
	川江轮船有限公司	1907	重庆	20万两	《四川杂志》第3号，第148页。	官商合办。
其他	平武石墨厂	1907	平武		《东方杂志》第4年第12号"各省工艺志"。	创办人，县绅许某。
	禁烟改种纪念公司	1909	长寿	238（千元）	汪敬虞：《中国近代工业史资料》第二辑（下），第908页。	生产面粉。

续表

业别	名称	成立年代	所在地	资本额（丝车、纺车数）	资料来源	备注
其他	金堂香烟厂	1911	金堂		同上书，第811页。	
	奎明洋烛公司	1907	重庆		同上书，第1090页。	
	江津夏布厂	1909	江津		《重庆海关1902—1911年十年调查报告》。	
	泸州瓷器厂	1910	泸州		同上。	

从上表不完全统计看,四川民族工业自十九世纪末年产生以后,在二十世纪初年有了较为显著的发展。从开办的厂矿数字看,1900—1911年十年间有五十三家,比1900年以前的四家增加十三倍。从业别看,由火柴业、采矿业进而缫丝、造纸、玻璃、水电、制革、面粉、轮船航运。从资本额看,商办工厂有的多达三十万元。有的企业由于销售旺盛,利润丰厚,得到了不断扩充。"森昌""聚昌","光绪二十三年(1897),两厂做工贫民逾万人,工人日获钱三百文。火柴日渐畅销,入股者分息颇厚。制造土货,抵制外货为最有成效。"① 到了1901年,两厂生产的硫黄火柴,"供应本省及邻近省份,据说每年出售总值超过白银二十五万两"。② 两厂一年的销售额即相当"森昌"一个厂原有资本额的五倍,"销路颇旺,获利谅亦不少"。③ 因此,两厂于1900年,在泸州、嘉定各设一分厂,扩大生产。④ "裨农丝厂"1902年以木制丝车十二部起家。1903年新建厂房增车六十部,1905年又添新车四十部,1909年又增修蚕库及缫丝工厂,新置缫丝车一百四十部。⑤ "鹿蒿玻璃厂"生产的花瓶、灯罩、玻罐以及彩绘玻璃器,"在全省需要量是很大的"。⑥ 长寿"禁烟改种纪念公司"出产的面粉,由于"小麦用机器磨砻,所产面粉质优而洁白,销路甚畅,价格是制钱七十文一斤,比平常面粉得贵二十文"。⑦ 一些官僚、地主、商人鉴于有利可图,对投资近代工业跃跃欲试。有的厂矿集股情况一时相当可观。如重庆"四合公司"在1900年"初拟集一百股,合为万金,专办煤矿兼淘沙金。现煤矿尚未兴办,沙金已于去腊初一日开办。闻愿入股者,已至二百余人,是以共议推广百股,然尚须抽数十人云"。⑧ 1896年,四川总督鹿传霖曾打算在重庆招股开办棉纺厂,"经多方劝说后……但势已显得再不会有更多的投资人来到了"。⑨ 可是到了1907年,劝业道周善培发起官商合办"川江轮船有限公司",预定股本银二十万两,官四商六。从1908至1909年不到一年时间,"计收入成都官股银四万两,又重庆绅商来股银四万五千四百余两,又川东各属绅商来股银二万四千七百余两,共收股银达十一万余两"。⑩ 该公司得以在英国船厂购买钢架钢甲轮二只,开始营业。较之鹿传霖筹办棉纺厂的情况,可算已有好转了。这时,四川有的绅商除扩充

---

① 《渝报》第4册,光绪二十三年十一月。
② [英]华特生著,李孝同译:《重庆海关1892—1901年十年调查报告》,《四川文史资料选辑》(第9辑),1963年。
③ 《光绪三十二年重庆口洋货贸易情形略论》,《通商各关华洋贸易总册》下卷,第13页。
④ 《中外日报》1900年3月19日、29日。
⑤ 尹良莹:《四川蚕业改进史》,第346页。
⑥ [美]施特劳奇著,李孝同译:《重庆海关1902—1911年十年调查报告》,《四川文史资料选辑》(第11辑),1964年。
⑦ [美]施特劳奇著,李孝同译:《重庆海关1902—1911年十年调查报告》,《四川文史资料选辑》(第11辑),1964年。
⑧ 《中外日报》1900年2月19日。
⑨ [英]华特生著,李孝同译:《重庆海关1892—1901年十年调查报告》,《四川文史资料选辑》(第9辑),1963年。
⑩ 《川江轮船有限公司报告》,《广益丛报》宣统元年六月初十日。

旧厂而外,还积极筹划新厂。例如,1905年,叙府绅士赵汝骥呈请商办铜矿。①1906年,灌县何某招收股本,请求开挖狮子山铜矿。芦山商人宴某与该处绅商集议,合股开采铜矿。② 1907年,垫江士绅罗某拟招股开采大洞岭煤矿。③ 四川还有一位姓赖的商人,留学美国学习织造返国,拟集股设立公司,自制机器仿织洋缎。④ 这些零星的材料,反映出二十世纪初四川民族资本初步发展的轮廓。密切注意这一发展的代理重庆海关税务司英人施特劳奇在1911年写道:"这十年来,进步的潮流波及全川。"⑤ 一语道破了二十世纪初年四川新的经济形态初步发展的历史趋势。

资本主义经济发生和初步发展的原因

如前所叙,四川自然经济由于资本主义的侵略开始破坏,为四川民族资本的发生和初步发展提供了某些客观条件和可能。甲午战争后,洋务运动彻底破产,所谓"官办""官督商办"企业的腐败不堪,为人唾弃,从而松动了民族资本发展的桎梏。清政府在《辛丑条约》后,为维持日益垂危的统治,表示了力图振作,谋求富强的姿态,并不得不向民族资产阶级做某些让步,以争取他们的支持。1903年9月,成立了商部,主管农垦、畜牧、路矿、工商等方面。商部在1903—1904年,相继颁行了《奖励公司章程》《商会简明章程》《重订铁路简明章程》《重订矿务暂行章程》《公司律》等。在这些规章中,清政府至少是宣布了自由发展实业为合法,奖励资本家兴办企业,并从口头上承担了保护投资者利益的责任。民族资本在清政府推行这些"新政"的过程中,获得了一些发展的有利条件。在四川因"清廷提倡实业,各省劝业道以资倡导,一般工商业家纷纷并起,其依股份公司组织者同时亦有数十家之多"。⑥ "1907年设劝业道以激励农工等业,并且官商方面都极力扶持现有工业和倡办新工业。各县都设蚕桑学校,全省到处兴办工艺学校,以传习家具、革制品、陶瓷、土布、毛巾、烟卷、化妆品、漆器、丝织品、刺绣工艺。"⑦ 清政府对民族资本所做的若干让步,其目的固然在于从经济上加强搜刮,从政治上对民族资产阶级实行拉拢,但是在实际上多少给民族资本开放了一线生路。

在民族危机日益深重的情况下,正在积极活动的改良主义者发出了实业救国,抵制洋厂、洋货的呼声。与全国的改良主义者相呼应,四川具有改良主义思想的人

---

① 《东方杂志》第2年第2号"各省矿务汇志"。
② 《东方杂志》第3年第10号"各省矿务汇志"。
③ 《东方杂志》第4年第2号"各省矿务汇志"。
④ 《东方杂志》第4年第12号"实业"。
⑤ [美]施特劳奇著,李孝同译:《重庆海关1902—1911年十年调查报告》,《四川文史资料选辑》(第11辑),1964年。
⑥ 洪开浦编:《启明年鉴》,第1页。
⑦ [美]施特劳奇著,李孝同译:《重庆海关1902—1911年十年调查报告》,《四川文史资料选辑》(第11辑),1964年。

士也提出了兴办实业，力挽利权的主张。1896年3月，著名的改良主义者宋育仁①在重庆主办商务局，提倡兴办各种实业，提出"保地产，占码头，抵制洋货，挽回利权"，主张"各公司不招洋股，不借洋款，不动官款"，"官归官本，商归商本，分设官厂商厂，彼此各不相涉"，"官商股分开，各公司自主，商务局不过问"②等主张，为民族资本的发展要求更多的自主权利，实际上是反对帝国主义和清王朝对民族资本的束缚。1897年，《渝报》连载发表了宋育仁所撰《时务论》。文中大声疾呼学习西方，发展工商业，为工商兴利③，在舆论上给发展实业，挽救危亡鸣锣开道。同时，又兴办各种实业公司，率先倡办洋车、洋烛、玻璃、烟卷、药材、白蜡、煤矿、砂矿等公司。

在宋育仁的带动下，一些具有改良主义思想的士大夫纷纷在《渝报》上发表文章，鼓吹发展工商业，刘书晋在《生财非敛财论》一文中，抨击了洋务派造成的流弊和清政府苛税虐民政策。他说："自西人通商以来，中国日患贫，举天下之大，生民之众，物产之富，汲汲焉忧财用之不足。而讲求西学者，多毛举细致，窃其近似以涂耳目，故成效未睹，流弊滋甚。"提出"今为中国策生财之道，莫先于富中国之民，欲富中国之民，莫先于塞漏卮，莫先于尽天下之地力。欲尽天下之地力，莫先于从事机器"④。他把发展工业，使用机器作为尽地力、塞漏卮、富国民的首要条件和解决国家财用不足的主要手段。吴光奎在《奏请筹扩商务折附片》中指出了外国侵略势力深入四川所造成的危机："蜀中山水险奥，物产富饶，以前轮舶未通，故洋货不至内充，民财无虞外漏。乃昔之重关复阻者，今则门户洞开矣。……一二年后，立见洋产充斥，土物滞销，国课大亏，商民交病。"他提出"今欲预筹补救稍保利权，非自设公司，振兴商务不足以杜充越而塞漏卮"，并主张"于本地设立商务局，请领官款，招集股份开办织布纺纱等厂，由本地大绅士为之经理，官给照会，以便联络商民通力合作"，而且要求产品"只在本关报完正税一道，此外概免厘金税以轻成本"。⑤明确要求清政府扶助工商业，保护商民集股，依靠各地大绅士兴办新式工业并免除厘金，发展资本主义以保利权。张百熙在《筹办四川矿务商务折》中，更为直截了当地否定洋务派的"官办"企业。指出："由官招商，必致裹足，专由官办则公帑成本有限，不敷周转，且设局必多，委员必众，开销既

---

① 宋育仁（1857—1931），字芸子，四川富顺县人。十八岁中秀才，1885年中进士，授翰林院庶吉士。1887年写成《时务论》。1889年改任翰林院检讨。1894年以参赞随公使龚照瑗出使英、法、意、比四国，注意考察西欧各国社会政治和文化，著《采风记》四篇。中日甲午战起，宋育仁上书清廷提出"目前困倭之谋，异日防俄之计"（宋育仁：《借筹记》）。第二年，加入强学会，主讲"中国自强之学"。旋回川主办重庆商务局，并组织"蜀学会"，创办《渝报》，宣传改良主义思想。1898年至成都与吴之英等创办《蜀学报》，印行《蜀学丛书》。戊戌变法失败后被罢职。辛亥革命时期宋育仁巴结盛宣怀，反对保路运动。在这次革命后又主张恢复清朝。1916年，宋育仁任《四川通志》主纂。1931年病逝。
② 宋育仁：《上恭亲王书》《复陈四川商务折》，见徐溥：《早期改良主义思想家宋育仁》，《社会科学研究》1979年第5期。
③ 《渝报》第4册，光绪二十三年十一月。
④ 《渝报》第6册，光绪二十三年十一月。
⑤ 《渝报》第6册，光绪二十三年十一月。

巨，侵渔群起，必致亏累，终无成效。竟归商办，则川省素乏巨万富商，众商亦难相信。莫如以绅董设立总局，妥定章程，督率各商就产矿地兴设公司自行集股开厂。"① 明白地要求清政府放松对民族资本的压抑，为绅商兴设采矿公司开绿灯。这些发展实业，抵制洋货的呼声，反映了四川那些要求发展资本主义的士绅和商人的愿望，形成一股使人耳目一新的舆论，促使他们把资金转入近代工业。

随着二十世纪初年发生的收回利权运动在全国高涨，四川的绅商们投资新式工业，抵制侵略的要求愈高。1907年，重庆商会的楹联写道："登高一呼，直唤四百兆同胞共兴商战；纵目环顾，好凭此数千年创局力挽利权。""古人忠愤，异代略同，借热情规画商情，要与前人分一席；天下兴亡，匹夫有责，望大家保全时局，莫教美利让诸邦。"② 当时所谓商战，即指发展包括近代工业在内的民族经济，抵制侵略，力挽利权的一种经济斗争。收回利权运动对四川民族资本经济初步发展的促进作用是不可忽视的。四川有的工矿企业正是在这一运动中陆续筹办起来的。例如，"川江轮船有限公司"就是在"以便交通而拓利源"的号召下集股开办的。③"金堂香烟厂"的创办，"为各界人民所热烈欢迎，因为它可能抵制现在流行的外国烟草"。④"平武石墨厂"也是作为"抵制外产之一端"⑤而兴办的。有的绅商则准备集股设厂，"推广织造，以挽利权"。⑥

由于上述各种因素，四川的资本主义得以破土而出并得到初步发展，从而给一统四川的封建经济打了一个小小的缺口。

四川资本主义经济发展的困难

应该看到，四川资本主义经济不仅发生、发展时间较沿海各省为晚，而且还要微弱得多。四川出现的这些近代工矿企业，在浩瀚的封建经济的大海中，只是一些零星的孤岛而已。

毛泽东同志说："帝国主义列强侵入中国的目的，决不是要把封建的中国变成资本主义的中国。帝国主义列强的目的和这相反，它们要把中国变成它们的半殖民地和殖民地。"⑦ 四川民族工业初步发展之时，中国已完全沦为半殖民地、半封建国家。帝国主义对中国经济命脉的控制，使民族工业发展的路途更是荆棘丛生，崎岖难行。因此，四川虽然出现了若干近代工业，但绝大多数是轻工业、农产品加工工业，根本没有机械工业，所有的采矿业基本上是以手工劳动为主。"森昌""聚昌"火柴厂，是两个开办较早并享有某些特权的民族工商业，在四川算是成效显著

---

① 《渝报》第7册，光绪二十三年十二月。
② 《广益丛报》光绪三十三年三月二十日。
③ 《东方杂志》第5年6号"交通"。
④ 《捷报》，1911年7月22日。
⑤ 《东方杂志》第2年第3号"各省矿务汇志"。
⑥ 《东方杂志》第4年第12号"实业"。
⑦ 毛泽东：《中国革命和中国共产党》，《毛泽东选集》合订本，591页。

的企业。但是,"制品是极平常的硫黄火柴。使用的化学药物由外地输入,不是本地产品,全部制造工序都是手工"①。在半殖民地、半封建的旧中国,民族资本企业的资金积累是极其困难的。自然经济的破坏,农民、手工业者破产,广大人民扼于贫困,以致市场狭小;而中国的社会财富的绝大部分又被帝国主义抢去,中国是愈来愈穷,民族资产阶级难以积累更多的资本来发展近代企业。由于帝国主义、封建主义的压迫,经营民族工业的风险颇大,有许多绅商仍把工业投资视为畏途而将资金用于购买土地,进行封建剥削。在巴县附近,"江巴商务尚未十分发达……殷富绅民,除守恒产以外亦无积资"。②成都"启明电灯公司","举办之初,除发起人认股之外,仅有可数股东。当时规定每股五元,原冀其普及全部,殊应募者寥寥。……而发起人中缴款又只六七人,而六七人中又只二三人缴股最多,股款不敷应用,则贷款以资周转"。所以四川的工矿企业总是感到资金拮据,难以扩大生产。③ 有的企业甚至不得不求外国势力的庇护。"立德燧火柴厂"是借英国商人的招牌开业的。④"重庆电灯公司","经理者为德国人和英国人"。⑤ 四川封建势力强大,对民族工业的压迫是极为严重的。清王朝保护民族工业的诺言,由于其政权的封建专制性质不但不能兑现,而且处处扼杀资本主义的发展。官商合办的"四川矿务总公司"不啻是一所封建衙门。当道凭借官府的力量在其章程中规定:"无论已办及将来办各矿,或总公司资本所办,或其他资本所办,均隶于总公司之下,分路按号编列,名曰总公司某路若干号分公司。"⑥ 这就是说,通过这个总公司将四川全省的冶矿业置于官府的控制之下而不能自由发展。"四川路矿总局"名曰要保护华商,实际上"其保护弹压之名,洋商实受之而华商虚领之,其情可知矣。夫不保华商,则势必尽归洋商而后已"。⑦ 有的地方官公然明火执仗地抢夺商办厂矿。如荥经县"宝兴铜厂","开办数年后,成效大著,遂为赖某在省宪处多处钻营,意在夤缘而握荥经县篆,其意实欲兼握该厂矿权,当时官方势力甚大……赖遂握该厂主权"。⑧

工厂主为了剥削工人获利,势不得不仰仗官府弹压工人或请求给以专利权或免税权。"鹿蒿玻璃厂"因得清政府"格外体恤","准暂免厘税二年"⑨,才能继续经营。重庆"森昌""聚昌"两火柴厂得专利二十五年而能获得较丰盈的利润。清政府在重庆设立一火柴统销公司,实行封建性的垄断。"中国人被禁止由外地输入火

---

① [英]华特生著,李孝同译:《重庆海关1892—1901年十年调查报告》,《四川文史资料选辑》(第9辑),1963年。
② 朱之洪等修、向楚等纂:《巴县志·交涉》。
③ 洪开浦编:《启明年鉴》,第7页。
④ 《中外日报》1900年5月6日。
⑤ 《捷报》1910年9月30日。
⑥ 《四川官报》第4册,宣统元年2月下旬。
⑦ 《中外日报》1899年3月18日。
⑧ 《四川矿业勘查纪实》,第46页。
⑨ 《申报》1909年5月24日。

柴——外国输入商当然可以自由经营这宗物品。火柴厂的全部出品必须按固定价格售与火柴行会（火柴帮公所）。这个行会以火柴厂和商家之间的介绍人资格出现，在售卖中享受厂方应收价款的百分之十的回扣"。① 而且，这个火柴统销公司还负责规定每一个火柴厂的生产数额。"违法笼利"，"派销不均"②，严重地压抑火柴工业发展。以致泸州"溥利"、广安"信诚"等厂要求撤销这个统销公司，但因四川总督的袒护未准。1907年，邓徽绩、邓孝可父子创办"宝华煤矿公司"，用"森昌火柴厂"押借官本三万两，定为官督商办，取得了夔州府属各煤矿产品的统买统销特权。③ 玻璃业的销售也为"重庆玻璃公司"所垄断，"价格极高"，各铺店"折本颇巨"，"势不能买"。④ 所以四川的近代工业所受压迫沉重，发展困难。"成都自创设商局以来，洋烛、烟卷或甫办而旋停，强水、火柴虽专利而未广，制造不精，转运不灵，既难以开风气而增公益……"⑤

由于四川资本主义经济的初步发展，四川也出现了资产阶级。四川的资产阶级人数不多。他们大都由官僚、地主、商人转化而来。例如，"森昌火柴厂"和"宝华煤矿公司"的创办人是奉节士绅邓徽绩、邓孝可父子。成都"启明电灯公司"的"首席发起人"陈养天是优贡生，曾任主事、《四川官报》总编辑、四川巡按使署秘书等职。⑥ 彭县"天宝山铜矿"的创办人是商人魏子书。其中有少数是留学生。"鹿蒿玻璃厂"创办人何鹿蒿和"启明电灯厂"另一创办人舒和轩都是留日学生。其中许多人既经营资本主义近代企业，同时在农村又占有土地，进行封建剥削。即使在他们经营的近代工矿企业部分，同帝国主义、封建主义也有着密切联系。因此，尽管他们跨入了资产阶级的行列，但又拖着一条又粗又大的封建尾巴，同帝国主义、封建主义既有矛盾更要依赖，一身二任。辛亥革命时期，四川资产阶级立宪派较资产阶级革命派的力量更为强大就不是偶然的事情了。

中国民族资本是作为帝国主义的对立物而产生和发展的，是近代中国出现的新的经济形态。毛泽东同志指出："拿资本主义的某种发展去代替外国帝国主义和本国封建主义的压迫，不但是一个进步，而且是一个不可避免的过程。"⑦ 随着资本主义在四川的发生和初步发展，四川出现了新的资产阶级和一批有发展资本主义要求的士绅。他们从自身的利益出发，对外国资本的威胁更为敏感，对政治改革的要求也更为迫切。他们逐渐卷入了四川的政治生活，给四川群众的反帝反封建斗争注入了资产阶级的影响，从而使近代四川的政治进入了一个新的历史阶段。这正如列宁所指出："帝国主义最主要的特征之一，正在于它加速最落后国家里的资本主义

---

① ［英］华特生著，李孝同译：《重庆海关1892—1901年十年调查报告》，《四川文史资料选辑》（第9辑），1963年。
② 《商务官报》第10期，宣统元年三月二十五日。
③ 《光绪三十四年四川劝业道编定第一次统计报告书》，第47页。
④ 《中外日报》1901年7月3日。
⑤ 《东方杂志》第2年第9号"实业"。
⑥ 洪开浦编：《启明年鉴》，第7页。
⑦ 毛泽东：《论联合政府》，《毛泽东选集》合订本，第961页。

的发展,从而使反对民族压迫的斗争扩大和尖锐化。这是事实,由此必然得出结论:帝国主义往往要产生民族战争。"① 二十世纪初年,四川所发生的资产阶级倡导的收回利权运动、保路运动,资产阶级革命派发动的武装反清起义以及他们起了领导作用的保路同志军反对帝国主义走狗清朝的革命战争,证实了列宁的上述结论。

二、资产阶级立宪派的活动

资产阶级改良主义思想在四川的传播

四川的资产阶级立宪派,是民族资产阶级上层(即与帝国主义、封建主义联系比较密切的民族资产阶级的右翼)和有发展资本主义要求的士绅的政治代表。他们的头面人物有蒲殿俊、罗纶等。这些人正如郭沫若同志所说:"他们生在由封建社会转到资本主义制度的一个时代,成了那个时代的新兴阶级的代言人,特别是在四川,他们是当时新兴势力的领袖。他们的思想始终是不赞成剧烈的流血革命而想实现出欧美的立宪制度的所谓稳健派。他们和当时主张民族革命的一派'乱党'自然是成为对立的,用我们现在的话来说,他们这一派便是新兴资产阶级阵营内的右翼。然而正因为这样缘故,他们一方面得到新兴势力的拥护,而同时也得到旧的封建势力的宽容,所以他们便得到了他们荣达的机会。"② 立宪派人直接继承了十九世纪中叶以来的改良主义思想,在二十世纪初年,政治上继续坚持君主立宪主张、反对革命,在经济上要求资本主义进一步发展。他们是辛亥革命时期四川历史舞台上的一个颇为活跃而有影响的政治集团。为明了他们的思想基础,有必要在此追溯维新思想在四川传播的情况。

从十九世纪六十年代起,在外国侵略日益加深,清王朝更加腐败以及农民革命风起云涌的情况下,我国知识分子中开始出现了带有资产阶级改良主义性质的新思想。具有这种思想的知识分子由于受到外国资本主义的影响,提出初步具有资产阶级改革性质的改良要求(如冯桂芬的《校邠庐抗议》)。到了十九世纪七十年代,特别是中法战争以后,由于中国产生了民族资本主义,改良主义思想开始较为广泛地传播开来。其中著名的改良主义代表人物有马建忠、薛福成、王韬、郑观应以及四川的宋育仁等人。早期的改良主义者开始公开反对清王朝妨害发展资本主义的政策,要求维护国家独立,反对不平等条约所规定的某些严重危害中国主权的条款,主张改革政治,实行君主立宪。这时,资产阶级改良主义开始形成一种新的社会思潮。甲午战争中国惨败,民族危机空前严重,人民救亡呼声高涨,改良主义遂从一

---

① 列宁:《无产阶级革命的军事纲领》,《列宁选集》第2卷,第872页。
② 郭沫若:《少年时代》,第218页。

种政治思潮形成带有一定群众性的政治运动，结晶于康有为、梁启超、谭嗣同、严复等为代表的资产阶级改良派发动的戊戌（1898年）维新。

在四川，改良主义思想从十九世纪八十年代开始抬头。基地是成都"尊经书院"。这个书院是1875年张之洞掌四川学政时创办的，著名的湖南名士王闿运（壬秋）曾任书院山长，主讲"公羊"经学，其所戒："第一勿视为老账簿，第二勿看作劝世文。"① 主张阐述"微言大义"，"通经致用"。在王闿运的教育下，井研人廖平于1880年至1885年间，写出《古今学考》和《公羊春秋补证后序》，主张尊今抑古，托古改制。据梁启超《清代学术概论》、夏敬观《廖平传》，称康有为的《新学伪经考》《孔子改制考》中的托古改制思想即渊源于此。宋育仁写的《周官图谱》也给托古改制提供了蓝图。② 1891年，宋育仁写成了《时务论》，受到当时一些开明官吏和士大夫的注意和赞扬。光绪皇帝的老师、户部尚书翁同龢说："宋芸子编修……以所作《时务论》数万言见示，此人亦奇杰，惟改制度，用术数，恐言而不能行耳。"③ 改良主义者、曾任"强学会"会长的陈炽以"管子天下才，诸葛真王佐"之句倍加赞赏。④ 1894年，宋育仁又写成《采风记》四卷，介绍西欧国家两院制的资产阶级政体，特别宣扬了英国的君主立宪制度，借以为他在《时务论》中提出的"君民共治"论提供论据。

1895年4月，清政府在甲午战争中战败求和，引起全国人民的反对，康有为联合在北京会试的举人实行"公车上书"，四川有张联芳等71名举人签名。⑤ 1898年4月，康有为在北京发起成立"保国会"，以"保国保种保教"为宗旨，四川籍京官和士大夫参加该会者有杨昌翰、乔树枏，杨锐、刘光第等14人。⑥ 1898年，杨锐又在北京成立"蜀学会"，联合川籍人士，支持变法维新。可见，在维新运动中，四川在北京的人士是颇为活跃的。

学会、报馆、学堂是维新派进行宣传和组织工作的重要工具。1897年，宋育仁等在重庆创办了《渝报》。这是四川的改良主义人士同全国维新运动相呼应，为之推波助澜，广泛地向群众灌输资产阶级思想的开端。《渝报》以介绍国内外政治经济形势，宣传改良主义为己任。它的章程规定："本局为广见闻，开风气而设。凡有关经世时务，中外交涉条约"皆予刊印。同时"代发官书局《汇报》《时务报》《万国公报》并印发各种时务书式、新译外国书及刻近人新著时务书"。⑦ 《渝报》曾痛陈时局："英专我利权，俄执我兵枢，法管我船政，德据我铁路，中国脂膏，若辈所欲啄也。天下郡县，外人之传舍也。"⑧ 可见，《渝报》的中心任务在于宣传

---

① 张之洞：《尊经书院记》。
② 徐溥：《早期改良主义思想家宋育仁》，《社会科学研究》1979年第5期。
③ 翁同龢：《翁同龢日记》卷33。
④ 宋育仁：《哀怨集·感旧诗》注。
⑤ 汤志钧：《戊戌变法人物传稿》下册，第311~315页。
⑥ 汤志钧：《戊戌变法人物传稿》下册，第347~349页。
⑦ 《渝报章程》，《渝报》第1册，光绪二十三年十月。
⑧ 《渝报》第3册，光绪二十三年十一月。

"时务"。在改良主义者看来,当前的主要"时务"就是变法维新,救亡图存。这是《渝报》选登文字、发行书刊的首要标准。

《渝报》连载发表了《时务论》,作为该报的主题。宋育仁在《时务论》中批评洋务派官僚所谓"外须和戎,内须变法"的调子是"舍本而逐末"。又抨击封建顽固派官僚说:"谓立子孙之朝,不宜变祖宗之法,为此言者,有似于忠且敦也,实则妨贤病能而不恤国家之急者也。"他说:"昔三代之制度者皆圣人,前圣后圣必有损益者,法久行而弊,人情久而必迁也。"因此主张:"今将决天下之计,必先定天下之疑,今将定天下之疑,则莫如因敌国以睹之效。"① 宋育仁提出用学习西方的办法来定天下之疑,统一思想,定变法维新的大计。

《时务论》还提出了"君民共治"的主张,以英国、日本式君主立宪政治制度为标本,由"伸民权"而达"民为主"。他推崇西方的两院制,"外国凡有举废皆询于上下议院,两院议成而后谋定,国主报可而后施行"。"彼国有上下议院,上议世爵为主,下议士民为主,两比而众,其众两持而折中。"强调"外夷以商立国,以富为本,乃易兴旺。而选士于商,限岁入财若干,出税若干以上始得入议院。其各部长官由相举。……贫者未尝与选"②。很显然,宋育仁主张改变封建专制制度,代之以资产阶级的君主立宪制度,并代表民族资产阶级上层人士要求实行议院制,"选士于商",参加政权。在经济上,则提出了在四川设工厂、修铁路、行轮船等发展资本主义的设想。

1898年,宋育仁与退职工部尚书潘祖荫等在四川成立了"蜀学会",在成都设总会,各府厅州县设分会。据《蜀学会章程》,该学会的宗旨在于:"以通经致用为主,以扶圣教而济时艰。"用"托古改制"的手法和"宣朝廷德意"为旗号来振兴"蜀学"。因此,"学会以集讲为主,推广学堂之意即寓其中"。还规定:"入会皆以忠信为本,孝悌为先,尤须讲求气节、忠君亲上,有勇,知方,隐为朝廷干城。平时德业相劝,过失相规,患难相恤。"对于学习西方的问题,"蜀学会"强调了"西人学习专在实事求是,耐劳苦思",但"讲西学者无取道听途说,恣为游谈,更不得非毁名教"。还着重申明:"以训经为主与祖尚西人专门西学者有别,格物穷理无分中外,临讲务求折衷至当,不得是彼非此,率相诋讥,致长轻浮。"③ 四川的维新人士指出了学习必须实事求是,耐劳苦思,反对"祖尚西人",提倡"格物穷理无分中外"。这些见解不无道理。但是,他们既要学外国,更要维圣教,既要借西方资产阶级的科学与民主来变法图强,更要用儒学来反对人民革命化。这表示出刚刚踏上政治舞台的资产阶级代表人物突出的软弱和妥协及其对封建主义的依赖性。

"蜀学会"创办了《蜀学报》,以"开通全省风气"。报馆附设在成都"尊经书院"内。由宋育仁任总理,吴之英任主笔,廖平任总纂。《蜀学报章程》规定:"报

---

① 以上引文见《渝报》第5册,光绪二十三年十一月。
② 以上引文见《渝报》第4册,光绪二十三年十月。
③ 《蜀学会章程》,见《蜀学报》第1册,光绪二十四年闰三月望日。

章首恭录谕摺,次论撰近事及分纂官、士、农、工、商五门成说。"① 其中心任务仍是宣传变法主张,《蜀学报》一时成为四川维新派的喉舌,影响不小。该报曾载廖平的《改文从质说》一文②。廖平在该文中说:"中国文弊已经不能不改。……中外各有长短,弃短取长是为交易。"明白承认西学、中学各有所长也各有所短,正确的学习态度是不能闭关自守,拒而不学,也不能盲目崇拜,全盘西化。这种看法,在当时确属真知灼见,难能可贵。

宋育仁等人还印行《蜀学丛书》,介绍英国议会章程,西方商业法规,西方教育制度等,又翻印了《天演论》《原富》《法意》等著作。在他们的影响下,四川开办学堂的风气也盛行一时。蓬溪县的"崇实学堂",遂宁县的"经济学堂",成都的"中亚学堂",江津县的"西文学堂""算学堂",彭县的"经济学舍",荣县的"新学书院"以及威远的"农学会"③皆应时而兴,一时维新风气弥漫全川。

维新思想的传播给万马齐喑的四川思想界以巨大震动,为闭塞的四川吹入了一缕新鲜空气。四川的改良主义者着力地宣传维新变法,表示了资产阶级开始在四川崭露头角。他们在瓜分大祸迫在眉睫的民族灾难的震撼下,学习西方探索救亡图存的道路。在国病民贫的困境里觅寻富国强兵的航灯。尽管这一运动追求的东西只是不根本触动封建统治、在承认皇帝存在的必要下的某些改良,但它的爱国意义确是昭然若揭的。他们在专制淫威之下,提出了争取一定程度的资产阶级民主的问题,在封建思想迷信愚昧的囚笼中发出了学习外国先进科学的呐喊。言人之所不敢言,想人之所不敢想。在当时确似茫茫黑夜中的滚滚雷声,惊醒着千千万万关心中国命运的人民,又以其"离经叛道"而令封建顽固派闻之咋舌。因此,维新运动是中国,也是四川近代史上一次思想解放的潮流,一次启蒙运动,是中国人民思想觉悟前进的一个历史阶梯。年轻的资产阶级革命家邹容,在他的少年时代,正逢维新运动在四川高涨,他受维新思想的影响而关心国事,厌弃科举。当他得悉维新志士谭嗣同被杀害的噩耗,悲愤不已,题写了"赫赫谭君故,湖湘士气衰。惟冀后来者,继起志勿灰"④的诗句表示悼念,并决心效法谭嗣同冲决网罗,继续奋斗。吴玉章同志回忆说:"以康有为、梁启超为代表的资产阶级改良运动,在甲午战争后,由于民族危机的刺激而得到发展。变法维新的思想一时传布全国。……四川虽然僻远,但变法维新的思想也极为流行。"又说:"我开始接触'新学',也是在这个时候。……当我读到康梁(特别是梁启超)的痛快淋漓的议论以后,我很快就成了他们的信徒,一心要做变法维新的志士,对于习八股,考功名,便没有多大的兴趣了。"⑤戊戌维新以后,四川关心国家大事,要求改革现状,探索救国真理的人更多了。

---

① 《蜀学会章程》,见《蜀学报》第 1 册,光绪二十四年闰三月望日。
② 《蜀学报》第 2 册"论撰",光绪二十四年三月。
③ 见徐溥:《早期改良主义思想家宋育仁》,《社会科学研究》1979 年第 5 期。
④ 邹鲁:《中国国民党史稿·邹容传》。
⑤ 吴玉章:《辛亥革命》,第 38、39 页。

1898年9月，戊戌维新运动在以那拉氏为首的封建顽固势力的镇压下遭到了失败。谭嗣同、杨锐①、刘光第②、林旭、杨深秀、康广仁六人同时被杀害。戊戌"六君子"的血宣告了改良主义道路在中国是根本行不通的。和全国的情形一样，四川以邹容、吴玉章等人为代表的许多先进知识分子，从中接受了教训，开始重新追求真理，摒弃了改良主义的影响，走上了资产阶级民主革命的征途。但是，那些资产阶级上层人物和要求发展资本主义的士绅们，却故步自封，抱残守缺，紧随乃师康有为、梁启超在改良主义的绝路上走下去。由进步退而保守，由醉心资产阶级的改良而拼命反对资产阶级民主革命。一当清王朝撒下"预备立宪"的烟幕，给他们一点可望而不可即的许诺时，他们便额手称庆、竭诚拥戴，由改良派进而为立宪派。在辛亥革命时期，四川风云变幻的政局中他们进行了充分的表演。

四川省谘议局的成立

1905年中国同盟会的成立及其领导的武装起义，各地群众风起云涌的自发反抗斗争，几于铜山西鸣、洛钟东应。中国出现了"革命风潮一日千丈"③的形势。在革命洪流冲击下的清王朝，"可以比作一座即将倒塌的房屋，整个结构已从根本上彻底地腐朽了"④。这个反动王朝因从1902年开始推行的"新政"即假维新，已经无济于事了，于是又实行"预备立宪"，借以欺骗人民，拉拢和愚弄资产阶级上层人士，以达稳定统治，瓦解革命的目的。1906年9月1日，清王朝发布了"预备仿行宪政"的诏旨，宣布："时处今日，惟有及时详晰甄核，仿行宪政，大权统于朝廷，庶政公诸舆论，以立国家万年有道之基。"⑤ 表示了要撷拾欧洲、日本各国君主宪政的皮毛来求得万古长存。次年9月，清王朝宣布在中央设立"资政院以立议院基础"。⑥ 10月，又令各省设立谘议局："著各省督抚均在省会速设谘议局，慎选公正明达官绅创办其事。"⑦ 1908年11月14日和15日，光绪帝和那拉氏先后死去。由醇亲王载沣之子溥仪继皇帝位。溥仪当时年仅三岁，故由载沣监国摄政。载沣面临严重的统治危机，一面集中军政大权于皇室，一面继续推行"预备立宪"，以示继承其兄光绪帝的维新事业以欺世盗名，申令各省成立谘议局。

四川总督赵尔巽奉命组织"宪政筹备处"，拨银二万七千九百余两，在成都纯化街新修房屋，并根据钦定《各省谘议局并议员选举章程》进行议员的选举。

---

① 杨锐（1857—1898），字叔峤，又字钝叔，四川绵竹县人，举人出身。1895年参加"强学会"。1898年春，在北京倡立"蜀学会"并参加"保国会"。戊戌变法时，被任为四品卿衔军机章京，参预新政。著有《说经堂诗草》。
② 刘光第（1859—1898），字裴村，四川富顺县人，进士出身。1898年参加"保国会"。戊戌变法时被任为四品卿衔军机章京，参预新政。著有《介白堂诗集》《衷圣斋文集》。
③ 孙中山：《孙中山选集》卷上，第176页。
④ 孙中山：《孙中山选集》卷上，第62页。
⑤ 故宫博物院明清档案部编：《清末筹备立宪档案资料》上册，第44页。
⑥ 故宫博物院明清档案部编：《清末筹备立宪档案资料》下册，第627页。
⑦ 故宫博物院明清档案部编：《清末筹备立宪档案资料》下册，第667页。

四川谘议局的筹建，为四川立宪派人取得合法政治地位和地盘提供了求之不得的时机。尽管清王朝的"预备立宪"是虚伪的，但对急欲捞到政治权力的资产阶级立宪派人讲来，却是甘露沁心的事。因此，他们都力争挤入议员的行列，在自己原有功名之上再加上一顶时新帽子。于是，四川谘议局"自去岁筹办以来，官率于上，绅应于下，经营规划，不遗余力"。① 真是紧锣密鼓，煞有介事。

1909年秋，四川各州县议员105人联翩晋省。10月14日，四川省谘议局在成都成立。在成立大会上，赵尔巽出席训词，以"融畛域、明权限、图公益、谋远大、务实际、循次序六条加以警切之申说。并谓谘议局成立，皆出于孝钦显皇后，德宗景皇帝念时势艰难，开千古未有之举。……诸君宜爱国爱群，慎重从事，借慰先后先帝在天之灵"。② 宣称那拉氏和光绪帝的皇恩浩荡使谘议局议员们得以沐浴春风，因此，议员们务必饮水思源，凛遵圣谕，充当帮凶而不准越轨。赵尔巽还说："官绅感情盖臻联络。……官与绅本属一体，易地而观，原无区别可言。……此后商办一切，务望推诚相与，择善而从。……同舟共济、宏济时艰。"要求立宪派士绅们支持官府，抵制革命。他尤其强调："大权统于朝廷，庶政公诸舆论"，"建言之权在民，执行之权在政府"，"凡我官民皆应共守，不可稍违背。且即以议政之权言，亦自有其畛域。……除《谘议局章程》第二十一条所列举者外③，皆非谘议局所应过问"。④ 毫不含糊地指出谘议局只有"建言之权"，而"建言之权"又限制在钦定章程所许可的范围内，谘议局议员是不得稍有违背的。

赵尔巽的"训词"给四川谘议局的性质和职能定下了框子。他之所以敢于如此高高在上，大放厥词，给四川谘议局大念紧箍咒，是因为他的"训话"并非别出心裁而是根据清王朝的政策行事的。清王朝的"宪政编查馆"奏订的《各省谘议局章程》的总纲规定："谘议局钦遵谕旨为各省采取舆论之地，以指陈通省利病，筹计地方自治为宗旨。"还规定："谘议局议定可行事件，呈候督抚公布施行。前项呈候施行事件，若督抚不以为然，应说明原委事由，令谘议局复核。""然其所谓民权者，不过言之权而非行之权也。"⑤ 从而可见，谘议局这一种貌似资产阶级议院的机构，实际上是清朝实行"大权统于朝廷"的工具，或者说是清朝皇族亲贵集权的御用点缀品。地方封疆大吏仍然是大权在握而且可以命令所谓"民权"机构行事。这对资产阶级立宪派人说来真是一枚又甜又涩的果子。他们既品尝了显荣的甜头，又领略了封建专制的势焰。因而，谘议局这个机构既是清王朝的帮凶，而在权力问

---

① 《四川官报》宣统元年九月第26册。
② 《四川官报》宣统元年九月第26册。
③ 《谘议局章程》第二十一条是有关谘议局权限的规定。原文是："谘议局应办事件如左：一、议决本省应兴应革事件，二、议决本省岁出入预算事件，三、议决本省岁出入决算事件，四、议决本省税法及公债事件，五、议决本省担任义务之增加事件，六、议决本省单行章程、规则之增删修改事件，七、议决本省权利之存废事件，八、选举资政院议员事件，九、申复资政院咨询事件，十、申复督抚咨询事件，十一、公断和解本省自治会之争议事件，十二、收受本省自治会或人民陈请建议事件。"（见《东方杂志》第5年第7号）
④ 《四川官报》宣统元年九月第26册。
⑤ 《谘议局章程》，《东方杂志》第5年第7号。

题上，从它成立之时就埋伏着资产阶级立宪派与清政府的矛盾，所以又是一个既联合又斗争的场所。

四川省谘议局的议员、议长是由什么人选举的？他们是些什么人呢？

按《各省谘议章程》第三条的规定：

> 凡属本省籍贯之男子，年满二十岁以上，具左列资格之一者，有选举谘议局议员之权：
> 一、曾在本省地方办理学务及其他公益事务满三年以上著有成绩者；
> 二、曾在本国或外国中学堂及与中学同等或中学以上之学堂毕业得到文凭者；
> 三、有举贡生员以上之出身者；
> 四、曾任实缺职官文七品、武五品以上未被参革者；
> 五、在本省地方有五千元以上营业资本或不动产者。

还规定："不识文义者"，"倡优隶卒等贱业之人"① 无选举权和被选举权。这就是说，四川只有官吏、士绅、举贡生员以上的士大夫，中学以上学历的知识分子、商人等才有选举权，广大劳动人民是没有资格的（妇女更无资格）。至于被选举权，还要加上，"本省籍贯或寄居本省满十年以上的男子、年满三十岁以上者"一条。这种选举法显然对资产阶级上层、士绅及其知识分子有利，对广大劳动人民毫不相干。因此，选举四川谘议局议员时，"四川全省人口七千余万，登记有选举资格的只有一十九万一千五百余人，即一千人中只有三个人享有选举权"②。有被选举权的人更是寥寥可数了。据张惠昌的《立宪派人与四川谘议局》一文的统计：四川谘议局议员127人（额定为105名，另外22名是填补出缺的）中，有进士2人，举人31人，秀才、廪生55人，还有道员一人，拥有各种官衔者27人，著名富翁、典商9人。这些议员大多数是立宪派或与立宪派有联系的人。③ 议长、副议

---

① 《各省谘议局章程》，《东方杂志》第 5 年第 7 号。
② 张惠昌：《立宪派人和四川谘议局》，文史资料委员会编：《辛亥革命回忆录》（三），第 145～146 页。
③ 文史资料委员会编：《辛亥革命回忆录》（三），第 151 页。

长则由著名立宪派人蒲殿俊①、肖湘②、罗纶担任③。他们理所当然地是四川立宪派众望所归的领袖人物。

四川省谘议局的成立,提高了资产阶级上层、士绅、知识分子的政治地位,加深了他们同清王朝的联系。清政府利用谘议局收罗帮凶,并将自己的政策、措施,以此为媒介强奸民意,涂一层"民意"油彩来加强统治。这是因为谘议局可以议决本省应兴应革、预决算、税法、公债以及本省担负义务之增加等事。立宪派人通过谘议局取得了合法的政治舞台,集聚了本省的同类,从而加强了力量。他们利用谘议局这个由清王朝提供的合法场所,要求政治的民主改革而反对社会的民主改革。在反对人民革命方面他们同清王朝携手,在夺取本集团的政治、经济利益方面向清王朝开口。

四川谘议局的议员们,为了提高本身的政治地位和发展经济势力,他们对清政府的某些卖国罪行和明目张胆的掠夺行径进行了一些揭露和斗争,并且提出了一些发展本省实业的议案。1910年四川总督将1911年预决表交谘议局议决。因仅有地方岁出无地方岁入,谘议局当场提出质问,并以"明年决算无从审查"为理由不予通过,以防"将来中央政府可以统四川全部岁入,归入国家行政经费。地方经费又须另取于民"。④ 对于地方上的贪官污吏,谘议局也进行了一些揭露和弹劾。如揭发彭山县县令"莅任以来,种种稗政、怨咨在道","闻该县东南卡,现收禁者多至百三十余人,无论案之轻重,情之真伪,但视家近小康者,一律收卡管押,纵丁索需"。⑤ 这种看起来是"官"与"绅"之间的矛盾斗争,实质上反映了资产阶级和封建阶级的矛盾斗争,是软弱的中国民族资产阶级上层对封建势力所加予的政治压迫的一种反抗形式。议员们的实业热也从谘议局里表现出来,这从谘议局第一次会议的提案可见:"议案最多数都是筹划本省资源的开发:一个林业议案,规定森林的整理和保护以及培植新林;一个矿业议案,规定设立矿务总局,使本国资本得以利用开发本省矿产;一个疏浚河道议案,规定即拟举办的最妨航行的滩险的治理;一个铁路议案,规定严格监督四川铁路股款的管理;一个银行提案,规定设立兴业

---

① 蒲殿俊(1875—1935),字伯英,四川广安人。"家世诗礼,在邑为大姓。"1898年赴京朝考,"目睹戊戌政变而观其会通并杂治当时所谓时务之学"(以上引文见肖湘:《蒲君伯英行状》)。1899年在广安创办"紫金精舍",聘胡骏为主讲,被人称为"紫金派""康党"。1904年,中进士,与汤化龙、谭延闿为同年,私交甚笃,旋被清朝选派日本留学,肄业于法政大学。1906年与胡骏、肖湘、邓镕等四川留日学生三百余人设立"川汉铁路改进会",要求商办川路公司。蒲、肖和邓孝可等在日本与梁启超关系密切,受梁影响颇深。1908年回国,在北京任法部主事。蒲殿俊当时在四川的声望甚高,《时报》说他"所至为设供帐,妇孺莫不知其名"。1909年,任四川谘议局议长,辛亥革命时期曾任"大汉四川军政府"都督。1912年与梁启超、汤化龙等组织"民主党"。1913年任进步党理事、进步党四川支部常委,后在北京主持《晨报》,1917年任段祺瑞内阁内务部次长。1927年任刘湘的高等顾问。1935年在北京病逝。
② 肖湘,字秋恕,四川涪陵人。光绪进士,法部主事。曾留学日本,同蒲殿俊等发起"川汉铁路改进会"。1909年被选任四川谘议局副议长后,常驻北京,代表四川谘议局联络各省立宪派人士进行请愿活动。
③ 罗纶,字梓青,四川西充人。举人,其父为哥老会首领,对川西南同志会和哥老会颇有号召力。1909年被选任四川谘议局副议长。曾任"四川军政府"副都督,进步党军事主任。
④ 《蜀报》第5期"纪事"。
⑤ 《蜀报》第10期"纪事"。

银行来促进工业发展。"① 这些议案，虽多系纸上谈兵，但是反映了四川民族资本发展的要求，为保路运动的发动做了一定的舆论准备。

　　清政府在四川筹办谘议局时，又据"宪政编查馆"奏订的《城镇乡地方自治章程》筹办"地方自治"。设立"自治公所"，用地方绅士为"乡董"，以"议事会"为机关，"辅官治之不及"。② 1908年夏，护理四川总督赵尔丰，设立"成都自治局"筹备成都"自治"事宜。赵尔巽督川时将"成都自治局"扩大，改名为"四川全省地方自治局"，并将原"成都自治局"开办的"自治研究所"改为"通省自治研究所"，令各地方官保送二人入所学习"自治"。第二年，又在成都设立了"四川宪政会"。"宪政会"分研究、讲习二科。"讲习者，讲习学理；研究者，研究事实；必学理与事实融会贯通而后宪政乃能收其效。"③ 一时，公私立法政学堂大兴，仅成都即达十三所之多。迄至1910年10月，据赵尔巽奏报："川省繁盛城镇，业于上年分别指定筹备自治，本年夏间，成都、华阳两县将城议事会、董事会合并成立。……其江北厅、简州、彭县等三十县，岳池等属之石垭各镇、简州等属之石桥各乡，均已提前办竣。综计成立者，城会四十九处，镇会一十四处，乡会一十七处。"④ 1911年3月，赵尔巽又奏报："川省共已成立城会一百处，镇会一百三十处，乡会六十七处。"⑤ 而各地议会的议员"乡董"皆由本地的士绅充任。据日本学者西川正夫所撰《四川省简阳县县志管见（上）》一文的统计：时简阳州议会共有议员40人，其中拥有举人、监生、贡生、增生、秀才、副榜、武生、留学生、法政学堂毕业生、铁路股东、县志采访等各色头衔者达24名。州议会会长李为纲是孝廉方正，州劝学所副董。⑥ 可见"地方自治"的推行有助于地方绅士权力的扩大。在封建社会日趋瓦解的大动荡中，"不仅许多工人、农民和手工业者起来反抗，而且也有不少比较开明的地主阶级分子表现不安，想寻求经济上和政治上的出路。出路在哪里呢？当时封建主义已经毫无出路了。要找出路只能跟着资产阶级跑。所以他们中间有很多人卷入了资产阶级的政治运动，不是变成孙中山先生的信徒，就是变成康有为和梁启超的信徒"⑦。四川这些进入了谘议局、城镇乡议会的地主士绅也在辛亥革命前夕大动荡的形势下开始分化。其中不少康、梁信徒与谘议局的立宪派人上下呼应，更因其与铁路"租股"有关而卷入了保路运动之中。

　　1910年9月，清王朝在中央设立资政院，四川"民选"资政院议员有李文熙、高凌霄、张政、刘伟、刘策勋、万慎等六人，其中五人是举人、增生、附生，一人

---

① ［美］施特劳奇著，李孝同译：《重庆海关1902—1911年十年调查报告》，《四川文史资料选辑》（第11辑），1964年。
② 故宫博物院明清档案部编：《清末筹备立宪档案资料》下册，第726页。
③ 《四川官报》宣统元年第25册。
④ 故宫博物院明清档案部编：《清末筹备立宪档案史料》下册，第793页。
⑤ 故宫博物院明清档案部编：《清末筹备立宪档案资料》下册，第806页。
⑥ 《金泽大学法学部论文集·史学篇》25，1977年。
⑦ 吴玉章：《辛亥革命》，第9页。

是留日学生。① 通过他们,四川的立宪派人更增强了同省外立宪派的联系。

资政院、谘议局、地方议事会等机构的成立,使君主立宪的思想在四川广为传播,立宪派的队伍也迅速扩大,从中央、省会到县城、乡镇都有了他们的活动地盘。他们在辛亥革命前夕,已成为四川的一股显著的政治力量。这就为他们发动保路运动,迅速组织保路同志会,抢先掌握这一运动的领导权打下了基础。同时,"它使得革命派在革命爆发后完全处于劣势,立宪派成了主人,革命派成了客人,而主人是同封建势力紧密联系在一起的"②。

立宪派的国会请愿活动

辛亥革命前,资产阶级立宪派的政治目的在于争取实现君主立宪制度,速开国会,成立责任内阁,挤进政权。这就不是资政院、谘议局这一类仅有"言之权而非行之权"的冷衙门所能满足的了。于是,在各省谘议局成立以后,立宪派的国会请愿活动,真可谓屡仆屡兴,不遗余力。四川虽因交通闭塞,立宪派行动迟缓,但也是十分卖力气的。

四川立宪派制造舆论的主要工具是《蜀报》。《蜀报》是四川谘议局作为机关报于1910年8月创办的。由蒲殿俊亲任社长,朱山任总编辑。以"监督行政,促进立宪"③ 为办报宗旨。《蜀报》还聘请了四川名士肖湘、邓孝可、叶治钧、吴虞等捉笔撰文,为当时四川报界的巨擘。《蜀报·发刊词》写道:"《蜀报》为何而作也?盖发生于九年预备立宪之明诏,而欲使政治思想普及于吾蜀,造或健全之舆论,直接而为本省谘议局之补助,间接而裨益政府之实力进行,以促国会之成立者也。"④ 明白宣告自己的中心任务是鼓吹速开国会。

为了呼唤国会早开,《蜀报》连续发表文章宣传以下三个要点:

1. 必须改变君主专制政体。吴虞在《辨孟子辟杨、墨之非》⑤ 一文中,从学术上抨击封建专制的精神支柱儒学着手,来批判封建专制政治制度。他说:"天下有二大患焉:曰君主之专制,曰教主之专制。君主之专制,钤束人之言论;教主之专制,禁锢人之思想。君主之专制,极于秦始皇之焚书坑儒,汉武帝之罢黜百家;教主之专制,极于孔子之诛少正卯,孟子之距杨、墨。""故专制者,乃败坏个人品性之大毒药也。夫与己不同道,则诋为异端,詈为邪说,不以为非圣无法、即以为畔道离经,斯诚社会之污点、学术家之深耻也。"因此"韩愈以为孟子距杨、墨,功不在禹下,亦可谓陋矣。盖孟子不明论理学,而自尊之心特甚,故自一二政论而外,皆浅薄粗杂"。吴虞表示:"吾愿抠衣执鞭,以从其后,而鼓舞言论思想自由之风潮也。"

---

① 张朋园:《立宪派与辛亥革命》,第316页。
② 吴玉章:《辛亥革命》,第13页。
③ 张枬、王忍之编:《辛亥革命前十年间时论选集》第3卷,第861页。
④ 《蜀报·发刊词》,《蜀报》第1期。
⑤ 《蜀报》第4期。

2. 实现民权自由以保证立宪政体的实行,其关键则在早开国会。"惟民权自由,实为立宪政体之真精神。"① 而实行民权自由的关键又在召开国会。因为"国会者,即实行宪政之根本组织,而增长民智,促进民品之天上妙法也"。② "无国会而冀民权自由,实虚悬也。""是故国会早开一日,则民权自由当早伸张一日,民权自由早伸张一日,则政府诸人少为一日恶,而早一日救危亡。"③ 但是,这些君主立宪主义者视民主革命、民主立宪如洪水猛兽。他们攻击资产阶级革命派主张的民主立宪是"惟知有所谓国民,不知有所谓国君"。声言"我中国居今日而言预备立宪则在君主立宪,而不在民主立宪,而又不可不出之以君主立宪"。④ 咒骂主张民主立宪的资产革命派是"丧心病狂"。他们发狂地歌颂光绪皇帝的皇恩浩荡,"明哉先帝,于危急存亡之日,而焕发立宪之诏,将为中国开万世之太平,将为皇室绵无穷之统绪,诚计无善于此者"⑤。表示他们对皇室绝不干涉之心,而有为其绵无穷统绪之意。

3. 鼓吹蜀人当竭诚竭智竭力于立宪。"夫国会之不可不早开,凡深识之士,无不若饥之于食,渴之于饮,而不能早开者,徒以摄政王惑于左右不忠之说,不察国民殷殷待治之意而然耳;且又我国民对于立宪及早开国会亦不无诚有所未尽,智有所未周,力有所未竭也。"⑥ 他们很不满意清政府对行宪的拖沓敷衍,趁机搜刮。"今日地方之新政,法令若牛毛,簿书如山积,政府以催督为功,官吏以敷衍为事,上下相蒙,其所谓新政者,一纸空文耳。"⑦ 因此,四川人责无旁贷请求速开国会。"今日者正吾蜀人奋兴以从各省有志者奔走立宪,或助之势力,或鼓吹舆论,以冀国会速开,以改革一切,不可一日缓也。"⑧

《蜀报》宣布了四川立宪派人士在谘议局成立后的政治目标,宣布了四川立宪派人士将加入各省立宪派人士国会请愿行列,为促成宪政早成、国会早开而号呼奔走。

《蜀报》宣传的民权、宪政、国会一类资产阶级政治改革的内容及其对封建专制制度和儒学的批判,在当时是有市场的。这类宣传固然有一定的启迪民众的作用,但是,它死抱着应该进博物馆的君主立宪政治主张不放,追求政治改良;而且把这种改良视作反对资产阶级民主革命和群众反抗斗争、巩固清朝统治的药方,其麻痹人民的革命意识,破坏革命斗争的作用是不可轻视的。

在行动上,四川立宪派人士真是"奋兴以从各省有志者奔走",要求速开国

---

① 白坚:《论蜀人由今当竭诚竭智竭力于立宪》,《蜀报》第2期。(白坚是梁启超的信徒,"政闻社"的干将,1907年在东京曾被同盟会会员怒打。)
② 《蜀报发刊词》,《蜀报》第1期。
③ 白坚:《论蜀人由今当竭诚竭智竭力于立宪》,《蜀报》第2期。
④ 《国会请愿同志会意见书》,《蜀报》第1期。
⑤ 白坚:《论蜀人由今当竭诚竭智竭力于立宪》,《蜀报》第2期。
⑥ 白坚:《论蜀人由今当竭诚竭智竭力于立宪》,《蜀报》第2期。
⑦ 《蜀报发刊词》,《蜀报》第1期。
⑧ 白坚:《论蜀人由今当竭诚竭智竭力于立宪》,《蜀报》第2期。

会了。

1910年1月，当外省谘议局进行第一次国会请愿时，四川谘议局还是寂然无闻的。同年6月第二次国会请愿时，四川仅有代表一二人，"而其人不过薄志弱行之青年，聊以备员而已"。① 但是，到了同年9月第三次国会请愿时情况则大有不同了。当第二次请愿被清廷拒绝后，全国立宪派头目、江苏省谘议局议长张謇在北京发起谘议局联合代表大会，进行第三次国会请愿活动。四川谘议局议长蒲殿俊出任这个代表大会的副主席，立宪派重要人物邓孝可担任书记。在省内，他们组织了"国会请愿同志会"，于1910年10月在成都聚集三千余人到督署请愿②，闹得颇有声色。

这次国会请愿，由于资政院的成立和助力，清廷更迫于全国革命斗争高涨的形势，不得不下诏缩短预备立宪时间，宣布定于宣统五年（1913）召开国会。清廷的许诺，使四川立宪派人欢欣鼓舞。《蜀报》特发表白坚之《国会期迫敬勖国民》一文大加颂扬："国内外志士，群其力，敝其舌，秃其笔，枯其泪，洒其血，以请求速开国会，诚之所至，天听回焉。""此诚上顺天心，下洽舆情之纶音也。"③ 他们利令智昏，俨然以执政者的姿态要人民为政府效力，似乎胜券在握了。他们为了再推一把清王朝，又响应直隶第四次请愿，发动成都学生罢课。这次罢课请愿，据郭沫若同志回忆："风潮的发源地是四川最高学府的高等学堂。一通油印的公函要求各校举出代表来教育总会开会。各校代表恐怕有三百人左右，决议是：1. 要求在明年便开设国会；2. 要求四川总督代奏；3. 一律罢课，不达到目的誓不复课。"实际上这次罢课只罢了三天。此时，蒲殿俊刚从北京回来，他出席了学生的会议，"始终劝学生不要操切"④，提倡以温和的改良手段向清廷乞讨恩泽。

但是，清王朝当权的王公亲贵并不以召开国会、成立责任内阁为然。他们玩弄"预备立宪"不过是要把政权、军权、财权更加集中到自己手里，以便得心应手地镇压革命。立宪派人士竭诚竭智竭力的"宪政"只是一厢情愿。尽管立宪派人士毫无干犯万世一系的君上大权之心，但是，他们请愿愈勤，愈使皇族亲贵疑忌他们"其处心积虑，无非夺君主之权，解王纲之纽，阳美以万世一系，阴实鼎禄潜移"。⑤ 他们认为，自己所导演的"预备立宪"的丑剧，已到了曲终人散的时候了。

1911年5月8日，清王朝发布了内阁官制和任命内阁大臣的"上谕"，以昏庸贪婪著称的庆亲王奕劻为内阁总理大臣，成立了名副其实的"皇族内阁"，把立宪派人呼朋引类，号泣奔走，磕头请愿所追求的责任内阁扔进了茫茫大海。立宪派人翘首云天，望出了一个大失所望的集权皇室、极端专制的内阁来了。其愤懑心情真是不可言喻的。

---

① 白坚：《论蜀人由今当竭诚竭智竭力于立宪》，《蜀报》第2期。
② 《蜀报》第5期"纪事"。
③ 《蜀报》第6期。
④ 郭沫若：《少年时代》，第227页。
⑤ 刘锦藻：《清朝续文献通考》卷400"宪政八"，第11512页。

此时，有十六个省的谘议局议长、副议长正在北京筹组"宪政会"。还在1911年3月间，直隶省议员、天津举人孙洪伊等人为了筹组立宪政党，准备参加政权，遂以谘议局联合会的名义邀请各省议长入京共商国是。5月，全国有十六个省的代表四十人抵京会议。四川的立宪派人士亦早有组党要求。《蜀报》在1908年8月创刊时就提出："政党与立宪国体之关系，不啻车与辄轨之不可离"①，呼吁组织立宪政党。这时作为当然参加的成员、四川谘议局副议长肖湘和四川籍资政院议员李文熙担任审查员，追随谭延闿、汤化龙等立宪派头目，于6月4日成立了"宪友会"。"宪友会"在北京设总部，各省设支部。四川支部由蒲殿俊、肖湘、罗纶、何耀先、胡庸章、李新展负责。仍然坚持完成宪政为目的，主张实行"尊重君主立宪政体"，"督促责任内阁"，"厘理行省政务"，"开展社会经济"。②他们企图挽狂澜于既倒，乞清廷收回设立"皇族内阁"的成命。肖湘与其他议长、议员联合向清廷上书，提出"皇族内阁"不合立宪公例，请另组责任内阁的要求。③但是，清廷却以"黜陟百司，系君上大权，载在先朝钦定宪法大纲，并注明议员不得干预"④相呵斥。这就使立宪派人懊恼绝望，与清王朝之间的裂口迅速扩大起来。"各省代表闻此乱命，亦极愤怒。即夕约集〔国民公报〕报馆秘议'同仁各返本省，向谘议局报告清廷政治绝望。吾辈公决秘谋革命。并即以各谘议局中之同志为革命之干部人员，若日后遇有可以发难之问题，则各省同志即竭力响应援助，起义独立。云云'。"⑤蒲殿俊在回四川途中曾根据上述"秘议"向湖南省谘议局议员左学谦、周广询说："国内政治已无可为，政府已彰明较著不要人民了。吾人欲救中国，舍革命无他法，我川人已有相当准备，望联络各省，共策进行。"⑥立宪派人至此不得不起而对抗清王朝，但所谓"秘谋革命"，则是准备从资产阶级革命派和广大人民手中抢夺辛亥革命的果实。

清王朝搬起石头砸了自己的脚。"预备立宪"的骗局以损人开始，以害己告终。它不仅遭到全国劳动群众和资产阶级革命派的猛烈反对，而且最终又疏远了同盟者——资产阶级上层和一些士绅，使自己四面受敌，结怨极多，茕茕孑立，形影孤吊了。

收回江北厅矿权的斗争

十九世纪末二十世纪初年，帝国主义对中国铁路、矿山主权的疯狂掠夺，加深了中华民族的危机和灾难，也堵塞了中国民族资本主义发展道路。正在艰难竭蹶中谋求发展的中国民族资产阶级要求从帝国主义手中收回路矿主权，以松动桎梏，求

---

① 《蜀报发刊词》，《蜀报》第1期。
② 张朋园：《立宪派与辛亥革命》，第117~118页。
③ 故宫博物院明清档案部编：《清末筹备立宪档案史料》上册，第577页。
④ 故宫博物院明清档案部编：《清末筹备立宪档案史料》上册，第579页。
⑤ 张朋园：《立宪派与辛亥革命》，第105~106页。
⑥ 湖南省志编纂委员会：《湖南省志·湖南近百年大事纪述》，第282页。

得发展。"凡外人之扶植利权于我国也,自铁道、矿山而外,无论其为农为商,几几有一网打尽之势。故我国不欲振兴实业则已,苟欲振兴实业,其必自收回利权始。"① 于是,在1905年前后,民族资产阶级上层和一些士绅发起了以收回路矿权为中心内容的收回利权运动。这一运动在全国范围内开展,一方面"或废已订之合同",要求废除清政府和帝国主义签订的某些路矿合同;一方面"或收垂失之权利",由中国人自办铁路,自开矿山以杜绝帝国主义的觊觎。收回利权运动在四川,前者是收回江北厅矿权的斗争,后者是川汉铁路的自办。四川绅民收回江北厅矿权的斗争当时在全国颇有影响。1910年,《东方杂志》著文称四川收回江北厅矿权与直隶官绅要求收回开平煤矿权,安徽绅商收回铜官山矿权的斗争,"实吾国近年矿务之三大事也"。②

四川绅民收回江北厅矿权的斗争因帝国主义掠夺四川矿权而起。

英国侵略者立德乐,"经商重庆,搕其厚利"。立德乐早在1898年发现江北厅矿藏丰富,"阴串内奸,代为出面,蒙买私挖,嗣后多方要求,必欲中国明认英商在厅境内办矿权利"③。1904年4月,立德乐开办"华英合办煤铁矿务有限公司"(以下简称"华英公司")与四川省矿务总局订立合同十六条(同年12月经清朝外务部批准),攫取了江北厅地方的煤铁矿开采权(1905年3月,"华英公司"在香港注册)。先占龙王洞五窑六厂,并由英国驻成都领事亚历山大·何西出面,取得了运煤短程铁路的建筑权,同时私自违约开采石牛沟煤矿。清政府媚外成性,不但承认"华英公司"在江北厅五十年的开采权和建路权,而且还承认:"中国国家自应尽力保护。如有滋闹事端,地方官应照中国律例惩办。"④ 于是,"华英公司"凭借特权,大肆盗窃中国煤矿资源。仅在1908年的十一个月中就开采了煤炭28,118吨,又从其他旧矿收买了3,825吨,共达31,943吨。而且该公司的洋员和奴才在江北厅地方恃强为恶,"与当地绅民屡生纠葛,势成水火"⑤。中国人民对横行江北的侵略者早已深恶痛绝。还在1906年,四川绅商即要求清政府废除立德乐占据江北矿权的条约。⑥

1907年,"华英公司"为了攫取最大限度的利润,将铁路设备运抵重庆,着手建筑运煤铁路。这条铁路由龙王洞至狮子口以通嘉陵江,长达20公里。还要求在石牛沟开采新矿区。在勘查路线时,"不遵定章,于民间庐墓水源并未曲为绕越"⑦。"而且任划范围,广插标竿,越界侵占不少田地;并滥伐农民竹木,农民起

---

① 张枬、王忍之编:《辛亥革命前十年间时论选集》第3卷,第436页。
② 《东方杂志》第7年第10号"杂纂"。
③ 《东方杂志》第7年第10号"杂纂"。
④ 汪敬虞:《中国近代工业史资料》第2辑(上),第104~105页。
⑤ 《东方杂志》第7年第10号"杂纂"。
⑥ 《东方杂志》第3年第7号"杂俎"。
⑦ 朱之洪等修、向楚等纂:《巴县志·交涉》。

来反对，不听；民团出来阻止，不理。因此激动公愤，万口沸腾。"① 真闹到了"道途侧目，妇孺痛心"②的地步。江北、巴县绅民忍无可忍，遂起而反对，展开了收回路矿主权的斗争。

江北绅民指出："英商指勘此路延长，窒碍孔多，彰彰在人耳目。……外人心存叵测，蓄意甚深，若任其修筑蔓延，不为限制，恐路线所到，势力随之。全厅矿产不被掠夺殆尽不止。""外人得寸思尺，情伪百出，意外之事尚多。"痛斥外国侵略者的贪婪无耻及其给中国造成的灾难。他们要求护理四川总督赵尔丰向英人收回江北厅的路矿主权。同时指出：事情不仅关系江北一处，而且危及全川，"华英公司""是显以外国资本隐占川省路权，为害滋深"，必须赶快"剔除害累"，"破彼觊觎，出我水火"。但是，赵尔丰"以成案似难挽回，详加驳回"，说什么"凡事欲保民权，必应担任义务"。③ 真是"官怕洋鬼"，畏葸至极。

1908年，江北士绅桂荣昌、杨朝杰、赵城璧、唐赤诚、文光汉等人为了反对"华英公司"侵占中国主权，振兴实业而筹集资金四万余两开办了"江合矿务公司"，自行采矿，并于4月间抢先在石牛沟开采。清政府川东道陈遹声以及重庆、江北、巴县的地方官吏见于"众怨沸腾，设使一旦激成暴动变故交乘，巨祸不堪设想。江北因先受害，而巴县仅隔一江，又为通商巨埠，连累而及，势有必然，川东全属震摇亦在意中，彼时补救无力，追悔何逮"④。他们表示支持绅商，而由"江合矿务公司"出面与"华英公司"谈判赎回江北厅矿权。

在谈判过程中，英方代表漫天喊价，索银四十万两，"百方恫喝，毫未吐露退步语气"。"江合矿务公司"代表"舌敝唇焦""相持甚苦"。⑤ 最后，英国公使"朱尔典爵士看到坚持下去没有好处，提议财产除了存煤和可以兑现的财产外，作价20万两"。⑥ 1909年7月6日，由英国驻重庆领事代表"华英公司"做主同"四合矿务公司"签订了《江北厅矿收回合同》。"华英公司"除索价银二十万两外，又加存煤折价银八千两和"体恤"立德乐的妻子银一万二千两，共二十二万两。中国绅民经过反复斗争后才以高价收回了被帝国主义从中国夺去的江北厅矿权。但是，侵略者并不甘心失败，他们恶毒诬蔑说："阻止外国人开采中国人自己所不能开采的矿场，这种政策，至少是短视的。"并且叫嚷："我们相信英国公使已经向外务部声明，如果开发四川丰富矿产需要外国的帮助，他本国的国民在任何矿区都有优先的权利。"⑦ 气势咄咄逼人，随时准备卷土重来。

发起收回江北厅矿权的人大都是一些有发展资本主义要求的地方绅商。"四合

---

① 中国人民政治协商会议四川省委员会、四川省志编辑委员会：《四川文史资料选辑》（第4辑），第4页。
② 朱之洪等修、向楚等纂：《巴县志·交涉》。
③ 朱之洪等修、向楚等纂：《巴县志·交涉》。
④ 朱之洪等修、向楚等纂：《巴县志·交涉》。
⑤ 《东方杂志》第7年第10号"杂纂"。
⑥ 汪敬虞：《中国近代工业史资料》第2辑（上），第107页。
⑦ 汪敬虞：《中国近代工业史资料》第2辑（上），第107页。

矿务公司"的股东们站在斗争的前列。① 他们以人民群众的反抗力量为后盾，迫使帝国主义交还矿权，又以"群情激动，终恐酿成衅端"②为理由去促使清政府地方官吏支持。绅商们固然大多是没有民主革命意识的。但是这场斗争却反映出了帝国主义和中华民族矛盾加深的事实，也反映出四川微弱的资本主义经济力谋发展的要求，表示了这些绅商们对清王朝卖国卖路卖矿的不满。尽管中国资产阶级软弱无力，矿权只能用高价从帝国主义手中赎买回来，但是打击了帝国主义侵川势力是肯定的。因此，帝国主义的代言人才无可奈何地说："在中国从事采矿的外国人从这里可以得到一些有用的教训。"③ 可见，这次斗争是具有爱国意义的。当时就有人评论说："查英商立德乐……逞狡猾手段，获得厅境矿利，首尾垂十年，几于固蒂深根、不可骤拔，欲复我干净土地，实属难乎其难。"④ 为了收回利权斗争的需要，产生了江北、巴县等地绅商组成的"四合矿务公司"，由中国人自集资本，抵制侵略，开采矿山，这又显示了此次斗争对推动资本主义经济发展，具有一定的进步作用。

还值得注意的是：收回江北厅矿权的斗争，只是当时四川收回利权运动的一个方面，更重要的方面还在自办川汉铁路的斗争。江北、巴县的绅商们曾经把他们的斗争作为四川收回路权运动的一部分，要求川汉铁路公司支持。川汉铁路公司曾邀集在省各州县股东和商董事二十余人会议，认为要"计害之有无，不重利之大小……若听英商自修（铁路）……事后之患难防"，主张"由我自修"这条运煤铁路，并表示愿在公司股本内拨银十万两作为"江合矿务公司"的股东。⑤ 可见，江北厅收回矿权的斗争是当时四川爱国绅商的共同要求。有的绅商在参加收回江北厅矿权斗争的同时，又参加了自办川汉铁路。例如，重庆商会会长舒钜祥，"居渝数载，凡开龙王洞矿，创设蜀通轮舶，及筹川汉铁路诸大计划，钜祥并有力焉"。⑥ 这一斗争的胜利，对四川群众自办川汉铁路的斗争起了鼓舞作用。所以，从这个意义上讲，我们可以把江北厅收回矿权的斗争看作是四川保路运动的预演。

三、资产阶级民主革命运动的勃兴

四川第一位资产阶级民主革命家邹容和《革命军》

戊戌变法昙花一现，义和团运动壮烈失败，在刀光血影、长夜难明的岁月里，

---

① 代表"四合矿务公司"与"华英公司"谈判并在收回合同上签字的有杨朝杰、赵城璧、文光汉三人。
② 朱之洪等修、向楚等纂：《巴县志·交涉》。
③ 汪敬虞：《中国近代工业史资料》第2辑（上），104页。
④ 《东方杂志》第7年第10号"杂纂"。
⑤ 朱之洪等修、向楚等纂：《巴县志·交涉》。
⑥ 陈法驾等修、林思进等纂：《华阳县志·人物十》。

四川的先进知识分子们并没有悲观消极，也没有停步不前。他们同全国许多先进的人们一道，"继起志勿灰"，重新探索救国救民的真理。

1903年，在中国民主革命的战场上，升腾起了一颗粲然的新星。年轻的邹容以炽烈的革命激情，通俗而犀利的文辞写出了"搏虎屠龙《革命军》"。① 邹容是中国同盟会成立以前的著名资产阶级革命家之一，也是四川的第一位资产阶级革命家。他的《革命军》一书，在当时震撼了中国的思想界，给他的祖国和他的故乡的革命运动带来了不可磨灭的影响。

邹容（1885—1905）又名威丹，四川省巴县人，出身于商业资本家家庭。② 邹容在《革命军·自序》中说："不文以生，居于蜀十有六年，以辛丑出扬子江，旅上海；以壬寅游海外，留经年。"邹容在四川生长的十六年，正是十九世纪末二十世纪初，四川社会在帝国主义的侵略下发生急剧动荡的时代。这时，新与旧，爱国与卖国，革命与反革命斗争十分激烈。邹容自幼好学，"年十一，诵群经，《史记》《汉书》皆上口"。③ 在维新思想（特别是谭嗣同的思想）的影响下，邹容爱国爱民，关心国事，要求改革现状，对封建专制制度的腐败和封建思想的束缚日益厌恶。翩翩少年弃八股、科举、"词章帖括"之学如敝屣，"与人言，指天画地，非尧舜，薄孔子，无所讳"。④ 戊戌变法在封建顽固势力镇压下失败后，邹容锐敏地感到了改良主义道路在中国难以行通，决心到日本留学，重新摸索国家民族的出路。

1901年秋，邹容排除重重阻挠，在友人的帮助下，离开故乡，扬帆远航，到达上海入"广方言馆"学习英语，为出国做准备。1902年初，十七岁的邹容"披发下瀛洲"⑤，到达日本东京，入"东亚同文书院"学习。邹容在日本，一面勤奋地学习西方资产阶级革命时期的理论和历史，"录达人名家言印于脑中"⑥；一面参加中国留日学生的爱国和革命活动。"容在蜀时，既有所感触，及来东，日受外界刺激，胸怀愤懑，愈难默吪矣。凡留学生开会，容必争先演说，犀利悲壮，鲜与伦比。"⑦ 1903年3月，邹容因反对清政府留日陆军学生监督姚文甫压迫学生，愤而将姚的辫子剪掉并将姚痛打。清政府以"犯上作乱"的罪名要求日本外务省捉拿邹容。于是，邹容被迫于4月回到上海，住入"爱国学社"，结识了章太炎、章士钊等革命志士。

此时，中国人民反对沙俄强占我国东北的拒俄运动正在上海兴起，邹容一回上

---

① 柳亚子：《有怀章太炎、邹威丹两先生狱中》，《柳亚子诗词选》，人民文学出版社，1959年。
② 邹容的父亲叫邹子璠，"拥巨资，经商往来沪汉间"（邹鲁：《中国国民党史稿·邹容略传》），"以贩鬻致富"（章太炎：《邹容传》，汤志钧：《章太炎政论选集》上，第353页）。
③ 章太炎：《邹容传》，《章太炎政论选集》上，第353页。
④ 章太炎：《邹容传》，《章太炎政论选集》上，第353页。
⑤ 章太炎：《狱中和邹容》，《章太炎政论选集》上，第236页。
⑥ 邹容：《革命军·自序》。
⑦ 邹鲁：《中国国民党史稿·邹容略传》。

海便积极投入这场反帝爱国运动①,并且发起组织"中国学生同盟会",团结爱国学生"于学界成一绝大合法团体以鏖战于中国前途竞争逼拶之中者也"。②但是,清政府却视学生的爱国运动如洪水猛兽,说学生们"反叛朝廷","名为拒俄,实则革命",密令各地"随时获到,就地正法"。③这种人妖颠倒的现实,使邹容深切地感到要爱国必革命,要救国必反清。为了向国人宣传革命的道理,邹容将满腔热血凝注在战笔上,迅速地将他"宣布革命之旨于天下"的战斗檄文——《革命军》写成,自署"革命军中马前卒",誓为推翻清王朝的革命战争带头冲锋陷阵。

1903年5月,《革命军》在上海出版。它以雷霆之声使"举国上下无不震动"。④它成为中国思想界革命思潮开始替代改良主义作为思想舞台主角的一个标志。革命人民为之鼓舞,"虽顽懦之夫,目睹其事,耳闻其语,则罔不面赤耳热心跳肺张,作拔剑砍地奋身入海之状。呜呼!此诚今日国民教育之一教科书也"⑤。帝国主义和清王朝则极度恐慌。沙俄公使叫嚷:"欲在中国举革命之事废去满洲王室,实为大逆不道。"⑥它们相互勾结,于同年6月30日制造了震惊中外的"苏报案",将章太炎逮捕。7月1日,邹容也被关进了上海的租界监狱。1905年4月3日,邹容在残酷的迫害下,怀着对帝国主义、封建主义的深仇大恨死于狱中,年仅二十岁。

《革命军》全书近二万字,分七章。它以通俗易懂、明快锋利的笔调,淋漓尽致地揭露和批判封建专制制度和封建意识形态,明确宣扬资产阶级民主革命为特色。它的基调在于反封建。

《革命军》开宗明义地宣布:"扫除数千年种种之专制政体,脱去数千年之种种奴隶性质",使"中国大陆成干净土,黄帝子孙皆华盛顿,则有起死回生,还魂返魄……至尊极高,独一无二,伟大绝伦之一目的:曰革命。巍巍哉!革命也。皇皇哉!革命也。"革谁的命呢?邹容指出:"自秦始皇统一宇宙……私其国,奴其民为专制政体"以后,历朝君主直至清朝皇帝,"亦得乘机窃命,君临禹域,臣妾我神种"。因此,必须革清王朝和封建专制制度的命,以"洗尽二百六十年残惨虐酷之

---

① 在过去有些关于邹容的著作中,流行一种说法:邹容在东京参加拒俄运动。这一说法源于冯自由:《革命逸史》第2册《〈革命军〉作者邹容》一文。其实这种说法不足为据。据《江苏》杂志第2期,拒俄运动首先在1903年4月27日在上海发动。4月29日留日学生于锦辉馆开大会开始拒俄斗争。据《苏报》1903年5月11日载四川人谢健之《四川诸君公鉴》,邹容曾在上海张园的拒俄大会签名簿上签名。又据邹容自述:"予于今年(1903年)中历三月间去日本而至上海,即与友人章炳麟同寓。"(《中外日报》1903年12月8日)中历三月约阳历3月29日至4月26日,邹容在留日学生开展拒俄运动之前已回到上海了。又据《苏报》1903年5月18日登载的东京留日学生拒俄义勇队的队长、区队长、分队长、队员的全部名单,皆无邹容的名字。可见,邹容参加拒俄运动的地点是在上海而非日本东京。
② 邹容发起成立"中国学生同盟会",是他一生中重要的革命活动之一。《苏报》1903年5月30日、31日"论说"中载有:"蜀邹容者,东京退学生也。愤中国学生团体之不坚,毅然创一中国学生同盟会,海内外全体学生皆要求入会,各省各设总部。各府县各设分部,权利、义务分条揭载……"
③ 冯自由:《革命逸史》初集,第107页。
④ 张篁溪:《苏报案实录》,中国史学会编:《辛亥革命》(一),"中国近代史资料丛刊"本。
⑤ 爱读《革命军》者:读《革命军》,张枬、王忍之编:《辛亥革命前十年间时论选集》第1卷(下)。
⑥ 《中外日报》1903年9月6日。

大耻辱"。① 于是，邹容从政治、经济、文化诸方面对封建专制制度进行了尖锐的揭露和猛烈的批判。

在政治上，满族皇帝用"扬州十日""嘉定三屠"一类暴力手段而取得了至高无上的权力。皇帝和那些"目不识丁的亲王大臣，唱京调二簧之将军都统"，对中国士农工商各阶级、阶层群众实行封建专制的统治。中国民众在政治上没有丝毫民主，"一国之人"，"不能司政治机关，参预行政权"，而"所谓八旗子弟，宗室人员、红带子、黄带子、贝子、贝勒"，"甫经成人，即有自然之俸禄，不必别营生计，以赡其身家，不必读书向道，以充其识力，由少爷而老爷，而大老爷，而大人，而中堂，红顶花翎，贯摇头上，尚书、侍郎，殆若天职"。邹容说：在封建专制下，人民没有丝毫法律保障。"然吾闻之，外国工人，有干涉国政，倡言自由之说，以设立民主为宗旨者，有合全国工人立一大会，定法律以保护工业者，有立会演说、开报馆、倡社会之说者。今一一转询中国有之乎？曰：无有也。"中国没有"司法官审问案件"，而清王朝"之用苛刑于中国，言之可丑可痛"，"乃或援引故事虚文，而顿忘眼前事实。不知今无灭族，何以移亲及疏？今无肉刑，何以毙人杖下？今无拷讯，何以苦打成招？今无滥苛，何以百毒备至？至若监牢之刻，狱吏之惨，犹非笔墨所能形容，即比九幽十八狱，恐亦有过之无不及"②。

在经济上，清王朝不仅滥施苛派，剥削广大农民，"务使其鬻妻典子而后已"，而且对资产阶级"富商大贾"也实行压迫和榨取。邹容写道："外国之富商大贾，皆为议员，执政权。而中国则贬之曰末务，卑之曰市井，贱之曰市侩，不得与士大夫为伍。乃一旦偿兵费，赔教案，甚至供玩好，养国蠹者，皆莫不取之于商人。若者有捐，若者有税，若者加洋关而又抽厘金……公其词则曰派，美其名曰劝，实则敲吾同胞之肤，吸吾同胞之髓，以供其养家奴之费，修颐和园之用而已。"③在这里，邹容明白地站在民族工商业的立场，声讨清王朝的压迫，为民族资产阶级呼喊政治和经济权利，反映出当时中国封建主义和资本主义的尖锐矛盾。

在思想上，清王朝实行了封建专制的文化思想统治，对知识分子"困之以八股、试帖、楷折，俾之穷年砣砣，不暇为经世之学"。"辱之以童试、乡试、会试、殿试……俾之行同乞丐，不复知人间有羞耻事"，"汨之以科名利禄，俾之患得患失，不复有仗义敢死之风"，"嚣之以庠序卧碑，俾之柔静愚鲁，不敢有议政著书之举"，"贼之以威权势力，俾之畏首畏尾，不敢有乡曲豪举，游侠之雄"。而且"文字之狱，滥觞于乾隆……征诛天下"。清王朝"待国士如囚徒""视文人如犬马"。在清王朝专制统治之下，"海内之士，莘莘济济，鱼鱼雅雅，衣冠俎豆，充牣儒林，抗议发愤之徒绝迹，慷慨悲咤之声不闻，名为士人，实则死人之不若"。真是万马齐喑，暗无天日。

---

① 以上引文见《革命军》第一章"绪论"。
② 以上引文皆见《革命军》第二章"革命之原因"。
③ 邹容：《革命军》第二章"革命之原因"。

邹容还揭露了清王朝对外投降，充当帝国主义的鹰犬的罪行，指出："'量中华之物力，结友邦（原文如此）之欢心'是岂非煌煌上谕之言哉。"清王朝在这一卖国方针的指导下，"杀一教士而割地赔款，骂一外人而劳上谕动问"。① "以我之土地送人"，甚至"其发祥之地"的东北也要"顿首再拜奉献于俄罗斯"。清王朝统治下的中国将变成"地球上数重之奴隶"。

于是，邹容"呼天吁地，破颡裂喉"地说："我同胞处今之世，立今之日，内受满洲之压制，外受列国之驱迫，内患外侮，两相刺激，十年灭国。"他奋臂高呼："欲御外侮，先清内患。"② "我中国欲独立，不可不革命；我中国欲与世界列强并雄，不可不革命；我中国欲长存于二十世纪新世界，不可不革命；我中国欲为地球上名国，地球上主人翁不可不革命。"③ 以革命求独立，以革命除祸害而求幸福，以革命去积弱而求富强，是《革命军》所反复阐述的一个所向披靡，一往无前的光辉思想。

《革命军》不仅对封建专制政治制度进行了尖锐的批判，而且尤其注意对维护这种专制制度的封建意识形态进行抨击，提出了"革命必先去奴隶之根性"④ 的思想革命任务。

邹容综观世界资产阶级革命的历史，认为欧美诸国之所以能够鼓舞民气，宣战君主，推倒殖民地宗主国，诛杀封建贵族，倡言自由，建立宏猷，是由于有"革命之健儿，建国之豪杰，流血之巨子"和"无量无名之华盛顿、拿破仑"这些"有名之英雄"与"无名之英雄"的奋斗。⑤ 而这些"英雄"的产生，是因为革命教育的结果。这种革命教育，即资产阶级的启蒙教育，其内容是平等自由，政治法律观念等。但是，中国却不然，中国的专制政府推行的是奴隶教育。"数千年名公巨卿，老师大儒，所以垂教万世之二大义，曰忠曰孝。"⑥ "宋学者流，日守其五子《近思录》等书，高谈太极、无极、性功之理，以求身死立名，于东西庑上一啖冷猪头。"⑦ 中国封建统治阶级所宣扬的"柔顺也，安分也，韬晦也，服从也，做官也，发财也"等等封建意识形态是"造奴隶之教科书也"，"中国之所谓二十四朝之史，实一部大奴隶史也"。⑧ 邹容引用了一首"奴才歌"辛辣地嘲讽封建意识毒化了的奴才："奴才好，奴才好，勿管内政与外交，大家鼓里且睡觉。古人有句常言道：'臣当忠，子当孝'，大家切勿胡乱闹。……转瞬洋人来，依旧要奴才。……世有强者我便服，三分刁黠七分媚。"邹容认为如果中国不改变封建主义的文化专制，不"拔去奴隶之根性"，物竞天择的规律一定是"有国民之国，群起染指于我中土，我

---

① 邹容：《革命军》第二章"革命之原因"。
② 邹容：《革命军》第二章"革命之原因"。
③ 邹容：《革命军》第一章"绪论"。
④ 邹容：《革命军》第五章"革命必先去奴隶之根性"。
⑤ 邹容：《革命军》第三章"革命之教育"。
⑥ 邹容：《革命军》第五章"革命必先去奴隶之根性"。
⑦ 邹容：《革命军》第二章"革命之原因"。
⑧ 邹容：《革命军》第五章"革命必先去奴隶之根性"。

同胞将由今日之奴隶,以进而为数重之奴隶,由数重之奴隶,而猿猴、而野豕、而蚌介、而荒荒之大陆绝无人烟之沙漠也"。① 对封建意识形态的丑恶及其危害的揭露是十分深刻而令人触目惊心的。邹容对封建制度和封建文化的批判,受谭嗣同的民主思想的影响颇深,只要我们把《革命军》同《仁学》对照一下,便可看出邹容有些提法,甚至表述方式都与谭嗣同相似。但是,邹容吸收的是谭嗣同民主思想的内核而扬弃了政治上的改良主义,揭露的目的在于动员人民起来革命。因此,邹容的这些思想不是谭嗣同《仁学》的简单继续,而是在新的历史条件下的发展。

《革命军》批判封建专制制度和封建意识形态的思想武器是西方资产阶级的进化论、天赋人权论和资产阶级共和国方案。邹容在批判旧世界的同时,明确提出了资产阶级民主革命的口号和纲领,表现了他的卓识和远见。

《革命军》运用卢梭、华盛顿、民主共和制、《法国革命纲领》《美国独立宣言》以及西方的自然科学来认识中国的革命问题,提出中国革命的合理性和必要性。他说:"自格致学日明,而天予神授为皇帝之邪说可灭;自世界文明日开,而专制政体一人奄有天下之制可倒。"他模拟美国革命独立,提出了在中国建立资产阶级共和国的蓝图,宣布革命的任务是"诛杀满洲人中之皇帝,以儆万世不复有专制之君主","对敌干预我国革命独立之外国及本国人",建立自由独立的"中华共和国",制定宪法和"自治之法律"。他标榜人民"各人不可夺之权利,皆由天授",人民有人身、言论、思想、出版的自由。他甚至宣称:"无论何时,政府所为,有干犯人民权利之事,人民即可革命,推倒旧日之政府,而求遂其安全康乐之心。"② 邹容的这些思想代表着当时中国"真诚的、战斗的、彻底的民主主义的资产阶级"。

当然,邹容毕竟是一位资产阶级代表人物,被他视为"起死回生之灵药"的东西,只不过是从西方资产阶级革命武器库中搬过来的过时的理论,是软弱得很的。在强大的封建复古思想和帝国主义奴化思想的进攻下破产是必然的。他所追求的资产阶级共和国方案在中国也没有实现的条件,因而也是行不通的。《革命军》的大汉族主义色彩浓厚,没有正确地区分满族统治者和满族人民,而将整个满族都放在反对之列并多侮辱性词句,这无疑是错误的。《革命军》不能避免的具有阶级的和时代的局限性。

列宁指出:"判断历史的功绩,不是根据历史活动家没有提供现代所要求的东西,而是根据他们比他们的前辈提供了新的东西。"③ 邹容在时代所提供的历史舞台上,度过了短暂的一生。他的《革命军》明确提出了时代的新任务和解决这些新任务的理论和方法,提出了相当明确的资产阶级民主革命的政治主张。《革命军》的主流是革命的,是符合历史发展趋势和人民需要的。因此,它在清王朝的严禁下不翼而飞,不胫而走,风行国内外,翻印二十余次,销行达百万册,居当时所有革

---

① 以上引文均见《革命军》第五章"革命必先去奴隶之根性"。
② 以上引文均见《革命军》第六章"革命独立之大义"。
③ 列宁:《中国的民主主义和民粹主义》,《列宁全集》2卷,第425页。

命书刊销行量的第一位。孙中山说:"邹容著有《革命军》一书,为排满最激烈之言论,华侨极为欢迎,其开导华侨风气,为力甚大。"① 1904年,孙中山在美国为了加强革命宣传,在致公堂和中西日报社的帮助下,刊印《革命军》一万一千册分寄美洲、南洋各地。1905年,他写信给新加坡华侨党人张永福,要张速印《革命军》两千册,"分派各处,必能大动人心,他日必收好效果"。② 鲁迅评价《革命军》说:"便是悲壮淋漓的诗文,也不过是纸片上的东西,于后来的武昌起义怕没有什么大关系,倘说影响,则别的千言万语,大概都抵不过浅近直截的'革命军马前卒'邹容所做的《革命军》。"③ 1912年,孙中山任南京临时大总统后,因"邹容当国民醉生梦死之时,独能著书立说,激发人心"④,追赠邹容为大将军,以褒奖这位资产阶级民主革命的优秀战士。

> 少年壮志扫胡尘,叱咤风云《革命军》。
> 号角一声惊睡梦,英雄四起挽沉沦。
> 剪刀除辫人称快,铁槛捐躯世不平。
> 风雨巴山遗恨远,至今人念大将军。⑤

邹容的一生仓促而短暂。他像一颗夏夜的流星,以自己的光芒划破夜空,瞬间即逝。但是,他的革命精神和革命思想却鼓舞着四川的革命者在反清武装起义和保路同志军的战斗中英勇奋战,最终推翻了清王朝的专制统治。毛泽东同志说:"在从前,在旧中国,讲改革是要犯罪的,要杀头,要坐班房。但是在那些时候,有一些立志改革的人,他们无所畏惧,他们在各种困难的条件下面,出版书报,教育人民,组织人民,进行不屈不挠的斗争。"⑥ 邹容就是这样一位立志改革,无所畏惧的人。因此,中国人民至今仍怀念着这一位巴山蜀水哺育的、在火热的革命斗争中成长的英杰。

同盟会在四川的组织和宣传活动

列宁指出:"在东欧和亚洲,资产阶级民主革命的时代是1905年才开始的。俄国、波斯、土耳其和中国革命,巴尔干战争等就是我们这个时代我们'东方'所发生的一连串有世界意义的事变。"⑦ 1905年8月20日,孙中山领导的中国同盟会的成立便是当时具有世界意义的划时代的事件之一。同盟会在中国近代历史上第一次提出了"驱除鞑虏,恢复中华,创立民国,平均地权"这一比较明确的资产阶级民主革命纲领,把一些分散的、地方性的革命小团体联合组织成一个统一的、全国性

---

① 《孙中山选集》上卷,第175页。
② 《孙中山致张永福函》,黄季陆编:《总理全集·函札》。
③ 《鲁迅全集》第1卷,第205页。
④ 《南京临时政府公报》第51号。
⑤ 吴玉章:《辛亥革命·纪念邹容烈士诗》。
⑥ 毛泽东:《在中国共产党宣传工作会议上的讲话》。
⑦ 列宁:《论民族自决权》,《列宁选集》第2卷,第517~518页。

的资产阶级革命政党,成为领导中国资产阶级民主革命的中心。

四川在日本留学的进步分子是支持孙中山组党的。董修武、黄复生等人参加了1905年7月30日孙中山在东京召开的成立同盟会的筹备会议。同盟会正式成立后,在东京同盟会总部任职的川籍革命党人有:评议部评议员——董修武、熊克武、但懋辛、吴永珊(玉章)、黄复生、吴鼎昌等人。执行部书记科有李肇甫,先后任同盟会四川主盟人的有:淡春旸、张治祥、黄复生、董修武等人。① 有人统计,在同盟会成立的初期(1905、1906年),四川留学生参加的有127人。② 人数之多,仅次于广东省和湖南省。有一些川籍会员还是由孙中山亲自主盟参加的,也有人是由黄兴、宋教仁主盟的。

四川的知识分子如此踊跃地参加同盟会是和当时的留学生运动有密切关系的。

戊戌变法虽然失败了,但这一变法运动兴起来的传播资产阶级文化思想的风气并未泯灭。二十世纪初年,由于义和团运动的失败和《辛丑条约》的刺激,更使许多知识分子怵于亡国危机,不得不奋起图存,向西方寻找救国的道路。毛泽东同志指出:"那时,求进步的中国人,只要是西方的新道理,什么书也看。向日本、英国、美国、法国、德国派遣留学生之多,达到了惊人的程度。国内废科举,兴学校,好象雨后春笋,努力学习西方。"③ 日本是向西方学习有成效的国家,而且与中国一衣带水,四川的知识分子更热心向日本学习,留学日本盛行一时。许多知识青年,为了寻求救国救民的药方,毅然抛妻别子,离乡背井,公费或自费到日本进入各级各类学校。"庶几东海渴鲋,得杯水而亦苏;万里飞鹏,遇雄风而愈奋。"④ 吴玉章同志写道:"我们刚到日本的时候(按:指1903年),中国留日的学生还不多,总共不过千人左右;四川人更少,在四川同学欢迎我们的会上,宾主合计也只有大约三十人而已。……从1904年起,四川留日学生显著大增,最多的时候达二三千人。"⑤ 据《成都通览》载1909年《成都府东洋留学生之姓名》统计,成都府属成都、华阳、简州、崇庆州、汉州、温江、新津、金堂、新繁、彭县、双流、新都等十二州县留日学生达一百五十三人。成都府1909年以前毕业或因事归国的留日学生有九十人。这一年成都一府即有留日学生二百四十三人之多。其中的先进知识青年为争取出外留学而奋斗的事迹是十分感人的。吴玉章同志回忆他浮槎东渡的情形说:"1903年2月9日(夏历正月十二),那时还是元宵期内,到处锣鼓喧天,当人们兴高采烈,欢度春节的时候,我们一行九人,好象唐僧取经一样,怀着圣洁而严肃的心情,静悄悄地离开故乡,挂帆而去。这时,重庆以下的兴隆滩,刚刚塌

---

① 邹鲁:《中国国民党史稿·中国同盟会》。
② 周开庆:《四川与辛亥革命》,四川文献研究社,1964年。
③ 毛泽东:《论人民民主专政》,《毛泽东选集》合订本,第1358~1359页。
④ 吴玉章:《辛亥革命》,第60页。
⑤ 吴玉章:《辛亥革命》,第59~60页。清朝驻日公使兼留日学生监督杨枢在1906年所上《密陈游学生在东情形并新拟办法折》称:"奴才到任时(1903年6月),在东官费生仅逾千人,日增月盛,迄于今日,已至八千人。"自费留学者在外。这是留日学生最高的数字,可见当时四川留日学生占中国全部官费留学生总数的四分之一以上。

崖不久，川江航行还很危险，但我们却毫不在意。我们当时正是满怀壮志，一片雄心，不怕任何危险。"① 杨维不顾家人的阻止，坚决赴日，"阴买舟将趣日本，家人赴河干阻益力，有老婢挽缆不释，则取斧断缆放舟竟去"。② 谢奉琦"偕戚友黄治皋、傅祥生等人整装东下，舟过夔巫时，急浪触石几覆，众皆惊惶"，谢奉琦"危坐自若，并赋长句一章云：匆匆荡桨下渝关，风雨羁人意往还。回首西藩无净土，奋身东渡探神山。乡心犹绕慈亲墓，客路多亏壮士颜。待到文明输入后，数年亦应谢阿蛮（原注：阿蛮指日本）。"③ 他们这种怀抱高尚理想，奋发图强的精神是难能可贵的。四川僻处祖国西陲，缺乏得天下风气之先的条件。但是，由于民族危机的深重，四川的知识分子极欲寻求出路，穷则思变，愈是闭塞而愈思开通，愈想打开眼界。因此，向国外、省外学习之风，从戊戌维新以来便在四川兴起。在二十世纪初年的留学生运动中，由邹容、吴玉章等先进知识分子更树立了四川青年胸怀祖国、放眼世界、虚心学习、学以致用的优良传统。这一传统，以后由老一辈的无产阶级革命家朱德、赵世炎、陈毅、吴玉章、邓小平等同志在新民主主义革命时期发扬光大。

当时的日本是中国爱国者集聚的地方，也是革命和改良激烈斗争的场所。四川留日学生在政治斗争的激浪里迅速发生了分化。有的人（如蒲殿俊、肖湘、邓孝可等），通过与梁启超的接触，沿着改良主义的道路滑了下去，成了立宪派人，而更多的人则通过学习资产阶级民主革命思想，参加了有如章太炎等人发起的"支那亡国二百四十二周年纪念会"和"拒俄运动"等政治活动，在思想上实现了从改良到革命的飞跃，成了孙中山的追随者。熊克武回忆说："到东京后，由于我接触爱国志士日多，又能看到进步书报，耳目一新，就更倾向于革命了。……我早听说过孙逸仙的名、字，知道他是革命家。……乙巳（1905 年）我和但懋辛……第一次会见了这位伟大的中国革命家"，"从此开始了我们的革命生活。"④ 四川的革命青年一但认识到了革命真理和找到了革命领袖，便纷纷加入同盟会，献身于中国资产阶级民主革命事业。

同盟会成立后，迅即在国内外建立和发展组织。按照同盟会《总章》的规定："本会支部，于国内分五部，国外分四部，皆直接受本部之统辖。"⑤ 同盟会在国内的西方支部预定设在重庆，负责领导四川、贵州、新疆、西藏、甘肃等省的党务。1906 年，孙中山派童宪章等返川征集党员，建立重庆支部。同盟会重庆支部是在

---

① 吴玉章：《辛亥革命》，第 53 页。
② 赖佐唐等修、宋曙等纂：《叙永县志·人物篇》。
③ 《谢奉琦烈士事略》，中国人民政治协商会议四川省委员会、四川省志编辑委员会：《四川文史资料选辑》（第 1 辑），第 165 页。
④ 文史资料委员会编：《辛亥革命回忆录》（三），第 2 页。
⑤ 邹鲁：《中国国民党史稿·中国同盟会》。

"公强会"的基础上建立的。1903年,巴县杨庶堪①与同县梅际郇、童宪章、陈崇功、朱之洪等"密组公强会,树立革命思想"。当同盟会会员童宪章回重庆后,"公强会推杨庶堪与朱之洪首应盟约,于是乃设同盟会重庆支部"。②同年,孙中山又派熊克武、黄复生等人回川"揽结同志",在成都先后联络秦柄、谢持、张培爵、卢师谛等人加入同盟会,在成都建立支部,并在各州县发展组织。佘英在泸州设立同盟会机关,谢持在富顺建立了同盟会分部。③ 1906—1911年间,四川多数地区都有了同盟会的活动。成、渝两地的同盟会机关,"不仅成了四川党人行动的中枢,在一定程度上影响及于西南地区党人的活动"。④ 同盟会在四川和其他地方支部的建立和发展,使这个资产阶级革命政党"不期年而加盟者已逾万人,支部先后成立于各省。从此革命风潮一日千丈,其进步之速,有出人意表者矣"。⑤

同盟会在四川的组织工作主要是以学校为基地,以教职员和学生为对象秘密进行的。

从1902年起,清政府实行"新政"。为了培养"新政"所需的人材,废科举、兴学堂。于是,四川的新式学堂也应运而生。1902年,成都设立了四川高等学堂(1904年正式开学),"以洋教习讲授现代科学——化学、物理、外文等,各地都开办官立的、公立的和私立的初级小学,教以国文、算术、中国历史和地理、博物……许多府城设有中等学校。……在成都设立了各种专门学校,诸如医学校、铁路学校、矿务学校、蚕桑学校,等等"。⑥ 据四川总督锡良1905年10月5日奏称:"现在已经开学者,除省城高等学堂另案奏明外,各府、厅、州、县中计成都府师范、泸州川南师范各一堂,师范传习所一百一十堂,中学八堂,高等小学一百五十二堂,初等小学四千零一十七堂,两等小学三十八堂,半日学堂三十四堂。或由官立,或由公立及私立。"⑦ 此外,尚有四川通省师范学堂、东文学堂、八旗高等小学堂、武备学堂、官弁学堂、英法文字学堂、军医学堂、铁路公司测绘学堂、工艺学堂等。与清政府的愿望相反,这些学校的学生多系富有爱国思想,易于接受革命的青年,而同盟会会员和留日学生任学堂监督(校长)、教习的甚多,而且,清政府既要装点新学,就不能不准许学生练军事体操,有的学堂还多少领有一些枪支。

---

① 杨庶堪(1881—1942),字沧白,四川巴县人,与邹容友善,曾大力帮助邹容赴日留学。1903年组织革命小团体"公强会",1906年入同盟会后,在成都、永宁各中学任教,联络同志,支持武装起义。辛亥革命时期,任重庆府中学堂监督,参加重庆独立。1913年,熊克武任四川讨袁军总司令,杨庶堪任四川民政总长。后参加中华革命党,并先后任四川省省长,孙中山大元帅府秘书长,广东省省长等重要职务,1925年一度出任段祺瑞政府司法部部长。1942年在重庆病逝。
② 向楚:《杨庶堪传》,《国史馆馆刊》第1号"国史拟传",1948年9月。
③ 周开庆:《民国四川人物传记·谢持传》。
④ 中国人民政治协商会议四川省委员会、四川省志编辑委员会:《四川文史资料选辑》(第1辑),第27页。
⑤ 孙中山:《孙中山选集》上卷,第176页。
⑥ [美]施特劳奇著,李孝同译:《重庆海关1902—1911年十年调查报告》,《四川文史资料选辑》(第11辑),1964年。
⑦ 中国科学院历史研究所第三所编:《锡良遗稿》第1册,第520页。

因此，学校更引起同盟会会员们的注目，而大力进行活动。重庆革命党人的支部设在重庆府中学，加强与各校联络，以致"辛亥前一、二年，重庆各学校，大都在党人掌握之中"。①杨庶堪，"既入同盟会，教于成都、永宁中学，朋辈往还多俊流，阴识拔为优秀党员，蜀东南老成学人入同盟会，盖多自庶堪"。②张培爵在成都创办成都叙属中学，"他利用学监身份为掩护，发展同盟会会员"。③卢师谛在成都北门外珠市巷四号成立第二小学堂，以为各学堂同志联络之所。"每星期日，恒约同志郊游，纵谈天下大势，研讨革命方略。"④

此外，同盟会还注意在会党中吸收党员。例如，吸收川南著名哥老会首领佘英和川东北孝义会首领李绍伊入同盟会。同盟会会员龙光、王子均等在新军中，秦柄、饶国梁等在弁目队中发展组织。

有的同盟会会员还利用开办工厂来掩护组织活动、筹集经费。石青阳在巴县"筹设蜀眉丝厂，就南岸为机关，密谋革命，又设蚕桑传习所于浮图关"⑤，发展同盟会会员。1907年，税钟麟约邹国宾等至嘉定牛华溪，筹集股本开办抽水机厂，"借以厚积资财，网罗豪俊，凡荣（县）、威、嘉、叙、隆、荣（昌）、泸等县党人多为其所介绍。上而成都，下而犍、荣一带均联络一气，至其所属之吉林村，尤为井研同党及外州县同志往来秘密结合之所"。⑥在泸州，杨兆蓉等人在席成元的资助下，设立火柴公司，借以联络党人，掩护购制炸药的活动。

自同盟会1906年在四川建立支部以来，组织发展是比较迅速的，会员甚多，分布面广，特别是川东重庆一带和川南地区，更为同盟会会员集中之地。"川东南人士加入同盟会者数以百计。"⑦仅熊克武、廖腾霄二人先在井研县，"秘密介绍同学、友人等入党"，以后逐渐到犍为、荣县一带，"先后介绍入会者约一百人内外"。⑧在成都，"一年来在学校中，发展很快，叙属、资属等学堂学生加盟的约数百人。"⑨到了1908年"广安和邻县的大竹、长寿、宁水（按：应为邻水），同志很多，人数在三百以上"⑩。可见在辛亥革命前，同盟会已经成了四川社会中的一个很有影响的政治集团。

同盟会既不同于封建士大夫的拜盟结社，也不同于会党的"歃血为盟"。它有自己近代化的组织系统——仿照资产阶级三权分立的执行部、评议部和司法部，有

---

① 周开庆：《民国四川人物传记·记朱叔痴先生》。
② 向楚：《杨庶堪传》，《国史馆馆刊》第1号"国史拟传"，1948年9月。
③ 中国社会科学院近代史研究所编：《民国人物传记》第1卷，第76页。
④ 《四川文献月刊》第13期《卢师谛传》。
⑤ 朱之洪等修、向楚等纂：《巴县志·人物》。
⑥ 邹鲁：《中国国民党史稿·税钟麟事略》。据陈绍白《同盟会在四川的几次武装起义》一文说，抽水机厂设在犍为铁山罗程铺铁山煤厂，借名制造炸弹壳和刀镖等武器，详见文史资料委员会编：《辛亥革命回忆录》（三），第118页。
⑦ 《中国近代史资料》1958年第2期，第26页。
⑧ 文史资料委员会编：《辛亥革命回忆录》（三），第117页。
⑨ 文史资料委员会编：《辛亥革命回忆录》（三），第11页。
⑩ 文史资料委员会编：《辛亥革命回忆录》（三），第16页。

本部和支部,特别是有明确的资产阶级民主革命政纲,凡会员入会必须赞成这一政纲。作为资产阶级革命政党的同盟会四川支部的建立和发展,使四川人民的革命斗争进入了一个新的时期,汇入了比较明确的资产阶级民主革命的潮流。

四川的同盟会会员主要是资产阶级、小资产阶级知识分子,这固然与同盟会主要是在学校教师和学生中串连发展有关,但是更主要的是由它的资产阶级的政党性质所决定的。现将有学历可查的四十一个同盟会会员列表举例如下:

姓 名	籍 贯	加盟时间	文化程度	资料来源
吴永珊	荣 县	1905	日本成城学校	吴玉章:《辛亥革命》,第59页。
张百祥	广 安	1905	日本东斌学校	《辛亥革命回忆录》(三),第329页。
黄复生	隆 昌	1905	川南经纬学堂毕业	《黄复生先生行述》,《重庆市公祭黄复生先生大会特刊》,1948年。
张治祥	彭 山	1905	留学日本	《彭山县志·张治祥传》。
龙鸣剑	荣 县	1906	日本法政学堂	《荣县志·龙鸣剑传》。
熊克武	井 研	1905	日本东斌学校	邹鲁:《中国国民党史稿·烈士廖宗纶传》。
廖宗纶	井 研	1905	日本东斌学校	邹鲁:《中国国民党史稿·烈士廖宗纶传》。
丁厚扶	荣 县	1906	日本早稻田大学	同上书,《丁厚扶传》。
谢奉琦	荣 县（今自贡）	1905	日本早稻田大学	同上书,《谢左将军传》。
杨庶堪	巴 县	1906	英文教师、中学堂监督	向楚:《杨庶堪传》。
潘大道	开 县		日本早稻田大学政治经济学士	周开庆:《民国四川人物传记》。
杨 维	永 宁	1906	日本警察学校	《叙永县志·人物篇》。
秦 炳	广 安	1906	成都新军弁目学堂	邹鲁:《中国国民党史稿·秦遂生事略》。
谢 持	富 顺	1907	川南经纬学堂肄业	周开庆:《民国四川人物传记》。
石青阳	巴 县	1906	日本大野县长町蚕桑学校	《巴县志·人物》。
卢师谛	成 都	1906	四川高等学堂肄业	《四川文献月刊》第37期《卢师谛传》。
李肇甫	巴 县	1905	日本明治大学法科肄业	周开庆:《民国四川人物传记》。
胡玉阶	威 远	1907	成都优等师范毕业	同上。
董修武	巴 州	1905	日本明治大学毕业	同上。
周鸿勋	郫 县		巡防营书记	同上。

91

续 表

姓 名	籍 贯	加盟时间	文化程度	资料来源
张培爵	隆 昌	1906	成都高等理科优级师范毕业	《民国人物传·张培爵》。
龚 潜	荣 县		留学日本	《荣县志·龚潜传》。
王述怀	嘉 定		成都武备学堂	《乐山县志·艺文志》。
黄 方	永 宁		川南师范学校	《泸县志·革命先烈》。
佘 英	泸 州	1906	武庠生	同上。
淡宅旸	巴 县	1905	留学日本	邹鲁：《中国国民党史稿·淡君宅旸传略》。
廖树勋	三 台	1906	长寿县体操教员	《三台县志·人物》《长寿县志》卷15。
陈 经	新 津	1906	日本振武学堂	周开庆：《民国四川人物传记》。
罗祥麟	峨 眉	1906	日本早稻田大学政治经济科	同上。
林宝新	峨 眉	1906	日本体育高等学校本科	同上。
李懋勤	峨 眉	1906	东京铁路业务专修科	周开庆：《民国四川人物传记》。
刘植蕃	资 州	1906	日本东斌学校	同上。
王丽中	华 阳	1906	日本东斌学校	同上。
熊成章	华 阳	1906	日本早稻田大学政治经济科	同上。
杨汝诵	嘉 定	1906	日本岩仓铁道学校	同上。
李 馥	宁 远	1906	日本警察学校	同上。
刘汝琼	合 江	1906	日本警察学校	同上。
何光藻	青 神	1906	日本高等警务学堂	同上。
张国伟	荣 县	1906	日本铁路学堂	同上。
李遐璋	泸 州	1906	日本东斌学堂	同上。
童显溪	巴 县	1906	日本警监学堂	同上。

从上表可见，四川的同盟会会员大都是在日本或省内的新式学堂（大学、中学）和军事学堂受过教育的知识分子，又不同程度地接受了资产阶级民主思想，赞成同盟会的十六字政纲，参加了资产阶级政党，多数人愿意为革命奋斗、牺牲。因此，他们是截然不同于封建士大夫的资产阶级、小资产阶级知识分子，是近代四川新的资产阶级力量的重要组成部分（最敏感、最革命的部分）。毛泽东同志说："在中国的民主革命运动中，知识分子是首先觉悟的成分。辛亥革命和五四运动都明显

地表现了这一点。"① 辛亥革命前，四川涌现出的这一批资产阶级、小资产阶级知识分子，在宣传民主革命思想，举行武装起义，直至最后推翻清王朝在四川的专制统治的斗争中，起了先锋和桥梁作用，是当时群众运动的政治指导者。

同盟会在四川的组织发展工作是与宣传工作相辅相成的，而且是以宣传工作先行的。

秘密地散发革命书刊是同盟会进行宣传工作的一个主要手段。邹容的《革命军》，陈天华的《警世钟》《猛回头》，以及《民报》《四川》杂志等革命书刊，对四川群众的影响很大。

卞鼒是最早将《革命军》《警世钟》冒险带回四川的人，也是四川最早的日报——《重庆日报》的创办人。

卞鼒（1874—1908），字小吾，四川江津人。"鉴清室专制酷虐，吏贪民散，外侮迭乘、沦胥可痛，遂有种族思想。"② 1902年去北京，见当道"诸大老皆暮气已深"③，"非木偶即汉奸"④，转游上海。时值"苏报案"发生，邹容、章太炎下狱。卞鼒亲往狱中探望，与邹、章密商革命并同《中外日报》记者汪康年、马君武、谢无量等人结识，立志反清。1903年夏，卞鼒回川，倾家筹资再赴上海购买《革命军》《警世钟》《苏报案纪实》等书数百本于1904年秘密携回四川散发，还集资在重庆创办"东华火柴厂"、东文学校和《重庆日报》"专事排满革命"。⑤ "渝中知己，沪上党人，音书往来，密图组织，势渐膨胀"⑥，"不数月，革命事业，大有一日千里之势"⑦。清重庆知府鄂芳对卞鼒恨之入骨，图谋兴文字狱陷害。

1905年，《重庆日报》转载《苏报》消息，标题是《老妓颐和园之淫行》，指名揭露西太后那拉氏。⑧ 清吏遂借口于6月2日将卞鼒逮捕并查封重庆日报馆。川督锡良命重庆知府将卞鼒解送成都关押，对之加以残酷迫害。卞鼒于囹圄之中，写了《救危血》《呻吟语》等文章，"皆救亡图存警钟"。⑨ 1908年，护理四川总督赵尔丰与成都知府兼巡警道高增爵合谋，于6月13日夜将卞鼒戕毙狱中，伤七十三处。群众闻讯莫不义愤填膺，"慨夫满清之官府之狞狉黑暗至此，则吾民之憔悴何如哉"。⑩《衡报》（1908年8月8日第10期）载《惨无天日之四川》一文，愤怒揭露清政府杀害卞鼒的罪行，指出："此等官吏，亦世界所未有。"

1905年11月26日，同盟会的机关杂志《民报》创刊。《民报》从一开始起，

---

① 毛泽东：《五四运动》，《毛泽东选集》，第523页。
② 邹鲁：《中国国民党史稿·卞烈士传》。
③ 邹鲁：《中国国民党史稿·卞烈士传》。
④ 聂述文等修、程德音等纂：《江津县志·卞鼒事略》。
⑤ 周开庆：《民国四川人物传记·卞鼒事略》。
⑥ 聂述文等修、程德音等纂：《江津县志·卞鼒事略》。
⑦ 邹鲁：《中国国民党史稿·卞烈士传》。
⑧ 周开庆：《民国四川人物传记·卞鼒事略》。
⑨ 文史资料委员会编：《辛亥革命回忆录》（三），第339页。
⑩ 聂述文等修、程德音等纂：《江津县志·卞鼒事略》。

就以战斗的批判的姿态出现于政治舞台,公开揭橥孙中山的三民主义旗帜,反对清朝,批判改良主义,是同盟会宣传群众的指导。四川的同盟会会员以传播《民报》为己任。有人还组织书报社,公开将《民报》供给群众阅览。大竹县同盟会会员肖德明、陈凤石1906年组织的"大竹书报社",除展出《民报》外,还备有《云南》杂志、《四川》杂志等革命刊物,以教育和团结群众,收到了很好的效果。①

1906年4月25日,《民报》出版了临时增刊《天讨》。上面刊登了相如之《四川革命书》,望帝之《四川讨满洲檄》。这两篇战斗性颇强的文章,以当时四川的材料为根据,大力宣传革命思想,号召四川人民起来反清。

《四川革命书》痛数"满清治蜀苛政"——征粮、抽税、攘夺、迫捐、虐杀、筑路六大罪状。指出:"蜀民之仇,厥为满虏,舍排满而外,决无自全之策。吾蜀同胞,盖亦闻风而兴起乎!"②《四川讨满洲檄》,追溯了清王朝统治四川二百余年的暴虐史,指出:清朝统治四川,"首恃官吏之贪虐;官吏贪虐之不足,又残之以将帅之供求;将帅之供求之不足,又残之以满兵之暴殄;满兵暴殄之不足,又使乡勇自残其父子兄弟;死者不得收尸骸,生者不得归乡里"。"近有周善培者,刚愎残刻,傅以皮毛之学,主吾蜀警政,设苛条娆法,令养妓者设官娼,市妇施脂粉,即诬为不贞,而致之死。令失业者入工场,农民被襁褛,即拘之习技,而夺其时。街衢往来,不得并肩,市廛交易,不得高语。踽踽而行,睊睊而视,满城凄然,森如地狱。"檄文号召:"凡我巴蜀父老,都邑俊豪,称尔戈,砺尔刀,诘尔戎兵,北指雍梁,东给荆襄,合殄乃雠,毋贰毋攘,俾禹甸禹服,得睹乎重光。"③《民报》上面的这些文字,虽然掺杂着大汉族主义情调,对帝国主义和人民自发反抗斗争缺乏正确认识,但是,以蜀人言蜀事,用四川人民亲身所受的痛苦来激发革命意志,这在当时来说确有振聩发聋的作用。

清朝反动政府对一切革命宣传严加禁止和破坏。1906年以后,《民报》运进国内就更加困难了。为此,留日学生中的同盟会会员,又纷纷以本省的名义创办或继续出版报刊,分散运进国内,进行宣传。四川在日本的同盟会会员先后创办了《鹃声》和《四川》杂志。

《鹃声》月刊是由雷铁崖、邓絜等人于1906年在东京创办的一种白话文杂志。这个刊物,"主张排满最激烈,撰述人有雷铁崖、董修武、李肇甫等,均蜀省留日学生"④。《鹃声》所载《说鹃声》一文,称《鹃声》杂志的目的是:"叫各人地方上的弟兄们,都要晓得中国现在的时势,是十分不好了,要大家赶快想法子,做个长久之计。"⑤作者们表示"欲效啼鹃"将深重的民族危机和清朝的卖国罪行以及

---

① 大竹县政协:《辛亥革命前"大竹书报社"的革命活动》。
② 《民报》临时增刊《天讨》,《四川革命书》。
③ 《民报》临时增刊《天讨》,《四川讨满洲檄》。
④ 冯自由:《中国革命运动二十六年组织史》,第117页。
⑤ 张枬、王忍之编:《辛亥革命前十年间时论选集》第2卷(上),第563页。

"救我四百兆同胞的法子,一期一期的说出来,哀鸣于我七千万伯叔兄弟之前"。①《鹃声》揭露清王朝将我国领土"七零八落的割来送与外人。只要保得住他夺踞我们那个皇位位子,他管我们祖宗辛辛苦苦四千年来贻留下来的中国江山吗?"并且指出:"那些外国就是强盗一般,那个满洲政府好比那最恶的奴才。"因此,我们挽救民族危亡的"长久之计"在于"先把这家心腹之忧满洲恶奴除了"。②爱国必须革命,革命才能爱国是《鹃声》宣传的主题思想。对充当帝国主义走狗的晚清政府,《鹃声》和《四川》一样,表示了强烈的愤恨和反抗。

但是,《鹃声》杂志显然对帝国主义的侵略和人民自发反帝斗争认识不足。说什么"保护教堂,就是保护我们中国的土地,就是保我们各人家室财产"。③甚至骂义和团为"拳匪""豚尾奴",说"瓜分中国的原动力,不是那洋人,也不是那满人,就是我们中国的人",主张"调和民教,息事保国"。④这一些论点,反映了中国民族资产阶级在反帝问题上的软弱和妥协的特点。《鹃声》提出对信奉天主教、基督教的群众要具体分析,其中"也有为贪官污吏所逼迫,土豪怨家所凌辱然后才去奉教的"。⑤因此,主张对教民不能一概反对。这种区别是非善恶的提法,是有道理的,是当时团结群众,一致反对清王朝所必需的。从《鹃声》刊登的文章看,它还受着无政府主义思想的影响,提倡流血五步,实行"铁血主义"刺杀清朝个别官吏。"我所以叫我们兄弟遇了不好的狗官就拿一个虚无党暗杀的手段,来对付他。"⑥这就表现了资产阶级、小资产阶级的个人英雄史观。他们急于求成,不愿意做艰苦的群众工作,而希图用暗杀个别官吏的办法来解决复杂的革命任务。在当时,暗杀只能显示某些革命者敢于牺牲的气概,是不能解决阶级斗争的根本问题的。

《鹃声》由于爱国反清的旗帜比较鲜明,遭到清政府的严禁而被迫停刊。1907年下半年,四川留日革命学生决定以《鹃声》为基础,创办《四川》杂志,坚持革命宣传。他们公推吴玉章主持,雷铁崖、邓絜继续参加编撰工作。《四川》创刊号于1907年底问世。川籍同盟会会员为坚持革命真理,不屈不挠、继续奋斗。

《四川》在《本社重要广告》中宣布:"本社同人,以中夏阽危,乡邦锢蔽,爰推爱四川以爱中国之义,创办本志,专为西南半壁警钟。"希望四川省内"忧时志士,爱国名流,自任为本报访事员,就其身所见闻,各挥如椽巨笔,将政界、学界、军界、商界及同胞一切颠连困苦情形和盘托出,公诸本志,可使此黑暗世界大放光明"。⑦剑夫《四川杂志发刊》诗写道:"倾将肝胆照乾坤,风月天高唤蜀魂。

---

① 张枬、王忍之编:《辛亥革命前十年间时论选集》第2卷(上),第566~567页。
② 张枬、王忍之编:《辛亥革命前十年间时论选集》第2卷(上),第568~589页。
③ 张枬、王忍之编:《辛亥革命前十年间时论选集》第2卷(上),第569~570页。
④ 张枬、王忍之编:《辛亥革命前十年间时论选集》第2卷(上),第571页。
⑤ 张枬、王忍之编:《辛亥革命前十年间时论选集》第2卷(上),第571页。
⑥ 张枬、王忍之编:《辛亥革命前十年间时论选集》第2卷(上),第571页。
⑦ 《四川》第1号。

总为同胞筹未雨，非教信口托危言。半窗红叶家山梦，一页丹书血泪痕。自古儒生忧世切，怕听鼙鼓闹中原。"①反映了《四川》的忧国忧家、爱国爱家的感情。《四川》在日本东京设事务所。在成都、重庆设支社，还在四川嘉定、荣县、大竹、冕宁、会理、云阳、新宁、奉节、泸州等二十二州县，以及上海、北京、昆明，乃至河内、巴黎、新加坡等地设立代派所。一开始便加强了和国内外，特别是同四川省内的联系，以四川人民的代言人为己任，敲响西南警钟，激励人民的反帝反封建革命，破黑暗的旧世界，创大放光明的新国家。《四川》气魄宏大，视野开阔，以激进的民主革命刊物跃上论坛。

反对帝国主义的侵略是《四川》的一个突出的特点。

《四川》刊登了几篇揭露英、法、俄、美、德、日等帝国主义侵略中国的文章，分析了日俄战后帝国主义侵略手法的特点及其危害，目标明确，态度坚定。其中以雷铁崖《警告全蜀》一文为最。作者以沉痛的笔触，怵目惊心的事例，向四川人民痛陈了当时中国"群虎持噬，危如朝露"的形势。"全世界列强所共争之地在东亚，而东亚之中以吾国为首当其冲，而危迫之形，真有胜于累卵矣！"②至于四川，"即为列强竞争之大战场"。③《四川》杂志的作者们还敏锐地察觉了二十世纪初年，帝国主义对中国实行的所谓"保全"阴谋。指出：日俄战争后，"列强既共同结协约，倡言保全矣！……试思保全之权既属列强，灭亡之权又岂不属于列强"。"世界列国，有被保全之名，无不召亡国之祸。"帝国主义是"托保全之名而行灭国之实"，所谓"保全"实际是帝国主义"灭国之惯法耳"。《四川》进一步分析道："又即其保全之条件言之，曰门户开放，曰机会均等，既曰开放，则惟有任彼纵横畅其所欲，至于'机会'二字则含义甚广，极而言之即分割土地之机会也。"④《四川》还着重指出：英国首倡"保全"中国的目的，"在巩固一己之利权"，而"俄人以跋扈鸮张震撼全球之庞然大国"响应"保全"，"实藏亡华之心"。德、法则"各出其外交技能以逞其虎视鹰瞵气焰"。⑤《四川》还转载了《云南》杂志所译法国人得酿得勒所著《吞灭四川策》。又节译了日本人神田正雄的著作。其中叫嚷："四川古称天府之国，浴天然恩惠，寒暖得宜，物产丰饶，且地下包藏无限之宝藏，故欧米人无不垂涎。……四川者不可不谓吾日本之好个活跃场也。"⑥用侵略者的自供来唤起人民的反侵略斗争。

帝国主义武装瓜分中国的迷梦虽然被义和团的铁拳所粉碎，但是它们并没有放弃瓜分中国的狂图。在《辛丑条约》以后，帝国主义不是用战争压迫而是用政治、经济、文化等比较温和的形式进行压迫，与清政府结成同盟，共同压迫中国人民大

---

① 《四川》第1号。
② 铁崖：《警告全蜀》，《四川》第1号。
③ 铁崖：《警告全蜀》，《四川》第2号。
④ 铁崖：《警告全蜀》，《四川》第1号。
⑤ 铁崖：《警告全蜀》，《四川》第1号。
⑥ 《四川》第2号。

众。这种阴险的侵略方式，帝国主义却美其名"保全中国"，将毒蛇化装成美女，以掩盖加紧侵略中国的狰狞面目。《四川》能及时识破其阴谋，揭发其目的，指明其危害，表示了诚挚的爱国热情和对帝国主义敏锐的洞察力。这对提高中国人民对帝国主义的认识是很有帮助的。

《四川》反清革命的立场也十分鲜明。

首先，《四川》对作为帝国主义走狗清朝的卖国罪行进行了无情的揭露。"盖以中国危弱之原，实政府腐败之故，而非一般人民全不足有为也。"① "比年以来，政府卖铁路、卖矿产、卖航路、卖海港，以及森林、渔业、关税诸权。他国所视为重要而倚如生命者，政府则慷人之慨咸三揖三让拱手而献外人。叱咤之间，风云变色，不及数年，吾完全之土地主权将一一为卖国之政府掉尽而不留孑遗。"② 有的文章抨击清王朝"预备立宪"的骗局说："即以立宪论，亦一时不能见诸实行，犹必待十五年之后，又未知列强尚能容我十五年立国否耳。……又未知十五年后果能立宪否耳。……呜呼政府已矣！吾复何言，独不解我四百兆同胞何以竟甘亡国灭种而阒寂无闻也。"③ 对所谓"地方自治"，则指出：这是清王朝"怖革命之风潮，饰改革之面目"而玩弄的花招。"我等今日希望政府，倚赖政府之迷念，既已涣然冰释，惟有随我四万万国民共同解决国家问题"。④ 所谓"解决国家的问题"即是反清革命。"政府而终泄沓也，则群起以攻伐政府，内政既清，则外患自弭，于救国之道庶有豸乎？"⑤《四川》号召，全川人民应该"存亡一体"，"合七千万人之心而为一心，合七千万之个人体而为一大团体"。在民族危机严重的形势下，如果"仰赖政府"去"外拒强寇"，"内以保吾民之生计"的想法是行不通的。"凡我同胞诸君子，皆当以英雄豪杰自命，舍身图事，百折不回，以从事于其间而不容稍有徘徊观望者矣。"⑥

《四川》杂志反帝反清思想明确，文字流畅，诗文并茂，与国内联系密切，"它一出世，即受到人们热烈的欢迎，销路很广，每期出版后不久都又再版发行"⑦。所以它同《民报》一样遭到清政府的迫害。1908年，清朝访美专使唐绍仪秉承清政府的意旨，要求日本政府查禁《民报》和《四川》。《民报》被禁止发行。《四川》被日本帝国主义控告有鼓吹革命，激扬暗杀，煽动日本殖民地反对帝国，反对天皇四大"罪状"，判罚款一百元，处编辑发行人吴玉章徒刑半年，缓期执行。《四川》发行至第三期便被清政府勾结日本帝国主义横蛮地禁止出版了。由此，我们也可以看出《四川》杂志对敌人打击的沉重。

---

① 铁崖：《警告全蜀》，《四川》第1号。
② 思群：《西江警察权问题》，《四川》第2号。
③ 铁崖：《警告全蜀》，《四川》第1号。
④ 思群：《论地方自治》，《四川》第2号。
⑤ 思群：《西江警察权问题》，《四川》第2号。
⑥ 铁崖：《警告全蜀》，《四川》第2号。
⑦ 吴玉章：《辛亥革命》，第94页。

当然,《四川》作为资产阶级革命派的刊物,宣传的只能是旧民主主义思想,有着相当大的局限性。同《鹃声》一样夹杂有无政府主义思想。对人民群众自发的反帝运动仍然缺乏正确认识。例如,它说义和团造成了瓜分大祸。1907年开县义和团起义是"承红灯教之余孽",甚至教训群众说对帝国主义"拒之无术而出于仇教之下策,不能不太息其操术之愚矣。夫内无实力而徒排斥外人,非惟无毫发之益而负丘山之累,至排外而以仇教为手段,则其愚不可及其祸尤不可量"。① 正确总结义和团运动和各地群众反洋教斗争的经验和教训,对提高人民的觉悟和斗争水平当然是必要的。但是,只看到群众自发斗争盲目排外的缺点而忽视了群众反帝爱国的革命精神,斗争的正义性质以及重大的历史作用,而将某些支流,当成主流,用指责代替引导。这不仅表示了资产阶级革命党人形而上学的世界观,而且表示了他们自己缺乏反帝的勇气。

辛亥革命前,同盟会在四川进行的革命宣传,对传播同盟会的政治主张和民主革命思想,对削弱改良主义思想阵地显然起了很大作用的。尤其是对四川的青年知识分子影响更为显著。郭沫若同志回忆说:"在当时的中国的思想界是康梁的保皇立宪和孙黄的排满兴汉的对立,在四川虽然只是片面的前一派人占有势力,而在我们青年人的心目中却俨然地对立着的。中国的不富不强就只因为清政府存在,只要把清政府一推翻了,中国便立地可以由第四等弱国一跃而成为世界上第一等的国家。这便是支配着当时青年脑中的最有势力的中心思想。"② 至于邹容、徐锡麟、秋瑾乃至温生才,黄花岗七十二烈士等资产阶级革命党人则成了当时四川青年崇拜的对象。这里,郭沫若同志所说的"最有势力的中心思想",也就是同盟会利用各种手段所反复宣传的以反清革命求国家独立富强的思想。这种思想一经掌握了群众,必将产生强大的物质力量。这些强大的物质力量便是同盟会在四川举行多次武装起义的力量源泉,也是保路同志军进行大规模反清战斗的力量源泉。

同盟会在四川的武装斗争,资产阶级革命党人与会党的联系

毛泽东同志指出:"革命的中心任务和最高形式是武装夺取政权,是战争解决问题。"③ 孙中山从组织革命小团体兴中会开始,就把武装夺取政权看成头等重要的任务。他认识到暴力手段对一场真正的社会改革是不可缺少的。同盟会成立后,进一步肯定了孙中山的武装推翻清王朝的道路,制定了一套《革命方略》作为指导武装斗争的指南。《革命方略》的基本精神在于:"义旨所指,覆彼政府,还我主权。"④ 即组织国民军,推翻清王朝,建立军政府。明确地举起武装夺取政权的革命旗帜,把开展武装斗争作为同盟会的基本任务。在孙中山的领导下,在同盟会时期充满了可歌可泣的武装起义的事迹。

---

① 梧生:《排外与仇教》,《四川》第1号。
② 郭沫若:《少年时代》,第220页。
③ 毛泽东:《战争和战略问题》,《毛泽东选集》合订本,第506页。
④ 孙中山:《孙中山选集》上卷,第69页。

孙中山策动武装起义的地区侧重在两广和云南。但他对四川仍然是重视的。他认为："扬子江流域将为中国革命必争之地，而四川位居长江上游，更应及早图之。"①同盟会总部根据孙中山的意见派熊克武等人回川，任务是："先把散处各地的同志联络好，并设立机关，吸收党员，扩充力量，作为起义的领导和骨干。然后再组织学生，联合会党，运动军队，发动起义。"② 1906年，熊克武在成都召集同盟会会员谢奉琦、佘英、黄复生等人会议于草堂寺，决定遵照同盟会总部的指示，分工负责，积极准备在四川举行武装起义。于是，继1906年同盟会会员李实在江油起义之后，同盟会先后在四川谋划和举行了1907年江安、泸州、成都、叙府起义，1909年广安起义，1910年嘉定起义和1911年黔江起义。在辛亥革命前，除了同盟会总部领导的华南各次起义外，就一个省区而论，资产阶级革命党人武装起义次数之多以四川为最。

(1) 江安、泸州、成都、叙府起义的密谋

在江安、泸州、成都、叙府四处同时举行武装起义，是四川同盟会从1906年开始的一次最大的武装起义的密谋。他们预定于1907年11月14日，西太后那拉氏的生日，趁省城清吏朝于会府，"聚而歼之，则全省会举，叙、泸响应，则川西可定"。③

泸州为川南重镇，上可进窥嘉定、叙府，下可虎视重庆，而且以佘英为首的会党力量雄厚，是四川革命党人认为可以首先发难的地方。因此，"密设机关于泸，以为全川革命重心"。④泸州起义的准备工作由佘英负责。他联络巡防军哨官刘安邦和川滇黔边区会党首领刘天成及其所部刘子成、刘希成各部，预定由同盟会会员刘安邦、鲍九成首先在江安起义，然后顺流东下，攻打泸州。谢奉琦、席成元、杨兆蓉等则组织泸州党人，佘英召集会党，分三路进攻道台、知州和都司三衙门，一举攻克泸州，"组织军政府，建立四川第一个革命根据地"。⑤但是，在准备过程中，黄复生、杨维等在永宁兴隆场黄方家制造炸药不慎爆炸。黄复生受重伤，引起清吏警觉。特别是各路会党，日集泸州，城外逆旅为满，更引起清吏防范，泸州知州杨兆龙在诱捕佘英不遂之后，下令搜捕。革命党人恐日久生变，决定提前于1907年11月5日在江安发难，并通知成都的革命党人同时行动。

在江安，原定由县署刑吏戴皮在城内举火为号，城外革命党人立时起义，乘清吏慌乱之际，刘安邦、鲍九成率部直趋泸州，但事为江安地方官侦悉，先发制人，紧闭城门，大肆搜捕革命党人，同时令巡防军阻止刘安邦部。江安起义未发而败。泸州革命党人闻讯，数十人密计于草鞋沱舟中。佘英以"外援已失，而吏又有

---

① 文史资料委员会编：《辛亥革命回忆录》（三），第5页。
② 文史资料委员会编：《辛亥革命回忆录》（三），第5页。
③ 邹鲁：《中国国民党史稿·四川诸役》。
④ 邹鲁：《中国国民党史稿·佘英传》。
⑤ 文史资料委员会编：《辛亥革命回忆录》（三），第8页。

备"①，坚持停止行动，泸州起义遂未发而止。

成都起义的谋划由张培爵、余切、黄方等人负责。1907年9月8日，他们在成都宝和店会议，决定由余切、龙光负责联络新军，张培爵、廖泽宽组织学生。江安、泸州失败后，革命党人纷纷潜至成都，一时达百余人。"内则结合新军弁目，外则招致民间会党"，"欲借清太后寿辰，尽殄同城诸吏"②，大举起义。11月6日，各路会党约四千人集中成都，分住于小天竺、安顺桥、茶店子，"由余切指挥，相约闻警即发"。"在军者皆持械以待，在各学校及旅舍者尽束带起"。③ 但是，革命党人的密谋却由一个被学校开除的学生（夹江知县熊振威之弟）泄露。④ 省中大吏紧急调兵入城，届时突然戒严，"护送塞路，警兵清道，如临大敌"。⑤ 成都的革命党人既不能聚歼清吏，又不能举发信火，只得遣散会党作罢。在清吏的搜捕下，革命党人杨维、黎靖瀛、江永成、黄方、王述怀、张治祥六人被逮下狱。新军中的同盟会会员伍安全被杀害。其余的革命党人，除张培爵坚持在成都隐蔽斗争外，"或先事他适，或事发亡走"。⑥

江安、泸州、成都起义相继失败后，四川同盟会派杨兆蓉经上海去新加坡向孙中山报告情况，"总理属告川中同志，努力勿懈"。⑦ 新加坡同盟会的《中兴日报》专门发表《成都革命党狱记》一文，报道了四川起义的真相。

在叙府，为响应泸州、成都起义，同盟会会员谢奉琦等人早做了一些准备工作。成都起义失败后，一些革命党人转图叙府。曾省斋联络叙府堂勇刘绍峰、詹树堂发动堂勇于1908年1月14日发难。因"某团首惧祸自首"⑧，叙府知府宋联奎捕杀刘、詹二人。这次起义又半途而废。宋联奎收买同盟会的叛徒汪蔚然，诱捕川省同盟会负责人、叙府起义的领导者谢奉琦于自流井槛解至叙府杀害。

（2）广安、嘉定、黔江起义

同盟会谋划川西南起义失败后，又转图在川东北发难。熊克武等人见广安位居渠河西岸，交通便利、地形颇好，而且革命力量比较集中，又有李绍伊领导的"孝义会"群众可作凭借，决定1909年3月1日在广安发动起义。他们希图占领广安，夺取枪械，建立同志军，进窥保宁、顺庆。起义时由熊克武组织同盟会会员为突击队进攻广安州署，佘英率领会党攻巡防营，秦炳集合会党和学生增援。当晚九时，熊克武率队入城，"多持刀剑"，"竟趋州署"⑨，一度突进州署。但佘英所部却遭警察阻击不能入城。熊军孤军作战，进展缓慢。广安清吏及时调兵反扑。起义军在

---

① 邹鲁：《中国国民党史稿·四川诸役》。
② 邹鲁：《中国国民党史稿·四川诸役》。
③ 邹鲁：《中国国民党史稿·四川诸役》。
④ [新加坡]《中兴日报》1908年2月7号。
⑤ [新加坡]《中兴日报》1908年2月7号。
⑥ 邹鲁：《中国国民党史稿·四川诸役》。
⑦ 邹鲁：《中国国民党史稿·四川诸役》。
⑧ 邹鲁：《中国国民党史稿·谢左将军传》。
⑨ 邹鲁：《中国国民党史稿·四川诸役》。

"敌众我寡,又无援军"的情况下,只得乘黑夜"左冲右杀"才脱险逃走。①

广安起义受挫,同盟会又转谋嘉定发难。同盟会会员分赴彭山、眉州、青神各地联络,相机而动。廖宗伦在嘉定密设机关进行准备。1910年1月23日,税钟麟、秦炳等率数百人,突袭嘉定童家场、白马埂、土主场的团防局,缴获快枪一百数十支后在新场正式宣布起义。随即顺流东下,直趋嘉定城。但因起义军行动迟缓,清军得以凭河布置防守。起义军渡河未成,转移至嘉定、屏山间的宋家村与尾追而来的清军激战,又遇由马边前来的清军,于是腹背受敌,自朝至暮与敌军死战,弹尽粮绝,突围四散。

嘉定之役,是同盟会在四川几次起义中牺牲最大的一次。死难的同盟会会员和会党人士达二百余人。起义失败后,佘英率领一部分同志走叙州,图再举,被捕于豆沙关,惨遭杀害。

发动黔江起义的是以同盟会会员为核心的"铁血英雄会"。此会由同盟会会员程昌祺与温朝钟、王克明、谭茂林发起成立于黔江县八面山小南海。他们曾印《革命军》万余册散发,在湖北咸丰、利川,四川黔江、酉阳、彭水等地发展会员,参加的群众"万有余人"②,为武装起义打下了基础。

1910年12月,温朝钟、王克明在彭水凤凰山率二百人截辫起义。"啸聚千人,分三路扑犯黔江县。"③黔江知县王炽昌派把总曾吉芝守要隘大垭口,企图阻止革命军攻城。革命军猛攻曾部,斩曾吉芝,进逼黔江城。王炽昌仓皇弃城逃走。1911年1月7日,革命军入城,召集县人,宣传革命大义。酉阳知州杨兆霖闻讯领兵向黔江进攻。革命军在沙子坝、万柳堤战斗失利,退入咸丰破水坪。清政府急调川、鄂、湘、黔四省的军队前来围攻。温朝钟挺身而出,"慷慨乘皂与敌军说民族大义"④,中弹牺牲。王克明退至白鹤岭被地主武装杀害。黔江起义失败。

(3) 同盟会与会党的联系

孙中山说:在辛亥革命的过程中,"其慷慨助饷,多在华侨,热心宣传,多在学界,冲锋破敌,则在新军与会党"⑤。新军、会党是资产阶级革命党人所凭借的两大社会力量。在四川,如本书第一章所述,会党势力是很强大的。同盟会更侧重与会党联络。会党在辛亥革命时期也的确是四川一支特别引人注目的社会力量。同盟会在四川举行的武装起义,会党可以说是无役不与,不少人流血牺牲。如果没有会党的支持,四川同盟会是难以发动上述多次反清起义的。

我们知道,孙中山组织武装斗争是从联络会党入手的。同盟会一成立,它的主要负责人之一黄兴"以四川地险而民富,足资割据,乃嘱李肇甫……招邀熊克武、

---

① 文史资料委员会编:《辛亥革命回忆录》(三),第19页。
② 邹鲁:《中国国民党史稿·四川诸役》。
③ 故宫档案馆藏四川民变档案,载中国史学会编:《辛亥革命》(三),"中国近代史资料丛刊"本,第495页。
④ 邹鲁:《中国国民党史稿·四川诸役》。
⑤ 《中国革命史》,黄季陆编:《总理全集·论著》,第40页。

但懋辛、佘荩成（佘竞成）、张百祥之在会党有声势者，先后东渡，深相结合，授以机宜"。并认为："洪会中人，犹以推翻满清，为袭取汉高祖、明太祖、洪天王之故智，而有帝制自为之心，未悉共和真理……望时以民族主义、国民主义，多方指导为宜。"① 四川的同盟会会员也认为："四川帮会的势力强大，散布的地区也广，这是我们必须争取的社会力量"②，指定曾省斋、黎靖瀛、余切等人专门负责联络会党。1907年共进会成立。孝义会首领、同盟会会员张百祥因在下川东一带拥有众多的会党群众，被推为第一任会长。共进会的主要任务就是联络会党。四川籍的同盟会会员吴玉章、熊克武、秦炳、喻培伦③等也都是共进会会员。从而进一步加强了同盟会和四川会党的联系。

四川同盟会主要是采取参加进去和吸收进来的方法联络会党的。参加进去是同盟会会员参加会党，同盟会会员兼会党首领，从而取得会党的合法身份和便利的工作条件。如吴玉章、熊克武参加哥老会即是。吸收进来是把有影响的、有革命要求的会党首领，如哥老会首领佘英、孝义会首领李绍伊、张百祥接受入同盟会。这些会党首领兼同盟会会员，成了同盟会联系会党的重要骨干。其中尤以佘英的作用最为突出。

佘英，字竞成，又名俊英，四川泸州小市人，出身于贫民家庭。青年时代便加入了哥老会。1897年被推为"舵把子"，掌握小市"义字公口"。"因目击清政不纲，兼值革命风声传播入川，又得读《警世钟》《革命军》诸书，乃慨然于汉族沉沦，国势危殆，时思奋起有为，日持两书在市井讲演，听者如堵，皆大感动。州牧示禁，复驰乡村讲演，不稍畏避，更益结客，四方有志之士均听号召。"④ 1906年，四川同盟会会员邀佘英去日本，谒孙中山于东京同盟会总部，加入同盟会。孙中山"属以四川革命重任"，回川发动会党起义。此后，佘英风尘仆仆于四川各地，为资产阶级民主革命事业赴汤蹈火，参与领导了上述各次起义斗争，直至英勇就义而后已。

四川同盟会通过佘英等人向会党灌输了一些民主革命思想，并从组织上把会党进一步组织起来，团结在同盟会的旗帜下。同盟会会员鉴于会党山堂分立，互不统率，"借民间会党固善，吾人无尺寸势何能为？然会党品类殊致，标帜各异，有曰仁者，有曰义者，不相能，则互械斗"⑤。于是，佘英倡导"仁义"不分上下，"合二会而一之"，设立"万国青年会"，将重庆、泸州、叙府一带的会党统一起来，为

---

① 刘揆一：《黄兴传记》，见中国史学会编：《辛亥革命》（四），"中国近代史资料丛刊"本，第284页。
② 文史资料委员会编：《辛亥革命回忆录》（三），第6页。
③ 喻培伦（1886—1911），字云纪，四川内江人。1905年留学日本。1908年夏，在东京经吴玉章介绍加入同盟会。钻研化学，为革命制造炸弹，有"炸弹大王"之称。1910年曾与汪精卫、黄复生在北京谋炸摄政王载沣未遂。1911年4月27日，参加黄花岗起义，攻打两广总督衙门、督练公所，作战坚决勇敢。受伤被俘后英勇不屈，壮烈牺牲，他是黄花岗七十二烈士中最著名的人物之一。1912年，南京临时政府追赠他为大将军。四川同盟会会员在黄花岗起义中英勇牺牲的，还有秦炳、饶国梁二人。
④ 邹鲁：《中国国民党史稿·佘俊英传》。
⑤ 邹鲁：《中国国民党史稿·四川诸役》。

四川起义积聚力量。加上川东北李绍伊的"孝义会",川滇黔边刘天成、川西南王松廷的哥老会的响应,并以会党为纽带,一定程度地吸引了工农劳动群众到武装斗争中来。因此,同盟会得以一呼而集数百人、数千人,发动多次起义斗争。

但是,同盟会对会党的工作还只停留在这些上层人物身上,对庞大而复杂的下层群众缺乏艰苦细致的工作,因而对会党远没有进行比较彻底的改造,不能有效地改变会党组织涣散、行动盲目的缺点。"他们说话随便、行动又不知检点","又缺乏组织纪律,各路头目也约束不了。"① 往往使起义机密事前泄露,功败垂成。四川同盟会会员曾注意新军工作,企图将反动统治的工具转化为革命的工具。这当然是必要的。但是,其成效远不及湖北、广东等省的革命党人。特别是同盟会没有一个足以广泛动员农民的土地革命纲领,因而也就不可能建立自己的党军作为革命的骨干力量。熊克武说:"当年搞武装暴动,最感困难的就是没有自己的军队和足够的枪弹作为起义的主力。"② 所以,他们在四川发动的武装起义和外省革命党人一样,只能是一种军事冒险。他们凭着小资产阶级的热情,组织突击队,突袭一个战略据点,孤注一掷。在谋划成都起义时,有的同盟会会员甚至认为:"只需几枚炸弹,便可予以一网打尽,四川革命形势必然因此而掀起全面的高潮。"③ 以致他们所发动的起义,不是未发而止便是瞬间即败。

马克思指出:"在以阶级对抗为基础的社会制度下,谁想不仅在口头上,而且在实际上阻止奴役,他就必须坚决参加战斗。"④ 在辛亥革命前,同盟会在四川的几次起义虽然失败了,但是,正是这些失败了的起义,打击了清朝的统治,扩大了民主革命的影响,使四川人民自发的反抗斗争,开始走上自觉的资产阶级民主革命的轨道。许多优秀的同盟会会员,在历次起义中表现出的艰苦奋斗、不屈不挠的精神是可歌可泣的。广安之役,中学教员王晓臣被捕后,"知州吴㟽,爇香灼烧臣背,鞫讯主谋及同党,卒不可得"。⑤ 领导叙府起义的谢奉琦被捕后,清吏惨无人道地"穿项下骨,贯以铁索,锁系而行,而烈士处之泰然,复沿途演说,鼓吹革命,闻者感动,间有泣下者"。临刑赋绝命词一章:"中原多故祸燃眉,草泽人怀复国思。我志未酬民益愤,还将万弩射胡儿。"⑥ 嘉定起义失败后,程德藩在临刑前,演说救国大义和革命道理,激昂慷慨,并高吟诗两句:"满腔热血归黄土,化作啼鹃唤国魂。"⑦ 佘英就义前毅然题绝命诗一首:"牡丹初放却先残,未捣黄龙死不甘。我

---

① 文史资料委员会编:《辛亥革命回忆录》(三),第9页。
② 文史资料委员会编:《辛亥革命回忆录》(三),第7页。
③ 文史资料委员会编:《辛亥革命回忆录》(三),第118页。
④ 马克思:《俄国对土耳其的政策——英国工人运动》,《马克思恩格斯新全集》第9卷,第191页。
⑤ 邹鲁:《中国国民党史稿·四川诸役》。
⑥ 中国人民政治协商会议四川省委员会、四川省省志编辑委员会:《四川文史资料选辑》(第1辑),第167、187页。
⑦ 文史资料委员会编:《辛亥革命回忆录》(三),第23页。

本为民兼为国，拼将热血洒红毡。"① 这些年青有为的资产阶级革命家为国为民，视死如归的英雄气概是永存史册的。他们用自己的生命化作啼鹃，向人民泣诉帝国主义的走狗清王朝的滔天罪行，唤起人民继续进行斗争。辛亥革命前，同盟会在四川领导的起义虽然失败了，但是最终陷于灭亡的不是革命，而是镇压这些起义的清王朝。同盟会会员领导的四川保路同志军起义正是这些失败了的起义的延续和扩大。

---

① 中国人民政治协商会议四川省委员会、四川省省志编辑委员会：《四川文史资料选辑》（第1辑），第187页。

第三章 川汉铁路公司的成立及其演变

一、官办川汉铁路公司

帝国主义虎视鹰瞵川汉铁路

从十九世纪末年起,帝国主义各国激烈争夺中国铁路的建筑和借款特权。这是帝国主义向中国输出资本、残酷压迫中国的重要方式。列宁指出:"建筑铁路似乎是一种简单的、自然的、民主的、文化的、传播文明的事业。……实际上,资本主义的线索像千丝万缕的密网,把这种事业同整个生产资料私有制联系在一起,把这种建筑事业变成对10亿人民(殖民地加半殖民地),即占世界人口半数以上的附属国人民,以及对'文明'国家资本的雇佣奴隶进行压迫的工具。"[①] 中日甲午战争以后,帝国主义在中国划分"势力范围"的同时,展开了中国铁路主权的争夺战。1895年,法国要求由费务林公司修建并经营从越南同登伸到中国龙州的铁路[②],并于次年同清政府订立了这项合同,首开外国侵占中国铁路的恶例,也是后来法国强修滇越铁路的先声。英国索取由缅甸修铁路入云南境内的权利以与法国抗衡。沙俄的野心更大,通过1896年的《中俄密约》取得了东清铁路(中东铁路)的建筑权利。德国也夺得了胶济、胶沂两路的建筑权。帝国主义既相互勾结又相互争夺,时而分头勒索,时而联合攫取,对芦汉、津镇、粤汉、京奉诸线展开了激烈的竞争。《辛丑条约》以后,帝国主义更变本加厉地夺取中国铁路权利,并且大量采用贷款给清政府由外国监督的办法,即所谓"借款筑路"这种资本渗入的方式来强夺中国铁路,刮起了狂暴呼啸的铁路投资台风。中国大部分铁道干线的建筑、经营权皆先后被各帝国主义囊括而去。据统计,1911年中国共有铁路9,618.10公里,帝国主义控制的铁路即达8,952.48公里,占93.1%。中国自主的铁路仅665.62公里,占6.9%。[③] 帝国主义通过夺取中国铁路的建筑和经营权,控制了中国的交通运输命脉,给中国造成了深重的灾难。"最先起者,俄之东清铁路,而其祸之发特

---

① 列宁:《帝国主义是资本主义的最高阶段》(法文版和德文版序言),《列宁全集》,人民出版社,1964年第2版,第6页。
② 王铁崖编:《中外旧约章汇编》第1册,第652页。
③ 严中平等编:《中国近代经济史统计资料选辑》,第190页。

早，今之东三省人民，蹂躏糜烂于硝烟弹雨之中，室庐被其震焚，身首膏于原野者，此铁道阶之厉而肆其锋也。其次则德之胶济铁路继之。而各报载其沿路屯兵数千，贮火药于要害处，此其意何为者，则岌岌又继东三省之覆辙矣！京汉铁道，俄法比同盟筑之，而大陆之中干失矣。津镇铁路，英德联合取之，而南部之通衢阻。英人经营滇缅铁路，所以持云南之后顾也。粤汉、萍醴等铁路归于美，则合众花旗，且自菲律宾飞跃而翻扬于江西、两广间矣！沪宁、苏沪、粤港等铁路归于英，则水陆犄角而扬子江流域必悉归英国占领圈内矣！"① 所以当时即有人指出："列国之以商权、路权为灭国要法久矣。"② "亡人国之法，计无巧妙于铁路者。"③

早在十九世纪六十年代，外国资本主义侵略者便把夺取四川铁路权列上了自己侵华的日程表。

1863 年英国麦克唐纳·斯蒂文生爵士为了"要使中国靠了铁路交通与外界联系起来"，拟定了一个以汉口为中心的铁路建筑网。"以扬子江流域的华中商业中心汉口为出发点，筑路东通上海，西行经过四川、云南等省直达印度。又计划从镇江经过天津至北京作为扬子江的一条大干线，同时再从汉口南行直达广州。这样一来，中国的四个主要的通商口岸，也是最重要的商业中心将由铁路互相沟通。"④ 1877 年，清政府驻英国公使郭嵩焘致李鸿章函说：他 1876 年在上海见有格致书院所藏外国人绘制的"火轮车道图"，"此图知已出自十余年前"，图上有印度直通云南的铁路线，还有"出楚雄以北趋四川以达汉口"的铁路线。郭嵩焘还将上述斯蒂文生计划摘要送给了李鸿章。⑤ 从此可见外国侵略者对四川铁路权是早藏祸心的。

中日甲午战争后，各个帝国主义列强开始疯狂掠夺我国铁路主权，争夺"势力范围"，对四川省也不例外。

1897 年，英国从《续议缅甸条约附款》中，获得了滇缅铁路的建筑权。据达威斯的《滇缅铁路报告》说："吾等几难深信处于云南之邻近，尚有一物产丰富，人口稠密之省份——四川。故任何铁道之设计之最终目的，不仅鼓励经缅甸边境局部之贸易，且须获得由印度到达四川及中国东部之经过线方向。"⑥ 并且提出："此线（按：指滇缅铁路）可达出产富庶之四川，将来可能与汉口成都线相连接而为印度、上海间之连络线——可为由开罗经印度至东亚宏大干线之一支。"⑦ 英国侵略者把夺取四川铁路权作为把持从埃及开罗经印度而至中国上海的铁路大干线的关键，企图利用这条大干线来加强对殖民地埃及、印度、缅甸和半殖民地的中国的侵略，并在中国西南地区排挤法国的侵略势力。因此，1899 年，英国的云南公司即

---

① 《东方杂志》第 3 年第 1 号"交通"。
② 宋嘉珍：《敬告全滇父老缴款赎路意见书》，《云南杂志选辑》，第 556 页。
③ 大悲：《呜呼腾越铁路之命运》，《云南杂志选辑》，第 461 页。
④ ［英］肯德：《中国铁路发展史》，第 7 页。
⑤ 见郭嵩焘：《罪言存略》，光绪丁酉（1897）刻本。
⑥ 宓汝成：《中国近代铁路史资料》第 2 册，第 466 页。
⑦ 宓汝成：《中国近代铁路史资料》第 2 册，第 467 页。

要求英国外交部,"尽力支持本公司为取得从缅甸到扬子江和四川的铁路建筑权所做的努力"。① 同时派出白定若上尉带领考察队由重庆经贵州,入云南勘测铁道线路。同年,英国更提出修筑川汉铁路的要求,公然派人承办这条铁路。据《汇报》报道:"英人周宜师承筑四川铁路已由重庆勘至成都。"②

法国为了保护它在中国西南的侵略地位,同英国抗衡,1897 年,法国印度支那总督杜美提出:"由劳开至云南府的铁路,只有将它展筑至人口稠密的四川省,才会显出它的真正价值,该铁路的目的地应该是该省省会成都。""从这里再筑一条铁路以达扬子江的下游重庆。"他强调:"对中国的渗入,从我们占有地(按:指越南)的北方必须保证建造那些贯穿云南、四川的铁路。"③ 1898 年,法国获得了滇越铁路的修筑特权。法国强筑滇越路的目的,正如日本人的评论所说:"其真意不在于滇,实欲染指于西蜀也。……法人经营中国之策,殆欲他日接长滇越铁路以达成都,然后窥时审变以出扬子江"④,在英国的"势力范围"打入楔子。沙皇俄国野心勃勃与法国相勾结,力图争夺长江流域的铁路,将侵略势力深入四川省。据《北华捷报》1898 年 4 月 1 日报道:"华俄道胜银行已经获得许可在长江流域贯彻俄国的控制(原注——原文如此)……法国和俄国协定好的一种阴谋,打算开辟长江上游和四川省。"⑤ 同年 6 月 1 日,《泰晤士报》登载了一篇题为《中国的铁路》的文章,揭露了沙俄勾结法国对中国长江流域怀抱的野心:"掌握在侵略性的大陆国家(按:指俄国)手中的铁路,是一个通商的工具,也是一个征服的工具。"⑥ 帝国主义列强为了攫取铁路这个"通商的工具"和"征服的工具",虎视眈眈,互相攻讦,互不相让,大有瓜分中国之势。

如果说,1900 年以前帝国主义夺取四川铁路权的活动还在酝酿和进行勘测阶段的话,那么《辛丑条约》以后,帝国主义便采取操纵清政府而切实下手了。在此以前,帝国主义提出延长滇缅、滇越铁路来攫取四川路权的狂想,此后,便直接要求清政府出卖四川的铁路权利,特别是企图采取资本渗入的方式,夺取中国人自办的川汉铁路。他们"攘臂坐索","计求强取,百端纷扰",企图夺得川汉铁路的投资权利,既破坏中国人自办铁路抵制侵略的斗争,又达到控制这条它们觊觎已久的铁路的罪恶目的。因此,在二十世纪初年,围绕川汉铁路的斗争便成了四川人民同帝国主义及其走狗清王朝斗争的一个焦点。

清政府外务部在 1903 年奏称:"川省物产充盈,必达之汉口,销路始畅。惟其间山峡崎岖,滩流冲突,水陆转运,皆有节节阻滞之虞,非修铁路以利转输,恐商务难期畅旺。现在重庆业已通商,万县亦将开埠。外人经营商务,每以川江运道不

---

① 宓汝成:《中国近代铁路史资料》第 2 册,第 465 页。
② 《汇报》第 174 号第 2 册,第 591 页。
③ 以上引文均见〔英〕肯德:《中国铁路发展史》,第 164 页。
④ 《外交报》光绪二十九年 35 号,第 24 页。译自日本《外交日报》。
⑤ 宓汝成:《中国近代铁路史资料》第 2 册,第 426 页。
⑥ 宓汝成:《中国近代铁路史资料》第 2 册,第 424 页。

便为言，必将设法开通，舍轮舶以就火车之利。本年英、美两国使臣，均以借款造路为请。"① 同年，美国公使康格照会庆亲王奕劻，要求川汉铁路如需借用洋款或允许外人修筑时，当先向美国公司磋商。第二年，英国公使萨道义又照会清政府外务部，提出川汉铁路"所需之外国资本，皆在英、美两国借用"，甚至要求承办成都至叙府、成都至泸州、成都至万县三条支线。② 美国还提出了修筑汉口至四川省境内的铁路的无理要求。1905年，法国驻重庆领事又照会川督锡良，声称法国资本家要借款修筑并经营自成都至汉口的铁路，即要求获得川汉铁路的投资权和经营管理特权，并说，即使中国自办这条铁路，工程师也必须用法国人，以便控制。法国侵略者还横蛮地指责，中国自办川汉铁路，"似非睦邻之道"。德国公使穆默亦向清政府外务部提出：川汉铁路，"各国人民均应一律同沾利益，四川总督办法（按：指自办川汉铁路），应不准行"。③

在十九世纪末二十世纪初年，仅在四川，英、法、俄、美、德等帝国主义，便提出了建筑四条重要铁路的计划：（一）英国拟将滇缅铁路延长至成都、重庆。（二）法国拟将滇越铁路延长至成都、重庆。（三）英国拟筑川藏铁路（由今昌都经康定而至成都、重庆）。④（四）英、法、美、俄、德等国，咆哮恣肆，强索川汉铁路。贪婪的帝国主义列强企图通过夺取铁路主权这种当时人们所说的"灭国新法"把中国西南地区完全置于其殖民统治之下。

川督锡良奏设官办川路公司

在近代，铁路是帝国主义压迫中国的工具，铁路主权的得失关系到国家民族的命运。因此，保卫铁路主权就成了中国人民挽救民族危机的一个重大的课题。

四川人民是坚决反对帝国主义掠夺中国铁路主权的。早在1898年底，当英国上尉白若定率领的铁路勘测队一踏进四川的土地，立即遭到四川人民的反抗。据白若定说：英国"测量队在船上曾遭到袭击"，并且"收到一些恫吓信"，警告侵略者，"不要在他们的小村里用帐篷露营，否则写信人就要把我们这一队人全部杀死"，"我们总是带着五名护卫人员，可是有一个测量员却遭到一个持刀人的公然袭击"。白若定说：中国人"说我们在自掘坟墓，还说暴徒甚至已经在夜间为我们掘下了坟墓。……每天都看到山头上有一群群的手持武器的人。他们不断射击。……他们约有一百人，一半人手持土枪，其余分持梭镖、刀剑和旗帜等等"。还说："这类事情连续发生了一个月"，"一切都发生在四川境内。由于余蛮子（按：指余栋臣）造反的结果，全境法纪废弛，官府无权，无能为力"。⑤ 可见，四川人民一当侵略者入川掠夺铁路时，迅即以各种方式进行了反抗。帝国主义分子走到哪里，人

---

① 邮传部编：《轨政纪要初编·轨三》，光绪三十三年刊本。
② 王彦威纂辑：《清季外交史料》，第184卷，第16~17页。
③ 宓汝成：《中国近代铁路史资料》第3册，第1072页。
④ 宓汝成：《中国近代铁路史资料》第2册，第682页。
⑤ 宓汝成：《中国近代铁路史资料》第2册，第470~471页。

民的反抗就在哪里发生。人民自发地反对帝国主义查勘铁路线的斗争是当时四川人民反帝国主义瓜分中国的斗争的表现。

二十世纪初年兴起的收回利权运动是当时遍布全国各地群众反帝反封建运动的一种形式。它因反对帝国主义勾结清王朝掠夺中国的铁路、矿山主权而产生，斗争的目的主要在收回路权和矿权，而收回路权的斗争较之收回矿权的斗争更为广泛激烈。各省为了坚持自办铁路纷纷成立铁路公司。全国最早成立的铁路公司便是川汉铁路公司。

自从十九世纪末年，帝国主义阴谋夺取川汉铁路以来，四川民情激昂，除起来反对帝国主义勘测铁路线之外，更要求自办川汉铁路，抵制侵略。这是当时人认为保卫四川铁路主权的最好方法。1903年，英、美等国向清政府外务部要索川汉路日急。"川省士绅远迩同词，亦皆力请自办。""川省绅民殷盼此路亟成，冀能挽回利权，借资抵制，电牍驰催，至于再四。"① 同年6月，锡良②由热河都统调任四川总督。7月8日，锡良在人民的舆论压力下，赴任至正定途次，根据他在北京与湖广总督张之洞商议的意见，奏请"自设川汉铁路公司，以辟利源而保主权"③。清帝令外务部议奏。外务部奏复同意。1903年9月9日，锡良抵成都接署督篆后，经过一番筹备，于1904年1月在成都岳府街设立了官办川汉铁路总公司。

锡良为什么要率先倡设川汉铁路公司呢？

自1901年清廷发布"变法"上谕后，一场蒙骗人民的"维新新政"便正式开锣上演。1903年，清政府设立了商部，管理铁路、矿务。各省设立路矿、农务、工艺各项公司，由将军、督抚会同筹办。在广大群众要求自保利权，自办铁路的压力下，清政府做出了开放路权准予民办的姿态。锡良为了逢迎清廷标榜的"新政"而在封疆大吏中最早发出成立川汉铁路公司的呼声，以增加自己在统治集团中的分量。特别是锡良察觉到帝国主义疯狂掠夺铁路势必引起人民的强烈反抗，而且斗争的烈火必将延及出卖路权的清王朝后，锡良奏称："川汉铁路其关系之大，不独川省。……入川以来，体察地方情形，深悉民情骚动，士习浮嚣，拳匪虽属就平，而伏莽滋多，动辄借端思逞，倘不自为举办，不惟利权坐失，抑更防护难周。且局外垂涎，相争相诟，徇此拒彼，势必枝节横生，设非自为主张，断不能靖边陲而消衅隙。"④ 这一段话说明，锡良奏设川汉铁路公司的目的：一在"靖边陲"，认为如果川汉铁路"利权坐失"，则更难防范四川人民的反抗，给清朝统治带来更大的危机。因此，不能不俯顺民情，提倡自办来缓和人民的斗争。二是"消衅隙"，企图以自办川汉铁路来搪塞帝国主义，免除帝国主义"相争相诟"，以减少清朝外交上的麻

---

① 中国科学院历史研究所第三所编：《锡良遗稿》第1册，第455、442页。
② 锡良（1853—1917），又名清弼。镶蓝旗蒙古人，姓拜岳特氏，进士出身。历任知县、知府、按察使、布政使等职。1900年任山西巡抚，次年任河南巡抚。1902年转任热河都统。1903年至1906年任四川总督，后调云贵总督。宣统朝任东三省总督。民国后未再出仕。
③ 中国科学院历史研究所第三所编：《锡良遗稿》第1册，第340页。
④ 中国科学院历史研究所第三所编：《锡良遗稿》第1册，第390页。

烦。由此可见，锡良创办川汉铁路公司是站在清朝统治阶级的立场上，维护其阶级利益的。

但是，在这件事上，锡良毕竟与那些放肆卖国的买办官僚和那些昏庸敷衍的腐朽官僚还有所不同。他看出了"各国互争雄长，铁路所至之地，即势力所至之地"。川汉铁路"若不及早主张，官设公司，招集华股，自保利权，迟之日久，势不容己，或息借洋款，或许人兴修，必至喧宾夺主，退处无权"。① 他不仅主张迅速自办川汉铁路，而且反对"借款筑路"，要求自保主权。他说："自办者，即不招外股，不借外债之谓也。……兹当首严其戒，期于始终一致"。② 这种"严杜外资"，自办铁路的主张，对帝国主义无孔不入的资本输出和掠夺川汉铁路的狂图具有一定的抵制作用，对四川人民保卫川汉铁路的斗争在客观上也有一定的鼓励作用。

川汉铁路公司一开始便是作为帝国主义侵略的对立物而出现的。公司一成立，英国公使萨道义即横蛮地照会清外务部，提出川汉铁路"将来所需之外国资本，皆在英、美两国借用"③。法国驻重庆领事则照会锡良，要求包揽川汉铁路款、工。④ 但是，川汉铁路公司却以"一切均系自办，尚无须借助于人"加以拒绝，并且驳斥了侵略者"于本公司创办伊始，动以笔墨诘辨"⑤的横蛮行径，进行了一定程度的反抗斗争。这不能不看作是符合民族利益的。

川汉铁路股款的筹集

在川汉铁路公司成立之初，锡良主要办了两件事：

一是"用人"。最初锡良奏委署藩司冯煦为川汉铁路公司督办，继委成绵龙茂道沈秉堃为会办。又因新任藩司许涵度到任，加委许为督办。1904年11月5日，锡良因"前派两督办仍以政务殷剧，未能一意经营"⑥，改派建昌道现任永宁道赵尔丰为督办。1905年，赵尔丰赴巴塘镇压藏民起义离省，川汉铁路公司督办由沈秉堃代理。当时的川汉铁路公司，督办皆由总督奏委，"财政隶于藩司"⑦，还规定："凡属股东，如果确有见地，不妨条陈听候选择，惟不得干预本公司用人行政之权，以免筑室道谋，事权旁落诸弊。"⑧ 可见，川汉铁路公司的行政、财政、人事权起初皆操于官府之手，"纯以官厅命令行之"⑨。是一个官办的铁路公司。

二是"筹款"。锡良在奏设川汉铁路公司时即提出："官设公司，招集华股，自

---

① 中国科学院历史研究所第三所编：《锡良遗稿》第1册，第339页。
② 中国科学院历史研究所第三所编：《锡良遗稿》第1册，第455页。
③ 戴执礼编：《四川保路运动史料》，第4页。
④ 中国科学院历史研究所第三所编：《锡良遗稿》第1册，第5页。
⑤ 中国科学院历史研究所第三所编：《锡良遗稿》第1册，第7页。
⑥ 中国科学院历史研究所第三所编：《锡良遗稿》第1册，第442页。
⑦ 中国科学院历史研究所第三所编：《锡良遗稿》第1册，第400页。
⑧ 戴执礼编：《四川保路运动史料》，第34页。
⑨ 肖湘：《广安蒲君伯英行状》。

保利权"的原则,"专集华股","如非中国人之股,公司概不承认"。① 但是,川汉铁路预定路线系自汉口起,经宜昌、夔州、重庆、永川、内江、资阳以达成都。全长约一千九百八十公里,建筑费用需银五千万两以上。四川工商业并不发达,招集如此巨额股本绝非易事。"招集民股最为难事,川省地居僻远,耳目拘隘,昔为邻省办矿等股,寸效未睹,至今人多畏之,骤集数百万之多,此诚难之者也。"② 直到1904年10月,川汉铁路公司"资本久未鸠集,工程久未兴行"。"川汉公司之义虽立,而川汉公司之实无闻";"有公司而无资本,则等于无公司而已"。③

四川留日学生鉴于帝国主义"坐索川汉铁路,事势日迫",而川汉铁路公司又毫无成就,三百余人在东京召开同乡会,商议对付办法,各尽力量所及,先认股分四万余两,并承担募劝三十余万两,并于1904年10月22日上书锡良提出集股办法和改进川汉铁路公司的意见。他们建议的集股办法是:(一)将土药、烟膏、烟草、酒等"量加厘税"。盐税实行"以厘归灶,以课归丁"的办法,并整理银圆各局,增加官款收入,作为铁路官股。(二)由锡良"宣示绅民",将各府州县存储生息之款项购买铁路债票。(三)实行"因粮摊认,由地丁一两起,不派小户,免滋扰累"。(四)"得官款及地方公款以植其大源,然后一面募民款以足之"。留日学生们特别强调"请厘定股东权利义务以著大公",指出:"旧式官督商办公业,弊窦滋多,不为民信",要求改官办川汉铁路公司为官商合办。"今欲举此大业,必非徒藉商股之所能成,抑非徒仰官款之所可集,故必于官商合办,殆事势之所不能避也。""必当悉遵外国有限公司之格式,令股东之权利无稍欠缺。"④ 很显然,上述议论是针对锡良以官办把持川汉铁路公司而发的。四川绅民自川汉铁路公司成立之日起,就不得不进行两方面的斗争:既要反对外国侵略者抢夺路权,又要反抗清政府对川汉铁路公司的控制。

锡良虽没有采纳改公司为官商合办的主张,但接受了"因粮摊认"的建议,提出:"照历届办理积谷等项,抽租出谷,百分取三,意在轻而易举,积微成巨"⑤,是为"川路履亩率钱之始"⑥。此外,还由川汉铁路公司在重庆试铸铜圆拨其余利充作路股,并将鸦片税加一倍,同时抽收盐茶商股,"赞兴轨政"。

1905年1月18日,锡良奏报《川汉铁路集股章程》六章五十五条,规定了川汉铁路股本的四个来源:认购之股——凡官绅商民愿入股冀获铁路利益者,即以己资入股者;抽租之股——凡按租抽谷入股者;官本之股——凡以官款拨入公司作股本者,即由国家库款拨作股分者;公利之股——系本公司筹款开办别项利源,收取

---

① 中国科学院历史研究所第三所编:《锡良遗稿》第1册,第455页。
② 中国科学院历史研究所第三所编:《锡良遗稿》第1册,第455页。
③ 戴执礼编:《四川保路运动史料》,第9~10页。
④ 戴执礼编:《四川保路运动史料》,第10~12页。
⑤ 中国科学院历史研究所第三所编:《锡良遗稿》第1册,第455页。
⑥ 李稷勋:《四川商办川汉铁路宜昌工场志痛之碑》(1913年2月)。

余利为股本者。① 实际上,"抽租之股"是主要来源。抽收的办法是:"凡业田之家,无论祖遗、自买、当受、大写、自耕、招佃,收租在十石以上者,均按该年实收之数,百分抽三。"② 在《川汉铁路按租抽股详细章程》中,又规定:"此项租谷,均抽自收租之家。其有佃户押重租轻,及债户以租抵利者,但有租谷可收,数在十石以上,均一律照抽,不专抽自业主。"③ 租股从光绪三十一年(1905年)开始征收。"若敢违抗不完,即由经理之绅董团保禀请州县官提案究追,以为吝惜私财,阻挠公益者戒。"④ 可见,租股是铁路公司凭借官府、依靠士绅征收的,有强迫征收的性质。所以当时人称之为"铁路捐"。此后,公司虽由官办而官商合办而商办,但这一办法始终未变,从而反映出中国资产阶级对封建主义的依赖性。

由于川汉铁路公司采取了这种强制性的抽租入股方式,在四川普遍收"铁路捐",因此,其集股成绩是相当可观的。这一点,我们从以下《各省铁路公司集股情况表》中可以看出。

各省铁路公司集股情况表⑤

(截止1911年)   单位:万元

	预筹股额	实收股额	实收占预筹的%
川路(1)	2,099	1,645	78.4
粤路(2)	2,000	1,513	75.7
浙路(3)	600	925	154.2
湘路(4)	2,000	652	32.6
苏路(5)	1,000	410	41.0
赣路(6)	699	219	31.3
鄂路(7)(粤汉、川汉两段)	3,600	212	5.1
闽路(8)	600	170	28.3

在各省铁路公司中,川汉铁路公司实收股额占第一位,实收股额占预筹股额的百分比居第二位。

川汉铁路公司原定租股不超过股本总额的五分之二。但是,实际上大大超过了这一比例。公司股本"全恃人民租股为大宗"⑥。"川汉铁路公司所集之股本,除租

---

① 戴执礼编:《四川保路运动史料》,第32~40页。
② 戴执礼编:《四川保路运动史料》,第35页。
③ 戴执礼编:《四川保路运动史料》,第41页。按每石10斗,每斗折合今秤约重33斤,即每石约330斤。
④ 戴执礼编:《四川保路运动史料》,第37页。
⑤ 宓汝成:《中国近代铁路史资料》第3册,第1140页。
⑥ 邮传部编:《轨政纪要初编·轨三》,第38页。

股外，而民自行承买之股票，殆寥寥焉。"① 据1911年川汉铁路公司所公布的《总纂实收数目简明表》所载，自公司开办起至1910年底，实收官股银236,730两，购股银2,458,147两，租股银9,288,428两，共银11,983,305两，其中租股占76％以上。1908、1909两年租股所占的比例更高。②

总纂实收数目简明表　　　　　　　　　　　　　　　　　单位：银两

年份 股名	1908	1909
购　　股	69,420.58	36,589.84
官　　股	37,375.00	9,875.00
租　　股	1,519,259.94	1,343,459.47
土药股	205,098.64	196,797.48
盐茶股	56,660.53	64,281.51
合　计	1,887,814.69	1,651,003.30
租股与总额的％	80+	80+

租股是川汉铁路公司的经济命脉。大大小小的租股股东是它的社会基础，租股的征收与四川保路运动关系极大。为了进一步考察租股问题，我们还有必要看一看各州县征收的实际情况。

温江，"光绪三十年，制府为民奏设川汉铁路公司，其股按粮收谷，由地丁粮一钱四分起，捐名租股捐。邑岁集租谷一万零六十五石一升五合，每石折价二两三钱，岁共解公司银二万三千一百四十九两九钱九分。宣统三年，至路事起，国变，民始罢捐"③。

名山，"三十一年设铁路租股局，按租集股办川汉铁路。本县年集股一万两有奇。是年并集三十及三十一两年，截至宣统三年止共解租股银七万余两"④。

彭山，"租股局光绪三十一年奉文开办。每条粮一钱抽谷一斗，自条粮二钱五分起科，照谷价合钱收入。收数悉解川汉铁路公司作股本。自光绪三十一年至宣统三年共申解租股银四万三千七百九十九两一钱一分三厘三丝七忽一微。定例每五十两为一整股，五两为一小股，通计合整股八百七十余股，其余悉作小股，中间又有粮户购进整股票五十五股，共银二千七百五十两。合计彭山县共有川汉铁路股本银四万六千五百四十两一钱一分三厘八毫三丝七忽一微。国变后罢"⑤。

渠县，"川督锡良锐意兴办川汉铁路，令人民纳正粮外，有粮满五千者，另征

---

① 四川省图书馆藏：四川留日学生《改良川汉铁路公司议》。
② 宓汝成：《中国近代铁路史资料》第3册，第1096页。
③ 张骥、曾学传纂修：《温江县志·民政》。
④ 赵懿、赵怡纂修：《名山县志·事纪》。
⑤ 周翔、刘锡纯纂修：《彭山县志·官政篇·租股局》。

铁路粮银,每斗九钱零,于三局公所设柜开收,名为铁路租股捐,至宣统三年始停股银。纳满五两给小股票一张,满五十两银给大股票一张。吾渠大股票共一千八百张,小股票计二万五千六百五十九张。……共计银二十一万六千二百九十五两"①。

犍为,"光绪三十一年总督杨(按:应为锡)良奏准川汉铁路改归商办,通饬章程定收租谷十石者抽谷三斗。犍为变办法禀准随粮附加,每粮一两征收股本库平银四钱二分。粮不满二钱者免纳。局设县城隍庙,委绅经理。自开办起至宣统三年止,六年共计银十万零四千八百两零二钱三分三厘,全数解交铁路公司"②。

简阳,"光绪三十一年开办川汉铁路,川中租股局原以三费局士四人兼摄。至三十二年另委局董四人督办,州属业、当、佃户应抽者一万零八百三十六户。条粮应抽者六千零七两三钱七分八厘四毫。以条粮二钱折租十石摊算,共合租谷三十万零三百六十八石九斗二升,照百分之三章程,合抽谷九千零一十一石零六升七合六勺。每石折银二两四钱,共银二万一千六百二十六两五钱六分二厘二毫四丝"③。

三台县,"铁路捐……于各繁盛市场筹集商股。每股五十两。各州县则加入粮款随粮征收。我县地丁一两加收三两二钱。自三十年起至宣统三年止约收银十四万两"④。

涪陵县,"光绪三十年朝议建筑川汉铁路,蜀中人士争回路权,官督商办,本州以购股、租股、商股三种募集股款。每股本银五十两,年息六厘。先由知州指派购股,共解银款九万两。随之以按粮附加,满足五十两者,换给租股票一张。复先后解二十万两,又按课征解盐茶股本银一百五十五两,商股本银一十九万八千三百两,统名之曰商股,于州设铁路租股局(宣统三年改为铁路股东分会)"⑤。

崇宁县,"光绪末及宣统初之铁路捐,每粮一两,纳谷二石,每石作价二两四五不等,亦系按粮照派,另设局所委绅收解"⑥。

以上所引各州县志的材料证实:(一)从1905年(光绪三十一年起)至1911年(宣统三年)四川各州县都奉命缴纳铁路租股。(二)征收的办法是随粮附加,值百取三,折价上缴,强迫完纳。五十两银为一大股,五两银为一小股。(三)锡良并未采纳川省留日学生的"因粮摊派,由地丁一两起,不派小户"的意见,而令各州县从十石以上起征,于是有的地方(如温江县)从地丁粮一钱四分起征。有的地方(如彭山县)从二钱五分起科,"铁路捐"征及小户。不仅地主,当户乃至佃户皆不能免。(四)各州县皆设有"租股局",委绅经收。这些租股局和股东分会是以后保路运动时期各地保路同志协会的基础。

川汉铁路公司在四川普遍抽收租股,对四川社会产生了深远影响。

---

① 杨维中、钟正懋等纂修:《渠县志·食货志》。
② 陈谦、罗绥香等纂修:《犍为县志·财政志》。
③ 林志茂、汪金相等纂修:《简阳县志·灾异编·兵灾》。
④ 林志茂、谢勷等纂修:《三台县志·食货》。
⑤ 王鉴清等修、施纪云等纂:《涪陵县志·赋课志·杂税》。
⑥ 陈邦倬等修、田树勋等纂:《崇宁县志·田赋》。

（一）加重了民众的负担。四川每县收租百石千石者固不失为富豪，而十石二十石之家则为下户。当时每石谷值银二两五钱左右，十石收入仅二十五两左右，在清政府苛政之下，下户一家生计，已难于维持。而租股并入正粮缴纳，直与加赋无异。加之官府追比勒索，豪绅贪污中饱，租股弊端百出，扰民十分严重。"租股之害，莫大于扰民，租股之弊莫甚于中饱。"① "勒捐浮收之弊，无论何处，均所难免。"② "若下户无力先缴租股，只能完纳正粮，所在州县乃以所纳正粮硬扣作租股，而严科以抗粮不交之罪，鞭笞捶楚，监禁锁押，随意所施，惨无天日。以此倾家破产，卖妻鬻子者，不知凡几。"③ 蓬溪县，"当办路款之初，局中弊端极大。禀案系以正粮三钱起征，以八千两正粮计算。局绅嗣谓解款不足，征及三钱以下之小粮户。省委提款下县，追比粮户，缧绁鞭笞，如待罪犯，人心大愤"④。南充县每年收租股一万九千余两，但上缴仅一万三千余两，约余五千数百两"被首士瓜分"。"局士上则冒领股息，下则吞灭股票。"⑤ 因此，川汉铁路股款较之正粮额多至几倍至十倍以上。

铁路租股与田粮额比例表⑥   单位：银两

县名	合川		武胜		南川		江津		富顺	
	数额	比	数额	比	数额	比	数额	比	数额	比
正粮	4,998	1.0	4,276	1.0	2,462	1.0	5,996	1.0	12,366	1.0
租股	52,980	10.6	44,894	10.6	20,000	8.1	41,743	7.0	36,500	3.0

经济负担加重势必加深四川社会阶级矛盾。人民怵于帝国主义掠夺铁路而有此沉重负担，对帝国主义的仇恨日增。"川民穷而思逞，以勒捐而积恨于铁路，以铁路为洋务而迁怒于洋人，四处哄起，遍打洋行教堂。"⑦ 对清王朝出卖国家主权也日益不满。

（二）如前所述，川汉铁路的股本既然以租股为大宗，征收对象不仅包括四川省的大中小地主，而且及于广大的自耕农和佃农，"因此，全川六七千万人民，不论贫富，对民办铁路都发生了经济上的联系"。⑧ 而且所收租股并未定明总额若干，年限如何，但云俟全路告成之后，方停止征收，是铁路百年不成，则租股之征收，必百年不止。⑨ 因此，保卫这条铁路不被外人夺去，加速这条铁路的修筑便成了四

---

① 《川汉铁路改进会报告》第6期。
② 《川汉铁路改进会报告》第6期。
③ 《川汉铁路改进会报告》第6期。
④ 曾世礼、庄喜泉等纂修：《蓬溪近志》卷3。
⑤ 戴执礼编：《四川保路运动史料》，第61页。
⑥ ［日］西川正夫：《四川保路运动前夜的社会状况》，《东洋文化研究所纪要》第45册，1968年。
⑦ 戴执礼编：《四川保路运动史料》，第58页。
⑧ 吴玉章：《辛亥革命》，第22页。
⑨ 《川汉铁路改进会报告》第1期。

川各阶级、阶层人士利害与共的事。这就为四川保路运动的发动准备了广泛的群众基础。一当清王朝夺川汉铁路转送外人时，四川人民群起而攻便势成必然。"查川省自办铁路……所收租股，与零星劝集之股，开办较各省为先，收数较各省为巨。无论贫富贵贱，男女老幼，人人皆经投资，人人皆认自办。实与粤省之股出商富，鄂省之集股无多，湘省之先办劝股，甫办租股者，情形各别。人民视财如命，一闻国有，各怀生命之忧，虽谕旨煌煌，妇孺终难共喻。""多数小民，血本被蚀，则其疾痛而呼父母，亦属恒情。"①

（三）租股对于四川的地主来说，无异是要他们将封建剥削而来的财富拿一部分投资于铁路这种资本主义性质的近代交通事业。租股取之于田亩，并有政治强制性质，但是，入股与纳赋不同，股权仍属于出资者，路成后还可照分红息。因此，川汉铁路租股的筹集过程也就是四川的地主在不同程度上卷入资本主义漩涡，向资本主义转化的过程。这正如郭沫若同志所说："在当年……还有一件最普遍最彻底的资本主义化的表现，便是川汉铁路公司的建立。以武汉为中心的京汉、粤汉、川汉的三大铁路干线的建筑，可以说是中国自受资本主义化以来的新兴阶级的一个理想。……四川就在癸卯甲辰之交要起来经营川汉铁路了。完全采取的是有限公司的制度，但是股本的收集却带有政治势力的强制性质。……由各州县的知事按着地租的多少摊派到各地方的乡绅。在这儿可以说是地主阶级的资本主义化，四川的大小地主都成为了铁路公司的股东了。"② 四川资本主义工业是很微弱的。工业资产阶级的力量十分弱小。但是，川汉铁路通过租股却将四川的地主与资本主义的交通事业发生了切身的利害关系。不管他们主观意志如何，这种联系是客观存在的。这就扩大了民族资产阶级收回利权运动的声势，而作为中国资产阶级民主革命一环的四川保路运动除得到广大爱国下层人民的支持外，还得到了大批正在或多或少地向资本主义转化的乡绅的响应。不仅如此，川汉铁路公司在官办或官商合办时期租股系由各地的局绅把持，在商办时期，总公司更由绅商所操纵，仍依靠各州县局绅继续征收租股。于是从省城到各州县不仅形成了一批有资金入股的绅士，而且有一个把持各地租股局和总公司的集团，他们合法的和非法的经济利益都同川汉铁路有着十分密切的关系。如果铁路公司不保，他们在政治上和经济上的损失必大。所以当保路运动一发生，他们便在成都和各州县积极活动，有的成为保路同志会和保路同志军的领导人。这便是四川资本主义工业虽不发达，但在辛亥革命时期资产阶级运动的发展十分迅猛的一个重要的经济原因。

---

① 盛宣怀：《愚斋存稿·广西沈幼岚中丞秉堃致内阁请代奏电》。
② 郭沫若：《少年时代·反正前后》，第214~215页。

二、商办川汉铁路公司

四川绅民争取铁路商办的斗争

在官办川汉铁路公司成立之初,四川绅民曾以锡良"深鉴时局"而"欢抃祷祀","额手称庆,跂足以俟其成"。① 1904年11月27日,四川留学日本东京学生发出《为川汉铁路事敬告全蜀父老书》。书中痛陈铁路与国权有绝大的关系,指出帝国主义掠夺中国铁路是"列强之灭国新法"。"列强之以铁路政策谋我,始于俄罗斯之东三省铁路,而德国胶济铁路继之;俄法比同盟之卢汉铁路继之;英德联合之津镇铁路继之;俄之正太铁路继之;法国之滇越、滇桂铁路继之;美国之粤汉、萍醴等铁路继之;英国之沪宁、苏沪、淞沪、粤港等铁路继之。以中国十八行省而入于各国铁路势力范围者十四省。""故列强谋所以瓜分中国之政策不一端!其最坚牢而最惨烈者,莫铁路政策若。此数年来仁人志士所日日焦虑呼吁,当亦我父老所饫闻矣。"②"外人之所以谋蜀者,亦迭出而未有穷",而"四川铁路入他国之日,即四川全省土地人民永服于他国之日也"。四川留日学生大声疾呼:自办铁路!速办铁路!"现今主客所争,间不容发,我不投袂而起,彼即乘隙而来。"他们要求全蜀父老速谋以蜀人之力,办蜀中之路,"稍竭绵薄"之力,支持川督锡良筹款造路。"凡我蜀六千八百万人,宜全体以助其成。""倘或大吏通盘筹画,或兴办某项税则及计租摊集者,望乡人顾全大局,切勿反对鼓噪。"为了抵抗侵略,川人必须茹苦含辛,交租股,纳捐税,义无反顾。同时,四川留日学生还指出:"川汉铁路为大利所在","故今日我辈不欲谋利益则已,苟欲谋利,则投资本于他事业,不如投之于铁路;投资本于他铁路,不如投之于川汉铁路。铁路者,生利事业之大王,而川汉铁路者,又铁路事业之大王也。"因此,必需"联合资本"来举办这一大事业。③上述呼声,反映了四川绅商抵抗帝国主义侵略,发展民族资本的强烈愿望。

但是,自中日甲午战后,洋务活动已经破产。所谓"官办""官督商办"企业已信誉扫地。四川绅商眼看川汉铁路公司由官府大吏把持,"不敢信人,恐当事者之舞弊也"。"故才敏者挟其小小资本营小小制造贩卖之业;朴愿者则以之置田庐、食租税而已;其甚愚者,乃至宁窖藏焉以遗子孙。"④ 因此,川汉铁路公司成立以来,"乃迁延蹉跎,倏易年载,而至今犹未有眉目"。锡良所谓"自办",只是徒托空言而已。每遇英、法坐索川汉铁路时,"制军无以推之,乃至辞以疾",用装病的办法来拖延日时。如果长此以往,川汉铁路势必难保,改进川汉铁路公司是保卫路

---

① 戴执礼编:《四川保路运动史料》,第18页。
② 四川省图书馆藏:《为川汉铁路事敬告全蜀父老书》。
③ 四川省图书馆藏:《为川汉铁路事敬告全蜀父老书》。
④ 四川省图书馆藏:《为川汉铁路事敬告全蜀父老书》。

权的当务之急。四川留日学生于是提出：川汉铁路公司应该遵照朝廷所颁"商律"，扩大商民权利，"公司资本既由众擎，则公司章程，自必由众定，凡我与股之人，皆得有权，以议公司之法，监督公司事务"。① 要求川汉铁路公司摆脱官府束缚，摘掉"官办"帽子，改为商办。在川汉铁路公司领导权的问题上，官绅矛盾已现端倪。

与四川留日学生相呼应，1905年5月，四川举人张罗澄等人公呈都察院代奏，"以融和川鄂两省意见，通达下情"为理由，要求清廷简派督办川汉铁路大臣，以免除川督锡良对川汉铁路公司的直接控制，并且提出"此路宜正名为民办"的主张。京官王荃善等人也递公呈要求川汉铁路改归商办。谓川汉铁路此时"路事之取道何处，动工何日，筹款何着，工程师何人，预算、决算茫如。不如民款民办，为势较顺"②。还有人以"川省官权尊重，谷捐激变，官幕盘踞，虚耗巨款"的罪状向清廷弹劾锡良。③ 要求商办川汉铁路的舆论更趋高涨。

锡良为调和官绅意见计，1905年7月25日奏称：川汉铁路的筹办应该"开示诚心，多用士绅"，川汉铁路公司"则以尽除官习，昭示民信为先"。"官民各股，即应官绅合办"④，奏派官绅总办各一人，由沈秉堃为官总办，刑部郎中乔树枏为绅总办、施典章综理公司出纳。因清廷以"乔树枏现充学务要差，毋庸派往"，改派在籍翰林胡峻为绅总办，乔树枏为川汉铁路公司驻京总办。川汉铁路公司至此由官办改为官绅合办，并设立了川汉铁路研究所，"每事集绅讨论"⑤。但是，"路政议论所折衷"，悉由官总办随同锡良"会合绅董综核办理"。⑥ 次年2月21日，锡良又以"民情未悉，众信未孚，措置立形扞格"为理由，拒绝清廷委派川汉铁路督办，坚持"官以董率牧令，绅以导喻商民"⑦，以免他人插手。1907年2月20日，锡良又奏派翰林院编修余堃总司川汉铁路公司财政，河南候补道费道纯为川汉铁路公司驻鄂经理。

川汉铁路公司名义上虽由官办改成了官绅合办，标榜所谓"官绅并重"，但实权仍操在锡良为首的官僚集团手中，"凡清廷公司律股东应享之权利，川民毫不能过问"⑧。锡良这种敷衍搪塞，换汤不换药的手法，自然遭到四川绅民的反对，要求商办川汉铁路的斗争日渐激烈起来。

四川绅民自办川汉铁路是当时全国范围内收回利权运动的一个组成部分。湘、鄂、粤三省人士收回粤汉铁路主权和江浙绅民自办苏杭甬铁路斗争的开展，促进了四川绅民争取川汉铁路公司改成商办。

---

① 四川省图书馆藏：《为川汉铁路事敬告全蜀父老书》。
② 以上引文均见宓汝成：《中国近代铁路史资料》第3册，第1072页。
③ 中国科学院历史研究所第三所编：《锡良遗稿》第1册，第559页。
④ 中国科学院历史研究所第三所编：《锡良遗稿》第1册，第497~498页。
⑤ 中国科学院历史研究所第三所编：《锡良遗稿》第1册，第560页。
⑥ 中国科学院历史研究所第三所编：《锡良遗稿》第1册，第546页。
⑦ 中国科学院历史研究所第三所编：《锡良遗稿》第1册，第560页。
⑧ 肖湘：《广安蒲君伯英行状》。

中国收回路权的斗争以粤汉铁路为开端。1895年,美国合兴公司一成立就确定以劫夺中国铁路主权为主要宗旨。1898年,合兴公司与清政府订立《粤汉铁路借款草合同》,夺取了粤汉铁路的"让与权"以及沿路矿山开采权及其他特权。美国攫取中国铁路的目的,合兴公司的总工程师柏生士说得明白:"我国地位约自1895年起便从受外国资本的侵略转而以本国资本侵袭他国了。西班牙战争……引导我国人把注意力转向海外。……粤汉铁路的获得就是美国资本外侵的扩展运动的一显明的例证。"① 粤汉铁路借款合同丧权太甚,贻祸无穷,为中国心腹大患,激起了湘、鄂、粤三省群众的反抗。根据合同规定,合兴公司应在五年内将全路修成,可是它却一再拖延,到1904年秋,仅修筑了广州至佛山一段全长三十二英里的支线,粤汉干线工程,尺轨未铺。而合兴公司的股票已有三分之二被俄法支持的比利时资本家收买过去。合兴公司违约延宕路工,暗售股票,触发了三省"废约争路"斗争的爆发。

1904年,湖北省的士绅向张之洞上书提出:"美商违约,全楚受害,众愤莫遏,公恳挽回,以泯巨患。"② 广东商务局指控侵略者枪毙人民,强占地基,殴伤工人,种种滋事不法行为。声言粤民共愤,决议力争废约。湖南绅商一再发出函电,指责美国的狡赖,骂盛宣怀交结美商,同谋分利,剥削中国,以图自肥。鄂、湘、粤留日学生组成"鄂湘粤铁路联合会",主张"废约自办"。同时,上海的《中外日报》《时报》和《东方杂志》等报刊也陆续发表消息和评论,对三省绅商争路作舆论声援。

1905年,"钢铁大王"摩根出面收买落在比利时人手里的合兴公司股票,由合兴公司将粤汉铁路"让与权"顶售给摩根公司,搞什么"以美接美",以达到美国继续霸占粤汉铁路的目的。美国国务卿罗得训令美国驻华公使照会清政府:"不允中国政府将合兴公司合同作废。……如中国废此合同,是与抢劫无异,一定不能听从。"③ 贼喊捉贼,横蛮已极。

湘、鄂、粤三省群众没有因美帝国主义改头换面而受骗,也没有被其汹汹气势所吓倒。他们严词驳斥美国政府的谰言说:"中国之路,中国收回,可谓抢劫乎!"表示要斗争到底,"万众一心,有进无退"。④ 湖广总督张之洞鉴于"现在三省绅民志坚气愤,其势汹汹,若此路不能收回自办,必致酿成事变,地方官无法弹压,以后诸事更难办矣"⑤,支持废约自办。1905年,中国人民掀起反美爱国运动,给予美帝侵华活动以沉重的打击。美国不得不答应废约赎路。8月,中国以六百七十五万美元的巨大代价将粤汉铁路赎回,由三省人士自己筹款建造。这一胜利挫败了美帝掠夺我国粤汉铁路的行动,促进了中国收回路权、商办铁路的发展。

---

① 柏生士:《一个美国工程师在中国》,转引自宓汝成:《中国近代铁路史资料》第2册,第515页。
② 宓汝成:《中国近代铁路史资料》第2册,第759页。
③ 张之洞:《张文襄公全集·致上海盛大臣》。
④ 张之洞:《张文襄公全集·致上海盛大臣》。
⑤ 张之洞:《张文襄公全集·致梁诚电》。

江浙两省争取商办苏杭甬铁路的斗争是收回利权运动中十分引人注目的事件。

1898年8月，英国怡和洋行向清朝铁路总办盛宣怀要求建造苏杭铁路并展修至宁波。10月，怡和洋行代表英国银行公司同盛宣怀订立《苏杭甬铁路草约》。英国从此夺得了苏杭甬铁路的建筑权。

浙江绅商为抵制英国夺取苏杭甬铁路，于1905年8月，经清政府商部批准，成立浙省铁路公司，举汤寿潜为总理，自办这条铁路。全浙十一府的绅商电请政府外务部，要求收回草约。1907年，苏杭甬铁路苏杭段由江浙两省绅民集资开工建筑，同时展开了反对"借款筑路"的斗争。10月，江浙两省铁路公司揭露清政府"名曰借款，实则夺路"。浙路公司还致电川、陕、鄂、粤、皖、赣各省要求声援。浙江发起"国民拒款公会"坚持"商办拒款"。是年冬，浙江省"商贾则议停贸易，佣役则相约辞工，杭城铺户，且有停缴捐款之议，商市动摇，人心震骇"。① 反对借款，要求自办铁路斗争的声势浩大。

粤汉铁路赎回自办和江浙人士反对"借款筑路"，坚持自办铁路的斗争，影响是巨大的。《云南杂志》第二号发表大悲所撰《呜呼腾越铁路之运命》一文，其中写道："湘粤士绅，振臂一呼，群起反对，激论血争，百折不挠，终使虎口之物失而复返，恢复东南半壁江山于无形。"② 该杂志第十九号又发表义侠的《为滇越铁路告成警告全滇》一文写道："苏杭甬之力拒外款，粤汉路之赎回自办，亦岂易事哉？而均能达其目的者，知其难而不畏其难，且利用其难以坚厚团体，以激动英杰耳。"③ 在自办粤汉、苏杭甬两路斗争的鼓舞下，四川、山东、安徽、云南等省收回路权运动日益高涨。

1906年，川省留日学生蒲殿俊约集胡骏、肖湘、张智远、李大钧、邓镕等三百余人，组织川汉铁路改进会，上书锡良，要求川汉铁路公司实行商办，并每月出版《川汉铁路改进会报告书》一册，"由会中同人对公司各问题撰拟论说，印送京省各股东"，主张"根据公司律，凡出资皆为股东，股东皆有义务，有权利。川汉铁路公司应先正名为商办，依公司律，当首开股东会选举董事、查账人及各职员，不得以官厅命令行之"。④

由蒲殿俊、邓镕、肖湘、吴虞、邵从恩等四十四名留日学生署名的《改良川汉铁路公司议》集中表达了四川绅商对川汉铁路的要求。

《改良川汉铁路公司议》首先根据清政府所颁"商律"，要求改川汉铁路公司为商办，指出："今川汉铁路以租股为大宗，租出于民而不出于官，则路不属官而属于民，虽欲谓之官办，不可得也"，"虽欲谓之官商合办，亦不可得也"。但是，川汉铁路公司的股本绝大部分来自民间，却被加上官办的桎梏，"是故公司开办，已及两年，止有奏派之司道大员以充总办，而于'公司律'所定董事之推选，查账人

---

① 宓汝成：《中国近代铁路史资料》第2册，第876页。
② 中国科学院历史研究所第三所编：《云南杂志选辑》，第462页。
③ 中国科学院历史研究所第三所编：《云南杂志选辑》，第575~576页。
④ 肖湘：《广安蒲君伯英行状》。

之设立，股东之权利各条，一无设施，乃至公司章程而无之"。锡良在名义上将公司改成官绅合办，"杂用官绅"，然而"尝见州县局绅一经官吏札委，声势顿异齐民，而人民敬之畏之，惴惴焉常恐有其挟官威以相陵压。如是之绅，欲求其对人民稍负责任而不可得"。因此，川汉铁路公司"始也为纯全之官局，继则于官之下而附丽以绅"，实际是"强公司以就人，则公司以失其完全法人之资格"，"求其行动犹难，至望其振刷精神，以成就事业，理之所必无者也"。川汉铁路公司不仅"无完全之组织，无正当之办法，公司之性质不明，职员之权限不定，牵掣敷衍，一事难成"，而且产生以下种种弊端：

（一）股票滞销。在官府把持下，"股本不加监督，则执事者任意侵渔"。公司"无信用以结其心，无可望之利以慰其念"。人民居于危惧之中，公司立于危险之地。

（二）挪用股本。铜元局挪移路款达三百万两①，以致公司"信用既失，于是流言随之"。路款收支"除官以外，殆无知者"。

（三）租股无限制。锡良奏定的《集股章程》，并未遵照"商律"定明总数。只说全路告成以后，停止租股，不特不定总额而且不定年限，"铁路百年不成，则租股百年不止"。如公司大权操于官府，租股则可能像捐输、津贴一样转作正赋，川人"负担讵有穷期"。

（四）官绅权限不明。官绅合办川汉铁路公司"官绅混杂"，官有权而绅无权。绅商对公司"查核账目，进退董事，虽法定之权利，亦难敢而过问之"。

因此，川路公司必须改良，急起直追而谋补救之法。

《改良川汉铁路公司议》提出的办法是：（一）公司股本，全出商民，因义定名，正名"商办"，明定股东权利。（二）改订租股办法，明定总额，将起征数由十石改为五十石。"收租愈多者，则征收租股愈加重"，以免扰及小民。②

同年，又出现了署名四川人公启的《建设川汉铁道商办公司劝告书》（下文简称《劝告书》）。《劝告书》措辞更为激烈，对锡良把持的川汉铁路公司进行了尖锐的抨击："今日之川汉铁路……就公家言之，则仅利于一般豺狼之官吏。就私人言之，则仅利于少数牛马之摺绅。反此而最受其害者，百姓。盖川汉铁道公司之最大目的，因欲绞尽七千万人之膏血，而填少数豺狼牛马之欲壑而已，岂有他哉！"因为，川汉铁路公司在铁路"未开工以前，资本金之滥用，已至七分之六"。用人不当，"以门外汉之豺狼官吏为主，牛马摺绅副之，以衙门公案作店中柜台，而以拷打之鞭笞，作应酬之烟茶具也。大柜二柜制台道台，徒子徒孙翰林进士，奇奇怪怪，千古未有"。以致"公司之股本永无集足之日，人材永无适任之望。故曰'铁道万万不能成'"。《劝告书》指出："夫铁道我不自修，则外人将进步；外人进步，

---

① 锡良奏办川汉铁路公司之初，指使川路公司会办沈秉堃、蔡乃煌、罗度等请设铜元局，借款一百五十万两做开办费。此项借款由川路公司负担。后来铜元局不断要公司垫付亏损和代付利息，总共耗用路款达三百万两之巨。

② 以上引文均见四川省图书馆藏：《改良川汉铁路公司议》。

我川必亡"。因此，川人"宜急求救亡之道"，"破坏野蛮官立之旧公司，建设文明商办之新公司"，将川路商办问题提到了救亡图存的高度。为了争取建设文明商办之新公司，《劝告书》提出了"全川人同心协力以实行不买股票、不纳租税"的激进措施，"无资本则野蛮官立之公司自倒，而文明商办之公司，可因以徐兴也"。①

从上述可以看出：川汉铁路公司的领导权是官绅矛盾的焦点。呼喊川汉铁路公司迅改商办是四川绅商争取掌握公司领导权的手段。封建生产关系及其上层建筑严重地障碍着中国资本主义的发展。封建官僚把持川汉铁路公司筹办两年而毫无成效。川汉铁路公司成了一个官衙门，挪用路款，浮收中饱的现象极为严重。长此下去，四川人民翘首望成的川汉铁路将有被葬送的危险。这是力图自保利权的四川绅民所不能容忍的。蒲殿俊等四川留日学生倡商办于先。他们以四川全体民众代表的姿态，用清政府颁布的"商律"为护符，与川督锡良为首的官僚集团展开了合法斗争，揭露了官办川汉铁路公司的腐败，论证了铁路改归商办的合理性和必要性，并且把商办铁路同保卫主权、救国救川的民族大义联系起来。围绕川汉铁路公司领导权的这一场控制与反控制的斗争，反映了封建主义和资本主义的矛盾。从川汉铁路筹办之日起，四川绅民自保铁路主权的事业，既受着帝国主义的威逼，又遭到封建势力的压制。因此，反对帝国主义和封建主义夹攻的斗争就必然贯串在筹办这条铁路的全部过程之中，出现了反复的较量。

川汉铁路公司改为商办和宜万段的开工

由于四川绅商的一再要求和全国范围内收回利权运动的开展，锡良不得不在1907年3月4日奏报：川汉铁路公司遵商律改为商办川汉铁路有限公司，举乔树枏为总理，胡峻为副总理，"原设官总办一员，即予裁撤"②。仿照浙江等省铁路公司章程，制定《川汉铁路公司续订章程》五十九条，四川绅民争取铁路商办的斗争，算是有了一个结果。

《川汉铁路公司续订章程》规定：川汉铁路公司改名为商办川省川汉铁路有限公司，"呈部注册，奏给防关，至重大事件，仍禀承总督办理"。预定川汉铁路自成都经重庆、万县至湖北宜昌，路分三段，分段动工。并规定："先延本国人为总工程师，其应聘东西洋各国人均由本公司商同总工程师妥立合同仍归公司监督，若应聘人怠于职务，本公司可随时知照总工程师辞退。"在工程技术人员的安排上坚持了以我为主的原则。《川汉铁路公司续订章程》还重申了"本公司专集华股自办，无论整股、零股，均惟华人自购，不附洋股"的原则。募股办法仍沿袭征收租股，"由本公司呈请总督批饬地方官会同本公司绅董遵照租股专章办理"。《川汉铁路公司续订章程》的主要成就除肯定了商办外，还明定了股东权利，规定设立股东会，由股东会选举董事十三人和查账员三人，董事与总副理共同议决本公司重大事件。

---

① 以上引文均见四川省图书馆藏：《建设川汉铁道商办公司劝告书》。
② 中国科学院历史研究所第三所编：《锡良遗稿》第1册，第653页。

据此，四川绅商在川汉铁路有限公司的权力得到了确认，川汉铁路有限公司由此掌握在四川立宪派及其联系的绅商手中。

《川汉铁路公司续订章程》既体现了四川绅商自川汉铁路有限公司开办三年以来斗争的成果，又反映了四川绅商对封建势力的依赖。除租股必须继续凭借官府的力量摊派征收外，公司的总理、副总理仍由川督奏派，公司的重大事件仍必须看总督的脸色行事。

这个章程规定：有一整股以上的股东在股东会上才有发言权和选举权，以五十整股为一议决权，要拥有一百整股以上的人才能被选为董事，五十整股以上的人才有资格当公司的查账员。这就是说，要有股银五十两以上者才有发言权和选举权，股银二千五百两以上者才有表决权和充任查账员的被选举权，股银五千两以上的大股东才有资格当公司董事，至于只有零星小股的下层群众是无权过问公司事务的。

1908年1月，清政府邮传部奏请援照湖南粤汉铁路公司设三总理成案，改派胡峻为驻川总理①，费道纯为驻宜总理②，乔树枬为驻京总理，以三总理名义组织总公司于成都，"刊换股票、评定租股，增岁偿息率为六厘，创起各属城股东分会"③。1909年11月19日，四川省谘议局鉴于川汉铁路有限公司六年以来，"组织实未完善。树商办之名，而无商办之实，总理由选派奏委，不由股东集会公举，其他一切用人行政、多未遵照商律办理"，以致"股分难集，资本无多"。④ 提出《整理川汉铁路公司案》，要求"议改章程以期公司之组织完善，而举商办铁道之实益"。⑤ 还提出清查账项、整理财政等为主要内容的整理川汉铁路有限公司纲要，企图进一步摆脱官府的束缚而有更多的经营自由。同月，川汉铁路有限公司于成都召集第一次股东会。12月，成立了董事局，举肖湘、江树、汪世荣、沈敏政、邓孝然十三人为董事，由刘紫骥任主席董事兼铁道学堂监督。郭成书等三人为查账员。商办川汉铁路有限公司至此稍具规模。

1907年初，锡良调任云贵总督。四川总督由赵尔丰护理。赵尔丰以"此路关系西南大局，未可轻率。但本国于工程有经验者推詹天佑一人"⑥，电请邮传部派詹天佑为川汉铁路总工程师。1909年3月，川汉铁路有限公司又任颜德庆为副总工程师。詹天佑、颜德庆先后到宜昌，亲赴工段，勘定路线，制定计划，在宜昌设立工程局。9月，乔树枬因工程重大辞代宜总理，川汉铁路有限公司驻宜总理由李稷勋充任。12月28日，川汉铁路有限公司举行开工典礼，"东西宾侣，联襼来观，诧为盛事"。宜昌至归州三百余里间"同时兴作，徒夫万千，是为川路开工建筑之

---

① 1909年胡峻病故，驻川总理由曾培继任。
② 同年6月费道纯病故。由乔树枬代理驻宜总理，后由李稷勋接任。
③ 李稷勋：《四川商办川汉铁路宜昌工场志痛之碑》。
④ 戴执礼编：《四川保路运动史料》，第80页。
⑤ 戴执礼编：《四川保路运动史料》，第80页。
⑥ 赵尔丰：《赵季和电稿·致邮传部》，手抄本。

始"。①

川汉铁路正式开工打击了帝国主义掠夺这条铁路的狂图。帝国主义者不甘心失败群起而攻之,"东西报纸,颇多诡激之评议"。有的叫嚷:"川路不借外款、不雇外国技师,现在居然开工,中国前途叵测,环球列强均当注意。"有的声称:"此路早闻向各国借款,自汉口至宜昌一段,归德人承造;自宜昌至成都一段,归英人承造;成都以上,归法人承造。今川人筹款自办,已在宜昌开工,英人将此权利无故废弃,吾人颇为震动。"有的则对清政府施加压力,叫嚣"中国铁路归中国人自办,为政府之一大错误",等等。"图穷匕见,情势显然。"② 于是,帝国主义者加紧同清王朝勾结,阴谋假清王朝之手夺去已经兴工的川汉铁路。川汉铁路的前途岌岌可危。

川汉铁路有限公司内部的纷争

1910年11月,川汉铁路有限公司在成都召开第二届股东大会,改选彭兰村、都永和、张从文、李仲通、沈敏政、黄运堃、李学立、王大侯、范涛、魏国平、冉从根、廖成瓂、杨用楫等十三人为董事,推彭兰村、都永和为正副主席董事。第二届董事会一成立,立即遇到路工问题的争论和施典章倒款事件,川汉铁路有限公司内部由是纷争不已。

川汉铁路由四川负责修宜昌至成都段虽成定论,但是从何处动工兴建的问题,从川汉铁路准备开工之时起就存在着争论。

1907年,川汉铁路有限公司"以修宜万段路费三千余万,款绌恐难办到,已决先修成渝"。但是,有人则认为先修成渝段,机器、路轨等由长江上运十分困难,"相率请先修宜万段"。成都的川汉铁路有限公司为确定路线事电询东京川汉铁路改进会,川省留日学生开会研究,一致认为宜万段太险,工程浩大,主张"先易后难","先修成渝"。③ 川汉铁路工程师、留美学生胡栋朝在《四川》杂志上发表《川汉铁路宜由何地开工论》一文,提出以宜昌至万县为第一段,"观其山路崎岖,峰峦峻矗,屡穿洞凿岩,其工程最难,平均核计每里需款三万七千两,约五年工竣"。以万县至重庆为第二段,"睹其河阔溪多,架铁桥而工程非易,危岩峭壁,开隧道而费用尤多,其工程亦难,平均核算每里需款三万二千余两,约四年竣工"。以重庆至成都为第三段,"见其多系田陌,只用锄高填低之法,稍有险峻不过几处数里之遥,其工程容易,平均核算每里需款二万一千余两,约三年竣工"。胡栋朝主张"当以成渝一段先修,取其需费少而成功速也"。而且,"重庆为商贾贸易之地。……自应由重庆先筑"。"成都为官绅荟萃之区,以时务而言尤当从成都先修。……是修一段则得一段之利,快一日则省一日之息。"只要成渝线建成,"凡缙

---

① 李稷勋:《四川商办川汉铁路宜昌工程局志痛之碑》。
② 戴执礼编:《四川保路运动史料》,第100~102页。
③ 《四川》第1号"大事纪要"(1907年七八月)。

绅学士富户殷商云集省垣，风行郡邑，盖登高一呼，众谷皆应，是提纲先絜领，行远必自迩也"。① 胡栋朝这种从路工实际提出的意见，得到了川省留日学生和省内人士的支持。但是，川汉铁路有限公司董事会仍强调宜渝轮船未通，材料运输困难，决定先修宜万段，将上述意见置之不理。

宜万段开工后，困难极大。"工事绝难，若隧洞，若桥梁，若斜坡，若湾线者皆国内它线所未有。"② 乔树柟因路工重大，望而却步，辞代理川路驻宜总理职。继任总理李稷勋，"当拊图咨嗟，彷徨却顾，窃窃以为大忧"。在川汉铁路有限公司第二届股东会上，"会众忧皇"，议论纷纭，有的建议"捐割宜万段筑成渝俾舒财用"。有的则认为"宜工难弃"，主张"兼筑宜万、成渝两线，并营峡江航业"。但不少人"复驰书极言兼办两线之非"。③ 川汉铁路虽然已经动工兴建，但因路线问题争吵不休，内部思想不统一，以致路工进展迟缓，至辛亥革命时，宜万段仅修成十五余公里。

施典章倒款案对川汉铁路有限公司影响重大。

川汉铁路有限公司自成立之日起，一直财务紊乱，账目不清，经办人贪污浪费严重。据公司查账员郭成书、陈一夔称：从公司开办至宣统元年底，"账目繁杂，簿册凌乱"④。这就为经办人捣鬼大开了方便之门。1910年，川汉铁路有限公司总收支、上海办事处保款委员施典章挪用路款，投机牟利，被上海正元、谦余、兆康三钱庄倒骗公司股款银一百四十万两以上。施典章与洋行买办陈逸卿私相授受，暗订合同，侵蚀股款银六十万两。又投机购买兰格志股票⑤四百八十五股，损失路款银八十五万二千余两。当时，川汉铁路有限公司存沪路款银共三百五十万两。施典章亏挪竟达银二百万两，兰格志股票一项尚不在内。

外国侵略者及其豢养的买办奸商勾串施典章大肆盗骗川汉铁路有限公司资金的行径是对中国自办铁路维护主权斗争的重大破坏。川汉铁路有限公司股款来之不易，集数不多。从1905年到1909年5月共筹路款银一千一百余万两。⑥ 铜元局亏挪于前，施典章倒款于后，共损失股本银达五百万两之多。"竭小民之脂膏血汗，倾而付之东流。"⑦ 因此，川汉铁路有限公司资金更形拮据而处于"款悬路危"的窘境。

在川汉铁路筹建过程中，充满着中华民族与帝国主义、人民大众和封建主义的矛盾斗争，也存在着官绅之间争夺川汉铁路有限公司领导权的错综复杂的矛盾斗争。施典章倒款案使作为川汉铁路有限公司股东的一批川籍京官与省内掌握川汉铁

---

① 胡栋朝：《川汉铁路宜由何地开工论》，《四川》第1号。
② 李稷勋：《四川商办川汉铁路宜昌工场志痛之碑》。
③ 李稷勋：《四川商办川汉铁路宜昌工场志痛之碑》。
④ 戴执礼编：《四川保路运动史料》，第74页。
⑤ 所谓兰格志股票，系美国流氓麦边于1903年在上海组织的一家兰格志拓殖公司发行的股票，是为骗取中国财富设置的陷阱。
⑥ 宓汝成编：《中国近代铁路史资料》第3册，第1096页。
⑦ 戴执礼编：《四川保路运动史料》，第78页。

路有限公司大权的官绅之间的矛盾激化起来。

还在 1907 年，四川京官宋育仁、曾鉴、陈忠信等人就宣称："川路股全系摊派租捐，京官、学界无人非股东，应可为全体之代表。"他们在北京成立四川铁路议会，推宋育仁为会长并在清政府邮传部备案，要求"据法理，铁路须有议会协赞，须股额认齐，始得为董事会成立时间，乃系议会终结时间。即应以议会为监督机关，代表全体，遇事与部中接洽"。① 他们俨然以川汉铁路有限公司股东的全权代表自居，要求代行董事会职权，并且与邮传部直接挂钩，把川汉铁路有限公司的领导权由四川地方官绅转移到四川京官之手，以满足自己的权力欲望。

1908 年 2 月，宋育仁又给邮传部上条陈，要求邮传部监督管理川汉铁路，要求该部特派专员会同四川铁路议会提取川汉铁路有限公司账据，查实收支、存款，全提路款存入交通银行，企图借用邮传部的力量掌握川汉铁路路款，扼其命脉要害。

1910 年 11 月，四川京官、裁缺内阁侍读学士甘大璋等趁施典章倒款案奏请按律追查并筹改良办法。指出川汉铁路有限公司"所以致此失败之由，盖因川路公司派三总理，一驻成都，一驻宜昌，而总共权力于驻京总理。……所有安置经理、司账各职，多系戚友，从不稽查，以致从中舞弊，假公济私，一朝溃决，不可收拾"。② 他们在北京邀集四川京官，自设董事会，叠开议会，与成都川汉铁路有限公司董事会分庭抗礼。清政府邮传部乘机插手川汉铁路，奏请将川汉铁路有限公司驻京总理乔树枏撤职。旅京川汉铁路有限公司股东分会也发出广告，攻击乔树枏。

四川京官借题发挥，咄咄逼人。川汉铁路有限公司亦不甘任人捉弄，以公司名义发表声明，指出川汉铁路有限公司三总理均系奏派，施典章倒款与三总理无涉。川汉铁路有限公司驻京总理"无办事之实权，只有会商的责任"。③ 乔树枏亦撰文辩诬。四川京官们一时无可奈何。他们中有的人遂投靠买办官僚盛宣怀，由商办川汉铁路的支持者变成了盛宣怀的拥护者。例如：四川举人张罗澄 1910 年 12 月曾给邮传部递说帖，要求撤乔树枏驻京总理职，指责邮传部"宁可亡国破家，而决不许商办公司可以侥幸万一"，"对施典章作弊倒闭之伪，而竟置若罔闻"。④ 但在一个多月后，张罗澄又致盛宣怀书，腔调大变，称赞盛宣怀是"应运而生，辟万里之坦途，定九府之圜法，裕国利，独操胜算。此时天下饥溺，尤望佛手垂援"，要求盛宣怀来"总持"川汉铁路，"拯生民于涂炭，固国本于金汤"。⑤ 四川官绅因争夺川汉铁路有限公司领导权而分化，互相攻讦，有人不惜投靠买办官僚盛宣怀而成清王朝"铁路国有"政策的吹鼓手。

---

① 陈旭麓、顾廷龙、汪熙编：《辛亥革命前后盛宣怀档案资料选辑之一》，第 179 页。
② 陈旭麓、顾廷龙、汪熙编：《辛亥革命前后盛宣怀档案资料选辑之一》，第 80~81 页。
③ 陈旭麓、顾廷龙、汪熙编：《辛亥革命前后盛宣怀档案资料选辑之一》，第 82 页。
④ 陈旭麓、顾廷龙、汪熙编：《辛亥革命前后盛宣怀档案资料选辑之一》，第 91、92 页。
⑤ 陈旭麓、顾廷龙、汪熙编：《辛亥革命前后盛宣怀档案资料选辑之一》，第 90 页。

资产阶级革命派对商办川汉铁路的态度

中国资产阶级革命派对帝国主义掠夺中国铁路主权的严重危害的认识,并不下于资产阶级立宪派。著名资产阶级革命家陈天华在《猛回头》中说:"痛只痛,修铁路,人扼我吭。"① 《云南》杂志曾发表文章指出:帝国主义"亡人国之法,计无巧于铁路者","路权之问题而非仅路权之问题也,直存亡之问题也"。② 因此,资产阶级革命派对收回利权,自办铁路的事业是关注和支持的。因为这是既关系到国家安危,又关系着工商业发展,国家富强的大事。"铁道而为本国自修,则政治之机关益以灵通,军队调集益以迅速,商务益以繁盛,地价益以增长。农人种植物牧畜物销路益广,工人之纺织物制造物出口愈多。欧美富强诸国,皆受铁道之赐也。"③

资产阶级革命派把自办川汉铁路称为"救亡铁路"。"川汉铁路者,盗伺其侧,我弃人取,无宁谓之为救亡铁路也。"④ 他们希望全川人民"同心协力",迅速建成。1906年,《鹃声》指出:"英法合力谋修我们四川铁路,四川人虽说是要自己修,说了一年多了,还是懒懒闲闲的。那晓得今日不赶快同心协力,开办起来,恐怕英人法人,已经捷足先登了。"⑤《四川》杂志说:"川汉铁路为中国中西之干,英、德、法虎视鲸吞垂涎已久。"⑥"试以铁路者,为吾生死与共、存亡与系之要素。铁路不成,则川省危而全国受大弊。"⑦ 当时留日学生中的川籍革命党人多主张川汉铁路先修成渝段的目的也在于"咸望铁道之速成"。他们对官绅把持的川汉铁路有限公司的腐败无能十分不满。"川汉铁路之内容,梦于乱麻,贫若窭人,暗如魔窟。……就之三年来公司之牌额已成枯木,事员之薪资浸为巨壑,租股之良法一变为催科指定之,资金任意为挥霍,使吾蜀人欲闻汽笛之鸣,而死有余悦者,将不见一尺铁轨而病以贫矣。"⑧"我有自修之虚名而无自修之实力,徘徊观望,因循退缩,外人窥其真相,则必进而请之,政府恍然允之者。"⑨

资产阶级革命派从爱国主义的立场出发,赞成自办铁路以维国权,但是,他们却认为仅仅停留在自办铁路而不革卖国的清政府的命是舍本逐末,不能从根本上解决救亡问题的。要修路,更要革命,主张把收回利权运动转变为反对清王朝的革命运动。这一点是在自办川汉铁路事业上资产阶级革命派与掌握着川汉铁路有限公司

---

① 陈天华:《猛回头》,中国史学会编:《辛亥革命》(二),"中国近代史资料丛刊"本,第152页。
② 大悲:《呜呼腾越铁路之运命》,中国科学院历史研究所第三所编:《云南杂志选辑》,第461、462页。
③ 侠少:《英国之亚洲铁道政策》,中国科学院历史研究所第三所编:《云南杂志选辑》,第479页。
④ 东门大卫:《殆哉苏杭甬铁路,危哉川汉铁路》,《四川》第2期。
⑤ 山河子弟:《说鹃声》,《鹃声》第1号。
⑥ 胡栋朝:《川汉铁路宜由何地开工论》,《四川》第1号。
⑦ 思群:《为川汉铁路当先成渝谨呈全蜀父老》,《四川》第2号。
⑧ 东门大卫:《殆哉苏杭甬铁路,危哉川汉铁路》,《四川》第2号。
⑨ 击椎生:《苏杭甬铁路与滇川铁路之比较》,中国科学院历史研究所第三所编:《云南杂志选辑》,第546页。

领导权的资产阶级立宪派的根本分歧所在。

《四川革命书》旗帜鲜明地指出:"不建铁路固死,建铁路亦死;铁路成固死,铁路不成亦死;吾蜀今日固惟有一死耳,尚可言哉!虽然,吾人岂甘坐以待死,必于死中以求其不死。何以得不死?则革命之策是也。吾果革命则川汉铁路,吾自集股,吾自建筑,何畏他人制我死命,何用他人越俎代庖。""由是观之,蜀民之仇,厥为满虏,舍排满而外,决无自全之策。吾蜀同胞,盍亦闻风而兴起乎?"① 因此,他们将川汉铁路有限公司的弊病,租股的虐民作为揭露清朝专制卖国的手段。"川汉铁路,吾蜀先他省而起,荏苒于官吏之手者三年,始骇而见之二百一万余两,挪用于铜元局矣;三百余万两,消归于无何有之乡矣,近电文载张之洞欲借英款,以遗毒于吾蜀。……铁路、股票、征款,亦有逼以囚杖而得者。吾血肉献之,而彼泥沙使之。……虏吏食蜀之食,不事蜀事而已矣。我自为之,彼自攘之,攘而弗为,惟坏是图。"② 资产阶级革命派猛烈抨击清政府"摇尾以向敌",死心塌地卖国。"政府亡我,外人亡我,苟四万万之国民不自亡我,则虽举数十百之英俄亦不能跨马饮江逾鸿沟一步,纵或不然,马革裹尸,沙场暴骨。……嗟我同胞睡者醒,醒者起,起者立,拔剑投袂,以从事于救亡之途。"③ "欲解决中国存亡之问题,必先解决中国经济之问题,而经济问题之解决,要必先通过政治改革之第一关键。"④ 他们认为:实行武装革命推翻清朝专制统治乃是改造中国的第一关键问题。

资产阶级革命派在川汉铁路问题上的主张,表明他们同改良主义思想界限清楚,泾渭分明。在二十世纪初年,推翻帝国主义的走狗清王朝是全国人民的头等政治任务。革命派紧紧地把握了这一点。在自办铁路问题上既没有对清王朝寄托幻想,也没有向这个反动王朝乞求恩泽,而是进行针锋相对的斗争。把救亡图存,为国兴利同资产阶级民主革命联系在一起,不断给广大群众指出斗争的方向。他们赞成自办铁路,所以他们不脱离当时群众的争路斗争,成为自办川汉铁路联合阵线中的成员;他们坚持实行革命,所以他们有高于资产阶级立宪派和一般群众的奋斗目标,起着促使争路斗争革命化的巨大历史作用。"铁路特国中之一利权而已,而革命则国家之根本大计也。我同胞既为祖国兴利,则当务其大者,利之至大,孰有过于革命者乎!扫除二百六十年之巨憝,建立民国,使四万万人无一不得其所,其利益之所致,至公且溥,与一枝节而为之者,相去何止其千万!况夫大憝未去,国家之内,纷乱如丝,虽欲谋一枝节之利,亦不可得。"⑤ 资产阶级革命派在自办铁路与实行革命的关系上,坚持革命第一的观点,这在当时无疑是正确的。

在自办川汉铁路问题上,中国资产阶级的两翼——立宪派和革命派存在着原则分歧。立宪派坚持实业救国;革命派认定革命救国,双方一直进行着斗争。这是同

---

① 相如:《四川革命书》,《民报》专号《天讨》。
② 望帝:《四川讨满洲檄》,《民报》专号《天讨》。
③ 思群:《列强协约与中国之危机》,《四川》第3号。
④ 南溟子:《中国与世界之经济问题》,《四川》第3号。
⑤ 《中华两广革命军布告海外同胞文》,《香港中国日报》1907年9月13日。

盟会成立以来，政治思想战线上改良与革命大论战的继续和深入，其实质仍然是要不要革清王朝的命的问题。这一斗争，到了四川保路运动的高潮起来后，则表现为"文明争路"和"导以革命"之争。由于四川的资产阶级革命派坚持了自己的原则立场，因势利导，促成了四川保路运动向武装革命的转化。

三、清王朝的铁路国有政策

"借款夺路"与"借债筑路"——铁路收归"国有"的预谋

当川汉铁路工程于艰难竭蹶之中蹒跚而行之时，清朝皇族内阁于1911年5月9日，悍然颁布铁路国有政策，迅速引发了湘、鄂、粤、川四省的保路运动。四川的保路斗争由此从收回利权阶段发展为波及全川的群众性保路风潮。

清王朝的铁路国有政策是帝国主义列强对中国实行"借款夺路"侵略政策的产物，也是清王朝实行"借债筑路"进一步投靠帝国主义的一纸卖身契，即帝国主义的杀人政策与清王朝自杀政策的混合物。

《辛丑条约》以后，帝国主义掠夺中国铁路的手段，除直接经营（如滇越铁路）外，更多地采用间接投资的方式，即通过清政府搞"官办"，"借债筑路"，企图减少风险而扩大掠夺中国铁路的实际利益。对于中国自二十世纪初年兴起的收回路权，拒借洋款，商办铁路的爱国斗争，他们群起鼓噪，恶毒攻击，唆使清朝横加破坏。清政府早已陷入严重的财政危机而不能自拔，不惜出卖国家主权去换取帝国主义的奴役性借款，去苟延残喘。因此，在清王朝外内臣工之中，"借债筑路"的喊声甚嚣尘上。还在1905年，粤汉铁路从美国合兴公司手中赎回自办时，湖广总督张之洞便说：粤汉铁路"断非借款不办"，川汉铁路鄂境亦长千余里，"故非借款，万办不成"。① 他主张从英、美借款造路。1907年，两广总督岑春煊迎合清廷意旨，奏请全国四大干路"是非仍出于借款不可"。② 1909年，清政府邮传部奏复云贵总督李经羲3月11日《请借外债折》说：滇蜀、滇桂铁路，"至路款一项，宜由臣部筹措，不宜由本省捐集。但部款近极支绌，舍借外款实无他项可提"。③ 明白透露了清朝"借债筑路"的方针。于是，曾经奏设川汉铁路有限公司，声言川汉铁路不借洋款的锡良，1910年9月7日在东三省总督任内奏称："财政日窘，外祸日迫，惟有实行借债可为第一救亡之政策。借债乃十年内救亡之要着。……造路乃十年以外救亡之要着。"并说中国正处于"借债时代"，要清廷"速定大计，指明我国亟应兴筑之粤汉、川藏、张恰、伊黑四段干路，准以本铁路抵押募借外债，以十万万为

---

① 张之洞：《张文襄公全集》第193卷，第30~31页。
② 宓汝成编：《中国近代铁路史资料》第3册，第1154页。
③ 史宝安编：《宣统政纪》第32卷。

度。即由度支部、邮传部主持,一面议定借款,一面议定包工,限期十年完竣"。①接着,陕甘总督长庚也请借洋款修路。有人甚至胡说:"故为今日之中国计……约而言之,则借债造路而已。"②清政府秉承帝国主义的意旨,"借款筑路",同中国人民保卫路权的正义斗争大唱反调,加深了中华民族的危机。截至1911年5月以前,清政府为铁路借外债凡十六次,总额高达三亿三千九百五十七万元,除已偿还五千八百九十五万元之外,负债二亿八千零六十二万元之巨。真是债台高筑,国权大丧。

既要借债,只有卖路。中国人民是不许卖路的。清王朝唯有反对人民自办铁路,打着"官办"的招牌,"国有"的旗号,利用专制国家权力,从人民手中夺路,将中国的铁路主权奉献给征服者。所以,清朝的"借债筑路"政策总是和铁路"官办""国有"政策并行的。1908年有人著文指出:"综观已往,默计将来,凡官办铁路,无一不与外人有密切之因缘,即无一不得丧权失利之恶果。"所以,"官办铁路乎!官办铁路乎!自吾观之,与其谓官办铁路,毋宁为官卖铁路之为当也"。③

四国银行团粤汉、川汉铁路借款,是促使清王朝抛出铁路国有政策的动力。这笔借款始于张之洞,成于盛宣怀。④

买办官僚张之洞在粤汉铁路赎回时即主张举借外债,将粤汉路相机收回"官办",并允诺英国将来粤汉铁路修造之款,如需再借外债,当先由英国银行承办。英国据此,屡伸前议,并愿联合法国东方汇理银行合借巨款。1907年3月31日张之洞致邮传部电称:英国驻汉口总领事法磊斯派中英公司代表濮兰德见张之洞,"欲借款与我修路"。同年6月24日,张之洞电梁敦彦说:"汇丰及中英公司屡来劝我借款","日本银行亦愿借……华德银行亦欲插入"。⑤1908年7月,清廷命张之洞以军机大臣兼任督办粤汉铁路大臣。同年12月,又命张兼任督办川汉铁路大臣,意在利用张之洞老马识途,大借外债。张之洞即奏调湘鄂人员去北京同英国议定铁路借款。"于是赎回自办之路,复为借款修筑之路矣。"⑥张之洞本以为英国既愿借款,谈判必无困难。殊知英国却企图趁机大捞一票,以巩固它在长江流域竞争的优势。濮兰德"节外生枝","多端要挟","始争抵押,继争总工程师权限及材料用英货等,而折扣利息之昂,较诸初议,大相径庭"。⑦张之洞与之委曲磋磨,延逾数月而无结果。

---

① 史宝安编:《宣统政纪》第40卷,第11~14页。
② 宓汝成编:《中国近代铁路史资料》第3册,第1165页。
③ 曾鲲化:《论官办铁路之恶果——忠告邮传部、警醒国民》,《东方杂志》第5年第8号。
④ 盛宣怀(1844—1916),字杏荪,号愚斋,江苏武进人。近代买办官僚。1870年充当李鸿章幕僚,从事洋务活动,垄断经营,以营私舞弊起家。陆续经办轮船招商局、中国电报局、华盛纺织总厂、汉阳铁厂、中国铁路总公司、中国通商银行、汉冶萍煤铁矿有限公司等新式企业,担任这些企业的会办、督办、总办或董事长。1910年任邮传部尚书,次年为皇族内阁邮传部大臣。
⑤ 张之洞:《张文襄公全集》第199卷,第4页。
⑥ 《东方杂志》第8年第8号"川路事变记"。
⑦ 《东方杂志》第8年第8号"川路事变记"。

德国乘虚而入。1909年，德华银行代表柯达士以"折扣从轻"为钓饵于3月7日同张之洞议定粤汉铁路借款办法大纲。德国因能通过借款控制粤汉铁路，染指长江流域兴高采烈。"德国人认为是对中国经营上的一大事功，而加以非凡的欢迎。《罗加尔安邦埃格尔》的北京通信称："1909年3月7日对德国资本来说是一个永远不可忘记的日子。这一天德国的资本在和平的战争中取得了胜利，第一个矛头击破了英国所经常声称的扬子江流域的独占权。"① 英国闻讯大为恼火。英公使向清朝外务部抗议，宣称中国"不谋于英国，即与德国订约借款，断无此理"，② 并联合法国同德国竞争。张之洞只得派员与英国汇丰银行代表熙礼尔，法国东方汇理银行代表贾思纳，德华银行代表柯达士订立草合同二十五款，名为"中国国家湖北湖南两省境内粤汉铁路、鄂境川汉铁路五厘利息借款"。共借五百五十万英镑，作为建造官办湖北、湖南两省境内粤汉铁路干线、鄂省川汉铁路干支两线之用（川汉铁路干线指由宜昌至广水接连粤汉铁路段，支线指由荆门至汉阳段，两线共长一千六百里）。利息常年五厘，九五扣交付，二十五年为期，以湘鄂两省百货厘金、盐捐等为抵押。川汉路由德国派总工程师，粤汉路由英国派总工程师。英、法的要求初步得逞。德国虽失掉独家借款权，但因打入了长江流域而满意。1909年5月15日，德国首相毕鲁致德皇的报告写道："从我们的立场看来，这即将成立的合同，应受到欢迎和满意，因为它打破了英国一向视为他们份内的扬子江流域的铁路的独占（德皇批：妙哉！），并给德国资本与德国企业在所谓英国势力范围内开辟了活动的新园地（德皇批：好）。""据此间金融界看来，与中国政府的交涉，不久即可完成，不至另生枝节。（德皇批：对此案立功者，应授予勋章——十分满意。）"③

美、俄、日等国跟踪而至。日本图谋组织日、英辛迪加，"考虑日英合作"承受粤汉铁路工程。俄国"竟借词汉口茶务，强欲分认借款"④。要求华俄银行必须参加，"觊觎搀入"。美国驻华代办费莱齐1909年6月5日致清朝外务部照会说：中国政府必须遵守1904年对美国借款的诺言，承认美国资本家参加此项即将成立的借款。美国国务卿诺克斯提出："组成一强有力的美、英、法、德四国银行团"伙同借款的建议，并要中国保证英、美两国对川汉铁路借款的优先权。⑤ 6月16日，诺克斯电示费莱齐，美国银行团要在与法国同等的条件下参加借款，要分占全部借款的四分之一，包括获取与他国同等的材料供给权，做到利益均沾。7月15日，美国总统塔虎脱致电摄政王载沣，表示"我个人对于运用美国资本开发中国，深感兴趣"。诺克斯训令费莱齐"严肃警告中国政府"，"若美国政府的合理要求被摒弃，则中国政府应负完全责任"。⑥ 对清政府实行威吓。同时美国派出代表去伦

---

① 宓汝成编：《中国近代铁路史资料》第3册，第1176页。
② 《东方杂志》第8年第8号"川路事变记"。
③ 宓汝成编：《中国近代铁路史资料》第3册，第1176页。
④ 张之洞：《张文襄公全集》第221卷，第11页。
⑤ 宓汝成编：《中国近代铁路史资料》第3册，第1181页。
⑥ 宓汝成编：《中国近代铁路史资料》第3册，第1187页。

敦与英、法、德银行会商，瓜分借款权益。由于德国的支持，美国终于挤了进来。三国银行团借款遂变为四国银行团借款。1910年5月23日，中英公司、华中铁路公司代表英国银行团，德华银行代表德国银行团，东方汇理银行代表法国银行团，摩根、格林斐公司代表美国银行团在巴黎订立如下协定：（一）英、德、法、美银行团借款六百万英镑给清政府修造粤汉铁路和鄂境川汉铁路。（二）此项借款由四国银行团均分。（三）一切材料购置由四国银行均分。（四）粤汉铁路由英国派总工程师，川汉铁路由德、美、英、法四国分段指派总工程师。帝国主义争夺粤汉、川汉铁路借款权的斗争暂时达成妥协而一致要求清政府予以正式承认。8月，四国照会清政府要求速订正式借款合同。清政府出卖四省铁路主权去换取四国银行团借款已是势在必行了。

两湖人士拒借洋款的斗争

国际帝国主义借款夺路的侵略行径，首先引起了两湖人士的强烈反对。1908年10月，湖北绅、军、学各界于贡院开会，通电清政府声明："官方如借外债，不得以铁路作抵。"① 第二年，湖北留日学生致函湖北省谘议局说："吾鄂省留东诸人，因铁路借款丧失主权，爰开大会，以筹抵制。其决议也，佥以商办为归"，并指出，川汉、粤汉铁路借款，"盖始而英法合借，继而德美加入，寻至俄人起而强夺，日本亦眈眈虎视焉。此中必伏有种种阴谋，不然，何群起相争如是之烈"。② 11月，在留日学生代表张伯烈等人的参与下，湖北省谘议局、教育会、宪政筹备会等单位发起组织铁路协会，专以拒借外债、集款自办为目的。该协会致电清政府邮传部、度支部，要求"取消川汉、粤汉两路借款草议"，"以顺舆论而维大局"。③ 该协会成立之日，"农夫演说，洋洋数千言，士兵断指，血淋漓，以及星士解囊，以助协会之用费"。④ 湖北群众拒借洋款的斗争日趋高涨。1909年11月14日，日本驻汉口代理总领事渡边省三致日本外务大臣的报告说："自粤汉铁路借款问题发轫以来，鼓吹收回利权，努力反对借款运动者甚夥。""发动猛烈示威运动，一面逼迫邮传部当局，努力欲贯彻其拒款目的，同时频频召开讲演会，唤起舆论；又复在其机关报《中国报》上日日呼吁声援。"⑤ 张伯烈等赴京请愿代表，在邮传部尚书徐世昌的私宅哀哭痛骂，踞坐徐门，绝食达七昼夜之久。

在湖南，自1908年张之洞着手谈判借款起，绅商便群起反对。1909年8月，湖南留日学生出版《湘路警钟》杂志（后改名为《湘路危言》在上海发行），"专以救济路权，监督路政，以达完全商办为宗旨"。接着，湖南人士分别组织了"湘路保款协会"和"保路协会"。湖南省谘议局八百二十人致函张之洞、邮传部、宪政

---

① 宓汝成编：《中国近代铁路史资料》第3册，第1197页。
② 《申报》宣统元年八月八日。
③ 《申报》宣统元年九月三十日。
④ 《湘路纪事》，中国史学会编：《辛亥革命》（四），"中国近代史资料丛刊"本，第548页。
⑤ 宓汝成编：《中国近代铁路史资料》第3册，第1203、1206页。

编查馆等表示"铁路借款，湘人决不承认"。① 1909年冬，留日学生两湖铁道协会成立，"其宗旨以联络内地两省绅、商、学各界，拒绝外债、协筹的款，以达完全之商办"。② 同时，湖南出现了集股自办铁路的热潮。劳动人民因激于爱国义愤，节衣缩食，入股争路，"农夫、焦煤夫、泥水匠作、红白喜事扛行、洋货担、铣刀磨剪、果栗摊担、舆马帮佣，莫不争先入股以为荣"。③ 清政府为了缓和两湖人士的拒款斗争，不得不于1909年末和1910年初先后准许湖南境内粤汉铁路，湖北境内粤汉、川汉铁路商办，但实际上并未废除四国银行借款合同，只是迫于群众压力暂时在签字时间上拖延而已。

群众性拒款保路斗争的一个成就，便是使四国银行团的借款难以拍板成交，正式生效。"湘鄂人士，纷纷要求拒借外款，而草约业已签字，率归无效。"④ 美国公使报告说："交涉延宕之原因，系由于中国国内反抗此借款的政治风潮。"⑤ 1910年3月28日日本公使伊集院致外务相小村的报告也说："拒款派以必死之心对邮传部当局加以压力。结果邮传部遂于本月二十四日应湖北绅民之请愿许其商办。""四国公使恐湘路借款一事终成画饼，颇为不安。"⑥

为了唆使清朝迅速取缔拒款保路斗争，正式签订借款合同，1910年4月，美、英、德、法四国向清政府重申反对中国商办粤汉、川汉铁路。8月，四国公使又照会清朝外务部要求速订粤汉、川汉铁路借款合同，"以资振兴中国商务，而敦邦交"。在9、10、11月间接连照会清政府，迫不及待地要求"妥速了结"，甚至扬言："查此项攸关紧要于中国政府及四围之正式公文，外务部置诸不理，似属失礼。非但有碍于四国大臣拟和睦办理此事之本意，且使各国政府注意在中国议商事件之态度。"⑦ 再次压迫清政府拂逆舆情，俯首就范。

对于中国群众拒借洋款、商办铁路的斗争，帝国主义者群起鼓噪，恶毒攻击，竭力破坏。1907年1月，英国公使朱尔典指责中国商办铁路是"中国政府纵容百姓，专与外国人为难"。⑧ 1909年10月，美国驻华代办费莱齐在致国务卿的报告中说："这两省（按：指湖南湖北两省）对举借外债正展开着强烈的反抗。……我想中央政府不应该向这种地方的反抗屈服。……显然，这条铁路应该，也只能由中央政府修筑，如果中央政府向这种叫嚣让步，即将是一个莫大的政治错误"，还说："强硬办法不仅对铁路的成功，而且对中央权力和威信都是必要的。"⑨ 帝国主义者

---

① 湖南省志编纂委员会：《湖南省志》第1卷，第276～277页。
② 《湘路纪事》，中国史学会编：《辛亥革命》（四），"中国近代史资料丛刊"本，第547页。
③ 《湘路新志》第1年第4期。
④ 《东方杂志》第8年第8号"川路事变记"。
⑤ 宓汝成：《中国近代铁路史资料》第3册，第1232页。
⑥ 宓汝成：《中国近代铁路史资料》第3册，第1205页。
⑦ 《清宣统朝外交史料》第18卷《英、美、法、德各使致外部请催邮传部与各银行商结湖广铁路借款照会（附节略）》。
⑧ 宓汝成：《中国近代铁路史资料》第2册，第848页。
⑨ 宓汝成：《中国近代铁路史资料》第3册，第1192～1193页。

起劲地叫喊清王朝对群众的拒款保路斗争必须实行"强硬办法",收回商办铁路"由中央政府修筑"的目的,显然在于假手清王朝压制中国的反帝爱国运动,接受奴役性的铁路借款,以保证帝国主义侵华政策的"成功"。帝国主义的应声虫盛宣怀则跟着摇旗呐喊,叫嚷:"中国财政之困难,如修路、开矿与兴利不妨借债兴办。……现在湘鄂两省设立拒款会,不借外债,筹款自办云云,不过徒托空言,于实事毫无补救。……当此国家百废待举之时,不但不知赞成,反固执己见,鼓为风潮,此等无意识之举动,殊不可取。"① 还在 1908 年,请政府适应帝国主义的需要,在 6 月发布"上谕":"近年各省官办铁路,皆能克期竣工,成效昭著。而绅商集股,请设各公司,奏办有年,多无起色,坐失大利,尤碍交通。着邮传部遴委妥员,分往各路确实勘查。……倘所集股资不敷尚巨,或各存意见,推诿误工,以致未能依限完竣,即由该部会同该管督抚另筹办理。"② 可见,清王朝决心收回铁路准由商办的诺言,并在寻找借口准备相机收回商办铁路了。所谓铁路国有政策已早见苗头。盛宣怀无疑是"借债筑路"的可耻掮客和铁路国有政策的一个炮制者。但是,这种大事非由他一人所能决定的。铁路国有政策是清王朝投降主义的产物,盛宣怀不过是清朝这种投降政策的一个代表和执行人而已。

皇族内阁登台,铁路国有政策出笼

二十世纪初年,特别是 1905 年中国同盟会成立以后,资产阶级民主革命潮流日渐高涨。正如孙中山所说:"中国现今正处在一次伟大的民族运动的前夕,只要星星之火就可能在政治上造成燎原之势。""满清王朝可以比作一座即将倒塌的房屋,整个结构已从根本上彻底腐朽了。"③ 但是,腐朽的清朝是不甘心自己倒下去的,为了挽救其垂危的统治,继"新政"假维新之后又上演了"预备立宪"的丑剧。

"预备立宪"由 1905 年 9 月载泽、端方④等五大臣奉旨出洋考察宪政揭开序幕,以 1911 年 5 月,皇族内阁登台而人散曲终。

当权的王公亲贵们愈是感到革命危机逼近,就愈要把政权、财权、军权集中到自己手里,深恐大权旁落,呼唤不灵,无以自保。因此,"预备立宪"的中心内容就是集权君上,集权皇室。尽管立宪派人在那里千呼万唤实行君主立宪,但清朝高高在上的王公亲贵仍我行我素,一切为了皇室集权。1906 年,载泽的《奏请宣布立宪密折》明白地写道:立宪之利最重要者有三端:(一)皇位永固,(二)外患渐

---

① 《申报》宣统二年七月二十日。
② 《德宗实录》第 592 卷,第 8 页。
③ 孙中山:《孙中山选集》上卷,第 63、62 页。
④ 端方(1861—1911),满洲正白旗人,托忒克氏,字午桥,号陶斋。曾任陕西按察使、护理陕西巡抚,得西太后宠信,升湖北巡抚,署湖广总督、两江总督、直隶总督等要职。1911 年 5 月,任督办粤汉、川汉铁路大臣,强行接收粤汉、川汉铁路。9 月,奉清帝令带鄂军入川镇压保路运动。11 月 27 日,在资州被起义士兵处死。

轻,(三)内乱可弭。① 透露出清朝企图用玩弄"预备立宪"骗局加强皇室集权,进一步勾结帝国主义,镇压国内风起云涌的人民反抗斗争。同年9月1日,清王朝发出"预备仿行宪政"诏旨,宣布立宪的纲领是:"大权统于朝廷,庶政公诸舆论。"② 前一句话便是所谓立宪的真谛。1908年9月12日,清王朝又颁布了一个《钦定宪法大纲》,列十四条"君上大权",用根本大法的形式确立"君上有统治国家之大权,凡立法、行政、司法,皆归总揽"。③ 两个多月后,光绪帝载湉,西太后那拉氏于11月14日或15日相继死去。光绪帝无子,由其弟醇亲王载沣之子溥仪继位。溥仪仅三岁,由乃父载沣监国摄政,改1909年为宣统元年。由于掌权达五十年之久的阴狠奸诈的西太后死去,许多满族贵族对控制汉族军阀官僚感到棘手,加之热衷于立宪运动的绝大多数是汉族官绅,本着"非我族类,其心必异"的戒条,满族贵族皆抱有丧失政权的隐忧。所以载沣当政后,更加紧排除异己搞皇族专制集权。他利用《钦定宪法大纲》所列皇帝统率海陆军的条文,代替溥仪任全国陆海军大元帅。1909年夏秋,增设海军部,命他的弟弟载洵为筹办海军大臣,又仿日本参谋本部的例子,设军咨府,派包括他弟弟载涛在内的一色皇室亲贵管军咨府事务,把军权集中在皇室手中。迨到1911年5月8日,清王朝发布《内阁官制暨内阁办事暂行章程谕》,同时任命庆亲王奕劻为总理大臣。在内阁十三名大臣中满族有九人,其中皇族占七人,从而把国家权力完全集中到一小撮腐败昏庸的皇室亲贵的手中。因此,当时人称它为皇族内阁。"名为内阁,实则军机;名为立宪,实则专制。"④ 各省谘议局议长、议员纷起反对。奉天谘议局副议长袁金铠、湖北谘议局议长汤化龙、湖南谘议局议长谭延闿、四川谘议局副议长肖湘等以皇族内阁"不合君主立宪公例,失臣民立宪之希望",要求另组内阁,其主体"不宜以皇族充任"。⑤ 四川群众更愤慨地指出:"此种胡涂虫公然忝握政权,中国不亡何待。"⑥

皇族内阁是一个极端不得人心而空前孤立的反动政府,它为全国人民所唾弃。它只有更为放肆地出卖国家主权去博取帝国主义的支持。四国银行团湖广铁路借款的旧案正是它投靠帝国主义的章本。因此,在它登台的第二天(1911年5月9日)便冒天下之大不韪,宣布实行铁路"国有"政策。这个以"上谕"形式出笼的卖国政策,以"国家必得有纵横四境诸大干路,方足以资行政而握中央之枢纽"为理由,以纠正商办铁路"旷时愈久,民累愈深,上下受其害,贻误何堪设想"为借口,将"干路均归国有,定为政策","所有宣统三年以前各省分设公司集股商办之干路,延误已久,应即由国家收回,赶紧兴筑","如有不顾大局,故意扰乱路政,

---

① 《东方杂志》第4年临时增刊《宪政初纲》,《奏议》。
② 故宫博物院明清档案部编:《清末筹备立宪档案史料》上册,第44页。
③ 故宫博物院明清档案部编:《清末筹备立宪档案史料》上册,第57页。
④ 《国风报》第2年第14期《谘议局联合会宣告全国书》。
⑤ 故宫博物院明清档案部编:《清末筹备立宪档案史料》上册,第577页。
⑥ 《四川保路同志会报告》第21号《著录》。

煽惑抵抗，即照违制论"。① 5 月 18 日，派端方为督办粤汉、川汉铁路大臣，首先向粤汉、川汉铁路开刀。22 日，命四川、湖南两省一律停收租股。这就是臭名昭著的皇族内阁的"第一政策"。

铁路的主权掌握在谁的手里，是我国近代铁路史的核心问题。铁路"国有"政策是好是坏，决定于是什么样的国家所有。清王朝是帝国主义的走狗。它的"国有"实际就是帝国主义所有。当时，四川群众曾一针见血地指出："果政府有钱，政府自造，不以路权抵借外款，不受外人干涉，真正是国家全力经营，又何尝不好。无如此次以路抵款，是政府全力夺自百姓而送与外人。"②

这一点，我们从皇族内阁迫不及待地同四国银行团签订《湖北、湖南两省境内粤汉铁路，湖北省境内川汉铁路借款合同》可以更为明显地看出："政策之改定，实由借款而发生也"。③ 在铁路"国有""上谕"发布的同一天，邮传部奉到"粤汉铁路、鄂境川汉铁路借款合同签字势难久延"的"上谕"。④ 5 月 20 日，邮传部大臣盛宣怀奉旨同四国银行团在北京正式签订了借款合同二十五款。合同规定借款总额为六百万英镑，利息五厘，以两湖厘金盐税收入作担保，粤汉路用英国总工程师，川汉路用美国和德国总工程师，四国银行享有两湖境内粤汉、川汉铁路的修筑权，以及该路在延长时继续投资的优先权，完全承认了张之洞原订草签合同，并将宜昌至四川夔州一段列进合同。清朝政府为了换取帝国主义的借款，假借"国有"之名，将商办川汉、粤汉这两条重要的铁路干线置于帝国主义控制之下了。"夺百姓之路，抵借外人之钱。"⑤ 当时护理四川总督王人文承认：借款合同"乃举吾国之国权、路权，一畀之四国，而内乱外患，不可思议之大祸，亦将缘此合同，循环发生"。⑥ 四川保路同志会评论铁路"国有"和借款合同说："保中国之路不许名为国有而实为外国所有，非保四川商路绝不可为国家所有。""拒不交院议以路作抵丧失国权、误国殃民之外债，非拒无损于国民之外债。"⑦ 这就明晰地将铁路国有与"名为国有而实为外国所有"，无损于国民的外债与"丧失国权、误国殃民之外债"区别开来，透彻地揭露了清朝所谓铁路国有和举借外债的真面目。

"收归国有成何事，惹动人心百万嗔。"⑧ 清王朝日暮途穷，饮鸩止渴，厝火积薪，铁路"国有"政策和四国银行团的借款，不但不是它还魂返魄的灵药，相反地却将它自己推到了火药库上，并且引爆这个火药库而自焚。

---

① 盛宣怀：《愚斋存稿》第 17 卷，第 3～4 页。
② 《四川保路同志会报告》第 21 号《著录》。
③ 史宝安编：《宣统政纪·御史陈善同奏折》。
④ 《清宣统朝外交史料·邮传都咨呈外部文》。
⑤ 《四川保路同志会报告》第 21 号《著录》。
⑥ 《四川保路同志会文电要录·奏稿要录》。
⑦ 《四川保路同志会报告》第 27 号《著录》。
⑧ 刘良模、罗春霖等纂修：《丹棱县志·杂事志·纪乱》。

第四章 波澜壮阔的保路爱国运动

一、四川绅商要求清政府收回路归国有成命的斗争
——保路运动的第一阶段（1911年5月12日—6月17日）

湘、鄂、粤三省争路风潮的扩大

铁路"国有"政策甫经出笼，迅即引起中国人民反帝反封建斗争的高涨。湘、鄂、粤三省的保路斗争进入了新的高潮，形成群众性的政治运动。

湖南，"自铁路收归国有，湘人率先反对"①，带头掀起了群众性的反抗斗争。"通省人士，奔走呼号，开会研究"，抗争甚烈。谘议局通电四川等省呼吁协力争路。1911年5月14日，长沙各界群众一万余人集会，一致主张坚持"完全商办"，要求清政府"收回成命"，声称："如不得请，将来或外人或督办到湘强事修筑，立即集全力抵抗，无论酿成如何巨案，在所不顾。"② 特别是5月16日，长沙株洲筑路工人万余人进长沙城示威，反对清政府卖国卖路，"沿途声言，如抚台不允上奏挽回，商须罢市、学须罢课，一般人民须抗租税"。③ 湖南群众还遍发传单反对出卖路权。有的传单写道："瓜分中国，今已实行。烟酒新税，钱粮厘金，一概典押，权操外人。硬将铁路，卖与强邻。粤汉川汉，国之命根。……保全商办，分段兴工。大家入股，克日告成。以保桑梓，以答圣明。"有的传单痛陈路亡省亡国亡的大祸，号召人们"轰轰烈烈，大闹一场"。"我们办我们的路，他借他洋人的钱。……万一我们修路的时节，有谁来用强迫手段压制我们，那时我们做百姓的人，横直是一条死路，大家把这条性命与他拼一场。在学堂的人大家散学，做生意的人大家闭市，湖南全省的粮饷，大家是不肯完的，看他把我们湖南的百姓，怎样办法呢？"④ 还在1911年5月间，湖南的工人和群众就提出了以罢课、罢市、抗粮税的激进手段争路，这对四川保路运动的深入是很有影响的。

湖南的绅商以铁路公司、谘议局为阵地起而领导争路斗争。他们一面要求巡抚

---

① 宓汝成：《中国近代铁路史资料》第3册，第1261页。
② 《国风报》第2年第9期。
③ 《国风报》第2年第9期。
④ 中国第二历史档案馆编：《中华民国史档案资料汇编》第1辑，第161~163页。

杨文鼎，"请命朝廷，明降上谕，收回成命，仍遵历次谕旨，准与商办"。①一面派代表朱恩绂赴京，呈请都察院代奏弹劾盛宣怀。湖南籍的京官也纷纷出奏力争。杨文鼎见群情愤激，"若遽用强硬手段，必先与抚臣为难，立刻变乱，是以不得不允为代奏，以平其气而懈其心"②，但遭到清廷严旨申斥。

湖南的保路运动引起了帝国主义的不安。"英美驻京公使请外务部注意湘省风潮，并将炮舰驶入洞庭湖③，威吓湖南群众。但是，湖南群情愈加愤激。6月9日，长沙群众在贾公祠开会，到者数百人。11日在教育局开会，到者数千人。次日在教育局再开会，到者达数万人。"有曹君武者，演陈利害，愤极断指，自言誓不与盛宣怀共戴天，满座痛哭，声震屋瓦。"最后议定争路办法，争取"完全商办，实力进行"，"闭市、停课、抗租，均确定为最后之办法"。④ 接着，长沙各学堂相继罢课抗议。

湖北，"自干路国有之谕下，鄂省谘议局副议长张国溶、郑万瞻（按：郑是议员、非副议长）在京联络同乡京官，呈请都察院代奏，揭参盛宣怀，抵死不认借款合同"⑤。湖北省谘议局召集数千人开大会，反对铁路"国有"政策。参加会议的爱国军人和学生占大多数。他们慷慨陈词，"大呼救国"。革命党人陶勋成痛斥清政府媚外辱国，当场砍断左手食指，表示反抗决心。留日学生江元吉割肉血书"流血争路，路亡流血；路存国存，存路救国"十六个字，激励群众。⑥ 湖北革命党人詹大悲办的《大江报》发表了以《大乱者救中国之妙药也》为题的文章，趁机鼓吹革命。湖北境内川汉铁路工人"数逾四万……自闻收回国有之命，谣言四起，各包工异常惶骇"，"夫役骚动"。⑦"无日不滋事端，兵警弹压为难。"⑧ 川汉铁路被迫停工后，商股群起质问，并纷纷向川汉铁路宜昌分公司索回股本。筑路工人起而支持，"众怒勃勃"，"警察不敢犯其锋芒"。宜昌知府派兵镇压，工人"恨官府以威劫民，霎时聚集数千人"，打死清兵二十余人⑨，用暴力行动反抗清政府。据《四川保路同志会报告》报道："该省人民热度愈增，死党愈众，俨有激变之势。"⑩

广东，"自定归国有后，舆论颇多反对"⑪。1911年6月6日，粤路公司召开大会，到会股东千余人，反对清政府"强占粤路"，坚持"商办之局"，在公司内设立争路机关部，"报章极力鼓吹，以为之助"。⑫ 市民拒用官发纸币，挤兑现银，抗议

---

① 宓汝成：《中国近代铁路史资料》第3册，第1259页。
② 盛宣怀：《愚斋存稿·杨俊帅来电》。
③ 《四川保路同志会报告》第27号《报告》。
④ 邓孝可：《卖国邮传部！卖国奴盛宣怀！》，《蜀报》第12期。
⑤ 邓孝可：《卖国邮传部！卖国奴盛宣怀！》，《蜀报》第12期。
⑥ 蔡寄鸥：《鄂州血史》，第52页。
⑦ 戴执礼编：《四川保路运动史料》，第163、165页。
⑧ 盛宣怀：《愚斋存稿·武昌瑞莘帅来电》。
⑨ 雪庵氏：《绣像神州光复志演义》第11卷。
⑩ 《四川保路同志会报告》第27号《报告》。
⑪ 盛宣怀：《愚斋存稿·广州张坚帅来电》。
⑫ 胡韫玉等：《满清野史·铁路国有案》，第3页。

清政府取消商办铁路。6月7日,粤路公司电川汉铁路有限公司说:"路归国有,失信天下。粤路蒸日(按:6月7日)会议,股东合群反对,力筹对待,现就公司设保路机关所。彼此唇齿,务恳协力。"① 粤路股东以南洋、美洲华侨居多。爱国侨胞反对清政府卖国卖路十分坚决。安南华侨全体股东致广东商会电:"路归国有,全体股东,决不认可。"霹雳埠华侨电:"政府借洋债、夺商务,股东侨众谓路亡国亡,誓死力争。"庇能华侨致粤路公司董事局电:"商办铁路,铁案如山,万不能归国有,政府失信,全体大愤,乞据理力争。"② 海防华商会馆致函粤路公司声明:"粤路国有,誓死不从",并指出:"铁路国有,必须政府自有筑路能力。今大借外债,绝非国有;借曰国有,直为各国所有,自弃其人民以与各国,乱命断难盲从"。"路亡国亡,政府虽欲卖国,我粤人断不能卖国","有劫夺商路者,格杀勿论"。③ 一针见血地揭穿了铁路"国有"政策的卖国性质,表达了爱国侨胞对祖国的热爱,对清王朝卖国投降的愤恨。

两广总督张鸣岐,既因黄花岗起义的震动心有余悸,又以保路运动"为乱党煽惑"怵目惊心,对广东群众的保路斗争一开始便采取高压政策。他令巡警道"传示各报馆,遇有反对铁路国有言论,一律不得登载"。④ 对群众斗争"随时防范,认真弹压"。粤路股东们不得不去香港成立保路会,继续斗争。

四川保路运动的兴起

继湘、鄂、粤三省群众的保路斗争,四川保路运动亦迅速兴起,日趋激烈。

1911年5月10日,清朝邮传部、度支部电告护理四川总督王人文:粤汉、川汉铁路皆属干路,应遵旨收归国有,并要王迅速查明川汉铁路有限公司的账目以备接收。12日,王人文召集川汉铁路有限公司主席董事彭兰村、副主席董事都永和等会商收路办法,不得要领。彭兰村急忙同四川谘议局议长蒲殿俊、副议长罗纶商量对策。蒲、罗等皆感事情棘手,主张召集临时股东会决定。"情绪尚不过激,对收归国有问题,初未极端反对。"⑤ 但是,消息传出,川汉铁路的股东们却极其不安。一时"函电纷驰,争议嚣然"⑥,要求像湘、鄂、粤三省一样展开保路斗争。

5月15日,川汉铁路公有限司驻宜昌总理李稷勋致电成都总公司和谘议局,要求反对清政府出卖铁路,提出:"路权可归国有;若归外人,则土地人民受损甚巨,当拼力拒之。"如果清政府坚持收回川汉铁路,"则川省人民办路用款,应照数拨还现款。若尽空言搪塞,苦我川人,当抵死争之"。⑦ 把争财权、要现款放在第

---

① 《川路收回国有往来要电·广东来电》。
② 以上电文见《四川保路同志会报告》第27号《报告》。
③ 胡韫玉等:《满清野史·铁路国有案》,第3页。
④ 胡韫玉等:《满清野史·铁路国有案》,第11页。
⑤ 文史资料委员会编:《辛亥革命回忆录》(三),第45页。
⑥ 邓孝可:《川路今后处分议》,《蜀报》第11期。
⑦ 《川路收回国有往来要电·宜昌来电》。

一位。于是，川汉铁路有限公司董事局5月16日致电邮传部，以四川"忽闻国有之命，众情惶惧"为理由，要求清廷仍维持川汉铁路商办原案。①但邮传部置之不理。四川京官张滴等人议决"蜀路无收回国有理由"，反对川路国有。清廷仍无动于衷。5月23日，川汉铁路董事局上海分局向成都报告湘、鄂、粤三省争路热情。"现在湘省集团体万余人，拼死力争，要求湘抚代奏，泣恳收回成命。……鄂相持最烈，粤亦不肯退让。"②对川路的股东们起了很大的鼓舞作用。这些股东"谓他省反对正烈，吾不可不从同"。③

清王朝停收川湘两省租股的"上谕"，引起了四川绅商更加激烈的反抗。川汉铁路有限公司认为："租股为川路命脉"，"谕停川湘租股，釜底抽薪，商路生命已绝"。宜昌的股东数百人，"迭次开会，群情愤激，均不愿停止租股以保利权"。④川汉铁路有限公司不得不预定于8月4日召开股东大会，集群力争路。同时召集省城各团体开会协力抗争。他们争路的办法主要是要求川督代奏民情，泣恳清廷收回铁路国有成命。斗争是软弱无力的。

四川省谘议局首先呈请王人文代奏。其呈文驳斥清政府加给商办铁路"旷时愈久、民累愈深"的罪名，指出："延误之咎，尤必不尽在商。……官府之沮泥干涉而致延误者"。"不谓举国上下，历年含辛茹蘖之图，转为目前归过之地"，向清廷大发牢骚。呈文还提出："取销商路事系剥夺人民既得的权利，俱应由资政院议决。四川川汉铁路关系本省权利，存废应由本省谘议局议决"。指责所谓铁路国有乃是"务国有之虚名，坐引狼入室之实祸"。要求清廷"将本路暂缓接收。……以遵法律而顺舆情"。⑤四川省谘议局从此开始用较为激烈的言辞公开与煌煌谕旨相对抗了。5月27日，川汉铁路有限公司又呈请王人文代奏，历数川路自办的艰辛以及人民"数年以来、万众协心"的热忱。指责清廷实行铁路国有政策是"劝商锄商"，"环球恐无此政策"。又说："今一旦猝奉朝旨取销，群情愤激"，"倘因此激民暴动，后患何堪设想"。⑥企图用群众的愤怒去说服川督代为奏请，并示威清廷，迫使它收回成命。

川汉铁路有限公司鉴于收回商办铁路"系属非常变局"，于5月28日召开临时股东会议商讨对策。到会股东七百二十二人，其中立宪派人士及其支持者占多数，但也有少数的同盟会会员参加。由于粤汉、川汉铁路借款合同条文此时尚未到达四川，因此，会议仅集中讨论了如何对付清政府接收川路的问题。会上，"人心惨痛，

---

① 《川路收回国有往来要电·电北京》。
② 《川路收回国有往来要电·上海分局来电》。
③ 邓孝可：《川路今后处分议》，《蜀报》第11期。
④ 《川路收回国有往来要电·宜昌电》。
⑤ 四川谘议局：《呈请电奏取销川汉铁路收归国有一案文》，原载《蜀报》第12期（1911年5月19日—6月7日）。此呈文中有"四月十一、二十、二十四等日，叠奉谕旨"一语，可以推断此呈文的时间应在5月22日以后。
⑥ 《川路收回国有往来要电·川路公司为铁路国有详情请督部电奏文稿》。

议论分歧"。① 立宪派骨干分子邓孝可等人主张"只有条件上之要求，无根本上之反对"。所谓有条件之要求即在承认铁路收归国有的前提下，要求偿还路款。但有不少股东仍坚持不承认清政府接收川汉铁路。② 可见，临时股东会议虽没有议定明确的宗旨，但对清政府派员接收川汉铁路却是表示反对的，而且通过这次有七百多人的公开集会，助长了保路声势，扩大了影响。会后，川汉铁路有限公司董事局、翰林院侍讲学士衔编修伍肇龄等皆上书王人文陈情，指出："朝旨日切，人心益形愤激"，"民心浮动，岌岌可危"③ 的严重形势。至此，川汉铁路有限公司董事局、四川省谘议局、四川省城各法团绅商以及四川的京官皆纷纷出面要求清廷收回成命。

绅商恳求清政府收回成命碰壁，反铁路国有政策斗争高涨

护理四川总督王人文在绅商们一再恳求下，鉴于"群情异常激切"，"为安定人心或从容平和之解决"，电请内阁代奏暂缓接收川路，"分别交院（资政院）交局（谘议局）议决"。④ 但遭到清廷严旨申斥，并趁势指责川汉铁路有限公司"朘削脂膏，徒归中饱，殃民误国，人所共知"。硬说四川绅商要求收回成命是"强词夺理，情伪显然"，王人文"乃竟率行代奏，殊属不合"。⑤ 这不仅是给王人文一记耳光，也给四川绅商当头一棒。"天心未格，舆论大哗。"⑥

6月11日，四川绅商从王人文处索悉6月1日邮传部与端方会衔发出的"歌电"。电称清政府欲举现存已用之款，一律填给股票。如果川省定要筹还路款，朝廷必再借外债，必以川省财政作抵。9日，邮传部又令上海、武昌、长沙、宜昌、成都各电报局不得收发争路电报，"如有擅行收发者查出即将委员领班分别撤惩"。⑦ 这表明清政府决意不顾川人反对，不仅要夺路而且要夺款。"欲于已用现存者——横吞"。这就更加激怒了原先反对铁路国有的人，甚至使那些主张承认铁路国有但求保款的人，态度也为之大变。

6月11日，川汉铁路有限公司开始攻击邮传部尚书盛宣怀。在公司给川督的呈文中说："不肖细人，向有阴主借款，请派督办，时思取销租股，破坏公司，致不得不出此荧惑观听之言，以利用其私计。"⑧ 6月14日，四国银行团借款合同寄达成都。清王朝借款卖路的真相大白。四川绅商争路的调子陡然高昂起来了。曾经坚持承认铁路国有政策，只主张保存路款和维护宪政的邓孝可在《蜀报》第十二期上发表了《卖国邮传部！卖国奴盛宣怀！》一文，指出借款合同"直将路完全卖给

---

① 《川路收回国有往来要电·住省各法团呈请督院电奏文》。
② 戴执礼编：《四川保路运动史料》，第153~155页。
③ 《川路收回国有往来要电·住省各法团呈请督院电奏文》。
④ 《四川保路同志会文电要录·督署电北京请代奏稿》。
⑤ 史宝安编：《宣统政纪》第54卷。
⑥ 《川路收回国有往来要电·川路公司呈详本路股东不认查账并恳咨邮部取销原电文》。
⑦ 《四川保路同志会报告》第3号《盛宣怀侵君权之秽电》。
⑧ 《川路收回国有往来要电·川路公司为陈明川路情形再恳电奏文》。

外人外，更以两湖财政作抵。我自信四川非无人性、非属野蛮之血性男子，今可以起矣！""盛（宣怀）之拟掠夺全川，先举债而后掠夺，掠夺后复强我更认新债"，"既夺我路，又夺我款，又不为我造路。……有生物以来无此情，有世界以来无此理，有日月以来无此黑暗，有人类以来无此野蛮"。他号召群众以湘人为前驱（按：邓孝可在上一期《蜀报》上发表的《川路今后处分议》曾说不可盲从他人去反对铁路国有政策），坚持商办，"死中求生"。各法团和股东，连日在川汉铁路有限公司集会，完全改变只争路款的主张，而提出反对收归国有、反对借外债的根本问题。四川保路同志会致北京全蜀会馆的电报说："当收路国有谕下，乡人等以川路工艰款绌，大殊湘鄂，故重守款未争路，后借款合同发表后，逐条研究始知路权尽失，重于卖路，全国存亡攸关，不止一川利害，群情悚惧，誓死力争。"① 绅商们为了达到争路目的，不得不向群众乞援，发动和领导四川广大群众的保路斗争。四川保路运动由此进入了新的阶段。

从 1911 年 5 月 12 日川汉铁路有限公司得悉铁路国有政策的谕令起，到同年 6 月 17 日四川保路同志会成立为止的三十七天，是四川保路运动的第一阶段。在这一阶段里，运动只限于四川绅商（主要是立宪派人士及其支持者）的范围之内，还没有与广大群众相结合。由于借款合同未到，多数绅商对清政府的铁路国有政策的实质和危害认识不清，从而对清政府寄托着严重的幻想，希图通过川督代奏，恳求清廷收回成命，仍准铁路商办。以邓孝可为代表的四川谘议局和川路董事局的主流派人士，最初并不注意反对铁路国有，只要求经济上保存路款，政治上尊重资政院、谘议局的权利。"吾人只问如何达吾交通之的而已，如何可谋股款之利而已。铁路之在国、在民有何差别。"② 但是，他们的要求一次又一次地碰壁，清王朝夺路的谕令步步进逼。四川绅商争路的态度由温和而日趋激进。特别是四国银行团借款合同寄到四川后，清王朝卖国卖路的罪行暴露无遗。四川的保路斗争便直接与反对帝国主义"借款夺路"紧密地联系了起来，从而具有了鲜明的爱国性质。"川省未见合同时，主张收回实银，兴办实业者甚多。及见合同种种失败，无异举四省路权、财权送之外人。群情异常悲痛，注意拒债破约。"③ 清政府的铁路国有政策和四国银行团的借款，严重地侵害了与川汉铁路有关联的绅商的利益，他们同帝国主义及其走狗清王朝的矛盾因而加深。既然清王朝对他们的恳求置之不理，他们从切身利益出发，只得把问题提到广大群众中去。群众是坚决反对卖国的。他们一旦明了事实真相，必然迅速涌进运动中来，演出一幕幕威武雄壮的活剧。这一阶段斗争的成果在于：孕育了四川保路同志会的胚胎。

---

① 《四川保路同志会报告》第 18 号《报告》。
② 邓孝可：《川路今后处分议》，《蜀报》第 11 期。
③ 《四川保路同志会文电要录·致宜昌电》。

二、四川保路同志会成立，破约保路
——保路运动的第二阶段（1911年6月17日—8月24日）

四川保路同志会成立，群众性反帝爱国运动展开

盛宣怀、端方夺路夺款的"歌电"引起四川"各处人心又复异常痛激，各股东皆来敦促公司陈明川路情形再请代奏"。借款合同一到四川，"此电一传，报纸争登，各界传阅，皆谓朝旨部电前后不符，'歌电'未免过于专横武断，证以借款合同，舆论因以益愤"。①川汉铁路有限公司于6月16日召集在省股东及各团体开会筹商，"到会者数千人，皆以收路国有，川人可从，收路为他国所有，川人死不能从。此铁路借款合同，名非抵押，实则供奉。况外此借债，聘请顾问，路权政权，两受干涉，埃及覆辙，危机在即。佥谓吾辈今日之集会，实亡国民之集会也。死中求生，惟先决死。能舍一部份人之死，方可得全部人之生"。②又鉴于川汉铁路有限公司和各法团数次请求的失败，认定"决非从前和平态度的文字争辩所能生效。一致决定另采扩大急进手段"③，组织保路同志会④，"拼一死以破约保路"⑤。会后，蒲殿俊、罗纶等二十余人深夜谋划，认为设立保路同志会，事非一般，"是公开向政府宣战，系空前所未有的新举动，必须下决心扩大阵容，整齐步骤、不避危险"。⑥四川的立宪派头子们在清王朝的逼迫下，大有破釜沉舟，背水一战的姿态。他们经过再三磋商，决定：（一）以保路同志会作先锋，要唤起全省民众一致行动，各州县遍设保路同志会分会。先把成都各街道分会组织起来以作为外州县的榜样。（二）以股东会作为大本营，按原订日期召集股东会议以壮声势。（三）以谘议局为后盾，支持保路同志会、股东会，提出议案弹劾政府。议长作幕后支持者，于保路同志会内设一参事会，由蒲殿俊任会长、罗纶任副会长，常驻议员为参事。此系内幕机构，对外不宣布。确立了以立宪派人士为核心的参事会领导的谘议局、股东会、同志会三位一体的争路体制。实际上保路同志会的会长是蒲殿俊、副会长是罗纶。

1911年6月17日上午，川汉铁路有限公司召开大会，宣布了影响全省的四川

---

① 诵清堂主人：《辛亥四川路事纪略》，第9页。
② 三余书社主人编：《四川血》。
③ 文史资料委员会编：《辛亥革命回忆录》（三），第46页。
④ 保路同志会的名称很可能是沿袭"国会请愿同志会"而来。1909年12月，各省谘议局成立，立宪派为了扩大活动园地，由江苏谘议局议长张謇倡议，通电各省谘议局派代表，聚于上海组织"国会请愿同志会"，请求速开国会，成立责任内阁，此时为了保路，改名为"保路同志会"。从"保路同志会"的名称，可见立宪派人士是发起四川保路同志会的主导者。
⑤ 三余书社主人编：《四川血》。
⑥ 文史资料委员会编：《辛亥革命回忆录》（三），第47页。

保路同志会（下文或省作"同志会"）成立。会址设在成都岳府街川汉铁路有限公司内，公司特拨银四万两做同志会经费。

是日清晨，川汉铁路有限公司门首悬挂起"保路同志会"的横幅。群众如潮水般地涌来参加大会，附近街道的交通因而阻塞。"人多，看来各色各样的人都有；学生和做手艺的年青人，好象更要多些。都朝一个方向在走。一条不很宽的三倒拐街变成了人的河流。"① 开会时，"台前台后，只见万头攒动，莅会人数，据那时的不确切估计约在五千人上下。"② 罗纶致开会辞，报告清王朝借债违法、丧权辱国的经过。邓孝可、刘声元③、程莹度④等相继发表演说。当谈及借款合同与国家存亡的关系时，与会群众多痛哭失声，巡警道派去维持秩序的警察亦相视流泪。会场上几无人不骂邮传部，无一人不骂盛宣怀。大会宣布同志会设"总务""文牍""讲演""交涉"四部，各设部长一人，采取自报公议办法产生。谘议局议员江三乘⑤任总务部部长，《蜀报》主笔邓孝可任文牍部部长，程莹度任讲演部部长、谘议局副议长罗纶任交涉部部长。参加大会的群众分别到各部签名，承担同志会的工作。到讲演部工作的全是学生，到文牍部工作的以新闻界、学界的人为多，到交涉部工作的则多为工商界人士和居民为主。川汉铁路有限公司的全体职员都参加总务部工作。

会后，保路同志会发动群众到总督衙门请愿。请愿队伍由发须皆白的八十老人、翰林院编修伍肇龄领头，罗纶、刘声元、池汝谦、彭兰村、叶秉诚、林山腴、邓孝可、蒙裁成等随后。"缓缓走出的是一大群气派十足的绅士们。穿公服的确实不少，但也有只穿一双薄底青缎官靴，戴顶有品级顶子的红缨纬帽或玉草帽，而一裹园的蓝绸长袍上，仅套了一件对门襟、大袖口的铁线纱马褂的。""好些都是谘议局议员兼租股股东。""后面又是潮涌的人。大约都是没有资格的，只管穿着各种各色长衫，偏没有一件马褂，也没有一顶纬帽和玉草凉帽，但声势却大……把站在两旁专看热闹的人都裹去了不少。"⑥ 这一队有功名和没有功名的人群，鱼贯而出，直趋督署，"沿途走起去就是一个很大的示威，街上的市民便都簇涌着跟来"。⑦ 这种由绅士们带头，群众参加的游行请愿，在清朝专制统治下的四川还是破天荒的事。这个请愿行列象征着四川保路斗争已开始同群众的反帝反封建斗争结合起来了。

四川保路同志会成立后，发表了《保路同志会宣言书》《讲演部启事》《致各府厅州县有司启》等文告。这些文告的基本精神在于宣言保路同志会外争国权、内争

---

① 李劼人：《李劼人选集》第2部（上册），第33页。
② 文史资料委员会编：《辛亥革命回忆录》（三），第47页。
③ 刘声元，字历青，四川万县人，举人，同盟会会员，四川谘议局议员，曾任万县高等小学堂监督。四川保路同志会成立后，被推为赴京请愿代表。
④ 程莹度，又名伯皋，四川云阳人，秀才，同盟会会员，四川谘议局议员。
⑤ 江三乘，又名绪伦，字又作叙伦，四川大竹县人，举人。
⑥ 以上引文均见《李劼人选集》第2部（上册），第41~42页。
⑦ 郭沫若：《少年时代·反正前后》，第259页。

民主的宗旨,号召全川群众起来"破约保路"。

《保路同志会宣言书》公开将矛头指向清朝皇族内阁,指出铁路国有政策是"横施葬送吾民死地之政策"。这个"新内阁第一政策"是皇族内阁"专横蛮野,蔑朝廷,劫人民,背先朝,欺皇上"的罪证,使清廷"为亿万众集怨之府,而悍不一顾;夺商民数千万血资之产而不许一呻。我新内阁之蛮野专横,实贯古今中外而莫斯为甚!"对于皇族内阁蔑视立宪,践踏民主的行径,四川人民"则惟据死力争","不拒则可永永不再言立宪,不再言国会,不再开谘议局、资政院"。《保路同志会宣言书》还着重指出:四国银行团借款合同是"实葬送人民死地之合同也","实将三省三千六百里路政全权,完全授与外人"。① 因此,四川保路同志会对于这种"于宗社安危,国家危亡,皆有极大关系"② 的借款合同必须坚决反对,以表"救亡之苦心"。"保路废约"才是"独一无二之救亡策"。"破约即可保路",要保路必须废除四国银行团借款合同。斗争的矛头首先是指着帝国主义的。四川保路同志会要求省城外各州厅府县的自治会城会、县会、教育会、农工商会、股东分会等团体"鼎力提倡,组织协会",响应保路斗争。

这些文告还强调:"惟本会所最重者,一在防暴动,二在有秩序,三在使四民知此事之利害关系。"③ 再三申明:"非我皇上有意弃吾民于不顾也,亦非外国人强制吾国必缔结此不利之条约也。则此不应怨望朝廷,固属吾民绝对之义务。抑且不必集矢外人,致酿重大之交涉。""特恐借债亡国之说一倡,不无好事之徒,借此煽惑人民,生出意外变端,反碍本会正当进行。""最希冀者,在使吾父老叔伯兄弟,不可邪说所惑。……确知系盛(宣怀)卖国,不与外人为难,或贻宵旰之忧勤。"④

四川保路运动的领导权一开始便控制在资产阶级立宪派士绅的手中。尽管他们对清廷表示失望,对帝国主义的侵略感到怵目惊心,要求"破约保路"进行反抗。但是,他们在政治上仍然坚持君主立宪,反对资产阶级民主革命。因此,他们在运动群众起来保路的同时,又煞费苦心地炮制了一个"文明争路"的框子来限制群众运动。甚至不惜编造谎言为帝国主义及其走狗开脱罪责。因此,保路运动的第二阶段——从四川保路同志会成立至1911年8月下旬罢市罢课开始,运动基本上处于"文明争路"阶段,办法仍旧是上书请愿,泣求天恩。但是,群众一经涌入了运动,他们的革命要求是不以立宪派人士的意志为转移的。立宪派人士既然要"使四民知此事利害关系",就不能阻挡群众日趋革命化。群众要求运动冲破"文明争路"的框子。于是,立宪派的控制和广大群众反控制的斗争就成为四川保路运动内部斗争的中心内容。

尽管四川保路同志会为立宪派人士所控制,但是它的成立标志着四川保路运动进入了一个新的阶段。"历史活动是群众的事业,随着历史活动的深入,必将是群

---

① 《四川保路同志会报告》第9号《保路同志会宣言书》。
② 《四川保路同志会报告》第5号《致各府厅州县有司启》。
③ 《四川保路同志会报告》第16号《讲演及组织同志协会办法》。
④ 《四川保路同志会报告》第5号《致各府厅州县有司启》。

众队伍的扩大。"① 保路同志会这一合法的群众性的爱国组织不仅明确提出了"保路破约"的口号,而且对群众进行了大量的宣传和组织工作,从而使四川的保路斗争出现了群众运动的新高涨。四川保路同志会一成立,群众"争起入会,恇扰若狂"。② 不到半月,入会者达数万人之多。"陆续开会者不止十次,次不止数千人。激昂悲壮,热血愤涌,而能整而有理,秩而有序。足见国人程度已高,不愧立宪文明之大国民。"③ 保路同志会成立二十天以后,"观近日会员名册不下十万众。可见平日号为爱国者,当无不入其彀中"。④ 成都各街道、学校,省城外各州县的保路协会亦纷纷成立。夏秋间,"保路同志会布遍全川"⑤。保路斗争成了政治生活的大事而为全川群众注目。"粤湘诸省既先后崛起与政府抗争,而吾川绅民所倡保路同志会,攘臂一呼,全蜀响应,风潮尤为剧烈。"⑥ 保路同志会带来的群众反抗精神的高涨,使得四川保路运动独步一时,全国为之震动。

四川保路同志会的宣传工作

立宪派人士为了将自己的政治主张灌注于保路运动之中,在保路同志会成立以后,加强了宣传工作。同志会除派出一批讲演员和委托各州县在成都就学的学生趁暑假回乡宣传外,还抓紧了报刊这一重要的宣传工具,使四川舆论出现了空前活跃的局面。"奉节邓慕鲁(孝可),时客成都,谓政治法律之观念,不能尽人而具。至于条约解释,更不能望于众人。若非白话报,浅明剖析,不能尽人皆知。若无杂志日报,亦不能搜罗宏富,印证明确。"⑦ 邓孝可当即向蒲殿俊、罗纶和川汉铁路有限公司的负责人建议,举办通俗报章杂志以广宣传。于是,由川汉铁路有限公司拨银二万四千两交邓孝可、朱山办《蜀风杂志》,池汝谦等办《西顾报》,江三乘等办《白话报》。保路同志会文牍部从1911年6月26日起出刊《四川保路同志会报告》,分"报告""纪事""著录"各栏,专载四川保路斗争的消息和评论。《四川保路同志会报告》初为日刊,后因纸张缺少从7月22日起改为双日刊。还根据临时需要印发各种传单。王人文奏称:"日来关于铁路合同攻难之文字演说,纷纭四出。禁不胜禁,防不胜防。"⑧ 现将"保路破约"阶段,同志会的一些宣传品择要举例如下。

(一)宣传自办川汉铁路的反帝爱国意义:

"自从光绪二十八年把路办,银子凑了万万千。也有官的商的款,也有土

---

① 马克思、恩格斯:《神圣家族》,《马克思恩格斯全集》第2卷,第104页。
② 李稷勋:《四川商办川汉铁路宜昌工场志痛之碑》。
③ 《四川保路同志会报告》第6号《本会招集全体大会广告》。
④ 《四川保路同志会报告》第11号《著录》。
⑤ 吴鸿仁等修、黄清凉等纂:《续修资州志·杂编·兵燹》。
⑥ 戴执礼编:《四川保路运动史料》,第244页。
⑦ 彭芬:《辛亥逊清政变发源记》,《辛亥革命》(四),"中国近代史资料丛刊"本,第333~334页。
⑧ 《四川保路同志会文电要录·奏稿要录》。

药烟灯捐。最可怜的庄家汉,一两粮也出这项钱。要办路因为那一件?怕的外国占路权。前年十月才办头一段,宜昌动工修到夔关。这段路工果真险,许多山洞要凿穿。险工定要需巨款,款子全靠租股填。出租股我们都甘愿,为的是要保四川铁路权。"①

"天呀天!我四川,万不料今年遭此大变,抢我们财政夺我们利权,摧残我们做亡国奴隶,逼我们受永远熬煎。这是那一件?就是这铁路一端。蜀中铁路名川汉,外人久欲把利专。……我川民省衣食,出血汗,凑工本,保全川。连年集款千余万,开工前年十月间,只望将来工程满,永远不受外人牵。"②

(二)揭露清朝铁路国有政策的卖国性质:

"既夺我路,又夺我款,夺路夺款,又不修路。"

"夺路国民,送诸外人,是谓国有,是谓政策。"③

"上谕煌煌在立见,原期好恶与共休戚相关,反添了这样强横的政府,野蛮的手段,加倍的压制,分外的专权。……那知道,卖路是卖国的引线,重债是亡国的见端。今既夺我路灭我权,一切交与外人管。"④

"四川铁路者,吾七千万人生命财产之所系也。今政府以之供奉外人,是扼我生命,绝我财产,若不起而争之,死无日矣。"⑤

"果政府有钱,政府自造,不以路权抵借外债,不受外人干涉,真正是国家全力经营又何尝不好。无如此次以路抵款,是政府以全力夺自百姓而送与外人,将来纵横四达之铁路,虽能办到,特所谓全力者,非吾国之全力,乃外人之全力耳。"⑥

(三)宣传保路破约:

"果欲保国,必先保路,保路保国,即是爱君。"⑦

"霹电兮交驰,惊魂不自持。痛吾国,外债纷入,丧失路与厘,哀楚蜀百越,生命财产从此危。专制一何酷,夺我利权吮我脂。路亡国亡兮,毋为卖国贼所欺。废约保路兮,吾头可断志不移。愿同胞,坚持毅力,奋起共图维。川粤汉路不争回,不死复何期。"⑧

"平地风潮路债生,合同失败万心惊。川民爱国无他意,为怕瓜分抵死争。"⑨

---

① 《四川保路同志会报告》第13号《来日大难歌》。
② 《川人吁天歌》,见《江北县志·大事记》(手抄本)。
③ 《四川保路同志会报告》第8、9号《口号》。
④ 《川人吁天歌》,见《江北县志·大事记》(手抄本)。
⑤ 《四川保路同志会报告》第11号《请爱国者注意》。
⑥ 《四川保路同志会报告》第21号《驳邮传部奏请干路归国有折》。
⑦ 《四川保路同志会报告》第8号《口号》。
⑧ 《四川保路同志会报告》第9号《保路歌》。
⑨ 秦枏:《蜀辛》卷上,第19页。

"这几天闹喧喧,四川人结同志团。同志团为那件,为的亡国事儿在眼前。"①

"呜呼!豺狼当道,民不聊生,狐狗同朝,国将覆败。今铁路为盛奴所卖,倘我同胞不为力争破约,讵同胞甘为奴隶牛马,甘为印度安南乎?"②

(四)揭露借款合同的危害:

"说罢合同泪难展,颗颗泪儿湿衣衫。这合同深沉又狠险。这合同刻薄又尖酸。把中国人好比猪一圈,任他外国来牵拴。……银行团比用兵还危险,要吞我们厘税关,要把我们路权占,要将警察陆军来压弹。他的政策步步碾,我们都在他势力圈,等到他势力都布满,那时节就到了亡国的一天。"③

"风萧萧兮锦水寒,铁路一去兮不复还。路权失兮国土残,呜呼一歌兮蜀道难。

"风萧萧兮锦水寒,合同履行兮债如山。债如山兮民力单,呜呼二歌兮政策蛮。

"风萧萧兮锦水寒,咄咄逼人兮团体团。债不借兮约须删,呜呼三歌兮同志坚。

"风萧萧兮锦水寒,秦头压日兮除汉奸。真卖国兮奈何天,呜呼四歌兮招魂篇。"④

"借外债,甚吓人,六百万镑是英金。九五扣,五厘息,四十年期难还清。借了债,不甘心,铁路干线抵外人。系国家,亡与存,路抵东南命脉倾。惟两湖,更伤心,又抵捐税与厘金。厘税抵,膏血倾,招来索命恶鬼精。川粤汉,干线分,共长三千六百程。更可恨,聘工程,总工程师外国人。购材料,外人承,格外加用钱五分。工技夺,工业吞,并将川人国权侵。……最可耻,冠裳群,奉承外人如祖人。最可怜,吾国民,敲精吸髓饲强邻。耻贻朝廷,痛杀国民。"⑤

(五)声讨卖国贼盛宣怀:

"同志会,何由成,同胞听我说原因。有一个,卖路臣,他本江苏武进人。盛国贼,宣怀名,现是个邮传大臣。上蔽君,下压民,借债送路太专横。……卖国奴,何异此,罪恶通天不容死。恨恨恨,国贼盛,误国欺君天下愤。起起起,吾民抵,力抵国贼同誓死。"⑥

"今邮尚盛氏者,性本贪鄙,家素富豪。昔纳锾而捐道员,后夤缘而得简任。洎乎近岁,秽乱朝官,潜结外人之欢,阴图邮传之缺。入部见嫉,声势不

---

① 《四国借款合同歌》(传单)。
② 《四川保路同志会报告》第21号《著录》。
③ 《四国借款合同歌》(传单)。
④ 《四川保路同志会报告》第10号《著录》。
⑤ 《四川保路同志会报告》第18号《告全国父老书》。
⑥ 《四川保路同志会报告》第18号《告全国父老书》。

肯让人，恃富工谗，谀媚偏能惑主。陷吾君于失信，驱吾民于无归，加以中饱为怀，卖国成性。近狎邪僻，广树私人，违法枉民，欺君误国。此真人神所共嫉，天地所不容。犹复把持要津，睥睨枢辅。辽阳何地，不力争于坛坫之间，帝国无辜，忍送于英美之手。"①

（六）宣扬法制、人权、民主平等观念：

"法律是人民生活的要件，要由国家操主权。国家把法律来布散，管得了天子和百官。管得了人民都不敢犯，立宪国精神在此间。凡事都照法律办，包管事事得平安。……我国近年在立宪，各种法律往外传。京城设一个资政院，各省的谘议局都设全。设这个局院为那件，为的要把法律编。为的年年出议案，议国家的事要靠议员。……既是铁路收回国办，外债又借了金镑千万元。借债收路事非浅，就该交局院议为那端。看来他（指盛宣怀）是大粉脸，忘了法来欺了天。国家听他胡乱干，看看法律被摧残。看看要成假立宪，看看铁路要卖完。铁路卖了真危险，亡国就在眼面前。"②

"处兹最黑暗最专制最惨无天日，最澌灭人权，最丧心病狂，欺君卖国政府之下，我欲歌，我欲哭，我欲闭口不言，我欲拔剑起舞。"③

"路权警告日纷纷，巾帼也成细柳军。四万万人男女半，国民义务要平分。"④

（七）坚持"文明争路"：

"方法分三层，竭吾辈心力笔舌之能，唤起海内外国人。派代表上书恳疆臣上奏。不得，则联合各府厅州县及各省地方不断的上书及上奏，联合全国谘议局、教育会、商会等各法团据死力争。再不得，则各法团全体同时聚集同至京师照外国国民大会办法，此为最后一着。"⑤

"论罪魁，惟盛奸，政府外人俱无干。各教堂，须保全，恐酿祸事生牵连。滋了事，交涉缠，到底还是民赔钱。我同胞，勿暴动，毅力须由秩序用。有理直叩九重天，方昭民格如山重。"⑥

"一不是举旗要造反，二不是酿祸的义和拳。……那些都是胡倒（捣）乱，有妨秩序害公安。罢课罢市都莫干，于事无济亦枉然。"⑦

从以上分类列举的材料，我们可以看出四川保路同志会的报刊宣传的特点是：（1）面对广大群众。一般说来，宣传品文字通俗易懂，趣味性浓厚，有评论、报

---

① 《四川保路同志会报告》第 15 号《仿骆宾王体讨卖国贼盛尚檄》。
② 《四川保路同志会报告》第 9 号《法律保护歌》。
③ 《四川保路同志会报告》第 14 号《敬告同胞当为完全大国民》。
④ 《四川保路同志会报告》第 23 号《咏女同志会成立诗》。
⑤ 《四川保路同志会报告》第 27 号《路事问答》。
⑥ 《四川保路同志会报告》第 18 号《告全国父老书》。
⑦ 《四国借款合同歌》（传单）。

导、问答、檄文、诗歌、漫画以及金钱板、鼓词之类群众喜闻乐见的表现形式。（2）中心突出。宣传品旗帜鲜明，集中宣传保路破约。以教育和动员群众参加运动为中心，以传达保路同志会的方针、方法为主题，以帝国主义、专制政府和买办官僚盛宣怀为抨击对象，有强烈的爱国性和战斗性。盛宣怀的密探、成都电报局委员周祖佑报称：同志会"刊布传单，张贴广告，指斥政府，摇惑民心"。① 在这些报刊上，有的作品笔触沉痛哀怨使人奋发图存，有的慷慨悲歌令人拔剑起舞，坚持摆事实，说道理，动感情，振人心。因此，这些宣传品对广大群众很有吸引力，能不翼而飞，不胫而走，迅速传播于全川，使进步舆论在四川空前活跃起来。"《西顾报》……每日销路最多有八千多份。七月初一日罢市后，还卖至一万四五千份。"②《四川保路同志会报告》因报道及时，内容通俗生动，又有一部分免费散发，其发行量更多，影响更大。该报第13号报告说："本会《报告》日出万纸尚不敷分布远甚。今更与印刷公司再三筹商苦心设法，每日多出五千张。""顷有数友人称其家妇孺每日望本报几如望岁，及得报展读，涕泗横流，且阅且哭。"成都不少人每日争看张贴在街头的《四川保路同志会报告》，有的外州县派专人前来索取。"保宁属阆中县，距省七百余里。该地绅商闻盛奴夺路卖路事，愤恨如烧，立欲悉其详情，特专捷足兼程星驰三日有半抵成都，购置保路同志会出版《报告》各件。"③ 有的州县协会还将省保路同志会的宣传品翻印散发。纳溪县保路同志协会成立后，"速将寄到报告撮集要领及浅显歌词，排印二千余份，飞布乡村，务使妇孺咸知，以达破约保路之目的"。④ 三台县保路同志协会因"报告无多，人皆快于先睹，因择其极有关系，感人易入之记述，誊写油印，发交镇乡各会，到处张贴"。⑤ 东乡（宣汉）保路同志协会报告说："现时以文牍、讲演为最要，迅速将紧要报告油印多张，散布各场，俾识文字者目有所见，即不识文字者亦时有耳闻。民智为之渐开，即民气为之增长，夫然后可以为同志会后援，则可以达破约保路之目的矣！"⑥ 据当时人的回忆："四川人知道报纸势力，就在争路风潮时代。"⑦ 这是四川历史上爱国和民主教育的第一次普及，群众思想的一次解放。虽然，立宪派人士在宣传品中掺进忠君守法的杂质，但是群众从中吸收的主要是反帝反封建思想和全川人民联合一致团结战斗的精神。既然绅士们竟在报刊上发泄对现状的不满和抗议，群众便更无所忌讳。"政府日所力求者亡国。……国人既爱吾国，惟与吾政府奋斗而已。"⑧ 于是，

---

① 陈旭麓、顾廷龙、汪熙编：《辛亥革命前后盛宣怀档案资料选辑之一》，第122页。
② 中国人民政治协商会议四川省委员会、四川省省志编辑委员会：《四川文史资料选辑》第8辑，第139页。
③ 《四川保路同志会报告》第12号《纪事》。
④ 《四川保路同志会报告》第22号《纪事》。
⑤ 《四川保路同志会报告》第24号《纪事》。
⑥ 《四川保路同志会报告》第24号《纪事》。
⑦ 中国人民政治协商会议四川省委员会、四川省省志编辑委员会：《四川文史资料选辑》第8辑，第139页。
⑧ 《四川保路同志会报告》第20号《纪事》。

从省城的街头巷尾到府县的场镇乡村,广大群众声讨帝国主义及其走狗的怒吼,要当"国民"不当奴隶的呐喊,要求民主反对专制的呼声,天下兴亡、匹夫有责的壮语在全川回荡,爱国民主的潮流在全川涌起,群众运动的规模日益扩大,各地保路同协志会如雨后春笋,破土而出,群众由思想上的解放进而要求政治上的解放。这一切因素都导致了四川保路运动的深入。

各地保路同志协会,全川爱国力量大汇合

四川保路同志会成立以后,全川迅速出现了一个同志会热潮。省保路同志会的讲演员带着同志会发给的委任状,分赴各府州县演说保路宗旨,联络官绅,鼓动民众,组织各地保路同志协会。四川多数州县和一些场镇街道的同志协会纷纷出现。妇女、儿童以及旅京、沪、宜昌的四川人和留日学生也起而响应保路斗争,大有"登高一呼,众山响应"[①]之势,西起东应,迤逦相属,保路潮流在全川涌起了万顷波澜。

1911年6月28日,重庆绅民鉴于"湘鄂粤之人士既奔走呼号,萃全力以争。吾川铁路公司及谘议局亦始终坚持不肯稍让,并立保路同志会",而重庆"出股亦较他处为多,固无坐视濒亡之理"。于是召开铁路股东分会,到会者四千余人,"全场一致,誓死必争"。决议成立重庆保路同志协会,"无论股东,非股东均可入会,以协助省会争路为目的"。指出:"铁路改归国有,修路出于借债,又以权利作抵,则名为国有,实为外有。""吾人拼死以争者,非仅股本之关系,亦非仅铁路之关系,直国家存亡之关系也。"[②]

同一天,四川女子保路同志会在成都新玉纱街十七号成立。发起人朱李(按:朱山之妻)在会上提出了:(一)不负洋款,(二)不弃路权,(三)不认草合同为有效,共三条要求。大会通过了《四川女子保路同志会公约》,选出了总干事和总务、文牍、讲演、交涉四部干事及评议员。《四川女子保路同志会公约》规定:"本会以拒款、破约、修路为宗旨",并指出:"惟成立后虽有各种不可思议风声,亦誓死不变。"[③] 明确表示四川妇女要求摆脱封建网罗,投入爱国斗争。同时,发出《告川中妇女书》,号召全川妇女"大发热念,共救颠危"。[④]

继上述两个同志会成立后,四川各地保路同志协会争先恐后地涌现。在四五十天之内,"各地同志会之成立十已八九,全川人民联络一气,誓死进行,认定宗旨,约破而奸谋破,保路而全国保"。[⑤] "不但城内都成立了保路同志协会,把一般稍有名望、身家、地位的绅粮,以及科举时代提过考篮的老酸,以及目前在洋式学堂读洋式书、号称学界先生的人们,全部招揽进去,随时都在登台演说保路废约、爱国

---

① 《四川保路同志会报告》第24号《纪事》。
② 《四川保路同志会报告》第14号《重庆同志之爱国热》。
③ 《四川保路同志会报告》第24号《附件》。
④ 《四川保路同志会报告》第24号《附件》。
⑤ 《四川保路同志会报告》第31号《附件》。

爱川,也一样在大喊:誓死反对卖国贼盛宣怀!反对卖国奴才端方!誓死遵奉德宗景皇帝铁路商办诏旨!……不达目的,绝不甘休!……就在许多乡场上,也出现了保路同志协会的招牌。""成都城内的保路同志协会更不消说,各条街有各条街的,各一界又有各一界的。一界当中,又分许多支派。比如商界,总商会有商会的保路同志协会,而其下还又成立了洋广杂货帮的保路同志协会,干菜帮的保路同志协会,灯彩行的保路同志协会,响器行的保路同志协会。……到了闰六月下旬,报纸上还不是出现了优伶保路同志协会,乞丐保路同志协会,洋琴清音保路同志协会,聋哑人保路同志协会,不仅有了组织名称,还同样发表了声讨卖国贼、披露各人爱国爱川血忱的文章。""学界也一样,除了四川省教育会的保路同志协会外,也有高等学堂的保路同志协会,铁道学堂的保路同志协会,体育学堂的保路同志协会……当然,许多中学堂、小学堂、讲习所,也各自成立了它们的保路同志协会。"① 现将1911年6月28日至8月间四川各地成立的六十七个保路同志协会列表如下:

名 称	成立时间	参加人数	会长、部长或发起人	资料来源
重 庆	6月28日	参加成立大会的有四千余人		《四川保路同志会报告》(以下简称《报告》)第14号
四川女子	6月28日		发起人:朱孝	《报告》第10号。
郫 县	6月28日	参加成立大会的有二千余人	会长巫发祥(郫县商会会长)	《报告》第5号;《李劼人选集》第2卷(中册),第599页
江津县	7月1日	参加成立大会的有二千余人	会长邓鹤翔 副会长杨锡藻	《报告》第14号
温江县	7月2日	参加成立大会的有二千余人	曾少卿(团防局总局团总)	《报告》第12号;《李劼人选集》第2卷(中册),第600页
崇庆州	7月2日	参加成立大会的有三千人左右,签名入会有五百余人	会长陈泽贤 副会长沈鉴湖	《崇庆县志·事纪·第三》;《报告》第22号
三台县	7月6日	参加大会的有数百人		《报告》第24号
双流县	7月8日		王复权、彭树堂为代表,会长向迪璋	《报告》第15号;《李劼人选集》第2卷(中册),第605页

---

① 李劼人:《李劼人选集》第2卷(上册),第314~315页。

续 表

名　　称	成立时间	参加人数	会长、部长或发起人	资料来源
遂宁县	7月11日	参加大会的约千人	总务部部长龙光，讲演部部长王恂卿，交涉部部长徐从周，文牍部部长詹映涵	《报告》第18号
洪雅县	7月11日	参加大会的有三百余人	会长严道尊	《报告》第18号
仁寿县	7月11日	参加大会的有二十余人	评议长李锦城 会长杨景宜 副会长王成	《报告》第20号
纳溪县	7月11日	参加大会的有千余人		《报告》第22号
珙　县	7月12日	参加大会的有六百余人		《报告》第33号
德阳县	7月13日	入会者百余人		《报告》第16号
峨眉县	7月13日	参加大会的有三百余人	会长罗祥麟 副会长林保璜	《报告》第20号
隆昌县	7月13日	参加大会的有四千余人		《报告》第21号
大邑县	7月13日			《报告》第23号
筠连县	7月13日			《报告》第24号
雅安县	7月14日		总务部部长鄢聚五，文牍部部长李哲甫，交涉部部长陆季星	《报告》第20号
灌　县	7月14日		会长曹炳坤 副会长贾开弟	《报告》第31号
成都外东区女界	7月14日	入会的百余人	发起人胡佩兰等	《报告》第31号
崇宁县	7月14日	入会的有数百人	会长尹兴岱 副会长梁正昌	《报告》第22号
渠　县	7月15日			《报告》第20号
青神县	7月15日	参加大会的有千余人		《报告》第22号
名山县	7月15日	入会的有六百余人		《报告》第33号；《名山县志》第16卷
简　州	7月16日	参加成立会的有四十余人		《报告》第23号

续 表

名　称	成立时间	参加人数	会长、部长或发起人	资料来源
金堂县	7月16日	参加大会的有二千余人		《报告》第23号
芦山县	7月17日	参加大会的有千余人		《报告》第32号
宜宾县	7月18日	参加大会的约千人	会长赵增瑀	《报告》第31号
蓬溪县	7月19日			《报告》第25号
永川县	7月19日	参加大会的有一千余人		《报告》第28号
新繁县	7月19日	入会的有五百余人		《报告》第28号
荣　县	7月19日	入会的有三四百人		《报告》第23号
资　州	7月19日	参加大会的有千余人		《报告》第24号
荣昌县	7月19日	参加大会的有二千余人，入会的有千余人		《报告》第24号
马边厅	7月19日	参加大会的千余人	会长冯斗山 副会长李镜轩	《报告》第25号
涪　州	7月20日	参加大会的有三千余人		《报告》第26号
南充县	7月20日	入会的有千余人		《报告》第28号
盐亭县	7月21日	参加大会的数百人	会长王济钦 副会长苟少刚	《报告》第28号
彭山县	7月21日		会长毛麟	《报告》第25号
大足县	7月21日	入会的有三千五百人	会长胡建中	《报告》第32号
雷波县	7月22日			《报告》第31号
铜梁县	7月23日			《报告》残件，期数不详
富顺县	7月23日			《报告》第26号
邛　州	7月23日	入会的有千余人		《报告》第25号
内江县	7月25日	入会的有三千余人		《报告》第31号
犍为县	7月26日			《报告》残件，期数不详

续 表

名　称	成立时间	参加人数	会长、部长或发起人	资料来源
自流井镇	7月26日			《报告》第26号
重庆女子	7月26日	入会的有五六百人	会长王季兰	《报告》第28号
成都回民	7月26日	参加大会的有四百余人		《报告》第29号
阆中县	7月27日			《报告》第34号
威远县	7月29日	参加大会的有四五千人	会长毛向春 副会长郭宏级	《报告》第31号
奉节县	7月29日	参加大会的有二千余人		《报告》第32号
东乡县	7月30日	入会的有百余人	会长袁翰生 副会长景昌远	《报告》第34号
岳池县	7月			《报告》残件，期数不详
中江县	7月			《报告》第14号
成都华阳	7月	参加大会的有数千人		《报告》第16号
长寿县	7月	入会的有二千余人		《报告》第16号
新津县	7月	入会的有四五百人		《报告》第17号
城口厅	7月			《报告》第18号
彰明县	7月	入会的有八百余人		《报告》第28号
金堂赵镇	7月	入会的有千余人		《报告》第24号
成都女界	8月2日			《报告》第28号
万　县	8月3日	参加大会的有二千余人	会长王用钊 副会长张月丹	《报告》第33号
嘉定府	8月24日		会长王志仁 副会长易曙辉	《乐山县志·编年纪事表》
巫山县	8月	参加大会的有一千二百人		《报告》第33号
西　昌	8月		发起人王西平	《西昌县志》第9卷"兵寇志"

四川各地组织保路同志会的具体情况是：（一）都是在省保路同志会的号召下

和该会讲演员的筹划下成立的。尽管这些同志会在名称上有的称"分会",有的称"协会",在组织上,有的设会长、总干事,有的则设评议长或仅有总务、讲演、文牍、交涉四部,但是,它们无一例外地视省同志会为领导,其方针、办法皆照省同志会的规章。"一切组织均仿总会","布署悉照总会"①,"章程悉照总会"②。"愿合股东全体……听命于总会而为一致之行动。"③ 温江县保路同志协会致省保路同志会报告称:"愿贵会坚持破约保路宗旨,催促进行。凡贵会能力所到之境,敝会能力所达之境,同心勷力,誓死以从。"④ 这样就在实际上形成了一个以四川保路同志会为领导的全川性统一的爱国组织。(二)各地同志协会是以各地租股局或股东分会为基础,联络自治会、教育会、农会、商会、劝学所、团保局和学界组织起来的。"凡法团中人,无一不担任职务。"⑤ 多数同志协会的办事处皆设在原来的股东分会或租股局。省同志会规定:各地建立协会除必须依靠股东外还要重视各乡市镇团总、学董、乡约、保正、客长等人。"此项办公之人因地方官平日对于各乡公事相托付,此辈以足以代表一村一乡四民也。且团总、保正对于乡村颇有势力,至乡约、客长职位虽小,彼辈平日确被一般中人以下者所信仰,故兼及之。"⑥ 各地协会一般都是照上述规定办理的。由是保路同志会的势力便伸入至各场镇乡村。上面所述的这些人便成了各地协会的基层骨干力量。如本书第三章所叙,川路的股本大半集自租股,出租股的人为数千百万。清王朝的铁路国有政策直接打击了千百万散布在城镇乡村的租股股东,引起他们一致反对。这些原来分散的反抗力量一经同志会从上到下地组织起来,就显得十分强大了。四川保路运动的社会基础是相当深厚的。(三)同省保路同志会一样,各地协会的领导人仍然是有实力的乡绅。"川人争路之初,同志会具由正绅组成。"⑦ 会长、副会长、评议长和各部干事大致都由股东会会长、自治会会长、农会会长、钱店掌柜和学界头面人士担任。例如,雅安县同志协会的总务部部长是股东会会长鄢聚五,文牍部部长是农会会长李哲甫,交涉部部长是自治、城会会长陆季星。仁寿县同志协会会长杨景宜是自治研究所教员,副会长王成是劝业员,其他各部"皆由各绅自愿担任"。大邑县,保路同志会即设在股东分会,"干事人员亦皆以股东分会执事人员兼任"。⑧ 成都东玉龙等四街同志协会会长蒋云五是清盛钱店老板。据《华西教会新闻》报道:在德阳,"成都派出的代表来到了本县,开出了一长串加入保路同志会的名单,其中差不多每个稍有地位的人都入了会。尽管许多人感到这个组织有点谋反的性质,但他们又觉得事

---

① 《四川保路同志会报告》第 24 号《纪事》。
② 《四川保路同志会报告》第 31 号《纪事》。
③ 《四川保路同志会报告》第 25 号《纪事》。
④ 《四川保路同志会报告》第 12 号《纪事》。
⑤ 《四川保路同志会报告》第 31 号《纪事》。
⑥ 四川保路同志会讲演部部长程莹度所发《讲演部启事》。
⑦ 《名山县志》第 16 卷,第 33 页。
⑧ 《四川保路同志会报告》第 20 号、23 号《纪事》。

关切身利益不得不挺身出来防卫"①。这些人不是本人是地主就是与封建势力有着密切的联系。但由于他们都是川汉铁路大大小小的股东，同帝国主义及其走狗在川汉铁路问题上存在着矛盾，因此，他们既要保路，又要反对群众革命，与省城那些"文明争路"的立宪派人士是心心相印、上下相通的。于是，各地协会的活动一如省城同志会，一方面是派讲演员去四乡演说破约保路与国家存亡的关系，一面就是通过各地方官恳求川督代奏清廷收回成命，或要求省谘议局力争。有的同志协会还组织了请愿活动。名山县同志协会趁 7 月 30 日赵尔丰"行旌过境"时，"撰就公呈，率同会众，齐赴行辕鹄立，举代表泣递公呈"。② 8 月 2 日，成都北暑袜街同志协会趁赵尔丰入城时，"持商旗，具公呈，郊迎至武侯祠……匍匐皆跪泥中"，向赵请愿。③ 四川立宪派人士通过各地协会将全川保路运动的领导权操纵在自己的手中。（四）各地筹建协会时并非没有阻力。这种阻力主要来自州县官府。当时即有人函告省同志会说："最可恶者，那地方官见有乡民提说铁路事，他就要锁拿，动辄就要杀几个。"④ 在简州，"当事不无顽固"。长寿县"地方官恐过激生变，不无竞竞"。⑤ 省同志会规定对待地方官的原则是："此举关系国家存亡，不可脱离地方官，亦不可专恃地方官。……地方官中亦难保无为固位防患，至过于拘泥者，故不可专依赖之，即使极端反对，惟有守定秩序防制暴动，仍抱定宗旨办理，绝不可因其反对而还以野蛮行为相酬，或竟不计后来亡国惨状，地方官稍出反对遂止。"⑥ 这就是说，既要依赖地方官，又要保持运动一定的独立性，既不能用暴力反抗官府，也不能轻易妥协而放弃斗争。据此，各地协会对付顽梗官吏的办法是：发动士绅，以绅促官，借地方巨室之力迫顽固官吏让步。如金堂县县令见讲演员在大街上演说，"勃然震怒，立派干役多名前往捉拿讲演各员到署惩办。不料该县绅民以铁路关系吾人生命财产……大动公愤，蜂拥至署。该大老爷初藏署后，不敢稍动"。⑦ 事后，省同志会更将此事作为典型，揭载报端，加以评论，以为各地顽固者戒。由于四川省保路同志会是一合法团体，又坚持"文明争路"，开会时不是总督莅会训示，便有司道临场监督。同志会领导人一再剖白绝无干犯皇室之心和紊乱治安之举。因此，不少地方官在保路爱国运动澎湃汹涌势不可挡的形势下，也学着总督部堂的样子，在各地协会领导人承担谨守秩序防止暴动的条件下，小心谨慎地承认了同志会，有的还给予一定的支持。涪州同志协会成立时，"地方官登台承认并演说爱国尤当自奋，不可紊乱秩序，贻误事机。又谓事当慎始慎终……仆即损身失官在所不惜"。⑧ 峨眉县官李锦城"热心临会、维持一切"。崇宁县令"极力赞成，担任

---

① 《华西教会新闻》1912 年 4 月号。
② 《四川保路同志会报告》第 33 号《纪事》。
③ 《四川保路同志会报告》第 36 号《纪事》。
④ 《四川保路同志会报告》第 18 号《附件》。
⑤ 《四川保路同志会报告》第 14、16 号《纪事》。
⑥ 四川保路同志会讲演部部长程莹度所发《讲演部启事》。
⑦ 《西顾报》第 40 号《纪事》。
⑧ 《四川保路同志会报告》第 26 号《纪事》。

保护"。崇庆州协会成立时,"同城各官无不毕集"。马边厅"厅主慨然许诺"。① 县太爷出面承认同志会,无异向群众表明保路斗争是正当的事情。这在当时群众觉悟水平还不高的情况下,起了促进运动的作用。群众投入斗争更加无所顾忌了。

随着各地保路同志会的出现,四川人民的爱国热情日趋沸腾。全川各阶层、各民族的群众都被卷入了运动之中,各种爱国力量在保路同志会的旗帜下汇合起来。"我川人如梦初觉,如睡初醒,开会以来,各发热诚,不独学士大夫,自治之绅,学、农、工、商界,边地之土司、土兵、土民与各学堂之学生,小学生、女学生,即优伶负贩,舆台隶卒,一齐唤起,府州厅县协会成立,各城各街巷分会亦共成立,足见众志成城,不负同志之实。"② 温江县的报告写道:"吾乡父老子弟俱不似当年在酣梦中。"③ 筠连县的报告写道:"前者醉生梦死之国民,今则变为奋死不顾之国民,无论老者、弱者、智者、愚者,咸知川路为吾人生命财产,势必同归于尽。万众一心,誓死进行,连日报名者,纷至沓来,争先恐后,吾筠连历来设会,鲜有如此之神速者。"④ 这些材料从不同的角度反映了四川民众的觉醒和当时四川出现的生动活泼的政治形势。"谁说川民程度低,保国保路众心齐。"⑤

下层劳动群众的爱国事迹十分感人。成都华阳同志会成立时,到会者达数千人之多。"乡农到会尤多,闻路权尽失,则莫不切齿,异常悲愤。"⑥ 在保路运动中,"最足动人者,则下等社会贫苦人,发言之精当,忠悃之纯挚,有为士大夫所不到"。⑦ "虽下等社会之人,亦俱涕泗交流,咸切齿盛宣怀等而骂其为洋人走狗以断送我神州之河山,趋四万万众于奴隶之辈,甚有号咷而欲绝者,足见亡国之痛,人人俱有同心。"⑧ 成都兵工厂的工人参加了保路斗争,数百名工人与成都学界保持着密切联系。⑨ 宜昌川汉铁路工人为反对清政府卖国,"无日不滋事端,兵警弹压为难"。⑩ 成都的印刷工人组织保路协会,议决凡印同志会的一切文件都愿尽义务。⑪ 轿行的苦力也起而积极支持保路斗争。成都马王庙街轿铺力夫黄洪顺、杨洪兴致书省同志会表示:"力夫亦属国民分子,未肯坐以待毙。……爰集同业二十人,日捐一钱……作本会多印刷报告之费。"⑫ 机行工匠也捐钱支持争路。新津"薙发匠李青山携钱一千愿捐入同志会"⑬。成都操洋琴、说评书等业的盲人二百八十八

---

① 《四川保路同志会报告》第22、25号《纪事》。
② 《四川保路同志会报告》第10号《附件》。
③ 《四川保路同志会报告》第12号《纪事》。
④ 《四川保路同志会报告》第24号《纪事》。
⑤ 《西顾报》第39号《文苑》。
⑥ 《四川保路同志会报告》第16号《纪事》。
⑦ 《四川保路同志会报告》第8号《纪事》。
⑧ 《四川保路同志会报告》第34号《纪事》。
⑨ 文史资料委员会编:《辛亥革命回忆录》(三),第186页。
⑩ 盛宣怀:《愚斋存稿·武昌瑞莘师来电》。
⑪ 《启智画报》第26号。
⑫ 《四川保路同志会报告》第25号《劳动者之爱国热》。
⑬ 《四川保路同志会报告》第17号《纪事》。

人推举代表至同志会递请愿书,"为破约保路,捐备壶浆"。①

城镇居民纷起成立同志协会参加废约保路斗争。成都北暑袜街同志协会表示:"国步艰难,时局危迫,凡属国民分子,自应共挽颓波","以破约保路为死守宗旨,矢志进行,期达目的。"②成平街、老玉沙街、升平街、北巷子街组成成平四街保路同志会,指出:"铁路为交通机关,关系重大,各国觊觎垂涎已非一日,所以瓜分之说哄播地球,灭种之文登满报纸。强邻之窥伺日甚,我邦之国势日蹙,真有岌岌不可终日之势。……吾人谁不恋故国,谁不爱身家,谁不惧为亡国奴,栋折榱崩,大厦将倾,天下兴亡,匹夫有责,牺牲身命乃国民应尽之义务,参预政治乃国民应享之权利。"③太平街、兴隆街也成立了保路协会,到会者二百余人,"皆誓心无二,至死靡他"。九眼桥保路协会组织居民捐资购买川汉铁路股票。他们在川路濒于绝境时的热心购股的行动,鼓舞了群众保路斗争的信心。东玉龙、拐枣树、冬青树、康公庙四街保路协会,集居民五百余人一致反对铁路国有政策和借款合同。

商人则组织"一钱会",每人每日捐钱一文资助保路同志会。成都"西东大街商家,为争路废约起见,公议无论男女老幼每日每人慨捐制钱一文,以助同志会经费"。南纱帽街的商人迅起响应,"尤形踊跃"。④接着有童子街、梓橦街、马王庙街的"一钱会"出现,称"协助保路保国保种之会"。成都木行商人、川北绸帮也组成了"一钱会"。绸帮参加者不一日已过数百人,接踵而来者时不绝迹。

少数民族人士也加入了保路运动。成都的回民组织了清真保路同志会。开会时四百余人一致表示:"极吾人心腹之诚"作破约保路"指臂之助"。⑤四川保路同志会成立不久,羌族群众便响应斗争。茂州陇木土司何燮功致书省同志会,愿以每年实收粮石夫马千余金全数捐入同志会以助保路经费,并说:"聚针而成斧,积腋以成裘,大众热心,免致后生亡国之祸,民遭涂炭之悲。"羌族土司的这一行动表明四川少数民族人士对保路斗争的支持,在当时立即引起了强烈的反响。省同志会的负责人罗纶、颜楷、蒙裁成、邓孝可等予以热情接谈并去其寓所以同志会例不收受捐款相告,"谢其悃诚"。⑥

崇宁县东街吕祖祠道士马如是加入了同志协会,"凡一切会所事务,莫不力为组织"。赵公山盘龙寺道士汪志同也参加了同志会。他搜求有关保路的报刊广为宣传并捐钱"为修路之一助"。《四川保路同志会报告》第三十三号报道:广汉全体基督教徒,自铁路国有消息传来,每夜无一人不到教堂做祷告。"向上帝呼吁祈求……取消借款之约。……辅助我保路诸君。"数十余天从未间断。这种举动,"于事实上虽近虚无,然爱国热忱,至属可嘉"。成都有僧道数百人,"欲附入同志会以

---

① 《四川保路同志会报告》第 10 号《纪事》。
② 《四川保路同志会报告》第 20 号《纪事》。
③ 《四川保路同志会报告》第 26 号《纪事》。
④ 《四川保路同志会报告》第 8 号《纪事》。
⑤ 《四川保路同志会报告》第 29 号《纪事》。
⑥ 《四川保路同志会报告》第 12 号《纪事》。

为破约保路之一助,并认同志讲演员所至各州县,伊等先通知各寺院预备招待"。①

在省外,湖北宜昌的川路股东,旅居上海的川籍人士都组织了保路协会支持家乡的斗争。川省留日学生也群起声援。在北京的四川京官亦起而争路并同盛宣怀的走狗川籍京官裁缺内阁侍读学士甘大璋等人进行了斗争。

四川各阶层的爱国力量不仅不分地域和职业,不分民族和宗教信仰汇入保路洪流之中,而且人无分男女老幼共同奋斗。

自1911年6月17日年逾八旬的老翰林伍肇龄带队向川督请愿以来,四川各地有不少老人扶杖加入了保路斗争。"颁白老叟,风烛瓦霜,亦甘愿尽力"。崇宁县老人施泽普,年七十一岁,登台讲演,"讲至路存与存,路亡与亡,气壮声咽,青衫泪湿"。②成都老医生熊善明,年七十四岁。他致书省同志会,"洋洋万言"而"辞气悲壮"。四川女子保路同志会成立时,"有蓬蓬白发半折臂之媪扶杖入场者",有六十岁且盲一目的女画师步行赴会者。

在保路运动中,小学生的活动颇为引人注目。成都小学生三百余人,由黄学典、黄斌等发起组织小学生保路同志会,签名簿上"间有血书者"。有的小学生在省同志会评议会上登台演说,报告童子保路协会成立的理由及进行方法,提议初等小学堂学生每人每日捐钱一文,高等小学堂学生每日每人捐二钱,积少成多,助修商办川汉铁路。"是时,会场人人感动。有六十老人蒙功甫(裁成)先生登台抱此学生痛哭告众曰:我辈所以必争路争爱国者,皆为此辈小兄弟计也。……时台下万众无不痛哭失声。在场之兵,在场之巡警均莫不痛哭。兵中有攘臂哭且喊曰:我亦四川人,我亦爱国者。"③雅安高等小学生百余人也组织了保路同志会并力请学校当局参加他们的大会。嘉定牛华溪有倪姓女学生年仅十岁,读同志会报告后,将历年积蓄的银圆五枚,请老师代为邮寄省保路同志会,捐作争路经费。华阳小学生汤士浚兄弟二人将零用钱五百文当面交省同志会总务部部长江三乘,并说,不收此款,死亦不去。小学生们纯挚的爱国举动对各界爱国人士鼓舞不小。

初步出现的妇女运动是四川保路运动中一支不可忽视的力量。

四川女子保路同志会的成立,标志着四川妇女在辛亥革命时期开始由封建禁锢之中走出来参加政治生活了。该会成立之日,"是日阴雨天……会员多以手拂盖步行踏水,裙带尽霑湿",但热情不稍减。大会历时四点钟之久,"座中相对呜呜而泣,其一种茹苦含辛、怀仇挟恨之意与男同志意气飞扬者不侔"。④有的嬬妇致书同志会,表示支持保路斗争。郫县罗旭芝的信说:"惟伤强邻四逼,时事日艰","讵我女界同胞,能犹闺中枯坐无声无臭,如秦人之视越人之肥瘠耶!……以是疾首痛心,日走告于有志诸女士,联合同志,襄助巨款,以期成保路废约有进无退之举。尤幸女界同胞,其闻知者,无不欲手刃盛宣怀,誓不与共戴天",并要求作为

---

① 《四川保路同志会报告》第2号《纪事》。
② 《四川保路同志会报告》第20、22号《纪事》。
③ 《四川保路同志会报告》第34号《报告》。
④ 《四川保路同志会报告》第10号《附件》。

同志会中女界之一分子,"大开演说,唤醒女界同胞"。① 这反映出四川妇女在保路运动的影响下,已经不甘于"闺中枯坐","幽闭日久"的生活而投身于沸腾的政治生活中的强烈愿望。对此,当时有人赋诗赞曰:"毁家纾难有谁如,唤醒男女愤气摅。红粉也知仇国贼,绣阁珍寄一封书。"② 有的妇女写诗填词,在报上发表,声讨国贼。《四川保路同志会报告》第二十四号所载张女士的《铁道国有词》即是一例。重庆女子同志协会以"拒款、破约、保路、保国为宗旨",会员达五六百人,设有会长、内务干事、交涉部部长、文牍部部长、讲演部部长、联合部部长、庶务部部长各职,连日开会,"决意誓死力争"。成都外东区妇女"思尽女国民一分子之责",组成女界保路同志分会。7月14日,在观音阁内讲演,"时女界同志来者甚形踊跃,有听而呕血者,有愿赴京叩阍者,有年逾七旬之老姥痛哭失声者,有瞽媪顿足求人急欲报名者,有愿捐银百两者。……可见热心爱国,无男女、无少长、无智愚、无贵贱一也"。③ 成都淑行女塾一个姓张的女图画教师,冲破学校不准女生加入女同志会的禁令,毅然赴会并将所得画资捐给同志会。

当然,在保路运动时期,四川的妇女运动仅仅是迈出了小小的一步。比较活跃的还多是上层妇女。运动基本上还限于成都、重庆等城市。但是,这种刚刚兴起的运动却表明,在辛亥革命时期,四川妇女开始觉醒。她们正在争取以"国民一分子"的资格,发出了爱国不分男女的呼声,向封建主义的堤防进行冲击。《四川女子保路同志会告川中妇女书》明确提出:"我国痼习谓'女子无才便是德'。凡百事务抹煞女子。而我女界同胞,亦自认为生男育女,经纪中馈而已,不复措意于学问世故。因是沉沦闺阃,任国破家亡而无可如何,此有识者所为悲伤也。"又说:"方今盛宣怀卖国卖路欺君欺民……吾辈女界当此危急存亡问题,讵可漠然置之",号召"以我四千年无用之妇女,化为保国保种之柱石",一洗女子为"玩物"之耻辱。④ 四川妇女投身保路斗争具有争取民主平等和政治解放的性质,而这一斗争又是与争取中华民族解放的伟大事业联系在一起的。这在四川历史上还是一种破天荒的新事物,是四川保路运动的一个积极的成果。

"文明争路"失败,官绅矛盾加深

(一) 四川争路代表在省外受挫

四川保路同志会除在省内各州县组织协会发动破约保路斗争外,还分派代表赴北京"叩阍请愿",到湘、鄂、粤等省联络绅商,协力争路。

四川保路同志会一成立,即派刘声元等三人为赴京请愿代表。其任务是在北京会同四川谘议局副议长肖湘宣传川人保路宗旨,将在京赞成争路的同乡联合起来抵制盛宣怀、端方及其走卒甘大璋等人夺路夺款,特别要向摄政王载沣、庆亲王奕劻

---

① 《四川保路同志会报告》第17号《附件》。
② 《四川保路同志会报告》第29号《著录》。
③ 《四川保路同志会报告》第31号《附件》。
④ 《四川保路同志会报告》第24号《附件》。

请愿,揭露盛宣怀欺君罔上,媚外营私的罪行。1911年7月2日,同志会在成都南较场召开了盛大欢送会。刘声元当众表示:"此去守定本会宗旨,作秦庭七日之哭,冀朝廷有悔,以达破约保路之旨。约不破,声元有死去而无生还。"一时"台上台下,无不痛哭失声,一字一恸号,一语一鼓掌。最惨者无数乡间老农……向台上连连作揖,且咽且言曰:我们感激你!我们感激你!"① 同志会讲演部职员幸自雄椎破手指血书:"赴京诸君鉴:别无赠,惟破指壮其志!"鼓励代表矢志争路。同志会电北京全蜀会馆,通知刘声元等即将进京,又推举赵熙②等代表川民,联络同乡,组织保路同志会。

刘声元抵京后,"旅京绅商屡次开会,聚集多人,投递呈词"③。他在上载沣的"叩阍书"中指出:在四川"酿乱萌者,实盛、端两大臣,而瑞(按:指湖广总督瑞澂)为之助。既丧主权以摇国脉,复假君威以摧残民气。立宪国家,乃有如此之国务大臣,前途何堪设想"。恳求载沣"收回成命,并治当事大臣以欺君误国朦奏酿乱之罪。然后提议修改盛宣怀之卖路合同,以保主权而靖民心"。④ 但载沣置之不理。迨成都血案发生后,刘声元与四川旅京绅、商、学界代表呈请内阁代奏川督赵尔丰"戕毙多命",要求清廷"早为收拾"。9月10日,刘声元约集旅京各界代表,徒步前往庆亲王府,"泣陈川中危迫情形,请速筹办法以息目前大祸"。庆王府卫士,"初则峻拒不理,经各代表万般哀求,始允刘君声元一人暂入。旋即被数人推出。是时未入各代表见此情状,同声大哭,屋瓦皆震……围观者不下数千人。……观者亦多挥泪"。奕劻见群情激动,"各代表仍坚持跪哭主义,决不离王府一步",遂命人诱骗刘声元等至高庙"徐商办法"。于是,刘声元等多数代表又前往高庙。剩下代表杨光湛等人则被庆王府兵士拖掷府外,惨遭殴打,押解而走,"如获大犯"。刘声元发觉上当后再回庆王府时,"不意守卫兵及警察已预防之,持枪十余排,如防堵大敌然。代表始垂首丧气而归"。⑤ 清廷更命民政部、步兵统领衙门严禁聚众开会,多派军警弹压,严密查拿刘声元。9月11日,即将刘声元捉获,押解回籍,交地方官严加管束。川省谘议局副议长肖湘也在武汉被捕。这样,清王朝便严厉地关上了"俯顺舆情"的大门。四川绅商的"文明争路""跪哭主义"始终不能挽回"天心"。他们的代表在京师闹到头破血流,成为待罪囚犯,狼狈而归。

四川赴湖北的代表江潘、周代本、吴炳臣三人曾得到湖北省谘议局的欢迎。7月23日,应邀去谘议局与湖北副议长夏仲膺及常驻议员十七人协商办法,达成了湖北与"湘、粤、川三省一致进行","极力要求破约"以及"鄂省代表到京,当与湘、粤、川共同组织反对借款合同之联合机关以扩充进行之实力"的协议。⑥ 但

---

① 《四川保路同志会报告》第8号《本会大会详志》。
② 赵熙,字尧生,四川荣县人。时任江西道监察御史,是年是北京全蜀会馆值年。
③ 中国史学会编:《辛亥革命》(四),"中国近代史资料丛刊"本,第474页。
④ 《广益丛报》第9年第28期。
⑤ 以上引文均见三余书社主人编:《四川血》。
⑥ 三余书社主人编:《四川血》。

是，川省代表龚焕辰、白坚等人在湖南的活动却遭到湘抚杨文鼎的破坏。他们一到湖南，杨文鼎即令"地方官干涉，不准开会演说"。①川省代表无能为力，只得离湘去粤。两广总督张鸣岐说："他们是以四川保路会为名，来粤运动，希图勾结煽惑"，禁止报馆刊载反对铁路国有的言论，令巡警道查禁路事演说。尽管龚焕辰致书张鸣岐，苦口婆心解释破约保路宗旨，但张无动于衷。川省代表只得转赴香港活动。8月14日，广东旅港嘉应商务公所、四邑商工总局、番禺工商所集千余人开特别茶话会欢迎龚焕辰等人，以尽"华侨之谊"。白坚在会上提出："川人与粤人同是中国同胞，居之今日又是同灾共患之人"，"固宜精神上之结合，共同一致"。并割指血书："粤蜀非联合不可"。与会人士"莫不悚然生敬，鼓掌之声震屋瓦"。当即发起旅港保路同志会，响应保路斗争。②张鸣岐惧怕广东保路运动再起，给龚焕辰加上勾结革命党，将去南洋革命的罪名，急电请清朝外务部、邮传部从速要求英国公使电香港总督将龚焕辰扣留交上海道递解回籍。由是，龚焕辰等被逐离港。

（二）盛宣怀、端方的排王迎赵，买甘抢款和拉李夺路

四川保路运动的蓬勃开展与护理川督王人文对争路的同情是有一定关系的。

王人文字采臣，云南太和人，光绪十二年（1886）进士。1911年1月，川督赵尔巽调任东三省总督，王人文以四川布政使护理川督。同年4月21日，清廷调王为督办川滇边务大臣，四川总督一缺由赵尔巽之弟、原川滇边务大臣赵尔丰署理。对此，王人文深为不满。"王晤人，不曰'垂老投荒'即曰'以素昧边事者办理边事'，岂有不凿枘乎！"不愿丢川督而就川滇边务大臣，并且指责清廷："以官职为市易，国事不纲，于斯极矣。"因此，他不仅"不制止同志会之发展"③，而且还不顾清廷的申斥一再为四川绅民代奏收回铁路国有成命。6月17日，王人文公开接见四川保路同志会请愿队伍。"跻高案，诏众勿愤怖。总督职为民，民有隐，总督职宜请，请不得，去官，吾职也，亦吾乐也。"④他"鉴于民气过激，恐至危及国本，推原祸始，厥在借款合同。乃严劾部臣盛宣怀，冀纾民愤，以定人心"。⑤6月19日，王人文上《为铁路借款合同丧失国权太大请治签字大臣误国之罪并提出合同修改折》，指出借款合同是"十余年惨不忍闻所谓瓜分之谣传，于此将合力以实践"。"稍有识者，读此合同，无不痛哭流涕"。"路者国家之土地，路不为我有，土地宁为国家所有"，中国签订这样的合同"实蹈无形之危亡"。因此，自合同宣布以来，"有识者奔走号呼，举若日暮不能自保"。"人民哀痛既如此迫切，强为抑制，内乱既不可收拾，外患恐相因而生"。谢天下的办法只能是"先给盛宣怀以

---

① 盛宣怀：《愚斋存稿·长沙杨俊帅来电》。
② 陈旭麓、顾廷龙、汪熙编：《辛亥革命前后盛宣怀档案资料选辑之一》，第129~130页。
③ 以上引文均见彭芬：《辛亥逊清政变发源记》，中国史学会编：《辛亥革命》（四），"中国近代史资料丛刊"本，第333~334页。
④ 中国史学会编：《辛亥革命》（四），"中国近代史资料丛刊"本，第440页。
⑤ 王人文：《辛亥四川路事罪言》，民国二十五年石印本。

欺君误国之罪，然后申天下人民之请，提出修改合同之议"。① 6月27日，王人文又将由罗纶等二千四百余人联名签注的川汉、粤汉铁路借款合同代奏，借机重申了他反对借款合同的主张，并进一步指出清政府向四国银行借款是"厝积火薪"，"祸机迫矣"。他明确地站在争路一边说道："收路国有之命，川人尚可从；收路而为外人所有，川人决不能从。借债主办内政，川人尚可从，借债而令外人夺我财政，川人决不能从。该合同失败若此，即尽举其款优恤川人，川人亦所不受，即邮传部横施压力，强制川人，川人有死而已，不能从也。"② 他还说："顾群情以激而愈固，民气有郁则必伸，此次借款合同，举路权、财政权尽付于人，势成不国。该绅等食毛践土，既具有忠君爱国热诚，而灾必及身，亦不能无私家之痛切。"③ 肯定了川人争路的正义性。

　　当然，作为封疆大吏的王人文是从维护清朝统治出发代民争路的，而且从保路运动一开始就力图将运动限制在"文明争路"的范围之内。"当士绅集议保路之顷，苟有稍为妨害治安之影响者，王护督无时不集诸绅反复诰诫。"④ 但是，当四川保路运动初起时，王人文能够承认四川绅民争路是爱国的。他不仅不像两广总督张鸣岐一样严加干涉禁止，也不像湖南巡抚杨文鼎敷衍绅民，代奏一被斥责立刻看风行事，而是为四川绅民一再代言。他不顾清廷严旨申饬，公然接见请愿队伍，表示支持争路。这些开明的举动对刚刚兴起的四川保路运动不能不起推波助澜的作用。我们从他比较坚决的反对借款合同和严厉弹劾买办官僚盛宣怀的言论看，他还是有爱国心的。统治阶级内部争权夺利，矛盾重重。王人文的作为固然与他不满于"垂老投荒"或者想给赵尔丰摆烂摊子有关。但是我们不能因此否定他的某些爱国表现及其对四川保路运动的发展所起的一点助长作用。盛宣怀安插在成都电报局的亲信周祖佑曾报告说："伏查此次路事风潮，始由川路公司倡言发起，意图抗拒，遂联合谘议局及学界中人，刊布传单，张贴广告，指斥政府，摇惑民心。……几于举国若狂。设当时行政官稍加禁遏，当不至此。乃王护院畏其锋势，一味姑容……以致路事风潮迄今未平静者。"⑤ 这一段话并非纯属诬陷之词。

　　盛宣怀、端方抱怨王人文镇慑无力，甚至沽名钓誉，曲予优容，违旨邀誉。为破坏四川保路运动计，他们极力排斥王人文。除了通过上谕申斥"该护督一再渎奏殊为不合"，"倘或别滋事端，实惟该护督是问"外，着力支持赵尔丰立即接任督篆，将王人文赶走。7月2日，盛、端联名电赵尔丰，要赵"迅赴川任，镇抚群情"。⑥ 不久，清帝又令赵尔丰兼程赴任，对四川争路人士"严拿惩办，以销患于

---

① 王人文：《辛亥四川路事罪言》，民国二十五年石印本。
② 王人文：《辛亥四川路事罪言》，民国二十五年石印本。
③ 《四川保路同志会文电要录·护督王奏为川路事渎陈请议处片》。
④ 中国史学会编：《辛亥革命》（四），"中国近代史资料丛刊"本，第378页。
⑤ 陈旭麓、顾廷龙、汪熙编：《辛亥革命前后盛宣怀档案资料选辑之一》，第122页。
⑥ 盛宣怀：《愚斋存稿·寄成都赵制军尔丰》。

未萌"。反动统治者以为去一王人文①，来一赵尔丰便可用高压手段将争路运动扑灭，但结果则是适得其反。

盛宣怀、端方破坏四川保路运动的另一手段是指使川籍京官甘大璋、宋育仁等呈请将川汉铁路股本一律附为国家路股，为夺取四川路款制造舆论。在铁路国有政策颁布后，盛宣怀为分化各省的保路力量，在处理股款问题上做文章：粤路由清政府发还六成现银，四成"国家无利股票"。湘、鄂商股全数发还现银，其余给"国家保利股票"。四川则全部换给"国家保利股票"。所谓"国家股票"是根本不能兑现的空头支票。四川集股多达一千六百余万元。盛宣怀的办法实际是对四川人民再次实行残暴的掠夺，当然遭到四川人民的反对。这时，盛宣怀支使甘大璋等人出面提出所谓"一律附为国家路股"，一方面是坚持掠夺四川路款，一方面是在四川官绅中制造混乱，以达夺去川路，扑灭川争的目的。6月17日，清政府度支部奏称：四川京官载缺内阁侍读学士甘大璋、礼部记名丞参宋育仁等联名呈请，"以为路归国有，自属国家应行政策"，"应请饬令部臣暨督办大臣、四川总督转饬各厅、州、县各局所将宣统三年四月以前川路已收、已支及现存之款、未解之款，分别查明册报，一律归为路股，换给国家股票"②。其实，甘大璋、宋育仁这个"窃名实居过半"，"并非川人公意"的呈文完全是盛宣怀唆使炮制的。《四川川汉铁路旅京各股东启事》指出：这是"甘大璋等馋食金衣而为之，希冀差席而为之，与夫迎合当道意旨，图博保荐而为之"。③ 7月12日，宋育仁在给盛宣怀的密函中讲得更明白："此件（指甘、宋的呈文）系职承谕约甘（大璋）赞成国有，事出为公。"④ 盛宣怀本想收买走卒，破坏四川保路斗争，结果引起的却是强烈反对。多数川籍京官起而声讨，四川群众更是怒不可遏。遂宁绅民将甘大璋削籍，还要"焚庐掘墓"。富顺绅民公告"逐宋（育仁）出籍"以"雪此大耻"。此后甘、宋二人甘当鹰犬，不断向盛宣怀告密，开川路斗争"倡首罪魁"名单。清政府据此令赵尔丰严行镇压，从而激起了更大的风潮。

拉李夺路是盛、端施展的又一诡计。

川汉铁路有限公司驻宜昌总理李稷勋在铁路收归国有时虽曾表示愿意争路，但是，重在争回路款，即所谓"最后归宿，收款尤为切要"。⑤ 他对清政府派员查账兼勘工程一事，认为"碍难拒不承认"。当经川汉铁路总公司复电指出："同志会宗

---

① 赵尔丰于1911年8月2日由川边抵成都，3日接总督印。王人文奉旨赴京觐见，行至西安被革职、拿问，因辛亥革命发生得免。据石体元《忆成都保路运动》[《辛亥革命回忆录》（三）]一文回忆，"王氏首途之日，成都群众自动走送于北门外者几达万人，为空前未有的盛事"。《四川保路同志会报告》第36号载，川汉铁路公司股东特别大会曾提议开大会欢送王人文，"众皆谓以我保路同志会送国之爱国者，非以四川绅士送川省大官也"。
② 盛宣怀：《愚斋存稿·代陈川绅呈请租股办法片》。
③ 陈旭麓、顾廷龙、汪熙编：《辛亥革命前后盛宣怀档案资料选辑之一》，第112页。
④ 陈旭麓、顾廷龙、汪熙编：《辛亥革命前后盛宣怀档案资料选辑之一》，第113~114页。
⑤ 《川路收回国有往来要电·宜昌来电》。

旨，力争合同，不仅争路争款。勘工之事，似尤当力拒。"① 而李稷勋"屡电陈利害，言争路非宜，当合谋责取偿款"。② 拒不接受同志会宗旨而径往北京与盛宣怀做秘密交易。他同意将川汉铁路现存路款附着国家路股续修宜昌至归州段铁路，并以宜昌川汉铁路董事局的名义电成都股东会，建议附款筑路，停争路权。李稷勋这种出卖保路运动的行径，自然投合盛、端的意图。7月13日，端方向盛宣怀建议收买李稷勋，让他继续主持宜归段路工。7月15日，盛宣怀复电端方说："姚琴（按：李稷勋号）细谈，甚愿以现存租股认办宜归……已由彼自行设法运动公司"，还特意嘱端方说：他们同李稷勋勾结，从川汉铁路有限公司内部进行破坏的事"宜秘密，勿使人知为政府所愿"。③ 李稷勋更有恃无恐，要求川汉铁路有限公司"以争款为紧要"，放弃保路斗争，"虑拒债风潮过激，别生枝节，便难收束"。④ 川汉铁路有限公司以"除争废约外，无可着手"相驳斥。盛、端为了进一步收买李稷勋，"刻提加给夫马五百两，庶可望其持久"。⑤ 他们满以为只要李稷勋死心投靠，便可达夺款夺路的目的。然而这一阴谋更加扩大了官绅间的矛盾，增添了群众的愤懑，暴露了他们坚决与人民为敌的罪恶立场。拉李夺款可谓机关算尽，但事与愿违，反而成了四川爆发罢市、罢课斗争的催化剂。

（三）川汉铁路有限公司股东特别大会

川汉铁路有限公司为了动员广大股东破约保路，在四川保路同志会成立以前即借清朝商律所规定："公司遇有紧要事件，董事局可随时召集众股东举行特别会议"，决定在8月4日召开临时股东大会，呈请川督通饬示谕全省各厅州县转知各股东分会派代表赴成都开会。⑥

川汉铁路有限公司股东特别大会召开时所面临的形势和任务是：1. 四川绅民要求铁路商办、废除借款合同一再碰壁。在一定程度上同情川民争路的王人文已被赶走。以杀人众多而有"屠夫"之名的赵尔丰已奉旨到职视事，清王朝以及盛宣怀、端方给他的任务是首先制止保路运动。2. 清王朝不但拒不承认川路已用的路款，而且进一步用换给"国家股票"的办法来夺取现存的路款。盛宣怀、端方更收买了川路驻宜昌总理李稷勋，强行夺款夺路。四川绅民争路保款的前途愈呈黑暗。3. 保路同志会成立已近两月。保路同志协会遍布全川，群众有了较广泛的发动。运动的声势越来越大。清朝拒不让步，川民誓不屈服，官与民、官与绅的矛盾日趋尖锐。领导保路运动的绅士们既不甘丧失系之于川汉铁路的经济利益，也不敢拂逆舆情，放弃争路而丧失政治地位。因此，继续反对清政府收路、夺款、卖国，特别是向川督赵尔丰显示民意和"文明争路"的宗旨，争取他体查绅商们忠君爱国的苦

---

① 《川路收回国有往来要电·致宜昌电》。
② 李稷勋：《四川商办川汉铁路宜昌工场志痛之碑》。
③ 盛宣怀：《愚斋存稿·寄武昌端大臣》。
④ 《川路收回国有往来要电·北京来电》。
⑤ 盛宣怀：《愚斋存稿·端大臣来电》。
⑥ 《四川官报》宣统三年五月十六日。

衷而支持川人争路,便成了此次大会的首要任务。

1911年7月25日,蒲殿俊、罗纶、邓孝可、颜楷、彭兰村等谘议局、同志会和川汉铁路有限公司的负责人联名在《四川保路同志会报告》第二十三号上登出《川汉铁路特别股东会准备广告》,定于7月28日在铁道学堂召开准备会议、协谋股东特别会进行方法。

7月30日,准备会提出《川路仍归商办意见书》(以下简称《意见书》)。指出股东特别大会"其开幕第一日所首当解决者,即应否争路问题",举出铁路国有政策,"将吾国宪政直从根本上破坏无余";其背先朝、违法律、劫人民,专横野蛮,实为古今中外所未闻";清政府对"督抚参奏不顾,京官吁恳不应,人民群众愤争若未闻。甚至贪心未已,既夺我路,又不偿款,并牢笼京官,密商督抚,觊觎我七百余万现款"三大理由,阐明"此路不可不争"的道理。《意见书》还重申争路与破约的关系,指出:"此次合同,既直接以夺吾股东权利,复间接以制吾国民之死命。吾人即不为现在争铁路,宁不为将来寻生路乎!"强调"惟争路可以拒约,不争路并难保款"。① 这表明,四川的绅商自五月开始争路以来,虽在清政府的压力下在在碰壁,但他们仍坚持着斗争。这种表示无疑能得到与会股东和全川群众的支持。至于争的办法,绅商们仍没有吸取过去的教训,还是主张"质问邮传部""吁恳代奏"。只有"提回存款"一法,即将公司在沪汉的存款悉数提回,以拒盛宣怀、端方夺款是新添的一种斗争方法。可见,四川保路运动的领导人依旧拿着"文明争路"的框子来限制运动。蒲殿俊、罗纶等人通过这个《意见书》给股东特别大会定下了基调。

四川保路同志会为了给股东特别大会造声势,于8月3日召开全体大会欢迎股东代表,到会者近万人,情绪热烈。张澜以股东代表的身份发表演说。据当时报道:"张君本吃于口,然字字血忱,语语精神。"他着重指出:"吾辈为爱国而来,今爱国必破约以保路。故能替吾人破约保路则爱吾国者,吾虽仇亦亲之。不赞成吾破约保路则国之贼也,虽吾亲亦仇之。事固起于盛宣怀,今则不止在一盛宣怀,有障碍吾等破约保路者,非盛宣怀亦盛宣怀。吾股东代表等与同志会诸君同一爱国,同一破约保路,是一是二,是二犹一。果有障碍吾等破约保路者,远处之盛宣怀吾等固誓死仇之。近处如有盛宣怀吾等亦誓死仇之。"② 张澜是四川保路运动领导集团中的激进分子,他这段演说激昂慷慨,针对性较强。因为张澜讲话的这一天正是赵尔丰接川督印的日子。这无异给赵尔丰一个下马威,警告他不要障碍破约保路,否则四川人便将他当作"近处之盛宣怀"而"誓死仇之"。

川汉铁路有限公司股东特别大会的筹备会《意见书》拟定:"赵督莅川时,吾辈应再以股东会名义迓其莅会,不至则纠合股东麇集督署,呼吁代奏,以表现吾股东争路之决心。"大会开幕前,川汉铁路有限公司董事局主席董事彭兰村、总理曾

---

① 《四川保路同志会报告》第28号《遵先朝谕旨四川川汉铁路仍归商办意见书》。
② 《四川保路同志会报告》第28号《报告》。

培曾以贺赵荣任川督之喜为名，敦请赵尔丰出席大会。

8月5日，股东特别大会在川汉铁路有限公司开幕，罗纶担任主席。到会代表五百余人投票选出颜楷、张澜任股东大会正副会长。当天下午，赵尔丰致"训词"。他因为初到成都，面临的是王人文留下的摊子，又见民气出其意外的高昂，不易对付。他的"训词"格外简短谨慎，虚实莫测。在"训词"中，他一方面肯定保路绅民"具有爱国热忱"，表示"本督部堂相见以诚，折衷至善，但视权力之所能为，必无不为；职务之所当尽，必无不尽"。一方面又告诫："惟当维持秩序，恪守范围，无事浮夸之议论，力求适当之解决。"① 事后，他在致内阁代奏电文中，虽认为股东特别大会代表的发言"意气不免稍盛"，但说"秩序尚不紊乱"。② 似乎对掌握川局具有信心。

但是，大会开幕的当天，李稷勋转来端方3日电称："蜀中近状嚣张，初十开股东会，闻颇有地方喜事之人，参预鼓扇，其实公正绅董，颇不谓然。"李稷勋同时转北京电称：清廷已有旨交川督"即将倡首之人，严拿惩办"。③ 这种把四川绅民的保路斗争诬为非法，将领导争路的士绅指为闹事作乱的祸首的诛语立刻引起了股东大会代表们的反对。8月7日，代表们得悉"端方之蛮电"后，"顿时会场声如沸鼎"。重庆代表朱之洪"登台逐层举其电之蛮野诬人。每数语众则狂叫以应之"。④ 当即以"川省川汉铁路股东会"名义拟电文一通，请赵尔丰代转端方，抗议他干涉股东会正当活动。电文说："我公权在督路，蜀中地方近状，绅董贤否，会场言论自有行政官督察，未宜远劳驰虑。""此次路事由于贼臣违宪卖国，普天同愤，蜀亦同之。……实一心共命，并无喜事之人与公正绅董之别。""至所称喜事之人与公正绅董如确有所知，请即指名见复，勿播臆词。"⑤ 这一含义颇深的电文，一方面怒斥了端方擅播臆词，干涉股东大会，一方面示意赵尔丰注意端方越权干扰川督权力，给端、赵矛盾埋下了伏笔。因此，赵尔丰一见电文，立即指责端电"诚无理"，表示"自当照转并更加严重语"。⑥ 次日，股东特别大会又通过了《意见书》所提争路办法三则："一质问邮传部，二吁恳代奏，三提回存款。"赵尔丰当场"允为股东代奏"。8月9日，股东大会讨论了盛宣怀收买李稷勋没收川路问题，推罗纶等八人去督院请赵参盛违旨盗权，专擅害公。股东大会指出：盛宣怀"与一分公司总理私相授受，取接收路工之实而阳避其名，并强据公司现款，行同狙侩，事同局骗"。李稷勋"以有主之款，敢为牵羊之献，实为公司罪人"。⑦ 全体决议将李辞退，要求赵尔丰责令李稷勋于十日内办清交卸手续，坚决反对清政府邮传部任命

---

① 戴执礼编：《四川保路运动史料》，第248~249页。
② 赵尔丰：《赵季和电稿·致内阁》，手抄本。
③ 戴执礼编：《四川保路运动史料》，第248~249页。
④ 《四川保路同志会报告》第31号《报告》。
⑤ 《四川保路同志会报告》第31号《复端大臣电》。
⑥ 《四川保路同志会报告》第31号《报告》。
⑦ 戴执礼编：《四川保路运动史料》，第257页。

李稷勋主持路工的乱命。保路同志会也召开职员评议员会议，集会众六七千人为股东大会反盛讨端罢李呐喊助威。此后，股东特别大会的议题便集中在李稷勋的进退上，直至罢市、罢课的爆发。

川汉铁路有限公司股东特别大会的召开是四川绅民为争取破约保路向清政府发起的一次有准备的进击。大会将四川各厅州县的股东代表聚集起来，通过总结前一段的斗争和参加当时的反盛讨端罢李斗争，进一步激发了各地代表的争路热情并通过他们进一步引起了全川群众性保路斗争的新高涨。这次股东大会还巧妙地用群众的反抗斗争警告了赵尔丰，借机挑明了端方和赵尔丰的矛盾。端方野心勃勃，咄咄逼人使赵尔丰疑虑不已。这不仅阻止了赵尔丰下车伊始即强行压制，而且不得不暂时俯顺舆情，走一段王人文的路子，公开承认绅民爱国并为绅民代奏，使清王朝大失所望。这就为四川保路运动多赢得了近一个月合法发展的时间，聚集了更多的群众，储备了更大的力量，使运动进一步深入有了更大的可能性。

三、罢市、罢课、抗捐、抗粮斗争
——保路运动的第三阶段（1911年8月24日——9月7日）

席卷全川的罢市、罢课风潮

四川群众的罢市、罢课斗争自8月24日由成都开始，迅速形成席卷全川的风潮。这一斗争的展开，标志着四川保路运动开始突破"文明争路"的框子而以激进的行动反抗清王朝。这是前阶段的保路斗争，激化了人民大众和帝国主义的走狗清王朝的矛盾的结果。

8月18日，端方、瑞澂会同电奏"请明降谕旨，特派李稷勋仍行留办路工，一面责成赵尔丰懔遵迭次谕旨，严重对付"，"遏乱萌而靖地方"①。次日，清王朝不顾四川群众罢斥李稷勋的正当要求，悍然派李稷勋总理川路路工。赵尔丰得电后，"以此事发表众必大愤"，只给股东会长阅看。8月23日，川路股东开审查会议。同盟会会员朱之洪就北京最近来电事提出质问，要求股东会长宣布内容。股东们纷纷要求召开临时会议，商讨对付办法。第二天上午，股东特别大会会长颜楷将川督交阅电文大旨报告甫毕，"会场一片哭声、喊声、骂声、捶胸跌足声、演说声……满场热焰欲烧。于是会场有喊须罢市者，有喊须停课者，有喊不纳厘税者，有喊以租股抵正粮者……有谓须设景皇帝万岁牌，日夕哭之，以冀朝廷感动，挽回天心者。每闻会场中一议出，从无不以声应之"。②群众异口同声谴责李稷勋"盗

---

① 盛宣怀：《愚斋存稿·武昌端大臣瑞制军来电》。
② 三余书社主人编：《四川血》。

款献路,公电纠参,而政府竟置之不议"①,提出"非惟路无可争,且恐款亦难保"②。痛感"要求政策,全归无效",决定立即罢市罢课抗议。是日下午二时,保路同志会召开大会,"众喊叫号哭亦如午前",纷纷要求到督署请愿。罗纶、邓孝可等人怕人多嘴杂,反致误会,由他任代表去向赵尔丰陈情。但是,"此时各街已有关闭铺面。会众心急,立催散会。众散未毕,各街关闭市门已过半矣"③。"不但大街做到整齐划一,即僻街小巷也无例外。"于是,繁华热闹的成都顷刻之间百业停闭,交易全无。各学堂一律停课。据当事人的回忆:成都罢市后,"悦来戏园、可园的锣鼓声,各茶馆的清唱声,鼓楼街估衣铺的叫卖声,各饭店的喊堂声,一概没有了。连半边街、走马街织丝绸的机声,打金街手饰店的钉锤声,向来是整天不停的,至是也听不见了。还有些棚户摊子都把东西拣起来了。……无论什么场合,每一个人视听言动所接触的,完全集中于保路斗争这一个问题"。"多数专靠劳力吃饭或专靠卖货物吃饭的工商业者,一旦生产与买卖全停顿了,生活马上就成问题,但他们也毫不顾虑及此,而争先表示同情争路。"④ 有的同志协会(如西御街、蝶窝巷、兴隆街、北打金街协会)在罢市期间设立慈善会救济生计困难的贫民。9月2日,保路同志会开会研究罢市、罢课问题。学界代表登台宣布:"仍守前定宗旨,不达圆满之目的不开课。"商界代表报告:"准则于学界,学界开课,商界亦开市。"同时,学界保路同志会决议:各校学生离省城回乡协助各地罢市、罢课和抗捐斗争。富顺、资阳、酉阳、合江、内江、三台等地在省学生也纷纷集会,决定回县争路,"务期众志成城,全川如一"。⑤ 一时,四川的保路运动洋溢着团结战斗的气氛。赵尔丰也承认:"此次罢市、罢课,人心坚固。"⑥ 从此,四川人民由要求清政府收回铁路国有成命、废除借款合同进而用罢市、罢课斗争反抗坚持卖国主义和专制主义的清朝了。

成都的罢市、罢课,使清政府感到岌岌可危而惶恐不安。清帝令赵尔丰:"商店罢市,既系有人播弄,省外伏莽蠢动,著仍切实弹压,毋任嚣张。"⑦ 赵尔丰急忙召集川汉铁路有限公司负责人,地方绅士以及各街道同志协会代表,软硬兼施,强令开市、开课。但是,到会人士以"大众愤恨如此,我等何能为力"⑧,表示爱莫能助。成都知府,成都、华阳两县的县令也到街上讲演,劝说开市。可是,群众无动于衷,以致效果全无。赵尔丰在各街口遍布巡防军,荷枪巡查,如临大敌,又因成都群众有"鼓动各州县罢市之举",禁止电报局拍发有关保路电报。但是,群众不顾其威吓,坚持斗争。各州县在省学习的学生们在同志会的布置下陆续回乡,

---

① 《西顾报》第39号宣统三年七月十二日。
② 秦枏:《蜀辛》卷上,第2页。
③ 三余书社主人编:《四川血》。
④ 文史资料委员会编:《辛亥革命回忆录》(三),第57页。
⑤ 《西顾报》第40、41号,宣统三年七月十三、十四日。
⑥ 戴执礼编:《四川保路运动史料》,第277页。
⑦ 史宝安编:《宣统政纪》第58卷。
⑧ 三余书社主人编:《四川血》。

送出省城消息。赵尔丰的封锁也是徒劳无益的。

群众运动的迅速发展也是四川保路运动的领导人们始料所不及的。这时,他们一方面利用群众斗争的声势,继续开股东会,搜集盛宣怀、端方先后所有违法证据,尽力驳斥,呈请川督代奏;一方面则着重防范群众暴动。他们散发《四川保路同志会公启》,要求群众:"(一)勿在街头聚群。(二)勿暴动。(三)勿打教堂。(四)不得侮辱官府。(五)油盐柴米一切饮食,照常发卖。能守秩序,便是国民,无理暴动,便是野蛮。"① 这个公启,除第五条对坚持斗争有利外,其余都是捆绑群众斗争手脚的,充分暴露了中国资产阶级上层的软弱性和妥协性。不仅如此,运动的领导人为了表示他们的争路并非反叛朝廷之心,还连夜印发"圣位牌",正中写着:"德宗景皇帝之神位",两边写着:"庶政公诸舆论","铁路准归商办"②,要各家供在大门口,焚香膜拜,朝夕哭之。在各街道中心点搭起"皇位台",高出檐外,宽与街等,上设香案,供光绪牌位,悬"文官下轿、武官下马"牌子。本街同志协会每天在此开会,颂扬先朝皇帝,声讨当今贼臣。立宪派人士企图使运动笼罩着皇权主义的色彩,取其温和而无犯上的嫌疑。但在当时,"确是一种很高明的斗争方法,它既适合于当时人民群众的觉悟程度,又剥夺了统治者任何反对的借口,而且无论什么官员打从这里经过,都得下来步行,完全丧失了他们平日的威风"。③"因为供的是皇帝神主牌,又是百姓公意,警察不敢干涉,管你是官是绅,也只好不动声色地忍耐下去。"④ 赵尔丰无可奈何地奏称:"省中各街衢皆搭盖席棚,供设德宗景皇帝万岁牌,舆马不得过,如去之必有所借口,更有头顶万岁牌为护符。种种窒碍,不得不密为陈告。"⑤ 端方听说后暴跳如雷地说道:"川人此举,亵渎乘舆,诋诬先帝","无法无纪,造此怪象,尚复成何世界","大不敬之罪已不可逭"。⑥ 但是,一般群众眼见这些平日作威作福的官员的狼狈相却兴高采烈,斗志更旺。"要整他,也有方法。……起码叫他杂种坐不成轿子。"⑦

在成都罢市的第一天,即出现了署名"四川七千万人同白"的传单,号召"自明日起,全川一律罢市、罢课,一切厘税杂捐,概行不纳"⑧。随着各州县在省就

---

① 李劼人:《李劼人选集》第2卷(上册),第366页。
② 三余书社主人编:《四川血》作"川路准归商办"。朱庆澜电军咨府、陆军部亦称"川路准归商办"。《蜀辛》卷上第10页作"铁路准归商办"。吴玉章《辛亥革命》,郭沫若《反正前后》,李劼人《大波》均作"铁路准归商办"。这两句话是从光绪的"上谕"中摘取的。1906年9月1日,清廷仿行宪政"上谕"说:"时处今日惟有及时详晰甄核仿行宪政。大权统于朝廷,庶政公诸舆论。以立国家万年有道之基。"清朝商部于1903年3月奏准招商设立铁路、矿务等公司。11月奏定《铁路简明章程》二十四条,允各省官商自集股本兴修铁路,明白宣布铁路准归商办。据此,川汉铁路公司的创办和商办川汉铁路有限公司的成立都是经过光绪皇帝批准了的。
③ 吴玉章:《辛亥革命》,第126页。
④ 李劼人:《李劼人选集》第2卷(上册),第419页。
⑤ 戴执礼编:《四川保路运动史料》,第277页。
⑥ 盛宣怀:《愚斋存稿·武昌端大臣来电》。
⑦ 李劼人:《李劼人选集》第2卷(上册),第386页。
⑧ 三余书社主人编:《四川血》。

学的学生回乡协助，各地保路协会、股东会迅速发动了罢市、罢课斗争。全川性罢市、罢课风潮呼啸而起。"川省城十六属：成都、华阳、双流、金堂、新繁、崇宁、简州、崇庆、新津、汉州等县，外属潼川府、嘉定、叙州府、资州、重庆府、五通桥等处均接续罢市。"①

各地罢市、罢课情形，我们从以下史料可见一斑。

新都县，"城内由民团驻守，店铺仍闭，本地民人大半入同志会"。

德阳县，"店铺于九月三日关闭，仇视外人之说甚多，本地官吏云，无力保护外人"。

崇宁县、新繁县，"此两县除售食物店外，其余店铺，大半关闭。其情形与灌县同"②。

绥定、叙州、嘉定，"均有罢市情形，资州邻近，有美国教士被打"③。嘉定，"初七（8月30日）罢市，各校停课。初九日，……各州县骚动"④。

仁寿县、资阳县，"于初七日早始闻省城罢市风潮，城内各界团体均集会商议，尚未宣布而午前九钟竟一齐罢市，油盐柴米俱不发卖，势甚汹汹，大类省城初状。……同时邻封各乡镇罢市者甚多。资阳于是日午后三钟亦一律罢市"⑤。

崇庆州，"七月，（保路同志协会）会长陈泽贤既闻省城罢市，偕城会议员刘春地至会遍告情形，谓吾州宜响应，即至东南街宣传罢市。城中列肆，一时闭户"⑥。

重庆、綦江，据《西顾报》报道："得重庆信，该处于初六日（8月29日）罢市。綦江一带亦然。"

万县，"闻省城罢市，亦表同情，当即全体歇业。驻扎该处之巡防军，由管带命令出外弹压，经各兵起而质问云：'川民此举，系反对卖国贼盛氏之强横。我等亦中国国民，万不能去得罪同胞。'于是立时解散"⑦。

遍及全川，"万众附和"的罢市罢课斗争使清朝统治者"劝解无效，防止无从"⑧。任清王朝如何三令五申四川店铺"照常营业"，四川群众却乘胜前进，展开了抗捐抗粮斗争。

抗捐抗粮和捣毁局所的暴动

抗捐抗粮与罢市罢课几乎是同时酝酿的。在8月24日的股东特别大会上就有人提议不纳厘税，以租股抵正粮的要求。同一天出现的"四川七千万人同白"的传

---

① 三余书社主人编：《四川血》。
② 以上引文皆见陈国权译述：《新译英国政府刊布中国革命蓝皮书》，中国史学会编：《辛亥革命》（八），"中国近代史资料丛刊"本，第285、288、289页。
③ 盛宣怀：《愚斋存稿·武昌端大臣电》。
④ 《乐山县志编年记事表》。
⑤ 《西顾报》第40号，宣统三年七月十三日。
⑥ 谢汝霖修、罗元黼纂：《崇庆县志·事纪》。
⑦ 《时报》1911年9月3日《川事近讯录一》。
⑧ 戴执礼编：《四川保路运动史料》，第279、277页。

单也号召：一切厘税杂捐，概行不纳。赵尔丰察觉这一动向后曾于8月27日奏称："此次罢市、罢课，人心坚固。谓国家如俯恤民情，川路暂归商办，并请将借款修路一事交资政院议决。院议通过，不敢再有异辞，否则，举凡一切赋税、杂捐，概不完纳。"① 但当时立即实行抗捐抗粮的意见并未被运动的领导人及时采纳。他们还在幻想通过罢市罢课即可挽回天心，避免采取更为激烈的抗捐抗粮手段。

然而，罢市罢课七八天，清政府除严令赵尔丰严厉对付外，对川民的要求一口拒绝，扬言铁路国有政策绝无反叛之理，真是扬汤止沸。8月31日，《四川商会公报》发表《论今日人心既失，祸机已伏，警告政府，欲挽大局，宜从根本上解决》一文指出："政府不察舆情，必欲施其横决无伦之压制，逼之于无可退缩之地，则虽固结之民，其不解乎！呜呼，政平天下无难治，事起苍生作寇仇。"并说："自新内阁改设以来，朝廷所下谕旨，无一非与国民宣战之书"，"朝廷施措新政，无一非与国民宣战之事。"②《西顾报》第四十一号发表了一首《罢市罢课后进行歌》，写道："说着说着越冒火，开言尊声爱国的弟弟与哥哥，我们这回谨守秩序未失脚，就罢市罢课也是莫奈何。行政长官并未说我们错，联衔代奏苦心多。只望有个好结果，又谁知上谕到才白水一锅。破约还路全不说，问牛对马扯一边坡。卖国奴盛宣怀就莫一点儿过，无廉耻的李稷勋还稳得多。饬川督赶快解散来弄妥，这下文未说怕还有格外网罗。更可恨那不明白新内阁，立宪国不讲理只晓得附和。说铁路国有无反说，连我们敬奉先皇都受谴呵。"歌词还提出："而今罢市罢课阶段已经过，不对症的方儿怕难起沉疴。倒不如掉张单子换付药，另想个妙法来对付他。"从这些言论我们可以看出：四川群众通过罢市罢课斗争进一步看出了清王朝专制卖国的丑恶面目，反对的矛头由指向盛宣怀等个别大臣，转而集中到了皇族内阁身上，并要求用抗捐抗粮的斗争形式来反对这个恶劣政府，从财政要害上打出了有力的一拳。这无疑是一个显著的进步。

1911年9月1日，川汉铁路公司股东会决议不纳粮税并通告全省：

> 一、自本日起即实行不纳正粮，不纳捐输，已解者不上兑，未解者不必解。
> 二、将本日议案提前交公司、谘议局照例呈院，并启知各厅、州、县地方官。
> 三、布告全国声明以不担任外债分厘。
> 四、恳告全川人，实行不买卖田地房产。
> 五、广告全国人民，俟前四条实行后，自动开市、开课。③

《通告》义正词严，公开向清政府挑战，具有强烈的反帝反封建精神，而且切实具体、击中清政府的要害。它标志着四川保路运动的又一转变。四川人民由罢市

---

① 戴执礼编：《四川保路运动史料》，第279、277页。
② 陈旭麓、顾廷龙、汪熙编：《辛亥革命前后盛宣怀档案资料选辑之一》，第137~138页。
③ 《通告》见秦枏：《蜀辛》卷上，第6~7页。

罢课进而实行广泛的抗捐抗粮。人民群众与清王朝的矛盾斗争日趋白热化。

川汉铁路有限公司、保路同志会还编印了一些通俗易懂的抗捐抗粮歌词,广泛宣传和解释《通告》的内容,对推动全川抗捐抗粮运动曾起了重大作用。例如有的宣传品写道:"有四个条陈曾经通过,重言申明大家要记心窝。第一条租购股息无着扣粮课,他用抢来我用拖。第二条津贴捐输从今不乐(缴),盐厘两抵差不多。第三条我们买卖田房暂且搁,经征局的委员就没有米下锅。第四条一切的税厘齐登脱,哪管他债台高到万重坡。这四条妙计牢记着,就是我们抵制政府的绝妙歌。"① 还有一首《敬告伯叔兄弟歌》写道:"大家努力齐争先,铁路硬要争回自己办。……第一是捐输要请停办,从今后四川人再不得锁起缴乐捐。因捐输本是出于国民的义心一点,是这样横政府、蛮狗官,我伯叔和兄弟想一想该捐不该捐。第二是我们四川正项粮及加征一百多万,我川人即抵以股本利钱。……第三是而今后蛮政府再把债欠,我川人分厘毫俱不承担。……第四件要求我们伯叔们和兄弟大家齐施点手段,有紧急要使钱彼此周转,切莫要买卖这房屋与田园。这件事从今后大家举办,管教他每年中税契银不进一钱。税契银本来是经征局、地方官他们的经常用款,莫有钱,我怕他做官的能饿饭假充神仙。做官人饿了饭也怕要买糠造反,那时节我川人或者能恢复人权。"② 这些宣传品将群众的怒火引向"横政府、蛮狗官",锋芒毕露,据理立言,为保路运动的深入呼风唤雨,推波助澜。

群众的抗捐抗粮斗争使清朝统治者乱作一团。赵尔丰电奏:"川人已定宗旨,不能俯准商办,即实行停纳钱粮、杂捐以为对待。他不具论,即兵饷立竭,势将哗溃,全省坐以待毙。"又说:"非思不用强硬手段,然民气固结,已不受压制。"③ 成都将军玉崑、副都统奎焕、总督赵尔丰以及各司道官员联衔奏称:川民"不纳丁粮、厘税、杂捐,二千数百万之岁入顿归无着。四川一切行政固惟束手,而京部、洋偿、解协等款,全无所出,贻误实大。且滇、黔、新、甘、边藏向皆仰给于川者,亦将坐困。川一动摇,中央根本,西南半壁,无不受其影响。"④ 他们要求清廷罢斥"操纵酝变"的盛宣怀。川路问题交资政院议,并且修改借款合同以救燃眉之急。可是,清王朝至死不悟,不仅严旨申斥企图消弭人民斗争的四川地方官员,而且派端方由湖北带兵入川查办。这无异饮鸩止渴,自掘坟墓。

随着抗捐抗粮的普遍展开,四川有的地方发生了群众打毁清政府苛收捐税局所的暴动。

川省自赵尔巽设立经征局以来,贪官污吏视为利薮,趋之若鹜,任意苛罚滥派,深结民怨。巡警局平日鱼肉人民,恃势勒索敲诈,更是怨声载道。彭县经征局委员唐豫同仗势残害百姓,引动公愤。8月30日,群众涌至该局泄愤,将局所打毁,搜捕唐豫同,声势浩大,唐豫同狼狈不堪,"踰墙窜去"。同时,彭县有盐店老

---

① 《西顾报》第41号,宣统三年七月十四日。
② 《西顾报》第39号,宣统三年七月十二日。
③ 戴执礼编:《四川保路运动史料》,第297~298页。
④ 赵尔丰:《赵季和电稿·致内阁》,手抄本。

板反对保路,"众怒,将其店打毁,不取一物,只斥其违众居奇,不表同情之非"。① 9月3日,中江县巡警局和经征局被群众打毁。5日,灌县巡警局、厘金局以及茶务学堂均被毁坏。"此地附近,久为革命党安居之处。平时在成都平原散布革命之说。遇有事时,即退往山间。"因此灌县群众早受革命思想熏陶,要求反清,"学商两界,现在行为甚为愤怒,所散布之揭帖,有誓死不回之情形"②。江津、新繁两县厘金局也被群众拆毁。"附省州县,烧毁局所之事,日有警报。"③ 四川出现了"通省骚动"的局面。群众反抗情绪日益高涨。有人"痴念陈涉",叹咏"大泽恨无陈涉起"。④ 有人投书抨击《蜀报》主笔、同志会文牍部部长邓孝可说:"《蜀报》屡言兵力弱,抵制仅可用文明。于今罢市防暴动,尤怕盛奴逞强横。"指出:"请言中史秦皇帝,已销剑戟为农器。陈涉一旦揭竿兴,刀梃披靡耰锄利。耰锄不如刀梃,刀梃不如炮弹,彼胜以耰锄。我持刀梃彼炮弹,谁云背城不可战。"⑤ 有的则提倡:"练民团制造好军火,习武艺一齐供达摩。农工商不要久抛业,读书的半日上课半日执戈。我们有本事又有联络,不怕官府还怕差大哥?倘有那不肖官吏来捕捉,鸣锣发号我们一蜂窝,一家有事百家齐聚合,他的手快我人多,钢刀快砍不完七千万人脑壳,哪怕尸骨堆山血流成河。有死心横竖都战得过。战胜了,我们再打收兵锣。"⑥ 这些宣传品显而易见是在为武装起义制造舆论。于是,有的同志会决议"迅速练团,以防外侮"。有的学生提出组织学生军反抗清朝。群众的革命化预示着武装起义即将爆发,罢市罢课、抗捐抗粮便是它的前奏。

群众斗争的高涨促使有的清军和警察也同情争路,表示拒绝为反动统治者效劳。当成都罢市时,新军十七镇统制朱庆澜"将各兵调出操阅,询以如系铁路会会员即行起立,因欲令其出伍。讵各兵一闻此言,全体起立。朱统制旋即退去"。"陆军及巡警,大半系四川已受教育之人与铁路会共表同情,并已宣称,不愿对本省同胞开枪云。"⑦ 如前所叙,万县的巡防军公开拒绝弹压罢市,表示"万不能得罪同胞"。清朝统治者以"兵警皆川人,惧不用命"为隐忧。一切都表明,在四川革命的时机日益迫近,革命形势已酝酿成熟。

立宪派人士在保路运动中的作用及其评价

四川保路运动是什么性质?是资产阶级领导的、人民大众的、反对帝国主义及其走狗的群众运动,或是"绅士、地主和豪商的运动"?是中国人民同帝国主义、封建主义的一场阶级斗争,或是"绅权"与"官权",即封建阶级内部的斗争?这

---

① 《西顾报》第41号,宣统三年七月十四日。
② 《英国蓝皮书》,中国史学会编:《辛亥革命》(八),"中国近代史资料丛刊"本,第289页。
③ 赵尔丰:《赵季和电稿·致内阁》,手抄本。
④ 《西顾报》第41号,宣统三年七月十四日。
⑤ 《西顾报》第40号,宣统三年七月十三日。
⑥ 《西顾报》第41号,宣统三年七月十四日。
⑦ 以上引文均见《英国蓝皮书》,中国史学会编:《辛亥革命》(八),"中国近代史资料丛刊"本,第277页。

是研究四川保路运动史必须明确的问题。而问题的症结又在于如何判定立宪派人士的阶级属性和评论他们在运动中的作用。因为四川保路运动是立宪派人士发动和领导的。《荣县志》:"成都倡保路同志会,谘议局主会事。"① 《大足县志》:"宣统三年,川汉铁路收归国有,谘议局议长蒲殿俊、罗纶等发起保路同志会。"② 聂述文等修、程德音等纂:《江津县志》:为铁路事,"谘议局起而力争"③。赵尔丰致其兄赵尔巽函称:"川人争路之热于极点,皆由邓孝可、罗纶、颜楷、张澜等鼓吹而成,而蒲殿俊暗中主谋。"④ 在保路运动转变成武装起义以后,立宪派人士在四川政治舞台上所起的作用仍然不可忽视。

四川立宪派人士之所以可以起而领导保路运动,起了组织人民、教育人民、促进革命形势发展的作用,并做了革命不自觉的工具,这是四川社会的新经济、新政治决定了的。他们是作为当时"新兴势力的领袖"⑤、中国民族资产阶级上层和有发展资本主义倾向的地主的政治代表活跃在历史舞台上的。

如本书第二章第一节所叙,四川的资本主义经济在十九世纪末二十世纪初年开始产生和初步发展,民族资产阶级相应出现。他们在响应戊戌变法运动、领导抵制美货和收回利权运动中以新兴的阶级力量崭露头角。特别是川汉铁路的自办,通过具有资本主义性质又带有政治强迫性质的租股的征收,四川的资本主义经济力量和政治力量有了加强。

同全国的情形一样,中国民族资产阶级是由一部分地主、官僚和商人转化而来的。能够得到较多发展机会的是那些同帝国主义、封建主义联系比较密切的资产阶级上层。但是,正如毛泽东同志所说:"民族资产阶级同地主阶级、买办阶级不是同一的东西,他们之间是有区别的。民族资产阶级没有地主阶级那样多的封建性,没有买办阶级那样多的买办性。"⑥ 作为这一阶层的政治代表立宪派人士,多数是由封建士大夫脱胎而出的。他们是地方上的士绅,又拥有各种功名头衔。不少人还占有土地,进行封建剥削。但是,他们生活在四川封建经济开始解体、资本主义已经产生和初步发展的时代,他们中有些人还是留学生(蒲殿俊、肖湘、邓孝可、颜楷、彭兰村等都曾到日本留学),是接受了一些与封建旧学对立的资本主义的社会学说和政治学说的新知识分子。有的人,如邓孝可父子本人就是资本家。因此,他们在政治上和经济上追求维新变法、君主立宪、实业救国,发展资本主义一套东西,与旧日依附于封建地主阶级的士大夫迥然不同。正因为他们是资产阶级上层和有发展资本主义要求的地主的代言人,他们具有两重性:一方面因受帝国主义压迫,又受封建主义束缚,所以他们同帝国主义、封建主义有矛盾,有反帝反封建的

---

① 廖世英等修、赵熙等纂:《荣县志·事记十五》。
② 郭洪原等修、陈习珊等纂:《大足县志·大事记》。
③ 聂述文等修、程德音等纂:《江津县志·前事志》。
④ 张朋园:《立宪派与辛亥革命》,第151页。
⑤ 郭沫若:《少年时代·反正前后》,第219页。
⑥ 毛泽东:《论反对日本帝国主义的策略》,《毛泽东选集》合订本,第131页。

要求；一方面因经济上和政治上的软弱性，他们同帝国主义封建主义并未完全断绝经济上的联系，所以他们又有妥协性，特别在群众革命力量起来的时候，表现得更为明显。中国民族资产阶级具有两重性的观点，是我们评价保路运动中立宪派人士作用的理论前提。

"庶政公诸舆论"，"铁路准归商办"这两句从光绪皇帝"上谕"中摘取的话，是四川立宪派人士领导四川保路运动的最响亮的口号。曾经在戊戌变法时期接受维新派主张，毅然实行变法的维新元首光绪是他们顶礼膜拜的亡灵。四川立宪派人士这样做，并非发思古之幽情，而是借来作为自己争路的政治纲领和精神支柱。这两个口号，前一个是参政权的要求，后一个是财产权的斗争，两者合起来正好是政治斗争和经济斗争的结合，集中反映了中国资产阶级的阶级利益。这正如马克思所说："他们战战兢兢地请出亡灵来给他们以帮助，借用它的名字、战斗口号和衣服，以便穿着这种久受崇敬的服装，用这种借来的语言，演出世界历史的新场面。"① 这个新场面，就是资产阶级领导群众进行反帝反封建的保路运动。

马克思和恩格斯说："工业、商业、航海业和铁路愈是扩展，资产阶级也愈是发展，愈是增加自己的资本，愈是把中世纪遗留下来的一切阶级都排挤到后面去。"② 可见，建筑铁路，实现交通运输近代化乃中国发展资本主义必不可少的条件，是资产阶级增加资本的重要手段。但当中国资本主义初步发展时，中国已沦为一个半殖民地、半封建国家。帝国主义控制了中国财政、经济和交通运输命脉并正在为争夺势力范围进一步加紧掠夺中国的铁路主权。因此，中国民族资产阶级兴建铁路的事业，首先就不能不同帝国主义攫取中国铁路和清王朝出卖中国铁路主权的斗争联系起来，把这一斗争作为争取商办铁路的一个主题。因此，"铁路准归商办"的斗争，就成了近代中国争取民族解放，发展民族经济，改变积弱不振，落后挨打状态斗争的一个部分。

四川立宪派人士从呼吁自办川汉铁路起，直至发动"破约保路"运动，都抓住了反对帝国主义侵略这一主题，一开始便把商办川汉铁路作为一项反帝救亡任务提到四川人民面前，大力宣传铁路主权的得失与国家盛衰、民族存亡的关系，大声疾呼："果欲救国，必先保路"，从而把四川各种爱国力量聚集起来形成了波澜壮阔的保路斗争。

还在1904年10月，《新民丛报》第九号发表的《留学东京四川学生为川汉铁路事上川督锡制军书》说道："数年以来，国中数大干路，已分入列强之手，惟余巴蜀一隅，天险天府，蚕食未及。而英、法眈眈，垂涎相视，安危之机，间不容发。"同年11月，四川留日学生在《为川汉铁路事敬告全蜀父老书》一文中又强调："列强谋所以瓜分中国之政策不一端，其最坚牢而最惨烈者，莫铁路政策若。""夫利源之最大者，莫如矿务、铁路，今吾蜀矿务落于他人手者已过半矣。今若并

---

① 马克思：《路易·波拿巴的雾月十八日》，《马克思恩格斯选集》第1卷，第603页。
② 马克思、恩格斯：《共产党宣言》，《马克思恩格斯选集》第1卷，第252页。

铁路权而失之,则如全身之脉络血管,悉被制于人,此后欲脱羁轭而图自立也,更何望矣。"① 四川广大群众能于艰难竭蹶之中,节衣缩食,勉力缴纳"铁路捐",使川汉路以集股达一千六百余万元的成绩名列全国商办铁路的前茅,并且积极参加保路斗争是与他们对铁路与民族存亡的关系有所认识分不开的。商办川汉铁路是民族资本主义经济的一个重要组成部分,在帝国主义和清王朝夺路卖路之下,不管川汉铁路有限公司(由立宪派人士和与他们关系密切的士绅掌握的)存在何种缺陷,进行得如何迟缓,总归是具有维护国家主权、抵制帝国主义侵略的积极作用并有利于四川社会经济的发展。所以广大人民群众和一切爱国者,都竭力赞成铁路商办而反对清政府假"国有"之名实行拍卖路权的卖国勾当。因此,川汉铁路的筹建过程也就是四川集聚抵制帝国主义掠夺铁路和反对清政府出卖铁路的力量的过程。

一当清王朝为适应帝国主义的需要,宣布实行"铁路国有政策",四川立宪派人士迅起响应湘、鄂、粤人士的争路斗争,在四川带头争路,要求清廷收回成命。他们一旦得知四国银行团借款合同和清政府夺路夺款的真相后,立即改变孤军争路而发起四川保路同志会,明确提出"破约保路"宗旨,指出:"外人路权所至即国权所至。六百万镑湖广铁路借款合同,实将三省三千六百里路政全权,完全授与外人,并附带以两湖每年五百二十万之厘捐。亘四十年,置一木,购一铁,出入一钱,不许国人染指。……是此合同,既直接以夺吾股东之权利,复间接以制吾国民之死命也。"② 所谓"破约""废约"就是要破除和废掉这个四国银行团侵略中国,奴役中国人民的不平等条约。这表明,保路同志会的矛头是直接指向帝国主义的。"川民迫于生命财产,不甘为外人蹂躏,抗争之要点在此。"③

四川保路同志会的成立是保路运动发展的一个关键。谘议局、川路董事局、同志会三位一体的领导体制,使立宪派人士以保路运动的领袖资格登台。他们为了在一定程度上动员群众,不得不大力进行组织和宣传工作。人民的反帝反封建斗争是需要组织、需要联合的。只有人民团结斗争才有力量。保路同志会为群众斗争提供了当时所需要的组织与联络机构。随着同志协会在全川半数以上的州县乃至乡镇、街道、各行各业的建立,四川各阶级、阶层的爱国力量在"破约保路"的旗帜下联合起来,形成了一个由资产阶级立宪派人士领导的,包括资产阶级革命派、农民、工人甚至某些地主的联合战线。这一战线使四川保路运动的声势独步一时。

特别应该提到的是:立宪派人士为了迅速建立各地保路同志会,着意联络哥老会,通过各哥老会码头的"龙头",把还是一盘散沙似的群众迅速纳入同志会中来。我们知道,四川的哥老会是一个有广泛群众参加的、以反清为职事的秘密组织。而保路同志会不但是由立宪派缙绅倡导的而且是经四川护理总督王人文批准的公开、合法机构。哥老会群众大量进入同志会,在同志会这一名义的掩护下获得了更多的

---

① 戴执礼编:《四川保路运动史料》,第19、21页。
② 戴执礼编:《四川保路运动史料》,第245页。
③ 陈旭麓、顾廷龙、汪熙编:《辛亥革命前后盛宣怀档案资料选辑之一》,第103页。

活动余地。这不仅助长了同志会的声势,而且增强了保路运动的反清势力。"同志会,哥老也。哥老也而何以曰同志会,因而起应保路同志会也。"① "宣统三年(辛亥),四川因保路事起,各地纷纷组织同志会,即以内十六属,外十六属,各地码头大联合,总称大汉光复会。"② "自同志会之起也,各地哥老颇效走奔。四川独立,哥老与有力焉。"③ 盛宣怀在成都的坐探周祖佑报告说:"更可恨者,川省向有哥老会匪,党羽甚众,历经大吏惩治,近年多已敛迹。乃因此各州县协会一开,一般会匪死灰复燃,争赴协会书名。现假协会名目,煽惑滋事,其祸尚小,诚恐将来愈聚愈众,贻患滋大,实于川省人民治安大有关系,此皆同志会有以启之也。其罪何可胜言。"④ 同志会"每次开会,旁听居十之八九,而哥老会与余蛮子余党亦均窜入,大乱在此"。⑤ 从上引材料可见,同志会从组织上既为四川保路运动广泛地团结了群众,又为运动的深入发展准备了条件。

尽管立宪派人着力反对革命,坚持"文明争路",防范群众暴动,但他们根本不可能禁止群众革命。立宪派人士自己也感到:"每当演说时,愤激不顾前后,则听众欢迎。若果瞻前顾后,研究办法,则众极不满。愈演愈烈,已成风气,不易挽回矣。"⑥ 群众推着立宪派人士走,将保路运动由"文明争路"推向罢市罢课,进而抗捐抗粮。随着斗争的深入,加上同盟会的活动,群众在斗争中迅速革命化。"各处伏莽,皆借此蠢蠢思动,欲乘机勾串。"⑦ 有的地方的同志会由爱国转为革命,成了同志军武装起义的组织者。这一发展,自然是出乎立宪派人士意料之外的。"川省之乱,由于路事之争持……乱民乘机而起,而主持之士绅,亦太阿倒持,虽欲操纵而不可得。"⑧ "此次罢市既久,人多则杂。……万口所在,非但议员不能自主,凡有人望者,众中孤立,亦遂无自主之权。"⑨ 赵尔丰所发韵文告示写道:"此次川省为争路,乱党借船来过渡。"⑩ 立宪派人士可以组织保路同志会来进行"文明争路",但他们不能防止革命党人和革命人民"借船"来举行革命。历史发展的辩证法将立宪派人士打扮成了四川社会革命的不自觉的发动者。他们虽不愿意但又不可抗拒地起了替革命当渡船的作用。

马克思说:"他们知道,革命中的老百姓是莽撞的和过火的。因此,资产者先生们千方百计总想不经过革命而用和平方式把专制君主国改造成资产阶级君主国。"⑪ "庶政公诸舆论"是资产阶级立宪派人士要求政治改革,企图用和平方式把

---

① 周翔等修、刘锡纯等纂:《彭山县志·附论二》。
② 卫聚贤:《中国的帮会:红帮·汉留》。
③ 周翔等修、刘锡纯等纂:《彭山县志·附论四》。
④ 陈旭麓、顾廷龙、汪熙编:《辛亥革命前后盛宣怀档案资料选辑之一》,第123页。
⑤ 陈旭麓、顾廷龙、汪熙编:《辛亥革命前后盛宣怀档案资料选辑之一》,第133页。
⑥ 彭芬:《辛亥逊清政变发源记》,《辛亥革命》(四),"中国近代史资料丛刊"本,第333~334页。
⑦ 赵尔丰:《赵季和电稿·致内阁》,手抄本。
⑧ 盛宣怀:《愚斋存稿·上海岑宫保寄内阁请代奏电》。
⑨ 戴执礼编:《四川保路运动史料》,第342页。
⑩ 《告示》,原件藏新津县档案馆。
⑪ 马克思:《道德化的批判和批判的道德》,《马克思恩格斯选集》第1卷,第186页。

专制君主制改为君主立宪制的纲领。

"庶政公诸舆论"的含义,照蒲殿俊的解释是:实行"舆论政治"。其关键又在于"国会","国会成立之日,即舆论政治实现之日,即吾人去愁苦即愉快之日"①。可见,立宪派人士借用"庶政公诸舆论"一语的政治目的,全在于争取召开国会,成立责任内阁,实行君主立宪,参与政权,使君主专政变为地主同资产阶级联合专政,并使这一政权为资本主义经济服务。

清王朝"皇族内阁"的成立使他们上述愿望落空,决定"铁路国有"政策和举借外债这一类本应通过资政院、谘议局的大事,又被清王朝将资政院、谘议局撇在一边,仍搞封建专制,一意孤行。立宪派人士察觉,这不仅是丧失路权、路款,而且是他们的根本政治理想将完全落空。因此,非争路不可。所谓"法律争路""文明争路"的要害在此。

梁启超在《收回干线铁路问题》一文中指责清政府实行铁路国有,"不付资政院决议"实属"孟浪",其后果是不能容忍的。"我民有以窥政府之视资政院若无物,视人民权利若无物矣!""吾民自今乃知凡此前国家所赋与我权利,无一得确实之保障。""政府但以一纸命令可以攘夺无孑遗。"因此,梁启超主张:"我国民不能许政府行此政策者。"② 四川保路运动一开始,立宪派代言人邓孝可就指出:"今政府借款既未求协赞于资政院,其蔑视国民,蔑视法律太甚。""商办铁路公司者,国人各出资本以营业,非违法之事也。政府即欲收买,亦必依法律而行。……政府强收人民之血本资产,不可以科以劫掠乎!"③ 此后,他又在1911年7月17日出版的《四川保路同志会报告》第二十一号上发表《答病氓》的署名文章,更加明确地指出他们争路的目的:"借款收路一事,在吾人认定为宪政前途根本上之破坏属第一义。合同失利,夺路国民,授诸外人为第二义。至邮传部蔑视人民,侵掠商民血资犹属第三义。盖剥夺川民者,损在川省一隅。丧失路权者,损在路政一事。至根本上破坏宪政,则举国永永陆沉矣!"很显然,邓孝可是把维持宪政放在保路运动最主要之地位的。他抱怨清政府说:"新内阁初成立第一政策即蔑视资政院章而举债,蔑视谘议局章及公司律而收路,专横掠夺。言者则发电有阻,争者则格杀勿论。试翻阅东西史,除泰西新旧教徒相争时代外,固无此专横野蛮之政府也。于此不争而曰立宪立宪,则将来不过三五阔官,东描西抄,饾饤凑塞,出数十条之钦定宪法,于事何济!"由此,邓孝可强调说:"故国人不欲吾国为立宪国则已,不认定立宪可以强吾国则已,不爱吾国而听其亡则已,非然者,惟与政府以痛击,使其惕然有所惧,翻然有所悟,使知徒恃其专横野蛮一步不能行,则宪政可以固而国基巩矣。"这表明立宪派人士企图利用群众斗争给专制横蛮的清政府以"痛击",为实现君主立宪政治扫清道路。

---

① 《流年之慨》,《蜀报》第7期(宣统二年十月十五日)。
② 《国风报》第2年第11期。
③ 《蜀报》第11号。

戊戌变法的失败表明君主立宪的政治方案在中国行不通。二十世纪初年，资产阶级民主革命运动已经兴起，推倒清王朝，建立共和制的革命潮流已成为历史发展的主流。这时，立宪派人士的君主立宪方案已成过了时的、落后的东西了，起着抵制资产阶级民主革命的反动作用。在保路运动中，立宪派人士竭力要人们相信："果欲保国，必先保路，保路保国，即是爱君。"[①] 把爱国保路和爱护卖国卖路的帝国主义走狗清朝专制统治莫名其妙地联系在一起。他们明知清王朝三令五申禁止保路，坚持卖国，却偏要说卖国卖路的只是盛宣怀、端方等一二大臣"荧惑圣听"，最大限度是皇族内阁不好，而清朝最高统治者最多只是受了奸臣的蒙蔽而已。这种看起来十分矛盾又十分滑稽的现象表示了立宪派人士既要立宪又要忠君的政治立场。因此，梁启超提出："我国民对于现政府所当行者，本有两大方针：一曰劝告，一曰要求。"[②] 四川立宪派人士在保路运动中本着这两大方针，实行"文明争路"，坚决防范群众暴动。他们是在承认清朝统治者的支配权，甚至认为这种支配权的存在为神圣必要的前提下，要求清政府收回铁路国有的成命，将路事和借款问题交资政院、谘议局议决，以副"庶政公诸舆论"之"圣意"。立宪派人士这种反对革命的立场和行动，不仅在一定时间内和一定程度上束缚了群众的手脚，而且通过同志会扩大了立宪派人士在四川的政治影响，使得革命派在革命爆发以后，完全处于劣势。这种情形我们在以后的四川独立中清晰可见。

但是，在保路运动中立宪派人士"庶政公诸舆论"的口号，在一定程度上又起着揭发封建专制，宣传民主、自由和法制，启迪群众民主觉悟的作用。

列宁指出："一般自由资产阶级，尤其是自由资产阶级的知识分子，不能不追求自由和法制，因为没有自由和法制，资产阶级的统治就不彻底，不完整，无保证。"[③] 作为中国民族资产阶级上层的政治代表的立宪派人士，在政治上处于封建专制淫威的压制下，要求政治改革。因此，在保路运动中不能不揭发一些清朝专制主义的罪恶。他们说清政府"最黑暗，最专制，最惨无天日，最澌灭人权"。皇族内阁"野蛮专横，实贯古今中外而莫斯为甚"！"这样横强的政府，野蛮的手段，加倍的压制，分外的专权。"他们集矢于盛宣怀固然是让盛当清朝的替罪羊，意在舍车保王。但是，通过反盛斗争，谁也会明白，盛宣怀是清朝皇族内阁的邮传大臣。清政府对盛是支持庇护的。这就告诉人们，卖国者不只一盛宣怀，更主要的罪魁还在清政府。立宪派骂盛宣怀实际上是起了指桑骂槐的作用，群众从骂盛宣怀进而骂皇族内阁进而武装反清的事实足以说明这一点。立宪派人士因受清朝专制压迫感到窒息而大喊："发言各有自由权"[④]，"议国家的事要靠议员"。他们为动员群众起来争路，宣传做"立宪国民"，天下兴亡，匹夫有责乃"国民义务"，甚至主张妇女解放，"四万万人男女半，国民义务要平分"。他们提倡资产阶级的法制，宣传法律面

---

① 《四川保路同志会报告》第8号。
② 《新民丛报》第79期《答某报第四号对于本报之驳议》。
③ 列宁：《两种乌托邦》，《列宁选集》第2卷，第430页。
④ 《西顾报》第39号，宣统三年七月十二日。

前人人平等的思想,说:"国家把法律来布散,管得了天子和百官,管得了人民都不敢犯,立宪国精神在此间。"清政府违反资政院、谘议局章程和公司律借款夺路的行为被他们判为劫掠罪。旧中国外无独立,内无民主。保路运动就在于反侵略,争独立;反专制,争民主。立宪派人士在运动中进行的民主、自由和法制的宣传,对群众所起的教育作用是不可忽视的。在当时,对封建专制制度的任何批判都是人民斗争所必需。尽管立宪派人士主观上要给清朝统治补台,但实际上却是在给清朝统治拆台。

列宁指出:"资产阶级害怕群众运动比害怕反动势力还要厉害。因此,自由派在政治上就表现为一种惊人的、不可思议的软弱性和十足的无能。"① 四川立宪派人士软弱性也突出地表现在害怕群众运动上面。当群众一旦起来,他们便把群众运动比之为虎,为自己"骑虎难下"而惴惴不安。彭兰村说,"迩时罢市罢工罢课,既历多日,市面恐慌,人心惶恐,予等骑虎难下,欲罢不能"② 这句话代表了四川立宪派人士害怕群众运动的共同心理。所以,当群众尚未广泛动员起来,革命倾向尚不明显的时候,他们比较大胆地向群众做宣传和组织工作,与清政府斗争的勇气较高。这时,他们对运动所起的作用积极方面是主要的,消极的一面是次要的。当运动一进入罢市罢课阶段,他们就开始明显地倒退,而一当武装起义发生,他们竟与封建统治者联合起来,成为反革命的助手,消极的、反动的作用成了主要的方面。

立宪派人士在保路运动中明显倒退的一个重要标志是"官绅联合会"的出现。

成都罢市罢课后,提法使周善培,"到会演说罢市之害","大为会众所非难"。③ 于是布政使尹良为了取消罢市罢课斗争,防止群众反帝反清暴动,邀集领导保路运动的士绅搞"官民一体"。清吏和立宪派人士在害怕群众的共同心理的基础上,成立了"官绅联合会"。每日上午,司道各员和川汉铁路有限公司负责人、谘议局正副议长在藩署会议,共同策划对付群众罢市罢课问题。"当六七月间,尹(良)设官绅联合会于藩署,不是西餐,即是精馔;席间大讲嫖经赌法,餐后赠送物品,于正事固不论也。"④ 尹良本是保路运动的破坏者,四川立宪派人士本来厌恶此人,说他"实为一胸无成算之小人"。⑤ 然而此时竟与尹握手言欢,尽释前嫌。这是因为立宪派人士认为:"成都自罢市罢课后,潮流所至,险象环生,我官我民若不划除界限,何以维持现状而补救将来",必须"官民一气,共济时艰"。⑥ 大浪淘沙,在奔腾的群众运动面前,资产阶级立宪派人士的软弱性和妥协性恶性发作了。

---

① 列宁:《两种乌托邦》,《列宁选集》第 2 卷,第 430 页。
② 彭芬:《辛亥逊清政变发源记》,《辛亥革命》(四),"中国近代史资料丛刊"本,第 333~334 页。
③ 中国史学会编:《辛亥革命》(四),"中国近代史资料丛刊"本,第 379 页。
④ 彭芬:《辛亥逊清政变发源记》,《辛亥革命》(四),"中国近代史资料丛刊"本,第 333~334 页。
⑤ 彭芬:《辛亥逊清政变发源记》,《辛亥革命》(四),"中国近代史资料丛刊"本,第 333~334 页。
⑥ 《西顾报》第 39 号,宣统三年七月十二日。

立宪派与官府沆瀣一气的行为,受到广大群众的指责。有人在街上张贴告白或投函报馆质问,"疑虑官绅维持会者甚多"。有的说:"彼官也,我民也,如冰炭不相投,今忽有联合之举,其用意别有所在。""官民联合维持会中,虽云有民,仍事事由官主持,民不过一无机物。"还有人说:"原来官场对待人民手段,无势力之人,则加以压制,有势力之人,则处以情面。"但是,立宪派人士公然反驳道:"此次罢市多日,危险熟甚,今日平静,不能保至明日,明日又不能保后日,官民共起维持,尚恐无济,若更分界限,则患更难言。"① 坚持在妥协的道路上滑落。迨四川同志军义旗高举,立宪派人士公开反对人民起义,而一待条件成熟则相机夺取革命果实,与赵尔丰授受川政,将其资产阶级右翼的政治面目暴露无遗。

陈毅同志说:"一九一一年,我十岁的时候,辛亥革命起来了。这个革命在我们四川地方是资产阶级改良派掌握着上层领导,他们随时企图与清政府妥协。在下层则有先进的知识分子和广大的农民群众参加。群众的行动表现得异常坚决和英勇。"② 中国民族资产阶级上层拖了一条又粗又长的封建尾巴,其特别软弱的阶级性格决定了他们的政治代表立宪派人士在四川保路运动中一身二任——既是运动的领导者和民主革命不自觉的发动者,又是运动的阻碍者和民主革命的破坏者。至于他们所谓"秘谋革命"完全是在人民革命高涨,清王朝已处于土崩瓦解之时的一种应变措举。应该承认,立宪派人士背离清朝,附和革命,使当时革命和反革命之间的力量对比起了很大变化,对瓦解清朝统治确曾产生了不小的作用。但就辛亥革命反帝反封建的任务而言,就争取在中国建立资产阶级共和制而言,立宪派人士对这场革命所起的破坏作用也是十分恶劣的。

以保路运动而论,我们不能因立宪派人士的软弱和妥协而否定他们确曾起过的进步作用。因为保路运动首先是作为一场群众性的反对帝国主义及其走狗的民族运动出现的,这场运动的发生有其深刻的社会历史根源,广大下层群众是运动的主力军。但是,它的发动与发展成如此宏大的规模,产生巨大的影响也是和立宪派人士的努力分不开的。斯大林指出:"在帝国主义压迫的情况下,民族运动的革命性完全不一定要以这个运动有无产阶级分子参加,有革命的或共和的纲领,有民主的基础为前提。阿富汗国王为阿富汗独立而进行的斗争在客观上是革命的斗争,因为这个斗争,能够削弱、瓦解和毁坏帝国主义,虽然阿富汗国王及其战友抱有君主制的观点。""这些国家在争取解放的道路上的每一个步骤,即使违反形式上的民主要求,也是对帝国主义的一个非常沉重的打击,就是说,毫无疑问是革命的步骤。"③ 在保路运动中抱着君主立宪制观点的资产阶级立宪派人士曾经为反对侵略、争取民族解放而斗争。这一斗争打击了帝国主义及其走狗清王朝,在客观上促进了革命的到来。因此,我们应该承认立宪派在四川保路运动中所起的进步作用是主要的。归根

---

① 《西顾报》第39号,宣统元年七月十二日。
② 陈毅:《罗生特同志的信》,《陈毅诗词选集》,第360页。
③ 斯大林:《论列宁主义问题》,第54、55页。

到底，不是保路爱国运动阻挡了革命运动，而是保路运动酝酿了革命运动。

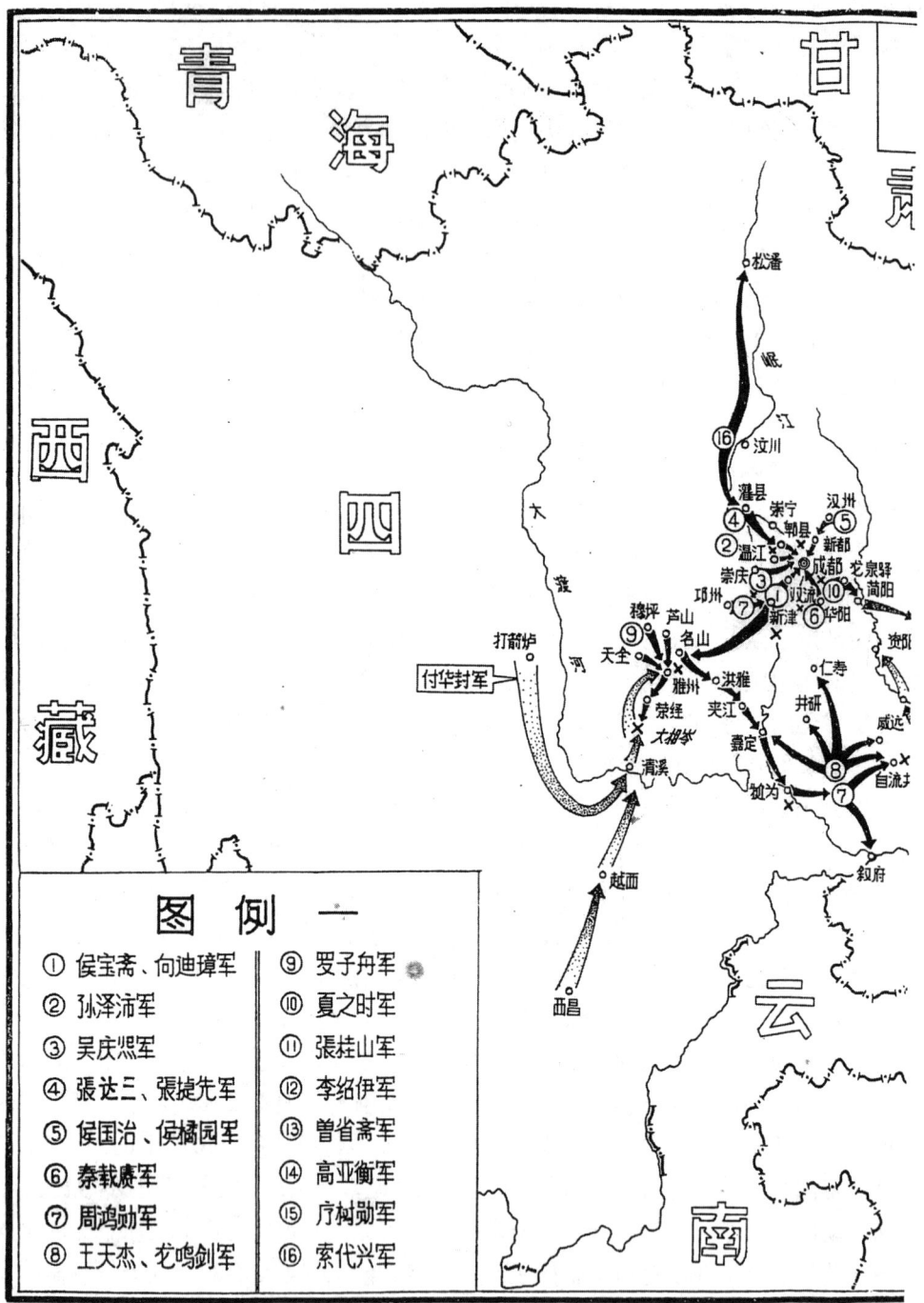

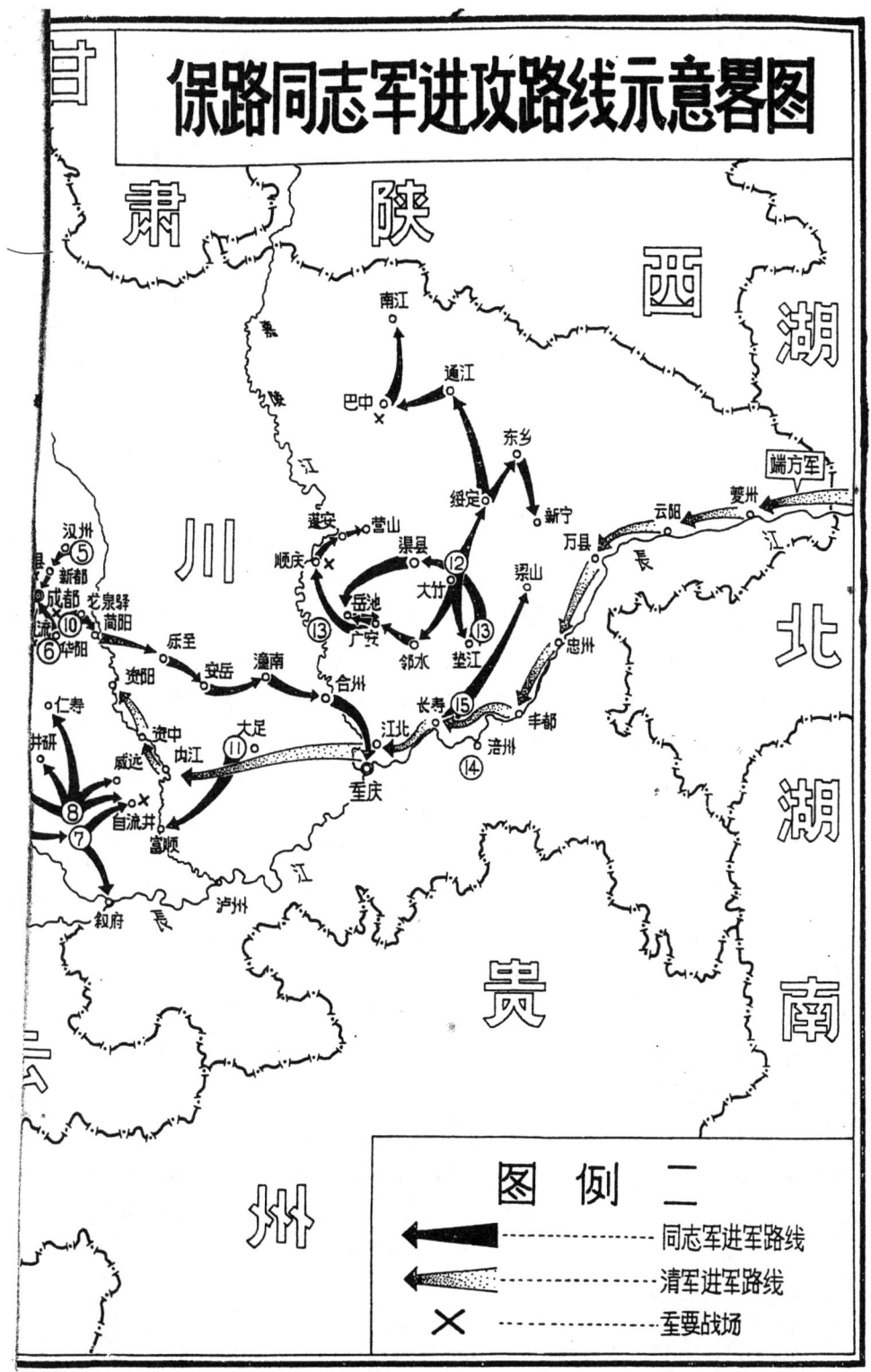

第五章　保路同志军武装起义，四川独立

一、保路运动发展成武装斗争

同盟会策动同志军起义，罗泉井会议

在保路运动发生以前，同盟会在四川发动的几次起义相继遭到失败。但是，四川的同盟会会员并没有因失败而放弃武装反清。他们"更仆迭起，其气益厉。虽清吏之防制严急，而应和排满者乃愈众"。① 黄花岗起义失败后，重庆同盟会机关部便组织人力积极设法买炸药、造炸弹做起义准备。在保路运动中，他们虽没有掌握运动的领导权，但他们"借保路之名，鼓动人民以行革命之实"的方针是明确的。杨庶堪曾指出：立宪派领导的保路斗争，"此非根本革命，无以拯救人民。保路云云，要皆枝叶耳"。② 他坚持武装革命，与张培爵等人日夜密谋，联络同志，准备大举。有的同盟会会员适应当时形势的要求，参加了保路运动。在运动中同立宪派人"明同暗斗"，一方面利用合法条件，揭露清朝，唤醒群众，一方面则着重联络会党，"提挈人民，组织民军，共同革命"③。省外川籍革命党人也纷纷回川（吴玉章同志就是在这时候回到家乡的）。端方奏称："闻自东内渡者，均纷纷回川。恐受人煽惑情事，尤恐名为争路、实则别有隐谋。"④

还在1911年5月28日，同盟会会员龙鸣剑即在川汉铁路有限公司临时股东会上驳斥邓孝可对铁路国有政策"只有条件上之要求，无事根本上之反对"的主张，提出对这一卖国政策应该"不承认"，并且"集群策群力以为后援"，响应湘、鄂各省展开保路斗争。⑤ 8月5日，川汉铁路有限公司特别股东大会召开，重庆同盟会机关部派朱之洪（叔痴）以重庆股东代表资格赴成都参加会议。行前，杨庶堪指出："君此去，蒲、罗均未足与谋。"⑥ 要朱之洪看清蒲、罗等人反对革命的本质，

---

① 熊克武：《蜀党史稿》（未刊本）。
② 文史资料委员会编：《辛亥革命回忆录》（三），第76页。
③ 曹叔实：《四川保路同志会与四川保路同志军真相》。
④ 盛宣怀：《愚斋存稿·武昌端大臣瑞制军来电》。
⑤ 戴执礼编：《四川保路运动史料》，第153页。
⑥ 文史资料委员会编：《辛亥革命回忆录》（三），第75页。

坚持同盟会自己的活动。朱之洪在成都一面利用特别股东大会的合法讲坛鼓动罢市罢课，一面秘密与在省党人曹笃、龙鸣剑、方潮珍、肖参、张颐以及新军中党人商议革命进行办法。朱之洪说："争路者，日与政府言法律、辩是非，政府终不悔悟，不如激扬民气，导以革命。"因同盟会1907年成都起义失败后，清吏对省城防备极严，遂决定分头去各州县发动起义，采取孤立成都，最后夺取成都的战略。于是，"在省党人亦分道四出"，曹笃返自流井，方潮珍回井研，肖参、张颐去青神、仁寿、荣县，刘裕光去威远、富顺等地"部署徒众，阴为之备"。① 筠连县"革命党同志刘绍武等，借保路同志会名以宣传响应革命"，"于城区宣传清政窳败，压迫民众之事。旋欲假团枪以推翻清政府"。② 崇庆州饶旭辉，"愤满人误国，华胄沦胥，潜与中国同盟会结，思有以挽救之。……辛亥路事起，遂密合同志潜图革命，绝不计一身之祸福"。③ 四川同盟会又派卢师谛赴同盟会总部报告四川组织情况以及探察各省革命消息，使四川革命有所依据。成都法政学堂、第二小学、叙属中学学生六百余人由同盟会会员刘继旭指挥向成都群众做宣传工作。同盟会会员张达三、张捷先则在郫县、崇宁、灌县、彭县一带号召各地哥老会尽力支持同盟会武装起义。同盟会加紧武装起义的各种活动使赵尔丰惊呼："川人性本浮嚣，易生滋扰，会匪遍地，素好结社。自立宪之说鼓吹，人人有自由观念；自留东学生归来，多半狂悖言论。今借口路亡国亡，浸润灌输于一般人民之心理，群情疑愤，矢志决心。其中有人欲利用此时机以实行改革主义，初犹存诸理想，近乃见诸事实。影响所及，全国蒙祸。"④

为了进一步把哥老会争取在同盟会革命旗帜下来，龙鸣剑与同盟会会员秦载赓商定，由秦以哥老会首领的名义用鸡毛文书通知各地，号召哥老会首领于8月4日在资州罗泉井开"攒堂大会"。实际上是布置武装起义任务。各路哥老会首领参加者有秦载赓、罗子舟、胡潭、胡朗和、孙泽沛、张达三、侯国治等人，有的首领则派来代表参加。会议决定，改同志会为同志军，于阴历七月间在各地相机起义。推定秦载赓、侯宝斋主持川东南起义工作，川西北则由张达三、侯治国等人负责进行。会议还决定向各地团练局及富绅借用枪支，向各县借用积谷及其他财物以作经费，不向民间摊派以免扰民。罗泉井会议是中国资产阶级革命党人把四川保路运动引向反清武装斗争的一次重要会议。它团结了各地哥老会，统一了起义的指挥和步调，为全川同志军起义做了重要的思想和组织准备。

在罗泉井会议前不久，由侯宝斋出面秘密召集"九成团体"（川省九府哥老首领）百余人在新津王爷庙召开了另一次重要会议。

侯宝斋是川西南著名的哥老首领，"以侠义著名蜀西南"。1904年，他召集各路哥老，集成数千人，组织"九成团体"，嘱同人撰写《大同改良》一册刊行四布，

---

① 熊克武：《蜀党史稿》（未刊本）。
② 祝世德纂修：《筠连县志·团练》，民国三十七年本。
③ 谢汝霖修、罗元黼等纂：《崇庆县志·士女》第八之二。
④ 戴执礼编：《四川保路运动史料》，第297~298页。

以申盟约。在新津王爷庙会议上，秦载赓"主张甚烈"。"决议各回本属，相机应召，一致进行。如兵力不足，不能一鼓下成都，则先据川东南，扼富庶之区，再规进取。"① 公认秦载赓为川东一带同志军首领，侯宝斋领导川南的起义。新津会议进一步加强了同盟会与哥老会的联系，为罗泉井会议做了准备，保证了同志军起义闻风而动，并为川东南同志军起义初步制定了作战方略。以后川东南同志军基本上是照上述计划进行的。

毛泽东同志指出：在五四运动以前，"中国资产阶级民主革命的政治指导者是中国的小资产阶级和资产阶级（他们的知识分子）"。② 以孙中山为首的中国资产阶级革命民主派，对策动辛亥时期四川的反清革命确实下过一番功夫。"若不是革命党人在股东会、同志会中间煽动人心，恐怕连七月初一日的罢市罢课也不能闹起来，就是闹起来也不会坚持到半月之久的。革命党人也因为看透了宪政派的弱点，因此，在争路期间，他们就不谋而合地实行了孙中山所手定的办法，一面加入各地同志会，一面极力联络哥老会，暗暗地把光用口舌相争的同志会改成一种有武力的同志军，时机一到，就光明正大扯起革命旗帜来排满。"③ 同盟会的上述活动为四川的群众运动准备了两个飞跃：从爱国到革命的飞跃；突破旧式的反满兴汉窠臼向比较完全意义的资产阶级民主革命飞跃。保路爱国运动转化成同盟会领导的武装反清运动，成为中国辛亥革命的一个组成部分。

《川人自保商榷书》

1911年9月5日，在川汉铁路有限公司特别股东大会会场门口，突然有人将《川人自保商榷书》散发给正在入场的股东代表们。这在当时是一件具有爆炸性的事件。这个铅印传单的出现进一步激化了四川的阶级矛盾，统治集团一片惊惶，首先把刺刀提上了议事日程。

谁是《川人自保商榷书》（下文或省作《自保书》）的作者？当时的记载是众说纷纭的。《蜀辛》载："是时维新派编有《川人自保商榷书》。"④ 这就是说《商榷书》是立宪派人写的。但是，彭兰村否认此说。他的《辛亥逊清政变发源记》写道："阎一士自高等学堂电赵督，承认《自保书》为所手制。据侦探所报，则王棪（四川兵备处总办）作也。然王棪见地不能及此，或周善培（提法使）、杨嘉绅（盐运使）、王棪三人合作，庶几近之。其中有故作拙直之笔，断为非阎，询之一士，果非谬也。"可见，彭兰村已否定是高等学堂学生阎一士所作，尽管阎曾到督署自认，以为蒲殿俊、罗纶等人开脱。他疑为周善培等官员为给蒲殿俊、罗纶加罪名而作。然而周善培等的政治立场是不可能写出煽动川人独立自保传单的。以周善培之狡猾，在当时群情愤激下亦不敢冒天下之大不韪给蒲、罗等人罗织反叛罪名的。

---

① 朱之洪编：《蜀中先烈备征录》第2卷，第43页。
② 毛泽东：《新民主主义论》，《毛泽东选集》合订本，第633页。
③ 《李劼人选集》第2卷（中册），第577～578页。
④ 秦枏：《蜀辛》卷上，第7页。

据《荣县志》载："县人朱元慎（按：又名朱国琛）长农事试验场，密布独立《商榷书》。"① 《巴县志》载："荣县人朱国琛撰《自保商榷书》，散布铁路公司会场。时方开股东会，与会者数百人。尔丰得其书，以其辞妄，疑谘议局长蒲殿俊等所为。"② 熊克武在《蜀党史稿》中说："实则作《自保商榷书》之朱国琛与蒲、罗并不相识。"又据四川省文史馆张惠昌先生谈：他在1959年曾就此事访问老同盟会会员向楚和荣县杨允公。他们确认《商榷书》是同盟会会员朱国琛约同杨允公、刘长述（戊戌六君子之一的刘光第之子）所作。李劼人所著《大波》亦写明《商榷书》的作者是朱国琛。

《商榷书》首先指出："中国现在时局只得亡羊补牢，死中求生，万无侥幸挽救之理。凡扼要之军港、商埠、矿产、关税、边地、轮船、铁道、邮便与制造军械，用人行政，一切国本民命所关之大本，早为政府立约擅给外人，并将各行省暗认割分，已定界画。"中国正处在"危机四伏，一触即发"的危局之中。但是清政府"乃多贿赂公行，日以卖国为事"，"似非与中国人民同归于尽不止"。四川"今因政府夺路、劫款转送外人，激动我七千万同胞翻然悔悟。两月以来，其团结力，坚忍力，秩序力，中外鲜见，殊觉人心未死，尚有可为。及是时期，急就天然之利，辅以人事，一心一力，共图自保。"这就是说，四川民众在深重的民族灾难中，只有撇开卖国的清政府，自己起来救亡图存、保国保乡。一切改良派人士都将救亡图存的希望寄托于清政府，而革命者却主张自己救自己，要爱国就必须反对清王朝。

《商榷书》提出了"现在自保条件"四条，"将来自保条件"十五条，"筹备自保经费"办法五条。其核心问题在于"练国民军"和制造军械。即武装群众，实现"自保"。《商榷书》指出："国以民为本。现今世界各国非民尽为兵，莫不置国与民于危亡。而民兵之本，尤在炮兵工厂与炮兵制造额之应足支配国民军一倍以上。"因此，中国只能学习外国"铁血图存"的办法"以备外患"。为了建立军事工业，武装国民军，要求设立炼铁厂与机械铁工厂、制材工厂以及硫酸工厂、酒精工厂等。还必须建筑铁路，发展轮船航运，在边险地方建筑炮台，加强国防。同时强调发展实业和教育尤为自保根本。《商榷书》筹备自保经费的办法是由各州县城董事会代收粮税、津贴、捐输与各项厘税，进而停办捐输，停止协饷，自收契税和分别贫富担负经费，或由有五千元资产的选民酌量担负。这就是要把清政府的财政权夺取过来，实行财政自保。

如前所叙，当时四川同盟会正在策动群众武装起义，正苦于"甚少器械，又难输入"。《商榷书》关于组织和武装国民军的意见，无疑体现了同盟会的当务之急，是在"自保"名义下，举行武装起义的号召书。

问题在于《商榷书》在字面上不仅没有一句革命、排满的话，而且还表露出较为浓厚的君主立宪色彩。有如"保护长官""维持治安"，乃至"竭尽赤诚协助政

---

① 廖世英等修、赵熙等纂：《荣县志·事纪》。
② 朱之洪等修、向楚等纂：《巴县志·蜀军纪略》。

府"，"厝皇基于万世之安"一类词句。这无怪当时有些人认定它是蒲殿俊等立宪派人的传单。其实，只要我们仔细地研究一下《商榷书》的基本精神，联系当时的历史实际，便可以判定《商榷书》并非改良主义的作品，而是革命党人通权达变的宣传。因为，当时同盟会还在借保路之名阴行革命之事。广大群众又还没有从立宪派的君主立宪思想影响下挣脱出来。所以"同盟会之留成都者，又复离间官民，故意领导民众，拥戴蒲、罗诸人"①。《商榷书》的作者也不得不借用某些立宪派人士的语言来传播自己的革命主张。这是一种灵便的斗争方法，它既适合群众的觉悟程度，又可使印刷公司承印，广为散发，甚至可以散发到各衙门去。《商榷书》提出了"保护长官"。可是由谁来保呢? 回答是由各县议事会选定殷实精壮子弟多至百名，少至六十名作为团丁"常川驻守官局以便保护"。这实际上是将清朝各地官吏置于经过保路运动发动，在一定程度上受了同盟会影响的群众武装监视之下，从而剥夺地方官原有的清兵卫队。既可保之，岂不可去之? 《商榷书》还明确提出："凡自保条件中，既经川人多数议决认可，如有卖国官绅，从中阻挠，即应以义侠赴之，誓不两立于天地"，坚决"除去自保妨碍"。② 号召人民用"义侠"手段反对和惩治卖国官绅。在革命潮流一日千里的时候，群众一经武装起来，清政府的衙门、官吏一旦被群众武装"保护"起来，难道专制主义的"皇基"还能得"万世之安"吗? 所以，《商榷书》一出世，清吏便感到大祸临头，咆哮不止。赵尔丰奏称："川人此次以路事鼓动人民，风靡全省，气焰鸱张，遂图独立。竟敢明目张胆，始则抗粮、抗捐，继则刊散四川自保传单，俨然共和政府之势。"③ 布政使尹良狂叫："他们要抓财政，抓兵权，要自己办实业，自己开兵工厂，自己办教育，一句话说完，就是要造反! 要割地自雄! ……这且不说。他们还要派团丁把我们连衙门连人都看管起来!"④ 这些言语似非神经过敏之词。

《商榷书》名曰"商榷四川自保"，实在宣传四川独立，表面上虽无革命词句，实则为革命独立呐喊，说它是一通用意颇深，措辞巧妙的《四川独立宣言》是不为过分的。

成都血案

这是赵尔丰为镇压四川保路运动一手制造的大屠杀，也是四川同志军起义的起点。

赵尔丰是受清廷之命于1911年8月初由川边赶赴成都署理川督、镇压保路运动的。当时他面对的形势是：争路斗争已经蓬勃兴起，同志会遍布全川。"地方所恃保卫治安端在兵警; 而争路狂热，深入人心。从前警兵时有哭泣者。军队中则良莠混杂，且皆系本省之人。默察情形，殊不可测。""外州县伏莽遍地，皆假路事为

---

① 曹叔实：《四川保路同志会与四川保路同志军真相》。
② 诵清堂主人编：《辛亥四川路事纪略·川人自保商榷书》。
③ 盛宣怀：《愚斋存稿·川督赵致内阁请代奏电》。
④ 李劼人：《李劼人选集》第 2 卷（上册），第 450 页。

名,蠢然思动。即此区区不足恃之兵,顾彼失此,不敷分布。"① 赵尔丰已看出,清朝统治已成"将倾之大厦"。② 因此,他对保路运动不敢孟浪从事,贸然镇压,而采取"急脉缓授"办法"以专主顾目前地方之治安"。③ 他说:"尔丰非不思用强硬手段,然民气固结,已不受压制","筹画再三,未敢轻发"。④ 为了敷衍立宪派人士,争取他们共同防范群众暴动,他不仅承认"川人议论非全无理由",而且为他们代奏,一再要求清朝暂准铁路仍归商办,想收买人心,稳定政局,杜绝野心勃勃的端方觊觎川督位置。赵尔丰在方兴未艾的群众运动冲击下,在统治集团内部的倾轧中,企图和平了结川人争路斗争,消祸患于无形。这种态度在客观上是有利于保路运动发展的,因而受到了立宪派人士的欢迎。《四川保路同志会报告》第十四号曾发表《国之桢干,川之福星》一文,对赵大肆吹捧,寄以莫大希望。说赵是"吾国民所日夜祷祝,大有力量之能为吾国请命"的大人物。但是,赵尔丰这种不坚决镇压的态度却使清廷大为失望,引起端方、盛宣怀、瑞澂等人群起而攻。端方致盛宣怀电称:"前公与鄙人日日望季帅(按赵尔丰字季和)速来,今细审季帅情形,真出人意料之外。"⑤ 又说:"赵尔丰庸懦无能,实达极点。始则恫吓朝廷,意图挟制;继则养痈贻患,作茧自缚。"⑥ 端、盛、瑞三人会衔弹劾,给赵尔丰加上"抗违朝旨,助长乱民,恫喝挟恃,无所不有"的罪名,要求清廷另派重臣赴川查办,并另任川督。端方最先提出起用袁世凯入川镇压。"非有如慰帅其人者,万不克镇压浮言,纳诸轨物。"⑦ 后又建议派瑞澂入川,以便取而代之,捞到湖广总督位置。盛宣怀则向清廷推荐端方。清廷除再三申斥赵尔丰和成都将军玉崑等人,严令他们切实弹压,逼赵杀民外,于 9 月 2 日,派端方从湖北"酌带军队",前往四川"查办铁路事宜"。反动统治集团在强大的人民运动面前乱作一团,矛盾重重,相互攻讦,视权如命。

赵尔丰眼看自己在朝廷失宠,端方等人咄咄逼人,自己的地位危如朝露,更见于群众罢市罢课、抗捐抗粮斗争,使其和平了结的阴谋归于失败,于是复萌"屠夫"故态,调兵入城,磨刀霍霍,阴谋用反革命暴力手段把保路运动消灭。

1911 年 9 月 7 日,赵尔丰借口《川人自保商榷书》,"其中条件隐含独立,尤为狂悖",向保路运动抽出了屠刀。他诈称路事有转圜的消息将蒲殿俊、罗纶、邓孝可、江三乘、张澜、王铭新、胡嵘、叶秉诚、彭兰村诳骗至督署加以逮捕。据彭兰村说:"当予等入督署也,有砍刀一柄随于后,手枪两支伺于旁,步枪兵士环绕数周,房上墙上,近街各口,外庭内堂,均布满武士,予等左右手,则用四八股绳

---

① 戴执礼编:《四川保路运动史料》,第 276 页。
② 《赵尔丰复王人文论铁路国有问题》,见周善培:《辛亥四川事变之我》。
③ 盛宣怀:《愚斋存稿·武昌端大臣来电》。
④ 戴执礼编:《四川保路运动史料》,第 298 页。
⑤ 盛宣怀:《愚斋存稿·武昌端大臣来电》。
⑥ 盛宣怀:《愚斋存稿·武昌端大臣来电》。
⑦ 盛宣怀:《愚斋存稿·武昌端大臣来电》。

严挚以待","有不枪决即刀劈之势"①。一群人望所归的搢绅顿时变成了岌岌可危的阶下囚徒。接着,赵尔丰下令搜查川汉铁路有限公司,封闭铁路学堂和股东招待所,查封了《西顾报》《启智画报》等与保路有关的报刊。在诱捕蒲、罗等人同一天,赵尔丰发出告示,杀气腾腾地叫嚷:"朝廷旨意:只拿数人,均系首要,不问平民。首要诸人,业已就擒。即速开市,守分营生。聚众入署,格杀不论!切切此谕,其各懔遵。"②有的州县官也奉赵尔丰令逮捕、屠杀保路人士。乐山县县令哈锐"逮捕县属同志会首要易曙辉、王志仁二人"。③叙州知府罗述稷"逮捕同志协会人员并令卫兵枪毙学生数人"。④赵尔丰本想遵照清廷"严拿首要"的旨意,将蒲、罗等人立时处决,以为杀了这几个头目,四川的运动便因群龙无首而烟消云散。但是,成都将军玉崑却说:"诸被逮者均系绅士,非匪人。徒以政见不合,责任难卸,非叛逆也。"⑤要赵尔丰请旨定夺,不可冒昧行事。他本人对此事不负责任。赵尔丰的阴谋由是未逞。玉崑原是庆亲王奕劻的奴才。奕劻因没有从四国借款中捞到油水,对盛宣怀、载泽不满。玉崑体察奕劻意,对四川的斗争,采取了放任态度,借以报复盛宣怀、载泽,所以他反对赵尔丰处死蒲、罗等人。

赵尔丰逮捕蒲、罗等人的消息传出,成都全城震动。群众"扶老携幼","沿街比户,号泣呼冤",不约而同,手握香,举光绪牌位,潮水般地从四面八方齐奔督署请愿,要求释放蒲、罗诸人。还受着立宪派思想束缚的群众,当时还不懂得胜利不可能用向清廷请愿和乞求的方法获得,而必须拿武器去夺取的。

嗜血成性的赵尔丰,竟下令屠杀手无寸铁的请愿者。一时枪声大作,群众纷纷倒入血泊之中。在署督内,"一霎时,大堂下面的坝子就空了。除了二十多具还在流血、半死半活的尸首外,到处都是破鞋、草鞋,和黄纸印的先皇牌位"。⑥在街上,赵尔丰"又预派出巡防军手持枪械,分站各街口,禁止居民行走,开枪乱击。街民及学生、小儿无辜伤毙者甚众。又驰放马队,分巡各街,冲截践踏,伤毙尤众"⑦。城外群众闻讯赶来请愿的亦被惨杀数十人。清朝统治者在四川制造了骇人听闻的反革命成都血案。当时有一首竹枝词控诉道:"手抱神牌有罪无,任他持械妄相诛。署中喊杀连开炮,我说官才是匪徒。"⑧

参加此次请愿的人绝大多数是下层劳动群众。在拥进督署的几百人中,"平日都是靠做手艺吃饭,或者是靠卖气力吃饭"⑨。《英国蓝皮书》载:请愿群众,"内

---

① 彭芬:《辛亥逊清政变发源记》,《辛亥革命》(四),"中国近代史资料丛刊"本,第333~334页。
② 李劼人:《李劼人选集》第2卷(中册),第635页。
③ 唐受潘等修、黄镕等纂:《乐山县志·官师》。
④ 秦枏:《蜀辛》卷上,第11页。
⑤ 彭芬:《辛亥逊清政变发源记》,《辛亥革命》(四),"中国近代史资料丛刊"本,第333~334页。
⑥ 李劼人:《李劼人选集》第2卷(上册),第468页。
⑦ 《四川公民朱叔痴等为保路风潮致岑春煊书》。
⑧ 秦枏:《蜀辛》卷上,第22页。
⑨ 李劼人:《李劼人选集》第2卷(上册),第466页。

有上等社会数人，余皆下贱之徒"。① 据《辛亥四川路事纪略》所列《七月十五被戕诸姓氏人表》，有职业可查的二十六人，其中机匠、刻字匠、学徒、裁缝、放马的、卖小菜的、装水烟的即有十八人。从此可以看出，在保路运动中，广大的劳动群众是最热忱最活跃的力量。四川保路运动正因为他们的积极参加，而有深厚的群众基础，得以形成波澜壮阔的反帝反封建运动。

恩格斯指出：如果企图用暴力来压制人民群众的革命要求，"那只能使它愈来愈强烈，直到最后把它的枷锁打碎"。② 清朝的血腥屠杀，比任何口头和文字宣传更能起反面教员的作用。正如列宁指出的："在允诺颁布宪法以后随之而来的是最野蛮最丑恶的暴行，好象故意要在人民面前更明显地表示专制政府的真实权力的全部意义。许诺、空话、一纸空文同实际情形之间的矛盾已经无比地明显了。"③ 成都血案暴露了清朝这个帝国主义走狗的残暴。群众对清朝皇帝的一点幻想就在这一天同时破灭了。群众在赵尔丰《奉旨拿办首要蒲殿俊等告示》上批驳道："为什么七月十五日打死许多老百姓！""为什么即行野蛮手段，拿办倡首之人，抢夺公司一切凭据，打死纯善良民，岂不是官逼民反乎！""官派兵剿良民，且官兵到处抢杀，良民不得不拼命争斗也。"④ 有的在告示上痛骂："该赵屠户造谣生事，白肉生疔，着打四十，充军打箭炉外，永不放回。"在一些偏僻街道上，赵尔丰的告示，"或者被人撕得七零八落，或者告示上面遭上土红桴炭什么的批得一塌胡涂"。⑤ 群众从血的教训中，懂得了"当道横蛮，不能以法理要求"⑥，"百姓既有爱国之诚，皇上不爱惜百姓"⑦ 的道理。带血的刺刀也戳穿了立宪派人士散播的"文明争路"的幻想，立宪派人士在群众中信誉扫地。要爱国，必革命，用革命战争推翻帝国主义的走狗清王朝，是四川人民从成都血案中所学到的真理。成都血案迅速地激化了四川的阶级矛盾和阶级斗争，使人民武装起义已不可避免。列宁说："谁承认阶级斗争，谁就不能不承认国内战争，因为国内战争在任何阶级社会里都是阶级斗争的自然的继续、发展和尖锐化，而且在一定情况下是它的必然的继续、发展和尖锐化。"⑧ 所以，成都血案是一个转折点——爱国运动转变成国内战争的转折点。它是保路同志军起义大风暴将临的雷前闪电，是辛亥革命时期四川革命旋风的起点。

---

① 中国史学会编：《辛亥革命》（八），"中国近代史资料丛刊"本，第275页。
② 恩格斯：《德国的革命和反革命》，《马克思恩格斯选集》第一卷，501页。
③ 列宁：《总解决的关头快到了》，《列宁全集》第9卷，第435～436页。
④ 戴执礼编：《四川保路运动史料》，第318～319页。
⑤ 李劼人：《李劼人选集》第2卷（中册），第638页。
⑥ 戴执礼编：《四川保路运动史料》，第459页。
⑦ 戴执礼编：《四川保路运动史料》，第318页。
⑧ 列宁：《无产阶级革命的军事纲领》，《列宁选集》第2卷，第873页。

二、保路同志军武装斗争烈火燎原

围攻成都

成都血案发生后，赵尔丰发布戒严令，紧闭城门，加强防范。"成都城内防备益严，城墙日夜防守，不准一人登城。""城上均有重兵驻守，虽在白日，闲人不准登城。"① 同时封锁邮电交通，企图遏止全川群众对其暴行的反抗。黑云压城，成都人民处于专制恐怖统治之下。

为了向全川人民揭露清政府的暴行，号召人民起义，同盟会会员龙鸣剑缒城而出，奔赴城南农事试验场，与同盟会会员朱国琛、曹笃等在农场工人的协助下，裁制木片数百，上书"赵尔丰先捕蒲、罗，后剿四川，各地同志，速起自保自救"二十一字②，涂以桐油，制成"水电报"③，投入锦江。"乘秋潮顺流，不一日几传遍川西南。"④ 甚至湖北武汉也有人从长江中得到了四川的"水电报"。各地同志会闻警，纷纷揭竿而起。

"纷纷水报锦江来，同志风潮动若雷。"⑤ "水电报"传警，成都附近的同志军首先起义。同盟会会员、华阳县中兴场同志协会会长、哥老会首领秦载赓，新津哥老会首领侯宝斋，双流同盟会会员向迪璋分别发檄起义。秦载赓于9月8日，传锣齐团，率同志军千余人，经中和场、琉璃厂，抵成都东门外牛市口。在大面铺、西河场、赖家店一线与清军作战，同时派人四出号召，"羽檄交驰"。9月10日，"四方应召者万余人"⑥，"大张旗帜军械，围攻省城"。⑦ 次日，秦载赓督大队攻城，战斗失利，退至仁寿县借田铺设东路民团总机关，"各属来会，未几众逾二十万"。⑧ 与此同时，同盟会会员向迪璋在双流起义，杀知县汪棣圃。"联合哥老会首领，征公口，出枪械，募捐以营救蒲、罗诸人，团结同志会。……不一二日同志军达双流

---

① 《英国蓝皮书》，中国史学会编：《辛亥革命》（八），"中国近代史资料丛刊"本，第280、286页。
② 见邹鲁：《中国国民党史稿·四川光复》。中国人民政治协商会议四川省委员会、四川省省志编辑委员会：《四川文史资料选辑》第一辑，第158页。熊克武：《蜀党史稿》作"赵尔丰先捕蒲、罗诸公，后剿四川，各地同志速起自救"。
③ 四川江河纵横，四通八达。历史上也曾有利用水飘木牌传递军情的事例。如明洪武四年，朱元璋以颍川侯付友德为征房将军，由秦陇讨伐明玉珍之子明升。付友德占阶州、文州后，兵至汉江（今涪江上游），欲以军情达中山侯汤和，"而山川悬隔，适江水涨，乃以木牌数千书克阶、文、绵州日月，投汉江顺流东下"。时汤和驻兵夔州大溪口。"得木牌于江，乃自盐山伐木开道由纸坊溪以趋夔州。"（见黄标校编：《平夏录》，《丛书集成初编本》，商务印书馆发行。）
④ 邹鲁：《中国国民党史稿·四川光复》。
⑤ 刘良模、罗春霖等纂修：《丹稜县志·杂事志·纪乱》。
⑥ 朱之洪编：《蜀中先烈备征录》第2卷，第13页。
⑦ 诵清堂主人：《辛亥四川路事纪略》。
⑧ 朱之洪编：《蜀中先烈备征录》第2卷，第13页。

者逾六千人，环邻八县皆景从。"① 新津侯宝斋亦闻警率队向成都进发，与向迪璋所率双流、温江、华阳、郫县、崇庆等州县部分场镇的同志军会师，集中于双流县城和簇桥。9月9日，向成都南郊逼进，前锋队直抵武侯祠，与清军在红牌楼激战。温江县罗守经召集民军，冒雨进至草堂寺与巡防军作战。温江县同志协会推黄茂勋、何祖义等领导起义，打出"温江县保路同志军"军旗，冒雨行军于泥淖之中，至武侯祠与吴庆熙所率民军会合，推吴庆熙为统领。"远近风闻，梃械四起不绝。"②

郫县、灌县的同盟会会员、哥老首领张达三、张捷先组成声势浩大的西路同志军。由张捷先任统领。下分五路：第一路统领张达三；第二路统领张捷先；第三路统领张熙（灌县哥老会首领），部队由七百余名矿工组成；第四路统领刘荫西（灌县哥老会首领）；第五路统领姚宝珊（同盟会会员），基本队伍由伐木工人组成。另有学生大队五百余人，由成都及附近各州县的青年学生组成，大队长蒋淳风是成都蚕桑学堂的学生、同盟会会员。9月9日，南路同志军红牌楼战斗后，西路同志军首领与崇庆同志军统领孙泽沛、温江同志会会长兼团防总局团总曾少卿等在郫县城隍庙举行军事会议后，学生大队立即向成都西门进军。行至犀浦，与巡防军发生遭遇战，短兵相接，白刃格斗，冲杀数小时。蒋淳风壮烈牺牲，学生军阵亡八十余人。清军又进攻崇宁，张达三设伏以待，令前队诈败诱敌，一举毙伤巡防军二百余人。张捷先又率军击败王铸仁所率六十七标新军。从此清军在西路畏缩不前，只得退守省城。

成都血案发生后一二日间，云集成都城周围的同志军，"计西有温江、郫县、崇庆州、灌县，南有成都、华阳、双流、新津以及邛州、蒲江、大邑等十余州县。一县之中，又多分数起，民匪混杂，每股均不下数千人，或至万人"③。威远、荣县、峨边等地同志军也兼程赶来增援。各路同志军把成都"四城扎围，附者塞途"，英勇战斗，打击清军。

温江同志军统领吴庆熙，"在畎亩中素抱革命之志"，"素豪于义，不事空文干利名，惟志革清命，尝谋起乡里"。④ 他率军参加红牌楼战斗后，9月11日至文家场招兵。16日与巡防军在辜家碾地方作战六小时之久。两天后，又会同孙泽沛在温江三渡水，伏击新军，擒斩队官陈锦江，毙敌八九十人，缴械百余支。"革命声威从此大振。"⑤ 彭县同志军首领刘丽生率众来归，夜袭清军，巷战于温江北街。

在崇庆州，成都血案后，知州薛宜璜奉赵尔丰令率兵至保路协会严禁开会。可是，"各区同志会已树帜声讨赵督"，"直抵州廨，毁狱轰署"，"镇乡同志会至者不

---

① 熊克武：《蜀党史稿》（未刊本）。
② 张骥修、罗学传纂：《温江县志·兵事》。
③ 赵尔丰：《赵季和电稿·致内阁》，手抄本。
④ 张骥修、罗学传纂：《温江县志·吴庆熙君两次起义纪念碑文》。
⑤ 魏广侯：《川西崇宁县革命起义经过》。

绝，约二千数百人"。① 崇庆同志军发展成中东西南北五军：中军统领马光耀；东军统领张仕义；南军统领黄树藩；北军统领黄步云；西军统领孙泽沛。其中以孙泽沛所部西军，"军令肃然"，战斗力最强。孙泽沛除与温江、大邑等县同志军联络外，还派兵断双流金花桥一带电线，截断赵尔丰与其亲信傅华封所率清军的联系，破坏赵尔丰进攻新津同志军的通讯联络。此外，该州三江镇有方大用、朱光廷，怀远镇有牟泽霖、杨湘，街子场有周召南、杨瑞廷，万家坪有郑元伟等人率领的同志军起义。汉州同盟会会员侯橘园发动的同志军百余人进驻成都北门外驷马桥，汉州各乡镇先后组成同志军约二千人投入反清战斗。9月24日，侯国治率同志军与清军大战于新都、汉州交界的向阳城，生擒清军队官李钺森。9月28日，董溪卿部同志军又同清军作战于郫县太平寺。新都唐家也发生了同志军的战斗。一时，成都城外，四面八方被成千上万的同志军围困，川西平原，城镇乡村燃遍了同志军起义的烽火。

同志军将各路电杆砍断，到处截阻驿递文报，使清朝统治者文报不通，耳目失灵，上上下下，一片混乱。周祖佑致邮传部、电政总局电称：四川南路"沿途概系同志会匪把守关隘，虽有水路亦不能绕越，见人即搜，遇有公文报件，登时扯碎，将人捆绑，刀伤棍击无所不至。……新津至邛州搁河坎线路九十余里，又至眉州观音铺线路四十五里，概被匪徒砍毁殆尽"。东路"自龙泉驿起直至临江寺止计线路一百六十余里，概被砍毁"。② 有的同志军截留粮税作起义用费，有的"勒富民捐"。"近年不理众口之税捐，大半皆由该会废除"③，只收一定的税收以备战争所需。有的则自行向商民或过往船只征收厘金。从军事、政治、财政各方面陷赵尔丰于"坐困之地"。

同志军所到之处，得到广大群众的欢迎和支援。"箪食壶浆，迎送于路"。郫县群众欢迎学生军的情景十分生动感人。学生军进军至八里桥时，"庄稼佬抬来了好多盛满白米饭的箩筐，以及放着小菜、饭碗、筷子的捐篓。还担来装着米汤的水桶"。"老头子、老大娘、中年大娘、大嫂们，还有十一二岁的娃娃们，都跟了来盛饭散筷子；殷殷勤勤招呼大家在大路中间铺着的晒簟上坐下吃。""无论男女老少都象待客似的，满脸带笑劝大家吃饱。"④ 赵尔丰又急又恨地说："愚民无知，竟认匪为义愤，见匪则助粮助饷，见兵则视同仇雠，甚至求水火而不与。""人心助乱，闻兵胜则怒，闻匪胜则喜"，以致"省外大势已成燎原"。⑤

赵尔丰在成都负隅顽抗。由布政使尹良设立"筹防处"，发出告示叫嚣："外匪乘隙滋闹，诚恐扰害善良，城内人烟繁杂，奸徒最易混藏，特派委员稽察，分区分

---

① 谢汝霖等修、罗元黼等纂：《崇庆县志·事纪》。
② 陈旭麓、顾廷龙、汪熙编：《辛亥革命前后盛宣怀档案资料选辑之一》，第154页。
③ 《英国蓝皮书》，中国史学会编：《辛亥革命》（八），"中国近代史资料丛刊"本，第276页。
④ 李劼人：《李劼人选集》第2卷（中册），第621页。
⑤ 赵尔丰：《赵季和电稿·致内阁》，手抄本。

段严防，巡警互相辅助，与民保护安康，合行出示晓谕，务各安静如常。"① "筹防处"将成都城分为四总区派员查拿"布散谣言，鼓惑众听"，"形迹可疑及私带军械"的人。同时，赵尔丰下令招兵以补伤亡，但"应募者不及十分之一"。② 只得以乞丐、病弱充数。当时有一首竹枝词讽刺道："快枪夺去二千多，夺去开花（按指大炮）更莫何。军队伤亡暗招补，乞儿病汉更搜罗。"③ 为了欺骗人民，统治者除发行《成都日报》外，又创办《正俗新白话报》作舆论工具。《正俗新白话报》从创刊号起三期连载《君臣民说》，兜售"士农工商各安本业，天下的事上有君主、官吏为我治理"，"官吏的心，就是百姓的心"一类反革命言论，但是遭到群众抵制，"阅者疑之，不乐购"。④ 赵尔丰曾连接发出告示对各地团保头目大肆威胁利诱，悬赏捉拿同志军首领。其中有"拿获著名叛逆聚众倡乱的犬匪头目，每名赏银一千两"，"拿获砍断电杆电线的匪犯，每名赏银五十两"，"拿获折毁公文、阻留文报的匪犯，每名赏银五十两"。⑤ 然而心机枉费，同志军仍驰骋于赵尔丰眼皮底下的川西平原。

在成都城内，不仅民心"是期待同志军进城的"⑥，而且军心不稳。有的新军"私议归农"，有的新军则"欲设军界同志会"。陆军小学的学生纷纷离校回乡参加同志军作战。赵尔丰因之调巡防军一营驻学堂附近，并在校后城墙上放哨，禁止学生越城回乡。第十七镇统制朱庆澜命令一队新军说：认为同志会为正当者站左边，反之则站右边，结果"右竟无一人"。⑦ 因此，赵尔丰只得将新军调出，专恃巡防军守城。他命令各州县募兵抵抗同志军。"灌县等处募二三十人。有给械辄携去曰：我岂果当兵自击同志会耶！"⑧ 清朝统治者以"川省民变可忧，尚不知兵变更可忧"⑨ 而惶惶不可终日。"望日变后，院署内外，分驻防军，大堂设机关炮二尊，守卫者寝食阁中。道府州县各官厅皆兵也。"⑩ 赵尔丰成了瓮中之鳖，"心力交瘁"，"通宵不寐"以防"奸宄"。⑪ 巡警道徐樾称病请假。提法使周善培将老母妻妾藏匿戚友家中，自己食息无定所，出门不敢乘大轿。在四川同志军革命暴力的打击下，清王朝在四川的反动统治迅速出现了土崩瓦解之势。

清廷预感大祸临头，乱成一团。盛宣怀、端方奏请借用英国兵轮运兵入川镇压。瑞澂电海军部派兵船赴宜昌、重庆"保护中外商民"。清帝急令贵州、云南、湖南、广东、贵州、陕西六省派兵入川。端方则乘机伸手要川省军队指挥全权。他

---

① 《正俗新白话报》第2期。
② 《英国蓝皮书》，中国史学会编：《辛亥革命》（八），"中国近代史资料丛刊"本，第280页。
③ 秦枏：《蜀辛》卷下，第2页。
④ 秦枏：《蜀辛》卷上，第16页。
⑤ 《告示》原件存新津县档案馆。
⑥ 《华西教会新闻》1911年11月号。
⑦ 秦枏：《蜀辛》卷上，第10~11页。
⑧ 秦枏：《蜀辛》卷上，第27页。
⑨ 盛宣怀：《愚斋存稿·宜昌端大臣致内阁请代奏电》。
⑩ 秦枏：《蜀辛》卷上，第15页。
⑪ 戴执礼编：《四川保路运动史料》，第387~388页。

以四川最高统治者的姿态在 9 月 18 日由宜昌发出《告示》，命四川地方官将电文刊刻，限三日内在各村庄市镇飞速张贴。《告示》扬言："朝廷派本大臣来宣布德意，又派本大臣管四川全省的兵。""本大臣……在陕西巡抚任办过拳匪，两江总督任办革命党徒"，四川"倘若仍旧乱闹，滋出事来，只好照匪徒一律重办"。① 真是气势汹汹，骄横不可一世。盛宣怀更提出要蒲殿俊等人"传檄止乱"。但有的御史则奏请惩办盛宣怀以弭川乱。9 月 15 日，清廷派镇压四川义和团的刽子手岑春煊到川办理剿抚事宜。这样，清廷同时用了三名总督大员来对付四川的起义。由此可见其急迫和慌乱的窘境。岑春煊除奏调滇军随行外，于 9 月 18 日电发《告谕蜀中父老子弟书》。他要求川人，"自得此电之日起，士农工商各安其业，勿生疑虑，其一切未决之事，春煊一至即当进吾父老子弟于庭，开诚布公共筹所以维持挽救之策"。"即有一二顽梗不化之徒仍复造谣生事，不特王法所不容……而春煊亦将执法以随其后。"② 岑春煊花言巧语，软硬兼施，打出"为民请命"的幌子，行镇压人民革命的诡计。9 月底，岑春煊行至武昌，他眼见四川的起义势如烈火，又与盛宣怀、瑞澂等人有矛盾，"自知与中外大臣意旨不合，决计奉身而退"③，于武昌起义的第二天乘轮去沪。此后，清廷授岑春煊以四川总督，要他急速进川。但各省已纷纷举义，岑春煊"至是无寸土一卒凭借"，独居租界之中，再不敢说入川查办的话了。

新津保卫战和大相岭阻击战

马克思和恩格斯说："在阶级斗争接近决战的时期，统治阶级内部的、整个旧社会内部的瓦解过程，就达到非常强烈、非常尖锐的程度，甚至使得统治阶级中的一部分人脱离统治阶级而归附于革命的阶级，即掌握着未来的阶级。"④ 四川同志军起义，促使清朝统治阶级内部发生分化。清巡防军第八营邛州兵变，即是统治阶级分化的一个突出的事例。

邛州兵变是周鸿勋领导的。周鸿勋，郫县人，曾在成都当警察，因事被通缉，逃往云南，亲见法人修滇越铁路，虐待华人种种惨况，激发起反帝爱国思想。返川后，入巡防军当兵，后升至巡防军第八营书记。"遂以哥老结纳同营，同营士兵，亦惟鸿勋马首是瞻。辛亥川路事起，鸿勋以滇越所见，泣告同人。谓滇越路由法人办理，待遇尚如此其苛，今川汉路由英法德俄日美共管，则其蹂躏之惨酷，更不可言。"⑤ 启发士兵的爱国思想，支持保路运动。同志军起义后，周鸿勋决定发动兵变响应革命。9 月 12 日，他号召士兵掉转枪头，枪毙本营管带黄恩瀚，在邛州宣布起义，"往州署逼官借饷……率同类往新津县抵抗官兵"。在士兵起义的鼓舞下，

---

① 上引端方《告示》，原件藏新津县档案馆。
② 诵清堂主人：《辛亥四川路事纪略》。
③ 周开庆：《四川与辛亥革命》所引岑春煊《乐斋漫笔》。
④ 马克思、恩格斯：《共产党宣言》，《马克思恩格斯选集》第 1 卷，第 261 页。
⑤ 周开庆：《民国四川人物传记》，第 29 页。

邛州群众纷起"毁警察,砍电杆,州牧懔然"。① 巡防军第八营是赵尔丰在川边赖以起家的老本。周鸿勋率领的起义开清军倒戈的先例。周鸿勋部巡防军的武器装备、作战经验较一般揭竿而起的民军优良。他们参加同志军后成了四川革命力量的一支劲旅,给清统治者造成了心腹大患。

9月26日,侯宝斋率南路同志军自成都南郊回师,与周鸿勋会师于新津。他们囚禁清县令和征经委员,由侯宝斋、周鸿勋管理县政,"严巡逻,禁劫掠,商民安堵"。② 应召来者,"不十数日,号称十万"。③ 侯宝斋任川南全军统领,周鸿勋任副统领,军威大振。新津一时成为四川同志军起义的中心。"旌旗相望,大有震撼全蜀之势。"④ 9月30日,川南同志军打毁新津城外新建陆军营房,夺取军械,释放狱中囚犯。其时"首人令于众曰:只准抢枪炮,有敢抢商民财物者以军法治之。各殷富自应助银以充军饷也。商民以是颇相安"。⑤ 同日,周鸿勋率部返邛州。邛州知州文德龙纠集劣绅设"四门团防局"防守城门顽抗。周鸿勋部得城内同志军内应,捶锁开城,直冲衙署,将文德龙枪毙。"出而揭监放卡",杀劣绅叶崇安⑥,旋回新津参加新津保卫战。

新津是成都西南门户,地当要冲,襟山带河,三面环水,形势险要。同志军占据新津,上逼成都,下控川南,扼雅安、西昌交通要道。10月1日,赵尔丰命新军十七镇统制朱庆澜,率陆军四营及马炮各队(后又增调一协),分两路由双流左侧进攻花桥场。提督田振邦率巡防军为右路进攻插耳崖,倾全力向新津进攻。10月2日清军窜至新津河东旧县城。同志军与清军"隔河开仗",新津保卫战开始。

新津同志军将渡河船只集中西岸,沿河筑垒,据山扼守,芦苇丛林,随处设伏,阻击清军。又将上游灌县都江堰决破,使岷江水涨,造成阻敌渡河的天然屏障。同志军一见清军渡河即放土炮轰击,破坏敌军架桥作业,并派兵潜渡,袭击清军侧背,使清军进攻"甚形棘手"。赵尔丰惊呼新津同志军"布置周密,确有畅晓军事之人";"省中兵力又为新津所牵制"。⑦ 盈盈此水,欲渡无由,只得采用抬船的办法,从沿河雇人抬船往新津进攻同志军。当时有人作诗嘲笑清军道:"新军错计恃洋枪,谁料愚民愤莫当。夺得洋枪还死斗,可知器不敌人强。"⑧ 其他地方的同志军也配合新津同志军作战。彭县同志军百余人扮作农民在武侯祠附近袭击赵尔丰所派送炮军队,"奋发合围",打得清军扔掉大炮,狼狈而逃。嘉定彭开运集合同志军起义,闻新津被围,驰往营救。⑨

---

① 洪宣禄纂修:《邛崃县志·兵事志》。
② 秦枏:《蜀辛》卷上,第12页。
③ 朱之洪编:《蜀中先烈备征录》第2卷,第43页。
④ 朱之洪编:《蜀中先烈备征录》第2卷,第43页。
⑤ 秦枏:《蜀辛》卷上,第16页。
⑥ 洪宣禄纂修:《邛崃县志·兵事志》。
⑦ 赵尔丰:《赵季和电稿·致内阁》,手抄本。
⑧ 秦枏:《蜀辛》卷下,第2页。
⑨ 唐受潘等修、黄镕等纂:《乐山县志·艺文志》。

四川陆军小学总办姜登选，本是新军中的同盟会会员，奉命率炮兵进攻新津。最初他曾令所率炮兵"日施开花炮数百发，皆阴取其信管，阳相持不下"。对同志军守新津实际上起了掩护作用。但是，当新军队官、同盟会会员陈锦江在温江三渡水被孙泽沛、吴庆熙所部同志军误杀以后，"登选闻报震怒，以同志军愚而暴，立挥所部兵攻新津"①。10月10日，清军凭炮火的优势，拼死抢渡，同志军不得不退入城中坚守。10月12日，清军焚烧东门外民房千余家，拼死攻城。同志军由于饷械缺乏，于13日放弃新津，分路向外州县转移。

侯宝斋、周鸿勋部同志军坚持保卫新津的战斗持续半个月，抗击和牵制了四川清军的主力，掩护了川东南各地同志军斗争的发展，对全川革命形势起了推动作用。

侯宝斋率部向洪雅方向转移，不幸于10月19日被赵尔丰收买的原侯部军需长杨虎臣刺死。周鸿勋率旧部一百四五十人，拟由雅州去打箭炉，取得枪弹，再行反攻。新津战斗的失利，不但没有动摇他反清革命的决心，相反地却提高了他实行资产阶级革命的觉悟。在向名山进军的征途上，经同盟会会员邓子完、范爱众介绍，周鸿勋毅然加入了同盟会，"正式从事革命"。②周部占名山城稍事整顿后，决定顺流下嘉定。10月19日，便由夹江、洪雅至嘉定牛华溪，枪毙五通桥盐务巡防营管带蒋文恺，改编全营。于是周鸿勋部拥有新式快枪三四百支，人近五百，战斗力大大增强。接着与胡潭部同志军会攻犍为城，与防军统领朱登五所部千余人，血战三日，因胡潭部未按期到达，仍退守牛华溪。在犍为战斗时，周鸿勋为说服清防军起义，曾发布白话告示说："弟兄们，仔细听，吃粮身价贱如针。三两六，把命拼，沟死沟埋命最轻。这就是，满洲人，待我中华之国民。到而今，卖铁路，把我股本一齐吞。摄政王，把约定，他的老娘也贪银。这铁路，有则生，在我中国如命根。皮不在，毛何存？该争岂仅四川人？……现在的，云南地，两湖、两广各省城。起公愤、杀官兵，军民都变好齐心。有孙文，取天津（？）指日就破北京城。……你看他，同志军，理直气壮又光明。走一处，皆欢迎，酒肉茶饭随后跟。"愤怒声讨清政府卖国害民的罪行，宣传全国蓬勃发展的革命形势和同志军战斗的正义性质。号召清军"快掉头，来投营，本部优待不虚文。……兄弟们，决回心，共图独立享太平"。③以后，周鸿勋应荣县、威远同志之约，率所部千余人驻荣县，被秦载赓、王天杰等人推为川东南同盟军统领，合兵攻占自贡。1912年初，自流井大盐商王禹本等诬周鸿勋"统率无方，纵兵扰民"，挑动滇军将他杀害，时年二十八岁。周鸿勋为人豪爽，有侠士风。起义后战绩卓著，"存心光洁，不私蓄一钱"，遇害后"哀挽者甚多"。雅州同志军首领罗子舟的挽联写道："惟公一呼，起大陆龙蛇，前者既仆，后者又兴，旬月内还我河山，赢得口碑皆战绩；凡兹百姓，皆圣人刍狗，

---

① 熊克武：《蜀党史稿》（未刊本）。
② 范爱众：《辛亥革命首难记》。
③ 范爱众：《辛亥革命首难记》。

国魂已归,君魂不返,幽冥中负此良友,今来挂剑又秋风。"① 寄托了群众对周鸿勋的怀念。

当同志军围攻成都时,赵尔丰急调护理川滇边务大臣傅华封部边军(亦称西军)第十七镇六十六标标统叶荃部陆军,以及驻越西等地的巡防军近万人,由傅华封节制,从打箭炉、泸定、宁远等地兼程集结于清溪县,企图越大相岭,经荥经、雅州趋成都救援。傅华封所领重兵,如果回窜成都,势必改变四川腹地敌我力量的对比,给战斗在各地的同志军造成严重威胁。

为了阻击傅华封部清军,荥经、雅州等地同志军,于清溪、荥经间的著名天险大相岭,扼其必经之路,凭高阻险,展开了英勇的大相岭阻击战。

1911年9月10日,荥经同志军起义,公举李永忠集民兵编成荥字营五大哨,派人去雅州约请当地同志军首领罗子舟率军来荥共同抵御傅华封部清军。9月18日,罗子舟派刘殿臣率兵百余人,与荥经同志军二百余人会合,同清巡防军激战于白马庙,揭开了大相岭阻击战的序幕。当天中午,罗子舟领兵至荥经,在当地同志军的配合下,击降驻荥经城的清巡防军二百余人,获快枪二百支,军威大振。罗子舟称"川南同志军水陆都督",积极部署大相岭防务,调集各乡团勇分扎大关、鹅项岭、晒垫坪等要隘阻击清军,利用地形,坚守阵地,连日激战,打退敌军多次冲锋。清军统领马守成率队二千余人"屡次冲突,均不得度大关一步"。②

清军虽在大相岭被阻,但防守雅州的清军为数不下二千人。如果让他们向成都靠拢,邛州、新津一带的同志军将受到严重威胁。大相岭亦有后顾之忧。为了打击雅州的清军,罗子舟回师雅州,进攻雅州城,使清军"首尾不能相顾"。

同盟会会员、哥老会首领罗子舟,在川西平原同志军兴起后,即建立雅州同志军五营,响应起义。9月17日,罗子舟会合邛州、芦山、天全、荥经、穆坪等县同志军围攻雅州城,发出布告,号召人民起义"撞自由钟,竖独立旗"。③ 9月29日,清军从东门出击与同志军大战于乾河,因受创严重,龟缩城中不敢出战。清吏派贡生王安黼至同志军曹家坝大营招安,"民军拒不受",造木炮、竹梯数百于10月6日猛攻州城东南门。州官存禄令清军纵火烧东、南门外民房,阻止同志军进攻,并令管带齐得胜率军由西门出击。同志军战斗受挫,牺牲近二千人。10月14日再战又败。罗子舟部围攻雅州一月余,虽未攻下城池,但牵制了大批清军,有力地支援了新津保卫战和大相岭阻击战。在这次围城战斗中,同志军伤亡甚重。罗子舟之弟罗老十率领的少数民族同志军,全部壮烈牺牲于雅州南门。

10月29日,参加防守大相岭的降弁王廷权等叛归傅华封,诱杀同志军将领谭载阳等人,纵火焚大关。罗子舟被迫率部退走洪雅、嘉定等地。

大相岭阻击战同新津保卫战一样,是四川同志军致赵尔丰于死命的一次具有重

---

① 周开庆:《民国四川人物传记》,第29页。
② 贺泽等修、张赵才等纂:《荥经县志·武功志》。
③ 范爱众:《辛亥四川首难记》。

要意义的战斗。"赵督之所恃,在西建两军,同志军队之强弱,亦视大关之守为强弱。"荥、雅等地同志军和农民群众、少数民族人民,当机立断,知难而进,扼险阻敌。"民之富者输财,贫者执械",英勇奋战,有效地阻滞了赵尔丰的精锐部队。"自七月至九月初旬,共四十余日,无一兵弁援省,以助赵督之虐焰。"① 赵尔丰因援兵被阻,少数民族响应同志军起义,"由新津以西,直至清溪、荥经,地为匪据,前调边军阻于雅州,关外文报,月余不通,闻土司地方,匪有连结之说"②,向清廷军咨府急呼救命。傅华封虽侥幸突破大相岭进至雅安,但已不能挽救赵尔丰的灭亡,并且立即落入了同志军的包围之中。这支不可一世的反动武装,最后被同志军在雅安消灭。

毛泽东同志说:"战争的伟力之最深厚的根源,存在于民众之中。"③ 同志军在大相岭流血牺牲给四川各地的同志军排除了威胁,争得了时间。此次"讨傅之师,总额逾万,人民箪食壶浆,士卒秋毫无犯。父老至今尤谈为素所罕见"④。同志军的军饷七万余两"均由荥邑捐助"。⑤ 表现了人民群众创造历史的主动精神和无穷力量。

荣县起义

荣县同盟会会员王天杰(1890—1913),在同盟会成立后,即开始联络同志进行反清活动。"清季多故,民党初基,大义虽揭,人怀恐惧,冠带之伦,凛然以钩党诫其家人子弟。烈士独潜结同盟,日夜驰驱,蜀故僻左,四方之士罕至,川南数县,荣尤山陬,为党士所官,烈士实为之绾毂,举斩揭犯难之事,无不讦谟自出,而名遂彰彰矣。"⑥ 保路运动发生后,"王天杰于7月4日(8月27日)已促县人罢市罢课,停止纳赋税,接收经征局,率民军训练所学生百余人,拘留县局委员"⑦。并借"民团训练所督办"的名义,以民团训练所学员百余人为骨干,组织民团千余人,在荣县五保镇起义。9月初,王天杰得悉赵尔丰屠杀成都请愿群众的消息后,与刚由成都星夜赶回的龙鸣剑一道在荣县起兵,参加围攻成都。

龙鸣剑(1877—1911),荣县人。1907年留学日本,入东京法政大学学习,加入同盟会。1910年初回川,在成都四圣祠街创办法政学堂,被选为四川谘议局议员。保路运动中,龙鸣剑一方面利用其合法身份反对清朝卖国卖路,与立宪派"明同暗斗";一方面积极准备武装反清起义,是罗泉井会议的主持人之一。成都血案一发生,他与曹笃、朱国琛发出"水电报"后,立即返回荣县,参加领导起义。

---

① 贺泽等修、张赵才等纂:《荥经县志·武功志》。
② 盛宣怀:《愚斋存稿·成都赵制军尔丰寄军咨府电》。
③ 毛泽东:《论持久战》,《毛泽东选集》合订本,第478页。
④ 《名山县志·事纪》。
⑤ 贺泽等修、张赵才等纂:《荥经县志·武功志》。
⑥ 《王烈士传》,荣县城南富南公社一大队五队,荣县王烈士祠碑文。
⑦ 熊克武:《蜀党史稿》(未刊本)。

王天杰利用自己的哥老会首领的地位，用鸡毛文书发出紧急号令，命各场镇哥老会立即组织同志军，自备武装、钱粮，在荣县双古场集中待命。一夜之间，号令传遍荣县四十八个场镇。各场镇同志军五千余人在双古场训练三天后，在王天杰、龙鸣剑、范华阶的率领下，手持大刀长矛、土枪、毛瑟枪等武器，浩浩荡荡向成都进军。① 同时，"传檄近县，旬日之间，闻风而景从者"达二万人。②

荣县同志军在华阳东山庙、三角碑、包家桥等地同清军战斗后攻入仁寿县城。在此，与秦载赓部同志军会师，组成东路民军总部，推选秦载赓、王天杰为全军正副统领。龙鸣剑任参谋长。井研县同盟会会员陈孔白率八百余人，威远县同盟会会员胡御阶③所部同志军也前来会合，共同战斗。在中兴场、中和场、煎茶溪一带与清军激战二十余次。终因装备悬殊，补充缺乏，使秦皇寺战斗失利。东路民军不得不暂时放弃攻取成都的计划分兵向各州县发展。秦载赓领兵下仁寿、简州、资阳、井研、内江、宜宾、犍为、威远、自贡等十余州县，到荣县时，得知井研政权被豪绅把持，"其执政者，仍为该县县令，施行文书，盖用清印如故"。④ 怒不可遏，亲往查办。不幸于11月19日，被反动派杀害于井研北门。

王天杰、龙鸣剑率部取嘉定。由于嘉定已由罗子舟占领，转攻叙府。龙鸣剑积劳成病，10月6日逝世于革命征途。"龙鸣剑为中国的资产阶级民主革命奋斗了一生，特别是在四川的保路运动中，他起了重大的作用。他运用正确的策略推动着革命运动的发展；而当时机成熟时，他又毫不迟疑地立即发动武装斗争。……像龙鸣剑这样的人，才是辛亥革命真正的英雄。"⑤

当荣县同志军出发围攻成都时，同盟会会员吴玉章回荣县开展革命工作。龙鸣剑喜出望外，"一切大计"请吴玉章筹划。吴玉章1878年生于荣县，1903年留学日本，1905年参加同盟会，任评议部评议员，1907年在日本创办《四川》杂志和筹组共进会。为支持同盟会武装起义历尽艰辛，在同盟会会员中有很高的威信。四川保路运动发生后，他由上海回到家乡。王天杰、龙鸣剑离开荣县后，吴玉章承担起后方的全部责任。他在政治上痛斥了大地主郭慎之对同志军的恶毒诽谤，义正词严地指出："龙鸣剑和王天杰领着同志军去打赵尔丰，是替我们大家争铁路、争人格，他们是为国争权、为民除害。"⑥ 为革命伸张了正义。在经济上，以按租捐款的办法为同志军解决了粮饷问题。在军事上，他加紧训练各乡民团，还开了一个军事训练班，准备不断扩大队伍，支援前线，为荣县独立和附近州县革命的发展做了大量工作。

---

① 四川大学历史系"辛亥革命史"调查组，1977年3月访问记录。
② 《王烈士传》，荣县王烈士祠碑文。
③ 胡御阶（驭垓），名良辅，威远县人。1907年由熊克武介绍加入同盟会，参加成都起义。保路运动发生后，投身同志会，鼓吹反抗；成都血案发生后，他由成都回乡，召集民军投入战斗。
④ 朱之洪编：《蜀中先烈备征录》第2卷，第13页。
⑤ 吴玉章：《辛亥革命》，第127～128页。
⑥ 吴玉章：《辛亥革命》，第127～128页。

同志军武装斗争的急风暴雨，摧毁了清朝在四川统治的基础，为实现革命独立开辟了道路。王天杰回师荣县时，清政府的荣县知县和郭慎之等土劣仓皇逃走，荣县独立的条件已经成熟。吴玉章不失时机地提出立即推倒清朝县政权，宣布独立，自理县政的主张。这种适应革命形势发展、夺取政权的正确意见，得到了王天杰等人的支持。9月25日，他们召集大会，宣布荣县独立，以广安县的同盟会会员蒲洵主持县政。"逐清吏，别署同志，一新政令。"①

荣县独立在时间上比武昌起义早半月，"首义实先天下"②，是辛亥革命时期由同盟会会员建立的第一个县政权。此后，荣县成为成都东南同志军反清斗争的中心。影响所及，四川各州县纷纷效法，推倒清政府，实行独立的浪潮迅速席卷全川。

荣县独立后，王天杰即派胡御阶率由挖煤工人和船夫组成的同志军回威远宣布独立。范华阶率军千余人直取井研城。又因自贡关系全川财赋所在，集同志军"环而攻之"。陈孔白、胡御阶等与巡防军战于界牌。战斗失利，陈孔白在马鞍山被俘。11月10日被清军用煤油烧死。③ 胡御阶退守威远城。值端方兵至威远高市场，县中反动势力蠢蠢欲动，图谋拥清县令徐谦侯复辟。王天杰命斩徐谦侯以稳定局面。但是，该县反动分子竟于11月12日将胡御阶杀害。④ 11月26日，吴玉章发动内江革命党人和群众，接收团练局，宣布独立，成立内江军政府。到会群众几千人，情绪激昂，欢呼万岁。吴玉章任行政部部长，吴庶咸任军政部部长。

在荣县独立的前后，同志军起义的烈火已迅速燃遍了全川。

岷江上游著名的同志军首领胡潭，犍为县人，农民出身的哥老会首领。他得"水电报"后，立即号召当地群众起义，率军三千余人进攻犍为县城。在幺姑沱地方与清防军统领朱登武部激战后，围攻犍为达十余日之久。以致永宁道刘朝望惊呼："顷探知嘉定文日（10月2日）失守，匪首胡潭有五千人，势颇张。朱（登武）军单入犍，尚未接仗。现在匪情，军多即避，军过则起，军弱则接仗，不有重兵，节节防剿，恐日滋蔓，犍境已不堪问。"⑤

余栋臣旧部张桂山乘机再起，捣毁大足龙水镇警察分所，夺取枪支子弹领导群众起义。龙水镇哥老会首领举张桂山为同志军首领，集以余栋臣旧部为基础的农民群众约五千人，进占县城，转攻富顺，称"东亚义字全军水陆大统领兼富顺县军政府都督"。⑥

在遍及全川的同志军中，大竹县李绍伊领导的农民，西昌彝汉人民以及松、理、茂、汶的藏族、羌族人民所组成的同志军的战斗，更为集中地表现了我国以农

---

① 《王烈士传》，荣县王烈士祠碑文。
② 《王烈士传》，荣县王烈士祠碑文。
③ 《国民报》1912年3月6日。
④ 《胡驭垓烈士墓塔碑文》。
⑤ 陈旭麓、顾廷龙、汪熙编：《辛亥革命前后盛宣怀档案资料选辑之一》，第166页。
⑥ 文史资料委员会编：《辛亥革命回忆录》（三），第263~269页。

民为主体的各族人民的斗争,对辛亥革命的伟大作用。

李绍伊,四川大竹县人,"家贫,至于躬耕以给"。辛亥革命前,李绍伊目睹清朝腐败,立志反清,常与友人"谈光复大计,视当时官吏蔑如也"。① 他以大寨坪为据点组织"孝义会",吸收贫苦农民参加,以兴汉排满,反对贪官污吏,土豪劣绅,苛捐杂税,互相救难扶危为宗旨,深受贫苦人民的欢迎。1906年,李绍伊参加了同盟会,大力支持和掩护同盟会会员熊克武等人的革命活动,密谋起义。清吏派兵缉捕,李绍伊率"孝义会"群众武装抗击,重创清军。

川西同志军起义后,李绍伊领"孝义会"群众数千人大举起义响应,占大竹县城,称同志军川东北都督,发布檄文,宣布驱逐鞑虏。② 分兵四出,占垫江、邻水、广安、岳池,攻达县、新宁、东乡、通江、巴中、南江等地,势如破竹。"渠江流域诸州县尽入其势力范围。"③ "各县均自行推举官吏,宣布脱离清政府独立。"④ 这支同志军英勇奋战,不少农民群众为推翻清朝统治,流尽了自己的鲜血。仅在巴中县牺牲的陈英奇等部即达二千余人。李绍伊领导的农民起义军是摧毁清王朝在川东北地方政权的主力军。

西昌彝汉群众积极参加了张耀堂领导的起义。彝族阿史土目所属的海末、尔姑、莫西家的群众,参加起义军的达二百余人。他们同汉族农民一道,"杀官安民","推翻满清,废除新政,杀贪官,灭洋人"。⑤ 斩西昌县县令章庆,猛攻西昌城。

在西昌彝汉群众起义的鼓舞下,德昌群众"攻城逐官",杀德国教士罗尚德、甘尼伯,重创清军。会理彝、汉等族群众宣布反清起义,进攻会理城,打死法国天主教司铎贾元贞。在反清的同时展开了"灭洋"的斗争。

川西北的藏、羌族人民,在汶川土司索代赓的率领下,集三百余人到灌县参加川西同志军起义。汶川瓦寺土司索代兴、索代赓,平时与灌县、郫县、崇宁等地会党人士有来往,与张捷先、姚宝珊的关系密切。同志军兴,姚宝珊去汶川约索代兴、索代赓起义,并商定了进攻威州、理番等地的计划。于是,索代赓所部藏、羌族同志军便同张捷先统领的川西同志军联合起来,转战于灌县、郫县、崇宁等地。他们勇猛杀敌,在历次战斗中,先后牺牲二百余人。索代兴所率义军协同灌县同志军攻占了灌茂通道上的重要关口娘子岭,进占威州,阻击赵尔丰所调回援成都的松潘巡防军,攻入松潘城,控制松潘、理番、懋功、汶川地区,对辛亥革命做出了贡献。

《丹稜县志》载齐肇璜《蜀中同志会纪事诗》写道:"鱼凫疆域阵如云,弹雨枪林处处闻。一百数十余州县,羽檄交驰势若焚。君不闻,革命党,大江东北皆抢

---

① 郑国翰等修、陈步武等纂:《大竹县志·人物志》(上)。
② 文史资料委员会编:《辛亥革命回忆录》(三),第296页。
③ 郑国翰等修、陈步武等纂:《大竹县志·人物志》(上)。
④ 文史资料委员会编:《辛亥革命回忆录》(三),第291页。
⑤ 四川少数民族社会调查组编:《四川彝族近现代史调查资料选集》(初稿)。

攘。又不见，同志军，全川西南戎马纷。民军整，防军散，散而遇整不敢战。防军少，民兵多，少不胜多奈若何。城外防兵多失利，城中陆军无斗志。锦城险作九里山，四面楚歌魂惊悸。"① 这首诗在一定程度上反映了辛亥革命时期四川保路同志军的燎原烈火之势，排山倒海之力，以及清朝日薄西山，气息奄奄的窘境。

同志军与同盟会

辛亥革命在四川有一个突出的特点，这就是武装斗争规模浩大，遍及全省。人民群众用革命武装反对反革命武装，用火与剑反复厮杀，推翻了清朝在四川的反动统治。

在辛亥革命时期，四川人民进行反清武装斗争的主要组织形式是保路同志军，领导者是资产阶级政党同盟会。人民大众与资产阶级革命派的武装反清联合阵线，是埋葬清朝统治的决定力量。

武装斗争是阶级斗争的最高形式。同志军起义是四川社会阶级矛盾极其尖锐化的产物。同志军起义是由清朝投降帝国主义，坚持卖国主义，镇压爱国人民所引发的。清朝的反动政策直接危害了四川各阶级、阶层人士的利益。因此，在当时的四川，除了少数卖国贼、地主阶级顽固派以及一贯反对革命的立宪派上层人物外，都在不同程度上介入了武装反清起义。各地同志军大都是由各地的保路同志协会、会党和民团联合发动，呼啸而起的。这种情形，一方面使同志军起义具有广泛的群众基础，发动迅猛，并形成四川历史上空前规模的人民大起义；另一方面也造成同志军成分复杂，泥沙俱下。其中有会党首领、团总一类地方实力派和少数报私仇者，甚至有趁火打劫的不良分子。但是，同志军的主体却是以农民为主的劳动群众。

农民和其他劳动人民加入同志军的渠道是会党和民团。

会党不仅是保路同志会的重要支柱，也是同志军的重要凭借。从前面叙述的各地同志军战斗的情况，我们不难看出，不少地方的同志军是直接通过会党发动的。其领导人多数有会党身份，其成员亦多是会党分子。即赵尔丰所谓："川省会匪素多，盗纵遍地。此次同志会煽惑人民，勾结匪党，以致民匪混合，互相倚伏，匪散则为民，兵去则聚而为匪，此拿彼起。"② "同志会召附近党与围攻省城，各分会响应。哥老会与同志会互相表里，蜂起屯聚，民匪混杂。"③ 有的县志载："清光绪季年，袍哥充斥，盗贼公行，同志会之起，袍哥亦多与列，借肆猖獗。"④ "邛州陆军倡应，哥老和之，檄文所到，袍泽四起，川局于是大紊。"⑤

在我国近代人民反帝反封建斗争中，会党是一个相当活跃、引人注目的角色。由于近代中国社会经济发展的不平衡性，各地会党的成分也有所差异。从四川的情

---

① 刘良模、罗春霖等纂修：《丹棱县志·杂事志·纪乱》。
② 《时报》宣统三年八月九日《赵督电布川乱情形》。
③ 《赵尔丰列传》（手抄本），藏四川大学图书馆。
④ 柳琅声等修、韦麟书等纂：《南川县志·前事》。
⑤ 胡存琮、赵正和纂修：《名山新县志·事纪》。

况看，会党中有农民、城镇居民、破产农民、失业手工业者、游民，有地主，也有清朝的士兵和散兵游勇。但是"以中下层人居多"，"多数是乡下的农民"。① 有的地方（如荣县）还有一种"方"字号的哥老"码头"，其成员"几乎全是贫苦的农民群众"。② 在川北有些地方，哥老会"各招党羽结秘密团体，强迫农民入党。农民之安分者，若不相从，则身家莫保"③。李绍伊领导的孝义会成员主要是贫苦农民。④ 由于会党参加了同志军起义，它拥有的农民和其他劳动群众也就成了拿着武器的同志军战士了。

民团本来是掌握在各地地主阶级手里的、由他们所举的"团总"率领的武装。但由于辛亥革命时期特殊的历史条件，有的地主接受了同盟会的影响，加入同盟会领导的武装斗争中来，有的由于帝国主义和清朝损害了自己的利益而成了反清人士。民团往往与会党合二而一，受会党的倾向性所影响。在保路运动开始后，革命党人也注意民团这个可以争取利用的武装力量，加紧了对它的工作。有的同盟会会员还借办民团、保乡梓的名义，组织民团，发动起义。王天杰就是利用民团督办的名义起义的。吴玉章也注意训练各乡民团来支援前线。重庆同盟会机关部为掌握武装力量，由朱之洪等出面，以保治安的理由迫使重庆知府纽传善承认办团。"商会谋办商团自卫，士绅亦致力团练保治安。向楚、李时俊、刘祖荫各分区集众倡民团，皆先以党人实其额。"⑤ 因此，四川许多同志军就可能直接由民团演变而成。李经羲说："川乱则会匪乘机假名附合民团而起。"⑥ 赵尔丰也说："各团皆有匪徒混入其中，且有挟制团保勒令齐团来攻省城。"⑦ 我们知道，各地民团的团丁多数是穿着团练号褂的农民和其他劳动群众。

四川同志军的主体是农民和其他劳动人民。我们从以下列举的史料中可以得到确凿的证据。

> （同志军）人不过佣工牧竖，器不过抬炮鸟枪。⑧
>
> 富者输财，贫者执械。⑨
>
> 此次团兵，多系村民，倚富有田产之人为生。而此等富有田产之人，即附路之大股东。⑩
>
> "皆系乡愚无知之人"，"农事未毕"即来。⑪

---

① 文史资料委员会编：《辛亥革命回忆录》（三），第 203、274 页。
② 四川大学历史系"辛亥革命史"调查小组，1977 年调查记录。
③ 《衡报》第 6 号（1908 年 6 月 18 日）《川省农民疾苦谈》。
④ 文史资料委员会编：《辛亥革命回忆录》（三），第 295 页。
⑤ 熊克武：《蜀党史稿》（未刊本）。
⑥ 中国第二历史档案馆编：《中华民国史档案资料汇编》第 1 辑，第 158 页。
⑦ 《赵尔丰批示》，原件藏新津县档案馆。
⑧ 聂述文等修、程德音等纂：《江津县志·前事志》。
⑨ 贺泽等修、张赵才等纂：《荥经县志·武功》。
⑩ 《英国蓝皮书》，中国史学会编：《辛亥革命》（八），"中国近代史资料丛刊"本，第 273 页。
⑪ 《赵尔丰告示》，原件藏新津档案馆。

> 其人皆满身泥涂,并有尚持割谷镰刀之农佣。①
>
> 官兵在各场所得器械,皆系数十年前练团之物,腐锈不堪。……且拿获之人口供,皆称系乡间田夫,集团争路。②
>
> 所拿之人,泥手泥足,多系乡间田夫。搜获之物,锈刀锈叉及团练号褂而已。③
>
> 拿的武器有刀有矛,有前膛枪和牛儿大炮,大多数是农民。④

还有如前面已经提到的,川东北李绍伊部同志军基本上是农民。大足张桂山部是由余栋臣反帝起义的农民为基础组成的。川西同志军张熙的基本队伍是矿工,姚宝珊的基本队伍是伐木工人。威远县胡御阶所率二千余同志军,据威远县文化馆黄宗扬同志调查证实,主要是当地的煤工和船工。富顺涂哲部同志军由石炭溪煤工数千组成。⑤

列宁指出:"主要是农民,在革命中表明,他们极度憎恨旧的秩序,他们非常深切地感受到现制度的一切重担,他们自发地渴望从这些重担下解放出来。"⑥ 农民和其他劳动群众是四川辛亥革命的主力军。正因为如此,四川才集聚了足以致清王朝于死命的力量。尽管同志军武器窳劣,缺乏训练,指挥也不统一,但是,他们"枪械虽缺,人数过众",在四川遍地开花,英勇奋战,而且由于斗争的正义性,得到了广大人民的同情和支持,"乡民与之联合",打得清军"防内攻外,东驰西击,刻无暇晷"。赵尔丰"顾此失彼,势处两难"⑦,"心力交瘁,精神益复不支"⑧。当时清朝在四川的兵力计有新军一镇,防军四十余营,皆被同志军分割于各地扭打。傅华封节制的防军十营和新军六十六标被阻于大相岭、雅州一线寸步难进。新军主力被同志军牵制于新津,而且军心不稳。赵尔巽说四川全镇新军只有三营可靠。有一部分新军又被东路同志军牵制在华阳、仁寿战场。邛州、雅州防军二营,周鸿勋已率一营起义,剩下一营和雷波、屏山、马边防军五营又被彭山、眉山等地的同志军隔绝于岷江下游。叙府、泸州、重庆防军九营自顾不暇。守卫省城督署的防军十余营被川西同志军打得寸步难离。于是,赵尔丰毫无机动兵力可调,只得哀叹:"兵有限而匪无穷,以此少数之兵,防剿不能兼顾。"⑨ 清朝调来的鄂、湘、陕、黔、滇军,有的是远水难救近火,有的是杯水车薪,作用不大。被认为救命之师的鄂军又在资州杀端方响应革命。清王朝在四川的统治终于被同志军的武装斗争所埋葬。清王朝视四川为西南根本,"四川乃西南半壁之枢纽"。赵尔丰说:丢掉四川,

---

① 《川路国有血》,抄本。
② 中国第二历史档案馆编:《中华民国史档案资料汇编》第1辑,第148、153页。
③ 中国第二历史档案馆编:《中华民国史档案资料汇编》第1辑,第148、153页。
④ 文史资料委员会编:《辛亥革命回忆录》(三),第253页。
⑤ 范爱众:《辛亥革命首难记》。
⑥ 列宁:《托尔斯泰和无产阶级斗争》,《列宁全集》第17卷,第352页。
⑦ 赵尔丰:《赵季和电稿·致内阁》,手抄本。
⑧ 戴执礼编:《四川保路运动史料》,第388页。
⑨ 戴执礼编:《四川保路运动史料》,第434页。

"西南半壁立亡"。① 清王朝为了挽救四川的危局是使尽了浑身解数的。如果没有四川同志军使清朝统治者陷于人民起义的汪洋大海之中,清朝统治者是不会自动退出历史舞台的。辛亥革命时期,四川的武装斗争历时近半年而且十分残酷。胜利是来之不易的。清王朝为了镇压四川革命,同时起用三名总督级的大员,其中岑春煊被全国人民起义所吓退,端方、赵尔丰先后授首。这在当时各省的历史上都是罕见的事情。四川同志军以埋葬清王朝在四川的统治和作为武昌起义的先导的巨大历史功勋而彪炳于史册。

尤其值得注意的是:四川同志军起义已不同于历史上旧式的农民自发起义的事实。由于四川的资产阶级革命派人士充当了同志军起义的领导者,同志军成了中国资产阶级革命的工具。"此次川匪肇乱,纯系借端煽惑,隐有逆党从中主持。"② "革党叛军乘机窃发……盖已知倡乱者不尽为争路也。"③ "革党土匪乘机混合,兵民交战,全川骚动。"④ 这些材料都反映了同盟会领导同志军实行武装夺取政权的事实。

同盟会对同志军的领导作用主要表现在以下几方面。

第一,同志军起义在多数情况下是由同盟会有计划地策动的。这方面的史料前面已经提到,这里再举几个例子补充说明。据参加策动川西同志军起义的同盟会会员王蕴滋说:他于1910年在成都加入同盟会后,即被派任为郫县、崇宁、灌县三县联络员,专做哥老会首领张捷先、张达三等人的工作。通过宣传同盟会的纲领吸收他们加入了同盟会。"同志会初成立,二张即从事起兵准备。他们号召各地哥老尽力支持同盟会。……改同志会为同志军之日,张达三即将当铺押借的二千元作军用,首先在新场(距省五十里左右)集合一二千人,以为各路倡。"⑤ 重庆同盟会机关部为了动员起义,"命张颐等走夔、万,说下(川)东党人同时起义,以肖参返荣、威、自贡与党人谋投身同志军俾倾向革命"⑥。保路运动的参加者、同盟会会员曹笃写道:"四川保路同志会与四川保路同志军,实为吾党辛亥革命军之始,促亡满虏,不可谓无功,然不知者以为同志保路与同盟会之革命无关,而其实……该军亦为同盟会所组织而成。"⑦ 周鸿勋率巡防营起义也是由同盟会派范爱众、陈范九等人促成的。

第二,几支最大、最有影响的同志军的领导人都是同盟会会员或与同盟会关系密切的会党首领。诸如,川西同志军统领是同盟会会员张捷先、张达三。东南路同志军首领秦载赓、王天杰、龙鸣剑、陈孔白、范华阶等人全都是同盟会会员。雅州

---

① 赵尔丰:《赵季和电稿·致内阁》,手抄本。
② 戴执礼编:《四川保路运动史料》,第376页。
③ 聂述文等修、程德音等纂:《江津县志·前事志》。
④ 伧父:《川路事变记》,《东方杂志》第8年第8号。
⑤ 文史资料委员会编:《辛亥革命回忆录》(三),第219页。
⑥ 熊克武:《蜀党史稿》(未刊本)。
⑦ 曹叔实:《四川保路同志会与四川保路同志军真相》。

同志军首领罗子舟也是同盟会会员。南路同志军首领侯宝斋是与同盟会关系密切的反清人士,周鸿勋是同盟会会员。崇庆孙泽沛、温江吴庆熙、犍为胡潭等人都曾参加过同盟会会员主持的罗泉井会议。川东北同志军首领曾省斋、李绍伊也是同盟会会员。有的地方领导起义的首领,如綦江池列五、江津郭云程等都是共进会会员。可见,同志军各主要部队的领导权是掌握在同盟会手中的。

第三,同盟会的政纲是同志军的政治指导。川南同志军,"各军皆树旗四面,文曰'驱除鞑虏,恢复中华,创立民国,平均地权'"。① 参加同志军的哥老会"向来以排满兴汉为固定不移的宗旨,他们在群众中以汉界、汉流自称,因之对孙中山先生提倡的'驱除鞑虏,恢复中华,建立民国,平均地权'的口号非常拥护"。② 李绍伊领导的农民起义军在参加同志军之前,宗旨是"兴汉排满",参加同志军行列后发出的檄文则提出了"驱逐鞑虏"。③ 他在一次演说中宣布:"我们这次起义的目的是为了推翻满清王朝,打倒专制余毒,恢复汉族自由,解救人民痛苦,并不是争城夺地想当帝王。"④ 我们从周鸿勋由会党首领成为同盟会会员以后的政治思想变化更可以看出这一点。周鸿勋加入同盟会后,立即在名山县"改换旗帜,用大黄旗,上书'中华国民军',旁书'驱除鞑虏,恢复中华,创立民国,平均地权'十六字,并于士兵肩章上写'中华国民军',周则用中华国民军武字营统领头衔"。他在五通桥发布的《中华国民军邀集革命同人启》中写道:"中原沦尽,起舞岂待鸡鸣?汉族云亡,翻身实惟排满。……众志成城,谁敢扣华人之马?共和创政,平等分疆,直捣黄龙城,痛饮自由酒一盅。"⑤ 他于进军犍为途中,戎马赋诗:"一呼国民万军起,川南川东肩相比。我本无能第一人,皇皇四顾无知己。除去奸贪不敢休,挥旗动鼓人人喜。子弟英雄聚合来,振臂向前拼一死。"⑥ 抒发了他为国民军起而欢呼,为推倒封建专制制度而奋斗的情怀。从以上事实可以看出,同盟会的政纲,特别是它反对帝国主义走狗清朝专制统治,建立资产阶级共和制的主张,对四川同志军的影响是巨大的。可以说,这个政纲在当时成了四川的资产阶级革命派和农民及其他劳动人民建立联盟的政治基础。由于同盟会的领导,四川同志军奋斗的目标,也由最初的救蒲、罗,保铁路转变为倒清朝,争独立了。农民阶级作为资产阶级民主革命的主力军,在资产阶级的领导下,为完成资产阶级的任务而奋斗。这正如列宁所说:"按政治趋向来划分各个巨大的社会集团时,我们把革命共和民主派和农民群众看做一个东西,是不会有什么错误的。"⑦

资产阶级革命派领导的农民战争是四川这一历史时期革命运动的主流。尽管那

---

① 曹叔实:《四川保路同志会与四川保路同志军真相》。
② 文史资料委员会编:《辛亥革命回忆录》(三),第280页。
③ 文史资料委员会编:《辛亥革命回忆录》(三),第296页。
④ 四川大学历史系"辛亥革命史"调查小组,1977年调查记录。
⑤ 范爱众:《辛亥革命首难记》。
⑥ 周开庆:《民国四川人物传记》,第29页。
⑦ 列宁:《社会民主党在民主革命中的两种策略》,《列宁选集》第1卷,第538页。

时还有一些同志军起义是自发的，缺乏同盟会的直接领导（如张桂山起义），但是时代的特点和革命的性质决定了这些自发的斗争，在实际上已纳入了资产阶级领导的旧民主主义革命的范畴。据四川重庆、涪州、万县、内江、雅州、西昌、泸州等三十五个府县革命独立的材料考察，这些府县的独立具有如下特点：（一）都是在同志军武装起义的战斗洗礼中实现的。（二）绝大多数是由同盟会会员领导、参与或策动的。（三）组织形式虽花样百出，有称"都督"的，有称"司令"的，还有个别称"正统"的。但都大体上依照同盟会《革命方略》所规定，设立了军政府。川东五十余州县的军政府视四川同盟会的一些骨干分子组成的蜀军政府若北辰，一致表示拥戴。（四）没有任何一个府县建立单纯的农民政权或称王称帝。这就确切地表明了同志军起义的资产阶级革命性质和同盟会所起的领导作用。同志军与同盟会的关系说明了在辛亥革命时期四川曾一度出现过资产阶级革命派与农民的革命联盟。这一联盟的政治基础是同盟会的政纲，组织形式是同志军，纽带是会党，领导是资产阶级革命派。这时的中国资产阶级革命派是朝气蓬勃的。他们确如列宁所说："是时代的中心，决定着时代的主要内容、时代的发展方向、时代的历史背景的主要特点，等等。""资产阶级反对封建专制势力的运动是主要动力。"[①]

为什么辛亥革命时期资产阶级革命派可以同农民劳动群众暂时联盟？为什么资产阶级革命派的政治主张能成为这一联盟的政治基础？这个问题，马克思和恩格斯早有回答："进行革命的阶级，仅就它对抗另一个阶级这一点来说，从一开始就不是作为一个阶级，而是作为全社会的代表出现的；它俨然以社会全体群众的姿态反对唯一的统治阶级。它之所以能这样做，是因为它的利益在开始时的确同其余一切非统治阶级的共同利益还有更多的联系，在当时存在的那些关系的压力下还来不及发展为特殊阶级的特殊利益。"[②] 在当时的历史条件下，中国资产阶级革命派还是一个革命阶级的代表。这个阶级还处于帝国主义、封建主义的压迫下，还不是当权的阶级。他们正在同清王朝作殊死战斗。他们还没有条件发展本阶级的特殊利益。因此，他们要寻求支持自己实行革命的社会力量，要联合工农去反对敌人，而且，他们的政治纲领与中国的一切非统治阶级（包括农民阶级在内）的利益还有更多的联系，能够成为与这些非统治阶级联合的政治基础，并在此基础上与这些非统治阶级结成反对清朝的革命联盟。

当然，我们不能忽视资产阶级革命只限于以一个剥削集团代替另一个剥削集团去执掌政权的事实。四川辛亥革命时期一度出现的资产阶级革命派和农民的联盟，是在特定的历史条件下，剥削阶级与被剥削阶级的联盟。"资产阶级革命不能把千百万被剥削的劳动群众稍微长期地团结在资产阶级的周围，正因为这些群众是被剥削的劳动者。"[③] 由于中国资产阶级突出的软弱性和妥协性，同盟会的纲领及其实

---

① 列宁：《打着别人的旗帜》，《列宁全集》第21卷，第121、123页。
② 马克思、恩格斯：《德意志意识形态》，《马克思恩格斯选集》第1卷，第53~54页。
③ 斯大林：《论列宁主义的几个问题》，《列宁主义问题》，第127页。

践:"一、没有分土地;二、不晓得镇压反革命;三、反帝不尖锐。"① 这就不能满足广大劳动群众的革命要求,实现人民的团结。因此这一联盟的政治基础是很不牢固的,清朝一倒就失去了明确的政治方向。这就决定了二者联盟的暂时性和脆弱性及其破裂的必然性。

资产阶级革命派为了革命的需要曾一定程度动员过农民。但是,在他们的眼里,农民只不过是他们夺取政权的工具。因此,他们对同志军仅着眼于上层领袖人物,并没有深入下层群众。广大农民仍处于被动状态。有的同志军还处于自发状态,有的缺乏纪律,有的还没有摆脱立宪派人士的影响。"同志军中或有不解革命运用,以为保路之举,所仇者赵尔丰,所救者蒲、罗诸人,而反对排满逐杀官吏,以此龃龉。"② 政治上的分歧一经豪绅挑拨即出现裂痕甚至叛变。秦载赓就是被井研一个同志军头目邓大兴杀害的。汉州同盟会会员侯橘园是被知州武文源利用三水镇会党头子暗杀的。有的同志军在占领一个地方后互相争夺权利,闹到水火不容。在自贡,周鸿勋部与"荣威民军,暗生隔阂。哥老会内部则成都上方军队多是仁义两岸,互相争权"。川南一带的"见不惯上方哥老会占左占右之分,暗中不免许多误会"。③ 特别是同志军浴血奋战,为资产阶级夺取了某些局部权力之后,资产阶级便忙于同旧势力妥协,再也不需要同志军了。有的被尹昌衡改编,如罗子舟、胡潭、孙泽沛、张达三、侯国治等;有的被缴械,如张桂山部;有的被残杀,如李绍伊;有的则被滇军杀害,如范华阶、涂哲、周鸿勋、刘履垓等人。同志军的瓦解过程就是资产阶级革命派和农民劳动群众的联盟的破坏过程,也就是辛亥革命在四川失败的过程。

辛亥革命时期在四川昙花一现的资产阶级革命派与农民的联盟,为时不过半年,就被资产阶级认敌为友、过河拆桥而破坏了。"无限头颅无限血,可怜换得假共和",农民没有从这一联盟中得到好处。中国农民追随资产阶级革命是历史必由之路,但不是求得解放之路。

三、蜀军政府

大汉蜀北军政府的建立

同盟会的《革命方略》规定:"各处国民军,每军立一都督,以起义之首领任之。"辛亥革命时期四川建号都督以大汉蜀北军政府曾省斋为最早。

1911年10月10日,武昌举义后,全国迅起响应。这种蓬勃发展的形势给四

---

① 毛泽东:《团结起来,划清敌我界限》,《毛泽东选集》合订本,第68页。
② 熊克武:《蜀党史稿》(未刊本)。
③ 范爱众:《辛亥革命首难记》。

川革命以巨大的推动。"现因武昌事起,川事益形吃紧。"① "川南未平,鄂变继起,而川事因之益形危急。"② 四川各州县继荣县独立之后,纷纷起义独立,推翻清政权,建立军政府。

这一年的十月间,李绍伊响应同志军起义后,分兵四出,进攻大竹邻近各州县。攻占邻水县时抄没了清朝广东水师提督李准的家产。11月17日,李绍伊部攻占大竹县城,推本县举人吕廷桢为县知事、同盟会会员邹畏之为副知事。③ 这支起义军对清朝在川东北统治的扫荡,为蜀北军政府的成立创造了条件。

同盟会在川东北的工作是由筠连县革命党人曾省斋(又名吴从周)主持的。他曾于1908年同佘英等人密谋叙府、泸州起义。1909年又参加了广安之役。四川保路同志军起义后,重庆革命党人函约曾省斋赴渝共图端方。曾省斋主张:"民军以仓促召募之众,不敌清廷训练之兵,惟有纷纷发难,使清军防不胜防,以分其势而杀其力。"④ 坚持在川东北地方发动起义。他在垫江小沙河招集民军,准备进取垫江县城。李绍伊闻讯,派兵支援。10月27日,曾省斋军突入垫江城,"领众专收取枪械弹药,不犯人民秋毫,全城燃爆竹欢呼相贺"。⑤ 接着,这支起义军转至李绍伊所据的大寨坪,"略加训练",使能"从号令听指挥"。"更悬旗募兵,留少壮,汰老弱,得二千余人,编为一团二营。"⑥ 广安团练传习所的革命学生二百余人,教员五人也前来参加义军。11月11日,曾省斋誓师出发,取渠县、邻水、岳池等县,蓬溪、射洪、营山诸县"皆传檄而定"。

11月21日,曾省斋部义军攻下广安州城。这是由于广安革命基础较好,孝义会早与同盟会、共进会有联系。有名的同盟会会员张百祥、秦炳等人都身兼孝义会会员。1909年广安起义虽遭失败,但同盟会在会党和团练传习所中的工作未停。"广安团练传习所学生四百人,悉加入革命,教习十九皆同盟会会员。"⑦ 因此,曾省斋等人遂决定在广安设立蜀北军政府。

在起义军攻克广安的当天,曾省斋等人即召集"全民代表大会",宣布成立大汉蜀北军政府,用十八星旗为军政府旗帜。由曾省斋任都督,张雅南(又名张观风)任副都督。军政府下设五个部:(一)军政部,部长丁阳武;(二)参谋部,部长聂丕承;(三)财政部,部长黄瑞珍;(四)总务部,部长周泽生;(五)文牍部,部长李仁恺。⑧ 其中参谋、文牍两部部长是立宪派人士。革命党人在这个政府中占优势。

蜀北军政府成立后的第一件主要工作就是扩充武装部队。募兵的对象主要是会

---

① 史宝安编:《宣统政纪·清帝电谕端方》。
② 赵尔丰:《赵季和电稿·致内阁》,手抄本。
③ 郑国翰等修、陈步武等纂:《大竹县志·武备志》。
④ 熊克武:《蜀党史稿》,未刊本。
⑤ 熊克武:《蜀党史稿》,未刊本。
⑥ 祝世德纂修:《筠连县志·行谊·曾省斋传》。
⑦ 熊克武:《蜀党史稿》(未刊本)。
⑧ 文史资料委员会编:《辛亥革命回忆录》(三),第290页。

党人士。张雅南以当地会党首领的身份，派人知照各乡镇孝义会、哥老会募兵，不到三天时间，扩充了二三千人之众，接着分兵出征。陈英奇等率兵下渠县，取道达县、东乡边境，进攻巴州。巴州知州张又栻纠合劣绅团队顽抗。起义军将领四人，意见不合，被反动势力各个击破，全军覆灭。周铭盘领兵下营山、蓬溪。曾省斋率主力下岳池。顺庆劣绅拥清吏残杀革命党人，曾省斋出兵声讨，与清防军千余人终日肉搏。曾省斋中流弹，断右臂，回到广安，部队下蓬溪、射洪两县。

蜀北军政府的军队在一个多月内，先后攻下城镇十余座，军事斗争发展是迅速的，对四川的独立起了不小的推动作用。但是，这个革命政权从一开始起就问题不少。在政治上，提出的革命宗旨只是"兴汉排满，建立民国"，缺乏领导群众深入进行反帝反封建的政治方向。在军事上，部队仓促由会党分子集成，缺乏训练和严格的军纪，经过一个多月攻城略地，损失重大，战斗力不强。在组织上领导集团内部由于地方观念和宗派主义作怪，矛盾重重。曾省斋因出兵顺庆失利，受到指责，治伤南下重庆，一去不返。两个立宪派部部长，聂丕承去南充投张澜的川北宣慰使署效力；李仁恺在蒲殿俊的指使下极力搞垮蜀北军政府。光复的各州县仍各自为政，实际上不受蜀北军政府的领导。因此，这个革命政权是很不巩固的。

重庆独立的准备，龙泉驿新军起义

重庆是四川同盟会活动的中心。保路运动发生后，重庆群众反抗斗争日形高涨。"同志会日张，大演说者集万众，哗动一时。"① 同盟会重庆机关部负责人杨庶堪、张培爵趁机通知各州县革命党人到重庆集中，分工合作，密谋起义。1911年10月16日，端方带湖北陆军第十六协第三十一标、第三十二标一个营窜至重庆。端方见于各地同志军风起云涌，命广东巡警道李湛阳（巴县人，时回渝探亲）为防军统领，责成他募新兵组建防军三营，以加强重庆的反动武力。同盟会会员为了掌握武力纷纷应募，"投身其间，因得交通防军"。朱之洪等人更借口举办团练，"以党人实其额，城中新兵阴乐为党人所用"。② 但因端方屯兵在渝，同盟会会员"未敢遽动"，"酝酿未发"。③ 他们决定在重庆附近州县发动起义，以分散和孤立重庆的清军。于是下有长寿起义，涪陵独立，上有南川光复，江津、合江起义。革命之火在川东燃烧日炽。

同盟会会员廖树勋在长寿首举义旗。廖树勋于1906年在上海加入同盟会后，回川任长寿县体操教员。④ 保路风潮发生，他即密造炸弹，准备起义。11月18日，根据同盟会重庆机关部的布置，在涪州革命党人的武力支持下，廖树勋宣布长寿独

---

① 熊克武：《蜀党史稿》（未刊本）。
② 熊克武：《蜀党史稿》（未刊本）。
③ 聂述文等修、程德音等纂：《江津县志·前事志》。
④ 廖树勋是四川哪一县的人，说法不一。《长寿县志》说他是金堂县人。《三台县志·人物志·廖树勋传》说他是"三台人，世居县城方家街"，存疑待考。

立,自任司令官,"收民团练丁得千余人,始以兵法部勒之"。① 随后出兵东下,拟助万县独立,不幸在梁山为清军杀死。

涪州是11月22日宣布独立的。领导人是高亚衡。高在日本留学时即与州人李蔚如一道加入了同盟会。保路运动发生后,高亚衡"遂令徒众分赴各乡组织民军。城中则结连涪安定营"②准备起义。他在张培爵的催促下,由渝返涪后,立即派兵趋长寿协助廖树勋起义。迫援助长寿的部队于11月20日胜利返涪,高亚衡令知州戴赓唐交出州印。"是日,民军到者约二万余人。"11月22日,开州民大会,决议实行独立,军民分治,司法独立,设军政府。由高亚衡任司令官,另一同盟会会员郭香瀚任副司令官。"裁汰吏役,除一切苛捐,下令薙发,减免田赋之半,所到民军愿入伍者编成民军,不愿者资遣归里。"③ 接着,发兵下丰都、忠州,彭水、酉阳、秀山亦起义响应。在黔江县,则有1911年初同盟会黔江起义牺牲的王克明之妻"闻武昌起义,阴聚徒众百余人,记名革命军"④,促该县于11月13日成立军政府,举彭铸臣为司令。

与涪州独立的同一天,南川县革命党人也率众起义。熊兆飞、邓笃等人同该县在重庆府中学和川东师范学堂的同盟会会员一起,将南川县知县、经征分局委员、警务长拘留,推熊兆飞为统领,邓笃管司法,"分设各机关,邑中绅士及留学生担任"各职。⑤ 合江同盟会会员王颢书亦率众起义。江津则于11月20日在重庆同盟会所派冉君谷的推动下,"竖旗城上,大书'汉'字,又于高小学校前壁大书四字曰'蜀军分府'"。⑥

重庆上下各州县先于重庆起义独立,都是由同盟会重庆机关部策动的。各州县"皆以重庆机关部为枢纽"。它们的起义独立给清朝在重庆的统治造成了严重威胁,并给重庆独立创造了条件。

推动重庆独立最得力的因素是夏之时率领的新军起义。

夏之时是日本东斌学校步兵科毕业的同盟会会员,回川后任新军排长。保路运动时"混迹同志会谋起事"。⑦ 同志军起义后,奉命率步兵一队到龙泉驿镇压起义。11月5日夜,夏之时策动驻龙泉驿新军步兵一队,骑、工、辎重兵各一排二百三十余人在土地庙誓师起义,杀清军东路卫戍司令魏楚藩,枪伤教练官林绍泉。夏之时被推为革命军总司令,旋即率部东下,至简州,新军支队官孙和浦带队归附。起义军增加新兵一百八十余人。7日,占乐至县城,又添新兵三百余人。再经安岳、潼南,由水道抵江北黄桷树。重庆革命党人见夏军到来,有了武力凭借,精神为之

---

① 汤化培等修、庄喜泉等纂:《长寿县志·文征》(上)《廖树勋传》。
② 王鉴清等修、施纪云等纂:《续修涪州志·民国纪事》。
③ 王鉴清等修、施纪云等纂:《续修涪州志·民国纪事》。
④ 熊克武:《蜀党史稿》(未刊本)。
⑤ 柳琅声等修、韦麟书等纂:《南川县志·前事》。
⑥ 聂述文等修、程德音等纂:《江津县志·前事志》。
⑦ 熊克武:《蜀党史稿》(未刊本)。

一振,派朱之洪前去与夏之时共商重庆独立问题后,夏军遂兼程进抵浮图关,"窥巴城在指顾间"。①

重庆同盟会机关部闻武昌起义,九江、长沙、安庆、昆明、贵阳先后响应,遂加紧了起义的准备工作,除发展组织、加强联系、运动军警、赶造炸药外,还派石青阳、卢汉臣招集青年二百余人,组成敢死队,准备冲锋陷阵。"其时……同盟会会员纷集重庆,府中学堂学生中党人,亦群为革命效力奔走,巡防军、哥老会纷纷密约效命。"② 夏之时军又扼浮图关,外援内应俱备,在军力和人心的对比上,革命力量已超过了清朝在重庆的反动力量。重庆的独立可算是水到渠成了。

蜀军政府的成立

1911年11月22日,重庆同盟会张培爵等人出动所掌握的中营城防游击队、商勇、川东巡防营、水道巡警及炮队等武装部队,集全城官、绅、商、学各界代表二三百余于朝天观开大会。革命党人李鸿钧、夏秋江等手持炸弹,周国琛执手枪令清政府巴县知县段荣嘉、重庆知府纽传善投降。纽传善"慑于民众,语吃气阻,愿书盟约,与荣嘉皆剪发缴印降"。③ 接着,起义军押着这两个降吏游街示众。重庆居民遍悬白旗,欢呼胜利。夏之时当即引军入城。当天,设蜀军政府于巡警总署,众推张培爵为都督,夏之时为副都督,宣布独立,通电全国,宣告:"蜀军于本日午后三时由重庆举义,道府县及印委各官一体投诚,市面平靖,外人安堵。"④

蜀军政府是同盟会会会员在全国革命形势推动下建立的革命政权。《蜀军政府政纲》规定:"蜀军政府以谋中华民国之统一与廓清全蜀为宗旨。"都督府是蜀军政府的最高机关,设正副都督各一人"以总揽军务及凡百政务大纲"。设立总司令处以保持军事的统一。还设立参谋、司令、军务、行政、财政、司法、外交、交通等部。并规定设立"公民大会","由蜀军政府所属各地公选代表组成之"。"公民大会对于地方行政及各部,有建议改良之权。"⑤

从下表可见,在蜀军政府各部门任职的,不仅正副都督、顾问全是同盟会会员,而且各部、院、处的部长、院长、处长,除林绍泉、李湛阳等个别人外,绝大多数是同盟会会员。

---

① 朱之洪等修、向楚等纂:《巴县志·蜀军革命始末》。
② 文史资料委员会编:《辛亥革命回忆录》(三),第81页。
③ 熊克武:《蜀党史稿》(未刊本)。
④ 周开庆:《民国川事纪要》。
⑤ 《蜀军政府政纲》,见《广益丛报》第9年第31期。

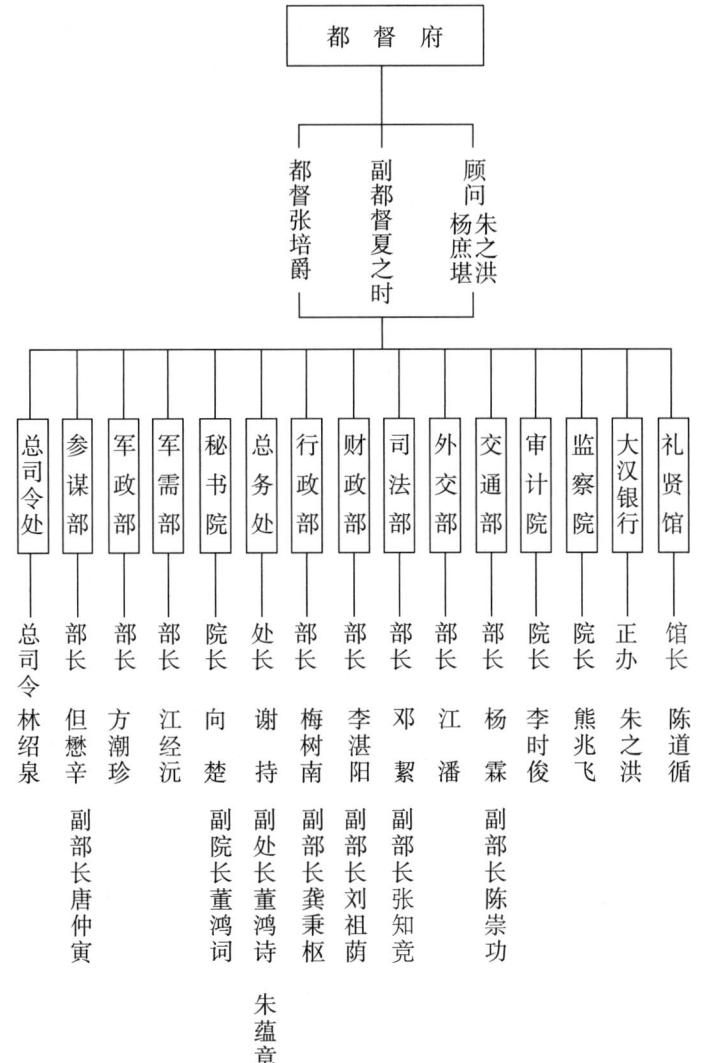

蜀军政府的组织、人员表

蜀军政府在成立的第二天，发表了对内、对外宣言，《对外宣言》的内容与同盟会《革命方略》中的《对外宣言》是完全相同的。宣布："所有中国前此与各国缔结之条约，曾经宣布者，继续有效。""偿款外债，照旧担认，仍由各省洋关如数分年摊还。""所有外人之既得权利，一体保护。"① 同全国的资产阶级革命派一样，蜀军政府的革命党人无例外地表现出缺乏反对帝国主义的勇气。《对内宣言》宣布蜀军政府以"驱除鞑虏，恢复中华，创立民国，平均地权"为纲领。蜀军政府的这个宣言基本上也是照同盟会的《军政府宣言》刊布的。但是对"驱除鞑虏"（即民族主义）的解释有重要的不同。《军政府宣言》："今之满洲，本塞外东胡。昔在明朝，屡为边患，后来中国多事，长驱入关，灭我中国，迫我汉人，为其奴隶，有不

---

① 中国史学会编：《辛亥革命》（六），"中国近代史资料丛刊"本，第19页。

从者,杀戮亿万。我汉人为亡国之民者二百六十年于斯! 满洲政府穷凶极恶,今已贯盈,义师所指,覆彼政府,还我主权。其满洲汉军人等,如悔悟来降者,免其罪;敢有抵抗,杀无赦! 汉人有为满奴以作汉奸者,亦如之。"① 蜀军政府的《对内宣言》则写道:"夫驱除鞑虏,乃排满之谓,非灭满之谓。自明亡二百余年以来,所以苛虐残杀,压制我族,无所不至者,是谓鞑虏。本军政府起义,首重扑灭虏建伪清政府,至于对满洲人民,惟驱除有权力之首要;其余满人,只要剪辫投诚,即行宽待,决不过加杀戮。"② 这是一个很好、很重要的改动。因为它划清了两个界线:(一)清政府与满族人民的界线。指出要驱除的"鞑虏"是那些"苛虐残杀,压制我族,无所不至者",并不是满族人民。(二)满洲贵族与一般满族人民的界线。并且明确指出:"驱除鞑虏"的任务在于排除满洲贵族专制统治,而非消灭满族。由此制订了"首重扑灭虏建伪清政府","惟驱逐有权力之首要",对一般满族人民,只要求他们脱离清王朝即给以宽待的政策。这就清楚地表明,辛亥革命并非如某些学者所谓的单纯的"排满",而是一场推翻清王朝为代表的封建专制制度,为建立资产阶级共和制而奋斗的资产阶级民主革命。蜀军政府的同盟会会员,接受了孙中山的下述思想:"民族革命的缘故,是不甘心满洲人灭我们的国主我们的政,定要扑灭他的政府,光复我民族国家。这样看来,我们并不是恨满洲人,只恨害汉人的满洲人。假如我们实行革命的时候那满洲人不来阻害我们,决无寻仇之理。"③ 他们并没有墨守同盟会六年前制定的成法,而是根据革命斗争的实际,创造性地将《军政府宣言》在这个问题上不恰当的提法予以修改。这种精神是可贵的,对四川革命运动也是有益的。辛亥革命时期,四川除诛杀了端方、赵尔丰两个罪魁外和平地处理了二万多满族官民而无喋血事件发生。这与四川同盟会上述认识是有关系的。

蜀军政府还公布了减厘办法。豁免糖捐、栈房捐、茶桌捐等旧厘捐,将肉厘、酒捐、油捐等二成征收,"尽裁进口杂税"。④ 以减轻群众负担,有利于工商业的发展。11月25日,蜀军政府创刊《皇汉大事记》,由朱国琛主编,宣布军政府的政策法令。以后改办《国民报》,燕翼任总编辑,作为蜀军政府的机关报。1912年1月6日,蜀军政府电贺孙中山任临时大总统,称颂他"为提倡民族主义第一伟人"。

蜀军政府成立后,赵尔丰仍拥兵成都。蜀军政府为了巩固政权和"廓清全蜀",组建步兵七标和一个炮兵营。计有:近卫军一标,标统盘铭;警卫军一标,标统周国琛;义勇军一标,标统石青阳;步兵四标,标统黄金鳌、舒伯渊、周维新、邹杰;炮兵第一营,管带肖步周,隶属蜀军总司令⑤,积极准备西征、北伐。为了号召四川人民将反清起义进行到底,蜀军政府发出了《讨满虏檄文》。檄文历数清王

---

① 孙中山:《孙中山选集》上卷,第68~69页。
② 中国史学会编:《辛亥革命》(六),"中国近代史资料丛刊"本,第21页。
③ 孙中山:《孙中山选集》上卷,第74页。
④ 朱之洪等修、向楚等纂:《巴县志·蜀军革命始末》。
⑤ 朱之洪等修、向楚等纂:《巴县志·蜀军革命始末》。

朝内政昏庸，外交失败，卖国卖路，掠夺和屠杀四川人民的种种罪行，指出："列强政策，因路投资，虽借口以通商，适无形之灭国。"四川人民"共图争挽，咸厥自修"，但是"贼种泽贝子（载泽）、汉蠹盛宣怀，因利为奸，同恶相济。溥仪幼稚，载沣昏庸，背宪法之大纲，听贼臣之赔款，舆论不顾，呼吁无闻"。"奴隶之奴隶赵尔丰，思媚权奸，突逞屠毒。……哀我黎庶、听其剿办，焚烧乡镇，井里成墟，诛戮婴孾，江河为满。"四川人民忍无可忍，由爱国而革命，为反帝而反清。"于是锦里英豪，巴夔俊杰，攘臂奋发，收集散亡，期获端、赵以燃脐，誓灭满奴而吮血。"蜀军政府"方欲连剪赵、端，再联荆粤，西南合志，东北同心，然后直捣幽燕，光复华夏"。号召清朝官兵"相率归来"，"别有测纬占星，拔山扛鼎，昔处草莽，今叩军门，必辟幕府以安居，整戎行使督率，扩大智力，铸新国民"。檄文郑重宣布，蜀军政府将与全国革命力量一起，"涤专制之旧习，布共和之新政，颂中国万岁，庆国民万岁"。①

对于"南北和议"，蜀军政府最初是持反对态度的，对袁世凯的和谈阴谋有所警惕。张培爵致大总统电指出："袁贼借口议和，阴谋进取，实行远交近攻政策。"因此，"和议决无可信之理，我军万不可听。该贼诡词稽延迟滞，贻误军机，破坏已成之局，致为外人所笑。愚昧之见，亟应取销和议，联合各省军队，陆续分进，直捣虏廷，擒斩袁贼，早定大局"②。这种反对同袁世凯妥协，要求将革命斗争继续下去的主张，在当时虽不能力挽狂澜，却表现了四川革命党人对窃国大盗袁世凯的狡诈狠毒是有所认识而具有戒心的。

我们从以上所举蜀军政府的组织和措施可以看出，它是中国资产阶级革命派建立的一个地方政权。这个政权，努力贯彻同盟会的政纲，为建立资产阶级共和国，争取中华民国的统一做了不少工作。蜀军政府的建立是辛亥革命在四川的一个积极成果。因此，它得到了四川群众的拥护，川东南各府州县闻风景从，先后宣布接受蜀军政府的领导。蜀军政府成了一个拥有半个四川的革命政权。

川东南五十七州县响应蜀军政府，吴玉章为蜀军政府平乱

1911年11月25日，万县同盟会会员熊晔，开县同盟会会员潘大道等在万县策动防军，促使巡防营管带刘汉卿反正，称下东副都督，实现了万县独立。此时，同盟会会员卢师谛自武汉回川，活动于夔府、巫山、云阳间，联络巫山团防孙吉五及巡防军百余人在夔府发难。11月26日，杀奉节知事曹彬孙、警长徐希贤，扣押夔府知府，宣布夔巫独立。云阳亦发动起义，推晏祥武为司令，卢师谛为参谋长。同盟会会员王维舟在东乡组织数万农民和知识分子攻下东乡城，擒知县吴巽和，宣布独立，成立军政府，推冉崇根为政府主席。接着，与李绍伊部联合进攻绥定城。知府杜本崇、知县广敦厚，被起义军围困十余日后乞降。同志军入城，建立军

---

① 《檄文》全文，见周开庆：《四川与辛亥革命》第4章。
② 《南京临时政府公报》第6号《电报》。

政府，选士绅王郁南主持民政。蜀军政府派王文熙为绥定地方司令。①

在泸州，保路运动发生后，同盟会会员杨兆蓉、邓西林等即运动川南防军、永宁道卫队及炮队乘机起义。蜀军政府成立以后，"泸州人心愈益激动，清吏愈益恐惧"。②杨兆蓉等遂加紧促永宁道刘朝望（刘铭传之孙）反正。刘朝望迫于形势，不得不11月26日剪辫反正，任川南军政府都督，举人温翰桢任副都督。刘朝望电蜀军政府说："川南独立，以响应贵军政府，实行保全人民，推倒满清政府，以明我大汉民族统一之宗旨。"③并且发出檄文声讨赵尔丰。但是，蜀军政府见到川南军政府正副都督皆非同盟会会员，尽是清朝旧官僚，认为是假独立，准备派兵讨伐。温翰桢被迫辞职。刘朝望只得通告川南二十五州县派代表选举改组军政府。结果众推但懋辛为副都督，黄方任川南军司令，王述怀为副司令，温翰桢、杨兆蓉、邓西林为枢密院正副院长，席成元任财政部部长。于是，同盟会在川南军政府取得优势。他们一切听命于蜀军政府。

由于中国资产阶级的软弱性和妥协性，蜀军政府不仅没有明确提出反对帝国主义，而且与地主封建势力也实行"咸与维新"。11月26日，蜀军政府通告川东各府厅州县官及自治公所、学堂、商会，提出："各属各界，同系国民，不乏声望素著之人，务希速图公安，维持桑梓。""本地绅民，亦应弹压匪类，不宜与满清官吏为难。"④公开表示与地方封建势力和清吏妥协，以换取廉价的胜利。因此，蜀军政府"事未发时，人人逃避，一旦揭破，人人自号党人，各各皆是志士。以主张共和之故，不得不委曲求全，多谋位置，以致人浮于事，而事不理。当起义时，人不敷用，聊以备数。此辈一旦在位，则颇不易更换。迨有才学者至，而反不得办事。有气节者，亦多望望然去之"。⑤由于蜀军政府缺乏反对帝国主义的纲领和深入的反封建斗争，政权是不巩固的，危机是严重的。蜀军总司令林绍泉勾结蜀军标统舒伯渊、周维新的叛乱阴谋，就是蜀军政府内部第一次严重危机。

林绍泉（又名林畏生）原是新军教练官，奉赵尔丰命赴资州迎接端方。在龙泉驿遇夏之时率新军起义。林绍泉反对革命，被起义士兵击伤，经夏之时力保才未被处死。他被迫随军东下，但"以危害恐怖士众"阴谋瓦解这支起义军。蜀军政府成立时，林绍泉因与夏之时的私人关系攫取了蜀军总司令要职。但他仇恨革命之心不改，"平时跋扈"，"私自树党"，随时企图颠覆蜀军政府。

12月初，蜀军政府委派副都督夏之时率师西上伐赵，改编蜀军为三支队，由总司令林绍泉兼北路支队长。这本是战斗的需要，而且并未因改编而免去林的总司

---

① 文史资料委员会编：《辛亥革命回忆录》（三），第187~188页；蓝炳奎、张仲孝纂修：《续修达县志·纪事》。
② 中国人民政治协商会议四川省委员会、四川省省志编辑委员会：《四川文史资料选辑》第1辑，第139页。
③ 《广益丛报》第9年第27期。
④ 中国史学会编：《辛亥革命》（六），"中国近代史资料丛刊"本，第18~19页。
⑤ 中国史学会编：《辛亥革命》（六），"中国近代史资料丛刊"本，第15页。

令职。但是，林绍泉借势发作，"抗不受命，毁文书，剖关防，手拳铳趋政府，睥睨两都督……呼且骂"。① 反动气焰极为嚣张，而张培爵、夏之时对此却毫无办法。林绍泉的党羽更纵兵扰民，重庆人心惶惶不安。正当紧急关头，吴玉章由内江至重庆。他认定"只有严明纪律，才能维护革命政权"，坚决主张召开紧急会议，对林绍泉进行军事裁判。② 吴玉章在会上大义凛然地斥责林绍泉横行霸道与清吏无异。又查明林绍泉与标统舒伯渊、周维新、教练官汤维烈等相勾结，企图哗变，颠覆政府的罪行，按军律应当处死。然而夏之时以林绍泉自龙泉驿随军有劳，援都督特赦令，只将周维新枪毙，对林绍泉仅解除职务遣送回湖北了事。这一事件充分表现了当时蜀军政府不坚决镇压反革命，软弱无力的问题，也表现了这些革命党人的畏缩、妥协，因私害公。只是由于吴玉章的努力和群众的支持（例如都督府近卫兵朱登五向军政府揭发林绍泉的密谋），蜀军政府经过一场斗争终于除掉了一个隐患，得到了暂时的巩固。

四、大汉四川军政府的成立，两个政权的对峙与合并

鄂军起义，端方授首

清廷命端方带鄂军二千余人入川"剿办"，原期一举扑灭四川保路风潮。但是，在端方带领的鄂军里，革命党为数不少，与同盟会、共进会孙武、季雨霖等人早有联系。其中第三十一标第一营督队官陈镇藩还是日本警官学校的毕业生，与孙中山过从甚密的老同盟会会员。他们一入川，便极力想和四川革命党人取得联系。鄂军后队的田智亮在万县遇四川同盟会会员张颐时就曾密商发动起义、捕杀端方的问题。武昌起义后，孙武密告川中鄂军党人，要他们杀端方以助四川独立。当端方到达重庆时，鄂军党人便企图乘端方登岸时杀之。但是，重庆同盟会机关部认为："渝为商埠，若有扰乱，即惊外侨市廛，不利人民甚"③，加以劝阻。11月18日，端方军抵资州，以天后宫为钦差行辕。此时，"隆昌、荣昌、资州、资阳、简州、威远一带，俱为同志军占据"④，端方陷入了四川同志军的包围之中，成都又正在酝酿独立。他欲进不能，重庆业已起义，后退不可。端方遂将部队从镇压同志军的前线威远、自流井等处集中资州，以为戒备并阴谋出广元由陕西走河南，投奔袁世凯，伙同北洋军进攻武昌义军。同时加紧检查邮电，断绝士兵与外界交通，还厚颜无耻地自称是汉人后裔，与各下级军官拈香拜把，分送名片，企图拉拢以苟延残喘。

---

① 熊克武：《蜀党史稿》（未刊本）。
② 吴玉章：《辛亥革命》，第145页。
③ 周开庆：《民国川事纪要》，第11页。
④ 张国淦编：《辛亥革命史料》，第253页。

在端方向资州窜进时,田智亮秘密返回重庆与同盟会在渝机关约定去资州图端方。张培爵拨兵三百人,炮弹八十枚令田兼程前往。11月26日夜,陈镇藩约集李绍白、王龙彪、鲁伯超等二十余人密赴郊外会议,一致决议杀端方起义。陈镇藩誓师说:"恪遵孙中山先生使命,抱定革命宗旨,打倒专制淫威,达到排满目的。"又约法三章:"一、誓杀满奴端方;二、剪除发辫;三、回援武汉。"到会同志皆书押、剪辫、毁肩章、袖白布准备战斗。陈镇藩等起义领导人密令端方的钦差行辕护卫官杨毓林与卫队董卓泉为内应,做好了起义的准备工作。

11月27日凌晨,陈镇藩命李绍白、任永森等三十余人拥到天后宫,逮捕端方及其弟端锦至天后宫门前丹墀下,数其罪状杀之。协统邓承拔、标统曾广大缒城出走。起义士兵公举陈镇藩为大汉国民革命军统领,通电响应武昌起义,改年号为黄帝纪元四千六百零九年。"川省军民夹道欢呼,人心大快。"起义鄂军带着端方、端锦首级经内江、大足、隆昌、荣昌、永川下重庆。"沿途商民输金助饷,挂灯结彩,欢迎欢送。"① 蜀军政府"以鄂军有殊勋,犒以牲酒"。② 后顺长江而回武汉。

大汉四川军政府的成立

端方到达重庆时,武昌起义已经发生,四川的起义正如火如荼,蔓延全省。磅礴的革命形势使端方转向拉拢四川立宪派绅士以支撑危局。于是他出奏弹劾赵尔丰"构成冤狱",要求释放蒲殿俊、罗纶等保路同志会领袖人物,谓:"该绅等研求新政,维护地方,为川士一时之选。惟任事近于专擅,持论过于激昂,荷蒙宽典之优加,必有怀刑之敬惧。"③ 同时在重庆街头巷尾张贴告示,宣布释放蒲、罗。但在当日夜间即有人在告示每句下加注二字,戳穿其阴谋,表示四川人民反抗到底的决心。原文如下:

蒲罗九人释放,(未必)　　田周王饶参办,(应该)④
尔等迫切请求,(何曾)　　天恩果如尔愿,(放屁)
良民各自归家,(做梦)　　匪徒从速解散,(不能)
倘有持械抗拒,(一定)　　官兵痛剿莫怨。(请来)⑤

1911年10月26日,清廷以蒲、罗诸人"对于匪事绝无干涉",下令释放,并责成他们"分头开导,迅速解散"同志军,妄图利用他们曾经领导过保路运动的身价去瓦解四川的起义。11月14日,被囚禁了七十天的蒲、罗等"一律礼请出署"。他们遂由清政府的阶下囚一变而成反对革命的帮凶。以伍肇龄为首的四川绅士立即发出《通告》,说:"近因乱事日亟,民不堪命。赵督帅蒿目时艰,为大局起见,与

---

① 文史资料委员会编:《辛亥革命回忆录》(二),第101~102页。
② 朱之洪等修、向楚等纂:《巴县志·蜀军革命始末》。
③ 文史资料委员会编:《辛亥革命回忆录》(三),第104页。
④ 田、周、王、饶指清政府营务处总办田征葵,提法使周善培,候补道、赵尔丰的亲信王棪、饶凤藻四人。
⑤ 文史资料委员会编:《辛亥革命回忆录》(三),第104页。

在省官绅协商，议请蒲、罗诸先生出，共图挽救之法，以期官绅一气，开诚布公，保地方之治安，拯生民于涂炭。""所有因争路肇事之处，更应详为开谕，劝其解散。"① 蒲殿俊、罗纶等人于被释后赶紧发出《哀告全川叔伯兄弟》文，诬同志军起义为"祸毒"，胡说："祸毒不可以再延，大局不可以再坏，当初之宗旨，不可以不回头。""冒险触祸，自置身家于危地，且弃绝将来之幸福，此非同志会之宗旨也。"甚至公然宣称："保路同志会之目的，实已贯彻无阻。现在惟力应返和平，以谋将来之幸福而已。""约既废、路既保，保路同志会之事已完，则斯会可以终止。"他们要求四川人民停止战斗，"息事归农，力挽和平"。② 作为资产阶级上层政治代表的立宪派人士，在人民革命斗争高涨的时候，一头倒向了反动营垒而与人民为敌。他们再也没有什么像样的武器可以影响群众了，只有掩耳盗铃，编造谎言来自欺欺人。

然而，全国革命已成燎原，清政府及立宪派头目企图扑灭斗争火种，自属徒劳。赵尔丰见川局已无法控制，采取以退为进的策略，打算将四川政权暂时交给立宪派，以逃避革命的打击，伺机卷土重来："又鉴武汉之事，不可不自为计。""和平之解决，而非诸人出（指蒲、罗诸人），则无可担负。"③ 立宪派头目企图抢在革命派的前面，以自治的名义，掌握川省政权。于是，由清兵备道总办吴璧华，提法使周善培，川绅邵从恩、陈崇功，商会会长廖用之等人在赵尔丰与立宪派头目间穿针引线，授受政权。11月22日，官方代表布政使尹良、提学使刘嘉琛、提法使龙愚溪（周善培被端方弹劾已辞职）、盐运使杨嘉绅、巡警道于宗潼、劝业道胡嗣芬、陆军统制朱庆澜、兵备道总办吴璧华，绅方代表蒲殿俊、罗纶、张澜、邓孝可、叶秉诚、王铭新、江三乘、彭兰村、颜楷、邵从恩、陈崇基在成都寰通银行签订《四川独立条约》三十条（赵尔丰提出十九条，蒲、罗等提出十一条）。

《四川独立条约》（下文简称《条约》）的主要条款是：（一）"现因时事迫切，请帅出示晓谕人民，川中一切行政事宜交由川人自办，暂交谘议局代表蒲殿俊管理。"（二）赵尔丰"遵朝命赴川边办理边务事宜"。所有兵饷及行政经费概由川人担任。四川宣告独立后，"仍请帅暂缓赴边，以便遇事商求援助指导"。（三）"凡省中文武官吏，力为保护，不得侵犯自由，不许人民挟忿寻仇。"（四）"所有一切军队，除（赵尔丰）选带边军外，悉交第十七镇朱（庆澜）统制接管。"④ 可见，这个《条约》是一个赵尔丰同立宪派勾结的条约，是赵尔丰保存反革命实力，立宪派人摘取革命果实的条约。

对这个《条约》，当时重庆的同盟会会员曾逐条加以驳斥。指出：《条约》"谓四川独立，吾则曰赵尔丰独立"，"此次独立，非民族独立，乃官绅一气之独立。"

---

① 诵清堂主人：《辛亥四川路事纪略·四川绅商学界通告全川伯叔兄弟函稿》。
② 彭芬：《辛亥逊清政变发源记》，《哀告全川叔伯兄弟》，《辛亥革命》（四），"中国近代史资料丛刊"本，第333～334页。
③ 中国史学会编：《辛亥革命》（四），"中国近代史资料丛刊"本，第429～430页。
④ 戴执礼编：《四川保路运动史料》，第503～506页。

"今观蒲之十一条,一则曰'请帅',再则曰'望帅',措词何其卑。赵之十九条,一则曰'不准',再则曰'不准',措词何其傲!一卑一傲,俨然宗主国与保护国之状态显露于条文。至于割地供饷,年供岁朝,则又保护国之不如,直视四川为赵奴之属地。"尤其是在军权方面,赵尔丰"选带精锐以规进取,其余军队悉交私人(朱庆澜)。前据形势,后保饷源。赵之筹画又何其工也。有地、有兵、有饷。吾敢谓满清政府依然存在。"重庆的同盟会会员愤怒地指责立宪派人说:四川人民为了营救他们而"拼死血战","以数万有血性之头颅,掉换少数保皇助满、反对民党无价值之人之性命"。蒲、罗等人"乃竟见利忘义,贪生畏死,以巧滑之手段,掩天下人之耳目,忘恩负义,灭耻纵仇,其何以对全川数万人出死力援救渠辈之心耶!"因此,《条约》宣布后,"大众反对,谓如此黑暗,是第二专制国发见,非以第二次革命对付之不可!"号召"七千万同胞起而共击之"。① 这种义正词严的批驳和声讨,喊出了四川人民反对赵、蒲扮演的独立丑剧的心声。

11月27日,赵尔丰发出《宣示四川地方自治文》。他以救世主的姿态宣称:"四川全省事务,暂交四川谘议局议长蒲殿俊,设法自治。先求救急定乱之方,徐图良善共和政治。"又说:"统制官朱庆澜,我军人所至敬爱之长官也。四川新旧军将校士卒,即以尊重敬爱之心,谨守朱统制官之命令。"② 这就是说,他在"内乱未宁"的形势下,被迫将政权暂时交蒲殿俊自治,但军权则全交原陆军统制官朱庆澜把持并要全体官兵只听命于朱庆澜一人,而不准立宪派人沾边。赵尔丰还把"救急定乱",消除"内患",即镇压同志军、革命党人起义作为蒲、朱政权的当务之急。至于"良善共和政治"不过是将来"徐图"的饰辞而已。

同一天,成都成立了大汉四川军政府。蒲殿俊任都督,但"一切军事正都督不得干预"。朱庆澜任副都督,掌握军权。尹昌衡任军政部部长。设军政府于明朝藩王皇城。成都街上皆树白旗,中署"汉"字,周以圆规十八。《独立宣言》说:"大汉四川独立军政府之宗旨,基于世界之公理,人道之主义,组织共和宪法,以巩固我大汉联邦之帝国而与世往极,所当与吾川七千万人子子孙孙共守之。"③ 既云共和,又说帝国,不伦不类,破绽百出。谋共和是假,图帝制是真,真是欲盖弥彰,内馅毕露。同日,蒲殿俊、朱庆澜布告全省各道府厅州县,陆防营各军、各局所,官绅商学各界,扬言:"事事务持和平,力求宁人息事","省外同志民团,已达圆满目的,急宜释兵归农,大家力图新治","从此共享太平,同尽国民天职"。④ 政权一旦到手,他们便处心积虑以消灭人民起义为快。

成都是清王朝统治四川的政治中心,也是四川立宪派人士的主要地盘。清朝的统治力量比较强大,立宪派的势力也是盘根错节,根深蒂固。同盟会自1907年成都起义失败后,支部长林冰骨不愿活动,同盟会组织形同瓦解。新军中的革命党人

---

① 戴执礼编:《四川保路运动史料》,第504~509页。
② 诵清堂主人:《辛亥四川路事纪略·宣示四川地方自治文》。
③ 戴执礼编:《四川保路运动史料》,第511~512页。
④ 戴执礼编:《四川保路运动史料》,第511~512页。

因省内外之间的矛盾,闹成一盘散沙。1911年夏天,孙中山派董修武为四川支部部长,经邵从恩聘为法政学堂绅班教员回到成都。但他刚由日本回国,情况不熟。保路同志军起义时,"川省党人前因同志会周成都,赵贼戒备甚严,不易活动,故多去省城而各归故里,谋举大事。蒲、赵订约事,原极秘密,及发表后,虽人人有反对之心,而党人留省城者甚少,势微力弱,亦无如之何"①。同盟会在成都势微力弱。立宪派的力量却相对强大,而且他们与旧势力有千丝万缕的连结。因此,立宪派人士在政治上占有主动地位,能抢先在成都夺取同志军战斗的果实。重庆是四川同盟会活动的中心。同盟会不仅在重庆城,而且在川东南一带的势力都较立宪派强大,而反动势力却相对薄弱一些。所以同盟会能建立以蜀军政府为中心的革命政权,势力一时伸至川东南五十几个州县。由于当时四川阶级力量对比的这一特点,辛亥革命时期便出现了蜀军政府与成都军政府两个政权对峙的局面。

大汉四川军政府是一个立宪派与旧军官的联合政府。赵尔丰根据《四川独立条约》仍蛰居督署,对这个政府有"援助指导"之权。它没有任何有利于实现民主和改善人民生活的措施,而是秉承旧势力的意向集中力量瓦解同志军起义。而且蒲殿俊庸碌无能,"军政府内部意见庞杂,组织极不健全,识者已早料及局势之难趋稳定"②。大汉四川军政府内的四川人实行"排省外人主义"。外省在四川为官的人则群起而攻,成立十七省旅川同乡救亡会集会示威。以尹昌衡为首的川籍军官周骏、彭光烈、宋学皋、龙光等人不满朱庆澜为首的外省军官方声涛、姜登选等人掌握新军,要军政府在十七镇以外再扩编一镇军队以安插川籍军官,并为此事大闹军政府。朱庆澜、方声涛、姜登选等人遂拒绝到军政府办公,以示抗议。蒲殿俊的夫人,以夫贵妻荣,进出都督府"仪卫甚盛,人称为蒲后"③,群众深为不满。军政府令民剪辫,"民哗然曰,既称复汉,当用汉装,若剪发是投洋也"。④ 于是,蒲殿俊赶紧发布告示说:"惟值光复伊始,剪否听民便宜"。巡防军拒绝剪发辫,而且"呼朋逐伴,携枪招摇","掠优人,毁报馆,警局退避。……陆军与巡防军争妓,战死数人,伤十人。路多博徒,府门外尤聚众至数十席,操政柄者惟汲汲于改定制度,鼓吹自由而已"。⑤ 清朝盐运使杨嘉绅被留任军政府盐政部部长,卷盐库银二十万两,打着汉字旗登舟而逃。接管布政使事务委员蔡镇藩,委蛇瞻徇,物议聚兴。接管提学司事务委员、原任教育总会会长徐炯被学界攻讦回府,军政府另派曾培充任,各属员又有违言,司事书记谩骂不已,要求发三个月预薪。盐务公所各司书,强索余利,接管盐政委员邓孝可"穷于跬步,分给始散"。劝业会所各委员将存款提分,作为三个月预薪。大汉四川军政府各部门贪污盗窃,私分公款的事层出

---

① 郭孝成:《中国革命纪事本末》第二编《四川光复》。中国史学会编:《辛亥革命》(六),"中国近代史资料丛刊"本,第13页。
② 周开庆:《民国川事纪要》,第14页。
③ 秦枬:《蜀辛》卷下,第7、8页。
④ 秦枬:《蜀辛》卷下,第7、8页。
⑤ 秦枬:《蜀辛》卷下,第7、8页。

不穷。各色沉渣泛起。蒲殿俊等人的军政府不仅毫无建树,而且岌岌可危。十天以后,兵变突起。蒲殿俊、朱庆澜仓皇出走。蒲殿俊以"十日都督"的诨号在四川留名。

成都兵变,四川军政府的成立

大汉四川军政府成立后,哥老会在尹昌衡、罗纶的支持下从 11 月 28 日起开始公开活动。成都各街道"公口"林立,盛极一时。"会众刀枪往来如织,每街公口设公座,每户贴公口红片,如大汉公、多福公、共和公之类。"① 哥老会由一个在清朝统治下的非法秘密组织而公开化、合法化,由"会匪"而为"功臣"。于是,各种不良分子纷纷涌进求势求官求财。因此,它的成分更为复杂化,开始由一支反清力量变为社会的恶势力。军队方面,清朝的巡防军十三营麕集省城,赵尔丰的亲信田征葵、王棪煽兵构乱。附省各州县的同志军大批开进成都来祝贺军政府。陆军、巡防军与同志军"怨仇未泯,互相水火,哄斗时闻"。② 蒲殿俊等人面对这种极为险恶的局面,不仅不能采取有力的措施去消除旧势力,防止旧军队叛乱,而且异想天开地令各军休假十日,发恩饷三月来收买军心。结果军队四出,招摇过市,成都社会秩序紊乱不堪,危机四伏。

12 月 8 日,蒲殿俊、朱庆澜在东较场大阅兵。旧军队借名索饷哗变,枪口指向将台射击。蒲、朱于惊惶中狼狈逃走。军政府"各职员之百计营求以入府者尽逾墙而走。军政府为之一空"。③ 叛兵拥出较场至市内烧杀抢劫。先抢大清银行、濬川源银行,次及各银号、票号,抢布政使司银库和商业场、东大街各商号。"省垣公私财货,军需利器,抢掠一空。"④ 大火三日不熄。变兵"或放火图脱,或伪作妇女乘轿运赃。……或装银于棺作送殡状"。当时人估计"公私损失财产不下千万金,全省精华尽于此劫"。⑤

尹昌衡由东较场脱身后,驰奔陆军小学,令陆军小学在校学生武装占领成都北门并布防于北门至北较场附近。旋即赴凤凰山军营召新军六十三标标统周骏、管带宋学皋等带队入城平乱。附省同志军吴庆熙、孙泽沛、侯国治等亦率军入城维持治安,"一日之间,众至数万"。⑥ 12 月 9 日,新军将领周骏、彭光烈等约集士绅徐炯、邵从思、张澜以及同盟会在省人士于北较场开会,推尹昌衡为都督,罗纶为副都督。10 日,重新建立了四川军政府。

尹昌衡,四川彭县人,由四川武备学堂选送入日本陆军士官学校,毕业于该校第六期步兵科。在日本时与黄兴有联系。黄兴在同盟会成立后曾约集在日本成城、

---

① 秦枏:《蜀辛》卷下,第 11 页。
② 周开庆:《民国川事纪要》,第 16 页。
③ 秦枏:《蜀辛》卷下,第 8 页。
④ 戴执礼编:《四川保路运动史料》,第 512 页。
⑤ 秦枏:《蜀辛》卷下,第 9 页。
⑥ 幼铭:《尹太昭小传》。

士官各校与联队学习的中国军人秘密组织丈夫团。尹昌衡曾加入这个团体。① 有人说，四川同盟会会员熊成章曾劝尹入盟，"昌衡不可，顾以种族革命为狭隘，不如言大同也"②。据当时在成都活动的同盟会会员黄遂生说：尹昌衡为了借助同盟会以巩固地位，在任都督前三天才自动要求加入同盟会，亲笔写了一张《志愿书》："尹昌衡志愿为中国同盟会会员，一切行动，谨当遵守同盟会规定。如有违反情事，愿受极刑处死。"③ 但更多的材料证明他早已加入同盟会组织。④ 所以在郭孝成的《中国革命纪事本末》第二编"四川光复记"，尚秉和的《辛壬春秋》，李书城的《辛亥革命前后黄克强先生的革命活动》等著作中都有尹昌衡是同盟会会员的记载。

尹昌衡从日本士官学校毕业后，由广西兵备处督办庄蕴宽、帮办钮永建延揽至广西，任陆军小学第四期招考官，后任该校总办。尹在广西任职期间与同盟会的关系仍很密切。《指南月刊》是同盟会在广西的机关刊物。这个刊物就是由尹昌衡、覃鎏鑫、吕公望、赵正辛几人主办的。尹昌衡曾在《南风报》的封面上画了一簇竹子，竹叶构成民族主义四字。旁边又画了一只雄鸡引颈长鸣，题了"雄鸡一声天下白"七个字。他"昂藏自负，喜为大言"，"好饮酒赋诗谈革命"，以"有志须填海，无权欲陷天"自诩。在广西巡抚张鸣岐所设宴会上，放枪打碎玻璃窗，引起张鸣岐疑忌而被撤职。⑤ 当时，四川正在编练新军，川督赵尔巽调尹回川，但他口出大言，谓国中将才只有吴禄贞、周道刚和他尹昌衡三人而已。赵尔巽忌其意气飞扬，不令带兵，仅给了一个编译局科长职务。直到保路同志军起义后，四川陆军小学学生大部倾向革命。赵尔丰想利用他去镇压才派他任陆军小学总办。大汉四川军政府成立时，尹因得川籍军官的拥护任军政部部长。成都兵变后，他以平叛有功被推为四川军政府都督。

成都兵变和蒲殿俊的垮台，充分暴露了立宪派人士的无能。他们的信誉下降。同盟会四川支部长董修武在大汉四川军政府时期，"见政府文告暗昧，民众犹懵然于建立民国之义"，约集党人在西较场召开民众大会，"宣讲民党经历、宗旨，及革命军光复各省情势。听众万千，肃然无哗，多感激振奋者，乃知民党所为有别于异姓改朔者矣"⑥。从而聚集与显示了成都同盟会的力量，使同盟会为成都人士注目。特别是成都兵变后，大量同志军进入成都，他们多与同盟会有关系。革命势力在成都强大一时。这些因素使四川军政府在人事安排上与大汉四川军政府有了明显的不同。虽然罗纶因对会党颇有影响，取得了副都督职位，军政府有的部长仍然由立宪派人出任，但是同盟会会员参加政府的显著增多，"十分之六是同盟会会员"。⑦ 四

---

① 刘揆一：《黄兴传记》，中国史学会编：《辛亥革命》（四），"中国近代史资料丛刊"本，第282页。文史资料委员会编：《辛亥革命回忆录》（一），第183～184页。
② 熊克武：《蜀党史稿》（未刊本）。
③ 文史资料委员会编：《辛亥革命回忆录》（三），第138页。
④ 见拙作《关于四川保路运动的几个问题》，《辛亥革命史丛刊》（第1辑），第71页。
⑤ 文史资料委员会编：《辛亥革命回忆录》（二），第482～484页。
⑥ 熊克武：《蜀党史稿》（未刊本）。
⑦ 文史资料委员会编：《辛亥革命回忆录》（三），第139页。

川军政府是一个由以尹昌衡为首的四川军人实力派和同盟会、立宪派组成的联合政府。军权操在尹昌衡等地方实力派手中。

四川军政府成立后做过两件好事：平乱与杀赵。

尹、罗任正副都督后为改变成都兵变后混乱不堪、民不聊生的局面，发出《通告》镇压破坏分子。《通告》说："现值扰攘之际，凡百废弛，非以军法约束，不能整齐划一。……惟有力持公正，破除情面，力扫积弊"，"造谣生事以破坏大局者，虽在私亲，一以军法从事"。① 于是派兵四出，将"斗殴杀焚，鸣铳惊众者，执送都督府，必赏送者而戮之"。尹昌衡每晚亲率二三十人巡查街道，"遇有不如约者擒杀之"②，军卒违令者斩首。当时成都城内，陆军、巡防军、同志军逾二十万。四川军政府对这些军队进行了组编，将入城平乱的原十七镇新军编为四川陆军第一师，各县来的同志军编为第二师，收集溃散的巡防军编为第三师，作为军政府的基本武装力量。

四川军政府组织及成员如下表：

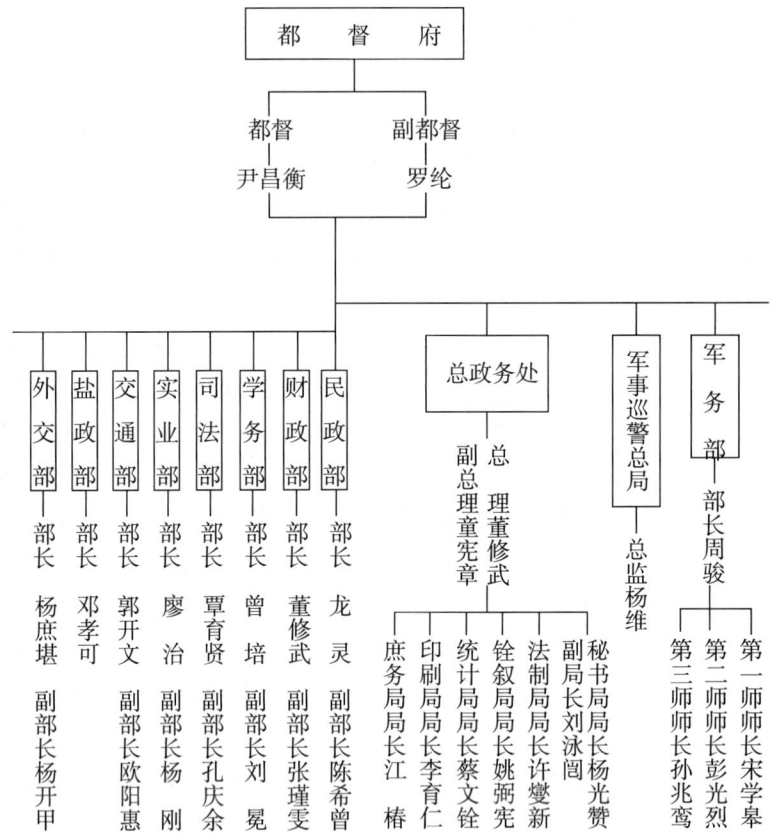

在这次平乱安民斗争中，军事巡警总监、同盟会会员杨维执法严明，功劳卓

---

① 《广益丛报》第 9 年第 27 期。
② 幼铭：《尹太昭小传》。

著。杨维字莘友，四川叙永人，留学日本时加入同盟会。他曾参加和支援1906年萍浏醴起义。1907年在成都密谋起义，事泄，被捕入狱。在狱中，"每贿狱吏与同志通音问，促熊锦帆（克武）等起义，出资以济，阴为布署，密布白话文字，鼓吹川民"①。1911年11月26日（成都独立前夕），他被释出狱。四川军政府成立，杨维任军事巡警总监，负责平乱安民。"杨维既任总监，招集旧有警兵，伸儆训练，不令出门，而躬自挟枪驰骑，帅卫卒数十人视察城内外，有犯禁病民者，一绳以严法，虽军人、会党无不闻风自敛。及所警兵可用，乃责以檄巡守望，奉命无敢慢者。距大乱不及旬日而居民安堵如无事，则杨维之功也。"② 杨维之所以能迅速拨乱反正，在于他办事公正无私，因而能坚决无畏。他"大书揭于市，以'不要钱、不怕死、不徇私'九字誓众，人人感奋"。"有欲乘机骚扰者，皆相戒各守纪律，无犯杨总监。用法虽严，人无敢怨。"③ 杨维受命于川局危难之中，能以上面的九个字公诸于众，作为自己行事的准则，并能说到做到，这种精神是令人钦佩的。

赵尔丰虽于11月27日被迫宣布了四川自治，但他并不甘心自己的失败，蛰居督署，伺机一逞。当他得知清帝尚未退位，清朝还没垮台的消息后，立即将复辟的希望变成复辟的行动。成都兵变就是以赵尔丰为首的一些清朝反动官吏所策划的一次复辟行动。"按十八日之变，田征葵、王枝，外联匪徒，内煽赵尔丰，勾结巡防军作乱。是日，王枝于兵乱之际，在东较场作俑。兵虽乱而赵犹抚兵两营未动。加以自称死勇之亲卫百人，约千余人镇署中，氛甚恶，俨然如敌国。又使人四出招兵，惟湖广馆最多，众逾千人。"④ 兵变之后，赵尔丰公然用总督部堂名义发出文告，向四川人示威。又密召其旧部护理川滇边务大臣傅华封、南路巡防军统领凤山迅速带兵入省。密书被双流县簇桥哥老会管事曾璧臣从赵弁身上搜出，连人带信，"乘夜缒城入都督府告密"⑤。赵尔丰复辟阴谋暴露无遗了。此时，蜀军政府已派兵西上伐赵，成都群众讨赵的呼声高昂。尹昌衡得曾璧臣的情报后，"知赵不去，华封兵至，必克成都"⑥，不得不采取断然措施，召开紧急军事会议。一方面派第二师师长彭光烈率同志军去邛、雅一线迎战傅华封、凤山军；一方面派都督护卫团团长陶泽琨率兵逮捕赵尔丰。12月22日，尹昌衡利用哥老会的关系，分化了赵的卫队，军政府的士兵冲进督署将赵尔丰擒获，交军法处审问后，处以极刑，枭首示众。赵尔丰是清王朝的忠实奴才。他在四川镇压革命，屠杀人民，负隅顽抗，罪不可逭，终因恶贯满盈，身首异处。这是四川人民反对封建专制主义斗争的一个胜利。⑦

---

① 赖佐唐等修、宋曙等纂：《叙永县志·人物篇》。
② 熊克武：《蜀党史稿》（未刊本）。
③ 赖佐唐等修、宋曙等纂：《叙永县志·人物篇》。
④ 幼铭：《尹太昭小传》。
⑤ 中国史学会编：《辛亥革命》（四），"中国近代史资料丛刊"本，第365~366页。
⑥ 幼铭：《尹太昭小传》。
⑦ 1914年，赵尔丰之兄赵尔巽因尹昌衡捕杀其弟向袁世凯告状。袁世凯为替赵尔丰报仇，曾将尹昌衡在北京逮捕。因段祺瑞不同意杀尹，尹昌衡幸免作袁世凯刀下之鬼。

成渝两军政府合并，胡景伊篡夺政权，辛亥革命在四川失败

1911年11月，中国大地主、大买办的代表袁世凯以清廷内阁总理大臣的身份出山后，在帝国主义和各地立宪派人士的支持下，挟反革命武力北洋军向革命党人诱降，迫使革命党人妥协。12月，袁世凯派唐绍仪到上海与革命党人举行"南北和谈"。此时，"革命军起，革命党消"，同盟会内部四分五裂，妥协空气甚嚣尘上。除少数坚定的革命分子外，许多人都主张向袁世凯交权。四川辛亥革命的成果也被这种泛滥于全国的妥协逆流所漂没。先是成渝两军政府进行"东西谈判"，蜀军政府向成都的四川军政府交权，后由四川军政府都督尹昌衡再将政权交给袁世凯的走狗胡景伊。

关于成渝两军政府合并的意见，首先是由同盟会提出的。成都党人董修武，杨维、龙光等"首创合并议"。重庆张培爵、熊克武、朱之洪等也同意合并，时任川南总司令的但懋辛也表示赞同。① 于是，蜀军政府致电成都军政府表示：重庆党人办事"决无权利思想"，决定派全权联合委员赴成都会商"本省军政、财政、保安地方一切重要事件"②。将成渝两军政府合并问题提上了日程。

同盟会会员如此热衷于"合并"的原因，除受全国形势的影响外，从主观上看，一是他们在赵尔丰被杀后，即认定鞑虏已除，革命目的已达，希望迅速结束革命，统一军政，镇压"匪患"。所谓"匪患"，包括趁乱打劫的真正土匪，更包括要求继续进行反帝反封建的群众自发斗争。二是他们只看到四川军政府中有不少同盟会会员，没有看到在这个政府中旧军人和立宪派势力的严重存在。他们只看到成都是全川省会，政治中心，重庆虽是军事重镇，但应该服从中心，没有看到当时的成都正是四川各种旧势力汇集之所。从客观上看，一是滇军自经蜀军政府的邀请入川以后，有的将领为扩张势力在四川胡行乱为。他们视同志军为寇仇，"冒称奉中央政府命令，尽遣同志军，并戕贼其首长"。③ 川南总司令黄方及所部百余人在合江被滇军剖腹挖心，对蜀军政府震动极大。又借口四川军政府为"哥老派"政府，准备大张挞伐，进取成都。二是四川同盟会得悉清廷派重兵进犯潼关，将横截西北以牵制东南民军，认定大乱当前，必须迅速实现成渝合并以免"外省欺凌"和实现联合北伐。加之，此时由一个旅居省外的四川人组织的"四川共和协会"也上书蜀军政府，要求"速谋全省之统一"，要求"消除党见"说："中国数年以前，本有所谓立宪、革命各党名目，然究其实，皆以救国为前提，不过方法殊耳。且其所谓党者，实对清廷专制也。今已改共和政体，则前此所谓各党，俱不适用，岂可援此以强为分别之理。"④ 这种"革命军起，革命党消"的谬论，助长了蜀军政府的妥协倾向。以上因素导致了四川同盟会在刚刚建立革命政权时即主动谋求成渝两军政府

---

① 文史资料委员会编：《辛亥革命回忆录》（三），第95页。
② 周开庆：《四川与辛亥革命》，第226页。
③ 范爱众：《辛亥革命首难记》。
④ 周开庆：《四川与辛亥革命》，第330、331页。

合并，实际上是主动向四川军政府交出政权。

尹昌衡虽然在历史上与同盟会有过联系，而且参加过同盟会。但是他却没有明确的革命意识，只是热衷于争夺军权和地位的实力派。他把蜀军政府视为异己政权，必欲除之而后快。他在就任都督后便向蜀军都督提出："望贵都督共相扶济，联为一气以御外侮，抢攘之局，庶几可定。"① 当蜀军政府迫不及待地派出代表要求合并时，尹昌衡更趾高气扬，要价更高。他在致张培爵书中，指责蜀军政府"树党组兵""众矢日集"，狂妄地叫嚷："夫渝兵强不及傅（华封）、赵（尔丰），而衡众已逾于曩时，武力相对，我备必胜。"要蜀军政府"果其关怀大局，请即联袂而来"。② 尹昌衡这一封信无异一通招降书，他盛气凌人，坚持"兵力统一"，用战争消灭蜀军政府，只是由于董修武、张治祥的反对才没有诉诸以兵。12月29日，尹昌衡、罗纶、邓孝可等又致电蜀军政府，提出统一条件：（一）以成都为四川军政府中枢。（二）重庆应置重镇，设镇抚使一人，领兵一镇。（三）罗纶提出，以成都正都督为四川正都督，重庆正都督为四川副都督。（四）两处副都督拟任重庆镇抚使或枢密院院长及军事参议院院长。③ 1912年1月27日，双方全权代表张治祥④、朱之洪在重庆商定草合同十一款。2月2日，经双方军政府盖印生效，通告成、渝合并。尹昌衡、罗纶致电孙中山、黄兴报告四川合并情形。张治祥、朱之洪也致电孙中山报告说："成渝既经合并，事权自归统一，惟有御外，并联合滇黔援陕北伐，早定大局。"⑤ 这些电文均被南京临时政府发表在《南京临时政府公报》上，表示承认。

《成都四川军政府、重庆蜀军政府协议合并草约》基本上接受了尹昌衡、罗纶等人在12月29日提出的条件，只是规定："认定成渝两正都督为全省正副都督。惟须两军政府合并所成立之各处、部、院职员票举选定正副，以免彼此谦让。"⑥ 但是，蜀军政府方面，"盖明知两府合并后由职员选举，成都人数较多，即选亦不可能得正，不如不选为佳"。⑦ 3月4日，张培爵发表《成渝两军政府合并后政见书》⑧ 表示"正都督一职，非雄才大略者，莫能胜任，已由培爵推尹昌衡为正都督，培爵副之，以勉尽国民之责"。同时提出"出师北上""经营藏卫""筹立代议机关""清内匪""整饬军旅""慎选法官""清理款项""兴复学校""通商惠工""化除党见"等项建议。4月25日，张培爵到达成都。27日，尹昌衡、张培爵就任四川军政府正副都督职，罗纶任军事参议院院长。夏之时任重庆镇抚府总长。

---

① 《广益丛报》第9年第29期。
② 周开庆：《四川与辛亥革命》，第330、331页。
③ 周开庆：《四川与辛亥革命》，第332页。
④ 张治祥本来是作为蜀军政府的代表去成都谈判的，结果他反被四川军政府派为成都方面的代表。蜀军政府改派朱之洪为代表参加谈判。他们都是同盟会会员。
⑤ 《南京临时政府公报》第11、24号。
⑥ 《南京临时政府公报》第11、24号。
⑦ 文史资料委员会编：《辛亥革命回忆录》（三），第96页。
⑧ 《民立报》民国元年4月3日。

革命的根本问题是政权问题。由于资产阶级革命党人的妥协，蜀军政府被四川军政府合并，四川的革命运动已黯然失色。尤其严重的是，在尹昌衡的庇护下，袁世凯的爪牙胡景伊势力崛起，四川辛亥革命的成果终被吞噬殆尽。

1912年2月27日，四川都督尹昌衡为了加强自己的势力以对抗蜀军政府，任命胡景伊为全川陆军军团长，并通电全国吹嘘胡景伊说："学识优长，谋猷闳远，心精力果，经验宏深。方其智勇，直轶先贤，凡我干城皆属后进。允宜特任全川陆军军团长兼军事参议院副院长，各镇均受节制。"① 拱手将全川军权奉送给胡。重庆镇抚府本是同盟会会员在成渝合并后坚守的一个据点。尹昌衡为削弱重庆方面同盟会的力量，乘夏之时辞职出国留学的机会任命胡景伊为重庆镇抚府总长。"这正是同盟会党人授人以柄，从而遭受宰割的开始。"②

4月，西藏农奴主叛国分子在英帝国主义的唆使下，派兵进攻川境，巴塘、里塘相继失守。藏兵进至打箭炉，川西震动。袁世凯任命尹昌衡为征藏军总司令率兵西征。尹不知这是袁世凯的调虎离山计，欣然从命，表示"自愿率兵前往，亲冒矢石，以定边乱，恢复西藏"。尹昌衡离职后，四川都督本应由副都督张培爵代理，但尹却作茧自缚，推荐胡景伊代理川督，更深地落入袁世凯的陷阱之中。7月10日，尹昌衡带兵二千五百人从成都出发。袁世凯马上正式发表胡景伊为护理川督，贬副都督张培爵为民政长。③ 进一步削弱了同盟会在军政府的地位。尹昌衡所率征藏军虽然节节胜利，克服巴塘、里塘，进抵昌都，为反帝平叛做出了贡献，但是，袁世凯党同伐异，大力扶胡排尹。1913年6月13日，袁世凯任命胡景伊为四川都督，改任尹昌衡为川边经略使。尹昌衡打倒了蜀军政府后，自己又被袁世凯打倒了。这一任命，曾引起四川民众的反抗。四川各法团联合会发出传单，宣布胡景伊"蹂躏议会""破坏法律""卖官殃民""引狼入室"等十大罪状，反对他任四川都督。④ 可是这时的同盟会早已涣散无力，同志军既被尹昌衡改编和镇压，又遭滇军和四川革命党的摧残。群众因这次革命没有丝毫改善他们的困境而失望，四川的革命斗争进入了低潮，反袁、胡的斗争显得软弱无力。胡景伊终于在7月15日宣布就任四川都督职，并立即向革命人民举起了万恶的屠刀。从此，四川被置于窃国大盗袁世凯统治之下了。"我四川当同志会时代，不惜流血千里，伏尸数万，除此专横强暴之赵尔丰。乃去一专横之赵尔丰，又来一专横之胡景伊，其火烈水深，又较满清为尤甚。"⑤ 辛亥革命在四川失败了。

---

① 《民立报》民国元年3月7日。
② 文史资料委员会编：《辛亥革命回忆录》（三），第97页。
③ 1912年9月，袁世凯为迫害革命党人，以"询边防民事"为名，调张培爵入京，解除了他四川民政长职务。"二次革命"发生，张"曾潜至上海资助其事"（《张列五先生手札》）。失败后，避居天津租界。1915年1月7日，袁世凯派人将张逮捕。3月4日，借"血光团"的罪名将张培爵杀害于北京。
④ 周开庆：《民国川事纪要》，第62页。
⑤ 四川讨袁总司令熊克武：《讨胡檄文》。

四川保路运动的历史意义

辛亥革命时期,四川由保路斗争发展起来的革命运动,虽然同全国各省一样,由于革命领导者的软弱无力,最终失败了,没有完成中国资产阶级民主革命的反帝反封建的基本任务。但是,这一次声势浩大的爱国运动和气势磅礴的革命战争对全国革命运动所起的推动作用是不可磨灭的。孙中山曾经公正的指出:"若没有四川保路同志会的起义,武昌革命或者要迟一年半载的。"① 四川保路运动和保路同志军的武装起义,作为以武昌起义开始的中国革命的导火线而载入史册。

对于四川保路运动是武昌起义的导火线的理解,我们不能只看到清朝为镇压四川的运动,令端方带领鄂军约二千人入川,造成清朝军事力量在武昌空虚,从而为武昌起义的成功制造了有利条件这一点,我们应该着重看到当时革命党人,在四川保路运动的鼓舞下,一扫黄花岗起义失败后的气馁情绪,振奋起革命精神,加速武装起义,特别是在武昌起义的准备的事实。

1911年8月,同盟会中部总会在上海建立后,宋教仁"精心擘画于长江流域,偏立分会,准备大举"。他敏锐地看出了四川保路运动给全国革命形势的发展带来巨大的影响,加紧了在长江流域起义的筹划。"川人争路风潮发动,先生(按:指宋教仁)遂拟定乘时大举,乃决定长江上下游及秦、晋速为整备,即于八、九月间起义。"② 他为了声援四川的斗争,扩大其影响,鼓动武装起义,在《民立报》上发表了《论川人争路事》《川乱感论》等文章。《民立报》还以《论川鄂有连合之势》为题发表了社论。宋教仁称赞四川人民说:"始事以来,坚忍不懈,以与政府相抗者已二阅月。其意志之强固,毅力之宏大,迥非湘、鄂、粤人所能及。"他针对四川的斗争论证道:"吾人于是而不得不有所感焉。以谓有此一役而后乃知专制之威,非平和所能克。群众之力,非压迫所能制,实为政治现象之原则。虽吾中国亦不能例外者也。""自兹以往吾民苟不欲求真正之立宪政治则已,而不然者,则断非平和手段所能动其毫末,此固事有必至,理有固然者也。"因此,宋教仁借此大力号召各省人民响应四川的斗争,实行武装起义,打倒专制恶毒,建立共和政体。他说:"川人潜察政治盛衰倚伏之故,达观世界大势变化推移之数,不复规规于争路,由消极而进于积极,为四万万汉、满、蒙、回、藏人民首先请命,以建设真正民权立宪政治为期;湘、鄂、粤人及各省人亦同时并发,风起水涌,以与川人同其目的。吾恐数千年充塞东亚大地之专制恶毒或将因此一扫而尽亦未可知。区区借债夺路之虐政云乎哉!"③ 宋教仁对四川保路运动的评论对当时革命党人的活动是有很大影响的。

在湖北,"铁路事起,清失人心,天下骚然。凡有血气者,莫不痛心疾首,力

---

① 冯玉祥:《我所认识的蒋介石》,第161页。
② 邹鲁:《中国国民党史稿·宋先生传略》,第1489、1490页。
③ 宋教仁:《论川人争路事》,载《民立报》辛亥七月二十二日。

锄专制。自蜀发难，武汉各镇翕然响风"①。"七月，四川铁路风潮起，清政府调端方带鄂兵入蜀。时鄂同志急谋起义，举居正、杨玉如赴沪总机关，共商进行方法。"② 居正等人在同盟会中部总会与各省同志联系后，同盟会中部总会派吕志伊、刘芷芬去香港找黄兴，要求他"回鄂省主持军务"。③ 黄兴与朱执信认定，由于四川保路风潮的激荡，继黄花岗起义后，再次发动大规模武装起义的时机业已成熟。9月3日，黄兴致书冯自由（当时冯在加拿大）提出："近以蜀路风潮激烈，各主动人主张急进办法，现殆有弦满欲发之势。……际此路潮鼓涌之时，尤易推广。"主张这次起义，"以武昌为中枢，湘、粤为后劲，宁、皖、陕、蜀亦同时响应以牵制之，大事不难一举而定也。急宜趁此机会，猛勇精进，较之徒在粤谋发起者，事半功倍"。他要冯自由转告孙中山："请设法急筹大款，以谋响应"，并说：他本人不日即将赴长江上游，参加鄂省起义。④ 10月3日，黄兴在致《同盟会中部总会书》中又说："自蜀事起，回念蜀同志死事之烈，已灰之心复燃。是以有电公等规画一切，长江上下自可联贯一气，更能力争武汉。……光复之基即肇于此，何庆如之！"⑤ 尽管，黄兴在武昌起义爆发时还没来得及赶到武汉领导起义，但是上面的材料足以说明，四川保路运动促使了同盟会重要领导人黄兴"已灰之心复燃"，为迎接新的革命高潮的到来而积极行动了。

在湖南，"是岁七月间，四川铁路风潮益加扩大。鄂湘两省军界有一触即动之势。焦达峰、邹永成时约军界同志安定超……等，日在（长沙）府东街作民译社计划加紧发难方法"⑥。

在云南，"是岁六七月蜀路风潮起，滇中军界早受同盟会策动，跃然欲试"⑦。

在陕西，"宣统三年农历七月间，四川人民争路风潮愈演愈烈。影响所及，更给陕西正在酝酿发动革命的暗潮加上了推动力量"⑧。

从而可见，四川保路运动为中国引来了新的革命高潮，推动了各省革命斗争的高涨。正由于这种新的革命形势的出现，武昌起义得以一举成功，并得到全国响应，使清王朝迅速土崩瓦解。

朱德同志在《辛亥革命杂咏》中吟道："群众争修铁路权，志同道合会全川。排山倒海人民力，引起中华革命先。"⑨ 这是对四川保路运动的崇高评价。

---

① 邹鲁：《中国国民党史稿·彭义烈传略》，第1483页。
② 邹鲁：《中国国民党史稿·黄毓英事略》，第1424页。
③ 刘揆一：《黄兴传记》，中国史学会编：《辛亥革命》（四），"中国近代史资料丛刊"本，第299页。
④ 罗家伦编：《黄克强先生书翰墨迹》，正中书局，1956年。
⑤ 罗家伦编：《黄克强先生书翰墨迹》，正中书局，1956年。
⑥ 冯自由：《中国革命运动二十六年组织史》，第253页。
⑦ 冯自由：《中国革命运动二十六年组织史》，第253页。
⑧ 文史资料委员会：《辛亥革命回忆录》（五），第2页。
⑨ 《人民日报》1961年10月10日。

在辛亥革命时期，四川起义最早而独立最晚。① 但是，四川保路运动并不因此逊色。这种情形正表示了四川革命的艰巨和四川人民斗争的坚韧。

四川推翻清朝统治，实现独立的原动力是以农民为主体的人民群众。主要的形式是同志军在全省范围内的武装斗争。这和许多省份取得独立的情况不同。在辛亥革命中，革命化的新军在许多省份的革命独立中曾起过重大的作用。湖北、云南、山西等省的独立，主要力量是新军。湖南、陕西等省的独立是由新军和会党联合实现的。但是，四川的新军（除夏之时部在龙泉驿起义外）虽然有许多人同情保路同志会，但多数没有参加起义，有的甚至卖力地镇压同志军起义（如镇压新津的同志军）。四川新军的这种不革命乃至反革命的状态，使赵尔丰得以负隅顽抗近三月之久。郭沫若同志在《反正前后》中写道："假使四川新军里面真正是有革命性的人在那儿主持，四川老早是已经独立了的。"我们知道，四川新军中不是没有同盟会会员。程潜、方声涛、姜登选、叶荃等都是四川新军中的中高级官佐。但是，新军中的同盟会会员是很不团结的。有川籍军人与外省籍军人的门户之见，也有"洋货和土货"（留学日本的与没有留过学的人）的对立。而且成都同盟会的力量也十分薄弱，"不和军界联络，就是同一学界的人，也是素不相俫的"。② 这就使新军中的同盟会会员如同一盘散沙，在赵尔丰的监视和压迫下，不能举行起义响应革命。四川保路同志军起义后，黄兴、宋教仁、谭人凤等曾派革命党人涂传爵携带书信，驰奔成都凤凰山新军军营找方声涛，要他们发动士兵响应革命。但"声涛在新军中势微，不敢轻举"。③

辛亥革命时期，有的省份（如江苏），是当群众起义尚未爆发时，由立宪派人士活动清政府的官员，使其自动应变宣布独立的。但四川的赵尔丰却顽固到底。他逮捕立宪派头目，残酷屠杀群众，疯狂镇压同志军，非被人民打得落花流水，山穷水尽而不交出政权，即使交了也要迅图复辟。"吾蜀以发难最早之省，收光复之效乃在各省之后者，正以赵尔丰一人为横梗，蜀人士为其钳制不克展布。"④ 四川人民不得不同清朝反动势力反复较量，殊死作战长达三月之久。

在辛亥革命时期，四川人民浴血奋战赢得了推翻清朝专制统治的胜利，使民主共和观念深入人心。此后，敢有帝制自为者，川人共击之。1913年，"二次革命"发生，8月4日，熊克武、杨庶堪在重庆起兵响应，讨伐袁世凯"潜蓄异志，杀修党人"，"背叛共和"，"帝制自为"。四川人民纷起声援。一些同志军首领（如王天杰）又重召旧部投入反袁战斗。王天杰等人为反对专制复活，挽救共和制而英勇牺牲。

---

① 1911年10月10日武昌起义后，各省响应。10月22日—31日，湘、陕、晋、赣、滇等省宣布了独立。11月4日—10日，上海和黔、苏、浙、桂、皖、粤、闽诸省宣布独立。四川同志军于9月7日起义，11月22日才成立"蜀军政府"，11月27日，在成都才出现"大汉四川军政府"，宣告四川光复。
② 李劼人：《李劼人选集》第2卷（中册），第554页。
③ 熊克武：《蜀党史稿》（未刊本）。
④ 《南京临时政府公报》第11号。

林伯渠同志论四川保路运动的意义说:"它反映了当时全国人民的爱国和民主的迫切要求。"① 四川人民在帝国主义荼毒中华,中华民族危如累卵的时刻,以纯挚的爱国热情,茹苦含辛,争取自办铁路,实现祖国现代化来救亡图存,并且敢于同阻碍中国实现现代化的帝国主义和封建专制主义进行不屈不挠的斗争。他们从深重的民族灾难中开始认识到,在中国,国家的现代化是与民族的兴亡、国家的盛衰,紧密联系着的。他们的这一理想在当时虽然没有实现,但他们热爱祖国,为祖国繁荣富强而英勇奋斗的精神,必将鼓舞今天正在为实现祖国四个现代化而新长征的中国人民。

---

① 《新华月报》1955年第3号《在公祭张澜先生大会上的悼词》。

四川保路运动大事记

1901年（光绪二十七年 辛丑）

6月 四川义和团提出"灭清、剿洋、兴汉"口号。
9月 《辛丑条约》签订。日本驻渝领事川畸桂同清政府川东道宝棻签订《重庆日本商民专界约书》，日本在重庆王家沱设立租界。

1902年（光绪二十八年 壬寅）

6月 四川义和团在资阳起义，各地义和团纷起响应。

1903年（光绪二十九年 癸卯）

5月 邹容著《革命军》在上海出版。
7月8日 川督锡良奏请设立川汉铁路公司。

1904年（光绪三十年 甲辰）

1月 官办川汉铁路公司在成都成立。
　　成都兵工厂六百余人罢工，反对工头克扣工资。

1905年（光绪三十一年 乙巳）

1月18日 锡良奏报《川汉铁路集股章程》六章五十五条。
3月8日 犍为县义和团起义。
3月26日 巴塘藏民起义。
4月3日 邹容在帝国主义、封建主义迫害下惨死于上海租界监狱。
4月5日 巴塘藏民杀死清朝驻藏帮办大臣凤全。
7月25日 川汉铁路公司由官办改为官绅合办。
8月20日 中国同盟会在东京成立。

1906年（光绪三十二年 丙午）

孙中山派童宪章、熊克武等回四川发展同盟会组织。同盟会在重庆、成都设立支部。雷铁崖、邓絜等在日本东京创办《鹃声》白话文杂志。同盟会会员李实领导群众在江油起义。

1907年（光绪三十三年 丁未）

3月4日 川汉铁路公司改为商办川省川汉铁路有限公司，撤销官办，设立股东会，选举董事局。

6月3日　开县义和团起义，进攻新宁、垫江、万县等地。

11月　吴玉章主持的《四川》杂志在日本东京创刊。同盟会发动江安、泸州起义。同盟会成都起义事泄失败，杨维等六人被捕入狱。

1908年（光绪三十四年　戊申）

1月　同盟会密谋叙府起义失败，谢奉琦等人牺牲。

5月30日　富荣盐业工人罢工，要求增加工资。

1909年（宣统元年　己酉）

3月1日　同盟会发动广安起义。

7月6日　四川绅商从英商华英公司手中赎回江北厅矿权。

10月14日　四川省谘议局在成都成立。

11月　威远县会党反对抽收门牌捐起义。

12月28日　川汉铁路在宜昌举行开工典礼，动工修筑川汉路宜昌至归州段。

1910年（宣统二年　庚戌）

1月23日　同盟会发动嘉定起义，同盟会会员和会党群众二百余人死难。佘英被捕遇害。

8月　四川省谘议局机关报《蜀报》创刊。

10月　四川立宪派人士在成都聚集三千余人向总督请愿，要求速开国会。

12月　同盟会发动黔江起义。

1911年（宣统三年　辛亥）

4月21日　清廷任赵尔丰署理四川总督，调护理川督王人文任川滇边务大臣。

4月27日　黄花岗起义。

5月8日　清廷宣布成立皇族内阁。

5月9日　清廷宣布实行铁路国有政策。

5月18日　清廷命端方为督办川汉、粤汉铁路大臣，强行收路。

5月20日　清政府邮传部尚书盛宣怀与四国银行团订立粤汉、川汉铁路借款合同。

5月22日　清廷命四川、湖南两省一律停收租股。

5月28日　川汉铁路有限公司召开临时股东会议商讨争路问题。

6月17日　四川保路同志会成立。

6月26日　《四川保路同志会报告》创刊。

6月28日　重庆保路同志会成立。川省各州县纷纷成立保路同志协会。

8月3日　赵尔丰由川边抵成都接川督印。

8月4日　同盟会会员龙鸣剑、秦载赓等召集资州罗泉井会议，决议组织同志军武装起义。

8月5日　川汉铁路有限公司股东特别大会在成都铁路公司开幕，到会代表五百余人，选出颜楷、张澜任大会正副会长。

8月24日　成都罢市、罢课，各府州县响应，罢市、罢课风潮席卷全川。

9月1日　川汉铁路有限公司股东大会发出不纳粮税、不承担外债的通告，全省抗粮抗捐斗争开始。

9月2日　清廷命端方带鄂军入川镇压四川保路运动，令赵尔丰切实弹压川民。

9月5日　同盟会会员朱国琛等在川汉铁路股东大会上散发《川人自保商榷书》。

9月7日　川督赵尔丰诱捕蒲殿俊、罗纶等九人，成都群众涌入督署请愿，赵尔丰下令屠杀请愿群众，制造了反革命的成都血案。

9月8日　华阳县同盟会会员秦载赓、双流县同盟会会员向迪璋、新津会党首领侯宝斋、温江县会党首领孙泽沛等分别发檄起义，率同志军围攻成都。同盟会会员张达三、张捷先率领西路同志军由郫县向成都进军。

9月12日　周鸿勋率巡防军第八营在邛州起义。

9月15日　清廷命岑春煊赴川办理剿抚事宜。

9月18日　同盟会会员罗子舟率领雅安、荣经同志军扼大相岭阻击清军傅华封部万余人的战斗开始。

9月25日　吴玉章、王天杰等领导荣县独立。

10月2日　同志军新津保卫战开始。

10月10日　武昌起义。

11月5日　龙泉驿新军起义。

11月21日　大汉蜀北军政府在广安成立，曾省斋任都督。

11月22日　蜀军政府在重庆成立，张培爵任都督。

立宪派头目与清吏签订《四川独立条约》三十条。

11月25日　万县独立。

11月26日　泸州独立。

11月27日　鄂军在资州起义，杀端方及其弟端锦，通电响应武昌起义。

赵尔丰发布《宣示四川地方自治文》，大汉四川军政府在成都成立，蒲殿俊任都督。

12月8日　成都兵变，蒲殿俊逃避。

12月10日　四川军政府成立，尹昌衡任都督。

12月22日　四川军政府捕杀赵尔丰于成都。

1912年（民国元年　壬子）

1月27日　成渝军政府全权代表在重庆签订《成都四川军政府、重庆蜀军政府协议合并草约》。

2月2日　成渝军政府通告双方合并。

3月4日　张培爵发表《成渝两军政府合并后政见书》，推尹昌衡为四川军政府都督。

4月27日　尹昌衡、张培爵就任四川军政府正副都督。

1913年（民国二年　癸丑）

6月13日　袁世凯任命其走卒胡景伊为四川都督，改任尹昌衡为川边经略使。

8月4日　熊克武、杨庶堪在重庆起义响应"二次革命"，不久失败。

重庆开埠史

本书所收隗瀛涛、周勇两先生合著之《重庆开埠史》，以重庆出版社1983年版为底本。此次整理，为保留文献原貌，正文部分除订正了一些明显的讹误和对脚注格式进行局部统一外，其余一仍其旧。此外，需特别说明的有以下两事：（一）原书文前附有图像资料若干帧，此次整理由周勇先生另选图片插入，详见"《重庆开埠史》插页"下说明文字。（二）底本脚注的著录项多残缺不全，读者若欲全面把握各文献的版本信息，详参本书所附《本书所引文献简目》。

第一章　重庆开埠始末

一　侵略者的野心

扩大对外贸易是近代英国资产阶级的既定国策。正如汉密尔顿爵士所说："要是没有商业，就不会有陆军和海军。我们国家每一个人的义务就是发展商业。……商业是'我们的生命源泉，是我们的生存气息，没有它，英国就会成为北海中最贫困、苦恼、人口过多的一个小岛'。"① 可见，政治和军事的侵略乃是英国向外扩张的手段，而经济掠夺才是他们的目的。

1840 年英国资产阶级对中国发动了罪恶的鸦片战争。广州、上海、福州、厦门、宁波五口通商以后，英国对华输出商品总值曾经有昙花一现的增加。然而，由于中国自然经济的顽强抵抗和鸦片的大量输入，英货进口总值很快便徘徊不前，并没有取得战前英国资产阶级所期望的效果。因此，英、法两国伙同发动了第二次鸦片战争，来进一步打开广阔的中国市场。

第二次鸦片战争后，英国又取得了天津、营口、南京、汉口等十一个通商口岸，其势力开始伸入长江流域。中国的海关也落入了英国侵略分子手中，确立了值百抽五的关税税则和值百抽二点五的子口税税则等一系列特权，在扩大对华贸易上前进了一大步，对华输出商品总值直线上升。1864 年，英国对华贸易出口总值为 10,496,178 海关两，1872 年达到了 26,253,343 海关两，八年间增加了 1.5 倍，在中国进口总值中的比例也由 19.9% 上升为 37.4%。②

然而，好景不长。1873 年世界资本主义经济危机爆发，"欧洲……极端不景气，英国的工商业也很萧条"，因此，作为殖民地和半殖民地的"远东便具有特别的意义了"。可是，与英国资产阶级转嫁危机的愿望相反，对"中国贸易却表现出最初是下降"——1873 年就降为 20,991,012 海关两——"后来是停滞"并"一直延续到九十年代"（只是在八十年代中后期有点回升，但随即又落了下去）。在他们看来，造成这种状况是"由于英国产品加速流入各通商口岸，同时内地分销仍和

---

① 汉密尔顿爵士在中国协会 1891 年年会宴上的发言，[英] 伯尔考维茨（N. A. Polcovits）著，江载华、陈衍译：《中国通与英国外交部》（*Old China Hands and the Foreign Office*），第 192 页。
② 姚贤镐编：《中国近代对外贸易史资料》第三册，第 1594 页。

以前一样困难,以及内地市场没有开辟"。因此,进一步扩大其商务,就成了英国的战略目标。只有开辟更加广大的中国西部市场,才能实现这一目标。①

对于中国西部市场,尤其是对四川、云南,列强早已跃跃欲试,积极准备在长江上游地区实现通航和通商。1861年,一批外国冒险家乘帆船入川。原计划顺江而上前往西藏,后只行至夔府而止。此次航行共达五个月之久,一路千方百计搜集水流险滩和帆船航行的资料,然后就公开提出入川轮船应该具备的结构特点,鼓动外国侵略者利用先进的水上交通工具,深入四川。②1869年,"上海洋商总会特派商董一人来渝调查商务有关开埠之动议"。③这一时期,"英国的毛织品正在失掉美洲和欧洲的市场"。哈德兹斐德市《商会建议书》指出:"必需取得中国西部有潜力的市场来补救(哈德兹斐德市经济)"。"布莱德福德市商会已经准备好了一份关于四川和云南的详细报告……得到哈利法克斯市商会的另一代表威廉·莫利斯的附议,他把中国西部几千万的主顾说成是最大的未开辟的市场"④。1869年底,上海的英商商会在发给英国外交部的《备忘录》里强调说:"除非汉口以上的长江航线开放通航,对华贸易就不能扩张。"⑤ "1872年1月,(英国)商会联合会又写建议书要求扬子江上游对外国轮船开放,以便'中国最富足勤勉的一省(四川)几乎可以直接与欧洲交通'。"⑥

1872年,法国冒险家堵布益(Dupnis. J.)率领一个考察团由越南赴四川、云南考察。⑦ 迨到1873年世界资本主义经济危机发生后,这一问题更加紧迫,因此,重庆开埠问题便正式提到日程上来了。

二 一场开埠的前哨战

第二次鸦片战争以后,清朝政府通过"借师助剿"太平天国革命,对西方列强的态度逐渐由疑忌转为依赖,开始走上了买办化的道路。他们勾结起来,共同镇压了太平天国。但是主子和奴才之间仍存在着矛盾和斗争。重庆开埠,正是他们既相互勾结,又相互斗争的结果。

1873年11月11日,英国驻广州领事罗伯逊(Robertson, D. B.)在一封信中说:"我们真正的政策不是将西方文明强加于中国,而是听其自然。"因此,"(英

---

① 以上引文见[英]伯尔考维茨著,江载华、陈衍译:《中国通与英国外交部》,第126~127页;数据见姚贤镐编:《中国近代对外贸易史资料》第三册,第1594页。
② 聂宝璋:《川江航权是怎样丧失的?》,《历史研究》1962年第5期,第131页。
③ 邓少勤:《川江航运史稿·年表》(未刊稿)。
④ [英]伯尔考维茨著,江载华、陈衍译:《中国通与英国外交部》,第145~147页。
⑤ 聂宝璋:《川江航权是怎样丧失的?》,《历史研究》1962年第5期,第131页。
⑥ 商会联合会第12年度年报,1872年1月22日。载[英]伯尔考维茨著,江载华、陈衍译:《中国通与英国外交部》,第133页。
⑦ [英]伯尔考维茨著,江载华、陈衍译:《中国通与英国外交部》,第176页。

国)外交部相信在不离开这个前提,以逐渐接近和不惹人注意的外交方式,可以解决一些最令人烦恼的通商问题,如厘金和扬子江上游的航行等"①。这是西方列强的惯用伎俩。早在第二次鸦片战争期间,"由于中国人方面没有明敏的政治家,曾被英国代表们抓住作为他们提出其他要求的机会,以便使其他较大的各种问题可以获得解决"。现在英国公使威妥玛(Wade, T. F.)为了实现英方扩大商务的战略目标,"追随了这些前例"②。

鸦片战争以后,逐渐有洋货进入四川内地市场,其运输方式一般为四川商人经长江到上海、汉口,或经陆路到湖南、广东等地,与当地经销洋货的商人进行交易而运入四川,同时也有一批外地商人携带洋货入川销售。由于种种原因,直到1875年,经重庆进口的洋货总值,也仅为15.6万两③。如此广大的四川市场,只销售这样一点洋货,当然不会令列强们满意,因此,在他们正式提出重庆开埠以前,就自带洋货叩响了四川的大门。

1874年,英、法、美公使先后照会总理各国事务衙门,声称英商信和洋行、法商泰昌洋行、美商公泰洋行共计船69只,携带洋货入川,经过川省夔关被扣,船货均有损失,要求中国政府赔偿。据史料记载:"同治十三年五月初二、初七等日,据英国使臣威妥玛照会内开:英商信和行在江汉关领照运货往内地,被川省官员扣留……六、七等月及十一月间,复据英国使臣照会,大致以洋商请领税单,如将土货搀入,于江汉关必不允从,并以被留货船共三十三艘,内风沉一艘,亏本实多,请即照数赔偿。六月二十三日据英(应为法——作者注)国使臣热福理(de Geofroy, F. L. H.)照称:本国泰昌行禀,有十五艘货船经过川省夔关,扣留七十余日,致将货物损坏。十二月十七日,复据法国使臣罗淑亚(de Rochechouart, Comte)照开赔单数目,恳请完结……七月九、十日等,据美国使臣艾忭敏(Avery, B. P.)照称:本国公泰行报称,洋货运入夔关,被扣留货船二十一只,请赔价值。"1875年二三月间,威妥玛以"完纳一半厘金",并拟出京到福建、湖北、四川等地"索偿,坐扣洋税作抵"相要挟。而罗淑亚则叫嚣"若不在京中或汉口会商,只得令本国水师提督办理",公然对中国政府施加军事压力。

经四川督臣吴棠调查,所谓美国公泰行,乃"渝商魁盛隆各字号""假冒",另案处理,而"英商信和行、法商泰昌货船……货物全无损坏"。赔偿要求遭到拒绝。美国使臣理屈词穷,不再吭声。而"英法两国使臣据约索赔,哓哓不已"。总理衙门慑于英、法压力,同时考虑到英、法与美终有区别,故"彼族得以借口,威妥玛有在各处坐收洋税作抵之语,此次前往上海等处,难保不令洋商少完税银,以为赔偿之计……罗淑亚照称令水师提督前往云云,未始非虚声恫吓,然止之则益张其焰,听之或竟实其言……亦欲借此挟制,以逞狡谋。设竟肆意妄为,难免枝节横

---

① [英]伯尔考维茨著,江载华、陈衍译:《中国通与英国外交部》,第127~128页。
② [美]马士著,张汇文等译:《中华帝国对外关系史》第二卷,第323、324页。
③ 《耐维耶报告》,第106页。转引自聂宝璋:《中国买办资产阶级的发生》,第133页。

生。且肇衅于此,则贻患于彼,亦失情理之平",因而奏请皇帝予以解决。

1875年3月,上谕"着魁玉(成都将军——作者注)、吴棠饬令夔关……速将此案办结,总期消患未萌,毋任迁延生事"。并"着李瀚章(湖广总督——作者注)、翁同爵(湖北巡抚——作者注)、刘坤一(两江总督——作者注)预为防范。如该国有借端诈索之处,必须据理按约,持平与辩,勿堕其术中,致贻后患"①。此事最后结果如何,经查《筹办夷务始末》同治朝,《东华续录》同治、光绪朝,光绪十九年《奉节县志》和《巫山县志》均无下落。

这一事件,既是列强自带洋货侵入四川的尝试,也是清朝政府对他们的侵略行径所抱态度的试探。

三 马加理(Margary. A. R.)案中关于重庆开埠的交涉

当英国势力已侵入缅甸的时候,为了打开从上缅甸到我国云南的通道,1874年,英国派出了一支武装部队侵入中国云南边境内,驻北京的英国使馆派翻译官马加理参加行动。1875年初,这支部队遭到了腾越地区中国武装的阻击,侵入者被迫退回八莫。马加理被打死。英国立即抓住这个事件,对中国实行勒索与讹诈。英国公使威妥玛"以不惹人注意的外交方式",忠实地履行了英国资产阶级赋予他的夺取更多通商口岸和侵略特权的职责。

3月19日,威妥玛正式向总理衙门提出解决滇案的六条要求,其中就已包括了与滇案无关的通商方面的要求,遭到中国方面的断然拒绝。随后,威妥玛交替使用军事、外交、政治手段威胁中国政府,并得到美、俄、法、德等国不同程度的支持。而此时的中国,正值西北和东南边境受到威胁,清政府鉴于处理伊犁和台湾事件的教训,为了预防西南边患发生,故持慎重态度。双方进行了激烈的讨价还价。②

1876年6月2日,威妥玛将英国的侵略要求列为八条,其中第五条要求"英国派员在云南大理府或他处驻居,四川重庆府亦然";同时还要求中国在沿海、沿江、沿湖地区开放若干通商口岸。清政府原则上同意了滇案各条,但在通商要求上,只同意开宜昌一口;对于英国派员驻居大理、重庆一节,"言明非通商地方,不能驻领事"③,拒绝了英国的无理要求。后因窃居中国海关总税务司的英国侵略分子赫德(Robert Hart)出面"调停",清政府又允开了温州、北海二口。然而,在赔款数目上,没能满足英国"无论索偿数千,或少至数万,或多自数百万、数千

---

① 以上引文均见《总署奏英法美三国迭次照会夔关扣留货船索取赔偿谨陈大概折》,光绪元年二月初四,王彦威纂辑:《清季外交史料》第一卷,第5~8页。
② 丁铭楠等著:《帝国主义侵华史》第一卷,第241~253页。
③ 王彦威纂辑:《清季外交史料》第六卷,第8~9页。

万，中国必当应允，无可商量"①的蛮横要求，因而威妥玛推翻前议，使谈判破裂。

然而，此时正值英国在土耳其问题上发生国际危机，军事力量无法东顾，"非常希望云南问题从速解决"。②况且，美、俄、德、法等国也不同意威妥玛提出的与滇案无关的侵略要求，有的甚至企图出面干预，使英国处于较孤立的地位。可是，威妥玛和赫德狼狈为奸，趁机向清政府炫耀武力，实行军事恫吓。7月17日，赫德致书李鸿章说："听威大臣口气，英国实在看此事为要紧，恐不肯从权轻易了结。""西国情形现为土耳其事日有变动，英国朝廷愿趁此机会叫别国看明白，该国力量既能在西洋作主，又可在东方用兵，随意办事。"③并且指名要李鸿章去烟台与威妥玛会谈，而且须"奉有全权便宜行事之谕旨"，还告诫他说："必有新样主意，商办事件要大方。"④清政府只好同意，于7月28日命李鸿章去烟台与威妥玛谈判。实际是屈从于英国压力，向英国侵略者投降。

8月21日烟台谈判开始。威妥玛偕海军上将雷德尔（Admiral Ryder）和兰波特（Admiral Lambert）前往，表示要以武力为后盾放肆要挟。9月5日，他向李鸿章提出了三大端解决办法，其中"请开口岸分作三项，以重庆、宜昌、温州、芜湖、北海五处为各领事官驻扎"⑤。首次要求开重庆为通商口岸，"广运川滇之货"。李鸿章则坚持"总理衙门已于八条内议准，未便即作通商口岸"，并声明"川江峡滩险阻，轮船万不能行"，"俟轮船能上驶时，再行议办"⑥。威妥玛也只好让步，答复李鸿章说："前款所开添口岸分作三项，其一则四川重庆、湖北宜昌、浙江温州、安徽芜湖、广东北海五处，作为领事官驻扎处所……重庆一口，本可派领事官驻扎，惟轮船未抵重庆之先，英国商民不得在彼开行居住"⑦。

9月13日，在英国军舰的威胁下，李鸿章和威妥玛签署了《烟台条约》。它由"了结滇案""优待往来""通商事务"三部分和"另议专条"组成。在第三部分"通商事务"的增开口岸一节中明文规定：

> 湖北宜昌、安徽芜湖、浙江温州、广东北海四处，添开通商口岸，作为领事官驻扎处所。
>
> 又四川重庆府可由英国派员驻寓查看川省英商事宜，轮船未抵重庆以前，英国商民不得在彼居住开设行栈，俟轮船能上驶后，再行议办。⑧

由于威妥玛没有达到使重庆开埠的目的，英国商界"认为这又是另一次出卖。

---

① 王彦威纂辑：《清季外交史料》第六卷，第11页。
② 丁铭楠等著：《帝国主义侵华史》第一卷，第250页。
③ 王彦威纂辑：《清季外交史料》第六卷，第20、21页。
④ 王彦威纂辑：《清季外交史料》第六卷，第20页。
⑤ 王彦威纂辑：《清季外交史料》第七卷，第5页。
⑥ 王先谦编：《东华续录》"光绪十"，第16页。
⑦ 王彦威纂辑：《清季外交史料》第七卷，第17页。
⑧ 王铁崖编：《中外旧约章汇编》第一册，第349页。

这完全不是商界所希望的"①。但是英国政府则比一心只图赚钱的商人们更有头脑，它明白，在当时的情况下，要完全实现其侵华野心是不可能的。于是装出一副悲天悯人的样子，由英国外交部辩解说："女王政府因为非常不愿意对中国政府逼迫太甚或危及它的稳定，所以在许多事例中没有坚持完全满足要求，虽然具有强迫他们到极端程度的手段，但由于容忍没有使用这些手段，希望中国政府会逐渐醒悟，明白它对于列强所负的义务。"② 显然他们是要使清政府成为他们的忠顺工具，并通过它来实现对全中国的半殖民统治。

《烟台条约》签订后的第四天（9月17日），清朝政府批准了这一丧权辱国的条约，并立即付诸实施。英国方面虽然很快就享受到了条约规定的种种特权，但一直拖到1885年才予以批准③，表明《烟台条约》还远未满足英国侵略者的贪欲。

《烟台条约》的签订，使英国通过马加理案，在实现其扩大商务的战略目标的道路上前进了一大步，并得到窥伺我国西南边境的条约权利，从而打开了四川乃至西南的大门。因此，《烟台条约》被侵略者称为"中国对外关系史中第三阶段，重要程度仅次于一八四二年和一八五八年的条约"④。

1877年4月，宜昌、温州、芜湖、北海四处，据约开放为通商口岸，英国也立即向重庆派出了"驻寓官"。由此"遍历川省，特为访查各处土产，采风问俗，以便日后通商之举"⑤，为设领开埠做准备。

关于英国最初在重庆派设领事官的时间，民国修《巴县志》卷十六"交涉"载：英国最早在重庆派设领事是光绪十六年（1890）。首任领事禄福礼。查四川大学原藏巴县档案，英国在重庆派设领事的时间比《巴县志》所记为早。1884年，《重庆府札巴县饬保护英领事谢立山游历》内有："案准英国驻渝领事官谢函称：拟于本月由渝前往合川、铜梁、大足、内江、威远、荣昌至嘉定府峨眉县，由马边厅、屏山县一带游历。"可见，英国最初向重庆派设领事的时间不会迟于1884年。又据吴杰《中国近代国民经济史》第312页载："在《烟台条约》签订后六年，1882年英领事贺西到达重庆。"所以，作为英国侵略势力代表的英国领事早在1882年便盘踞渝城了。

伴随政治势力侵入的是洋货的猛增。宜昌地处川江咽喉之处，在"开辟为通商口岸之前，四川的贸易完全由帆船运输。本埠（宜昌）开埠之后不久，便有一条轮船航行于本埠与汉口之间……最大的优点却在于将英国货物能比现在提早三十天运到巨大的四川市场上。四川是一个极富饶的省份，幅员广大，物产丰富。运输工具的增加会使那里对于英国货物的消费和当地剩余产品的输出给予直接和明显的刺激。那里已成为我们最好的中国市场之一，每年销售九十万匹以上的棉布和十二万

---

① ［英］伯尔考维茨著，江载华、陈衍译：《中国通与英国外交部》，第152页。
② ［英］伯尔考维茨著，江载华、陈衍译：《中国通与英国外交部》，第154～155页。
③ 丁铭楠等著：《帝国主义侵华史》第一卷，第255～259页。
④ ［美］马士著，张汇文等译：《中华帝国对外关系史》第二卷，第333页。
⑤ 四川大学藏巴县档案：英国驻渝庄翻译官《致四川总督照会》。

匹呢绒"①。因此宜昌成为转运外货入川的中转商埠。宜昌开埠的第一年（1877），重庆进口洋货总值就达到了115.7万两，较之宜昌开埠前（即1875年）的15.6万两，猛增6.4倍。② 到1881年，入川洋货已迅速增长到400万两以上，输入汉口的300万匹棉织品和30万匹毛织品，足有三分之一以上销入四川；重庆迅速"成为仅次于上海、天津和汉口的第四位销售中心"③，从而充分显示了重庆这个四川门户的巨大的市场潜力。

从《烟台条约》的签订到实施，重庆都没有成为一个通商口岸。只是在谈判过程中英国有这个要求，最后签订的条约只规定了开宜昌、温州、北海、芜湖四口，而重庆则要"俟轮船上驶后再行议办"。因此，那种认为重庆开埠于1876年的说法，是不能成立的。④

四　英国强迫重庆开埠

十九世纪七十年代以后，世界资本主义开始向帝国主义过渡，"开始了夺取殖民地的大'高潮'，分割世界领土的斗争达到了极其尖锐的程度"⑤。然而英国对对华贸易情况并不满意。自1873年资本主义世界经济危机引起对华出口下降以后，经十年来的努力，都未能恢复危机前的水平，各口贸易也很不景气。当时英国的对华贸易落后于对印度、澳洲、比利时的贸易，只相当于对南非输出值的水平。⑥ 因而英国急于摆脱这一困境。

这一时期，列强已先后将中国的近邻变为自己的殖民地，并以此作为基地加紧侵略中国，使中国出现了边疆新危机。地处西南的川、云、贵、桂、藏成为英、法分别从缅甸、印度、越南侵夺的目标。1885年中法战争以后，法国在西南的势力逐步扩张，取得了关税方面的优惠条件，以及"云南省的蒙自（连同它附属的商埠蛮耗）和广西的龙州为边界贸易的'商埠'"⑦。对此，英国当然不会甘心。它一向视长江流域为其"势力范围"，遂加快了由长江水道进入四川，控制重庆，直趋我国云南、西藏，以与其在缅甸、印度的侵略势力相呼应。因此，重庆开埠的意义就超出了四川一省的市场开拓，而成为英国借以实现囊括中国西南的庞大侵略计划的

---

① 姚贤镐编：《中国近代对外贸易史资料》第三册，第1415～1416页。
② 《耐维耶报告》，第160页。转引自聂宝璋：《中国买办资产阶级的发生》，第133页。
③ 英国《蓝皮书》；谢立三：《重庆洋货贸易报告书》；史盘斯：《重庆进口贸易备忘录》。转译自《快报》1883年1月19日，第133页。转引自聂宝璋：《川江航权是怎样丧失的?》，《历史研究》1962年第5期，第133页。
④ 漆树芬：《经济侵略下之中国》，1954年。
⑤ 列宁：《列宁选集》第二卷，第798页。
⑥ 姚贤镐编：《中国近代对外贸易史资料》第三册，第1594页；[英]伯尔考维茨著，江载华、陈衍译：《中国通与英国外交部》，第161～162页。
⑦ [美]马士著，张汇文等译：《中华帝国对外关系史》第二卷，第457～458页。

重要步骤。对此,川督丁宝桢曾有所揭露。他说:西藏"通商已辗转有年,而藏地率多瘠土,素无别项生产之物可供贸易,即有所产,亦不过金银之类,此乃西藏自夸其地利,其实甚不可知何有于通商。臣谓,此举洋人决非注意于西藏,追暗借此以通四川大道耳。夫四川通商,前本有重庆之约,特因彼之轮船不便行驶,故未能举行。今乃另出此一计,又欲于重庆后路别开一隙,以逞其谋。设藏路一开,则四川全境俱失,川中一失,则四通八达之天下藩篱尽坏,此非臣之过为危词,诚以情势所在,实不可不深长思也"①。

根据以往的经验,要夺得长江上的任何一个通商口岸,其前提必须是通行轮船。因此,"十余年来(即《烟台条约》签订以来——作者注)英商……屡探峡江险阻"②。1882年谢立三在亲自侦察了贵州、云南两省以后说:只消宜昌至重庆通航,则汉口一路洋货可自重庆转运,就是从宜昌算起,也仅十日可达贵阳;若再将轮船上至叙府,则广州西入云南之货,也极可能大部分改道长江。至于四川,浅水轮船可通达泸州、叙府、嘉定与合州。对于川江航道,他认为,"惟一称得上真正意义的险滩者",只有"新滩"一处,而这处险滩又被他在1881年12月亲自改乘吃水三至四英尺的帆船安全通过了。因而他再三强调,"有什么理由会堵住一艘同样吃水,利用蒸汽动力而又有特殊构造的轮船上驶呢?"③何况,《烟台条约》已将川江通航作为重庆开埠的前提。因而要实现重庆开埠,就必须首先实现宜渝通航。

最早将这一侵略计划付诸实践的是英国冒险家立德乐(Archibald J. Little)。立德乐生于1838年。1860年在上海以"一个志愿人员的身份"帮助清朝政府打太平军。1861年参加"洋枪队",镇压太平天国革命,为中国人民所痛恨,以致1864年在景德镇几乎被瓷工打死。从1882年起,立德乐便集中精力对四川进行侵略。他之所以跑到四川来,主要目的是要开重庆为通商口岸,将《烟台条约》由文字"变为事实"④。他著有《经过扬子江三峡游记》《峨眉山》《远东》等书,为鼓动英国资产阶级侵川热制造舆论。由于他的冒险经历和对四川无孔不入的侵略活动,被外国侵略者们"誉为西部中国的英国开路先锋"⑤。

1883年2月,立德乐以游历内地为名,由上海搭乘轮船到汉口后,改乘木船,继续溯江而上,侦察川江航道,经四十天到达重庆,并在重庆作短期停留。他对此次"游历"非常满意,根据日记写成了《经过扬子江三峡游记》一书。书中叫嚷:"我们能够督促而且应当迫使中国官吏忠实履行中英各项条约所规定的义务,以发展中英贸易;同时,对中国中央政府反抗我们的欧洲竞争者(指法、俄、德等

---

① 王彦威纂辑:《清季外交史料》第六十二卷,第20~21页。
② 李鸿章:《李文忠公全集·译署函稿》第二十卷,第1页。
③ 聂宝璋:《川江航权是怎样丧失的?》,《历史研究》1962年第5期,第133页。
④ 《经过扬子江三峡游记》,转引自中国民主建国会重庆市工商业联合会编:《重庆工商史料选辑》(第1辑),第3页。
⑤ 汪敬虞等编:《中国近代工业史资料》第2辑(上),第104~107页。以下凡未注明编者之处,均为汪敬虞编。

国——作者注）要求优先权利时，我们应当使他们依赖我们在精神上和物质上所给予的支持。要达到这些目的，就需要以坚强的压力，来对付中国人长期拖延的泄气影响；他们是运用拖延艺术的老手，我们对施加压力既要有耐心，又要不停歇。"[1]充分暴露出其穷凶极恶的侵略野心。为了在川江试航，立德乐一方面于1887年组成了川江轮船公司。同年，将在英国特制的"固陵号"轮船运抵上海。1888年装配完成，第二年二月驶抵宜昌待发。另一方面，则于1884年开始经营汉口—宜昌间的冬季轮船运输业务，以取得枯水季节航行轮船的经验，俾将航线向重庆扩展。1885年，他曾正式向清政府申请发给在宜昌与重庆之间行驶轮船的执照，企图取得合法的川江航行特权。立德乐的这些活动，表示了英国侵略者占领四川市场的狂热，因而得到了英国资产阶级的喝彩。《泰晤士报》说："假使立德乐成功，则七千万人口的贸易就送到门上来了。兰开夏、密德兰、约克夏的制造品就能从伦敦、利物浦经过一次简单的转运，缴付从价5％的进口税，直运到深入一千五百里的亚洲心脏地带。"[2] 曼彻斯特商会还专门成立了一个组织支持立德乐的行动。[3] 英国驻京代办欧格纳（O'Conor, N, R.）更公开鼓励立德乐说："对待像中国人这样的人，提抽象的问题是没有用的，你只管把船造好，然后开来提出要求，保管没有问题。"[4]

1887年7月23日，英国驻北京公使华尔身（J. walsham）照会总理衙门："英商立德乐自置小轮船，拟于月内由宜昌试行上驶重庆，请照《烟台条约》给发准单，并转饬沿途地方官员弹压保护。"[5] 英国这一举动，立即引起了宜渝间依赖帆船为生的百万人民的强烈不满。"川帮船户人等"认为行驶轮船"必碍生计"，因而纷纷集议，"欲行聚众堵截"。[6] 川督刘秉璋见民情愤怒，致电鄂督张之洞说："民船畏碰，群起哗然。"[7] 清朝总理衙门也明白"该处船户众多，易致生事"[8]。然而，由于已有《烟台条约》这根绳索，清政府再也不能以川江"险滩林立，民船迂回绕避，然尤触礁即沉，轮船迅急直驶，断难畅行"的理由，来"设词以难之"了。[9] 只得一面指示地方官员"晓谕百姓，不必惊疑"，并令"水陆各营，妥为保护"；一面"咨行四川总督派员前赴宜昌与英领事会商《行驶防碰章程》"。[10]

---

[1] 中国民主建国会重庆市工商业联合会编：《重庆工商史料选辑》（第1辑），第3页。
[2] 《快报》1888年11月16日，第1087页，中国人民政治协商会议四川省委员会、四川省省志委员会：《四川文史资料选辑》（第25辑），第5页。
[3] 《快报》1886年8月20日，第872页，中国人民政治协商会议四川省委员会、四川省省志委员会：《四川文史资料选辑》（第25辑），第5页。
[4] 《捷报》1891年3月13日，第298页，见《历史研究》1962年第5期，第135页。
[5] 王彦威纂辑：《清季外交史料》第八十二卷，第7页。
[6] 《宜昌东湖县告示》，见《申报》光绪十四年一月二十二日，引自《历史研究》1962年第5期，第135页。
[7] 张之洞：《张之洞集·电稿》第一三四卷，第18页，转引自《历史研究》1962年第5期，第135页。
[8] 王彦威纂辑：《清季外交史料》第八十二卷，第7页。
[9] 李鸿章：《李文忠公全集·译署函稿》第二十卷，第1页。
[10] 王彦威纂辑：《清季外交史料》第八十二卷，第7页。

1888年，中英谈判在宜昌进行。英方代表为立德乐本人和英国驻宜领事，中方代表是巴县知县杭国璋（阿坦）。李鸿章在幕后操纵。总税务司赫德也企图插手此事，但遭到中国官员反对，鄂督裕禄认为："税司虽系在关办事之人，惟与领事及英商立德乐均属洋人，均相识……恐民不能相信，似不相宜。"①

1889年2月，中国方面"设法议买其船栈，价共十三万"，并提出"议明七年后，立德乐筹出保护盐船之法，川省开导百姓明白，再行上驶"。但没有被英国方面接受。②谈判拖到3月间，中方代表总算与立德乐议明以银十二万两的高价收买轮船，并答应"以十年为限，将与领事议立合同"③。但是，"惟英使不愿，而领事又不敢作主"④。由于英国公使坚持要通航重庆，故谈判转入防止轮船与民船发生碰撞事故的问题。中国方面提出，如果轮船撞沉中国木船，英商必须"船货全赔"，为了避免事故发生，必须实行"分日行走"的办法，即一月之中，专门拨出两天供轮船行驶，其时民船停运。而民船行走之日，轮船也要停运。但是，英国外交部却蛮横地电称："宜昌到重庆非两日可到，月仅二日，守候日久，恐难照办。"刘瑞芬向川江轮船公司表明了中国方面的态度："如强欲行轮，则碰沉民船，全要赔偿。"⑤但是英方根本无视中国方面"碰即全赔"的要求，继续玩弄蛮横狡诈的伎俩。7月20日，刘瑞芬致电总理衙门，报告英国提出的赔偿办法：（一）损失500两以内者，马上赔偿；（二）损失500—10000两，人货损失大者，"由宜昌领事官与中国官员会审，照《行船章程》"办理，该赔则赔；（三）以上两项办法，仅指此次川江试行，日后行轮应由两国再行议办。⑥这个在国际《海损法》中找不到先例的荒谬主张，理所当然地遭到了中国方面的拒绝。这里可以看出，英国方面坚持的无非就是要将川江向帝国主义全面彻底开放，而且碰坏民船也不负赔偿责任。而中国方面，则对英国的侵略行径表示了一定程度的抵抗，从而推迟了侵略者在川江航行轮船的时间表。

正当双方谈判停止行轮和赔偿问题时，7月18日，总理衙门致电李鸿章，提出："彼（指英国）盖注意重庆通商，故先有此请"，"若允许通商，约明专用华船，不用洋轮似可转圜"的主张，以为将来退步之办法。⑦对此，川督刘秉璋认为："惟华船须由船行价雇，杜彼暗以彼船充华船，此则船户无可怨望。"然而"惟川商失利，必非所愿。商人究少于船户，若勉强试行，秉璋不敢不允，亦不敢保其无事"⑧。表示不赞成总理衙门提出的妥协意见，但是英方不同意"专用华船"，要求

---

① 朱之洪等修、向楚等纂：《巴县志·交涉》，第15页。
② 王彦威纂辑：《清季外交史料》第七十九卷，第14页。
③ 王彦威纂辑：《清季外交史料》第七十九卷，第26页。
④ 王彦威纂辑：《清季外交史料》第八十卷，第2页。
⑤ 王彦威纂辑：《清季外交史料》第八十一卷，第13~14页。
⑥ 王彦威纂辑：《清季外交史料》第八十一卷，第15页。
⑦ 李鸿章：《李文忠公全集·电稿》第十一卷，第34页。
⑧ 王彦威纂辑：《清季外交史料》第八十一卷，第15页。

"英商或雇用华船,或自造华式之船,应听其便"①。李鸿章公然站在英国一边指责刘秉璋是"不知长江通商三十余年,彼自造华式及似华非华之船通行已久,岂能独禁于川江"②。7月27日,总理衙门再电刘瑞芬,要他向英国外交部转达,望能以开始谈判时与立德乐"议买该船价银十二万,十年为限,停止行轮,限满另议"③为条件,以达成协议。但是,英国使臣前往总理衙门声称:"外省所拟办法,万难就绪,请在京商量,较为妥速。"④要求把谈判地点由宜昌搬到北京,以便直接向清廷施加压力,让总税务司赫德插手,借此向中国勒索更多的权利。

1890年3月31日,中英两国"所派钦差便宜行事大臣"在北京订立了《烟台条约续增专条》,其主要内容如下:

(一)明确规定:"重庆即准作为通商口岸无异";

(二)"英商自宜昌至重庆往来运货,或雇佣华船,自备华式之船,均听其便";

(三)"此等船只自宜昌至重庆往来装载运货,与轮船至上海赴宜昌往来所载之货无异,即照条约税则及长江统共章程一律办理"。除此以外的有关规定,由宜昌关监督、川东道、重庆宜昌税务司及英国领事"会商妥定"。⑤

英国侵略者通过这个不平等条约正式取得了在重庆开埠的侵略特权。马士在《中华帝国对外关系史》中写道:"按照1876年中、英《烟台条约》,'轮船未抵重庆以前',重庆是不开放为对外贸易之用的这一条件由于1890年3月31日签订的一个条约而被放弃了,那个条约准许将贸易的货物交由特雇的民船装运,因此就把一个条约口岸的特权扩展到扬子江上游,离上海有1,400英里的这个城市。"⑥至此,英国实现了重庆开埠以扩大商务的战略目标,将其侵略势力延伸到了长江上游最末端的一个通商口岸。英国在长江流域的势力范围便大致固定下来了。

对于那艘"固陵号"轮船,英国以"贻累"了立德乐达两年之久,要求中国政府以原议价十二万两买下立德乐的"固陵号"及其在宜昌的地皮。清政府则认为"事可转圜,未便以惜费而误大局,因嘱总税务司电商立德乐,仍以十二万两买留船栈"⑦。船由李鸿章拨归鄂省,"转运煤铁"⑧。一个没有开张的轮船公司竟然给立德乐带来了一倍多的暴利(川江轮船公司资本一万英镑、中国赔偿的十二万两约合两万三千四百英镑)。立德乐本应该喜出望外,但由于航行川江的目的没有达到,

---

① 李鸿章:《李文忠公全集·译署函稿》第二十卷,第1页。
② 李鸿章:《李文忠公全集·译署函稿》第二十卷,第1页。
③ 王彦威纂辑:《清季外交史料》第八十一卷,第16页。
④ 王彦威纂辑:《清季外交史料》第八十二卷,第7页。
⑤ 于能模等编:《中外条约汇编》,第16~17页;王铁崖编:《中外旧约章汇编》第一册,第553页;朱之洪等修、向楚等纂:《巴县志·交涉》。
⑥ [美]马士著,张汇文等译:《中华帝国对外关系史》第二卷,第458页。
⑦ 王彦威纂辑:《清季外交史料》第八十二卷,第6~7页。
⑧ 朱之洪等修、向楚等纂:《巴县志·交涉》,第19页。

反而十分抱怨英国政府，他说："出于英国政府迁就中国保守主义的最坏方面，我试图开办川江轮船航运的计划，遭到挫折。"① 英国政府在轮船航行川江问题上暂时妥协，怕的是由此"招致地方叛乱"②。这正是它企图对中国建立和稳定半殖民统治秩序的狡诈策略。清政府方面，由于李鸿章早已抱定"明知立德乐赚银不少，实属万分周旋、姑求十年无事"的方针③，难怪总理衙门自我解嘲地说："行轮患在坏民船，激众怒。通商患在夺商利，损厘金。然既行轮必通商，则兼两害；仅通商不行轮，则止一害。两害取轻，尚是中策。"④ 清政府不惜出卖国家主权，以换取十年苟安，可见，这个腐败的政府正在加紧向半殖民地泥坑里跌落。

《烟台条约续增专条》是英国强迫重庆开埠的法律依据，而由侵略者掌握的重庆海关的建立，则是重庆正式开埠的标志。海关本来是一个国家根据自己的法律，对进出国境的货物、行李、物品、货币、金银、证券和运输工具等进行监督检查、征收关税，并执行查禁走私任务的国家行政管理机关。但是，在近代中国，自1853 年英、法、美夺得了上海海关管理权之后，陆续侵夺了各地海关管理权、关税收支权等，使海关成为帝国主义侵略我国的一种有力工具。随着商埠的增多，海关也不断地增设。《烟台条约续增专条》签订的第二年，即 1891 年，重庆建立了海关，海关总税务司赫德派英人霍伯森任重庆关税务司，执掌大权。通过海关把重庆作为侵略四川以至西南地区的一个据点，从经济上扼住了重庆和四川以至西南的咽喉。因此，重庆海关的建立，既是重庆被开为商埠的重要方面，又是重庆正式开埠的标志，也是重庆沦为半殖民地的信号。

1890 年 9 月，川督刘秉璋上奏总理衙门："今重庆开办通商，必须得所依据，始可仿照核办，以定章程。"⑤ 次年三月，他再次奏称："（重庆关）仿照宜昌关一切章程，并按总税务司议章二十条，量为删改。……现定于光绪十七年正月二十一开关。"⑥ 可见重庆海关的开关办法是照宜昌海关的成例办理的。至于开埠与开关的关系，清朝官员讲得十分明白。

1877 年 3 月 17 日，总理衙门在《奏宜昌等关新开口岸开办日期片》中指出："《烟台条款》内开，新添宜昌、芜湖、温州、北海通商口岸四处……一切事宜本有约章可循，该四处如新添口岸，亦可参照他关允行事宜，先为试办。"⑦ 可见，在开埠和开关的关系上，是有个基本规定的。这就是开商埠必设海关。对此，鄂督翁同爵在同一天的《奏宜昌添开通商口岸应设税关监督折》中明白地说："臣查添开

---

① 《经过扬子江三峡游记》第三版序言，见中国民主建国会重庆市工商业联合会编：《重庆工商史料选辑》（第 1 辑），第 5 页。
② 莱特：《赫德与中国海关》，第 609～610 页，见《历史研究》1962 年第 5 期。
③ 王彦威纂辑：《清季外交史料》第七十九卷，第 27 页。
④ 李鸿章：《李文忠公全集·电稿》第十一卷，第 34 页。
⑤ 王先谦编：《东华续录》"光绪一百"，第 1 页。
⑥ 上引《川督刘秉璋奏折》系四川财经学院汤象龙先生 1932 年抄自故宫文献馆。在《东华续录》"光绪一百二"，第 19 页上也有此材料，然时间不及前者明确。
⑦ 王彦威纂辑：《清季外交史料》第九卷，第 11 页。

通商口岸，必须设关征税。而设关，首在派定监督，方足以资治理而专责成。"①总理衙门在奏请皇帝批准《续增专条》的奏折中也明确提出："重庆现作为通商口岸，该府（即重庆府——作者注）本有川东道驻扎，应如何改为关道，选派税司，逐渐筹办各节，应俟开办时，由臣等另行奏明办理。"②

可见，"添开通商口岸，必须设关征税"。而设关征税就成为一个地方开为通商口岸的标志。根据刘秉璋奏折，重庆海关开办于光绪十七年正月二十一，即1891年3月1日。因此，这一天就成了重庆正式成为通商口岸的日期。

五 日本强迫重庆开埠

重庆优越的地理位置和日益重要的经济地位，不但为西方列强垂涎，也为东方的日本侵略者觊觎。

日本从1868年明治维新以来，资本主义有了迅速的成长。由于日本资本主义是与残余的封建经济以及天皇制这样的国家机构结合在一起的，所以，它一开始走上近代国际舞台，就带有强烈的军事侵略性，主要侵略对象就是中国。还在十九世纪七十年代初，日本就要求与中国预商通商事宜。1871年4月即遣使来华进行谈判。要求按照"西人成例，一体订约"③。在其提案中"荟萃西约取益各款，而择其尤"④，特别要求取得"一体均沾"的特权。然而因其羽翼未丰，力量不够，还不足以使清政府就范。双方于1871年9月13日议定的《中日修好条规》和《中日通商章程》中关于通商口岸一节规定：两国商民准在对方指定的通商口岸贸易（中国开放十四个，即上海、镇江、宁波、九江、汉口、天津、牛庄、芝罘、广州、汕头、琼州、福州、厦门、台湾淡水；日本开放八个，即横滨、箱馆、大阪、神户、新潟、夷港、长崎、筑地）。但明定不得进入内地。⑤日本侵略者自然不会甘心，不久即在提出修约的同时武装侵略中国的台湾，以及中国的邻邦朝鲜、琉球，妄图以武力来达到经济侵略的目的。⑥

1894年，日本悍然对华发动了甲午战争。在给已经十分腐败的清朝政府以极其沉重的军事打击后，乘机大肆勒索中国。帝国主义列强都根据各自在东方和中国的利益，对于日本的侵略行径既有某种默契，又有矛盾斗争。而清朝政府内部，后党主政，实行其一贯的妥协投降政策。清王朝在日本军队的沉重打击下，听任美、

---

① 王彦威纂辑：《清季外交史料》第九卷，第5页。
② 王彦威纂辑：《清季外交史料》第八十二卷，第8~9页。
③ 李鸿章：《李文忠公全集·奏稿》第十八卷，第44页。
④ 齐思和等编：《筹办夷务始末》同治朝第八十二卷，第6页。
⑤ 《同治条约》第二十卷，第26~34页。转引自王芸生编：《六十年来中国与日本》第一卷，第47~49页。
⑥ 王芸生编：《六十年来中国与日本》第一卷，第52~61页。

日摆布，钻进了它们安排的屈辱求和圈套。

清朝全权议和大臣（侍郎张荫桓，巡抚邵友濂）被日本政府驱逐回国后，清政府按照日本政府的旨意，派李鸿章为全权大臣，于1895年3月13日前往日本政府指定的马关（今下关）求和，美国前国务卿科士达（Foster. J. W.）以"私人"身份作为清方全权大臣顾问随同前往。

3月19日，李鸿章一行到达日本马关。次日，与日方代表，首相伊藤博文、外相陆奥宗光会见于春帆楼。首先谈判休战问题。日方提出十分苛刻的四项条件，逼中方接受。24日，李鸿章遇刺。28日，日方声明休战二十一天。30日，双方签署休战条约，转入媾和谈判。

4月1日，日方提出媾和草案十款，条件十分苛刻，以军事威胁强迫李鸿章就范。其中通商行轮一节规定：

> 第一，现今中国已开通商口岸之外，应准添设下开各处，立为通商口岸，以便日本臣民往来侨寓，从事商业、工艺制作等，所有添设口岸，均照向开通商海口或向开内地镇市章程一体办理，应得优例及利益等亦当一律享受：一，直隶省顺天府；二，湖北省荆州府沙市；三，湖南省长沙府湘潭县；四，四川省重庆府；五，广西省梧州府；六，江苏省苏州府；七，浙江省杭州府。日本国政府得派遣领事官于前开各口驻扎。
>
> 第二，日本国轮船得驶入下开各口，附搭行客，装运货物：一，从湖北省宜昌溯长江以至四川省重庆府；二，从长江驶进洞庭湖溯入湘江以至湘潭县；三，从广东省溯西江以至梧州府；四，从上海驶进吴淞江及运河以至苏州府、杭州府。日中两国未经商定行船章程以前，上开各口行船，务依外国船只驶入中国内地水路现行章程照行。①

当天，李鸿章电告总理衙门，请将其中的承认朝鲜自主独立、割地、赔款三项转告英、俄、法三公使，企图使三国对日本施加压力。"至日本所拟通商新约详细节目，一时务乞勿庸告知各国"，因为"北京、沙市、湘潭、重庆、梧州、苏州、杭州七处，皆各国多年愿望不可得者"，"恐见其有利可沾，彼将协而谋我"②。并于4月5日向日方递交说帖，就让地、兵费、通商三端进行辩论。

日方采取"胜于力而屈于理"的办法，根本不同中国讲道理。此时的清朝政府，对日方的敲诈勒索，亦议论不决，互相推诿。4月8日，李鸿章电复总署，决定"添口仅先允重庆一处，余俟会议时再酌"③。当天又答复日方，其他六口皆不能开为通商口岸，惟"重庆日商向不准到，现在援优待之例，应可准其前往"。"重庆既准日商前往贸易，日本轮船似可前往，惟沿江滩矶险恶，民情顽梗，是以英商

---

① 《增补中日议和纪略》原刻本，第3~9页。转引自王芸生编：《六十年来中国与日本》第二卷，第252~253页。
② 李鸿章：《李文忠公全集·电稿》第二十卷，第30页。
③ 李鸿章：《李文忠公全集·电稿》第二十卷，第34页。

轮船迄今未能前去。"① 重庆成为马关谈判中，日本得到的第一个通商口岸。4月10日，在中日双方第四次谈判中，日方提出了与《马关条约》大致相同的"修正案"，并声言"若不允行，势将决裂"②。

任凭李鸿章等如何哀求，日本绝不松口。据李鸿章称："且十七、十八、十九等日已派运船六十余艘，载兵十万，分起由马关出口，驶赴大连湾、旅顺一带，听候小松亲王号令，必须直犯京畿。"③ 清政府本无决裂胆量，12日电示李鸿章"倘事至无可再商，应由该大臣一面电闻，一面即与订约"④。14日又谕示李鸿章："如竟无可商议，即遵前旨，与之定约。"⑤

4月17日上午十点，李鸿章及其子李经芳与日本首相伊藤博文、外相陆奥宗光，在马关春帆楼签约。这个名为《中日马关新约》的不平等条约由《讲和条约》《另约》《另议专条》《停战展期另款》四部分组成。根据这项条约，日本在中国获得了广泛的侵略特权，其第六款规定：

> 第一，现今中国已开通商口岸之外，应准添设下开各处立为通商口岸，以便日本臣民往来侨寓，从事商业、工艺制作；所有添设口岸，均照向开通商海口或向开内地镇市章程一体办理，应得优例及利益等，亦当一律享受：
> 一、湖北省荆州府沙市；
> 二、四川省重庆府；
> 三、江苏省苏州府；
> 四、浙江省杭州府。
> 日本政府得派遣领事官于前开各口驻扎。
> 第二，日本轮船得驶入下开各口，附搭行客，装运货物；
> 一、从湖北省宜昌溯长江以至四川省重庆府；
> 二、从上海驶进吴淞口及运河至苏州府、杭州府。⑥
> ……

据此，日本取得了重庆开埠的权利。

这里，必须说明的问题是，由于重庆这个西南重镇被开为商埠的规定先后有1890年的《中英烟台条约续增专条》和1895年的《中日马关条约》（简称《马关条约》）两个不平等条约，以致有的同志对重庆开埠的时间感到迷惑不解。因为他们以一般推论，认为列强既然从鸦片战争后获得了片面最惠国待遇的特权，那么，英国取得的开重庆为商埠的权利，日本即可当然均沾利益，为什么它又要在《马关条约》中再强迫中国开重庆为商埠呢？因此，在他们的一些著述中对重庆开埠的时

---

① 《增补中日议和纪略》，第10～14页。转引自王芸生编：《六十年来中国与日本》第二卷，第269页。
② 王彦威纂辑：《清季外交史料》第一〇九卷，第9页。
③ 丁铭楠等著：《帝国主义侵华史》第一卷，第367页。
④ 王彦威纂辑：《清季外交史料》第一〇九卷，第8～9页。
⑤ 王彦威纂辑：《清季外交史料》第一〇九卷，第8～9页。
⑥ 于能模等编：《中外条约汇编》，第151页。

间问题缺乏明确的判断,有的只有用 1890 年开埠,1895 年正式开埠来解释。其实,只要我们查阅一下日本侵华史料,便不难解决这个问题。

由于日本是一个后起的资本主义国家,它以强者的姿态进入列强在中国摆设的人肉宴席的时间较晚。在《马关条约》签订之前,它还没有从中国获得片面最惠国待遇,还不能同自鸦片战争后的不平等条约中即已攫取了这种侵略特权的美、英、法等国相比。即是说,英国在 1890 年获得的重庆开埠权,从法律上讲,日本虽馋涎欲滴,却是可望而不可即的。"惟重庆日商不准到",是日本侵略者极不甘心的事。它在《马关条约》中提出的"现今中国已开通商口岸"与其他列强"一律享受"的侵略条件,正反映了它急欲改变这种地位的要求。而这一阴谋随着《马关条约》的签订得逞了。所以《马关条约》有关规定是指日本继英国之后迫使清王朝将重庆给日本开埠而言,并非说明重庆直到一八九五年《马关条约》之后才开埠或正式开埠。这一规定使日本侵略势力继英、法等老牌资本主义国家之后伸入到了中国西南部,分占了列强控制的整条长江航运权,并挤进了英国的势力范围,加强了侵华的地位。

还必须指出,《马关条约》不仅使日本获得了与英国同样的侵略利益,而且大大地扩展了列强的侵华利益。仅以重庆开埠为例,《马关条约》较之《烟台条约续增专条》其侵略性大有强化。《马关条约》规定了日本国轮船得"从湖北宜昌溯长江以至四川重庆府"。这就实现了英国、日本和其他列强航行川江,攫取中国内河航权的夙愿。(《烟台条约续增专条》虽规定开重庆为通商口岸,然而并未允许外国轮船驶入川江。)至于《马关条约》规定的在通商口岸准许外国人"从事商业、工艺制作",即设立工厂的特权,更是符合帝国主义向中国输出资本的共同要求。以当时的情形而论,日本资本主义发展水平较之欧、美要低一些,因此,首先获得最大利益的是英、美等帝国主义。无怪英国"完全支持日本,鼓动日本发动战争"①。早在李鸿章赴马关谈判途中(3月18日),英国《圣詹姆斯公报》就预言:"日本如能强使中国的广大领域对外通商,英国在世界各国中,一定得益最大。"② 因此,在英国资产阶级看来,《马关条约》的"通商条款的规定倒有点像是英国商会的建议书:为'贸易、侨居、工业和制造'开辟了四个新的通商口岸;轮船在扬子江上游从宜昌到重庆的航行权(虽然没有像原来的条件中所规定的西江航行权);保证在内地设立批发庄和通商口岸从事工业的权利。根据最惠国待遇,英国人民可以享受这一切特权"。③ 后来根据这一规定把第一艘轮船开入川江的立德乐也十分欣喜地说:"感谢日本下了决心,打败中国,又感谢英国政府改变政策,委派了一位能

---

① [日]井上清:《日本近代史》上册,第 195 页。
② 丁铭楠:《帝国主义侵华史》第一卷,第 370 页。
③ 《英国及外国政府公报》(1894—1895),第八十七卷,第 799~804 页。引自[英]伯尔考维茨著,江载华、陈衍译:《中国通与英国外交部》,第 214 页。

干的公使窦纳乐,因此,一只开航先锋的轮船,才有可能上驶重庆。"① 因而,这一规定又表明了日本和英、美的勾结,日本讨好英、美,以换取它们对其侵华政策的全面支持。日本充当着列强侵华急先锋的可耻角色。

---

① 《经过扬子江三峡游记》第三版序言,中国民主建国会重庆市工商业联合会编:《重庆工商史料选辑》(第1辑),第5页。

第二章　帝国主义由点及面，对四川侵略的全面展开

在帝国主义分子的眼里，"从东印度公司时代起直到目前，英国和中国交通的历史，不过是为了开辟和发展贸易而不断斗争的一个记载"①，因此，"外国和中国所订立的一切条约的主要目的是扩展商业"②。现在，他们达到了重庆开埠及深入中国内地的目的，对由此而带来的和将要带来的商业利益，真是欢欣鼓舞，津津乐道。英国《旬报》说："蜀地富饶，甲于中国西境，今亦开埠矣。其中商务总汇处，厥名重庆，今准通商，载诸条约。自此，而西国货物纳税五厘，既可进口。如购该处土货，照此完税，亦可运以出口。重庆系内地之埠，距海约一千五百海里。夫西国进口之货，皆至上海，然后用江轮转运。在上海一经纳税，则用汽船、帆船分运内地，所有厘金及落地捐等，皆可豁免。且到重庆后，或为自己发销，或代华商经手，更可辗转广销。直至重庆以下之地，只须再完一值百抽二之税，则沿路厘卡皆不能再征。内地如云南省之云南、大理两府，贵州之贵阳，四川之成都，西藏界边之打箭炉，皆得购买洋货，并以其地土货售与西人，皆为便易。不特此也。西商既在西南屯货，则由嘉定河以达西北之甘肃，陕西，亦极直捷爽快。盖必须身亲目击，曾至内地游历，方知照约通商之益。如在黝黑之地，而使之忽发光辉；如以麻木之驱（躯），而使之忽能行动，直可以比喻之。昔欧人亦曾有昏昏不知之一候，今日盖复见之于中国。"不仅如此，他们对进一步侵略还抱有更大的希望："现西人有维新之意，凡人生度日之法，皆欲精益求精，蒸蒸日上。中国官民则如出一辙，毫无此等念头。西人而如到其地，足以振聋发聩，久之自潜移默化。虽各口租界，为地无多，所被西国教化，亦仅如太阳之一线微光，但究竟多开一埠，中国进境当格外神速耳。"正因为如此，法国驻重庆领事哈士（F. Haas）"极言重庆通商关系至巨"，"与英人之并缅甸相同"。"而英人竟以重庆目为梨花埠（英国大商埠）。"③

十九世纪末叶，世界资本主义已发展到帝国主义阶段，更加迫切地要求夺取商品市场、投资场所和原料供给地，以攫取更大限度的垄断利润。在中国，则是帝国主义列强划分"势力范围"的竞争加剧。而且重庆恰恰在这个时候开始了它半殖民地半封建的历史。除老牌的英、法帝国主义外，后起的美、日、德等国又迎头赶

---

① 立德乐：《经过扬子江三峡游记》第一章，1887年版。转引自中国民主建国会重庆市工商业联合会编：《重庆工商史料选辑》第一辑，第3页。
② ［英］伯尔考维茨著，江载华、陈衍译：《中国通与英国外交部》，第92页。
③ 《渝报》光绪二十四年第11册，第8页。

来,军事封建帝国主义沙皇俄国也虎视眈眈。他们以重庆为据点,从政治、军事、经济、外交、宗教、文化诸方面,对四川展开了全面的侵略和争夺,从而开始了帝国主义对中国侵略的新时期。

一 领事馆的设立——帝国主义政治势力的侵入

据《巴县志》记载,英国领事馆在1890年设立于重庆领事巷。① 管辖的范围,起初只有四川一省,以后扩大到贵阳以北的贵州地区。它表面上是商务和侨务机构,但实际上是情报组织,通过英国在重庆的公司、商行、教堂、学校、医院获取情报,再整理上报。英国领事馆在1896年以前,一直独霸重庆。贺西、谢立三、禄福礼、傅磊斯、列敦、密尔德等任过驻重庆领事。②

1896年3月,法国领事馆在重庆设立。③ 馆址在重庆二仙庵,首任领事哈士(F. Haas)。安迪、穆文吉、何世康等也任过驻重庆领事。④

1895年,《马关条约》规定:"日本政府得派遣领事官于前开各口驻扎。"(沙、渝、苏、杭四口)据此,1896年5月,日本设领事馆于重庆。⑤ 1896年7月,中日两国订立《通商行船条约》对若干侵略特权做出具体规定,有关领事特权规定如下:

> 第三款,大日本国大皇帝陛下,酌视日本国利益相关情形,可设立总领事、领事、副领事及代理领事驻中国已开及日后约开通商各口岸城镇。各领事等官,中国官员应以相当礼貌接待,并各员应得分位职权、裁判管辖权及优例豁免,利益均照现时或日后相待最优之国相等之官一律享受。⑥

日本首任驻重庆领事加藤义三,驻小梁子五公馆。1911年前,担任领事的先后有高桥德太郎、堺与三吉、山崎桂、富田义铨、德丸作藏、池永林一、白须直、河西信等人。⑦

1896年12月,美国领事馆设于重庆领事巷。首任领事石密特。1911年前,担任领事的先后有密勒、米哲尔、潘生、贝克等人。⑧

---

① 第一章谈到,1884年以前,英国已向重庆派设领事,但当时是否设有领事馆,不详。
② 据四川大学藏巴县档案、《巴县志》及吴杰《中国近代国民经济史》统计。
③ 据《巴县志》第十六卷,法国设领时间为1895年12月;《川江航运史稿·年表》:1895年12月23日,法派哈士为驻渝署使。笔者采用的是《重庆海关1892—1901年十年调查报告》记载的时间。
④ 朱之洪等修、向楚等纂:《巴县志·交涉》。
⑤ [英]华特生著,李孝同译:《重庆海关1892—1901年十年调查报告》,《四川文史资料选辑》(第9辑),1963年。
⑥ 王光谦编:《东华续录》"光绪"一百三十四,第18页。
⑦ 朱之洪等修、向楚等纂:《巴县志·交涉》,第51页。
⑧ 朱之洪等修、向楚等纂:《巴县志·交涉》,记设领时间为1896年6月。此据《重庆海关1892—1901年十年调查报告》。

1904年，德国领事馆设于重庆。清朝外务部称："本年（1904年——作者注）八月十七日，准德国穆使照称，现拟在重庆设立领事署，办理四川本国交涉事宜。拟派官二员，一系副领事卜思，一系副领事米雷尔。该二员中，派卜思时常须住成都，遇事随时商议，其米雷尔在重庆经理日行公事。"①

　　在渝各国领事组成的领事团，与清朝重庆政府勾结密切。在半殖民地半封建的中国，外国领事并非正常的驻外代表，而是各国侵略政策的执行人。外国领事馆是以办外交为名义的侵略机构，代表本国帝国主义的利益勾结清王朝，大干侵华勾当。1898年元旦，"各领事公寓，皆悬旗张宴，以庆令辰。关道（川东道兼重庆海关监督——作者注）于是日偕印委各员，盛服往贺，以示辑睦外交之意，西员均礼以酒馔，其情谊极为和洽"②。在义和团运动中，他们又勾结起来，与人民为敌。1900年6月27日，在渝的"欧洲人闻说道台准备离城，更增恐惧。法国领事闻讯后，派人持名帖请道台暂缓离城，等候一件重要公函。领事团会商，决定送去联名公函，希望道台鉴查当地动荡情况，谨守职位。同时他们电请四川总督命令道台不得擅离。总兵、知府和知县都尽他们的力量维持治安，准备一遇足致危险的举动，立即施行武力镇压"。知县突袭了一个秘密会门的集会，"使中国富户感到稍减忧愁的庆幸，而且振起了对官方有力量制止扰乱的信任"③。这是清政权半殖民地化的明显例证。

　　同时，各领事还要求本国政府以军事力量镇压中国人民反帝革命斗争。1900年，北方义和团运动风起云涌，四川反洋教斗争方兴未艾。英国驻渝领事傅磊斯（H. Fraser）要求本国政府调集炮艇前往重庆。为此，英国首相沙士伯雷在1900年7月5日要驻上海英领事转告傅磊斯："陛下政府允准他扣留轮船备用。十月以前是无法开去炮艇的。"④此时英商船"先行"号正在重庆。8月2日，它接外务部电令，要它负责撤离英国侨民。8月3日，在渝的外国人，天主教所有教士，日本领事，海关洋员，均登上"先行"号，撤离重庆。8月26日，"'先行'号由宜昌返抵重庆，载回英国领事和海关洋员，由英国兵舰'怒气'号（Pique）遣派海军一队随带机关枪一挺护送"⑤。其后，"先行"号被英国政府改装成为"金沙"（Kinsha）兵舰，专门游弋长江上游，镇压中国人民反帝斗争。在四川保路运动中，英国驻重庆领事还发表文告，蛮横干涉中国人民的革命斗争。

---

　　① 《四川官报》1904年第29册"公牍"第5页。另据《川江航运史稿·年表》称：1904年德设领事馆于重庆，领事为米罗（Muller）。
　　② 《渝报》光绪二十三年第8册，第19页。
　　③ ［英］华特生著，李孝同译：《重庆海关1892—1901年十年调查报告》，《四川文史资料选辑》（第9辑），1963年。
　　④ 《历史研究》1962年第5期，第142页。
　　⑤ ［英］华特生著，李孝同译：《重庆海关1892—1901年十年调查报告》，《四川文史资料选辑》（第9辑），1963年。

二 租界和租借地的设立——第一次在四川建立起"国中之国"

1896年2月,日本驻上海总领事珍田舍已到达重庆,"意在取得地段作为日本租界"[①]。当时,川东道黎庶昌"病情恍惚",因此,当风闻珍田舍将来重庆时,川督鹿传霖即奏请当时已任建昌道的张华奎接署川东道,"以便妥协日本通商事宜"[②]。谈判一开始,珍田舍已"别索江北厅地,华奎以非原约拒之。舍已复争场界管辖权,并援各国城居之例,华奎于人数、行栈坚持以限制,而城内制洋货、川江行轮船阻之尤力。其论行轮船也。川江峡曲而滩长流急,重轮下滩,惟中流一线路,民船上滩依岸行,故无碍。轮上滩必中流行,若遇民船下滩,峡曲则不及见,滩长则不及退,流急则不及避,触沉民船溺中国人,当奈何?曰:'人马五十金。'曰:'触沉轮船溺外国人,当奈何?'舍已语塞。"[③]但在这年四月,"中日两国委员业经协定",就"在重庆日本租界地基"等事订立了合同。1896年10月19日(阴历九月十三),为具体执行《马关条约》,中日双方签订了《中日通商公立文凭》。其中对租界问题所做的规定是:"添设通商口岸,专为日本商民妥定租界,其管理道路以及稽查地面之权,专属领事。"[④] 据此,日本有了在渝取得租界的法律依据。又经过几年谈判,1901年9月24日(阴历八月十二)日本驻渝领事川畸桂和川东道宝棻在重庆订立了《重庆日本商民专界约书》(简称《专界约书》)[⑤]。

《专界约书》的主要内容有:

(一)在重庆府城朝天门外南岸王家沱,设立日本专管租界。

(二)租界内警察之权,管辖道路之权及其余界内一切施政事宜,悉归日本领事馆管理。

(三)租界内所有地基,由中国地方官向地主收买,照章交于日本商民永远承租。

(四)界内修码头后,凡在码头停泊,揽载界内货物船只,由日本领事馆随时酌定章程,每次应捐若干,以充租界公费。

(五)租界内的土地,只准日本人民承租执业;华人在租界内,只准居住营业,不能在界内租地。

(六)倘有未经派驻领事之外国人民、日本人民及其他外国人民起诉中国人民所为不法等情,或有中国人民在界内违犯章程,中国地方官所派官员与日

[①] [英] 华特生著,李孝同译:《重庆海关1892—1901年十年调查报告》,《四川文史资料选辑》(第9辑),1963年。
[②] 朱之洪等修、向楚等纂:《巴县志·交涉》,第21页。
[③] 朱之洪等修、向楚等纂:《巴县志·交涉》,第20~21页。
[④] 王彦威纂辑:《清季外交史料》第一二三卷,15页。
[⑤] 王铁崖编:《中外旧约章汇编》第二册,第1~5页。

本领事馆所派官员，会同审判。倘中国审判官定谳或有不符，应由日本领事官照会重庆关监督复审。

（七）现时及将来至重庆城内外中国相待最优之国民所享受一切优例，即应豁免利益，日本商民亦自一律享受，嗣后别国租界施设事宜，倘另有优处，日本租界亦须一体均沾。

根据这一不平等条约，日本在重庆南岸王家沱设立了租界，占地面积达143,080坪（坪，日本的土地面积单位，1坪=3.305平方米——作者注）

从1902年起，日本商民陆续前来承租土地，先后有有邻公司、大阪洋行、又新丝厂、武林洋行、日本军舰集会所、日清公司设立其间。[①] 日本侵略者以后来者居上的嚣张气焰，利用中日甲午战争胜利者的淫威，捷足先登，成为在四川取得租界权利的第一个帝国主义国家，在重庆王家沱建立了一个拥有全权的侵略大本营，一个"国中之国"。这不能不是二十世纪初，帝国主义对四川侵略加紧，中华民族危机加深的一个重要标志。

不仅如此，帝国主义还在重庆城内强索租借地来加强其侵略势力。重庆开埠后，清政府专门划出通远门内的一个地区作为外国使馆区，名为领事巷。在它后面有一片高地叫打枪坝，原本是清朝驻渝军队的操场，间或在内举行实弹射击。此地雄踞市区，俯瞰长江，军事地位十分重要，帝国主义早已图谋夺取。1902年，"偶一操演，便已啧有烦言"。在各国领事的怂恿下，1903年12月，由重庆关英籍税务司华特森（W, C. H. Watson）出面，"请开放此地为税关建设"。川督锡良当即札令川东道贺元彬，会同华特森商议办理。1904年1月15日（光绪二十九年十一月二十八日），经重庆镇章高元、中营游击翁焕章、左营游击赵国士、右营都司陈步云等与税务司谈判，由贺元彬与华特森订立了《永租打枪坝约》。它规定：这片地方以每年二百两的租金永远租给重庆海关，"以作中国将来历任税务司公所"，允其自行建造，中国不得干涉。[②]

这是继王家沱租界以后的又一起严重侵犯中国主权的事件。因为，税务司一职从来都为洋人窃居。从清朝官制上讲，它是中国政府的雇员，受关监督领导。但事实上，从中央到地方，税务司都操纵了关务大权，成为太上皇，他们是帝国主义列强的代理人。因此，华特森的这一举动，代表了各国的利益。而"永租"后的打枪坝实际上也为各国所共有了。

在相当长的时间里，不少同志都误将《永租打枪坝约》说成是各国驻重庆领事和清政府所订立的，这是需要澄清的。

---

① 朱之洪等修、向楚等纂：《巴县志·交涉》，第26~28页。
② 朱之洪等修、向楚等纂：《巴县志·交涉》，第45~46页。

三　重庆海关

中国半殖民地海关的创立、巩固和发展的过程，与中国社会半殖民地化加速和加深的过程是一致的。鸦片战争后，资本主义国家逐步控制了中国海关。以1853年英、美、法驻沪领事利用小刀会起义夺取上海关行政权为标志，建立起了半殖民地性质的海关制度；1858年《天津条约》附约正式规定，"邀请"外国人"帮办"税务，由英国人独操中国海关大权，全国性的半殖民地海关制度由此确立。1860年《北京条约》后，中国海关总税务司成立，总税务司直属总理衙门。其后，半殖民地海关制度在维护外国资产阶级和中国封建主义利益的基础上逐步巩固。十九世纪70—90年代，随着资本主义向帝国主义过渡，海关在中国财政、经济、邮政、军事，尤其是外交领域中的疯狂活动，为帝国主义侵略势力开辟了广阔的道路，加速了中国的半殖民化，加深了中华民族危机。重庆海关的建立，正是半殖民地海关疯狂扩张的结果。[①]

（一）重庆海关设立的经过

在重庆开埠前，"川省向无通商口岸，于征收支发一切章程，均未熟悉"。清朝四川地方政府中"亦少谙习商务之员"。重庆开埠，海关的建立势在必行。四川地方官员必须得有所依据，始可仿照核办，以定章程。因此，川督刘秉璋"咨请总理衙门并江浙湖北各督抚"，"钞宁波、江汉、宜昌等关开办章程咨川以凭仿照办理"，制订重庆海关章程。鉴于惯例，改川东道为海关道，以川东道台为关监督，因此在章程订妥之前，请"先铸四川重庆关监督关防一颗咨发来川"，以便届时转发应用"[②]。

随后总税务司赫德任命英人霍伯森（又译好博逊，H. E. Hobson）为重庆关税务司，并于1890年底或1891年初到重庆[③]，首先与川东道兼重庆关监督张华奎勘选关址。因这一时期重庆"民教滋事"，选址工作受到阻延。李鸿章为此转告霍伯森，"但便商民，勿泥成见"，并告诫张华奎"开关自互换日为始，经奉谕旨，并载约章，断难商缓。民教滋事，乃地方官之责，该道不得因暂行署理，借词延宕"，并要他"放胆做去，早报开关"[④]。后来双方勘定南岸王家沱为关地，"因该处无房

[①] 参见陈诗启：《中国近代海关总述之一、之二》，载《厦门大学学报》1980年，1、2期；《论中国海关行政的几个特点》，《历史研究》1980年第5期。
[②] 王先谦编：《东华续录》"光绪"一百，第1页。
[③] 据《巴县志》第十六卷"交涉"，第20页，有"王家沱关地现饬总税务司电告好税务司"一语，时间是1891年1月（光绪十六年12月18日）。可见霍伯森来渝时间应为1890年底或1891年初。
[④] 朱之洪等修、向楚等纂：《巴县志·交涉》，第20、21页。

屋可租，暂于狮子湾停泊，租寓开关"①。

霍伯森又与张华奎"体查川江情形，仿照宜昌关一切章程，并按总税务司议章二十条量为删改"②，订成《重庆新关试办章程（十条）》和《重庆新关船只来往宜昌、重庆通商试办章程（二十条）》。前者对洋商雇佣华船或自备船只，在重庆港的停泊地、起下货时间、船旗、进出港手续、沿江通行、洋货进入内地以及重庆关办公时间做出了具体的规定。后者由船只、货物、征税、停泊四个章程组成，分别对英商雇佣华船、英商自备华式之船、上下江的货物运输、征税、船只停泊等做出了具体规定。③

1891年3月1日（光绪十七年正月二十一日）重庆海关正式开关。帝国主义开办和夺取重庆海关的活动，理所当然地引起了重庆和川东人民的强烈抗议。

（二）重庆海关的机构和管理范围

外关：在城外设卡子房一所，南岸狮子山设囤船验关，唐家沱设分卡。

内关：税务司一员为总管，下设供事六人，文案一人，司书一人，录事五人。邮局包裹房供事一人，稽查员二人（后改为监察长，其职务为管理外关一切事务，并兼港务长办理港务）。后又设巡江司（管理关于港务的发展，辅助救援等事项）和理船厅（管理港务）。

地理上的管理范围是：长江上游从南岸黄桷渡土地庙和北岸的城墙西端起，下游从南岸的峭角沱铁厂起和北岸的安溪石桥止，全长4.8公里，嘉陵江从江口上溯1.6公里为止，长1.6公里。④

据规定，关监督一职向由川东道兼任，首任监督为张华奎，其后为黎庶昌、赖鹤年、任锡汾、夏时、宝棻、贺元彬、冯金鉴、贺伦夔、张铎、鄂芳、吴佐、陈遹声、方旭、朱有基充任此职。税务司一职，向由总税务司派定，首任霍伯森，其后有华特森、施特劳奇（E. Von-Strauch）、克鲁滨（J. Klubien）、麦凯隆（Macallum）任代理税务司（皆为英人）。记录助理员克勒麦（Kremer）和悉博德（Siebold），邮务司特维迪（Tweedie），海关职员薛艾特（Mr. E. T. Schjoth），长江上游水道监督毕特铿船长（Captain. W. G. Pitcairn），河道监督埃弗勒斯特（R. G. Everest）等洋人皆在其中工作过⑤。1927年，税务司一职始授华人，由李贵荣担任。

重庆关监督公署，初设于朝天门内糖帮公所。1905年迁至太平门顺城街。民

---

① 朱之洪等修、向楚等纂：《巴县志·交涉》，第20、21页。
② 王先谦编：《东华续录》"光绪"一百二，第19页。
③ 蔡乃煌纂辑：《约章分类辑要》第十八卷（中），第21~26页。
④ 朱之洪等修、向楚等纂：《巴县志·交涉》，第19页。
⑤ [英] 华特生著，李孝同译：《重庆海关1892—1901年十年调查报告》，《四川文史资料选辑》（第9辑），1963年。

国以后，机构、职责及关址都有变动。①

（三）重庆海关的活动

海关本为代表本国政府征收关税，监督管理通过国境的货物，以及查禁走私的国家行政管理机构。然而，旧中国的半殖民地海关，用赫德的话来说，"虽然叫作海关，但是它的范围是广泛的，它确实是一个改革所有海关分支机构行政管理和改进一切帝国行业的应有的核心组织"②。重庆海关就是这样一个组织。

（1）税务司架空海关监督，夺取行政管理权。

海关的负责人是清政府委派的海关监督，而作为清政府雇员的税务司是海关监督的从属人员，本来是十分明确的，然而通过赫德的阴谋活动，整体的海关职权被分割了。行政管理和征收关税这两项主要职能，由税务司执行。而关监督只有登录和设置档案的权利，形同虚设。重庆关税务司长期为英人把持，他们毫无例外地根据这一规定，行使其半殖民地海关职权。

（2）海关洋员和清朝重庆政府相互勾结，直接侵夺中国主权，参与镇压革命。

重庆海关出面与中国订立《永租打枪坝约》就是其侵夺中国领土主权的明证。在义和团运动时期，海关勾结清王朝反对中国人民反帝斗争，就是干涉中国内政，与人民为敌的明证。

（3）挪用关税偿赔款，付洋债。

关税是一种可靠的税源。因此，凡是与中国发生赔款和借款的帝国主义，大多以海关税作为抵押，并以海关作为担保机关。1896 年清政府为偿还英德、俄法两项借款，指定各海关在"洋税、洋药税厘项下摊拨"款项。重庆关摊派 12 万两。③ 而重庆关当年税收才 314,845.555 海关两，其中还包括鸦片烟税款，如此项收入不计算在内，只有关税 153,599.055 两④，赔款数约占 78%，英德一项就摊派 8 万两，占三分之二。中国的财政收入就这样经帝国主义代理人倾江倒海地流入了帝国主义的腰包。

（4）无孔不入地收集重庆、四川以至西南地区的政治、经济、社会、文化情报，为帝国主义进一步侵略出谋划策。

重庆海关的外籍职员在收集情报方面，可谓煞费苦心，无孔不入，成效"卓著"。其范围之广泛，内容之详尽，地域之宽广，达到令人难以置信的程度。他们除按月、季、年向总税务司报告贸易情况外，还每十年做一次综合报告。我们仅从标题上即可窥视大概：鸦片贸易、人口、科举及教育、地势出产、民船、本国银行

---

① 《广益丛报》光绪三十一年第 23 期；朱之洪等修、向楚等纂：《巴县志》第十二、十六卷。
② 1885 年 8 月 15 日，《总税务司通札》（第二类）第 317 号，引自《厦门大学学报》1980 年第 1 期，第 145 页。
③ 王彦威纂辑：《清季外交史料》第一二二卷，第 16~17 页。
④ ［英］华特生著，李孝同译：《重庆海关 1892—1901 年十年调查报告》，《四川文史资料选辑》（第 9 辑），1963 年。

钱庄、大帮信局、教会、会馆、贸易及航业、税收、金融及财政、人口、河道港口和灯塔、邮局和电报、行政、谘议局、司法及警察监狱、农业、矿山与矿产、制造业、市政及卫生改进、医院、物价、工资、灾荒、陆军和海军改革、铁路、省议会。这些报告是帝国主义侵略重庆的罪恶记录，同时也是我们研究那一时代中国饱受列强凌辱的重要资料。

（5）港务本非海关所管辖，然而自总税务司署设置海务股以后，各地口岸亦建立了理船厅，夺得了管理港务权，重庆也不例外。①

（四）重庆海关的扩张

万县是下川东门户。1891年重庆开关之初，英国就看中了这个地方。重庆关英籍税务司霍伯森向赫德报告："除重庆外，川东的重要商业城市首数万县。万县除了本地相当大的商业可以自豪外，县城控着大江和通到四川西部的各重要陆路。"② 流露出控制万县以扼长江并由此侵略川西的强烈欲望。1902年通过订立《中英续议通商行船条约》英国强迫中国增开万县为通商口岸③。将川东门户万县划归重庆海关管辖。"1917年3月16日重庆海关在万县设立分关"，首任代办税务司英人阿斯克尔（Asker）④。万县成了帝国主义侵略四川的又一重要基地。

重庆开埠后，帝国主义分子接踵而来，不断提出侵略要求。曾任过英国驻重庆领事的烈顿（Litton）深入四川北部做了一次"旅行"。他向英国政府报告说：四川内地"也许是世界上最有前途的未开发商业区域"，并极力怂恿英国政府赶快提出开放成都的要求。1898年5月27日，英国首相沙士伯雷训令驻华公使窦纳乐："在将来对清政府交涉中必须提出开放成都问题。"⑤ 法国也竭力要求成都开埠，1906年10月19日，"法商请在四川成都开埠，外务部不许，咨请川督锡良拒之"。真是中国人民的血汗有尽，帝国主义的欲壑难填。

四　川江航权的丧失

1890年的《烟台条约续增专条》以重庆开为通商口岸和十二万两银子的高昂代价，阻止了英国轮船进入川江。清政府满以为可以'十年无事"，但是一纸条约并不能阻止帝国主义对中国的侵略，三峡天险也无法抵挡帝国主义的利炮坚船。五年以后，日本帝国主义乘其兵威，不由分说地迫使清朝政府最终交出了川江航权。

---

① 朱之洪等修、向楚等纂：《巴县志·重庆开埠案》，第19~21页。
② 《重庆海关1891年调查报告》。
③ 王铁崖：《中外约章汇编》，第29页。
④ ［英］阿斯克尔著，李孝同译：《万县分关1917—1921年调查报告》，《四川文史资料选辑》（第12辑），1964年。
⑤ 《蓝皮书》中国卷一，引自《历史研究》1962年第5期，第138页。

而根据《马关条约》的规定，第一个入侵川江的仍然是那个侵略中国西南部的急先锋，臭名昭著的立德乐。

对于川江航权的丧失，已有不少研究者在自己的文章做过专门论述①。

川江，是当时帝国主义入侵四川的必由之路。1890年《烟台条约续增专条》规定，英商可自备华船或雇佣华船，挂外国旗进入川江，上驶重庆。享有与轮船在其他口岸和水域同等的权益。这表明川江航权已开始丧失。1891年5月12日，英商太古洋行以民船装载黄丝、白蜡出口，是为出口第一号挂旗船；同月26日，英商立德乐洋行也以民船装载火油、海带进口，是为进口第一号挂旗船。②

从1891年到1898年第一艘洋轮入侵川江的这段时间，帝国主义在川江上的侵略活动，主要是通过挂旗船和民船争利来进行的。1891年重庆开关以后，大约与英商太古洋行、怡和洋行来渝设行的同时，清朝的轮船招商局也在重庆成立了分局。③ 由于洋货涌入，进出口贸易的入超，重庆商帮的下水客货就成了争夺的对象。而怡和、太古两洋行对商帮"事多迁就"，如"先出货后付水脚"，失落货物在无保险的情况下，"亦愿分年扣还"和水脚折扣等优待，"所以各帮乐为招徕，商货趋之若鹜"。而招商局"必先收水脚，货乃得出；如失落货物，又不认赔"，致使"相形见绌"。同时，怡和、太古、公泰、立德乐四家洋行又大做挂旗买卖。中国船"挂洋旗给（外国公司）银五两"就可以与洋货一样享受免交厘金的优待，而太古洋行又暗中减折，只须银二两五钱即可。在这些挂旗船的侵夺下，中国"关捐寥落，商务权利悉入西人掌握"。轮船招商局帮办郑观应无限感慨地说："此有心人所痛哭流涕者也。"④

《马关条约》关于日本轮船可以从宜昌溯长江以至四川重庆的规定，使中国从法律上进一步丧失了川江轮船航行权。1898年3月9日，立德乐自任船长，带领他的七吨小轮船"利川"（Leechuan）号由宜昌试航川江，到达重庆。⑤ 该轮船虽因太小而不能运货，只能在重庆江面拖带小船，转运货物，但它的试航成功却大大鼓舞了帝国主义进一步夺取川江轮船航权的狂热情绪。

1899年5月7日，英国为了威胁四川人民反帝斗争和开辟川江航运，派遣炮艇"山鸡"号（Woodcock）（船长魏森）和"山莺"号（Woodlarf）闯至重庆江面，泊于南岸海关趸船，"受到中国水师船队礼炮欢迎"，开外国军舰侵入川江的

---

① 邓少琴：《川江航运史》，连载《西南实业通讯》；聂宝璋：《川江航权是怎样丧失的？》，载《历史研究》1962年第5期；彭朝贵：《英商立德乐在四川的罪恶活动》，中国人民政治协商会议四川省委员会、四川省省志编辑委员会：《四川文史资料选辑》（第25辑）。
② 邓少琴：《川江航运史稿·年表》。挂旗船指洋商租用的民船。
③ 邓少琴：《川江航运史稿·年表》。
④ 郑观应于1893年5月6日"西巡长江"，到达重庆。以上材料均见郑观应根据此行所见所闻而写成的《长江日记》，该日记存于盛宣怀档案中。笔者转引自夏东元所著《郑观应传》一书和《郑观应两游重庆》一文（《历史知识》1981年第4期）。
⑤ 《西南实业通讯》第6卷第2期，第23页。

先例①。

6月20日,英商专门经营轮船航行川江的公司——溥安公司(Yangtie、Trading Co. Ltd)特别购置的一艘商轮"先行"号(Pioneer,又译肇通)(载重310吨,马力一千匹),到达重庆。它在叶滩将两只中国木船撞翻,淹死二名中国人。首开了外国轮船在川江上横冲直撞、谋财害命的血腥记录。带领这次试航的,除立德乐外,还有后来在侵夺川江航权上横行一时的英国流氓普南田(S. C. Plant)。②

1900年,德国瑞记洋行特制的"瑞祥"号(Suihsiang)(载重358吨)商轮接踵而来。12月27日由宜昌开出,但甫行40公里,至崆岭滩触礁沉没。是为川江淹没的第一艘外国轮船。

这一年,立德乐又纠合四川的官僚买办商人在重庆组织"岷江轮船公司",计划专门行驶重庆以上川江,直达成都。并在上海购有载重200吨、时速9.2公里、吃水1.2米的暗车式小轮。后因义和团运动发生而未能得逞。③

1901年8月,英国炮艇"山鸡"号更驶至叙府和嘉定江面。11月,法国炮艇"奥立"号(Oly)也到重庆威胁四川义和团运动。另有法舰"大江"号(Tahsiang)"阿纳利"号(Oery)来川④。

1901年—1902年,德国美最时洋行和日本大阪轮船公司先后在重庆开设行栈,雇用木船运货⑤。

1902年,法兵舰第一次测量川江险滩⑥。日清汽船会社(Nisshin Kisen Kaisha)设立于重庆⑦。

1903年6月,法舰"阿纳利"号上驶叙府,于南溪附近锅炉爆裂⑧。

1904年,英在长江的兵舰有六艘,重庆占三艘;法国也有一艘兵舰驻重庆⑨。

1905年4月,英国兵舰"威进"号抵渝⑩。

1907年,德国兵舰"华特兰"(Vater Land)号入川⑪。英国水师提督入川

---

① 《川江航运史稿·年表》称:两兵舰1900年抵渝。笔者采用的是《重庆海关1892—1901年十年调查报告》记载的时间。

② [英]华特生著,李孝同译:《重庆海关1892—1901年十年调查报告》,《四川文史资料选辑》(第9辑),1963年。

③ 《东西商报》商五十七,光绪二十六年,第11页。转引自《历史研究》1962年第5期,第142页。

④ 邓少琴:《川江航运史稿·年表》(未刊稿)。

⑤ 《关册·重庆口》光绪二十六年下卷,第16页。转引自《历史研究》1962年第5期,第143页。

⑥ 邓少琴:《川江航运史稿·年表》(未刊稿)。

⑦ [美]施特劳奇著,李孝同译:《重庆海关1902—1911年十年调查报告》,《四川文史资料选辑》(第11辑),1964年。

⑧ 邓少琴:《川江航运史稿·年表》(未刊稿)。

⑨ 胡昭曦:《从甲午战争到辛亥革命时期帝国主义对四川的经济侵略》,《历史教学》1961年第11、12期合刊,第18页。

⑩ 邓少琴:《川江航运史稿·年表》(未刊稿)。

⑪ 邓少琴:《川江航运史稿·年表》(未刊稿)。

游历①。

1909年,法国兵舰"都大"(Doudart)号入川。② 是年,英国军舰停泊嘉定城外数日不走,强词夺理:"英国师船,别无他意,或因捕盗驻入中国。""每年兵舰皆来嘉定等处游弋……彼(川督赵尔巽——作者注)无权解决。"③

1910年,日本军舰"优见"号入川。法舰第二次测量宜渝水道。④

帝国主义以兵舰为先锋,用武力为其商轮开路。1909年,据《四川通省外国官员商民统计表》,在重庆江面停泊的各国军舰如下表:

国　名	舰数(艘)	舰　名	舰上人数(人)
英　国	3	"威进""武克""武喇"(钢甲舰)	101
法　国	1	"阿纳"(铁甲舰)	23
德　国	1	"协脱"(铁甲舰)	22
合　计	5		146

1911年,美国华孚煤油公司有油船拖轮"美滩""美沪""美川"运煤油入川推销。其后,英国亚细亚火油公司有油船"真光""明光""蜀光""安南"等船驶入四川⑤。

从以上情况可以看出一个明显的事实:侵入川江的商业性船只,只有1899年的"先行"号和1911年的一些油船,而大量的是外国兵舰。很显然,它们不是这二十年间洋货入川的重要承运者。因此,1890—1911年的二十年间,帝国主义夺取川江航权的罪恶活动,只是为后来各国商船纷纷闯入川江铺平道路。而当时所起的作用,旨在以其军事力量威胁川鄂两省中国官民,保证其在川江上的商业利益。

那么,二十年来入川洋货的主要承运者是谁呢?那就是《烟台条约续增专条》所规定的"挂旗船"和民船。外国在渝的洋行、公司、工厂几乎无一例外地以"挂旗船"在川江上运输。此外,德国麦尔斯洋行(MeLchers)(1902年)也曾用"挂旗船"来渝⑥。前面提到的德资美最时洋行和日本大阪轮船公司,在渝设行后,也只得雇用木船运货。

1891—1901年进出重庆港的"挂旗船"只数和吨数消长如下表:

---

① 邓少琴:《川江航运史稿·年表》(未刊稿)。
② 邓少琴:《川江航运史稿·年表》(未刊稿)。
③ 胡昭曦:《从甲午战争到辛亥革命时期帝国主义对四川的经济侵略》,《历史教学》1961年第11、12期合刊,第18页。
④ 邓少琴:《川江航运史稿·年表》(未刊稿)。
⑤ 重庆港务局辑:《川江航运发展史参考资料》。
⑥ 邓少琴:《川江航运史稿·年表》(未刊稿)。

年　份	只数（艘）	吨位（吨）
1891	607	81,318
1892	1,879	43,294
1893	1,761	39,817
1894	1,993	47,079
1895	2,117	54,118
1896	2,058	52,614
1897	2,211	68,444
1898	2,115	65,175
1899	2,908	100,887
1900	2,681	84,862
1901	2,420	75,444

注：（一）该表采自《四川经济参考资料》，原名《川江民船轮运逐年消长表》，但在这几年中，并无轮运数字，故只列民船，经与《重庆海关一八九二——一九〇一年十年调查报告》核对，一八九〇——一九〇一年的数字，系"洋商租用的民船"（即"挂旗船"）抵埠和离埠的只数和吨数。故将原表更名如上。

（二）一八九一年因三月才成立海关，只有六〇七艘挂旗船进出港是合乎情理的。但总吨数达八一，三一八吨，则有些不可思议。因为大量材料表明，直到清末，川江航行木船的平均吨位都没有超过五十吨，而这里记载的平均吨位却高达一三四吨，很显然，这个数字是不可靠的。为了保持此表的完整，仍一并照录，以供参考。

五　经济侵略势力向全川渗透

《烟台条约》签订以后，英国就根据条约"派员驻渝查看英商事务"，积极收集重庆乃至全川的经济情报。因此，重庆开埠后，英国就很快地占领了重庆市场，居于霸主的地位。美国也接踵而来，但其势力还远逊于英国。通过《马关条约》，日本获取了极大的侵略权益，其他列强也利益均沾。然而，他们毕竟是后来者，对四川市场了解不多。因此，他们首先派来重庆的就是商业考察团，为其扩展经济侵略做准备。

1896年1月，由日本农务部官员、商业专科学校校长，轮船公司代表、新闻记者、商人组成的日本商业考察团"访问"重庆，详细调查票号，当铺和当铺利率、大帮信局、度量衡、运费、银钱兑换、地价和工资、火柴制造以及日货市场等经济情报。

3月，由法国商会代表、蚕丝专家、采矿工程师以及各方人士组成的"法国里昂开发中国商业考察团"（La Mission Lyonnaise d'Exploration Commerciale en

Chine），经由成都、贵阳两处，到达重庆。"整个夏季在全省考察，再在打箭炉聚齐，于秋间回抵重庆"。

英国也不示弱。三四月间，"经英政府特派前往各通商口岸调查英商贸易情况"的英国驻广州总领事白瑞兰（Byron Brenan）"访问"了重庆。12月，又由英国领事署职员波恩（F. S. A. Bourne）率领的由纺织专家组成的"布拉克博恩考察团"（The Blackburn Mission）"访问"重庆，"不懈地收集情报"①。

伴随这些"访问"活动的，是更大规模的经济侵略。

（一）开设洋行等商业机构——商品输出的开始

外国侵略者为了便利倾销商品，掠夺原料，开设了诸如洋行、公司、药房、酒店一类的机构。据不完全统计，1890—1911年间，各国先后在重庆设立的这一类机构有以下一些。

1890年	［英］立德（乐）洋行设于重庆下陕西街。经营进出口贸易、航运、煤矿，垄断重庆猪鬃经营。起初，雇用中国人陈锦颜、卢序东、阎春荪、周云浦为买办。一九〇四年结束②。
1891年	［英］太古洋行经营航运、保险、进出口业务③。
	［英］怡和洋行经营航业，进出口业务④。
1892年	［英］重庆有限转运公司，英商立德乐设立⑤。
1893年	［英］利川保险公司，英商立德乐开设"专保旗船货物"⑥。
1894年	［法］昪新洋行⑦。
	［美］大美药房⑧。
1895年以前	［美］利泰洋行⑨、永丰洋行⑩。
1897年	［德］义昌洋行⑪。
1899年	［美］美孚油（洋）行⑫。

---

① ［英］华特生著，李孝同译：《重庆海关1892—1901年十年调查报告》，《四川文史资料选辑》（第9辑），1963年。
② 《重庆文史资料选集》第三辑，第55页。
③ 《四川省对外关系统计》，民国二年版。
④ 《四川省对外关系统计》，民国二年版。
⑤ 邓少琴：《川江航运史稿·年表》（未刊稿）。
⑥ 《关册·重庆口》，光绪十九年，第50页，引自《历史研究》1962年第5期，第137页。
⑦ 《四川省对外关系统计》，民国二年版。
⑧ 《四川省对外关系统计》，民国二年版。
⑨ 朱之洪等修、向楚等纂：《巴县志》第十六卷，第20页。
⑩ 朱之洪等修、向楚等纂：《巴县志》第十六卷，第20页。
⑪ 《四川省对外关系统计》，民国二年版。
⑫ 邓少琴：《川江航运史稿·年表》（未刊稿）。

1900年　［英］隆茂洋行①。

1901年　［德］亚诺洋行（Messros Arnhold Karberg. d. co）②。

1901年以前　［英］重庆贸易公司③。

　　　　　　［法］柯芬立洋行④。

　　　　　　［德］瑞记洋行⑤。

1901—1902　［德］美最时洋行⑥。

　　　　　　［日］大阪轮船公司⑦。

1902　［日］日清汽船会社⑧。

　　　［德］礼和洋行⑨。

　　　［日］大阪洋行⑩。

　　　［日］太和洋行⑪。

　　　［日］大利洋行⑫、友邻火柴公司⑬。

1903　［德］惠利洋行⑭。

　　　［英］卜内门洋碱公司⑮。

　　　［英］保家水险公司⑯。

---

① 《四川省对外关系统计》，民国二年版。据中国民主建国会重庆市工商业联合会编：《重庆工商史料选辑》（第三辑），第61页，1905年该行在重庆正式挂起招牌，继立德乐洋行之后，垄断重庆猪鬃经营，以立德乐的帮办聂忠省为大班，英人施坡伦、白耳理为帮办。1926年结束。

② 邓少琴：《川江航运史稿·年表》（未刊稿）。

③ ［英］华特生著，李孝同译：《重庆海关1892—1901年十年调查报告》，《四川文史资料选辑》（第9辑），1963年。另据《远东经济发展中的外国企业》，载汪敬虞编《中国近代工业史资料》第2辑（上）第319页："后来（1896年），立德乐的洋行重庆贸易公司在重庆设立了一个整理猪鬃的工厂"，看来"立德洋行"可能就是"重庆贸易公司"。

④ ［英］华特生著，李孝同译：《重庆海关1892—1901年十年调查报告》，《四川文史资料选辑》（第9辑），1963年。另据《远东经济发展中的外国企业》，载汪敬虞编《中国近代工业史资料》第2辑（上）第319页："后来（1896年），立德乐的洋行重庆贸易公司在重庆设立了一个整理猪鬃的工厂"，看来"立德洋行"可能就是"重庆贸易公司"。

⑤ ［英］华特生著，李孝同译：《重庆海关1892—1901年十年调查报告》，《四川文史资料选辑》（第9辑），1963年。另据《远东经济发展中的外国企业》，载汪敬虞编《中国近代工业史资料》第2辑（上）第319页："后来（1896年），立德乐的洋行重庆贸易公司在重庆设立了一个整理猪鬃的工厂"，看来"立德洋行"可能就是"重庆贸易公司"。

⑥ 《历史研究》1962年第5期，第143页。

⑦ 《历史研究》1962年第5期，第143页。

⑧ ［美］施特劳奇著，李孝同译：《重庆海关1902—1911年十年调查报告》，《四川文史资料选辑》（第11辑），1964年。

⑨ 《四川省对外关系统计》，民国二年版。

⑩ 《四川省对外关系统计》，民国二年版。

⑪ 《四川省对外关系统计》，民国二年版。

⑫ 《四川省对外关系统计》，民国二年版。

⑬ 汪敬虞等编：《中国近代工业史资料》第2辑（下），第1127页。

⑭ 《四川省对外关系统计》，民国二年版。

⑮ 《四川省对外关系统计》，民国二年版。

⑯ 《四川省对外关系统计》，民国二年版。

	[日] 新利洋行①、东华公司②。
1904	[法] 利源洋行③。
	[德] 元亨洋行④。
	[英] 美英纸烟公司⑤。
1905	[德] 瑞记洋行⑥、谦信洋行⑦。
1906	[英] 英京火险公司（由英商隆茂洋行经理)⑧、永年人寿保险公司⑨。
	[英] 永明人寿保险公司⑩、英京伦敦李白洋行⑪。
	[日] 福记洋行⑫。
1907	[英] 庆源洋行⑬。
	[日] 若林洋行⑭。
	[日] 聚福洋行⑮。
	[英] 兵轮酒店⑯。
1908年以前	[德] 丰茂洋行⑰。
1909	[德] 宝丰洋行⑱、爱礼洋行⑲。
	[法] 吉利洋行⑳。

---

① 《四川省对外关系统计》，民国二年版。另据《重庆文史资料选辑》（第 3 辑）第 65 页：该厂设于 1909 年，是日本商人宫版和华籍买办陈瑶章勾结的产物，经营山货。

② 《四川省对外关系统计》，民国二年版。

③ 《四川省对外关系统计》，民国二年版。

④ 《四川省对外关系统计》，民国二年版。

⑤ 《四川省对外关系统计》，民国二年版。

⑥ 《四川省对外关系统计》，民国二年版。

⑦ 《四川省对外关系统计》，民国二年版。

⑧ 《广益丛报》光绪三十一年第 32 期。

⑨ 据《广益丛报》光绪三十二年第 15 号所载两公司在渝设立分行分局的广告，以及川东道晓谕百姓，予以保护的告示。《四川省对外关系统计》分别载为 1896 年和 1903 年。

⑩ 据《广益丛报》光绪三十二年第 15 号所载两公司在渝设立分行分局的广告，以及川东道晓谕百姓，予以保护的告示。《四川省对外关系统计》分别载为 1896 年和 1903 年。

⑪ 《广益丛报》光绪三十二年第 24 册 "广告"。

⑫ 《四川省对外关系统计》，民国二年版。

⑬ 《四川省对外关系统计》，民国二年版。

⑭ 《四川省对外关系统计》，民国二年版。

⑮ 《四川省对外关系统计》。另据《重庆文史资料选辑》（第 3 辑）第 75 页：该行建于 1909 年，经营羊皮，股东全是重庆商人。他们勾结日本商人真庚于向日本政府注册为洋行，挂日本旗，冒充日商，每年由聚福给真庚于挂旗费一千二百两。

⑯ 《四川对外关系统计》，民国二年版。

⑰ 中国人民政治协商会议四川省重庆市委员会文史资料研究委员会编：《重庆文史资料选辑》（第 3 辑），第 66 页。

⑱ 《四川对外关系统计》，民国二年版。

⑲ 《四川对外关系统计》，民国二年版。

⑳ 《四川对外关系统计》，民国二年版。

	[美] 胜家缝纫公司①。
	[英] 韦廉士药房②。
1911	[日] 瑞华洋行③。
	[英] 白理洋行，经营山货出口，为英商白耳理串通重庆买办古学渊设立④。

如上表可知，1890—1911 年间，外国先后在重庆设立了洋行、公司、药房、酒店 51 家。据《重庆海关 1902—1911 年十年调查报告》记载，1911 年实际在重庆的这类外国商业机构达 28 家。这些为数众多的洋行、公司虽然设在重庆，但它们或倾销商品，或掠夺原料，将经济侵略的触须伸到了全川，织成了以重庆的洋字号企业为中心的毒蜘蛛网，将四川网进了世界资本主义市场。

（二）工厂的设立——资本输出的开始

最早在重庆设厂的是 1896 年由英商立德乐的重庆贸易公司在重庆南岸设立的猪鬃厂。

1890 年，立德乐洋行建立以后，立德乐为大肆掠夺出口物资，需要扩大经营。于是用买办卢序东的名义，将重庆南岸龙门浩"九湾十八保"连亘数里的地皮用永租方式占为己有，开始修建厂房、仓库和码头。

1891 年，他"从天津招募一批技术工人到四川去试探开辟猪鬃贸易"⑤；"最初毛猪鬃送到口岸上来进行整理"，后来"因生理畅旺，故城内旧有之栈房既小且远，诸多不便，而花费又大，特于本口[重庆]对河南岸，造起西式栈房一座，专为拣送洗扎之所，并在上海延请了熟手工人十余名"⑥，1896 年开始生产。⑦

立德乐认为广东出产的熟猪鬃品质低劣，不合国际市场要求，首先，他在洗房里一律采用津装（即天津装潢式样）；其次，为夺取国际销场，以便获得高额利润，他对熟鬃的规格检验异常严格。因此，立德乐工厂的猪鬃质量大大超过了国际市场标准。津装"鸡牌"猪鬃"在伦敦和纽约都博得善价，立即售出"⑧，"遂尔驰名，争相购定"⑨。立德乐从中获得了大量的利润，工厂规模逐渐扩大。工人由初期的

---

① 《四川对外关系统计》，民国二年版。
② 《四川对外关系统计》，民国二年版。
③ 《四川对外关系统计》，民国二年版。
④ 中国人民政治协商会议四川省重庆市委员会文史资料研究委员编：《重庆文史资料选辑》第 3 辑，第 71 页。
⑤ 彭泽益编：《中国近代手工业史资料》第二卷，第 319 页。
⑥ 彭泽益编：《中国近代手工业史资料》第二卷，第 395 页。
⑦ [英] 华特生著，李孝同译：《重庆海关 1892—1901 年十年调查报告》，《四川文史资料选辑》（第 9 辑），1963 年。
⑧ [英] 华特生著，李孝同译：《重庆海关 1892—1901 年十年调查报告》，《四川文史资料选辑》（第 9 辑），1963 年。
⑨ 彭泽益编：《中国近代手工业史资料》第二卷，第 395 页。

十多人增加到后来的一百多人，熟猪鬃产量由开初的每月二三十斤增加到后来的万余斤，垄断了重庆的猪鬃业。立德乐还拥有几只轮船，在重庆、宜昌等地都建有仓库、码头和厂房。1904年，腰缠万贯、脑满肠肥的立德乐"回国休养"去了。①

立德乐获取的高额利润，为其他侵略分子所垂涎。1903年，重庆已有洋商四家经营此业。②即法商安利、德商宝丰、英商怡和，以及立德乐本厂。③立德乐离去时，将其洋行转让给英商隆茂洋行，而隆茂洋行早已觊觎重庆山货的出口利润，于是欣然承顶，继续垄断重庆猪鬃经营。④

日本也不示弱。1909年成立了新利洋行，洗制猪鬃，与隆茂洋行展开激烈竞争⑤。到1911年为止，重庆共有7家洋商经营此业⑥。

立德乐利用四川土产和廉价劳动力获取了巨额利润，引起了外商的竞争和中国商人贩鬃出口，以致作为工业原料的四川猪鬃出口量迅速增加。1891年经由重庆海关出口的猪鬃568担，价值5,133海关两。经过二十年经营，1911年增至14,477担，价值729,815海关两。分别增长24.4倍和131倍。⑦从此可见四川成为帝国主义的原料供给地情形的一斑。

《马关条约》签订以后，日本就积极准备向重庆地区输出资本。据《渝报》记载："蜀中上半年（1898年）议设纺纱厂（指川东道黎庶昌等人拟在渝设纱厂事——作者注），略有头绪。嗣以峡江运机不易，川省产棉尚稀，遂作罢论。近日武昌官局所出之纱，川市虽已畅销，第货少不敷采办。昨闻日本领事嘉藤君与渝之绅商述及，伊国有制就纺纱锭十万枚，如川商能集股数十万，伊国亦自认其半，同在沙市设厂举办。该埠既通轮舶，鄂省产花又旺，川陕诸商必争往购运，两国均有利益。"⑧

1902年，"日人在王家沱居留地设一火柴公司，制造红头火柴，销售贵州"⑨。

1909年日商新利洋行建立后，"曾串联本地绅商温友松和日本领事馆文案董植安等合伙组织友邻火柴公司"⑩。1911年时，重庆六家火柴厂中，有两家是日商，

---

① 中国人民政治协商会议四川省重庆市委员会文史资料研究委员会编：《重庆文史资料选辑》（第3辑），第61、64页。

② 彭泽益编：《中国近代手工业史资料》第二卷，第395页。

③ 四川大学历史系原藏巴县档案：《英领事韦礼敦致巴县令函》，光绪二十七年三月十五日，附合同。

④ 中国人民政治协商会议四川省重庆市委员会文史资料研究委员会编：《重庆文史资料选辑》（第3辑），第61、64页。

⑤ 中国人民政治协商会议四川省重庆市委员会文史资料研究委员会编：《重庆文史资料选辑》（第3辑），第61、64页。

⑥ [美]施特劳奇著，李孝同译：《重庆海关1902—1911年十年调查报告》，《四川文史资料选辑》（第11辑），1964年。

⑦ 彭泽益编：《中国近代手工业史资料》第二卷，第398页。

⑧ 《渝报》光绪二十四年第14册，第16页。

⑨ 邓少琴：《川江航运史稿·年表》（未刊稿）。另据《东方杂志》1904年第11期"商务"第14页称：1902年中日合资（各2万两）在重庆设立有灿火柴公司。

⑩ 中国人民政治协商会议四川省重庆市委员会文史资料研究委员会编：《重庆文史资料选辑》（第3辑），第68页；据汪敬虞等编：《中国近代工业史资料》第2辑（下）第1127页载：友邻公司建于1902年。

一家是德商。①

清朝末年，在日本租界附近还开设有又新丝厂。它形式上是由日商新利洋行大班宫坂和他的华籍买办陈瑶璋等合办的，而实际上最大股东为日商。全套设备，均来自日本；生产部门的主要负责人均为日人；生产技术、操作流程和一切管理制度，均日本化；全厂的四百多名工人中，绝大多数为女工和童工；共使用日本缫丝车400多部。②

在这些工厂里，中国工人直接受到外国资本家沉重压迫和残酷剥削。立德乐猪鬃厂的劳资合同规定："每日扎毛人须扎成六斤，如短一斤，罚银七分。"（合同第二条）"在此合同期内，扎猪毛人只能在立德乐洋行做工，不能另借雇于他人。除在行挂名之学徒外，不能另教别人。本行生意各事，不能泄漏，亦不能自揽生意。倘违此条，罚银五百两。"（合同第五条）当时，该厂扎猪鬃的技术工人每日按规格扎捆6斤，每月付工资银8两。倘工人违反合同第五条之规定，罚款高达5年以上的工资总额。立德乐用重罚手段，把工人长期束缚在他的洋行里，供其任意榨取，并且实行技术、经营管理的严格保密，以压制中国民族资本和排斥其他外国竞争者，垄断四川猪鬃的加工和贸易，其用心是极为险恶的。而工人劳动条件又十分恶劣，工场内又臭又脏，但是，合同规定："扎猪毛人在立德乐洋行做工，如有病痛祸患，自行当受，概不与立德乐洋行相涉。"工人不但没有人身自由，没有任何劳动保护，而且时遭人身侮辱，挨打受骂，形同奴隶。③

在新利洋行里，外国资本家对中国工人的剥削和压迫是通过他们收买的"管事""案子头"等大小工头来实现的。洗房业务有季节性，常年只八个月有原料。加之经过十几年的经营，猪鬃行业发展很快，以致全行业出现了工人过剩的现象。因此，每一洗房内虽有工人成百上千，但有名在册的只占少数，而且实行的是计件工资。大量的技术工人（即所谓驼子、驼孙）只得乞求"案子头"，得到一份工作。他们所做的熟鬃，只能交与"案子头"，由他拿去换取计件工资。而所得的极微薄的工资，又要被克扣40%～50%。因而，工头的工资收入往往为一般工人的数倍。帝国主义的剥削，封建主义的压迫，迫使工人不断地反抗，以争取提高工资和改善待遇。④

---

① ［美］施特劳奇著，李孝同译：《重庆海关1902—1911年十年调查报告》，《四川文史资料选辑》（第11辑），1964年。
② 中国民主建国会重庆市工商业联合会编：《重庆工商史料选辑》（第3辑），第4页。
③ 四川大学藏巴县档案：《英商立德乐、洋商黄升之等九人罢工案》，光绪二十七年三月十五日，《英领事韦礼敦致巴县令函》，附合同。
④ 中国人民政治协商会议四川省重庆市委员会文史资料研究委员会编：《重庆文史资料选辑》（第3辑），第70~71页。

六 疯狂掠夺四川矿产

四川矿产资源富饶，为外国侵略者所觊觎。早在 1865 年，法国即派了一个探测队由云南进入四川叙州、重庆等地，探测矿藏，写有《帅岗至叙州一带搜矿纪要》《中国矿说》等书，详载了四川矿产资源，野心毕露。其他侵略者也蠢蠢欲动，进行掠矿的准备工作。1891 年重庆开埠后，帝国主义以重庆为主要基地，开始了对四川矿产的疯狂掠夺。

1892 年，四川商人钟毓灵、朱怀涛向重庆川东道衙门禀称："请设厂采取煤油……拟邀亲友集资开设泰康字号，炼油售卖……恳给执照出洋购买机器。"① 但当钟毓灵领得川东道执照以后，即赴上海向法商亨达利洋行声称购置机器，公然与亨达利洋行雷达利私立合同，由洋商出资开采。1896 年春，钟毓灵勾同雷达利及法国矿师蒲武，随同驻渝法国领事哈士先后到渝，旋即伙同前往重庆、叙州、嘉定等府，并泸州、自流（井）、贡（井）等处产有煤油的地方勘察。事被川东道张华奎知道以后，虽照会法国领事哈士，执约与争，但哈士竟抬出法国外交部的名义来责难，坚持夺矿。② 这是目前所见到的列强掠夺四川矿产的第一例，打先锋的则是驻渝的法国首任领事哈士。

1898 年，美国人来重庆指索真武山吊洞沟一带矿地。次年，法公司又来指索真武、老君二山煤矿③，纠缠不已。

美国金融家摩根，"数度访问中国，每次都有地质学家、采矿工程师随来。彼等调查过山东、热河及其他省份的矿藏，最后看中了四川省"④。1899 年 1 月他勾结李鸿章签订了《四川矿权草约》，夺得四川全省煤、铁、石油等矿的开采权，还企图开采四川麻哈金矿。法国领事又迫川督奎俊许以矿山开采权，以开采灌县、嘉定、犍为、威远、巴县、綦江、合川等处煤铁矿。

英国侵略者立德乐在夺取川江航权受挫以后，转而疯狂掠夺重庆附近矿权。1898 年他发现重庆对岸的江北厅矿藏丰富，便"阴串内奸，代为出面，蓦买私挖，嗣后多方要求，必欲中国明认英商在厅境内办矿权利"⑤。1904 年 4 月，立德乐开办"华英合办煤铁矿务有限公司"（以下简称"华英公司"），与四川省矿务总局订立合同十六条（同年 12 月经清朝外务部批准），攫取了江北厅地方的煤矿开采权。1905 年 3 月，华英公司在香港注册。该公司先占龙王洞五窑六厂，并由英国驻成都领事亚历山大·何西出面，取得了运煤短程铁路建筑权，同时私自违约开石牛沟

---

① 汪敬虞等编：《中国近代工业史资料》第 2 辑（上），第 115 页。
② 汪敬虞等编：《中国近代工业史资料》第 2 辑（上），第 115 页。
③ 朱之洪等修、向楚等纂：《巴县志·交涉》，第 29 页。
④ 汪敬虞等编：《中国近代工业史资料》，第 2 辑（上），第 101 页。
⑤ 《东方杂志》第 7 年第 10 号"杂纂"。

煤矿。清政府媚外成性，不但承认华英公司在江北厅五十年的开采权和建路权，而且还承认："中国国家自应尽力保护，如有兹闹事端，地方官应照中国律例惩办。"① 于是华英公司凭借特权，大肆掠夺中国煤矿资源。该公司洋员和奴才又在当地恃强为恶，"与当地绅民屡生纠葛，势成水火"②。1907年，华英公司为了牟取最大限度利润，将铁路设备运抵重庆，着手建筑龙王洞到狮子口以通嘉陵江，长达20公里的运煤铁路。同时还要求在石牛沟开辟新矿区。在勘查线路中，又"不遵守定章，于民间庐墓、水源并未曲为绕越"③，"而且任划范围，广插标竿，越界侵占不少田地；并滥伐农民竹木，农民起来反对，不听；民团出来阻止，不理。因此，激动公愤，万口沸腾"④。真闹到"道途侧目，妇孺痛心"⑤的地步。致使江北、巴县绅民忍无可忍，展开了收回路矿主权的斗争。

在帝国主义掠夺四川矿权的历史上，1904年是一个极为重要的年代。除立德乐夺得江北厅煤铁开采权外，法国人戴玛德与川省管解白蜡委员候补知县刘鹏在北京私立合同，合办夔州府属巫山、大宁、云阳、开县、万县等地铜煤各矿，并由英、法领事出面支持。⑥ 法商与夔州高蕴玉合办华利公司，法、日商人与万县刘某合议开矿。戴玛德还与四川矿务局合议开巴万煤油⑦。江北厅杨某又与英商伙开南川煤油。⑧ 在众狗争食之下，到1904年，"吾蜀矿务落于他人手者已过半矣"⑨。

1899—1904年帝国主义掠夺四川矿区的条约、合同如下表［参见《中国近代工业史资料》第2辑（上），第34～35页、第104页］：

条约、合同	签订年月	国别	矿　种	矿　区	期限（年）
四川采矿条约	1899.1	英	煤、铁、石油	四川全省	50
保富、福安公司合同	1899	法	煤、铁	灌县、犍为、威远、重庆、綦江、合川	
保富、和成公司合同	1902	法	石油	巴县、富顺、万县	50
保富、普济公司合同	1902	英	煤、铁、石油	乐山等八州县	50
江北厅煤矿公司矿务合同	1904.2	英	煤、铁	江北厅	50

1899—1904年帝国主义在四川已开、未开各矿如下表［参见《中国近代工业

---

① 汪敬虞等编：《中国近代工业史资料》第2辑（上），第104～105页。
② 《东方杂志》第7年第10号"杂纂"。
③ 朱之洪等修、向楚等纂：《巴县志·交涉》，第31页。
④ 中国人民政治协商会议四川省委员会、四川省省志编辑委员会：《四川文史资料选辑》（第4辑），第4页。
⑤ 朱之洪等修、向楚等纂：《巴县志·交涉》，第31页。
⑥ 中国科学院历史研究所第三所编：《锡良遗稿》第1册，第373页。
⑦ 《东方杂志》第1卷第6号"各省矿务汇志·实业"，第99页。
⑧ 《东方杂志》第1卷第10号"各省矿务汇志·实业"，第178页。
⑨ 戴执礼编：《四川保路运动史料》，第21页。

史资料》第 2 辑（上），第 143~147 页］：

名　称	成立时间	资本（千元）	矿种	矿区	简　史	资料来源
布仕公司（会同公司）	1899	3,105	金	四川麻哈	1899 年英人摩根成立布仕公司	《列国对华条约汇编》（1894—1919），第 183 页。
			铅、石油等矿		与李鸿章订约开采四川各矿，订期 50 年。次年与扬子公司及四川官商矿务局合并，企图开采麻哈矿业。以义和团运动起而中止	《中国矿业中的外国利益》，第 12 页；《我国近代铁金属矿工程史略》，第 7 页
福安公司	1899	13,986	煤、铁	四川灌县、犍为、威远、綦江、合川、重庆、荣县	由法国领事与四川总督奎俊决定与中国保富公司合办，未进行开采即解散	《支那经济全书》第 10 辑，第 958~959 页
和成公司	1902	不详	石油	四川巴县、万县、富顺	1896 年中国人钟毓灵与法国人雷利达合办，本年呈请批准，未进行即解散	《光绪政要》"实业三"（抄本），光绪二十八年八月二十四日；《约章成案汇览乙编》卷 38（上），"矿务"，第 70~76 页；《支那经济全书》第 10 辑，第 965 页
普济公司	1902	10,000	煤、铁石油	四川乐山等 8 州县	由英国人立德乐与四川保富公司订约合办，后又与四川全省煤矿石油公司合办，资本定为 300 万两，中英各半，均未成功。	《支那经济全书》第 10 辑，第 963~964 页；《清季外交史料》光绪朝，167 卷，第 9~10 页
江北厅煤铁矿有限公司	1904	690	煤	四川江北厅	本矿于 1898 年让与英国人立德乐，以 50 年为限；1904 年成立公司。1905 年 3 月香港注册，1909 年由中国赎回。	《约章成案汇览乙编》卷 38（下），第 18 页；《关册》（1907），第 141 页；《东方杂志》1905 年 9 月；《时报》1906 年 5 月 16 日；《四川保路运动史》，第 12 页

七　宗教文化侵略的新阶段

（一）开埠前的情况

西方宗教传入四川由来已久，其始为天主教。据法国传教士古洛东（Gourdon）所著《圣教入川记》记载："大明崇祯之纪，即耶稣降生后一千六百四十年间，有耶稣会士利类思（LudovicusBugLio）司铎首先入川、传扬福音"；"上年（1642）安文思司铎（Gabriel magallaens）由浙江杭州府到川，襄助传教事宜。利安二位司铎同心同德，敷传圣教。"当时的传教区域主要在川西、川北一带，"不惟在成都宣讲福音,并且往保宁、顺庆等处虔救人灵"①。其后,若干天主教教士陆续进川,足迹遍及全川各地。

由于天主教的广泛传布,外国传教士到渝之前,重庆已有若干信奉者。至少在1702年前,外国教士已到重庆,1702年建成光华楼圣堂(重庆下都邮街往小梁子拐弯处)。②重庆开埠以前外国教会已在重庆塞家桥、小什字、石板街、九块桥、亮风垭、丛树碑、戴家巷、鹅项颈、深坑子、白果树等地,建立了真元堂、天主堂、慈母堂、培德堂、体心堂、存心堂等教堂。1891年重庆开埠时,外国教会在四川已经有了相当势力,见下表:

教会名称	成立时间	男女教士人数(人)	教徒约数(人)	医院、药房、救济院(所)
巴黎外方传教会	1696	100	教徒:100,000	
内地会	1877	48	教友:176	医院 1
			受洗者:244	药房 2
				救济院 3
圣书公会	1879	1	卖书人:6	
美以美会	1882	8	教友:35	药房 1
				救济院 1
			受洗者:40	医院 1
浸礼会	1889	9	受洗者:12	药房 1
伦敦会	1889	2	教友:9	药房 1
			信徒:6	医院 1
公谊会	1890	7	会员:2	药房 1
			信徒:11	
合计 7		175	100,541	13

注:巴黎外方传教会男女教士一百人中,包括主教四名。

此外"英吉利教堂传教会和加拿大卫理公会也都企盼及早布道四川"③。

从上表可以看出,巴黎外方传教会势力最为强大,这是由于天主教在川传教已达二百多年,而十九世纪法国对华侵略势力主要集中在西南地区所致。该会教区最初一直设在成都。十九世纪中叶,由于重庆地位逐步提高和天主教在川东地区的传布,因而分设川西、川东两个教区。川西教区仍设成都,川东教区乃设重庆(又名重庆教区),负责川东三十六县教会活动。当时,法国在西南有若干教区。这些教

---

① [法]古洛东:《圣教入川记》,第1、5、70页。
② [法]古洛东:《圣教入川记》,第1、5、70页。
③ 《重庆海关1891年调查报告》。

区在地位上是平等的，均属罗马教廷领导。但重庆主教为总主教，有权召集西南各省主教会议。这种情况一直持续到1949年。①

由于川东教区的设立，传教区域的扩大，仅靠外籍神父已经不够，急需神职人员，因而由刚来重庆的法籍传教士古洛东，在重庆沙坪坝四公馆同时开办了大、中、小神职修院。

当西方宗教开始传入中国时，还是作为一种文化交往的面目出现的，它给中国带来了某些西方的文明。但是鸦片战争以后，洋教则成了西方列强侵略的急先锋。因此，重庆开埠以前，洋教在四川的活动已具有了明显的侵略性质。

（1）天主教势力向重庆的扩展，重庆主教地位的提高，表明他们看到了重庆优越的经济地位和政治地位并力图用宗教势力为其政治、经济侵略创造条件。这一点和西方列强长期策划夺取重庆这个通商口岸是一致的。

（2）遍布全川的外国教堂，成了列强侵略的庇护所，入川洋人大都与教堂有关系。1878年"2月初间（注：阴历）英员贝德禄由重庆起程前赴嘉定、铜河，并峨边、越巂、打箭炉各处，自赴老林打猎……而该员每多中途改道，且多不由大路走，每于人迹罕到及曾经封禁之路，自与跟役一二人锐意前行，护送之人劝之不可，而沿途行踪诡秘，所到之处，详绘地图，并与法国教士往来甚密"②。同时，教堂还进行洋货走私活动。川东"主教范若瑟每年都以教堂需要应用物品的名义，以领单向上海运输大量洋货入川，并包庇他人走私"③。

（3）到处强占土地，进行封建地租剥削和修建教堂。1858年，法国天主教霸占重庆安寿，改修教堂；1886年，美国在城西鹅项岭、英国在丛树碑占地修建教堂，引起人民普遍不满，爆发了声势浩大的重庆教案。④

（4）教堂接收了大批地痞、流氓、恶霸入教，成为其侵略活动的工具。这些人受到教堂的庇护，"恃习教为护符，往往为睚眦细故，必与平民缠讼不休，甚至将有作无，以轻为重，平民因而怨恨者，比比皆是"⑤。

（5）教会的压迫以四川东部为甚，因而教案多发生在这些地区。这段时间发生反洋教斗争的十五县均为内江一带。

由此可见，在重庆开埠之前外国宗教侵略已经初具规模。

（二）开埠以后

重庆开埠以后，宗教势力和政治、经济、军事势力相结合，侵略活动进入了一

---

① 周勇：《关于古洛东〈圣教入川记〉若干情况调查报告》。
② 丁宝桢：《丁文诚公奏稿·派员出洋游历片》，第40页。
③ 《史学月刊》1957年第5期，第23页。
④ 朱之洪等修、向楚等纂：《巴县志·交涉》，第1～11页。
⑤ 李时岳：《近代中国反洋教运动》，第30～31页。

个新时期。1901年12月31日在川的传教会见下表①：

教　派	设立时间	传教士人数（人）		信徒约数（人）	医院、救济院、药房、孤儿院（所）
		男	女		
巴黎国外布道会	1753	124		信徒：93,623	教堂：221 学校：425 医院：10 药房：180
中国内地会	1874	30	40	信徒：2,000 皈依者：3,000	医院：2 救济院：1 学校：30
圣书公会	1879	1	1	华籍卖书人：13	
美以美会	1881	11	14	陪餐者：313 学习生：609	医院：2 药房：3
伦敦传教会	1887	5	3	陪餐者：160 皈依者：720	医院：1 药房：4
友谊会	1886	8	10	会员：27 皈依者：70	药房：2 学校：3
美国浸礼会	1890	7	6	信徒：100 皈依者：760	医院：1 学校：1
加拿大监理会	1892	8	15	信徒：60	医院：3 孤儿院：1 药房：3
英国教会联合会	1894	15	17	会员：40 愿受洗者：30	
合计：9		男：209；女：106 合计：315		合计：101,525	合计：教堂221，学校460，其他213

到1909年12月为止，法、美、英、德等主要帝国主义国家，先后向四川99县派出了主教、传教士达511人，见下表②：

---

① [英]华特生著，李孝同译：《重庆海关1892—1901年十年调查报告》，《四川文史资料选辑》（第9辑），1963年。
② 四川洋务局编：《四川通省外国官商兵民统计·外国主教及传教士统计表》。

时间 \ 人数 \ 国别	法	英	美	德
1863—1884	12	5	1	
1885—1900	69	107	19	
1901—1909	71	163	44	
合计：492	152	275	64	1

注：开县有德国传教士一人，来川时间不详。

这一时期，外国教会势力已深入四川各地，建立起庞大的盘根错节的宗教文化侵略网。这在全国也是十分突出的。

综观这一时期的外国宗教势力的侵略活动，其主要特点如下：

（1）从地区上看，宗教侵略势力已遍布全川各地，不仅全省138县的县城有教堂，而且有的场镇也有外国教堂。天主教新设了叙南教区，仅巴黎国外布道会就有教堂221所（1901年）。为数众多的传教士散布更加广泛，钻营更深。从重庆等沿江城市以及教会活动很有基础的川西平原，开始深入边远地区。1897年，英国传教士至茂州。1898年，法国传教士到马边，1901年到理县。还设立了天主教堂罗马教廷川边教区。1897年，该区副主教华朗廷（法籍）到打箭炉。[①] 随着教堂增多，教产也迅速扩大，据1909年不完全统计，外国教会在四川135县占有大量教产，详见下表[②]：

国 别	房屋（所）	地产（亩）
法	627	16,680
英	181	700
美	47	6
德	7	

1907年出版的《四川》杂志写道："四川以僻远故，其教徒之侵入亦较后于中原。计今遍布于四川之教会，厥有两派，一为法人经营之天主教，一为英、美人经营之福音教。天主教徒最早来，而其传播之范围亦广。自省会以迄县治，教堂几遍。据日人神田正雄之调查，谓该教在四川现有信徒五十万人，实占支那天主教民之半数。……近数年来，福音教盛行，其势力骎骎与天主教抗，教徒日增而未有

---

① 中国人民政治协商会议四川省委员会、四川省省志编辑委员会：《四川文史资料选辑》（第4辑），第214页。

② 《四川全省教产表》。

艾。两教派之发达亦可云至矣。"①

（2）英、美宗教势力扩张很快。在二十世纪最初的 9 年中，入川的英国传教士数字比 1885—1900 年的 15 年间增加了 60%，美国则增加了一倍以上。这表明，英国在夺到重庆这一通商口岸后，在加强对四川政治、经济、军事侵略的同时，也加紧了宗教方面的侵略活动，以与法国争夺四川宗教侵略特权。美国的宗教侵略则表明了这个后起帝国主义的贪婪和更加注重精神方面的侵略活动。

（3）文化侵略的加剧，是一个十分明显的特点。宗教和文化侵略是相辅相成的。在此之前，教会也曾办有学校，但多为培养神职人员的修道院（神学院）。而这一时期建立的学校以传授科学文化为主，旨在培养为帝国主义侵略服务的人才，而且数量相当大。1894 年，美国教会就在重庆办了求精中学、广益中学、启明小学。② 1898 年法国教会又开办了法文学堂③。尤其值得提到的是美国教会，经过长期策划后于 1910 年 3 月 11 日在成都成立了"华西协合大学"（West China Union University）。"这个大学的宗旨是要发展为一个最完备的高等学府，使西部各省的学生不必远到外国去留学，就可以学到他们所需要的任何科学，这些科学都将在这个大学里面被基督教精神所渗透……人们将受到这高尚的理想的灌输。"④ 这所大学，"校务由西人主办，教职员大都是美国、英国、加拿大三处之人，其行政组织均美国式"⑤。它成了帝国主义在西南地区的文化侵略核心堡垒。学校增加的绝对数字，目前虽无法统计，但仅从上表所提到的，1901 年即到达了 460 所之多，其发展之速就可不言而喻。

文化侵略的另一表现是"慈善"机构的显著增加。1891 年全省共有医院、药房、救济院等 13 个，1901 年猛增至 213 个，增加达 15 倍之巨。1902 年，法国巴黎布道会在重庆修建了一所医院，由法国医师主持；1906 年，一家由德国政府资助，并由一名德国军医管理的德国医院也在重庆开业。⑥

此外，二十世纪初年，法国唐神父（Dargg）从法国募得印刷机运来重庆，法国天主教川东教区所办的"公义书院"也因此改为"圣家书局"，印制和发行各种宗教印刷品，主要供应川东各县，并兼及湖北、贵州、云南。1904 年，川东教区机关报《崇实报》开始发行。该报为传教士古洛东和法人雷龙山（Lonis）共同创办，出版中、法两种文版，由"圣家书局"发行，先为半月刊，后改为周刊。⑦

---

① 梧生：《排外与仇教》，《四川》第 1 号，第 70~71 页。
② 中国人民政治协商会议四川省委员会、四川省省志编辑委员会：《四川文史资料选辑》（第 3 辑），第 171 页。
③ 《渝报》光绪二十四年第 14 册，第 16 页。
④ 华西协合大学加拿大籍教授客士伦谈话，中国人民政治协商会议四川省委员会、四川省省志编辑委员会：《四川文史资料选辑》（第 8 辑），第 96 页。
⑤ 私立华西协合大学：《私立华西协合大学大事一览》，第 3 页。
⑥ ［美］施特劳奇著，李孝同译：《重庆海关 1902—1911 年十年调查报告》，《四川文史资料选辑》（第 11 辑），1964 年。
⑦ 周勇：《关于古洛东〈圣教入川记〉若干情况调查报告》。

八　自然经济的破坏和城乡商品经济的发展

毛泽东同志指出："外国资本主义对于中国的社会经济起了很大的分解作用，一方面，破坏了中国自给自足的自然经济的基础，破坏了城市的手工业和农民的家庭手工业；又一方面则促进了城乡商品经济的发展。"① 在四川，这种情形大约开始于十九世纪七十年代，到重庆开埠以后表现得更为严重。我们以进出口贸易为例，来具体考察一下这个过程。

如前所述，宜昌开埠以后，入川洋货增长很快。而重庆开埠以后，其持续增长的势头有增无已。出口土货也与日俱增，然其速度终不敌洋货来势之猛。重庆口岸的对外贸易入超现象有不可遏制之势。这一现象严重地破坏了四川的自然经济，加速了它的解体过程。在外国资本帝国主义势力日益深入的压迫下，处在中国腹心地带的四川市场也无例外地纳入了资本主义世界市场。这正如马克思和恩格斯在《共产党宣言》中所指出的那样："资产阶级，由于开拓了世界市场，使一切国家的生产和消费都成世界性的了。……旧的、靠国产品来满足的需要，被新的、要靠极其遥远的国家和地带的产品来满足的需要所代替了。过去那种地方的和民族的自给自足和闭关自守状态，被各民族的各方面的互相往来和各方面的互相依赖所代替了。"② 这是四川社会半殖民地化的一个显著的特征。

1891—1911年的对外贸易情况如下表：

年　度	进口洋货值（海关两）	出口土货值（海关两）	入超额（海关两）
1891	1,371,027	1,389,683	
1892	5,825,474	2,604,500	3,220,974
1893	4,575,298	3,135,776	1,439,522
1894	5,114,013	3,413,900	1,700,113
1895	5,618,317	3,521,563	2,096,754
1896	6,929,393	3,556,387	3,373,006
1897	8,444,081	4,325,713	4,118,968
1898	7,967,012	3,693,510	4,273,502
1899	13,075,176	4,610,822	8,464,354
1900	12,918,073	3,398,008	9,520,065
1901	12,598,741	4,837,178	7,761,563

---

① 毛泽东：《毛泽东选集》合订本，第589页。
② 马克思、恩格斯：《马克思恩格斯选集》第一卷，第254~255页。

续表

年　度	进口洋货值（海关两）	出口土货值（海关两）	入超额（海关两）
1902	16,000,000	8,500,000	7,500,000
1911	19,000,000	10,000,000	9,000,000

注：（一）重庆是一个转口贸易商埠，因此它的出口货包括了两个部分，即向国外出口和向重庆以外的国内地区出口。而后者以鸦片为最大数额，二十世纪初，每年价值高达 12,000,000 海关两（《重庆海关 1902—1911 年调查报告》）。显然，这笔数字不能计算在重庆对外贸易的出口货值之中。因此，我们所采用的出口土货值，是不包括鸦片贸易值的。即使如此，其中仍有一部分货物或多或少是输往国内其他地区销售的。因此，实际出口国外的货值应小于表列的数字，入超额也就更大一些。

（二）一八九二年—一九〇一年的数字采自《重庆海关一八九二—一九〇一年十年调查报告》。

（三）一九〇二年—一九一一年无每一年度数字，本表所列数字来自《重庆海关一九〇二—一九一一年十年调查报告》。

（四）一八九一年数字采自《中国近代对外贸易史资料》第三册，第 1、633 页。

(一) 洋货进口及其影响

洋货进口主要分为以下几类：棉织品，毛织品，煤油，杂货。现分述如下。

1. 棉织品

主要是洋布和洋纱，占重庆进口贸易最大宗。1892—1901 年在重庆的进口情况，如下表：

年　代	洋纱进口值（海关担）	洋布进口值（匹）
1892	128,845	735,109
1893	77,702	599,792
1894	125,118	518,000
1895	115,253	710,687
1896	166,676	593,942
1897	197,352	643,794
1898	170,034	579,503
1899	325,192	834,922
1900	285,902	817,293
1901	243,467	643,366

注：表列数字采自《重庆海关一八九二—一九〇一年十年调查报告》。其中洋纱一项，系以输入重庆的棉纱中减去中国纱所得。

外国棉纺织品到重庆一般有两个渠道，一为外国船只载入，经洋行推销；一为重庆商人到上海办货，运回经销。例如，有一重庆商人"派遣他的合伙人或代理人到上海办货,他还雇用了一个本地商人或掮客为他向外国进口商人订立合同,洋商付给该掮客 0.5% 的佣金,掮客要由佣金中付出运费"。"货物如果在合同成立后四个星期之内不到,该四川商人可不予接受;如果两星期——有时是四星期——之内未能付款,则洋商可以没收所取的 5% 的定金。……货物用轮船运至宜昌,然后再由船货管理人或帆船主人用本地船运送。……重庆商人在上海是付现款的,但是他向四川内地商人售货则是长期的赊销。……成都有三家商号,嘉定有一家商号,直接在上海采购,此外四川全部都是由重庆采购。"①

1896—1897 年间,"重庆洋布进口贸易全部操在 27 家商号之手……重庆作为四川省贸易的主要市场及分销中心……每年在一定季节里,商人从偏僻和遥远的城镇如成都,保宁府、潼川府、遂宁县、嘉定府、叙州府、绵州、合州及其它重要地方,有的由陆路,有的由水路来到重庆,运来他们的土产——鸦片、药材、生丝等等,并运回洋货"②。洋货就是这样由重庆这个中心市场分销到了四川各地,并积极向云、贵倾销。③ 到了 1904 年,外国棉纺织品已深入川西成都附近及绵阳、平武、理番、松潘等广大偏远地区,而绵阳一地,每年销售洋纱竟达三百万斤之巨。④

自古以来,手工棉纺织业就是中国农村一项重要的家庭副业。鸦片战争以后,中国传统的手工棉纺织业在洋纱洋布的冲击下,开始了逐步解体的过程。但作为内地的四川,还没有什么变化。十九世纪六七十年代,当洋布初入四川时,侵略者就惊呼:"这是洋布销路扩张的巨大障碍,外国制造家与四川的业余织工的竞争,是处于不利的地位的。"⑤ 到了九十年代,虽说"乡下人无论如何也不会用洋布做日常衣服,因为洋布不耐穿;可是在城市里,尤其在重庆,就用大量漂白的或用云南靛蓝染过的市布衣服。葬礼也耗用相当数量的洋布,有一些被妇女做成手绢",或者"油成红色作为用竹骨仿制的洋伞的伞面"⑥。而买洋布的人,"几乎全部为中产阶级"⑦。洋布遭到了自然经济的坚强抵抗。在开埠的前十年"几乎没有发展"⑧,直到二十世纪初年才"显有增加趋势"⑨。

然而洋纱的入侵又是另外一番情况。"川省土棉向取于沿江各省,贩运至该地(宜昌——作者注)后,每斤零售价亦与洋棉纱相同,然洋棉纱不待再纺,即可织布,土棉则须纺而后织,人工既费,成本亦增。""该货均于重庆销售,本口并无销

---

① 姚贤镐编:《中国近代对外贸易史资料》第三册,第 1549~1550 页。
② 姚贤镐编:《中国近代对外贸易史资料》第三册,第 1548~1549 页。
③ 姚贤镐编:《中国近代对外贸易史资料》第三册,第 1348 页。
④ 李文治编:《中国近代农业史资料》(第 1 辑),第 487~488 页。
⑤ 姚贤镐编:《中国近代对外贸易史资料》第三册,第 1337~1338 页。
⑥ 姚贤镐编:《中国近代对外贸易史资料》第三册,第 1355、1356 页。
⑦ 姚贤镐编:《中国近代对外贸易史资料》第三册,第 1355、1356 页。
⑧ [英]华特生著,李孝同译:《重庆海关 1892—1901 年十年调查报告》,《四川文史资料选辑》(第 9 辑),1963 年。
⑨ [美]施特劳奇著,李孝同译:《重庆海关 1902—1911 年十年调查报告》,《四川文史资料选辑》(第 11 辑),1964 年。

场。"因此"洋棉纱所织之布，较土布无甚低昂，虽其细逊于土布，然结炼颇堪耐久"①。况且，"人民已经发现洋纱包装紧密，如果在路上受到潮湿，损失很小"②，加之"形式方便易于操作"③，从而引起了洋纱进口的大增。在入侵四川的英、印、日棉纱中，以印度棉纱质量最优，因而一直在进口洋纱中，居于主要地位。④

洋纱的大量进口，使得四川的棉纺织业在重庆开埠后，开始受到破坏，并逐步瓦解，其特征是洋纱代替了土纱，把手纺业强行从手织业中割离。1890年"川省迤北一带……印度棉纱得以畅销"；1896年在重庆，"此项洋棉纱细匀洁净，颇合川民之用，不特通都大邑销数日多，即僻壤穷乡，亦将畅销无滞"。1896—1897年间，遂宁"自印度棉纱输入后，遂宁棉花收成减少了一半……使一向把手工纺织集中起来的遂宁受到损害"。在嘉定，"进口洋纱的需要日有增加，不仅城内织户需要洋纱，城外各区织户也同样需要"⑤。1907年间，"新繁之贫妇，多勤纺织，每一日能纺棉花半斤。近来洋棉纱稍夺其利，村巷夜深，机声微矣"⑥。在巴县，"至乡镇间小工业，四十年前（19世纪末——作者注），纺花手摇车家皆有之，每过农村，轧轧之声不绝于耳。棉纱（按：指洋纱）畅行，此事尽废"⑦。在整个四川"纺织业分布的地区，北面远至潼川、西边远至雅州，并且包括合川、遂宁县太和镇、万县、成都、眉州、中江、嘉定、叙府、泸州这些如此重要的商业中心——实际上把四川的每一重要城镇包括在内"。"所有织物的构成都很简单，包括平织布，平织花条格布，小点及菱形花色以及少数与我们（英国）棉麻布相等的织品。……绝大多数是用洋纱织的，洋纱……很快使纺车闲置无用。"⑧

至于把手织业强行割离农业的过程，因重庆地处内陆而显得特殊一些。主要由于用洋纱织布，从而引起了重庆口岸附近织布工厂兴建，进而使乡村和城镇手织业遭到一定程度的破坏。这种现象与沿海一带出现的洋布较快地代替土布是有区别的。当然，并不排斥洋布代替土布的现象。

四川这种纺织分离和耕织分离的过程，在重庆等沿江地区进行得早些，快些；偏远地区则晚些，慢些，甚至没有什么破坏。这几乎是中国手工棉纺织业解体的一个缩影。

2. 毛织品

在开埠初期，毛织品绝对数目一度陡增。1892年高达49,405匹。然而，到了

---

① 彭泽益编：《中国近代手工业史资料》第二卷，第209页。
② 姚贤镐编：《中国近代对外贸易史资料》第三册，第1349页。
③ 彭泽益编：《中国近代手工业史资料》第二卷，第247页。
④ ［英］华特生著，李孝同译：《重庆海关1892—1901年十年调查报告》，《四川文史资料选辑》（第9辑），1963年。
⑤ 彭泽益编：《中国近代手工业资料》第二卷，第226～227页。
⑥ 余慎修、陈彦升纂：《新繁乡土志》第九卷，第7页。
⑦ 朱之洪等修、向楚等纂：《巴县志·工业》。
⑧ 彭泽益编：《中国近代手工业史资料》第二卷，第247页。

1901年却下降到26,181匹。原因是"这些货品价格昂贵,只有城市富商大户才购用"①。

3. 杂货

目前所能确知的较重要的货物有铁丝(用以制针、钉)、水银、生色精染料、西药、海带、洋菜、鱿鱼、鸦片烟灯、比国金银器、德国铜针、铜纽扣、各色烧料、瑞士手表、洋伞、洋灯、香烟等。②

其中染料一项,对四川经济打击较大。"过去我国民间衣着习用青蓝二色,都是用本国自产的植物染料染成。约在1900年前后,开始有外国人造快靛输入,1902年以后,各种杂色染料也陆续输入。"③ 进口染料又以洋红、洋靛为最。"红花染料,其色鲜能耐洗,色亦不退。今染坊利用洋红者,因便益(宜)也。"因而四川原有的红花染料,"自洋红入口,渐及萧瑟,近年(1906年——作者注)已将绝种矣"。又"西人讲求五倍制靛,川靛日形减少"④。

外国香烟出现在重庆,大约是在1904年间。英美烟草公司派了外籍职员三人同一位江苏镇江人徐子泉担任推销员来重庆推销,采取的方法是"以五支装的'称人牌''鲨船牌'香烟,采用沿街每家店铺和戏院每一座位或每张戏票赠送一包香烟的办法来吸引一般群众,徐子泉还经常在茶馆酒肆当众吸食给别人看,以证明香烟无毒"⑤。尽管如此,拒绝者仍然居多。"外国纸卷烟公司虽广发招帖,遍及街衢,而蜀省所产烟叶廉价质美,故纸卷烟之销路,终难起色。"⑥ 外国香烟销场的打开,是在1911年以后的事情了。⑦

4. 洋油

目前关于洋油输入重庆的最早记录是1882—1891年的《海关十年报告》的"重庆"项下。报告写道:"这是一件令人惊异的事情:这种比较新的照明物(煤油)虽然有很大的销路,但是它的竞争者,桐油和柏油的销路即使没有增加,也仍然保持它们的地位。1885年中国当局制定了储存煤油的规章。煤油是一种对中国人这样的大有好处的商品,但是必须说明,尽管当局一再提出警告,中国人使用煤油的危险性比欧洲家庭使用煤油的危险性总要大一倍。"⑧ 而川人使用洋油照明当在1884年以前。因为据霍斯(A. Hosie)的《在中国西部的三年》(*Three Years in Western China*,第200~201页)记载:"(1884年)在四川许多家庭中,过去唯

---

① [英]华特生著,李孝同译:《重庆海关1892—1901年十年调查报告》,《四川文史资料选辑》(第9辑),1963年。
② 据《重庆海关1892—1901年十年调查报告》《渝报》等报刊统计。
③ 中国民主建国会重庆市工商业联合会编:《重庆工商史料选辑》(第五辑),第64页。
④ 《重庆商会公报》丙午年第三号"论说",第14~15页。
⑤ 中国民主建国会重庆市工商业联合会编:《重庆工商史料选辑》(第三辑),第135页。
⑥ 《重庆商务之调查》,《商务官报》戊申第三十一册,第23页。
⑦ 中国民主建国会重庆市工商业联合会编:《重庆工商史料选辑》(第三辑),第135页。
⑧ 姚贤镐编:《中国近代对外贸易史资料》第三册,第1391、1395页。

一的照明物是蜡烛,现在都已改用煤油了。"①

"1890年,纽约美孚油行,在大江对岸建造货栈,存储桶装煤油。一名外国人被派来代表该公司,但次年即撤去,另行委托一名本地华商代理。"②

1896年,重庆进口洋油二万八千加仑。

1897年,重庆进口洋油由上一年的二万八千加仑猛增至十一万加仑③。

1898年,亚细亚石油入口④。

1899年,美孚油行于重庆建造堆栈,并拟于上海装配商轮行驶川江⑤。

1904年,俄油入口一万三千六百加仑⑥。

1908年,美孚油行复在渝设行,进口洋油再次猛增至一百二十一万三千九百二十加仑。其中挂旗船载入三十一万三千九百二十加仑,厘金船(民船,因要完纳厘金而与挂旗船有区别——作者注)载入九十万加仑。⑦

1911年,洋油入口八十五万七千加仑。⑧

"中国传统的照明物是蜡烛、菜油和桐油,四川为白蜡重要产地,蜡烛被称为唯一的照明物。"⑨ 早在十九世纪八十年代,在洋油的冲击下,四川白蜡业就已遭到严重的破坏,"前不多年,从建昌峡谷挑运虫蜡需要上万的脚夫,到1884年建昌供给的虫蜡有一千个脚夫就能挑运了。"⑩ 而重庆开埠以后,进口洋油数十倍地增长,最终基本摧垮四川白蜡业自然是不在话下的。

(二)土货出口情况的分析

出口土货值已如前表所载,呈稳步上升的趋势。在《重庆海关1892—1901年十年调查报告》中,记载了十五种出口货物,其中有十一种全部或部分的销往国外,它们是四川的蚕丝、白蜡、五棓子、猪鬃、牛羊皮、鸭毛、麻类、药材、羊毛、西藏的大黄、麝香。绝大部分是山货工业原料,并且为外国洋行所垄断。⑪

其中猪鬃一项增长最为迅速,原因已如前所述。1892—1901年出口数量如下表(猪鬃主要来自贵州和四川)⑫:

---

① 姚贤镐编:《中国近代对外贸易史资料》第三册,第1391、1395页。
② [英]华特生著,李孝同译:《重庆海关1892—1901年十年调查报告》,《四川文史资料选辑》(第9辑),1963年。
③ 彭泽益编:《中国近代手工业史资料》第二卷,第169页。
④ 邓少琴:《川江航运史稿·年表》(未刊稿)。
⑤ 邓少琴:《川江航运史稿·年表》(未刊稿)。
⑥ 邓少琴:《川江航运史稿·年表》(未刊稿)。
⑦ 邓少琴:《川江航运史稿·年表》(未刊稿)。
⑧ [日]西川正夫:《四川保路运动前夜的社会状况》,《东洋文化研究所纪要》第45册,1968年。
⑨ 姚贤镐编:《中国近代对外贸易史资料》第三册,第1395页。
⑩ 姚贤镐编:《中国近代对外贸易史资料》第三册,第1395页。
⑪ 杨灿雪等:《帝国主义洋行垄断下的重庆山货业》,《重庆文史资料选辑》(第3辑),1979年。
⑫ [英]华特生著,李孝同译:《重庆海关1892—1901年十年调查报告》,《四川文史资料选辑》(第9辑),1963年。

年　度	数量（担）	价值（海关两）	年　度	数量（担）	价值（海关两）
1892	3,806	40,619	1897	6,178	118,070
1893	5,147	55,347	1898	5,174	100,586
1894	6,416	84,132	1899	6,289	120,663
1895	5,410	96,152	1900	9,264	158,213
1896	5,752	129,099	1901	8,070	159,812

帝国主义分子还以重庆为基地，把手伸向偏远的山区。以羊毛为例，羊毛来自打箭炉和松潘，多运往美国，用以织毛毯。十年间出口情况如下表：

年　度	数量（担）	价值（海关两）	年　度	数量（担）	价值（海关两）
1892	10,478	62,870	1897	23,696	174,167
1893	10,768	69,989	1898	19,108	150,951
1894	19,031	134,743	1899	7,018	50,580
1895	15,057	99,377	1900	13,401	93,804
1896	21,977	145,046	1901	16,824	242,542

除1899年羊毛贸易由于受到藏边部落骚动的干扰而出现明显下降外，其余年份均稳步增长。十年中最高年的数量较1892年的数量增加了一倍多，而价值增长却达2.8倍，说明羊毛价格增长是较快的。在此基础上，重庆海关的报告，还进一步提出了掠夺西藏羊毛的问题，对增加出口数量寄予很大希望。

帝国主义洋行垄断重庆山货后，加速了西南内地农副产品的商品化过程。由于我国当时工业落后，农副产品中的大批工业原料很少被利用，价格也低，一直没有被当作商品经营，从而使洋行插手，有隙可乘，有利可图。外国洋行来重庆后，通过买办等中间环节，深入边远产区，黑白猪鬃、水黄牛皮、羊皮、杂皮、牛羊毛、漆蜡、白蜡、丝筋、茧巴、牛骨、棕丝、生漆、梓子、芋片、青麻、木油、牛油、鸭毛、鹅毛、人发、肠衣等等，都成了洋行的收购品种。农副业因受到利润的刺激，纷纷扩大这些产品的生产，许多原来弃而不用或价格低廉的山货品种，顿时身价百倍。这对于农村经济的活跃，以及民族资本经营的山货加工销售字号的产生和发展，在客观上都有不同程度的促进作用。但是，外国洋行利用他们的垄断地位，或者对某些品种长期压价、杀价，或者先抬价收购，后拒绝再收，致使贩运商和农民遭受严重损失，带来深重灾难。如光绪末年，日商日森洋行在重庆高价收购空桐树，于是远近农民纷纷砍伐，源源运来。然而，日商在收购几批后即拒不再收，并拖骗委托代收商户的货款。结果，大批空桐树堆集在临江门的镇江寺、储奇门的老关庙、大溪沟的搭扒会馆等地,一钱不值。①

正是由于出口的大量增加,重庆和资本主义世界市场建立了密切的关系,与出口有关的行业随世界市场的涨落而兴衰。1907年春,重庆牛皮"市价高昂,贩者往内地收买,捷足先行,亦复不菲。讵料美国财政聚绌,上海积货过多,以致价值顿减,闻业者中道而止"②。

以上情况表明,正是由于重庆开埠,与国际间贸易的建立,帝国主义把重庆、四川以至西南市场都纳入了资本主义世界市场,四川逐步沦为帝国主义的商品市场和原料供给地。

---

① 中国人民政治协商会议四川省重庆市委员会文史资料研究委员会:《重庆文史资料选辑》(第3辑),1979年,第52页。
② 彭泽益编:《中国近代手工业史资料》第二卷,第295页。

第三章 重庆民族资本的发生和发展

随着封建社会内部商品经济的发展,在明清之际,中国已经孕育着资本主义的萌芽,如果没有外国资本主义的影响,中国也将缓慢地发展成为资本主义社会。然而,自鸦片战争开始的帝国主义侵略,打断了中国资本主义独立发展的进程,把中国封建经济纳入了半殖民地半封建经济的轨道,使中国资本主义在新的条件下发生、发展起来。这正如毛泽东同志所说:外国资本主义侵入"不仅对中国封建经济的基础起了解体的作用,同时又给中国资本主义生产的发展造成了某些客观的条件和可能。因为自然经济的破坏,给资本主义造成了商品的市场,而大量农民和手工业者的破产,又给资本主义造成了劳动力的市场"[①]。

重庆资本主义产生于重庆开埠同时。最先出现在火柴业中,随后扩及丝纺、棉织、玻璃、矿业、航运、电灯等行业。现分述如下。

一 火柴业

(一) 企业一般情况

森昌字号 据巴县知县周兆庆呈川东道详文称:"窃日本自来火厂,本系川商卢干臣等在彼开设,嗣因日人自款专利,不许华人贸易,始经卢干臣等禀请将器具运回卑县地方开设,经卑职议请试办,禀奉各宪咨明总理各国衙门准行案。两年以来,制造已渐精美,地方亦尚相安。随又于大溪沟另行招股设厂,与原设之王家沱共系两厂。"[②] 这两个火柴厂就是森昌泰与森昌正。最早移设重庆的时间在1891年(光绪十七年),在批准设厂的同时,曾获得专利二十五年,"川省地界不得踵设争利"[③]。两厂资本八万两,年产硫黄火柴126,000箱。[④] 据《中国近代工业史资料》第1辑(下)记载:森昌泰设于光绪十五年(1889),森昌正设于光绪十九年

[①] 毛泽东:《毛泽东选集》合订本,第589~590页。
[②] 《森昌字号火柴厂商卢干臣等呈请采购川磺禀》(光绪十八年八月二十八日),附《巴县呈川东道详文》,引自《四川保路运动档案选编》第63页。
[③] 《渝报》光绪二十三年第3册,第17页。
[④] 孙毓棠编:《中国近代工业史资料》第1辑(下),第995页;杨大金:《近代中国实业通志》(上),第298页。

(1893)。我们认为,光绪十五年(1889)系森昌泰创设于日本的年代,这在日本东亚同文会编《支那之工业》中有记载。而森昌正设于光绪十九年(1893)的记载则是不准确的。因为以上所引1892年巴县知县的呈文中已明白讲到,1892年以前森昌字号已有两厂。1891年的重庆海关报告上也载明:重庆"现有两厂经营,工头是宁波人。磷、玻粉等料来自上海,木材和硫黄取自当地。作火柴盒是雇用很多妇女儿童。火柴质量低劣,不足抵制外货"①。这里所谓两个厂,很可能就是指森昌泰与森昌正。

聚昌自来火公司 该公司大约创办于光绪十九年(1893)。这一年二月十四日,李鸿章致总理衙门电称:"顷接川东黎道(庶昌)电称:渝城聚昌自来火公司甫整理有绪,不料怡和洋行近从上海贩到洋火数十箱,经聚昌查获,扣留一箱,不准发卖。"可见重庆这时已有了一个名为聚昌的自来火公司。②

立德燧火柴厂 1900年由周坤培借英商招牌开设。因与森昌、聚昌所请专利不符,四川总督奎俊饬川东道严加惩处。年底经巴县令张振之审断,将该厂顶与森昌旧厂。洋商招牌亦为英人收回。③

丰裕火柴厂 1902年(光绪二十八年)设立于江北溉澜溪,有资本10,000元,出产硫黄火柴,最高月产量150箱,销售重庆、江北、遂宁、涪陵、长寿、忠州、江津、丰都、万县。有工人440人(男工40,女工200,童工200)。④

扬海珊火柴厂 1903年巴县秀才扬海珊租德国商牌在南纪门外晒坝设立。⑤

东华火柴公司 1904年日本竹川与江津卞小吾于兜子背设立的火柴工厂。资本20,000元,制造硫黄火柴。⑥

惠利火柴厂 1905年创办,资本1.4万元。商办。⑦

到1911年时,四川全省"设有九家火柴厂,其中有六家在重庆,有两家是日本公司,有一家是德国的"⑧。

---

① 中国人民政治协商会议四川省委员会、四川省省志编辑委员会:《四川文史资料选辑》(第6辑),第239页。

② 孙毓棠编:《中国近代工业史资料》第1辑(下),第997页。但同书第2辑(下)第714页则说,聚昌厂创办于1894年。

③ 汪敬虞等编:《中国近代工业史资料》第2辑(下),第1126~1127页。

④ 张肖梅:《四川经济参考资料》,第R120页。另据日本东亚同文会编著的《支那之工业》记载[见《中国近代工业史资料》第二辑(下),第888页];该厂创办于1905年,资本2.8万元;又据《近代中国实业通志》(上),第298页:该厂资本2万元。

⑤ 《东方杂志》第一卷第十号"实业",第182页;汪敬虞等编:《中国近代工业史资料》第2辑(下),第1127页。

⑥ 《东方杂志》第一卷第十一号"商务",第141页;汪敬虞等编:《中国近代工业史资料》第2辑(下),第188页称:该厂创办于1905年。

⑦ 汪敬虞等编:《中国近代工业史资料》第2辑(下),第888页;《近代中国实业通志》(上),第298页:资本1万元。

⑧ [美]施特劳奇著,李孝同译:《重庆海关1902—1911年十年调查报告》,《四川文史资料选辑》(第11辑),1964年。

（二）产销情形

原料之一的硫黄有相当部分仰赖外国进口。森昌字号在创办初期，均需"挟资而往购办洋磺，每岁不下七八万斤"①。其他厂商，莫不如此。后因洋黄价值贵于土磺，加以运费甚巨，于是搀和川黔硫黄使用，依靠洋黄的局面才有所缓和。1905年时，只需每年以银三四万两购买洋黄即可②，然而，直到辛亥革命，重庆火柴业也未能最终摆脱进口洋黄的境地。③

工厂工人纯系手工操作，以女工和童工为主。据《中国近代工业史料》估计，1894年重庆森昌、聚昌两个企业共有工人1,200人，约占当时全国火柴业工人人数3,400人的35%④。随着生产的发展，工人人数迅速增加。"光绪二十三年（1897年）两厂做工贫民逾万人，工人日获钱三百文。火柴日渐畅销，入股者分息颇厚。制造土货，抵制外货为最有成效。"⑤

十九世纪九十年代，重庆只有森昌、聚昌两家火柴企业。它们在制造和推销方面获有二十五年的专利权，工厂的全部生产都必须按照固定的价格卖给火柴业公会。公会再分发给商人经销，并从中抽取价款10%的回扣金。这一期间，重庆供给四川和邻省的火柴，每年销售总值在二十五万两以上，获利甚丰。为了保证两厂利益，禁止中国人输入外省火柴到重庆。而对外国入口商，则允许携带火柴，自由贸易。但因重庆火柴价廉物美，有效地抵制了洋货，比较牢固地占领了四川全省乃至西南部分市场。⑥ 由于获利丰厚，又进一步刺激了投资。两厂开始突破重庆地界，向外发展，占据更大的市场。1900年，两厂"禀请川督，移咨滇黔督抚，于滇黔交界处，各设分厂一所，以省运费，业蒙允准"；1901年，两厂"禀请关道，于嘉定，泸州增设一厂，已经批准"⑦。

到了二十世纪初年，四川全省已设有九家火柴厂，所有火柴由拥有二十五年专卖权，类似于"贩卖辛迪加"的"华洋统销公司经手"，每厂每年产量均有限制。⑧ 1907年重庆六家火柴厂又合立了一家公司，由赵资生总理一切。⑨ 重庆商业集团在华洋统销公司中实行有利于本身发展的政策，对公司内的县办小企业，如泸州溥利火柴公司、广安州信诚火柴厂，多方限制。⑩ 对外地大公司运销火柴来川，也要"勒归统销，加抽重费"⑪。

---

① 四川省档案馆编：《四川保路运动档案选编》，第62页。
② 《重庆商会公报》丙午第一号"论说"，第5页。
③ 《帝国主义洋行垄断下的山货业》，《重庆文史资料选辑》（第3辑），第68页。
④ 孙毓棠：《中国近代工业史资料》第1辑（下），第1200～1201页。
⑤ 《渝报》光绪二十三年第4册。
⑥ 汪敬虞等编：《中国近代工业史资料》第2辑（下），第1152、1171、714、1129页。
⑦ 汪敬虞等编：《中国近代工业史资料》第2辑（下），第1152、1171、714、1129页。
⑧ 汪敬虞等编：《中国近代工业史资料》第2辑（下），第1152、1171、714、1129页。
⑨ 《东方杂志》第四卷第六号"实业"，第163页。
⑩ 《商务官报》宣统元年三月二十五日。
⑪ 《商务官报》宣统元年九月二十五日。

从上述重庆火柴业的产销情况，我们可以看出以下一些问题。

（1）1911年以前，重庆乃四川火柴业中心。重庆的火柴业不仅执全川乃至西南火柴业之牛耳，而且在整个近代中国的火柴业中，不论就产生的时间，还是工人人数、销售市场来讲，也占有相当重要的地位。

（2）重庆资本主义火柴业的产生，是外国资本主义侵略的直接结果。重庆开埠以前，洋火已经进入了四川市场。先后有瑞典、德国、日本火柴①，夺我利源。以川商卢干臣为代表的一批爱国商人"为挽回中国利源起见"②，创办了森昌字号等火柴企业。"很难设想外国制品能与这样低的价格相竞争。"③ 据《重庆商会公报》统计，1905年，重庆共卖出火柴"二万箱之谱，约值银三十二三万两。除购洋来法司（黄磷的音译，一种火柴原料，当时需要进口——作者注）三四万金外，亦能挽回二十余万两之利权"④。反映了中国民族资本的反帝性质和作用。

（3）1891年，森昌字号的火柴厂开办，同年立德乐也从天津招工来渝开办猪鬃加工工厂，这些中外工厂内的工人就构成了重庆最早的工人阶级。因此，重庆工人阶级既是从外国经营的企业中产生的，也是与民族资产阶级同时产生的。在这一点上，重庆与全国是一致的，具有共性。但工人阶级的产生较之资产阶级的产生来讲，又具有个性。就全国而论，鸦片战争以后的十九世纪四十年代，中国工人就首先产生于外国企业之中。而中国资产阶级到十九世纪七十年代才在外国资本主义和中国封建主义的夹缝中开始产生。重庆地处内地，受到外国资本主义侵略较晚，因此，工人阶级和资产阶级是同时产生的。

二　棉纺织业

十九世纪末期，四川棉纺业已经开始遭到破坏，而"棉织业遍及全省，具有比较普遍的趋势"。至于重庆，它"本身不是一个制造中心，除湖北省外，还从江北各县取得土布的供给"⑤。但是，到了二十世纪初年，这种情形有了一些变化。

重庆开埠以后，在洋布、洋纱的冲击下，洋纱代替了土纱，从而把四川手纺业和手织业强制割离开了。而用洋纱织布，则引起了重庆附近织布工厂的兴建，又开始把手织业强制从农业经济中分离出来，使城镇手织业也遭到了破坏。

（一）机器纺纱计划的提出与破产

重庆开埠以后，洋纱陡增。在开埠的最初几年中，"每年多则60,000余包，少

---

① 姚贤镐编：《中国近代对外贸易史资料》第2册，第1181页。
② 四川省档案馆编：《四川保路运动档案选编》，第62页。
③ ［英］华特生著，李孝同译：《重庆海关1892—1901年十年调查报告》，《四川文史资料选辑》（第9辑），1963年。
④ 《重庆商会公报》丙午年第一号"论说五"。
⑤ 彭泽益编：《中国近代手工业史资料》第二卷，第247页。

则 40,000 余包，每包计重 320 斤。其价高至八九十两，低至五六十两，每年售银约三百余万两，以十年计之，则三四千万两矣"。重庆，"城厢内外商贾绅粮谈及洋棉纱利益，无不叹息"。

1893 年（光绪十九年），重庆招商局委员候选县丞叶秉良向川东道黎庶昌痛陈利权外溢之害："查其消（销）路，尚止川北一隅，业经如此巨数，若待各处为内地接踵畅消（销），则更不止此数也。照此利流外洋，非止漏卮难填，直如江河奔海。"因此他提出："中国棉花性暖温和，盛（胜）于洋纱"，"今据绅商等意见，拟在重庆城外，亦须仿上海纺纱公司章程，先以集股开设机器纺纱局，每股派资本渝平票银二百两，共集股二千五百股，共计资本银招集五十万两为止。民间见中国棉花所纺棉纱共相喜悦，消（销）路必广"。他认为，这样做，"虽不能力挽狂澜，亦足以中流砥柱"。"从此挽回利权，裕国便民，莫此为最。"同时，他提出了参照上海、汉口等机器纺纱织布局章程制定的机器纺纱织布公司章程。

川东道黎庶昌曾经出洋日本，对兴办新式工业颇有兴趣，立刻抄录章程上禀南北洋大臣并将军、总督。他认为，叶秉良所请开设机器纺纱织布公司之举，"诚为中国挽回利权起见"，只是"此举事端宏大"，要求斟裁。同时，他又拟"招致前成都机器局委员高启文来渝，派赴上海、武昌，将中国所设两织布局底细查明，件件确核"①。

1895 年，建立棉纺织厂的具体计划形成。拟筹资金一百万两，此时已筹集了四十万两，建厂基地已买妥，并在上海开始磋商购置机器事宜。

这个庞大的计划没有在重庆商人中得到预期的响应，认购股票很不踊跃。他们认为：1. 重庆、成都之间虽有一些地方种植棉花，但供不应求。在当时种植鸦片获利很大的情况下，棉花产量绝无增加的可能。2. 纱厂所用棉花，大部分需由外地运来，所恃的唯一运输工具就是民船，航运任何时候都可能发生困难和危险，势必会影响原料供应。3. 重庆的工资并不比武昌低，因而进口成品纱或许比重庆本地自造更便宜。

虽然重庆商人不甚赞成这个计划，四川总督鹿传霖却决心要实现它。1896 年官方在重庆设局招股。经过多方劝说，又认购了五十万两，其后就再也无人认购了。与此同时，与洋行订购机器的合同也终于签订。

正当这一计划即将实施的时候，户部复咨四川总督，反对职官入股或参与这个计划。因此，建厂工作迅即停止，并且再也无人承头兴办了。②

（二）资本主义棉织手工工场的勃兴

与官方推行机器纺纱织布厂的困难处境形成鲜明对照的是棉织业中资本主义工

---

① 以上引文均见《川东道抄发重庆招商委员叶秉良集股开设机器纺纱织布公司札文》附禀文，光绪十九年九月初五（1893 年 10 月 14 日），《四川保路运动档案选编》，第 64~65 页。

② ［英］华特生著，李孝同译：《重庆海关 1892—1901 年十年调查报告》，《四川文史资料选辑》（第 9 辑），1963 年。

场手工业的勃兴。鸦片战争以后，我国早已产生了资本主义萌芽的手工业，如纺织业、煤矿、冶铁、铁器制造、井盐、瓷器等业，除少数行业外（如井盐、瓷器业），多数都遭到极为严重的破坏。但是，自十九世纪七十年代自然经济开始解体以后，由于扩大了销售市场，涌现了大批廉价劳动力，使一些原有行业的手工工场又有了某些发展；同时，为适应市场的需要，又产生了一批新的资本主义手工工场。重庆棉织业手工工场就是在这个背景下应运而生的。这时期，重庆兴办的资本主义棉织手工工场有以下一些。

吉厚祥布厂　1900年（光绪二十六年）由印用卿独资创办于江北沙湾，使用木机二十四台织布[①]，用"五福商标"[②]。

纺织公社、裕源厂和裕济公司　十九世纪末期，重庆洋布进口大增。"光绪二十五年入口税册，布匹占金额十分之四，漏卮极大，利权有关"，因而富顺县举人泸州学正孙荣、职员傅英芝、文生何光祖、监生张柱臣，抱禀徐贵等人，为"维工商而挽利权"，于1900年在重庆设立纺织公社，另造新式木机；其后，1901年又在渝设立裕源厂，"仿造洋葛巾，经纬匀净，毛绉齐整，货高价廉，各商争购"。1903年，张柱臣"另创灵巧便捷之木机、梭机往来不用手抛，运用自然，事半功倍。较中国旧有机头用力省而成功速，比外洋各种汽机成本少而功用并"。所织宽布"线扣紧密，布片均洁。货色之佳与洋来者无稍辨，价值之廉较洋来者为尤减。"随着技术的改进，生产的发展，他们又打算在重庆设立裕济公司，并要求清政府给予裕济公司以宽布专卖权，核定专利年限，发给凭照；报商部外部立案，照会各国领事存案备查。经巴县知县报请重庆府宪审批，认为"以挽利权，殊堪嘉尚"，但因上海、汉口早已开机器纺纱织布之风，不能再给专利，只准公司受到地方官府保护。[③]

振华毛葛巾公司　1902年（光绪二十八年）川商白汉周等"随带工匠二人游历日本，博采各国制造货物。遍览之下，惟织毛手巾一宗，易学易精"，"行销本国足以抵制外洋来货，则利源不致外溢"。于是将两工匠留日本学习，于1903年学成回渝。同时"购买织毛巾机器运渝，照样制造二十余架。开设昌华公司，精工织造，货色比较东西洋无异，畅销获利，外洋之货无客贩办来渝"。后来，昌华公司易名为振华公司。[④]

幼稚染织厂　1904年（光绪三十年）由高少农独资创办于南岸觉林寺。初用木机，民国后拥有铁轮织机105台。注册商标"宝塔牌"。该厂系觉林寺充公之款

---

　　① 重庆中国银行：《重庆之棉织工业》，第248页。
　　② 张肖梅：《四川经济参考资料》，第4页。
　　③ 以上引文均见《孙英等创制新式木质纺织机呈请专利设立公司禀文》光绪二十九年十月三十日（1903年12月18日），《四川保路运动档案选编》，第70～72页。
　　④ 《振华毛葛巾公司创议毛葛巾帮章程帮规呈巴县禀》，光绪三十二年十一月二十八日（1907年1月12日），《四川保路运动档案选编》，第77页。

所办，款由市商会保存。外有织袜机、织花机等。①

富川织布厂 1904年（光绪三十年）创办于南岸呼归石，拥有铁轮机30台。②

复原布厂 1905年（光绪三十一年）由曾应之创办于江北簸箕石，拥有铁轮机105台。③

重庆实业富川公司 1906年"业经开办，近已造成织布机数部，就近招致织手，其成品为斜纹花旗等布，颇觉匀细，足与洋货颉颃"④。

协利 1908年苏炳章创办于南岸弹子石，拥有铁轮织机105台。⑤

福泰公（江北蜀华布厂） 光绪末年创办于江北上关厢新登口，资本八千元，注册商标"双凤牌"。民国后改为"蜀华布厂"⑥。

此外，1905年江北、巴县织洋葛巾的工场亦有二十余家，每年共织六万打，值银约五万两。⑦ 1906年，巴县商董赵资生，聘用东西教习各一名购置织机数十架，在南岸五桂石招工设厂织花布、宽布和斜纹布，量多质好。⑧

自重庆开埠到辛亥革命的二十年间，重庆棉织业的生产技术进步较快。"逊清光绪以前，多为农民业余兼理，所用织机，纯为丢梭木机。……扯梭木机，在前清末年，已自省外传入。……其生产效率，则倍增于丢梭木机，且能仿制外洋宽布，由是织布之家，多弃丢梭而不用。"⑨从丢梭到扯梭，是生产技术的一个进步，发展到了木机极盛的时代，即光绪末年至宣统初年，重庆引进了一批来自于日本和国内其他地区的铁轮织机，从木机到铁轮机，更是生产技术上的重大进展，因此生产效率的提高更为显著。但和整个棉织业相比，使用铁轮机的仅为少数。只是到了"民八前后，欧战方酣，外来货源较少，遂给铁轮机以发展之机会"⑩，才最终完成了从木机到铁轮机的过渡。

在产品品种上也显示了巨大的进步。首先应该提到的是，1903年裕源厂使用自造木机开织宽布，并且品质优良，足可与洋布抗衡。到1904年已能织出头等、二等、三等粗布等种宽布，"均以华旗为牌，宝星为号。较之洋布，货美价廉，且无上胶筑粉等弊"⑪。此后，其他厂商也开始织造宽布。其次是毛（洋）葛巾的大量织造，毛葛巾即毛巾，它的大量使用，标明重庆人的日常生活用品构成也开始了

---

① 重庆中国银行：《重庆之棉织工业》，第248页；张肖梅：《四川经济参考资料》，第R4、18页。
② 重庆中国银行：《重庆之棉织工业》，第248页；张肖梅：《四川经济参考资料》，第R4、18页。
③ 重庆中国银行：《重庆之棉织工业》，第248页。
④ 《广益丛报》光绪三十二年第15号"纪闻"，第8页。据马绍周先生讲，此系童子钧的企业。童后任上海蜀商公会代表。
⑤ 重庆中国银行：《重庆之棉织工业》，第248页。
⑥ 张肖梅：《四川经济参考资料》，第19页。另据该书第4页：该厂创办于民国元年；《重庆之棉织工业》第247页也持此说。
⑦ 《重庆商会公报》光绪丙午年第1号"论说"，第5页。
⑧ 《东方杂志》1906年第11期"实业"，第200页。
⑨ 重庆中国银行：《重庆之棉织工业》，第3、6页。
⑩ 重庆中国银行：《重庆之棉织工业》，第3、6页。
⑪ 《四川官报》甲辰第24册"新闻"，第2页。

变化。

由于重庆得天独厚的地理位置,其棉织手工工场发展的速度是较快的。根据《中国近代手工业史料》统计,在初创期的1900—1905年间,重庆的织布厂占同期全国创办的织布厂总数30%以上;直到1911年,四川其余地区也不见有这类布厂创办。可见早在七十年前,重庆就已成了四川省第一个以资本主义手工工场为基础的棉织中心。1936年编制的《华中区四省棉纺织品产销调查报告》称:"清末,四川是一个输入棉花和棉布的省份,其后机纱输入日增,手织业遂逐渐普遍的发展起来。……重庆、江北、嘉定、巴县、隆昌、资州、成都、万县都是年产十万匹以上的重要区域。"① 这里虽然说的是辛亥革命以后的情况,但如果没有辛亥革命以前的重庆棉织业较早的发生和具有较好的基础,要达到这个程度显然是不可能的。

应该指出的是,近代重庆棉织业是在半殖民地、半封建的土壤中初步发展的。这种发展,一方面说明重庆在外国资本主义的刺激下,资本主义性质的新经济正在出现,另一方面又表明了四川农村经济正在遭到破坏。重庆开埠后,先是洋纱代替了土纱,把四川手纺业和手织业割裂开来;接着又是用洋纱织布的工场在重庆兴建,开始了把手织业从农村经济中分离出来,使城镇手织业也遭到破坏,四川的劳动人民在帝国主义的侵略下,生计日趋艰难,失业破产增多,社会问题随之更加严重了。

三 缫丝业

丝业是四川的传统手工业,已有数千年的历史。② 十九世纪中后期,四川蚕茧主要出产在保宁(阆中)、顺庆(南充)、潼川(三台)、成都、绵州(绵阳)、雅州(雅安)、眉州(眉山)、嘉定、资州(资中)等地,蚕丝以家庭手工缫制为主。北销陕西、山西、甘肃、北京,南销云南、贵州、广西,此外在湖南、湖北也有销场。"1871年有六千包四川丝从上海运往外国。"③ 川丝首次进入了国际市场。

1880年,四川缫丝业已有二千厂家从事生产,年产量六千担,约占同期全国各省缫丝厂家的第三位和年产量的第五位。④ 这些厂家,主要集中在成都、嘉定、重庆、顺庆。⑤ 1883年,经由重庆输出的川丝价值即达四百二十八万两。⑥ 四川丝业已呈现出区域化发展的形势。由此可见,重庆缫丝业原来已有了一定的基础。

重庆开埠后,缫丝业蓬勃发展,成为全川民族资本经营的主要行业。

---

① 严中平:《中国棉纺织史稿》,第263页。
② 参见《蜀锦史话》编写组:《蜀锦史话》,四川人民出版社,1979年版。
③ 彭泽益编:《中国近代手工业史料》第二卷,第90、91、100页。
④ 彭泽益编:《中国近代手工业史料》第二卷,第90、91、100页。
⑤ 彭泽益编:《中国近代手工业史料》第二卷,第90、91、100页。
⑥ 姚贤镐编:《中国近代对外贸易史资料》第三册,第1495页。

由于外国资本加强了工业原料的掠夺,生丝出口的需要量有所增加,刺激了四川资本主义在缫丝业中的发展。1902年,陈宛溪在潼川办裨农丝厂,是四川民族资本主义性质的缫丝厂之始。① 1907年(光绪三十三年),渝商王静海前往潼川开设永靖祥丝厂,"改良缫法,颇著成效"。"该厂成丝运沪,每箱卖价比在潼川土法缫丝可多售银一百七八十两以至三百两,获利甚厚。"该厂样丝送交法国里昂商会检验,被认为"实系匀细光泽,且丝质强韧,尤合机器织造之用"。一时,"该厂为通省丝业观听所系"。后来由于王静海兼营的匹头、钱庄生意于1908年冬倒闭,亏累十余万金,无力兼营丝厂,因而歇业。旋由重庆劝业分所劝业员李和阳认股二万两,渝商赵资生认股银一万两,加之申借官款银一万两,"又扩充办法另借官款银六万两",于1909年顶下永靖祥,"定名为潼川锦和丝厂,设总号于重庆",由李和阳等经理;潼川业务仍由前任管事刘方谷继续经办。②

重庆本地创设丝厂虽说稍晚一点,但一经开始,其发展便相当迅速。

蜀眉丝厂 1908年由同盟会会员石青阳创设于南岸界石乡,采用日本进口的蒸汽机械缫丝,乃四川缫丝业使用蒸汽机械之嚆矢。石青阳办厂的目的主要是为革命提供掩蔽之处,因而未能专力经营,罕有成效。不数年辍业。③

重庆诚成丝厂 1910年6月30日(宣统二年五月二十四日)由商人吴征恕开办。当年集资五万两,有摇车、八尺锅炉、引敬(擎)机、宰眼机、擦床机、荡干机各一架,胡车一百架,雇用女工四十余人,江苏技师一人。所用蚕茧购自合江、綦江、贵州等地。"所缫样丝寄申,已经各洋商考验,与洋庄相合。"④

旭东丝厂 二十世纪初年,合川人张明经在重庆磁器口创设恒源丝厂。甫经建立,即遭火灾。乃由渝商温友松全部接买,加以修整。从宁波聘请机器师乐阿英夫妇来渝,由乐负责安装机器,其妻担任缫丝的技术训练工作。当时技术工人缺乏,丝厂所需要的又都是青年女工,一般家庭都不愿意青年妇女在外"抛头露面",故初期愿意来厂工作者甚少。厂方通过乐妻与当地妇女以"拜姊妹"等方式,多方串联,邀约进厂,多方传授,于是风气渐开,逐步推广。温友松见有利可图,遂于1910年继续重建新厂,扩大经营,名旭东蒸汽机械缫丝厂(简称旭东丝厂。该厂名有人由英文转译成"日升")。该厂从日本购有五十套缫丝设备,厂长由温让泉担任。老厂为旭东第二厂(后停办)。其后,旭东丝厂日渐扩大,因盐业、匹纱业巨

---

① 尹良莹:《四川蚕业改进史》,第346页。
② 《四川劝业道知照同意拨借官本扩充潼川丝厂札》附详文,宣统元年三月十六日(1909年5月5日),《四川保路运动档案选编》,第79~81页。
③ 温少鹤:《回顾重庆生丝业》,《重庆工商史料选辑》(第3辑),第2~3页;朱之洪等修、向楚等纂:《巴县志》第十二卷,第5页。
④ 《四川劝业道为重庆诚成丝厂免征本省厘金札》附详文,宣统二年七月二十四日(1910年8月28日),《四川保路运动档案选编》,第87~88页。

商黄锡滋占股最多，乃改名为天福丝厂。①

鞍川丝厂 1911年创办于重庆江北。使用女工。有工人470人，直缫车470台。②

由上可见，在外国资本主义侵略的刺激下，重庆缫丝业在原有基础上，有了相当迅速的发展。不论是工厂家数，技术设备，工人人数，还是经营管理，产量产值，在四川缫丝业中都占有明显的优势。因而，重庆不仅是四川棉纺织业中心，也是四川缫丝工业的一个中心。重庆的缫丝业成为四川民族资本经营的第一个使用机器的工业行业。它带动了四川其他地区缫丝业的资本主义化，为辛亥革命以后四川丝业的蓬勃发展奠定了基础。（民国二十七年，重庆缫丝厂已占全川缫丝厂家的35％，缫丝车占全川丝车的34.5％。）③

四 电灯业

自煤油入蜀以来，因其远比桐油、菜油灯亮，故弃桐油、菜油灯而点洋灯者逐渐增多。但煤油易燃，每每造成火灾，损失甚巨。十九世纪末期上海已兴办电灯业。1900年（光绪二十六年），教职郭祖桓、廪生彭雨潭、职员傅毓璋、潘鸿清等上禀四川商务总局，要求在重庆试办电灯。禀曰："职等窃见上海电灯，其明更甚煤油，并且有火之形，无火之质；既可收光明之效，又可免失慎之虞，实于地方大有裨益。况渝城商务日兴，各国纷纷云集。设本地舍此不办而外人亦必有办之者，利权旁落，诚为可惜。是以职等再四筹思，已集体万金，锐意试办。"而自办电灯，"诚为塞漏卮，开利源，有益地方起见"。但是，四川商务总局怕惹麻烦一推了事，札示巴县政府："教职郭祖桓等请在重庆试办电灯，究竟于地方民情有无疑阻，详细查明，据实禀复核夺。"④一查几年，再也没有音信了。

1907年，重庆绅商刘沛膏、赵资生（城壁）、李觐枫（湛阳）等人为"抵制洋油、开通风气"发起集股创办重庆烛川电灯公司。1908年该公司成立，选出总董张瑞堂、严宜之、曹漱珊主持公司事务。烛川电灯公司最初只有100千瓦直流发电机一部，无力敷设线路，仅能燃灯三百盏，供厂地附近少数住户和上半城几家大商店照明之用。

1909年，公司向商部呈准立案，取得三十年专利权。此时已集资三十万元，

---

① 温少鹤：《回顾重庆生丝业》，见《重庆工商史料选辑》（第3辑），第3页；汪静虞编：《中国近代工业史资料》第2辑（下），第802页；张肖梅：《四川经济参考资料》，第R22页载：天福丝厂拥有工人316人，直缫车312台，1910年建，创办人温友鹤，这个记载是不确的。
② 张肖梅：《四川经济参考资料》，第R21、22页。杨大金：《近代中国实业志》（上），第142页。
③ 张肖梅：《四川经济参考资料》，第R21、22页。杨大金：《现代中国实业志》（上），第142页。
④ 《四川商务总局饬查重庆试办电灯于民情有无疑阻札》，光绪二十六年六月二十六日（1900年7月22日），《四川保路运动档案选编》，第68～69页。

与英商安利洋行签订合同订购全部机械,其中锅炉、引擎系英国制造,电械、电料则由法国采购。与此同时,在太平门附近觅定厂地,动工兴建。由于购得400千瓦直流发电机一部,线路得以延伸到上半城一带的大街道,所发电量可供十六支光电灯一万六千盏。①

烛川电灯公司的建立,是重庆民族资本主义性质的新式公用事业之始。然终因财力、物力的限制和经营管理经验的缺乏,加之军阀、官僚无偿用电越来越多,以致灯光极度微弱。民间流传的消语:"好座重庆城,山高路不平。晚上电灯来,好象红头绳。"这是民族资本主义经济艰难发展的真实写照。②

五 川江航运业

帝国主义夺取川江航权后,接着就试航川江成功。然而,由于川江水险,他们并没有立即取到值得称道的商业性轮船客货运输成就。川江商业性轮运是由官商合办的"川江行轮有限公司"(又名川江轮船公司)开始的。

1900年,德商货轮"瑞生号"入侵川江,在崆岭险滩触礁沉没以后,各国洋商虽视川江航运为畏途,但侵略活动并没有停止,不时有外国工程师来往川江,上下探测。"光绪三十二年(1906年),法国工程司(师)苏格斯即斯密特,向外部呈请,指定由宜昌至重庆开办往来拖轮。迭经内外查核咨复,嗣该工程司(师)步步逼紧,使驻川领事在成都重庆要求甚急。"③

帝国主义的侵略行径,促使川人成立川江轮船公司,以保川江航权。"(光绪)三十二年(1906年)川护督赵(赵尔丰——作者注)始扎委周孝怀观察往下游一带调查,由渝借英兵轮上下行驶,测勘水道。因虑外人既难终却,曷若鼓舞蜀中绅商自行创办。能行,则我占先着,主权自有;难行,则以此谢客,断其希望。"周孝怀为此曾在重庆商会演说。"时,绅商皆以航事非所素习,不肯舍己芸人,浪投巨资,轻试险业。周观察复晓以外人兵轮日添,货轮再来,为地方深谋远虑,不可不隐寓筹防。利害攸关,大义所在,势难客已。若商力不足,公家愿以官款助成。唇焦舌敝。"可是,"商人私议,又以鄂纱厂电报商股至,见利时勒退为言。周观察始允详院出奏,永归商办。渝商无可推诿,只得勉从"④。1908年3月11日(二月初九日)成立了"川江行轮有限公司"⑤。

公司预定股本银二十万两,官四商六。根据这一原则,商股举赵资生(城壁)、

---

① 杨大金《近代中国实业通志》第530页载:烛川发电广发电容量500千瓦,资本80万元。
② 根据《中国近代工业史资料》第2辑(下),第741、880页;《川江航运史稿·年表》第10~11页;《重庆工商史料选辑》第一辑,第69页;《重庆商会公报》第四年第26号综合。
③ 《奏办川江行轮有限公司致武汉宜昌官绅士商船帮通启》,《商务官报》己酉第三十四册,第38页。
④ 《奏办川江行轮有限公司致武汉宜昌官绅士商船帮通启》,《商务官报》己酉第三十四册,第38页。
⑤ 邓少琴:《川江航运史稿》,《西南实业通讯》第5卷第5期。

李良谏、曾鼎勋、王泽等四人,官股派纽传善(重庆知府)、廷继(巴县令)、张令杰(重庆火柴统销委员)等三人,作为公司董事。① 在1908年至1909年不到一年的时间里,"计收入成都官股银四万两,又重庆绅商来股银四万五千四百余两,又川东各属绅商来股银二万四千七百余两,共收股银达十一万余两"②。公司向英国鸭绿厂(g. g. Tharuycrobt s.co)订购钢架钢甲轮二只,准备通航。

  公司购置的第一艘船名叫"蜀通"。它是一只拖轮,吃水三尺,在它旁边缚有一只平底货船,装载客货。"1909年10月19日,这只船在濮兰特船长的率领下由宜昌开行,于27日安全到达重庆。"蜀通轮除在冬季枯水季节停航外,1910年"蜀通"共航行十四次;1911年,达到每月平均航行两次,"总是货物满载和乘客拥挤"。它"除了给商业的鼓舞外,还有压低保险费的便宜,现今轮船运载货物的保险费为照价百分之一点五,而民航运载的货物为照价百分之四"③。"蜀通"轮的通航,开始了川江上商业性客货轮运的新时期。

  川江轮船公司虽属官商合办,但其主要成分仍为民族资本。第一,它是抵制侵略、挽救利权的产物,在半封建半殖民地的中国,它代表了一种新的力量。第二,在资本上,商股占有优势;在董事中,民族资产阶级居于多数,其中赵资生乃苏货帮势力最大的人,投资过烛川电灯公司、仪华仪器合资合股有限股份公司、江合煤矿、织布厂、锦和丝厂,曾任江合公司协理、总经理,重庆火柴公司经理,长期担任重庆总商会协理、总理、会长等职,是重庆工商界著名的头面人物之一。第三,这个企业具有中国民族资本主义的一般特点。为了抵制侵略、发展民族经济而诞生,是它进步的一面;但它与帝国主义、封建主义又有比较紧密的联系。具有讽刺意味的是,"蜀通"轮的船长竟然是濮兰特这个狂热地侵略川江的英国帝国主义分子。此人在1900年曾率领英国商船"先行"号抵渝,镇慑四川人民的反帝爱国斗争。此后十余年间又引领各国兵轮上下川江,罪恶累累。可是,川江轮船公司却认为他"向精航学","特以重价聘作川轮公司船主"。当时濮兰特任法国兵舰领江,合同日期将满,其他公司也企图聘他任职,因此,川江轮船公司还自诩他们的这一举动"亦釜底抽薪之法"④。殊不知濮兰特长期航行于川江之上,掌握了大量的水文资料,为帝国主义大规模入侵川江做好了准备。由此可见民族资本对外国技术的依赖性。公司与封建势力的联系则表现在商人无力独资经营,需有官股资助。同时还要得到官府的保护,听命于官府。1911年端方带兵入川镇压四川保路运动,"蜀通"即为运兵之船。⑤ 在公司创设的初期,因能获利,先后添置了"蜀亨""蜀和"

---

  ① 《四川通省劝业道委派川轮公司官股董事札》,四川省档案馆编:《四川保路运动档案选编》,第91页。
  ② 《川江行船有限公司报告》,《广益丛报》宣统元年六月初十日。
  ③ [美]施特劳奇著,李孝同译:《重庆海关1902—1911年十年调查报告》,《四川文史资料选辑》(第11辑),1964年。
  ④ 《商务官报》己酉第34册,第38页。
  ⑤ 中国人民政治协商会议四川省委员会、四川省志编辑委员会编:《四川文史资料选辑》(第2辑),第92页。

"新蜀通"三船。但"蜀和""新蜀通"先后遇险沉没,公司负债,只得将"蜀通""蜀亨"拍卖,宣告停业。① 民族资本的软弱性暴露无遗。

六 矿业

重庆采矿业中的民族资本主义企业也是伴随帝国主义侵略而产生的。

开埠以后,重庆绅商就开始在采矿业中进行投资。1894年,"重庆巨绅"就"凑集七百股,约三十万两,准备开采川西各矿"。但是,"此款尚不足举办,拟即派员至申,另招商股"。采矿所需的"抽水机器及冶炼大炉拟自日本购买,并拟延聘日本矿师指导采冶各工"②。

由于美、法两国相继来渝,"指索"南岸真武山吊洞沟、老君山煤矿,1899年(光绪二十五年),巴县知县张铎即召集城乡三里绅士会议,策划抵制。九月(阴历八月)由"举人文国恩等先事筹集股金一万一千四百两,设立四合公司"(全称"南岸矿务四合公司")③。从1900年起,"专办煤矿、兼淘沙金"④。

但是,"地中探矿,每有水火风三种险害,防不胜防,故人多视为畏途,不敢轻试"。于是1906年(光绪三十二年)"渝城某绅集议招股创立探矿保险公司,专保三种险害。凡经保者,一遇损害,即归公司赔偿"。当年集股达十余万元。⑤

1904年,英商立德乐开办华英公司,夺得江北厅五十年的煤矿开采权和建路权,并欺压百姓,为所欲为。江北、巴县士绅急谋抵制。大约在1905年,适有桂荣昌、杨朝杰、赵资生、唐赤城、唐凤来、文化成筹组嘉泰公司(又名江北矿务公司——作者注)。后因嘉陵、泰洪两江不能包括厅属全境,而"合州境内矿产亦丰,必将矿区扩大,始能防止外人"⑥,"于光绪三十四年(1908年)正月禀蒙川督更名江合公司(全称:江合矿务有限公司——作者注)……总号设重庆府城内,于江北厅分设办事处。股份总共川九七平银二十万两,每股五十两,共四千股,为股份有限公司,专事开采、运销煤铁矿产。宣统元年十二月初五注册"⑦。1908年四川总督赵尔巽在给农工商部的咨文中明确指出,江合公司为"官督商办"⑧。后来该公司以二十二万两的高价赎回了华英公司经营的江北厅煤矿,势力有所扩大。

---

① 朱之洪等修、向楚等纂:《巴县志》第十四卷,第10页。
② 孙毓棠编:《中国近代工业史资料》第1辑(下),第1165页。
③ 朱之洪等修、向楚等纂:《巴县志》第十六卷,第29页。
④ 汪静虞等编:《中国近代工业史资料》第2辑(下),第724页。
⑤ 《广益丛报》光绪三十二年第24册"纪闻",第10页。
⑥ 佚名:《江北县志》卷十,抄本。
⑦ 《商务官报》宣统元年第三十六册,第11页。
⑧ 中国民主建国会重庆市工商业联合会编:《重庆工商史料选辑》(第1辑),第14页。另据《中国近代工业史资料》第2辑(下)第872页引《四川经济》D60页记载:江合煤矿成立于1909年,资本21.5万元,性质商办,创办人文国恩。

此外，重庆除还有复兴隆等煤矿外，重庆绅商在省内其余地区也从事开矿活动。早在1894年，重庆巨绅就集资三十万两，准备开采川西各矿。1900年，又有"渝商傅裕章禀于商局，请将广安、涪州、南川等处生碳制（成）焦炭，转运出口，已经批准，惟机器未到，尚未开办"①。1899年、1900年间，重庆巨商李耀庭在蓬溪县试开石油。"有天顺祥商人（天顺祥是重庆巨商，后来的重庆总商会总理李耀庭经营的票号——作者注）自备本银，设立顺昌公司，在该处（蓬溪县）开挖油井。数年之间，颇有功效。惟于矿学有限，致所开之井，或数日而枯竭，或逐日而减少。"因此，"该公司业已派人前赴日本考查煤油矿学，俟考查归来再行督饬推广"②。

在辛亥革命前四川兴办的二十多个采矿业企业中，重庆绅商略占四分之一。虽不占多数，但他们在与帝国主义的斗争中取得的胜利，对四川近代历史产生了一定的影响，对全国的收回利权运动也是积极的响应。

七　玻璃业

重庆市的第一家玻璃作坊是1862年由广东人创办的。用重庆盛产的卵石粉、石灰、木炭末、木末和硫酸盐等玻璃原料，生产窗玻璃、亮瓦、鸦片烟灯罩。到1892年，这样的玻璃工场已发展到七家，每家约有工人十八名。产品行销全省。③

1897年10月27日商总杨全盛开办重庆玻璃公司。④ 该公司"发卖各色货物，价值极高，各铺因该公司有垄断之权，势不能不买"。这种封建性质的垄断，阻碍了产品的流通，以致在1901年造成了"消（销）场阻滞，折本颇巨"的局面，于是，重庆商家纷纷禀报清政府要求撤销该公司。⑤

1905年，玻璃工场已发展到十余家，产品仍归公司代卖，全年销售三万余两。⑥ 这一年，成立了东华玻璃厂，资本二万元。1906年，又成立了惠昌玻璃厂，资本三万二千元。⑦

1905年前，重庆虽已开始生产玻璃，但均系土法，"出品是最普通的和最脆弱的"⑧。1906年鹿蒿玻璃厂的创办，才在西南地区开始了使用现代技术设备，生产日用玻璃制品和高级美术玻璃器皿的新时期。

何鹿蒿，四川江津人，出生于一个拥有几百石田租的地主家庭。1903年，随

---

① 汪静虞等编：《中国近代工业史资料》第2辑（下），第723页。
② 《东方杂志》第一卷第八号"实业"，第127页。
③ 《重庆海关1891年调查报告》。
④ 《渝报》光绪二十三年第2册，第20页。
⑤ 汪静虞等编：《中国近代工业史资料》第2辑（下），第1154页。
⑥ 《重庆商会公报》丙午第1号，"论说五"。
⑦ 张肖梅：《四川经济参考资料》，第R128页。
⑧ 《重庆海关1801年调查报告》。

同四川官费留日学生，东渡日本。经友人巴县彭金门介绍，认识了安徽候补道徐锡麟，又经徐介绍，入东京岩城硝子厂（即岩城玻璃厂）学习玻璃技术。他善于结交，勤于钻研，学满三年，即掌握了玻璃生产的全套技术。① 1906年，各种器材购置齐全，返国在重庆江北刘家台老金厂创设鹿蒿玻璃厂，1907年正式投入生产。②

建厂初期，该厂拥有元炉一座（这座元炉及其二十余米的烟囱，是重庆最早出现的现代化工业熔炉建筑）、石坛（即坩锅）五只以及配套的各种模具和各种机床。1911年，加筑元炉一座，每炉石坛加至六只，使产量增加了一倍以上。所有机器设备，全赖日本进口。③

熔制玻璃的主要原料石灰取自当地。硅砂来自江津。纯碱系英国卜内门洋碱公司所产，购自重庆。所需其他化学原料，则全部仰赖日本供应。④ 至于煤炭，则由何鹿蒿与其内戚刘庆成合资二万两在江北海底沟开办仁记煤矿，以敷供应。

建厂第一年，该厂雇用日本技工久山、川北、冈田三人，每月工资六十元，食宿由厂方供给，与中国职工一体待遇，中药费用由厂方负担，每年可趁维修熔炉之际，休息一月，此外并无休假制度。⑤ 后因恃其技术，有意刁难，为厂方辞退。改由厂主何鹿蒿亲自教授。建厂初期，招收学生四五十人。随着工厂业务的发展，学生增至百人以上。在学徒期间，除食宿外，每月支付少许浆洗费，三年满师后，视其技术高低酌定工资，大约每月十余元。厂里另外还聘请了几位管事先生，专司营业和账务工作。⑥

该厂能够生产压机所制之各种杯盘、灯具，人口吹制之各种瓶罐，手工制造之各种花瓶，此外尚有各色美术磨花、印花、游花茶杯。产品一经问世，销路即很畅达。除云贵两省路程较远，运输不便，销商较少外，销路遍及全省。该厂在本市商场专门设有门市部，在成都东大街设有支店。城乡人民婚嫁无不争购鹿蒿产品以示阔绰，大有供不应求之势。每逢成都花会，鹿蒿厂都委托麻乡约（麻乡约是由信轿行、大帮、信局发展起来的一个运输行，依靠人力运输，活动遍及西南各省——作者注）⑦ 输送各色产品参加陈设、销售，备受欢迎。清朝末年，成渝两地举办赛会，鹿蒿厂参加三次，均获金质奖章。后来，四川劝业道又将鹿蒿产品选送参加巴拿马国际博览会，获得一等奖状。声誉大振，销场更旺。⑧

鹿蒿厂系何家独资经营，计有资本十一万二千元。⑨ 除在办厂初期，投资甚

---

① 何鹿蒿：《鹿蒿玻璃厂四十年回顾》，《重庆工商史料选辑》（第2辑），第177页。
② 何鹿蒿：《鹿蒿玻璃厂四十年回顾》，《重庆工商史料选辑》第2辑，第180~182页。
③ 何鹿蒿：《鹿蒿玻璃厂四十年回顾》，《重庆工商史料选辑》（第2辑），第179、181、186页。
④ 中国民主建国会重庆市工商业联合会编：《重庆工商史料选辑》（第2辑），第181页。
⑤ 中国民主建国会重庆市工商业联合会编：《重庆工商史料选辑》（第2辑），第180页。
⑥ 中国民主建国会重庆市工商业联合会编：《重庆工商史料选辑》（第2辑），第182页。
⑦ 中国民主建国会重庆市工商业联合会编：《重庆工商史料选辑》（第2辑），第158页。
⑧ 中国民主建国会重庆市工商业联合会编：《重庆工商史料选辑》（第2辑），第185、186页。
⑨ 汪静虞等编：《中国近代工业史资料》第2辑（下），第886页。另据《近代中国实业通志》（上）第195页载：鹿蒿厂有资本8万两。

巨,因亏损借债颇多外,此后随着销场的打开,年年获利。1906—1917年间为极盛时期,获纯利十余万元,仅1910年就高达二万元。何鹿蒿办厂的成就获得社会各界人士的广泛赞扬,有对联曰:"泛三神山得点金术,炼五色石夺造化功""顽石通灵造出琉璃世界,斯人不出谁收破碎河山。"①

以鹿蒿厂为代表的重庆玻璃业在辛亥革命前的产生和发展,在四川近代史上产生过积极的作用。首先,它抵制了洋货,挽回了部分利权。据1907年(光绪三十三年)《通商各关华洋贸易总册》记载:当年由重庆进口的外国玻璃器皿开始减少,原因即在于"本省玻璃厂仿造抵制所致"②。其次,它为辛亥以后四川玻璃业的发展奠定了基础。例如,1915年创立的彭县崇华玻璃厂,1918年创立的江北华洋玻璃厂,1920年创立的泸县光华玻璃厂以及成都、乐山、威远、犍为、万县,乃至云贵的一些玻璃厂,都是由原鹿蒿厂学生所办,其中不少人新中国成立后仍在厂里担任重要职务。③

首先,辛亥革命前重庆玻璃业的蓬勃发展与二十世纪初年的社会矛盾有密切的联系。辛丑以后,帝国主义的侵略进一步加深,从政治、经济、军事、文化上全面控制了中国。它们在进行资本输出的同时,一刻也没有放松商品输出的步伐。因此人民和帝国主义矛盾斗争的一个重要形式就是抵制外货,挽救利权。当年进口洋货中的玻璃制品多系日货。人民的反帝爱国斗争为华商产品打开了销路,鹿蒿厂正是这样一个"师夷长技以制夷"的代表。其次,清政府成了"洋人的朝廷",中国完全沦为半殖民地、半封建社会。人民对清政府腐败无能、丧权辱国痛恨已极,反清斗争风起云涌。为了缓和阶级矛盾,分化、拉拢民族资产阶级上层,清政府实行"新政":军事上练新军,办警政,文化上倡留学,办学堂;经济上,则鼓励华商办厂,采取保护、奖励民族工商业发展的措施。正是在这种有利形势之下,重庆鹿蒿厂得到了四川劝业道周孝怀(善培)的支持。建厂之初,损失巨大,几遭歇业,因周的介绍,才从铁路公司借款二万元,使生产得以维持。周善培又饬巴县硝商李晴香,按照成都机器局硫酸厂官方核定的低价火硝供应该厂,以减轻其成本。清末,关卡林立,有碍销售。1909年,特由周孝怀亲笔代拟呈稿,申请免税。经四川总督赵尔巽批示:"查华商机器局制造货物,出厂完一止税,概免重征,历办有案。将来出货渐多,运销外省,自应照案奉咨办理,此时请暂免本省境内厘税,系为提倡工业,鼓舞商情起见,应准暂免税厘二年,以示格外体恤。"④ 鹿蒿产品正是在免税厘后才得以畅销,在1910年获利创历史最高水平。⑤ 此外,当时我国尚无美术玻璃厂,鹿蒿产品与舶来品媲美,誉享中外;且该厂坚持薄利多销,经营管理也很有特色。

---

① 中国民主建国会重庆市工商业联合会编:《重庆工商史料选辑》(第2辑),第185、188页。
② 汪敬虞等编:《中国近代工业史资料》第2卷(上),第340页。
③ 中国民主建国会重庆市工商业联合会编:《重庆工商史料选辑》(第2辑),第183~184页。
④ 汪敬虞等编:《中国近代工业史资料》第2辑(下),第818页。
⑤ 中国民主建国会重庆市工商业联合会编:《重庆工商史料选辑》第2辑,第188页。

八 制造业

从上述七个行业的发展情况可以看出,这些近代资本主义新式工业的出现,构成了重庆民族资本主义经济的主体。与此同时,在其他工业行业中,民族资本主义也有了不同程度的发展,总称之为"制造业",综述如下。

长寿禁烟改种纪念公司 1909年创办,拥有资本二十三万八千两。"小麦用机器磨耷,所产面粉质优而洁白,销路甚畅。价格是制钱七十文一斤,比平常面粉略贵二十文。"① 日产面粉七百袋。②

奎明洋烛公司 1906年,由曾建棠等共同创办,仿制洋烛。"初办时尚未得法,烛心多致溜油。"后来"加工细致,每月约出五六百箱,每箱售银三两之谱,光明耐久,过于洋烛,故销场颇畅"③。

富川制纸公司 重庆人陈崇功留学日本,1905年参加同盟会后返渝,集资万余金,在南岸五桂石创办该公司。公司"专收一切无用草料及破布等项,以资制造",后来公司资本达十万两,专造洋纸、火柴盒用纸。并打算"俟造纸有成后,再行推广织布及制磁两宗,以广倡导,以兴实业"④。

祥合肥皂厂 1907年创办,华商经营,资本一万元,工人一〇八人,年产洗衣皂四千箱。⑤

重庆熔化工厂 二十世纪初年,重庆商人刘鹏高等即要求设立该厂,因家不殷实,又无资本,没获得清政府批准。1909年,重庆商人李元贞、高伯瑜、魏肇兴、颜椿祥报告,由李、高、迟三家,共出资本四万两,设重庆熔化工厂,提纯白银,铸成川锭。经重庆劝业分所李和阳禀请四川通省劝业道,得以批准成立。⑥

桐君阁熟药厂 1908年12月5日由重庆富商、鸦片烟贩许健安创办于重庆市鱼市口(现解放东路270号)。初期资本一万元,后业务扩大,逐渐增资。该厂当时经售制成品膏、丹、丸、散二百四十余种,炮制饮片(煎剂)四百余种。⑦

纸烟厂 据记载1907年,重庆"设有烟厂,但所造者只纸烟而已。此项纸烟,仿照俄式,是用日本机器制造","销路不甚兴旺"⑧。

---

① [美]施特劳奇著,李孝同译:《重庆海关1902—1911年十年调查报告》,《四川文史资料选辑》(第11辑),1964年。
② 杨大金:《近代中国实业通志》(上),第367页。
③ 《东方杂志》第四卷第六号"实业",第163页;《重庆商会公报》丙午第三号"论说"。
④ 《东方杂志》第三卷第八号"实业",第172页;杨大金:《近代中国实业通志》(上),第197页。
⑤ 杨大金:《近代中国实业通志》(上),第282页。
⑥ 《重庆劝业分所李和阳呈请李元贞等开办重庆熔化工厂铸钱禀文》宣统元年十一月初一,《四川保路运动档案选编》,第82~84页。
⑦ 中国民主建国会重庆市工商业联合会编:《重庆工商史料选辑》(第1辑),第109页。
⑧ 彭泽益编:《中国近代手工业史资料》第2卷,第340页。

瓦窑公司 1907年1月21日，巴县、江津贡生陈祖虞、职员李荣芳、监生周海平、绅粮敖蔚廷、两邑窑户程清源等二十六人，禀请巴县知县，要求设立，未能批准。①

龙王洞水泥厂 1910年，商办湖北水泥厂总理程祖福恳请在重庆府龙王洞设立分厂，结果不详。②

铁厂 1906年，巴县境内共有炼铁小炉五座，大炉二座。小炉每年约生产一百余天，出铁十六七万斤；大炉每年约生产一百二三十天，出铁三十万斤。除供应本县外，还远销嘉定、泸州。从生产规模看，当属工场手工业性质。③

制糖工场 一个外国人曾写道："我在长寿城附近看过一个制糖工场……这个工场大约雇了二十个工人，工资为每天六十文，另供伙食。"④

镪水公司 1901年川商尹尊三开设于重庆，仿制镪水，请准专利二十九年。⑤

九　其他

裕华仪器合资合股有限公司 据1907年的材料记载：二十世纪初年，新学之风渐遍中国，"不惟教员、教科书多自日本来，即学校用品几无一不来自日本者"。"夫器由人造，则阻碍教育之进步，岂可胜言；而巨大利源，亦恣人之吸引，无一挽救"。有鉴于此，重庆绅商邓徽绩、赵城壁（资生）、吕翼文等十人，于1907年发起成立了这个公司。该公司"先设售卖仪器文具店，购售东西洋成货，兼及图画书籍"；同时设厂制造仪器文具，"成一器则停购洋货一器"。计划集股十万元，规定："除非本国人外，无论何人皆可任意入股。"该公司企图发展成一全国性企业，因此，将总厂总店设在"居吾国之中，水陆四周"的汉口（河街龙王庙）。该公司先在成、渝两地设立分店，其他各省大埠，亦将设立分厂分店。⑥

果品公司 1906年，江津的冉某、谷某留学日本回川，聘一日人，在渝设立，生产一切果品食物。⑦

树畜公司 1907年，重庆商董赵楚垣等集股，在广元坝设立，"研究植树畜牧

---

① 《陈祖虞等设立瓦窑公司呈请立案禀文》，光绪三十二年十一月初八（1906年12月23日），《四川保路运动档案选编》，第76～76页。

② 《巴县转知县劝业分所查复湖北水泥厂总理禀请在辖境龙王洞建厂移文》宣统二年七月初三（1910年8月7日），《四川保路运动档案选编》，第85～86页。

③ 《巴县签催书差查报县境开办铁厂牌文》附书差禀，光绪三十一年十月二十五日（1905年11月21日），《四川保路运动档案选编》，第73～74页。

④ 彭泽益编：《中国近代手工业史资料》第二卷，第116页。

⑤ 中国人民政治协商会议四川省委员会、四川省省志编辑委员会：《四川文史资料选辑》（第4辑），第216页。

⑥ 《裕华仪器合资合股有限公司启》，《重庆商会公报》丁未第八号"告白"。

⑦ 《东方杂志》第三卷第八号"实业"，第173页。

新法，以为实验农学之地"①。

蚕桑公社 1907年，重庆的杜少瑶等在广元坝设立。"种植桑树，并派人赴浙购备桑秧，以便改良土种"②。

重庆开明建筑公司 1911年，该公司向清政府农工部呈请注册，并经批准创设。③

十 买办资本的发生

关于重庆买办资本经营企业的材料，所见不多，语焉不详，有待进一步发掘。就目前所见，主要集中在川江木船航运和山货两个行业之中，现略述如下。

（一）川江木船航运

十九世纪九十年代，重庆有人依靠英商太古洋行贷款二万两，开办了"太古渝行"（具体年代不详）；依靠英商怡和洋行贷款四万两，成立了"怡和渝行"（1896年）。

进入二十世纪，黄献樵向"日清汽船会社"贷款二万两，维持"大阪渝行"（1900年）；吴某又向德国"美最时洋行"贷款五万两，开设了"美最时渝行"，经营川江航运。④

（二）山货业

祥和庆 祥和庆是英商隆茂洋行第一届买办（也是在渝洋行所雇佣的第一个买办），由杨瑞卿创办。杨瑞卿是个基督教信奉者，曾到过日本。1905年底，隆茂洋行在重庆开设以后，杨就当上了替隆茂洋行收买择庄鸭毛的居间商。该行规定，凡给它买货的人，按金额付给百分之一点五左右的回扣。杨瑞卿因买货卖力而为隆茂洋行所器重，得钱不少。当杨瑞卿当了隆茂洋行买办以后，首先组织了祥和庆这家买办企业，为隆茂洋行洗制出口猪鬃，收购牛羊皮等山货，成为隆茂洋行里的主要"划子"和得力助手。⑤

新利洋行 1909年日本商人宫版勾结买办陈瑶章，创立于重庆。宫版是一个投机商人，登记注册了一个没有半文资金的"新利洋行"。宫版见重庆山货业务大

---

① 《东方杂志》一九〇七年一月九日"实业"，第234页。
② 《东方杂志》第四卷第三号"实业"，第49页。
③ 四川省档案馆编：《四川保路运动档案选编》，第94页。
④ 中国人民政治协商会议四川省委员会、四川省省志编辑委员会编：《四川文史资料选辑》（第4辑），第216页。
⑤ 中国人民政治协商会议四川省重庆市委员会文史资料研究委员会编：《重庆文史资料选辑》（第3辑），第61~62、65页。

有可为，找到了陈瑶章与之合作经营。陈瑶章独撑门面，总揽内外事务，玩弄"空中悬伞"的把戏，凭借其交际手腕，向重庆金融界活动资金周转。新利洋行经营山货出口品种之多，深入边区收货之广，都为同期各国洋行望尘莫及。在一个时期内，垄断了重庆的山货业。①

聚福洋行　名为洋行，其实全部股东均为本地商人。1908年，重庆商人彭彬臣、汤子敬合伙组织了长记堆店，经营羊皮。这一时期，重庆山货业为帝国主义所垄断。彭、汤两人为求发展，就仰赖于帝国主义的庇护。1909年，经董植安介绍，他们勾结日本人真庚于，改组长记堆店为聚福洋行，并向日本政府注册，挂起日本旗，冒充日商，专门经营羊皮运销。作为报答，聚福洋行每年给真庚于挂旗费一千二百两，每月还送与马费五十两。当时聚福洋行拥有资金一万二千两（汤子敬六千两，彭彬臣四千两，彭的合伙友徐玉亭两千两），由彭负经营全责，汤保证活动架面。该行垄断了全川羊皮经营，所出之"HB聚"唛头羊皮畅销国内外市场，业务盛极一时。到1915年为止，聚福洋行共获利一百万两之巨，为同业之冠。由于中国人民反对日本帝国主义灭亡中国的"二十一条"的斗争，吓倒了彭、汤等人，他们才不敢再挂日本旗，将聚福洋行改组为聚福长字号，业务不变。②

和东南沿海地区以及重庆民族资本相比，重庆的买办资本显得弱小一些。也许正因如此，重庆资产阶级的买办性才比较小，在发展实业，抵制洋货，挽救利权的活动中，才能一般都表现得较为坚决，收到较好的效果。

---

① 中国人民政治协商会议四川省重庆市委员会文史资料研究委员会：《重庆文史资料选辑》（第3辑），第61～62、65页。
② 中国人民政治协商会议四川省重庆市委员会文史资料研究委员会：《重庆文史资料选辑》（第3辑），第75～76页。

第四章　社会基本矛盾的激化，重庆人民反帝反封建斗争的高涨

一　重庆人民自发斗争的新阶段

还在重庆开埠以前，重庆人民就率先吹起了四川反洋教斗争的号角。1863年发生了第一次重庆教案。从此，四川人民的反洋教斗争此起彼伏，遍及全川东，"尤以川东彭水、酉阳州、丰都一带，斗争最为激烈"①。1886年，重庆又爆发了第二次教案，造成了"川东各起民团声言打教，其势汹汹"②的反帝洪流，直接影响并触发了大足余栋臣领导的反帝武装起义。重庆一开始就成了四川人民反洋教斗争的中心，具有反帝斗争的传统。

重庆人民的反帝斗争给了帝国主义和清朝政府以沉重的打击。美国驻华公使田贝（Denby·C.）承认："这一重庆'暴动'（指1886年第二次教案——作者注）是许多年来最激烈的一次。……美法英等国传教士的财产，都被'暴民'摧毁了。……所有教士都离开重庆到达汉口。"③以至几年后在重庆开埠的过程中，清朝官吏还心有余悸。（川督）刘秉璋在向朝廷的奏折中说："惟川东民情浮动，华洋之情扞格已久，办理尤属繁难。若过求搏节，恐多贻误。"④

为了靖弭四川人民反帝斗争，清朝政府企图利用各地绅士去骗诱群众。川东道"札饬各州县官，慎选公正明理之绅耆，恺切劝导乡愚，勿为奸人煽惑，再生事端，以致公私受累"，并"限以三年期满，凡外国设有教堂处所，如能概无民教滋事之案，既为禀请上宪，优加奖励。或给红花匾额，或给功牌顶戴，永为乡里之表率"⑤。但是，当1900年，义和团反帝风暴席卷中国北方之时，四川人民受到了很大的鼓舞，纷纷起来响应。他们从帝国主义勾结清政府血腥镇压义和团的罪行中，逐渐看出了要反对帝国主义的侵略，就必须同时进行反对卖国投降的清政府的斗争。这时，重庆人民又站在这一斗争的最前列。

---

①　李时岳：《近代中国反洋教运动》，第21页。
②　朱之洪等修、向楚等纂：《巴县志》第十六卷，第5页。
③　卿汝楫：《美国侵华史》第二卷，第599页。
④　王先谦编：《东华续录》"光绪"一百二，第19页。
⑤　《川东前任张蔼青观察渝民教相安示》，《渝报》光绪二十四年第九册，第9页。

1901年6月（光绪二十七年五月初一——初五日），重庆义和团首先发出揭帖，提出了"灭清、剿洋、兴汉"的口号。揭帖写道："今奉上帝令，灭清、剿洋、兴汉。行事多人协议，定今端午日戌时，天下各处，共期征伐，临时忽然起火为准。凡欲投者，在火起时，各执军器，将发剪短，只留寸长，勿包帕戴帽，以光头现短发为记。征伐时，见头现短发者全留，见头未现短发者全除。其各短发军，待天明听点后，每人每月给饷钱一千文，决不食言。预撒报文通知，其各一体遵行。"①这个揭帖肯定了用暴力手段反帝反封建的道路，表现了中国人民和帝国主义走狗清朝政府势不两立的坚强决心，促进了四川义和团斗争在全川范围内开展。综观1902—1911年间，四川各地义和团活动的情形，基本上是按照这一口号行事的。因此，这一口号具有纲领性和约束力。它表明，四川义和团的斗争，不是简单的承袭前次的人民反帝运动，而是在新的历史条件下，自发地反映了客观存在的社会矛盾的特殊性，从而使中国人民的革命事业向前发展和深入了一步。

　　特别需要指出的是，重庆地区人民提出的"灭清、剿洋、兴汉"的口号，就迄今所发现的史料来看，是义和团失败后，中国人民在继续奋斗中最早明确提出的反对帝国主义及其走狗清王朝的革命口号之一，与河北深州安平等地"联庄会"提出"扫清灭洋"口号同时，比著名的直隶广宗景廷宾起义提出的"扫清灭洋"口号约早半年以上②。列宁指出："每一个口号都应当根据一定政治局势的整个特点来提出。"③"灭清、剿洋、兴汉"口号的提出，首先是由二十世纪初年中国社会矛盾的特殊性规定的，同时也是十九世纪中叶以来，中国人民反对外国侵略者及其走狗的斗争的实践经验的总结。它首先出现在重庆地区，更是直接反映了重庆开埠以后，帝国主义对四川、重庆进行全面的疯狂的侵略活动，并由此而引起帝国主义和中华民族这一近代中国社会的最主要矛盾的加深。随着帝国主义侵略的不断深入，清政府完全成了帝国主义的走狗，又激化了人民大众与封建主义的矛盾。重庆人民自发地提出上述口号，在四川首次举起了把反帝反封建斗争相结合起来的旗帜。

　　"灭清、剿洋、兴汉"口号的提出，引起了清朝政府的极大恐慌。川东道宝棻称其为"言词极为狂悖"，"敢于目无君上，造言构乱，非同寻常"，并密饬各县州"团保差役，留心侦察。如有前项匪徒，在境散帖构祸，务连人帖板片，一并拿获，严讯禀办"。巴县政府自然按札"监保协拿"。清政府的镇压虽然暂时使重庆人民的反抗斗争转入低潮，但四川义和团起义的洪峰却在资阳和川西平原突起。1902年的重庆，仍然是"带刀匪徒及各处散勇，三五成群，在城乡街市及茶坊酒肆，任意横行。或假冒官差营兵，借端搕害，或乘间聚众，窃劫生事，甚至纠众烧会结盟，

---

①　四川大学历史系藏巴县档案："义和团专卷"。
②　根据袁世凯：《养寿园奏议辑要》卷16《复陈剿办广宗等县匪徒情形折》称："景廷宾始则传帖聚众，抗官击兵，继则竖旗造反，潜称伪号，甚至有'扫清灭洋'字样……"原奏景廷宾传帖集众的时间在1901年11月22日。
③　列宁：《列宁选集》第三卷，第107页。

并以邪术诱惑愚人，记名阴操，降神敛钱。种种不法，有干禁例"①。1904年还发生了反清朝厘金局苛索的全城罢市斗争。②

十九世纪末、二十世纪初，重庆地区人民的反帝反封建斗争，一方面是有了发展和提高，为今后的革命斗争准备了条件；另一方面则仍然处于自发斗争的阶段，因此，斗争的结果总是归于失败。但在这一时期，重庆已产生了民族资本主义，资产阶级的力量已开始积聚。历史已经发展到了这样一个转变关头，即旧式的群众骚动将要过时，代之而起的必然是资产阶级领导的民主革命运动的勃兴。

二　十九世纪末的维新思想和维新活动

十九世纪末，中国人民的反帝斗争主要表现为两股潮流：一是以劳动群众为主体的义和团反帝爱国运动；一是代表民族资本主义发展要求的改良派人士发动的维新运动。这两股潮流在重庆的表现，前者就是如前所述的重庆义和团的斗争；后者就是戊戌时期改良运动在重庆的兴起。

重庆开埠后，帝国主义开始了对四川的全面侵略。它们在破坏四川自然经济的同时，对刚刚产生的民族资本主义经济也进行了直接的摧残。在十九世纪八九十年代，重庆的火柴市场主要为日本占领，售价极低，每盒仅三文钱③。而民族资本工厂的产品，由于质量低劣，成本又高，故受到洋火的排挤，"不足抵制外货"④。因此，重庆民族资本主义刚一产生就命运多舛。而封建主义的压迫对它更是雪上加霜。清政府实行封建垄断和中间敲诈，"火柴厂的全部出品必须按固定价格售与火柴行会（火柴帮公所）。这个行会以火柴厂和商家之间介绍人资格出现，在售卖中享受厂方应收价款百分之十的回扣"⑤。并且禁止中国人从外地输入火柴。而"外国输入商"则"当然可以自由经营这宗物品"⑥。因此，民族资本要生存，要发展，就必须同帝国主义的侵略和封建主义的压迫做斗争。

在十九世纪末年，由于维新思想的高涨，西方先进的科学技术和资产阶级的新思想逐渐传入了四川。使长期闭塞的四川人民看到了"老大帝国"之外的一个新世界。重庆得全川风气之先，能首先呼吸到这一缕新鲜空气。民族资本主义在重庆的产生和初步发展又提供了接受和传播改良思想的社会条件。

《马关条约》的签订，日本得以插足重庆。尤其是允许洋船上驶重庆，允许洋人设厂制造，四川门户洞开，更直接地危害四川各阶级、各阶层群众的利益。士大

---

① 四川大学历史系藏巴县档案："义和团专卷"。
② 《东方杂志》第2年第1号"杂俎"。
③ 姚贤镐编：《中国近代对外贸易史资料》第2册，第1181页。
④ 《重庆海关1891年调查报告》。
⑤ 《重庆海关1892—1911年调查报告》。
⑥ 《重庆海关1892—1911年调查报告》。

夫纷纷上书，痛陈利害："蜀中山水险奥，物产富饶，从前轮舶未通，故洋货不至内充，民财无虞外漏，乃昔之重关复阻者，今则门户洞开矣。昔之食税衣租者，今则华离交错矣。……一二年后，立见洋产充斥，土物滞销，国课大亏，商民交病。"① 因此，反对帝国主义侵略成为当时各阶层群众的共同要求。重庆具备了维新改良思想传播的群众基础。因此，它就成了四川维新思想和维新活动的一个中心。

早期改良主义思想家宋育仁在重庆的活动对四川维新运动的高涨有重要的意义。

1896年，国子监祭酒张百熙上奏清廷说："今重庆既允倭人通商，准其随地制造，如不急兴商务，自保利权，无以护小民生计。……臣查翰林院检讨宋育仁，究心时事，眷恋大局。上年曾随使英、法、意、比诸国，充驻英参赞。精求外洋富强之术，著有记载数种，俱能洞达情势，晓习利弊。臣时访询工商各学，剖悉（析）精微，切要可行。且于川省情形最熟，兼本乡声望素孚，以之劝导本籍商民，妥筹办法，总理矿务、商务、集股、设行诸事，必能条理井然。兼系京绅，可与大小官吏随时晤商，大可通上下之情，联官商为一气。可否援照内务司员，充税关监督之例，请旨充川省矿务商务总局监督。"清廷采纳了张百熙的意见于5月1日（光绪二十二年三月十九日）谕："宋育仁着即前往四川，鹿传霖俟该员到后，将矿务商务与之逐一讲求。宋育仁应如何任用之处，奏明请旨。"②

同年③，宋育仁遵旨回川，"在重庆设商务局，兴办各类实业公司，先后开办洋车、洋烛、玻璃、烟卷、药材、白蜡、竹棕、青麻、煤油、煤矿、锑砂等公司"。其目的在于"保地产、占码头，抵制洋货，挽回利权"，主张"不招洋股，不借洋款，不动官款"，"官归官本，商归商本，分设官厂商厂，彼此各不相涉"，"官商股分开，各公司自主，商务局不过问"④。宋的这些主张，基本上成为当时创办新式企业的普遍原则。因而，有助于推动民族资本主义工商业在重庆，以至四川的发展。值得注意的是，宋育仁曾作为四川绅商的领袖，主持过一个拟议中的由上海、四川商人合办的"川省火油公司"。这种跨省的商办公司在近代四川史上还不多见，这至少能说明四川和我国东部地区经济联系的加强。⑤ 而宋育仁则成了当时四川绅商发展民族工商业的代表。

宋育仁到达重庆的前后，川督鹿传霖、川东道张华奎等清朝官吏曾为抵制洋货发起兴办棉纺厂。有的人曾针对重庆开埠所带来的严重后果提出过抵制外资侵略，

---

① 《吴给谏光奎奏请筹扩商务折附片》（光绪二十二年），《渝报》光绪二十三年第6册，第2页。
② 《张祭酒百熙筹办四川矿务商务折》（光绪二十二年），《渝报》光绪二十三年第7册，第2～3页。
③ 宋育仁到渝时间，徐溥先生写的是1896年3月，见《社会科学研究》1979年第5期，第24页。而《渝报》光绪二十三年第7册所载上谕："宋育仁着即前往四川"，是1896年5月1日的事，故宋育仁到渝时间应当在这一年5月1日之后。
④ 宋育仁：《上恭亲王书》《复陈四川商务折》，见徐溥：《早期改良主义思想家宋育仁》，《社会科学研究》1979年第5期，第24页。
⑤ 《渝报》光绪二十三年第12期，第3页。

发展民族资本，抨击洋务运动的主张。1896年张百熙指出："近年洋纱入川，商民已阴被重害"，"查川省土货，百物齐备……一经倭人垄断，民生立绌，厘税日亏，及此各立公司，制造售销，商民各自成行，外洋自难挽入。"至于矿务，"由官招商，必致裹足，专由官办则公帑成本有限，不敷周转，且设局必多，委员必众，开销既巨，侵渔群起，必致亏累，终无成效。竟归商办，川省素乏巨万富商，众商亦难相信。莫如以绅董商，设立总局，妥定章程，督率各商就产矿各地，兴设公司，自行集股开厂，官但设卡稽查，按炉抽课"。因此，他要求清廷"饬下四川督臣延举绅士，于商务、矿务两大端，实力举办，以期收成效而保利权"①。而他保荐的川省矿务商务总局监督正是宋育仁。给事中吴光奎也指出："行销外洋之货，杜其随地制造，须自行制造，以兴利源；行销中国之货，杜其设行营运，以保商业；洋货充塞土货，有妨民生，须自收土货，仿制洋货；口税充塞厘金，有妨国课，须筹添口税，暗补厘金。""非自设公司，振兴商务，不足以杜充越而塞漏卮。"在这个思想指导下，他提出了三项具体办法：（一）"在重庆设立商务局，联络商民，招集股份，择冲要之地，开设织纺绸布等厂，购买机器，通力合作，听商民赴局贩运，平价以广招徕。凡属商局土货，并请援上海织布局等奏定章程，只在本关报完正税一道，此外概免厘税，以轻成本。"（二）"设立公司，仍由绅督商办，就产石油地方，用西法开采，聘洋匠炼制火油，用机器制造洋烛……定限十年，只准华人附股，不准另行设局。"（三）"由商务局招商集股"，设立玻璃厂，"以敌洋产而辟土货"，并且和张百熙一样，要求"由督抚选举地方公正绅士，奏办商务，总持其纲"②。吴光奎的这些主张得到了清廷的应允，并令川督鹿传霖"斟酌情形，迅筹兴办"。鹿传霖接旨后，立即报告了他和张华奎在渝兴办纺纱厂而未成的经过，并进一步提出了新的计划：（一）在重庆开办机器缫丝、铸银圆、制钱三事，其中缫丝一项系由商办，铸银圆和制钱两项，概由官办；（二）"在重庆设立通商局，遴选公正绅士经理，联络商人，切实讲求，设法议立公司，以期推行尽利。"并具体推荐兵部候补郎中李本方，刑部候补主事乔树枏，主持其事③。这些主张虽然出自封建官吏，其目的在维护封建统治，但它客观上顺应了历史潮流，反映了中国资本主义要求发展的趋势，成了那个时代改良运动的一部分，因此，有一定的进步性是显而易见的。

在宋育仁等人的倡导下，一些具有改良思想的士大夫也纷纷撰文，鼓吹发展工商业。刘书晋在《生财非敛财论》中，抨击了洋务派造成的流弊和清政府苛税虐民政策，提出"今为中国策生财之道，莫先于富中国之民；欲富中国之民，莫先于塞漏卮，莫先于尽天下之地力；欲尽天下之地力，莫先于从事机器"④。他把发展工业，使用机器，作为尽地力、塞漏卮、富国民的首要条件和解决国家财用不足的主

---

① 《渝报》光绪二十三年第7册，第2~3页。
② 《渝报》光绪二十三年第6册，第2~4页。
③ 《渝报》光绪二十三年第8册，第2~3页。
④ 《渝报》光绪二十三年第6册。

要手段。在中国封建社会里,传统的经济政策是"重本抑末""重农抑商",它严重阻碍了中国社会的发展。十九世纪末期的重庆士大夫已察觉到了这一点,并提出了自己的主张。梅际郁在《四川商情答问》中历数了在封建束缚下商务发展的艰难和封建政府对商人的榨取,他十分感慨地说:"呜呼!英兰一隅,拓属土者数万里;搏(扶)桑一岛,致勃兴者二十年,所执何术而至于此?彼璪璪于西人之末技者,可以悟矣。"① 当时所谓的商务,指的是包括近代工业在内的民族经济。在这里,梅际郁更多的是站在民族资产阶级的立场上,以英国、日本为榜样,要求改变传统的"重农抑商""重本抑末"的政策,提高商人地位,减轻封建官府对民族工商业的束缚和榨取,以便更自由地发展资本主义的民族经济。尤其可贵的是,梅际郁主张中国要发展民族经济,必须注意提高中国人民的爱国觉悟,要以"贫弱见侮"为耻,并奋起雪耻。同时他明确宣称:"商务"的目的全在于"与外人争利"。从而把发展民族经济的要求与中国人民团结御侮的爱国事业联系在一起。斯大林曾经指出:在年轻的资产阶级看来,市场是基本问题。它的目的是要销售自己的商品,战胜与自己竞争的异族的资产阶级。因此,它力求保证有本民族的市场。因此,"市场是资产阶级学习民族主义的第一个学校"②。梅际郁的主张反映了正在要求发展的中国民族资产阶级企图通过"商战",在中国市场排除外国侵略势力,建立本民族市场的愿望。这种资产阶级的民族主义思想,对抵抗外国资产阶级的商品倾销和经济掠夺是有积极意义的。

宋育仁为了在四川传播维新思想,于1897年11月在重庆创办了《渝报》。这是四川维新人士同全国维新运动相呼应,为全国维新运动推波助澜,广泛地向群众灌输资产阶级思想的开端。也是四川的第一家爱国主义报刊。

《渝报》是一家完全民营的报刊,每月三册,共出版了十六期。馆址设在重庆白象街(后迁来龙巷)。总理宋育仁,协理杨道南,正主笔巴县潘清荫,副主笔巴县梅际郁。该报除零售外,在省内成都、嘉定、叙府、绥定、顺庆、保宁等二十二个州县,省外北京、天津、上海、南京、福建、广东等二十六个地点设置了代派处。它的经费来自私人募集和报费收入。成立之初即有宋育仁、黄肇青等人捐款,重庆最大票号天顺祥的老板李耀庭、干菜匹头帮的头面人物曹漱珊、白蜡公司、尊经书局、蓬州崇实学堂也曾捐资协助。③ 该报先后收到的捐款达四千六百余两。从这些捐款人中我们便能看出《渝报》为民族工商业代言的端倪了。

《渝报》以介绍国内外政治形势、经济形势,宣传改良思想为己任。它的章程规定:"本局为广见闻,开风气而设。凡有关经世时务,中外交涉条约"皆予刊印。同时"代发官书局《汇报》《时务报》《万国公报》并印发各种时务书式,新译外国书及刻近人新著时务书"④。曾代派上海《时务报》、长沙《湘学新报》、澳门《知

---

① 《渝报》光绪二十三年第7册,第15~17页。
② 斯大林:《斯大林全集》第2卷,第302~303页。
③ 《渝报》光绪二十三年第1册。
④ 《渝报》光绪二十三年第1册。

新报》等重要维新报刊。《渝报》痛陈时局，指出："英专我利权，俄执我兵枢，法管我船政，德据我铁路，中国脂膏，若辈所欲啄也。天下郡县外人之传舍也。"①可见，《渝报》的中心任务在于宣传"时务"。在维新人士看来，当时主要的"时务"就是变法维新，救亡图存。这是《渝报》选登文字、发行书刊的首要标准。

《渝报》从第三期起连载发表了《时务论》，作为该报的主题。宋育仁在《时务论》中批评洋务派官僚所谓"外须和戎，内须变法"的调子是"舍本而逐末"。又抨击封建顽固派官僚说："谓立子孙之朝，不宜变祖宗之法，为此言者，有似于忠且敦也，实则妨贤病能而不恤国家之急者也。"他提出了学习西方定天下之疑，统一思想，定变法维新的大计。

《时务论》还提出了"君民共治"的主张，推崇西方的两院制，主张改变君主专制制度，代之以资产阶级的君主立宪制度，并代表民族资产阶级上层人士要求实行议院制，"选士于商"，参加政权。在经济上，则提出了在四川设工厂，修铁路，行轮船等发展资本主义的设想。

《渝报》刊载了国内的变法消息和维新主张，而且较广泛地介绍和翻译了关于西方及日本政治、经济、军事、文化方面的著作，如《新闻纸》《伦敦学校岁报》《外国学校数目》《论日工学校》《列国东洋舰队》《英国炮表》《中西权度比较表》，等等，单从这些标题我们就可以看出，这些新的材料传入重庆，乃至四川，将给思想界带来多么大的震动。《渝报》以它丰富的内容，为研究四川近代史提供了很有价值的资料。

应该指出的是，宋育仁是一位早期的改良主义思想家。由于四川封建势力的牢固难破，他们这批人还拖带着一条长大的封建主义尾巴，其主张仍然拘泥于"中学为主，西学为辅，中学为体，西学为用"。这在《渝报》里也是有反映的。然而，通观《渝报》的篇幅，属于变法维新、介绍西洋文化教育和科学技术的上谕、奏议、论文、译文、新闻等占百分之九十五以上，维新色彩鲜明，变法主张强烈；而明教尊孔之文，则寥寥几篇。因此，我们认为，《渝报》这个作为甲午战后，瓜分大祸迫在眉睫，变法维新，救亡图存成为历史的主流的产物，对四川所起的思想启蒙积极作用仍然是主要的，值得肯定的。

1898年，宋育仁被聘为四川尊经书院院长到了成都，《渝报》出版到十六期，即行停刊，改出工商小报《渝州新闻》②。宋到成都后，即组织蜀学会，出版《蜀学报》。从《蜀学报》阐扬的主旨看，它实际上是《渝报》的继续。

维新思想的传播给万马齐喑的四川思想界以巨大的震动，给闭塞的四川吹入了一缕新鲜空气，"渐释"西南人民的"固闭之心"③。重庆维新运动的活跃，表明了四川民族资本势力首先在重庆崭露头角。一批反映民族资本主义发展要求的士大夫

---

① 《渝报》光绪二十三年第3册。
② 朱之洪等修、向楚等纂：《巴县志》第七卷。
③ 梅际郇：《说渝报》，《渝报》光绪二十三年第1册。

在深重的民族危机中,学习西方,探索救亡图存的道路;在国病民贫,利权旁落的困境里,觅寻富国强兵的航灯。尽管年轻而又先天不足的资产阶级的代表人物被空前严重的民族灾难所逼仓促上阵,只能追求在不根本触动封建统治、承认皇帝存在的这个必要前提下做某些改良,但其爱国意义确是不能否定的。他们在封建专制的淫威之下,提出的争取一定程度的资产阶级民主的主张,他们在迷信愚昧的囚笼之中,发出的学习外国先进技术的呐喊,他们在洋货狂潮的袭击下,起而设立工厂,预筹抵制的举动,犹如滚滚雷声,惊醒了千千万万关心祖国命运的人们。四川资本主义势力尽管力量弱小,极不成熟,但它的代表人物仍然大胆地第一次表达了它急欲挣脱帝国主义、封建主义的枷锁,以求发展的愿望。如果说十九世纪末年资产阶级改良运动是中国的一股新潮的话,那么上述重庆的维新活动则掀起了它在四川的第一朵浪花。

维新运动是资本主义产生和初步发展的必然结果。它造成的四川近代史上第一次思想解放的潮流,所起的巨大启蒙作用是不能因戊戌维新运动惨遭慈禧太后为首的封建顽固势力所镇压而被遏制的。年轻的资产阶级革命家邹容,少年时代正值维新运动在重庆高涨。他就是通过《渝报》等新书报而深受维新思想的影响,关心国事,厌弃科举①。当他得知维新志士谭嗣同被杀害的噩耗时,悲愤不已,题写了"赫赫谭君故,湖湘士气衰。惟冀后来者,继起志勿灰"②的诗句表示悼念。决心效法谭嗣同冲决罗网,继续奋斗。资产阶级的维新思想最先把邹容引进了时代的漩涡。梅际郁、杨庶堪等人也正是经过了这场运动的洗礼,最终踏上了民主革命的征程,成为辛亥革命时期资产阶级革命派在重庆的领导人。

由于重庆的资本主义发展水平居全省之冠,也由于宋育仁到成都任尊经书院院长,使四川的维新运动中心由重庆西移成都。到了二十世纪初年,重庆的改良主义思想虽仍有一定市场,但革命思想更得到迅速传播,产生的影响也较改良思想大一些,从而使重庆的资产阶级倾向于革命,而较少保守思想。在辛亥革命中,几乎整个重庆资产阶级都站在革命一边,建立了以同盟会会员为主的资产阶级革命政权——蜀军政府。而不是像成都那样,出现立宪派势力强大,而革命力量相对薄弱的局面,一度出现一个立宪派与旧势力妥协、沆瀣一气的大汉四川军政府。

三 重庆总商会

(一) 重庆总商会的成立

建立商会,提高商人地位,从而振兴商务、发展资本主义,是当时中国民族资

---

① 邹传德,邹传参:《邹容的家庭及其思想》,《重庆文史资料选辑》(第12辑),第89页。
② 邹鲁:《中国国民党史稿·邹容传》。

产阶级追求的目标之一。经过资产阶级维新派长期的奔走呼号,在百日维新的高潮中,1898年8月21日,光绪皇帝下令,"设立农工商总局于京师";8月29日又"命刘坤一速筹商会办法,并令各督抚查明沿江、沿海商贾辐辏之地设立商会"①。然而,好景不长。9月下旬,以慈禧太后为首的封建顽固派反扑过来,囚禁光绪帝,杀害六君子,随后几乎全部废止了新政。10月9日,"罢经济特科,废农工商总局"②。刚刚激起的一点发展资本主义的热情,一下子又被打入了冰窟之中。

1901年签订的《辛丑条约》,使得帝国主义列强从政治、经济、军事、文化上实现了对中国的全面控制;而清朝政府则成了帝国主义的忠实走狗,奉行"量中华之物力,结与国之欢心"的投降卖国政策,中国完全沦为半封建半殖民地社会。在二十世纪初年,清朝政府实行了所谓"新政",它的整个精神是赋予中国政治以更多的买办性。同时也企图缓和统治者和人民的矛盾,分化民族资产阶级,因而采取了一些客观上有利于民族资本主义发展的措施。中央设立商部,地方建立商会就是这种措施之一。

1903年,清朝中央政府设立商部,负责统一管理全国农、牧、工、商、路、矿等项事宜。当年该部就上奏清廷,陈述中国商务之弊:"中国历来商务素未讲求,不特官与商隔阂,即商与商亦不相闻问;不特彼业与此业隔阂,即同业之商也不相闻问。计近数十年间,辟商埠三十余处,各国群趋争利,而华商势涣力微,相形见绌,坐使利权旁落,浸成绝大漏卮。"而泰西各国,"向重商学,列为专门。其为商人者,皆以经营贸易之图,视同身心性命之事用。能任重致远,凌驾五洲。日本地处亚东,风气早辟,虽其物产之盛,不逮中国远甚,而商业蒸蒸日上,亦颇足与欧美抗衡。纵览东西诸国,交通互市,殆莫不以商战角胜,驯至富强。而揆厥由来,实皆得力于商会"。他们认为,"商会者,所以通商情、保商利、有联络而无倾轧,有信义而无诈虞。各国之能孜孜讲求者,其商务之兴,如操左券"。因此,中国要图"振兴商政","当务之急非设立商会,不为功夫"③。因此拟订了《商会简明章程》二十六条,经清廷批准在全国施行。作为封建政府,认识到商务在与列强竞争时代的作用,进而允许商人成立组织,鼓励发展工商,明显地表现了封建统治者,不能不采用对日益成长的资产阶级让步的办法来缓和矛盾,苟延残喘。

谕旨一下,全国各地纷纷行动。1904—1905年间,北京、上海、广东、汉口、山西、山东等地纷纷设立了商会④,到1906年,全国至少已有四十六个城市建立了商会⑤。

《商会简明章程》规定:"凡属商务繁富之区,不论系会垣、系城埠,宜设立商务总会。"明确规定重庆和天津、烟台、上海、汉口、广州、厦门这七个全国最主

---

① 梁启超:《戊戌政变纪事本末》,《中国通史参考资料·近代部分》下册,第62、67页。
② 梁启超:《戊戌政变纪事本末》,《中国通史参考资料·近代部分》下册,第62、67页。
③ 《商部奏劝办商会酌拟简明章程折》,《东方杂志》第1卷第1期"商务",第1页。
④ 《东方杂志》第1卷第12期、第2卷第2期、第2卷第7期。
⑤ 《广益丛报》光绪三十二年第24册。

要的商埠,"均作为应设总会之处"①。据此,重庆开始筹办商会。

1904年8月9日(阴历六月二十八),重庆商务分局总办周静庵约同川东道台和巴县知县,"邀集各客帮,饬令公举商董,每帮二人,以便会议商务"②。不久即"举得匹头帮五人,药材帮二人,充当商董"③。重庆一埠,原来有八省首事,由每省商帮公举一人,遇事官商交涉事件,皆由八省首事经管。1905年,川东道贺元彬,令各行帮公举"素晓商务、办事强妥者八人",会同八省首事,均作为重庆总商会会董。④

根据《商会简明章程》,总商会设总理,协理各一人,"应就地各会董事齐集会议,公推熟悉商情,众望素孚者",其责任是"保商振商"⑤。因而重庆商界公推号称"西南首富"的重庆最大票号天顺祥的老板、分省补用知县李正荣(李耀庭)为总理,陕商候选布经历杨怡为协理。择定三忠祠为重庆商务总会会所。1905年10月17日开会,订立了重庆《商会简明章程》十八条,并将总理、协理、会董的衔名报川督转商部立案。重庆总商会正式宣告成立。⑥重庆商会的总理、协理和会董都是"手创商业卓著成效"(才品),又"系行号巨东或经理,每年贸易往来为一方巨擘"(地位),经商已满五年,并年届三十以上(资格),得到各商所推重的人。⑦他们作为重庆工商界的代表,周旋于官绅之间。直至辛亥革命时期,除李正荣、杨怡任过总商会总、协理外,赵资生、舒钜祥任过会长,黄大福(锡滋,钱、盐、匹、纱帮)、魏德宣(诩丞,匹头帮)、古绥之(德福,山货帮)、文化成(光汉)等人在商会中担任过一些职务。

《商会简明章程》对商会机构和活动有若干详细的规定,"总商会设有商事公断处,每遇处理各帮纠纷时,重庆的知府或亲往参加,或派员出席,并担任监督,商会会长和本帮的帮董则为主要的仲裁者,处理办法决定后,则由知府交给巴县县堂执行,商民莫敢违抗"⑧。

重庆总商会的创立,给重庆工商界带来了发展实业的希望,尤其是商人地位的提高,对他们更是极大的鼓舞。他们在总商会创办的《重庆商会公报》上撰文说:"近数年以来,我国人士怵于民生之日蹙,国计之日绌,深见夫商务窳败,殊难立国于商战之世也。遂力变向者贱商之积习,速谋振兴之策,创商部于京师,分遣大臣于内地,以考察商务事宜。而商会之设,几遍行省,凡所以整顿商务与保护商人

---

① 《东方杂志》第1卷第1号"商务",第5页。
② 《四川官报》甲辰第21册"新闻",第2页。
③ 《四川官报》甲辰第24册"新闻",第4页。
④ 《四川官报》乙巳第13册"公牍"一。
⑤ 《东方杂志》第1卷第1期。
⑥ 《四川官报》乙巳第13册"公牍"一。另据《广益丛报》第5年第4期"纪闻"称:"重庆商会创于光绪甲辰(1904年)九月,惜三忠祠内设立开会。"
⑦ 《东方杂志》第1卷第1期。
⑧ 刘闻非等:《重庆钱帮公所的由来》,《重庆工商史料选辑》(第5辑),第128页。

者，其用意固不谓不远矣。"① 重庆总商会成立后，从 1906 年开始筹款购买土地，建造会所，是年冬，"屋宇落成，内外厅事宏敞静洁，另有高楼大厦"。还"拟设商业学堂"。又"以余地略置亭榭花木，借资点缀风景"。颇有一番发迹景象。会内大门、大厅等处皆挂上楹联，以言心志。大门的楹联是：

启守对涂山，与当时万国衣裳一般商会；
卜邻依圣域，问门下千秋货殖几个传人。

大厅外的楹联是：

合五洲为大午台，看梯航毕集，中外交通，二十纪际会风云，几辈英雄造时势；
仗群材创新世局，踞巴蜀上游，轮流灌注，四百兆富强基础，中原元气在商情。

正厅外的楹联是：

商战有何奇哉，只期补塞漏卮共谋公益；
会心不在远也，要识挽回大局各保利权。

正厅内的楹联是：

商量二十纪权宜，与欧美人争一点雄心，思将地宝运输，路线西来通蜀道；
会际数千年创局，倘梁益部增几分特色，窃愿星球移动，日光东转照龙旗。
登高一呼，直召唤四百兆同胞共兴商战；
纵目环顾，好凭此数千年创局力挽利权。

对厅的楹联是：

古人忠愤，异代略同，借热情规划商情，要与前人分一席；
天下兴亡，匹夫有责，望大家保全时局，莫教美利让诸邦。②

这些楹联的内容虽充满了资产阶级因缘时会，唯利是图的意识和实业救国论的调子，但在当时，明确地表示了重庆资产阶级兴"商战"，塞漏卮，保利权的爱国心肠。重庆总商会把资产阶级的力量汇聚起来，将共同的要求集中起来，无疑地有利于中华民族的反帝事业，并在一定程度上促进了这一神圣事业在重庆以至全川的高涨。

（二）从《重庆商会公报》看重庆总商会的政治、经济倾向

重庆总商会成立以后，创办了《重庆商会公报》，由广益书局发行。该报目前已很难见到，仅重庆图书馆藏有数册。但从中仍可窥见重庆总商会的政治、经济

---

① 《重庆商会公报》丁未第 8 期。
② 以上引文和楹联均见《广益丛报》第 5 年第 4 期"纪闻"。

倾向。

该报倾向于改良主义。他们以庸俗进化论的观点来论证中国实行君主立宪的必要性。认为，"泰西数十百年以来，有新法，有新书，有新学，有新人，遂能阐发新理，鼓荡新机，而为我华人顿新其耳目"，因而"中国亦何独不能开五金之利则矿务一新，缩万里之程则铁路一新，新银钱则鼓铸遍于各埠，新制造则陶冶通于域中。农则新其种植，而东郊南亩有象怀新；士则新其弦歌，而家塾党庠，知新温故；商则新其互市，而往来交易咸与维新；工则新其艺能，而组织文明，新奇必创"。只要如此，就能使中国"立其宪政则国体新矣，删其法律则民命新矣，科举废则人材新，科学立则教法新，改官制则考绩新，练武技则戎行新"，从而"涤其旧污，新其国政"①。基于这个认识，他们对清朝政府采取的一些改良姿态，大唱赞歌。当时，慈禧太后于宫中设立了纺织所，令妃嫔在其中习艺。《公报》发表专文大加吹捧，"此实千古非常罕觏之盛举，为慈圣所独创，超越曩昔，信亚东帝史之光哉！"

重庆总商会的这些人毕竟从事工商业，直接受到资本帝国主义的经济侵略，因此揭露帝国主义的侵略和掠夺，探求中国贫弱的原因是该报的一个重要论题。《四川大宗土产急宜改良说》指出：帝国主义"陆则据我之运道，水则侵我之航权，制器奇淫，日新月异，甚至羽毛骨角，日用纤维，无一非中国四万万人之漏卮，而为六七强邻之利薮也。变本至此，又奚怪每年出入比较之数，中国竟负至二万万之多。吾恐不及十年，地虽广，脂膏其能不竭乎？民虽众，生计其能不惫乎？五行百产虽丰，其能视为养命之源而不受他人之奴隶乎？"真是"言者寒心，听者塞耳"②。有一篇调查报告，揭露得更为深刻："试观今日之中国，朝野上下，海澨山陬，城乡市井，新卿大夫与蕉夫贩妇，虽贵贱不同，贫富各异，无一不身着有洋货，可见我中国四万万同胞皆为洋人销货赐顾之客也。举天下之人皆为外国销货赐货之客，民安得不困，国安得不弱。"③ 他们把这一切归结为"今日之天下亦巧胜拙败之势也"。这里的所谓"巧"，指侵略者"可以输人之产，沦人之国，灭人之种，不以刀兵，不以水火，而神州之上几使数千年黄帝子孙之胄，无一可以立脚者"④。从这一段文字，我们显然可见他们看到了二十世纪初年中国最主要的威胁仍然是帝国主义，只不过在侵略手段上以"输人之产"为主的经济侵略代替了以"刀兵"和"水火"为主的侵略战争，但其目的仍然是"沦人之国，灭人之种"。可见这些资产阶级的代言者们此时已不仅仅在为他们本阶级而呼号，而更多的是站在民族的立场上呐喊了。

既然帝国主义列强的侵略手段是"输人之产"，那么要挽救利权外溢就要"抵

---

① 《重庆商会公报》丙午第1号"论说"二。
② 《重庆商会公报》丙午第3号"论说"，第12页。
③ 《重庆商会公报》第3年第8号。
④ 《重庆商会公报》丙午第3号"论说"，第12页。

制洋货",而最根本的抵制就是"振兴实业","工农盛,商自随之"①。因而他们针对重庆开埠后洋货行销造成的恶果,提出了一些在四川发展实业、抵制洋货的主张。例如发展和改良畜牧、蚕桑、山货、蜡烛、红花、靛、石油、纸张、漆、炭、五金矿业、瓷器、火柴、虫草、棉花、麻、绸缎、呢绒毛毯、绣货、布匹、丝、皮料等等。"但愿地无遗利,人无余力"②,与帝国主义争夺四川市场。他们满怀希望地说:"物产殷阗,而制造繁富,不特外货之内流可以言保守,并能争外市之销场可以言商战。安见地大物博之国,勤俭耐劳之民,其商业不能竞进也哉?"③ 可见他们并不仅仅着眼于争夺国内市场,而且还企图打入世界市场与列强争雄。

此外,《重庆商会公报》还围绕发展实业,抵制洋货这个主题,交流各地实业发展情况,传播近代科学知识,通达各地商情。因此,我们认为,该报虽然散布了一些立宪保皇思想,但是它在促进重庆资本主义发展方面所起的积极作用是主要的。

四 收回江北厅矿权的斗争

二十世纪初,在中国民族资产阶级上层发动和领导的一系列反帝爱国斗争中,重庆总商会都发挥过积极的作用。关于这一点,我们从抵制美货运动、收回江北厅矿权斗争可以看出。

1905 年,由于美帝国主义迫害在美华工而激起的抵制美货运动,是一次广泛的群众反帝爱国斗争。上海民族资产阶级首先通过商会领导了这个运动。其深度和广度都使美国和其他帝国主义国家震惊。最后在帝国主义和中国反动势力的共同压迫下,各地运动才逐渐消沉。但是它所首先使用的"抵制与之作斗争的帝国主义国家进口货品的策略",直到五四以后,一直成为中国人民在反帝爱国斗争中经常采用的重要斗争方式。④ 成为后来席卷全国的收回利权运动和保路运动的"前导和预习"⑤。在运动中,上海总商会致电全国四十六个总商会和分会,号召联合抵制,重庆自然包括其中。《重庆商会公报》《广益丛报》等连续报道过有关新闻,为这一运动推波助澜。

十九世纪末二十世纪初,帝国主义对中国铁路、矿山主权的疯狂掠夺,加深了中华民族的危机和灾难,也堵塞了中国民族资本主义发展的道路。因此,正在艰难竭蹶中谋求发展的中国民族资产阶级要求从帝国主义手中收回路矿主权,以松动桎梏。于是,在 1905 年前后,民族资产阶级上层和一些士绅就发起了以收回路矿为

---

① 《重庆商会公报》丁未第 8 期"论说",第 3~4 页。
② 《重庆商会公报》丙午第 3 号"论说",第 12~14 页。
③ 《重庆商会公报》丁未第 8 期"论说",第 3~4 页。
④ 丁日初:《辛亥革命前的上海资本家阶级》,《纪念辛亥革命七十周年学术讨论会论文集》,第 11 页。
⑤ 金冲及、胡绳武:《辛亥革命史稿》,第 367~368 页。

中心内容的收回利权运动。这一运动,一方面"或废已订之合同";一方面,"或收垂失之权利",由中国人自办铁路,自开矿山,以杜绝帝国主义的觊觎。在四川,前者是收回江北厅矿权的斗争,后者是川汉铁路的自办。四川江(北)、巴(县)两县绅民收回江北厅矿权与直隶官绅要求收回开平矿权,安徽绅商收回铜官山矿权的斗争,同被1910年的《东方杂志》称为"实吾国近年矿务之三大事也"①。

在这场斗争中,重庆总商会没有以组织的名义出面,但领导这场斗争的主要成员赵资生、文光汉以及舒钜祥等人都是总商会的头面人物。因此,可以认为,重庆总商会在斗争中是起了作用的,而这场斗争又反映了重庆总商会在收回利权运动中的态度。

这场斗争缘于1904年英商立德乐组织的"华英公司"取得江北厅地方煤矿开采权,大肆掠夺我国煤矿资源而激起当地绅民的强烈反对。

"华英公司"在开采江北厅煤矿的过程中发现附近石牛沟的矿层"非常丰厚",因此,于1908年初"在工程师威金生建议之下,公司要求在石牛沟另开新坑"②。并于当年3月,"请英领事照会川东道转饬江北厅点交石牛沟"③。"华英公司"的侵略行径使早已在江北人民中酝酿着的反帝情绪爆发出来。一方面江北绅士上禀官厅:"绅等初欲剔除害累,所以有阻令停办之请(指阻止立德乐开龙王洞铁煤事——作者注),破彼觊觎,出我水火。旋奉大宽(四川总督赵尔丰——作者注)以成案似难挽回,详加驳诘。因思外人之据我矿地,夺我利权,违约狡谋,祸患日迫,厅境民穷财困,力难与之抗衡。灾受剥肤,无门呼吁,一旦群情激动,终恐酿出衅端。况全省有矿之处尚多,外人均未插足其间,厅民既已疏忽于前,不得不提防于后,设使他国效而尤之,则全属矿产路权,恐尽落外人之手。大局攸关,实深悚惕。"④另一方面,江合公司利用华英公司和保富公司订立的合同第五条中"所指之地如现有华商开办,该公司不必重指"⑤的规定,以三百余两银子的代价事先收购了石牛沟的傅姓矿山,并于4月19日派文化成"星夜驰往石牛沟加工开凿门硐"⑥。其实,江合公司并没有力量开采石牛沟的煤矿,因而只能"雇用很少数人维持一个不赚钱的矿坑"⑦,真正用意则在于"防止该英商扩张矿界","以示不能退让之决心"⑧。江合公司的这一行动得到了江北厅袁瑞的支持。立德乐见在江北厅不能得逞,就转赴北京外务部"坐索石牛沟"⑨,外务部照例推在四川官员身上。川东道陈逖声以及重庆、江北、巴县的地方官吏鉴于"众怨沸腾,设使一旦激成暴

---

① 《东方杂志》第7年第10号"杂纂"。
② 汪静虞等编:《中国近代工业史资料》第2辑(上),第106页。
③ 佚名:《江北县志初稿》(抄本),藏重庆市图书馆。
④ 朱之洪等修、向楚等纂:《巴县志·交涉》,第31页。
⑤ 陈真等编:《中国近代工业史资料》第4辑,第227页。
⑥ 佚名:《江北县志初稿》(抄本),藏重庆市图书馆。
⑦ 汪静虞等编:《中国近代工业史资料》第2辑(上),第106页。
⑧ 佚名:《江北县志初稿》抄本,藏重庆市图书馆。
⑨ 朱之洪等修、向楚等纂:《巴县志·交涉》,第31页。

动,变故交乘,巨祸不堪设想。江北因先受害,而巴县仅隔一江,又为通商巨埠,连累而及,势有必然,川东全属震摇也在意中,彼时补救无力,追悔何逮"①。因而表示支持绅商,而由江合公司出面与华英公司谈判江北厅矿权问题。而"英商在渝、在省、在京屡求石牛沟未获,亦微窥知我意所在,料难遂进取初心,爰渐萌退让主义"②。

其后,就江北厅开矿事,由川东道、英领事定期召开会议并予以监督。华英公司代表为聂克省、魏更生,江合公司代表为杨朝杰、赵资生。谈判伊始,江合公司就提出了根据合同第五条石牛沟开采权应归己有;而华英公司一味蛮横刁狡,不惜捏造事实,坚持说石牛沟是在龙王硐矿区之内,指责江合公司并无开采权。由于双方争执不下,谈判断断续续,一年有余,仍无结果。

1909年为了打开僵局,川东道陈遹声"授意加派文化成代表出席,在渝'云贵公所'"继续谈判。英方坚持认为,"石牛沟在第一界龙王硐三十华方里界内,故应开办石牛沟"。江合公司代表杨朝杰根据合同,予以批驳,指出,合同规定三十华方里,其含意是按照开方计算。文化成也援引英国领事的照会,指出:"照会明白指定为第二界,而要石牛沟何得谓之第一界内?"说得英方代表哑口无言,"彼见舌战鏖,俱难优胜,约文公理,无可引援",因而只好提出由中国方面"赔偿损失,交还矿权"。

一谈到"赔偿"金额,英方代表就漫天要价,"坚执索偿四十万",后来"递减至三十四五万,不稍松口"。而江合公司代表则声称,他们抄得了华英公司的账簿,"原集股本只有若干,现存实物若干,折去本银若干,合算无此巨额,不应额外要求"。因而只还价十二万六千两。英当然不能同意,因此双方"相持甚苦,迄难就绪"③。

到5月初,双方已是"唇敝舌焦"。英国公使"朱尔典爵士看到坚持下去没有好处,提议公司财产除了存煤和可以兑现的财产以外,作价20万两。由于英国公使的保证,公司董事只好接受这个建议"④。乃由英国驻重庆领事斯来代表华英公司向中方提出"将正款减至二十万,并声明英外交部电饬该领为发起人"⑤。但是立德乐节外生枝,"要求虚股酬金及龙王硐存厂煤炭另议"⑥。经过双方再三磋商,才达成了一致的协议。使这场历时一年多,"在重庆上海,上海北京,北京重庆之间"⑦ 所举行的艰苦谈判告一段落。

1909年7月6日,华英公司代表聂克省、魏更生与江合公司代表杨朝杰、赵

---

① 朱之洪等修、向楚等纂:《巴县志·交涉》。
② 汪敬虞等编:《中国近代工业史资料》第2辑(下),第755页。
③ 汪敬虞等编:《中国近代工业史资料》第2辑(下),第755页。
④ 汪敬虞等编:《中国近代工业史资料》第2辑(上),第106~107页。
⑤ 汪敬虞等编:《中国近代工业史资料》第2辑(下),第755页。
⑥ 汪敬虞等编:《中国近代工业史资料》第2辑(下),第755页。
⑦ 汪敬虞等编:《中国近代工业史资料》第2辑(上),第106~107页。

资生、文光汉签订了《江北厅矿收回合同》,规定:

(一)煤铁公司承租保富公司所购江北厅龙王硐地方李家山、铁矿沟、大荒窑、甘龙洞、单洞共五窑六厂,堤坎,窑路,凡保富公司买就界址赔股,悉行归还保富公司,租约作废,由保富公司收回,转租江合公司开办。

(二)光绪三十年十月二十一日外务部奏准江北煤铁公司合同内,所有该公司得有开矿权利,及该公司在各处修置房屋、机器、铁路材料、器具、窑厂、煤炭,悉行扫卖与江合公司,由道会同府厅,详请四川总督部堂分别奏咨,将立德乐前案合同作废,以便了案。

……

(四)以上顶卖各项,议定价银二十万两;五窑六厂挖出煤炭,存储龙王硐地方,合价银八千两;外体恤立德乐之妻一万二千两;共银二十二万两。[①]

中国绅民经过反复斗争才以高价收回了被英帝国主义分子夺去的江北厅矿权。

但是,侵略者并不甘心失败,他们恶毒诬蔑说:"阻止外国人开采中国人自己所不能开采或不愿开采的矿场,这种政策至少是短视的",并叫嚣:"我们相信英国公使已经向外务部声明,如果开发四川的丰富矿产需要外国的帮助,他本国的国民在任何矿区都有优先的权利。"[②] 气势汹汹,咄咄逼人,随时准备卷土重来。

在这场斗争中,重庆总商会的负责人站在斗争的前列,以人民群众的反抗力量为后盾,去争取清朝政府地方官员的支持,迫使帝国主义交还了矿权。这反映了帝国主义和中华民族的矛盾加深,也反映出微弱的四川资本主义经济力谋发展的要求,表示了这些绅商们对清王朝卖国卖路卖矿的不满。尽管四川民族资产阶级软弱无力,矿权只能以高价从帝国主义手中赎回,但它打击了帝国主义在四川的侵略势力则是毫无疑问的。同时也推动了资本主义经济的发展,鼓舞了四川人民群众自办川汉铁路的斗争。所以,从这个意义上讲,我们可以把收回江北厅矿权的斗争看成是四川保路运动的预演。

[①] 朱之洪等修、向楚等纂:《巴县志·交涉》,第37~38页。
[②] 汪静虞等编:《中国近代工业史资料》第2辑(上),第107页。

第五章　资产阶级革命运动在重庆兴起，蜀军政府成立的前前后后

一　二十世纪初重庆的形势

（一）清朝政府对四川，尤其是重庆人民剥削的加重

《辛丑条约》签订以后，清朝彻底投降了帝国主义，成为帝国主义统治中国的忠实走狗。从甲午战争以来，帝国主义对中国实行的奴役性政治贷款，辛丑以后有增无已。自1894年至1911年间，贷款总额达十二亿多两，超过甲午战前所借外债总额的二十七倍。① 债台高筑，危机四伏。为了换取帝国主义的支持，维持其垂死的统治，清朝于二十世纪初宣布实行"新政"。"新政"的主要内容是练兵，而练兵以筹款为先。因而，无止境地搜刮民脂民膏，就成为偿付外债和推行"新政"的主要凭借。于是清政府三令五申加紧聚敛，各地官吏则巧立名目，滥兴捐税、竭泽而渔。

1902年，四川全省需要摊解各项债款三百九十二万八千两②，而其中庚子赔款即达二百六十余万两③。这些巨额款项都自然转嫁到四川人民身上。

咸、同年间为镇压太平天国，清朝政府于额定粮税之外，苛派了常捐输。据《巴县志》记载："至光绪中叶，中日之战，庚子之变，拨款日增，摊派各省，名曰新捐输。于是，四川于常捐输外，又有新捐输。"新、常捐输加上津贴，"视正赋几十倍"。巴县在常捐输一万五千两到一万七千两之外，又摊派了新捐输一万九千两至三万三千两④。

1901年，全省盐课再加三文。1904年，全川土药（鸦片）税，在原每百斤收银五两二钱八分的基础上，又加一倍。庚子赔款后，四川的契税由以前的十七万八

---

① 徐义生：《甲午战争到辛亥革命时期清王朝政府的外债》，《经济研究》1957年第4、5、6期。
② 胡昭曦：《从甲午战争到辛亥革命时期帝国主义对四川的经济侵略》，《历史教学》1961年第11、12期，第15页。
③ 于能模等编：《中外条约汇编》第514页。
④ 朱之洪等修、向楚等纂：《巴县志·赋役》，第14页。

千两,加至五十二万余两。① 1909年,四川肉厘在原来每只猪二百文的基础上,"再加抽二百文,合之前收,共四百文"②。1903年为筹练兵费,全省又摊派烟酒税五十万两。③ 1910年,茶厘加抽百分之三十。这些加重了的旧税捐照例也由重庆人民承担了一部分。此外,重庆地方政府又有额外加征。在原有四百文肉厘外,"地方亦三次递增"④。1906年,加征陆运厘金,年搜括老厘十万贯,"新厘数倍之"⑤。1911年又征烟酒税,烟每斤征四文,酒每斤少者二文,多者八文⑥。为了赔款,还增加典当税,从过去每家每年五两,猛增至五十两。⑦ 至于其他捐税更是五花八门,千奇百怪,不可胜数。仅1905年,重庆政府就搜刮了七十余万两,包括"洋关进口货及进口补完半税,共征收银五十四万余两,老厘征收银八万余两,新厘征收银十六万两"⑧。

二十世纪初,重庆又是天灾连连。1904年,重庆、夔州等地发生严重旱灾,"愆阳连月,郊原坼裂,草木焦卷,已种者,谷则萎败不实,苕则藤蔓不生,田畴荒涸过多,几有赤地千里之状,乡民奔走十数里以求勺水,往往蔬瓜悉绝,阖门待毙"⑨。1905年,重庆长江又"上涨一百零八尺,许多地方被淹,损失巨大,溺死千人以上"⑩。

天灾人祸造成了物价上涨,人民生活更加困难,据海关关册记载,1905年重庆地区"饥寒之民日见其增。一切家常所需之物,其价无不加昂,豕肉须完厘后,方可售于市,数年前斗米之价,只七百蜻蚨,此时加过一倍矣"⑪。商务情况也十分不妙,"乙巳年(1905年)重庆市面情形如上下游各帮,折本者居多,以至倒踏之风,层出不息"⑫。相反,典当业发展十分迅速。据巴县档案记载:1872年巴县有当铺五家,1885年为十一家,到1910年则增至一百六十六家。当铺利率高达20%~30%,"质店"更高,赎期更严。典当业是以高利贷残酷剥削人民的金融组织。它的发展,标志着人民穷困,靠典押维生的人日多,社会经济凋敝日甚。

封建剥削的加重,激起人民的强烈不满。1904年,重庆为反清朝厘金局苛索,举行了全城罢市。⑬

---

① 周询:《蜀海丛谈·契税》。
② 宣统元年《四川通省经征局札》,原件藏新津县档案馆。
③ 中国科学院历史研究所第三所编:《锡良遗稿》第一册,第499页。
④ 朱之洪等修、向楚等纂:《巴县志·赋役》,第31、46页。
⑤ 朱之洪等修、向楚等纂:《巴县志·赋役》,第1、9页。
⑥ 朱之洪等修、向楚等纂:《巴县志·赋役》,第1、9页。
⑦ 朱之洪等修、向楚等纂:《巴县志·赋役》,第31、46页。
⑧ 《重庆商会公报》丙午第一号"论语"五。
⑨ 中国科学院历史研究所第三所编:《锡良遗稿》第一册,第414页。
⑩ [美]施特劳奇著,李孝同译:《重庆海关1902—1911年十年调查报告》,《四川文史资料选辑》(第11辑),1964年。
⑪ 彭泽益编:《中国近代手工业史资料》第二卷,第594页。
⑫ 《重庆商会公报》丙午第一号"论说"三。
⑬ 《东方杂志》第2卷第1号"杂俎"。

（二）新式学堂的兴办

重庆开埠以后，出现了官办的四川第一所新学堂——川东洋务学堂。1892年，"川东道黎庶昌创设川东洋务学堂。考选学生正副额各二十人。其学程于国文外，增置科学，而以英语、数学为主科。在四川未废科举以前，此为官立学校之始"①。1897年，川东副使又在重庆兴设中西学堂。②

进入二十世纪以后，由于清政府需要培养"新政"人才，人民也要求学习西方的先进文化，在全国范围内掀起了一股留学（主要是日本）和兴办学校的热潮。在四川首批官费留日学生中就有重庆的陈崇功、胡景伊、龚秉权等人③。随后官费、自费留日的学生接踵不断，"联翩东游"，于"川省朴茂之区，一时顿演此奇观"④。这批留日学生，多数为宣传、组织资产阶级革命，发展民族资本主义，传播新思想、新文化起了积极的作用。特别是出了邹容这位著名的资产阶级革命家。

重庆的新式学堂更如雨后春笋。由于"渝城地居冲要，得风气之先"，到1904年，四川省全省的学校"亦以彼处为占多数"⑤。到1911年，重庆已建丰盛（1901年）、正蒙公塾等小学24所，重庆府中学堂（1904年）等中学四所，巴县师范传习所、川东师范学校（1906年）、实验工学团（1904年）、四字讲社、半日学堂、东文学堂、女工讲习所（均为1905年）、科学预备学堂（1905年）、医学堂（1905年）、重庆实业学堂（1906年）、重庆公立法政专门学校（1906年）、私立游艺树坤女学校（1906年）、开智学堂（1907年）、东亚女学、体育学校、懿行女学校等共45所。⑥

宣传新思想的报刊也陆续创刊，除《重庆商会公报》以外，又创办了《重庆日报》《广益丛报》《开智白话报》⑦。

此外，戊戌时期就已开始兴办的天足会⑧，到1904年，"重庆府天足会近已增至二百余家，各学堂入学肄业之幼女，亦均先行解放"⑨。并组织有"天足总会"，"相约一百五十余人，各回本场，设立分会，分头劝导。众情踊跃，多拟先从自家妇女解放，以身示法"⑩。

二十世纪初，帝国主义的侵略和封建主义的压迫，使中国人民挣扎在死亡线上，同时促进了中国民族资本主义的初步发展、新思想的传播和资产阶级运动的兴

---

① 朱之洪等修、向楚等纂：《巴县志》第二十一卷（下），第53页。
② 《渝报》光绪二十三年第2册，第20页。
③ 胡沙：《四川学生官费留日考订》，《四川文史资料选辑》（第6辑），第223页。
④ 《广益丛报》光绪三十一年第6期"纪事"，第9页。
⑤ 《四川官报》甲辰第20册"新闻"，第4页。
⑥ 据《巴县志》《广益丛报》《四川官报》《东方杂志》等有关记载统计。
⑦ 《四川官报》光绪三十一年第11册"新闻"。
⑧ 《渝报》光绪二十三年第5册，第20页。
⑨ 《四川官报》甲辰第24册"新闻"，第3页。
⑩ 《广益丛报》光绪三十年腊月（第30或31期）"纪事"。

起。因而，它们在将人民大众推向死亡之线的同时，也就迫使人民大众走上了新的反抗战场。帝国主义、封建主义和中国人民的矛盾在急剧地尖锐化，重庆人民正走向新觉醒，准备着具有民主主义新精神的革命斗争。一场革帝国主义走狗清王朝的命的革命风暴势在难免了。处在这样的革命形势下，重庆人民为资产阶级民主革命的到来，为辛亥革命这场民族民主革命战争的爆发做出了贡献。

二　邹容和他的《革命军》

戊戌变法昙花一现，义和团运动壮烈失败。在刀光剑影，长夜难明的岁月里，重庆先进的知识分子们并没有悲观消极，也没有停步不前。他们同全国许多先进的人们一道，"继起志勿灰"，重新探索救国救民的真理。

邹容，就是其中最杰出的代表。1903年他以炽热的革命激情，通俗而犀利的文辞，写出了"搏虎屠龙革命军"[①]，成为中国同盟会成立以前著名的资产阶级革命家之一，也是四川第一位资产阶级革命家。他的《革命军》是我国资产阶级民主革命理论的奠基之作，不朽之文。这颗中国民主革命战场上升腾起来的灿烂新星和他的《革命军》，在当时震撼了中国思想界，给他的祖国和他的故乡的革命运动带来了不可磨灭的影响。

邹容（1885—1905），又名威丹，四川省巴县（今重庆市）人，出身于商业资本家家庭。其父邹子璠，"拥巨资，经商往来沪汉间"[②]，"以贩鬻致富"[③]，"到了中年时代，他已经成为一个具有一定资产的殷实商人，建立了一个温饱无虞的家庭"[④]。邹容在《革命军·自序》中说："不文以生，居于蜀十有六年，以辛丑出扬子江，旅上海，以壬寅游海外，留经年"。邹容在四川生长的十六年，正是十九世纪末二十世纪初，重庆开埠以后，四川社会在帝国主义的侵略下发生剧烈动荡的年代。这时，新与旧，爱国与卖国，革命与反革命的斗争十分激烈。

邹容自幼好学，"年十二，诵群经，《史记》《汉书》皆上口"[⑤]。曾跟日本驻渝领事馆的成田安辉和井户川辰三学过英语、日语[⑥]，读过莎士比亚的戏剧，对卢梭的"天赋人权说"有一些理解和认识，开始接触到西方的民主思想。特别是甲午以后，严重的民族危机和救亡图存的维新变法运动对邹容的思想产生了巨大的影响，将他卷入了时代的漩涡，而决心去探求救国救民、振兴中华的真理。他以最激进的维新志士谭嗣同为榜样，对封建专制制度的腐败和封建思想的束缚日益厌恶。他父

[①] 柳亚子：《有怀章太炎、邹威丹两先生狱中》，《柳亚子诗词选》，人民文学出版社，1959年。
[②] 邹鲁：《中国国民党史稿·邹容略传》。
[③] 章太炎：《邹容传》，汤志钧：《章太炎政论选集》（上），第353页。
[④] 邹传德、邹传参：《邹容的家庭及其思想》，《重庆文史资料选辑》（第12辑），第87页。
[⑤] 章太炎：《邹容传》，汤志钧：《章太炎政论选集》（上），第353页。
[⑥] 邹传德、邹传参：《邹容的家庭及其思想》，《重庆文史资料选辑》（第12辑），第94页。

亲要他像他哥哥一样,"循科举致仕之道",而他却回答:"臭八股儿不愿学,满场儿不愿入,衰世科名,得之又有何用。"①他反其道而行之,广泛地"浏览种种新籍时报",常与同学们谈论时事,"每发奇僻可骇之论,闻者掩耳而疾走"②。因而被同学戏谑为"谣言局总办"。在经学书院读书期间,他更是"与人言,指天划地,非尧舜,薄孔子,无所讳"③;"攻击程朱及清儒学说,尤体无完肤"④。由于他这些离经叛道的言行,不久即为书院开除。

戊戌变法在封建顽固势力的镇压下失败后,邹容敏锐地感觉到改良主义道路在中国行不通,决心到日本留学,重新摸索国家民族的出路。

1901年,四川首次选派学生官费留日。邹容经老师江叔澥先生荐举,于7月1日(旧历五月十六日)离开重庆赴成都参加考试,被录取。7月31日(旧历六月十五日)"谒奎帅(四川总督奎俊——作者注),勉励数语,旋命归渝治行装。于八月中旬同往日本"⑤。8月20日(七月初七),邹容回到重庆,整装待发。但是邹容上述离经叛道的言行,当时在社会上已有一定影响,官府也有所风闻,视为异端。因此,在出发前夕,"以其聪颖而不端谨,不合条件"⑥为理由,取消了他的官费留学资格。邹容不向封建专制淫威屈服,转而要求自费留学日本。他得到了同学杨庶堪、朱必谦等人的支持⑦。其舅父刘华廷则竭力从中阻挠,希望邹容的父亲不要在经济上支持他。"但子璠爱子心切,力排异议,还是接受了邹容的老师江叔澥的建议(江叔澥是经学书院的一位教师,具有一些新思想,他认为中国'无一完善学校',主张邹容外出学习,是邹容去日本留学的一个有力的支持者)。终于同意邹容自费留学。"⑧

在出国前夕,邹容在给其父母、大哥的信中,明确表示了他对旧势力的憎恶和为改革中国而视死如归的决心,向清王朝及封建制度宣战。他感于"国家多难",指斥科举制度"縻费千百万之国帑,以于百千万帖括,卷折、考据、词章之辈中,而拣其一二尤者,于天下国家,何所裨益?"因而"知其必停","科举路从此绝矣!"并告诫他的大哥"切无奔走于词章帖括中,以效忠于前人",应该"从事于崇实致用之学,以裨于人心世道"⑨。这里邹容所说的"崇实致用之学",即资产阶级的新思想和发展资本主义所需的新的政治思想和科学技术。"裨于人心世道"则是要唤起中华民族,挽救国家危亡,表现了他在国家民族危难之际,摈弃封建专制文化,重新探索救国之道的上进心。

---

① 邹鲁:《中国国民党史稿·邹容列传》。
② 章太炎:《赠大将军邹烈士容纪念碑》。
③ 邹鲁:《中国国民党史稿·邹容列传》。
④ 冯自由:《革命逸史》第二集,第46页。
⑤ 邹容给他大哥的信,藏重庆市博物馆。
⑥ 朱必谦:《对〈四川官费学生留日考订〉文商榷》,《四川文史资料选辑》(第15辑),第221页。
⑦ 《重庆蜀军政府资料选编》,第134页;《四川文史资料选辑》(第15辑),第222页。
⑧ 邹传德、邹传参:《邹容的家庭及其思想》,《重庆文史资料选辑》(第12辑),第90页。
⑨ 邹容给他大哥的信,藏重庆市博物馆。

邹容在日本，一面勤奋学习西方资产阶级革命时期的理论和历史，如卢梭的《民约论》，孟德斯鸠的《万法精意》，弥勒·约翰的《自由之理》等文，"录达人名家言印于脑中"[①]；一面参加中国留日学生的爱国和革命活动。"容在蜀时，既有所感触，及来东，日受外界刺激，胸怀愤懑，愈难默吪矣。凡留学生开会，容必争先演说，犀利悲壮，鲜与伦比。"[②] 1903 年 3 月，邹容因反对清政府留日陆军学生监督姚文甫，愤而将姚的辫子剪掉并将姚痛打。清政府要求日本外务省捉拿邹容。于是，他不得不于 4 月回到上海，住入"爱国学社"，结识了章太炎、章士钊等革命志士。在斗争中与当时学识渊博的著名革命者、比他大十八岁的章太炎先生结为忘年莫逆之交。

此时，中国人民反对沙俄强占我国东北的拒俄运动正在上海兴起，邹容一回上海便积极投入这场反帝爱国运动，并且发起组织"中国学生同盟会"，团结爱国学生，"于学界成一绝大合法团体以鏖战于中国前途竞争逼拶之中也"[③]。但是，清政府却视学生的爱国运动如洪水猛兽，说学生们"反叛朝廷"，"名为拒俄，实者革命"，密令各地"随时获到，就地正法"[④]。这种人妖颠倒的现实，使邹容深切地感到要爱国，必革命，要救国，必反清的道理。为了向国人宣传革命的道理，邹容将满腔热血凝注在战笔上，迅速地将他"宣布革命之旨于天下"的战斗檄文——《革命军》写成[⑤]，自署"革命军中马前卒"，誓为推翻清王朝的革命战争带头冲锋陷阵。

1903 年 5 月，《革命军》在上海出版。它以雷霆之声使"举国上下无不震动"[⑥]。它成为中国思想界和革命思潮开始代替改良主义作为思想舞台主角的一个标志。革命人民为之鼓舞，"虽顽懦之夫，目睹其事，耳闻其语，则罔不面赤耳热心跳肺张，作拔剑砍地奋身入海之状。呜呼！此诚今日国民教育之一教科书也"[⑦]。帝国主义和清王朝则极度恐慌。沙俄公使叫嚷："欲在中国举革命之事，废去满洲王室，实为大逆不道。"[⑧] 它们相互勾结，于同年 6 月 30 日制造了"苏报案"，将章太炎逮捕。7 月 1 日，邹容也被关进了上海的租界监狱。1905 年 4 月 3 日，邹容在残酷的迫害下，怀着对帝国主义、封建主义的深仇大恨，死于狱中，年仅二十岁。

《革命军》全书近两万字，分七章。它以通俗易懂、明快锋利的笔调，淋漓尽

---

① 邹容：《革命军·自序》。
② 邹鲁：《中国国民党史稿·邹容略传》。
③ 邹容发起成立"中国学生同盟会"是他一生中重要的革命活动之一，《苏报》1903 年 5 月 30 日、31 日《论说》中载有："蜀邹容者，东京退学生也，愤中国学生团体之不坚，毅然创一中国学生同盟会，海内外全体学生皆要求入会，各省各设总部，各府县各设分部，权利义务分条揭载。"
④ 冯自由：《革命逸史》初集，第 107 页。
⑤ 《革命军》书稿，邹容在日本已写成，回上海后加以增润出版。
⑥ 张篁溪：《苏报案实录》，中国史学会编：《辛亥革命》（一），"中国近代史资料丛刊"本。
⑦ 爱读《革命军》者：《读〈革命军〉》，张枬、王忍之编：《辛亥革命前十年间时论选集》第一卷（下）。
⑧ 《中外日报》1903 年 9 月 6 日。

致地揭露和批判了封建专制制度和封建意识形态，以明确宣扬资产阶级民主革命为特色。

《革命军》开宗明义地宣布："扫除数千年种种之专制政体，脱去数千年之种种奴隶性质""自秦始皇统一宇宙……私其国，奴其民为专制政体"以后，历朝君主直至清朝皇帝，"亦得乘机窃命，君临禹域，臣妾我神种"。因此，必须革清王朝和封建专制制度的命，以"洗尽二百六十年惨残虐酷之大耻辱"①。于是，邹容从政治、经济、文化诸方面对封建专制制度进行了尖锐的揭露和猛烈的批判。

在政治上，清朝皇帝用"扬州十日""嘉定三屠"一类暴力手段而取得了至高无上的权力。皇帝和那些"目不识丁的亲王大臣，唱京调二簧之将军都统"，对中国士农工商各阶级、阶层群众实行封建专制的统治。中国民众在政治上没有丝毫民主，"然吾闻之，外国工人，有干涉国政，倡言自由之说，以设立民主为宗旨者，有立会演说、开报馆、倡社会之说者。今一一转询中国有之乎？曰：无有也"。而清王朝"之用苛刑于中国，言之可丑可痛"，"乃或援引故事虚文，而顿忘眼前事实。不知今无灭族，何以移亲及疏？今无肉刑，何以毙人杖下？今无拷讯，何以苦打成招？今无滥苛，何以百毒备至？至若监牢之刻，狱吏之惨，犹非笔墨所能形容，即比九幽十八狱，恐亦有过之无不及"②。

在经济上，清王朝不仅滥施苛派，剥削广大农民，"务使其鬻妻典子而后已"，而且对资产阶级"富商大贾"也实行压迫和榨取。邹容写道："外国之富商大贾，皆为议员，执政权。而中国则贬之曰末务，卑之曰市井，贱之曰市侩，不得与士大夫为伍。乃一旦偿兵费，赔教案，甚至供玩好，养国蠹者，皆莫不取之于商人。若者有捐，若者有税，若者加洋关而又抽厘金……公其词则曰派，美其名曰劝，实则敲吾同胞之肤，吸吾同胞之髓，以供其养家奴之费，修颐和园之用而已。"③ 在这里，邹容明白地站在民族工商业的立场，声讨清朝的压迫，为民族资产阶级呼吁政治和经济权利，反映出当时中国封建主义和资本主义尖锐的矛盾。

邹容批判了清王朝实行封建专制的文化思想统治，"待国士如囚徒"，"视文人如犬马"。"海内之士，莘莘济济，鱼鱼雅雅，衣冠俎豆，充牣儒林，抗议发愤之徒绝迹，慷慨悲咜之声不闻，名为士人，实则死人之不若。"真是万马齐喑，暗无天日。

邹容还揭露了清王朝对外投降，充当帝国主义的鹰犬的罪行，指出："'量中华之物力，结友邦（原文如此——作者注）之欢心'是岂非煌煌上谕之言哉。"清王朝在这一卖国方针的指导下，"杀一教士而割地赔款，骂一外人而劳上谕动问"④。"以我之土地送人"，甚至"其发祥之地"的东北也要"顿首再拜奉献于俄罗斯"。清王朝统治下的中国将变成"地球上数重之奴隶"。

---

① 邹容：《革命军》第一章"绪论"。
② 邹容：《革命军》第二章"革命之原因"。
③ 邹容：《革命军》第二章"革命之原因"。
④ 邹容：《革命军》第二章"革命之原因"。

于是，邹容"呼天吁地，破颡裂喉"地说："我同胞处今之世，立今之日，内受满洲之压制，外受列国之驱迫，内患外侮，两相刺激，十年灭国。"他奋臂高呼："欲御外侮，先清内患。"① "我中国欲独立，不可不革命；我中国欲与世界列强并雄，不可不革命；我中国欲长存于二十世纪新世界，不可不革命；我中国欲为地球上名国，地球上主人翁，不可不革命。"② 以革命求独立，以革命除祸害而求幸福，以革命去积弱而求富强，是《革命军》反复阐述的一个光辉思想。

《革命军》不仅对封建专制政治制度进行了尖锐的批判，而且尤其注意对维护这种专制制度的封建意识形态进行抨击，提出了"革命必先去奴隶之根性"③ 的思想革命任务。

邹容纵观世界资产阶级革命的历史，认为欧美诸国之所以能够鼓舞民气，宣战君主，推倒殖民地宗主国，诛杀封建贵族，倡言自由，建立宏猷，是由于有"革命之健儿，建国之豪杰，流血之巨子"和"无量无名之华盛顿、拿破仑"这些"有名之英雄"与"无名之英雄"的奋斗④。而这些"英雄"的产生，是因为革命教育的结果。这种革命教育，即资产阶级的启蒙教育，其内容是平等自由，政治法律观念等。但是，中国却不然，中国的专制政府推行的是奴隶教育。封建意识形态是"造奴隶之教科书也"，"中国之所谓二十四朝之史，实一部大奴隶史也"⑤。邹容对封建制度和封建文化的批判，受谭嗣同的民主思想的影响颇深，只要我们把《革命军》同《仁学》对照一下，便可看出邹容有些提法，甚至表述方式都与谭嗣同相似。但是，邹容吸收的是谭嗣同民主思想的内核而扬弃了政治上的改良主义，揭露的目的在于动员人民起来革命。因此，邹容的这些思想不是谭嗣同《仁学》的简单继承，而是在新的历史条件下的发展。

《革命军》批判封建专制制度和封建意识形态的思想武器是西方资产阶级的进化论、天赋人权论和资产阶级共和国方案。邹容在批判旧世界的同时，明确指出了资产阶级民主革命的口号和纲领，表现了他的卓识和远见。

《革命军》运用卢梭、华盛顿、民主共和制、《法国革命纲领》、《美国独立宣言》以及西方的自然科学来认识中国的革命问题，提出中国革命的合理性和必要性。他说："自格致学日明，而天予神授为皇帝之邪说可灭，自世界文明日开，而专制政体一人奄有天下之制可倒"。他模拟美国革命独立，提出了在中国建立资产阶级共和国的蓝图，宣布革命的任务是"诛杀满洲人中之皇帝，以儆万世不复有专制之君主"，"对敌干预我国革命独立之外国及本国人"，建立自由独立的"中华共和国"，制定宪法和"自治之法律"。他标榜人民"各人不可夺之权利，皆由天授"，人民有人身、言论、思想、出版的自由。他甚至宣称："无论何时，政府所为，有

---

① 邹容：《革命军》第二章"革命之原因"。
② 邹容：《革命军》第一章"绪论"。
③ 邹容：《革命军》第五章"革命必先去奴隶之根性"。
④ 邹容：《革命军》第三章"革命之教育"。
⑤ 邹容：《革命军》第五章"革命必先去奴隶之根性"。

干犯人民权利之事,人民即可革命,推倒旧日之政府,而求遂其安全康乐之心。"①邹容的这些思想代表着当时中国"真诚的、战斗的、彻底的民主主义的资产阶级"②。

当然,邹容毕竟是一位资产阶级代表人物,被他视为"起死回生之灵药"的东西,只不过是从西方资产阶级革命武器库中搬过来的过时的理论,是软弱得很的。他所追求的资产阶级共和国方案在中国也没有实现的条件。《革命军》的大汉族主义色彩浓厚,没有正确地区分满族统治者和满族人民,这无疑是错误的。《革命军》不能避免地具有阶级的和时代的局限性。

列宁指出:"判断历史的功绩,不是根据历史活动家没有提供现代所要求的东西,而是根据他们比他们的前辈提供了新的东西。"③邹容在时代所提供的历史舞台上,度过了短暂的一生。他的《革命军》提出了时代的新任务和解决这些新任务的理论和方法,提出了相当明确的资产阶级民主革命的政治主张。《革命军》的主流是革命的,是符合历史发展趋势和人民需要的。因此,它在清王朝的严禁下不胫而走,风行国内外,翻印二十次,销行达百万册,居当时所有革命书刊销行量的第一位。孙中山说:"邹容著有《革命军》一书,为排满最激烈之言论,华侨极为欢迎,其开导华侨风气,为力甚大。"④鲁迅评价《革命军》说:"便是悲壮淋漓的诗文,也不过是纸片上的东西,于后来的武昌起义怕没有什么大关系,倘说影响,则别的千言万语,大概都抵不过浅近直截的'革命军马前卒'邹容所做的《革命军》。"⑤ 1912年,孙中山任南京临时大总统后,因"邹容当国民醉生梦死之时,独能著书立说,激发人心"⑥,追赠邹容为大将军,以褒奖这位资产阶级民主革命的优秀战士。

吴玉章同志曾写有这样一首诗:

> 少年壮志归胡尘,叱咤风云革命军。
> 号角一声惊睡梦,英雄四起挽沉沦。
> 剪刀除辫人称快,铁槛捐躯世不平。
> 风雨巴山遗恨远,至今人念大将军。⑦

邹容一生是仓促而短暂的。他像一颗夏夜的流星,以自己的光芒划破夜空,瞬间即逝。但是,他的革命精神和革命思想却鼓舞着四川的革命者在反清武装起义和保路同志军的战斗中英勇奋战,最终推翻了清王朝的专制统治。毛泽东同志说:"在从前,在旧中国,讲改革是要犯罪的,要杀头,要坐班房。但是在那些时候,

---

① 邹容:《革命军》第六章"革命独立之大义"。
② 列宁:《中国的民主主义和民粹主义》,《列宁选集》第2卷,第425页。
③ 列宁:《评经济浪漫主义》,《列宁全集》第2卷,第150页。
④ 孙中山:《孙中山选集》上卷,第175页。
⑤ 鲁迅:《鲁迅全集》第1卷,第205页。
⑥ 《南京临时政府公报》第51号。
⑦ 吴玉章:《辛亥革命·纪念邹容烈士诗》。

有一些立志改革的人，他们无所畏惧，他们在各种困难的条件下面，出版书报，教育人民，组织人民，进行不屈不挠的斗争。"①邹容就是这样一位立志改革，无所畏惧的人。因此，中国人民至今仍怀念着这一位巴山蜀水抚育的、在火热的革命斗争中成长的英杰。

三 同盟会重庆支部的建立，革命力量的积聚

（一）革命小团体的出现

邹容在重庆时就结交了一批进步青年。他在日本领事馆学英语、日语时，就与杨庶堪、朱蕴章等人②友谊笃厚。这些人都是邹容东渡日本的积极支持者。尤其是杨庶堪，也曾就学于重庆经书院，"虽富于文事，不欲以科第进取，举孝廉方正亦不应"③。此外，梅际郇、朱之洪、董鸿词等人在戊戌以后也逐渐抛弃改良主张，由爱国进而走向了革命的道路。

1903年，巴县留日学生陈崇功归国。他在日本期间曾与兴中会会员有所接触。④跟随周善培赴日本考察军政制度的朱蕴章也回到了重庆，他在日本对资产阶级民主制度也有所了解，并结交了一些进步人士⑤。他们的归来，对重庆的进步青年带来了新的信息。同年，由杨庶堪、梅际郇二位首倡，成立了重庆也是四川的第一个资产阶级革命小团体——公强会⑥。

公强会以"寻求富国强兵之道为标志、以启迪民智为作用"⑦，"树立革命思想"⑧。会员主要是工商业中的青壮年和知识分子。最先有吴骏英、朱之洪（叔痴）、朱蕴章（必谦）、童宪章（文琴）、董鸿诗、萱鸿词、陈崇功、李时俊、胡树枬、江潘等人加入，"均一时俊彦"⑨。诸人常会盟于重庆五福宫桂香阁。会中活动通常以会员轮流做东，设酒聚饮为掩护，暗中传阅介绍国内各种新书报、谈论光复大计。1903年，邹容的《革命军》在上海出版，震动了全国，也极大地鼓舞了家乡的进步青年。重庆青年"亦得邹容所草《革命军》，阴相传阅，昌言无忌"⑩。公强会加紧宣传资产阶级新思想，"倡言革命"，使革命排满的思想日益深入人心，一

---

① 毛泽东：《毛泽东选集》第五卷，第411页。
② 向楚等：《蜀军政府成立前后》，重庆地方史资料组编：《重庆蜀军政府资料选编》，第27、28页。
③ 赖肃：《杨沧白先生行状》，重庆地方史资料组编：《重庆蜀军政府资料选编》，第134页。
④ 重庆地方史资料组编：《重庆蜀军政府资料选编》，第28页；吴长显：《四川保路风云录》，第64页。
⑤ 向楚等：《蜀军政府成立前后》，重庆地方史资料组编：《重庆蜀军政府资料选编》，第27、28页。
⑥ 公强会成立的时间，史料记载不甚明确，国内学者（大陆和台湾）或持1902年，或持1903年，我们暂时采用较为可靠的1903年说。
⑦ 向楚等：《蜀军政府成立前后》，重庆地方史资料组编：《重庆蜀军政府资料选编》，第27、28页。
⑧ 向楚：《杨庶堪传》，《国史馆馆刊》第一号"国史拟传"，1948年9月。
⑨ 周开庆：《杨庶堪先生的生平与功业》，《近代中国》1980年第12期，第145页。
⑩ 陈新尼：《重庆早期的革命思潮和组织》，吴长显：《四川保路风云录》，第64页。

时间"先后加盟于'公强会'者,日以浸盛"①。

稍后,又有"游想会"的出现。据陈新尼先生回忆:杨庶堪、卞小吾、田心澄、董鸿词、佘跃荣等人,"相期于月之朔望出游郊野,或就林园胜处,登临眺望,或趋墟墓间空隙地,恣谈时政,论其得失,终于非排满革命,无以救亡。有行人伫视,庶堪、心澄,则以英吉利语乱之,余则颔笑,伪作知英语状。故或目之曰:'洋学生游山也'"②。大约在1903—1904年间还有"羽强社"③的建立。

(二)革命宣传的开展

重庆的革命派人士对宣传工作是较为重视的。1903年,他们就通过广雅书局,前往上海"广市新出书报杂志",并"辑录诸报及杂志中新说,汇为《广益丛报》"④,以树风声,作民气。《广益丛报》由杨庶堪、朱蕴章、吴骏英负责编辑、主持。在四川近代史上出版发行的各种报刊杂志中,以《广益丛报》历史最长,在传播资产阶级新思想和介绍国内外形势,推动资产阶级运动中起了积极的作用。

重庆同盟会支部成立以前的革命宣传,卞鼐起了很大的作用。他最早冒险将《革命军》《警世钟》带回四川,并创办了四川第一家日报《重庆日报》。卞鼐,字小吾,四川江津人⑤。卞氏"鉴清室专制酷虐,吏贪民散,外侮迭乘,沦胥可痛,遂有种族思想"⑥。他因与重庆的杨庶堪、朱之洪是至交好友,遂来重庆与杨、朱等商议开展革命运动大事。杨、朱等人建议他先到北京、上海审视形势,再作行动。他在北京见当道"诸大老皆暮气已深"⑦,"非木偶即汉奸"⑧,转游上海,时值"苏报案"发生,邹容、章太炎下狱。卞鼐三次亲往狱中探望,与邹、章密商革命,认为"清朝政府与帝国主义已在密切配合,一致对付革命党人,上海同北京一样,应暂避其锋,而西蜀地处边陲,交通不便,民智未开,大有用武之地,急宜回川图之"。他又与《中外日报》记者汪康年、马君武、谢无量,以及革命党人冯自由、章士钊等人结识,常参加蔡元培、吴稚晖领导的爱国学社每周在张园举行的演讲会,立志反清。

1904年2月,卞鼐在上海秘密购置了《革命军》《警世钟》《苏报案纪事》等革命宣传读物数百本,回到重庆。与杨庶堪、朱之洪等人决定办报纸、开学堂、建工厂,以启迪民智,挽救利权。经费困难,他决心效法陈梦坡捐资接办《苏报》之举,返回江津将祖遗田产全部变卖,得银六千两,用作活动经费。1904年9月,

---

① 重庆地方史资料组编:《重庆蜀军政府资料选编》,第134页。
② 吴长显:《四川保路风云录》,第65页。
③ 重庆地方史资料组编:《重庆蜀军政府资料选编》,第28页。
④ 吴长显:《四川保路风云录》,第65页。
⑤ 关于卞小吾的事迹,以下所引材料凡未注明出处的,均采自卞先生之子卞雅珊著:《卞小吾遇难纪实》,《重庆文史资料选辑》(第12辑),第117页。
⑥ 邹鲁:《中国国民党史稿·卞烈士传》。
⑦ 邹鲁:《中国国民党史稿·卞烈士传》。
⑧ 聂述文等修、程德音等纂:《江津县志·卞鼐事略》。

四川第一家日报——《重庆日报》在重庆方家什字麦家院创刊发行。该报针对官府畏惧洋人的心理，聘请了日本人竹川藤太郎为社长，以肖九垓、燕梓材、周拱极等为工作人员。创刊之时，日发行量仅五百份，及至翌年（1905年）4月，已增至三千多份，成为革命宣传的重要阵地。

1905年2月4日（正月初一），卞鼐创办的"东文学堂"在黄楠街正式开学，由卞鼐亲自主持授课。"其特色在注重精神教育，一洗奴隶腐败之风。凡来学者，无论学年久暂，皆必使确知国民之责任，完其个人之资格而后已。"该校明确的资产阶级革命的倾向，"使人感到与游学外国无异"，被称为"渝中独一无二之学堂"以至"入学者，已纷纷不一其人"①。该校学生淡泽旸、吴礼苍后来留学日本，成了同盟会会员。1905年5月31日，卞鼐又在培德堂创办了"女工讲习所"。该所半工半读，既学文化，又学技术。所收学生，"均以（已）放足，服饰亦甚简洁"，一洗数千年来中国女子无才便是德的旧习，使"各学生皆若领悟，大有悱愤向学之慨"②。此外，他还于1904年创办东华火柴厂，表现了资产阶级革命派要求发展资本主义的意向。

正是在卞鼐的推动下，"渝中知己，沪上党人，音书往来，密图组织，势渐膨胀"③，"不数月，革命事业大有一日千里之势"④。清重庆知府鄂芳对卞恨之入骨，图谋兴文字狱陷害。

1905年，《重庆日报》转载《苏报》消息，标题是《老妓颐和园之淫行》⑤，指名揭露西太后那拉氏在颐和园筹备祝寿大典的极其骄奢淫逸的罪行。川督锡良认为，《重庆日报》把慈禧太后比为老妓和《苏报》骂光绪为小丑，同样大逆不道。因而设法调走了社长竹川藤太郎，于1905年4月29日清晨⑥，在卞鼐去女工讲习所授课的途中，将他逮捕并查封了重庆日报馆。川督锡良命重庆知府将卞鼐解送成都，一关三年。当社长竹川藤太郎离渝，风声日趋紧张之时，一些同志都劝卞鼐暂避一下，卞鼐却说："章炳麟坐监能避不避，邹容更自愿投案，何等伟大，吾岂能后人，又何惧哉！苟不幸，上可质皇天后土，下可对四万万人民。"表现了坚定的革命意志。在囹圄之中，他又写了《救危血》《呻吟语》等文章，"皆救亡图存警钟"⑦。四川的同盟会会员为营救卞鼐做过许多努力。但护理四川总督赵尔丰与成都知府兼巡警道高增爵合谋，于1908年6月13日夜将卞鼐戕毙狱中，伤七十三处。群众闻讯莫不义愤填膺，"慨夫满清之官府之奸狯黑暗至此，则吾民之憔悴何

---

① 《广益丛报》光绪三十一年第2期"纪事"十三。
② 《广益丛报》光绪三十一年第8号"纪闻"十二。
③ 聂述文等修、程德音等纂：《江津县志·卞鼐事略》。
④ 邹鲁：《中国国民党史稿·卞烈士传》。
⑤ 周开庆：《民国四川人物传记·卞鼐事略》。
⑥ 卞雅珊：《卞小吾遇难纪实》，《重庆文史资料选辑》（第12辑），第117页。但从《广益丛报》的材料看，5月31日（阳历）卞创办女工讲习所，即使卞文此说4月29日是阴历，换成阳历应为6月1日，存疑待考。
⑦ 文史资料委员会编：《辛亥革命回忆录》（三），第339页。

如哉"①。《衡报》在《惨无天日之四川》一文中，愤怒指出："此等官吏，亦世界所未有。"

卞鼒被捕和《重庆日报》被查封，使革命运动在重庆受到了暂时的挫折，随后东文学堂，女工讲习所，东华火柴厂也就停办了。但革命人士并没畏缩，他们正在酝酿着更大的斗争。

（三）同盟会重庆支部的建立

公强会在进行革命宣传的同时，与其他团体也建立了联系。1903—1904 年间，四川在日本东京的留学生先后已达四百余人，酝酿成立了一个"中坚团体"。当时童宪章在东京，他作为重庆公强会的代表，与这个组织联络，"取通声气"②。在全国各地革命小团体的基础上，孙中山先生开始筹组全国性的资产阶级革命政党，四川留日学生积极参与了这一活动。1905 年 7 月 30 日的同盟会筹备会就有四川学生参加。8 月 20 日同盟会成立以后，更有不少川籍革命党人参加了同盟会东京总部的工作。

孙中山先生对四川、重庆的革命活动给予了积极的支持和指导。他高瞻远瞩地指出："扬子江流域将成为中国革命必争之地，而四川位居长江上游，更应及早图之。"③ 因此，同盟会章程规定："本会支部，于国内分五部，国外分四部，皆直接受本部之统辖。"④ 其中，国内西方支部就预定设在重庆，负责领导四川、贵州、新疆、西藏、甘肃等省的党务。这个计划虽未完全实现，但足见孙中山先生已注意到了重庆地区的革命活动及其在中国西南地区的突出地位。

还在同盟会成立大会之前，1905 年 8 月 14 日，在东京的公强会代表童宪章、陈崇功就由孙中山先生亲自主盟，加入了同盟会。⑤ 当年，童、陈二人"奉中山先生命"，携带同盟会的规章、公约、誓词和计划方略等回重庆，"征集革命党员"⑥，进行建党活动，公强会就"推杨庶堪与朱之洪首应盟约"。于是，"乃设同盟会重庆支部"⑦。

以公强会为中心的革命派人士的宣传影响，为同盟会在重庆的发展打下了一定的基础。同盟会重庆支部成立伊始，除原公强会会员加入外，还有一些受过封建主义教育并接受了资产阶级民主主义思想的知识分子入盟。据向楚回忆：他们主要是认识到，入学中举思想是腐败落后的，对于救国救民，有害无益；《春秋》大义，首重华夷之辨，应当推翻清朝统治，光复大汉河山；清王朝政府腐败，丧权卖国，

---

① 《江津县志·卞鼒事略》。
② 《衡报》第 10 期（1908 年 8 月 8 日）。
③ 林冰骨：《中国同盟会的成立及四川分会之发轫》，吴长显：《四川保路风云录》，第 40 页。
④ 文史资料委员会编：《辛亥革命回忆录》（三），第 5 页。
⑤ 隗瀛涛等：《四川辛亥革命史料》（上），第 439 页。
⑥ 重庆地方史资料组编：《重庆蜀军政府资料选编》，第 135 页。
⑦ 向楚：《杨庶堪传》，《国史馆馆刊》第 1 号"国史拟传"，1948 年 9 月。

应当实行政治改革,方能富国强兵。"自思非入盟不足以言革命,非革命即难以达到自己的愿望和要求,因而赞成'驱逐鞑虏、恢复中华、建立民国、平均地权'的斗争纲领,下定决心投入了革命斗争的洪流。"①

在同盟会重庆支部成立以后,成都、泸州、富顺先后建立了分会②、支部、机关、分部③。到辛亥革命前夕,四川绝大部分州县都有同盟会会员活动,作为资产阶级革命政党的同盟会四川组织的建立和发展,使四川人民的革命斗争进入了一个新时期。在辛亥革命时期,同盟会重庆支部是资产阶级革命党人领导和推进四川革命运动的中心,特别是1907年成都起义泄密失败,同盟会成都机关难以活动的时候,更是如此。

(四)同盟会重庆支部的活动(1906—1910)

由于重庆的同盟会会员多在教育界任职,因此,同盟会重庆支部成立以后,首先从学校入手,以教育界人士和学生为主要对象,积极开展革命的宣传和组织发展工作,并逐渐控制了重庆教育界,使之成为领导和宣传革命的阵地,并培养出了一批革命志士。

1906年,四川的同盟会会员雷铁崖、邓絜等人在日本东京创办了白话文杂志《鹃声》,宣传爱国必须革命,革命才能爱国的思想,对帝国主义及其走狗清朝政府表示了强烈的愤慨和反抗。该刊的"撰述人有雷铁崖、董修武、李肇甫等,均蜀省留日学生"④,其中李肇甫就是巴县人⑤。由于《鹃声》反清爱国旗帜鲜明,遭到了清朝政府的严禁而被迫停刊。到1907年下半年,四川留日革命学生决定以《鹃声》为基础,创办《四川》杂志,坚持革命宣传。《四川》在《本社重要广告》中宣布:"本社同人,以中夏阽危,乡邦锢蔽,爰推爱四川以爱中国之义,创办本志,专为西南半壁警钟。"希望四川省内"忧时志士、爱国名流,自任为本报访事员,就其身见所闻,各挥如椽巨笔,将政界、学界、军界、商界及同胞一切颠连困苦情形和盘托出,公诸本志,可使此黑暗世界大放光明"⑥。《四川》在日本东京设事务所,在四川成、渝两地设支社,在四川二十余州县和国内其余地区以及国外许多地方设立了代派所,一开始便加强了和国内外,尤其是四川成、渝两地的联系。

实际上由杨庶堪、朱蕴章、吴骏英等同盟会会员主持的《广益丛报》,在当时争取公开合法出刊的情况下,尽力做了不少抨击清王朝,树风声、振民气的宣传工作。

从1907年秋天起,《广益丛报》重庆支部的主要负责人杨庶堪被聘为川南永宁

---

① 重庆地方史资料组编:《重庆蜀军政府资料选编》,第28~29页。
② 林冰骨:《中国同盟会的成立及四川分会的发轫》,吴长显:《四川保路风云录》,第40~44页。
③ 周开庆:《民国四川人物传记·谢持传》。
④ 冯自由:《中国革命运动二十六年组织史》,第117页。
⑤ 周开庆:《民国四川人物传记》。
⑥ 《四川》第1号。

中学堂监督（校长）。杨庶堪"亦思与川南党人合会此万山中，建立革命根据地，遂与朱之洪及向楚前往"①。杨庶堪教历史、英文，向楚教中国文学。他们经常"有意识地启发学生认识当时国内外形势，严正地谴责清廷腐化无能，丧权辱国"②。同时又暗中对倾向进步的学生介绍邹容的《革命军》、章太炎的《訄书》、同盟会的机关报《民报》等革命书刊，以及顾炎武、王船山、黄梨州的著作，进行反清革命宣传。学生中的优秀分子，如叙永的张颐（后任蜀军政府秘书院秘书——作者注）、杨伯谦，古蔺的王野若、罗税伯，古宋的刘经文，江安的黄述等，"均由先生（杨庶堪——作者注）及之洪介绍加入同盟会，此后在辛亥革命中有所建白"③。"由此，川南地区的革命基地遂在叙永建立起来，永宁中学堂也就成为当地的革命司令部了。"④

1908年，清政府决定在重庆菜园坝开工商赛会。这是川东地区的第一次工商业展览会，各县均有人携带展品前来参加，游览者亦不少，盛况空前。当时，不少同盟会会员都来到了重庆，有人就主张"乘机大举"，发动起义。重庆支部的杨庶堪等人则认为，"1907年成都起义失败后，各地清吏防范革命极严，党人进行革命举事也还没有足够的力量；再则重庆为工商业重镇，当交通要道，万一失败，机关将不易保存，会失去革命进展的据点，贻害甚大"，因而力主慎重。经过反复商讨，决定暂不发动起义，"仍以积极进行革命宣传和发展组织为主，在积蓄力量的基础上，待时局变化，再发动举事"⑤。同盟会重庆支部在当时没有盲目发动起义，不失为一个明智的决策。因为，自1907年成都起义失败后，成都的同盟会组织瓦解，重庆就成了四川同盟会活动的中心。重庆地处交通要道，是为工商重镇，清政府对革命防范极严，驻有重兵，帝国主义也有兵舰驻扎重庆，随时可以扑灭革命的暴动。更主要的是，根本没有具备发动一次成功的起义的条件，准备很不充分。因此，这时如贸然在重庆发动起义必会遭到失败，四川同盟会领导机关将遭到严重的破坏，"会失去革命进展的据点"。反之，暂不起义，加紧革命的宣传和组织工作，等待全国革命高潮的到来，从而给清政府以致命的一击，则是完全可能的。后来的事实证明，正由于重庆同盟会支部这一正确决策，加上他们扎扎实实的工作，组成了一个反清联合阵线，彻底孤立了清政府，在辛亥革命的高潮中，一举推翻了清朝在重庆的统治，川东南五十七州县闻风而从之。

尽管同盟会在重庆没有举行武装起义，但清政府密切注意任何与重庆地区有关的革命的苗头。据《广益丛报》1908年报道："鄂督陈少帅（指陈夔龙——作者注）近接江督端午帅（指端方——作者注）电，咨据侦探密报，革党孙汶（文）确欲在南京、安庆、汉口、重庆运动起事，现派浙江人余恨海，年三十余岁，及冯茂

---

① 周开庆：《杨庶堪先生的生平与功业》，《近代中国》1980年第12期，第146页。
② 李铁夫：《永宁中学堂与同盟会》，吴长显：《四川保路风云录》，第71~72页。
③ 周开庆：《杨庶堪先生的生平与功业》，《近代中国》1980年第12期，第146页。
④ 李铁夫：《永宁中学堂与同盟会》，吴长显：《四川保路风云录》，第71~72页。
⑤ 重庆地方史资料组编：《重庆蜀军政府资料选编》，第29页。

隆等驻扬子江正副都督,所有军械由台湾输入重庆、宜昌一带起事等因。少帅当以沿江一带近来时有革党潜谋不轨消息,此次宁省来电,未必无因。昨特据情通札水陆各防营、各关道、各巡警道,陆军镇、协、统制,加以防范以遏乱萌。"①

1909—1910 年间,杨庶堪、张培爵等人又陆续聚集重庆,在原有的基础上,进一步掌握教育机关,使之成为组织和发动起义的基地。首先,他们通过各种关系几乎控制了整个重庆的教育机构。由杨庶堪任重庆府中学堂监督、张培爵任学监,朱蕴章任巴县中学堂监督,杨霖任川东师范学堂监督、朱之洪任学监及重庆教育会会长。商业中学堂监督舒兴渭虽然不是同盟会会员,但与杨庶堪等"极相友善,声气可通,全无隔阂"②。由于同盟会重庆支部负责人杨庶堪、张培爵均在府中学堂任教,该校革命基础较好,因而支部机关也就设在府中学堂了。此外,重庆支部的董鸿词、吴骏英、张象乾等担任了巡警教练所教职员;童宪章任四川陆军小学堂教习,负责联络成都一带同盟会会员的任务;梅际郁任夔府中学堂监督,负责联系下川东一带同盟会会员的任务。各校均有一批教职员和学生陆续成为同盟会会员。

在此期间,同盟会会员张树三在鼓楼街开设有"天泰店"。同盟会重庆支部即指其为招待所,并在店内设书报社,置各种为清朝禁毁的图书和海外报刊,以扩大联系各方面人士,并加强革命宣传。同盟会会员石青阳,于 1908 年在重庆南岸界石乡开办了四川第一家蒸汽缫丝厂——蜀眉丝厂;1905 年同盟会会员陈崇功也办有富川制纸公司。这些,不仅对四川民族资本主义的发展起到了积极的推动作用,而且掩护了革命活动。

这一时期同盟会重庆支部的活动,为辛亥时期川东地区的保路运动、武装起义和独立,打下了良好的基础。

四　保路运动在重庆开展

(一) 重庆在帝国主义争夺四川铁路计划中的地位

帝国主义各国激烈争夺中国铁路建筑和借款特权,是他们向中国输出资本,残酷压迫中国人民的重要方式。中日甲午战争以后,帝国主义在中国划分"势力范围"的同时,展开了掠夺中国铁路权的争夺战。1895 年,法国要求由费务林公司修建并经营从越南同登伸到中国龙州的铁路,并于次年同清政府订立了这项合同,首开外国攫取中国铁路的恶例。③ 到 1911 年,中国有铁路 9,618.1 公里,帝国主义列强控制了 8,952.48 公里,占有 93.1%。而中国自主的铁路仅有 665.62 公里,

---

① 《广益丛报》光绪三十四年第 26 册"纪闻"。
② 重庆地方史资料组编:《重庆蜀军政府资料选编》,第 30 页。
③ 王铁崖编:《中外旧约章汇编》第一册,第 652 页。

占有6.9%。① 帝国主义通过夺取中国铁路的建筑和经营权，控制了中国的交通运输命脉，给中国造成了深重的灾难。

早在十九世纪六十年代，外国资本主义侵略者便把夺取四川铁路权列上了他们侵华的日程表。1899年，英国的云南公司即要求英国外交部，"尽力支持本公司为取得从缅甸到扬子江和四川的铁路建筑权所做的努力"②。同时，英国上尉白若定奉命带领考察队由重庆，经贵州，入云南勘测铁道线路。据《汇报》报道："英国人周宜师承筑四川铁路已由重庆勘至成都。"③

如果说，1900年以前帝国主义夺取四川铁路权的活动还在酝酿和进行勘测阶段的话，那么《辛丑条约》签订以后，帝国主义便操纵清政府而切实下手了。对于四川铁路，他们"攘臂坐索"，"计求强取，百端纷扰"，胁迫清政府出卖路权。这是因为重庆开埠后，尽管允许外国轮船上驶重庆，但帝国主义遇到了川江航行条件险恶，难以实行商业性轮船运输这个无法克服的障碍。进入二十世纪，随着帝国主义侵略中国的加深，更加迫切要求克服这一困难。据清政府外务部1903年奏称："川省物产充盈，必达之汉口，销路始畅。惟其间山峡崎岖，滩流冲突，水陆转运，皆有节节阻滞之虞，非修铁路以利转输，恐商务难期畅旺。现在重庆业已通商，万县亦将开埠。外人经营商务，多以川江运道不便为言，必将设法开通，舍轮舶以就火车之利。本年英、美两国使臣，均以借款造路为请。"④ 帝国主义抱着"舍轮船以就火车之利"的狂图，加紧了夺取由成都沿重庆而达宜昌、汉口的川汉铁路建筑权的行动。

在十九世纪末到二十世纪初年，英、法、俄、美、德等帝国主义，提出了在四川建筑四条重要铁路的计划，每个计划都与重庆有直接关系。它们是：（1）英国拟将滇缅铁路延长至重庆、成都。（2）法国拟将滇越铁路延长至成都、重庆。（3）英国拟筑川藏铁路（由今昌都经康定而至成都、重庆）。⑤（4）英、法、美、俄、德等国，咆哮恣肆，强索川汉铁路。重庆人民深切感受到帝国主义夺取川汉铁路给中华民族带来的严重威胁，因此，在保路运动中迸发出了极大的爱国热情，进行了英勇的斗争。

（二）重庆征收铁路租股的情况

自从十九世纪末年，帝国主义阴谋夺取川汉铁路以来，四川民情激昂。群众除了起来反对帝国主义勘测铁路外，更要求自办川汉铁路，抵制侵略。这是当时人们认为保卫四川铁路主权的最好办法。1903年，英、美等国向清政府外务部强索川汉铁路日紧，四川绅民奔走呼号日急。同年，锡良由热河都统调任四川总督，在人

---

① 严中平等编：《中国近代经济史统计资料选辑》，第190页。
② 宓汝成编：《中国近代铁路史资料》第2册，第467页。
③ 《汇报》第174号第2册，第591页。
④ 邮传部编：《轨政纪要初编·轨三》。
⑤ 宓汝成：《中国近代铁路史资料》第2册，第682页。

民舆论压力下，奏请"自设川汉铁路公司，以辟利源而保主权"①。清帝令外务部议奏。外务部奏复同意。锡良到任后，于1904年1月在成都设立了官办川汉铁路公司。这个公司一开始就以帝国主义侵略的对立物而出现。

公司主要采取了强制性抽租入股的方式，在四川普收"铁路捐"。因此，集股成绩相当可观。截止1911年，收股金一千六百万元，在各省商办铁路公司中，居实收股额的第一位。② 股款是川汉铁路公司的经济命脉。它加重了群众的负担，同时又使"全川六七千万人民，不论贫富，对民办铁路都发生了经济上的联系"。③ 川路公司虽规定股款以实收租谷十石以上为起征点，但实际上各州县股款的起征点悬殊甚大。巴县从条粮一分征起，较之彭山县，起征点低二十五倍。④ 这样。巴县应该缴纳"股款"的人数和金额也都相应地增多，所以四川"最大租股推巴县"。⑤ 据《巴县志》卷四上"田赋"的记载重庆租股历年征收情况如下表。

时间	数额（两）	征收银定
1905	41，377	收租十石以上起征，照积谷成案办理，收租百石者征谷三石，每石合银三两八钱。
1906	41，377	改为按粮计租，载粮一分以上者起征。每粮一两摊征库平银六两。
1907	41，390	仍照上年成案办理，唯应扣官息，每粮一两改为征银五两九钱。
1908	41，790	仍照上年成案办理，每粮一两征银六两一钱七分四厘。
1909	34，710	照上年成案办理，除连年息银，每两应征库平银四两九钱五分三厘。
1910	34，250	是年档案已失，无考。

巴县从1905—1910年共集租股二十三万四千余两，重庆总商会"募集货股三十万两"⑥，重庆共集川汉铁路股款五十三万四千两，约占全川实收股款的3%，重庆民众为川汉铁路的筹建做出了重大贡献，并与川汉铁路有着更多的切身利害关系。

应该说明的是，川路租股并非如田赋、捐输、津贴之类有去无回的封建贡赋，而是具有资本主义性质的铁路股本。虽然由于川汉铁路未能修成和营业，没有带来剩余价值，川路租股也没有完成向资本的转化。

---

① 中国科学院历史研究所第三所编：《锡良遗稿》第1册，第340页。
② 宓汝成：《中国近代铁路史资料》第3册，第1140页。
③ 吴玉章：《辛亥革命》，第22页。
④ 条粮即田赋。清承明制一条鞭法，统征夏秋粮，称为一条，又叫条粮。征收时，将粮食折合银两，条粮一分，就是指征收一分银的田赋。按章程规定，川路租股从实收租谷十石起征，实际上，在征收过程中，各地皆以一定数量的粮额作为征收租谷十石的相应标准，变通办理，折合银两征收，因而各州县起征点悬殊甚大，彭山县租股起征点是条粮二钱五分，实收租股额比巴县低二十五倍。
⑤ 《督宪宣告铁路众股东书》，《广益丛报》第7年第30期（宣统元年十一月二十日）。
⑥ 朱之洪等修、向楚等纂：《巴县志》第十四卷。

租股对于四川的地主来说，无异是要它们将封建剥削而来的财富拿一部分投资于铁路这种资本主义性质的近代交通事业。租股取之于田亩，并有政治强制性质。但是，入股与纳赋不同，股权仍属于出资者。路成后还可照规定分得红息。因此，川汉铁路租股的筹集过程也就是四川的地主在不同程度上卷入资本主义的漩涡，向资本主义转化的过程。因此，它就扩大了民族资产阶级收回利权的声势。而作为中国资产阶级爱国运动的一个组成部分的四川保路运动除得到广大爱国下层人民的支持外，还得到一批正在或多或少地向资本主义转化的乡绅的响应。这是四川资本主义工业虽不发达，但在辛亥革命时期资产阶级运动却发展十分迅猛的一个重要原因。

重庆既是四川省负担租役最多的一个地方，租股牵涉的群众面又较广泛，民众对川汉铁路的成败自然特别关心。所以一当清王朝倒行逆施，实行铁路国有政策，夺路于国人，卖路于外人时，重庆人民立即展开了反帝爱国的保路运动。

(三) 重庆保路风潮

1911年6月17日，四川铁路公司召开大会，成立了四川保路同志会，明确提出了"保路破约"的口号，对群众进行了大量的宣传和组织工作，从而使四川保路运动出现了群众运动的新高潮。

重庆的爱国人士迅起响应成都的保路斗争，他们声言：重庆"出股亦较他处为多，因无坐视濒亡之理"。6月28日重庆召开了铁路股东分会，到会有四千余人，"咸激昂慷慨，不愿以性命相依之铁路直接送诸政府，间接送诸外人，全场一致，誓死必争"。会议决定成立重庆保路同志协会，"无论股东、非股东均可入会，以协助省会为目的"。并且指出："铁路改归国有，修路出于借款，又以权利作抵，则名为国有，实则外有。""吾人拼死以争者，非仅股本之关系，亦非仅铁路之关系，直国家存亡之关系也。"①

7月7日、8日、18日等，在同盟会会员梅树枬、朱之洪及周晓峰等主持下，重庆保路同志协会连续召开了万人大会②，激励民众，宣传保路主张。重庆的保路运动一开始就在同盟会的指导下进行。

7月26日（闰六月朔），重庆女界保路同志协会成立，它"以拒款、破约、保路、保国为宗旨"③。会长王季兰，会员达五六百人。

7月，长寿县"以彭凤和先生及热心士绅等竭力主张"成立了保路同志协会，参加者达二千余人。④ 一时，重庆的保路"同志会日张大，演说者集万众，哗动一时"⑤。

---

① 《重庆同志之爱国热》，隗瀛涛等：《四川辛亥革命史料》（上），第247页。
② 四川省档案馆编：《四川保路运动档案选编》，第380~381页。
③ 隗瀛涛等：《四川辛亥革命史料》（上），第280、248页。
④ 隗瀛涛等：《四川辛亥革命史料》（上），第280、248页。
⑤ 重庆地方史资料组编：《重庆蜀军政府资料选编》，第8页。

同盟会重庆支部一开始就掌握了运动的领导权,他们"借保路之名,鼓动人民以行革命之实"的方针是明确的。杨庶堪曾经说过:"此非根本革命,无以拯民。保路云云,要皆枝叶耳。"① 因此,当1911年8月5日川汉铁路公司特别股东大会召开,同盟会重庆支部派朱之洪以重庆股东代表资格赴省开会,行前,杨庶堪又对他说:"君此去,蒲、罗均未足与谋。"②"同盟会应趁此时机,转化保路运动为反满革命运动。"③ 他要朱之洪看清蒲、罗等人的反革命本质。因此,朱之洪到成都后,一面利用特别股东大会的合法讲坛鼓动罢市罢课,一面秘密与在省党人曹笃、龙鸣剑等人商议进行革命的办法。朱之洪说:"争路者,日与政府言法律,辨是非,政府终不悔悟,不如激扬民气,导以革命。"④ 但是,当时成都清吏对革命党防备极严,同盟会在1907年成都起义失败后,已基本停止了有组织的活动,因此他们决定分头到各州县发动革命,采取孤立成都,最后夺取成都的战略。朱之洪作为巴县铁路股东会、巴县教育会、重庆商会的代表,继续为营救蒲、罗等人,争回四川路权而奔走,声述四川人民、巴县人民"永矢不变,苦心一致"以死争路的决心⑤。8月18日,清督办川汉、粤汉铁路大臣端方与湖广总督瑞澂会同电奏:"请明降谕旨,特派李稷勋仍行留办路工,一面责成赵尔丰懔遵迭次谕旨,严重对付","遏乱萌而靖地方。"⑥ 次日,清王朝不顾四川群众提出罢斥李稷勋的要求,悍然派李稷勋总理川路工程。8月23日,朱之洪在川路股东审查会上就此事提出质问,将清王朝与川人为敌的罪行揭发出来,促使了四川罢市罢课斗争的开展。

8月24日,成都开始罢市、罢课,并迅速在全川卷起风潮。重庆保路同志会"极力主张停止买卖交易",并"秘密地进行着鼓动"⑦,拟于8月30日举行全市罢市。这一消息引起了清政府的恐慌,8月30日,川东道、巴县知县和所有的地方官员倾巢出动,一清早都走到街上去劝告各店家,并要他们开门照常营业。但是,"谣言着魔似地遍地飞传"⑧,"官员们看来已丧失了他们的一切影响,事态的控制权已全部落到保路同志会手中"⑨。

---

① 重庆地方史资料组编:《重庆蜀军政府资料选编》,第8页。
② 文史资料委员会编:《辛亥革命回忆录》(三),第75页。蒲,指蒲殿俊;罗,指罗纶,他们当时分任四川谘议局正副议长,四川保路同志会主要负责人。他们是四川立宪派的头面人物,四川保路运动的主要领导者。
③ 周开庆:《杨庶堪先生生平与功业》,《近代中国》1980年第12期,第146页。
④ 重庆地方史资料组编:《重庆蜀军政府资料选编》,第8页。
⑤ 隗瀛涛等:《四川辛亥革命史料》(上),第379页。
⑥ 盛宣怀:《愚斋存稿·武昌瑞制军来电》。
⑦ 四川省档案馆:《四川保路运动档案选编》,第301页。
⑧ 四川省档案馆:《四川保路运动档案选编》,第301、199页。
⑨ 四川省档案馆:《四川保路运动档案选编》,第301、199页。

五 蜀军政府的成立，辛亥革命的失败

(一) 同盟会重庆支部为重庆独立而斗争

1911年9月7日，川督赵尔丰一手制造了"成都血案"，惨杀群众数十人。以"成都血案"为转折点，四川保路爱国运动发展成为由同盟会领导的推翻清朝统治的同志军武装起义。

重庆的保路运动由于有同盟会的领导，人民反抗斗争不断高涨并日趋革命化。"成都血案"发生后群情更为激愤。同盟会重庆支部的负责人杨庶堪、张培爵趁机通知各州县革命党人齐集重庆，分工合作，密谋起义。

同盟会领导的四川保路同志军武装起义如火如荼。清政府命端方带湖北陆军第十六协第三十一标、第三十二标一个营入川镇压。同盟会重庆支部首先动员人民与端方斗争。端方刚一进入四川境内，各县代表在沿途不断向他请愿。朱之洪在"成都血案"后便返回重庆准备起义，他受重庆保路同志协会的推举，同刘祖荫前往夔府会见端方，提出三项要求："一，请伸川人冤抑；二，请罢入川军队；三，请释放蒲、罗九人。"然而端方公然声称："川人称乱，率兵乃朝廷命令，不能中止。"①

朱之洪回渝向杨庶堪等人报告了以上情况，同盟会会员便通过保路同志协会，"对重庆民众连日作公开讲演，张大鄂军入川数目，揭出端方不允停止进军的罪恶意图"②，激励群情，推动革命高潮的到来。

10月13日端方率领鄂军窜至重庆，驻在通远门附近的同业公会。③当时，武昌起义已经发生，四川的起义早已蔓延全省。磅礴的革命形势使端方转向拉拢四川立宪派绅士以支持危局。于是他出奏弹劾赵尔丰"构成冤狱"，要求释放蒲殿俊、罗纶等保路同志会的领袖人物，说："该绅等研求新政，维护地方，为川士一时之选。惟任事近于专擅，持论过于激昂，荷蒙宽典之优加，必有怀刑之敬畏。"④同时在重庆街头巷尾张贴告示，宣布释放蒲、罗。但当夜即有人在告示每句下加注二字，戳穿其阴谋，以表示四川人民反抗到底的决心，原文如下：

---

① 重庆地方史资料组编：《重庆蜀军政府资料选编》，第32页。
② 重庆地方史资料组编：《重庆蜀军政府资料选编》，第32页。
③ 四川省档案馆：《四川保路运动档案选编》，第307、320页。
④ 文史资料委员会编：《辛亥革命回忆录》（三），第104页。

蒲罗九人释放（未必），田周王饶参办（应该）①。
尔等迫切请求（何曾），天恩果如尔愿（放屁）。
良民各自归家（做梦），匪徒从速解散（不能）。
倘有持械抗拒（一定），官兵痛剿莫怨（请来）②。

端方所带之鄂军，因受革命潮流的影响，其中不少人有革命思想。对此，杨庶堪等人早有所闻，因而当端方未到重庆之时，杨就派张颐赴夔州、万县联络下川东党人，"并设法与鄂军中的党人通声气"③，与端方军中的同盟会会员田智亮等取得了联系，了解了武昌起义的详情。同时探听到运送端方军火的船只将通过涪州，特派谢持赶赴长寿附近，伺机劫取。因时间错过，未能成功。武昌起义后，孙武曾密告川中鄂军党人，要他们杀端方以助四川独立。端方到达重庆时，鄂军党人便企图乘端方登岸时杀之。但是，重庆同盟会支部认为："渝为商埠，若有扰乱，即惊外侨市廛，不利人民甚。"④加以劝阻。11月18日，端方军抵资州，陷入四川同志军包围之中，进退维谷。当端方向资州窜进时，田智亮秘密返回重庆，与同盟会重庆支部约定在资州杀端方。张培爵等派兵三百人，给炸弹八十枚，并五千元经费，令田兼程前往。田智亮回到资州后，由鄂军中党人陈镇藩召集李绍白、王龙彪、鲁伯超等密谋，于11月27日逮捕了端方及其弟端锦，杀于天上宫门前丹樨下。鄂军随即宣布起义，挥师东下重庆。"沿途商民输金助饷，挂灯结彩，欢迎欢送。"⑤蜀军政府"以鄂军有殊勋，犒以牲酒"⑥。后鄂军顺长江而回武汉。

同盟会重庆支部成立以后，便注意掌握武装。"联络袍哥会党中的知识分子，借其潜力，作为发动举事时的别动队"⑦，同时又掌握了府中学堂中供学生练习军事操用的二百支快枪⑧，"阴以兵法部勒学生"⑨。他们在领导保路运动的同时，更加紧组织武装力量，以争取重庆的独立。

端方率军经过重庆时，恰逢广东巡警道李湛阳回渝省亲。李湛阳是重庆总商会首任总理、西南最大票号天顺祥的老板李耀庭的长子，曾在广东任督练亲兵统领，与端方要好。因此，端方命李为新巡防军统领，责成他募新兵组建防军三营，以加强重庆的反动武装。杨庶堪凭借他与李家的姻亲关系，趁机使"党人多投身其间，因其交通防军"⑩，从而控制了这支部队，成为起义时的重要力量。

---

① 田、周、王、饶，指清政府营务处总办田征葵，提法使周善培，候补道、赵尔丰的亲信王棪，饶凤藻四人。
② 文史资料委员会编：《辛亥革命回忆录》（三），第104页。
③ 重庆地方史资料组编：《重庆蜀军政府资料选编》，第35页。
④ 周开庆：《民国川事纪要》，第11页。
⑤ 文史资料委员会编：《辛亥革命回忆录》（二），第101～102页。
⑥ 朱之洪等修、向楚等纂：《巴县志·蜀军革命始末》。
⑦ 重庆地方史资料组编：《重庆蜀军政府资料选编》，第30、190页。
⑧ 重庆地方史资料组编：《重庆蜀军政府资料选编》，第30、190页。
⑨ 重庆地方史资料组编：《重庆蜀军政府资料选编》，第30、190页。
⑩ 邹鲁：《四川光复》，中国史学会编：《辛亥革命》第六册，"中国近代史资料丛刊"本，第6页。

同盟会会员朱之洪、朱必谦在袍哥中享有声望,同盟会重庆支部通过他们联系的福寿场仁字号堂口的冉炳之冉大爷,具体负责组织袍哥参加起义。冉炳之通过"开山立堂",聚集了各堂的袍哥力量。根据同盟会重庆支部的安排,这支队伍于1911年11月19日重庆独立前夕,占领了成渝道上的老关口,掩护重庆独立,接应夏之时军的到来,为重庆独立和蜀军政府的成立做出了贡献①。

　　袍哥组织与清军有极为密切的关系。同盟会重庆支部通过袍哥进而控制了部分清军。会党中的著名人物况春发与川东道朱有基的心腹、炮队营教练长邓昆山素有交情,"既密说之,昆山私缴炮针机柄,阴效命培爵矣"。此外,"旧巡防军和水师炮船,亦经党人和会党说服,咸愿输诚效命"②。

　　除联络会党,控制清军以外,同盟会重庆支部还注意建立直接控制的武装。端方未到重庆之时,即委托他的旧相识涪州翰林施际云先到重庆与官绅联络。施在总商会约集重庆官、绅、商、学各界代表开会。会上,朱之洪、江潘以维持地方秩序为名,提出举办团练。经过一番斗争,终于按照同盟会会员提出的办法"商会谋办商团自卫、士绅亦致力团练保(治)安。向楚、李时俊、刘祖荫各分区集众倡民团"③,"(重庆)支部遂乘机先后派人争取得任团内要职,在团丁中亦尽量安插接近可靠的人,这又为革命起义增添了两部分武装力量"④。

　　1911年4月,在孙中山、黄兴的领导下,同盟会总部在广州发动黄花岗起义,派人与长江流域各地的革命党人联络,同时又"电请接济"。重庆的杨庶堪等人,立刻"倡首响应"⑤,支持这次壮举。黄花岗起义组织了一支由一百二十多个十分优秀的同盟会会员组成的敢死队,作为这次起义的中坚。重庆同盟会支部也效法总部的这一举动,组织了以同盟会会员石青阳、卢汉臣为首的敢死队,作为发动重庆起义的骨干力量⑥。

　　至此,同盟会重庆支部已掌握了一支足以与清朝重庆政府抗衡的武装力量。只是由于端方的大军在渝,"未敢遽动","酝酿未发"⑦。于是,他们决定在重庆附近州县发动起义,以分散和孤立重庆的清军。革命烈火在川东燃烧日炽。

　　11月18日,同盟会会员廖树勋在长寿首举义旗,宣布独立。

　　11月22日,高亚衡在涪州建立了军政府,自任司令官。随即发兵丰都,忠州、彭水、酉阳、秀山亦起义响应。在黔江,有1911年初黔江起义牺牲的王克明,其妻聚众起义,促使该县于11月13日成立了军政府。

　　涪州独立的同日,南川县革命党人也率众起义。合江、江津等地也先后起义

---

① 傅渊希:《漫谈哥老会与重庆老关口之占领》,《四川保路风云录》,1981年。
② 重庆地方史资料组编:《重庆蜀军政府资料选编》,第34、181、35页。
③ 熊克武:《辛亥革命纪事》,重庆地方史资料组编:《重庆蜀军政府资料选编》,第9~10页。
④ 重庆地方史资料组编:《重庆蜀军政府资料选编》,第34、135、35页。
⑤ 重庆地方史资料组编:《重庆蜀军政府资料选编》,第34、135、35页。
⑥ 重庆地方史资料组编:《重庆蜀军政府资料选编》,第34、135、35页。
⑦ 聂述文等修、程德音等纂:《江津县志·前事志》。

独立。

重庆上下各州县先于重庆起义独立，都是由同盟会重庆支部策动的。各州县"皆以重庆机关部为革命枢纽"①。这给清王朝在重庆的统治造成了严重的威胁，也为重庆的独立创造了条件。

重庆知府纽传善是一个机警多诈的人，号称"能吏"，且兼府城警察监督及新巡防军统带，统辖军警政权，一贯敌视人民革命运动。在重庆独立前夕，又一再叫嚣，"认真稽查，勿任窝藏一匪"②。清政府在重庆又驻有旧巡防军，驻守城内长安寺，城外浮图关、磁器口等地，或居城市之中，或扼水陆要道；有川东道署直属炮队营，驻五福宫，占据了制高点；此外还有水师炮船两小队，分驻于东水、太平门外。尽管如此，从整个战略态势来看，革命力量已占有了明显的优势。

1911年10月10日，武昌首义成功，全国响应，辛亥革命迅速进入高潮。这个高潮有力地促成了重庆独立形势的成熟。各地同盟会会员乘时纷纷齐集重庆，分工负责，准备起义。他们公推杨庶堪主盟，"主持决疑定议，筹谋财政周旋官吏，延揽党员"；由张培爵、谢持"主持联络交通，征集器械，发纵指使"；朱之洪"主持联络官绅，交涉各军"；陈崇功、杨霖负责联络会党；熊兆飞、夏江秋负责制造炸弹；至于草拟书札文告则临时推举同志担任③，又以周际平为"总城防团练而握其兵符"④。"诸校学生中党人群效奔走，会党、防军，皆已密约待命"⑤。重庆独立的条件已经成熟。当时在渝的帝国主义分子也感到了这一点。重庆海关英籍税务司施特劳奇向海关总税务司报告说："在重庆发生革命只是一个时间问题。政府的统治在很早以前就已不存在，一切权力皆落于士绅的手中。而这些士绅自从铁路问题的骚乱以来，形成了一个团结一致的反政府阵线。""重庆推翻满清的统治万事齐备，只欠东风了。"⑥

促使重庆独立的"东风"就是夏之时率领的新军起义。

夏之时是日本东斌学校步兵科毕业的同盟会会员。11月5日夜，夏之时策动驻龙泉驿新军二百三十余人誓师起义，被推为革命军总司令。旋即率军东下，经简州、乐至、安岳、潼南，由水道抵江北黄桷树。重庆革命党人见夏军到来，更添武力凭借，精神为之一振。遂推朱之洪、黄崇麟前往欢迎。夏之时与朱之洪"密画步骤"后⑦，兼程进抵城外浮图关，"窥巴城在指顾间"⑧。

朱之洪回城以后，向杨庶堪报告了与夏军联系的经过，同盟会重庆支部立即召集了紧急会议，"决定采取和平方式发动重庆独立，按照武昌成例，新政府定名为

---

① 重庆地方史资料组编：《重庆蜀军政府资料选编》，第11页。
② 四川省档案馆编：《四川保路运动档案选编》，第294页。
③ 重庆地方史资料组编：《重庆蜀军政府资料选编》，第34、13页。
④ 朱之洪编：《蜀中先烈备征录》。
⑤ 重庆地方史资料组编：《重庆蜀军政府资料选编》，第34、13页。
⑥ 四川省档案馆编：《四川保路运动档案选编》，第311、365页。
⑦ 重庆地方史资料组编：《重庆蜀军政府资料选编》，第34、13页。
⑧ 朱之洪等修、向楚等纂：《巴县志·蜀军革命始末》。

'蜀军政府'",并确定了新政府的组织大纲要点,拟定处置清吏,维持治安等办法。会议决定以城议事会会址朝天观为宣布起义的场所,以旧警察署为军政府办公处。至于起义时间,以朱之洪与夏之时原来商定的为准:11月21日夏军入城后即宣布重庆起义。会后,同盟会会员分别通知各路武装力量,并由学校中的同盟会会员前往城厢广泛宣传。同时,又刻制了蜀军都督及总司令官印,绣制了十八星环绕"汉"字的黄缎大旗一面,赶印了各种文告。一切准备工作井井有条。

11月21日,夏军进抵磁器口。杨庶堪等密约各界代表齐集总商会,由朱之洪向各界宣布夏军即刻入城,重庆即将独立,会上,商会会长等不知同盟会与夏之时军及李湛阳新巡防军的关系,深恐夏军入城与巡防军发生冲突,提出推新巡防军统领李湛阳为都督,以免战祸。因而委托向楚、温仁寿、杨朝杰去请李湛阳就任,李决计不受,说:"吾有老亲,不能当非常,秩序如何维持固善,不可,愿党贤好自为之。"① 既然如此,乃决定由同盟会会员出任蜀军政府都督。至此,重庆独立已是水到渠成了。

(二) 蜀军政府的成立和政绩

11月22日,夏军进抵浮图关。重庆知府纽传善急令关闭城门,宣布戒严,负隅顽抗。朱之洪偕张颐取道通远门迎接夏军,守城士兵以无纽传善手令,拒绝开门。朱只好绕道于城墙低矮之处出城,赶赴两路口与夏军相见。朱蕴章随率体育学堂学生至城门,斥退守兵,剖锁开门,迎接夏军入城。

就在朱之洪出城迎接夏之时的时候,上午八时,杨庶堪、张培爵等人出动同盟会控制的中营城防游击队、商勇、川东道防营、水道巡警及炮队、民团等武装力量,集全城官、绅、商、学各界代表二三百人于朝天观开大会。况春发所组织的会党队伍和石青阳所率敢死队,拱卫杨庶堪、张培爵到会,鄂军党人田智亮等,亦武装到会。围观群众达两三千人。

当时,川东道朱有基已先期潜逃,重庆府纽传善、巴县知县段崇嘉亦不到会,纽声称:"必须与李君觐枫(湛阳)偕行。"② 因此,由向楚和朱之洪邀李湛阳并迫使纽传善和段崇嘉到会。革命党人李鸿均、夏江秋、欧阳尔彬、陈崇功等手持炸弹,周国琛执手枪令纽、段投降。纽传善"慑于民众,语吃气阻,愿书同盟誓约,与崇嘉剪发缴印降"③。起义军押着两个降吏游街示众。其余清吏也一体剪辫投降。重庆居民遍悬白旗,欢呼胜利。

下午二时,夏之时引军入城④。当天,设蜀军政府于原巡警总署,宣布独立,通电全国:"蜀军于本日午后三时由重庆举义,道府县及印委各管一体投诚,市面

---

① 邹鲁:《四川光复》,中国史学会编:《辛亥革命》(六),"中国近代史资料丛刊"本,第8页。
② 《重庆复汉记略》,隗瀛涛等:《四川辛亥革命史料》(上),第502页。
③ 重庆地方史资料组编:《重庆蜀军政府资料选编》,第14、37~38页。
④ 四川省档案馆编:《四川保路运动档案选编》,第365、333页。

平靖，外人安堵。"① 又根据同盟会制定的《革命方略》刊布文告，"略谓前代为英雄革命，今日为国民革命，所谓国民革命者，全国人民皆有自由、平等、博爱的精神，即皆负革命的责任，军政府不过为执行的机关"。"大军起义，鸡犬不惊，兴汉排满，保商卫民。倘有盗匪，乘机抢劫，军法从事，杀之勿赦。"②

当天，"全城如过节日似的"，城内城外都举行了热烈的庆祝会③，清朝政府在重庆的封建专制统治，在重庆人民庆祝独立的欢呼声中覆灭了，这场被称为"田园诗"④般的革命，做到了"官吏俯首听命，绅商学界，备极欢迎，兵不血刃，垂手而克夏名城"⑤。这是全国、全川革命形势高涨的结果，也是同盟会重庆支部长期积蓄力量，周密策划，英勇奋斗的必然结果。

蜀军政府是同盟会重庆支部在全国革命形势推动下建立的省级革命政权。《蜀军政府政纲》规定："蜀军政府以谋求中华民国之统一与廓清全蜀为宗旨。"都督府是蜀军政府的最高机关，设正副都督各一人，"以总揽军务及凡百政务大纲"。设立总司令处以保持军事的统一。还设立参谋、司令、军务、行政、财政、司法、外交、交通等部。并规定设立"公民大会"，"由蜀军政府所属各地公选代表组成之"。"公民大会对于地方行政及各部，有建议改良之权。"⑥

蜀军政府的人事安排，早于筹备期间就在少数同盟会负责人中进行了酝酿。对于都督人选，无论就资望和勋绩，以杨庶堪、张培爵、朱之洪、谢持最为适当。杨、朱、谢表示坚决退让，众人乃推张培爵为都督。夏之时以促重庆独立有功，任副都督。23日，同盟会重庆支部集合全体会员，由杨庶堪报告蜀军政府成员酝酿情况，然后由全体同志审议。通过了正副都督人选，推杨庶堪、朱之洪为高等顾问，"遇有重要问题，咨商两顾问后，才决定施行"⑦，并一致通过了支部酝酿拟定的蜀军政府所辖的机构人选名单（详见下表），在蜀军政府各部门任职的，不仅正副都督、顾问全是同盟会会员，而且各部、院、处的部长、院长、处长等职中，除林绍泉、李湛阳等人外，绝大多数亦都是同盟会会员。

重庆蜀军政府组织人员如下表⑧：

> 都督府
> 都督　张培爵
> 副都督　夏之时

---

① 周开庆：《民国川事纪要》。
② 重庆地方史资料组编：《重庆蜀军政府资料选编》，第14、37~38页。
③ 四川省档案馆编：《四川保路运动档案选编》，第365、333页。
④ 重庆天主教川东教区主教（法）马克给叙南教区主教约法尔的信这样评论重庆独立："这真是一篇田园诗，不能当作是一篇小巴斯底监狱（巴黎囚禁革命党人的监狱）诗篇。"见《四川保路运动档案选编》第333页。
⑤ 中国史学会编：《辛亥革命》（六），"中国近代史资料丛刊"本，第12页。
⑥ 《广益丛刊》第9年第31期。
⑦ 重庆地方史资料组编：《重庆蜀军政府资料选编》，第38页。
⑧ 本表系根据《重庆蜀军政府资料选编》第38~39页的资料制成。

顾问　杨庶堪、朱之洪
警视厅　厅长：李哲夫
厘金局　局长：江在椿　副局长：杨鹤龄
总司令处　总司令：林绍泉
参谋部　部长：但懋辛　副部长：唐仲寅
军政部　部长：方潮珍
军需部　部长：江经沅
秘书院　院长：向楚　副院长：董鸿词
总务处　处长：谢持　副处长：董鸿诗、朱蕴章
行政部　部长：梅树南　副部长：龚秉枢
财政部　部长：李湛阳　副部长：刘祖荫
司法部　部长：邓絜　副部长：张知竟
交通部　部长：杨霖　副部长：陈崇功
外交部　部长：江潘
审计院　院长：李时俊
监察院　院长：熊兆飞
大汉银行　正办：朱之洪
礼贤馆　馆长：陈道循

蜀军政府在成立的第二天，就发布了同盟会总部事先拟定的《对外宣言》，并照会各国驻渝领事，宣布："所有中国前此与各国缔结之条约，曾经宣布者，继续有效。""偿款外债，照旧担认，仍由各省洋关如数分年摊还。""所有外人之既得权利，一体保护。"同时警告帝国主义："清政府与各国缔结条约允许权利及借国债等事，成立于鄂军第一次宣言之后者，军政府概不承认。""外国人如有加助满清政府，以妨碍国民军政府者，概以敌视。""外人如有接济满清政府战时禁品者，一概搜获没收。"① 尽管重庆的革命党人缺乏反帝斗争勇气，但是他们掀起的这场伟大的、革帝国主义走狗清王朝的命的斗争，对帝国主义在四川的统治仍然是沉重的打击。还在10月20日，重庆海关英籍税务司施特劳奇就惊呼："跟随端方阁下的湖北军要是同他们在武昌伙伴一样反叛，如果出现了这样的事，这才是一件大灾难！"② 11月上旬，重庆一家法国教会主办的报纸登载了英国驻重庆领事"代替最后通牒"的文告，宣称："如果中国不赶快平息四川的反叛，英国就要进行干涉。"③ 帝国主义的叫嚣并不能阻止人民革命，相反，革命高潮的到来使得帝国主义更加惶惶不可终日。10月31日，驻重庆的英、日、美、法等国领事和各国炮舰司令官举行联合会议，通知各国在渝人员限期撤离。11月25日，虽然蜀军政府发

---

① 中国史学会编：《辛亥革命》（六），"中国近代史资料丛刊"本，第19页。
② 四川省档案馆编：《四川保路运动档案选编》，第308、318页。
③ 四川省档案馆编：《四川保路运动档案选编》，第308、318页。

布了《对外宣言》,但是,"各领事坚持地认为这情况是严重的"。因而于当晚再次通知一切教会:"所有的外国人立时准备动身去上海,并由炮舰护送。"① 这一情况表明,辛亥革命确实是一场伟大的反帝反封建的民族民主革命。

蜀军政府在发布《对外宣言》的同时发布了《对内宣言》,宣布蜀军政府以"驱逐鞑虏,恢复中华,创立民国,平均地权"为纲领。蜀军政府的这个宣言基本上是照同盟会的《军政府宣言》刊布的。但是对"驱除鞑虏"的解释,有重要的不同。《军政府宣言》:"今之满洲,本塞外东胡。昔在明朝,屡为边患,后来中国多事,长驱入关,灭我中国,迫我汉人,为其奴隶,有不从者,杀戮亿万。我汉人为亡国之民者二百六十年于斯!满洲政府穷凶极恶,今已贯盈,义师所指,覆彼政府,还我主权。其满洲汉军人等,如悔悟来降者,免其罪;敢有抵抗,杀无赦!汉人有为满奴以作汉奸者,亦如之。"② 蜀军政府的《对内宣言》则写道:"夫驱除鞑虏,乃排满之谓,非灭满之谓。自明亡二百余年以来,所以苛虐残杀,压制我族,无所不至者,是谓鞑虏。本政府起义,首重扑灭虏建伪清政府,至于对满洲人民,惟驱除有权力之首要;其余满人,只要剪辫投诚,即行宽待,决不过加杀戮。"③ 这是一个很好、很重要的改动。因为他划清了两个界线:(一)清政府与满族人民的界线。指出要驱除的"鞑虏"是那些"苛虐残杀,压制我民族,无所不至者",并不是满族人民。(二)满洲贵族与一般满族人民的界线。并且明确指出:"驱除鞑虏"的任务在于排除满洲贵族专制统治,而非消灭满族。由此制订了"首重扑灭虏建伪清政府","惟驱逐有权力之首要",对一般满族人民,只要求他们脱离清王朝便实行宽待的政策。这就清楚地表明,辛亥革命并非如某些学者所谓的单纯的"排满",而是一场推翻以清王朝为代表的封建专制制度,为建立资产阶级共和制而奋斗的资产阶级民主革命。蜀军政府中的同盟会会员,接受了孙中山的下述思想:"民族革命的缘故,是不甘心满洲人灭我们的国,主我们的政,定要扑灭他的政府,光复我民族国家。这样看来,我们并不是恨满洲人,只恨害汉人的满洲人。假如我们实行革命的时候那满洲人不来阻害我们,决无寻仇之理。"④ 他们并没有墨守同盟会六年前制定的成法,而是根据革命斗争的实际,创造性地将《军政府宣言》在这个问题上不恰当的提法予以修改。这种精神是可贵的,对四川革命运动也是有益的。

蜀军政府成立之初,就十分重视经济问题。"此革命饷源所关,稍不审,即易生奸利也。"⑤ 蜀军政府设立了银行,由朱之洪任正办。政府成立的当晚,就由向楚率队直趋大清、濬川源,接管了两行账簿数千册,悉归军政府掌握。财政部又发出布告,宣布:"为活泼流通之法,则银元、铜元亟应消除畛域,不分省界,无论

---

① 四川省档案馆编:《四川保路运动档案选编》,第329、332页。
② 孙中山:《孙中山选集》,人民出版社,1981年,第78页。
③ 中国史学会编:《辛亥革命》(六),"中国近代史资料丛刊"本,第21页。
④ 孙中山:《孙中山选集》,人民出版社,1981年,第81页。
⑤ 重庆地方史资料组编:《重庆蜀军政府资料选编》,第15、74、156页。

本省外省铜银各币,均须一律行使,不得抑勒挑拨。"① 又公布减厘办法,豁免旧厘水道巡警补助经费捐、糖捐、栈房捐、茶桌捐;肉厘、羊捐、酒捐、油捐减二成交纳②;"尽裁进口杂税"③;又通告川东各县:"各地方商务,无论商会成立未成立,均应维持市面,照常公平交易,以利交通。"④ 这些措施在一定程度上减轻了人民的负担,有利于民族工商业的发展,对稳定蜀军政府起了积极的作用。正因如此,蜀军政府在执政期间才能做到"商市不变,耕农行旅皆无惊"⑤。

在宣传和文教方面,蜀军政府也做了不少工作。1905年卞鼐被捕、《重庆日报》被查封以后,重庆的新闻事业一度中衰,除教会报刊《崇实报》等以外,就只剩《广益丛报》了。蜀军政府成立后,为广播革命声气,于成立后的第三天(11月25日)创刊《皇汉大事记》,由朱国琛主编,宣布军政府政策法令。以后改为《国民报》,由燕翼任总编辑,作为蜀军政府的机关报⑥。在蜀军政府的倡导下,先后创刊有《国是报》《益报》《正论报》⑦《光复报》《国民报》《新中华报》等大报⑧,其他小报时刊时停无法统计。这对于扩大革命影响,进一步广泛宣传革命主张,起了积极的作用。

教育界长期以来就是重庆革命党人活动的主要阵地,培养了一批革命青年。蜀军政府成立以后,遵照南京临时政府的规定,颁发了《中华民国教育部普通教育暂行办法十四条》,改革旧的教育制度。规定:"从前各项学堂均改称为学校";"初等小学校可以男女同学";"小学读经科一律废止";"凡各种教科书务合乎共和民国宗旨,清学部颁行之教科书一律禁用";"凡民间通行之教科书,其中如有尊崇满清朝廷及旧有官制、军制等课,并避讳抬头字样,应由各该书局自行修改",学校教员亦可随时删改;旧时奖励出身一律废止"。《普通教育暂行课程标准》规定了初小、高小、中学、师范开设的课程,一扫腐败的封建专制主义糟粕,代之以培养新时代青年的修身、国文、算术、外国语、史地、数、理、化、农工商业、经济、法制、音乐、体操,以及家政、手工、图画、习字等课⑨。

在军事活动方面,蜀军政府成立以后,赵尔丰仍拥兵成都。蜀军政府为巩固政权和"廓清全蜀",组建了步兵七标和一个炮兵营。计有:近卫军一标,标统盘铭;警卫军一标,标统周国琛;义勇军一标,标统石青阳;步兵四标,标统黄金鏊、舒伯渊、周维新、邹杰;炮兵第一营,管带肖步周,隶属蜀军总司令⑩,积极准备西

---

① 《蜀军政府财政部咨》,原件藏重庆市博物馆。
② 重庆地方史资料组编:《重庆蜀军政府资料选编》,第15、74、156页。
③ 朱之洪等修、向楚等纂:《巴县志·蜀军革命始末》。
④ 重庆地方史资料组编:《重庆蜀军政府资料选编》,第15、74、156页。
⑤ 重庆地方史资料组编:《重庆蜀军政府资料选编》,第15、74、156页。
⑥ 重庆地方史资料组编:《重庆蜀军政府资料选编》,第15、41页。
⑦ 重庆地方史资料组编:《重庆蜀军政府资料选编》,第15、41页。
⑧ 朱之洪等修、向楚等纂:《巴县志》第七卷,第34页。
⑨ 《国民报》1912年3月2、4、5日。
⑩ 朱之洪等修、向楚等纂:《巴县志·蜀军革命始末》。

征、北伐。为了号召四川人民将反清起义进行到底，蜀军政府发出了《讨满虏檄文》。檄文历数清王朝内政昏庸，外交失败，卖国卖路，掠夺和屠杀四川人民的种种罪行，指出："列强政策，因路投资，虽借口以通商，适无形之灭国。"四川人民"共图争挽，咸厥自修"，但是"贱种泽贝子（载泽）、汉蠹盛宣怀，因利为奸，同恶相济。溥仪幼稚，载沣昏庸，背宪法之大纲，听贼臣之赔款，舆论不顾，呼吁无闻"。"奴隶之奴隶赵尔丰，思媚权奸，突逞屠毒。……哀我黎庶，听其剿办，焚烧乡镇，井里成墟，诛戮婴嫛，江河为满。"四川人民忍无可忍，由爱国而革命，为反帝而反清。"于是锦里英豪，巴夔俊杰，攘臂奋发，收集散亡，期获端、赵以燃脐，誓灭满奴而吮血。"蜀军政府"方欲连剪赵、端，再联荆粤，西南合志，东北同心，然后直捣幽燕，光复华夏"。檄文郑重宣布，蜀军政府将与全国革命力量一起，"涤专制之旧习，布共和之新政，颂中国万岁，庆民国万岁"①。

武昌起义以后，赵尔丰被迫释放了蒲、罗等人，要他们去瓦解四川的起义。更鉴于四川局势无法控制，采取以退为进的策略，打算暂时让权给立宪派。而立宪派头目蒲殿俊等也企图抢在革命派前面，以自治的名义，掌握四川政权。因而双方勾结，于1911年11月22日订立《四川独立条约》三十条，从而使赵尔丰保存了反革命实力，立宪派摘取了革命果实。11月27日成立了立宪派和旧军官的联合政府——大汉四川军政府。蒲殿俊任都督，原新军十七镇统制朱庆澜任副都督，握有实权。

在立宪派人士和赵尔丰私相授受，订立《四川独立条约》时，重庆的同盟会会员曾谴责立宪派说：四川人民为营救他们而"拼死血战"，"以数万有血性之头颅，掉换少数保皇助满、反对民党无价值之人之性命"。蒲、罗等人"乃竟见利忘义，贪生畏死，以巧滑之手段，掩天下人之耳目，忘恩负义，灭耻纵仇，其何以对全川数万人出死力援救渠辈之心！"因此，《四川独立条约》宣布后，"大众反对，谓如此黑暗，是第二专制国发见，非以第二次革命对付之不可！"号召"七千万同胞起而共击之"②。并对《四川独立条约》逐条加以驳斥。

1911年12月初，蜀军政府委派副都督夏之时为总指挥，率师西上伐赵，宣布："此次出师，以廓清匪类，安置溃兵，除贼破约，劝告同志会为宗旨。"斥责蒲殿俊"当时虽号独立，因其宗旨不正，办法不善，名保和平，对于四川前途，非常危险"。四川军政府虽已成立，"唯土匪蜂起，与官兵奸淫掳掠，无恶不为，我同胞有岌岌不可终日之势。倘不率兵前往，清除匪类，安抚善良，何以保我父母子弟之安宁，而固成都独立之基础"③。当时赵尔丰正密谋调兵入川，复辟阴谋暴露无遗。成都群众讨赵呼声日益高涨，蜀军西征，声震八方，促使尹昌衡最后下定决心诛赵。12月23日，尹派兵擒获赵尔丰，枭首示众。这是四川人民反对封建专制斗争

---

① 《檄文》全文，见周开庆《四川与辛亥革命》第4章。
② 隗瀛涛等：《四川保路运动史料》，第504~509页。
③ 重庆地方史资料组编：《重庆蜀军政府资料选编》，第101~102页。

的一个胜利。赵尔丰授首,蜀军政府遂召回了西征之兵。

蜀军政府成立之时,清帝尚未退位。清廷正以重兵侵犯潼关,意欲在西北取得军事上的胜利以牵制东南革命党的活动。于是东南、西南各省形势紧张,共谋北伐。12月,蜀军政府经与入川的滇黔军及四川军政府协商,决定以张培爵为"组织川滇黔三省会师北伐代表",以夏之时为"北伐团总司令官",孙吴、刘声元为参谋官①。提出了"以一镇出阶文,两镇出汉中长安,一举幽燕夺魄"②的计划,并电告鄂、陕、滇、黔、湘都督。北伐之举受到了各界群众的大力资助。"财政部长李湛阳首捐助饷二万金为之倡",并以李湛阳、黄金鳌、刘祖荫、古秉钧、赵城壁等筹备北伐饷捐事宜,"文武职司捐薪者争先后,士民妇女投金脱簪珥者亦众"③。当时,四川的同盟会会员熊克武等正在上海筹组蜀军,以作为蜀军政府的武力基础。他们利用重庆驻沪商代表董秉章、贾应权保管的川汉铁路所购的兰格志股票,向银行抵借二十五万两,向日本军火公司购到俄式步枪、山炮、子弹等军械,在宜昌组成了蜀军,参加北伐。以熊克武为蜀军北伐总司令,彭家珍为副总司令。下辖三个营:向传义营驻宜昌,邱延董营驻万县,肖人龙营驻重庆。后又组织了一百二十人的义士团④。不久,南京临时政府陆军总长黄兴致电夏之时和蔡锷,催促蜀军、滇军出师北伐,电称:"潼关幽陇相继失守,升(允)久盘踞陇上,西安告急。川军及滇军,请饬星夜开陕西,俾西北早日肃清。"⑤后来,由于南方革命势力向袁世凯妥协,1912年3月22日清帝退位,南北统一,才停止了北伐行动。

对于"南北和议",蜀军政府最初是持反对态度的,对袁世凯的和谈阴谋有所警惕。张培爵致大总统电指出:"袁贼借口议和,阴谋进取,实行远交近攻政策。"因此,"和议决无可信之理,我军万不可听。该贼诡词稽延迟滞,贻误军机,破坏已成之局,致为外人所笑。愚昧之见,亟应取销和议,联合各省军队,陆续分进,直捣虏廷,擒斩袁贼,早定大局"⑥。这种反对同袁世凯妥协,要求将革命斗争继续下去的主张,在当时虽不能力挽狂澜,却表现了以蜀军政府为代表的四川革命党人对窃国大盗袁世凯的狡诈狠毒是有所认识并具有戒心的。

(三)川东南五十七州县响应蜀军政府

1911年11月25日,万县同盟会会员熊晔,开县同盟会会员潘大道等在万县策动防军,促使巡防营管带刘汉卿反正,称下川东蜀军副都督,实现了万县独立。此时,同盟会会员卢师谛自武汉回川,活动于夔府、巫山、云阳间,联络巫山团防孙吉五及巡防军百余人在夔府发难。11月26日,杀奉节知县曹彬孙、警长徐希

---

① 重庆地方史资料组编:《重庆蜀军政府资料选编》,第94、95页。
② 重庆地方史资料组编:《重庆蜀军政府资料选编》,第94、95页。
③ 朱之洪等修、向楚等纂:《巴县志》第二十二卷,第20页。
④ 重庆地方史资料组编:《重庆蜀军政府资料选编》,第48~49页。
⑤ 《国民报》一九一二年三月二日。
⑥ 《南京临时政府公报》第6号"电报"。

贤，扣押夔州知府，宣布夔州独立。云阳亦发动起义，推晏祥武为司令，卢师谛为参谋长。同盟会会员王维舟在东乡县组织数万农民和知识分子攻下东乡县城，擒知县吴巽，宣布独立，成立军政府，推冉崇根为政府主席。接着与李绍伊部联合进攻绥定城。知府杜本崇、知县广敦厚，被起义军围困十余日后乞降。同志军入城，建立军政府，选士绅王郁南主持民政，蜀军政府派王文熙为绥定地方司令。①

在泸州，保路运动发生以后，同盟会会员杨兆蓉、邓西林等即运动川南防军、永宁道卫队及炮队乘机起义。蜀军政府成立以后，"泸州人心愈益激动，清吏愈益恐惧"②。永宁道刘朝望迫于形势，不得不于11月26日剪辫反正，但蜀军政府见川南军政府都督皆非同盟会会员，尽是满朝旧官吏，认为是假独立，准备派军讨伐。刘朝望只得通告川南二十五州县派代表选举改组军政府。结果众推但懋辛（时在渝）为副都督，黄方任川南军司令，同盟会在川南军政府取得优势。他们一切听命于蜀军政府。

江北、綦江、璧山、永川、荣昌、铜梁、合州、江津、开县、达县、岳池、邻水等县亦相继独立③。他们"次第推派代表前来缴存伪印，接受组织命令"④。12月，万县下川东蜀军副都督刘汉卿致电蜀军政府，"自愿取消副都督"⑤。泸州、广安亦然⑥。这样，"川东南五十七州县，皆先后反正"⑦，均次第有文电和代表到渝，表示接受蜀军政府的领导、指挥。

蜀军政府鉴于各州县独立反正有先后，组织机构有殊异，社会秩序有好坏，于是颁发了《设置地方司令官施行细则》，在所辖区域内"改革伪政府旧日官制，另建地方司令官以谋镇守而资佐理"⑧。并对政府机构的设置，官员的资格和任用、权限等，都有详细规定。同时又派出安抚使五人，分巡北道、中路、南路、上东、下东，督察执行情况⑨。到1912年3月，共有55个州县设置了地方司令官⑩，成立了"中华民国全蜀地方议会联合会"。它以"专陈各厅州县利弊，协谋地方治安，以扶助完全共和政府之成立为宗旨"⑪。从而在更大范围内施行了资产阶级共和国的方案。

---

① 文史资料委员会编：《辛亥革命回忆录》（三），第187~188页；南炳奎、张仲孝等纂修：《续修达县志·纪事》。
② 中国人民政治协商会议四川省委员会、四川省省志编辑委员会：《四川文史资料选辑》（第1辑），第139页。
③ 重庆地方史资料组编：《重庆蜀军政府资料选编》，第39~40、17页。
④ 重庆地方史资料组编：《重庆蜀军政府资料选编》，第39~40、17页。
⑤ 《广益丛报》第9年第27期。
⑥ 重庆地方史资料组编：《重庆蜀军政府资料选编》，第39~40、17页。
⑦ 重庆地方史资料组编：《重庆蜀军政府资料选编》，第39~40、17页。
⑧ 重庆市博物馆藏。
⑨ 重庆地方史资料组编：《重庆蜀军政府资料选编》，第39~40、17页。
⑩ 《国民报》1912年3月11日。
⑪ 重庆地方史资料组编：《重庆蜀军政府资料选编》，第72页。

（四）成渝两军政府的合并

1911年11月，中国大地主、大买办的代表袁世凯以清廷内阁大臣的身份出山后，在帝国主义和各地立宪派人士的支持下，挟反革命武力北洋军向革命党人诱降，迫使革命党人妥协。12月，袁世凯派唐绍仪到上海与革命党人举行"南北和谈"。此时，"革命军起，革命党消"，同盟会内部四分五裂，妥协空气甚嚣尘上。除少数坚定的革命分子外，许多人都主张向袁世凯交权。四川辛亥革命的成果，也被这种泛滥于全国的妥协逆流所淹没。先是成渝两军政府进行"东西谈判"，蜀军政府向成都的四川军政府交权，后由四川军政府都督尹昌衡再将政权交给袁世凯的走狗胡景伊。

关于成渝两军政府合并的意见，首先是由同盟会提出的。成都党人董修武、杨维、龙光等"首创合并议"。重庆张培爵、熊克武、朱之洪等也同意合并，时任川南总司令的但懋辛也表示赞同①。于是，蜀军政府致电成都军政府，表示：重庆党人办事"决无权利思想"，决定派全权联合委员赴成都会商"本省军政、财政、保安地方一切重要事件"②，将成渝两军政府合并问题提上了日程。

尹昌衡虽然在历史上与同盟会有过联系，而且参加过同盟会，但是他却没有明确的革命意识，是一个热衷于争夺军权和地位的实力派人物。他把蜀军政府视为异己政权，必欲除之而后快。他在就任都督后便向蜀军都督提出："望贵都督共相扶济，联为一气以御外侮，抢攘之局，庶几可定。"③当蜀军政府派出代表要求合并时，尹昌衡更趾高气扬，要价更高。他在致张培爵书中，指责蜀军政府"树党组兵""众矢日集"，狂妄地叫嚣："夫渝兵强不及傅（华封）、赵（尔丰），而衡众已逾曩时，武力相对，我备必胜。"要蜀军政府"果其关怀大局，请即联袂而来"④。尹昌衡这封信无异一通招降书，他盛气凌人，坚持"兵力统一"，用战争消灭蜀军政府。只是由于董修武、张治祥的反对，才没有诉诸以兵。12月29日，尹昌衡、罗纶、邓孝可等又致电蜀军政府，提出统一条件：（一）以成都为四川军政府中枢。（二）重庆应置重镇，设镇抚使一人，领兵一镇。（三）罗纶提出，以成都正都督为四川正都督，重庆正都督为四川副都督。（四）两处副都督拟任重庆镇抚使或枢密院院长及军事参议院院长。⑤ 1912年1月27日，双方全权代表张治祥⑥、朱之洪在重庆商定草合同十一款，2月2日，经双方军政府盖章生效，通告成、渝合并。尹昌衡、罗纶致电孙中山、黄兴报告四川合并情形。张治祥、朱之洪也致电孙中山报

---

① 文史资料委员会编：《辛亥革命回忆录》（三），第95页。
② 周开庆：《四川与辛亥革命》，第226页。
③ 《广益丛报》第9年第29期。
④ 周开庆：《四川与辛亥革命》，第330～331、332页。
⑤ 周开庆：《四川与辛亥革命》，第330～331、332页。
⑥ 张治祥本来是作为蜀军政府代表去成都谈判的，结果反被四川军政府派为成都方面的代表。蜀军政府改派朱之洪为代表参加谈判，他们都是同盟会会员。

告说:"成渝既经合并,事权自归统一,惟有御外,并联合滇黔援陕北伐,早定大局。"① 这些电文均被南京临时政府发表在《南京临时政府公报》上,表示承认。3月4日,张培爵发表《成渝两军政府合并后政见书》②,表示"正都督一职,非雄才大略者,莫能胜任,已由培爵推尹昌衡为正都督,培爵副之,以勉尽国民之责"。同时提出"出师北上""经营藏卫""筹立代议机关""清内匪""整饬军旅""慎选法官""清理款项""兴复学校""通商惠工""化党除见"等项建议。4月25日,张培爵到达成都。27日,尹昌衡、张培爵就任四川军政府正、副都督,罗纶任军事参议院院长,夏之时任重庆镇抚府总长。

革命的根本问题是政权问题。由于资产阶级革命党人的妥协,蜀军政府被四川军政府合并,四川的革命运动已黯然失色。尤其严重的是,在尹昌衡的庇护下,袁世凯的爪牙胡景伊势力崛起,重庆镇抚府被撤销,蜀军都督张培爵于1915年被袁世凯杀害,四川辛亥革命的成果终被吞噬殆尽。

---

① 《南京临时政府公报》第11、24号。
② 《民主报》1912年4月3日。

重庆开埠史大事记

一八四〇年（清道光二十年·庚子）

六月　英国发动侵略中国的鸦片战争。

一八四二年（清道光二十二年·壬寅）

八月二十九日　中英《南京条约》签订。

一八五六年（清咸丰六年·丙辰）

英法联军对中国发动第二次鸦片战争。

一八五八年（清咸丰八年·戊午）

法国天主教霸占重庆长安寺，改建教堂。

一八六一年（清咸丰十一年·辛酉）

一批外国冒险家乘帆船入川，行至夔府而止，沿途搜集水流险滩和帆船航行资料。随后提出轮船入川应该具备的条件，鼓动外国侵略者入侵四川。

一八六二年（清同治元年·壬戌）

重庆第一家玻璃作坊创办。

一八六三年（清同治二年·癸亥）

三月十三日　重庆发生第一次反洋教斗争。

一八六五年（清同治四年·乙丑）

法国探测队由云南入川，在叙府、重庆等地探测矿藏。

一八六九年（清同治八年·己巳）

英国资产阶级提出侵略四川、云南等省计划。上海洋商总会派人到重庆调查商务并提出重庆开埠问题。

一八七一年（清同治十年·辛未）

四月　日本遣使来华，要求与西方列强"一体均沾"侵华利益。

九月十三日　《中日修好条规》和《中日通商章程》签订。中国对日本开放沿海、沿江通商口岸十五处，但规定日本人不得进入内地。

一八七二年（清同治十一年·壬申）

法国冒险家堵布益率领考察团由越南赴四川、云南考察。

英国商会联合会、上海英商商会一再要求长江上游对外国轮船开放，以实现四川和欧洲间的直接联系。

一八七四年（清同治十三年·甲戌）

英、法、美驻华公使因三国货船六十九只载洋货入川，被川省官员扣留于夔关，借机要挟，试探清政府对洋货侵川的态度。

一八七五年（清光绪元年·乙亥）

二月二十一日　马加里案发生。

三月十九日　英公使威妥玛正式向总理衙门提出六条解决办法。

一八七六年（清光绪二年·丙子）

六月二日　威妥玛提出八条侵略要求。其中第五条要求英国派员驻重庆，遭到中国方面拒绝。

八月二十一日　中英烟台谈判开始。

九月五日　威妥玛提出三大端解决办法，首次提出要求重庆开埠。

九月十三日　中英《烟台条约》签订，其中规定："四川重庆府可由英国派员驻寓查看川省英商事宜。轮船未抵重庆以前，英国商民不得在彼居住开设行栈，俟轮船能上驶后，再行议办。"

九月十七日　清政府批准中英《烟台条约》。

一八七七年（清光绪三年·丁丑）

四月　据《中英烟台条约》，宜昌、温州、芜湖、北海开埠。

一八八一年（清光绪七年·辛巳）

入川洋货值增至四百万两以上。重庆成为仅次于上海、天津、汉口的洋货销售中心。英国强烈要求重庆开埠。

一八八二年（清光绪八年·壬午）

英国领事贺西到达重庆，并于一八八四年以前在重庆设立了英国领事馆。

英商立德乐开始集中力量侵略四川。

一八八三年（清光绪九年·癸未）

二月　立德乐由上海溯江而上，侦察川江航道，经四十日到达重庆，根据此行见闻，著《经过扬子江三峡游记》。

十二月　中法战争爆发。

一八八五年（清光绪十一年·乙酉）

立德乐向清政府申请宜昌、重庆之间航行执照。

七月　英国政府批准中英《烟台条约》。

邹容诞生于重庆夫子池洪家院子。

一八八六年（清光绪十二年·丙戌）

美国在重庆鹅项岭、英国在丛树碑修建教堂。重庆第二次反洋教斗争发生。

四川大足县龙水镇群众打毁法国教堂。

一八八七年（清光绪十三年·丁亥）

立德乐组成川江轮船公司，将在英国特制的"因陵"号轮船运抵上海，次年装配完毕，准备试航川江。

七月二十三日　英国驻华公使华尔身照会总理衙门，要求按照中英《烟台条约》，允许立德乐所置轮船上驶重庆。中国群情激愤，起而反对。

一八八八年（清光绪十四年·戊子）

中英双方就立德乐自置轮船上驶川江一事在宜昌谈判。

一八八九年（清光绪十五年·己丑）

二月　"固陵"号轮船驶抵宜昌待发。

年底　中英谈判改在北京进行。

一八九〇年（清光绪十六年·庚寅）

三月三十一日　中英《烟台条约续增专条》在北京签字。该约规定，以重庆开埠为条件，停止英轮驶入川江。清政府以银十二万两买下"固陵"轮和立德乐在宜昌的码头等设施。

立德乐洋行在重庆设立。

美国纽约美孚油（洋）行在重庆南岸建造货栈。

八月　四川大足县余栋臣起义。

一八九一年（清光绪十七年·辛卯）

英国太古、怡和洋行在重庆设分行。

立德乐在重庆加工猪鬃出口。

川商卢干臣等在日本开设的森昌字号火柴厂迁来重庆王家沱。这是四川第一家民族资本主义企业。

三月一日　重庆海关开关。首任税务司是英人霍伯森。重庆正式开埠。

五月十二日　英国太古洋行雇船载运黄丝、白蜡出口。这是经重庆海关出口的第一只挂旗船。

五月二十六日　立德乐洋行雇船载运火油、海带进口。这是经重庆海关进口的第一只挂旗船。

一八九二年（清光绪十八年·壬辰）

川东道黎庶昌在重庆开办四川第一所新式学堂——川东洋务学堂。

立德乐在重庆开设重庆有限转运公司。

一八九三年（清光绪十九年·癸巳）

立德乐在重庆开设利川保险公司。

聚昌自来火公司创设于重庆。

一八九四年（清光绪二十年·甲午）

中日甲午战争爆发。

法商异新洋行、美商大美药房开设于重庆。

美国教会在重庆开办求精中学、广益中学、启明小学。

十一月二十四日　孙中山在檀香山创立中国第一个资产阶级革命团体——兴中会。

一八九五年（清光绪二十一年·乙未）

三月十三日　李鸿章前往日本马关求和。

四月一日　日方提出媾和草案十款。其中要求重庆等七个口岸对日本开放，并允许日轮开赴重庆。

四月八日　中方同意重庆对日本开放。

四月十七日　中日《马关新约》签订。日本取得重庆开埠和川江航行权。

五月二日　康有为等"公车上书"。

十月　孙中山谋划广州起义。

一八九六年（清光绪二十二年·丙申）

立德乐在重庆南岸设立猪鬃厂。

重庆海关拨款银十二万两，偿还英德、俄法两项借款。

重庆设立机器纺纱织布局的计划失败。川商钟毓灵勾结法国亨达利洋行的雷达利，探夺川南油矿，开列强探夺四川矿产的先例。

一月　日本商业考察团到达重庆，调查经济情报。

二月　日本驻上海总领事珍田舍己到重庆，要求开辟日本租界。

三月　法国在重庆设立领事馆，首任领事哈士。

法国里昂开发中国商业考察团到达重庆。

三月十九日　清廷命宋育仁办理四川矿务、商务。宋于是年回重庆，主办商务局。

三四月间　英国驻广州总领事白瑞兰奉英政府令到重庆调查英商贸易情况。

五月　日本在重庆设立领事馆。首任领事加藤义三。

十二月　美国在重庆设立领事馆。首任领事石密特。

同月　英国布拉克博恩考察团到达重庆，搜集情报。

一八九七年（清光绪二十三年·丁酉）

德国义昌洋行开设于重庆。

重庆中西学堂开办。

十月二十七日　重庆玻璃公司成立。

十一月　宋育仁在重庆创办《渝报》。

一八九八年（清光绪二十四年·戊戌）

日本领事加藤义三与重庆绅商交涉，欲以资本数十万元在重庆设立纱厂。

美国指索重庆真武山吊洞沟一带矿地。

法国教会在重庆开办法文学堂。

重庆兴办天足会。

三月八日　立德乐带领"利川"号小轮由武昌试航川江，到达重庆。这是侵入川江的第一艘外国轮船。

四月　《渝报》停刊，改出《渝州新闻》小报。

宋育仁应聘任成都尊经书院院长，在成都组织蜀学会，办《蜀学报》，继续宣传变法维新思想。

六月十一日　光绪帝下诏变法，百日维新开始。

七月　余栋臣起义爆发。

九月二十一日　慈禧太后发动戊戌政变。

九月二十八日　谭嗣同、杨锐、刘光第、杨深秀、林旭、康广仁"六君子"被杀于北京菜市口。

一八九九年（清光绪二十五年·己亥）

《保富、福安公司合同》签订，法国夺得四川重庆等地煤铁开采权。同年，福安公司成立。

美国美孚油（洋）行在重庆设立。

法国指索重庆真武山、老君山煤矿。

重庆南岸矿务四合公司成立。

一月　美国金融家摩根勾结李鸿章签订《四川矿权草约》，夺得四川省煤、铁、石油五十年开采权。同年，布仕（合同）公司成立。

五月七日　英国军舰"山鸡"号、"山莺"号到达重庆江面，开外国军舰侵入川江的先例。

六月二十日　立德乐、普南田带领英国商轮"先行"号到达重庆。这是入侵川江的第一艘外国商轮。

一八九九年或一九〇〇年

重庆天顺祥票号在蓬溪县设顺昌公司，开采石油。

一九〇〇年（清光绪二十六年·庚子）

义和团反帝爱国运动进入高潮。

立德乐在重庆组织岷江轮船公司，计划行驶重庆以上川江，直至成都。

英商隆茂洋行在重庆开设。

立德燧火柴厂、纺织公社在重庆设立。

吉厚祥布厂创办于江北沙湾。

郭祖桓等要求在重庆试办电灯。

大阪渝行、美最时渝行开设。

八月三日　在义和团运动的震慑下，重庆的外国人乘"先行"轮撤离重庆。

十二月二十七日　德国瑞记洋行商轮"瑞祥"号由宜昌上驶，在崆岭滩触礁沉没。这是川江淹没的第一条外国轮船。

二十世纪初　恒源丝厂在重庆创设。

一九〇一年（清光绪二十七年·辛丑）

四川全省盐课再加三文；茶厘加抽30％。

四川首次派遣官费留日学生，其中有巴县的陈崇功、胡景伊、龚秉权等人。

德商业诺洋行在重庆开设。

裕源毛巾厂（一九〇三年改为裕源公司）、镪水公司在重庆设立。

重庆第一所新式小学堂——丰盛小学开办。

六七月　重庆义和团提出"灭清、剿洋、兴汉"口号。
七月一日　邹容离开重庆赴成都参加四川首批官费留日学生考试，被录取。
八月　英国炮艇"山鸡"号闯至叙府、嘉定江面。
八月二十日　邹容经嘉定返重庆，被清政府取消官费留日资格，转而自费留日。秋，离渝赴沪。
九月七日　《辛丑条约》签订。
九月二十四日　日本驻重庆领事川畸桂和川东道宝棻在重庆订立《重庆日本商民专界约书》。日本夺得在重庆南岸王家沱设立租界的特权。
十一月　法国炮艇"奥立""大江""阿纳利"号来川。

一九〇二年（清光绪二十八年·壬寅）

《保富、和成公司合同》签订，法国取得四川巴县等地五十年石油开采权。同年，和成公司成立。

《保富、普济公司合同》签订，英国夺得四川乐山等州县煤、铁、石油五十年开采权。同年，普济公司成立。

日清汽船公社，日本大阪、太和、大利洋行，德商礼和洋行在重庆开设。

日商友邻火柴公司在重庆设立。

四川全省摊派各项赔款三，四二八，〇〇〇两，其中庚子赔款即达二，六〇〇，〇〇〇两。

四川第一家民族资本缫丝厂——裨农丝厂在三台创办。

丰裕火柴厂在重庆江北溉澜溪开办。

春　邹容到日本东京。

六月　四川义和团在资阳起义，各地义和团纷起响应。

同月　法国巴黎外方布道会在重庆开设医院。

一九〇三年（清光绪二十九年·癸卯）

德商惠利洋行、英商卜内门洋碱公司、保家水险公司、日商新利洋行、东华公司在重庆开设。

四川全省摊派烟酒税五十万两。

昌华毛葛巾公司、杨海珊火柴厂在重庆创设。

裕源公司自造木机，在重庆开始织造宽布。

四川第一个资产阶级革命小团体——公强会在重庆成立。

《广益丛报》在重庆创刊。

四月　邹容被逐回国，在上海参加拒俄运动，发起组织"中国学生同盟会"。

五月　《革命军》由上海大同书局印行。

六月三十日　苏报案发生。章太炎被捕。次日，邹容自动报案，被囚于上海租界监狱。

七月八日　川督锡良奏准设立川汉铁路公司。

十一月四日　华兴会在长沙成立。

一九〇四年（清光绪三十年·甲辰）

德国在重庆设立领事馆。

法商利源洋行、德商元亨洋行、英美商英美纸烟公司在重庆开设。

法国天主教川东教区主办的报纸——《崇实报》创刊。

幼稚染织厂、富川织布厂在重庆创办。

重庆商人王静海在三台开设永靖祥丝厂。

重庆府中学堂、实验工学团开办。

重庆府天足会达二百余个。

重庆全城罢市，反对清朝厘金局苛索。

一月十五日　川东道贺元彬与重庆海关税务司华特森订立《永租打枪坝约》，将打枪坝以每年二百两的租金永远租给重庆海关。

一月　官办川汉铁路公司在成都成立。

同月　成都兵工厂六百余工人罢工，反对工头克扣工资。

二月　卞鼒从上海秘购《革命军》《警世钟》《苏报案纪事》等革命宣传品回重庆散发。随后开办东华火柴厂。

四月　立德乐开办华英公司，与四川省矿务总局订立《江北厅煤矿公司矿务合同》十六条，夺得江北厅煤铁五十年开采权。

八月　重庆开始筹办商会。

九月　卞鼒创办四川第一家日报——《重庆日报》。

冬　光复会在上海成立。

一九〇五年（清光绪三十一年·乙巳）

德商瑞记、谦信洋行在重庆设立。

华英公司取得运煤短程铁路建筑权。

惠利火柴厂、复原布厂、东华玻璃厂在重庆开设。

四字讲社、半日学堂、科学预备学堂、医学堂在重庆开办。

重庆开征川汉铁路租股，迄至一九一〇年，共收二十三万四千两，约占全省实收股额的1.43%。重庆总商会募川路商股三十万两。

二月四日　卞鼒在重庆创办东文学堂。

四月　英国兵舰"威进"号入川。

四月三日　邹容因受帝国主义迫害死于上海租界监狱。

五月　抵制美货运动在全国兴起。

五月六日　卞鼒在重庆开办女工讲习所。不久被捕。

七月二十五日　川汉铁路公司由官办改为官绅合办。

八月二十日　中国同盟会在日本东京成立。重庆公强会代表童宪章、陈崇功由孙中山主盟，在东京加入同盟会。

十月十七日　重庆总商会正式成立。首任总理李跃廷，协理杨怡。颁布《重庆商会章程》十八条，创办《重庆商会公报》。

十一月二十六日　同盟会机关报《民报》在日本东京创刊。

年底　童宪章、陈崇功奉孙中山命回重庆进行组党活动。公强会推杨庶堪、朱之洪首应盟约，成立同盟会重庆支部。

同盟会会员陈崇功创办富川制纸公司。

一九〇六年（清光绪三十二年·丙午）

英商英京火险公司、永年人寿保险公司、永明人寿保险公司、英商伦敦李白洋行、日商福记洋行在重庆设立。

巴县降低川汉铁路租股起征点，将收租十石以上起征，改为按粮计租，载粮一分以上者起征。

重庆实业富川公司、重庆探矿保险公司、奎明洋烛公司、果品公司在重庆成立。

鹿蒿玻璃厂、惠昌玻璃厂在重庆开办。

赵资生在重庆南岸五桂石设厂织布。

重庆开办巴县师范传习所、川东师范学校、实业学堂、公立法政专门学校、私立游艺树坤女学校。

四川同盟会会员雷铁崖、邓絜等在日本东京创办白话文杂志《鹃声》。

同盟会四川分会在成都成立。

同盟会会员李实领群众在江油起义。

九月一日　清廷宣布预备立宪。

十月十九日　法国要求成都开埠，川督锡良拒之。

十二月四日　同盟会策动萍浏醴起义。

一九〇七年（清光绪三十三年·丁未）

法国军舰"华特生"号入川。

英国水师提督入川游历。

英商庆源洋行、日商若林、聚福洋行、英商兵轮酒店在重庆开设。

川江行轮有限公司在重庆成立。

重庆绅商发起成立裕华仪器合资合股有限公司。

祥和肥皂厂、纸烟厂在重庆开设。

树畜公司、蚕桑公社在重庆开设。

同盟会会员发动成都起义失败。

一月二十一日　陈祖虞等要求在重庆设立瓦窑公司。

三月四日　川汉铁路公司改为商办川省川汉铁路有限公司。

十一月　吴玉章主持的《四川》杂志在日本东京创刊。

同月　同盟会发动江安、泸州起义。

一九〇八年（清光绪三十四年·戊申）

德商丰茂洋行在重庆开设。

清政府在重庆菜园坝开川东地区第一次工商业展览会。

同盟会会员石青阳在重庆创办四川第一家蒸汽机械缫丝厂——蜀眉丝厂。

重庆烛川电灯公司成立。

嘉泰公司更名为江合矿务有限公司。重庆绅商开始为收回江北厅矿权而斗争。

一月　同盟会密谋叙府起义，失败。

三月一日　同盟会发动广安起义。

五月十五日　卞鼐被戕毙于成都狱中。

五月三十日　富荣盐业工人罢工，要求增加工资。

十二月五日　重庆桐君阁药厂创办。

一九〇九年（清宣统元年·己酉）

法国军舰"都大"号、德国军舰"协脱"号入川。

德商宝丰、爱礼洋行，法商吉利洋行，美商胜家缝纫公司，英商威廉士药房在重庆开设。

日商与重庆绅商合伙开设友邻火柴公司。

重庆熔化工厂、长寿禁烟改种纪念公司成立。

七月六日　江合公司和华英公司签订《江北厅矿收回合同》。重庆绅商以银二十二万两的高价收回了被英帝国主义分子夺去的江北厅矿权。

十月十四日　四川省谘议局在成都成立。

十月二十七日　川江行轮有限公司的"蜀通"轮驶抵重庆。

一九一〇年（清宣统二年·庚戌）

日本军舰"优见"号入川。

旭东蒸汽机械缫丝厂在重庆开办。

湖北水泥厂要求在江北龙王硐设分厂。

一月二十三日　同盟会发动嘉定起义。

六月三十日　重庆诚成丝厂开办。

十月　四川立宪派人士集众三千在成都向川督请愿，要求速开国会。

十二月　同盟会发动黔江起义。

一九一一年（清宣统三年·辛亥）

美国美孚煤油公司油船拖轮"美滩""美沪""美川"号运煤油入川。

日商瑞华洋行、英商白理洋行在重庆开设。

重庆开明建筑公司、瀫川丝厂创办。

四月二十七日 同盟会黄花岗起义。

五月八日 清廷宣布成立皇族内阁。次日，宣布实行铁路国有政策。

六月十七日 四川保路同志会在成都成立。

六月二十八日 重庆保路同志协会成立。全省各州县纷纷成立保路同志协会。

七月七日、八日、十八日 在同盟会会员指导下，重庆保路同志协会连续召开万人大会，激励群众。

七月二十六日 重庆女界保路同志协会成立，以"拒款、破约、保路、保国"为宗旨。

七月 长寿县成立保路同志协会。

八月五日 川汉铁路公司开特别股东大会。同盟会重庆支部派朱之洪以重庆股东代表的资格出席。

八月二十四日 成都开始罢市、罢课。

九月七日 川督赵尔丰制造"成都血案"，保路同志军武装起义开始。

九月二十五日 吴玉章、王天杰等领导荣县独立。

十月初 朱之洪前往夔府见端方，提出罢入川军队等三项要求，端方不允。

十月十日 武昌起义成功。

十月十三日 端方带鄂军窜至重庆。命广东巡警道李湛阳为新巡防军统领。杨庶堪等乘机控制了这支部队。重庆总商会办商团，士绅办民团，皆受同盟会领导。

十月三十一日 各国驻重庆领事和炮舰司令官召开联席会议，要求在渝的外国人撤离。

十一月五日 夏之时在龙泉驿誓师起义，挥师东下。

十一月十八日 长寿独立。

十一月二十日 江津独立。

十一月中旬 夏之时军抵江北黄桷树，同盟会派朱之洪等前往迎接，密谋重庆独立。

十一月二十二日 重庆独立，建立蜀军政府。

十一月二十五日 蜀军政府公布对外、对内宣言，创刊《皇汉大事记》。

十一月二十七日 大汉四川军政府成立。

同日 经同盟会重庆支部与鄂军中革命党人谋划，鄂军在资州起义，诛端方及其弟端锦。

十一月 熊克武在上海组织蜀军。

十二月 蜀军政府以夏之时为总指挥率军西上伐赵。吴玉章为蜀军政府平息林绍泉叛乱。

十二月二十二日 四川军政府捕杀赵尔丰于成都。

十二月三十一日 清防军统领田征葵易服逃窜过渝，蜀军政府将田逮捕，枭首示众。

一九一二年（民国元年·壬子）

一月一日　孙中山在南京就任中华民国临时大总统。中华民国成立。

一月二十七日　成渝军政府全权代表签订《成都四川军政府、重庆蜀军政府协议合并草约》。

二月二日　成渝军政府通告双方合并。

二月十二日　清帝溥仪退位，清朝灭亡。

二月二十二日　在南京的四川人士举行追悼大会，悼念辛亥蜀中先烈。孙中山亲自祭奠并著《祭蜀中死难烈士文》。

孙中山追赠邹容、喻培伦、彭家珍为大将军，谢奉琦为左将军。

三月　川东南五十五州县设置地方司令官，成立"中华民国全蜀地方议会联合会"。

三月四日　蜀军政府都督张培爵发表《成渝两军政府合并后意见书》，推尹昌衡为四川军政府都督。

三月十日　袁世凯在北京就任临时大总统。

四月二十七日　尹昌衡、张培爵就任四川军政府正副都督，罗纶任军事参议院议长，夏之时任重庆镇抚府总长（因夏辞而不受，改由胡景伊任之）。

六月十三日　袁世凯任命胡景伊为四川都督，改任尹昌衡为川边经略使。

七月十二日　"二次革命"爆发。

七月二十三日　重庆镇抚府撤销。

八月十四日　熊克武、杨庶堪在重庆起义，响应"二次革命"。

九月十二日　熊克武放弃重庆，"二次革命"失败。

一九一五年（民国四年·乙卯）

三月四日　前蜀军政府都督张培爵被袁世凯杀害于北京。

重要论文选辑

本书所收隗瀛涛先生若干重要论文,均以各期刊或文集所载之早期文本为底本。此次整理,为保留文献原貌,除订正了一些明显的讹误外,其余一仍其旧。此外,需特别说明的有以下数事:(一)凡隗先生独立撰写的论文,在收入本书时,皆不再单独署名;凡与人合撰的论文,皆以脚注的形式予以说明。(二)所收各文,皆在文后注明原始出处。(三)由于出版规范的变化和各期刊对参考文献的格式要求不一,此次整理,参考文献一仍其旧,读者欲掌握相关文献信息,详参本书所附《本书所引文献简目》。

对四川近代史整体研究的思考
——《四川近代史稿》一书的前言

一

地方史研究是近年来史学界日益重视的一个领域。由于中国幅员广阔，各地区的经济、政治、文化发展不平衡，区域特征各异，史学界日益感到划分若干易于把握的区域空间，进行深入研究，是推动全国通史、断代史、专门史研究向深度和广度进展的一个有效途径。同时，为了建设有中国特色的社会主义，也迫切需要更深刻、准确地认识中国的国情和各省的省情。地方史研究的开展可以为认识国情、省情提供一定的历史依据和历史借鉴。

四川省作为中国内陆地区的一个大省，特殊的自然环境使之自古以来就形成一个颇具特色的区域空间。国内外史学界对四川近代史已做了大量的研究工作，出版了一系列的资料和研究成果。我们现在有条件在史学界已有的研究成果基础上试做进一步的探索。

如何写出具有特色的四川近代史，不仅为全国近代史研究提供具有一定参考价值的区域研究成果，也为本省的现代化建设提供一定的历史依据和历史借鉴，是我们写《四川近代史稿》一书的出发点。在写作过程中，我们做了这样的设想：

首先，既重视历史发展过程的统一性，更重视其多样性。应把四川近代史放在全国近代历史发展过程中进行考察，因为两者有着共同的历史发展规律。在历史发展的基本线索、社会性质和社会基本矛盾等主要问题上，四川近代史和全国近代史是一致的。四川发生的重大历史事件和全国性的历史事件是相互影响、相互推动的。没有放眼全国的眼光，就不容易从宏观上把握四川近代史的发展规律和特点。同时，我们更注意历史发展的多样性，立足四川，突出四川近代史与全国近代史相比较所具有的不同特点。从近代四川省情考察，至少有两点是四川近代史研究中应注意的。

一是地理环境的封闭性。四川地处祖国西南，周围是高山和高原环抱，除东有长江与外界沟通外，其余三面基本上是封闭的。这种地理环境的封闭性，使四川近代史的发展具有比较鲜明的内地特色。当然，地理环境不是社会历史发展的决定因素。但是，应考虑到在交通极为落后、自然经济和半自然经济占统治地位的近代中国，地理环境毕竟在很大程度上影响着物质生产和社会发展。四川地理环境的封闭性使近代四川的经济、政治、文化的发展，半殖民地半封建化的过程较之沿海和长江中下游地区要缓慢一些。近代四川社会发生明显变化，是从19世纪末才开始的。

二是人口众多的农业大省。近代以来，四川人口在全国各省中一直居于首位。人口众多，农业经济占绝大比重，这都会给四川近代史的发展带来深刻影响。因此，理应从四川的省情出发，探索本省历史发展的一些特殊规律。所以，在这本书中我们注意了地理、人口诸因素与四川近代史发展的关系。这个研究思路，正是马克思、恩格斯告诉我们的："任何历史记载都应当从这些自然基础以及它们在历史进程中由于人们的活动而发生的变更出发。"(《德意志意识形态》,《马克思恩格斯选集》第1卷第24页)

其次，地方史研究应努力开拓以往研究中比较薄弱的经济史、社会史、文化史等领域。由于众所周知的原因，以往的中国近代史研究比较偏重于政治斗争史，对近代中国的经济、社会、文化研究是很不够的。这种状况使研究课题单一，领域狭窄而缺少活力，政治斗争史本身也缺乏立足的深厚基础。地方史研究理应对本地区的经济、政治、社会、文化做更深层次的研究，这样才可能写出有血有肉的地方史，突出本地区历史发展的特点，进而使我们看到一个复杂多变的近代中国。

二

四川近代经济史是我们比较重视的一个研究领域，这并非出于偏好，而是因为我们认为经济史的研究较之其他领域更为基础，也更需要下功夫深入研究。在近代四川经济史研究中，我们以近代四川自然经济的解体和资本主义经济的产生、发展作为主线。尽管资本主义经济在近代中国不是占统治地位的经济成分，但是，它对于近代中国历史的发展，对于近代中国的社会性质和革命的道路都有着深刻的影响。

四川资本主义产生于19世纪末年，在20世纪初有了初步发展。四川资本主义在产生之前，曾经历过一段萌芽和原始积累的历史准备过程。清朝前期，虽然资本主义生产关系的萌芽开始稀疏地出现在四川一些手工业和农产品加工工业中，并得到微弱的发展，但是，作为一种新生的经济成分，在四川社会经济中只占十分微小的比重，与封建自然经济相比，仍然只是汪洋大海中的一些孤岛而已。同时，封建土地所有制、清王朝的极端专制主义的统治以及封建国家所采取的抑商政策、闭关政策、重税政策，都严重地压抑着四川资本主义萌芽的成长。鸦片战争之后，随着外国资本主义侵略势力的步步深入，中国封建经济结构开始逐渐瓦解，同时又为中国资本主义的产生造成了某些客观条件和可能。四川的资本原始积累过程较之沿海沿江地区要晚将近半个世纪。这主要是因为：第一，四川僻处西南，距海2000公里，外国资本主义侵略势力在短时间内难以到达。第二，四川对外交通十分困难，它的周围基本为高山和高原所环抱，唯一便利一些的对外通道是长江航路。而长江航路又有三峡天险，洋货入川危险大且成本较高，在价格上难以战胜当地土产品。因此，当19世纪六七十年代中国民族资本主义企业在沿海出现时，洋货在四川市场上还没有立住脚跟。只是在90年代以后，随着洋纱的大量涌入，四川资本原始积累过程才算真正开始。

90年代以后，由于以洋纱洋布为代表的外国资本主义的商品倾销，使得四川的自然经济基础，从通都大邑到穷乡僻壤都开始遭受到不同程度的破坏。四川自然经济的破坏过程，也就是四川资本原始积累的过程。在这个过程中，一方面是四川人民遭受到外国资本主义的无情压榨和掠夺，广大手工业者破产；另一方面是外国资本主义通过对四川人民的压榨和掠夺，攫取了大量财富。同时，一批官僚、商人也在这一过程中获取了部分余沥、积聚了财富。如光宣之际，重庆出现了一批既经营洋货进口，又经营土货出口，积资巨万的大富商。由于四川资本主义原始积累过程开始较晚，交通困难限制了贸易的进一步增长。由此，四川民族资本主义在产生之前的资本积累，较之沿海沿江地区，更为薄弱。四川近代资本主义在产生时就比沿海沿江地区面临更为严重的资本不足的困难，近代企业更难以摆脱资本短缺、规模狭小、设备简陋、基础贫乏的困境。

三

资产阶级是晚清活跃在四川历史舞台上的一个十分重要的阶级，要对四川近代史上的许多问题做出科学的解释，就不得不对这个阶级进行认真的、系统的研究。

近代知识分子是一个新的社会阶层，不仅与近代中国社会政治、经济、军事、文化、教育、科技的发展有着十分密切的关系，而且也和旧民主主义革命息息相关。因此我们注意对近代知识分子的研究。由于四川地区近代化进程晚于沿海地区，因此四川近代知识分子的产生也晚于沿海地区。四川近代知识分子产生于19世纪末年。一批传统知识分子在西学、新学的影响下，开始挣脱科举八股的桎梏，偏离儒家文化的正统轨道。甲午战争后出现的严重民族危机，更促使他们向近代知识分子转化，戊戌维新运动则进一步推动了这一转化过程。20世纪初年，随着资本主义的发展、新式教育和留学运动的兴起，四川近代知识分子开始逐步形成具有共同思想特征的社会群体。我们不仅要论述四川近代知识分子的一般发展状况，而且要分析他们产生的途径、来源和结构，从深层展示近代知识分子与传统知识分子的区别，从而阐述近代知识分子成为戊戌变法和辛亥革命指导者及骨干力量的基本原因。

20世纪初年，以近代知识分子为主体的四川资产阶级革命派在海内外进行了大量的革命活动，并在省内发动了一系列武装起义。在已有的研究基础上，我们要运用一些新材料，对四川资产阶级革命党人的思想、活动进行多角度的分析。

清末川省商会的广泛设立,是川省民族资产阶级形成的标志之一。自 1904 年重庆总商会设立、1905 年成都总商会设立之后,商务分会、分所便逐渐网布全川,到 1911 年已达 98 个,在全国名列第一。商会在川省的影响日益扩大,表明了资产阶级在社会生活中起着越来越重要的作用。资产阶级通过商会,逐步控制了一些城镇的组织机构,并开办学堂、提倡戒烟、组织消防、维护社会治安,为扩展商务,经常参加各种博览会;为保护商权,参加各项争取民权的活动,集体抵制洋商;还成立商事裁判所裁决商事纠纷。这说明商会已成为表达资产阶级意识、从事政治和经济活动的重要组织机构,也体现了川省绅权和商权的提高。

群体意识的出现是川省资产阶级力量增强的一个突出表现。1911 年 3 月,四川各城镇商会推举代表集会于成都,成立四川商会联合会,明确提出了"组合大群",并反映了要以"高瞻远瞩,审世界之趋势,拓社会之心理"(《成都商报》1911 年 3 月 31 日)的宽阔眼光。说明四川资产阶级已逐渐突破过去那种狭隘的眼界,而开始把自己的事业和命运同全国联系在一起,同世界联系在一起,说明了川省商智和民智的提高。四川资产阶级群体意识的加强,对清末四川的政治运动也产生了影响。例如保路运动中绅、商、学界的共同行动,保路同志军在各地的广泛出现,都表明人民已认识到群体的力量,并运用它去达到目的。

四

在这本书中,我们对过去史学界研究不足的一些课题做了一定的探索,不囿于史学界的成见,本着实事求是态度,在某些问题上提出了新见解。例如,我们注意到 20 世纪清政府统治政策的改变对四川近代化的作用。过去在研究清末新政时,主要是论及其消极方面,而忽视或回避了它对四川近代化的推动作用。例如,近代教育在四川的兴起逐步取代旧式的书院,便是川督锡良一系列切实措施和严格督行的结果。20 世纪初年四川资本主义经济的发展与川省当局的倡导和支持也是分不开的:设立劝工局、矿务调查局、通省劝业道,宣布奖商保商,倡立商会,鼓励自办铁路,致力开发矿产,振兴工艺制造,注意商品交流,兴商会,开商智,发展实业教育……这些都无疑推动了四川近代经济的发展。特别是在开办川汉铁路和收回江北厅煤矿这两件四川近代史上的大事上,四川当局为了川省的利益,在中间起了客观上的积极作用。清末封建政权推动了近代化的发展,这的确是一个值得注意、毋庸回避的事实。总的来说,这些政策都是为了巩固其封建统治。川省大吏对外国资本主义的侵入并损害他们的某些统治利益是不满的,对清末中国衰弱、政局不稳、落后挨打的现状也是忧虑的,因此,他们企图通过一些变革来达到富国强兵的目的。当然,由于封建制度的种种制约,这些变革远远达不到预期的效果。

1906 年的巴塘教案是 20 世纪初川省的一个重要事件。我们认为,在分析这次教案发生的原因时,应将当时帝国主义在西藏的侵略和掠夺,对川边的觊觎及川边喇嘛上层的分裂倾向等因素考虑在内，客观地肯定清末经营川边和改土归流对巩固和开发西南边疆的积极作用。

保路同志军起义是保路运动研究的一个热点。我们通过对保路同志军的指导思想、组织纲领、斗争目标和130个领导人考察后认为：保路同志军是在同盟会联络、组织下建立起来的一支反清革命武装，其斗争目标是建立资产阶级共和国。不是立宪派领导了辛亥革命，资产阶级革命党人才是辛亥革命的指导者和实际参加者。保路同志军是资产阶级革命的工具，有不可磨灭的历史功绩。但当它完成历史使命后，它的解散就成为必然的归宿，不能因此而苛责资产阶级革命党人。

此外，我们还力所能及地涉及社会史、文化史的某些领域，试图描述四川近代史的发展的一个较为广阔的社会文化背景。近代四川人民的反帝反封建斗争风起云涌，不论是农民群众的起事，秘密会社的活动，还是反洋教的斗争，其规模之大、次数之多、时间之长，在全国均引人注目。这些斗争无疑是帝国主义和封建主义的压迫所激起的反抗，这同中国近代史上的反帝反封建斗争有着相同的规律。同时，我们也注意到四川地区具有相对特定的一些因素。例如，对全国有一定影响的李、蓝起义，我们既分析了它与太平天国起义的联系，也着重探讨了四川人口增加、游民众多对这次起义的兴起发展、政治倾向和斗争特点的影响，从而形成与太平天国起义不同的特色。同时，四川人民长期的反帝反封建斗争，与秘密会社在四川分布面广、活动频繁以及自然经济所带来的社会分散性也有比较密切的联系，从而呈现出不同于全国其他地区的一些特点。

从辛亥革命到五四运动，是四川近代历史新陈代谢异常迅速的时期，而这段历史的研究向来比较薄弱。我们对这段历史从社会、经济、政治、文化等方面进行了考察分析，揭示了旧民主主义革命向新民主主义革命转化的必然性。并着重分析了民国初年四川社会变迁中的近代化特征。这种社会变迁的经济动因是民国初年资本主义近代工业和商品经济的短暂繁荣。然而，封建的生产关系和自然经济仍在广大农村社会中占绝大比重，从而使短暂繁荣的资本主义经济很快衰落，这正是民主政治不能生根开花的根本原因。在民国初年的政治斗争中，四川国民党人为维护共和制度，同袁世凯、北洋军阀及其在四川的代理人进行了一系列的斗争。斗争的结果虽然阻止了帝制的复辟，却也导致了国民党人的分裂和涣散，无力领导民主革命的继续进行。于是四川进步的知识分子把救国途径从政治制度的变革转移到思想文化的改造上。在五四新文化运动的启蒙下，一代进步的知识分子，从思想观念的更新到行为模式的转变，走向现实社会，通过留法勤工俭学运动，逐步由爱国主义者、民主主义者成长为四川最早的一批共产主义者，留下了值得后人深思的历史启示。

（原载《四川大学学报》1988年第1期）

盐塑造的城市·序

按城市的性质和职能，可以把城市分为两个基本类型：综合性城市和专业化城市。中国古代大多是以行政中心为主的综合性城市，到明清时期，专业化城镇才大量出现，如丝织业的盛泽、震泽；棉纺织业的松江、南翔；制糖业的东莞、罗定等。近代专业化城镇进一步发展，出现了一批工业城市。由于生产的集中，各门类生产中形成了一批全国规模最大的专业化城市，分别称作钢都、煤都、瓷都、锡都和盐都等，成为具有代表性的城镇典型，各具特色，又有共通的一面。所以选取这些有代表性的典型城镇进行个案分析，不仅能了解一座城市的历史特点，而且对探讨近代以来中国城市的发展规律有重要意义。

比较而言，盐都（自贡）在中国专业化城镇中的地位更为突出。盐都是在中国独特的封建盐业经济体制下形成和发展的，因而为世界城市发展史所罕见。盐都又是在四川这个特定的经济自然环境和井盐生产基础上形成的盐业城市，在中国城市发展史上具有独一无二的地位。就四川城市发展史来说，盐都自贡与成都、重庆分别代表着一种城市类型，是四川城市史研究不可缺少的一个组成部分。目前，对自贡城市史的研究，已引起了国内外有关学者的关注。

《盐塑造的城市》一书的编著者嘱我写序，借此，我就近代井盐业和盐都城市形成和发展的关系，谈一点认识。

盐都城市形成和发展的基础是井盐业，"盐"构成了盐都城市最主要的特色。盐都与井盐业的关系，可以从下面四个方面来看。

一、因盐而兴

北周因盐设公井镇；清咸丰、同治年间因盐形成盐业城市；民国时因盐设立自贡市。盐都的起源、形成和发展，无一不与井盐业有关。对这一因盐而兴的现象进行概括和描述是十分必要的。

二、盐都自贡形成和发展的原因，概括起来就是清代四川井盐业生产规模的扩大和生产的集中

从四川井盐业的历史过程看，清代以前，盐产最高纪录是宋高宗时，为年产六千万斤，而清咸丰、同治年间年产为八亿斤，比宋高宗时增长了十多倍，1939年更高达五十一亿斤。生产规模的空前扩大，给四川井盐业带来质的飞跃，也给大的盐业生产中心的出现提供了可能性。

造成盐都生产规模扩大的原因是多方面的，但最主要的原因是市场的扩大。四川井盐生产从秦代就已开始，在漫长的发展过程中，生产技术有了长足的进步，已经具备了大规模生产的能力。但由于封建引岸制度的束缚，造成市场的分割，四川井盐市场长期限制在川内，生产的扩大只有待人口的缓慢增长。直到清咸丰年间，由于太平天国战争的爆发，供给两湖市场的淮盐运输受阻，清政府不得已采取"川盐济楚"的方法，从而使川盐获得了原属淮盐销岸的两湖广阔市场。市场的骤然扩大，促成四川井盐业发生质的飞跃，盐都自贡就是在"川盐济楚"期间从一个盐业市镇迅速崛起，成为一座中等专业化城市的。

盐都形成以后，随着太平天国战争的结束，淮盐卷土重来，川盐楚岸逐渐缩小，新兴的盐都又陷于萧条之中。全面抗日战争的爆发，又一次给川盐提供了广阔的市场，盐都自贡再度繁荣，并正式设立了自贡市，从而巩固了盐都的城市地位。

"川盐济楚"和抗日战争是盐都形成和发展的两次机遇。这两次机遇给我们一个启示：作为一座以外向型生产为支柱的工业城市，外部市场是决定其盛衰的生命线。盐都历史上，市场决定了它的形成和盛衰；今天，市场仍然是盐都发展的决定因素。

四川井盐业生产规模扩大的同时，还存在着一个生产集中的过程。历史上井盐生产一个明显的特征是产地分散。秦代井盐开创之时，产地仅限于成都平原的广都、南安、雒县三地。到唐代，产地已达六十八县，宋代以后，井盐产地逐步减少，但大规模生产集中是在清代完成的。

清代前期，四川共有三十八厅州县产盐，"州县著名产盐者二十余处"。清初四川井盐业在有利的条件下迅速得到恢复，逐步形成五大产区。自贡地区的富荣盐场按盐井数排在第三位。但到1850年，"犍富两厂，产盐甚旺，因之边岸畅行"。所以当时有记载说，清代四川井盐"方兴之初，潼川之射洪、蓬溪最旺，犍乐、富荣次之，其余各井又次之。不数十年，射、蓬即衰歇，反以犍、富为上"。1853年"川盐济楚"开始实施，富荣盐场发展更为迅猛，到光绪初年，"富场产盐之多，远过犍为"，一跃而为四川最大的盐场，成为近代四川制盐业的中心，为盐都城市的形成奠定了物质基础。由此可见，四川井盐生产在自贡的集中和自贡城市的崛起是通过产地之间的竞争来实现的。比较起来，盐都自贡有这样几个优势：

（1）生产优势，包括资源、资金和技术优势。自贡一带丰富的盐卤和天然气资源是其竞争获胜的前提。专业化城市一般是以开发某一种资源而发展起来的，所以资源因素是自贡形成和发展的前提，而资源的开发需要资金和技术的保证。由于外省客商尤其是陕西商人的投资和本地地主土地资本的投入，很快在自贡形成了一个庞大的盐业资本集团。道光以后，富荣盐场"巨金以业盐者数百家"，咸丰、同治年间，更形成以"王三畏堂""李四友堂"为代表的盐商家族，拥有资本百万元以上。四川传统井盐生产技术也在盐都达到高峰，产生了庞大的生产工具群和一批超千米以上的深井。资源、资金和技术优势，最终表现为产品优势。富荣盐场利用天然气煎烧的火花盐，在两湖市场大受欢迎，从而在两湖市场取得绝对的优势。

（2）生产组织和制度优势。在盐业生产资本集团的组织下，富荣盐场生产经营规模不断扩大，内部分工和生产的专业化达到很高的水平，已经进入大规模手工工场生产时期。在生产经营活动中，盐都内部独创性的生产经营体制发展成熟，如"主客井制""做节"制度以及"大关"等资本组织方式，使分散的资本有效地集中起来，保证了生产规模的扩大。

（3）人才和管理优势。在盐都发展史上曾经出现了一大批技术人才和管理人才。在大型手工工场里，凿井、取井、汲卤、烧盐和运卤等都成为盐业工人各自的专门职业，并各具专门的技能，其中杰出的代表人物是"王三畏堂"的雇员颜蕴三，他的取井技术很高，能以泥土做模型，创制许多取井工具，为时人所敬仰。盐都形成过程中，井盐生产经营管理组织也趋于成熟。盐商家族的管理组织有一个显著的特点，即所有者和经营管理者的分离。以掌柜为首，组成一个经营管理机构，具体负责各部门经营业务。掌柜一般聘用有技术、懂管理的族外能人担任，从而形成一个管理阶层"丘二邦"，这一阶层在盐都社会发展的后期，上升为盐业社会领导阶层的中坚力量，成为新的盐商家族。

总之，在盐都城市形成过程中，积累了大量宝贵的经验，值得我们发掘、研究和借鉴。盐都所具有的多方面优势，确保了富荣盐场在竞争中取胜，这是盐都形成的内部条件，加上市场广大的外部条件，构成盐都形成和发展的两大历史原因。

三、盐都结构和功能的发生和形成

随着井盐业生产在自贡的集中和生产规模的空前扩大，富荣两大盐场趋于繁荣，这为盐都城市形成和发展奠定了物质基础，经济繁荣和人口集聚，促进了市镇的产生，在井灶集中的地方，先后形成了一系列市镇中心，以自流井和贡井为核心，沿釜溪河的狭长地带分布着一组市镇群，在空间上呈串联状分布。随着盐都政治、经济、文化和社会的发展，盐场与盐场、盐场与市镇和市镇与市镇之间逐步整合，形成以井灶群为基础、市镇群为中心的盐都城市统一体。从盐场到市镇，从市镇到中等专业化城市就是盐都的形成过程。

在盐都形成过程中,城市社会、经济、行政和文化诸功能也逐步发生和成熟。井盐生产在自贡的集中,形成庞大的盐业资本集团,盐业经营者阶层随之产生。而手工工场规模扩大和分工的发展,又形成了专业化的盐业工人阶层,盐业工人和盐业经营者构成盐都社会的基本成分。

盐都经济方面,由于生产规模的扩大,导致井盐业内部结构变化,枧业的出现,促使井灶分离,形成井盐业的井、灶、枧、号四大产业部门。而井盐业的发展,又带来辅助产业的繁荣,如木业、竹业、盐化工、机械工业等陆续形成,构成以井盐业为核心的单一经济结构。

盐都行政方面,由于自流井和贡井行政上长期分离,而且力量薄弱,导致盐务机关权力膨胀,越权干预地方行政。自贡设市以后,尽管地方行政机构的设置趋于健全,但市政府仍处于盐务机关的支配之下,这是井盐业在盐都至高无上的地位的反映。

井盐业的发展还带来了盐都盐文化的繁荣。盐都盐文化是四川井盐文化集大成者,已经形成了一套完整的体系,构成盐都城市文化的核心部分。

四、井盐业和盐都的关系

关于井盐业和盐都的关系,要以辩证的观点来看待,"盐塑造了盐都这座城市",但也给盐都的发展带来一些特殊的问题需要解决。

从人类城市发展过程看,无论是规划建设的城市,还是自发形成的城市,一般都处在大江大河或滨海等交通条件有利的地方。但盐都城市位置的确定,取决于盐卤资源的分布,因而限制了城市发展的空间,造成城市建成区的分散,这些都需要通过有效的规划来统一和协调。其次,盐都形成之初,交通条件非常不利,以主要运盐河道盐井河为例,从自流井到邓井关七十三公里的河道,坡度陡峻,水流不稳,枯水期流量仅为每秒一立方米,洪水期竟达每秒四千立方米,上行和下行一次就需七周时间,一年平均行船仅六次。所以盐都发展过程中一直致力于交通建设,交通状况的改善,也是盐都形成和发展的重要条件。

此外,近代盐都经济结构单一,盐业的兴衰直接造成盐都的兴衰,造成城市发展的不稳定。新中国成立后,盐都经济结构大为改观,但结构调整和劳动力转移仍是一项长期艰巨的任务。

以上说明,传统和现代化的关系一直是盐都城市发展过程中一个重大理论和实践问题,这也是盐都城市史研究需要解决的主要问题之一,既要发挥传统优势,又不能被传统所束缚。

总之,从以上四个方面认识井盐业与盐都的关系,是一个逐步深入的过程,其目的是要搞清楚盐都城市发展的规律和这座城市的特点。《盐塑造的城市》这本书,在这一方面做了大量有益的工作。

目前，自贡城市史的研究还处在起步阶段，《盐塑造的城市》这部论著的问世，填补了自贡城市史研究的一项空白，并为中国城市史研究提供了一个很有说服力的典型案例，具有重要的学术价值和现实意义。书中搜集了丰富的史料，从盐都城市发展过程的各个方面，进行了细致的叙述和研究，为进一步研究盐都城市发展打下坚实的基础。

值得一提的是，这本书的编者是长期在自贡工作的三位学者，由从事城市管理和实际工作的同志来研究他们生活和工作的城市，具有特殊的意义。城市史的研究是一门应用性较强的学问，应当与城市建设和管理相联系；同时，由于城市是一个非常复杂的综合体，从事城市建设和管理，不能只凭经验办事，必须具备一定的理论素养，所以，由从事城市建设管理实践的同志来研究城市，可以直接将理论和实践结合起来。相信《盐塑造的城市》这本书的问世，对自贡城市建设和管理会有重要参考价值。也希望这本书的出版，能吸引更多的城市工作者加入城市史研究的行列，共同来繁荣中国城市史这门新兴的学科。

（原载《自贡师专学报》1993年第4期）

历史研究的新视角

一、现代化时代呼唤历史研究现代化

近 20 年来，随着国家的社会主义现代化的进程，历史学研究也出现了新的发展趋向：现代化的理论与实践推动了历史研究的现代化变革。

1. 通过在理论与实践上否定两个凡是，实践是检验真理的唯一标准和建设有中国特色的社会主义理论的提出，史学界开始了思想上的解冻，逐步明确了以下一些重大认识问题。

（1）马列主义、毛泽东思想是我们的指导思想，其基本的原理和方法论是历史研究的根本指导，指导思想必须是一元的而不是多元的。但是，指导思想不能代替历史研究。这就让史学研究者，摒弃了自新中国成立以来逐渐滋长的以原则代替具体分析，以语录作为理论的教条主义框子，研究工作倾向实事求是的历史唯物主义。

（2）摆脱了"以阶级斗争为纲"的思想束缚，历史唯物论得到了应有的尊重，从而出现了生动活泼、多角度、多层面的历史研究活动，将单一的政治史、革命史研究拓展至经济、文化、社会等多领域的研究，将只研究劳动者，骂倒统治者，延伸至社会各阶级、各阶层的研究，并从历史发展的角度给予实事求是的评价，历史学研究出现了百花齐放、百家争鸣的局面。

2. 随着改革开放，社会科学（包括历史学）由唯我独尊转为吸收诸家之长，从排斥外国学术到加强国际学术交流，由一言堂变为博采众论，既重视自己的传统文化，又不轻率地否定外部世界的优秀成果，承认了世界文化的多元化、各民族文化各有特色，人类有许多共同的精神财富，可以互补互利。于是，历史研究开始引进国外的史学研究成果，吸收国外一些科学研究方法，从而开阔了视野，扩大了研究工作的参照系，促进了史学研究的现代化。

3. 以经济建设为中心的基本路线，促进历史学界更注意学术研究的社会功能，努力探求历史研究为经济建设服务的结合点。如城市史研究、区域经济史研究、民族地区开发研究应运而生，文化史学（如企业文化、旅游文化、饮食文化、酒文化、茶文化等）的研究也是方兴未艾。这些研究都是以促进经济建设为动力的。这说明历史研究出现了为国家经济发展、社会进步服务的新动态。

4. 出现了对史学研究现代化的探索。国家现代化的事业，要求社会科学联系实际，研究现代化建设中提出的新经验和新问题，用理论和历史经验教训为现代化建设导向。历史研究必须适应新的形势，进行新的探索，而探索的重点，即是如何使历史研究现代化。传统历史研究在新时期也应有时代特色才能符合时代要求。我们既要尊重优良传统，又要开拓创新。

历史研究的现代化，不仅是研究手段、研究方法的现代化，更重要的是研究观念的现代化。现代化是一种观念，也是一种新的视角。古人说："登东山而小鲁，登泰山而小天下。"我们只有站到新的制高点，从新的视角看问题，才能有所开拓，有所前进。

二、新视角、新观念

我认为近代化（或称是早期现代化）观点是深化中国近代历史研究的一个新视角、新观念。

（一）近代化观点符合马克思的现代化理论

马克思的社会发展理论，十分重视对现代社会发展的阐述。《德意志意识形态》《共产党宣言》等书曾多次指出：由蒸汽机和其他机器为标志的工业革命开始了世界历史的新时期——"现代时期"。这个时期以现代大工业生产及其所造成的世界市场为基本特征。这是人类历史发展的"新阶段"，就是"历史中的资产阶级时期"。

可见，世界历史的现代化时期是从工业革命开始的，以大工业生产的世界市场为基本特征；时代的主角是资产阶级。

西欧的这一变化对整个世界有巨大的影响。

（1）大工业把世界各国人民互相联系起来，所有地方性小市场变成一个资本主义的世界大市场。

（2）在人类历史上使世界成为一个彼此相联系的体系，这个体系由两部分构成："大工业发达国家"和"非工业国家"。

（3）西方工业国家对非西方的农业国家的影响是不可抗拒的。它迫使一切民族，甚至最野蛮的民族在自己那里推行资本主义制度。这种影响对亚洲而言，有双重使命：破坏的使命——消灭旧的亚洲式社会；建设的使命，在亚洲为西方社会奠定物质基础。

这是一个现代化观念，是一个从历史进步（主要是生产力）出发的观点。

马克思认为：社会向现代化的转变是指工业革命以来，西欧国家从传统的农业社会向现代工业社会的发展过程。非工业化的落后国家也将走"欧洲化"的道路。

(二) 关于中国现代化的问题

在中国，现代化的概念要区别资本主义现代化和社会主义现代化，就是要区别历史上指1949年以前的现代化（近代化或早期现代化）和现实的社会主义现代化。

问题是，在新中国成立以前（即近代史时期）中国是否存在过现代化过程。

我认为，在近代中国是发生过一个畸形的、不充分的，具有中国近代特色的早期现代化过程。

旧中国处于半殖民地、半封建的社会地位，没有成为一个独立的资本主义社会，更没有成为一个工业化的资本主义国家。但是，在鸦片战争以后，中国实际已如马克思所说的卷入了世界资本主义体系并有了仿效西方的行动。近代以来中国已不是原封不动的传统的农业社会而是缓慢地出现了一个早期现代化的发展过程。具体表现如下。

（1）传统的自然经济开始解体，中国出现了新式工业，有了资本主义商业、航运、金融业等，社会上出现了新的资产阶级与无产阶级。

（2）向西方学习是近代先进中国人追求的主要目标，中国陆续出现了留学生运动、新式学堂，出现了近代知识分子群体。

（3）出现了一批近代化比较突出的城市。

（4）政治上开始了从传统的政治领导向现代化政治领导的变革。

这个早期现代化过程是中国近代历史发展的方向和主流，我们有必要用现代化的理论，从新的角度审视中国近代史，才能理解这个方向，把握历史前进的主流。

（三）以早期现代化为视角研究近代史的意义

历史学家的任务，不仅是整理、校勘史料，保存和传递史实，而且在于通过研究，揭示社会历史发展的规律，引导人民向前看，创造美好的未来。研究死人是为了活人，祭起历史上的亡灵是为现代人演出威武雄壮的活剧。

（1）在近代，中国人民渴望实现现代化使国家富强，民族独立。今天的现代化是中国历史发展的必然与必需。从现代化的角度研究历史，总结历史经验是建设有中国特色的社会主义所必需的工作。

（2）现代化观念的精髓，是历史进步的观念，是着眼于历史的前进来研究历史。它可以透视出过去我们很少注意，甚至忽视的一些历史事件和人物，可以校正对历史事物的认识与评价，如对洋务运动、新政、实业救国、教育救国等，还可以通过历史提高民族觉醒、竞争、奋斗和创造意识。

（3）有利于中国近代史研究多学科的交叉与结合，拓宽研究领域。历史上的现代化过程是多方面、多层次的复杂的历史过程。从现代化角度观察历史，要以经济发展为中心，还要注意研究政治、文化、军事、社会各个领域。这就促使研究工作跨出单一的领域和模式，朝整体性、综合性、全方位、多角度发展。现代化研究着重社会新因素的产生与发展，研究新的经济、政治、思想、文化诸因素，更能揭示社会历史发展的本质,取得研究的新突破。

(4) 深化中西关系的认识,较全面地揭示侵略者的本质及其在特定历史条件下不自觉的历史作用;认识中国人向西方追求真理的过程及其意义。

(5) 有利于促进史学研究面向现代化建设,找到历史与现实的结合点。

三、城市研究是现代化研究的一把钥匙

1. 城市是近代中国社会变革的窗口。中国早期现代化是从城市开始,并以城市为基地的(特别是通商口岸城市)。

2. 城市集中了中国早期现代化的多种因素、多种社会力量的冲突与运动。西方势力、新经济、新文化、新阶级主要在城市,新事物、新信息大多发生在城市。新的进步运动,总是在城市酝酿,在城市开始。共产主义运动产生在城市而不是农村。研究城市是研究近代历史的新动向、新发展的枢纽工程。

3. 有利于揭示旧中国历史发展的规律:半殖民地半封建化的规律、资本主义发展与不发展、政治经济发展不平衡,等等。研究城市不仅是研究中心城市,还必须研究相关的城镇体系和农村,可以说是研究一个区域。

4. 我国的现代化经济建设以城市为重点,带动农村。这是从实行社会主义市场经济出发的。要实行市场经济就必须发挥城市在商品经济活动中的中心作用。

近代城市一出现,就是一个商品经济的中心。现代城市是一个国家或地区的各种经济活动最集中、经济生活最活跃、经济建设最发达、经济信息最灵敏、经济实力最雄厚的现实商品经济发展中心。

城市的出现来自市场的形成。从本质来讲,小城市是个小市场,大城市是个大市场,对外开放的城市是一个国际性市场。商品经济运行的特征是横向联系,生产与生产之间要有协作联系,商品交换与流通要有商业联系,商品的生产、流通、分配、消费都有各种各样的联系,形成一个错综复杂的经济网络。这个网络要求一个中心地点作为商品的集散地和经济技术联系的枢纽。这个中心就是城市。商品经济越发达,城市中心的作用就越显著。研究城市就是研究这些大大小小的中心,也就是研究经济建设的中心,使历史研究更好地与国家的经济建设服务。

(原载《重庆市地方史研究会会议论文集》,内部印行,1999 年)

中国资本主义萌芽与近代资本主义的产生[*]

中国近代资本主义产生于十九世纪七十年代。在此之前,中国社会也曾经历过资本主义萌芽时期。但由于鸦片战争后外国资本主义的入侵破坏了中国资本主义萌芽的正常发展过程,使得中国近代资本主义主要是在外国资本主义的入侵影响下产生的。但是,中国社会经济结构本身固有的运动和联系,却不是外国资本主义的入侵所能完全斩断的,中国资本主义萌芽与中国近代资本主义这两者间仍然存在着一定的联系和影响。因此,我们只有认真地考察鸦片战争前中国资本主义萌芽的发展状况和水平,鸦片战争后在外国资本主义入侵下所发生的变化,以及与中国近代资本主义的关系,才有可能对中国近代资本主义的产生和发展做出全面的、历史的估量。

一

中国的资本主义萌芽,约产生于十六世纪中叶,即明朝嘉靖、万历年间。当时,在一些商品经济较发达的地区和若干城市的某些手工业部门中,出现了一些稀疏的资本主义生产关系的萌芽。尔后,经过近两个世纪的浸润延续,到十八世纪晚期和十九世纪前期,即清朝的乾隆、嘉庆之际,这些萌芽又有了进一步的蔓衍发展。到鸦片战争前夕,中国资本主义萌芽大致发展到如下水平。

从总的方面来看,据吴承明同志统计,当时在如下一些手工行业中出现了资本主义萌芽:"几个地方的制茶、制烟、制糖、制纸业;江苏、浙江某些城市的丝织业;江苏某些城市的棉布踹染业;陕西南部的木材采伐业;广东佛山、陕西南部的冶铁、锻铁业;江西景德镇的制瓷业;北京西部的煤矿业;云南的铜矿业;四川的井盐业;上海的沙船航运业;在农业方面:福建产茶地区商人租山或买园植茶;福建上杭山区的寮主雇箐民垦山;安徽南部山区的富裕棚民租山垦植;川陕富裕棚民经营的药厂和木耳、香蕈、香菌厂;东北垦区富裕佃农招工垦植(殖)。"[①]

上面是从量的方面考察,下面我们选择江浙的丝织业和云南的铜矿业作为典型来进行质的考察。

---

[*] 本文为隗瀛涛与王永年合撰。
① 吴承明:《中国资本主义的发展述略》,《中华学术论文集》,第304~306页。

(一) 江浙的丝织业

江浙的丝织业与江南地区商品经济的发展有着密切的联系，江浙的丝织业可以说是在明清两代江南地区较发达的商品经济的基础上发展起来的，因此具有较强的生命力，其资本主义萌芽的发展程度也较高。鸦片战争前夕，在江浙丝织业中，大致有如下两种经营方式。

一种是资本主义性质的大作坊（简单协作）形式。如"苏州机户，类多雇人工织，机户出（资）经营，机匠计工受值"[①]。在这里，机户的身份相当于资本业主，他们拥有一定的资本和生产资料，从事纺织业作坊的经营，并雇用较多的机匠进行织作生产。机匠的劳动报酬，是以其产品的数量和质量来定，"至于工价，按件而计，视货物之高下，人工之巧拙为增减"[②]。由此可以推断，上述机户所开的机坊（拥有数十乃至数百张织机），已属于资本主义简单协作的生产形态。

二是资本主义的家庭劳动形式。这在南京丝织业中表现得最典型。"金陵机业聚于城之西南隅。开机之家，总会计处谓之账房，机户领织谓之代料，织成送缎，主人校其良窳，谓之雠货。小机户无甚资本，往往恃账房为生。"[③] 在这里，"账房"即是商业资本的代表，"机户"当是小手工业者。机户向账房领取原料进行加工，然后将成品送还账房，领取货币报酬。这里账房实际上已是组织了资本主义家庭工作的包买主，而小机户正在变成自己家中为账房工作的雇佣工人。与此同时，账房主的商业资本也正在变为工业资本，资本主义的家庭劳动开始形成了。正如列宁所指出的："在商业资本的最高形式下，包买主把材料直接分配给'手工业者'使其为一定的报酬而生产。手工业者成了在自己家中为资本主义工作的雇佣工人，包买主的商业资本在这里就变成了工业资本。于是资本主义的家庭劳动形成了。"[④]

综上所述，鸦片战争前夕，在江浙地区的丝织手工业中，已经存在着资本主义性质的大作坊（简单协作）形式和商业资本控制小生产者的资本主义家庭劳动的形式。但集中的有机的手工工场（工场中包括纺、织、染等各种工序）尚未出现。

(二) 云南的铜矿业

采矿业，是一种可以大规模分工协作的生产行业，云南的铜矿业也是如此。在清代的各种采矿业中，以云南铜矿业规模最大。当时云南一地有四十八处大铜矿，"厂之大者，其人以万计，小者亦以千计"[⑤]。从生产关系来看，投资开厂者一是商人，"川湖江广大商巨贾"，厚挟资本，来滇开场，"每开一场，率费银十万、二十

---

① 江苏省博物馆编：《江苏省明清以来碑刻资料选集》，第6页。
② 江苏省博物馆编：《江苏省明清以来碑刻资料选集》，第6页。
③ 陈作霖：《凤麓小志》卷3《记机业》引《金陵琐志》。
④ 列宁：《列宁全集》第三卷，人民出版社，1959年版，第328~329页。
⑤ 彭泽益编：《中国近代手工业史资料》第一卷，第334~347页。

万两不等"①。二是小生产者合资"朋开","其股份多寡不一,有领头兼股者,亦有搭股份尖者"②。劳动者中,既有具有资本主义的雇佣剥削关系的"按月支给工价,去留随其自便者"的砂丁,也有具有深厚封建宗法关系色彩的"其初出力攻采,不受月钱,至得矿时,与硐主四六分财者"的"亲身弟兄"③。

从分工来看,在较大的铜厂里,皆设有厂主。厂主以下,"以七长治厂事",有"客长、课长、炉头、锅头、镶头、硐长、炭长"之分。下面"厂徒无数,其渠曰锤手;其椎曰尖子;负土石曰背荒;其名曰砂丁,皆听治于锅头"④。

综上所述,我们可以看到,鸦片战争前,云南铜矿业中生产关系虽然较为复杂,但资本主义萌芽仍有一定的发展,在由商人开办的"按月支给工价"的矿场中,无论从生产规模、技术分工,还是从生产关系来说,都已基本上属于资本主义的手工工场形态。

以上两个典型,一般说来,江浙丝织业可以作为商品经济较发达的东南沿海沿江地区资本主义萌芽的代表;而云南铜矿业则可以作为采矿业和商品经济较为落后地区资本主义萌芽的代表。

马克思指出:从封建生产方式向资本主义推移有两条途径,一条是生产者变成商人和资本家,一条是商人直接支配生产。⑤ 从我国资本主义萌芽的产生来看,也可以归纳为这两种形式,即工场手工业形式和商人支配生产的形式。

从工场手工业形式来看,鸦片战争前夕,虽然在丝织、制瓷、采矿、冶铁、造纸等十四五个行业中出现了资本主义简单协作和工场手工业形式,但是这些形式大都具有不稳定、不成熟的特点,带有较多的封建残余,呈现出中间的、过渡的性质。而且这些产生了资本主义萌芽的手工行业,主要是分布在商品经济较发达的东南沿海沿江的部分地区。而在其他广大的地区,农民的家庭手工业和城乡个体小生产者仍然占着统治地位。就是在商品经济发展为当时之冠的江浙地区,农民的家庭手工业和独立手工业的生产依然占有重要的地位。以上面谈到的丝织业为例,当时在江浙地区,这两种形式的小生产都十分普遍。如农民家庭丝织业,"震泽之蚕半稼,其织半耕……丝不于市,线不于市,色不于市,织不于市,一妇之手,岁可断百匹"⑥。"环太湖诸山,乡人比户蚕桑为务"⑦,而从事丝织业的独立手工业者则更多,苏州东城,"比户习织,专其业者不啻万家"⑧。南京之民素以善织著称,"且

---

① 彭泽益编:《中国近代手工业史资料》第一卷,第334~347页。
② 彭泽益编:《中国近代手工业史资料》第一卷,第334~347页。
③ 彭泽益编:《中国近代手工业史资料》第一卷,第334~347页。
④ 彭泽益编:《中国近代手工业史资料》第一卷,第334~347页。
⑤ 马克思:《资本论》第三卷,人民出版社,1975年版,第373页。
⑥ 贺长龄:《皇朝经世文编》卷三七,第112页。
⑦ 顾禄:《清嘉录》卷四,第3页。
⑧ 李光祚等纂修:乾隆《长洲县志·物产》。

机户最多,三五成邻"①,"业此者不下数千百家"②。"震泽镇及近镇各村,居民乃尽逐绫绸之利"③。"濮院镇古樵李地,在梧桐乡去县东北二十里……万家烟火,民多织作绸绢为生"④。

另外,就是在已经产生了手工工场的一些手工行业里,手工工场也没有占据生产上的统治地位。以上面提到的云南铜矿业为例,据《云南冶金史》载:"事实上,当时云南冶金业中的生产单位,并不完全是甚至主要不是规模较大的手工工场,同时还存在着为数众多、规模狭小、由小生产者合伙开采的形式。就是在手工工场中也还存在着相当浓厚的封建性。"⑤ 因此,无论从手工业中资本主义萌芽的质量还是数量来看,在当时的手工业生产中还不占主导地位,和汪洋大海般的自然经济比较起来,那就只能算是瀚海中的点点"绿洲"了。

从商人支配生产来看,鸦片战争前夕,除了江浙的丝织业中出现了包买主这种商业资本控制手工业者的高级形式外,在其他行业中还均未见到。商人支配生产的主要形式是商人雇主制。这主要出现在农产品加工的一些行业中,如广东的制糖业,广东和福建的水果加工业,河南的制曲业及某些地方的制茶、刨烟业中。在这种形式中,商人的投资还没有完全转化为工业资本,还处于一种过渡的、中间的状态。

从中国资本主义萌芽自身发展过程来看,存在着两个致命的弱点。正是由于这两个弱点的制约,使中国资本主义萌芽始终于处于一种发展缓慢、水平较低的状况。

第一,是农业中资本主义萌芽发展极其微弱。除了上面所引吴承明同志所列举出来的那寥寥几项外,在明清时代,从自耕农中分化出来的农村资产者只是个别现象,稍多一点的,是作为封建经济的组成部分而存在的兼有雇工和从事商品生产的经营地主以及同封建地主结合在一起的富农式经营,这在当时还不能视为农业资本主义萌芽。因此,吴承明同志认为,由于农业中资本主义萌芽的极其微弱,以至在鸦片战争后直到二十世纪前期,我们在评价中国资本主义发展水平时,农业方面常可略去不计。⑥

农业中资本主义萌芽的极其微弱,对于手工业中资本主义萌芽的发展,有严重的制约作用。农业资本主义的发展,可以推动农业生产力的发展,加速农产品的商品化,从而引起农民的不断分化,使小农经济逐渐解体,为资本主义的发展提供原料、资金、市场和劳动力。因此,在资本主义萌芽向工场手工业阶段的过渡中,农

---

① 甘熙:《白下琐言》卷4、卷8。
② 甘熙:《白下琐言》卷4、卷8。
③ 陈和志等纂修:乾隆《震泽县志·生业》。
④ 徐秉元等纂修:康熙《桐乡县志》卷一,第46页。
⑤ 云南大学历史系、云南省历史研究所云南地方史研究室编:《云南冶金史》,云南人民出版社,1980年版,第48页。
⑥ 吴承明:《中国资本主义的发展述略》,《中华学术论文集》,第304~306页。

业资本主义萌芽具有十分重要的意义。从欧洲资本主义发展史来看，十五世纪中期，英、法、德三国几乎同时出现了资本主义萌芽，但是由于其后英国资本主义在农业中得到长足的发展，促使封建自然经济迅速解体，为工场手工业的发展创造了良好的条件，从而使英国资本主义的发展远远超过法、德两国。而法、德两国在这一时期资本主义萌芽发展缓慢的重要原因，就是因为这两国封建土地关系比较牢固，农业中资本主义发展十分缓慢，使得封建自然经济的解体受到阻碍，不能对工场手工业的发展提供良好的条件，从而限制了资本主义的发展。[①]

因此，由于我国农业中资本主义萌芽极其微弱，对封建自然经济的分解作用几近于无，就不能不对整个资本主义萌芽的发展速度和水平起到严重的制约作用。

其次，是棉纺织业中没有出现资本主义萌芽。

鸦片战争以前，中国封建社会中的棉纺织业，主要是和小农业密切结合在一起的一种作为农民副业的家庭手工业，独立进行商品生产的小手工业者和小作坊都很少，就是当时有"衣被天下"之称的棉纺织业最发达的苏松地区，也只出现了一种专织棉布的商品生产者，这些商品生产者的性质如何，还缺乏可以判定的材料。至于鸦片战争前广东佛山镇出现的具有资本主义萌芽性质的织布工场，主要不是在当地传统手工业旧的基础上发展起来的，而主要是在当时广州对外贸易的刺激下发展起来的。由于当时清政府实行"闭关"政策，对外贸易仅限于广州一口。因此，佛山的情况，与国内其他地方的情况相比，有很大的特殊性，所以彭泽益先生在论及佛山的织布工场时，称其为是一种新兴的纺织工业[②]。考虑到佛山的情况只是当时棉纺织业中的一个特殊情况，因此在论述鸦片战争前国内棉纺织业一般水平时，为了便于说明问题，有必要将佛山作为一个特殊情况排除在外。这样，从鸦片战争前国内棉纺织业一般发展水平来看，资本主义萌芽并没有产生。

棉纺织业中没有产生资本主义萌芽，对于整个资本主义萌芽的发展有着极为重要的意义。马克思指出："过去农民为了自己必需的衣着而顺便从事的织布业，是由于交往的扩大而获得了进一步发展的第一种劳动。织布业是工场手工业的第一个行业，而且一直是其中最主要的行业。"[③] 这是因为，第一，纺织业是封建自然经济中与小农业结合最紧密、分布最广泛的一种主要的家庭手工业，资本主义萌芽在这个行业中产生，将对封建自然经济起极大的分解作用。第二，只有农民家庭纺织业的最终破产，才标志着有利于资本主义发展的国内商品市场和劳动力市场的形成。因此，在资本主义早期发展史上，纺织业中资本主义的发展，具有特殊重要的意义。马克思说：只有"使农业和农村家庭手工业完全分离，铲除了农村家庭手工

---

① 樊亢、宋则行主编：《外国经济史》，第1册，第29~31页。
② 彭泽益：《鸦片战争前广州新兴的轻纺工业》，《历史研究》1983年第3期。
③ 马克思、恩格斯：《马克思恩格斯选集》第1卷，人民出版社，1977年版，第61页；第二卷，第253~254页。

业的根基——纺纱和织布",才能为"工业资本征服了整个国内市场"①。以英国为例,英国最早出现的资本主义萌芽就是在"布业家"(包买主)支配下的农村家庭毛织手工业。毛织手工业其后又最先发展为工场手工业,并在英国工场手工业的发展中一直占据领先地位。毛纺织业对于原料的需求,是圈地运动产生的根本原因之一。圈地运动为英国资本主义的发展开辟了国内市场,提供了大批雇佣劳动者,对英国资本主义的发展产生了极其深远的影响。再看日本,据一位经济史学者研究,日本在明治维新前,"就农村中棉纺织手工业来说,当时虽然还保留着相当程度的自然经济,但是花、纱、布都早已大量商品化了,资本主义萌芽的包买主和手工作坊,已经冲破封建主义的束缚,有了相当普遍的发展。这样,日本开关以后,西方国家洋纱布的入侵所受的抵抗就比较微弱,其结果不仅加速自然经济的瓦解,而且促使棉纺织手工业在原有资本主义萌芽的基础上,加速向工场手工业和近代资本主义机器工业发展过渡"②。因此,这个学者认为,"这是中国和日本开关以后在资本主义发展的道路上出现重大不同的一个重要原因"。由此可见,棉纺织业中资本主义萌芽的出现,对于资本主义的发展起着至关重要的作用。

中国是一个以一家一户为单位的耕织结合的小农经济为主要生产方式的封建国家。作为"织"的手工棉纺织业中没有产生资本主义萌芽,就很难分离和瓦解这种耕织结合的小农经济。而其他手工行业中产生的资本主义萌芽,却游离于这种耕织结合的小农经济之外,所起的分解作用有限,无法冲破封建自然经济的束缚,因而就只能在封建经济的罅缝中生存,很难有什么大的发展。

综上所述,可以得出如下结论:在鸦片战争前,中国资本主义萌芽中存在着简单协作、工场手工业、商业资本支配手工业三种形式,已经初步为自己的存在和发展开辟了一条道路,对整个封建经济结构也起了一定的分解作用。但是,从整个手工业来看,占优势的仍是小农家庭手工业和城乡个体手工业,而资本主义性质的手工业只不过是其中一小部分,只是存在于沿海、沿江商品经济较发达的地区和若干手工业部门,和整个自然经济比起来,则更是显得弱小。同时,由于农业中资本主义萌芽极其微弱,以及棉纺织业中还没有产生资本主义萌芽,使中国资本主义萌芽长期游离于封建经济结构的主要生产方式之外,这就不能不严重制约中国资本主义萌芽的发展速度和发展水平。

因此,这样一种估计是比较符合实际的:鸦片战争前,中国社会仍然是自然经济占统治地位。在手工业中,资本主义萌芽有了一定程度的发展,但速度缓慢,水平不高。在若干行业中出现的资本主义手工工场,发展还不十分稳定、成熟,大多数处于过渡的、中间的状态。在整个手工业中,还显得相当稀疏、微弱。资本主义的原始积累还未发生,距离资本主义工场手工业阶段尚有一段距离。

---

① 马克思、恩格斯:《马克思恩格斯选集》第1卷,人民出版社,1977年版,第61页;第二卷,第253~254页。

② 徐新吾:《中国和日本棉纺织业资本主义萌芽的比较研究》,《历史研究》1981年第6期。

但是，在对资本主义萌芽的发展水平做估计时，我们还必须看到，中国资本主义萌芽虽然发展缓慢，水平不高，但却代表了鸦片战争前中国社会经济发展的历史趋势，即封建社会正在走向衰落而新的生产关系正在旧社会的母体内孕育成长这一历史发展的必然趋势。因此，虽然中国小农业和家庭手工业的结合特别紧密，自然经济结构十分坚固，但资本主义萌芽这一中国社会经济生活中产生出来的新事物，仍然具有旺盛的生命力，在封建的政治、经济的重重桎梏中顽强而缓慢地为自身发展开辟着道路，侵蚀着封建社会的经济基础。因此，毛泽东同志所指出的："中国封建社会内的商品经济的发展，已经孕育着资本主义的萌芽，如果没有外国资本主义的影响，中国也将缓慢地发展到资本主义社会。"① 是完全符合中国社会经济发展的历史趋势的。

二

1840年鸦片战争以后，以英国为代表的西方资本主义国家打开了中国的大门，外国资本主义的入侵，使中国封建社会经济结构发生了重大的变化。在这个重大变化的过程中，由于中国资本主义萌芽发展水平较低，力量薄弱，因此无力对外国商品进行有效的抵抗，在外国资本主义的打击、拉拢、利用之下，很快就处于瓦解分化的状态。一方面，一部分手工行业与西方资本主义的入侵发生了直接的冲突，受到了沉重的打击，虽然它们也进行了顽强的抵抗，但仍然摆脱不了停滞、衰败以至被消灭的困境。另一方面，一部分手工业在西方资本主义入侵后，或者由于适合了入侵者的需要，或者由于没有外国商品的竞争，因此仍然获得了一定的发展，但却被纳入资本主义的国际市场，受到外国资本主义的控制、压迫和剥削，失去了自己独立发展的可能。

我们可以举冶铁炼钢业和制茶业这两个遭遇不同的手工行业为例。

中国的冶铁炼钢业是手工业中比较发达的一个部门。曾经为各地铁器铸造业提供了大量钢铁材料，质量也很好。但在西方资本主义入侵后，开始受到沉重的打击。1867年进口铁十一万三千四百四十一担，1885年增加到一百二十万零二千八百八十一担，到1891年更增加到一百七十二万六千零五十六担②。而且价格比土钢土铁便宜。这样，土钢土铁销路日减，冶铁炼钢作坊大批倒闭。如著名的炼铁业中心广东佛山镇，原来有铁砖行十余家，"今则洋铁输入，遂无业此者矣"。有铁线行十余家，"后以洋线输入，仅存数家"。铁钉行，道咸间最盛时有工人数千，"后以洋铁入……多用洋钉，故制造日少"③。芜湖的钢坊在十九世纪五六十年代有十

---

① 毛泽东：《毛泽东选集》（一卷本），人民出版社，1967年横排袖珍本，第589页。
② 彭泽益编：《中国近代手工业史资料》第二卷，第164页。
③ 冼宝乾等：民国《佛山忠义乡志》卷6，"实业志·工业"。

四家,到八十年代只剩一家,到九十年代末,这家仅存的钢坊终于在洋钢竞销下最后停闭,芜湖钢从此绝迹于世。① 此外,山西、湖南、浙江等省也都有类似的记载。

与冶铁炼钢业遭遇相同的,还有制针业、制靛业、踹染业、上海沙船业等手工行业。

茶叶,在鸦片战争前就已是大宗出口产品,最多时年出口四十余万担②。鸦片战争后,在外国资本主义的掠夺下,出口量飞速增长,五十年代上半期达八十余万担,六十年代增至一百余万担,八十年代再增至二百余万担③。茶叶的大量出口,刺激了制茶手工工场的发展。"迨至咸丰初年,即华茶对外贸易极盛时代,国外需要激增,内地交通不便,消息不灵,常有供不应求之势,于是上海沪商,乃采买毛茶,在沪改制,所谓土庄茶栈者,应运而生,成为专业矣。当时上海土庄茶栈,约三四十家,营业颇为发达。"④ 六十年代以后,这种制茶工场在浙江、福建、台湾、安徽、江西、湖北等地陆续设立,数量逐渐增多。如湖北,这类土庄茶栈在1886年时已达二百九十九家,分布在崇阳、羊楼司、羊楼峒、湘潭、醴陵各地。⑤ 这一时期,估计全国这类制茶手工工场,至少在四五百家以上。但是,由于茶叶市场掌握在外国商人手里,因此,"华商之业丝茶者,反仰洋人之鼻息,厘毫不能主持"⑥。左宗棠在谈到福建茶叶时说道:"故闽茶必专恃洋商,而洋商不专恃闽茶。"⑦ 反映了当时制茶业的一般情况。在这种情况下,中国制茶业要想获得较大的发展,几乎是不可能的了。

类似于制茶业的,还有制丝业、榨油业、碾米业、煤矿业等。

这样,我们可以看出,在西方资本主义入侵下,中国手工业中一部分逐步衰落,另一部分虽然得以保存并有所发展,但却失去了独立发展的可能。

资本主义生产方式的产生,需要一个资本原始积累过程。这个过程"是生产者和生产资料分离的历史过程"。也是"对小生产者和农民的无情剥夺过程"。从而一方面使直接生产者转化为自由的工资劳动者,一方面把社会的生活资料和生产资料转化为资本。它的方式"是利用集中的有组织的社会暴力,来大力促进从封建生产方式向资本主义生产方式的转变过程,缩短过渡时间"⑧。在欧洲资本主义发展史上,资本原始积累过程一般都开始于资本主义的工场手工业阶段。这是因为,资本原始积累过程的产生,首先需要资本主义萌芽要有一定程度的发展,从而产生新兴的资产者和商人阶层,在这个基础上才能形成有组织的社会力量,通过暴力来剥夺

---

① 徐谊密等纂修:民国《芜湖县志》卷35,第6页;卷8,第2页。
② [美]马士著,张汇文等译:《中华帝国对外关系史》第一卷,第431页。
③ 杨端六:《六十五年中国国际贸易统计》,第35~36页。
④ 卞宝第:《卞制军政书》卷4,第1页。
⑤ 《申报》1887年4月19日。
⑥ 贺长龄:《皇朝经济文编》卷49,第2页。
⑦ 左宗棠:《左文襄公全集·奏稿》,第61页。
⑧ 马克思、恩格斯:《马克思恩格斯选集》第二卷,人民出版社,1977年版,第255~256页。

小生产者和农民，集中社会财富，迅速建立资本主义的商品市场和劳动力市场，从而加速和缩短从封建生产方式向资本主义生产方式的转化和推移。

但是在中国，鸦片战争前，由于中国资本主义萌芽发展缓慢，水平较低，还没有发展到资本主义的工场手工业阶段，因此，资本的原始积累过程没有开始，鸦片战争后，由于外国资本主义的入侵，外国侵略者凭借不平等条约，通过商品大量输出，直接对中国农民和小生产者进行剥夺，促使中国封建的自然经济开始解体，国内市场和劳动力市场初步形成，开始了中国资本原始积累的过程。与此同时，中国资本主义萌芽也在外国资本主义的入侵下被截断了正常发展的道路，因此，中国资本原始积累过程主要是在外国资本主义的暴力下进行的，积累起来的货币财富也主要落入了外国入侵者的手里，建立起来的商品市场也主要控制在外国侵略者手里。同时，一部分与外国侵略者关系密切的官僚、买办和商人也在这一过程中积聚了可观的财富。而那些得以保存下来或者有所发展的手工业，或者被排除于这一原始积累过程之外，或者只是分沾到极少的一点余沥。因此，当中国封建自然经济结构的解体为近代机器工业的产生准备了条件时，中国手工行业的大部分却因缺乏资金而无法转化为机器工业，完成了这种转化的少数行业，大都设备极其简陋，规模极其狭小。

因此，我们可以得出这样的结论，中国近代资本主义主要不是在原有的资本主义萌芽的基础上产生的，而主要是在外国资本主义的影响下产生的。

三

中国近代资本主义主要是在外国资本主义的影响下产生的，我们承认这一点，并不意味着是要否认中国资本主义萌芽与中国近代资本主义之间存在的联系和影响。虽然这种联系和影响由于中国资本主义萌芽本身发展水平的低下而受到限制，比较微弱，比较不受人注意，但是这种联系和影响却是客观存在的，不容否认的。否认这一点，实际上就是忽视了历史发展的延续性。

中国资本主义萌芽和中国近代资本主义的联系和影响主要表现在以下三个方面。

第一，一部分在外国资本入侵后得到一定发展的手工行业直接向机器工业转化。

在十九世纪六七十年代中国资本主义近代企业发生之际，一批在外国资本入侵后得到一定发展的手工作坊和手工工场，也在外国资本主义的刺激下开始向近代机器工业转化。这在早期的机器制造业中表现得最为明显。这一时期，在上海、广州、武汉、天津等地先后都出现了一批原来从事锻铁、造船、制针、炉冶手工作坊和手工工场转化而成的近代机器工厂。上海的发昌机器厂，广州的陈联泰机器厂，武汉的周恒顺机器厂及天津的德泰机器厂就是这些机器厂的代表。

上海发昌机器厂的前身,是一个由两个广东手工业工人开创的铁炉手工作坊,开始只有打铁炉一座,工人四五名,资金二三百元。但是由于他们与外资船厂搭上关系,专门为外国船坞锻制修配轮船的零件,因此发展较快。经过若干年的积累,在1869年开始使用车床。到1890年前后,已发展到拥有各式机床近二十台,近200名工人的初具规模的机器厂了。①

发昌机器厂从手工作坊直接转化为近代机器工厂,并在十九世纪八十年代中有了一定的发展,它是十九世纪六十年代长江开放后,外国资本主义在中国的航运事业及有关的船舶修理业迅速发展的间接产物。因此,发昌机器厂的转化,并不是我国手工业自己正常发展的结果,而是在外国资本主义的刺激下,靠拾取外资船厂的零星修理业务,经过若干年的积累,在原来手工作坊的基础上添置机器发展成近代企业的。因此,这种转化一开始便具有半殖民地的明显特征。

发昌机器厂的道路,在上海早期民族机器工业中,具有典型的意义。在1866—1894年间,上海开设的十二家机器厂中,有七家是由手工作坊直接转化的,占这一时期办厂数的58.3%。② 这说明,在早期上海民族机器工业中,由手工作坊转化为近代机器企业的工厂占有重要地位。

在与对外贸易密切相关的某些加工业、缫丝业、榨油业中,也出现了类似的情况。如广东南海、顺德的小缫丝厂,牛庄的榨油厂等,因限于篇幅,在此不再赘述。

在一部分手工行业直接转化为近代机器工业的过程中,有以下几个特点值得注意:

(1) 这类转化大部分发生在与外资关系密切或较为密切的行业中,因此,这类转化仍然和中国近代资本主义的产生一样,主要是在外国资本主义的刺激下发生的。

(2) 由于手工作坊和手工工场转化的机器工业,大都资金极其匮乏,设备极其简陋,在很大程度上还在使用手工劳动,不仅不能和外资工厂相比,就是和官僚、买办、商人投资创办的近代工厂也相差很远。在早期(1894年前)上海民族机器业中,由手工作坊转化过来的七家机器厂开办资金加起来才一千二百元。③ 武汉民族机器业中手工业者创办的七家机器厂,其资金总和还不到一家商人开办的机器厂的资本的四分之一。④ 由此可见,这些由手工业转化而来的近代企业在民族资本工业中只占极其微末的地位。

(3) 由于其经济地位的微末,其政治地位也很低下,因此,这类企业的发展要比近代民族资本企业更为艰难,更为曲折,更易遭受帝国主义和封建势力的摧残。

---

① 上海市工商局机器工业史料组编:《上海民族机器工业》上册,第76~85页,111页。
② 上海市工商局机器工业史料组编:《上海民族机器工业》上册,第76~85页,111页。
③ 上海市工商局机器工业史料组编:《上海民族机器工业》上册,第76~85页,111页。
④ 武群文:《辛亥革命前武汉民族资本工厂统计表》(未刊稿)。

如发昌机器厂，虽曾一度有所发展，但终在 1900 年为外资船厂所吞并。① 广东的陈联泰机器厂和继昌隆缫丝厂，都受到封建势力的摧残，一个从此一蹶不振，一个一度被迫迁往澳门。②

第二，一部分在外国资本入侵后衰退、停滞的手工业将资金投入新式企业，也有一部分手工业为近代企业提供了最早的一批技术工人。

上海的沙船业，在鸦片战争前夕，即拥有沙船三千五六百艘，总资本约达白银二千四五百万两③。鸦片战争后，在外轮的竞争打击下，很快走向衰落。到光绪十年，已仅存二三百艘了。④ 在这种情况下，上海沙船帮中一部分上层分子开始谋求出路，希图向近代航运业转化，因而出现了借用外国洋行招牌附股搭办的形式。李鸿章说："华商搭附洋轮，亦有殷实沙户在内。"⑤ 指的正是这个事实。

在采矿业中，一些新式矿场开办时，往往缺乏资金，有些旧式矿主往往投资新矿，如在山东峄县煤矿、热河三山银矿开办时都发生过此种情况。⑥

值得注意的是，虽然有某些手工业主投资新式企业，但是他们的资金十分薄弱，在整个投资额中所占比例甚小。如朱其昂在上海为轮船招商局招股，除了他本人"罄其家产，复举债以益之"⑦，认股三万两外，只有沙船商人郁熙绳认股一万两，其他商人皆观望不前，只好借官款开办，半年后又亏损四万二千两，只得让位于买办唐廷枢和徐润。此后招股活动便有了相当的进展，不到一年，招股五十万两的计划便已完成。⑧ 由此可见，手工业资本家无论在资金还是在号召力方面，都无法和新崛起的、与外国资本联系密切的买办和买办商人相抗衡，而只能处于旁居末席的地位。

中国原有的手工作坊和手工工场为近代机器企业提供了最早的技术工人，这一点在最早开办的外资企业和洋务派举办的军事工业中，表现得最为明显。

1845 年在广州建立的柯拜船坞是外国资本在中国开设最早的船厂，它是在从中国人手里租得的几个泥船坞的基础上建立的，雇佣的全部是这些泥船坞的手工业工人。⑨ 十九世纪五六十年代在上海开设的几家外资船厂里，也雇用了许多中国的锻铁、铜锡、木工等手工业技术工人。⑩

在洋务派举办的军事、民用工业中，更是大量雇用手工业工人。如吉林机器局

---

① 上海市工商局机器工业史料组编：《上海民族机器工业》上册，第 85、86 页。
② 姜铎：《旧中国民族资本史料集锦》，《近代史研究》1983 年第 2 期；孙毓棠编：《中国近代工业史资料》第 1 辑（下），第 958 页。
③ 萧国亮：《沙船贸易的发展与上海商业的繁荣》，《社会科学》1981 年第 4 期。
④ 李鸿章：《李鸿章全集·朋僚函稿》卷十二。
⑤ 李鸿章：《李鸿章全集·奏稿》卷二十。
⑥ 孙毓棠编：《中国近代工业史资料》第 1 辑（下），1091、1136 页。
⑦ 李鸿章：《李鸿章全集·朋僚函稿》卷十二。
⑧ 胡滨、李时岳：《李鸿章和轮船招商局》，《历史研究》1982 年第 4 期。
⑨ 孙毓棠编：《中国近代工业史资料》第 1 辑（上），第 1 页。
⑩ 上海市工商局机器工业史料组编：《上海民族机器工业》上册，第 52~53 页，第 60~62 页。

"大半的工匠来自宁波,来厂以前都已经有了实际的经验"①。其他如福州船政局、江南制造局、开平煤矿中都有类似的情况。②

在民族资本企业里,那些由手工作坊和手工工场转化的自不待说,在其他一些企业里,雇佣熟练的手工工人的情况应该是大量存在的,虽然目前有关这方面的史料还有待进一步发掘,但中国的手工作坊和手工工场为中国近代机器工业提供了最早一批技术工人却是不容否认的事实。

综上所述,我们可以看出,虽然外国资本主义的入侵斩断了中国资本主义萌芽的正常发展道路,但是却不能完全斩断中国社会经济活动的固有联系。通过曲折复杂的历史运动,中国资本主义萌芽仍然为中国近代机器工业的产生提供了一定的条件和准备,它们之间存在的联系和影响是不能抹杀的。但是我们也不能过高地估计这种联系和影响,这是由于中国资本主义萌芽本身发展水平较低,在外国资本的打击下很快就陷入分化瓦解的状态,这种情况不能不在很大程度上限制了资本主义萌芽对近代资本主义的联系和影响。和外国资本主义的影响比较起来,这种联系和影响可以说是很小的。

因此,我们的结论是,由于中国资本主义萌芽发展缓慢,程度较低,同时,由于外国资本主义的入侵,破坏了中国资本主义萌芽的正常发展道路。因此,中国近代资本主义主要不是在原有的资本主义萌芽的基础上,经过工场手工业阶段发展起来的,而主要是在外国资本主义的影响下,通过中国社会内部经济活动的发展变化而产生的。其中,中国原有的资本主义萌芽也为中国近代资本主义的产生做出了一定的贡献。

(原载《贵州文史丛刊》1984 年第 3 期)

---

① 孙毓棠编:《中国近代工业史资料》第 1 辑(上),第 1228 页。
② 孙毓棠编:《中国近代工业史资料》第 1 辑(上),第 1186 页,第 1214~1215 页;上海市工商局机器工业史料组编:《上海民族机器工业》上册,第 11、69 页。

西方宗教势力在长江上游地区的拓展[*]

把西方宗教势力在长江上游地区扩展的过程,作为中国内陆封闭地区在宗教文化方面与世界发生关系的个案进行研究,是一个十分有意义的课题。在长江上游的门户被打通之前,这一地区在西方人眼中一直带有神秘色彩,因此引起许多西方布道者和探险者的注意。西方传教士在长江上游地区开拓传教之路,经历了一个漫长的时期,这段历史就像过去这一地区本身一样,是神秘而模糊的。这里仅就目前我们所掌握的资料对这一段历史进行一些初步的探索。

一、西方宗教势力的扩张

(一) 西方宗教的早期传播

1640 年,耶稣会教士利类思司铎"前先入川,传扬福音"[①],最早把天主教传入长江上游地区。次年利类思选 30 人"为之付圣洗",并"教训伊等圣教道理",准备将其作为"他方之传教先生,作为四川圣会之栋梁,匡助传教"。这 30 人成为宣传天主教的骨干,"皆尽心竭力,传扬圣教",不仅在成都"讲道劝人,并且往各城乡宣传救世主,天主降福若辈之士"。由于长江上游地域广大,利类思"一人实难遍顾,大有鞭长莫及之势"。于是其友安文思司铎[②]由杭州入川,"襄助传教事宜"。利类思、安文思两人"同心同德,敦传圣教,不惟在成都宣讲福音,并且往保宁、顺庆等处'虔救'人灵"。结果"领圣洗者亦复不少"。在保宁府、顺庆府"均设有经堂,为教友领圣事、诵经之处"[③]。19 世纪末英国人立德考察长江上游时发现,有的家庭从 17 世纪便已信教[④]。

18 世纪天主教在长江上游继续发展。1702 年传教士在重庆建光华楼圣堂,在成都购买房屋,作为传教处所。法国传教士穆天尺、毕天祥、白日升、梁弘仁等在金堂、安岳"且有圣堂,教友亦多",天主教传播至"川西、川南各地"。后德国人

---

[*] 本文为隗瀛涛与王笛合撰。
[①] 古洛东:《圣教入川记》,第 1 页。利类思本名布格略(Buglio),西亚人,在华传教颇久。
[②] 即嘉庇厄尔·玛加尔纳(Gabriel Magallaen),华名安文思,"大吕宋国人,亦在华传教甚久"。
[③] [法] 古洛东:《圣教入川记》,第 4~6 页。
[④] A·J·Little, *Through the yang-tse Gorges or Trade and Travel in Western China*, p.154.

费隐、法国人潘如奉康熙之命,"往四川绘图",有些人"欣(歆)羡莫名,遂亦奉教"。教会势力又有所发展,如渠县"教友之数与日俱增"①。1746年因清廷禁教,川省的外国传教士被全部逐出。六年以后,巴黎外方传教会负责滇、黔、川的传教事务,陆续任命四位教士前往主持教务,但仅有坡特尔以极隐蔽的方式逃过官府注意,于1756年进入长江上游。在此后十年中,他是这一广大教区中唯一的外国传教士。1760年他被官府逮捕,予以放逐,但不久又潜回四川,继续传教;1767年被任命为四川教区主教。同年,格利欧教士来川增援,但两年后亦遭逮捕,并因此引起官方对基督教信奉者的搜查。不过洋教仍继续发展,1756年全川教徒不过4000人,到1792年增加到2.5万人,1801年更增至4万余人②。

嘉庆年间由于天主教的扩张,引起许多文化的和人为的冲突。川督在查禁天主教的札文中称:"天主邪教,诡正乱俗,最为人心风气之害。"③ 由于各地"习教人多,且有与本地民人讦讼争殴,几酿事端"④,康雍乾时期清政府曾多次发布命令查禁天主教。川省当局采取了比较严厉的禁教措施,如1801年发布告示,对洋教"实力查禁,以正民风",令教民悔教,仅渠县"先后具悔已有七百数十户之多"⑤。

(二)天主教在近代的扩张

鸦片战争后,清政府在法国的胁迫下,同意取消对天主教的禁令,长江上游地区的传教又趋活跃。据教廷传信部报告,仅1848年一年间川省受洗入教者,即有成人880余人,病危儿童8.4万余人⑥。1840年天主教重在四川设立教区,三年后贝罗书主教在重庆举行加冕礼,1846年四川教区接收西藏主教区。1856年四川划为川西北区和川东南区两个教区,先由贝罗书主教主持,后由德弗来主教和德斯马曾神父先后主持。"1857年8月9日,三位主教同意签订三个主教区的界限,这个协议在1858年1月7日得到罗马的批准。"协议划定的界限为:1.川西北教区,负责整个川西北部,加上邛州、大邑、木坪与天全东部地区,以及资州、内江和资阳;2.川东南教区,负责整个川东和属于下川南的南部的一半地区,但川南地区的资州、内江和资阳隶属西北教区;3.西藏教区,负责上川南南部地区的一半,仁寿、井研亦隶属西藏教区。据当时统计,川西北教区的教徒约有2.9万人,川东南2.1万人⑦。

19世纪60年代以前西方宗教在长江上游地区的扩展是比较慢的,"中国自咸丰九年《北京条约》成,外人遂获自由布教之权,西方教徒,滔滔汩汩杂然入支那

---

① [法]古洛东:《圣教入川记》,第66、68、84页。
② 吕实强:《晚清时期基督教在四川省的传教活动及川人的反应》,《"国立"台湾师范大学历史学报》第4期。
③ 嘉庆十五年十一月二十五日《重庆府遵饬实力查禁天主教札》,见《巴县档案》。
④ 嘉庆十五年十一月二十五日《重庆府遵饬实力查禁天主教札》,见《巴县档案》。
⑤ 嘉庆十五年十一月二十五日《重庆府遵饬实力查禁天主教札》,见《巴县档案》。
⑥ K. S. Lalourette, *A History of Missions in China*. p. 293, 转引吕实强上揭文。
⑦ 《天主教川南教区法文档案》,四川省档案馆编:《四川教案与义和拳档案》,第17~19页。

内地，四川以僻远故，其教徒之侵入，亦较后于中原"①。但 19 世纪 70 年代特别是中英《烟台条约》之后，据川省当局称，光绪年间"教堂林立，处处均有司铎，住居既久，人地自熟"②。以川南主教区为例，川南主教区于 1860 年成立。次年正式脱离川东主教区，其管辖范围包括上南道（雅州府、邛州、眉州、嘉定府和宁远府）、下南道（资州、叙州府、泸州和叙永厅）计 9 个府、直隶州，51 个厅、州、县。嘉庆中期该教区有人口约 153 万人，约占全川人口的 7.4%，清末该教区约 1276 万人，占全川人口的 28.9%。1861 年川南主教区天主教信奉者近 1.2 万人，大小教堂及祈祷所 4 处，宗教团体 8822 个；1880 年天主教信奉者达到 19937 人，大小教堂及祈祷所 32 处，宗教团体达 19068 个③。

甲午战后，教会势力在长江上游地区进一步扩张，据重庆海关统计，1901 年巴黎外方传教会在川省有传教士 124 人，信徒多达 93623 人，有教堂 221 所④，可见其势力之大。据光绪末年统计，成都有基督教信奉者 1800 余人（包括天主教和耶稣教），天主堂 4 个、福音堂 4 个、医院 4 所、学堂 7 所、讲堂 2 个、主教 1 人、传教士 7 人，教会产业在华阳有房屋 240 所，田地 520 余亩⑤。重庆有传教士 59 人，从教者 1658 人。一些远离大城市的地区教会势力更强大。如渠县有天主教信奉者 38114 人，达县有万余人。天主教势力还深入到少数民族地区，如峨边厅、理番厅、茂州、松潘、打箭炉等。峨边天主教信奉者有 300 多人，而打箭炉仅传教士有 26 人之多⑥。

为更清楚了解天主教在长江上游的扩展，文末表 1 列出了 1875—1910 年各教区传教士人数，表 2 列出了各教区的天主教信奉者人数。从中可见，清末长江上游三个教区共有天主教传教士 241 人，天主教信奉者 11 万余人⑦，天主教在长江上游占了绝对的优势。

（三）耶稣教的发展

耶稣教即新教在华各派的总称。它们的势力进入长江上游地区较之天主教要晚得多。1866 年伦敦会教士杨格菲与英国圣书公会教士亚烈伟力首先进入长江上游，遍游各地。在他们撰写的报告中，希望能迅速开展新教在长江上游的布道工作⑧。在这之后，美以美会、圣公会、伦敦会、公谊会、浸礼会、英美会等鱼贯入川，建

---

① 梧生：《排外与仇教》，《四川》第 1 号。
② 光绪九年三月十日《四川洋务局详稿》，见《巴县档案》。
③ 《川南主教区基督教徒行政篇统计表》（1860—1910）。
④ *Decennial Reports*，1892—1901，Chungking。
⑤ 傅崇矩：《成都通览·成都之西人产业》。
⑥ 四川洋务总局编：《四川通省外国官员商民统计表》（宣统元年十二月）。
⑦ 据宣统元年《四川通省外国官员商民统计表》，清末应有天主教信奉者 141135 人，故表 2 的统计不完全。
⑧ R. Wardlaw Thompson, Griffith John, *The Story of Fifty Years in China*, p. 228—229，转引吕实强上揭文。

立许多福音堂、医院、育婴堂等。据1892年在川省的教士报告，耶稣教已在成都（1881间）、灌县（1890）、叙州（1888）、泸州（19世纪80年代）、保宁（1886）、广元（1889—1890）、万县（1888）等地区设立传教点[①]。19世纪末英人立德乐游历长江上游时，已看到重庆有好几个新教组织设立了传教点，如美以美会、内地会、伦敦会、公谊会、美国圣经会等[②]。

据重庆海关的报告，1891年至1901年川省各新教教派有美以美会、浸礼会、内地会、公谊会、伦敦传教会、圣书公会、加拿大监理会、英国教会联合会等。新教虽教派不少，但势力远不及天主教。1891年有传教士75名，信奉者541名，其中内地会最大，有传教士48名，信奉者420名，分别占总数的64%和77.6%。但在19世纪末的十年间新教发展很快，1901年传教士达191名，信奉者达7902名，较之十年前分别增加3倍和17.8倍。内地会的传教士也达70名，信奉者5000名。耶稣会女传教士占大部分，在191名传教士中女性占106名，这与天主教几乎没有女传教士形成鲜明对照。

清末民初，耶稣教在长江上游进一步发展，除上列8个教会外，还有圣经会、安立甘会、青年会、英美会、苏圣经会、安息日会、独立会、基督会等新教组织，在各地设会所达70余处。清末民初在川省有13个新教组织，传教会所以内地会为最多，达28个；从传教士的分布看，以成都府、重庆府、嘉定府等地为多。

（四）晚清基督教传播的综合估计

据宣统元年十二月四川洋务总局编《四川通省外国官员商民统计表》，迄1909年川省共有外国传教士514人，天主教信奉者141135人[③]，耶稣教信奉者36823人，计177958人[④]。在川外国教会势力以法国和英国为最大。

基督教在长江上游地区究竟浸透到多大程度？我们将就信奉者在人口中的比例进行一些分析。文末表3列出的17个州县既有经济核心区，亦有偏僻落后区，但地方偏繁与教会势力大小没有多少关系，同是繁盛之区或同是偏僻之地基督教的发展也有截然不同的情形。17个州县中，基督教信奉者比例最低的是遂宁，每万人中有信奉者5名，另外乐山、资州、阆中每万人也仅八九人。信奉者比例最高的是西昌，每万人中有信奉者340人，相当于遂宁的60余倍，另外成都、绵州、纳溪每万人中约有信奉者六七十人。由此可见，基督教在各地的势力是颇为悬殊的。从整个川省来观察，清末总人口约4414万，信教者17.8万人，每万人中有基督教信奉者40人，即每250人中有基督教信奉者1人。显然，基督教在长江上游传播的成绩已相当可观，但也未能左右绝大多数人的宗教信仰。

---

① British Public Records Office. FO 228，1875—1911.
② A. J. Little, *Through the yang-tse Gorges or Trade and Travel in Western China*. p. 172.
③ 此数字由四川官方统计，与表2所列1910年教会的统计数相差约3000人。
④ 原表西方宗教信奉者合计数为184492人，与天主教信奉者和耶稣教信奉者各分数合计不符，此按实际相加数。

二、西方宗教的传播及相应的社会事业

为了扩大基督教的影响,近代的传教士同他们的先驱者利玛窦一样,不惜将基督教中国化,在融合儒学和基督教教义上下功夫,在中西文化中找到结合点。例如他们宣传,"中国尧舜禹汤文武周公孔孟所奉的真儒教,都是与天主教同出一源",并把天主教解释为"天下万民的公教"。他们还对孔子思想进行牵强附会的解释:"孔子言祭之以礼的道理,我们后世的人都错讲了。在孔子之意,不是祭亡人,实是为亡人祭天主。因为祭献之礼,只可以享造物真主,造物主就是儒家的上帝。"①

进入长江上游的许多传教士同利玛窦一样,经历了一个"中国化"的过程,不但学汉文、说中国话、着儒服,而且在生活习惯上也日趋中国化,深入偏远乡村,入乡随俗。如1903年第一个进入荣县的加拿大基督教牧师王雨春,其妻是个医生,"初到荣县的一年多时间里,王牧师夫妇的活动,只限于到附近老百姓家中拜访,或邀请人们到福音堂茶点座谈,劝人信教。平时,夫妇穿中式服装,长衫马褂、旗袍裙子,也常做中国饭吃。对老百姓讲话,用半通不通的四川话夹杂一两句荣县土语。一年半载以后,有了少数教徒,王牧师才在星期日布道传教,开始了基督教在荣县的活动"②。这种深入民间、平易近人的传教方式是他们能取得成绩的重要原因之一。

为开拓传教之路,传教士还竭力散发一些宗教宣传品和书籍。20世纪初,法国唐神父从法国运印刷机至重庆,原法国天主教川东教区所办的公义书院改名为圣家书局,印刷各种宗教宣传品在川东各县发行,还远及湖北、贵州、云南。1904年传教士古洛东和法国人雷龙山创办川东主教区机关报《崇实报》,出中法两种文版③,发行范围逐渐扩大,川省内各府厅州县天主堂都有代售。

近代传教士在长江上游传播西方宗教的过程中,还举办一些其他事业作为传教的辅助手段,如创办学校、设立医院、药房和慈善机构等。

(一)创办教会学校

创办教会学校是传教士传播教义和西方文化的重要手段之一。因此,传教士在长江上游各地传教时,建立一批教会学校。如成都的广益学堂、华美学堂、妇女学堂、华英传教学堂、华西高等学堂、福音初等小学堂等都是由传教士创办的④。以宜宾为例,1892年美国浸礼会创办女子小学堂,招信奉者子女入学,后取名真光女学校;1899年浸礼会"真道堂"创办私塾一所,后取名明德小学;1904年法国天主教会创办法文学堂,学生毕业后介绍到法人控制的邮电局和滇越铁路局工作;

---

① 《孝敬俚言》,《崇实报》第5年第29、32号。
② 《基督教在荣县》,荣县文史资料委员会编:《荣县文史资料选辑》(第1辑)。
③ 参见隗瀛涛、周勇:《重庆开埠史》,第72页。
④ 傅崇矩:《成都通览·成都之各学堂》。

1906年美国浸礼会又创办华美中学堂,英语及数理化等科皆由美籍传教士讲授,该校后取名明德中学①。

目前我们掌握有1861—1911年半个世纪中川东主教区和川南主教区教会学校统计(见文末表4)。两个主教区学校合计达739所,学生12793人。由于缺川西(北)主教区的统计,故难以统计全川的教会学校数量。但我们仍可做如下估计:从表1和表2可知,川西(北)主教区的传教士数约与川南相等,信奉者且多于川南,现在假定川西(北)区教会学校与川南相等,那么清末全川(天主)教会学校约为1100余所,学生约2万人。

耶稣教各派在各地亦设有学校,具体情况尚不清楚,但已知清末民初有中学校20所,学生千余人。另外,已知英美会办有初小121所,学生4505人;高小19所,学生637人;师范4所,学生57人②。

20世纪初教会学校已遍布长江上游地区,传教士决定把办学提高到一个新阶段。1904年耶稣教各差会提出联合筹办一所大学,由美以美会毕启、甘莱德,英美会启尔德、杜焕然,公谊会陶维新等在成都聚会协商,开办华西协合大学。次年,华西差会顾问部在成都开会通过计划草案,随即成立"小学和中学联合委员会"和"协合大学临时管理部"两个教育联合机构,前者不久改为"华西基督教教育协会",后者发展为"华西协合大学理事部"。1910年华西协合大学正式成立,由美以美会传教士毕启为首任校长,开设文、理、教育三科,其中文科又分为普通文科和政治历史两组,1914年增设医科③。

(二) 设立教会医院

设立教会医院是西方传教士传教的辅助手段之一,教堂或教士在各地普遍设立诊所、医院和药房等,为下层贫民看病,以赢得人们的好感,扩大教会的影响。如光绪初年英公谊会以三台玉龙教案赔款在三台创建仁慈医院,1877年所立石柱碑上写道:"因彼财,为彼用,故修医院";"怜尔病,爱尔民,敢谓名医"。医院初创时仅收女病人,后渐臻完善,设住院部,男女病床各40张,医院员工20余人④。

1891年美国美以美会派遣马卡特利到重庆推销西药,次年设宽仁男医院,开设门诊和住院部。1902年美国女布道会建立宽仁女医院,设医务、护理和总务三部。两医院在治病同时亦推销西药,销量甚大⑤。

1900年法国天主教会拨用教案赔款在成都购地修建博爱圣修医院,两年后落成,由法教士穆雅克担任院长,聘法医师两人,英美医师各1人,有床位50张,

---

① 《建国前宜宾教育概况》,宜宾文史资料委员会编:《宜宾文史》总第14期。
② 见吕实强上揭文。
③ 中国人民政治协商会议四川省委员会、四川省省志编辑委员会:《四川文史资料选辑》(第8辑),第94~95页。
④ 《三台仁慈医院创立和发展纪要》,四川省医药卫生志编辑室编:《四川卫生史料》1984年第2期。
⑤ 《重庆宽仁医院》,四川省医药卫生志编辑室编:《四川卫生史料》总第3期。

数年后渐增到 200 张，分特等、甲等、普通三等，所有护士皆为华人，多系天主教信奉者。当时每日门诊百余人。同时法教会又创立一苦力医院，专收贫苦病人，概免收费，但条件较差①。

清末随着教会医院的设立，西药输入日渐增多，各教会医院除内设药房外，还在各地设有专门药局。据统计，天主教设有药局 9 个，由法国人经营；耶稣会设有药局 28 个（其中内地会 16 个，圣公会 6 个，浸礼会、公谊会各 2 个，美以美会、美道会各 1 个）②。

据重庆海关统计，1891 年全川有教会医院 2 所、药房 6 所；1901 年医院 19 所、药房 192 所，医院和药房主要是由天主教设立的。清末民初全川耶稣教设有医院 21 所，较 1901 年增加一倍多。假设天主教医院也增加一倍，那么清末民初基督教各教派在川省所设医院应在 40 所以上。

教会学校和医院固然是外国宗教和文化侵略的一部分，但若仅从传教士开办学校、医院这一事实看，学校起到了新教育发轫、开通民智的作用；医疗机构在一定程度上弥补了社会医疗条件的不足，特别是给下层贫民看病治病创造了一些机会。另外在学校讲授宗教教义、医院看病治病过程中，也传播了一些西方文化教育、医疗卫生知识，促进了社会的进步。

在西力东渐的过程中，宗教亦代表着西方文化在中国扩张，甚至起着侵略先驱的作用。但西方宗教及其事业在不同时期，不同地点的作用及影响是颇不相同的。宗教以外的辅助事业，无疑是推动传教的工具，但也的确促进了社会的开化，地方社会事业的发展，开拓了人们的眼界，这种效果在长江上游封闭地区较之沿海地区就明显得多。西方传教士在实行宗教殖民的过程中，不可避免地在沟通中西交往方面充当了积极的角色。毫无疑问，西方宗教及其事业作为侵略工具进入长江上游地区始终受到人们心理和社会的排斥，但它们却又以其特有的韧力对这一地区施加影响，而成为其社会近代化不可分割的一个部分。

三、政治冲突与文化、宗教冲突

西方宗教的传入影响是多方面的，引起的各种冲突十分明显。既有政治的，也有文化的、宗教的和经济的。

（一）西方宗教传入所引起的危机感

西方宗教随着殖民侵略一同进入，必然引起中国人民的抵制，产生仇恨心理。如余栋臣为反洋教所发布的檄文便清楚地表现了这一情绪："今洋人者，海泊通商，

---

① 《成都博爱圣修医院》，四川省医药卫生志编辑室编：《四川卫生史料》总第 5 期。
② 《四川西药房药厂的开设》，四川省医药卫生志编辑室编：《四川卫生史料》1984 年第 2 期。

耶稣传教。……自道光以迄于今,其焰愈张,其势愈暴。由是奸淫我妇女,煽惑我人民,侮慢我朝廷,把持我官府,占据我都会,巧取我银钱……既占上海,又割台湾,胶州强立埠,国土欲瓜分。"① 外人侵略的加深使官民都有一种朝不保夕的危机感,对外人的活动存在本能的警惕。如川东道吴镐等曾提出:"窃以为天主堂所欲设,其意只在便于传教,而其事无非劝人为善。便于传教,固不必在要害之区;劝人为善,又何必争用武之地?以渝郡之大,僻静地方所在皆有,苟量地而与之而无碍于地方,当无不惟命是听。"② 1886年传教士在重庆鹅项颈、亮风垭、丛树碑建立屋宇,绅民联名上禀反对,强调该处地势冲要,教士居心叵测,"以为有利可渔,则数处地皆穷僻,既非市镇,亦无田土。以为有景可玩,则数处虽高,并无茂林修竹,非幽闲雅游之地。……通衢大镇,教堂已属不少,何更踞此形胜?"指出教士在上述几处建堂,"山占其颠,可屯甲兵,墙皆有隙,无异炮台,本分途犄角之谋,为高屋建瓴之计"③。基于这种危机感产生排斥西方宗教的行动是顺理成章的了。

《烟台条约》签订之后,英人获准由川入藏查探通往印度的路线和派员驻寓重庆查看商务事宜,因而进入长江上游勘路的英人往往深入穷乡僻壤。在这些地区由于情况陌生、食宿不便,他们每多依赖那里的传教士,这自然引起地方官民的疑虑。如1878年英人贝德禄(即班德瑞,后任英驻渝外交与商务代表及第一任领事)由重庆起程,赴嘉定、铜河并峨边、越西、打箭炉各处,"该英员每多中途改道,且多不由大路行走,每于人迹罕到及曾经封禁之路,自与跟役一二人,锐意前行,护送之人,劝之不可,而沿路行踪诡秘,所到之所,详绘地图,并与法国教士往来甚密"④。这种危机感和本能警惕是各阶层人民反教的心理机制之一。

(二) 文化的冲突

中西不同类型、不同模式的文化价值观念是悬殊的,因此文化传播就必然会受到阻碍,受到不同文化性质的社会心理、群体意识以及价值观的抵制。当不同性质的文化遭遇时,发生冲突就不可避免。文化冲突主要表现在下述三方面:一是区域性。当一种外来文化传入时,区域文化的封闭体系就会产生一种排外性。二是时代性。新文化传播大都要受到旧文化的排斥和抵制,无论新文化本身如何有价值,旧文化心理和价值观都不可避免地拒绝接受,西教与西方近代文化一同进入,与传统的中国封建文化是格格不入的。三是民族性。不同民族的文化造就了不同的民族心理和民族精神气质,当外来民族文化浸入其势力范围时,它就会本能地排斥和产生冲突。近代长江上游地区频繁出现的教案,除了经济和政治的因素外,也是以上诸

---

① 民国《重修大足县志·余栋臣传》。
② 同治二年十一月初一日《总署收四川总督骆秉章文附川东道吴镐禀》,"中央"研究院近代史研究所编:《教务教案档·四川教务》。
③ 光绪十二年七月十五日《总署收护理四川总督游智开文附折稿》,"中央"研究院近代史研究所编:《教务教案档·四川教务》。
④ 丁宝桢:《丁文诚公遗集奏稿》卷14,第40页。

因素交织发展的必然结果。

自然地理环境往往决定着文化的性质，决定着文化的形式与内容。处于封闭地域的长江上游在文化上也不可避免地带有封闭性，正如有人指出的那样："世俗安于固常，于己所未闻者，莫不深闭固拒，认为欺世骇俗。固步自信，不求改进。"① 在大部分地区，人们还是"使有什佰之器而不用，使民老死而不远徙，甘其食，安其居，乐其俗"②。因此这一地区对外来文化宗教的排斥也就较其他地区强烈，教案频繁，规模巨大。清末接受了新思想的留日学生也认识到这点，指出："比年来，毁教堂杀教士之举在开放较早诸区域殆已寥如晨星，独吾蜀僻处边陬，风气暌隔，仇教义愤，时有所闻。"③

长江上游地区文化和宗教冲突之剧烈，恐怕还与以这种封闭文化为背景的心理定式有关。现代大众传播学认为，人们在从外界所获得大量信息中，总是自觉或不自觉地吸收那些与自己的信仰、观点和立场一致的信息，并下意识地回避那些与自己固有观点对立的信息，由此使自己原有的价值观得到巩固，这即是所谓选择性接受。与选择性接受相适应的便是选择性理解，人们对同样的信息可能有不同的认识，往往愿意把对它的解释与自己固有观点相吻合。因此他们乐于对西方宗教采取一种歪曲的认识。1861年长江上游地区出现的一张反教揭帖便宣传：奉洋教者"子淫其母，兄淫其妹，父奸其女，翁奸其媳……且蛮性属火，最好奸淫，凡从教人所生之子女，任其择选，不准嫁人。现今奉教者，鲜不受其污辱，其子孙多半出于蛮种"④。这些成为乡绅和民众津津乐道的东西。1890年川东奉节、巫山、云阳一带流传着一张题为《切莫变鬼》的揭帖，帖曰："现有天主鬼教，暗来散发鬼书。煽惑好人变鬼，药迷妇女奸污，生割子肠弥夫，死则剜取眼珠。男女一被药迷，聪明立刻痴愚。其书本本粪帐，臭比狗屁不如。"⑤ 对这些荒诞的说法，人们深信不疑，而且愈传愈广。从而使人们的反教情绪愈演愈烈，一触即发。

作为中国传统文化的体现者、儒家学说的忠实信徒，地方士绅把西方宗教视为洪水猛兽，唯恐其动摇传统文化的根基。在传统文化本位意识的支配下，本着不自觉的心理自卫，从而产生出排外的心理定向。他们举起"保卫圣道"的旗帜，并通过这面旗帜把民众的仇外情绪汇集到自己麾下。在反教过程中，封建知识分子不断地强调这种宗教对立。咸丰末年流传的《讨西洋教匪檄文》中称："夫洋人之教，非先王之大道，乃夷狄之蛮风，我辈身居中国，为甚不学圣贤，而学蛮夷？蛮夷之人，不敬天地，不礼神明，不奉祖先，不孝双亲。"⑥ 光绪年间余栋臣起义的告示曰：洋教传入

---

① 傅况邻主编：《四川地方实际问题研究会丛刊》之二。
② 李凌霄等修、钟朝煦纂：《南溪县志》卷二，第34~35页。
③ 梧生：《排外与仇教》，《四川》第1号。
④ 《讨西洋教匪檄文》，王明伦选编：《反洋教书文揭帖选》，第78~79页。
⑤ 光绪十六年六月十一日《重庆府为反教揭帖转饬查禁札所附揭抄单》，见《巴县档案》。
⑥ 王明伦选编：《反洋教书文揭帖选》，第78页。

后，不仅"夺小民农桑衣食之计"，而且"废大圣君臣父子之伦"①。流行于长江上游的另一揭帖竭力强调宗教崇拜的对立，"洋人所传之教，索隐行怪，悖理已极。刺眼珠于将死，弃字纸如敝尸。不论功得，不讲心性。能奉伊教，便登天堂；不奉伊教，则堕地狱。无稽妄谈，妖言惑众"②。可见，西方宗教与中国传统宗教崇拜上的对立是他们难以容忍的，对西方宗教的偏见和过分歪曲又强化了这种对立。

有些地区的民教冲突起因还在于传教士恣意妄为，冒犯当地风俗，引起人们的愤恨。如长江上游各地都有传统的迎神赛会，这既是人们的敬神和娱乐活动，又是地方士绅显示其地位和对地方支配的机会，而传教士往往藐视这种活动的庄严和士绅的权威，由此而酿成民教冲突。如1861年崇庆州民教纠纷就是因"传教士坐轿过路，适遇该处迎神赛会"，但教士拒不下轿，结果被"强令下轿，用枪刺烂轿衣，并将该教士随人殴伤"③。又如大足县龙水镇的灵官会"历有年所，各处进香者，群皆慑神之威，仰神之灵，而灾祥祈祷之必有应也"。但光绪中教堂以灵官会曾两次"起祸"，于是"会期以前，预蓄死士，招纳各处亡命，以实其中，并协县告示，不准办会"，从而激化矛盾，最后酿成教案。

（三）官绅权益的被损害

西方宗教的传入除了文化和心理上的影响之外，还有经济上的因素，即地方士绅反对洋教还因为他们的经济利益受到了损害。1846年清政府同意归还雍正年间封闭的天主教旧址后，传教士往往以年代久远，无从查考，指士绅房屋为教产，令其退让；或将地方公产（往往由乡绅支配）强占。如重庆就因将长安寺改作天主堂而多次发生教案。传教士在长期的传教过程中，还购置了大量的教产，其中房产800余处，地产1.7万余亩，分布在长江上游的百余厅州县。

西方宗教在长江上游各地的扩张及贫民百姓大量入教，有一个重要因素往往被研究者有意无意地忽视，即为躲避地方官府和封建势力压迫，贫民往往以入教和依赖教会势力来求得正常生存，所以一些地区"民无论良莠，相与入教者，一日数十或数百，数日数千，皆欲借此以为护符"。尽管"川省民素畏官，尤畏书吏差役"，但入教之后，"教民有词讼，书差不敢需索，有司转畏之，不敢直斥其无理，民是以甘入教，而仇仇相寻也"。乡绅虽不是在职官僚，但他们控制着族权、财权以及维持治安等权，历来在地方上具有很高的权威，但受到了来自教会的挑战。如有的佃农入教后仗恃教堂撑腰，"佃人田地不与纳租"，地主则无能为力。在民教发生纠纷时，教会为庇护教民敢与官府对抗。所以地方士绅深感"乡族有教民，则一乡一族不安"④，感到了自己地位的动摇。传教士利用不平等条约获取的特权庇护受到封建势力压迫的信教下层贫民，其中曲折倒是颇值得研究的。

---

① 《中外日报》1898年9月19日。
② "中央"研究院近代史研究所编：《教务教案档·四川教务》。
③ "中央"研究院近代史研究所编：《教务教案档·四川教务》。
④ 光绪二年十一月九日《内阁侍读学士广安奏》，见王明伦选编：《反洋教书文揭帖选》，第50~51页。

洋教的侵入同样也危及地方官的统治权。传教士有治外法权作为护符,可不受地方官管辖,因而许多地方官吏在教案过程中,明显偏向反教一边,甚至暗地鼓动和参与。重庆崇因寺之案,川东道吴镐不仅拒绝办理崇因寺的移交,并唆使人焚毁教中房屋,驱逐外人出境:"谓众民绝无勇敢,不能如湖南等处办法,众民人为所激发,逐欲借端生衅"①。教案发生后,主教范若瑟至北京申诉,指责吴镐、张秉堃(巴县知县)"胆敢欺君罔上,自作主张……吴道、张令自谓百计图谋抗交"②。乡绅之所以能够恣意反教,很大程度上是由于得到官府的这种支持。

另外,考察教案发生的原因,还应注意人们心理失衡的问题。当我们分析传统士绅的排外心理状态时,发现他们虽竭力抵挡西方文化的猛烈冲击,但又力不从心。随着外国传教势力的扩大,闭塞的人们对立情绪和憎恶心理也相应地增长,受到压抑的仇恨情绪便要寻机发泄,以恢复精神上的平衡。因此洋教及其传播者和信仰者就成为当然的攻击对象,民教冲突和教案的发生便不可避免。

据不完全统计,1861—1910年半个世纪间,川省发生较大的民教冲突和教案达127次(其他省区的教案分布见文末表5)。我们再分析一下教会势力发展与教案之间的关系。首先笔者作出1861—1910年传教士、西方宗教信奉者和教案的历年发展指数(见表6),然后根据指数绘出发展曲线图(如图1所示)。

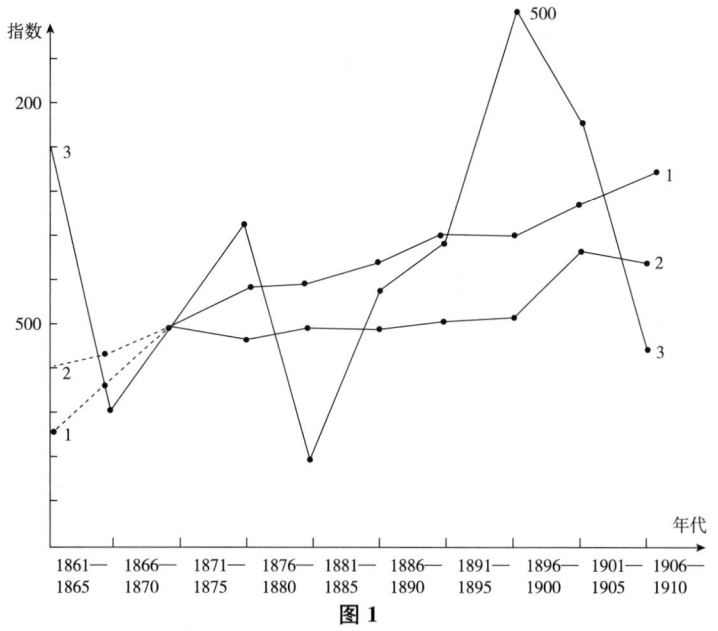

图1

注:(一)1.传教士,2.教徒,3.教案。
(二)虚线部分系根据川南主教区的统计做出的估计。

---

① 同治二年二月二十日《总署收法国公使哥士耆函》,"中央"研究院近代史研究所编:《教务教案档·四川教务》。
② 同治二年八月二十一日《总署收川东主教范若瑟请代递奏文》,"中央"研究院近代史研究所编:《教务教案档·四川教务》。

从表 5 中可看到教案主要分布在川东、川东南和川西地区，而这些地区天主教的分布最广。在图 1 教案和天主教发展的曲线波动中，表示出天主教的发展基本是稳步上升的，没有大起大落现象。从教案发生的指数曲线看，在 1861—1865 年、1876—1880 年和 1896—1900 年出现了三次向上的波动。这三次反教运动的高涨都不是偶然的。第一次波动正是《北京条约》签订后不久，条约规定传教士可进入内地自由传教，大量传教士深入长江上游，设立教区，扩展势力；第二次波动正是中英《烟台条约》签订不久，条约规定长江上游对外人开放，外人来"查探""游历"和传教者日多；第三次波动则是华北地区义和团反教运动刺激即外力推动的结果。作为全国义和团运动的一部分，长江上游的反教运动也达到最高峰。从天主教的发展曲线看，甲午战后一直处于上升趋势，这种趋势有可能激化当时的民教矛盾，因而间接地推动了这次反教高潮。

综上所述，迄辛亥革命爆发，西方传教士在长江上游地区已建立了他们稳固的根据地，并对这一地区在政治、经济和文化教育诸方面施加影响，由此引起剧烈的冲突。这种以不平等条约为护符的西方宗教传播，无疑属于西方资本主义侵略的一个组成部分，打下了侵略的烙印，但也在客观上促进了长江上游区域文化教育的发展，推动了这一落后、封闭地区的近代化进程。

表 1

年代	川东主教区			川西北主教区			川南主教区			总计		
	外国	中国	计	外国	中国	计	外国	中国	计	外国	中国	计
1875	23	40	63	?	?	55①	18	9	27	?	?	145
1880	34	38	72	25	39	64②	23	9	32	82	86	168
1885	35	32	67	24	49	73	23	9	32	82	90	172
1890	38	32	70	29	44	73	31	10	41	98	86	184
1895	43	35	78	34	43	77	37	10	47	114	88	202
1900	45	33	78	35	42	77	37	10	47	117	85	202
1905	48	36	84	39	40	79	47	13	60	134	89	223
1910	52	46	98	39	49	88	40	15	55	131	110	241

注：①系按川东、川南平均增长幅度（1880 年较 1875 年增 13.5%）推测出。②系 1883 年数据。

资料来源：川南主教区系根据《川南主教区基督教徒行政篇统计表》；川东和川西北主教区系据 Archives de La Societe des Missions Etrangeres, "Seminaire des Missions Etrangeres—Lettres Commun" 1875—1911.

表 2

年　代	川东主教区	川西北主教区	川南主教区	总　计
1875	40000	33000	14749	87749
1880	26079?	35800	19937	81816
1885	31539	37800	16516	85855
1890	30097	39478	17176	86751
1895	31000	39478	18097	88575
1900	31000	40000	19692	90692
1905	51861	40000	24869	116730
1910	40587	40000	30618	111205

资料来源：同表 1。

表 3

地　区	从教人数				地区人口数	信奉者占人口比例（%）
	传教士数	天主教	耶稣教	计		
成都县	42	1139	413	1552	266436	0.6
灌　县	3	283	74	357	266519	0.1
绵　州	11	2460	296	2756	371641	0.7
江　油	5	220	107	327	264442	0.1
茂　州	2	18	21	39	20633	0.2
乐　山	16	120	165	285	364244	0.08
雅　安	10	252	231	483	243037	0.2
西　昌	3	3500	4500	8000	233249	3.4
巴　县	59	1150	508	1658	990474	0.2
奉　节	5	200	300	500	364990	0.1
东　乡	2	116	697	813	435463	0.2
梁　山	3	648	82	730	318486	0.2
阆　中	13	51	244	295	342873	0.09
遂　宁	6	197	324	521	970881	0.05
马　边	2	55	68	123	56894	0.2
资　州	5	132	422	554	658772	0.08
纳　溪	2	184	256	440	61374	0.7

资料来源：教会情况统计见《四川通省外国官员商民统计表》（宣统元年十二月）；人口数见施居父主编《四川人口数字研究之新资料》第 10 表。

表 4

年　度	川东主教区				川南主教区				合　计	
	神学院		教会学校		神学院		教会学校			
	学校	学生	学校	学生	学校	学生	学校	学生	学校	学生
1861					1	17	13	165		
1865					1	39	91	707		
1870					1	43	44	659		
1875	2	76	126	1500	1	38	97	881	226	2445
1880	2	75	124	1419	1	24	99	1962	226	3480
1885	2	91	148	1940	1	26	62	1298	213	3355
1890	2	77	152	1588	1	96	66	1203	221	2964
1895	3	88	103	2090	1	66	77	1408	184	3652
1900	3	95	153	1899	1	79	102	1914	259	3987
1905	3	140	251	3760	1	92	291	4010	546	8002
1910	3	130	341	5365	1	119①	394①	7179①	739	12793
1911	3	130	342	5302						

资料来源：同表1。

注：①为1909年的统计数据。

表 5

府直隶厅州	教案次数	府直隶厅州	教案次数	府直隶厅州	教案次数
成都府	19	雅州府	4	绵州	1
重庆府	33	嘉定府	3	茂州	0
保宁府	4	潼川府	6	忠州	3
顺庆府	8	绥定府	1	酉阳	12
叙州府	8	眉州	4	叙永厅	0
夔州府	4	邛州	4	打箭炉厅	6
龙安府	0	泸州	1		
宁远府	1	资州	5	计	127

资料来源：根据《教务教案档》《清德宗实录》《光绪朝东华录》《巴县档案》《中外日报》《华西教会新闻》《辛亥革命前十年间民变档案史料》《锡良遗稿》《东方杂志》，以及几十种地方志、乡土志综合整理。

表 6

年　度	传教士	信奉者	教　案	年　度	传教士	信奉者	教　案
1861—1865			188	1886—1890	127	99	113
1866—1870			62	1891—1895	139	101	138
1871—1875	100	100	100	1896—1900	139	103	500
1876—1880	116	93	175	1901—1905	154	133	188
1881—1885	119	98	38	1906—1910	166	127	88

资料来源：根据表 1、表 2 等计算。

注：1. 1871—1875 年的指数为 100。

2. 传教士和西方宗教信奉者的指数计算概以时间段的最后一年为准（即 1875、1880、1885……）。

（原载《历史研究》1991 年第 3 期）

近代四川城乡关系析论[*]

[摘　要]　在近代的四川地区，发达的农业和富饶的乡村经济促进了城市的重建和发展。近代以来，城市在城乡对立关系中逐渐占据了统治地位，开始了城市统治乡村的时期，城市带动乡村一同发展。但由于四川城市的发展十分缓慢，城市对农村的带动效应十分有限；与此同时，由于四川地区农村自然经济整体水平的低下及农村经济的萧条，使乡村日益成为城市发展的桎梏，阻碍着城市的进一步发展。近代四川城乡之间的这种非良性互动关系，成为这一区域发展严重滞后的主要原因之一。

[关键词]　近代四川；城乡关系；互动；发展

[中图分类号]　F129　　[文献标识码]　A　　[文章编号]　1008-0139（2003）02-0030-07

经济与社会的发展，正是在城乡互动的关联中实现的。然而，对于中国近代城乡关系，却极少有人研究。本文试以对具有典型意义的近代四川城乡关系研究的心得作为近代中国城乡关系研究的引玉之砖，以求正于方家。

一、近代城市统治地位的确立

马克思在分析西欧的城乡关系时指出，中世纪的西欧是"乡村在经济上统治城市"[1]；而到了近代，随着大工业的发展，世界市场的形成，"资本阶级已经使农村屈服于城市的统治"[2]。中国的城乡关系和西欧不尽一致，中国古代城乡之间在经济上并没有比较明显的社会分工，因而也就没有十分明显的统治和被统治的关系。在四川，正是发达的农业和富饶的乡村经济促使了城市的复兴。可以说，清前期四川城市的重建和发展正是基于农村经济的支持，是乡村带动了城市的发展。在重庆开埠以后，随着自然经济的逐渐解体和中国资本主义经济的发展，四川的城乡关系发生了较为明显的变化。城市在城乡经济生活中越来越起着举足轻重的作用。

资本主义社会取代封建社会是历史发展的必然趋势。近代中国社会开始了从封

---

[*] 本文由隗瀛涛与田永秀合撰。本文参考文献著录格式为文后注，为保持原貌，编者不强求统一，一仍其旧。

建社会过渡到资本主义社会的历史进程。在这个历史过程中，城市逐渐成为近代工业、商业和教育的中心，不仅在政治、经济上统治着乡村，而且在意识形态领域也起着先锋的作用。

众所周知，在中国封建社会，由于城市是地区的政治军事中心，因此城市往往拥有较为便利的交通条件。近代以来，随着近代交通和市政设施的兴建，使城市更拥有乡村不能比拟的相对便利的条件。这可以使城市产生生产和市场上的规模经济效应、聚合经济效应，便于各行业、各企业之间的分工合作，降低成本。这样一来，城市自然成了近代工商金融各业的聚集地。近代四川也是这样。四川的近代工业大都集中于城市。如棉织业："机纱织布区域，除与土纺织布区并存之外，其独立存在者，或且已较并存区域为广。此种独立存在之机纱织布区域，固为旧日如纺织布区域所蜕化而成，然同时亦随原料来源之变化及商品市场之扩大，遂脱离旧日生产交易中心，而转移于交通运输便利地带或大中心城市，今日重庆、成都各市区之棉织工业，即为此类动态之说明。"[3] 从全川而言，四川的工业主要集中于重庆、成都、宜宾、泸州、乐山、南充等地区性商业中心城市，其中尤以重庆为最。1937年，重庆万元以上的工厂为77家，而其时全川仅有115家[4]，即四川67％的工厂都集中于重庆。从具体的行政县来说，工厂（主要为手工工场）主要集中于县城。如绵竹县全县工厂作坊共有255家，城关即县城占60％左右。全县有制鞋、制帽、木梳、织布、铁器等手工行业，共计209户，有80％集中在县城[5]。南充县"所产黄丝著名于世，甲于全川，南充缫丝工厂多在城内，在乡下者仅居少数"[6]。遂宁工业"全县以城区为中心，计有织袜毛巾织布染布等厂"[7]。同时，近代商业也首先在城市产生并主要集中于城市。四川广阔的农村拥有数量繁多的基层市场，但这些市场大多仍处于从自然经济补充的传统功能向近代资本主义经济市场功能转变的过程中，而其中多数传统的功能仍占主体地位。农村市场上虽然也有一些出口的土产山货或一些近代工业品，但数量不多，其市场上交易的主要商品是粮食。如宜宾县，"本县农村市场贸易的种类颇杂，不过一般情形，以粮食为主，所以粮食是农村市场交易的中心"[8]。由于四川的自然经济解体极不充分，农民对市场的依赖程度较低，再加上农民的购买力极为有限，因此，工业品只有在城市才有较大的销量。重庆开埠后，对四川市场抱有极大希望的外国资产阶级就发现，"所有进口的洋货，也只能满足川省极小部分人口的需要。事实上，我们的洋布主要只供给几个城市的居民使用，例如重庆、泸州、叙府、嘉定，而且几乎全部都为中产阶级买去"[9]。到20世纪初叶，在重庆、成都等城市"购买洋货者自属夥颐"，而"民间服用所需土货多而洋货少"[10]。

由于城市是商业、工业的集中地，有强大的资金需求市场，因此，金融组织也自然集中于城市。典当业为旧式金融之代表，"典当业之经营，乃普及四川各地，而握农村金融之枢纽"。据对四川53县（市）的典当业的调查，"成、渝、万、叙、泸五处，共计141家。其他各县之质店，共计56家"，"就上数观之，以城市为多"[11]。银行为新式的金融机构，四川的银行也主要分布在城市。据统计，到1937

年，四川历年共设立银行33家，其中有22家设于重庆，占63.3%[12]。而成都到1934年也有银行及其分支机构34家[13]。此外，其他城市如泸州、南充、乐山、自贡等中小城市也有二三十家的银行分支机构。银行也无不主要集中于城市，"对于农村经济，仍难发生惠助关系"[14]。这样，工商金融各业在城市"汇聚一堂"，这种聚集所产生的规模效应又远远超过工商各业自身单独所能产生的力量，使城市具备了更大的吸引力。如民国《遂宁县志》所载："今时以重庆为商人大战场，遂宁之大商巨贾，挟重资往来重庆，而输其货于成都。"[15]城市成为先进生产力的集中地。虽然这种先进的生产力和生产方式在近代还没有占据主体地位，但它却代表了中国社会发展的方向和必然趋势。这一发展方向和历史趋势使城市在与农村的对峙中地位不断提高并最终成为政治、经济生活中的统治者。

不仅在经济上城市日益占据主体地位，在教育及意识形态方面，城市也扮演着越来越重要的角色。1892年，四川第一所新式学校——"洋务学堂"在重庆城出现。1898年，川东副使在重庆创办中西学堂，该校的创立对四川学界影响甚大，"川东向无学堂，巡使宜兴任公始立焉，下县之承风而起者方接踵"[16]。荣县等地官绅"亦集万金，踵设中西学堂，风教渐开，蜀学当日兴起"[17]。由于重庆"地居冲要，得风气之先"，故重庆新式学校的创办较一般州县较快较易，1904年，四川各大中小城市的学校"以彼处为占多数"[18]。至全面抗战爆发前夕，重庆城内有大学2所，中等学校20所，师范及职业学校9所，小学31所。全面抗战时期，重庆的教育更得到巨大的发展。1944年前后，重庆地区的高校达38所，中学增加为72所，在校中学生25449人；职业学校达22所；小学发展到284所，入学儿童73947人[19]。重庆已经成了大后方的教育中心。成都的学校教育也较为发达。1911年，成都有各类学堂157所；到1932年，成都有各类小学46所，中等学校74所，高等学校18所[20]。除成都、重庆外，一般城市中的学校均比乡村多。"四川乡村教育，在数量上颇发达，而在质量上则极不发达。民国以来，以小学教育而论，年有增加。……至小学设置，多在城镇，乡间则除有寺院所在地能设置外，小学颇少，故真正农家子弟享受小学之机会则颇缺乏。"[21]对于农村学生来说，只要条件许可，往往前往大城市接受更好的教育。如简阳"因距成都极近，一般学子，多半负笈省垣，原有男女初中各校，现已并为一所"[22]。据1935年调查，去城市求学的青年男女占离村的青年男女的19.1%[23]。可见，四川每年都有不少的青年学子到教育条件较好的城市求学。

在近代的传媒方面，城市自然也处于绝对优势地位。四川的第一家近代化报刊是1897年在重庆创办的《渝报》。1898年，《渝报》的创办者宋育仁到成都后，又在成都创办了《蜀学报》，是为成都的第一份近代报刊。以《渝报》和《蜀学报》的发行为开端，近代报刊首先在四川的两大城市创办开来。辛亥革命后，重庆的报刊如雨后春笋，其中比较著名的有《商务日报》《新蜀报》《新社会日报》《国民公报》等。全面抗战爆发后，重庆更成了大后方的新闻中心，在抗战八年中，先后在重庆发行过报刊的报社、通讯社达200家以上，约占全国的一半。其中比较著名的且销售数量较多的有《新华日报》《中央日报》《新民报晚刊》《大公晚报》等等。成都的《算学报》《启蒙通俗报》《四川官报》《四川学报》等相继发行。仅从1919年至1937年不到20年的时间里,成都先后创办的报刊就达140余种[24]。

在图书出版发行方面,也大多集中于大城市。以重庆为例。据1942年调查,重庆的出版机构有130余家,当年重庆出版各类图书1292种,占全国总量的33.3%;在全国畅销的770种杂志中,重庆占28%以上[25]。在广播方面,重庆更是走在全川的前面。1934年,重庆广播电台建成播音。1938年3月,国民党"中央广播电台"迁到重庆。1939年,"国际广播电台"建成播音。

在报纸、图书杂志及广播等近代新闻媒体的传播和带动下,城市在观念的更新方面走到了前列。近代以来,重庆作为四川的通商口岸,是四川"得风气之先"的城市,在新信息、新观念的来源上较四川其他城市更为优先,成为信息、观念甚至生活方式上领导"时代潮流"的龙头。如合川的圬工,"从前墨守旧法,获值不多,近来重庆商埠,风气大开,建筑洋房,所在皆有,县中圬工,纷纷赴渝,学习建筑之法,故县城改建西式房屋者颇多",圬工所得的工资,"亦较从前增加一倍"[26]。连合川县城所制作的首饰式样,也追随仿效重庆式样。

随着近代的工商各业及近代的教育机构、新闻出版媒体在城市的集中,城乡之间也由中世纪的"无差别的统一"而开始变得壁垒分明,城乡差别逐步扩大。20世纪二三十年代,有学者忧叹:"近代物质文明所集中之都市,类皆日竞于新而不可遏,至于竭心力赴之犹若而不及。若一涉足一回顾都市以外数里之郊,则其生活其智其人乃堕都市居民之后,无虑数百年之回绝,其道理相去弥远,则其程度相绝弥甚。岂惟都市之与乡野为然。"[27]就以商品价格来说,城市与乡村的差距也很大。"中国市场尚有很重要之特点,即是城市与农村间价格之悬殊。譬如茶,其间的差异,有时达到了百分之一千;丝与棉在城市的价格,常两倍于农村的价格;至于花生等,则城市和农村间的差异,为百分之一百五十至二百。此其故,在于运输费、厘金、苛捐杂税、预防抢劫的商人保险费、军需征发等,这些都有重要的关系。然其根本原因,还在于地方市场之闭塞的性质,运输之不发达,农村生产者之破产,城市商业资本之联合战线,是和这个生产者相对立的。"[28]

二、城市对农村的带动

近代城市是社会的、经济的、文化的、政治的各种力量和因素的集中区。正如马克思所说:"城市本身表明了人口、生产工具、资本、享乐和需要的集中,而在乡村里所看到的却是完全相反的情况:孤立和分散。"[29]列宁也说:"城市是经济、政治和人民的精神生活的中心。"[30]城市集中了区域的先进生产力和巨大财富,成为推动区域乡村经济发展的动力。

首先,农产品的外贸提高了农业的商品化率,大大活跃了农村经济,而城市在其中起着关键性的作用。在前近代,四川与区域外就有一定的经济往来。据估计,鸦片战争前夕四川每年的对外贸易商品流通额不低于2000万两[31],一些处于水陆交通要道上的城市,如水路的重庆、宜宾、泸州、夔州等城市,成了四川地区的农副产品和区域外进出口商品的集散地。

近代以来,随着资本主义入侵,四川农村自然经济逐步解体,农产品大量出口。市场的大量收购,使许多原本弃之不用的东西身价百倍,比如猪鬃和桐油。四川猪鬃在很长一段时间是弃之不用的东西。重庆开埠后,出口量大增。到1913年,猪鬃出口量增至15255担,价值877551关平两[32]。国际市场对猪鬃的需求大大刺激了农村的养猪业。民国初年,川南泸州每年出口猪鬃约1000担,价值37万余元[33]。在成都平原的崇庆县,养猪已成了农民的重要副业,"县中每月可出肥豕3000只,年可出3万余只"[34]。桐油是油漆不可或缺的材料,四川有大量的野生桐树,但在民国以前,四川桐油仅用来"涂饰木器、舟车、雨具、油布"[35]。随着欧美工业化的发展,对桐油的需求量剧增,四川桐油开始出口。到1917年,四川桐油外运量已达37700担;到全面抗战前夕,更增至681451担,货值达2735万元[36],超过生丝成为四川最大的出口商品。在全面抗战前夕,仅万县一带"间接、直接以桐油过活者,至少在十万人以上"。经营桐油贸易的小商人,"在乡多为农民"[37]。

农副产品的出口,增加了农民的收入,大大活跃了农村的经济。而城市则是区域内农副产品的集散地、转运中心和消费地,重庆开埠以后,外国商人及中国出口商纷纷在重庆、万县等城市设立收购山货土产和推销洋货的商号。"重庆是川省重要商业中心,所有殷商大贾的总部都设在这里。有些商号在位于重庆和宜昌道上的万县,省城成都设有分支机构,很多商号在收购季节派人到产地收购出口货,如保宁、嘉定、灌县的丝和麝香。进口货都是重庆分发出来的,通常分成小包,卖给那些行商小贩,由他们供应农村地区。"[38]生丝是四川最重要的出口商品,每年"初夏的时候,绵州、保宁、成都、嘉定和重庆的'丝贩'纷纷赴各乡村市场'收蚕茧',并购买当地出产的丝。在四川,蚕丝生产像所有其他行业一样,是'零碎经营'的,商贩们像做鸦片生意一样,在这儿收一斤,在那儿收几两;农民通常出售蚕茧,不另行制丝"。农民生产的是最初级的产品,而蚕茧要集中到城镇,再变成生丝,然后销售到城市市场或出口。在近代四川,出口的农副产品数量的增加,是农产品商品化提高的主要原因。而在农副产品出口量增加的过程中,城市无疑起着关键性的作用。不仅如此,出口产品的加工也越来越集中于城市。就生丝的出口来说,"缫丝自然是技术劳动,就我所知,愈来愈趋向于把蚕茧收集到较大市镇上去缫丝。绵州擅长此业,最上等的'过盆'(音译)丝就是出自该城的"。丝绸也是川省与域外贸易的重要商品,"全省的丝织业愈来愈集中于成都,这儿不仅依赖成都平原供应原料,而且依赖保宁和川北各地,实际上,依赖于本省每一个产丝中心"[39]。城市就是通过农产品商品化率的提高来带动乡村发展的,以致在城市附近,由于农产品的商品化率较高而农民的境况明显好于离城市较远的农村,如20

世纪 20 年代后期的四川北部,"农村的状况较前大变……现在呢,除了城市附近而外,多是贫农"[40]。

其次,在近代四川,形成了以城市为中心的商业网,城市市场左右着商品价格。

随着重庆的开埠,四川区域逐渐形成了以重庆为中心,从城市到乡村的商品分销网和原料购销网。重庆是四川贸易的主要市场及分销中心,"每年在一定的季节里,商人从偏僻和边远的城镇如保宁府、潼川府、遂宁县、嘉定府、叙州府、绵州、合州及其他重要地方,有的由陆路,有的由水路来到重庆,运来他们的土产——鸦片、药材、生丝等,并运回洋货"[41]。就市场体系而言,重庆是四川最高级的市场,成都、万县、泸州、宜宾、乐山、南充、广元等中小城市为二级市场,各个小县城为三级市场,县城以下的一些大市镇则为四级市场,而广布于农村的集市(即场),则为最基层的市场。整个市场网络如同肌体的神经系统,场镇为神经末梢,而城市是神经中枢。城市就是通过这个系统,控制和支配下级市场进而支配广阔乡村的。

商品价格最能体现城市对下级市场及乡村的支配作用。重庆市场的风吹草动均会迅速传到下级城市。远在川北的南充,其市场上"猪鬃价格之差异,视重庆猪鬃行市为转移"[42]。遂宁之大米,在 1937 年上半年"每石均在二十一二元间旋转,至七月份因重庆米价大涨",遂宁之米价"由每石二十二元而二十六元,如此节节上涨,至 12 月份,已涨至每石 27 元以上矣"[43]。事实上,不仅是猪鬃、大米如此,大多数的商品均唯重庆马首是瞻。不仅南充、遂宁如此,大多数的中小城市均以重庆作为参照系。这样,如同水面的涟漪一样,逐渐扩散开去,波及全区域。

再次,工业企业基本上集中于城市,农村成为城市工业的原料供应地和产品销售地。

如前所述,近代四川的工业基本上都集中于城市。近代工业的出现,原材料的需求增多,促使农民将原本用于种植粮食的土地用来种植经济作物。四川经济作物的种植面积扩大,产量增加,也带动了农村经济的发展。如巴县咸丰年间种桑者"寂焉无闻",至清末却"百石之田,夷为桑土"[44]。与此同时,农民农闲或破产后流入城市在近代工厂做工,也大大缓解了农民的经济困难,活跃了农村经济。譬如四川生丝所得之收入,"十分之一至十分之四为工人之工资及其他费用,而十分之九乃至十分之六为农村收入,平均都市与农村收入之比率为三与一之比,而都市工人大都来自农村,故由蚕丝业收入之现金,实为农村周转之一大要素,同时农村中除由耕耘所得之食粮及蔬菜外,其他日常用品,均由都市供给,商业得此巨大资金之流通,而市场得以繁荣,故吾人认为四川蚕丝业与四川农村社会商业经济上有极大之重要性"[45]。

总之,近代以来,随着资本主义经济的发展,前近代时期的城市对乡村的依赖性逐渐降低,而乡村对城市的依赖性逐渐增强,城市开始带动乡村共同发展。

但是,四川区域城市对乡村的带动效应却相当有限。

首先，重庆开埠后，在四川农业商品化程度提高和自然经济解体的同时，又逐渐成为外国资本主义的原料供应地和产品销售地，陷入了半殖民地半封建的深渊。因此，四川也和中国的其他大多数区域一样，逐渐丧失了发展的自主权，走上了被动发展的道路。同时，洋货及城市工业品的排挤，使农村的家庭副业颇受打击。正如当时一些人士所观察到的那样，"都市工业发达，农村副业及家庭手工业却日渐衰颓，结果……农民生活因之困穷"[46]。四川的家庭棉织业即如此。"四川近年织布工场增加，惟全在城市，农村中土纱土布之纱（纺）织，则因棉织品输入增加，城市棉织业之发达，更日渐衰落矣。"[47]同时，"都市与乡村间的非等价交换"，"商品价格则农村价格、都市价格与世界价格之间，存在着极大的差异"，"表现于价值之由农村流向都市，农村所残留的无非是渣滓，劣质的物品"。"此外，还有赋税、地租及高利贷等，都从农村夺了许多价值以去。"[48]虽然这是社会发展所带来的阵痛和农村必然付出的代价，但由于近代四川农村经济的贫弱，这种阵痛和代价就显更为沉重。

其次，由于四川城市工商业特别是工业的落后，使其对乡村的带动十分有限。从总体上来说，四川区域工商业相当落后。四川的近代工商业起步晚，正如时人所说的那样，四川"商业不发达，商人无学，商界不充，商情涣散，不知何以为商德，更不知何以为公司"。直到20世纪初年，四川工商界才开始"大开生面"[49]。1913年四川近代企业和手工工场共3722家，工人67567人[50]。到20世纪40年代，四川近代工业虽然有所发展，但基本上仍是一个农业社会，时人称："假如以省外工厂来作标准，四川可以说是全无工业的省区；如以农业来作区别，则四川有工业可言。"[51]

工业的落后，使城市对农村的带动效应十分有限。以四川的人口流动为例。城市的发展一般以人口的增多为标志。而城市人口的快速增长并非是城市人口的自然增长，主要是由于农业人口大量迁移到城市，转变成非农业人口来实现的。同时，作为衡量某区域社会发展水平的一个极为重要的指标——城市化，也是以城市人口在总人口中的比例来确定的。但从人口构成来看，四川农业人口始终占绝对优势。

农业人口转变为非农业人口，不仅要以农村商品经济的发展为推力，而且还要以城市近代工商业的发展以及人口城镇化的加速为拉力。而近代四川，农业人口脱离土地，往往不是由于农村商品经济的发展，将多余的劳动力自然析出，而是由于农村经济的破产，强制性地使农民离开了土地。正如当时人所说的那样：农民"乡村破产，聚集镇市，镇市无食，乃集县城"[52]。同时，由于城市工商业的欠发达，破产的农民不能有效被城市吸收，农村的推力远远大于城市的拉力，致使四川境内游民众多。锡良曾说：近代以来，川省"旷土少，游民多"[53]。据记载，"游民分子在四川人口中，所占数量极大，约占全川人口七十分之一的数量"。游民"为农村破产所造成，然又复为促进农村破产之主要力量"[54]。

三、农村经济滞后对城市发展的影响

在前近代的中国，乡村经济是整个社会发展的基础。清初四川城市的重建和发展更是基于农村经济的支持，是乡村带动了城市的发展。但是，到了近代，四川的乡村却变成了城市发展的桎梏，严重地阻碍了城市的前进。

众所周知，进入资本主义社会后，世界城市迎来了快速发展的时期，发展速度远远超过了前近代，其根本原因在于资本主义经济的发展。而四川自然经济解体的时间晚且解体的水平很低，大部分农村依然保持前近代的生产方式和生活方式，这不仅使该区域为资本主义的产生和发展所提供的劳动力市场和资本积累相当不完备，而且为资本主义经济发展所提供的市场亦相当狭小。

四川自然经济的解体极不充分，四川农家大多有家庭手工业，依然保持着耕织结合的生产方式。洋纱特别是印纱的大量涌入，使四川的家庭手纺业遭到沉重打击，自然经济解体的第一步——"耕""纺"分离基本完成。但家庭手织业却因此遍布全区域。在四川，因洋纱的输入，四川的家庭手工织布业"以更为普遍的趋势遍布全省"，"织布业普遍发展的地区……北边远达潼川，西边远至雅州，并包括合川、遂宁、太和镇，叙府及泸州这样一些重要的中心——实际上包括了四川省每一个大的城镇"[55]。"耕"和"织"的结合更为牢固，自然经济解体的第二步尚未开始。同时，其自然经济的解体的第一步也经常出现反弹，"耕纺"也常处于若即若离状态。到20世纪30年代，四川尚有家庭手纺车22870架，年产土纱54727包，占全省消费棉纱的28.5%；手织布机10万台左右，年产土布约6560648匹（其中机纱所织者69%，土纱31%），占全川消费棉布的77%[56]。自然经济解体程度之低可见一斑。马克思指出："只有消灭农村家庭手工业，才能使一个国家的国内市场获得资本主义生产方式所需要的范围和稳定性。"[57]资本主义近代工业所需要的这种"范围和稳定性"，则是近代四川区域所不具备或十分有限的。

城市是生产力和商品经济发展的产物。城市近代化最根本的动力，来自城市的工业化，而市场则是城市工业发展的最基本的前提。那么，近代四川的城市，是否具有工业化所必需的市场呢？

近代四川城市工业起步较沿海和长江中下游地区晚，其规模和技术水平也难以与之匹敌，再加上对外交通的不便，四川工业自然难以去争夺四川区域以外的中国东南地区的市场。而对四川工业来说，最重要的市场便是四川区域市场。近代四川人口基本上都保持在全国10%左右的水平。由此可见，四川的区域市场是不小的。

按地域分，市场可以划分为城市市场和农村市场。四川人口众多，但人口中的绝大部分是农村人口。城市人口在总人口中的比重，最高的1945年不过4.35%[58]。也就是说，四川区域市场的主体是广阔的农村市场。

那么，四川农村是否真的为四川城市工商业提供了广阔的市场呢？

由于四川自然经济解体极不充分，农民的生活方式依然是自给自足的，作为四川区域市场主体的农民，需要从市场上购买的商品极为有限，对市场的依赖度极低，这就大大缩小了四川众多的农村人口可能提供的市场范围。在农民的开支结构中，可以明显地看出其卷入市场的程度。据20世纪20年代日本学者对嘉陵江流域的一个农户的调查，该农户支出中的饭食、地租及捐税、燃料等基本与市场无关，仅这三项就占了74.11%。即使把剩下购买衣服、农具、种子、肥料、饲料和杂费全算为农民在市场上的购买部分，也只占25.89%。另一个外国学者1926年对成都平原50户农家进行的调查也得出了同样的结论："在食料和租税上的支出大约占了77.5%~78.2%，能用在市场上购买商品的部分仅占22%~23%，大约是156~234元。"[59]据此统计，四川农民卷入市场的程度不过1/4左右，这样一来，这个看似比较广阔的市场就相当狭小了。

同时，在近代四川，农民的生活不断恶化，又大大影响了其购买力，进一步削弱了农民与市场的联系。如在川北，"昔日有许多农民不但求生活之继续，还得有节省和积蓄些财物，以图改善家庭状况或备不时之需。那时务农的中产——川北的中下资产阶级——之家还不少……那时有大佃农起而为中等或小地主的，所在多有。现在（指1927年前后）呢，除了城市附近而外，多是贫农。他们的欲望是只求维持简单的生活——吃点菜根、藜藿延长家人的生命罢了。不是他们不求更高于此的，是他们没有这个可能了"[60]。在勉强可以维持生计的农户中，情况也不容乐观。据调查资料，在1934年四川的1556户农家中，有积蓄之家仅为21%，生活恰可自给者有18%，而负债者有1014户，占61%[61]。大多数农家一经负债，便难还清，若偶遇意外开支，其负债就更为严重，而且，四川农民生活呈日益恶化的趋势。就上面所说的负债者中，1918年后开始负债的就占43%。而在其有积蓄的农家中，约有"76%的农家的蓄款来自祖先遗留"[62]。

农民的贫困大大降低了农民的购买力，致使城市经济的停滞。如川南经济中心泸州，"为叙渝自贡商品转运地，历来商业颇称繁盛"，但在20世纪30年代中，由于"农村贫病"，致使泸州的商业"呈现衰败之象"[63]。川东的经济中心万县，亦因"人民购买力弱"等原因导致城市经济不景气。合川县"为川北门户，尤兼水陆，交通便利，所以……商业颇盛。……不过在近数年来（指1930年后的几年），连年灾荒，农村破产，致生意渐此萧条，市面亦渐此冷淡"[64]。

自然经济解体的缓慢及解体程度之低，农民日益恶化的经济情况，这些均导致四川市场的狭小。不仅如此，这个狭小的市场还主要为外国商品和中国东部地区的民族工业品所占据。在四川的出口贸易中，主要的出口商品是工业原料如生丝、桐油、药材及山货等。而进口的产品则多为棉纱、棉布等工业品。同时，重庆开埠后，在四川的进出口贸易中，四川基本上处在贸易逆差的不利地位。从1891年到1935年，只有一年是贸易顺差。由于四川的工业大大落后于中国东部，20世纪以后，中国东部工业品开始取代洋货占领了四川市场。在1915年，四川进口的商品中，国货已占52%，1925年占73.5%，1935年占96.3%，并以国产机制品为主[65]。总之，由于近代四川农村依然保持前近代的半自给自足的生产方式和生活方式，以及日益恶化的农村经济，使四川区域为城市工业发展所提供的市场相当有限。这样，农村消化城市工业品的能力很弱，极大地制约了城市工商业的发展，进而使城市的发展缺少必要的动力。原本为四川城市的重建和复兴做出过重大贡献的乡村，已经大大地拖了城市前进的后腿。

综上所述，近代以来，四川的城乡关系与前近代相比，已经开始发生了变化。在城乡的对立统一关系中，城市已经逐渐占据主导地位，并开始了城市统治乡村的时期。乡村对城市的依赖性增强，城市带动乡村共同发展。但由于四川城市发展的缓慢，使城市对乡村的带动效应十分有限。相反，由于农村自然经济解体程度不高及农村经济的日趋萧条，使乡村日益成为城市发展的桎梏，阻碍着城市的进一步发展。近代四川城乡之间的这种非良性循环，成为该区域发展严重滞后的主要原因之一。

参考文献

[1] 马克思恩格斯全集．第 21 卷 [M]．189．
[2][29] 马克思恩格斯全集．第 1 卷 [M]．255，56．
[3] 农本月刊 [J]．57 期．
[4] 陈真．中国近代工业史资料．4 辑 [M]．1961．92—97．
[5] 杜受祜，等．近现代四川场镇经济志第二集 [C]．成都：四川省社会科学院出版社，1987．344．
[6] 谢澄，李人杰．南充蚕丝业概况 [J]．建设周讯：第 10 卷第 23—26 期合刊．
[7][62][63][64] 四川月报 [J]．七卷第 5 期，二卷第 6 期，九卷第 6 期，十二卷第 1 期．
[8] 杨予英．宜宾农村之研究 [M]．萧铮主编．民国二十年代大陆土地问题资料．第 42 册．21304．
[9][38] 周勇，等．近代重庆经济与社会发展 [M]．成都：四川大学出版社，1987：185，169．
[10] 四川教育官报 [J]．光绪三十四年第 1 册"公牍"．
[11] 张肖梅．四川经济参考资料 [M]．上海：中国国民经济研究所出版，1939：M21．
[12] 隗瀛涛．近代重庆城市史 [M]．成都：四川大学出版社，1991：292．
[13][20][24] 何一民．变革与发展：中国内陆城市成都现代化研究 [M]．成都：四川大学出版社，2001：257，735—762，826．
[14][21][47][54] 吕平登．四川农村经济 [M]．商务印书馆，1934：44，68，324，149．
[15] 遂宁县志 [M]．卷二五．
[16][17] 渝报：第 8 册 [J]．光绪二十三年．
[18] 四川官报 [J]．甲辰第 20 册．
[19] 第二次中国教育年鉴 [C]．商务印书馆，1948．
[22] 简阳县政一瞥 [J]．四川月报．第九卷第 4 期．
[23] 章有义．中国近代农业史资料．第 3 辑 [M]．北京：生活・读书・新知三联书店，1958：894．

[25] 周勇. 重庆——一个内陆城市的崛起 [M]. 重庆出版社, 1989: 472.

[26] 民国. 合川县志 [M]. 卷二十二.

[27] 城市史研究: 第 3 辑 [J]. 159.

[28] 章有义. 中国近代农业史资料. 第 2 辑 [M]. 292.

[30] 列宁全集: 第 19 卷 [M]. 264.

[31] 一个世纪的历程——重庆开埠 100 周年 [C]. 重庆: 重庆出版社, 1992: 464, 280—281.

[32] 彭泽益. 中国近代手工业史资料. 第 2 卷 [M]. 北京: 中华书局, 1962: 398.

[33] 民国泸县志 [M]. 卷三.

[34] 民国崇庆县志 [M]. 卷十.

[35] 方兵生. 四川桐油贸易概述 [M]. 2.

[36] 彭通湖. 四川近代经济史 [M]. 194.

[37] 万县之桐油业 [J]. 四川经济月刊. 第三卷第 3 期.

[39][41][55] 姚贤镐. 中国近代对外贸易史资料. 第三册 [M]. 北京: 中华书局, 1962: 1496, 1596, 1339—1340.

[40][60] 黄主一. 川北农民现况之一斑 [J]. 东方杂志: 第 24 卷第 16 号.

[42] 四川猪鬃研究 [J]. 经济汇报. 第四卷第 9 期.

[43] 四川经济月刊 [J]. 第七卷第 4 期.

[44][65] 甘祠森. 最近四十五年来四川省进出口贸易统计 [M]. 重庆: 民生实业经济研究室, 1936: 76, 16.

[45] 四川省蚕丝业之近况 [R]. 蚕丝改良事业工作报告.

[46] 董汝州. 中国农村经济崩溃及其救济方法 [J]. 建国月刊: 第 8 卷第 4 期.

[48] 巴县成都调查记 [R]. 萧铮主编. 民国二十年代中国大陆土地问题资料.

[49] 傅崇矩. 成都通览. 上册 [M]. 成都: 巴蜀书社, 1987: 70.

[50] 中华民国二年第二次农商统计表 [R]. 23.

[51] 四川省统计提要 [R]. 31.

[52] 范长江. 川灾勘察记 [C]. 见通讯与论文. 175.

[53] 锡良遗稿 [M]. 1403.

[56] 隗瀛涛. 辛亥革命与四川社会 [M]. 成都: 成都出版社, 1991: 36.

[57] 马克思. 资本论. 第 1 卷 [M]. 816.

[58] 李世平. 近代四川人口 [M]. 成都出版社, 1991: 68.

[59] 布朗. 四川成都平原 50 个田家调查 [C]. 见中国农村经济实况. 190.

[61] 李明良. 四川农民经济穷困的原因 [J]. 农业周报. 第 2 卷第 50 期.

(原载《中华文化论坛》2003 年第 2 期)

太平军在四川的战斗[*]

一八六一年至一八六三年间，石达开所部太平军在四川进行过英勇的战斗，表现了"革命军队的高度坚韧性"②。这支太平军虽然最终在大渡河南岸一败涂地，惨遭覆灭，但是，他们的斗争，沉重地打击了清王朝和地方封建势力，扩大了太平天国革命的影响，鼓舞了川、滇、黔人民反抗清朝封建统治的斗争。其英雄事迹，至今仍在四川人民中间传诵。

太平军在四川的悲壮历程，是太平天国史事中重要的一部分，曾经引起许多太平天国史研究者的注意。但在迄今为止的有关著述中，对于这段史实都是语焉不详的。为了对这一段史实做一些补充，本文主要根据四川的地方志书，参考清朝官书和奏稿，以及实地调查得来的材料，整理成文，以供研究太平天国史的同志们参考、指正。

一、太平军的入川与抢渡长江天堑的战斗

一八五七年（太平天国丁巳七年）六月，太平天国翼王石达开因疑惧天王洪秀全的猜忌，从天京负气出走。十月，率十万精锐之师，自安庆入江西。一八五九年（太平天国己未九年），石达开怀抱取四川为根据地的雄图，由江西入湖南，疾趋四川。六月，宝庆一战失利，被迫回师广西。一八六〇年（太平天国庚申十年）五月，分兵入贵州。次年八月，石部主力尚在广西时，即命丞相傅、检点李③领兵为前锋，经贵州平远、毕节、大定，由婺川进入四川綦江县境。此为太平军入川之始。

傅、李部太平军在綦江与当地地主武装激战后，由青羊江东趋南川县境。八月三十日，大败南川县令王臣福所率团练于万盛场，击杀贡生唐洵、团总邓文剑，进围南川县城④。九月初，太平军自红荷关北入涪州（今涪陵）羊角碛，东渡涪陵江

---

* 本文由隗瀛涛与林寿荣合撰。
② 范文澜：《中国近代史》上册，第 132 页。
③ 太平军第一次入川时的统帅，《南川县志·武备志》、涪陵县《续修涪州志》卷二十五"兵燹"均称："伪丞相傅姓、伪检点李姓"。赵大烜：《记粤匪两陷黔江始末》（转引自《华西学报》1934 年第 2 期）称："秋官正丞相张逆、冬官正丞相傅逆。"
④ 柳琅声等修、韦麟书等纂：《南川县志·武备志》。

(今乌江），经武隆司、火炉铺入彭水。十七日，攻占彭水重镇——郁山镇，驻军二日，没收了地主官绅的财物。接着，以疾风骤雨之势，进至黔江县。黔江县令胡明晋见太平军重兵压境，慌忙派兵阻击于大、小梅子关，妄图使这支太平军"坐困于七百里崎岖道中"，加以消灭。但在太平军锐不可当的打击下，胡明晋遭到了可耻的失败。

> 贼自前山漫衍而来，角声响应，旗帜蔽野。……呐喊仰攻，关上兵勇，无不震怖失次，竟拟窜逃。贼因乘势长驱上关。……兵勇溃散略尽。①

都司谭健、武生曾向泰被杀，司训李曾白自缢而死，胡明晋见大势已去，弃城逃窜②。太平军遂于九月二十二日攻克黔江县城，驻军二十余日。

> 城外五六里皆贼馆，夜则火光照耀，析铃声不绝，晓则纵骑四出，转掠近乡子女财物。……所过一空，名曰"打先锋"。③

太平军对封建势力进行了革命的扫荡，深受人民群众的欢迎，使这支革命武装迅速发展到三四万人。十月十六日，兵分两路，撤出黔江，进入湖南、湖北边境，一举攻占了咸丰、来凤、龙山等地，休整队伍，迎接石达开主力部队入川。

号称"天府之国"的四川，是清朝统治者视为关系天下安危之地。镇压太平军的刽子手胡林翼说：

> 西蜀之富，五倍于两淮，十倍于江西，二十倍于湖北；失蜀则急切无人能了此贼，中朝亦未必即动禁旅；是失蜀则祸大，保蜀则福大。④

川督骆秉章亦奏称：

> 蜀境雄甲西陲，地险民富，天下常视为安危。蜀境安，则北而关陕，南而滇黔，东而楚豫，均可借其屏蔽，赖其转输。倘稍有损失，则滇黔粤西无可盼之饷，荆湖无可抽之厘，陕豫且有防不胜防之虑。⑤

因此，太平军入川，清廷大震。当时，李永和、蓝朝鼎义军正战斗在四川各地。清朝统治者深恐太平军在四川与李、蓝义军会合，促进四川人民反清斗争的进一步高涨，即所谓："贼或深入蜀境，则土匪响应，从乱如归，而患乃不可胜言矣。"⑥所以，还在一八五九年，石达开由赣入湘时，清朝统治者以"石逆意图入川，蓄谋已久"，急忙调兵遣将，防堵石达开入川。先派曾国藩援蜀，但曾国藩因未捞到四川总督，不肯入川"作客"。一八六一年八月，当太平军第一次入川后，清朝急令湖南巡抚骆秉章率湘军刘岳昭、黄淳熙两军入川镇压革命。不久，任骆为

---

① 赵大烜：《记粤匪两陷黔江始末》，《黔江县志·武事》。
② 赵大烜：《记粤匪两陷黔江始末》，《黔江县志·武事》。
③ 赵大烜：《记粤匪两陷黔江始末》，《黔江县志·武事》。
④ 胡林翼：《胡林翼全集·书牍》卷十六《至官秀峰揆帅》（己未六月初六日）。
⑤ 骆秉章：《骆秉章奏稿》卷一，第26、27页。
⑥ 骆秉章：《骆秉章奏稿》卷一，第26、27页。

四川总督。

一八六一年（太平天国辛酉十一年）九月，石达开"聚众数万出广西"，由桂南北上，取道湘西山路，于一八六二年（太平天国壬戌十二年）一月三十一日，进军至湖北来凤，与前队傅、李部太平军胜利会师。二月六日，大队向利川前进。十九日，石达开主力分三队向四川石砫厅挺进。

宰辅李福猷领前队，由冷水溪至蚕溪、大中坝等地，痛击地主武装，"武生黄占魁等率乡勇三百人往御，全军尽没"①。次日，乘胜勇克石砫城，驻军四日，城乡群众加入太平军者达数千人之多。二十四日，放弃石砫，由间道至长江南岸之洋渡溪，沿江上驶，进逼涪州。赖裕新领后队，经石砫悦来场、鱼池坝，由陆地抵长江，沿溪场直上涪州，所经之地，"烽火彻宵，市镇积蓄，扫荡几空"②。石达开领中军，自石梁河经磨刀洞，取道羊角碛向涪州前进。三月初，太平军由忠州（今忠县）进入丰都县境，大败丰都地主团练于高家镇等地，屯营长江南岸王家渡一带，连营百余里，意欲抢渡长江③。但因骆秉章已令将船只悉数集中北岸，忠州、丰都两县的地主武装隔岸开炮死拒，太平军渡江未成。

三月下旬，石达开率二十万之众集结在涪州地区，沿涪陵江东岸连营二百余里，竖太平天国大旗于插旗山，声势浩壮，威震敌胆，"全川震动"④。当时，李、蓝义军蓝大顺、曹灿章、周绍勇等闻太平军大队入川，大受鼓舞，遂由大竹、垫江一带进军至涪州北岸鹤游坪，与太平军隔江相望，期待会师。清朝统治者因"川东大不堪问，局势可危"⑤，而惊惶万状。骆秉章深虑太平军"与鹤游坪贼合股"，在围攻李、蓝义军的同时，急派候补道章源带兵千余，炮船数十艘，先期赶赴涪州布防，另调副将唐友耕、已革知府唐炯、臬司刘岳昭增援涪州，会同州牧姚宝铭纠集的大量绅团勇丁，自涪州城至羊角碛以上二百余里布防，扼太平军西渡。此外，清政府又强迫涪州城外居民悉迁入城，将近城民房全部烧毁，用民房砖石筑水城和加固城墙，负隅顽抗，并趁机大肆勒索人民，残害百姓。

（涪州）居民出避他处者，必要截其财物妇女。又汲水一担，必索钱一千文。⑥

（清军路过）村寨被焚，尸骸蔽江而下，涪州、丰都难民，呈控兵勇荼毒地方，有甚于贼。⑦

三月底，石达开大败地主武装徐邦道的阻击后，遣太平军一部于四月一日半夜

---

① 杨应玑等纂修：《石砫厅乡土志》第三章。
② 杨应玑等纂修：《石砫厅乡土志》第三章。
③ 徐浚镛等纂修：《丰都县志》卷十二"兵防志"、卷十四"人物·傅世纶传"。
④ 赵尔丰：《赵季和奏议》（手抄本），藏四川省民族事务委员会。
⑤ 《巴县档案》卷号三八七、一一四、四〇八，藏四川大学历史系。
⑥ 王鉴清等修、施纪云等纂：《续修涪州志》卷二十五"杂编二·兵燹"。
⑦ 《巴县档案》卷号三八七、一一四、四〇八，藏四川大学历史系。

扎浮桥由朱家嘴渡过涪陵江，敌军"纷纷奔溃，二百里江防，顷刻瓦解"①。接着乘胜向西奔袭，一昼夜行军二百余里，进至南川、巴县境，"各隘防守兵弁，猝不及防，所至摧破"②，威逼重庆。李福猷部则进军至涪州兴隆场、五马石等地，以分敌人兵力③。四月五日④，石达开亲挥主力由陈家嘴、夏家嘴搭浮桥渡涪陵江，占领涪州城四面高山，以黄泥坡、仰天窝等处为据点，绵亘数十里。《涪州志》称："四山贼立如林，堡子城一带，尤层垒如蚁。"⑤ 太平军居高临下，时以铳炮轰击，并开挖地道攻城，以巨棺盛火药爆破。同日，石达开发布《告涪州城内四民人等谕》，痛斥清朝种种弥天大罪，阐明革命宗旨，"立心复夏，致意安民，欲急破厥城池，为民雪愤"。号召人民"杀酷令以归降"，重申太平军"约束兵士，秋毫无犯"的纪律⑥。在石达开强大的军事、政治攻势的压力下，知府姚宝铭"刺血写请救文书，日数发"⑦。

四月十日，清军唐炯、唐友耕赶赴涪州增援，湘军刘岳昭部于长江北岸竭力阻拦太平军渡江与李、蓝义军会合。十二日，太平军与清军大战于黄泥坡、龙王嘴、仰天窝等地。石达开亲自督战，令部众以火铳、石块奋击仰攻之敌，坚守阵地。但因黄泥坡阵地被唐炯军突破，致使全线动摇，损失巨大，围攻涪州六日不克。于是，太平军转向西进，分兵再入南川，走巴县，意欲乘虚直攻重庆。太平军过巴县一品场时，群众知太平军纪律严明，不惊不诧，"乡人尚在演剧，市集如故，石兵呼之为仁义场"⑧。

当太平军撤围涪州西进时，骆秉章眼见四川"菁华所聚"的重庆危急，急令唐友耕、刘岳昭两军兼程回防重庆。太平军西进被阻，遂南折入綦江、江津境内，主力进围綦江县城，昼夜环攻，战斗激烈。

> （太平军）挖地道裂南城。知县杨铭凿内濠堵截之。唐炯闻警驰援，烧贼营。杨铭率团勇出城夹击，贼解围走。⑨

太平军在城中的内应税朝南亦因事泄被执。太平军主力撤离綦江后，便改由山路经合江先造坝，绕道入贵州仁怀境。石达开第一次突破长江的战斗目标未能实现。

太平军在撤离綦江时，曾留下了许多封条。《綦江县志》记载：

---

① 王鉴清等修、施纪云等纂：《续修涪州志》卷二十五"杂编二·兵燹"。
② 王鉴清等修、施纪云等纂：《续修涪州志》卷二十五"杂编二·兵燹"。
③ 吕绍衣等修、王应元等纂：《重修涪州志》卷十三"武备志·兵燹"。
④ 王鉴清等修、施纪云等纂：《续修涪州志·兵燹》作三月七日（四月五日），《骆秉章奏稿》作三月五日（四月三日）。
⑤ 王鉴清等修、施纪云等纂：《续修涪州志》卷二十五"杂编二·兵燹"。
⑥ 中国史学会编：《太平天国》（二），"中国近代史资料丛刊"本，1953年。
⑦ 王鉴清等修、施纪云等纂：《续修涪州志》卷二十五"杂编二·兵燹"。
⑧ 朱之洪等修、向楚等纂：《巴县志·军事》。
⑨ 王定安：《湘军记·援川陕篇》。

搜获石逆伪封条数百张。内有封仓廒为久驻计，封当铺听赏，封各庙以贮男女听候赏配，拘船支，赶造炮船为水陆攻渝计，及安民招贤各伪示。①

我们剥去这段话的污蔑之词，不难看出石达开部太平军在四川执行了没收封建仓储，打击高利贷者，毁坏神庙的政策②，以及他们进取重庆的战斗计划和为实现此计划动员人力、物力的努力。

石达开鉴于连攻涪州、綦江不克，部队长期征战，沿途随时有新兵加入，一些部队与主力失去了联系，以致感到"军威不甚丕振"，决定集中兵力，整饬队伍，统一步调，申令各军互相联络、互相救应，以免"一队挫锐，震动各军"，于五月十四日令宰辅赖裕新打听外五队及中旗等部官兵的行军路线和住扎地址，选择一个"人烟稠密，可以容扎多人"的地方，"即行移文"，"齐赴该处，相连驻扎，以便铺派各队，置备军需，宣讲道理，训练兵士，一经军规整肃，再议进取机宜"③。

一八六二年五月中旬，太平军主力从贵州仁怀由山径突入四川叙永，以迅雷不及掩耳之势攻克叙永城。十九日，石达开部将瑞天豫、傅廷佐等发布《告叙永城人民谕》，宣传太平天国的革命宗旨：

我真圣主天王，起义粤西，建都江南，金陵定鼎，创亿万年有道之基；铁甲平胡，吐二百载不平之气，无非欲斯民革夷狄之面目，复中国之规模，而重兴汉室于维新也。

重申太平军严明的纪律：

本大臣恭膺简命，暨奉翼王五千岁瑞命，统率貔貅，剿抚各省。钢关铁卡，势同破竹摧枯，猛将虎臣，游遍九州万国，抑强扶弱，法令不私于秋毫；除暴安民，爱惠直同于冬日。只为誓灭胡奴，岂肯扰害百姓。

号召叙永百姓各安其业，支持太平军：

由是耕者耕而读者读，毋容迁徙而远遁；商者商而贾者贾，尽可乐业以如常。④

太平军在宣传群众的同时，捣毁了叙永的反动统治机构，将文卷尽行焚毁。以

---

① 戴纶喆纂修：《綦江县志·武备》。
② 太平军在四川毁寺庙的记载甚多。《续增黔江县志·祠庙志》（抄本）："文庙，在县志（署）东北，咸丰十一年发匪陷城全庙毁贼。""衙神庙，在县署左下偏，咸丰十一年被发贼烧毁。""火神庙，在城西，咸丰十一年被发贼毁坏。""三元宫，在城东一里，咸丰十一年被发匪毁败。""文化大革命"中发现的同治七年刻《西昌县川主庙碑记》："同治壬戌，发逆入境，邑遭回禄，戏台不免焉。"该庙同治九年六月二十七日所刻碑文："同治元年，又遭发匪将乐楼烧毁。"同治九年八月所刻碑文："同治元年，发逆乱境，簿据概行烧毁。"（碑现存西昌县高草公社高草小学内）。《西昌禹王宫碑》："壬戌，发匪倡乱。……一切器物扫尽。"（碑现存西昌地区博物馆）。
③ 《石达开谕赖裕新》，载《太平天国资料》，"近代史资料增刊"本，科学出版社，1959年。
④ 傅廷佐等：《告叙永城人民谕》《太平天国瑞天豫傅廷佐致李短鞑、兰大顺书》，见《说文月刊》第三卷第十一期，1943年11月。

致地主分子惊嚎："文案卷宗，拉杂摧烧，鲜有孑遗，亦已酷矣！"①

此时，李永和、卯德兴所部义军正驻守叙府（今宜宾）八角寨，被湘军胡中和部攻击甚急。他们得知太平军进军叙永，立即修书致石达开，要求合兵抗清，并拟至叙永等处迎接。此书为傅廷佐所得。因石达开尚未到达叙永，傅廷佐不能立即决定两支农民义军的联合问题，于五月十九日复信，要求李永和部：

> 照旧驻扎等待，容俟翼王驾临之后，兄自当与弟面酌一切军机，以便定妥行为。②

但是，石达开屡次觅渡不成，李、蓝义军孤立无援，不久就失败了。这两支革命洪流始终未能在四川会合。

石达开部入川时，正是四川阶级矛盾尖锐，人民斗争高涨的时期。太平军入川后，"川中豪杰闻风来归者云集"③。一八六一年冬天，南溪张四皇帝起义反清，率众活动在江安、兴文一带④。太平军进占叙永后，张四皇帝立即围攻江安，准备响应太平军抢渡长江。五月二十六日，张四皇帝得知太平军向兴文移动，迅速攻克兴文县城，"烧杀官衙，打破监卡，吼闹一番，劫取众犯"，并将"文武官僚，尽行屠杀"⑤。分别五月二十八日，赖裕新部进抵兴文，两军胜利会师。次日，石达开主力入兴文，沿途"旌旗蔽日，人马喧天"。六月一日，两军围攻长宁，并以开挖地道，施放地雷的战术，一举攻克长宁城。这时，另一支义军约二万人，在何金龙率领下，由云南入川，进至筠连、高县、珙县一带。太平军攻占长宁时，何金龙率众前往会师。三支义军合在一起，使太平军军威大振。他们以长宁、兴文为中心，转战于珙县、高县、庆符、古宋、叙永境内，威逼叙府。骆秉章急调刘岳昭、唐友耕、唐炯等军进行反扑。六月十八日，太平军三万余人与清军在庆符县巡检寺激战失利，翻山越涧，退回长宁。次日，进袭曹村口、竹洞水等地与唐友耕、唐炯部激战。"分路迭进，层层包围。唐友耕膀受矛伤，右膝复被石击。"⑥七月七、八两日，李福猷部猛攻清总兵熊焕章。皆先胜后败。在清军三路进攻下，太平军于十二日放弃长宁，主力向叙永、兴文、古宋一带转移。李福猷部则于三十日进围合江，大败刘岳昭等军于先市场，斩清副将姚美伦。八月十五日，李福猷部被湘军、川军击败，经江津、綦江走贵州仁怀厅。石达开抢渡长江的斗争再次失败。

---

① 邓元锽等修、万慎纂：《续修叙永永宁厅县合志·武事》。
② 傅廷佐等：《告叙永城人民谕》《太平天国瑞天豫傅廷佐致李短鞑、兰大顺书》，见《说文月刊》第三卷第十一期，1943年11月。
③ 罗尔纲：《太平天国史稿·列传·石达开》。
④ 佚名：《古宋县志初稿·兵事》。
⑤ 李仲阳等修、何鸿亮纂：《兴文县志·事纪·杨如松笔记一则》。
⑥ 骆秉章：《骆秉章奏稿》卷四，第70、21、42页。

二、横江大战

一八六二年十月，石达开部主力，由綦江南下贵州，大败当地地主武装。在太平军的打击下，"练目遽先奔，团丁谁再招"①。攻桐梓，围遵义，皆不下。再经仁怀、黔西，走大定、毕节，围攻郎岱城，乘虚由黔西突入云南镇雄州。在太平军的鼓舞下，川、滇、黔人民闻风而起，贵州苗民、云南回民纷纷开展斗争。

> 至黔省苗教各"匪"，尤难数计，在在皆与川界毗连，而滇省回众，情既叵测，且土匪此聚彼散，飘忽靡常。②

石达开在一八六二年转战川、滇、黔时，曾以"真命太平天国圣神电通军主将翼王"的名义，发布《募兵训谕》，号召贫苦民众和地方起义力量踊跃加入太平军。《募兵训谕》写道：

> 缘本主将匡扶真主，诛满夷之僭窃，整中夏之纲常，解士庶之倒悬，拯英雄之困顿。志士抱不平，均愿讲武；穷人原无告，其乐从戎。……又有替人佣工，终衣食之莫给，抑或微本贸易，获利息之几何？然与其贫居拮据于草野，曷若投军报效于王朝。……现今处处均有聚义，可惜徒为乌合；人人皆欲奋兴，堪怜未遇龙飞。本主将大开军门，广罗武士。收纳不拘万千，招募无论什百，先教以止齐之节，复列于戎行之间，待之如手足，用之以作干城。③

于是，太平军得到了大量的补充，人数又增到十余万。骆秉章奏称：

> （太平军）由黔西窜入云南镇雄地方，该处无兵团扼堵，且土匪散练，随在皆是，该逆得以裹胁，其势复张。
>
> 石逆所过地方，不惟无人阻截，而散练游匪，随处响应，裹胁众至十来万，贼势倍于前。④

川、滇、黔人民革命斗争的高涨和对太平军的拥护与支持，是石达开部太平军在这一地区屡仆屡起，坚持战斗的源泉。这也表明，太平军在这一地区始终举起太平天国的革命旗帜，坚持了反封建势力的斗争方向而为人心所向，众望所归。川、滇、黔人民对太平军真有众星捧月，万川归海之势。

石达开虽多次受挫，但并未因之丧气而放弃入川。一八六二年十一月五日，石达开由镇雄兵分五路，长途奔袭，大举入川，连克筠连、高县县城，活捉高县知县丁良俊，前锋直指叙府。十一月二十六日，太平军主力放弃高县，挥师北上叙府横

---

① 凌惕安：《咸同贵州军事史》第二编（下），第四十七章"肖光远纪事诗"。
② 骆秉章：《骆秉章奏稿》卷六，第 38、30、41、44 页。
③ 见《学术月刊》，1963 年第 4 期。
④ 骆秉章：《骆秉章奏稿》卷五，第 42、82、69、84 页。

江镇（横江由云南大关厅流入川境，自南而北至安边与金沙江会合），夹横江而列营垒，造船编伐，锐意抢渡金沙江，占领川南重镇叙府。李福猷部则在滇境副官村，十二月出云南昭通入川，经高县，向横江进军。

> 横江左右，聚集悍党数万，夹河为垒，环筑木城土卡，中搭浮桥以通往来。石逆拥众自据双龙场，以为后应，而附近之捧印村、张窝，皆遍扎贼垒。①

> 连日制造军火器械铅弹，煎熬硝磺配成火药，决心抢渡。……其号衣旗帜，均充楚勇名号。②

这时，清统治者深虑石达开"伙党日众，匪势日炽"，惊呼："使该逆得渡金沙江，则富荣犍乐盐场之区先被蹂躏，大局何堪设想。"③ 因之，一面派兵镇压起义于云南而又逼近川南的姚会首；一面对雷波、屏山的少数民族土司实行收买，"妥为驾驭，示之以威，抚之以恩"的反动政策，防止其"别滋事端"④。与此同时，加紧叙府一带的布防，调总兵唐友耕、熊焕章、叙州营都司徐步云扼守金沙江沿岸。督办云南军务张亮基派参将杨发贵等各带兵勇并纠集屏山等县团练，自安边至屏山以上堵截，以防太平军由上流渡金沙江。刘岳昭、胡中和、肖庆高、何胜必等率湘军主力集中横江地区，正面阻击。企图凭金沙江天险，将太平军消灭在南岸。一时之间，横江上空，战云密布，敌我主力决战，迫在眉睫。

一八六三年（太平天国癸亥十三年）一月八日，太平军分三路猛攻胡中和部，并先后与肖庆高、何胜必、刘岳昭等部激烈厮杀二十余日，太平军出示激励将士：

> 誓必渡此金河，凡有能水战者，即到统兵大将处报名。果能得渡大河，所有同过浮桥之人，准于每张封条抽取银十两，以赏水师。兵士之有功者，赏军功检点职衔，功高者赏侯爵。⑤

一月二十七日，太平军据双龙场、横江镇，猛击清军，"炮石雨下"，清军"多有损伤"。正值两军酣战之际：

> 刘岳昭探知贼中伪检点郭集益、伪承宣冯百年与其党不睦，有投诚之意，乃草檄交守备刘节高等潜入贼营，谕令倒戈相向，以为自赎之地。郭集益、冯百年歃血献书，愿为内应。刘节高密谕听我号炮，即举火焚巢。⑥

同时，胡中和亦探得横江后山有小路可通太平军营垒。因此，从一月十三日起，肖

---

① 骆秉章：《骆秉章奏稿》卷五，第42、82、69、84页。
② 《巴县档案》卷号三八七、一一四、四〇八，藏四川大学历史系。
③ 骆秉章：《骆秉章奏稿》卷五，第42、82、69、84页。
④ 《巴县档案》卷号三八七、一一四、四〇八，藏四川大学历史系。
⑤ 《佚名日记》，载《太平天国资料》，"近代史资料增刊"本，1959年。
⑥ 骆秉章：《骆秉章奏稿》卷五，第42、82、69、84页。

庆高、何胜必分道并进，直抵横江。胡中和亦从横江后山小路破卡而入。太平军腹背受敌，英勇奋战，三四万人"伏墙死拒"。有的太平军为了掩护大队撤退，顽强战斗，"铅丸将尽，继以锅铁碎石轰击"，前仆后继达三小时之久，使清军"带伤者不少"。唐友耕右肩左腹中枪伤，侥幸未死。清将胡万甫、涂镇南、胡得元、胡东山、秦龙麟等皆成了太平军刀下之鬼。太平军坚持战斗至弹尽粮绝，被迫撤出横江，退入云南。

横江大战是太平军在四川的一场关键性战役，相持两月余。骆秉章奏称，太平军牺牲三万五千多人，被俘二千多人，其中检点、旅帅等将领达五十余名之多。这些数字虽有夸张，但太平军损失重大确是事实。经过这次战斗，太平军失去了许多久经锻炼的精锐老战士和能征善战的将领，进一步削弱了太平军的战斗力，使之失去了战略上的主动地位。

三、郎岱分兵和赖裕新部太平军转战川西北

罗尔纲同志认为：一八六三年春天，石达开最后一次入川时，兵分三路，以赖裕新为前队：

> 癸亥十三年春，达开复大举分三路攻川，命部将李福猷率军三万人由黔境下趋，以分清军兵力，部将赖裕新率军万余人由宁远冒险深入，以引清军跟追，使不暇回顾，而自率大军乘敌猝不及防，疾驰踵进。①

考诸太平军在川、滇、黔的战斗史事，我们认为，上述说法，是值得商榷的。

1. 《西昌县志》卷九：

> 宰辅赖裕新，……率众数万于十一月十一日（一八六二年十二月三十一日）渡金沙江，自披砂（今宁南县）、洼乌、普格、鱼水上行至大菁，……转至摆摆顶，望河西平原，欲据之。十二月十二日（一八六三年一月三十日）至西溪。

而此时，如前所述，石达开主力正在叙州之横江镇与湘军、川军激战。石达开本人在叙州双龙场。李福猷部正奉石达开命由云南副官村向横江镇靠拢，参加两军的决战。

2. 骆秉章奏称：

> 伪翼王石达开在粤起事首恶中最为狡悍善战，其蓄谋窥蜀匪伊朝夕。……屯于横江双龙、捧印等场。……中旗赖裕新一股先自宁远冒险内窜。②

---

① 罗尔纲：《太平天国史稿·列传·石达开》。
② 骆秉章：《骆秉章奏稿》卷六，第38、30、41、44页。

可见，太平军横江大战时，中旗已先期入川了。

3. 郭廷以《太平天国史事日志》（下）：

（一八六三年一月三十一日）翼王石达开自四川叙州府燕子滩渡横江入云南境。中旗赖裕新走会理州。

（三月二十三日）裕新及统领肖、袁二人均战死。

赖裕新在石达开引兵出云南昭通入川前两个月已在越西牺牲了。可见，中旗早在一八六三年春天，石达开由云南最后一次入川前就已经和主力分开了。

4. 《石达开自述》：

想从横江过河，令头队由屏山县入，令李福猷扎云南副官村，又令赖剥皮分股绕入宁远府，使官兵不能兼顾，约在米粮坝交界地方与中旗会齐先进。达开因横江败后，率众绕至米粮坝，知前队与赖剥皮已由宁远大路前进。①

清楚地说明，中旗与主力分兵是在横江大战之前。

5. 一八六二年底，石达开曾令李福猷查找赖裕新的下落。李福猷于十二月十三日在云南副官村禀石达开：

查中旗官兵，并无音耗，而小官度其情，所往路程，多行左手之路，必由昭通、渭林，遵奉殿下从先之贵谕，直抵蛮夷四溪司造桥渡河，亦未知其军机有何达变而已。

因此，他建议：

由昭通上发方能会集中旗。②

这个材料说明：（1）在一八六二年底，石达开本人已同中旗赖裕新部断绝联系而不知其下落了。显然，不可能在一八六三年春天才分兵。（2）在一八六二年底以前，赖裕新已遵奉石达开"从先之贵谕"，离开主力向四川进军了。

那么，太平军中旗赖裕新部究竟何时、何地奉石达开命离开主力，孤军入川的呢？骆秉章奏称：

伏查中旗发逆，系赖裕新即赖剥皮为首，本属著名凶悍老贼，自贵州郎岱与石逆分路，约有二万余众，绕赴建昌，意图伺我不备，长驱深入"③

据此，中旗离开主力的地点并非在云南而是在贵州的郎岱。至于石达开部太平军在郎岱的时间问题，据贵州巡抚韩超、提督田兴恕在同治元年十一月八日（一八六二年十二月二十八日）《奏为石达开分窜仁怀绥阳大定情形折》中说：

---

① 骆秉章：《骆秉章奏稿》卷六，第38、30、41、44页。
② 《太平天国掀天燕李福猷禀翼王》《太平天国固天豫唐日荣禀赖裕新》，载《太平天国资料》，"近代史资料增刊"本，1959年。
③ 骆秉章：《骆秉章奏稿》卷四，第70、21、42页。

九月……二十一日（十一月十二日）贼窜郎岱厅属。二十四日直扑厅城。署同知严谨等率兵团守御。……逆等闻报，添调兵练前往援剿。……十月初一（十一月二十三日）贼由东北二路攻城。……是夜，贼众分窜安南、永宁。①

查郭廷以《太平天国史事日志》（下）：

（一八六二年）十一月十五日（农历九月二十四日），翼王石达开部宰制李福猷、曾广信攻贵州郎岱厅。……十一月二十二日（农历十月一日）……撤贵州郎岱厅围。

从上可知，中旗离开主力的时间应在一八六二年十一月内，而不是在一八六三年春天。

从赖裕新部中旗与主力分兵的时间、地点，可以看出：石达开派中旗先行入川，是他由镇雄入川战役计划的一部分，而不是此后由云南巧家厅渡金沙江入川战役计划的一部分。

石达开派中旗赖裕新冒险深入的目的何在呢？据骆秉章据中旗部太平军龚义兴等供词奏称：

逆首赖裕新本欲由峨眉、嘉定窜扰叙郡，接应石达开渡江以犯省城。②

因此，一八六二年十一月，石达开在派出中旗向四川挺进后，立即率主力由贵州急趋云南镇雄，突进四川叙府，用声东击西的战术，抢渡金沙江，深入四川腹地。当太平军抵横江时，中旗先锋唐日荣已至云南东川府属之蒙姑，并在此向赖裕新报告军情：探得由来粮坝可渡金沙江，望赖裕新多带粮食，俟前面路程探确，再行起营③。可见，这时中旗已准备从金沙江上游渡江入川了。中旗孤军深入，迭遭挫折，没有起到接应主力渡江入川的作用。石达开横江战役失败后，不得不折回云南，待到一八六三年四月，再次入川时，中旗已败出川境。而石达开不知中旗败讯，长驱直入，终被敌人集中兵力消灭。

赖裕新所部太平军中旗，虽然没有能完成接应主力入川的任务，但是，他们在川西北进行的激烈悲壮的战斗，狠狠地打击了封建势力。

一八六二年十二月三十一日，赖裕新率中旗由云南巧家厅渡过金沙江，自披沙、洼乌、普格而上，"旌旗蔽日，杀气腾腾"，沿途"滇蜀绅粮""未逃脱者，被捉、被杀、被逐投河者广多"④。一八六三年一月底，进至西昌西溪。清建昌镇总兵"习为骄惰，府镇畏敌"，太平军所向披靡，"裹协（挟）烟帮游匪不下三四万人"⑤。接着，绕西昌城，经礼州，克泸沽，攻冕宁，越小相岭，进逼越西厅城。

---

① 奕欣等：《剿平粤匪方略》卷328。
② 骆秉章：《骆秉章奏稿》卷四，第70、21、42页。
③ 《太平天国掀天燕李福猷禀翼王》《太平天国固天豫唐日荣禀赖裕新》，《太平天国史料》，"近代史资料增刊"本，1959年。
④ 宁南《万氏年庚·长毛发贼序》（族谱），现存西昌地区博物馆。此族谱于1976年发现。
⑤ 骆秉章：《骆秉章奏稿》卷四，第70、21、42页。

二十三日，中旗焚越西小哨汛，走中所坝，与越西同知周岐源、参将杨应刚、土司岑永恩等兵练连日作战。

太平军军纪严明，打着"白字黑旗"，见到老百姓热情招呼，不拿贫苦人家的财物，还给彝族头人写信，讲明太平军为了推翻清朝统治，借路过境，要求不要"干扰"。越西附近青龙嘴一家姓耿的为太平军摆了十桌酒席，太平军在每张席子上放银子一锭，以示酬谢。① 当太平军到中所坝时，群众在小南门外唐国柱家里张灯结彩，迎接太平军，摆设了镜子和水，比太平军如水清，似镜明。②

三月底，中旗赖裕新部在梅子关、腊关顶击败了土司岑承恩的阻击，突入高山耸立、道路险仄的深谷——白沙沟。岂知清军和土司先在两侧高山安放了无数滚木礌石，当中旗部前队通过，后队入谷时，敌人砍断绳索，粗木巨石骤如雨下，太平军措手不及，死伤惨重，赖裕新亦壮烈牺牲③。中旗余众在唐日荣、郑永和等率领下，继续北上。二十八日进抵大渡河边的大树堡，歼敌一百余，以布匹结船只为浮桥，抢渡大渡河。四月三日走汉源，五日占领荣经，由山径向天全前进。在淘沙金群众引导下，十三日攻克天全。接着，在邛州境击毙唐友耕部张先锋④，前锋进至崇宁方家渡，后队在芦山青龙场重创团练。以后，分散在成都附近的大邑、崇庆、灌县、温江等地游击。后因清军围追堵截，太平军分兵两路：一经彭县、绵竹，一由新繁、什邡，分头北上，会师于罗江。在江油击毙清军参将何世平，经平武之雁门坝、凉水井入甘肃境。五月中旬，转战到陕西，在汉中与太平天国扶王陈得才会师。从此，这支历尽艰险的中旗部太平军又开始了新的战斗。

四、大渡河折戟沉沙

横江大战后，石达开败退云南，克永善，攻昭通。一八六三年三月初，分兵两路向四川进军。命李福猷领军三万人，由昭通下趋贵州，回师四川东部，以分散敌人兵力，掩护主力渡金沙江入川⑤。四月十五日，石达开率主力由巧家厅渡金沙江入川。沿会理侧上德昌。五月初，败清军于安宁河，攻克宁远河西镇。接着，由拖琊、沙坝向冕宁急进。石达开恐清军在大路有备，为避实击虚计，探得山中有间

---

① 《四川省少数民族调查组调查材料》，藏四川省民族事务委员会。
② 《四川省少数民族调查组调查材料》，藏四川省民族事务委员会。
③ 有关赖裕新牺牲的史料有：(1)《越西厅全志》卷六之二"武功"下，"赖进学述翼王被俘事"："赖裕新系在白沙沟被岑承恩所设滚木檑石压死。"(2)《荣经县志·武功志》：赖裕新于"(同治)二年正月袭击宁远至小相岭被土夷用木石击死。"(3) 黄彭年：《代刘蓉致骆秉章禀稿》：赖裕新"在越西地面被猓夷击毙"。(4)《骆秉章奏稿》卷四："逆首赖裕新被土兵用石击死。并有伪统领肖逆、袁逆二尸，当即枭首。"
④ 《邛州县志·兵事志》。
⑤ 李福猷与石达开分兵后，被阻于川、滇间，一八六三年三月，由贵州婺川进入四川酉阳、彭水、秀山等县，于九月七日攻克黔江城，三天后退出，经湖南入广西，为清兵所败。最后，李福猷在广东连州被擒，不屈而死。

道，可北行由松林地渡大渡河。石达开进军西昌、越西时，沿途向彝族各家土司管带发送文告，在给昌州土司禄氏的文告说：

> 满清异族，荼毒中华以极，天主拔举义师，大张挞伐。天兵纪律之师，望所到之处，约束所属百姓，切勿听信谣言，滋生事端。①

并以重金送松林地番族土司王应元②请允让路。五月十四日，太平军三四万人由冕宁小路经大桥至铁宰宰、水扒岩、烂泥坪、铜厂、新场直抵大渡河南岸之紫打地③。赶造船筏，准备抢渡大渡河。但是，时值洪水雨季，一夜风雨，大渡河松林河水陡涨，石达开军欲渡不得。贻误了战机。

此时，李、蓝义军和太平军中旗皆已失败。骆秉章得石达开兵临大渡河讯，立即集中兵力，凭"西南巨堑"大渡河拦截、围攻。四川布政使刘蓉带兵驻富林，"指授方略"，负责前敌指挥。由候补知县阮恩涛解银一千两，并"以破贼之后，所有资财，悉听收取"④，收买了土司王应元。王应元则率土司兵一千八百余人，将松林河铁索桥斩断，阻太平军渡松林河，上走泸定桥，并令各村寨坚壁清野以困太平军。因此，太平军无所得食，出队各处寻粮，迭遭团练及土司兵袭击。以致清军赢得了时间，赶赴大渡河两岸，据险遏阻。唐友耕沿大渡河上游扎营，胡中和率师驻大渡河北岸之安庆坝，蔡步中扎营杨四营，扼大渡河下游，同知周岐源和土司岭承恩阻其东路，南字营游击王松林扼其南路，越西参将杨应刚率师据铁宰宰，相机袭击。

五月十七日，太平军在大渡河抢渡，被清军炮火击退。二十一日，石达开命四五千人，用木船竹筏数十支，每支载数十人，以挡牌护身，拼命抢渡，岸上太平军皆呐喊助威，声震山谷。但在清军轰击下，船筏俱沉，参加抢渡的太平军全部牺牲。当太平军抢渡大渡河、松林河时，清军都司庆吉、土司岭承恩率军于五月二十四日由太平军后路新场一带进攻，马鞍山营盘失守，粮道断绝，陷入了清军四面重围之中。这正如现在还在群众中传说的那样："朝前走有小河王铁桩（指王应元）扎断，朝左走悬崖壁滚木礌石在高山，朝右走铜河（即大渡河）水暴涨滔天，朝后退手巴（水扒）崖高山铁寨。"⑤ 六月三日，石达开亲督全军同时抢渡大渡河、松林河，但因清军轰击，加之水势汹涌，太平军登筏者悉随惊湍飘没，未登筏者亦多中枪炮伤亡。石达开于六月五日，隔河射书王应元要求让路被拒，又要求土司岭承恩缓攻，但岭攻之益急。太平军"粮尽食及草根，草尽食及战马，兼之疟痢流行，

---

① 《四川省少数民族调查组调查材料》，藏四川省民族事务委员会。
② 据石棉县革命委员会民族组罗德明同志谈，王应元是番族土司（见四川大学历史系1977年6月12日访问记录）。又据《越西厅全志》卷六之二"武功志"下："王应元率番民团守各险要遏其西路。"证明了罗德明同志的说法。
③ 紫打地并非今日的安顺场。《越西厅全志》记载：紫打地在光绪二十八年（一九○二年）秋，已被大水冲没，另于其北面中坝建新场，即今石棉县属之安顺场。
④ 黄彭年：《代刘蓉致骆秉章禀稿》，载《太平天国资料》，"近代史资料增刊"本，1959年。
⑤ 四川大学历史系1977年6月11日调查记录。

死亡枕藉"①。石达开自知陷入绝境，仍率师死战。九日，再次挥军抢渡，船筏悉被击沉。清军乘势进攻，直扑紫打地，石达开军营尽被烧毁，死伤惨重，仅率余部七八千人东走老鸦漩，又被土司兵阻击，辎重尽失，进退无路。但石达开继续率余部冲突，鼓舞将士："血战出险"，"勿徒束手就缚"，"幸而胜则图前进，不胜则主臣赴彼清流"，"断不受斧钺辱"。毅然题诗馆壁"大军乏食乞谁籴，纵死涐江定不降"②。并任妻妾子女投河而死，其将士自溺于水者亦复不少，表现了革命者英勇不屈的牺牲精神。

当太平军被困大渡河后，骆秉章等为了生擒石达开和消灭这支农民革命武装，设下了"诱擒石逆"的骗局。骆奏称：

> 臣前以石达开或传其死。倘能设法生擒，并认真确，俾就显戮，庶可以释群疑。③

《代刘蓉致骆秉章禀稿》中说：

> 该逆逃生无路，适管带南字营都司王松林到场，该镇府饬令，情愿亲赴贼巢，诱降石逆。

《唐公年谱》亦载：

> 石逆粮尽势穷，唐提督乃商令汉土各营设计诱降，遂生擒石逆。

敌人利用石军粮尽道穷，进退维艰的困境，以"待以不死"为诱饵，对石达开进行诱骗。而这时石达开由于军事上屡受挫败，长久不得逞其志，最后陷入绝境，思想上产生了悲观失望和动摇情绪，"惟计一死"，为了给跟随他进入绝地的将士谋求活路，他选择了以牺牲自己来保全将士性命的做法。他说：

> 求荣而事二主，忠臣不为；舍命以安三军，义士义作。大丈夫既不能开疆报国，奚爱一生；死若可以安民全军，何惜一死。④

幻想敌人真能放下屠刀，"宥我将士""请免诛戮"，自己则"任身首分裂，义亦无伤"。狡猾的敌人正是利用了石达开的弱点，对其一再诱说，要他去清营"共商善后"⑤。石达开终于在杨应刚等欺骗和挟制下去清营为部众请命了。可是，当石达开一旦放下武器，"和平使者"马上变成了凶相毕露的刽子手，太平军余部将士二千余人悉遭杀害，石达开本人也被押送省城，一八六三年六月二十五日慷慨就义于成都（关于石达开在大渡河受骗被俘及对其评价问题，我们将另文讨论）。石达开在对反动派存在着幻想的思想基础上，在敌人"投诚免死"旗的招摇下，用放

---

① 《太平天国翼王石达开紫打地蒙难纪实碑》。
② 《翼王石达开涐江被困死难纪实》，见《新中华》复刊第9期（1945年）。
③ 骆秉章：《骆秉章奏稿》卷六，第38、30、41、44页。
④ 《石达开致唐友耕书》，载《太平天国》（二），"中国近代史资料丛刊"本，1953年。
⑤ 马忠良等修、马湘等纂：《越西厅全志》卷六之二"武功"下。

弃战斗的办法去为部众偷生，铸成了不可挽回的大错。一人的命舍了，三军也惨遭覆灭，这确实是惨痛的历史教训。

石达开部太平军在四川的斗争虽然失败了，但他们为了反对封建统治，英勇奋战，顽强不屈，视死如归的革命精神和英雄气概，长期铭刻在四川人民的心中，激励着人们前仆后继地进行反帝反封建的战斗。

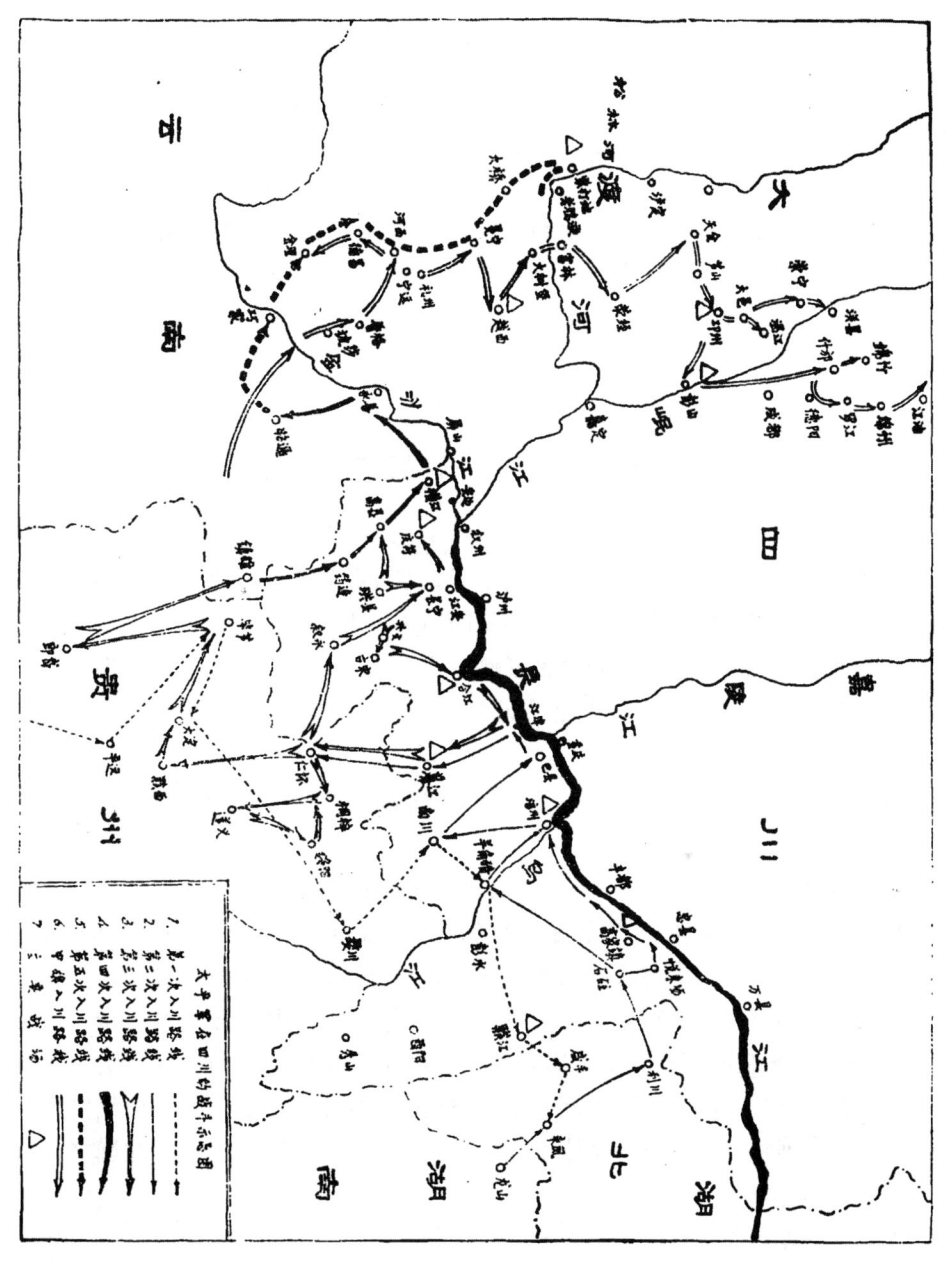

（原载《四川大学学报》1979年第2期）

关于石达开评价的几个问题[*]

石达开，是太平天国农民革命领导核心中一位很有影响的人物。多年来，在评价石达开的问题上，一直存着较大的、甚至全然相反的分歧意见。有的同志认为：石达开从一八五七年五月以后就已经叛变了革命[①]。有的说：石达开在大渡河"早就同敌人进行一桩黑暗交易，按官授职"[②]。有的又说："一八六三年五月，石达开在四川大渡河紫打地（今安顺场）陷入清军重围，抱着真心投诚，或可侥幸免死的可耻目的，向敌人投降。"[③] 本文试图对这一问题的某些看法，提出一些商榷意见，以供讨论。

一、是被逼出走，还是叛变革命？

洪秀全和他在永安所封五王，是太平天国革命初期的领导核心。他们在这一场伟大的农民革命战争中，各自写下了不同的历史。翼王石达开素称雄才大略，战功屡屡，天京事变后，协助洪秀全力挽狂澜，重振天国，本属责无旁贷，但是，他却于一八五七年六月出走，与洪秀全分道扬镳，孤军转战十一省，历时六年，远征不归。

石达开为什么要从天京出走？怎样看待他的出走？这是评价石达开的一个关键问题。

列宁指出："在分析任何一个社会问题时，马克思主义理论的绝对要求，就是要把问题提到一定的历史范围之内。"[④] 石达开的出走，发生在太平天国革命由盛而衰的历史转折时期。韦昌辉的反革命暴乱，杨秀清和上万名将士惨遭杀害，一时形成了政治上和思想上的严重混乱，"各怀散意"，作为天国领袖的洪秀全"信天不信人"，对金田起义的革命骨干疑虑重重。革命初期领导集团的那种团结一致，顾全大局，朝气蓬勃，同仇敌忾的局面逐步被狭隘、保守、分散等农民阶级的局限性所代替。革命阵营内部的各种矛盾空前复杂，洪秀全与石达开的矛盾也随之发展。

---

[*] 本文由隗瀛涛、林寿荣合撰。
① 《合肥师范学院学报》1960 年第 12 期。
② 《光明日报》1960 年 10 月 27 日。
③ 复旦大学历史系中国近代史教研组编：《中国近代简史》，上海人民出版社，1975 年版，第 99 页。
④ 列宁：《论民族自决权》，《列宁选集》第二卷，第 512 页。

石达开在离开天京后，曾传檄军民说：

> 去岁遭祸乱，狼狈赶回京，自谓此愚忠，当蒙圣君明。乃事有不然，诏旨降频仍，重重生疑忌，一笔难尽陈。①

李秀成讲得更具体：

> 翼王回京，合朝举翼王提理政务，众人欢悦，主有不乐之心，专用安、福王……朝中之人甚不欢悦。此人又无才情，又无计算……挟制翼王，是以翼王与安、福二人结怨，被忌挟制出京。②

当时围攻九江的湘军将领李续宾也说：

> 客商有自下游回者，言金陵各伪王（安、福王）忌石逆之能交结人心，石逆每论事，则党类环绕而听，各伪王论事，无肯听者，故忌之。有阴图戕害之意。③

张汝南在《金陵省难纪略》中亦有类似的记载："（石提理政务）洪终疑之，不受以兵事，由城中不使出，以己族弟为福王主军政。"④ 这些材料虽出自不同人的口笔，但都说明了一个共同的事实：经过韦昌辉反革命暴乱后的洪秀全确乎如惊弓之鸟，一见天国将士拥戴石达开，即产生"震主"的隐忧，深恐拥有重兵和威信的石达开重演韦昌辉一类外姓重臣悍将篡权故事，因而任人唯亲，将军国重任一概委之洪氏一姓及其嬖臣之手，依靠和重用"招权纳贿，肆行无忌"的长兄安王洪仁发和"贪货蠹法""满朝诟病"的次兄福王洪仁达。对石达开却疑忌丛生，百般防范，挟制排斥，甚至"有阴图戕害之意"。《石达开自述》说"有谋害达开之意"并非是毫无根据的。在这种情况下，石达开只有两种选择：一是继续留在天京。这就必须"委曲求全，忍辱负重，以求内部团结"⑤。由于石达开所处的地位和他"英雄侠义""正直耿介"的性格，要他留在天京委曲求全，蓄意迎奉，显然是不可能的，要他忍受挟制，引颈就戮更是不可能的。石达开如果留在天京，很有可能使矛盾更加激化，甚至发生武力冲突，其后果将是不堪设想的。于是，石达开以走为上策，离开天京，遥奉天王，独当一面，继续抗清。所以，范文澜同志"洪秀全违反众意，逼走石达开"⑥的说法是符合历史事实的。

石达开是否从天京出走就"叛变了革命"呢？石达开宣布他的出走是：

> 出师再表真，力酬上帝德，勉报主恩仁。精忠若金石，历久见真诚，惟期

---

① 《石达开布告》，载《太平天国》（二），"中国近代史资料丛刊"本，1953年。
② 《李秀成自述》，载《太平天国》（二），"中国近代史资料丛刊"本，1953年。
③ 李续宾：《复王鑫书》，引自《太平天国史事日志》下册，第533页。
④ 张汝南：《金陵省难纪略》，载《太平天国》（四），"中国近代史资料丛刊"本，第704页。
⑤ 罗尔纲：《太平天国史事考》，1979年。
⑥ 范文澜：《中国近代史》上册，第173、132页。

妖灭尽……各邀天恩荣。①

他进军四川，同样是"仍为天朝戮（勠）力"，希望"于川、滇、黔、湘之间，扬天朝之旌，宣太平之威德"②。石达开在六年的艰苦奋战中，实践了他自己的宣言。

石达开在一八五九年的一个布告中明确宣布：

妖官必诛，妖夷必诛，此外皆为赤子。③

一八六一年四月，在《告涪州城内四民人等谕》中，痛斥了清朝的反动统治，重申：

立心复夏，致意安民，欲急披厥城池，为民雪忿。④

一八六二年转战川、滇、黔时，石达开发布的《募兵训谕》同样写道：

本主将匡扶真主，诛满夷之僭窃，整中夏之纲常，解士民之倒悬，拯英雄之困顿。⑤

在被困大渡河失败前夕，石达开给王应元的训谕中仍称"辅佐圣主，佐复大夏"。

事实上，石达开出走后，始终坚持了"于乡里之豪暴者抑制之，无告者振恤之"的政策。沿途"杀矜绅，掠巨富"⑥。"滇蜀绅粮，未逃脱者，被掉、被杀、被逐投河者广多。"⑦ 石部太平军在贵州，"每下城邑，官吏之不及逃走者，必割其肉以献旗"。一八六一年前锋曾广依入黔时，矛刺永宁（今关岭县）知州胡继学廿余处⑧。此外，如"黔江四秀才"被杀⑨，叙永地主"文案卷宗，拉杂摧烧"⑩，越西地主"家业丧尽"⑪ 等等，都是有力的证据。再查一下奎俊等人所纂《四川全省忠义总录》，更不难看出太平军对封建势力打击之沉重。

同时，石达开还执行了烧毁文卷没收封建仓储，查封当铺，打毁神庙等天国一贯的政策⑫。他们鼓励人民生产，劝慰人民"耕者耕而读者读……商者商而贾者贾，尽可乐业以如常"⑬。在庆远严惩豪绅地主后，太平军还分给农民粮食、耕牛

---

① 《石达开布告》，载《太平天国》（二），"中国近代史资料丛刊"本，1953年。
② 《太平天国诗文抄·报天王书》。
③ 李汝昭：《镜山野史》，载《太平天国》（三），"中国近代史资料丛刊"本，第13页。
④ 《告涪州城内四民人等谕》，载《太平天国》（二），"中国近代史资料丛刊"本，1953年。
⑤ 《学术月刊》，1963年第8期。
⑥ 曹大观：《寇汀纪略》，载《太平天国》（六），"中国近代史资料丛刊"本，1953年。
⑦ 宁南《万氏年庚》族谱，《长毛发贼序》，现藏西昌地区博物馆。
⑧ 《咸同贵州军事史·图像》。
⑨ 余鸿观：《蜀燹述略》卷三"孝部·黔江四秀才"，卷一"骆秉章"。
⑩ 邓元镡等修、万慎纂：《续修叙永永宁厅县合志》卷十八"武事"。
⑪ 马忠良等修、马湘等纂：《越西厅全志》卷六之二"武功"（下）。
⑫ 《太平军在四川的战斗》，《四川大学学报》1979年第2期。
⑬ 《告叙永城人民谕》，《说文月刊》第三卷第十一期，1943年11月。

和农具。

石达开出走后,一直将所部太平军视为天国的一部分,奉天王洪秀全为最高领袖,自称"身仕天朝","辅佑圣主","为我主出力报效"。直到最后在大渡河败亡时,仍以"捐躯稍可仰对我主"而自慰。同时,石达开的武装抗清,不仅直接配合、支持和推动了西南几省的反清斗争①,而且对太平天国长江中下游的战斗也起了一定的支持作用。当时,地主阶级的代言人做了这样的估计:

> 金陵老巢久得负隅,全恃石逆之善布远势,牵制官军。自石逆服诛,金陵失一重大外援,官军乃得一意围攻金陵,江南军务遂以肃清。②

正是由于石达开在政治、军事、经济、文化等方面坚持了反对封建统治的斗争,所以太平军所到之处,人民争相传颂,广西苗族和僮族都有歌颂石达开的民歌③。四川越西人民把石部太平军譬为"如水清,似镜明"④。就连封建统治者也不得不承认广大人民对石达开"颂声大起"⑤。也正因为如此,石达开出走后,天国中央仍把他视为太平天国的领袖。洪秀全一直称石达开为"达胞"。天国八年(一八五八年)、十一年(一八六一年)的天历仍将石达开全衔列名。一八六一年天国颁布的"朝天朝主图"也有石达开的名位。相反,韦昌辉则被除名除衔。

根据这些历史事实,怎能说石达开从一八五七年五月以后就已经叛变了革命呢?

我们在肯定石达开的出走不是"叛变革命"的同时,也必须严肃指出,石达开的出走,给太平天国革命造成了重大的损失。他带走太平军十万精锐之师,在军事上给太平天国造成了严重的影响。而且,我们也不能把石达开的出走完全归咎于洪秀全,石达开本人也是有责任的。韦昌辉的反革命暴乱和洪秀全的错误,使石达开对太平天国革命局势产生了消极的看法:

> 攻取金陵,根据粗具,方期枕戈待旦,闻鸡起舞,待扫尽之虏,奏统一之功,何况外侮未平;萧墙祸起,操戈执矛,自攻自杀……从此元气大伤,十年未可即复。⑥

所以洪仁玕在《自述》中说:"翼王见大局如此不满意,乃决离京远征,一去不回。"⑦由于石达开对"大局如此不满意"和比较严重的个人英雄主义,使他企图以单干来挽回革命颓势,这是石达开出走的主观原因。归根到底,这一事件的发

---

① 《太平军在四川的战斗》,《四川大学学报》1979年第2期。
② 唐鸿学:《唐公年谱》附录《侍读学士衔翰林院编修伍肇龄等公禀》。
③ 《石达开回师广西的斗争及其和大成国的关系》,载《历史研究》1958年第9期。此外,《民间文学》1960年11月号,《太平天国歌谣传说集》均有这方面的记载。
④ 《太平军在四川的战斗》,载《四川大学学报》1979年第2期。
⑤ 蔡冠洛:《清代七百名人传·石达开传》。
⑥ 沈祖基:《太平天国诗文抄·报天王书》。
⑦ 《洪仁玕自述》,载《太平天国》(二),"中国近代史资料丛刊"本,第885页。

生，是时代的和阶级的局限性所使然。农民小生产者的分散性、狭隘性，使太平天国的分裂具有一定的必然性，而洪秀全任人唯亲的错误使这一分裂具有了现实性。范文澜同志说：太平军"最后坏于洪秀全的任用私人，尤其最后一坏，历时最久，使得太平军逐步削弱以至于消灭"①。因此，怎么可以把分裂的错误完全加之于石达开一人头上，并因之将在此以后进行的革命斗争一笔抹杀呢？错误并不等于叛变。我们不能把石达开分裂出走的错误不加分析地同叛变革命画等号。

二、是舍身救众而中计被擒，还是真的投诚侥幸免死？

一八六三年四月十五日，石达开率数万之众，由云南巧家渡金沙江入川。五月中旬走越西山径冒险深入，直抵大渡河南岸之紫打地。当时，大渡河北岸尚无官兵②，但石达开为什么没有及时抢渡，贻误时机呢？薛福成《庸庵文集》中《书剧寇石达开就擒事》提出了"半渡撤师"之说。都履和《翼王石达开洮江被困死难纪实》则说是石达开为庆祝得子而停军。我们认为，这些说法都是不可信的。对于"半渡撤师"之说，王庆成同志的分析较为合情合理③。至于许亮儒说："当夜（即石达开抵紫打地之当夜）达开妇诞生一子，乃通令将卒曰：'孤今履险如夷，又复弄璋生香，睹此山璧水清，愿与诸卿玩景娱醉。'"这种说法，无论在情理上、事实上都是值得怀疑的。石达开入川后，为了抢渡长江天险，历尽千辛万苦，终未成功，迫不得已而进军越西。长驱入险后，卷甲兼程，一路疾行，舍西昌而不攻，军至紫打地，既阻于穷山恶水，又处于四面受敌。在这种情况下，石达开不会不懂得深入险地利在速渡的基本军事常识。明明是危道，怎能说"履险如夷"呢？身陷险境，哪有心情去"玩景娱醉"呢？何况，石军入铁宰宰后，因山险路窄，"睹部伍鱼贯以进，辄畏阻"，石达开曾打算回师西昌，再徐图成都，由于军师曹卧龙"兵家乘虚为上""便捷莫如小道""不入虎穴，焉得虎子"的激励，始"决意冒险"④。到紫打地后，"其前队迳扑河岸"⑤，邓正发猛扑桥头数次⑥以图抢渡。可见，石达开当时是不可能"玩景娱醉"的。"得子而停军"之说同样应予否定。

那么，石达开贻误渡河时机的真实原因是什么呢？大渡河是有名的山水险恶之地。据当地老人讲："只有在冬季才比较安静，才有些准儿；到了春、夏、秋三季，就连最有经验的船夫，也摸不准它的脾气。"⑦石达开到紫打地已是五月，积雪开

---

① 范文澜：《中国近代史》上册，第173、132页。
② 《太平军在四川的战斗》，《四川大学学报》1979年第2期。
③ 《关于石达开大渡河覆败的真相》，《光明日报》1960年3月17日。
④ 都履和：《翼王石达开洮江被困死难纪实》，《新中华》复刊第三卷第九期，1945年。
⑤ 黄彭年：《代刘蓉致骆秉章禀稿》。
⑥ 都履和：《翼王石达开洮江被困死难纪实》，《新中华》复刊第三卷第九期，1945年。
⑦ 《安顺场——我国近代史的见证人》，《旅行家》1955年8期。

始溶化，河水就更不平静了。《从金沙江到大渡河》一文的作者曾做了这样的估计："从安顺场渡河点的水势来看，天近晚还能渡一万人（按'半渡撤师'之说），那船非有二百只不可，一只船一次渡二十五人，渡两次。但那地方，很难一齐摆下两百只船来，同时还得有一千六百个熟练的船夫。"① 很显然，这不是石达开在那时候能办到的。因此石达开被迫停军。敌人则乘机在大渡河南北两岸增防，并收买了南岸一带的土司，用巨石古木堵塞山谷，切断了太平军的后路和粮道。石达开全军前阻大渡河，左阻松林河，右临悬崖绝壁，处境异常困难（见附图）。《越西厅全志》记载：

> （石达开）进为河水阻隔不得渡，退无所得食，出队山村各处买粮，山皆壁立，居民杂处崖巅者，聚众团及土兵邀击。不数日，越西同知周岐源并参将杨应刚，率师扎铁宰宰，阻其东路……提督胡中和率师扎泸江北岸安庆坝，为大渡河上游。总镇唐友耕率师……扎大渡河上游。雅州知府蔡步钟率师扎杨泗营，为大渡河下游。各兵勇数千，遏其北路。布政使刘蓉带兵千余，扎富林营，督运粮饷，指授方略。又南家营游击王松林带勇千余，自冕宁直趋筲箕湾、擦罗等处，扼其南路。王应元率番兵团民守各险要，遏其西路。土千户岭承恩带兵千余，出竹马冈扼其咽喉。贼四面受敌，又因于雨，桥断不得渡。②

石达开拥众兵于一隅，击之，则敌人散漫山野，不可得战；退守，则遭其焚掠夜袭，防不胜防。虽多次抢渡突围，猛攻大渡河和松林小河，皆因清军和土司兵拒死抵抗，隔岸轰击，加之河水湍急，船筏沉毁，上万名战士壮烈牺牲，奋战二十余日，"犹思拼死冲突"，"愤极图存"。六月五日射书王应元，要求罢兵让路，倘"称兵抵抗，予则加选三千虎贲，不得已誓渡小河，将尔一方痛剿"③，仍然坚持以战斗求出路。王应元早为骆秉章收买，岑承恩攻之益急。太平军食无所得，"兼之疟（疠）疾流行，死亡枕藉"④。石达开进退失据，毅然题诗："大军乏食乞谁籴，纵死浥江定不降。"⑤ 并激励将士："吾起兵以来，十四年矣，跋险阻，渡江湖，如履平地……今不幸被土司诳，陷入绝地，重烦诸君，血战出险，毋徒束手受缚为天下笑。"⑥ 又说："战必死，降亦必死，均亦死也，不如其战矣。"⑦ 石达开继续组织强攻失利，仅率余部七千多人东突老鸦漩，与部众商议，继续前进，"不胜则主臣赴彼清流，断不受斧钺辱"⑧。并任其"妻妾五人抱持幼子二人投河而殒，其曾授伪

---

① 《从金沙江到大渡河》，《中国工农红军第一方面军长征记》，人民出版社，1958年。《北京晚报》1962年8月9日《在毛主席身边的日子》一文，也有类似记载。
② 马忠良等修、马湘等纂：《越西厅全志》，卷六之二"武功"（下）。
③ 《石达开训谕王千户》，载《太平天国》（二），"中国近代史资料丛刊"本，1953年。
④ 《太平天国翼王石达开死事考》，《东方杂志》第38卷21号。
⑤ 都履和：《翼王石达开浥江被困死难纪实》，《新中华》复刊第三卷第九期，1945年。
⑥ 薛福成：《书剧冠石达开就擒事》。
⑦ 凌善清：《太平天国野史》，文明书局，1923年。
⑧ 都履和：《翼王石达开浥江被困死难纪实》，载《新中华》复刊第三卷第九期，1945年。

职老贼继之大半"①。根据这些材料，应该说石达开去清营以前斗争是坚决的，并没有在大渡河"早在同敌人进行一桩黑暗的交易，按官授职"。

但是，石达开毕竟在最后关头率五岁子定忠、宰辅曾仕私、恩承韦普成、忠承黄再忠于六月十三日自赴清营，束手就擒了，做了他在几天前说的"束手受缚为天下笑"的事。石达开为什么去清营呢？

当石达开被困大渡河，弹尽粮绝，伤亡惨重之际，敌人早就设下了"诱擒石逆"的骗局（这一点，我们在《太平军在四川的战斗》一文中已有叙述，在此不重复）。骆秉章特派他的谋士、布政使刘蓉亲至富林（今汉源）出谋划策，由越西同知周岐源向杨应刚、王松林"授以密计"，企图诱擒石达开。《越西厅全志》记载：

> （石达开）进退战守俱穷。（周）岐源……邀参将杨应刚，商南字营王松林，令先达意，授以密计。王松林亲践其垒，晓谕再三……（杨）应刚锐然自任，率丁数十至贼营，先贻书约，誓待以不死，贼未之信也；而贼之伪李宰辅、伪曾宰辅等，俱欲伤应刚。②

《越西厅全志·人物》"杨应刚"条说：

> 同治二军……粤匪石达开盘踞紫打地，（杨）应刚率兵勇仅计三百前往，屡书招降……躬诣敌营，与石逆誓，逆众欲犯。

敌人诱骗不成，便采取了他们惯用的"剿抚兼施"的反革命两手策略。一面加紧攻击，一面再次诱骗。刘蓉在给骆秉章的禀报中说：

> 唐镇（唐友耕）等竖立"投诚免死"大旗……王松林复至石逆营内，反复开导。③

《越西厅全志·武功》有一段附记更说：

> 四川总督骆秉章遣越西参将杨应刚，劝石达开解甲归田，谓大渡河天险，决无法飞渡，今既已被困，请解兵柄，来共商善后。

这时，石达开面临着严峻的考验。一方面是敌人的多次诱骗，"屡书招降"，"反复开导"；另一方面，他自己"粮罄道穷"，"死亡枕藉"，进退无路，全军覆没的惨景即将出现。石达开"因泣稽颡"，心情异常沉重。在敌人的欺骗和挟制下，石达开终于去清营为其部众请命了。《越西厅全志》说：

> （杨应刚）与王松林同指天誓日，石达开信之，与之订盟。翌日并马出紫打地，至乔白马，贼之卫队刀枪围绕者万众，应刚不为动，但同王松林力劝使行……王应元带队护持于后，岑永恩带队迎迓于前。

---

① 《蜀燹述略》卷一"骆秉章"。
② 《蜀燹述略》卷三"孝部·黔江四秀才"，卷一"骆秉章"。
③ 黄彭年：《代刘蓉致骆秉章禀稿》。

行至中途，敌人"设伏于凉桥，遂致被擒"①。

石达开为什么上了敌人的大当呢？其根本原因要从石达开本身去找。

在过去，石达开每处逆境时，他都表露出"予志复归林"的思想。这是石达开在政治上的动摇性的表现。但在那个时候，他还是以"惟期妖灭尽"为条件的。即他所说的"待平定后而归林"。因此，石达开出走后，仍然坚持了"灭妖"的斗争，有如在四川横江大战那样的大仗败仗面前，他也没有放弃过武装反清的事业。然而，此时石达开所部太平军已成强弩之末，身陷绝境。于是，石达开在思想上发生了急剧的变化。这正如斯大林同志所说：

> 千百年来，劳动者数千次数百次地企图推翻压迫者，使自己成为自己生活的主宰。但是他们每一次都遭到失败，受到侮辱，不得不退却，不得不把委屈和耻辱，忿怒和绝望埋在心里，仰望茫茫的苍天，希望在那里找到救星。②

石达开曾经指望苍天帮助他创造奇迹，但到了此时，他在茫茫苍天那里也找不到救星了。他哀叹：

> 无如命薄时乖，故尔事拂人谋。矢志坚贞以报国，功竟难成！
>
> 天邪、人邪！劳终无益。时乎、运乎！穷竟不通。
>
> 逐鹿空劳，天弗从愿……天既如此，人将奈何！③

这些话，是石达开当时思想的真实写照，也是他丧失了继续战斗信心的自白。在他看来，"战必死，降亦必死"。怎样去死呢？他曾"含酸伏剑，惟计一死"，或"欲投河自尽"。但是，石达开同许多农民起义领袖人物一样，是很重义气的，太平军"喜其义气"，呼之为"义王"，"号为爱人"。而此时此刻，石达开眼看着跟随自己出生入死的将士，已成为不是战死就是饿死的网中之鱼。于是，他把为这批将士谋求活命当成自己最后应尽的责任。虽然石达开深知自己赴清营必死无疑，但他不但不能把这场斗争看成是农民和地主的阶级搏斗，反而错误地认为，只要他石达开豁出一条命，部属便可以得到活路。他说："妖军方欲生致余……以邀不世之赏，余何惜一身救诸君。"④ 他以"好汉做事好汉当"的豪侠之气，决定舍身救部众。他去清营前对大家说："吾一人自赴敌军，尔等可以免死。"这便是石达开自赴清营的指导思想。他对敌人也公开表明：

> 窃思求荣而事二主，忠臣不为；舍命以安三军，义士必作……大丈夫生不能开疆报国，奚爱一生，死若可安将全军，何惜一死……然达舍生果能出全吾军，捐躯稍可仰对我主，虽斧钺之交加，死不为辱，任身首之分裂，义亦

---

① 马忠良等修、马湘等纂：《越西厅全志》，卷六之二"武功"（下）。
② 斯大林：《论列宁》，《斯大林全集》第六卷，第43页。
③ 唐鸿学：《唐公年谱》，第19页。
④ 罗尔纲：《太平天国史稿·列传·石达开》，第199页。

无伤。①

由此我们可以看出,石达开并没有为自己乞求活命的念头,更不愿投降敌人,叛变太平天国而去做清朝的走狗;也没有用太平军的生命去换取个人的安全。他把自己赴清营"乞死"的行动不但没有看成为叛变投降,而是视为大义所在,敢作敢当的英雄末路。这就是石达开受骗被擒的主观原因。

石达开被执后,见骆秉章"长揖不拜"。当骆问:"尔欲降乎?"石达开毅然答曰:"吾来乞死,兼为士卒请命。"② 骆秉章审问后,不得不承认石达开"其枭桀之气,见诸眉宇,绝非寻常贼目等伦"③。直接主持屠杀石部太平军将士和参与杀害石达开的刘蓉说:石达开"供自金陵发难之后,一切悖逆情状,历历如绘。其枭桀坚强之气,溢于颜面,而词气不亢不卑,不作摇尾乞怜之语。自言南面称王十余年,所屠戮官民以千万计。今天亡我,我复何惜一死!"④ 刘蓉的秘书黄彭年也说:"(石达开)其枭桀坚强之气,见于词色","非真心反正之归顺。"⑤ 六月二十五日,在成都科甲巷敌人的刑场上,当宰辅曾仕和凌迟剧刑呼痛时,石达开忿然壮言曰:"何遂不能忍此须臾?当念我辈得彼,亦正如此可耳!"⑥ 石达开就刑时,"神色怡然",从容就义。

这些事实告诉我们,石达开无论是在去清营前,还是在被执后,以至在敌人的刑场上,只有必死之心,而无贪生之意,表现了视死如归,坚贞不屈的英雄气概。哪有"抱着真心投诚,或可侥幸免死的可耻目的,向敌人投降"的行为呢!

尽管石达开是中计被俘,但他自赴清营的错误是重大的,这是不可讳言的。

六月十一日,石达开在杨应刚等人的诱说下,答应将余部二千余人让清军改编为六营,隶南字营都司王松林,换用南字营旗号。既缴了械,也交了人。石达开要求清统治者"宥我将士""请免诛戮",无异与虎谋皮。石达开演的这场悲剧的结局是:一人的命舍了,三军也未救活。清朝反动统治者既取得了"生擒石逆"的胜利,又得到了全歼这支太平军的成功。这确实是石达开所意想不到的遗恨无穷的事。石达开的主观愿望和客观效果如此矛盾。实践检验的结果证明:石达开所走的这条路是完全错误的。在严酷的斗争中,对敌人的任何幻想,都会给革命事业带来极大的损失。

有的同志说,石达开在大渡河覆败的根本原因,是由于他搞分裂主义。我们认为,石达开的出走,固然是这支太平军败亡的重要因素,但并不是根本原因。这里,既有农民起义失败的必然性,又有天时、地势给军事上带来的偶然性;既有阶级和时代的局限性,又有作为全军统帅的石达开个人的失策,例如,石达开轻信土

---

① 唐鸿学:《唐公年谱》,第19页。
② 罗惇曧:《太平天国战纪》,《中国近百年史资料》上册,第115页。
③ 骆秉章:《骆秉章奏稿》卷六,第36页。
④ 刘蓉:《养晦堂文集》卷六"复曾沅浦中丞书"。
⑤ 黄彭年:《代刘蓉致骆秉章禀稿》。
⑥ 任乃强:《纪石达开被擒就死事》,载《康导月刊》第五卷第七、八期,1943年。

司头人,却忽视了做少数民族群众的工作,一旦被土司出卖,陷入绝境,却又透过群众,失去了群众基础。而归根到底,其最根本的原因,正如毛泽东同志所指出:"这种农民起义和农民战争得不到如同现在所有的无产阶级和共产党的正确领导,这样,就使当时的农民革命总是陷于失败。"① 在石达开败亡后七十二年(1935年),中国共产党领导的工农红军突破了国民党重兵的围追堵截,奇迹般地飞越大渡河,粉碎了反动派妄图使工农红军重蹈石达开的覆辙,成为"石达开第二"的梦想。历史已将石达开部太平军失败的根本原因加以说明,波涛滚滚的大渡河水可作这前后不同的见证。

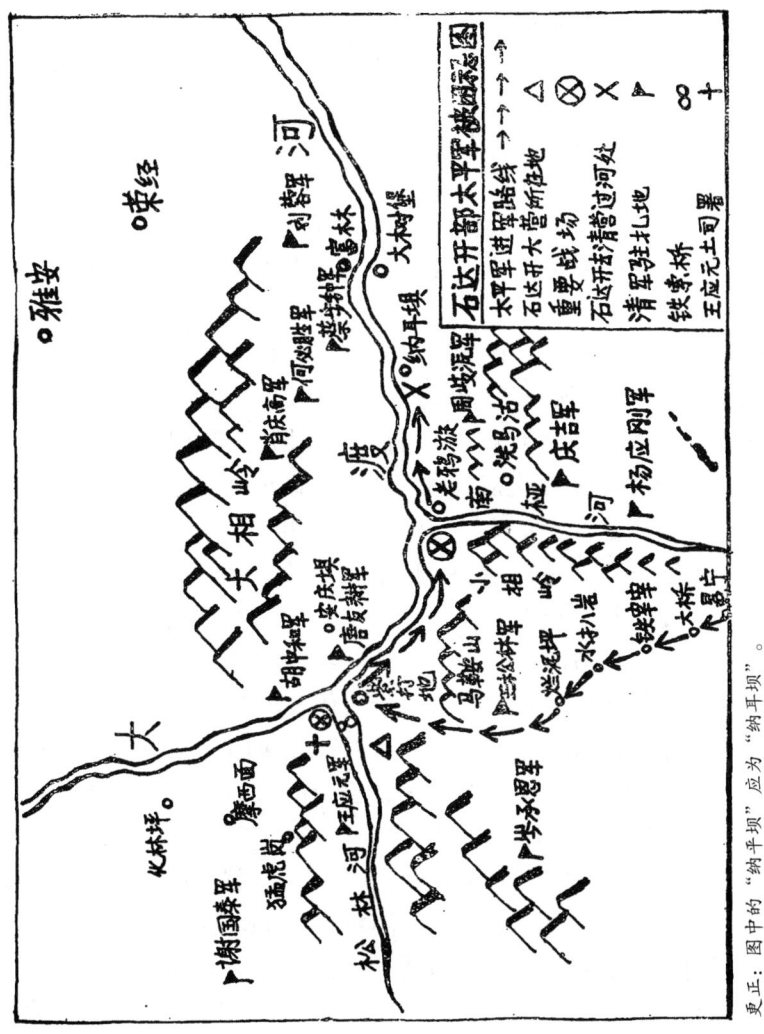

(原载《四川大学学报》1979年第3期)

---

① 毛泽东:《中国革命和中国共产党》,《毛泽东选集》第二卷,第619页。

义和团在四川的活动

一 辛丑条约签订后帝国主义对四川侵略的加深

位于祖国大西南的四川省是外国侵略者垂涎已久的地方。外国侵略强盗不仅把四川视为倾销商品和掠夺原料的市场，同时把四川当作侵略我国西南各省和我国西藏的基地。因此，在第二次鸦片战争后，外国资本主义势力即开始向四川深入。通过它们实行的一系列的侵略活动，四川和全国其他地方一样，被逐步地半殖民地化了。

1876年中英《烟台条约》规定了"四川重庆府可由英国派员驻寓查看川省英商事宜"，1890年中英《烟台条约续增专条》中又强行把重庆辟为通商口岸，从此重庆就开始成为外国侵略者侵略四川的中心。1898年，英国侵略分子立德乐以"利川"号轮船试航川江成功之后，在川江航行的英、美、德、法、日等国的轮船、军舰日渐增多，长江变成了帝国主义国家吸吮四川人民血汗的吸血管。进口洋货遂猛烈增多。资本输出是帝国主义的特征之一。甲午战后，帝国主义国家亦开始向四川输入资本，开办工厂、企业。1896年，立德乐即在重庆开设猪鬃厂。1898年，美国指索重庆真武山吊洞沟一带矿山。1899年，法国公司亦指索重庆真武、老君二山煤矿开采权。1898年，英国与清政府的代表李鸿章签订了《四川矿权草约》。次年，布仕公司派考察团来川勘查矿藏，准备开采四川著名的麻哈金矿。

《辛丑条约》是帝国主义对中国的一次空前的大勒索，也是清王朝将中国主权空前的大拍卖。条约签订后，清王朝以"量中华之物力，结与国之欢心"的态度大肆卖国；帝国主义在四川的势力也更加深入与扩大。洋货的输入大量增加。以洋纱为例：1893年输入为77,700担，1902年竟增至266,674担之多。资本的输入也有了扩大。1901年日本在重庆开办了有磷火柴公司。1900—1905年，各帝国主义在重庆开办的洋行、公司达十五家，比1891—1899年增加了一倍。掠夺四川矿权、航权、路权的活动也更加猖獗起来。"查川省矿产素饶，久为外人歆羡，已被标占多处，犹复要索不已，此地甫经允办，又指他处为求，此国甫立合同，又挟利益均沾以为请，得步让步，愈让愈争。"① 1901年，日本驻重庆领事山畸桂与川东道

---

① 《四川官报》，光绪三十年正月下旬第1册。

宝棻签订了《重庆日本商民专界约书》，把王家沱划为日租界。英国于 1902 年与清廷订立的《中英通商条约》，规定将万县开为商埠。并要求开成都、宜宾为通商口岸。法国亦向清廷要求开打箭炉（康定）为商埠。

外国侵略者，在向四川进行政治、经济侵略的同时，又派遣了大量传教士入川，作为侵略四川的先锋力量。各资本主义国家向四川派遣的教士很多，传教的地区也很广，教士之态度极为猖獗嚣张。根据 1909 年四川九十九个县的不完全统计，1863—1909 年的四十余年中，英、美、法、德等国派到四川的主教、教士达 515 人①。四川的 138 个县已是县县有教堂。特别是《辛丑条约》签订后，外国宗教势力，尤其是英、美两国的宗教势力有了很大的扩张。条约签订后的九年间，英国传教士在川人数比 1885—1900 年的 15 年间所派遣的增加了 60%，美国竟增加了一倍以上。他们披着"慈善家"外衣，凭借着经济势力和政治上的特权，以巧取豪夺的办法，在四川大量地掠夺土地、房屋。据 1909 年，四川省洋务总局对 135 个县的统计，外国教会当时占有房屋 846 所，田地共 17,386 亩。其实何止此数，据《巴县志》记载：仅重庆一地，天主教堂就占有房产 450 处之多。帝国主义对中国土地、房屋的掠夺，迫使无数农民失掉土地，无数城镇居民流离失所。外国教士在清王朝的庇护下，草菅人命，敲诈勒索，甚至贩毒走私，杀人越货，包揽词讼，干涉内政，并借游历之名，在内地大肆从事间谍活动，更大量招收恶霸地主、地痞流氓等民族败类，在人民头上作威作福。《辛丑条约》签订前后外国教士在四川的活动更加猖狂。据《南充县志》记载："当同治末年，传教者多法人。……入教者，非奸民即愚民。尝钻衙舞弊，干涉地方词讼。光绪庚子、辛丑间，气焰尤炽……人民愈切齿。"② 人民群众把对帝国主义和封建势力的仇恨，集中在他们日常所接触的这批外国教士身上，反教会斗争便成了四川人民反侵略的主要形式。四川成了中国近代史上人民反教会斗争最激烈的省份。

根据《辛丑条约》，帝国主义将向中国勒索近十亿两银的巨额赔款。清王朝将这笔巨款分派"各省筹解"，从 1902 年起川省每年派解银 220 万两，按月摊汇江海关道银 183,333 两，名曰"新案赔款"。地方官吏为了筹解赔款，增旧税，加新税，税上加税，"除盐税每斤加收钱三文，肉厘每猪一支加派钱二百文，各邑税契照原额加解两倍，烟酒税加收一倍，又加派全省捐输银一百万两，别其名曰新捐输"③。新捐输以及原有的常捐输、津贴等苛派比"正额"多至十倍。据当时人的记载，1902 年"正粮一两，须完纳十一两余，又加团练费，不分贫富，只计亩捐"④。不仅如此，川督奎俊，"见农民入城担粪，即抽粪税，每担取数文，每一厕月取数百文，税至于粪，真无微不至！"⑤ 各种苛税，虽名目繁多，但实际负担者，都是四

---

① 四川省洋务总局编：《四川通省外国官员商民统计表》。
② 李良俊等修、王荃善等纂：《南充县志》卷 10。
③ 周询：《蜀海丛谈》上卷。
④ 王增琪：《聊园诗存》。
⑤ 《民报》专号《天讨》，《四川革命书》。

川的劳苦农民。农民深受帝国主义之害,仇恨倍增;而四川官吏也"肆行贪赃,摊派赔款,劝办损输,任意舞弊"①。广大四川人民在帝国主义、封建势力残酷的剥削和压迫下,生活痛苦不堪,因此,原已紧张的阶级关系,在《辛丑条约》签订之后进一步地尖锐化和表面化。加之,反动统治所造成的极为严重的自然灾害,更促进了农民起义的爆发。1902年,"川省旱灾已不下七八十州县,每处饥民至少以五千计之,已有数十万之多"②。据《蓬溪县志》记述:"辛壬冬春之交,县民无所得食,扶老携幼,迁徙他乡,转死道途者,已难胜计。其不能走者,或男或女相守殪于牖下,或骨肉并命,惨填沟壑,或将尽之喘,卖及妻儿以图一饱,或一家之长先杀其属,后乃自裁。市廛寥落,闾巷无烟,徙死之余,孑遗无几。"饥饿死亡之状惨绝人寰。在四川义和团起义之前,四川各地即已普遍发生了"吃大户"和抢粮的斗争。以川省省城为例,"五六月间,省城外穷民食大户者,每处聚二三千人"③。"城内亦有劫米、劫油、劫果蔬等事"④。四川义和团的斗争便是在这种空前尖锐的民族矛盾和阶级矛盾的基础上发生和发展起来的。

二 四川人民响应北方义和团的斗争和义和团在四川的传播

1900年,标志着中国人民反帝爱国斗争最高潮的义和团运动,首先在我国的北方山东、河北等地波澜壮阔地开展起来。北方义和团是1900年中国人民反抗帝国主义的先锋和主力。它不仅代表全中国人民狠狠地打击了外国侵略者瓜分中国的可耻阴谋,同时也大大地鼓舞和推动了全国人民反帝斗争的高涨。

当北方义和团起义之后,具有反侵略斗争传统的四川人民,也立即展开了斗争。当时,四川的统治者张皇失措地说:"近闻有等痞棍,借口中外开兵,无端造谣纠众,抢杀教堂教民。"群众中普遍地流传说:"近日中国与各国开衅,有旨驱逐教士回国。"⑤ 1900年6月,大邑县唐场地方有罗文榜竖"顺清灭洋"旗领导群众起义。起义群众数千人屯聚寨栅,川南大震。虽然这次起义最后被川督奎俊派成都知府刘心源以优势兵力血腥镇压下去,罗文榜英勇牺牲;但是,唐场的斗争却发出了四川人民反抗斗争的信号。接着,邛崃、大邑、崇庆、郫县、灌县等地先后发生了"教案"。群众夜集晓散,打教堂,逐教士,斗志高昂。

毛主席指示我们,人民革命斗争的逻辑是"斗争,失败,再斗争,再失败,再斗争,直到胜利"⑥。中国人民革命的斗争正是沿着毛主席所揭示的这一规律发展

---

① 《光绪朝实录》卷505。
② 高枬:《高给谏奏牍·恳请新督岑春煊迅速赴川折》。
③ 高枬:《高给谏奏牍·历陈四川乱象请更换川督折》。
④ 王增琪:《聊园诗存》。
⑤ 四川大学藏巴县档案:"义和团专卷"。
⑥ 罗湘云:《怡云馆文牍略存》。

前进的。北方义和团在中外反革命势力镇压下失败后,它的成员便隐蔽地分散到全国各地继续进行坚毅不屈的斗争。据清官僚罗湘记述:"上年畿辅肇乱,邪拳匪党潜窜各处,渐次入蜀,乘便煽惑。"① 在清王朝的官方文告中也载有:"自上年直隶义和团肇乱之后,其党流入川境,潜传邪教,遂至蔓延。而各种会匪以其易于惑人,无不从而传习,近且屡变其名,曰神打,曰阴操,曰红灯教,其实皆系拳匪。"② 由此可见,义和团在北方失败后,有一部分成员进入四川是可以肯定的。但是,他们是怎样入川的呢?据成都举人盛士英所记:"庚子之变,大驾蒙尘,蜀兵扈跸驻山西,疫死过半,事平募补以领全饷并川资,急不暇择,遂将拳党编伍,逮率归遣散,而蜀乱起矣。"③ 原巴县档案的记载中也说:"所谓红灯教者,创为邪说,劝习其教……蔓延遍直晋各省,近由(山)西帮商号传来省中,愚民颇误信者。"这两个材料说明:北方义和团一方面是在山西潜入清军,随清军入川,并在遣散后传播起来的;一方面是通过山西的商号,在四川传播的。北方义和团的入川,给四川人民的反帝斗争增加了新的血液,带来了斗争的经验和教训。他们把四川的农民团结在义和团的旗帜下,掀起了广泛的群众武装起义,向帝国主义和封建主义进行了猛烈的斗争。

义和团入川之初,主要在川北、川东一带活动。他们用"红灯教""顺天教"等名目,传授神拳、降神念咒来组织和训练群众。深受帝国主义与封建势力压榨,处于饥饿、死亡境地的四川农民,为了自己和民族的生存,踊跃地参加了义和团。他们相信义和团"能保身家""平外侮、保国家",因此义和团在四川"传习日众,几遍乡里",很快地在全省发展起来。1961年5月,川东各地出现了义和团散发的揭帖,上面写道:"奉上帝令,灭清,剿洋,兴汉。行事多人协义(议),今定端午戌时,天下各处,共期征战,临时忽然起火为准。凡欲投者,在火起时,各执军器,将发剪短,只留寸长,勿包帕戴帽,以光头现短发为记。"④ 四川义和团提出的这个"灭清、剿洋、兴汉"的战斗口号,得到群众的热烈拥护,义和团在四川迅速传播起来。1901年7月,有川南游牛贩在江津、綦江、南川等地传授神拳,"教有多人"。8月,"贵州桐梓保正贡生陈秀俊笃信义和拳邪术,督令所管团丁演习",聚众数百,至綦江焚毁反动保正肖际云家,"持械抗官,殴伤练勇,扬言欲捉耶稣教主王济安"⑤。9月,荣昌安富场、大足、铜梁等地皆有义和团的活动。四川"各州县均有学习邪拳之事"。义和团在四川迅速传播,反动统治者虽三令五申"查拿神拳",但已无法阻止人民革命斗争的发展了。1902年,四川义和团的起义斗争便达到了高潮。

---

① 毛泽东:《论帝国主义和一切反动派都是纸老虎》。
② 四川大学藏巴县档案:"义和团专卷"。
③ 《三水关纪事诗注》。
④ 四川大学藏巴县档案:"义和团专卷"。
⑤ 四川大学藏巴县档案:"义和团专卷"。

三 四川义和团起义斗争的高潮

1902年,资阳义和团发动了武装起义。1902年初,义和团首领李南山在资阳、简阳交界之阳化场、大堰堘一带传习神拳。3月,李刚中自蓼叶沟率众八百余人进攻资阳县城,与清军激战后,据胡家沟,杀清水河保正。5月,天鼓桥地方义和团千余人乘夜打毁英、美教堂,杀死教士鞠成叠及教民四人。与此同时,义和团在资中县也得到了很大的发展。"樵夫牧竖多有练习,号称灭洋仇教,所在教堂教民时有焚毁杀伤事。"①首领凌天顺、曾洪春等人率领群众于龙头寨、天宝寨、兴福寨、云台观等处起义,响应资阳的斗争。这次起义同样遭到了清政府的镇压。起义群众被清军残杀者"凡数百人,俘来就戮者亦数百人"。

自资阳义和团首义之后,"川东各邑学习神拳者纷纷而起"。永川县义和团首领陈福兴、唐木匠等人,起义于朝阳寨。大足龙水镇杨可亭聚集义和团群众,出没于大足、铜梁、荣昌、永川四县间。安岳地方也"有习拳匪徒,杀死教民多命之事"。从原巴县档案中可知,四川重镇重庆亦有"纠众烧会结盟,并以邪术诱惑愚人,托名阴操"的活动。此外,下川东的开县、开江、宣汉等处亦出现了红灯教的斗争。

在资阳等地起义的同时,义和团的斗争在广阔的川西平原上也如火如荼地展开了。1902年2月,义和团已由资阳、乐至等地传入简阳一带。5月,仁寿、简阳、金堂、华阳等地义和团"纠众接仗……悯不畏死,逼犯龙潭寺,省垣戒严"②。7月,简阳顺天教领袖李永洪率众数百人进攻镇子场,大败清军。8月,这支义军发展到千余人,与清军进行了多次的战斗后失败。与此同时,唐大通率众自金堂战斗至简阳三星场。芦葭桥之陈宗汉、黄云卿亦举义响应。焚毁教堂,杀死教民而去。在各支起义队伍中尤以廖观音、曾阿义为首的一支力量最为雄厚,拥众数千人③。1902年6月,他们首先在石板滩起义,和清军激战于龙潭寺、石板滩、姚家渡一带。7月,大败清军于金堂之清江镇,击毙副将孙成刚,乘胜直抵广汉之三水关,击败广汉知州高维寅于清水碾,使之困守孤城。川督奎俊见事态紧急,命臬司陈璚引兵攻三水关,义和团退据金堂之火盆山抵抗,陈璚以优势兵力,在火盆山、苏家湾地方惨杀团众至二千余人。在强大敌人的镇压下,义和团分路出动,四处袭击敌人,使清军狼狈不堪,疲于奔命。8月13日,一小队义和团突进成都西门之青羊宫,14日持刀直奔四川督府附近之走马街。反动统治者惶惶不可终日,督署亦架巨炮,如临大敌,慌忙调来刽子手陈璚所率之兵,始将义和团打退。同时,义和团的一支突进彭山,转入眉山县城,缠红巾,执旗帜,毁西街福音堂,攻占多悦

---

① 吴鸿仁等修、黄清凉等纂:《续修资州志·兵燹》。
② 四川大学藏巴县档案:"义和团专卷"。
③ 《四川官报》光绪二十九年三月十六—十九日刊。

镇。仁寿县熊估眼亦领众至眉山,声言复仇。另一支义和团则从金堂至新都入新繁之来董桥。此外,还有德阳县义和团首领任观仪拥数百人起义于歔螺山。灌县、温江、郫县皆有义和团活动。成都已被上万的义和团群众紧紧地包围起来。四川地方官吏手忙脚乱,一筹莫展。当时人的一首诗写出了这种狼狈情形:"拳民近郊,声打教堂。人言啧啧,官心皇皇。群聚督署,强颜筹商。不闻谋略,惟余恐惶。"①在义和团的强大力量打击下,清王朝在四川的地方政权已经瘫痪不灵了。

川北地区的义和团,在1902年5月起义于射洪县。7月,进占三台县属之景福院,三台县知事武文元派兵镇压,义和团就主动出击,结果练丁奔散,郡城戒严,声势大张②。8月,义和团已发展到千人,经射洪下太和镇,在太和镇招集铁匠,广造军械,每日每三五十人,或一二百人一队,出队打粮;又攻羊道溪,大败地主武装乡团,占名扬、黄虎两寨。官僚地主"风鹤频惊,民心惶惶",义和团则"愈聚愈众,势愈久而愈炽"③。其时,留在三台之义和团在江文禄、卓绍初领导下,于白庙子、鹅落山等地向清军进攻,三台清兵八百名,怯不敢出。中江县下村也发生了义和团起义。

在川南,荣县天竺桥美国教堂于1902年9月被毁,庆符、筠连两县亦有义和团活动。长宁、兴文、江安等地义和团达四五千人之多。人民斗争的烈火在四川各地旺盛地燃烧起来了。

义和团在入川后的不到两年的时间内,在"灭清、剿洋、兴汉""打富济贫""抗捐抗粮""诛杀贪官污吏"的口号下,迅速地扩大了组织,建立了武装,起义遍及四川东南西北的数十州县。起义军打教堂,仇洋货,惩杀和驱逐帝国主义分子,多次痛惩清军,猛攻县城,包围省会成都,自由活动于重庆的城乡街市茶坊酒肆,沉重地打击了帝国主义者、反动地主阶级及其政治代表清政府。致使清吏在事后犹有余悸地追述说:此次"叠酝巨案,蔓延广远,逼近省垣,用兵几及一年,为祸甚烈"④。

四　四川义和团的坚持斗争

四川义和团在1902年起义后,引起帝国主义国家的极端仇视,国内外反动派便连成一气施行了血腥的屠杀政策。英法等国派遣军舰至重庆、宜宾镇压四川人民。7月,清廷将"剿办不力"的川督奎俊调离四川,命刽子手岑春煊督川镇压。岑春煊面对着"义和拳到处蔓延",清军"接应不暇"的严重形势,恶毒地施展了一系列的反革命策略。他首先在政治上,假惺惺地参奏了一批中下级官僚,企图收

---

① 王增琪:《聊园诗存》。
② 林志茂等修、谢勤等纂:《三台县志·武备志》。
③ 四川大学藏巴县档案:"义和团专卷"。
④ 《东方杂志》第2号第6期。

买民心，转移人民的斗争视线。又"以严查保甲为首务"，实行连环具结，一家犯法，十家连坐来控制和监视群众，妄图把义和团从群众中分离，孤立起来，加以彻底扑灭。在军事上，岑春煊除利用他所带来的晋军和原在四川的清军外，尤重"整顿团练"，加强当地的地主武装，配合清军作战。岑春煊的入川及其一系列的反动措施，给被义和团打得丧魂落魄的外国教士、清廷官吏及地主阶级注射了一支强心剂，一切反动势力都集合在他的周围向义和团发动了新的反革命进攻。大批革命人民和无辜群众遭到杀戮，许多义和团的领袖，如廖观音、曾阿义等皆英勇牺牲。据岑春煊自己在1902年9月招供："川省自资阳拳匪事起，迄今数月，诛戮之匪首、匪党共计不下数千。"① 很显然，这是一个大大缩小了的数字。在反革命势力的残酷镇压下，四川义和团的这次大规模起义虽遭到了失败，但是，四川人民的反抗斗争并没有因起义的失败而停止，他们继续举起义和团的旗帜，坚毅不拔地进行了长期的斗争。他们活动的大体情形，我们从继岑春煊督川的锡良在1905年3月发布的一个告示中可以得到了解。告示说，"各处奸民传习邪教，仍复层见迭出，即如上年（指1903年）6月，奉节县龙万衬等谋勒罗万氏身死，装神惑众一案。未几，犍为县民周汶口等从在逃之陈弼臣为师学习邪教，念咒练拳。富顺县匪徒蓝俊章等在□□寺地方纠党结盟，托名仇教，刊刻誓文，置备旗帜刀械，惑众滋事。达县民黄汪淦、黄汪加等弟兄，妄信邪说，操习拳棒，书符咒水，图惑众敛钱。又上年腊月，犍为匪徒张老三在文家山地方书画符咒，传徒惑众。又资州匪徒刘飞虎在舒家桥地方纠党倡乱，托词仇教，刊刻伪印，编造邪言，书写张贴……"② 随着清王朝统治危机的加深，到了1905年，四川仍然是人心浮动，各处堪虞，仇教仇洋之广告，几于无地无之"③。在川滇交界处有丁棕匠创设红灯教，聚众竖旗起义，声言奉玉帝之旨，打灭洋教，重兴拳会。犍为县观音殿地方，红灯教因反对官吏借案勒索起义，聚众一二万人，声势很大。据记载说，义和团"率众扑城，李县令出城抵御，不敌而退，练丁十余人被匪擒杀"④。南川、荣县等地义和团也同时展开了战斗。在义和团起义的影响下，是年2月，川边巴塘地区的藏族人民聚众三千余人，围攻衙署，杀死"驻藏帮办大臣"凤全，烧毁教堂。四川各族人民的革命斗争此时又汹涌澎湃地发展了起来。1906年，南部县义和团首领何如道与同盟会会员李实联合在江油起义，转战于南部、阆中、剑阁、江油、资阳等州县。温江、眉山、资阳、盐亭、平武、射洪、梓橦、大竹等县亦仍有义和团活动。1907年，渠县义和团"招集少年百余辈，昼夜练习"。开县义和团千余人，"纷纷扰乱，各教堂均极为戒严"⑤。这些史实说明，虽然清廷曾进行了残酷的镇压，但人民的反抗怒火，却是没有被扑灭也不可能被扑灭的。

---

① 四川大学藏巴县档案："义和团专卷"。
② 四川大学藏巴县档案："义和团专卷"。
③ 四川大学藏巴县档案："义和团专卷"。
④ 《东方杂志》1905年4月号。
⑤ 《广益丛报》光绪三十三年第8、10期。

四川义和团的斗争坚持了很长的时期,当1909年,孙中山领导的部分四川籍同盟会会员先后在四川永宁、泸州、江安等地发动起义时,义和团的斗争仍没有停止,并与同盟会领导的起义相呼应,义和团首领苏子林、孙膏如等在省内各县进行活动①。由于资产阶级脱离群众,这两支力量在当时并没有合流。及至1911年,当广大四川人民反对清廷在"铁路国有"的幌子下出卖铁路主权而爆发了作为辛亥革命先导的保路运动时,经过多年艰苦奋斗的各地义和团群众勇敢地参加了同志军的行列,成为摧毁清王朝反动统治的一支重要力量。例如,余栋臣旧部张桂山于1902年与资阳义和团联络起义失败之后,"亡命草泽",待同志军起,即"闻风响应","拥众数千人"占领富顺,称富顺都督。在犍为,据县志载,"辛亥三年正月十五夜半,红灯教入城。七月十三日成立保路同志会。……各路同志军兴,声称赴省保路……假道县城筹款,日屠猪治酒于北关外武庙,欢迎欢送,日每数十席。该军队伍器械与红灯教无殊……气势汹汹"②。据成都附近一些当年参加过义和团的老人回忆:同志军打成都,有些学过神拳的人,也拿起刀矛参加打仗。四川义和团在四川人民反清的决战中亦立下了伟大的功劳。在此,我们可以理解,辛亥时期,四川保路同志军那样迅猛的发动绝不是偶然的。它汇合长期以来四川人民反抗斗争的各个支流,形成了强大的革命运动。辛亥以前,四川人民长期的革命斗争为同志军的发动奠下了基石。

五　结束语

　　四川义和团的斗争是在《辛丑条约》签订之后,帝国主义更加疯狂地侵略中国,中国人民反帝情绪普遍高涨的情况下发生的,首先是农民群众响应和继承了北方义和团革命的光荣传统,向帝国主义及其走狗清王朝进行了英勇斗争。它是当时全国人民前仆后继的反帝反封建斗争的一个组成部分。

　　由于历史条件的限制,四川义和团的斗争仍是一个没有先进的无产阶级领导的农民自发的反帝爱国运动,它不可避免地有着一些严重而不可克服的缺点,例如各自为政,没有统一的组织,因而大大地限制了革命威力的发挥,在中外反革命的联合进攻下失败了。但是这次起义却严重地打击了帝国主义在四川的侵略势力,动摇了清王朝在四川的反动统治基础,在四川近代史上留下了光辉的一页。

　　四川义和团从一开始就提出了"灭清、剿洋、兴汉"的战斗口号,这个战斗的口号把反对外国侵略和反对清王朝统治结合了起来,在实际斗争中又把打教堂、逐教士的斗争和打富济贫、抗捐抗粮、诛杀贪官污吏的斗争结合了起来。这是中国人民革命斗争的一个重大的进步,是人民群众在艰苦曲折的革命道路上认识进一步提

---

① 《广益丛报》宣统元年第13期。
② 陈谦等修、罗绶香等纂:《犍为县志·武备志》。

高的表现。它反映了社会历史发展的客观规律，代表了当时广大人民群众的利益和要求。

四川义和团所进行的长期的英勇斗争，表现了中国人民不屈不挠、坚毅不拔的爱国主义精神。义和团在四川各地的广泛斗争，进一步激发了人民群众的反帝爱国情绪，这就为1911年四川人民群众的保路运动及保路同志军的武装起义奠下了良好的基石。当四川同志军起义后，他们又勇敢地参加了新的战斗，成为推翻清王朝在四川的反动统治的一支重要力量。

（原载《历史教学》1960年第7期）

义和团在四川迅速发展的原因及其特点

一、义和团运动在四川的发生与发展

义和团是长期以来为清王朝所严禁的白莲教组织的一个支派。早在清乾隆时，四川已有了白莲教的反清活动。据《夔州府志》记载："乾隆六十年（1795）冬，白莲教匪首刘之协令其党于湖北、河南、陕西、四川等州县往来煽惑，传教作乱。""教匪四川为多，其裹胁川民亦众。"① 嘉庆元年（1796）湖北枝江、宜都白莲教首领张正谟和襄阳白莲教姚之富、齐王氏等，先后在"官逼民反"的口号下，率众在川陕鄂边发动了反对清王朝封建统治的大起义。9月四川达县徐天德于亭子铺，宣汉县王三槐、冷天禄于丰城起义。10月，徐天富于城口起义。巴中罗其清，通江冉文俦，万源龙绍周均先后率众响应。农民运动的烽火燃遍了川东北的数十州县。义军人数曾达数十万人，坚持斗争九年之久，沉重地打击了清王朝的反动统治。这次起义虽然在1804年被清王朝勉强镇压下去，但由于地主阶级和农民阶级的矛盾并没有得到缓和，白莲教一直在四川的广大下层群众中秘密地流传着，成为人民反抗斗争的一支重要力量。还在1874年，四川灌县、温江、崇庆、彭县等地便出现了以降神练拳为特点的农民起义。"同治十三年六月：妖人李三少，余道士往来崇、灌、温、彭间，栖止寺观以照光拜灯拳勇各术煽惑愚民，复假鬼神谈人隐秘，人多信之，不逞者因附焉。初聚怀远镇山中，因事泄于官，奸厥渠，谋遂寝。俄而十百为群结茅赵公山，昼伏夜出，行劫乡间。"② 从这个材料可见，通过"以照光拜灯拳勇各术"的形式来组织群众，进行革命的斗争在四川是有着久远历史的。不过，在当时，他们斗争的目标，只是本国的封建势力。

1894年中日甲午战争后，帝国主义各国对中国的侵略进一步加紧，中国面临着被列强宰割瓜分的严重危机。民族矛盾上升为社会的主要矛盾。广大的中国人民反侵略情绪空前高涨。1900年，标志中国人民反帝爱国斗争最高潮的义和团运动，首先在我国的北方山东、河北等地波澜壮阔地发展起来。北方义和团是二十世纪初年中国人民反抗帝国主义侵略的先锋和主力。它不仅代表全国人民狠狠地打击了外

---

① 《夔州府志·武功》。
② 彭洵纂：《灌记初稿·大事记》。

国侵略者瓜分中国的可耻阴谋,同时也大大地鼓舞和推动了全国人民反帝斗争的高涨。

四川虽僻处祖国的西南,但具有反侵略斗争传统的四川人民,在北方义和团起义之后,立即展开了斗争,用实际行动响应北方义和团。当时,四川的统治者张皇失措地说道:"近闻有等痞棍,借口中外开兵,无端造谣纠众,抢杀教堂教民。"① 群众中普遍地流传说:"近日中国与各国开衅,有旨驱逐教士回国。"② 1900年6月,大邑县唐场地方有罗文榜竖"顺清灭洋"旗,领导群众起义。起义群众数千人,屯聚寨栅,川南大震。虽然,这次起义最后被川督奎俊派成都知府刘心源以优势兵力血腥镇压下去,但是,唐场的斗争却发出了四川人民反抗斗争的信号。接着,邛崃、大邑、崇庆、郫县、灌县等地先后发生了"教案"。群众夜集晓散,斗志高昂,进行打教堂、逐教士的活动。上述的一些斗争,皆直接地打击了帝国主义势力,扩大了义和团起义的影响,壮大了义和团斗争的声势,进一步激发和鼓舞了四川人民反帝爱国的政治热情。

北方义和团在中外反革命势力残酷镇压下失败以后,它的成员便分散隐蔽地潜入全国各地继续进行坚毅不屈的斗争。据清官僚罗湘记载:"上年畿辅肇乱,邪拳匪党潜窜各处,渐次入蜀,乘便煽惑。"③ 在清王朝的官方文告中也载有:"自上年直隶义和团肇乱之后,其党流入川境,僭传邪教,遂至蔓延。而各种会匪以其易于惑人,无不从而传习。近且屡变其名,曰神打,曰阴操,曰红灯教,其实皆系拳匪。"④ 从此可见,义和团在北方失败后,有部分成员进入了四川是可以肯定的。但是,他们是怎样入川的呢?据成都举人盛士英所记:"庚子之变,大驾蒙尘,蜀兵扈跸驻山西,疫死过半,事平募补以领全饷并川资,急不暇择,遂将拳党编伍,逮率归遣散,而蜀乱起矣。"⑤ 原巴中县档案中载有:"所谓红灯教者……蔓延遍至直晋各省,近由(山)西帮商号传来省中,愚民颇误信者。"这两个材料说明了北方义和团一方面是在山西潜入清军,随清军入川,并在遣散后传播起来的,一方面是通过山西的商人在四川传播的。义和团入川之初,主要在川北、川东一带活动,练拳传教,发展组织。由于四川社会阶级矛盾的空前尖锐,义和团深受广大农民的欢迎而迅速地在四川全省发展。北方义和团的入川,给四川人民的反帝斗争增加了新的血液,带来了斗争的经验教训。他们把四川的农民团结在义和团的旗帜下,开展了广泛的群众性的武装起义,向帝国主义和封建主义进行了猛烈的斗争。

1902年的资阳义和团起义,是此次四川革命斗争高潮的先导。1902年4月,义和团首领李刚中率众八百余人进攻资阳县城,与清军激战后,据胡家沟杀清水河保正。6月,天鼓桥地方义和团千余人乘夜打毁英、美教堂,杀死教士鞠成叠。与

---

① 四川大学藏巴县档案:"义和团专卷"。
② 四川大学藏巴县档案:"义和团专卷"。
③ 罗湘云:《怡云馆文牍略存》。
④ 四川大学藏巴县档案:"义和团专卷"。
⑤ 《三水关纪事诗注》。

此同时，义和团在资中县也得到了很大的发展。"樵夫牧竖多有练习，号称灭洋仇教，所在教堂教民时有焚毁杀伤事。"① 首领凌天顺、曾洪春等人率领群众起义响应资阳的斗争。

自资阳义和团首义之后，"川东各邑学习神拳者纷纷而起"②。永川县义和团首领陈福兴、唐木匠等人起义于朝阳寨。大足县龙水镇杨可亭聚集永川、荣昌、大足三县义和团群众，出没于永川、大足、铜梁、荣昌四县间。安岳地方也"有习拳匪徒，杀死教民多命之事"。从原巴县档案中可知，四川重庆亦有"带刀匪类及各处散勇，三五成群，在于城乡街市及茶坊酒肆任意横行，或假冒官差营兵，借端搪害，或乘间聚众，窃劫生事。甚至纠众烧会结盟，并以邪术诱惑愚人，托名阴操，降神敛钱，种种不法，有干禁例"。此外，下川东的开县、宜汉等处也发生了红灯教的斗争。

在资阳等地起义斗争的同时，义和团的斗争在广阔的川西平原上如火如荼地展开了。1902年3月，义和团已由资阳、乐至等地传入简阳一带，以顺天教、红灯教等名目发展组织。6月，仁寿、简阳、金堂、华阳等地义和团，"纠众接仗……悯不畏死，逼犯龙潭寺，省垣戒严"③。在川西的各支起义队伍中，尤以廖观音、曾阿义为首的一支力量最为雄厚。"拥众数千，屡在石板滩、龙潭寺、苏家湾、三水关等处与官兵接仗。"④ 9月14日，一小队义和团突进成都西门之青羊宫。15日，另一小队又持刀直奔四川督府附近之走马街。反动统治者惶惶不可终日，督署亦架大炮，如临大敌。臬司陈璚慌忙引兵将义和团击退。同时，义和团又突进彭山，转入眉山县城。另一支义和团则从金堂至新都，入新繁。此外，尚有德阳县义和团首领任观仪拥数百人起义于欹螺山。灌县、温江、郫县，皆有义和团活动。成都已被上万的义和团群众紧紧包围了起来，四川地方官吏手忙脚乱，一筹莫展。当时人的一首诗写出了这种狼狈情形："拳民近郊，声打教堂。人言啧啧，官心皇皇。群聚督署，强颜筹商。不闻谋略，惟余恐惶。"⑤ 在人民的强大力量打击下，清王朝在四川的地方政权已经瘫痪不灵了。

在川北地区，义和团在1902年6月，起义于射洪县。8月，进占三台县属之景福院。9月，这支义和团已达千人，下太和镇。官僚地主"风鹤频惊，民心惶惶"，而义和团则"愈聚愈众，势愈久而愈炽"⑥。

在川南，荣县天竺桥美国教堂于1902年7月被毁。庆符、筠连两县亦有义和团活动。长宁、兴文、江安等地义和团达四五千人之多。人民斗争的烈火在四川全省各地旺盛地燃烧起来了。

---

① 吴鸿仁等修、黄清凉等纂：《续修资州志·兵燹》。
② 罗湘云：《怡云馆文牍略存》。
③ 四川大学藏巴县档案："义和团专卷"。
④ 《四川官报》，光绪二十九年三月十六日—十九日刊。
⑤ 王增琪：《聊园诗存》。
⑥ 四川大学藏巴县档案："义和团专卷"。

二、四川义和团迅速发展的原因及其特点

义和团在入川后不到两年的时间内，迅速地扩大了组织，建立了武装，自1902年4月，资阳首义之后，义和团的起义遍及四川东南西北的数十州县。广大的农民群众动员了起来，积极投入了反帝、反封建的斗争，举起"灭清、剿洋、兴汉"①的旗帜，打教堂，杀教士，驱逐帝国主义分子，多次痛惩清军，猛攻县城，包围省会成都，在重庆"城乡街市茶坊酒肆任意横行"。致使清吏在事后仍满怀余悸地追述说：此次"叠酿巨案，蔓延广远，逼近省垣，用兵几及一年，为祸甚烈"②。

义和团在四川猛烈发展的根本原因，在于帝国主义与封建势力相勾结，加紧对四川的侵略和剥削，使四川社会阶级矛盾空前尖锐化的结果。

四川地广土沃、物产丰富、地势重要，早已为外国侵略者所觊觎。外国侵略强盗，不仅把四川视为倾销商品和掠夺原料的大好市场，同时把四川当作侵略我国西南各省和控制我国西南边防西藏的战略基地。因此，在第二次鸦片战争后，外国资本主义势力即开始向四川深入。

十九世纪末二十世纪初年，世界资本主义发展到了帝国主义阶段，对殖民地附属国的要求更加迫切，掠夺更为酷烈与野蛮。甲午战争后，重庆被正式开为商埠，成为帝国主义者侵略四川的中心。为了加强倾销商品和掠夺原料，帝国主义各国凭内河航行权，展开了轮船航行川江的争夺战。1898年，英商立德乐以"利川"号轮船试航川江成功之后，英、美、法、德、日等国的轮船，兵舰航行川江者日渐增多。长江变成了帝国主义各国吮吸四川人民血汗的吸管。进口洋货遂猛烈增加。以洋纱为例：1889年，6,700余担；1890年11万余担；1896年则增至166,000余担；1899年竟达325,000余担。洋货倾销的结果，夺去了四川人民大量的血汗，破坏了四川社会的自给自足的经济基础，破坏了城市手工业和农民的家庭手工业，迫使四川大量的农民和手工业者贫困破产、流落四方，到了无法维持生计的地步。资本输出是帝国主义的特征之一。甲午战争后，帝国主义开始向四川输入资本，开办企业。1896年，英商立德乐即在重庆开办猪鬃厂。1898年，美国侵略者指索重庆真武山，吊洞沟一带矿地。1899年法公司亦指索重庆真武、老君二山煤矿开采权。美帝国主义于1898年与卖国贼李鸿章签订了《四川矿权章约》。次年组成布仕公司，派考察团来川勘查矿藏，准备开采四川著名的麻哈金矿。

《辛丑条约》是帝国主义各国对中国一次空前的大勒索，也是清王朝将中国主权空前的大拍卖。条约签订后，清王朝以"量中华之物力，结与国之欢心"的态度

---

① 四川大学藏巴县档案："义和团专卷"。
② 《东方杂志》第2号第6期。

大肆卖国；帝国主义在四川的势力亦更加深入与扩大。他们更加疯狂地掠夺矿权。"查川省矿产素饶，久为外人歆羡，已被标占多处，犹复要索不已，此地甫经允办，又指他处为求，此国甫立合同，又挟利益均沾以为请，得步让步、愈让愈争。"①同时，帝国主义又加紧了对川江航权和川省铁路权的争夺。日本帝国主义自甲午战争后，野心勃勃地在四川扩张势力。1901年8月，川东道宝棻与日本驻重庆领事山畸桂签订了卖国的《重庆日本商民专界约书》，把王家沱划为日租界，使王家沱变成了日本侵略四川的大本营。

四川人民从自己的实际生活中，逐渐强烈地感觉到了帝国主义侵略的严重威胁，对帝国主义和卖国政府莫不切齿痛恨，久思反抗。

帝国主义通过《辛丑条约》勒索了近十亿两银的赔款。"款目之巨，旷古未闻。"从1902年起，四川每年负担庚子赔款220万两。地方官吏摊派赔款，增旧税，加新税，税上加税，敲骨吸髓地榨取四川人民。在"常捐输""津贴"之外加"新捐输"。《巴县志》载："庚子之变，拨款日增，摊派各省，名曰新捐输。于是，四川于常损捐输外又有新捐输。……据《四川财政录》，津贴、常捐、新捐共五万八千二百余两，视正额几十倍矣！"②当时人记："今年（指1902年）正粮一两，须完纳十一两余，又加团练费，不分贫富，只计亩捐。"③于是，"川省虽地大物博，而生寡食众，外强中干，年来捐输络绎，供亿浩繁，民力业已不支"④。此外，尚有鸦片税、印花税、房捐、肉捐等层出不穷的苛税，川督奎俊"见农民入城挑粪，即抽粪税，每担取数文，每厕取数百文，税至于粪，真无微不至矣！"⑤各种苛税虽名目繁多，但实际负担者，无疑的是四川的贫苦农民。农民深受帝国主义之害，仇恨倍增。农民从清王朝为外人忠实不二地搜刮赔款的行为，进一步认识了它的奴颜媚骨而加以唾弃。四川吏治之败坏更达到了惊人程度，贪官污吏与地主土豪勾结一气鱼肉人民。"川省官吏，肆行贪赎，摊派赔款，劝办捐输，任意舞弊。"⑥广大的四川人民在帝国主义、封建势力的压迫下，民穷财尽，生活痛苦不堪，急欲改变现状。因此，原已紧张的阶级关系，在《辛丑条约》签订后又得到了新的刺激。阶级矛盾进一步的尖锐化和表面化。加之，反动统治所造成的极为严重的自然灾害，更促进了农民起义的爆发。1902年，"川省旱灾已不下七八十州县，每处饥民至少以五千计之，已有数十万之多"⑦。据《蓬溪志》记载："辛壬冬春之交，县民无所得食，扶老襁幼，迁徙他乡，转死道途者，已难胜计。其不能走者，或男或女相守殪于牖下，或骨肉并命，惨填沟壑，或将尽之喘，卖及妻儿以图一饱，或一

---

① 《四川官报》光绪三十年正月下旬第1册。
② 朱之洪等修、向楚等纂：《巴县志·赋役》。
③ 王增琪：《聊园诗存》。
④ 四川大学藏巴县档案："义和团专卷"。
⑤ 《民报》专号《天讨》，《四川革命书》。
⑥ 《光绪朝实录》卷505。
⑦ 高枬：《高给谏奏牍·恳请新督岑春煊迅速赴川折》。

家之长先杀其属，后乃自裁。市廛寥落，闾巷无烟，徙死之余，孑遗无几。"① 饥饿死亡之状惨绝人寰！在义和团起义之前，四川各地已普遍发生了"吃大户"和抢粮斗争。"四川去冬今春皆缺雨，栽插不足十分之二，米价陡贵，石米涨至十两以外。……五六月间，省城外穷民食大户者，每处聚集二三千人。"② "棍徒故卒妇孺于城外划口袋，劫东西，甚至有勾结推脚为之者，城内亦有劫米、劫油、劫果蔬等事。"③ 当义和团一进四川，生活处于绝境的广大饥民便纷纷加入。"饥民布野，拳匪挟之以甚其祸。"④ "比岁荒叹，贫民多附匪求食。"⑤ 于是，"盗贼、饥民、会匪，义和拳分之为四，合之为一，其形大著，其势甚危"⑥。四川义和团的斗争便在这种空前尖锐的社会阶级矛盾的基础上迅速发展起来。

四川义和团的迅速发展，不仅有四川社会空前尖锐的阶级矛盾为基础，同时有四川人民长期以来反侵略斗争的历史根源。四川义和团的斗争是四川人民从十九世纪六十年代以来反洋教斗争的汇合与发展，是四川人民反侵略斗争的总爆发。

外国侵略者，不只是对四川进行了政治经济侵略，同时对宗教和文化侵略也从不放松。特别因为四川在川江航行轮船之前，山高水急，交通不便，对侵略者贪婪无厌的经济掠夺不能不是一个重大的阻碍。然而，侵略者绝不会放弃四川殖民地市场的开辟。他们根据四川的特点，首先在第二次鸦片战争后，派遣大量传教士入川，作为侵略四川的先锋力量，为他们进一步的侵略活动开辟道路。因此，外国资本主义各国向四川派遣的教士之众，传教地区之广，教士之猖獗嚣张皆达到极点。根据1909年，四川99个县的不完全统计，1863—1909年的40余年中，英、美、法、德等国派到四川的主教、教士达515人。仅重庆附近即聚集教士六七十人之多。当时四川已是县县有教堂。特别是《辛丑条约》签订后，外国宗教势力，尤其是英、美两国的宗教势力有了很大的扩张。我们从他们派来四川的教士人数上便可看出这种情形。1863—1909年英、美、法三国派传教士入川的情况是：1863—1884年，英5人，法32人，1885—1900年英107人，法69人，美19人。1901—1909年，英163人，法77人，美44人。事实证明：在《辛丑条约》签订后的9年间，英国传教士的数字比1885—1900年的15年增加了60%，美国竟增加到一倍以上。这大批披着"慈善家"外衣的传教士，在四川所造下的罪恶是罄竹难书的。他们凭借经济势力和政治上的特殊权力，以巧取豪夺的办法，在四川掠夺了大量土地和财产。英人宓克说："教中神父，于择地建教堂诸事，皆极精能，且善于理财，广置田宅，经营蓄息。川至云贵，其中办事之人，皆理财能手，佃田赁屋，

---

① 曾世礼等修、庄喜泉等纂：《蓬溪县志·匪灾前篇》。
② 高枬：《高给谏奏牍·沥陈四川乱象请更换川督折》。
③ 王增琪：《聊园诗存》。
④ 《蓬溪县志·兵事前篇》。
⑤ 林志茂等修、谢勷等纂：《三台县志·武备志》。
⑥ 高枬：《高给谏奏牍·沥陈四川乱象请更换川督折》。

概凭大道生财。"① 1909 年，四川省洋务总局对 135 县统计，外国教会占有房屋 846 所，田地共 17,386 亩。其实何止此数！据《巴县志》记载：仅重庆一地天主教堂就有房屋 450 处之多。帝国主义者对中国土地、房屋的掠夺，迫使无数农民失掉土地，无数城镇居民流离失所，并利用中国的土地，高租重押，盘剥中国农民。外国教士在清王朝的庇护下草菅人命，敲诈勒索，甚至贩毒走私，杀人越货，包揽词讼，干涉内政，并借"游历"之名，在内地肆行间谍活动。更大量招收地痞流氓，恶霸地主等民族败类，在人民头上作威作福。人民群众对外国传教士不能不深恶痛绝，蓄怨素深。"盖教入蜀，民皆不喜，而奸宄无赖之徒，争窜于教会，恃势横行，民益恶之。"② 外国教士在《辛丑条约》签订后更加猖狂。《南充县志》载："当同治末年，传教者多法人……入教者非奸民即愚民，尝钻衙舞弊干涉地方词讼。光绪庚子，辛丑间气焰尤炽……人民愈切齿。"③ 人民群众把对帝国主义和封建势力的仇恨集中在他们日常所接触的这批外国教士身上，反教会斗争便成了四川人民反对侵略的主要形式。四川成为中国近代史上人民反洋教斗争最激烈的省份。

自 1863 年第一次重庆"教案"以来，四川各地人民的反洋教斗争，彼伏此起，连续不断。1864—1868 年间，酉阳、彭水、丰都等地的反教会斗争一开始便有相当规模。酉阳人民为反对外国教士勒索苛求与教堂武装双方对垒，发生激烈的武装冲突。70 年代初，巴中、黔江、南充、内江等地皆先后发生"教案"。至 1870 年，邻水、江北、涪陵等地的斗争，无论在规模上和激烈程度都有了空前的发展。江北四十八场群众数千人"排队入城，各持旗戈枪炮，吼称灭教，毁塌教堂"④。涪陵人民数千，头裹红巾扬旗鸣炮，拥至州城，打毁教堂，并"将州属一带教民概行驱逐出境"。

中法战争之后，随着外国侵略势力的深入，清王朝的更加腐朽与媚外，四川人民的反侵略斗争更加蓬勃地发展起来。1886 年，第二次重庆"教案"发生后，南充、綦江、江北、大足、铜梁等县纷纷响应。大足县人民在 1886 年、1887 年两次打毁法国天主教堂之后，1890 年，在余栋臣领导下发动武装起义，攻占大足龙水镇，发布檄文，声讨帝国主义的罪行，号召群众参加斗争。一时，大足的农民和手工业者纷纷加入了战斗，义军曾发展至千余人。这次起义最后被清王朝暂时镇压了下去。但由于甲午战后，民族危机的加深，广大人民反帝情绪进一步的高涨，1898 年，四川人民的反洋教斗争便达到了高潮。余栋臣领导的群众再次起义，攻入荣昌县城，并活捉法国司铎华方济。起义队伍至万人，屡败清军。影响所及，安岳、铜梁、内江、隆昌、富顺、郫县、泸州、南充、重庆等三十余州县纷纷响应。湖北的巴东、长扬、长乐、老河口等地亦发生了反教会斗争。"鄂省借余蛮子（反动派对

---

① ［英］宓克：《支那教案论》，第 58 页。
② 朱之洪等修、向楚等纂：《巴县志·交涉》。
③ 李良俊等修、王荃善等纂：《南充县志》卷 10。
④ 《近代史资料》，1955 年第 4 期，第 21 页。

余栋臣的诬称）之势，宜施各属，匪徒四起，假其名称，焚掠教堂，教民，掳杀教士。"① 湖南沣州群众发布告示，打毁教堂。其告示"系假托余蛮子伪官衔"②。

虽然，由于历史的限制，这些反教会侵略的斗争都有它自身的缺点，而皆被帝国主义与封建势力镇压了下去。但是，更重要的是，四川群众前仆后继的英勇斗争，不断地打击了国内外反动势力，推动了人民革命运动的前进，并为以后的斗争积累了丰富的经验和教训。这些经验教训深深地教育与影响着广大的四川人民。多次的起义虽然失败了，但斗争仍然继续着。一当北方义和团入川传播，大批对帝国主义、封建主义怀着新仇旧恨，富有反抗斗争经验的群众立即与义和团结合起来，展开了新的战斗。余栋臣失败后，"党羽散在各县者，蜂屯蚁聚，起伏无常"③。"余蛮之发愤。……至今蜀人犹啧啧乐道。遂使匪徒接踵而行之。"④ 1902年，义和团起义后，余栋臣起义军的将领张桂山于7月由贵州密函联络资阳义和团约定8月秋后起义。上海《汇报》亦登载："川匪披猖习拳者多，尚有余蛮子死灰复燃，将蔓及全省。"当义和团传至三台附近后，"比岁荒歉，贫民多附匪求食，且夙与天主教民为仇，匪利用之"⑤。可见，四川人民长期进行的反教会斗争已为义和团在四川迅速发展准备了极有利的条件。各地"教案"的日积月累终于迸发出了义和团的猛烈行动，而大批夙与帝国主义为仇的群众积极地投入斗争，使义和团在短期内得到了迅速的发展。

四川是祖国不可分割的一个省份。四川义和团的斗争是在北方义和团的直接影响下发生的，是我国北方义和团斗争的继续。但由于四川义和团运动发生在北方义和团起义失败之后，这时的历史条件是：各帝国主义国家进一步加强了对清廷的控制；清王朝对帝国主义服服帖帖，敬畏之如太上皇，帝国主义在1900年后，更公开地做了中国的主人，全面地加紧了侵略中国的活动。中国人民爱国情绪更普遍高涨，资产阶级领导的民主主义革命正在加紧酝酿之中。因此，四川义和团的斗争，除与北方义和团有许多共同之处外，还有自身的一些特点和新的内容。四川义和团不是北方义和团或历史上四川人民的反洋教斗争的简单继续，而是中国人民革命的进一步深入和发展。

这首先是，四川义和团是在1901年6月所发出的揭帖中即鲜明地提出了"灭清、剿洋、兴汉"的口号。这个口号的提出，在时间上比1902年河北广宗等地农民起义所提出的"扫清灭洋"的口号还要早些。中国人民的革命斗争口号，从"扶清灭洋"到"灭清、剿洋、兴汉"或"扫清灭洋"是一个重大的进步。它标志着中国人民通过实际的革命斗争，觉悟程度有了很大的提高，民族民主革命已开始结合了起来，人民群众已开始把反帝、反封建的双重历史任务扛到了自己的肩上了。中

---

① 张之洞：《张之洞全集》卷157"电牍"36，第17页。
② 张之洞：《张之洞全集》卷157"电牍"36，第27页。
③ 转引自：《中国科学院历史研究所第三所集刊》（第1集），第155页。
④ 四川大学藏巴县档案："义和团专卷"。
⑤ 林志茂等修、谢勤等纂：《三台县志·武备志》。

国人民的革命运动从而走上了一个新的阶段。四川义和团之所以提出这个口号并不是偶然的。这首先是和《辛丑条约》签订后,全国革命形势的发展分不开的。八国联军在镇压了义和团运动之后,帝国主义与清廷订立了《辛丑条约》。《辛丑条约》既巩固和加深了帝国主义列强在华的支配势力,也维持了清王朝的统治地位。清统治者既向帝国主义承认了附和义和团的错误,更忠顺不二地充当列强的孝子贤孙。胡乔木同志在《中国共产党的三十年》一书中说:"封建官僚政府早就依靠帝国主义支持和帮助来压迫中国人民的革命运动,而在1900年的战争失败以后就完全投降了帝国主义。"① 事实正是这样,《辛丑条约》签订后,中外反动势力便进一步地携起手来,共同镇压中国人民的反帝爱国运动。条约规定了严格惩办人民中一切带有仇外性质的行动和社会组织。帝国主义者妄图借此使中国人民永远不敢起来反抗,他们的势力可以在中国万古千秋地保持下去。清王朝亦指望依附帝国主义来保全其垂死的反动统治。但是,事实与反动势力所想象的完全相反。这正如毛主席所指示的:"一切反动派的企图是想用屠杀的办法消灭革命,他们以为杀人越多革命就会越小。但是和这种反动的主观愿望相反,事实是反动派杀人越多,革命力量就越大,反动派就越接近于死亡。这是一条不可抗拒的法则。"② 主席又指出:"捣乱,失败,再捣乱,再失败,直至灭亡——这就是帝国主义和一切反动派的逻辑,他们决不会违背这个逻辑的。""斗争,失败,再斗争,再失败,再斗争,直至胜利——这就是人民的逻辑,他们也是决不会违背这个逻辑的。"③ 中国人民的革命斗争正是沿着毛主席所揭示的这一规律发展前进的。在义和团起义失败后,中国人民丝毫没有动摇,没有屈服,他们继续坚持着革命斗争。而且,从实际斗争中已开始学会了把自己斗争的矛头对准帝国主义和卖国的专制统治者。胡绳同志写道:"在1900年后帝国主义者更公开地做了中国的主人,因而激起了各阶级人民爱国情绪的普遍高涨,清政府固然也口口声声说要爱国,他们所谓爱国就是要人民爱戴政府,但人民已从事实的教训中懂得了,是真正的爱国,就势必要走上与卖国的专制统治者不两立的地步。"④ 中国人民在《辛丑条约》签订后,更认清了清王朝卖国的可耻面目,懂得了要摆脱外国帝国主义奴役就必须首先推翻本国的反动政府。因此,他们把"灭清、剿洋、兴汉"当作自己奋斗的目标,把"灭清"与"剿洋"的任务联系了起来。

上面已经提到,人民群众的认识是通过自己的实际斗争逐渐提高的。四川义和团的这个口号的提出乃是中国人民革命斗争发展的必然结果。北方义和团运动是中国历史上的一次伟大的农民革命运动。由于当时民族矛盾已成为社会的主要矛盾,这个运动的主要斗争目标是向着帝国主义的。当然也应该肯定,农民的阶级立场决定了这个运动仍具有反封建的性质。因为农民群众在政治上的幼稚和统治者国家思

---

① 胡乔木:《中国共产党的三十年》,第4页。
② 毛泽东:《论帝国主义和一切反动派都是纸老虎》。
③ 毛泽东:《论帝国主义和一切反动派都是纸老虎》。
④ 胡绳:《帝国主义与中国政治》,第121~122页。

想的欺骗，义和团提出了"扶清灭洋"的口号。义和团的斗争亦表现出了偏狭的仇外和排斥教会的粗糙行动。他们并不主动进攻清王朝并受到清廷的欺骗而悲惨地失败了。中国人民从义和团起义的失败中得到了沉痛而宝贵的教训。他们从中外反革命势力血腥镇压义和团的罪恶活动中，看出了他们共同与人民为敌的真正面目，进一步认识了自己面前的两大死敌——帝国主义与封建势力。人民群众从此上了一堂极有益处的课程。也应该指出，四川义和团不只是接受了北方义和团的经验教训，同时也接受了余栋臣起义的经验教训而提出这一口号来的。余栋臣起义军早于北方义和团两年即提出了"扶清灭洋""灭洋顺清"的口号。这个口号的提出，仍是与当时的社会矛盾分不开的，也是与余栋臣农民起义军政治的幼稚分不开的，同时也是与一批混进起义队伍的地主阶级分子及地主阶级的知识分子的"维圣教，报君王"的政治欺骗分不开的。农民起义军曾天真地把"扶清""顺清"当成自己"灭洋"斗争的策略，希望以"扶清""顺清"口号来争取减轻封建统治者对于人民反帝斗争的压力，承认它的合法化，以达到"灭洋"的目的。由于余栋臣的起义是发生在较边远的四川而不如义和团发展于清王朝统治的心脏地区京津一带。加之余栋臣起义军的力量也远不及北方义和团强大。所以，对清王朝的生死威胁也不及北方义和团来得严重与直接。亦因旧中国社会经济发展的不平衡所造成的四川地方封建势力的特别顽固，因此，反动统治者对余栋臣起义自始至终皆认为"逆情昭著"而加以镇压，不如在津京一带的反动统治者在一个时期内对义和团所采用的利用与欺骗。因此，余栋臣起义尽管提出了"扶清灭洋"的口号，但实际的斗争，一开始便超出了这一口号的范围。起义军的矛头既对着帝国主义者，也对着维护帝国主义利益的清王朝以及帝国主义在中国的统治基础——地方封建势力。起义军痛斥官府"纵海外之虎狼，戕国家之赤子"，他们围城，劫狱，主动出击清军，打击地主阶级，"借仇教为名，滋扰大户"①。因此，余栋臣起义军在实际上已经开始执着反帝反封建的双重任务了。这次起义在清王朝血腥镇压下遭到了失败。清王朝在镇压余栋臣起义的行为中已向四川群众彻底暴露了甘为外人奴仆的反动立场。起义军失败的教训向四川人民展示了"扶清灭洋"之路不通，要达到"灭洋"的目的，必须反对卖国的清王朝。四川义和团的组织中，既有北方义和团的成员为骨干，也有直接参加或深受余栋臣起义影响的群众的大量加入。毫无疑问，他们会把自己切身的经验教训带到义和团的活动中，使四川义和团在自己发展的初期，便提出了实际上把反帝、反封建任务结合起来的战斗口号，并且在实际斗争中执行了这一口号。

当北方义和团发展到北京以前，帝国主义者轻视中国人民的力量，对它并没有十分重视。外国"使馆中并不注意，但偶一谈及"。直到义和团进入北京，实际上成为支配北京的势力时，他们才知道局面的严重而合力镇压。当北方义和团势力控制京津之后，清王朝感到自己的生存受到威胁而不敢与义和团公开决裂，甚而以誉义和团为义民的手段来进行欺骗，借对外宣战来躲过革命的锋芒。但是，四川义和

---

① 王安镇等修、夏璜等纂：《潼南县志·艺文志》。

团从一开始就遭到了帝国主义及其走狗清王朝的坚决镇压。"至资阳、安岳事起，杀教士，毁教堂，戕教民，报纸纷传，而外人之责言日起。"① 英、法等国派遣军舰至重庆、宜宾直接镇压川东南义和团。清王朝三令五申要川督奎俊"认真查拿，净绝根株，以遏乱萌，毋稍大意"②。后又调刽子手岑春煊到川专"剿"。清廷的官僚政客亦大吵大闹，"若再不扑灭，其祸不啻北京"，力主全力"剿办"。四川义和团从自己一开始活动起，不仅进行了打教堂、杀教士、仇洋货等反侵略斗争，同时"劫署围城"，"戕弁杀勇"，"持械抗官"，主动袭击清军与团练。在义和团突进成都时，"挥长柄刀，逐市人曰：侬不杀若，侬寻官兵斗也"③。义和团所发《字令》中亦有"杀洋人，打满清"等语④。尤其值得注意的是：四川义和团针对《辛丑条约》签订后清王朝苛派捐税，官吏贪暴，人民生活贫困的时弊，响亮地提出了"打富济贫"，"抗捐抗粮"，"诛杀贪官"等口号，使群众性的反帝斗争与反对封建地主及其政治代表清王朝的斗争结合在一起，从而丰富了"灭清、剿洋、兴汉"的内容。义和团"始而打毁教堂，搜杀教民，继则无论民教，以打富济贫为名，择肥而噬，肆意掳杀，城内军火，搜劫一空"⑤。据当时参加过义和团的人回忆："大家都操红灯教，操了就不上粮，不纳捐，还要打富济贫，把有钱人的粮食拿出来大家分。"⑥ 义和团把"打富济贫"，"抗粮抗捐"作为《字令》传授，还发行一种木刻唱本，将"都说要把贪官斩，不上粮来不出捐"⑦ 等主张向群众广泛宣传。《犍为县志》记载：义和团有"神龙神虎，能大能小，要吃贪官污吏，土豪劣绅，要咬洋人及读洋书的"⑧。对于封建地主阶级，义和团也进行了坚决的斗争。《中江县志》载："当事亟时，匪大肆屠杀，排异己者，绅耆亦纠集练勇，力抗凶锋。"⑨ "贼焰方张，诡言假道州中，实欲乘机焚掠巨室。"⑩ 我们从上述义和团的斗争活动中，已不难看出四川义和团不仅是有着鲜明的反对帝国主义和清王朝专制统治的革命口号，而且也有积极的斗争行动。他们的英勇斗争是符合当时中国社会历史发展的趋势和广大人民的迫切要求，代表着人民群众，首先是广大农民的利益的。因此，四川义和团得到了人民群众的拥护和支援。"妖酋过境，邻民有挂红放爆者，其被熸一至于此。""拳匪之起也，偏于市镇馈粮。""民有金钱向贼窠而馈饷，遂使红巾遍野。"⑪ 对这些材料，如果我们去其诬蔑诽谤之辞，便可以看出人民群众与义和团的血肉联系。正因为有了人民群众的拥护和支援，四川义和团得以迅速的发展和

---

① 高枬：《高给谏奏牍·沥陈四川乱象请更换川督摺》。
② 《清德宗实录》卷 498。
③ 汪海如：《啸海成都笔记》。
④ 四川大学历史系访问记录。
⑤ 四川大学藏巴县档案："义和团专卷"。
⑥ 四川大学历史系访问记录。
⑦ 四川大学历史系访问记录。
⑧ 陈谦等修、罗绶香等纂：《犍为县志·武备志》。
⑨ 谭毅武修、陈品全等纂：《中江县志·纪事》。
⑩ 《三水关纪事诗注》。
⑪ 《三水关纪事诗注》。

壮大。

"灭清、剿洋、兴汉"的革命口号和积极行动是四川义和团斗争的重要特点；也是它迅速发展、壮大的重要保证。

北方义和团的基本力量是农民群众。由于这一运动是以反帝为宗旨，一些封建保守性较强的富绅、官僚抱着维护封建制度的目的而表示同情和支持义和团，使北方义和团由单纯的农民运动渐渐地成分复杂起来。四川义和团的斗争目标不仅是反对帝国主义者，而且也反对国内的封建势力。清吏和封建地主以及地主阶级的知识分子自始至终明显地站在与义和团敌对的立场。因此，四川义和团的成分较北方义和团单纯。四川义和团的基本群众仍然是广大的农民。深受帝国主义与封建势力压榨，处于饥饿与死亡边缘的四川农民，为了自己和民族的生存踊跃地参加了义和团的斗争。由于他们相信义和团"能保身家""平外侮，保国家"使义和团"传习日众，几遍乡里"①。反动统治者以义和团"聚则为匪，散即为民"，"贼即为民不易搜"而惶恐失措。历史事实又一次告诉人们：广大的农民群众乃是中国资产阶级革命中争取独立、争取民主的主要力量。除农民之外，大量的手工工场工人和农村手工业工人也参加了义和团的斗争。他们在帝国主义、封建势力和手工场主的压迫与剥削下，生活极端贫困，反抗精神亦非常顽强，手工场工人又比较集中而易于发动。他们经常同农民团结一致进行革命。早在1859年，李永和、蓝朝鼎起义时，犍为、自贡等地盐场工人成千上万地加入了李蓝起义军。以后四川的多次反洋教斗争皆有他们加入。1898年，余栋臣起义时，亦有不少手工业工人参加战斗。此时，他们又成了义和团的一支重要力量。据《三台县志》载："邑南多盐场，岁饥……匪首王兴山回南路煽诱盐工。靖川营哨弁郑国良带练丁五十名住安居场防缉，……匪纠党来袭，郑弁……以暗击明，枪毙十余人，余受伤溃。……验击毙诸尸，皆颈系筒，盛神水，躯壮，实场工。闻多负伤匿场者。"② 我们从一些义和团首领的名称中也可以看出为数众多的农村手工工人参加义和团的情形。例如：永川县义和团首领唐木匠，三台县义和团首领徐机匠、范石匠等率"市氓贱佣，无所得食者"千余人战斗于景福院地方。以及1905年，川滇边境"打灭洋教，重兴拳会"的丁棕匠、南川县的余石匠等都是农村手工业工人。他们参加了义和团并领导群众进行斗争，对义和团的发展起了重要作用。还值得我们注意的是：四川义和团与哥老会的关系。它们在斗争中已密切地结合了起来，共同担负着战斗任务。作为秘密反清组织的哥老会在四川有着悠久的历史。1670年陈近南在雅州开精忠山，1818年方安澜开蓬莱山，1848年郭永泰在永宁开荩忠山。随着社会阶级矛盾的尖锐化，哥老会的组织亦不断发展，成为反清斗争的重要社会力量。哥老会成分虽然复杂，但在四川社会中有着深厚的群众基础和影响，拥有大量的手工工人、破产农民、城市贫民、运输工人、水手以及无业游民。在历史上，哥老会的下层群众曾多次参加革命

---

① 王暨英修、曾茂林纂：《金堂县续志·艺文志》。
② 林志茂等修、谢勤等纂：《三台县志·武备志》。

斗争。如李、蓝起义就是哥老会中的烟帮所发动的。在李、蓝起义失败后，他们继续在群众中隐蔽起来，进行反抗活动。丁宝桢在1877年奏称：四川"地方顽黠之徒，渐生玩易，会匪、啯匪充斥四郊"①。邻水、江北、大足等地"教案"皆有哥老会加入。义和团入川之后，受到了哥老会下层群众的欢迎，不少地方的哥老会立即与义和团结合起来，并采用义和团的斗争形式展开了战斗。岑春煊说："查此匪徒，虽以邪拳为名，其实系向来会匪、啯匪、土匪之类，假名煽惑。……川省会匪、啯匪所在皆有。"②《东乡县志》记述了开县、开江、宣汉等地哥老会与红灯教结合的情况："哥老会，俗呼江湖，动辄（辄）寻仇报复，全省皆然，地方官严捕密挐而不能已也。二县之民，于是别立一会，名孝义……后所谓红灯教者亦即孝义之遗，奸人乘之授以神咒，饮以符水，使其迷信，其人即执戈向前，谓刀不能伤，枪不能中，至死而不悔也。"③ 四川哥老会的长期斗争为义和团的迅速发展打下了坚实的群众基础，而义和团的入川又为哥老会带来新的斗争形式，推动了哥老会的反抗斗争。义和团与哥老会的结合，不仅使义和团在哥老会组织所拥有的大批下层群众中得到了发展，从而壮大了队伍，而且，因有大批具有坚强的反清传统的哥老会成员的参加，使义和团反对清王朝反动统治的目标更为明确与坚定。我们也不能忽略，在当时，四川社会上存在着广大的失业游民。他们绝大多数是失掉土地的农民和失业的手工业工人。生活极不安定，具有动摇和破坏性。但他们受统治阶级的压迫，生活毫无着落，能与农民团结起来进行反抗斗争。除哥老会给义和团带进了不少游民外，在各地亦有游民自动加入义和团的。"拳匪窃发，流氓响应。"④ "成都等属，游民实繁，生计既穷，流而为盗。"⑤ 他们能勇敢奋斗，在起义运动中曾贡献出一定的力量。但由于义和团的农民不可能改造他们，克服其破坏性，所以，在他们影响下，义和团的组织更加散漫而无统率，行动的盲目性也更为突出。此外，在义和团的影响下，在某些地方的地主武装团队中的士兵、群众，对义和团产生了同情和支持，甚至展开了练拳降神等活动。团队士兵、群众的革命化，使反动统治者镇压人民的重要工具失灵，对义和团的获取胜利起了不小的作用。个别的地方势力如保正陈秀俊，因不满洋人的飞扬跋扈以及封建统治者之间的矛盾，也率领团丁参加了义和团的斗争。但这种情形在四川毕竟是个别的，对义和团的影响亦较小。从上述中我们可以看出，四川义和团是以农民为主体，大量手工工场工人和农村手工工人，城市贫民以及无业游民参加的下层群众组织。四川义和团的成分比较单纯的特点，保证了群众的反帝、反封建意志得到发扬，也保证了义和团"灭清、剿洋、兴汉"口号的贯彻执行。

四川义和团既然是以农民为主体的组织。农民群众由于长期受着反动统治阶级

---

① 丁宝桢：《丁宝桢奏稿》卷13，第8页。
② 四川大学藏巴县档案："义和团专卷"。
③ 《东乡县志·历代兵事》。
④ 甘焘等修、王懋昭纂：《遂宁县志·杂记》。
⑤ 四川大学藏巴县档案："义和团专卷"。

的压迫与剥削,欺骗和麻醉,处于穷困和愚昧的状态。他们没有先进的思想武器、组织形式和斗争策略。因此,四川义和团和北方义和团一样,迷信色彩是十分严重的。降神念咒、练习神拳是他们动员与训练群众的主要形式。《犍为县志》记:"红灯教匪纯以神水符咒哄惑乡愚,谓能涉水封枪,刀炮不能进身。"义和团的成员男的称孙悟空、关公、洪钧老祖、罗汉等,女的称观音。降神练拳多在夜静更深,有很多妇女及青少年参加。它与北方义和团不同之处是:其基本活动单位,少见称"坛"或"厂"而称"棚"。每棚一般只有十余人,最多至百余人即另外设棚,选朴诚而奉教久者为棚长。首领称大将军或元帅而少称师兄。义和团执红布三角旗,上面有七星,有的地方的义和团因之自称"七星保国团"①。各地义和团像北方一样,仍自成一独立的单位,没有统一的组织和领导人物。这一切都说明了四川义和团运动仍然是不健康的。当然,我们不能因为当时的农民群众迷信、散漫而轻视他们,也不能因此而贬低义和团运动的伟大作用和历史意义。但是,义和团的这些缺点,却使自己的斗争多次受挫,最终导致了运动的失败。

四川义和团在1902年起义后,国内外反动派便连成一气,施行了血腥的屠杀政策。8月,清廷命刽子手岑春煊督川镇压。岑春煊面对着"义和拳到处蔓延",清军"接应不暇,几成流寇,劳师糜饷,殆无休日"②的严重形势,恶毒地施展了一系列的反革命策略。他首先在政治上假惺惺地参奏了一批中下级官吏以收买民心,转移群众斗争的视线。又"以严查保甲为首务"实行连环具结,一家犯法,十家连坐来控制和监视群众,妄图把义和团从群众中分离,孤立起来加以彻底扑灭。并采纳"拿匪则非官不能,而查匪实非绅不可,必官绅联络一气,随时随地严密查拏,较为切实"③的建议而加强团结和组织反动地主阶级。在军事上,岑春煊除利用他所带来的晋军和原在四川的清军外,尤重"整顿团练",加强地主武力,配合清军作战。岑春煊的入川,给被义和团打得丧魂落魄的外国教士,清廷官吏及地主阶级注射了一支强心剂。一切反动势力都团结在他的周围向义和团发动了新的反革命的进攻,大批革命人民和无辜群众遭到了杀戮。据岑春煊自己在1902年10月招供:"川省自资阳拳匪事起,迄今数月,诛戮之匪首匪党共计不下数千。"④很显然,这仅是一个大大缩小了的数字。在岑春煊的屠杀下,许多义和团的领袖,如廖观音、曾阿义等皆英勇牺牲。但是,四川人民却继续举起义和团的旗帜,坚毅不拔地进行了长期的斗争,直到1911年清王朝在四川的反动统治的最后覆灭。岑春煊曾恼羞成怒地说:"各属匪徒,犹复横行无忌,是尔等悯不畏死,甘心为匪,实堪痛恨。"⑤反动派的嘴里透露出了四川人民坚定不移的英雄气概。

在1902年义和团起义失败后,四川人民的革命运动曾出现一个短暂的低潮。

---

① 关于四川义和团的这些特点尚待研究。
② 四川大学藏巴县档案:"义和团专卷"。
③ 罗湘云:《怡云馆文牍略存》。
④ 四川大学藏巴县档案:"义和团专卷"。
⑤ 四川大学藏巴县档案:"义和团专卷"。

但就在这种不利的形势下,四川义和团仍坚持着斗争。他们活动的大体情形,我们从继岑春煊督川的锡良在1905年4月发出的一个告示中可以得到了解。告示说:"各处奸民传习邪教仍复层见迭出。即如上年(指1903年)六月,奉节县龚方榡等谋勒罗万氏身死,装神惑众。……未几,犍为县民周汶□等从在逃之陈弼臣为师,学习邪教,念咒练拳。富顺县匪徒蓝俊章等,在□□寺地方纠党结盟,托名仇教,刊刻誓文,置备旗帜刀械,惑众滋事。达县民黄洭淦、黄洭加等弟兄,妄信邪说,操习拳棒,书符咒水,图惑众敛钱。又上年腊月,犍为匪徒张老三在文家山地方书画符咒,传徒惑众。又资州匪徒刘飞虎在舒家桥地方,纠党倡乱,托词仇教,刊刻伪印,编造邪言,书写张贴。"① 随着全国革命形势的发展,清王朝统治危机的加深,到了1905年,四川是"人心浮动,各处堪虞,仇教仇洋之广告,几于无地无之"②。在川滇边境有丁棕匠创设红灯教,聚众竖旗起义,声言奉玉帝之旨,重兴拳会。犍为县观音殿地方,红灯教因反对官吏借案勒索起义,聚众一二万人,"声势汹汹","率众扑城,李县令出城抵御,不敌而退,练丁十余人被匪擒杀"③。南川、荣县等地义和团也同时展开了战斗。在义和团起义的影响下,是年2月,川边巴塘地区的藏族人民,声言打教堂,围攻衙署,聚众三千五六百人于巴塘起义。杀死清朝"驻藏帮办大臣"凤全,烧毁教堂。四川各族人民的革命斗争此时又汹涌澎湃地发展了起来。1906年,南部县义和团首领何如道与同盟会会员李实联络在江油起义,转战于南部、阆中、剑阁、江油、资阳等地。温江、眉山、盐亭、平武、射洪、梓橦、大竹等县亦有义和团活动。1907年,渠县义和团"招集少年百余辈昼夜练习",开县义和团千余人"纷纷扰乱,各教堂均极为戒严"。"聚众劫掠,该处富户均大受其害。"④ 清廷对人民的反抗已扑不胜扑,杀不胜杀,日暮途穷,奄奄待毙了。

人民群众的斗争推动了资产阶级革命派的活动。1909年,孙中山领导的部分四川籍同盟会会员先后回川加强了革命活动,并发动了永宁、泸州、江安、广安、乐山等地的起义。这时,义和团的斗争仍没有停止。与同盟会所领导的起义相呼应,义和团首领苏子林、孙膏如等"在省各属纠党煽惑,潜拟'梧花王'伪号并署元帅等各职,拟于省城内放火焚烧官府、教堂"⑤。由于资产阶级的脱离群众,这两支力量在当时并没有合流。但是,他们却共同向着清王朝的反动统治进行冲击。事实已预告人们:人民革命的大风暴将迅速在四川发生了。

及至1911年,四川革命时机已完全成熟。广大四川人民反对清廷在"铁路国有"的幌子下出卖铁路主权而爆发了作为辛亥革命先导的保路运动。9月7日,刽子手赵尔丰制造的成都大屠杀案激起了人民群众更大的愤怒。全省各地同志军纷纷

---

① 四川大学藏巴县档案:"义和团专卷"。
② 四川大学藏巴县档案:"义和团专卷"。
③ 《东方杂志》1905年4月号。
④ 《广益丛报》光绪三十三年第8、10期。
⑤ 《广益丛报》宣统元年第13期。

而起。四川迅速出现了大规模的群众性的武装反清斗争的高潮。仅成都附近十余州县，起义军即达一二十万之众，直接打击着清王朝在四川的统治中心。人民群众经历数月苦战，终于推翻了清王朝在四川的专制统治。在这场暴风骤雨般的革命战争中，经过多年艰苦奋斗的各地义和团群众，勇敢地参加了同志军的行列，成为摧毁清王朝反动统治的一支重要力量。例如，余栋臣旧部张桂山于1902年与义和团联络起义失败之后，"亡命草泽"，待同志军起时，即"闻风响应"，拥众数千人占领富顺，称富顺都督。在犍为，"辛亥三年正月十五夜半，红灯教入城……七月十三日成立保路同志会……各路同志军兴，声称赴省保路，救蒲罗诸人。假道县城筹款，日屠猪治酒于北关外武庙，欢迎欢送，日每数十席。该军队伍器械与红灯教无殊……气势汹汹"①。据成都附近一些当年参加过义和团的人回忆：同志军打成都，有些学过神拳的人也拿起刀矛杆子参加打仗。四川义和团在四川人民反清的决战中亦立下了伟大的功劳。

从上述一些事实，我们可以看出，四川义和团的另一重要特点，即坚持斗争的时间长久，并随着全国革命形势的发展，资产阶级领导的民主革命在四川的发动，义和团把自己的斗争和当前推翻清王朝专制统治的资产阶级民主革命直接地结合了起来。同时，我们也可以理解，辛亥革命时期，四川保路同志军那样迅猛的发动绝不是偶然的。它既有当时尖锐的社会阶级矛盾为根据，又汇合了长期以来四川人民反抗斗争的各个支流而形成的强大的革命运动。辛亥前，四川人民不屈不挠、前仆后继的长期革命斗争已为保路同志军的发动奠下了坚固的基石。

三、结束语

四川义和团运动是在《辛丑条约》签订之后，全国人民的反抗情绪普遍高涨的情况下发生的。广大的四川群众，首先是农民群众动员了起来，团结在义和团的旗帜下，继承和发扬北方义和团革命斗争的光荣传统，向帝国主义者和卖国的清王朝进行了长期的艰苦的斗争。严重地打击了帝国主义在四川的侵略势力，动摇了清王朝在四川的反动统治基础，推动了历史的前进。它不仅在四川近代历史上留下了光辉的一页，同时也是全国人民艰苦、曲折的反帝反封建斗争的一个组成部分。

由于历史的发展和人民革命经验的积累，四川义和团在1901年提出了"灭清、剿洋、兴汉"的战斗口号，并在这一口号下，向帝国主义和清王朝的专制统治同时发动了进攻，把反对外国侵略和反对清王朝的统治结合了起来，把打教堂、逐教士的斗争和打富济贫，抗捐抗粮，诛杀贪官污吏的斗争结合了起来。这是中国人民革命斗争的一个重大的进步，是人民群众在艰苦曲折的革命道路上觉悟进一步提高的表现。四川义和团的革命口号和行动，反映了社会历史发展的客观规律，代表了当时广大群众的利益和要求，从而得到了人民的同情与拥护。

---

① 陈谦等修、罗绶香等纂：《犍为县志·武备志》。

1902年是四川义和团起义斗争的高潮时期。四川义和团在这年起义失败后，进行的长期的奋斗，表现了中国人民不屈不挠、坚毅不拔的优秀品质。义和团在各地的活动，不仅推动了资产阶级领导的民主革命斗争的进展，加速了它的进程，而且进一步地激发了广大人民的革命积极性，并动员和组织了他们。这就为1911年四川保路同志军的猛烈发动奠下了良好的基础。1908年7月，伟大的革命导师列宁曾经指出："中国旧式的骚动必然会转变为自觉的民主运动。"[①] 果不出列宁所料，中国的旧式骚动不久就变成了由资产阶级领导的自觉的民主运动，爆发了推翻清王朝专制统治的辛亥革命。当四川保路同志军起义时，四川义和团又积极勇敢地参加了战斗，成为推翻清王朝在四川的反动统治的一支重要力量。四川义和团的斗争历史有力地证明了广大的农民是实现中国民主革命的主要动力。辛亥革命时期，四川所取得的推翻清王朝专制统治的胜利的主要功绩，首先应属于四川的农民群众。这是他们用鲜血和头颅经过长期斗争换来的胜利，他们才是真正的革命元勋。这正如毛主席所教导的："人民，只有人民，才是创造世界历史的动力。"革命的群众运动始终是历史的火车头。只有革命的群众运动才可能冲破一切反动势力，推进社会奔向新的时代。一切轻视人民群众的历史首创作用的言行都是谬误的。

在此，还必须指出，由于历史条件的限制，四川义和团仍是一个没有先进的无产阶级领导的农民运动。它不可避免地有着一些严重的缺点，有自己落后的一面。农民的愚昧落后使这次运动带上严重的迷信色彩，农民分散与狭隘的阶级性，使四川义和团各自为政，互不统率，没有任何统一的组织和领导，从而大大地削弱了革命的威力，为敌人的各个击破大开方便之门。四川义和团虽然提出了"灭清、剿洋、兴汉"的口号，而且在实际上担负起了反帝反封建的两重任务。但是，他们仍然不可能认清帝国主义与封建主义的实质，提不出任何实现这一任务的纲领和策略，而陷于自发的盲目行动。对于外国侵略者的斗争亦没有摆脱笼统的仇外与排斥的圈子。毛主席在《实践论》中教导我们说："中国人民对于帝国主义的认识也是这样。第一阶段是表面的感性的认识阶段，表现在太平天国运动和义和团运动等笼统的排外主义的斗争上。第二阶段才进到理性的认识阶段，看出了帝国主义内部和外部的各种矛盾，并看出了帝国主义联合中国买办阶级和封建阶级以压榨中国人民大众的实质，这种认识是从一九一九年五四运动前后才开始的。"[②] 所以，四川义和团虽然在实际上开始执行了中国民主革命的两大基本任务，但仅仅依靠农民的力量是根本不可能完成这样的任务的。中国的民主革命必须由中国无产阶级及其政党——伟大的中国共产党的领导才能完成。农民阶级只有与无产阶级结成联盟，并在无产阶级政党的领导下，才能获得自身的解放。四川义和团的斗争史证实了这一颠扑不破的真理。

（原载《四川大学学报》1960年第2期）

[①] 列宁：《列宁全集》第15卷，第159页。
[②] 毛泽东：《毛泽东选集》第一卷，第278页。

辛亥革命与中国社会近代化
——以四川为例

辛亥革命是中国近代社会基本矛盾发展的产物,也是中国社会近代化发展的产物。这次革命本身就是一次近代化运动,并给中国社会的近代化发展以重要影响。因此,将辛亥革命放在复杂的近代化过程中去考察,将进一步揭示这场革命的丰富层面,对辛亥革命与中国近代化的关系不无裨益。本文以辛亥革命时期的四川为例进行探讨。

一、经济近代化是辛亥革命在四川发生的物质基础

所谓近代化,实质上是指资本主义化。它不仅在经济领域,也涉及社会、政治、文化、思想等领域。外国的侵略势力是促使中国由中世纪向近代社会发展的不自觉工具。四川因深处内陆,其近代化过程开始于1876年中英《烟台条约》,特别是1891年5月重庆开埠,比沿海地区要晚二三十年。但是,近代化作为一种不可阻止的历史潮流,从19世纪末叶开始在四川涌现,20世纪初年还有过较快的发展。首先是经济领域出现了比较明显的近代化趋势。

四川的资本主义近代工业在19世纪末产生,20世纪初有了初步发展。据统计,1901—1911年先后共创办厂矿108家,比前十年(1891—1900年)增加了十倍多。有的商办企业创办资本已达30万元,而川汉铁路公司历年集资达1645万元,为各省商办铁路公司之冠。在这108家厂矿中,官办企业6家,官商合办企业3家,商办企业99家,商办企业占有优势。而官商合办企业,也改变了过去的面貌,商人开始占有举足轻重的地位。[①] 如官商合办的川江轮船公司在实收资本11万余两中,商股达7万余两,官股仅占4万余两。[②] 这一时期,许多民族资本企业由于销售旺盛,利润丰厚,得到不断扩充。神农丝厂1902年以木制丝车12部起家,1903年新建厂房增车60部,1905年又添新车40部,1909年再修蚕库及缫丝工厂,新置缫丝车140部。[③] 鹿蒿玻璃厂的产品不仅行销全省,还远销省外,仅

---

① 隗瀛涛主编:《四川近代史稿》,四川人民出版社,1990年版,第232~245页。
② 《川江轮船有限公司报告》,《广益丛报》宣统元年六月初十。
③ 尹良莹:《四川蚕业改进史》,第346页。

1910年，盈余就达2万元以上。① 启明电灯公司，每年营业收入为4.3万余元，每年均有盈利。② 因此，代理重庆海关税务司英人施特劳奇在1911年写道："这十年来，进步的潮流波及全川。"③ 说明了20世纪初年四川以资本主义经济初步发展为中心的政治、文化、社会等方面开始走向近代化的历史趋势。

除城市中新式工商业的发展外，清末四川农村中也出现了新的经济动向。少数新式富农的经营活动表明资本主义经济形态在农村露头。如三台陈宛溪赁田设"神农桑园"，接种各种佳种桑秧十万余株，除自种外，余皆出售。④ 1906年金堂徐某"辟一大园"，种植桑、樱桃各数百株，"造成樱桃露水"运销成都。温江李昆山"出资赁地"，种植火麻，"贩运各处，竟获厚利"⑤。1909年，合江县有士绅"自业青冈十五亩，租山青冈四十亩，共放山蚕五十九厂"，"雇工六十名"⑥。这类富农大多租地雇工，发展商品农业，讲求农业技术。出售产品，追求利润，是比较典型的新式富农。

农垦公司是清末才出现的经营形式。比较著名的有四川蚕业公社。1902年由合川举人张森楷创办，股本银9300两，设有桑园、缫丝工场，雇用工人，"每年售丝桑、售种之利计入四千余金"⑦。富川垦务农林有限公司，1908年由成都人吴天成集股设立，实收资本28万两，并开办邛州之姚家坝垦务。⑧

最值得注意的动向是部分新式农业经营所积累的资金转入了工业资本。如陈宛溪1902年创办裨农丝厂，此厂是四川第一家民族资本的缫丝工厂。江津人冉泽经营果园获利，1906年在该县建立"建馨工厂"，聘日本技师，招雇工人，生产罐头、香酒兼营石印⑨，由富农转为工业资本家。

辛亥革命前夕，四川农村中新经济因素确有所成长。在三台县这个蚕桑业中心，"虽世家大族或有不农，罕有不蚕"⑩。该县成为四川新式缫丝工业的发源地与中心之一，与此有着密切的关系。至1911年，三台县已有机器缫丝厂4家，丝车400余部，改良缫丝厂约10家，亦有丝车数百部。⑪ 一定程度地促使了士绅向城乡工商业者的转化。

尽管当时的四川新式工业发展还很弱小，有多数工厂还只能说是手工工场。农

---

① 中国民主建国会重庆市委员会、重庆市工商业联合会编：《重庆工业史料》（第2辑），第26页。
② 中国人民政治协商会议四川省委员会、四川省省志编辑委员会：《四川文史资料选辑》（第25辑），第26页。
③ ［美］施特劳奇著，李孝同译：《重庆海关1902—1911年十年调查报告》，《四川文史资料选辑》（第11辑），1964年。
④ 林志茂等修、谢勤等纂：《三台县志》卷8。
⑤ 均见《广益丛报》总第108号"纪闻"。
⑥ 《四川官报》宣统二年第19册"公牍"；己酉第23册"奏议"。
⑦ 张森楷等修：《合川县志》卷20，第26～28页。
⑧ 《蜀报》第一年第6期"专件"。
⑨ 聂述文等修、程德音等纂：《江津县志》卷12。
⑩ 林志茂等修、谢勤等纂：《三台县志》卷25。
⑪ 樊百川：《二十世纪中国资本主义的发展概况与特点》，《历史研究》1983年第4期。

村新的经济因素更形微弱,但四川毕竟出现了新的经济形态。这种新的经济形态一经出土,它就要求摆脱帝国主义、封建主义的桎梏而得到发展,并像酵母一样将牵动社会其他层面的变动。

近代工业的不发达,使新式商人的活动比工业企业家更形活跃。随着进出口贸易的发展,四川(以重庆为中心)出现了一批新式商人。如刘继陶、汤子敬、杨文光等。这些新式商人,与前资本主义的商人是不同的。前资本主义的商业资本是依附于封建生产方式,以简单商品生产为基础的。新式商人的商业活动已有一定资本主义性质,它是从属和服务于产业资本,并从产业资本那里分取一部分剩余价值。尽管他们身上还有某些旧式商人的痕迹,但他们经营的进出口贸易已与外国市场发生了联系并受制于国际市场,其购销活动已开始属于资本主义的流通过程。有的人已开始向近代工业投资,将商业资本向工业资本转化。商人的转化是四川工业资本家的一个主要来源。据《四川近代史稿》所列1897—1911年《四川近代资本主义企业统计表》,在企业创办人身份可考的30家近代企业中,商人创办的有15家,占50%。这批新式商人虽靠外商余沥以肥己,但他们作为中国商人对更大利润的追求而要争夺市场,与国内同行和洋人竞争。他们组成商会来维护自身的利益,要求有利的变革。1907年,重庆总商会的楹联写道:"登高一呼,直召唤四百兆同胞共兴商战;纵目环顾,好凭此数千年创局力挽利权。"[①] 反映了四川资本主义工商业要求发展的声音。所谓"商战",照《渝报》的说法就是"转输与制造",即为商业和工业谋发展之战。新的经济形态与社会力量呼唤为它进一步发展开辟道路的政治近代化运动的到来。

还值得注意的是,在辛亥革命前夕,重庆城市从商业中心城市逐渐向综合性经济中心城市转变,成了四川乃至西南的经济中心城市。在这里近代化因素最集中,近代化程度也最高,其辐射力已开始遍及全川和西南许多地区。重庆城市的近代化与它成为四川辛亥革命的中心是互为因果的。

由上述可见,辛亥革命作为一场近代化的运动,即使在新式产业相对后进的四川也是有一定物质基础,是符合客观经济发展规律的历史运动。它并非是无源之水,无本之木。

二、近代知识分子——推动社会近代化的新群体

20世纪初年,四川近代教育的发展和留学生运动的勃兴,是四川社会近代化的一个重要标志。随着新式教育而出现的近代知识分子,成为推动社会近代化的一支引人注目的力量。在20世纪上半叶,活跃在中国历史舞台上的四川人,几乎都可以从清末川省近代学堂和留学生队伍里找到他们的名字。

---

① 《广益丛报》光绪三十三年三月二十日。

1901年,清廷在宣布"新政"之始,即把"兴学育才"放在首要地位。川省大吏岑春煊、锡良等人做出了积极响应,在川省兴办新式学堂,造就师资,考察西学,延聘教员,广筹学款,严定奖罚,明确规划。于是,在20世纪前十年间,四川出现了一个兴学热潮。"学校之起,震于世变,奉欧西为先,进而欲以企图富强。当清末外侮迫棘之日,朝野上下,号为开通有识者莫不呼号奔走,曰学校。"四川之"公私各学校亦蔚若云兴矣"①。

四川的近代教育从1896年开办,以后逐年增加,发展的速度很快。1907年,川省共有各类学校7775所,仅次于直隶省(8300余所),居全国第二位,但学生却高达24.2万多人,居全国之首,是位居第二的广东学生数(7.4万多人)的3倍。1907年,全国共有各类学校教师63873人;而四川的教师则达12824人(实业学堂、专业学堂的教师计算在内),占总人数的20.8%,远远超过其他省区的教师数量。② 在四川,普通教育学堂(小学、中学)遍布全川,有的大县已达到一百余所,小县也有十所、几十所,其他如师范教育、实业教育、女学教育、法政教育、军事教育的发展也较迅速。

自1901年,川督奎俊派出首批留日学生22人以后,留学热便在四川兴起,"风气渐开,东航衔尾"③。四川的百余州县,无论是繁盛之区,还是偏僻之地,"每县都派有留学生"④。1906年全国留日学生达到8000余人,这是历年最高数字。这一年川省留日学生达到800人,占全国留日学生总数的1/10。⑤ 这大批留日学生受到西方文化的熏陶,不少人具有真才实学。他们对川省政治、经济和文化都有着深远的影响。

近代教育的兴起和留学热对四川社会的近代化有重大意义。清末"新政"倡导兴办学堂,派遣留学的本意是培养"变法"人才,以便推行新政,挽救清王朝的颓势。然而,这些由统治者提倡的新事物却助长了近代化的潮流,动摇清王朝统治的基础,使四川从中世纪向近代化跨出了重要的一步。

其一,引进了近代知识文化。中世纪的旧式书院和学塾,仅以四书五经之类课子弟,一成不变,千篇一律,禁锢了人们的思想。在近代学堂里,西方科学文化知识大量进入学校。例如,四川高等学堂速成师范开设的课程,除经学伦理外,有教育、心理、国文、外语、中国史地、外国史地、算术、珠算、几何、物理、化学、图画、生理卫生、体育等课。⑥

其二,传播了反清革命思想。近代学堂是启迪青年学生觉醒、培养民族主义意识和传播西方政治思想的温床。《民报》等革命刊物在这里传播,使许多学生的思

---

① 朱之洪等修、向楚等纂:《巴县志·学校》。
② 《光绪三十三年京外学务一览表》。
③ 《四川学报》1905年第2期"公牍"。
④ 吴玉章:《吴玉章回忆录》,第22页。
⑤ [日]实藤惠秀:《中国人留学日本史》,生活·读书·新知三联书店,1983年,第39页。
⑥ 《四川学报》乙巳第12册"表"。

想日趋革命化。"借自由以图私，借团体以联党羽，甚至革命平权，一唱百和，流而不返。"①

其三，促成了近代知识分子群体的形成。在近代学堂和国外接受了西方政治学说和科学文化知识的一大批青年学生，是当时四川最先觉悟的社会力量。他们反映社会近代化发展的要求，提出了发展民族经济、革新政治制度的主张。如有人积极倡办川汉铁路，参加抵制美货运动、收回利权运动，有人组织革命团体，创办革命刊物——《鹃声》《四川》《广益丛报》《重庆日报》。其中佼佼者如邹容更成为著名的革命宣传家。川省同盟会会员绝大多数是青年学生，仅留日学生就达120余人之多。② 他们中不少人是四川保路运动和武装起义的领导骨干。

其四，推动了新式工商业发展。各类专门学堂的毕业生分布在川省各行业，用新技术去改造落后的生产，有的自办工厂，在重庆果品公司、重庆瓷器厂、鹿蒿玻璃厂、广安广合缫丝厂、泸州印刷厂、成都星火火柴厂、成都电镀厂、富川造纸厂、重庆蜀眉丝厂、泸州火柴公司、乐山乐屏垦务公社等新式企业的创办经营中，都有他们的活动。

四川作为人口众多的大省，当然不能说清末时的新式教育已经发达了，何况有的学堂名新实旧，有的学堂形同虚设。但是，这毕竟是四川历史上前所未有的新事物，是四川近代化过程中的一个重要变革。由此产生的近代知识分子群体在推动社会近代化中的作用尤其不容忽视。后进国家推动近代化的过程中，往往有三种力量起着比较突出的作用，即具有近代化意识的政治家、知识分子和新式军人。而知识分子往往又是其中最活跃的力量。

三、新式社团——呼唤近代化变革的社会组织

社会的近代化发展有一个重要的特征，即人们逐渐走向社会，以群体利益的团体关系去代替以血缘或感情为基础的关系。社团的出现，显示了社会向近代化的演进。

四川近代社团的出现是在戊戌时期，在变法思潮的冲击下，为探求社会变革的道路，一批知识分子具有了一定的群体意识，进而需要在组织上联合起来，以实现共同的理想。其中最有影响的社团就是1898年宋育仁等在成都建立的"蜀学会"。20世纪初，随着近代化进程的加快，近代化社团组织也大量成立，商会、农会、教育会以及其他社团纷纷出现。

商会是近代商人的团体，是清末四川社会中影响最大的社团。据清朝商部所订《商会简明章程》规定："凡属商务繁盛之区，不论系会垣、系城埠，宜设商务总

---

① 《四川学报》乙巳第12册"公牍"。
② 隗瀛涛主编：《四川近代史稿》，四川人民出版社，1990年，第413页。

会,而于商务稍次之处,设立分会。"1904年,四川成立了第一个商会——重庆总商会。1905年,通省劝业道又规定:凡是"商务繁盛"之村、镇、乡应设立商务分所。于是,商会就像一张密织的网罗分布在四川各地。至1911年,川省商会达98所,占全国商会总数的12.3%,名列第一。① 据1912年统计,全省有商会会员30655人,会董有1841人。如果把商会会员作为当时工商业资产阶级数量的参考数,那么,清末民初四川省从事工商业的资产阶级人数计已达3万余人,其领袖人物或上层便是这近2000个会董。②

川省商会的政治倾向是:(1)呼吁清廷实施新政和立宪,称"新政"乃"涤其旧污,新其国政"之举。③(2)反对帝国主义的经济侵略。他们指出:"今日之天下,亦巧胜拙败之势也",帝国主义"可以输入之产,沦人之国。灭人之种,不以刀兵,不以水火,而神州之上几使数千年黄帝子孙之胄,无一可以立脚者"④。主张国人"共兴商战","力挽利权"。(3)倡导发展工商业。他们认为"抵制洋货"的根本之法乃"振兴实业","农工盛,商亦随之"。他们满怀希望地说:"物产殷阗,而制造繁荣,不特外货之内流可言保守,并能争外市之销场,可以言商战。安见地大物博之国,勤俭耐劳之民,其商业不能竞进也哉。"⑤

商会的成立标志着四川商人社会组织由传统的行帮组织向近代社会组织转变。商会成立之初,以官商之间的纽带出现,继而成为四川新兴社会群体政治经济活动的阵地。商会处理大量商事纠纷,尝试参与社会管理和实现地方自治。商会还开展商业注册登记,自办企业公司,采取保商措施,考察商情,整顿商务,大兴制造,举办商品展览等经济活动。商会成为表达新兴社会群体近代化意识,从事政治经济及社会活动的最好场所。随着新兴社会群体活动范围的扩大,他们开始不满足于分散的商会活动,要求联合起来。1911年3月,四川各地城镇商会举代表集会于成都,成立了"四川省商会联合会"。其目的是:"组合大群为商事上谋扩公益之计划。"会议要求全省绅商,"高瞻远瞩,审世界之趋势,振社会之心理,将供全蜀商团人人皆有孤矢四方,经营八表之志,则民业日殖,国富日增,即凡农之所生,工之所成,亦将与商业相演而递进"⑥。这说明新的社团作为一股不可忽视的社会力量登上了历史舞台。

20世纪初的农业改良,使人们认为:"农务总会设立诚不可缓,盖欲开通智

---

① 隗瀛涛主编:《四川近代史稿》,四川人民出版社,1990年,第419页。
② 当时加入商会的有不少工厂主和亦商亦工的人。如重庆总商会首任总理李耀庭经营天顺祥票号,1899—1900年间,在蓬溪设立顺昌公司,试开石油。1907年由其长子李湛阳与人合股在重庆创办烛川电灯公司,还投资自来水公司。1909年其次子李和阳与人合资顶下永靖祥丝厂,改为潼川锦和丝厂,李湛阳还参与创办川江轮船公司,后任经理。成都总商会协理樊孔周倡议成都总商会集股开办劝工场。建立悦来电灯厂和因利织布厂、昌福印刷公司等。
③ 《重庆商会会报》丙午第1号,丙午第3号,丁未第8期,"论说"。
④ 《重庆商会会报》丙午第1号,丙午第3号,丁未第8期,"论说"。
⑤ 《重庆商会会报》丙午第1号,丙午第3号,丁未第8期,"论说"。
⑥ 《成都商报》1911年3月31日。

识,改良种植,联合社会,必视此为权舆,为集会之谋。"① 1909 年在成都成立了四川农务总会,又在各府、厅、州、县设立分会,乡镇、村落、市集等处设立分所。1910 年,全川计有:农务分会 114 处,农务分所 711 处。农务会员 1955 人,农务所会员 1697 人,共计 3642 人。其中荣县、仁寿、丰都有农会组织达四五十处。② 农会在清末可以说是与商会并驾齐驱的重要组织。

因近代教育的兴起,教育会也相继出现。1907 年,四川教育总会成立,制定章程 15 章 47 条,规定"凡关于全省教育事宜均有扶持利导之义务"③。各州县设立教育分会,到 1909 年,全省教育会计有 65 处,会员 9000 余人。会数居全国第 4 位,会员数居全国第 1 位。④

新兴社会群体通过新式社团的聚集作用,而成为推动社会近代化的力量,在辛亥革命中发挥了重要作用。从有关保路运动和武装起义记载中,不难看到这些新式社团活动的事迹。1911 年,四川保路运动中出现的四川保路同志会和各地保路协会更是全川性、跨行业的群众组织,它虽然只存在不到 3 个月,但显示了群体的巨大作用,促使保路风潮遍及全川,成为清末四川最有力量的群众团体。

四、地方自治与绅权扩大——清朝专制统治基础的削弱

政治近代化是社会近代化的重要方面。民众能积极参与社会政治生活,常被认为是近代化的一种特色。人们不仅对涉及切身利益的生活事务和政治事件感兴趣,而且对他们所在的地区乃至国家的问题也表示了强烈的关心。他们的活动和注意力超出了家庭、朋友和家族而扩大到广阔的现实世界。清末自治运动的客观后果是将政治近代化推进了一步。清朝实行地方自治的本意是拉拢地主士绅以加强基层的统治,但不以其意志为转移的却是绅权的扩大,清朝专制统治基础削弱。

四川在筹办谘议局的同时,又筹办"地方自治",设立"自治公所",以地方士绅为"乡董",以"议事会"为机关,"辅官治之不及"⑤。地方自治为地方士绅和立宪派人士所重视,把它看作是实行宪政所不可缺少的部分,跻身政治的重要途径,并借助自治机构向封建官府进行斗争。

1908 年,护理川督赵尔丰设立成都自治局,筹备成都自治事宜。赵尔丰督川后,于 1909 年改名为四川全省地方自治局,以布政、提学、按察三使为总办,巡警、劝业、盐业三道为会办。可见,在筹办自治之初是以地方官吏为主宰的。

按照《自治章程》,各省应"先就省城设立自治研究所一处",因此,成都自治

---

① 《四川农务总会章程》,《四川教育官报》戊申第 2 册"章程"。
② 《四川第四次劝业统计表》第 8 表。
③ 《四川教育会总章程》,《四川教育官报》丁未第 11 册"章程"。
④ 清学部编:《第三次教育统计图表》。
⑤ 故宫博物院明清档案部:《清末筹备立宪档案史料》下册,第 726、793 页。

局于 1908 年成立通省自治研究所，招选各地士绅入所学习。赵尔丰扩大名额，招士绅 400 人，又令各州县"各设一自治研究所，选绅授课"①。

从 1909 年开始，四川当局便指令各繁盛城镇筹备自治，各州县镇议事会、董事会乘势而起。据 1910 年 10 月赵尔丰奏报：是年夏间四川已成立城会 49 处，镇会 14 处，乡会 17 处。② 1911 年，护理川督王人文奏"计川省已成立城会 100 处，镇会 130 处，乡会 67 处"③。自治机构在川省的普遍设立，是地方自治结构及统治秩序变化的一个引人注目的现象。

自治局、自治会、城镇议事会、董事会等自治机构的设立，大量地方士绅得以参与地方政务，在地方的政治生活中处于愈来愈重要的地位。各地议员、董事大体皆"依法选举，以符地方自治制度"④。如中江县以得票最多者为议长，次多者为副议长，每年开会一次或数次，"凡本县政务及人民请愿事端皆得提议由议员公同表决，议条具禀移交地方行政长官及公务官所照案执行"⑤。名山县为选举谘议局议员成立选举事务所，县绅李国光任所长；自治研究所、清理财政处、统计处次第成立，亦由县绅襄办。⑥ 据日本学者西川正夫所著《四川省简阳县县志管见（上）》一文的统计，简州议会共有议员 40 人，其中具有举人、贡生、监生、增生、秀才、副榜、武生、留学生、法政学堂毕业生、铁路股东、县志采访等各色头衔者达 24 名。

城会、镇会、乡会等机构对社会生活的干预愈来愈多，一些城议会甚至提出了建立武装的要求。1911 年 8 月，巴县城议会提出："渝城为通商巨埠，水陆交冲，中外同处，精华荟萃，甲于全川。然人众复杂，良莠难分"，为维持地方治安，"城厢居民，俱谓非速办团练不可"。巴县城议会自称："为代表舆论起见，拟请妥实绅商，知兵之士，讲习体育枪操"，"令一般人民知时事日艰，以振起尚武精神为宗旨，以保身家、卫地方为目的，自有成效可观。"⑦ 当时在上海、武汉等地已出现了"商团"一类武装组织，这不能不视为是绅权扩大的表现。1909 年成立的四川省谘议局所起的扩大绅权的作用，更是不可忽略的。

实行地方自治是近代政治思潮冲击的结果，反映了绅权的提高。地方自治是清末立宪的一个重要组成部分，是统治结构向近代演化和建立地方秩序新格局的一个明显标志。地方自治造成的绅权扩大对清朝的危险性在于：一旦这个王朝的王权侵犯了绅权，就必将引起士绅们不同程度的抵抗。保路运动中各地士绅反对铁路国有，同志军起义中有的士绅公然带领"民团"揭出反旗就是明证。

---

① 《四川官报》己酉第 23 册"奏议"。
② 故宫博物馆明清档案部：《清末筹备立宪档案史料》下册，第 726、793 页。
③ 《四川警务官报》第 1 年第 3 期"奏议"。
④ 朱之洪等修、向楚等纂：《巴县志·自治》。
⑤ 谭毅武修、陈品全等纂：《中江县志·政事下·创制》。
⑥ 胡存琮、赵正和纂修：《名山新县志·事记》。
⑦ 四川省档案馆编：《四川保路运动档案选编》，四川人民出版社，1981 年，第 291 页。

五、川汉铁路和租股——近代化潮流卷起近代化的历史运动

自帝国主义阴谋夺取四川铁路以来,四川民众群起反对,要求自办川汉铁路以抵制外国侵略。"川省绅民殷盼此路亟成,冀能挽回利权,借资抵制,电牍驰催,至于再四。"① 1903年7月,新任四川总督锡良顺应舆情,奏请"自设川汉铁路公司,以辟利源而保主权"。并于1904年1月,在成都设立了官办川汉铁路总公司(1907年改名为商办川省川汉铁路有限公司),确定了川汉铁路由中国人自办,专集华股,不招外股,不借外债的自主原则,针对帝国主义"借款造路"的阴谋,宣布川汉铁路"严杜外资"。

四川绅民自办川汉铁路的目的,一在保卫主权,"铁路是交通权之一大端,若入外人掌握,自己主权便失了,主权一失,便事事受制于人"。一在开辟利源,发展四川经济,"铁路修成,莫有不得利的理,比出钱做别项贸易,实强得多"。当时人认为铁路可以使"国民变富",有了铁路,国家"富强之效就有望了"②。

四川人自办川汉铁路是当时全国范围内兴起的自办铁路,收回利权,发展近代交通及工矿事业热潮的一个部分。铁路是近代化的交通事业,其本身就是近代科技与经济发展的产物,对社会的近代化发展有着极大的推动作用。列宁指出:"铁路是资本主义工业的最主要部门即煤炭工业和钢铁工业的总结,是世界贸易和资产阶级民主文明发展的总结和最显著的标志。"③ 可以这样说,自办川汉铁路是20世纪初年四川绅民的近代化要求、近代意义的民族觉醒的集中表现,以及为四川近代化所下的最大决心和努力。他们希望通过自力更生发展近代交通事业来反对侵略,同时改变四川闭塞落后状况,以求民富国强。

川汉铁路预定路线是自宜昌、重庆达成都,全长约1175公里,由四川人负责修建。建筑铁路需要巨额资金,川路全部预算为7000万两。④ 川省工商业不发达,要筹集如此巨额股本绝非易事。川汉铁路公司不得不采取集微成巨的招股办法,规定股本来源有四:认购之股、抽租之股、官本之股、公利之股。因此,川汉铁路集股的社会面广,成绩也相当可观。至1911年,实收股金达1645万元,为全国各省商办铁路公司的首位。

川汉铁路招集的股本与封建王朝索取的赋税不同。它在原则上是自愿入股,而且用于修筑川汉铁路。据1905年1月的《川汉铁路集股章程》规定:股权属于入股人所有,并"准将股票转售与人"(只准售与中国人)。"本公司股票——无论官款、民款、均按周年四厘行息"(1907年起周年六厘行息)。路成获利,股东可分

---

① 中国科学院历史研究所第三所编:《锡良遗稿》第1册,第442、340页。
② 四川省档案馆编:《四川保路运动档案选编》,四川人民出版社,1981年,第123~125页。
③ 列宁:《列宁选集》第2卷,第733页。
④ 隗瀛涛等:《四川辛亥革命史料》(上),四川人民出版社,1981年,第49页。

红利。因此，尽管川汉铁路征收股本带有强制性质，且有苛扰民众之处而被时人称为"铁路捐"，但是，这种"捐"的性质与臣民被迫向封建王朝缴纳的、以维持封建国家财政开支和统治者挥霍为用途的捐税是不同的。它已具有明显的资本主义股本的性质。因此，川路的集股过程也是在不同程度上将相当数量的四川人卷入近代化潮流的过程。

川汉铁路的股本来源以"租股"为大宗。抽收的办法是："凡业田之家……收租在十石以上者，均按实收数，百分抽三。""不专抽自业主。"从1905年开始，川汉铁路公司凭借官威绅势，实行强制性抽租入股。1911年"租股"的收入占川汉铁路公司实收全部股金的78.4%。川汉铁路股本既然以"租股"为主要部分，征收对象不仅包括四川省的大中小地主，而且及于广大的自耕农和佃农，使全川的多数民众都与这条铁路的成败发生了经济上的利害关系。"租股"对于四川的地主来说（包括前述涉及地方自治的士绅），无疑是要他们将封建剥削而来的财富拿一部分投资于川汉铁路公司兴办的资本主义性质的近代交通事业，使绅权与官权矛盾具有新的性质。"租股"具有垫支资本的意义。一部分地主的地租，一部分农民劳动所得，同样以货币形式投入近代资本主义交通事业中。这是四川历史上出现的一次引人注目的、深入而广泛的近代化社会经济运动。郭沫若将川汉铁路的举办称为：是"一件最普遍最彻底的资本主义的表现"，"可以说中国自受资本主义化以来的新兴阶级的一个理想"[①]，确是真知灼见之言。

不可遏止的近代化趋势必然与反近代化势力——帝国主义及其走狗清王朝所代表的封建势力发生日益尖锐的矛盾。一旦反近代化势力严重阻挡近代化前进时（如清朝卖国卖路），一场旨在冲破反近代化势力的政治运动和革命运动——保路运动和同志军起义的爆发就不可避免。可以说，辛亥革命既是中国社会近代化的产物，也是中国社会近代化的动力。辛亥革命打破了反近代化势力对中国近代化的阻碍的历史作用是巨大的。这场革命凸现了中国近代化的时代特色与历史必然。

(原载《巴蜀近代史论集》，四川人民出版社，2004年)

---

① 郭沫若：《少年时代·反正前后》，第214～215页。

论四川辛亥革命时期资产阶级革命派和农民的联盟问题

《光明日报》(1978年2月16日)"史学"栏目刊载了《辛亥革命史》编写组所写《辛亥革命史研究中的若干问题》一篇史学动态报道。其中有关于中国资产阶级革命派与农民的关系，特别是二者是否建立过联盟关系的争论意见。这个问题，是辛亥革命史研究中的一个重要课题。本文试图通过辛亥革命在四川的具体史实，对此进行初步探讨。

伟大领袖和导师毛主席指出："清朝，早被推翻了。什么人推？孙中山领导的党和人民一起推。"孙中山领导的党——同盟会，在四川保路同志军起义的准备和发动阶段，在较大程度上起了领导人民革命的作用，并与农民结成过暂时和脆弱的联盟。这一联盟的政治基础是共同反对帝国主义的走狗清朝反动统治，纽带是会党，主要的组织形式是同志军。"这次革命是经过资产阶级和农民、工人及城市小资产阶级的同盟而取得胜利的。"①

历史的曲折道路

二十世纪初年，号称"天府之国"的四川省，在帝国主义的疯狂侵略和封建统治的残酷压迫下，社会已是残破不堪。农民问题尤其严重。

1901年，《辛丑条约》订立后，帝国主义对四川的侵略全面加紧了。清王朝已经完全投降了帝国主义，成了"洋人的朝廷"。它对外"量中华之物力，结与国之欢心"，彻底卖国；对内则加紧搜刮，加强镇压，以维护其摇摇欲坠的反动统治。加旧捐，添新税，什么"新案赔款""新政捐税""盐捐""肉厘"，乃至"粪捐"，敲骨吸髓，竭泽而渔。以致"川民担负之重，甲于他省。从前岁输公者仅数百万（两），今达二千万（两）以上"②。加上贪官污吏、土豪劣绅趁机腋削，造成"川中奇窘，民不聊生"③。"生计艰难，迥异昔日，疮痍满道，乞丐成群。节衣缩食，卖儿鬻女，而不足以图生活供丁赋者，比比然也。"④

---

① 毛泽东：《毛泽东选集》第五卷，第289页；毛泽东：《毛泽东选集》合订本，第42页。
② 《东方杂志》第7年第3期"中国时事汇录"。
③ 《东方杂志》第7年第3期"中国时事汇录"。
④ 戴执礼编：《四川保路运动史料》，第44页。

帝国主义在迫使中国农民破产，失掉土地，并通过教会掠占中国土地的同时，把中国封建地主阶级变为他们统治中国的支柱，到处致力于扶持前资本主义的一切剥削形式，助长地主阶级兼并土地，造成土地日益集中，农民土地问题日趋严重。帝国主义与封建主义相勾结对中国人民的无止境的压迫，不能不使帝国主义与中华民族的矛盾，封建主义和人民大众的矛盾激化起来。四川广大农民强烈要求进行反帝反封建的斗争。1901年，四川义和团揭竿而起，提出"灭清、剿洋、兴汉"的口号。在四川第一次明确地把反对帝国主义的斗争与反对清王朝的斗争联系起来。1905年，仪陇县农民"聚众谋叛"①。犍为农民起义，"聚众一二万，声势汹汹"②，杀巨富，抗官府。1906年，四川义和团首领丁棕匠之子丁得原率众在宜宾县起义，"打灭洋教"。"巴州民变"，眉山县义和团再起，攻打东工场。1907年，开县谭汝霖、李文华领导群众反对苛捐杂税起义，打毁教堂，打击地主豪绅，重创清军。"不数日而众至数千，夔、万大震。"③ 彼伏此起的农民自发的反帝反封建斗争一直延续到同志军起义。这些农民的斗争，与城市工人罢工、市民抗捐斗争相呼应，不断冲击帝国主义及其走狗清朝在四川的统治，造成了辛亥革命时期蓬勃发展的革命形势，准备了革命高潮的到来。

　　列宁指出："农民是资产阶级（即民主派资产阶级）的'最天然的'同盟者，没有这种同盟，资产阶级'无力'反对反动势力。"④ 义和团运动的失败标志着中国的旧式农民战争已经过时。二十世纪初年，四川多次自发的农民斗争，规模较小而且旋起旋灭、终归失败的事实证明，旧式农民战争不可能找到本阶级的真正出路。在当时的历史条件下，能够领导农民获得解放的中国无产阶级尚未作为一个觉悟了的独立的阶级力量登上政治舞台，还是当作资产阶级和小资产阶级的追随者参加革命。中国资产阶级革命派却以先进生产关系的代表者被历史推上了中国旧民主主义革命的领导者的地位。他们组织了政党，进行武装斗争，积极地活跃于历史舞台。这样，历史发展的辩证法就决定了中国农民只能走曲折的、艰难的道路，以"'最天然的'同盟者"的角色，追随资产阶级领导的民主革命，与资产阶级革命派结成联盟，成为资产阶级革命的"主要支柱"。

联盟的政治基础

　　毛主席指出："孙中山是中国最早的革命民主派，他代表民族资产阶级的革命派、城市小资产阶级和乡村农民，实行武装革命，提出了'平均地权'和'耕者有

---

① 《东方杂志》第2年第9期"各省军事纪要"。
② 《东方杂志》第2年第4期"各省军事纪要"。
③ 赵尔丰：《赵季和电稿》，手抄本。
④ 列宁：《社会民主党在民主革命中的两种策略》，载《列宁选集》第1卷，第623页。

其田'的主张。"① 同盟会"驱除鞑虏，恢复中华，建立民国，平均地权"的十六字政纲，即孙中山的"民族""民权""民主"旧三民主义，"每一行都渗透了战斗的、真正的民主主义"②。它反映了中国旧民主主义革命时期的历史特点，是革命的。

如前所叙，二十世纪初年，四川的土地问题十分严重，阶级矛盾十分尖锐，农民反帝反封建斗争日益高涨。农民要求"灭清、剿洋"，"完成洪秀全先烈未完的事业"，提出了"田土岂是富家物，上山打猎，大家有分"③ 的朴素的平分田地的主张。因此，孙中山的纲领，经过同盟会会员的鼓吹，就可能为农民所拥护。同志军起义时，有地方"各军树旗四面，文曰：'驱除鞑虏，恢复中华，创立民国，平均地权'"④。"哥老会向来以'排满兴汉'为固定不移的宗旨。……因之对孙中山先生提出驱逐鞑虏，恢复中华，建立民国，平均地权的口号非常拥护。"⑤ 孝义会首领李绍伊领导的农民起义军在作为同志军之前的宗旨是"兴汉排满"，参加同志军行列之后发出的檄文则提出了"驱逐鞑虏"⑥。李绍伊在一次演说中宣布："我们这次起义的目的是为了推翻满清王朝，打倒专制余毒，恢复汉族自由，解放人民痛苦，并不是争城夺地想当帝王。……我们革命成功后，还要把洋人打出国去。"⑦ 从这些史料可以看出同盟会的政纲，在一定程度上已为四川农民所接受。其他多数地方的同志军，目前虽还未发现上面那样的文字材料，但从他们斗争史迹看，同盟会所最突出宣传的推翻清朝专制统治则是深入人心的。四川农民在辛亥革命前有过多次的反清斗争，而四川保路同志军又是由反对清朝卖国卖路的保路同志会导源而来。因此，就一般情形而论，反对帝国主义的走狗清朝的专制统治是当时四川资产阶级革命派和农民联盟的比较明确的政治基础、共同的战斗任务。这正如列宁所说："按政治趋向来划分各个巨大的社会集团时，我们把革命共和民主派和农民群众看做一个东西，是不会有什么错误的。"⑧

为什么资产阶级的政治主张能成为与农民联盟的政治基础？这个问题，马克思和恩格斯早有回答："进行革命的阶级，仅就它对抗另一个阶级这一点来说，从一开始就不是作为一个阶级，而是作为全社会的代表出现的；它俨然以社会全体群众的姿态反对唯一的统治阶级。它之所以能这样做，是因为它的利益在开始时的确同其余一切非统治阶级的共同利益还有更多的联系、在当时存在的那些关系的压力下还来不及发展为特殊阶级的特殊利益。"⑨ 在当时的历史条件下，中国资产阶级革

---

① 毛泽东：《论联合政府》，《毛泽东选集》合订本，第 976 页。
② 列宁：《中国的民主主义与民粹主义》，载《列宁全集》第 18 卷，第 152 页。
③ 文史资料委员会编：《辛亥革命回忆录》（三），第 298、334 页。
④ 曹叔实：《四川保路同志会与四川保路同志军之真象》。
⑤ 文史资料委员会编：《辛亥革命回忆录》（三），第 280 页。
⑥ 文史资料委员会编：《辛亥革命回忆录》（三），第 296 页。
⑦ 四川大学历史系"辛亥革命史"调查小组 1977 年调查记录。
⑧ 列宁：《社会民主党在民主革命中的两种策略》，载《列宁选集》第 1 卷，第 538 页。
⑨ 马克思、恩格斯：《德意志意识形态》，载《马克思恩格斯选集》第 1 卷，第 53~54 页。

命派还是一个革命阶级的代表。这个阶级还处于帝国主义、封建主义的压迫下，还不是当权的阶级。他们正在同清朝作殊死的战斗。他们还没有条件发展本阶级的特殊利益，因此，他们的政治纲领与中国的一切非统治阶级（包括农民阶级在内）的利益还有更多的联系，能够成为与这些非统治阶级联盟的政治基础。

联盟的纽带和主要的组织形式

农民以无数威武雄壮、可歌可泣的斗争表明自己不愧为反帝反封建的主力军。资产阶级革命派联合农民的政治基础确乎存在。问题在于，作为中国旧民主主义革命的领导者的中国资产阶级革命派是否争取农民，与农民结成革命的联盟，去反对帝国主义和封建主义的反动同盟。这是革命的深度和广度，革命的成功与失败的关键。中国资产阶级革命派具有二重性：他们是革命者，要革帝国主义的走狗清朝的命。大敌当前，不能不寻求支持自己实行革命的社会力量，要联合工农去反对敌人；他们在经济上和政治上异常软弱，这种软弱，突出地表现出他们轻视工农，甚至反对工农。中国资产阶级革命派的二重性决定了在辛亥革命时期，他们要在一定程度上发动农民，甚至与农民结成暂时的联盟，同时又不能充分发动农民，甚至破坏这一联盟，造成革命的失败。资产阶级革命派在四川活动的轨迹就是如此。他们曾以会党为纽带，以保路同志军为主要的组织形式，同农民建立过暂时的反对清王朝的联盟关系。

伟大的革命先行者孙中山是注意四川的革命活动的。他认为："扬子江上游将为中国革命必争之地，而四川位居长江上游，更应及早图之。"① 1905 年，同盟会一成立，孙中山就派遣川籍党人回川策动革命。1906 年，同盟会先后在成都、重庆设立了支部并在各州县发展组织。熊克武、谢奉琦等同盟会会员在开展宣传活动的同时，侧重联络会党，策动新军，进行武装起义。

当时的四川，会党（主要是哥老会和孝义会）遍布各地，潜力甚大。"会党、妖民到处窃伏思逞。"② 由于会党"排满兴汉"，长期是民间的一种秘密的、非法的团体。在历史上，会党曾发动过多次反抗斗争。清朝统治者以"川人性本浮嚣，易生滋扰，'会匪'遍地，素好结社"③，对会党随时加以防范和镇压。会党的成员十分复杂，有破产农民、失业手工业者、游民，有地主，也有清朝的士兵。从四川的情况看，会党"以中下层人居多"，"多数是乡下的农民"④。有的地方（如荣县）有一种"方"字号的"码头"，其成员"几乎全是贫苦的农民群众"⑤。会党在家长

---

① 文史资料委员会编：《辛亥革命回忆录》（三），第 5 页。
② 中国科学院历史研究所第三所编：《锡良遗稿》第 1 册，第 496 页。
③ 戴执礼编：《四川保路运动史料》，第 297 页。
④ 文史资料委员会编：《辛亥革命回忆录》（三），第 203、274 页。
⑤ 四川大学历史系"辛亥革命史"调查小组 1977 年调查记录。

制的组织形式下,讲团结互助、济困扶危,很能勇敢战斗,一呼百诺,约束也相当严格。资产阶级革命党人,既想寻求支持者,又不愿深入农村做艰苦的宣传组织工作。因此,会党就变成他们运动群众的一个现存的对象,"革命的同盟会和共进会会员多年就在哥老会中进行工作"①。会党主要由农民组成,也就自然地成了他们同农民建立联盟的纽带。

1906年,四川的同盟会会员约请川南哥老会首领佘英东渡日本。孙中山亲自接见,面授机宜,吸收入盟,责令其回川策动哥老会举行武装起义。佘英出身贫民,青年时代曾靠撑船为生,深受封建势力的压迫。他在民主革命风潮的激荡下,产生了革命要求,喜读《警世钟》《革命军》,"日持书于城乡市间讲演,听者如堵"②。佘英自谒见孙中山回川后,加强了同盟会同哥老会的联系,同熊克武等人一起发动江安、泸州、叙府、广安、嘉定等地武装起义,最后于1909年在宜宾慷慨牺牲。佘英是当时四川哥老会的一个很有威望和号召力的首领,他参加同盟会并带领他所领导和影响的哥老会,在同盟会的旗帜下参加革命斗争,说明了同盟会与四川哥老会的联系是有成效的。

1906年,同盟会会员肖德明、陈凤石等,在大竹县组织"大竹书报社",作为同盟会的秘密机关。"大竹书报社"备有《民报》等刊物,供人阅览,传布民主主义思想。1908年曾在吴玉章同志主办的《四川》杂志上,揭露大竹豪绅巧取豪夺、欺压农民的罪行③,更注意由农民组成的孝义会的工作,吸收其首领李绍伊加入同盟会。李绍伊"家贫,至于躬耕以给"④。辛亥革命前,他以大寨坪为中心组织"孝义会","吸收贫苦农民参加","兴汉排满,反对贪官污吏,土豪劣绅,苛捐杂税"⑤。李绍伊加入同盟会后即与曾省斋、陈凤石等密谋起义。1911年四川同志军起义,他率领孝义会群众数千人响应,称同志军川东北都督。

1907年,共进会成立后,更加强了同盟会与会党的联系。共进会首任会长张百祥,加入同盟会前就是广安孝义会的首领。吴玉章以及在黄花岗起义牺牲的秦炳都是共进会会员,都做会党的工作。

在自然经济日益解体、清朝统治日暮途穷的形势下,四川的地主阶级也有所分化。他们中的一些人正向资本主义转化,以寻求自己的出路。投资川汉铁路乃是其寻求经济出路的表现,卷入资产阶级政治运动乃是其寻求政治出路的表现。在这些人中,多数是立宪派的拥护者,少数成了孙中山的拥护者。这后一部分人,因为在地方上有一定的政治、经济势力和社会地位,往往身兼会党首领,同盟会对他们做了许多工作。因为这些人有发展资本主义的倾向,又具有传统的排满思想,比较容易接受同盟会的宣传与同盟会合作。

---

① 吴玉章:《辛亥革命》,第22页。
② 王禄昌纂、高觐光修:《泸县志·人物志·佘俊英传》。
③ 《大竹书报社来函》,载《四川》第2号。
④ 郑国翰等修、陈步武等纂:《大竹县志》卷9。
⑤ 文史资料委员会编:《辛亥革命回忆录》(三),第295页。

1910年，同盟会吸收川西著名哥老会首领张达三、张捷先加盟，"通过哥老的关系，秘密动员农村群众"①，从而加强了与川西会党的联系。1911年6月，四川保路运动发生，在运动的前阶段（"破约保路"阶段），运动的领导权控制在立宪派人士手中。但是，部分同盟会会员反对立宪派搞"文明争路"是明确的。同盟会重庆支部负责人杨庶堪认为"文明争路""非根本之革命，无以拯救人民"，"蒲（殿俊）、罗（伦）均未足与谋也"②。龙鸣剑等人更主张"激扬民气，导以革命"③，"借保路之名，鼓动人民以行革命之实"。1911年8月4日，龙鸣剑同革命党人王天杰、陈孔白等人，邀集哥老会首领秦载赓、罗子舟、胡潭、孙泽沛、张达三等，在资中罗泉井召开秘密会议，决议进行武装起义，将保路同志会改为保路同志军，设立总部，分工负责发动起义工作。这次会议是中国资产阶级革命派把四川保路运动引向反清武装起义的一个重要的步骤。它反映出同盟会以拥有广大农民群众的哥老会为纽带，与广大农民共同反对清朝的联盟开始形成。随着保路运动的深入，罢市、罢课，抗捐抗粮斗争的开展，四川的阶级斗争达到白热化，阶级矛盾的最高形式——武装斗争提上了历史的日程。同志军的旗帜被当作四川各革命阶级、各革命派别共同战斗的旗帜。同志军成了四川各革命阶级、各革命派别反清联合阵线的主要组织形式，也是资产阶级革命派与农民联盟的主要组织形式。

1911年8月27日，同盟会会员王天杰组织千余人首先在荣县举义。9月7日，川督赵尔丰制造反革命"成都血案"的当天，龙鸣剑等人在成都南门外裁木片数百，上书"赵尔丰先捕蒲、罗，后剿四川。各地同志，速起自保自救"④，涂以桐油，制成"水电报"，投入锦江，乘秋潮顺流而下，突破清政府对交通邮电的封锁，迅速将赵尔丰残杀无辜的罪行、同盟会发动起义的号召传遍全川。各地同盟会会员及其影响的会党首领闻风而起，"革党与'土匪'乘机混合，兵民交战，全川骚动"⑤。当时主要的同志军计有：川西同志军，主要统领是同盟会会员、哥老会首领张达三、张捷先，以及与同盟会有联系的哥老会首领吴庆熙。川西南同志军，领导人是同盟会会员、哥老会首领罗子舟和与同盟会有联系的哥老会首领侯宝斋、胡潭。东路同志军，统领是同盟会会员、哥老会首领秦载赓、王天杰，参谋长是同盟会会员龙鸣剑。川东北同志军，首领是同盟会会员、孝义会首领李绍伊。

什么人是四川保路同志军的主体？请看以下材料。

（同志军）人不过佣工牧竖，器不过抬炮鸟枪。⑥

富者输财，贫者执械。⑦

---

① 文史资料委员会编：《辛亥革命回忆录》（三），第217页。
② 向楚：《重庆蜀军政府成立亲历记》。
③ 中国史学会编：《辛亥革命》（六），"中国近代史资料丛刊"本，第4页。
④ 中国史学会编：《辛亥革命》（六），"中国近代史资料丛刊"本，第5页。
⑤ 伧父：《川路事变记》，《东方杂志》第8卷第8号。
⑥ 聂述文等修、程德音等纂：《江津县志·前事志》。引文中括号内的文字为作者所加，下同。
⑦ 贺泽等修、张赵才等纂：《荥经县志·武功》。

数万农民和知识青年，人人手持刀矛棍棒，土枪土炮……声势浩大。①
同志军成员农民相当多……规模大，十有八九家都参加了同志军。②
大多数是农民。③
此次团兵，多系村民，倚富有田产之人为生。④
皆系乡愚无知之人……农事未毕（即来）。⑤

  这些史料，出自地方志、同盟会会员的回忆录、调查记录以及帝国主义分子当时的报告和清政府四川总督当时发的文告，相互印证，皆从不同的角度证实同志军的主要成员是农民。当时的四川，阶级斗争的主要形式是武装斗争，主要的组织形式是以农民为主体的军队（同志军），主要的几支同志军的领导者和组织者是资产阶级的革命党人。这足以说明，辛亥革命时期资产阶级革命派与农民的联盟曾经一度出现。尽管在史书上，资产阶级革命派只讲他们与会党的联合，并没有提出与农民联盟的命题。但是，只要我们剖析一下会党在那个时期的阶级内容以及会党与同志军的关系，就不难看出这一联盟是历史的客观存在，不能因这一联盟有多大的弱点和问题而忽视。同盟会和会党的联系是历史现象，资产阶级革命派和以农民为主体的各革命阶级、阶层人民的联盟，则是阶级本质。正视这个联盟，用马列主义的阶级分析方法评论这个联盟，从中找出历史发展的规律，总结历史的经验，确是一件有意义的工作。

联盟的意义和局限

  资产阶级革命派与农民联盟的形成是有重大历史意义的。这个联盟将四川的农民战争推向了新的发展阶段。早在1908年，列宁就曾预言："'新精神'和'欧洲思潮'在中国的强有力的发展，特别是在日俄战争以后，是用不着怀疑的，所以中国的旧式的骚动必然会转变为自觉的民主运动。"⑥ 辛亥革命时期四川同志军起义，较之从前旧式农民起义有了显著的特色。这场以农民为主体的革命战争是中国比较完全意义上的旧民主主义革命的一个组成部分。农民阶级作为资产阶级民主革命的主力军，在资产阶级革命派的领导和影响下，为实现孙中山提出的旧三民主义任务而奋斗。此时的农民战争，既不是为建立一个太平天国那样的农民革命政权，也不是充当封建帝制改朝换代的工具，而是为推翻帝制，并在实际上支持建立新的政治制度——资产阶级共和国。资产阶级领导的农民战争，是四川这一时期革命运动的

---

① 文史资料委员会编：《辛亥革命回忆录》（三），第187页。
② 四川大学历史系"辛亥革命史"调查小组1977年调查记录。
③ 文史资料委员会编：《辛亥革命回忆录》（三），第253页。
④ 《英国蓝皮书》第22号附件甲《署重庆英领事白朗呈英使朱尔典文》（1911年9月22日发）。
⑤ 《赵尔丰文告》，原件藏新津县档案馆。
⑥ 列宁：《世界政治中的引火物》，载《列宁全集》第15卷，第159页。

主流。尽管那时还有一些同志军是自发的，缺乏革命党人的直接领导，但时代的特点和革命的性质决定了这些自发的农民斗争，实际上已被纳入了资产阶级领导的旧民主主义革命的范畴。我们考察了四川重庆、广安、涪陵、万县、内江、雅安、西昌、泸州等三十五个府县革命独立的情况。三十五个府县的独立具有如下特点：(1) 都是在同志军起义的直接推动下实现的。(2) 绝大多数是由同盟会会员领导、参与或策动的。(3) 组织形式虽然花样百出，有称"都督"的，有称"司令"的，还有个别称"正统"的，但都照同盟会的《革命方略》所规定，设立了"军政府"。(4) 没有任何一个府县建立单纯的农民政权或称王称帝。这些特点，是历史的进步，是中国人民在革命实践中斗争水平有所提高的表现。

同志军经过激烈的厮杀，为四川的革命独立开辟了道路。同盟会会员吴玉章在武昌起义前半月，不失时机地在荣县开革命独立的先例，各地先后推倒清政权，宣布了独立。四川保路运动和同志军起义终于以埋葬清朝在四川的专制统治和作为武昌起义、清朝在全国的覆灭的导火线而载入史册。朱德在《辛亥革命杂咏》中有"群众争修铁路权，志同道合会全川。排山倒海人民力，引起中华革命先"① 的诗句，对辛亥革命时期四川人民的斗争给予了充分的肯定。排山倒海的主力军是广大的农民群众，资产阶级革命派与农民的联盟对促使四川人民"志同道合"也是有不可忽视的作用的。

资产阶级革命只限于以一个剥削集团代替另一个剥削集团去执掌政权。四川辛亥革命时期一度出现的资产阶级革命派和农民的联盟的本质，是在特定的历史条件下，剥削阶级与被剥削阶级形成的联盟。"资产阶级革命不能把千百万被剥削的劳动群众稍微长期地团结在资产阶级的周围，正因为这些群众是被剥削的劳动者。"② 由于中国资产阶级突出的软弱性和妥协性，即使在革命的时期，它也不愿意同帝国主义、封建主义完全分裂。同盟会的政纲及其实践的根本缺陷在于："一、没有分土地；二、不晓得镇压反革命；三、反帝不尖锐。"③ 这就不能满足中国广大劳动群众的革命要求，不能划清敌我界限，实现人民的团结。在中国，除了无产阶级外，农民是最大的革命民主派。广大农民要求坚决反帝反封建，要求实现"耕者有其田"。农民的土地问题是中国民主革命的根本问题。同盟会不主张农民"夺富人之田为己有"，反对农民用革命的方法去夺取地主的土地。它在当时的斗争目标，只集中在反对清王朝，既无明确的反帝纲领，也放过了支持清朝统治的汉族封建势力。在四川，由同盟会会员组成的"蜀军政府"，于1912年春节在大门书写对联志庆，联为"奉新元为正朔；扬大汉之天声"④。同时，李绍伊在大寨坪寨门两侧张贴的联句是："人果同心，不两月推倒二百年清政府；天真有意，未数日挽回十八

---

① 《人民日报》1961年10月10日。
② 斯大林：《论列宁主义的几个问题》，《列宁主义问题》，第127页。
③ 毛主席：《团结起来，划清敌我界限》，《毛泽东选集》第五卷，第68页。
④ 向楚：《重庆蜀军政府成立亲历记》。

省汉山河。"① 这些对联反映出同盟会实际上将革命目标仅限于推翻清朝,缺乏反帝反封建的勇气。"反满"和"光复汉族"这种带有大汉族主义色彩的陈旧口号,在当时固然起了把人民的仇恨集中于清朝的动员作用,但它缺少民主主义的内容。这远远不能满足广大农民的要求,只能使农民越来越感到失望。资产阶级革命派与农民联盟的政治基础是很不牢固的,清朝一倒就失去了明确的政治方向。这就决定了二者的联盟的暂时性和脆弱性及其破裂的必然性。

资产阶级革命派为了政治的需要曾一定程度发动过农民。但是,在他们的眼里,农民只不过是他们夺取政权的工具。资产阶级随时可以撕毁和破坏他们自己与农民的联盟。资产阶级革命派将农民的反帝反封建斗争称之为"野蛮革命","有破坏而无建设"的革命,"不能为原动力"。他们当中不少人对农民以反洋教形式开展的反帝斗争,视为有损无益而嗤之以鼻。对同志军只着眼于拉拢上层的首领而并没有深入发动下层群众。广大农民仍处于被动的状态。他们虽口口声声要"激扬民气",唤起人民,但并没有真正唤起。对会党的封建性和落后性没有也不可能进行改造。清朝一倒,他们以为"素志已达","革命成功",掉转头来破坏这一联盟,抛弃农民,甚至反对和镇压农民进行深入的反帝反封建斗争。"革命军起,革命党消。"同志军浴血奋战,为资产阶级夺取了某些局部的统治权力后,资产阶级革命派便忙于同旧势力妥协。当全国"南北和议",资产阶级革命派向帝国主义的走狗袁世凯妥协之时,四川也来了一个"东西谈判",革命党人向反动势力交权。"蜀军政府"将拥护它的川东五十七州县的军政府连同它自己,一并奉送给代表旧势力的政治野心家和以立宪派人士为主体的"四川军政府",把同志军用鲜血换来的胜利品捧上了反动派的祭坛,使四川被置于袁世凯的走卒胡景伊的统治之下。同志军对革命党人的妥协不满,对篡夺胜利果实的反动势力尤其仇恨,"不与合作,几十万人环住省城,作壁上观"②。李绍伊部农民义军,坚持反对胡景伊的反动统治,在川东北继续斗争。但是,这时,资产阶级革命派再也不去联合、支持他们了,提出了"功成不受赏,长揖归田庐"的取消主义和投降主义口号,将大量同志军遣归田里,继续给地主阶级为奴为隶。有的同志军被收编成了川军第二师。拒绝遣散,反对收编的同志军则遭到了残酷的镇压。李绍伊以"破坏统一"的罪名被枪杀,孝义会起义的农民几乎全遭杀害。值得痛心的是:参与胡景伊杀害李绍伊、镇压孝义会同志军的,竟有曾经发动过李绍伊投入民主革命并被李绍伊掩护过的同盟会会员③。

辛亥革命时期在四川昙花一现的资产阶级革命派与农民的联盟,前后不过半年,就以资产阶级革命派认敌为友,背信弃义,过河拆桥而破坏了。盟长整盟员,革命的领导者整革命的主力军,成了这一联盟的压台戏。"无限头颅无限血,可怜

---

① 四川大学历史系"辛亥革命史"调查小组1977年调查记录。
② 文史资料委员会编:《辛亥革命回忆录》(三),第222页。
③ 四川大学历史系"辛亥革命史"调查小组1977年调查记录。

换得假共和",农民没有从这一联盟中得到好处。这证明了农民追随资产阶级绝不可能找到解放的道路。

农民在辛亥革命这一段历史的曲折道路上所留下的艰辛足迹告诉人们：中国资产阶级民主革命必须由无产阶级领导才能完成；农民只有在无产阶级的领导下，实行工农联盟，才能充分发挥革命主力军的作用，求得彻底解放。

（原载《四川大学学报》1978年第2期）

论四川辛亥革命的社会历史背景(上)

一、问题的提出

在辛亥革命时期,四川最重大的历史事件是保路运动和保路同志军起义。这些声势浩大、遍及全川的斗争已经作为辛亥武昌起义的导火线和辛亥革命的重要组成部分载入了中国革命史册,引起了不少国内外研究者的注意。当我们纪念辛亥革命80周年之际,重新研究这段光荣历史的时候,发现以下问题需要我们去进一步解释:

1. 在当时,四川交通闭塞,自给自足的自然经济解体的程度很低,资本主义工商业不算发达,但是,为什么作为中国资产阶级收回利权运动的一个重要部分的保路运动却独步一时,其声势之大,影响之远,竟能居全国之首?

2. 作为比较完全意义上的资产阶级民主革命的辛亥革命的组成部分的四川保路同志军武装起义,引起"中华革命先",其斗争之激烈与残酷,波及面之广远,又因何为各省所罕见?

3. 尤其是,辛亥时期四川的保路运动和保路同志军起义已经不属于旧式农民运动的范畴而属于中国资产阶级的政治运动和革命运动的范畴,具有鲜明的资产阶级民主主义色彩。但是,与国内发达地区相比,资本主义经济更不发达,资产阶级更为弱小的四川,资产阶级运动却十分发达和引人注目。这难道是无源之水,无本之木?

已经有某些国外学者和我国台湾的学者对辛亥革命的资产阶级民主革命性质提出了疑问。有的学者因辛亥革命时期中国资本主义经济发展程度不高,中国资产阶级软弱等因素,认定"辛亥革命不是资产阶级革命"①。那么,他们对四川辛亥革命的性质定会有更大的疑问。因此,研究当时经济发展相对落后的四川所发生的这次先进的革命运动的社会历史背景,探讨这次革命发生的本源,不仅可以深化对以上问题的理解,而且可以从对一个区域历史的深入研究来加深对中国辛亥革命性质的理解。

---

① 中华书局编辑部:《纪念辛亥革命七十周年学术讨论会论文集》下册,中华书局,1983年,第2336页。

二、近代经济的发展是辛亥革命发生的物质基础

辛亥革命是中国近代社会基本矛盾发展的产物,也是中国社会近代化发展的产物。这次革命的本身就是一次近代化运动并给中国社会的近代化发展以重要影响。因此,应该把它放在复杂的近代化过程中去考察。

所谓近代化,实际上是指资本主义化。它不仅涉及经济领域,也涉及社会、政治、文化、思想等领域。外国的侵略势力是促使中国由中世纪社会向近代社会发展的不自觉的工具。四川因深处内陆,其近代化过程开始于1876年中英《烟台条约》。特别是1891年重庆开埠,比沿海地区要晚二三十年。但是,近代化作为一种不可阻止的历史潮流,从19世纪末叶起开始在四川涌现,20世纪初年还有过较快的发展,首先是经济领域出现了比较明显的近代化趋势。

四川的资本主义近代工业在19世纪末年产生,20世纪初年有了初步发展。据统计,1901—1911年先后共创办厂矿108家,比前10年(1891—1900年)增加了10倍多。有的商办企业创办资本已达30万元,而川汉铁路公司历年积资达1645万元,为各省商办铁路公司之冠。在这108家厂矿中,官办企业6家,官商合办企业3家,商办企业99家,商办企业占有优势;而官商合办企业,也改变了过去的面貌,商人开始占有举足轻重的地位。① 如官商合办的川江轮船公司在实收资本11万余两中,商股达7万余两,官股仅占4万余两。② 这一时期,许多民族资本企业由于销售旺盛,利润丰厚,得到不断扩充。神农丝厂1902年以木制丝车12部起家,1903年新建厂房增车60部,1905年又添新车40部,1909年再增修蚕库及缫丝工厂,新置缫丝车140部。③ 鹿蒿玻璃厂的产品不仅行销全省,还远销省外,仅1910年,盈余达2万元以上。④ 启明电灯公司,每年营业收入为4.3万余元,每年均有盈利。⑤ 因此,代理重庆海关税务司英人施特劳奇在1911年写道:"这十年来,进步的潮流波及全川。"⑥ 说明了20世纪初年四川以资本主义经济初步发展为中心的政治、文化、社会等方面已步入近代化的历史趋势。

在清末,四川还出现了少数新式富农。这是资本主义经济形态在农村的露头。如三台陈宛溪赁田设"神农桑园","接种各种佳种桑秧十万余株",除自种外,余

---

① 隗瀛涛主编:《四川近代史稿》,四川人民出版社1990年版,第232~245页,第413页。
② 《川江轮船有限公司报告》,《广益丛报》宣统元年六月初十。
③ 尹良莹:《四川蚕业改进史》,第346页。
④ 中国民主建国会重庆市工商业联合会编:《重庆工商史料》(第2辑),第26页。
⑤ 中国人民政治协商会议四川省委员会、四川省省志编辑委员会:《四川文史资料选辑》(第25辑),第189页。
⑥ [美]施特劳奇著,李孝同译:《重庆海关1902—1911年十年调查报告》,《四川文史资料选辑》(第11辑),1964年。

皆出售。① 1906年金堂徐某"辟一大园"种植桑、樱桃各数百株,"造成樱桃露水"运销成都。温江李昆山"出资赁地",种植火麻,"贩运各处,竟获厚利"②。1909年,合江县有士绅"自业青冈十五亩。租山青冈四十四亩,共收山蚕五十九斤","雇工六十名"③。这些富家大多租地雇工;种植商品农业,讲求农业技术,出售产品,追求利润,是比较典型的新式富农。

农垦公司是清末才出现的经营形式。比较著名的有四川蚕业公社。1902年由合川举人张森楷创办,股本银9300两,设有桑园、缫丝工场,雇用工人,"每年售丝售桑售种之利计入四千余金"④。富川垦务农林有限公司,1908年由成都吴天成集股设立,实收股本28万两,曾开办邛州之姚家坝垦务。⑤

少数农业资本经营所积累的资本转入了工业资本。如陈宛溪1902年创办裨农丝厂。此厂是四川第一家民族资本的缫丝工厂。江津人冉隆泽经营果园获利,1906年在该县建立"建馨工厂",聘日本技师,招雇工人,生产罐头、香酒,兼营石印⑥,由富农转为工业资本家。

辛亥革命前夕,四川农村中资本主义确有短暂的发展。如在三台县这个蚕桑业中心,"虽世家大族或有不农,罕有不蚕"⑦。不仅在一定程度地促使了士绅向农村资产阶级转化,而且为近代缫丝工业的产生奠下了基础。至1911年,三台县已有机器缫丝厂4家,丝车400余部,改良缫丝厂约10家,亦有丝车数百部。⑧

尽管当时的四川资本主义工业发展还很弱小,有多数工厂还只能说是资本主义的手工工场,农村资本主义经济更形微弱;但是,毕竟四川已经出现了新的经济形态。这种新的经济形态一经出土,它就要求成长,要求摆脱帝国主义、封建主义的桎梏。同时,它像酵母一样牵动社会其他方面的变动。

随着进出口贸易的发展,四川(以重庆为中心)出现了一批新式商人,如刘继陶、汤子敬、杨文光等。这些新式商人,与前资本主义的商人是不同的。前资本主义的商业资本是依附于封建生产方式,以简单商品生产为基础的。新式商人的商业活动已有一定资本主义性质,它是从属和服务于产业资本,并从产业资本那里分取一部分剩余价值的。尽管他们身上还有某些旧式商人的痕迹,但他们经营的进出口贸易已与外国市场发生了联系并受制于国际市场,其购销活动已开始属于资本主义的流通过程。有的人已开始向近代工业投资,将商业资本向工业资本转化。商人的转化是四川工业资本家的一个主要来源。据《四川近代史稿》所列1897—1911年四川近代资本主义企业统计表,在企业创办人身份可考的30家近代企业中,商人

---

① 林志茂等修、谢勤等纂:《三台县志》卷3、卷25。
② 《广益丛报》总108号"纪闻"。
③ 《四川官报》宣统二年第19册"公牍"。
④ 张森楷等修:《合川县志》卷20,第26、28页。
⑤ 《蜀报》第1年第6期"专件"。
⑥ 聂述文等修、程德音等纂:《江津县志》卷12。
⑦ 林志茂等修、谢勤等纂:《三台县志》卷3、卷25。
⑧ 樊百川:《二十世纪初期中国资本主义的发展概况与特点》,《历史研究》1983年第4期。

创办的有 15 家，占 50%。这批新式商人虽靠外商余沥以肥己，但他们作为中国商人，基于对更大利润的追求而要争夺市场，与国内同业和洋人竞争。他们组成商会来维护自身的利益，要求有利的变革。1907 年，重庆总商会的楹联写道："登高一呼，直唤四百兆同胞共兴商战；纵目环顾，凭此数千年创局力挽利权。"① 反映了四川资本主义工商业要求发展的声音。所谓"商战"，照《渝报》的说法就是"转输与制造"，即为商业和工业谋发展之战。新的经济形态与阶级力量呼唤为它进一步发展开辟道路的资产阶级政治运动。因此，我们不能因有商人参加或同情辛亥革命而怀疑这次革命的资产阶级民主革命性质。

还值得我们注意的是，在辛亥革命前夕，重庆城市从商业中心城市逐渐向综合性经济中心城市转变，成了四川乃至西南的经济中心城市，在这里近代化因素最集中，近代化程度也最高，其辐射力已遍及全川和西南许多地区。重庆城市近代化与它成为四川辛亥革命的中心是互为因果的。

从上述可见，辛亥革命作为一次比较完全意义上的资产阶级民主革命，即使在经济发展相对后进的四川也是有一定物质基础的，是符合客观经济发展规律的历史运动，它并非是无源之水，无本之木。

有的学者在判断辛亥革命的性质时，对发生革命需要的物质条件要求过高，认为当时中国资本主义经济力量尚属弱小，因而不足以导致一次资产阶级革命。但是，我们无论从全国范围考察或是从四川的范围考察，当时中国资本主义经济的初步发展已为一次资产阶级革命提供了基本的物质基础，比起美国独立战争，法国资产阶级革命发生的物质基础并不逊色。

美国独立战争被列宁誉为"一次伟大的真正解放的、真正革命的战争"②。它在爆发时，其物质基础也无非是新英格兰等地的纺织、造船、酿酒、制革、面粉、制铁等行业中一些雇佣几个以至十几个工人的小型手工工场。美国人拥有的第一个使用机器的棉纺织厂是在《独立宣言》（1776 年）发布 14 年之后（即 1790 年）才出现的。到华盛顿任总统后 10 年（1797 年），也不过建立 8 个棉纱厂，纱锭不到 2 万枚，而辛亥革命时期中国有 193 家纺织工厂，100 家食品工厂，72 家矿冶工厂。在 1911 年—1912 年期间，全国华商有纱锭 49 万枚。③ 法国资产阶级革命爆发时，工业革命虽已在个别新兴企业中开始，但分散的手工工场仍占优势，直到 1813 年，法国的生铁产量不过 11 万吨。这些国家的资本主义迅速发展是通过资产阶级革命、建立资产阶级国家而发展起来的。高水平的资本主义经济是资产阶级革命胜利后逐渐取得的成果，而不是爆发资产阶级革命的物质前提。这正好说明，资产阶级革命是开辟资本主义发展前景的首要条件。因此，我们不能用资产阶级革命后带来的资本主义发展水平来要求革命爆发所需要的物质前提的水平。革命发生的

---

① 《广益丛报》光绪三十三年三月二十日。
② 列宁：《给美国工人的信》，载《列宁选集》第 3 卷，第 586 页。
③ 汪敬虞：《中国近代工业史资料》第 2 辑（下），第 654 页。

物质前提的水平与革命后物质发展的水平在程度上应有区别,何况判定一次革命的性质,还不能仅局限在经济领域之中。

三、近代知识分子群——辛亥革命的政治指导者的形成

20世纪初年,四川近代教育的发展和留学生运动的勃兴是四川社会近代化的一个重要标志,为资产阶级爱国和革命运动的开展提供了思想基础和政治指导者群体。

在20世纪上半叶,活跃在中国历史舞台上的四川人,几乎都可以从清末川省近代学堂和留学生队伍里找到他们的名字。

1901年,清廷在宣布"新政"之始,即把"兴学育才"放在首要地位。川省大吏岑春煊、锡良等人做出了积极响应,在川省兴办新式学堂,造就师资,考察西学,延聘教员,广筹学款,严定奖罚,明确规划。于是,在20世纪前十年间,四川出现了一个兴学热潮。"学校之起,震于世变,奉欧西为先,进而欲以企图富强。当清末外侮迫棘之日,朝野上下,号为开通,有识者莫不呼号奔走,曰学校",四川之"公私各学校亦蔚若云之矣"。①

四川的近代教育从1902年开办,以后逐年增加,发展的速度很快。1907年,川省共有各类学校7775所,仅次于直隶省(8300余所),居全国第2位,但学生人数却高达242000多人,居全国之首,是第2位广东学生数(74000多人)的3倍。② 1907年,全国共有各类学校教师63873人,而四川的教师则达12824人(实业学堂、专业学堂的教师未计算在内),占总人数的20.8%,远远超过其他省区的教师数量。③ 在四川,普通教育学堂(小学、中学)遍布全川,有的大县达到百余所,小县也有十几、几十所,其他如师范教育、实业教育、女学教育、法政教育、军事教育的发展也较迅速。

自1901年,川督奎俊派出川省首批留日学生22人以后,留学热便在四川兴起,"风气渐开,东航衔尾"④。四川的百余州县,无论是繁盛之区,还是偏僻之地,"每县都派有留学生"⑤。1906年全国留日学生达到8000余人,这是历年最高数字。⑥ 这一年川省留日学生有800人⑦,占全国留日学生总数的1/10。这大批留日学生受到西方文化的熏陶,不少人具有真才实学。他们对川省政治、经济和文化都有着深远的影响。

---

① 朱之洪等修、向楚等纂:《巴县志·学校》。
② 《光绪三十三年京外学务一览表》。
③ 《光绪三十三年京外学务一览表》。
④ 《四川学报》1905年第2期"公牍"。
⑤ 吴玉章:《吴玉章回忆录》,第22页。
⑥ [日]实藤惠秀:《中国人留学日本史》,生活·读书·新知三联书店1983年版,第39页。
⑦ 《四川学报》乙巳第9—10册、第12册"表";第7期"公牍"。

近代教育的兴起和留学生热对四川的历史发展有重大意义。清末"新政"发展近代教育，派遣留学生的本意是为培养"变法"人才，巩固其封建统治。然而，这些由封建统治者提倡的新事物却助长了近代化的潮流，动摇了封建统治的基础，而为资产阶级运动准备了思想和人才，使四川从中世纪向近代化跨出了重要的一步。

其一，引进了近代知识文化。中世纪的旧式书院和学塾，仅以四书五经之类课子弟，一成不变，千篇一律，禁锢了人们的思想。在近代学堂里，西方科学文化知识大量进入了学校。例如，四川高等学堂速成师范开设的课程，除经学伦理外，有教育、心理、国文、外语、中国史地、外国史地、算术、珠算、几何、物理、化学、图画、生理卫生、体育等课。[1]

其二，传播了反清革命思想。近代学堂是启迪青年觉醒，培养民族意识和传播资产阶级政治思想的温床。《民报》等革命刊物在这里传播，使许多学生的思想日趋革命化。"借自由以图私，借团体以联党羽，甚至革命平权，一唱百和，流而不返。"[2]

其三，促成了近代知识分子群体的形成。在近代学堂和国外接受了西方资产阶级政治学说和科学文化知识的一大批青年学生，是当时四川最先觉悟的社会力量。他们反映资本主义发展的需求，提出了资产阶级的经济、政治主张。如有人积极倡办川汉铁路，参加抵制美货运动，收回利权运动。有人组织资产阶级革命团体，创办革命刊物——《鹃声》《四川》《广益丛报》《重庆日报》，其中佼佼者如邹容更成为著名的资产阶级革命宣传家。川省同盟会会员绝大多数是青年学生，仅留日学生就达120余人之多。[3] 他们中不少人是四川保路运动和武装起义的领导骨干。

其四，推动了资本主义工商业发展。各类专门学堂的毕业生分布在四川省各行业，用新技术去改造落后的生产，有的自办工厂，如办重庆果品公司、重庆瓷器厂、鹿蒿玻璃厂、广安广合缫丝厂、泸州印刷厂、成都星火火柴厂、成都电镀厂、富川造纸厂、重庆蜀眉丝厂、泸州火柴公司、乐山乐屏垦务公社，等等。

四川是个人口众多的大省，我们当然不能说当时四川的教育就已经发达了，何况有的学校还没有摆脱旧教育的影响，有的学校形同虚设。但是，我们要强调的是，这毕竟是四川历史上前所未有的新事物，是四川近代化过程中的一个重要的变革，由此而产生的近代知识分子群对四川历史发展的作用尤其是不可忽视的，他们中的许多人已不像历史上的李永和、石达开等农民领袖，也不像余栋臣、廖九妹一类反帝首领，而是一群作为中国资产阶级的政治代表的资产阶级、小资产阶级知识分子。这些人是辛亥革命时期四川革命运动的指导者和组织者，对引导辛亥革命走资产阶级革命方向起到了举足轻重的作用。

（原载《文史杂志》1991年第4期）

---

[1] 《四川学报》乙巳第9—10册、第12册"表"；第7期"公牍"。
[2] 《四川学报》乙巳第9—10册、第12册"表"；第7期"公牍"。
[3] 隗瀛涛主编：《四川近代史稿》，四川人民出版社，1990年，第232~245页，第413页。

论四川辛亥革命的社会历史背景（下）

四、近代社团——呼唤近代变革的社会群体

社会的近代化发展有一个重要的特征，即人们逐渐走向社会，以群体利益的团体关系去代替以血缘或感情为基础的关系。社团的出现，表示了社会向近代化演进。

四川近代社团的出现是戊戌时期。在变法思潮的冲击下，为探求社会变革的道路，一批知识分子具有了一定的群体意识，进而需要在组织上联合起来，以实现共同的政治理想。其中最有影响的社团就是1898年宋育仁等在成都建立的"蜀学会"。20世纪初年，随着近代化进程的加快，近代社团组织也大量成立，商会、农会、教育会以及其他社团纷纷出现。

商会是近代商人的团体，是清末四川社会中影响甚大的社团。据清朝商部所订《商会简明章程》规定："凡属商务繁盛之区，不论系会垣、系城埠，宜设商务总会，而于商务稍次之处，设立分会。"[①] 1904年，四川成立了第一个商会——重庆总商会。1905年又成立了成都总商会。此后，各地分会亦陆续建立。1910年，通省劝业道又规定：凡是"商务繁盛"之村、镇、乡应设立商务分所。于是，商会就像一张密织的网罗分布在四川各地。至1911年，川省商会达98所，占全国商会总数的12.3%，名列第一。据1912年统计，全省有商会会员30655人，会董有1841人。[②] 如果把商会会员数作为当时工商业资产阶级数量的参考数，那么，清末民初川省从事工商业的资产阶级人数估计已达3万余人，其领袖人物或上层便是这近2000个会董。[③]

川省商会的政治倾向是：(1) 支持清朝实施新政和立宪的变革，说"新政"是

[①] 《东方杂志》第1年第1期，"商务"。

[②] 见隗瀛涛主编：《四川近代史稿》，第419页。

[③] 当时加入商会的有不少工厂主和亦商亦工的人，如重庆总商会首任总理李耀庭经营大顺祥票号。1899至1900年间，在蓬溪设立顺昌公司，试开石油。1907年由其长子李湛阳与人合股在重庆创办烛川电灯公司，还投资自来水公司，1909年其次子李和阳与人合资顶下永靖祥丝厂，改为潼川锦和丝厂。李湛阳还参与创办川江轮船公司，后任经理。成都总商会协理樊孔周倡议成都总商会集股开办劝工场，建立悦来电灯厂和因利织布厂、昌福印刷公司等。

"涤其旧污,新其国政"①之举。(2)反对帝国主义的经济侵略。他们指出:"今日之天下,亦巧胜拙败之势也",帝国主义"可以输人之产,沦人之国,灭人之种,不以刀兵,不以水火,而神州之上几使数千年黄帝子孙之胄,无一可以立脚者"。②他们主张中国人"共兴商战""力挽利权"。(3)主张发展工商业。他们认为"抵制洋货"最根本的办法就是"振兴实业","农工盛,商亦随之"③。他们满怀希望地说:"物产殷阗,而制造繁荣,不特外货之内流可言保守,并能争外市之销场,可以言商战。安见地大物博之国,勤俭耐劳之民,其商业不能竞进也哉。"④

商会的成立标志着四川商人社会组织由传统的行帮组织向近代社会组织转变。商会成立之初,以官商之间的纽带出现,继而成为四川资产阶级政治经济活动的阵地。商会处理大量商事纠纷,成为商人参与社会管理和实现地方自治的初步机构。商会还担任商业注册登记,自办工厂、公司,还采取许多保商措施,考察商情,整顿商务,大兴制造,举办商品展览会。资产阶级通过商会渗进了一些城镇组织机构,并开办学堂,提倡戒烟,组织消防,维持社会治安,参加争取民权活动或抵制洋商。商会成为表达资产阶级的阶级意识,从事政治和经济活动的最好场所。随着资产阶级活动范围的扩大,他们已不满足于分散商会的活动了,要求进一步联合起来,1911年3月,四川各地城镇商会举代表集合于成都,成立了"四川省商会联合会",其目的是"组合大群为商事上谋扩公益之计画"。会议要求全省绅商,"高瞻远属(瞩),审世界之趋势,振社会之心理,将供全蜀商团人人皆有弧矢四方,经营八表之志,则民业日殖,国富日增,即凡农之所生,工之所成,亦将与商业相演而递进"⑤。这说明四川资产阶级已经作为一股不可忽视的力量登上了历史舞台。

20世纪初年的农业改良,使人们认为:"农务总会设立诚不可缓,盖欲开通智识、改良种植、联合社会,必视此为权舆,为集会之谋。"⑥1909年在成都成立了四川农务总会,又在各府、厅、州、县设立分会,乡镇、村落、市集等处设立分所。1910年,全川计有农务总会1处,农务分会114处,农务分所711处,农务会员1955人,农务公所会员1697人,共计3646人。其中荣县、仁寿、渠县、丰都的农会组织达四五十处。⑦农会在清末可以说是与商会并驾齐驱的重要组织。

由于近代教育的兴起,教育会也相继出现。1907年,四川教育总会成立,制订章程15章47条,规定"凡关于全省教育事宜均有扶持利导之义务"⑧。各州县设立教育分会,到1909年,全省教育会计有65处,会员九千余人。会数居全国第

---

① 《重庆商会公报》丙午第1号"论说"。
② 《重庆商会公报》丙午第3号"论说"。
③ 《重庆商会公报》丁未第8期"论说"。
④ 《重庆商会公报》丁未第8期"论说"。
⑤ 《成都商报》1911年3月31日。
⑥ 《四川农务总会章程》,载《四川教育官报》戊申第2册"章程"。
⑦ 《四川第四次劝业统计表》第8表。
⑧ 《四川教育总会章程》,载《四川教育官报》1907年第8册"章程"。

4位，会员数居全国第1位。①

在有关保路运动和武装起义的记载中，我们不难看到这些近代社团活动的事迹。至于1911年，四川保路运动中出现的四川保路同志会和各地保路协会更是全川性的、跨行业的群众组织，它虽然只存在不到3个月，但显示了群体的巨大作用，促使保路风潮遍及全川，成为清末四川最有力量的群众联合体。

五、地方自治与绅权扩大——清朝专制统治基础的削弱

政治近代化是社会近代化的重要方面。民众能积极参与社会政治生活，常被认为是近代化的一种特色。人们不仅对涉及切身利益的生活事务和政治事件感兴趣，而且对他们所在的地区乃至国家的问题也表示了强烈的关心。他们的活动和注意力超出了家庭、朋友和家族而扩大到广阔的现实世界。清末的自治运动的客观后果是将政治近代化推进了一步。清朝实行地方自治的本意是拉拢地方士绅以加强基层的统治，但不以其意志为转移的却是绅权的扩大，清朝专制统治基础的削弱。

四川在筹办谘议局的同时，又筹办"地方自治"，设立"自治公所"，以地方士绅为"乡董"，以"议事会"为机关，"辅官治之不及"②。地方自治为地方士绅和立宪派人士所重视，把它看作是实行宪政所不可缺少的部分，把自治作为扩大绅权，跻身政治的重要途径，并借助自治机构向封建官府进行斗争。

1908年，护理川督赵尔丰设立成都自治局筹备成都自治事宜。赵尔丰督川后，于1909年改名为四川全省地方自治局，以布政、提学、按察三使为总办，巡警、劝业、盐业三道为会办。可见，在筹办自治之初是以地方官吏为主宰的。

按照自治章程，各省应"先就省城设立自治研究所一处"，因此，成都自治局于1908年成立通省自治研究所，招选各地士绅入所学习。赵尔丰扩大名额，招士绅400余人，又令各州县"各设一自治研究所，选绅授课"③。

从1909年开始，四川当局便指令各繁盛城镇筹备自治，并逐步扩大范围，各州县镇议事会、董事会乘势而起。据1910年10月赵尔丰奏报：是年夏间四川已成立城会49处，镇会14处，乡会17处。④ 1911年，护理川督王人文奏："计川省已成立城会一百处，镇会一百四十三处，乡会六十七处。"⑤ 清末，自治机构在川省已普遍设立，这是地方统治结构和秩序变化的一个十分引人注意的现象。

自治局、自治会、城镇议事会、董事会等自治机构的设立，大量地方士绅得以参与地方政务，在地方政治生活中处于愈来愈重要的地位。各地议员、董事大

---

① 清学部编：《教育统计图表》。
② 故宫博物院明清档案部编：《清末筹备立宪档案史料》下册，第726页；上册，第793页。
③ 《四川官报》己酉第23册"奏议"。
④ 故宫博物院明清档案部编：《清末筹备立宪档案史料》下册，第726页；上册，第793页。
⑤ 《四川警务官报》第一年第三期"奏议"。

体皆"依法选举,以符地方自治制度"①。中江县以得票最多者为议长,次多者为副议长,每年开会一次或数次,"凡本县政务及人民请愿事端皆得提议由议员公同表决,议长具禀移交地方行政官及公务官所照案执行"②。名山县为选举谘议局议员成立选举事务所,县绅李国光任所长;自治研究所、清理财政处、统计处次第成立,亦由县绅襄办。③ 据日本学者西川正夫所著《四川省简阳县县志管见(上)》一文的统计,简州议会共有议员 40 人,其中具有举人、贡生、监生、增生、秀才、副榜、武生、留学生、法政学堂毕业生、铁路股东、县志采访等各色头衔者达 24 名。

城会、镇会、乡会等机构对社会生活的干预愈来愈多,一些城议会甚至提出了建立武装的要求。1911 年 8 月,巴县城议会提出:"渝城为通商巨埠,水陆交冲,中外同处,精华荟萃,甲于全川。然人众复杂,良莠难分",为维持地方治安,"城厢居民,俱谓非速办团练不可"。巴县城议会自称:"为代表舆论起见,拟请妥实绅商,知兵之士,提倡此事。划分区域,俱首在训练多名,预为防守盘诘之用;次则按家派丁,讲习体育枪操,令一般人民知时事日艰,以振起尚武精神为宗旨,以保身家、卫地方为目的,自有成效可观。"④ 当时在上海、武汉等地已出现了"商团"一类武装组织,这不能不视为是绅权扩大的表现。至于 1909 年成立的四川省谘议局所起的扩大绅权的作用更是不可忽略的。

实行地方自治是近代政治思潮冲击的结果,反映了绅权的提高。地方自治是清末立宪的一个重要组成部分,是统治结构向近代演化和建立地方秩序新格局的一个明显标志。地方自治造成的绅权扩大对清朝的危险性在于一旦这个王朝的王权侵犯了绅权,就必将引起士绅们不同程度的抵抗。保路运动中各地士绅反对铁路国有,同志军起义有的士绅公然带领"民团"揭出反旗就是明证。

六、川汉铁路和租股——近代化潮流卷起近代化的历史运动

自帝国主义阴谋夺取四川铁路以来,四川民众群起反对,要求自办川汉铁路以抵制外国侵略。"川省绅民殷盼此路亟成,冀能挽回利权,借资抵制,电牍驰催,至于再四。"⑤ 1903 年 7 月,新任四川总督锡良顺应舆情,奏请"自设川汉铁路公司,以辟利源而保主权"⑥。并于 1904 年 1 月,在成都设立了官办川汉铁路总公司(1907 年改名为商办川省川汉铁路有限公司),确定了川汉铁路由中国人自办,专

---

① 朱之洪等修、向楚等纂:《巴县志·自治》。
② 谭毅武修、陈品全等纂:《中江县志·政事下·创制》。
③ 胡存琼、赵正和纂修:《名山县新志·事记》。
④ 《巴县城议事会请办团练呈》,见《四川保路运动档案选编》,第 291 页。
⑤ 中国科学院历史研究所第三所编:《锡良遗稿》第 1 册,第 442、340 页。
⑥ 中国科学院历史研究所第三所编:《锡良遗稿》第 1 册,第 442、340 页。

集华股,不招外股,不借外债的自主原则,针对帝国主义"借款造路"的阴谋,宣布川汉铁路"严杜外资"。

四川绅民自办川汉铁路的目的,一在保卫主权,"铁路是交通权之一大端,若入外人掌握,自己主权便失了,主权一失,便事事受制于人"①,一在开辟利源,发展四川经济,"铁路修成,莫有不得利的理,比出钱做别项贸易,实强得多"②。当时人认为铁路可以使"国民变富",有了铁路国家"富强之效就有望了"③。

四川人自办川汉铁路是当时全国范围内兴起的自办铁路,收回利权,发展近代交通及工矿事业热潮的一个部分。铁路是近代化的交通事业,其本身就是近代科技与经济发展的产物,对社会的近代化发展有着极大的推动作用。列宁指出:"铁路是资本主义工业的最主要部门即煤炭工业和钢铁工业的总结,是世界贸易和资产阶级民主文明发展的总结和最显著的标志。"④ 可以这样说:自办川汉铁路是20世纪初年四川绅民近代化要求和近代意义的民族觉醒的集中表现和为四川近代化所下的最大决心的努力。他们希望自力更生发展近代交通事业来反对侵略,同时改变四川闭塞落后的状况,以求民富国强。

川汉铁路预定路线宜昌至成都段,经宜昌、重庆达成都,全长1175公里,由四川人自办。其湖北广水至宜昌段由湖北负责。建筑铁路需要巨额资金,川汉铁路全线预算耗资银7000万两。⑤ 川省工商业不发达,要筹集如此巨额股本绝非易事。川路公司不得不采取积微成巨的招股办法,规定股本来源有四:认购之股、抽租之股、官本之股、公利之股。因此,川汉铁路集股的社会面广,成绩也相当可观。至1911年,实收股金达1645万元,位居全国各省商办铁路公司的首位。

川汉铁路招集的股本与封建王朝索取的赋税不同,它在原则上是自愿入股,而且用于修筑川汉铁路。据1905年1月的《川汉铁路集股章程》规定:股权属于入股人所有,并"准将股票转售与人"(只准售与中国人)。"本公司股票——无论官款、民款,均按周年四厘行息。"(1907年起周年六厘行息)路成获利,股东可分红利。因此,尽管川汉铁路征收股本带有强制性质,且有苛扰民众之处而被时人称为"铁路捐",但是,这种"捐"的性质与臣民被迫向封建王朝缴纳的,以维持封建国家财政开支和统治者挥霍为用途的捐税是不同的。它已具有明显的资本主义股本的性质。因此,川汉铁路的集股过程也是在不同程度上将相当数量的四川人卷入资本主义潮流的过程。

川汉铁路的股本来源以"租股"为大宗。抽收的办法是"凡业田之家……收租在十石以上者,均按实收数,百分抽三"⑥,"不专抽自业主"。从1905年开始凭借

---

① 《开办川汉铁路说》,见《四川保路运动档案选编》,第123、124、125、126页。
② 《开办川汉铁路说》,见《四川保路运动档案选编》,第123、124、125、126页。
③ 《开办川汉铁路说》,见《四川保路运动档案选编》,第123、124、125、126页。
④ 列宁:《列宁选集》第2卷,第733、872、628页。
⑤ 四川谘议局:《整理川汉铁路公司提案》,载《四川辛亥革命史料》(上),第49页。
⑥ 四川省档案馆编:《四川保路运动档案选编》,第132页。

官威绅势，实行强制性抽租入股。1911年"租股"的收入约占川路公司实收全部股金数的80%左右。

川汉铁路的股本既然以"租股"为主要部分，征收对象不仅包括四川的大中小地主，而且及于广大的自耕农和佃农，使全川的多数民众都与这条铁路的成败发生了经济上的利害关系。"租股"对于四川的地主（包括前述涉及地方自治的士绅）来说，无异是要他们将封建剥削而来的财富拿一部分投资于川路公司兴办的资本主义性质的近代交通事业。"租股"具有垫支资本的意义。一部分地主的地租，一部分农民劳动所得，同样以货币形式投入近代资本主义交通事业中。这是四川历史上出现的一次引人注目的，深入而广泛的近代化社会经济运动。郭沫若将川汉铁路的兴办称为是"一件最普遍最彻底的资本主义化的表现"，"可以说是中国自受资本主义化以来的新兴阶级的一个理想"①。确是真知灼见。

不可遏止的近代化趋势必然与反近代化势力——帝国主义及其走狗清王朝代表和封建势力发生日益尖锐的矛盾。一当反近代化势力严重阻挡近代化前进时（如清朝卖国卖路），一场旨在冲破反近代化势力的资产阶级政治运动和革命运动——保路运动和同志军起义的爆发就不可避免。

列宁指出："帝国主义最主要特性之一，正在于它加速最落后的国家里的资本主义发展，从而使反民族压迫的斗争扩大和尖锐化。这是事实，由此必然得出结论：帝国主义往往要产生民族战争。"②辛亥革命就是帝国主义在中国产生的，以中国资本主义经济发展，社会政治文化变革为动因的，反对帝国主义及其走狗的民族战争。1913年，列宁写了一篇著名的文章——《亚洲的觉醒》。他指出："世界资本主义和1905年的俄国运动彻底唤醒了亚洲。几万万被压迫的、沉睡的中世界停滞状态的人民觉醒过来了，他们要求新的生活，要求为争取人的起码权利、为争取民主而斗争。"对此，列宁的评价是："亚洲的觉醒和欧洲先进无产阶级夺取政权的斗争的展开，标志着二十世纪初所揭开的全世界历史的一个新阶段。"③由四川保路同志军起义导发的比较完全意义的辛亥革命就是"亚洲的觉醒"的一个最伟大、最重要的具有世界意义的事件。它使中国摆脱了封建君主专制，民主共和观念深入人心，是中国历史上空前的一次面对未来，追求光明和民主自由的革命。我们应该充分肯定它的历史功绩，缅怀为中华民族的振兴而奋斗牺牲的辛亥先烈。正如列宁所说："如果对伟大的资产阶级革命者不抱至深的敬意，就不能成为马克思主义者。"④

辛亥革命（包括四川保路运动和保路同志军起义）是一次由资产阶级领导的，用资本主义救中国的重大试验。为了实现这一理想，无数先烈英勇奋斗，血凝中华大地。但是，历史证明，这一理想，这条道路最终没有实现。资产阶级共和国只是

---

① 郭沫若：《少年时代·反正前后》，第214~215页。
② 列宁：《列宁选集》第2卷，第733、872、628页。
③ 列宁：《列宁选集》第2卷，第448页。
④ 列宁：《列宁选集》第2卷，第733、872、628页。

昙花一现，帝国主义、封建主义没能打倒，四川人民梦寐以求的川汉铁路主权随着辛亥革命的失败亦成泡影……资本主义是救不了中国的。资产阶级不能领导中国民主革命取得胜利。一切还得重新做起，这是辛亥革命留下的一条最重要的教训。

（原载《文史杂志》1991年第5期）

孙中山与四川辛亥革命

今年3月12日,是伟大的爱国主义者和民主主义者孙中山先生逝世六十周年纪念日。全国人民在振兴中华,实现四化的前进道路上,怀着崇敬的心情纪念孙中山先生的丰功伟绩,是孙中山先生第一次在近代提出了"振兴中华"的口号,是孙中山先生领导中国人民推翻了封建帝制,使民主思想深入人心。他为了中国的独立、富强、进步和统一而终生奋斗,至死不息的精神,是中国人民世代继承的精神财富。在此时刻,四川人民也不会忘记孙中山先生对四川辛亥革命所产生过的巨大政治影响和指导作用。

一

在辛亥革命时期,四川许多热血青年、爱国志士是在孙中山的革命思想和革命事业影响、感召下,走上革命征途的。1894年,孙中山组织爱国华侨志士在檀香山创立了中国资产阶级的第一个革命小团体——兴中会。在兴中会会员中,就有名叫张硕臣的四川人,学生,1900年加入兴中会。这是目前见于史籍记载的,最早追随孙中山革命事业的四川人。到了二十世纪初年,已经有不少青年仰慕这位著名的革命家,他们纷纷东渡日本,以会见孙中山为荣幸,以追随孙中山的道路为归宿。如井研县爱国青年曾贯、抱着实业救国宏愿的税钟麟、巴县志士张树三、川籍同盟会会员童宪章、叙永县青年杨维、荣县丁厚扶等。熊克武更是详细回忆了他和其他四川青年在孙中山启导之下,走上革命道路的过程。1903年冬,熊克武赴日留学,在东京接触到更多的爱国志士,读到一些进步书报,开始倾向革命,但是怎么进行革命,依旧茫然。他说:"我早就听说过孙逸仙的名字,知道他是革命家,很希望有机会见到他。"1905年7月,当熊克武、但懋辛等四川留日学生听到孙中山到达东京的消息之后,激动万分,奔走相告,终于如愿以偿地见到了孙中山。熊克武生动地记下了他们会见孙中山先生的情形:"孙先生问及我们来日本想学什么,我们说:'打算投考陆军学校,毕业后回国带兵,革命救国。'孙先生即指示我们:青年人立志革命救国,很好,很好!不过列强急谋瓜分中国,清廷腐败无能,亡国灭种祸在旦夕,爱国志士应积极准备革命,以救危亡;要是都等到学成归国再来革命,时间恐怕来不及了。"(《辛亥革命回忆录》第三集,第2页。)在孙中山的启发下,熊克武等人立即加入同盟会,投身于革命事业。在孙中山的启发感召下,许多四川留日学生都加入了同盟会组织。在同盟会总部任职的川籍革命党人有评议部议员董修武、熊克武、但懋辛、吴永珊（玉章）、吴鼎昌等人。执行部书记有李肇甫。黄复生任四川分会会长。据《同盟会成立初期之会员名册》记（1905、1906年）各省同盟会会员共960人，四川留日学生参加的就有127人，其中由孙中山亲自主盟加入者就有9人。人数之多仅次于广东、湖南。

同盟会集合了全国各省的优秀革命志士，承担了作为全国革命中心的历史使命。而四川籍的革命党人亦成为同盟会中一支引人注目的生力军。

二

四川的同盟会组织也是在孙中山先生直接指导和关怀下发展起来的。同盟会在东京成立之后，川籍同盟会会员童宪章、陈崇功二人"奉中山先生命"，于1906年，携带同盟会的规章、公约、誓词和计划、方略等回重庆"征集革命党员"。重庆的革命小团体"公强会"（1903年成立）"推杨庶堪与朱之洪首应盟约"，于是"乃设同盟会重庆支部"，同年孙中山又派熊克武、黄复生等人回川"揽结同志"，在成都发展盟员，建立支部，并在各州县发展组织。1906—1911年间，四川多数地区都有了同盟会的活动。成渝两地的同盟会机关不仅是四川革命党人行动的中枢，而且在一定程度上影响了西南革命党人的活动。四川同盟会在教育界、工商界、军界以及会党群众中都发展了不少党人，成为四川社会中一个很有影响的政治集团。

孙中山的三民主义也在这个时候传播于四川，成为四川革命运动的指导思想。还在1903年，杨庶堪等人在重庆创办《广益丛报》，传播西方的民主主义及文化思想，以树风声、作民气。同盟会成立之后，该报公开宣传同盟会的主张，介绍革命党人的斗争事迹。1906年10月《广益丛报》总118、119号转载了冯自由《民生主义与中国革政之前途》一文（原刊在《民报》第4期），详细介绍了孙中山的民生主义，对民族主义和民权主义亦作了扼要介绍。这是孙中山的三民主义第一次在四川地区公诸报端。

四川同盟会会员在群众中广泛宣传孙中山的革命思想和同盟会的革命主张。1906年大竹县同盟会会员组织"大竹书报社"，陈列《民报》等革命刊物，供人浏览。川西同盟会会员在会党首领中传阅《民报》《复报》《黄帝魂》等革命书刊，使他们"了解中山先生在海外工作"。孙中山的革命主张深入于革命志士心中，成为他们行动的指南。向楚回忆说：他目睹清廷政治腐败，丧权辱国，感到中国应当实行政治改革，因而赞成孙中山提出的政治纲领，"自思非入盟不足以言革命"，而且"相信主盟人孙中山先生"，于是勇敢向前，加入革命。（《辛亥革命回忆录》第三集，第75页。）1908年11月2日，江油革命志士凌闿，以"大汉革命排满光复军总司令官"的名义，发布反清檄文，言词慷慨地陈述了孙中山创立兴中会，发动广州、镇南关、河口等武装起义的革命业绩（檄文原件照片，四川省博物馆藏）。这些史实，充分证明：孙中山不仅在组织上直接领导着四川的革命运动，而且在政治思想上对四川革命的兴起、发展起着巨大的影响。

三

同盟会成立之后，在孙中山的领导下，明确举起武装夺取政权的革命旗帜，把开展武装斗争作为同盟会的基本任务。辛亥革命时期革命党人以杀身求共和，流血购自由的献身精神，举行了一次又一次的武装起义。四川革命党人举行的武装起义次数之频繁，斗争之激烈在全国也是十分显著的。而四川武装斗争的兴起发展也直接受到了孙中山先生的指导。

早在1897—1898年时，孙中山在与日本友人宫崎寅藏笔谈讨论武装起义的组织和策略时，宫崎寅藏向孙中山介绍过四川的情况，认为四川不仅有"才略兼备任大事者"，而且地理位置十分重要，建议孙中山"以四川为负隅之地，在（再）张羽翼于湘、楚、汴梁之郊"（《孙中山全集》第一卷，第183页）。尽管当时孙中山考虑沿海革命势力较众，且便于从海外运济军火，把策划武装起义的地区侧重于两广、云南，但他毕竟从宫崎寅藏那里对四川的情况有所了解。此后，孙中山对在四川发动武装起义也予以足够的重视。同盟会总部根据孙中山的意见派熊克武等人回川，其任务是"先把散处各地的同志联络好，并设立机关，吸收党员，扩充力量，作为起义的领导和骨干。然后再组织学生，联合会党，运动军队，发动起义"（《辛亥革命回忆录》第3集，第5页）。1906年，熊克武在成都召集部分同盟会会员会议于草堂寺，决定遵照同盟会总部的指示，分工负责，积极准备在四川举行武装起义。于是继1906年同盟会会员李实在江油起义之后，同盟会先后在四川策划和举行了1907年江安、泸州、成都、叙府起义，1909年广安起义，1910年嘉定起义和1911年黔江起义。

孙中山组织武装斗争是从联络会党入手的。四川会党有广泛的群众基础，其自发的反清斗争亦持久而激烈。孙中山十分重视四川会党在武装起义中的作用，希望把会党自发的斗争引入自觉的民主革命的轨道。川南著名会党首领，泸州人佘英就是在孙中山的具体指引下成为一个民主革命战士的。佘英最初读到《革命军》《警世钟》后，萌发了反清意识，并"日持两书在市井讲演，听者如堵，皆大感动"。1906年，川省同盟会会员黄复生、杨兆蓉等邀佘英东游日本，受到孙中山亲自接见，晓以革命道理，使佘英"对革命主义极至倾折"（邹鲁：《中国国民党史稿·佘英传》）。孙中山对佘英"大为器重，付以打通川滇黔会党之责，状委为西南大都督，派同井研熊克武、自贡谢奉琦回川，共策进行"。此后，佘英不负孙中山之重望，奔走四川各地，组织和领导了多次武装起义，为资产阶级民主革命赴汤蹈火，直到1910年英勇牺牲。

江安、泸州、成都起义相继失败后，四川同盟会派杨兆蓉经上海去新加坡向孙中山报告情况。孙中山"属告川中同志，努力勿懈"。杨兆蓉回忆了他这次会见孙中山的情形。他由胡汉民、汪精卫陪同在郊外一座别墅里见到中山先生，孙中山详细询问了四川革命情形，杨兆蓉一一回答之后，孙中山勉励说："很好，革命活动海外国内都是一样。南洋情形，汉民、精卫慢慢告你，活动时方有把握。"（杨兆蓉：《辛亥革命四川回忆录》，载《近代史资料》1958年第2期。）新加坡同盟会的《中兴日报》还专门发表《成都革命党人狱记》一文，报道了四川起义的真相。孙中山对四川革命党人斗争的悉心指导和亲切关怀，增强了四川革命党人胜利的信心。

同盟会在四川的各次起义虽然都失败了，但却扩大了同盟会在四川的政治影响，鼓舞了四川广大被压迫人民的革命热情，为大规模的反清武装起义的发生播下了火种。辛亥秋同盟会领导的保路同志军大起义正是这些失败了的武装斗争的延续和扩大。

1911年夏秋之际，反对帝国主义掠夺中国铁路主权和清王朝卖国卖路的四川保路运动，以磅礴的气势、浩大的规模席卷全川。四川同盟会会员因势利导，"借保路之名，鼓动人民以行革命之实"，决定"组织民军，共同革命"（曹叔实：《四川保路同志会与四川保路同志军之真象》）。9月7日"成都血案"之后，群众性的爱国运动，迅速发展为同盟会领导的反清武装大起义。各路同志军揭竿而起，包围成都，占据新津，扼守大相险岭，进军自贡盐场，武装斗争如急风暴雨扫荡着清王朝在四川的统治。同志军起义标志着全国革命形势的成熟，鼓舞着全国的革命党人。黄兴等人一扫黄花岗起义失败后的气馁情绪，"已灰之心复燃"，立即于9月30日致信在加拿大的冯自由，请他转告在美洲的孙中山，"请设法急筹大款，以谋响应"，并说他不日即将赴长江上游参加鄂省起义（《黄克强先生书翰墨迹》）。当时正在美国北部各埠华侨中筹集款项、演说革命的孙中山，闻悉四川同志军起义消息后，曾在9月14日复函萧汉卫时指出："近日祖国风云日急，四川已动，若能得手，则两广、云贵、三江、闽浙不得不急起而为之援应，到时弟或有不待筹款之成而立当回国也。"（《孙中山全集》第一卷，第539页。）9月25日，孙中山又在另一封信中写道："近日四川省起大风潮，为民众与政府之间发生铁路争端所引起。我党在华南的总部诸君大为激动，因为谣传四川军队已卷入纷争。如所传属实，则我党人拟策动云南军队首先响应，而广东军队亦将继起。但我不相信此一传闻，因我们从未打算让四川军队在国民运动中起首倡作用，这方面它尚毫无准备。据官方报道，四川新军拒不服从总督的作战命令，但亦未加入民众一边，即持中立态度，我认为此与事实相符。"（《孙中山全集》第一卷，第540页。）孙中山远在万里之遥的异国，仍然十分关注着全国尤其是四川革命形势的发展。从孙中山信中所言可知，对于四川新军未能在辛亥革命时期发挥更大作用，除了四川新军本身不团结，军队中同盟会会员如同散沙等原因之外，与同盟会总部的布置亦有关。据程潜回忆：他离川之时，曾告诉四川新军将领"以不介入这次风潮（按：指保路风潮）为好"(《辛亥革命回忆录》第一集,第76页)。应该指出,同盟会在四川没有充分发挥新军的作用虽然有客观原因,但终归仍是一失策。

四川同志军起义举起了孙中山提出的政治纲领,"各军皆树旗四面,文曰'驱除鞑虏,恢复中华,创立民国,平均地权',将保路之面具揭去,而树同盟革命军之旗帜"(曹叔实:《四川保路同志会与四川保路同志军之真象》)。宣告自己的斗争已迥然不同于旧式农民自发斗争,而是中国比较完全意义上的资产阶级民主革命的一部分了。1911年11月22日,重庆同盟会会员在渝举义,建立蜀军政府,发布的政纲、宣言等文件按照同盟会总部的纲领、宣言写成。其《对内宣言》,接受了孙中山民族主义中革命是推翻满洲贵族专制统治而非消灭所有满族的思想,对同盟会总部六年前制定的宣言中不恰当的提法予以修改。1912年1月6日,蜀军政府电贺孙中山任临时大总统,称颂他"为提倡民族主义第一伟人"(《重庆蜀军政府资料选编》第93页)。

四川保路同志军起义的壮举,导发了举世瞩目的武昌起义,一举推翻了二千年来的封建君主专制制度。其历史功绩永不可磨灭,孙中山先生对四川人民的革命斗争给予了公正的评价:"若没有四川保路同志会的起义,武昌革命或者要迟一年半载的。"(冯玉祥:《我所认识的蒋介石》,第161页。)我们也可以说,如果没有孙中山先生及其同盟会的政治影响和具体指导,四川保路运动也不可能迅速发展成为资产阶级民主革命的一个洪峰。

四

在辛亥革命疾风骤雨似的阶级斗争中,四川涌现出了一批爱国主义、民主主义的英雄人物和仁人志士,他们留下的爱国革命的优良传统,开创了近代四川革命人才辈出、对全国革命做出巨大贡献的时代。四川辛亥革命时期著名的三大将军——"革命军中马前卒"巴县邹容,"浩气长存"的黄花岗著名烈士内江喻培伦,"歼除大憝,以收统一速效",勇炸宗社党头目的金堂彭家珍,就是中国旧民主主义革命时期的一代英杰。我们不能忘记,"三大将军"正是孙中山就任南京临时政府大总统时,亲自下令追赠的。三大将军是四川人民的骄傲,是人民革命的先驱。四川人民将永志不忘三大将军的光荣业绩,也永志不忘孙中山先生对四川革命斗争和一代英杰所做出的崇高评价,更永志不忘孙中山先生对四川辛亥革命的巨大政治影响和指导作用。

今天当我们缅怀孙中山先生革命事迹之时,耳边响起了孙中山先生"生在中国实为幸福"的名言和"振兴中华"的号召,不禁热血上涌,心潮澎湃。孙中山当年渴望祖国强盛和统一的理想,一定会在我们这一代实现。

(原载《文史杂志》1985年第1期)

辛亥四川保路运动

四川人民在辛亥革命时期所进行的声势磅礴、规模壮阔的保路运动，沉重地打击了帝国主义及其走狗清王朝在中国的统治，为武昌起义的胜利缔造了条件，为全国革命形势的发展开拓了道路，为中国资产阶级民主主义革命创立了不朽的功勋。这次革命运动是在帝国主义和中华民族的矛盾、封建主义与人民大众的矛盾急遽尖锐化的基础上展开的，因此，四川人民从和平请愿、罢市罢课、抗捐抗税，发展成为武装起义的斗争过程，也就是反对帝国主义、封建主义的复杂的斗争过程。本文拟就四川人民为自办川汉铁路的斗争，保路运动的发生和发展试作阐述。

一

从十九世纪末年起，帝国主义开始采取以铁路投资为劫夺中国利权、奴役中国人民的侵略手段，而以"天府之国"著称的四川则变成了它们垂涎、强掠的重要对象。帝国主义侵略者"每以川江运道不便"为借口，决定了阴谋"设法开通，舍轮舶以就火车之利"① 的诡计，妄图修建一条贯通川、汉地区的铁路，以便达到恣意宰割中国的目的。1896 年，英国资产阶级学者肯德在其所著《中国铁路发展史》一书中，便暴露出英国所谓"扬子江流域铁路系统"的罪恶计划，就是要建筑一条由上海经南京、汉口、宜昌、万县而达成都的铁路，使"条约港重庆""成为远东的圣路易"②。1897 年，法国印度支那总督杜美则提出由劳开至云南府、成都、重庆之间兴筑铁路的计划，以便实现其殖民远东的"中越交通线"的目的。于是英法两国亦步亦趋展开了夺取四川铁路主权的竞争。继之，美、德、日等国接踵而来，也参加了这种强掠活动。正如列宁指出："建筑铁路似乎是一种简单的、自然的、民主的、文化的、文明的事业。由于粉饰资本主义奴隶制而得到报酬的大学教授和小资产阶级的庸人就有这样的看法。事实上，几根资本主义的干线已经用千丝万缕的密网把这种事业与整个的生产资料私有制联系在一起了，已经把这种建筑事业变成压迫附属国（殖民地和半殖民地）里占世界人口半数以上的十亿民众和'文明'

---

① 戴执礼编：《四川保路运动史料》，第 2 页。
② ［英］肯德：《中国铁路发展史》，生活・读书・新知三联书店，1958 年，第 123~124 页。

国里资本的雇佣奴隶的工具。"① 这对帝国主义争夺铁路的实质,是一针见血的揭露。果然及至1903年,帝国主义者,"均以借款造路为请","蓄意觊觎","计求强取,百端纷扰",而"巴蜀一隅"反抗帝国主义的怒潮便亦遂之掀起了。

川省留日学生首先发出了自办川汉铁路的呼声。以"四川铁路入他国手之日,即四川全省土地人民永服属他国之日"②的沉痛言词,唤起川人的注意。在四川人民的压力下,1903年新任总督锡良,乃不得不奏请川汉铁路自办,于是次年在成都设立了"川汉铁路公司"。

"川汉铁路公司"的成立,立即引起了帝国主义的仇视。英国公使照会清政府,川汉路所需款项,均应依1903年奕劻所允由英美借贷;法国领事向锡良先提出包揽川汉铁路款工的要求,当公司以铁路"一切均系自办,尚无须借助于人"的条例严辞拒绝后,又致函公司督办,以"将来如何结局……惟贵督办是问"等威胁恫吓。1905年,英法勾结,派濮兰德(代表华中铁路公司)与贾斯纳(代表法国东方汇理银行)来华谒张之洞,并与之在北京鼓吹所谓全国铁路应由中央统一经营的滥言,其意在借清廷之手夺取川汉铁路。

修建铁路需要大量资金,而中国民族资产阶级软弱无力,根本不能单独承担。四川留日学生基于爱国热忱,一面"呼吁自力更生,齐心修路",一面决定"自认股款三十余万两以为先导"③,川汉铁路公司遂采"内地集股,仿捐输而行债票"之法④。1905年1月,其《议定集股章程》规定:川汉铁路"不招外股,不借外债,是以专集中国人股份,非中国人股份,概不准入股"。"股票转售与人……惟只售与中国人,倘转售或抵债与非中国人,本公司概不承认,股票作废。"1907年《商办川汉铁路公司续订章程》重申"无论整股零股,均惟华人自购,不附洋股"。关于工程技术人员的规定是:"延本国人为总工程师,其应聘东、西洋各国人,均由本公司商同总工程师妥立合同,规定权限,仍归公司监督。若应聘(外)人怠于职务,本公司可随时知照总工程师辞退"⑤。很明显,这些规定是与帝国主义的侵略野心针锋相对的,因而具有鲜明的反帝爱国的政治性质。股本来源有"抽租之股""认购之股""官本之股""公利之股"四项,而以"抽租之股"为主,办法是,"凡业田之家",亦"无论公产庙田""租户、佃户、债户""但有租谷可收,数在十石以上","均按该年实收之数百分抽三"⑥。当时公司所入,每年二百余万,然乃"取诸一般农民"⑦,"独恃人民租谷为大宗"⑧,这样,全川人民都和川汉铁路发生

---

① 列宁:《帝国主义是资本主义的最高阶段·法文和德文版序言》,载《列宁全集》第22卷,人民出版社1958年版,第182页。
② 《四川留日学生为川汉铁路敬告全蜀父老书》,戴执礼编:《四川保路运动史料》,第20页。
③ 吴玉章:《甲午战争前后到辛亥革命前后的回忆》第十项。
④ 程昌祺:《静观斋日记》第9号,第4册。
⑤ 戴执礼编:《四川保路运动史料》,第66、71页。
⑥ 《川汉铁路按租抽穀办法详细章程》,载《四川保路运动史料》,第41页。
⑦ 戴执礼编:《四川保路运动史料》,第67页。
⑧ 《四川川汉铁路公司大事记》。

了切身的利害关系，这是能够形成风起云涌、势不可遏地全民性保路运动的一个原因。

川汉铁路公司的股款虽来自民间，也加上公司名义，但实际是官办，完全被锡良等人把持。他任命四川布政使冯煦为督办，安排了一批府道以上的官吏为总办、会办。这群人主张"将来推广，或附搭洋股、或添借洋款"，为侵略者留有后路。并且，他们大多假公济私，贪污自肥，因此路事进行得迟慢而无成绩。所以四川人民还必须向以锡良为代表的清王朝进行斗争，争取铁路商办。1906年底，四川留日学生联名指责官府营私舞弊，要求厘定股东权利义务以昭公允，四川人民在《川汉铁路商办公司建议书》中更明确提出："今日之川汉铁路……就公家言之，则仅利于一般豺狼之官吏。就私人言之，则仅利于少数牛马之搢绅，反此而最受其害者（为）百姓。盖川汉铁路公司之最大目的，固欲绞尽七千万人之膏血，而填少数豺狼牛马之欲壑而已。"① 在人民的压力下，1907年，官商合办的川汉铁路公司改成商办有限公司。然公司的董事们仍多由立宪派分子或与之有关的搢绅充任。他们厚敛自肥，剥削成性，与官吏相差无几，因此公司收入，悉榨取"小农下户"②，1908年，"所筹路款近八百万"，而贪污浪费耗去三百五十万，再加上"种种浮冒侵蚀，实属骇人闻听"③，1910年沪保款委员施典章与帝国主义者串通，盗骗路款达二百八十五万余两之多。故当时的一首《来日大难歌》写道："自从光绪二十八年把路办，银子凑了万万千……最可怜的是庄家（稼）汉，一两粮就出这一项钱。要办铁路为的是那一件？怕的是外国人来占路权！"④ 这首歌谣反映了人民群众反帝爱国的正义行动，彻底揭穿了清朝官吏和立宪派分子的可耻的丑恶行为。因而，广大人民"以劝捐而积恨于政府，以铁路为洋务而迁怒洋人，四处哄起，偏打洋行教堂"⑤。

在广大人民的有力支持下，川汉铁路从1906年起开始勘测路线，决定先由宜昌动工。1908年聘请詹天佑为总工程师，1909年，宜昌设工程局，动工修筑。帝国主义者所谓"非得外国专门家与财政之资助决难望其成就"⑥的谬论，又一次地在事实面前被粉碎。但是由于它们的反动本质至死不变，所以川汉铁路开工后，就更加疯狂叫嚣起来。《字林西报》大肆造谣，诋毁川汉铁路"其实之结果真大失所望"，诬蔑"中国前途叵测，环球列强均当留意"⑦，等等。此外，侵略者加紧与清朝勾结借款的步伐，1908年，英国派濮兰德与张之洞商谈，"借词要挟，枝节横生，致令磋商阅五月余，会商至百余次"而毫无结果。德国乘机派柯达士以"扣息

---

① 戴执礼编：《四川保路运动史料》，第54页。
② 《川汉铁路公司改进会第六期报告》。
③ 《川汉铁路公司改进会第六期报告》。
④ 《四川保路同志会报告》第13号。
⑤ 《川汉铁路公司改进会第六期报告》。
⑥ 戴执礼编：《四川保路运动史料》，第100页。
⑦ 戴执礼编：《四川保路运动史料》，第99~100页。

从轻"为钓饵与张之洞订立了湖广铁路借款合同,英法闻之,"恫喝要挟,无所不至",张之洞决定"因势利导,一视同仁",遂于1909年6月7日与英、法、德三国银行签订了粤汉铁路(湘鄂境内)、川汉铁路(鄂境)借款合同,共借五百五十万英镑,并规定粤汉铁路用英国工程师,川汉铁路用德国工程师。张之洞让帝国主义初步达到了可耻的目的。

美帝国主义在这次掠夺中国路权的大竞争中充当了最狡猾、最阴险的角色。早在1903年,它即要挟清廷承认其投资川汉铁路的特权。在1909年3月美国新任总统塔虎脱组织了以摩根公司为首的银行团,图谋联合英、法、德在财政上彻底控制中国。4月,美驻华公使柔克义向清廷提出参加粤汉、川汉铁路之借款要求,与他国"皆当利益均分"。美帝一面假惺惺地扬言美国公司参与可"保证尽行满意",一面则施加压力,宣称如借款不成将重新考虑庚款退还问题。塔虎脱接着就委任了美国国务院远东司司长代德为银行团驻北京代表,以便压迫清廷屈服。于是,美、英、法、德四国开始了分赃谈判。1911年初大买办盛宣怀任邮传部尚书后,清廷在帝国主义嗾使下,先宣布了"铁路干线国有政策",继之强行接收各省铁路公司,5月20日,便与美、英、法、德帝国主义签订了粤汉、川汉铁路借款合同,规定总额为六百万英镑,而以两湖厘金盐税作担保,以及允许四国享有陆续借款的优先权,腐朽透顶的清政府就这样将两湖境内一千八百里的路权公开地进行了大拍卖!

二

当"铁路国有"的消息传到四川后,"函电纷驰,争议嚣然",广大人民愤慨万分。但立宪派分子的态度最初只希望清廷"保存现有之款,求还已用之款",对铁路"国有"或"民有"漠不关心。而自盛宣怀声言"欲举现存已用之款一律填给股票"、若川省表示异议则"必复借外债,必以川省财产作抵"之后,侵犯了立宪派的切身利益,所以又企图利用群众力量迫使清廷让步。这样,1911年6月17日,川汉铁路股东代表集会成都,宣布成立"保路同志会",推举立宪派蒲殿俊、罗纶为正副会长,确立了"破约保路"的宗旨,并派员分路出动游说宣传。

人民群众对"铁路国有"的卖国卖路的实质是十分清楚而深恶痛绝的。他们认为这无异于"抢我们财产,夺我们利权,摧残我们做亡国奴,逼我们受永远熬煎"[①],所以当时全川142个州县的工人、农民、学生和市民纷纷投身于运动之中,保路同志会的会员不到半月就扩充到十万人,而各州县、乡镇和街道相继成立了分会,妇女群众也成立了"四川女子保路同志会",甚至中小学生和僧、道人士都参加了保路的斗争行列。川西北地区的少数民族也纷纷起而响应。他们的斗争情绪十分激烈,"忠愤所播","则下等社会贫苦人,发言之精当,忠悃之纯挚,有为士大

---

① 佚名:《江北县志·大事记》,手抄本。

夫所不到"①。立宪派"瞻前顾后"的动摇态度,"众极不满",而且这种情况是"愈演愈烈,已成风气,不易挽回"②,尤其"川路工人,无日不滋事端,兵警弹压为难"③,积极参加了保路斗争,这一切就推动了辛亥保路运动不断地向前发展。

立宪派生怕群众点燃起革命烈火,处处散布"文明争路"的言论,规定了许多如像"防止暴动""不可自由行动""不应怨望朝廷""不必集矢外人"的戒律,以便随时与敌妥协。尽管代理四川总督王人文代奏清廷并派刘声元入京"哭诉",乞求收回成命,但到底是"希望劝说帝国主义者和中国反动派发出善心,回头是岸,是不可能的"④。所以清廷非但置之不理,而且王人文因此而被革职惩处,刘声元则被"递解回籍",刽子手赵尔丰竟奉命督川。8月,清廷强行接收川汉铁路宜万段,并要以川款继续督责兴修,这不仅从四川人民手中夺去了路权,而且也劫夺了股款,所以群众斗志更加昂扬,24日,在成都举行了保路同志大会,数万群众振臂高呼反抗清廷卖国,控诉清廷抢劫民款,提出罢市、罢课、不纳一切厘税杂捐等要求,结果,"会众未散毕",成都"各街关闭市面已过半",保路运动又向前跨进了一步。

群众运动冲破了立宪派"文明争路"的范围,他们虽然抬出了临时赶写而成的《保路同志会公启》,要求群众"不打教堂""不得侮辱官府";虽然施用了刊发光绪牌位,命每户焚香礼拜,以表示自己绝无犯上作乱之心,并企图麻痹群众的斗争意志,但是这一切鬼蜮伎俩并无任何作用,恰恰相反,立宪派的反动政治面目愈益暴露在群众面前,而运动也更广泛地发展起来了,以致全川除边远僻邑外,数十州县都卷入了罢市热潮之中,造成"南起邛雅,西迄绵州,北近顺庆,东抵荣隆,千里内外,府县乡境,一律闭户"⑤的局面。与此同时,捣毁经征局、自治局、巡警分署、外国教堂等事件也此起彼伏,日甚一日了。

立宪派分子阻止不了革命运动的发展,竟公然向清廷要求将借款、修路事交资政院、谘议局解决,并组织"官绅商学界联合会"来维持反动秩序。但是,这一叛卖爱国运动的行动,立即引起了广大群众的愤怒,他们在铁路公司门前游行示威,谴责立宪派"讨好官场"。帝国主义者亦妄图用伪善面目以倡言修改借款合同的谎话来消弭群众斗争,然而,人民却以坚持罢市、罢课的行动回击了他们的阴谋。

9月1日,四川人民开始宣布了不纳正粮,不纳捐税,不负担外债分厘的斗争,结果清朝"二千数百万之岁入,顿归无着。四川一切行政固惟束手,而京部洋偿、解协等款,全无所出……滇、黔、新、甘、边藏,向皆仰给于川者,亦皆坐

---

① 《四川保路同志会报告》第 8 号。
② 彭芬:《辛亥逊清政变发源记》,中国史学会编:《辛亥革命》(四),"中国近代史资料丛刊"本,第 334 页。
③ 盛宣怀:《愚斋存稿》第 78 卷。
④ 毛泽东:《毛泽东选集》第四卷,人民出版社,1960 年,第 1491 页。
⑤ 《民立报》辛亥七月十五日。

困"①。接着，川汉铁路公司举行了股东大会，会上出现了《川人自保商榷书》，这个文件揭露了帝国主义和清朝政府的罪恶，提出川人"共同自保"，"共挽时局之危"的号召，也给予了清朝以极大的震动。

清廷借口《川人自保商榷书》中"隐含独立"，乃命刽子手赵尔丰用武力镇压。9月7日，蒲殿俊、罗纶、颜楷、张澜、邓孝可等人被诱捕，铁路公司和同志会被封闭。赵尔丰的蛮横手段，立即激起了成都数万人的请愿示威，相率奔赴总督衙门，这时赵尔丰命令士兵开枪，当场击毙群众三十二人，伤者不计其数，制造了著名的"成都惨案"。此后，整个四川都沸腾了起来，保路运动进入到推翻清朝反动统治的武装斗争的阶段。

在保路运动的初期，同盟会还没有完全掌握运动的领导权，因而保路运动仍带有很大的自发性，但有一些同盟会会员，如龙鸣剑、王天杰等人一开始就采取了"外以同志会之名，内行革命之事"的策略，联络会党，准备起义。"成都惨案"后，同盟会会员朱之洪、龙鸣剑、曹笃及新军中的革命党人主张立即激励民气，导以革命；新津会党首领侯宝斋联合哥老会，决议若攻成都不下，"则先据川东南，扼富庶之区，再规进取"②。另外，龙鸣剑、王天杰等在资州罗泉井与哥老会首领秦载赓、罗梓舟、孙泽沛等人联合，改同志会为同志军，并分赴各县，策划起义。驻成都凤凰山的新军在革命党人的影响下亦"大多不同情政府"。9月7日，曹笃与朱国琛等人截木板数百片，将上写"赵尔丰先捕蒲罗，后剿四川，各地同志速起自保自救"的"水电报"乘夜投入江中，顺流而下，消息乃传遍川南、川东，更进一步掀起了各地群众揭竿而起的革命形势。

9月7日晚，新津侯宝斋首先起义，率军直趋成都，次日歼灭了驻南郊武侯祠的清军。华阳秦载赓率东路军与清军战于东郊牛市口、大面铺，而近郊农民亦相率聚众"直扑城下"。温江、双流、郫县、大邑、威远、荣县、井研等十余州县群起响应，总数不下二十万人，从四面八方进军成都，陷赵尔丰"于坐困之地"。这时帝国主义分子纷纷向上海逃窜，清政府见"川省大局岌岌可危"，也急忙派端方入川，一面纠集滇、黔、湖等省清军，一面勒令岑春煊前去"宣抚"。但是，已成燎原之势的革命烈火，再也无法扑灭了！

同志军围攻成都数十日，因装备不足，缺乏统一的组织和战斗经验，最后决定"分兵转略各州县"。侯宝斋率军转向新津后，"应召来者日集日多"，十余日乃有众十数万③，"营屯四接，旌旗相望，大有震撼全蜀之势"，众推侯宝斋、周鸿勋为全军正副统领，兵向所至，屡败清军。后来，侯、周二人虽先后被叛徒杀害，但南路军的英勇斗争却牵制了四川大部分清兵，为其他各路同志军的发展创造了有利条件。

---

① 赵尔丰：《赵季和电稿》，载《保路运动史料》，第293页。
② 朱之洪编：《蜀中先烈备征录》卷二，第41~42页。
③ 朱之洪编：《蜀中先烈备征录》卷二，第42页。

秦载赓统率的东路军在成都外围与清军鏖战七昼夜后，转向华阳中和场一带，有众二十余万，与新津遥相呼应。后东路军汇合荣县王天杰部在仁寿组成东路民军总部。这是一支由同盟会会员直接领导的队伍，军纪严明，粮饷不取自平民，深受群众爱戴，故其军"势如破竹，旬月间遂下仁寿、简州、井研、内江、叙府、犍为、威远、富顺、自贡等十余州县"①，清军大受挫折。所以仓皇督令滇军"进扎筠连、屏山之间，为叙声援"；调端方部"一支直达嘉定以捣中坚，一支迅赴成都以固根本"②；另选"得力湘军两三营"，"以填实渝防"。

由于端方入川，各地反动势力死灰复燃，胡良辅、秦载赓、陈孔伯等革命领袖遭到暗杀，龙鸣剑亦积劳成疾，殁于行军途中。但是川东南各州县仍为同志军所控制，他们在王天杰、吴玉章等领导下，继续战斗，陷端方于进退维谷之中，并奠定了四川独立的基础。滇、黔、湖等省清军也被阻挡在川边界，一直无力深入四川腹地，这对四川各地人民起义斗争的发展起了重大作用。

除上述两支主力同志军外，整个四川几乎处处有同志军起义。反动派"东驰西击，防内攻外，刻无暇晷"，疲于奔命。成都平原各州县"均各聚众盈千累万，号称民团，大张旗帜"③，所谓"各县几于无地不'匪'……纷纷告警"④，可知声势之壮大。例如，川西荥经、天全、芦山等地同志军以雅州为中心，推罗子舟为军长，攻雅州，分兵阻击增援成都的西昌、西藏清军于大相岭，使赵尔丰的精锐部队无法抵川西平原，为川西同志军解除了西顾之忧。同盟会会员蒋淳风组织西部同志军学生大队，抗击清兵于郫县犀浦，但不幸蒋淳风牺牲，大部分学生亦在战斗中殉难。另外，川南同志军克江安、叙永、古蔺、古宋等县；川东革命党人赖容光、赵其屏控制了万县，廖树勋等克长寿，占涪陵，沿江而下达夔州；川东北则有陈膺琪、李克言以大竹与渠县为中心的根据地，克邻水、垫江、绥定等地。在江油、绵州、顺庆又有凌鸇、邢珍禄、翟奎等部。同志军的势力所及，西自大渡河，东到长江出省口，北迄川陕交界地，南达川边堡塞，无一不招展着革命的义旗。少数民族同胞也起兵响应，川西彝族人民以西昌为中心，转战于洪雅、夹江；川西北藏族人民在汉川县解除了清军武装，李维明又率汉藏民军南下，与清兵战于灌县、崇宁等地。德昌彝族人民还展开了反帝斗争，杀伤法国传教士。工人也纷纷参加斗争，川汉铁路工人，自贡、犍乐盐工，资中、内江糖工"乘机而起"。四川义和团余栋臣旧部张桂山亦曾参加围攻成都的战斗，后转入川东南，攻克富顺，自称富顺都督。所有这一切，就汇成了推翻清廷反动统治的巨流，其声势之猛烈，规模之浩大，在近代史上，除太平天国运动外，再没有可以与之比拟的了。

在广大劳动群众前仆后继的英勇战斗中，四川的封建专制政权被粉碎，为四川

---

① 朱之洪编：《蜀中先烈备征录》卷二，第13页。
② 史宝安：《宣统政记》卷61，第14页。
③ 彭芬：《辛亥逊清政变发源记》，中国史学会编：《辛亥革命》（四），"中国近代史资料丛刊"本，第369页。
④ 史宝安：《宣统政记》卷60，第7页。

的独立开辟了顺利的道路。吴玉章同志在荣县发动群众、训练民团、不断扩大武装，支援前线，当王天杰率领攻打成都的部队回到荣县后，吴玉章同志即宣布独立，建立了革命政权。荣县独立于9月25日，比武昌起义早半个月之久，是各州县独立的先导，从此，它成为东南路民军反清的中心，给各地人民以极大鼓舞，随后，隆昌、嘉定（乐山），屏山、垫江、广安等县纷纷宣布独立。

清廷命端方率鄂军入川，不仅激起了四川人民更高地举起革命的火炬，同时，鄂军西调，武汉空虚，又为武昌起义的胜利创造了客观条件，孙中山说："若没有四川保路同志会的起义，武昌革命或者要迟一年半载的"①，而武昌起义的胜利则又反过来激励了四川人民革命斗争的发展。因此，11月22日，同盟会会员张培爵等人在龙泉驿的夏之时官兵起义部队进入重庆之时，乃组织各界群众大会，成立了"蜀军政府"，推张、夏为正副都督，通电全国宣布独立，随之"川东南五十七州县皆闻风响应"，宣布接受其领导。"蜀军政府"以"驱逐鞑虏，恢复中华，建立民国，平均地权"为宗旨，提出召开国民大会和一些减厘免税的办法，这在一定程度上反映了人民的要求，因而是具有进步意义的。但是，它没有为群众指出更明确的反帝反封建的斗争方向，没有解决土地革命问题，没有与广大农民结成巩固的联盟，反而在革命斗争的考验中，抛弃了农民群众，依赖地方官绅来"维持地方"，"镇压匪类"，禁止与"反正清吏为难"，容许大批投机分子、反革命分子混入政府。甚至在对外宣言中，还承认："中国前此与各国缔结之条约，曾经宣布者，继续有效。"②这就充分暴露出中国资产阶级的软弱性和妥协性的特点。毛泽东同志在《湖南农民运动考察报告》中指出："国民革命需要一个大的农村变动。辛亥革命没有这个变动，所以失败了。"因之四川的辛亥革命同样是半途而废了。

四川的立宪派当端方被杀以后，企图勾结赵尔丰，篡夺革命果实。结果，他们订立了密约三十章，允许在保存赵尔丰军事力量的前提下，将政权形式上交给立宪派。这样，在成都的所谓"四川大汉军政府"于11月27日便宣告"独立"。从此，在四川形成了"蜀军政府"与"四川大汉军政府"两个地方政权并存的局面。

赵尔丰利用旧有的军事力量，在12月8日发动兵变，大肆焚掠，残杀革命群众，蒲殿俊吓跑，陆军学堂总办尹昌衡趁机当上了都督。这一事件，又一次地激怒了四川人民，各地民军武装纷纷以"索赵"为号召，进军成都，尹昌衡和立宪派分子乘机依靠民军力量，杀赵尔丰，重建了政权。

但是"蜀军政府"非但没有利用大好时机，团结民军，完成四川的革命统一，反而，在赵尔丰被杀后，认为"鞑虏已除"，"中华已复"，"民国已建"，停止了军事行动，撤回了北上"索赵"的军队，而孤立了自己。"四川大汉军政府"尹昌衡则阴谋提出统一要求，并以"武力相对，我备必胜"相威胁，"蜀军政府"中动摇

---

① 冯玉祥：《我所认识的蒋介石》，第161页。
② 中国史学会编：《辛亥革命》（六），"中国近代史资料丛刊"本，第19页。

分子的"成渝合并"主张，便甚嚣尘上了。结果在 1912 年 4 月 27 日，两军政府合并，于成都成立"四川都督府"。尹昌衡、张培爵分任正副都督，至此，人民群众艰苦奋斗的革命果实被立宪派窃夺，辛亥革命在四川失败了。

这充分说明了，中国反帝反封建的资产阶级民主革命任务，不能由资产阶级来领导，而必须在无产阶级的领导下才能彻底取得胜利。这就是辛亥四川保路运动给我们留下的一条最重要的经验教训。

(原载《历史教学》1961 年第 Z2 期)

四川保路运动

五十年前，四川全省四千多万人民为反对帝国主义侵略和清王朝卖国卖路的罪行，掀起了波澜壮阔的保路运动。在广大群众的推动下，运动从和平请愿发展至罢市、罢课、抗捐抗税，最后形成了全民性的武装起义。

四川保路运动是中国资产阶级民主主义革命的一环，也是中国近代第三次革命高潮中的一支突出的先锋力量。其气势之磅礴，规模之巨大，不仅在四川历史上是空前的，同时也是全国历史上所仅见的。四川人民在辛亥革命时期，以自己的英勇斗争沉重地打击了穷凶极恶的帝国主义，粉碎了他们掠夺川汉铁路的可耻阴谋，使帝国主义的走狗清王朝的专制统治首先在四川被冲破，并为武昌起义创造了重要的客观条件，从而加速了全国革命运动的发展进程，为革命立下了不朽的功勋。

一、保路运动前四川的革命形势

毛泽东同志在《唯心历史观的破产》一文中，驳斥美帝国主义代言人艾奇逊将近代中国革命发生的原因解释为"西方的影响"的神话时，曾精辟地指出：近代中国革命的发生"不是什么西方思想的输入引起了'骚动和不安'，而是帝国主义的侵略引起了反抗"。同时，具体地指明："辛亥革命是革帝国主义的命，中国人所以要革清朝的命，是因为清朝是帝国主义的走狗。"这是对中国近代历史最科学的概括。四川保路运动的发生发展的历史，又一次雄辩地证实了这个真理。

四川保路运动的发生并不是偶然的。它是当时四川社会的各种矛盾，特别是帝国主义和中华民族的矛盾，封建主义和人民大众的矛盾发展尖锐化的结果。

外国侵略者在第二次鸦片战争后即直接向四川伸进了魔爪。经过中英《烟台条约》、中法战争、中日甲午战争，帝国主义势力不断在四川扩张。它们向四川倾销商品，掠夺原料，开办工厂，强迫开埠、设领、夺取海关、航运，像散播瘟疫一样地布置宗教和文化侵略网，用尽各种政治、经济和文化侵略手段，将四川打入半殖民地半封建的地狱之中。

1901 年的《辛丑条约》，是帝国主义侵略中国的新的里程碑，帝国主义对四川的侵略自此全面地加紧了。1901 年，日本强夺重庆王家沱设立租界。次年，英国强迫清朝订立《中英通商条约》规定将万县开为商埠。洋货也更加泛滥起来。仅就重庆而论，1900 年，洋货进口总值为 12,917,081 两，1903 年即猛增至 180,

733,39 两。与此同时,帝国主义又在四川开展投资活动,纷纷在四川设立工厂、公司、洋行等经济侵略机构。对四川的采矿权和铁路权的争夺也更为剧烈起来。在众狗争食之下,到了 1904 年,"吾蜀矿务落于他人手者已过半矣"①。1908 年,帝国主义的代言人四川军医学堂教习法国人得酿得勒竟著《吞灭四川策》一书,疯狂地叫嚣吞灭四川。

清王朝在签订《辛丑条约》之后,完全投降了帝国主义,与帝国主义结成最反动的联盟。对外大肆卖国,对内残酷地压榨和镇压人民大众。仅庚子赔款一项,四川从 1902 年起,每年要摊派所谓新案赔款 220 万两,使四川的"新捐输"以及原有的"捐输""津贴"苛派比"正额"多至十倍。四川总督奎俊,"见农民入城担粪,即抽粪税,每担取数文,每厕月取数百文,税至于粪,真无微不至"②。清王朝为进行垂死挣扎,实行的旨在强化国家机器的"新政",更是加强了剥削。四川已是无物不捐,捐上加捐,甚至娼妓也抽"花捐"。

1906 年,四川留日学生写道:"四川虽以殷富闻。自咸同以后,地丁而外,津捐各款,名目繁多。近年来,兴学、练兵、办警察、筹赔款,竭泽而渔,势已不支。而外洋货物充塞内地,工徒失业,农商亦因此受亏。生计艰难,迥异昔日,疮痍满道,乞丐成群。节衣缩食,卖儿鬻女,而不足以图生活供丁赋者,比比然也。"③ 这是 20 世纪初四川社会残破的生动写照。加上连年天旱水涝,广大农民、手工业者、城市贫民陷入了失业贫困的境地,就是一般工商业者乃至中小地主亦感到每况愈下的威胁。

伟大的义和团运动进一步地揭露了清朝的腐朽、卖国行为,提高了人民的觉悟。人民懂得了要爱国就必须反对专制政府。因此,《辛丑条约》签订之后,人民的反侵略斗争便自然同反清斗争联系起来。以四川义和团为中心的农民自发的反帝反封建运动,自 1901 年起即开始在全省范围内发展。四川义和团高举"灭清、剿洋、兴汉"的旗帜,打教堂、杀教士、仇洋货、围攻县城,包围省会,英勇地打击清军。到了 1905 年,四川更是"人心浮动,各处堪虞,仇教、仇洋之广告,几乎无地无之"④。犍为县群众二万人奋起仇教和反对官府勒索,川边巴塘藏民聚集三千人,围攻衙署,烧毁教堂。1907 年,平武县以谷捐苛扰,激成民变。工人阶级的斗争也初步展开了。1904 年,成都机器局全部工人六百余人罢工,反抗工头克扣工资。1908 年,自贡盐场工人要求增加工资,近二万人罢工。城市贫民也不断掀起抗捐抗税斗争。工农劳动群众彼伏此起的反抗斗争,酝酿着新的革命高潮的到来。

四川僻处西南,交通不便,社会经济的发展是比较迟缓的。资本主义生产的发生比沿海省份约晚二十年,而且还微弱得多。但由于外国资本势力的深入,破坏了

---

① 戴执礼编:《四川保路运动史料》,第 21 页。
② 《四川革命书》,中国史学会编:《辛亥革命》(二),"中国近代史资料丛刊"本,第 311 页。
③ 戴执礼编:《四川保路运动史料》,第 44 页。
④ 四川大学藏巴县档案:"义和团专卷"。

四川的自然经济的基础，刺激了民族资本的发展。因此，到了20世纪初年，四川的民族工商业也有了一定的发展，据不完全的统计，1900—1911年间，四川开办的纺织、缫丝、印刷、火柴、电灯、玻璃、煤、制革、造纸、面粉等工厂企业约四十家左右。其中重庆电灯公司，成都启明电灯厂等企业的资本达到了三十万元。

帝国主义是不容许中国发展资本主义的。何况，四川民族资本刚发展时，帝国主义已从各方面控制了中国的经济命脉。因此，四川民族资本在帝国主义与封建主义的压制下，困难重重，前途短狭。四川的资产阶级不能不突出地感到帝国主义威胁的严重存在。1905年，重庆《广益丛报》上有文章慨叹："重庆自甲午马关订约，商埠大开，交易日盛，宜乎商务振兴，大有起色矣。而卒之市面年逊一年，倒塌迭见，外人货物充盈，莫筹抵御之策。"① 他们为了切身利益，反抗帝国主义的要求不断高涨，力挽利权的呼声也越来越高。1907年，重庆商会的楹联集中地反映他们的愿望："登高一呼，直召唤四百兆同胞共兴商战；纵目环顾，好凭此数千年创局力挽利权。"又"古人忠愤，异代略同，借热情规画商情，要与前人分一席；天下兴亡，匹夫有责，望大家保全时局，莫教美利让诸邦"②。他们除要求自办川汉铁路外，1905年后，领导并参加过抵制美货运动。1908年又展开了收回江北厅矿权的斗争，从英国手里收回江北矿权，自行开采。城市商人也举行过多次抗捐抗税罢市。这些反抗固然是软弱无力的，但它们反映出四川资产阶级和帝国主义、封建主义的矛盾，资产阶级的爱国运动开始发展起来了。

当时，四川的资本家大多是正在向资产阶级转化的地主。他们鉴于资本主义剥削方式有利可图而投资新式工业，但他们最根本的经济基础仍是靠占有大量土地，进行封建剥削。即使他们所经营的资本主义性质的企业也与封建势力有着依存关系。如四川立宪派头子之一的邓孝可，1907年在夔府（奉节）开办的宝华煤矿公司，乃是依靠官本三万两，定为"官督商办"来统买统销夔州府属各煤窑的煤炭。因此，在政治上，他们要求参加政权以维护和扩展自己的经济利益而主张政治改良，而对人民群众推翻封建制度的革命运动则坚决反对。立宪派人士便恰是他们的政治代表。清王朝看清楚了这一点，为了抵制革命，采取拉拢民族资产阶级上层的办法，企图以"预备立宪"的骗局渡过革命风暴。1909年，川督赵尔丰设立了"四川谘议局"。这个机关，对资产阶级的上层分子是有很大吸引力的。他们有很多人参加了进来，蒲殿俊、罗纶任了谘议局正副议长。立宪派人士创办了《蜀报》来宣传君主立宪，在承认清廷的统治权的存在为神圣和必要的条件下，要求庶民参政，国会早开。在各府厅州县组织了"自治会"，城镇乡场设立了"自治所"，又网罗各县"名士"组成"宪政会"及"法学研究会"，并发动成都等地学生请愿立宪。作为清王朝政治同盟军的立宪派人士，当时是满怀信心而且对社会各阶层起着一定的影响的。但当清廷"预备立宪"的骗局被戳穿，连他们所想维护的经济利益也得

---

① 《广益丛报》光绪三十一年八月初十。
② 《广益丛报》光绪三十三年三月二十日。

不到手的时候，便不能不大感失望。而一部分受立宪派影响的群众，却逐渐觉醒了过来。

民族灾难的严重，刺激了四川的资产阶级、小资产阶级的知识分子，他们满怀救国救民的热望，向省外、国外追求真理。自1902年后，四川青年如邹容、吴玉章等人纷纷赴日本留学。这些四川籍的留日学生有不少人在民主革命思想影响下走上了革命的道路，并不断地向自己的故乡灌输资产阶级民主革命思想。1907年吴玉章同志主办的《四川》杂志在日本出版。《四川》一开始就以鲜明的革命姿态激励人民为自己的解放而斗争。1903年后，邹容的《革命军》，湖南陈天华的《警世钟》等著作先后传入四川，这些言辞激烈，充满革命热情，暴露清朝腐朽卖国，激发反清革命的文字，大大地鼓舞了四川人民的革命意气。如1909年在叙州起义牺牲的佘英，"日持两书在市中讲演，听者如堵，皆大感动。州牧示禁，复驰乡村讲演，不稍畏避"[1]，革命书刊的传播，帮助群众划清了革命和改良主义的界限，为辛亥革命在四川的发动奠下了思想基础。

1905年，同盟会成立以后，孙中山即派人由日本回川联络会党。1906年，熊克武、谢奉琦等人密设同盟会机关于泸州，"川东南人士先后加入同盟会者数以百计，会党人尤多"[2]。1907年，吴玉章同志等联络各地哥老会、三合会、孝友会、三点会等会党，在日本统一组成共进会，使南方各省绝大部分的会党都在反清的旗帜下联合了起来，同盟会从此增加了一个群众基础较为广泛的外围组织。同盟会会员通过会党开始与劳动群众发生了联系。四川的同盟会会员在群众的支持下，从1906年起先后发动了彭县、江油、泸州、江安、成都、叙府（宜宾）、广安、嘉定（乐山）、黔江等地起义。这些起义有的是动员清军反正，有的是和哥老会"共襄义举"，有的是发动少数新军和民间会党起义，有的则是广大群众的自发斗争。但大都是缺乏群众基础和耐心的组织工作的军事冒险。往往因事先泄密，仓促发难；联络不善，孤立无援；组织松懈，内部分裂等原因遽遭失败。然而，这多次悲壮的起义斗争，鼓舞了广大被压迫人民的革命热情，促进了革命党人与劳动群众的联系，打击了清朝的反动统治和它的靠山帝国主义势力。

在革命形势的激荡下，四川的青年学生也日趋革命化。同时，革命党人如杨庶堪、张培爵等都深入到成渝各地学校，宣传革命，发展组织。一个帝国主义分子写道："学生们受了关于瓜分中国秘密条约的刺激，商定要采取手段，找他们所接触的外国人湔雪国耻。按我们听到的说法是：'不论吉凶祸福如何，我们一定要找他们（帝国主义分子）报仇。'"[3] 邹容、徐锡麟、秋瑾等人成了四川革命青年崇拜的对象。

从上述可见，自《辛丑条约》签订到保路运动发生的这段时间里，四川革命形

---

[1] 邹鲁：《中国国民党史·列传》。
[2] 《近代史资料》1958年第2期，第26页。
[3] 译自《华西教会新闻》1911年7月号。

势的发展是迅速的。帝国主义侵略的加紧，引起了中华民族与帝国主义的矛盾加深。清王朝媚外卖国的罪恶活动的彻底暴露，激起了人民对帝国主义与封建主义的仇恨。人民大众与封建统治者的矛盾逐渐显得特别尖锐化起来。劳动人民自发的反帝反封建斗争日益强烈了。由于资产阶级走上政治舞台，四川革命的阶级力量遂发生了新的配备。四川人民自发、分散的斗争在不断深入与扩大的同时，开始接受资产阶级革命派的领导而逐渐汇集到资产阶级领导的民主革命运动中来。君主立宪主张不断在事实面前碰壁，立宪派对群众的欺骗作用逐渐缩小。这正如列宁在1908年7月所预示："中国的旧式的骚动必然会转变为自觉的民主运动。"① 清王朝这条帝国主义的走狗，不管如何疯狂挣扎，已逃不了即将被人民铁拳粉碎的历史命运了。

二、四川人民自办川汉铁路的斗争

帝国主义各国为了将本国的"剩余"资本输出到半殖民地半封建的中国来加强奴役中国人民，从19世纪末年起，采取了铁路投资的侵略手段，纷纷劫掠中国的铁路建筑、经营、借款等特权。列宁曾经指出："建筑铁路似乎是一种简单的、自然的、民主的、文化的、文明的事业。由于粉饰资本主义奴隶制而得到报酬的大学教授和小资产阶级庸人，就有这样的看法。事实上，几根资本主义的干线已经用千丝万缕的密网把这种事业与整个的生产资料私有制联系在一起了，已经把这种建筑事业变成压迫附属国（殖民地加半殖民地）里占世界人口半数以上的十亿民众和'文明'国里资本的雇佣奴隶的工具。"② 列宁的话揭露了帝国主义掠夺铁路的实质。

帝国主义曾狂妄地拟订了一个纵贯西南，直逼海口的铁路计划，在1896年即着手夺取四川铁路权。英国资产阶级学者肯德在所著《中国铁路发展史》一书中即明白地透露：英国的计划是建筑一条由上海经南京、汉口、宜昌、万县而达成都的铁路，要使"条约港重庆""成为远东的圣路易"。这是因为"这个省份（指四川省）的财富和资源……是世界上任何地方都无法和它比拟的"。1897年，法国印度支那总督杜美主张：法国由劳开至云南的铁路，只有将它展至人口稠密的四川省，才会显出它的真正价值；该铁路的目的地应该是该省省会成都，从这里再建筑一条铁路以达扬子江的下游重庆。在这些罪恶计划下，英、法两国首先展开了攫取四川铁路权的竞争。继之，美、德、日等国亦参加了这种强盗活动。到了1903年，外国强盗更"计求强取，百端纷扰"。英、美两国"均以借款造路为请"，"蓄意觊

---

① 列宁：《世界政治中的引火物》，载《列宁全集》第15卷，第159页。
② 列宁：《帝国主义是资本主义的最高阶级》（法文版与德文版序言），载《列宁全集》第22卷，人民出版社，1958年，第182页。

舰"。

帝国主义对四川铁路权的鹰瞵虎视,激起了四川人民的无比愤慨,川省留日学生首先发出了自办川汉铁路的呼声。以"四川铁路入他国手之日,即四川全省土地人民永服属他国之日也"的沉痛呼声,唤起川人的注意。1903年,新任四川总督锡良在群众的压力下不得不奏请自办川汉铁路。次年,设立"川汉铁路公司"于成都。

川汉铁路正是四川人民为反对帝国主义的侵略而倡议而兴筑的。自办川汉铁路的过程也就是反对帝国主义及其走狗的复杂的曲折的斗争过程。

川汉铁路公司一经成立,英国公使即照会清政府应照1903年所允川汉铁路所需之款应由英、美借出。6月,法国领事向锡良要求,包揽川汉铁路款工。在公司以"川人办川省之事","一切均系自办,尚无须借助于人"的严词拒绝后,法领事竟致函公司督办,以"将来如何结局……惟贵督办是问"相威胁。1905年,英国华中铁路公司与由法国东方汇理银行为首的法国银行团联合,共同决定建筑四川铁路。派代表濮兰德与贾斯纳来华游说官僚张之洞,并在北京鼓动中国全国铁路应由中央统一经营。其意在借清廷之手夺取川汉铁路。

建筑铁路需要大量资金。劳动人民不甘受帝国主义奴役是坚决拒借洋款的。资产阶级软弱无力,根本不能单独完成修路任务。于是,川汉铁路公司"采内地集股,仿捐输而行债票之性质"的办法,自力更生由四川民众集股办理。1905年1月,川汉铁路公司《议定集股章程》,明确规定:川汉铁路"不招外股,不借外债,是以专集中国人股份,非中国人股份,概不准入股"。"股票转售与人……惟只售与中国人,倘转售或抵债与非中国人,本公司概不承认,股票作废。"1907年3月,《商办川汉铁路公司续订章程》重申:"公司专集华股自办,无论整股零股,均惟华人自购,不附洋股。"并针对外国强派工程师提出:"延本国人为总工程师,其应聘东、西洋各国人,均由本公司商同总工程师妥立合同,规定权限,仍旧公司监督。若应聘人怠于职务,本公司可随时知照总工程师辞退。"这些规定是与帝国主义的侵略意图针锋相对,具有鲜明的反帝爱国的政治性质。

股本来源虽有"认购之股""抽租之股""官本之股""公利之股"四项,但其中主要是"抽租之股","公司所入,独恃人民租谷为大宗"①。抽收的办法是:"凡业田之家,无论祖遗、自买、当受、大写、自耕、招佃,收租在拾石以上者,均按该年实收之数,百分抽三。""其有佃户押重租轻,及债户以租抵利者,但有租可收,数在十石以上,均一律照抽,不专抽自业主。"还规定"盐茶商业……尤应认购多股,赞兴轨政"。因此,全川七千万人,不论贫富,差不多都与川汉铁路发生了经济联系。而出力最大,受苦最多的是广大劳动人民。"抽收租股,每年虽有确实二百余万之收入,然此乃以压迫之力,取诸一般农民者。"②

---

① 《四川川汉铁路大公司纪事》。
② 《商办川汉铁路公司续订章程》。

川汉铁路公司虽然股款来自民间，也加上公司名义，但实际是官办，完全由锡良为首的官僚所把持。他们一面主张"将来推广，或附搭洋股，或添借洋款"以为侵略者留地步；一面大肆贪污中饱，盗窃拐骗，使路事进行非常迟缓而无成绩。这就使四川人民在反对帝国主义夺路的同时，还必须进行反对清朝卖路的斗争。

1904年11月，四川留日学生上书锡良，主张铁路官商合办，并请厘定股东权利义务以著大公。川汉铁路公司在1905年改成官商合办。但绅董"不得干预本公司用人行政之权"。1906年，四川留日学生又联名指责官府把持川汉铁路公司，要求把川汉铁路全归商办。1907年，官商合办的川汉铁路公司改成了"商办川汉铁路有限公司"。自此，川汉铁路公司的实权便落入了立宪派士绅之手。这些立宪派人士，其腐败与清朝官僚相差无几，贪污浪费仍非常严重。1908年"虽所筹路款，近八百万，而薪工局用，已销费至一百五六十万，铜元局之亏挪，又复二百余万，种种浮冒侵蚀，实属骇人听闻"①。

当时四川劳动人民已挣扎于饥饿线上，抱着纯挚的爱国热忱，卖儿鬻女，勉力缴股，一首《来日大难歌》写道："自从光绪二十八年把路办，银子凑了万万千。也有官的商的款，也有土药烟灯捐。最可怜的是庄稼汉，一两粮就要出这项钱。要办铁路为的是哪一件？怕的是外国人来占路权。"②但清朝官吏和立宪派分子对路款这样糟蹋，不能不激起人民的愤懑，而更增强对帝国主义的仇恨。"以劝捐而积恨于铁路，以铁路为洋务而迁怒洋人，四处哄起，偏打洋行教堂。"③

川汉铁路从1906年起开始勘测路线，决定路工首先自宜昌开始。1907年，聘请了詹天佑为川汉铁路总工程师。1909年，宜昌设立工程局，由詹天佑制定了施工计划，动工筑路。帝国主义的"此路之结果，非得外国专门家与财政之资助，绝难望其成就"④的谬论，又一次在中国人民面前碰壁。

川汉铁路的自办，给帝国主义以当头棒喝，显示了中国人民反帝爱国的伟大气魄和艰苦奋斗、发奋图强的英雄气概。帝国主义在川汉铁路开工后，更加疯狂起来。报纸大肆诋毁煽动，说什么"国家将建筑并设立铁路之权，归于各省自办，真政府之一大错误"；"川路不借外款，不雇外国技师，现在居然开工，中国前途叵测，环球列强均当留意"。同时加紧同清王朝勾结借款，"恫喝要挟，无所不至"。张之洞遂于1909年6月7日与英、法、德三国银行签订了湘鄂境内粤汉铁路，鄂境川汉铁路借款合同，共借五百五十万英镑，规定粤汉路用英国总工程师，川汉铁路用德国总工程师。英、法、德三个侵略强盗初步达到了目的。

美帝国主义是掠夺川汉铁路最狡猾、最阴险的角色。早在1903年即要挟清朝承认它投资川汉铁路的特权。1909年8月，当张之洞正与英、法、德商谈借款时，美国即组织了以摩根公司为首的银行团，由国务院指定为对华铁路投资的官方代理

---

① 《川汉铁路公司改进会第六期报告》。
② 《四川保路同志会报告》第13号。
③ 《川汉铁路公司改进会第六期报告》。
④ 戴执礼：《四川保路运动史料》，第100页。

人，企图组织一个由美国领导的包括美、英、法、德的四国银行团在财政金融上彻底控制中国。1909年4月，又急电美驻华公使柔克义向清朝声明粤汉、川汉铁路借款应有美国参加，"美国银行与英、法、德三银行，皆当利益均分"。美国总统塔虎脱并无耻地向中国提出警告。又以美国国务院远东司司长代德为美国银行团驻北京代表压迫清廷屈服，承认其无理要求。于是，美、英、法、德四国开始了分赃谈判，成立了四国银行团的协定。7月13日，四国政府以同样照会通知清政府，要求早订正式契约。1911年，清廷在美国等帝国主义唆使下，不顾全国人民的一致反对，于5月9日宣布了"铁路干线国有政策"；18日命端方为"督办粤汉川汉铁路大臣"，强行接收粤、湘、鄂、川四省铁路公司。20日，和美、英、法、德帝国主义签订了《湖北湖南两省境内粤汉铁路，湖北省境内川汉铁路借款合同》。这笔总额为六百万英镑的卖国借款，断送了两湖境内一千八百里路权，还以两湖厘金盐税作担保；又允许四国享有陆续借款的优先权及展路权，实际即将全部粤汉、川汉铁路拍卖。清朝的所谓"铁路国有"政策是一种"夺路转送外人"，替帝国主义没收人民财产的卖国政策。"四国银行团"的借款只能使中国更加殖民地化。当时代理四川总督的王人文也不得不承认："合同乃举吾国之国权、路权，一畀之四国。""损失国权，莫此为甚。"①

三、从保路、武装革命到四川独立

当"铁路国有"的消息传到四川后，全川人民莫不义愤填膺。"乡人函电纷驰，争议嚣然。"但立宪派分子则主张"有条件之要求"。邓孝可甚至在《蜀报》上著文盛赞"铁路国有"政策。他们对铁路"国有"或"民有"并不关心，只要求清廷"保存现有之款，求还已用之款"。一开始便暴露出立宪派的面目。

但是，清邮传部尚书盛宣怀却于6月1日与端方会衔发出"歌电"，声言"欲举现存已用之款，一律填给股票"；如果川省定要筹还路款，清廷"必须借外债，必以川省财产作抵"。这样，就严重地损害了立宪派的利益，使他们的幻想落空，遂与清廷的矛盾加深。他们从切身利害关系出发，不得不顺从广大人民的义愤激情，用谘议局出面，发起保路斗争。6月17日，川汉铁路股东代表在成都开会，成立了"四川保路同志会"，在立宪派掌握之下，仍以蒲殿俊、罗纶为领导人，而奋斗的目标只是"破约保路"。

同志会这个公开的组织便于把广大群众动员和团结起来。四川保路同志会成立不到半月，会员已达十万。各州县、乡镇、街道都纷纷成立了保路同志会分会。妇女群众组织了"四川女子保路同志会"。中小学生乃至和尚、道士都参加了保路的行列。川西北的少数民族也纷纷响应。全川各阶层群众，不分男女老幼、民族和宗

---

① 《四川保路同志会文电要录》。

教信仰都团结了起来，进行反对帝国主义及其走狗的斗争。工农劳动人民的斗争情绪尤为激烈。"忠愤所播，小民尤易入脑，愤不欲生。"①"最足动人者，则下等社会贫苦人，发言之精当，忠悃之纯挚，有为士大夫所不到。"②川汉铁路工人，也在宜昌展开斗争响应。这个局面，大为立宪派人士所不及料。这正如吴玉章同志所指出："群众是反对清朝统治的，他们既然参加进来。就把议员们的运动变了质，变成了反对清朝统治的革命运动了。所以，谘议局的议员们虽然极大多数只是一些改良主义者，并不赞成革命，可是最后他们还是做了革命的不自觉的工具。"③

立宪派分子害怕群众甚于清廷。他们在企图利用群众力量压迫清廷让步的同时，更注意控制保路运动的领导权，极力想把群众运动控制在温和的和平请愿范围。散布"要学立宪文明国人的样子监督政府"，要实行"文明争路"，甚至公开声称要防止"暴动"，要群众"不应怨望朝廷"，"不必集矢外人，致酿重大之交涉"。他们一面恳求王人文代奏陈情，一面派刘声元为代表入京"哭诉"，乞求清廷收回成命。但是，正如毛泽东同志所说："希望劝说帝国主义者和中国反动派发出善心，回头是岸，是不可能的。"④清廷对他们软弱的乞求根本置之不理。王人文受到申斥，刘声元被"递解回籍"，刽子手赵尔丰奉命督川镇压。8月，更强迫接收川汉铁路宜万段。这时群众早怒不可遏，24日，保路同志会开会，参加者达数万人，群众要求罢市、罢课，以租股抵正粮，"会众未散毕，各街关闭市面已过半矣"。

群众的罢市、罢课冲破了立宪派人士所规定的"文明争路"的范围。他们连夜自造《保路同志会公启》，要求群众"勿在街市聚众"，"勿暴动"，"不得打教堂"，"不得侮辱官府"，并刊发光绪的牌位，贴在每户门首，要求焚香礼拜，表示他们所领导的运动绝无犯上作乱之心，他们根本不理会群众不可遏止的反帝反清的情绪和意志。

全川人民在成都罢市、罢课后，迅速形成了全川罢市、罢课运动，造成四川"南起邛雅，西迄绵州，北近顺庆，东抵荣隆，千里内外，府县乡境，一律闭户"⑤的局面。报上天天登载着贫民暴动、捣毁经征局、自治局、巡警分署，与巡警发生械斗，打毁外国教堂。

立宪派分子阻止不了群众运动的发展，竟公然向清廷表示妥协，出卖人民的爱国运动。要求将借款、修路事交资政院、谘议局解决，同时组织"官绅商学界联合会"来维持反动秩序。但是他们立即受到群众的正义谴责，群众骂他们"讨好官场"，并在川汉铁路公司门前示威。而清廷以他们"无害大局"，寸步不让。立宪派人士骑虎难下，不得不顺从群众要求，提出"文明取消"捐税。9月1日，四川人民宣布不纳正粮，不纳捐输，不担任外债分厘。保路运动进入了抗捐抗税的斗争，

---

① 戴执礼：《四川保路运动史料》，第194页。
② 《四川保路同志会报告》第8号。
③ 吴玉章：《辛亥革命》，第14页。
④ 毛泽东：《丢掉幻想，准备斗争》，《毛泽东选集》第4卷，人民出版社，1960年，第1491页。
⑤ 《民立报》辛亥七月十五日。

使清廷"二千数百万之岁入顿归无着，四川一切行政因而束手，而京都洋偿、解、协等款，全无所出……滇、黔、新、甘、边藏，向皆仰给于川者亦皆坐困"①。清廷手忙脚乱，急派端方带大队鄂军入川镇压。

9月6日，铁路股东代表大会开会，会场出现了《川人自保商榷书》，清廷借口"其中条件隐含独立，尤为狂悖"命赵尔丰加强镇压。9月7日，赵尔丰将保路同志会和川汉铁路公司首领蒲殿俊、罗纶、颜楷、张澜、邓孝可等人诱捕，又封闭了保路同志会和川汉铁路公司。赵尔丰的专横手段立即引起了成都市人民的无比愤怒，数万群众拥至总督衙门请愿，当场被清军击毙有名可查者三十二人，伤者无数，又在城外屠杀数十人，制造了著名的"成都血案"。

毛泽东同志说："一切反动派的企图是想用屠杀的办法消灭革命，他们以为杀人越多革命就会越小。但是和这种反动的主观愿望相反，事实是反动派杀人越多，革命力量就越大，反动派就越近于灭亡。这是一条不可抗拒的法则。"②赵尔丰的屠杀政策，不但不能遏止四川人民的反抗，反而将斗争扩大了。"成都血案"后，整个四川都沸腾了起来，爆发了席卷全省的全民性的大起义。保路运动进入了推翻清朝统治的武装斗争的阶段。

在保路运动的前阶段，同盟会会员没有完全掌握这次运动的领导权，但一些同盟会会员从运动一开始即主张导致推翻清朝的武装起义。他们对争路的态度是："不建铁路固死，建铁路亦死；铁路成固死，铁路不成亦死。……吾人岂甘坐以待死？必于死中以求其不死。何以得不死？则革命之策是也。吾果革命，则川汉铁路，吾自集股，吾自建筑，何畏他人制我死命，何用他人越俎代庖？"③龙鸣剑、王天杰等，一开始就看透了立宪派人士争路的实质，采取了"明同暗斗"的策略，"外以同志会之名，内行革命之事"。他们除与立宪派一起共同进行合法斗争外，又暗地联络会党，准备武装起义。新津会党首领侯宝斋召集了"九成团体"（指川省九府哥老会）百余人会议，决定"各回本属预备，相机号召，一致进行"。8月，龙鸣剑、王天杰等在资州罗泉井与哥老会首领秦载赓、罗子舟、孙泽沛等人会议，决议响应革命，改同志会为同志军，准备武装举义。

新津侯宝斋，华阳秦载赓于9月7日晚冒雨率民军向成都进军。9日，侯宝斋的南路军与清军在红牌楼激战后，进至成都城下，歼灭了驻南郊武侯祠的清军。秦载赓所率东路军亦于同时在成都东郊牛市口、大面铺等地与清军战斗。成都附近温江、双流、郫县、大邑及较远的威远、荣县、井研等十余州县的同志军，二十万众从四面八方趋向成都，陷赵尔丰"于坐困之地"。帝国主义分子纷纷向上海逃窜。清廷急令滇、黔、湘等省清军从速入川，催令端方加速进军，又调岑春煊入川"宣抚"。但革命烈火，已成燎原。

---

① 赵尔丰：《赵季和电稿·致内阁》（手抄本）。
② 毛泽东：《帝国主义和一切反动派都是纸老虎》，第6页。
③ 《四川革命书》，中国史学会编：《辛亥革命》（二），"中国近代史资料丛刊"本，第315页。

同志军经过约十日的围城战斗，分兵转战各州县。侯宝斋率南路军转向新津，"应召来者……号称十万以上"①，一时成为川西南同志军的中心。侯宝斋、周鸿勋被公推为正副统领，与清军主力朱庆澜部展开激战。新津失守后，各义军又转入分散战斗。侯宝斋、周鸿勋先后牺牲。

东路军在成都郊区连战七昼夜后，主力由秦载赓率领转战华阳中和场一带，一时又集聚义军二十万以上，并与王天杰、龙鸣剑部在仁寿会师，组成东路军总部，由秦载赓、王天杰分任正副统领，龙鸣剑任参谋长，整编了各路民军，在统一指挥下一致行动。东路同志军是一支由同盟会会员直接领导的队伍。在群众的支援下，"其军所至，势如破竹，旬月间遂下仁寿、资阳、简州、井研、内江、叙府、犍为、威远、富顺、自贡等十余州县"。"所过秋毫无犯，不愧义师。"②

残酷的斗争，牺牲了无数革命人民。犀浦一役，大队长蒋淳风阵亡，五百学生军几全部玉碎。威远县奸绅郭藩杀害民军首领胡良辅，割下两耳"迎接"端方。秦载赓被人杀于井研，陈孔伯在自贡被反革命用煤油活活烧死，龙鸣剑亦病死行军途中。但是，川东南各县仍为同志军控制着。在王天杰和吴玉章同志领导下，继续备战，使端方陷于进退维谷的层层包围之中，并开创了四川独立的局面，滇、黔、湘等省增援的清军，被阻边境，一直无法深入四川腹地。

当时四川各地，川北的顺庆（南充）、广安、绥定（达县）、宣汉、巴中、大竹，川东的长寿、涪陵、万县、夔府都展开了同志军对清军的战斗；几乎没有一个角落没有同志军起义。武装斗争很快发展成全省全民的空前规模，使反动派"东驰西击，防内攻外，刻无暇晷"③。早在八月间，荥经、天全、芦山等县同志军，首先举起义旗，推罗子舟为"军长"，围攻雅州城，阻击向成都增援的西昌、西藏清军于大相岭，使赵尔丰所恃的精锐部队无法到达川西平原。"自七月至九月初旬共四十余日，无一兵弁援省以助赵督之虐焰。"④

川西彝族人民反清武装，攻杀西昌县令后，进至洪雅、夹江等县。川西北汉藏人民联合起义，汶川县同志军千余人，毁县署，解除清军武装，南下战斗于灌县、崇宁等地。德昌彝民起而杀伤法国教士及护送他的清军。各族人民共同一致的斗争，汇成了巨大的革命洪流。农民斗争规模之大，除太平天国运动之外，近代史上再没有可以和它比拟的了。

同志军的成分是比较复杂的。但它基本上是由自发参加斗争的广大下层群众所组成。它的主体是具有无穷革命潜力的农民。赵尔丰诬称：人民"平日饥寒疾苦，无可告诉，适自路潮震撼，又不幸而出于过激之行动，遂不免附会牵连，乘机而思逞"。"近日聚众滋事者，实以无业可守，无家可归之人居大多数"⑤。不少曾经参

---

① 朱之洪编：《蜀中先烈备征录》第二卷，第42页。
② 朱之洪编：《蜀中先烈备征录》第二卷，第13页。
③ 彭芬：《辛亥逊清政变发源记》，《辛亥革命》（四），"中国近代史资料丛刊"本，第333~3334页。
④ 贺泽等修、张赵才等纂：《荥经县志·戎事》，第15页。
⑤ 诵清室主人：《辛亥四川路事纪略》，第47~48页。

加过反外国教会侵略斗争的下层群众也拥进了同志军战斗行列。余栋臣部将张桂山,聚集群众,支援围攻成都,转战川东南一带,攻占富顺,称富顺都督。四川义和团自1901年一直坚持着反帝反封建的斗争,此时又组成了同志军的一支重要力量。川汉铁路工人,自贡、犍乐盐场的盐工,资中、内江的糖工也参加了起义。

由于当时中国工人阶级还没有独立地登上政治舞台,作为革命领导者的资产阶级又是软弱无力的。他们没有将群众斗争真正地领导起来,使许多地方的农民斗争仍停留在分散、自发的阶段。同志军缺乏正确的思想指导和明确的反帝反封建的奋斗纲领,没有统一的领导,装备低劣,经验缺乏。他们的领导成员多半是些会党首领,只有少数革命党人。他们当中的不少优秀分子,大多在残酷的战斗中英勇牺牲了,剩下的首领们有的上了立宪派的圈套,成了他们争夺江山的工具,有的被地主阶级所利用,互相拼杀,有的抱着狭隘的地方主义互不支援,致使同志军遭受挫折乃至瓦解。但是,广大劳动人民前仆后继的英勇战斗精神是可歌可泣的。人民以排山倒海的威力,摧毁了清朝在四川的专制统治,并为清统治在全国的覆灭敲起了丧钟。这正如郭沫若同志说的,人民大众的威力,"成了推倒赵尔丰的原动力,杀死端方的原动力,乃至送葬了清廷的原动力"[①]。

各地同志军的武装起义,击溃了清朝在四川的军事力量,造成了四川独立的有利形势。当王天杰、龙鸣剑率师进攻成都时,吴玉章同志回到了四川。他在荣县发动群众,按租捐款,支援义军,更加紧训练各乡民团,准备不断扩大队伍,支援前线。当王天杰率师回荣县后,吴玉章同志即率众宣布独立,在群众的欢呼声中建立了荣县革命政权。荣县独立于9月25日,比武昌起义早半个月,是四川各州县独立的先导。从此,荣县成为东南路同志军反清武装斗争的中心。隆昌、嘉定、屏山、垫江、广安等县继荣县之后也宣布了独立。

当四川革命正闹得轰轰烈烈时,清朝命端方自9月初率大队鄂军杀往四川。端方的入川,不但更激起了四川人民的仇恨,使四川人民斗争的火焰愈益增高。而且,由于鄂军西调,武汉空虚,10月10日革命党人爆发了武昌起义。孙中山先生曾说过:"若没有四川保路同志会的起义,武昌革命或者要迟一年半载的。"[②] 武昌起义的成功又给四川的革命运动很大的鼓舞。11月25日,端方的队伍在资州起义,杀死了骄横不可一世的端方,使坐困成都的赵尔丰愈是孤立无援了。

重庆是四川同盟会会员活动的中心。同志军起,张培爵等人即准备独立。11月5日,新军排长夏之时策动清军二百余人于成都附近的龙泉驿起义。当夜整装东行,直奔重庆,沿途不断扩大队伍。22日,进入重庆城内。清廷官吏见势已去,非逃即降。当天,重庆各界群众举行大会,成立了"蜀军政府",推张培爵为都督,夏之时为副都督,通电全国宣布独立。接着,"川东南五十七州县皆闻风响应",纷纷独立,并先后宣布了接受"蜀军政府"的领导。

---

① 郭沫若:《少年时代·反正前后》,第290页。
② 冯玉祥:《我所认识的蒋介石》,第161页。

"蜀军政府"是直接由同盟会会员组成的。它在成立之初，发表了对内宣言，宣布"驱逐鞑虏，恢复中华，建立民国，平均地权"的同盟会纲领。提出了召开国民大会的主张，宣布了一些减厘免税的财政措施，并派兵西上讨伐赵尔丰。这些措施在当时是一定程度反映了人民的要求而有进步意义的。但是，半殖民地半封建的中国的民族资产阶级，即使他们在革命的时候，也是有着两面性的。四川的革命党人为了举行反清起义，做了一些发动和组织群众的工作，推动了保路运动，领导了武装斗争。他们之中的许多优秀人物为革命流尽自己最后一滴血，是值得永远纪念的。但由于阶级的局限性，他们不可能把革命的群众运动正确地领导起来，甚至惧怕群众的运动。四川同盟会组织与全国一样，是松懈而成分复杂的，不能成为一个坚强的领导革命的核心，提不出彻底的民主革命纲领，给群众指出明确的反帝反封建的斗争方向，也没有能力去改造哥老会落后的一面。"蜀军政府"成立后，不但没有解决农民迫切要求的土地——这个民主革命的中心问题，发动农民去进行深入的反封建斗争，而且抛弃了在反清斗争中起了决定作用的农民群众，甚至反而依赖地方封建势力、清廷官吏来"维持地方"，"镇压匪类"，禁止群众与"反正清吏为难"。并容许大批投机分子、反革命分子混入政权内捣乱。"蜀军政府"在自己的对外宣言中，承认赔款、外债照旧承担。"中国前此与各国缔结的条约，曾宣布者，继续有效。"① 充分地暴露了资产阶级软弱和妥协的特点。

在人民革命即将胜利的关头，四川立宪派人士的面貌完全暴露了。蒲殿俊等人被革命力量把他们救出以后，他们发表了《哀告全川叔伯兄弟书》，说什么"保路同志会之目的实已贯彻无阻"，要同志军放下武器，停止战斗，"息事归农"。进而阴谋篡夺革命果实。立宪派私下与赵尔丰订立密约三十条，承认赵尔丰的军事、政治权利，于11月27日，在成都成立了所谓"四川大汉军政府"，由蒲殿俊任都督，赵尔丰的心腹朱庆澜任副都督，宣布了四川独立。不久，赵尔丰阴谋复辟，策动了12月8日的成都兵变，叛军大肆焚掠成都。蒲殿俊被吓跑。陆军学堂总办尹昌衡平定叛乱，做了都督。各地民军分起"讨赵"，继续向成都进军，尹昌衡乃将赵尔丰"明正典刑"。

"蜀军政府"不但没有利用当时有利的形势，团结各路民军，完成四川的革命统一。反之，一当赵尔丰被杀，他们便认为"鞑虏已除"，"中华已复"，"民国已建"而停止了军事行动，撤回了西上"索赵"的军队，听任立宪派人士软硬兼施地摧残各路同志军，使轰轰烈烈的起义运动瓦解，从而把自己孤立了起来。当尹昌衡提出了"统一"口号，并以"武力相对，我备必胜"相威胁时，"蜀军政府"中的动摇分子立即谋求妥协。1912年4月27日，成渝两军政府实行了合并，于成都成立"四川都督府"，尹昌衡、张培爵分任正副都督。人民艰苦奋斗的果实最终被袁世凯在四川的代理人胡景伊窃夺去了。如全国情形一样，辛亥革命在四川遭到了失败。英勇奋斗的劳动人民因为没有正确的、可信赖的领导者，并没有从此次革命中

---

① 郭孝成：《四川光复记》，中国史学会编：《辛亥革命》（六），"中国近代史资料丛刊"本，第9页。

得到任何好处。

历史判定：在帝国主义时代，在半殖民地半封建的中国，反帝反封建的资产阶级民主革命任务，不能经过资产阶级的领导，而必须经过无产阶级的领导，才能够完成。这是辛亥革命运动，也是四川保路运动给我们留下的一条最重要的历史教训。

(原载《辛亥革命五十周年纪念论文集》，中华书局，1962年)

论保路运动前夕四川人民自发斗争的特点和发展趋势

20世纪初年,是四川社会发生急剧变化的时期,一方面是帝国主义与封建势力相勾结,使四川加速向半殖民地半封建深坑跌落;一方面是各族人民反帝反封建斗争的高涨。在那血雨腥风、艰苦战斗的岁月里,四川各族人民的反抗斗争,屡仆屡起,历久不衰。涓涓细统,终于汇成辛亥革命时期全国革命高潮的洪峰——四川保路运动。

一、各族人民反抗斗争的高涨

由于中华民族和帝国主义的矛盾,人民大众和封建主义的矛盾在20世纪初年空前激化,四川人民自发斗争呈现出高涨的形势。义和团在各地坚持战斗,少数民族大规模起义,反洋教、抗捐税此伏彼起。

1902年,是四川义和团起义的高涨时期。自资阳义和团起义后,"川东各邑学习神拳者纷纷而起"[1]。在川西,义和团更是气势磅礴。仁寿、简阳、金堂、华阳等地义和团,"纠众接仗……悯不畏死,进逼龙潭寺,省垣戒严"[2]。同时,彭山、眉山、新都、新繁、灌县、温江、郫县、德阳皆有义和团活动。在川北,射洪县义和团千余人起义进入太和镇,"所有外国教堂都被打毁","老百姓不仅不抵抗,而且往往点着香烛之类欢迎"[3]。在川南,荣县天竺桥美国教堂于1902年7月间被毁。长宁、兴文、江安等地义和团达四五千人之多。在1902年内,义和团起义遍及四川数十州县。他们打教堂,杀教士,痛惩清军,攻打场镇县城,突入省城成都,致使清吏在事后仍谈虎色变,说义和团"叠酿巨案,蔓延广远,逼近省垣,用兵几及一年,为祸甚烈"[4]。这次起义虽在川督岑春煊血腥镇压下遭到挫败,但是,日益激化的阶级矛盾绝非刽子手的屠刀所能解决的。四川义和团在1902年以后仍然坚持着反抗斗争。随着全国革命形势的发展,以1905年犍为县义和团起义为开端,又呈现出四川义和团斗争的新高涨。

---

[1] 罗湘云:《怡云馆文牍略存》。
[2] 四川大学历史系藏巴县档案:"义和团专卷"。
[3] 《华西教会新闻》1902年11月号。
[4] 《东方杂志》第2年第6期"军事"。

  1904年，犍为县有群众"学习邪教，念咒练拳"①，次年，义和团"传习愈盛，聚党众多，蓄谋滋大"，"分股突起"，"托名仇教"②。3月8日，观音店地方的义和团在王子田等人的带领下，以红灯教名义反对官府"借案勒索"，聚众一两万人起义，占领龟头寨。③ 9日，在石板溪袭击清军靖川炮船。11月，义和团千余人，分两路由镇江渡、真武山进攻犍为县城，自朝至暮与清军激战于凤凰山。战斗失利后转入铁山坚持斗争，直至1911年加入保路同志军的行列。犍为义和团起义后，屏山商州地方的义和团又起，聚数百人，竖旗于龙洞山抗击清军。宜宾高州大龙洞有丁得原"创立邪教，煽纠乡民，打灭洋教"④。1906年，眉州又发生义和团首领管得宣领导的起义，攻入东工场。同年10月，义和团首领何如道在南部和剑州、盐亭交界的光木山，聚众"伙习邪拳""制备旗帜、枪械药弹"准备起义。10月27日，数百人由南部进入剑州的广平场，同地主武装相遇，"开枪接仗"。1907年，下川东开县义和团以红灯教名义起义的规模更大。6月3日，谭汝霖、李文华等人利用群众抗捐，聚集二百余人，"以仇教打士行为为名"起义，击败开县县令侯昌镇所率防勇团丁于陈家场，"由此势焰大张，不数日而众至数千，夔万大震"⑤。7月，开县义和团千余人进至新宁、垫江等地，打毁厘金局，"抢房绅民财产，势将攻城"⑥。另一支则进至万县新场。清王朝由是惊惶不已。军机处电护理四川总督赵尔丰传清帝令："着即严饬各军迅速兜剿，查拿首要，解散胁从，务令赶紧扑灭，毋致蔓延窜扰。"⑦ 赵尔丰急由重庆等地调集重兵将这次起义镇压下去。但是，1908年3月，安县草鞋街义和团又起，烧毁外国教堂，与清军发生战斗。⑧ 4月，义和团又于午夜突进绵竹通口场教堂。

  在保路运动前十年间，四川义和团的斗争是连绵未断的。他们用斗争表示了中国人民反帝反封建斗争的坚韧性。义和团的斗争同各族人民的反抗相呼应，不断打击了帝国主义侵略势力，冲击着清朝反动统治的基础，为辛亥革命时期的四川保路同志军起义奠下了基础。此后我们可以看到，往往在义和团长期坚持斗争的地区，保路同志军的起义发动最迅速，最广泛。义和团的坚持斗争起了辛亥革命先导者的历史作用。

  四川省是一个多民族聚居的省份。帝国主义的走狗清朝的专制统治是我国各族人民的监牢。20世纪初年，四川出现了各族人民共同反帝反封建的革命形势。巴塘藏民起事便是个重要标志。少数民族群众同汉族人民一道为埋葬帝国主义的走狗

---

① 《四川官报》光绪三十一年第28册。
② 中国科学院历史研究所第三所编：《锡良遗稿》第1册，第475页。
③ 《东方杂志》第2年第4期"军事"。
④ 《东方杂志》第3年第1期"军事"。
⑤ 赵尔丰：《赵季和电稿·致锡清弼》，手抄本。
⑥ 见光绪三十三年《川滇边务大臣护理四川总督赵尔丰折》，转引自湖北省社会科学联合会编：《辛亥革命五十周年纪念论文集》（上），第217页。
⑦ 《四川民变档》，载《辛亥革命》（三），"中国近代史资料丛刊"本，第494页。
⑧ 《华西教会新闻》1909年5月号。

清朝共同奋斗,这是辛亥革命前夕四川的民族矛盾和阶级矛盾更加深刻、人民斗争新高涨的重要表现。

1904年,外国教会势力已深入到藏族聚居的巴塘地区。法国在该处建有天主教堂三处。藏胞以"教堂不利于地方"①,十分不满。是年12月,清朝驻藏帮办大臣凤全率兵到巴塘,对教堂"力为保护","袒庇洋人"。藏民斥"凤全办事悉为洋人而来"②。凤全又大施淫威,强行限定喇嘛人数,干涉宗教信仰。加之,"天时荒旱,收成欠薄,民不聊生",而凤全又令部下压价收买粮食,"以致粮价腾贵","百姓无粮可食"③。凤全更加紧苛索劳役,强征牛马、柴草各物并扩大垦田,强占藏民土地。藏民忍无可忍,由巴塘土司出面屡次上书川督锡良,要求清政府惩处凤全,称:"凤全教练洋操,袒庇洋人,应即加之诛戮;若川省派兵压境,唯有纠合台众联聚边番以死抗拒。"④但是锡良反诬藏民"狂悖实为至极",纵容凤全胡作非为。于是,巴塘藏民组成"自立会"⑤积极准备反抗斗争。

1905年3月26日,凤全诬百姓为盗贼,寺僧为窝主,派兵攻打丁零寺,从而引爆了巴塘藏民的反抗斗争。藏民"放枪伤勇","焚烧垦场,纠结日众",提出了"除去国内之祸患,地方之贪官"的口号⑥,群起驱逐凤全及其所部官兵。4月2日,藏民又焚毁法国教堂,打死清军都司吴以忠,捣毁粮署。一时集众"不下三千五六百人",直逼凤全驻所,"枪炮齐施"。凤全慌忙遁入土司寨内,藏民"乘势将银鞘军器文卷等项掳掠殆尽,并包围土司寨,捉拿凤全"⑦。4月5日,凤全狼狈出走,藏民埋伏在距巴塘二十里的鹦歌嘴地方,当凤全一行进入伏击地段,"埋伏突起,前后截杀",将凤全及随员勇役五十余人全部击毙。又先后焚毁巴塘地区法国教堂三处,杀死法司铎牧守仁、苏烈二人。这就是当时轰动全国的巴塘事件。

巴塘藏民的斗争,很快得到了里塘、瞻对等地藏民的响应。里塘藏民"断路掘阱,声言备拒官兵"⑧。于是川滇"边境骚然"。云南维西厅藏族僧民起事响应,打败清军,活捉教士余伯南,打死教士蒲德元,美人付礼士。⑨

巴塘藏民起义后,帝国主义立即出面干涉。英、法公使要挟清朝外务部保护在四川的外国传教士。法国公使扬言派法兵入川,"代为剿办"⑩。于是,川督锡良先派四川提督马维骐"振旅西征",继派建昌道赵尔丰"提兵继进"⑪。7月,清军至里塘,藏民"誓众祭旗",扼险抵抗,在二郎湾、三坝关、大所关等处节节阻击,

---

① 中国科学院历史研究所第三所编:《锡良遗稿》第1册,第477页。
② 中国科学院历史研究所第三所编:《锡良遗稿》第1册,第477页。
③ 《东方杂志》第2年第10期"军事"。
④ 中国科学院历史研究所第三所编:《锡良遗稿》第1册,第514页。
⑤ 《东方杂志》第2年第4期"杂俎"。
⑥ 《东方杂志》第2年第10期"军事"。
⑦ 《记清光绪三十一年巴塘之乱》,《禹贡》第6卷第12期。
⑧ 中国科学院历史研究所第三所编:《锡良遗稿》第1册,第555页。
⑨ 《记清光绪三十一年巴塘之乱》,《禹贡》第6卷第12期。
⑩ 《东方杂志》第2年第9期"杂俎"。
⑪ 中国科学院历史研究所第三所编:《锡良遗稿》第1册,第515页。

最后因力量悬殊，不得不分兵突围，在巴塘四周丛林中伏击清军。赵尔丰因残杀藏民得锡良密保升任川滇边务大臣，以藏、汉人民的鲜血染红了自己的顶戴。

自1903年至1910年，四川大凉山彝民不断起事抗清。1904年，西昌阿什支彝族，反抗清政府，"大股出巢焚杀"①。1905年，马家支彝族再起。锡良派兵镇压，吉耳等支彝民据碗厂河、四块坝等地抵抗，后据勺勺梁，"强悍之众，扼守于此，堑山湮谷，又复削竹编刺，阻绝人迹"②。清军"开炮破垒"，"纵火焚林"，费时半年，才将这次起事镇压下去。

还不可忽略的是：1907年成都发生了满族群众的骚动。"竟有不肖之徒，借端煽惑，纠众哄堂塞署。"③ 这一事件，引起清王朝极度慌乱，要成都将军绰哈布、护理川督赵尔丰"从严惩办"，"勿稍姑息"④。这说明，满族群众对满洲贵族的专制统治不满，统治民族内部的裂缝正在扩大，统治中国的少数满洲贵族到了众叛亲离、日形孤立的地步了。

帝国主义无孔不入的宗教文化侵略，清政府无止境的苛税盘剥，引起了全国人民的抗捐税、反洋教斗争的高涨。在四川，除前面已提到的那些群众斗争一般都具有抗捐税、反洋教的性质外，其他各种形式的抗捐税、反洋教斗争一时遍及全川。这是二十世纪初年，清王朝统治危机加深的另一重要表现。

1902年，灌县群众反厘金苛索暴动，捣毁厘金关卡和经征局，全城罢市三天。⑤ 1904年，重庆群众为反清政府苛索，全城罢市。⑥ 1905年，成都群众反对征收房捐罢市。同年冬，余切等人联络会党起兵于彭县，称"大同军"，打击堂勇团练，焚毁教堂。1907年，垫江群众反对土药捐，邛州群众反对征收纸捐。1909年，威远发生会党领导的反门牌捐起义。1910年，铜梁、大足等县群众反抗收纸捐罢市，各纸厂工匠"群起滋事"，"与官为敌"，占据多宝寺，袭击清军。⑦ 1911年，西昌城又发生反对县令章庆勒收茶铺捐的罢市斗争。四川群众反对清朝的抗捐罢市和暴动连接不断，一直发展到保路运动的全川大罢市、大暴动。

二、斗争的特点及其发展趋势

由于社会阶级矛盾的发展激化和资产阶级民主革命的勃兴，20世纪初年，四川人民自发的反抗斗争有了新的特点和新的发展趋势。

---

① 中国科学院历史研究所第三所编：《锡良遗稿》第1册，第411页。
② 中国科学院历史研究所第三所编：《锡良遗稿》第1册，第533页。
③ 《四川民变档》，载《辛亥革命》（三），"中国近代史资料丛刊"本，第494页。
④ 《四川民变档》，载《辛亥革命》（三），"中国近代史资料丛刊"本，第494页。
⑤ 《华西教会新闻》1902年3月号。
⑥ 《东方杂志》第2年第1期"杂俎"。
⑦ 《东方杂志》第7年第7期"中国时事汇录"。

(一) 一触即发，势如燎原，群众面广，会党作用显著

岑春煊奏称：在四川，"一有倡首发难之人，遂成星火燎原之势。故虽拥一妇人女子，稚儿顽童，一朝可以啸聚千百人"①。1902年，成都附近石板滩起义的义和团首领廖九妹，即以"十六岁柔弱女子"，"拥众数千，屡在石板滩、龙潭寺、苏家湾、三水关等处与官兵接仗"②。义和团的义旗一举，分散的群众斗争之火很快燃遍四川的各个角落，乃至成都、重庆等重要城市。岑春煊将20世纪初年川省群众斗争同半个世纪前咸丰、同治年间的群众斗争做了一番比较。他说："溯查咸丰、同治年间，川省匪徒无虑数十百股，然均有一定匪首，歼厥渠魁，胁从自散。此次匪徒，则不惟匪首难得主名，即股数亦无一定，大都无知妇孺、会匪、饥民，聚党数十或数百，便图起事。……及经大兵进剿，则又不耐一战，弃械狂奔，混入居民，民既容留，兵自莫辨孰为匪也。迨兵远去，若辈复又聚集……旋灭旋去，猝难尽绝。"③剥去其中诬蔑之词，我们不难看出，20世纪初年四川人民斗争具有发动迅速，斗争分散等特点外，参加的群众面也是十分广泛的。许多"无知妇孺"也参加了斗争。"盗贼、饥民、会匪、义和拳分之为四，合之为一。"④反动统治者所谓"盗贼、饥民、会匪、义和拳"是些什么样的人呢？主要是农民和手工业者以及失掉土地的农民，失业手工业者所形成的庞大的游民群，即"樵夫牧竖"⑤，"蛊椎鲁以成众"⑥，"拳匪窃发，流氓响应"⑦，"成都等属，游民实繁，生计既穷，流而为盗"⑧。在帝国主义的侵略和清王朝的暴政下，四川某些中小地主也产生了不满。其中有的人，在群众斗争高涨的时候也同情甚至支持起义。有的团练头目，"不特本团习拳之人，该团首不肯举发，甚至暗中接济别处匪徒之军火钱米。及至官军将股匪击败，该匪等佯为平民装束，混入各团。各团又复容留，民与匪不能分"⑨。起义群众"混入各团"，对某些地主武装团练在辛亥革命时期向其反面转化是具有重要意义的。

到了1904年以后，群众反抗阵线更为扩大了。从阶级成分看，除仍以农民、手工业工人为主体外，产业工人开始了反抗斗争。1904年，成都兵工厂六百余名职工，全体罢工，抗议克扣工资，坚持半月以上。⑩1908年，富、荣两厂盐业工人

---

① 《光绪二十八年署理四川总督岑春煊折》，转引自湖北省社会科学会联合会编：《辛亥革命五十周年纪念论文集》（上），第210页。
② 高枬：《高给谏奏牍·沥陈四川乱象请更换川督折》。
③ 《光绪二十八年署理四川总督岑春煊折》，转引自湖北省社会科学会联合会编：《辛亥革命五十周年纪念论文集》上，第210页。
④ 高枬：《高给谏奏牍·沥陈四川乱象请更换川督折》。
⑤ 吴洪仁等修、黄清凉等纂：《续修资州志·兵燹》。
⑥ 中国科学院历史研究所第三所编：《锡良遗稿》第1册，第476页。
⑦ 甘煮等修、王懋昭纂：《遂宁县志·杂记》。
⑧ 四川大学历史系藏巴县档案："义和团专卷"。
⑨ 四川大学历史系原藏：《岑春煊告示》。
⑩ 汪敬虞编：《中国近代工业史资料》第2辑（下），第1289页。

实行罢工要求增加工资。官盐局嗾令清军杀伤罢工群众。于是"民情愈为愤激,蜂拥入局,毁坏窗棂垣墙,势甚汹汹",盐工一两万人,"人势鼎沸,炮声震天,人情惊危,颇有蠢动之势"①。虽然当时四川工业不发达,产业工人人数很少,他们的斗争又还处于自发阶段,但是,上述工人斗争却显示出四川的工人阶级在20世纪初年已开始加入了反对帝国主义走狗清朝的革命洪流中来了。商人、小商贩和城镇居民起而抗捐罢市,甚至有"团总"之类的地主也聚众闹事,杀伤清军。从民族成分看,除了汉族而外,藏、彝,乃至满族群众也进行了反抗斗争。清王朝卖国殃民,倒行逆施,各族人民共同生活在苦难的深渊之中,共同的悲惨命运把他们联结在一起,反对帝国主义和封建主义。这种联结,不是清朝统治者所能割断的。各族人民的共同战斗,为清朝专制统治敲响了丧钟,召唤了辛亥革命高潮的到来。

在保路运动前夕,四川会党势力的发展是一个值得十分注意的历史现象。

会党(在四川主要是哥老会和孝义会)是一个有悠久历史的反清秘密组织,"以反清复明之宗旨,结为团体"。孙中山说:"其固结团体,则以博爱施之,使彼此手足相顾,患难相扶","国内之会党,常有与官吏冲突,故犹不忘其与清政府居于反对之地位"②。帝国主义侵入后会党又担负起反侵略的任务。"自耶教传播,遂生憎恶洋人之情,化为激烈之排外党。"③随着中国半殖民地化的加深,社会经济的日益凋敝,人民生计困窘。到了19世纪末20世纪初年,四川会党有了很大的发展。有人统计,哥老会从清嘉庆十五年(1810)到宣统二年(1910)的一百年中,在各省开设山堂共三十六个,四川省占十六个。其中在1898—1910年间开设的有七个。④锡良奏称:"结党烧会致盗之由,川东北有江湖、孝义等会,川西有平会、成会等名目,会首谓之'帽顶',纠集处谓之码头。"⑤"成都一属附近省会,教堂林立,而五方辐辏,啯、会各匪,出没其间,向称腹地盗薮。"⑥反映出四川会党在二十世纪初年活动的情形。

会党的成员是十分复杂的。有农民、破产农民、失业手工业者、游民,有地主,也有清朝的士兵和散兵游勇。从四川的情况看,会党"以中下层人居多","多数是乡下的农民"⑦。有的地方(如荣县)会党成员"几乎全是贫苦的农民群众"⑧。在川北有些地方,哥老会"各招党羽,私结秘密团体,强迫农民入党。农民之安分者,若不相从则身家莫保"⑨。李绍伊领导的孝义会的成员主要是贫苦农民。⑩ 会党

---

① 《广益丛报》光绪三十四年六月二十日。
② 孙中山:《孙中山选集》上卷,第171页。
③ [日]平山周:《中国秘密社会史》,第77页。
④ 卫聚贤:《中国的帮会、红帮、汉留》。
⑤ 中国科学院历史研究所第三所编:《锡良遗稿》第1册,第396页。
⑥ 中国科学院历史研究所第三所编:《锡良遗稿》第1册,第441页。
⑦ 文史资料委员会编:《辛亥革命回忆录》(3),第203、274页。
⑧ 四川大学历史系"辛亥革命史"调查小组1977年调查记录。
⑨ 《川省农民疾苦谈》,《衡报》第6号(1908年6月18日)。
⑩ 文史资料委员会编:《辛亥革命回忆录》(3),第295页。

以反清为宗旨,讲团结互助,济困扶危,对贫困不堪的农民和生活毫无保障的游民是很有吸引力的。因此,在辛亥革命前,作为民间的秘密组织的会党,颇能勇敢奋斗而且约束严格,一呼百诺。

在四川近代史上,会党曾多次参加过反侵略反封建斗争,在斗争中得到发展。大足县余栋臣反帝斗争与哥老会有密切的关系。被余栋臣起义军所生擒的法国司铎华芳济写的《被掳记》说:"余栋臣,大足龙水镇人,有兄弟四,姊妹二,贫不能自存,以负炭为生……彼处多哥老会,余隶籍其间,俨然翘楚,为同党所推尊。……余攘臂一呼,众人响应,将教堂付之一炬。"① 四川义和团起义后,许多地方的会党与义和团结合起来,共同战斗。岑春煊说:"查此匪徒,虽以邪拳为名,其实系向来之会匪、啯匪、土匪之类,假名煽惑。……川省会匪、啯匪所在皆有。"②《宣汉县志》记述了新宁、宣汉等地会党与红灯教结合的情形:"哥老会俗称江湖,动辄寻仇报复,全省皆然。地方官严捕密拿而不能已也。二县之民,于是别立一会,名孝义。……后所谓红灯教者即孝义之遗,奸人乘之授以神咒,饮以符水,使其迷信,其人即执戈向前,谓刀不能伤,枪不能中,至死而不悔也。"③ 会党与义和团的结合,不仅壮大了义和团起义的声势,而且使会党更随义和团的发展而深入农村,在农民中扩大。

1905年以后,有的地方的会党首领直接出面领导抗捐税、反侵略斗争。如1910年威远数千人反抗门牌捐就是由"会匪"刘香廷领导的。因而会党与群众的联系更加密切起来,会党拥有更多的群众而声势日隆。至辛亥革命前夕,"四川省会一区,仁字旗公口至三百七十四道之多,礼义两堂不与焉。至乡区各保,与夫临路之腰站,靡不保有公口,招待往来者,目不暇接,故民间有'明末无白丁,清末无腔子'之谣"。"各省汉留之盛,莫过于四川。"④ 在辛亥革命时期,遍及全川的同志军起义一呼而起,与上述会党的发展是很有关系的。

(二) 提出了"灭清、剿洋、兴汉"口号

从现有史料看,"灭清、剿洋、兴汉"是义和团运动失败后,中国人民在继续奋斗中最早明确提出的反对帝国主义及其走狗清王朝的革命口号之一。

这一口号是四川义和团在一个揭帖中明确提出的。揭帖写道:"今奉上帝令,灭清、剿洋、兴汉。行事多人协定,定今端午日戌时,天下各处,共期征伐,临时忽然起火为准。凡欲投者,在火起时,各执军器,将发剪短,只留寸长,勿包帕戴帽,以光头现短发为记。凡灭清之兵,概以头现短发为记。征伐时见现短发者全留,见头未现短发者全除。其各短发军,待天明听点后,每人每日给铜钱一千文,

---

① 《汇报》第174号。
② 四川大学历史系藏巴县档案:"义和团专卷"。
③ 汪承烈等修、邓方达等纂:《宣汉县志·历代兵事》。
④ 刘师亮:《汉留全史》,第26页。

决不食言。"① 按这一揭帖写明的日期是"光绪二十七年五月",即 1901 年 6—7 月间。据其中号召端午节起事之语,可以断定此帖应发于端午节之前,即旧历五月初一至初五(阳历 6 月 16—20 日)之间。可见,四川义和团提出"灭清、剿洋、兴汉"口号比 1902 年 4 月直隶广宗景廷宾起义提出的"扫清灭洋"口号要早十个月。

在以上所引揭帖中,最令人注意的是:(1)明白地提出了"灭清、剿洋、兴汉"。(2)为达到此目的,强调了"天下各处","各执军器","共期征伐",肯定了用暴力手段反帝反封建的道路。(3)提出了"将发剪短……以光头现短发"为"灭清之兵"的标记。这就是要除掉作为清朝专制统治奴役的象征——辫子,以示同清朝的决裂,充实了反清的内容。

四川义和团的这一口号,把反对帝国主义和反对清王朝的战斗任务联系了起来,主张用武装斗争去反对民族的和阶级的敌人,以达到"兴汉"的目的。综观 1902—1911 年间,四川各地义和团的活动情形,基本上是照这一口号行事的。可见这一口号具有纲领性和约束力。

列宁指出:"每一个口号都应当根据一定政治局势的整个特点来提出。"② 四川义和团的"灭清、剿洋、兴汉"口号的提出,并非偶然的现象。它是由 20 世纪初年中国社会矛盾的特殊性规定的,也是 19 世纪中叶以来中国人民反对外国侵略者及其走狗的斗争实践经验的总结。它反映了当时政治局势的特点。

毛泽东同志指出:"帝国主义和中华民族的矛盾,封建主义和人民大众的矛盾,这些就是近代中国社会的主要矛盾。""而帝国主义和中华民族的矛盾,乃是各种矛盾中最主要的矛盾。"③《辛丑条约》以后,帝国主义全面加紧了对中国的侵略,引起帝国主义和中华民族这一对近代中国社会最主要的矛盾加深,造成日益发展的人民反帝运动。"灭洋"口号在自发的人民斗争中便理所当然地提了出来,作为一朴素而粗糙的反帝纲领。外国教会势力,在《辛丑条约》以后在四川恶性膨胀,外国传教士更加猖獗地直接压在中国人民头上作威作福。因而,人民群众自然地把自己对帝国主义的憎恶,集中在他们日常接触的外国传教士身上。打毁教堂、驱杀教士也就成了四川人民从 19 世纪中叶起直至 20 世纪初反侵略斗争的基本内容和主要表现形式。尽管由于历史的和阶级的局限,当时四川人民对帝国主义的认识还处于感性认识阶段。他们的"灭洋"斗争还具有笼统的排外性。但是,这些斗争的锋芒都是指向侵略中国、压迫中华民族和人民的帝国主义的,因而是正义的。从这方面说,四川义和团"灭洋"斗争是 1898 年余栋臣领导的反帝起义和 1900 年大邑罗文榜起义的继续和发展。即统治者所谓:"余蛮之发愤……至今蜀人犹啧啧乐道,遂使匪徒接踵而行之。"④

"灭清"是很值得注意的新内容。《辛丑条约》后,清王朝完全投降了帝国主

---

① 四川大学历史系藏巴县档案:"义和团专卷"。
② 列宁:《列宁选集》第 3 卷,第 107 页。
③ 毛泽东:《毛泽东选集》合订本,第 594 页。
④ 四川大学历史系藏巴县档案:"义和团专卷"。

义，成了一个名副其实的"洋人的朝廷"。帝国主义在义和团运动以后的一个时期，主要的不是用战争压迫而是用政治、经济、文化等比较温和的手段压迫中国，与中国的封建统治者结成反革命同盟共同压迫人民大众。帝国主义控制中国的主权是由清王朝出卖的。帝国主义勒索赔款，洋债是由清王朝代为向人民搜刮的。"夫外人攫之虽疾，而我政府献之甚殷。"① "今日之外务部，一卖国部耳！官大则多卖，官小则少卖。"② 加之，清王朝推行"新政"，穷凶极恶地荼毒人民，对人民反帝斗争实行露骨的镇压。这一切都不能不激化封建主义和人民大众的矛盾，显出国内矛盾日趋尖锐。人民在斗争中认出了清王朝卖国到底的可耻面目，懂得了要爱国必须反清的道理。于是将北方义和团和余栋臣起义使用过的"扶清灭洋""顺清灭洋"的口号加以发展，扬弃了"扶清""顺清"，坚持了"灭洋""剿洋"而形成"灭清、剿洋、兴汉"的口号。这说明中国人民在争取民族解放的道路上又前进了一步。四川义和团没有简单地承袭前此的反帝斗争，而是在新的历史条件下，不自觉地反映客观存在的社会矛盾的特殊性而提出了新的战斗任务。清王朝日益成为众矢之的，它的崩塌将成为不可避免的了。

1904年，川督锡良奏称：四川人民进行的斗争，"迹其煽惑之计，要亦不外两端：而激民忿也，恒挟外人传教以为仇；其构民怨也，辄指公家取民以为虐"③。这就直截了当地供认了20世纪初年四川人民反抗帝国主义及其走狗的起因和性质。人民反对帝国主义和封建主义的反动同盟斗争的具体表现是：或起于抗捐抗税而及于帝国主义的教会、教堂；或起于反洋教斗争而引起反对清政府苛政虐民和地主豪霸压迫的暴动。四川义和团从一开始活动起，不仅打教堂、杀教士，同时"劫署围城"，"戕弁杀勇"，"持械抗官"，袭击清军和地主武装团练。在一支义和团突进成都时，"挥长柄刀，逐市人曰：侬不杀若，侬寻官兵斗也"④。义和团打击豪绅富户，"始而打毁教堂，搜杀教民，继则无论民教，以打富济贫为名，择肥而噬，肆意掳杀，城内军火，搜劫一空"⑤。四川人民从革命口号到斗争行动都把反帝反封建这两大革命历史任务结合起来，参并而行，从而登上了新的革命阶梯。

1905年以后，四川人民的斗争矛头更集中到清王朝的身上。从这一年起，群众抗捐斗争显然增多。两次规模较大的起事（1905年巴塘藏民和1907年开县红灯教）皆首先由抗官虐民而起。巴塘民众提出"除去国内之祸患，地方之贪官"，明白地揭露清朝驻藏帮办大臣凤全"祖庇洋人"，开县红灯教起义也是由抗苛捐而起，进而打毁教堂，斗争锋芒则集中在抗击清军，打毁捐局，打击富户。这些史实表明，中国人民同帝国主义的走狗清朝的矛盾更加尖锐了。推翻清朝成了全国广大群众共同的战斗目标。这便是自发的群众斗争在辛亥革命时期与资产阶级领导的民主

---

① 中国科学院历史研究所第三所编：《云南杂志选辑》，第627页。
② 《四川》第2号，第111页。
③ 中国科学院历史研究所第三所编：《锡良遗稿》第1册，第608页。
④ 汪如海：《啸海成都笔记》。
⑤ 四川大学历史系藏巴县档案："义和团专卷"。

革命日趋合流的政治基础。

"灭清、剿洋、兴汉"口号，既是一定历史条件下的产物，它就不可避免地带有阶级和时代的烙印，具有历史的局限性。这一口号毕竟是人民群众（主要是农民）自发斗争的产物。它不仅笼罩着"今奉上帝令""降神念咒"的迷信色彩，而且"剿洋"仍然停留在笼统排外阶段，没能超出19世纪中叶开始的打教堂，逐杀教士、教民的范围，甚至连"新式"学堂也一概在排斥之列。反侵略的正义性和斗争的笼统排外性交织在一起。"灭清"，要求打倒清朝，这无疑是正确的。但是，以农民为主体自发的群众运动是提不出用新的政治制度去代替旧的封建专制制度的。"兴汉"是四川义和团所争取实现的政治目标。但这最多也只是以一个汉族帝国去代替满洲贵族帝国。因此，没有脱离古色斑斓的"排满兴汉"的窠臼，斗争仍然在旧式农民战争的范围里盘桓不前。这就足以说明，上述辛亥革命前夕四川各族人民的反抗斗争，一方面是有了发展和提高；另一方面则仍处于自发的阶段。中国革命需要有新的阶级来领导，以充实民主主义的内容。历史发展的辩证法宣布旧式农民运动的过时，资产阶级领导的民主革命已应时而兴。

（三）自发的骚动开始向自觉的资产阶级民主革命运动转变

在四川，这一历史发展趋势发生在1905年同盟会成立以后。表现为有的自发斗争直接与资产阶级革命派领导的武装起义合流，有的会党首领参加或支持同盟会，并带领会党群众投入同盟会在四川发动的武装斗争。

1905年，资产阶级革命政党同盟会的成立，标志着中国革命进入了比较完全意义上的资产阶级民主革命时期。资产阶级革命派成了中国革命的政治指导者。1906年，同盟会总部根据孙中山的意见派熊克武等同盟会会员到四川，发展组织，联络会党，运动军队，进行武装起义。这是四川历史上出现的新事件。因为这些资产阶级革命党人是带着明确的资产阶级革命纲领，以资产阶级政党成员的身份进行活动的。辛亥革命前同盟会在四川发动了几次武装起义。有的起义便是利用当地群众自发斗争而发动的，从而开始将群众自发斗争纳入资产阶级领导的革命的范畴，使原有的斗争开始具有了新姿态，革命的领导权开始向资产阶级革命派手里集中。

1906年，同盟会会员李实发动江油起义前，"乃遍游龙安、绵竹、保宁、顺庆间，日以排满革命之说相传播。……得豪杰之士数百人"[①]。后因事泄，李实转战剑州、南部一带，得到何如道、达星武、蒲定川等人响应，带领群众参加李实领导的起义。据锡良奏称："八月间，有匪首何如道即吴如道，又名唐无量，在该县境与剑州、盐亭交界之光木山聚众演习邪教。"[②]"何如道倚为死党遴薮，在各处纠众助逆者，盐亭县为达星武。……随同拒敌之陈占魁、蒲定川。"[③] 可见这些人都是

---

① 邹鲁：《中国国民党史稿·李实传》，第1397页。
② 中国科学院历史研究所第三所编：《锡良遗稿》第1册，第608页。
③ 中国科学院历史研究所第三所编：《锡良遗稿》第1册，第622~623页。

义和团首领。他们在李实起义前,已在这一带"纠众习邪,伪立官职,制备旗帜、枪械、药弹"[①],反抗清朝。后在李实"日以排满革命之说相传播"下,与之联合行动了。1905年,"大同军"在彭县等地起义失败后,其主要首领(元帅)余切于次年参加了同盟会,投身于新的革命斗争之中。1907年,川东会党首领刘天成起义,也是"党羽甚众且与革命党勾结,省中所获学生杨维(按:革命党人)……皆其党也"[②]。

在辛亥革命的过程中,如孙中山所说:"其慷慨助饷,多在华侨,热心宣传,多在学界,冲锋破敌,则在新军与会党。"[③] 在四川,由于会党势力的强大,同盟会更侧重与会党联络。同盟会一成立,它的主要负责人之一黄兴,"以四川地险而民富,足资割据,乃嘱李肇甫……招邀熊克武、但懋辛,余苋臣(按:疑为余竞成之误)、张百祥之在会党有声势者,先后东渡,深相结合,授以机宜"。黄兴还指出:"洪会中人,犹以推翻满清,为袭取汉高祖、明太祖、洪天王之故智,而有帝制自为之心,未悉共和真理……望时以民族主义、国民主义,多方指导为宜。"[④] 很显然,黄兴站在革命指导者的立场,要求同盟会联络会党作为凭借并注意对旧式会党加以改造,使其为共和真理而奋斗。于是,四川同盟会指定曾省斋、黎靖瀛、余切等人专门做会党工作;1907年,共进会成立。孝义会首领、同盟会会员张百祥因在下川东一带拥有众多的会党群众,被推为第一任会长。共进会的主要任务就是联络会党。四川同盟会会员吴玉章、熊克武、秦炳、喻培伦等人都身兼共进会会员,从而进一步加强了同盟会和四川会党的联系。

四川同盟会主要是采用参加进去和吸收进来的方法去联络和改造会党的。参加进去是同盟会会员参加会党,兼会党首领,从而取得会党的合法身份和便利的工作条件。吸收进来是把有影响的、有革命要求的会党首领,如哥老会首领余英(竞成),孝义会首领李绍伊接受入同盟会,以指挥会党。由是,同盟会向会党灌输一些民主革命思想,并把一部分会党团结到同盟会的旗帜下来。虽然同盟会不可能从根本上改造会党,但是,通过会党,在一定程度上把群众吸引到了资产阶级革命的轨道上来。1907年,同盟会谋泸州起义,佘英召集各路会党达四千人之多。[⑤] 其他各役无不有会党参加,不少会党人士为资产阶级民主革命献出了生命。

列宁在1908年指出:"'新精神'和'欧洲思潮'在中国的强有力的发展,特别是日俄战争以后,是用不着怀疑的,所以中国的旧式的骚动必然会转变为自觉的民主运动。"[⑥] 在四川,尽管由于资产阶级革命派的软弱,直至保路运动时期,群众斗争还有不少停留在自发阶段,但是,在辛亥革命前所出现的上述转变趋势,无

---

① 中国科学院历史研究所第三所编:《锡良遗稿》第1册,第609页。
② 赵尔丰:《赵季和电稿·致陈道》,手抄本。
③ 黄季陆编:《总理全集·论著》,第40页。
④ 刘揆一:《黄兴传记》,载《辛亥革命》(四),"中国近代史资料丛刊"本,第284页。
⑤ 邹鲁:《中国国民党史稿·四川诸役》。
⑥ 列宁:《列宁全集》第15卷,第159页。

疑地反映了列宁所揭示的这一条中国革命发展的规律。它代表了历史前进的方向，准备了辛亥四川保路同志军起义时，群众自发斗争与资产阶级领导的民主革命直接或间接的大会合。

（原载《四川地方史研究专集》，四川人民出版社，1980年）

关于四川保路运动的几个问题
——学习郭老有关保路运动论述的笔记

郭沫若同志是我国运用马克思主义观点研究中国历史的开拓者,他不仅撰写了大量具有真知灼见的中国古代史著作,而且在中国近代史领域内也给我们留下了不少宝贵的精神财富。

1911年四川发生的保路运动,是中国旧民主主义革命时期的一次伟大的群众运动。这次运动由反对国际帝国主义侵略中国,掠夺中国铁路主权和清王朝卖国卖路开端,发展成为全川范围的推翻帝国主义走狗清朝专制统治的武装起义。它以加速了全国革命形势的发展,作为武昌起义的导火线的历史功绩彪炳于史册。郭老说:"这件史事在中国社会发展史上,它不仅是唯物史观的一个绝好的例证,而且它还明白地指出了将来的中国的去向。"因此,他希望"叙述中国社会发展史的人",对这段历史,"有值得十二分留意的必要"①。郭老在《反正前后》一书中,对自己亲自经历的四川保路运动的发生、发展的历史作了生动活泼、鞭辟入里的论述,为我们树立了努力运用历史唯物主义研究近代史的榜样,值得认真学习和研究。

一、四川保路运动是阶级斗争的表现

四川保路运动是什么性质?是"革帝国主义的命"的人民革命运动,还是"绅士、地主和豪商的运动"?②是中国人民同帝国主义、封建主义的阶级斗争,还是"绅权"与"官权"③,即封建阶级内部的斗争?这是研究四川保路运动史首先必须解决的问题。

郭老说:"这场革命(按:指四川保路运动),是中国社会历史上最典型的一个插话。它是一个阶级斗争的表现,而且也是经济斗争转化为政治斗争的。"④从而

---

① 郭沫若:《少年时代·反正前后》。
② [日]市古宙三:《四川保路运动の首脑部》,见《中国近代の政治と社会》,东京大学出版社,1971年。
③ [日]市古宙三:《四川保路运动の首脑部》,见《中国近代の政治と社会》,东京大学出版社,1971年。
④ 郭沫若:《少年时代·反正前后》。

明确揭示了四川保路运动的反帝反封建性质，也说明了这一运动是帝国主义的侵略引起的反抗。

四川保路运动的发生是以《辛丑条约》签订后，中华民族与帝国主义的矛盾，人民大众与封建主义的矛盾空前激化，全国范围民主革命潮流蓬勃高涨为历史背景的。四川保路斗争的一个重要特点是：人民群众通过反对帝国主义掠夺中国铁路主权和清王朝卖国卖路的斗争来进行反帝反封建事业。从这次运动的发展看，它是由20世纪初开始的中国资产阶级发起的收回利权运动发展起来的。因此，郭老说："它是沪杭甬争路事件的复写与扩大。"①

掠夺殖民地、半殖民地国家的铁路修筑权，是帝国主义输出资本和划分"势力范围"的一种重要手段。从19世纪末年起，帝国主义展开了争夺中国铁路建筑权的激烈竞争。到了20世纪初年，帝国主义各国除自己经营中国铁路（如法筑滇越铁路）外，又通过"借款筑路"的办法，假手清政府来加强攫取中国的铁路主权。在日俄战争以后，帝国主义在中国更刮起了铁路投资的狂风。中国大部分铁路干线的修筑、经营、管理权先后落到帝国主义的手中。据统计，1911年中国共有铁路9618.10公里。帝国主义控制的铁路即达8952.48公里，占93.10%；中国自主的铁路仅有665.62公里，占6.90%。② 帝国主义通过铁路投资进而掠夺沿途的开矿、伐林、收税，甚至驻军的特权。"列国之以商权、路权为灭国要法久矣，路线所及之地即兵商两权所及之点，彼所谓势力范围者此也。"③ 因此，中国铁路主权的大量丧失，就成了帝国主义残酷压迫中国人民，中国半殖民地化愈益加深的象征。而保卫中国的铁路主权就成了中国人民挽救民族危亡的重大课题。"故今欲言自立于强权之漩涡中，非先保其路，以渐复国家主权不可。"④

帝国主义的侵略，严重地阻碍着中国民族资本主义的发展。民族资产阶级要求松动帝国主义的桎梏以求自己的发展。民族资产阶级的上层更热衷于投资铁路、工矿事业。他们认为："我国不欲振兴实业则已，苟欲振兴实业，其必自收回利权始。"⑤ 于是，民族资产阶级的上层和有发展资本主义倾向的士绅在20世纪初年发起了以收回铁路和矿山权为中心的收回利权运动。

收回利权的斗争从粤汉铁路发端（1904年开始），1907年形成高潮的江、浙人士争取收回苏（沪）杭甬铁路的斗争更为激烈。这两次斗争给全国的收回利权运动以有力的推动。四川的保路斗争，正是在粤汉、苏（沪）杭甬铁路斗争的鼓舞下日趋激烈起来的。

自第二次鸦片战争以后，外国侵略势力即开始向四川伸入。但由于四川僻处祖国西南，交通不便，帝国主义不能畅通无阻地倾销商品和输出资本。因此，夺取川

---

① 郭沫若：《少年时代·反正前后》。
② 中国科学研究院历史研究所第三所编：《中国近代经济史统计资料选辑》，第190页。
③ 中国科学研究院历史研究所第三所编：《云南杂志选辑》，第556页。
④ 《东方杂志》第3年第1期"交通"。
⑤ 《外交报》第263、264期。

江航行权，特别是掠夺川汉铁路建筑权，对帝国主义扩大侵略具有特殊的意义。20世纪初年，帝国主义企图采取资本渗入的方式，夺取中国人自办的川汉铁路。他们"攘臂坐索"，"计求强取，百端纷扰"。因此，围绕川汉铁路的斗争就成了这一时期四川群众和帝国主义及其走狗斗争的焦点。

四川自办铁路，是由四川资产阶级和具有资本主义倾向的地主士绅倡导的。他们的知识分子（主要是留日学生）的呼声最高。这是19世纪末20世纪初年四川资本主义经济发生和发展所决定的。正如郭沫若同志所说，这"可以说是中国自受资本主义化以来的新兴阶级的一个理想"①。

四川资本主义的发生和发展，较之沿海省份约晚20年。据初步统计，在1889—1911年的二十余年间，成都、重庆、万县、合川、三台等地先后开设的火柴、缫丝、纺织、造纸、制革、采矿、玻璃等厂矿企业有68家，有的企业资本达30万元以上。②帝国主义是不容许中国民族资本主义发展的。何况，四川民族资本产生之时，帝国主义已从各方面控制了中国的经济命脉。因此，四川的民族资本在帝国主义、封建主义的压制下，发展迟缓，力量微薄。如果川汉铁路修建权最后落入帝国主义之手，四川刚刚发展起来的民族资本主义就面临着瓦解的厄运；然而，收回路权，自办铁路，又苦于资本奇缺，于是民族资产阶级上层取得具有资本主义倾向的官绅的支持，在"收回利权"的口号下，用"田亩加赋"的办法筹措资金。他们为了切身的利益，"力挽利权"的呼声越来越高。1907年，重庆总商会的楹联集中反映了他们的愿望："登高一呼，直召唤四百兆同胞共兴商战；纵目环顾，好凭此数千年创局力挽利权。"③他们就是这样转嫁负担于农民以改善自身发展的条件。他们要求自办川汉铁路的这种反抗表示固然是软弱无力的，但反映出四川资产阶级和帝国主义、封建主义的矛盾，资产阶级领导的爱国运动已开始发展起来了。

1911年5月，清王朝悍然宣布实行"铁路干线国有"政策，公开抢夺商办铁路转送给帝国主义。帝国主义夺取川汉铁路的野心和清王朝彻底卖国的面目暴露无遗，急剧地激化了人民大众与帝国主义及其走狗清王朝的矛盾。四川人民的斗争情绪进一步高涨，纷纷起来参加保路斗争。成都的四川保路同志会一成立，消息"传到各乡各县，于是俄顷之间而运动便普遍全省"④。以四川保路同志会为中心，四川人民掀起了保路斗争的轩然大波。"全省的大中小资产阶级乃至于无产者可以说全省七千万人都全部参加了。"⑤

四川保路运动"先是由立宪派控制的"⑥，但是我们不能因此把这场斗争看成

---

① 郭沫若：《少年时代·反正前后》。
② 据《重庆海关1892—1901年十年调查报告》《重庆海关1902—1911年十年调查报告》《中国近代工业史资料》《东方杂志》《四川》《广益丛报》《现代中国实业书志》《巴县志》等资料统计。
③ 《广益丛报》，光绪三十三年三月二十日。
④ 郭沫若：《少年时代·反正前后》。
⑤ 郭沫若：《少年时代·反正前后》。
⑥ 郭沫若：《少年时代·反正前后》。

是"官权"和"绅权"的斗争，即封建阶级内部的斗争。因为，这些立宪派人士并非代表着封建地主阶级，而是代表着中国民族资产阶级上层。保路运动实质上是中国新兴的资产阶级领导的反对帝国主义及其统治中国的社会支柱——中国封建主义的阶级斗争。列宁指出："辩证法要求从发展中全面研究某个社会现象，要求把外部的表面的东西归结于基本的动力，归结于生产力的发展和阶级斗争。"① 郭老关于四川保路运动性质的论述，正是根据唯物辩证法的观点，对近代四川新的经济力量和新的政治力量的分析所得出的结论。他紧紧地把握住社会生产力的发展和阶级斗争是历史发展的动力这一根本原理，具体考察历史事件，得以在似乎是迷离混沌的历史现象中，揭示出历史的本质，探索出历史发展的规律性。

能否因为立宪派人士拖了一条又粗又大的封建尾巴，而把四川保路运动说成是"绅士、地主和豪商的运动"呢？显然是不能的。诚然，控制了保路运动领导权的立宪派最害怕的不是帝国主义的侵略而是人民的造反。他们总是力图把运动局限于"文明争路"的范围内，企图在不触及清朝统治基础的条件下，通过上书、请愿的方式要求清朝"收回成命"，表示了中国资产阶级上层特别严重的软弱性和妥协性。但是，我们不能因此否定保路运动的反帝爱国的性质。如前所述，四川保路运动由反抗帝国主义侵略而起，斗争的矛头是指向帝国主义及其走狗的，斗争的目的又在于保卫中国的铁路主权，发展资本主义。而且由于清政府推行主权大拍卖的"铁路干线国有"政策，不仅使民族资产阶级上层和具有资本主义倾向的绅士们兴办铁路的希望破灭，更剥夺了"田亩加赋"的股金而严重地直接伤害了广大农民的利益。因此，尽管控制运动领导权的立宪派人士发起运动的动机是自私的，但是，运动反对帝国主义及其走狗的性质是明确的。随着运动的深入，越来越多的下层劳动人民和带有革命共和纲领的资产阶级革命党人加入了运动，从而突破了立宪派"文明争路"的框框，使运动革命化。历史发展的辩证法使立宪派人士充当了革命火药库不自觉的引爆手。所以，郭老说："虽然他们并没有革命的意识，然而他们才是真正的社会革命的发动者，而且也是民族革命的发动者。"② 总之，四川保路运动一开始便具有反帝爱国的性质。它是中国近代民族解放运动的历史长河中的浪花。我们不能因为保路运动的"首脑部"是由资产阶级立宪派（铁路股东的头面人物、谘议局的议长、议员等）所组成而否定运动的进步性。殖民地、半殖民地的民族解放运动应当包括一切反对帝国主义侵略的力量，而不问这些力量的阶级成分和政治观点如何。帝国主义是中华民族第一个和最凶恶的敌人。解除帝国主义的民族压迫是近代中国人民革命的根本任务。从这个意义上讲，郭沫若同志对保路运动中的立宪派人士所起的作用的评论是很有道理的。

---

① 列宁：《第二国际的破产》，载《列宁全集》第21卷，第194页。
② 郭沫若：《少年时代·反正前后》。

二、人民大众是埋葬清王朝的原动力

谁是推动四川保路运动发展的原动力？这是研究四川保路运动史的关键问题。因为历史科学的根本任务之一，就是要正确地说明人民群众在历史上的地位和作用。

郭老说："人民大众的威力……成了推倒赵尔丰的原动力，杀死端方的原动力，乃至送葬了清廷的原动力。"[①] 指出了四川保路运动的真正动力是以农民为主体的人民大众，从而说明了辛亥革命时期，四川发生全国罕见规模的革命运动的源泉。

在辛亥革命时期，四川人民大众的"原动力"作用集中表现在以下三个方面。

（一）人民大众在 20 世纪初年进行的持续不断的反帝反封建斗争推动了革命形势的发展，促成了辛亥革命高涨的到来

20 世纪初年，以四川义和团为主的农民反抗斗争[②]，藏、彝等少数民族群众的反帝反封建斗争，以及遍及全川的抗捐抗税斗争，汇成了一股不可阻挡的革命洪流。"灭清、剿洋、兴汉""除国内之祸患，地方之贪官"等口号在全川回旋荡漾，并且出现了群众自发斗争开始与资产阶级革命派发动的武装起义相结合的趋势。人民大众的斗争，不断冲击着帝国主义及其走狗的反动统治，使整个四川在保路运动前即已呈现出"山雨欲来风满楼"的革命形势，为保路运动和武装斗争的迅猛发动奠定了基础。

（二）人民大众是保路运动发展的动力

人民大众满怀爱国热忱踊跃参加保路同志会，掀起了波澜壮阔的群众性政治运动。1911 年 6 月 17 日，在成都成立了四川保路同志会。郭老写道：在成立那天，到会者发动了向护理总督王人文的请愿活动。"大家从铁路公司走出，沿途走去就是一个很大的示威，街上的市民便都簇拥着跟来，走到藩台衙门的时候，把那辕门里面的一个大敞地完全站满了。"[③] 保路同志会一经成立，人民"争起入会，恇扰若狂"[④]。在成都，不到十天，会员已逾十万人。重庆以及各州县、乡镇、街道也纷纷成立同志分会。"夏秋间，保路同志会遍全川。"[⑤] 四川保路同志会的成立，标志着四川的争路斗争进入了一个新的阶段。保路同志会在人民的要求下提出了"破

[①] 郭沫若：《少年时代·反正前后》。
[②] 见拙文：《义和团在四川迅速发展原因及其特点》，载《义和团运动六十周年纪念论集》，中华书局 1961 年版。
[③] 郭沫若：《少年时代·反正前后》。
[④] 李稷勋：《四川商办川汉铁路宜昌工场志痛之碑》。
[⑤] 《资中县志》卷 10。

约保路"的宗旨,而广大群众踊跃加入同志会,则使保路斗争跨出了立宪派人士的圈子,掀起了群众性的保路风潮。革命人民借助同志会这个反对帝国主义及其走狗的合法舞台,演出了威武雄壮的活剧。

人民群众的斗争将妥协的立宪派人士置于"骑虎难下,欲罢不能"的尴尬境地,日形孤立。尽管立宪派控制着保路运动的领导权,而且千方百计地把运动限制在改良主义的范围内,但是,群众一经拥入,运动便非立宪派所能操纵。"忠愤所播,小民尤易入脑,愤不欲生。"① "最足动人者,则下等社会贫苦人,发言之精当,忠悃之纯挚,有为士大夫所不到。"② 这就使立宪派人士感到:"每当演说时,愤激不顾前后,则听众欢迎,若果瞻前顾后,研究办法则众极不满。"③ 他们为了利用群众去迫使清朝让步,只有将帝国主义夺路、清朝卖路的真相公诸于众;群众则更是愤懑,更猛烈地投入反抗斗争,以致保路运动"愈演愈烈,已成风气,不易挽回矣"④。群众的斗争使运动得以不断扩大,步步深入。

人民大众的斗争使运动冲破了立宪派人士划定的"文明争路"的框子,由和平请愿发展到罢市、罢课、罢工,抗捐、抗税、抗粮,进而转变为武装起义。1911年8月,刽子手赵尔丰接任四川总督,奉命对四川群众"严行弹压"。清政府更强迫接收川汉铁路宜万段,使川汉铁路"事权暗移,路款并送"。四川群众更加怒不可遏。8月24日,保路同志会开会,在群众的强烈要求下,会议通过了罢市、罢课的决议。成都群众闻风而动,"会众未散毕,各街关闭市面已过半矣"。重庆等地立即响应,影响所及,"南起邛雅,西迄绵州,北近顺庆,东抵荣隆,千里内外、府县乡镇,一律闭户,风潮所播,势及全川"⑤。9月1日,四川群众又展开了抗捐抗税抗粮斗争,相约全省不纳丁粮,不纳新常捐输,不纳契税,"以困国库"。"万众附和",使清廷"二千数百万之岁入顿归无着"。同时,在有的地方发生了群众暴动。"各处伏莽,皆借此蠢蠢思动"⑥。清政府彭县经征局,新津、新繁厘税局,中江捐税局,灌县厘金局以及一些地方的官盐局皆被群众捣毁,使赵尔丰"防制无从",立宪派控制失效。

9月7日,赵尔丰将保路同志会、谘议局和川汉铁路公司的首领蒲殿俊、罗纶等人诱捕,并封闭了铁路公司和保路同志会,以为抓了这几个头目就可使保路运动"群龙无首",使群众"畏缩不前",从而将运动镇压下去。但是,事与愿违。成都群众数万人"不约而同","扶老携幼"到督署请愿,要求释放蒲、罗诸人,打击赵尔丰的反动气焰。以赵尔丰诱捕事件为契机,扩大了人民群众与清政府的正面冲突。赵尔丰首先把刺刀提上日程,令卫队屠杀请愿群众,制造了骇人听闻的"成都

---

① 《四川保路同志会报告》第18号。
② 《四川保路同志会报告》第8号。
③ 彭芬:《逊清政变发源记》,《辛亥革命》(四),"中国近代史资料丛刊"本,第333~334页。
④ 彭芬:《逊清政变发源记》,《辛亥革命》(四),"中国近代史资料丛刊"本,第333~334页。
⑤ 《广益丛报》第9年第28期。
⑥ 赵尔丰:《赵季和电稿》卷4,手抄本。

血案"。带血的刺刀彻底暴露了清朝统治者死心塌地甘做帝国主义走狗的狰狞面目,也充分说明了立宪派人士所谓"文明争路"的徒托空言。于是,"成都血案"就成为四川保路运动的转折点:反帝反封建的群众运动由此转变为推翻帝国主义走狗清朝的武装起义。在"成都血案"中被残杀的,绝大多数是下层劳动人民。仅据有名可查的 26 人中,机匠、刻字匠、学徒、裁缝、放马的、卖小菜的、装水烟的即有 19 人。① 正是他们的鲜血,揭露了反动派,教育了人民,推动了保路运动前进。

辛亥革命时期,四川保路运动所以能够独步一时,其根本原因在于它有广泛的群众基础,有广大劳动群众的英勇奋斗。

(三) 保路同志军的主力是农民群众

列宁说:"在尖锐的经济政治危机的一定时期,阶级斗争就会发展成为公开的国内战争,即两部分人之间的武装斗争。"② "成都血案"发生的当天,成都附近的保路同志军立时起义围攻成都。一二日间,云集成都城下的同志军,"计西有温江、郫县、崇庆州、灌县,南有成都、华阳、双流、新津及邛州、蒲江、大邑等十余州县。一县之中,又有多起","每股均不下数千人或至万人"③。其他州县的同志军亦纷纷起义,"攻城据地,彼伏此起","前去后来,竟成燎原之势"。正如郭老所说,同志军"暴动的中心是在新津"④。9 月 13 日,清朝驻邛州巡防军第八营士兵,在同盟会会员周鸿勋领导下举行起义。9 月 26 日,哥老会首领侯宝斋所率南路同志军与周鸿勋会师,"四方应召来者,不数日号称十万","旌旗相望,大有震撼全蜀之势"⑤。新津同志军与清军坚持作战达半月之久,抗击和牵制了四川清军的主力,掩护了川东南各地同志军斗争的发展,对全川的革命斗争起了重大推进作用。

同志军是由什么人组成的? 郭老是亲眼见过同志军的人。他说:"凡是瞻仰过同志军的军容的人,读到贾长沙的'斩木为兵,揭竿为旗'的两句,绝对不会认为只是文学家的夸张。……所谓同志军,有一部分是平时的土匪,有一部分是各地的乡团。大部分的鸟枪、梭镖、牛角叉、铁锤、铁铜,虽然陈腐一点,但总还是军器;但有的却拿着锄头、挡耙、扁担、镰刀。"⑥ 对这段话,应该如此理解:(1)同志军的成分是复杂的,其中有"乡团"的头子,也有少数平时骚扰乡里的土匪混杂其间。(2) 当时所谓"土匪",是统治者对具有反抗行为的群众的污称,"土匪""乡团"中有大量下层劳动人民。因此,郭老引用贾谊在《过秦论》中描写秦末农民起义"斩木为兵,揭竿为旗"一话,来譬喻辛亥革命时期四川同志军起义。(3) 从同志军使用的武器看,也可以判断大多数同志军是来自下层人民,特别是农

---

① 诵清室主人:《辛亥四川路事纪略·七月十五日被戕诸人姓氏表》。
② 列宁:《游击战争》,载《列宁选集》第 1 卷,第 678 页。
③ 赵尔丰:《赵季和电稿》卷 4,手抄本。
④ 郭沫若:《少年时代·反正前后》。
⑤ 朱之洪编:《蜀中先烈备征录》第 2 卷,第 43 页。
⑥ 郭沫若:《少年时代·反正前后》。

民,大有"红旗卷起农奴戟"的气派。因此可以说,四川同志军的成分虽然相当复杂,但是它的主体是农民群众。关于这一点,我们还可以从以下材料中得到印证:

同志军"人不过佣工牧竖,器不过抬炮、鸟枪"[①]。"其人皆满身泥涂,并有尚持割谷之镰刀之农佣"[②]。"富者输财,贫者执械"[③]。"此次团兵,多系村民,倚富有田产之人为生"[④]。"皆系乡愚无知之人","农事未毕"即来。[⑤] 这正如列宁所说:"主要是农民在革命中表明,他们极度憎恨旧的秩序,他们非常深刻地感受到现制度的一切重担,他们自发地渴望从这些重担下解放出来。"[⑥] 遍及全川的以农民为主体的保路同志军武装起义,是当时阶级斗争的最高形式。革命人民用革命战争反对反革命战争是历史发展的真正动力。

四川同志军的武装斗争,打垮了清朝在四川的统治支柱反动军队,摧毁了清王朝在四川的专制统治。《丹棱县志》有一首《蜀中同志会纪事》诗写道:"鱼凫疆域阵如云,弹雨枪林处处闻。一百数十余州县,羽檄交驰势若棼。君不闻,革命党,大江南北皆抢攘。又不见,同志军,全川西南戎马纷。民军整,防军散,散而遇整不敢战。防军少,民军多,少不胜多奈若何。城外防兵多失利,城中陆军无斗志。锦城险作九里山,四面楚歌魂惊悸。"[⑦] 这首诗在一定程度上反映了四川保路同志军的燎原烈火之势、排山倒海之力,以及清朝统治大厦将倾的穷途末路。

保路同志军的英勇战斗,教育和鼓舞了资产阶级革命派,促进了同盟会领导的武装斗争,并给了他们推翻清朝统治的信心。在同志军起义阶段,四川的资产阶级革命派曾掌握了一部分同志军的领导权。[⑧] 吴玉章同志在同志军武装斗争胜利发展的基础上,因势利导,不失时机地先于武昌起义十余日发动了荣县独立,"首义实天下先",是辛亥革命时期由同盟会会员建立的第一个县政权。同志军的武装斗争,为实现革命独立开辟了道路,重庆、泸州、万县、广安、成都等地先后推翻清王朝的地方政权,宣布了独立,结束了封建君主专制制度二千余年的统治。"辛亥革命的首功应该由四川人担负。"[⑨] 外省的革命党人,在四川保路运动的影响下,也加紧行动,准备起义。"同盟会的一些领导人,看到起义的良机已经到来,却主张由革命力量充实的武汉方面首先发动,其他有准备的省份同时响应。在清政府全力应付四川保路运动的时候,湖北新军中的文学社和共进会等革命团体乘机发动武昌起义。"[⑩] 黄兴、朱执信致电孙中山,建议趁机在武汉起义。中部同盟会负责人宋教

---

① 聂述文等修、程德音等纂:《江津县志·前事志》。
② 《川路国有血》,抄本。
③ 贺泽等修、张赵才等纂:《荣经县志·武功》。
④ 《英国蓝皮书》第22号附件甲《署重庆英领事白朗呈英使朱尔典文》(1911年9月22日发)。
⑤ 《赵尔丰告示》,原件藏新津档案馆。
⑥ 列宁:《托尔斯泰和无产阶级斗争》,载《列宁全集》第17卷,第351页。
⑦ 刘良模、罗春霖等纂修:《丹棱县志·杂事志·纪乱》。
⑧ 参见拙著:《论四川辛亥革命时期资产阶级革命派和农民的联盟问题》,载《四川大学学报》(社会科学版),1978年第2期。
⑨ 郭沫若:《少年时代·反正前后》。
⑩ 郭沫若主编:《中国史稿》第4册,第187页。

仁亦决定"乘时大举"。湖北革命党人"急谋起义",去上海中部同盟会"共商进行方法",并约请黄兴来湖北主持起义工作。同时,云南革命党人"跃跃欲试",湖南焦达峰等则"计划加紧发难方法"。四川同志军起义,"更给陕西正酝酿发动的革命的暗潮加上了推动力量"①。清王朝为镇压四川人民起义,命端方带大队鄂军入川。② 端方一到四川立即陷入同志军的包围之中,进退维谷。11月25日,鄂军中的革命党人在资中同志军的配合下,将端方杀死;鄂军西调四川,造成清军在武汉兵力空虚。10月10日,湖北革命党人举行起义,辛亥革命首先在武昌取得了成功。所以,孙中山说:"若没有四川保路同志会的起义,武昌革命或者要迟一年半载的。"③

朱德同志在《辛亥革命杂咏》中以"群众争修铁路权,志同道合会全川。排山倒海人民力,引起中华革命先"④的诗句咏赞了四川保路运动的伟大历史作用,同时强调了人民的威力是使四川保路运动能起这种历史作用的根本原因。

三、不成熟的资产阶级革命

毛泽东同志在1944年11月21日《给郭沫若同志的信》中指出:"最近看了《反正前后》,和我那时在湖南经历的几乎一模一样,不成熟的资产阶级革命!那样的结局是不可避免的。"⑤ 辛亥革命之所以是不成熟的资产阶级革命,主要是中国资产阶级突出的软弱性和妥协性造成的。对此,郭老在《反正前后》一书中,对四川辛亥革命时期资产阶级的两派——立宪派和革命派都做了中肯的评论,指明了这次革命失败的必然性和留下的历史教训。

四川保路运动是一次声势浩大的群众运动。运动把社会各阶级、阶层人士广泛地卷了进来,形成一个包括资产阶级立宪派、资产阶级革命派、农民、工人的联合阵线。由于各自的阶级利益不同,因而对运动的态度和所起的作用也各异。陈毅同志说:"1911年,我十岁的时候,辛亥革命起来了。这个革命在我们四川地方是由资产阶级改良派掌握着上层领导,他们随时企图与满清政府妥协。在下层则有先进的知识分子和广大的农民群众参加。群众的行动表现得异常坚决和英勇。"⑥ 这段话是完全符合历史实际的。

立宪派人士是资产阶级上层和有资本主义倾向的地主的政治代表。他们鉴于资

---

① 以上引文见黄克强《黄克强先生书翰墨迹》、邹鲁《中国国民党史稿》(第五册)、冯自由《中国革命运动二十六年组织史》等书。
② 1911年9月2日清廷命端方入川镇压保路运动,调湖北陆军步队第十六协第三十一全标及第三十二标一个营,共二千人左右,随行入川。
③ 冯玉祥:《我所认识的蒋介石》,第161页。
④ 《人民日报》1961年10月10日。
⑤ 《人民日报》1979年1月1日。
⑥ 陈毅:《给罗生特同志的信》,见《陈毅诗词选集》,第360页。

本主义剥削方式有利可图而投资新式工业，但他们在农村又占有土地，进行封建剥削。即使他们所经营的资本主义性质的企业也与封建势力有着依存关系。如四川立宪派头子之一的邓孝可父子，1907 年在夔府（奉节）开办的宝华煤矿公司乃是依靠官本三万两，定为"官督商办"来统买统销夔州府属各煤窑的煤炭。在政治上，他们还不是当权者，希望通过君主立宪，挤进政权。"一方面承认满清的支配权，甚至认为这种支配权的存在为神圣的必要，而在它下面要求庶民参政，要求国会早开。"① 为此，他们到处奔走，再三请求清王朝立宪早行，国会早开。辛亥革命前夕，四川立宪派的喉舌——《蜀报》，曾反复宣传所谓"蜀人由今当竭诚竭智竭力于立宪"的主张。他们除了派头面人物附和全国立宪派的国会请愿活动外，还在四川发动这种请愿活动。② 在经济上，他们力图加强对工人、农民的剥削，发展资本主义，因而要求铁路商办。但是，尽管他们一再表示对清朝统治的忠诚不贰，以及对革命势力的极端仇视，但是清王朝对他们的政治、经济要求却置之不理。更有甚者，1911 年 5 月间，"皇族内阁"粉墨登场，从政治上给了他们以当头棒喝。他们挤进清政权的愿望顿时成了仙山琼阁。"铁路干线国有"政策出笼又把他们已经占有和希望占有的经济利益化为了子虚乌有。于是，他们与清王朝的矛盾因而加深。立宪派为了维护自己的政治、经济利益，不得不硬着头皮顶清朝一下，发起争路运动，然而，他们在政治上和经济上同封建主义有着千丝万缕的联系。他们只能用改良主义的方式来表示自己的愤懑与反抗。因此，在保路运动中他们始终把"庶政公诸舆论""铁路准归商办"这两句从光绪皇帝那里讨来的话，作为自己的口号和纲领，并力图用这一纲领来控制运动。这正如郭老所说："这两个口号把当时社会革命的精神表示得很完备的，前一个是参政权的要求，后一个是财产权的斗争。两个一合并起来，正好是经济斗争与政治斗争打成一片。"③

在保路运动中，立宪派人士的活动不出"文明争路"的范围。他们一方面向清朝乞恩，要清朝收回铁路国有成命，尊重他们占有地位的资政院、谘议局。另一方面则随时提防和反对人民革命。马克思说："他们知道，革命中的老百姓是莽撞的和过火的。因此，资产阶级先生们千方百计总想不经过革命而用和平方式把专制君主国改造成资产阶级君主国。"④ 因此，资产阶级立宪派在保路运动中特别害怕群众革命化。他们对待当时群众运动的三部曲是：控制、反对、镇压。这是资产阶级对帝国主义、封建主义的妥协性的最突出的表现。一当保路运动发展成人民推翻清王朝的内战时，这些作为资产阶级右翼的政治代表的立宪派人士则完全投入了反动派的营垒，扮演了清王朝镇压革命的帮凶的角色。一当清王朝统治土崩瓦解，他们立即同赵尔丰勾结，宣布四川自治，成立"四川大汉军政府"，夺取了革命果实，

---

① 郭沫若：《少年时代·反正前后》。
② 郭沫若：《少年时代·反正前后》。
③ 郭沫若：《少年时代·反正前后》。
④ 马克思：《道德化的批判和批判化的道德》，载《马克思恩格斯选集》第 1 卷，第 186 页。

使四川的政权"终竟在暗默中从反动派又移到了保守派手里去了"①。

以推翻清朝,建立共和制度为己任的资产阶级革命派在四川保路运动中是如何表演的呢?应该承认,代表民族资产阶级中下层的革命派在四川保路运动,特别是在领导同志军反清起义中是有功绩的。在一定程度上,他们充当了同志军起义的政治指导者。

同盟会成立以后,川籍同盟会会员为发动四川武装起义,做了许多宣传和组织工作。如卞小吾主办的《重庆日报》,雷铁崖等人出版的《鹃声》杂志,吴玉章主持的《四川》杂志,都是20世纪初四川重要的革命刊物。尤其是《四川》杂志,对外反对帝国主义,对内反对清朝,革命旗帜鲜明,影响甚大。《民报》、邹容的《革命军》、陈天华的《猛回头》《警世钟》,也通过革命党人在四川秘密流传,从而启迪了人们民主革命思想,提高了群众的觉悟。郭老回忆20世纪初年,四川青年学生的思想状况时写道:"在当时的中国的思想界是康梁的保皇立宪和孙黄的排满兴汉的对立,在四川虽然是片面的前一派人占有势力,而在我们青年人的心目中却是俨然对立着的。中国的不富不强就只因为满清政府存在,只要把满清政府一推翻了,中国便立地可由第四等弱国一跃而成为世界上第一等的国家。这便是支配着当时青年脑中的最有势力的中心思想。"② 革命思想的传播,使曾经占优势的改良主义思想影响日渐缩小,这就为辛亥革命在四川的发动做了一定的思想准备工作。在组织活动方面,同盟会曾在许多州县秘密发展组织(主要是在知识分子中),特别是他们注意在拥有群众的会党首领中物色对象,发展他们为同盟会会员。如吸收川南哥老会首领佘竞成,大竹孝义会首领李绍伊,川西哥老会首领张达三、张捷先等人加盟,从而加强了同盟会与会党的联系,为保路同志军的发动打下了基础。他们领导的江油、泸州、江安、成都、叙府、广安、嘉定、黔江等地的武装起义,虽因军事冒险而失败,但是打击清朝,扩大同盟会的影响的作用是不可忽视的。

在保路运动阶段,一部分同盟会会员把公开斗争和秘密活动结合起来。对立宪派人士采取"明同暗斗"的策略,把自己工作重点放在"激扬民气,导以革命"③上。1911年8月4日,当保路运动渐入高潮时,同盟会会员王天杰、龙鸣剑、陈孔白等人,邀集哥老会首领秦载赓、罗子舟、孙泽沛、胡重义、张达三等人,在资中罗泉井举行秘密会议,决定举行武装起义,将同志会改为同志军。在华阳和新津设立同志军总部,为全川同志军的发动做了重要的战斗部署。接着又有同盟会会员参加的新津会议的召开,确定了川南同志军的领导成员和作战计划。④ 此后,新津之所以成为同志军起义的中心,与这次会议和会后的发动工作是有重要关系的。因此,在同志军起义后,同盟会会员掌握了大部分同志军的领导权。他们中间的许多优秀人物如龙鸣剑、陈孔白、秦载赓等都曾率领同志军冲锋陷阵,为推翻清朝献出

---

① 郭沫若:《少年时代·反正前后》。
② 郭沫若:《少年时代·反正前后》。
③ 中国史学会编:《辛亥革命》(六),"中国近代史资料丛刊"本,第4页。
④ 朱之洪编:《蜀中先烈备征录》第2卷,第43页。

了自己的生命。一当条件成熟，他们又领导和策动了许多州县的独立，为推翻清王朝尽了自己的力量。

但是，四川的资产阶级革命派仍然是十分软弱的。辛亥革命时期，作为革命的政治指导者的资产阶级革命派的软弱性和妥协性是这场革命失败的最根本原因。因此，郭老说："立在革命的立场上对四川当年的新兴势力的指导者们实在是万分不能容忍的。"①

四川的革命党人在同志军起义的准备时期和起义过程中，曾以会党为纽带，在一定程度上与农民结成过反对清王朝的革命联盟关系。但是，他们主要着眼于会党的首领们，并没有深入下层群众去做工作。虽然他们口口声声要"激扬民气"，唤起民众，可是没有也不可能把群众真正唤起。许多支同志军仍处于自发斗争的阶段。有的各自为政，互不统率，有的盲目破坏，有的甚至被坏人操纵，据地称雄。因此，郭老说的："保路同志军虽然是四川独立的元勋，但他们依然是封建社会里面的骨董。"② 这就是指四川同志军起义多数仍然缺乏先进阶级的正确领导，还没有摆脱旧式农民革命战争的局限性而言的。

四川的革命党人，曾揭示同盟会的政纲开展自己的宣传和组织活动。"蜀军政府"一成立，立即发布《对内宣言》，重申了同盟会的"驱逐鞑虏，恢复中华，建立民国，平均地权"纲领。但是，这个纲领的本身却有着重大的缺陷："一、没有分土地；二、不晓得镇压反革命；三、反帝不尖锐。"③ 何况，革命党人在自己的实践中，更注意的不是"建立民国"，也不是"平均地权"，而是"革命排满"。这就放过了中国民主革命的主要敌人帝国主义和封建势力。农民的土地问题是中国民主革命的根本问题。同盟会不赞成农民"夺富人之田为己有"，反对农民用革命手段夺取地主的土地。因此，他们就不能把广大群众，特别是民主革命的主力军农民真正发动起来，实现一个农村大变动。缺少了这个大变动，革命就必遭失败。

郭老指出："四川是起事得最先，而独立得却差不多是在最后。"④ 造成四川独立甚迟的一个重要原因，就是四川同盟会内部严重的宗派主义作怪。在四川同盟会内，既有四川籍会员与外省籍会员的门户之见，又有"洋货和土货的对立"⑤。以致在辛亥革命高潮到来的时候，四川同盟会已处于涣散状态，当然不可能有效地领导革命斗争。我们知道，在辛亥革命中，革命化的新军在很多省份的革命独立中曾起过重大的作用。湖北、云南、山西等省的独立，主要力量是新军。湖南、陕西等省的独立也是新军与会党联合实现的。但是，四川例外。四川新军的多数没有起义

---

① 郭沫若：《少年时代·反正前后》。
② 郭沫若：《少年时代·反正前后》。
③ 毛泽东：《团结起来，划清敌我界限》（1952年8月4日）。
④ 郭沫若：《少年时代·反正前后》。按：1911年10月10日武昌起义后，各省响应，10月22—31日，湘、陕、晋、赣、滇等省宣布了独立。11月4日—10日，上海和黔、苏、浙、桂、皖、粤、闽诸省宣布独立。四川同志军于9月7日起义，11月22日才成立"蜀军政府"，11月27日，在成都才出现"四川大汉军政府"，宣布四川光复。
⑤ 郭沫若：《少年时代·反正前后》。

独立（叶荃在嘉定单独策动新军独立，很快失败，没有起到什么作用），也没有积极响应同志军起义。在同志军起义高潮时，多数新军作壁上观，有的甚至卖力地镇压同志军（如镇压新津同志军）。四川新军的不革命乃至反对革命的状态，使民贼赵尔丰得以负隅顽抗近三个月之久。"假使四川新军里面真正是有革命性的人在那儿主持，四川老早是已经独立了的。"① 这并非四川新军中没有同盟会会员的活动。程潜（辛亥革命爆发前离川）、方声涛、姜登选、叶荃等都是四川新军中任较高级官职的同盟会会员。四川新军之所以大异于各省，除了同盟会的工作软弱无力，对领导四川起义缺乏统筹方略外，就在于同盟会内部缺少团结战斗精神，它在新军中的成员缺乏"革命性"。名噪一时的尹昌衡，现已从史料查明，他曾经在日本参加过黄兴组织的军事骨干团体"丈夫团"。② 但是，此人却很缺乏革命党人的气味。他为了扩大自己的实力，大力拉拢四川籍军官，排斥外省籍军人（包括同盟会会员），当爬上四川军政府都督的位置后，更进一步与立宪派人士同流合污，大整同志军，大反革命党。他甚至扬言要与同盟会会员领导的"蜀军政府"，"武力相对"，终将"蜀军政府"吞并。

资产阶级革命党人在凭借同志军浴血奋战，夺得了某些局部的统治权力之后，立即背信弃义，认友为敌。为了阻止人民群众进行深入地反帝反封建斗争，他们不惜向同志军大打出手。"他们弹压民众的手段"，"比赵尔丰、周孝怀还要厉害"③。1912年4月27日成立的四川军政府中，革命党人为数不少。同盟会会员张培爵任副都督，董修武（同盟会四川支部长）任财政部部长，杨维任军事巡察总监，但懋辛任成都知事兼团务督办，熊克武任第五师师长。但是，他们不仅公开撕毁一度与农民的联盟关系，而且残酷镇压群众，"兵数盖十倍于前，利器亦远过于畴昔"④。在辛亥革命中立有功劳的川北孝义会农民起义军及其首领、同盟会会员李绍伊就是在有当权一时的同盟会会员的参与下被屠杀的。资产阶级革命党人如此反对革命群众，势必使自己在反动势力的进攻面前处于更加无力的地位，他们所取得的一点权力便无法保持。随着南京临时政府的资产阶级革命派在帝国主义的压迫下，通过"南北和议"向帝国主义的新走狗袁世凯交权，四川的资产阶级革命派也将同志军用生命和鲜血换来的革命果实捧上了反动派的祭坛，使四川被置于袁世凯的走卒胡景伊的黑暗统治下。"从这儿便种下了二十多年来的不断的丑恶的政权争夺的种子。天下从此多事，四川也就从此多事了。"⑤ 辛亥革命在四川终归失败了。

郭老说："保路同志军的运动，乃至结晶于辛亥革命的整个资本主义的革命运

---

① 郭沫若：《少年时代·反正前后》。
② 郭沫若同志在《少年时代·反正前后》一书中说：尹昌衡"他不是立宪派，也不是革命党。他就是有兵权在手里的实力派"。这可能因为当时缺乏这方面资料的缘故。现据刘揆一《黄兴传记》、郭孝成《四川光复记》、尚秉和《辛壬春秋》、李书城《辛亥前后黄克强先生的革命活动》等著作，查明尹昌衡确实曾经加入过"丈夫团"。
③ 郭沫若：《少年时代·反正前后》。
④ 叶大锵纂、罗骏声修：《灌县掌故·军械》。
⑤ 郭沫若：《少年时代·反正前后》。

动,结果是失败了的,而它的失败却告诉了我们一条路:便是中国的革命自始至终应该是反抗帝国主义的革命,因而这种革命不能由中国的资本家的手里来完成。"[①]辛亥革命的全部历史教训集中到一点,正如郭老以上的总结:中国的反帝反封建革命任务,不能经过资产阶级的领导,而必须经过无产阶级的领导才能成功。1949年中国革命的伟大胜利,雄辩地证明了没有中国共产党便没有新中国这一历史真理。新中国刚刚建立,成渝铁路立即动工兴建,仅用了两年时间,1952年7月1日,我国第一条全部使用国产钢轨的成渝铁路胜利通车。接着,毛泽东同志又发出修筑宝成铁路的号召。1956年,宝成铁路建成。四川人民半个世纪以来梦寐以求的理想,变成了活生生的事实。今天,我们重读郭老的《反正前后》一书,抚今思昔,新旧对比,进一步体会到:只有坚持党的领导,坚持社会主义道路,坚持无产阶级专政,坚持马列主义、毛泽东思想,才能在中国实现四个现代化的宏图。

(原载《辛亥革命史丛刊》第一期,中华书局,1980年)

[①] 郭沫若:《少年时代·反正前后》。

四川保路运动简论

在今成都市人民公园西北角上，有一座"辛亥秋保路死事纪念碑"屹立在绿树丛中。这座纪念碑是 1913 年由川汉铁路公司决定修建，1915 年竣工的。人们之所以建立它并保存至今成为国家重点保护文物，是因为它记录了中国近代历史上的一件大事——四川保路运动和保路同志军起义。它是四川人民反帝反封建的历史丰碑，也是四川人民的爱国精神和革命传统的象征。它时刻在向人们呼喊：发扬优秀传统，努力振兴中华。

辛亥四川保路运动是近代中国社会主要矛盾：帝国主义与中华民族的矛盾，人民大众与封建主义的矛盾发展的产物。也是四川自戊戌维新以来向近代化渐进的产物。由于近代工商业的初步发展，近代教育的兴起和近代知识分子群的形成，近代政治组织和政治活动的出现以及人们价值观念的某些变化，四川出现了一种要求近代化，即在经济、政治、文化诸方面实现资本主义化的趋势。这种趋势与帝国主义殖民势力和清王朝封建势力日益对立，终于导致了一场与农民起义的面貌不同的、作为中国比较完全意义的资产阶级民主革命的导火线和组成部分的爱国运动和革命运动。

四川保路运动大体上可分为两个既有联系又有区别的发展阶段。

第一阶段：1911 年 5 月至 9 月 7 日，是"破约保路"阶段，进行的是和平斗争，是爱国运动还不是革命运动的阶段。运动的领导权掌握在政治上拥护君主立宪的一派士绅们手中。这一阶段的斗争，揭露了帝国主义及其走狗的罪行，对广大人民进行了爱国救亡的普及教育并团结、组织了民众，推动了革命形势的发展，为武装起义从思想上、组织上做了准备。

第二阶段：1911 年 9 月 7 日至 1912 年 7 月四川辛亥革命失败。这是革命独立阶段。这一阶段的特点是遍及全川的保路同志军起义，实行暴力革命。领导权基本上掌握在资产阶级革命政党——中国同盟会的手中。以荣县独立为先导，成、渝及各地纷纷独立，建立军政府，推翻了清王朝在四川的统治，成为武昌起义的导火线。但同全国情形一样，胜利果实最终被袁世凯所窃夺，使四川辛亥革命遭到失败。

一、爱国保路的轩然大波

1911年，岁次辛亥，夏秋间，保路风潮的轩然大波在四川呼啸而起。全川民众为反对帝国主义侵略四川，夺取川汉铁路主权和清王朝卖国卖路，号呼奔走，众志成城，掀起了波澜壮阔的保路运动。

（一）川汉铁路——四川民众同帝国主义和清王朝斗争的焦点

四川素称"天府"，外国侵略者早已伸进了魔爪。但因僻处西南，交通十分不便，阻碍着侵略势力的扩张。侵略者企图以铁路为工具，将四川与外部世界联系起来，以便充分占据四川市场，加强掠夺。早在19世纪60年代，英国侵略者便把夺取四川铁路权列到了日程表。① 1897年，英国夺得了滇缅铁路的建筑权，增强了夺取川路的野心。达威斯的《滇缅铁路报告》说："吾等几难深信，处于云南之邻近，尚有一物产丰富，人口稠密之省份——四川。因任何铁道之设计之最终目的，不仅鼓励缅甸边境局部之贸易，且须获得由印度到达四川及中国东部之经过线方向。"并提出："此线（指滇缅铁路）可达出产富庶之四川，将来可能与汉口成都线相连接而为印度、上海间之连路线——可为由开罗经印度至东亚宏大干线之一支。"② 法国为保护它在中国西南的侵略地位，同英国争夺"势力范围"，1897年，法国印度支那总督杜美提出："由劳开至云南府的铁路，只有将它展筑至人口稠密的四川省，才会显示出它的真正价值，该铁路的目的地应该是该省省会成都。""从这里再筑一条铁路以达扬子江的下游重庆。"他强调："对中国的渗入，从我们占有地（按：指越南）的北方必须保证建造那些贯穿云南、四川的铁路。"③ 1898年6月1日，《泰晤士报》登载了一篇题为《中国的铁路》的文章，披露了沙俄勾结法国对中国长江流域铁路的野心。帝国主义为夺取铁路这种通商工具和征服工具虎视眈眈，互不相让。

20世纪初年，帝国主义夺取四川铁路主权的计划用"借款造路"的名义勾结清政府从川汉铁路切实下手了。清朝外务部在1903年奏称："外人经营商务，每以川江运道不便为言，必将设法开通，舍轮舶以就火车之利。本年英美两国使臣均以借款造路为请。"④ 1905年，法国驻重庆领事照会川督锡良，声称法国资本家借款修筑并经营自成都至汉口的铁路。德国公使穆默也向清政府提出川汉铁路，"各国人民均应一律同沾利益"，中国人自办川汉铁路，"应不准行"⑤。因此，在当时，

---

① ［英］肯德：《中国铁路发展史》，第7页、164页。
② 宓汝成：《中国近代铁路史资料》第2册，第466、467页；第3册，第1072页。
③ ［英］肯德：《中国铁路发展史》，第7页、164页。
④ 邮传部编：《轨政纪要初编·轨事》，光绪三十三年本。
⑤ 宓汝成：《中国近代铁路史资料》第2册，第466、467页；第3册，第1072页。

保卫川汉铁路主权，就成了四川民众关注的大事。

（二）川汉铁路公司的成立——四川人自办近代交通事业的努力

在近代，铁路是帝国主义压迫殖民地半殖民地国家的工具。铁路主权的得失关系到国家、民族的命运。因此，保卫铁路主权就成了中国人民挽救民族危机的一个重大课题。

自帝国主义阴谋夺取四川铁路以来，四川民众群起反对，除反对帝国主义勘测路线之外，更要求自办川汉铁路，这是当时人认为保卫主权的最佳选择，既可抵制侵略，又能利用近代化的交通运输来发展四川经济和文化，改变川省落后面貌。"川省士绅远迩同词，亦皆力请自办（川汉铁路）。""川省绅民殷盼此路亟成，冀能挽回利权，借资抵制，电牍驰催，至于再四。"[①] 1903 年 7 月，新任四川总督锡良顺应舆情，奏请"自设川汉铁路公司，以辟利源而保主权"[②]，并于 1904 年 1 月，在成都设立了官办川汉铁路总公司（1907 年改名为商办川省川汉铁路有限公司），确定了川汉铁路由中国人自办。公司以专集华股，不招外股，不借外债的自主原则，针对帝国主义"借款造路"的阴谋，宣布川汉铁路"严杜外资"。

川汉铁路预定路线是自汉口起（在此地与京汉路接轨）经宜昌、重庆达成都，全长约 1980 公里。其汉口至宜昌段由湖北负责，宜昌到成都段由四川自办，建筑铁路需要巨款资金，川省工商业不发达，要招集巨额股本绝非易事。川汉铁路公司不得不采取积微成巨的办法。集股章程规定股本来源有四：认购之股，抽租之股，官本之股、公利之股。实际上，"抽租之股"是主要来源。抽收的办法是："凡业田之家……收租在十石以上者，均按实收数，百分抽三。"[③] "不专抽自业主。"从 1905 年开始凭借官府势力，依靠各地士绅，实行强制性抽租入股，直至铁路修成为止。因此，川汉铁路集股的社会面广，成绩也相当可观。截止到 1911 年，实收股金达 1645 万元，为全国各省商办铁路公司之首位，其中"租股"占 80% 左右，是川汉铁路公司的经济命脉。

川汉铁路的股本既然以租股为大宗，征收对象不仅包括四川省的大中小地主，而且及于广大的自耕农和佃农，使全川的多数民众都与这条铁路的成败发生了经济上的利害关系。这就为四川保路斗争准备了群众基础。一当这条铁路被夺，四川民众群起而攻之势成必然。租股对于四川的地主来说，无异是他们将封建剥削而来的财富拿一部分投资于铁路公司兴办的资本主义性质的近代交通事业。川省租股具有垫支资本的意义。租股的来源一部分是地主地租，另一部分是农民劳动所获。这两部分都同样以货币形式被强迫投入近代资本主义工业经济之中。租股取之于田亩并有政治强制性质，但入股与纳赋不同，股权仍属于出资者，有利息，路成后还可以

---

① 中国科学院历史研究所第三所编：《锡良遗稿》第 1 册，第 455、422、340 页。
② 中国科学院历史研究所第三所编：《锡良遗稿》第 1 册，第 455、422、340 页。
③ 四川省档案馆编：《四川保路运动档案选编》，第 132、182 页。

照分红利。因此,川汉铁路租股的征集过程,也即是四川地主和部分农民在不同程度上卷入资本主义漩涡的过程,是四川历史上出现的一次引人注目的、深入而广泛的近代化社会经济运动。不仅如此,川汉铁路的租股历来为绅士们所把持。从省城到各州县不仅形成了一批绅士股东,而且有一个把持各地租股局和总公司的绅士集团。他们的合法和非法的经济利益都同川汉铁路有着密切关系。所以,当川汉铁路被夺时,他们便在各地积极活动,有的成为保路同志会和保路同志军的领导人物。这就是四川资本工业虽不发达,但辛亥革命时期资产阶级运动的发展却十分迅猛的一个重要的经济原因。

(三) 四川保路同志会——全川爱国力量大汇合

川汉铁路公司成立后,尽管内部纷争不已,步履艰难,但经过全川民众的努力,工作仍有进展。1909年12月28日,川汉铁路在宜昌举行了开工典礼,"向全世界宣告,川汉铁路已经开工"①。在宜昌至归州三百余里间"同时兴作,徒夫万千"②。

帝国主义图穷匕见,加紧勾结清朝政府夺取川汉铁路。清朝皇族内阁为换取帝国主义支持,于登台第二天(1911年5月9日)宣布了铁路国有政策,将"干路均归国有"。5月18日,派端方为督办粤汉、川汉铁路大臣,强夺商办铁路。

铁路的主权掌握在谁的手里,是我国近代铁路史的核心问题。清政府的"国有",实际上是帝国主义所有,是政府夺自百姓而送与外人。5月20日,由邮传部大臣盛宣怀奉旨同英、法、美、德四国银行团在北京正式签订了借款合同,借款600万英镑,将商办川汉、粤汉这两条重要铁路出卖。当时护理四川总督王人文说:"乃举吾国之国权、路权,一畀之四国,而内乱外患,不可思议之大祸亦将缘此合同,循环发生。"③清王朝饮鸩止渴,投降卖国,将自己放到了火药库上并引爆了这个火药库,引起了湘鄂粤三省的保路风潮,四川更掀起了保路斗争的轩然大波。

绅商们首先起来要求维持川汉铁路商办原案,反对停收租股,要求清政府收回"国有"成命。从1911年5月12日川汉铁路公司得悉铁路"国有"政策谕令起到同年6月17日四川保路同志会成立为止的37天,保路斗争还局限在绅商范围内,没有与广大民众相结合,斗争是软弱无力的。

保路运动得以发展的关键是四川保路同志会的成立。

1911年6月11日,四川绅商得悉邮传部大臣盛宣怀与督办粤汉川汉铁路大臣端方会衔于6月1日发出"歌电"坚持铁路"国有"政策,还要夺走路款。这就更加激怒了四川绅商。此时,四国银行团借款合同也传到四川,清政府夺路卖路劣迹

---

① 《詹天佑致川汉铁路副总工程师颜德庆的信》,见詹同济编译:《詹天佑日记书信文章选》,第117页。
② 李稷勋:《商办川汉铁路宜昌工程局志痛之碑》。
③ 《四川保路同志会文电要录》,载《奏稿要录》。

明显暴露。川汉铁路公司和谘议局的头面人物们认为："决非从前和平态度的文字争辩所能生效，一致决定另采扩大急进手段"①，组织保路同志会，"拼一死以破约保路"②。6月17日，川汉铁路公司召开大会，宣布成立四川保路同志会，由蒲殿俊、罗纶任正副会长，号召全川民众起来"破约保路"。

四川保路同志会的成立，标志着保路运动已走出绅商争路的圈子而开始与广大民众斗争相结合了。同志会这一合法的群众性组织，举起保路救亡的爱国旗帜。对群众进行了大量的爱国宣传和组织工作，从而汇合了全川的爱国力量，形成群众运动的新高涨。该会成立20天后，入会者不下十万人。"平日号为爱国者，当无不入其彀中。"③ 成都各街道、各行业、各学校，省城外各州县的保路协会亦纷纷成立，夏秋间，"保路同志会布遍全川"④。

随着各地保路同志会的出现，四川人民的爱国热情日趋沸腾。全川各阶层、各民族的群众都被卷入运动之中。各种爱国力量在保路的目标下汇合起来，并在实际斗争中提高爱国觉悟，发挥爱国力量。"我川人如梦初觉，如睡初醒，开会以来，各发热诚，不独学士大夫，自治之绅学工商界，边地之土司土兵土民与各学堂之学生，小学生，女学生，即优伶负贩，舆台隶卒，一齐唤起，府州厅县协会成立，各城各街巷分会亦共成立，足见众志成城，不负同志之实。"⑤ 四川的爱国力量不分地域和职业，不分民族和宗教信仰，不分男女老幼为保路而共同奋斗，同志会带来的群众反抗精神的空前高涨，使得四川的保路斗争独步一时，全国震动。

这一阶段的运动，在蒲殿俊、罗纶等人领导下，规模是浩大的，群众是活跃的，但仍处于文明争路的范围。清政府坚持卖国，步步进逼。至8月初，竟令川督："即将倡首之人，严拿惩办"，且收买了川路驻宜昌总理李稷勋，强行夺路夺款。种种倒行逆施，使四川人怒不可遏。8月24日，川汉铁路公司特别股东大会在群众的要求下决定实行罢市罢课抗议。全川性的罢市罢课风潮汹涌澎湃。从成都开始，"南至邛雅，西迄绵州，北近顺庆，东抵荣隆，千里内外，府县乡镇，一律闭户，风声所播，势及全川"⑥。

然而，罢市罢课七八天，清朝除严令赵尔丰严厉对付外，对川民的要求一口拒绝，扬言铁路"国有"政策绝不更改。8月31日，《四川商会会报》发表文章强调："自新内阁改设以来，朝廷所下谕旨，无一非与国民宣战之书"，"朝廷措施新政，无一非与国民宣战之事。"⑦ 9月1日，川汉铁路公司股东会决议不纳粮税并通告全省，开始了抗捐抗粮斗争。这一斗争，使清政府"二千数百万之岁入顿归无

---

① 文史资料委员会编：《辛亥革命回忆录》（三），第46页。
② 三余书社主人：《四川血》。
③ 《四川保路同志会报告》第6号"本会招集全体大会广告"。
④ 民国《资州志》卷10"杂编·兵燹"。
⑤ 《四川保路同志会报告》第10号"附件"。
⑥ 《御史范之杰对于川路奏稿》，《广益丛报》第9年第20期。
⑦ 陈旭麓、顾廷龙、汪熙编：《辛亥革命前后——盛宣怀档案资料选辑之一》，第138页。

着。四川一切行政固惟束手，而京都洋偿、解协等款，全无所出，贻误至大。且滇、黔、新、甘、边藏向皆仰给于川省，亦将坐困。川一动摇，中央根本，西南半壁，无不复其影响"①。有的地方还发生了群众打毁清政府苛收捐税局所的暴动。山雨欲来风满楼，革命在四川爆发已成必然之势了。

二、"引起中华革命先"的同志军起义

辛亥革命时期，四川的斗争有一个明显的特点：群众性的保路爱国运动与全川性的反清革命顺理成章地直接连接，实现由爱国到革命的转变。

（一）"成都血案"——反动派首先把刺刀提到历史日程上来

四川保路运动波澜壮阔使清朝感到危及统治根本，决定厉行镇压，并三令五申斥责署理川督赵尔丰"抗违朝旨，助长乱民"，逼赵杀民。9月2日，派端方为钦差大臣、调遣四川全省新旧水陆各军，带鄂军1500人入川查办。赵尔丰急忙调兵入城，决心用反革命暴力把保路运动扑灭。9月5日，有人散发《川人自保商榷书》传单，名曰商榷四川自保，实在宣传四川独立，赵尔丰便借此传单做文章。9月7日，将保路同志会和川汉铁路公司领导人蒲殿俊、罗纶、张澜、颜楷等9人诱捕囚禁，并下令搜查川汉铁路公司，封闭铁路学堂，查封捣毁宣传保路的报馆、印刷所，封锁邮电，派兵强迫商店开业。

消息传出，"人心大愤"，成都城内，成百上千的民众，扶老携幼，手握香，举光绪牌位，从四面八方奔赵督署请求释放蒲、罗诸人。赵尔丰竟下令开始屠杀手无寸铁的请愿民众。瞬间，"排枪若爆竹"，督署内外"众尸累累"。赵尔丰随即"又分派巡防军手执枪械分站各街口，禁止居民行走，开枪乱击街正及小学小儿，伤毙者尤多"②。这就是被当时人称为"吾蜀未有之奇祸、省城大惨观"的"成都血案"。

这次血案，暴露了清王朝这只帝国主义走狗的不可救药和极端残暴，群众对皇帝的幻想最终破灭了，成都血案成了一个转折点——爱国运动变成国内战争的转折点，辛亥革命时期，四川革命旋风的起点。

（二）保路同志军——埋葬清朝在川统治的决定力量

四川辛亥革命另一个突出的特点，这就是武装斗争的规模浩大，遍及全省。革命武装与反革命武装进行殊死搏斗而打垮清朝政权。这时，四川人民反清武装斗争的主要组织形式是保路同志军，领导者是资产阶级政党同盟会。人民大众（主要是

---

① 赵尔丰：《赵季和电稿·致内阁》，手抄本。
② 陈旭麓、顾廷龙、汪熙编：《辛亥革命前后——盛宣怀档案资料选辑之一》，第140~141页。

农民）与资产阶级革命派的武装反清联合阵线，是埋葬清朝在四川统治的决定力量。

自1905年同盟会建立以来，即注意在四川开展革命工作。1906年，重庆、成都两点先后建立了同盟会支部。四川的同盟会会员在孙中山指导下，积极发展组织、联络会党、运动军队，领导江油、泸州、成都、叙府、广安、嘉定、黔江等地起义。保路运动发生后，四川的同盟会会员采取"外以保路之名，内行革命之实"的策略，"激扬民气，导以革命"，"组织民军，共同革命"①。1911年8月4日，同盟会会员秦载赓等召集川东南和川西北的哥老会首领在资中罗权井开会，决定将各地同志会改为同志军准备起义。

成都血案发生后，同盟会会员龙鸣剑缒城而出，发出"水电报"号召各地同志迅速起义。成都地区的同志军首先闻警而起，"各州县均立民军，多者千人，少者亦二三反之"②。

同志军起义的初期，进攻目标是成都，"几天之内，与清军战斗不下数十百次，而规模较大的有武侯祠之战，红牌楼之战，犀浦之战，温（江）崇（庆）间的三渡水之战"③。同志军人数虽多，但武器窳陋，缺乏训练，不能一鼓而下成都，遂分兵攻略各州县，并由分散的战斗向地区性联合作战发展。在成都附近，有秦载赓、王天杰统率的东路同志军（号称20万人），有侯宝斋、周鸿勋统率的川南同志军（号称10万人）。在川西平原的西部也形成以孙泽霈、张尊、张捷先、吴庆照、侯国治等人为统领的联合作战体系。同志军起义从川西地区发展到川南、川东、川北地区，从汉族地区发展至少数民族地区。兴起的同志军主要有赵端率领的川南革命军，李绍伊领导的大竹同志军，胡御阶、甘东山领导的威远同志军等。随着同志军队伍的扩大，与清军的战斗更为激烈频繁。有新津保卫战，大相岭阻击战，雅安围城战，自流井之战，键为战役等著名战斗。到10月底，四川各族人民反清起义的烽火已燃遍巴山蜀水。清朝在四川的军事力量和政治统治已呈土崩瓦解之势。

保路同志军的成分相当复杂，但主要是农民。"此次团兵，多系村民，倚富有田产之人为生。"④"皆系乡愚无知之人"，"农事未毕"即来⑤。农民和其他下层群众加入同志军的渠道是会党和民团。但这不是一场旧式的农民战争，而是一场比较完全意义上的资产阶级民主革命。这是因为：（1）同志军起义在多数情况下是由同盟会策动的。（2）几支最主要的和最有影响的同志军的领导人多是同盟会会员或与同盟会关系密切的会党首领。⑥（3）同盟会的"驱除鞑虏，恢复中华，创立民国，平均地权"政纲已为多数同志军所接受，斗争的目的是推翻封建专制，建立民主共

---

① 隗瀛涛等：《四川辛亥革命史料》上册，第449、380页。
② 熊卿云等修、洪列森纂：《德阳县志·风俗志》。
③ 黄绶：《四川保路运动亲历记》，载《成都文史资料》（第1辑），1988年。
④ 中国史学会编：《辛亥革命》（八），"中国近代史资料丛刊"本，第273页。
⑤ 四川省档案馆编：《四川保路运动档案选编》，第132、182页。
⑥ 隗瀛涛主编：《四川近代史稿》，第664～672页。

和制度而不在称王称帝,改朝换代。

辛亥革命时期,四川的武装斗争历时近半年,而且十分残酷。当时四川有清军新军一镇,防军四十余营,皆被同志军分割于各地扭打、厮杀、削弱。清朝为镇压四川革命,曾同时起用三名总督级的大员。其中太子少保、头品顶戴、会办剿抚事宜岑春煊知难而退,不肯入川。钦差查办大臣、调遣四川全省新旧水陆各军、督办粤川汉铁路大臣端方在资州被起义鄂军诛杀。四川总督赵尔丰在成都授首。这在当时各省的历史上都是罕见的。四川人民以英勇的战斗和重大的牺牲,换得了辛亥革命的胜利。

(三) 各地独立——清朝在四川的覆灭

同志军起义的风暴摧垮了清朝统治的基础,为革命政权的建立开辟了道路。荣县早就是同盟会会员活动的据点。保路运动发生后,同盟会会员王天杰借"民团训练所督办"的名义,"大召其徒党合民团子弟共千余人"① 准备起义。9月15日,王天杰、龙鸣剑在五保镇举起义旗,并参加围攻成都的战斗,并在仁寿与秦载赓部同志军汇合,组成东路民军总部共同作战。

当王天杰、龙鸣剑起义时,同盟会派来四川主持工作的吴玉章回到家乡,负责支前工作。吴玉章训练民团,培养军事骨干,为荣县独立及附近州县的革命发展做准备。9月下旬,王天杰率部返荣县,清政府的知县逃走。吴玉章不失时机地主张立即宣布独立,自理县政。9月28日②吴玉章、王天杰等在城内召集各界人士开会,宣布了荣县独立,自推县令理事。

荣县独立早武昌起义十余日,"首义实先天下"。③ 它是辛亥革命时期,由同盟会会员建立的一个资产阶级革命县政权,为四川的起义指明了按照同盟会《革命方略》实行革命独立的前进方向。此后,四川各州县纷起效法,宣布独立,建立军政府。

1911年11月21日,广安独立,成立了"大汉蜀北军政府"。第二天,同盟会重庆支部张培爵、杨庶堪等人在重庆推翻清政府,成立了"蜀军政府","川东南五十七州县,皆闻风反正"④。困守成都的赵尔丰眼见大势已去,为逃避革命打击,主动与成都的士绅们妥协,签订《四川独立条约》,让出政权,由蒲殿俊等在11月27日成立了"大汉四川军政府"。12月8日,"大汉四川军政府"在成都兵变时期解体,当了十二天的都督蒲殿俊逃避。军政府军事部部长尹昌衡等平定叛乱后组织了四川军政府。1912年3月11日,成渝两个军政府合并成立了中华民国四川都督府,由尹昌衡、张培爵任正副都督,结束了辛亥革命时期四川两个政权并立的局

---

① 朱之洪编:《蜀中先烈备征录·王烈士子骧事略》。
② 关于荣县独立的时间有多种说法,一般定为9月25日,何一民同志考证,应为9月28日。(见《近代史研究》1987年第5期),本文同意何的意见。
③ 《王天杰碑传》。
④ 朱之洪等修、向楚等纂:《巴县志》卷二十二。

面。同年 4 月 1 日，孙中山正式解除了中华民国临时大总统职务。辛亥革命的成果被袁世凯窃夺。7 月，袁世凯任命胡景伊为护理四川都督，由此，四川也被置于袁世凯统治之下了。

辛亥革命是一次伟大的革命。作为这次革命的一个组成部分的四川同志军起义，推动了全国革命形势的发展，点燃了武昌起义的导火线，敲响了埋葬清王朝和它所代表的封建专制制度的丧钟。尽管辛亥革命没能完成资产阶级革命应该完成的革命任务，但是，四川革命党人和人民大众为全国同胞首先发难，战绩显赫，"引起中华革命先"的历史功绩是不可磨灭的。孙中山先生说："若没有四川保路同志会的起义，武昌革命或者要迟一年半载的。"① 林伯渠同志论四川保路运动的意义说："它反映了当时全国人民的爱国和民主的迫切要求。"② 这些都是对四川保路运动和同志军起义的公允正确的评价。1911 年 10 月，美国《展望》杂志发表了一篇名为《革命中的中国》的文章，评辛亥革命的背景，其中写道："目前所爆发的革命不是无法无天和不可理解的狂热。这是一种爱国主义，是合乎逻辑和预料得到的发展结果。从今年初春起（按：应为初夏）在长沙、汉口、广州和成都发生的骚乱，都是说明全国局势动荡的征兆。"至于这次革命带来的社会变动和思想解放也是巨大的。这次革命中人民群众迸发出来的爱国热忱和不屈不挠的革命精神以及这次革命最终失败的历史教训，为新的一代革命者的成长和新的革命斗争都有着重大的启迪作用。

（原载《四川文物》1991 年第 4 期）

---

① 冯玉祥：《我所认识的蒋介石》，第 161 页。
② 《在公祭张澜先生大会上的悼词》，《新华日报》1955 年第 3 号。

四川保路运动是一场早期现代化运动

四川保路运动是一场反帝爱国的政治运动,同时也是一场早期现代化运动。①它是中国近代社会基本矛盾发展的产物,也是四川社会早期现代化发展的产物。

一、经济早期现代化

所谓近代化,实质上是指资本主义化。它不仅在经济领域,也涉及社会、政治、文化、思想等领域。外国的侵略势力是促使中国由中世纪社会向近代社会发展的不自觉工具。四川因深处内陆,其近代化过程开始于1891年重庆开埠,比沿海地区要晚二三十年。但是,近代化作为一种不可阻止的历史潮流,从19世纪末叶开始在四川涌现,20世纪初年还有过较快的发展。首先是经济领域出现了比较明显的近代化趋势。

四川的资本主义近代工业在19世纪末年产生,20世纪初年有了初步发展。据统计,1901—1911年先后共创办了厂矿108家,比前10年(1891—1900)增加了10倍多。有的商办企业创办资本已达30万元,而川汉铁路公司历年积资达1645万元,为各省商办铁路公司之冠。在这108家厂矿中,官办企业6家,官商合办企业3家,商办企业99家,商办企业占有优势;而官商合办企业,也改变了过去的面貌,商人开始占有举足轻重的地位。②代理重庆海关税务司英人施特劳奇在1911年写道:"这十年来,进步的潮流波及全川。"③说明了20世纪初年四川以资本主义经济初步发展为中心的政治、文化、社会等各方面近代化的历史趋势。

除城市中新兴工商业的发展外,清末四川农村中也出现新的经济新动向。少数新式富农的经营活动表明资本主义经济形态在农村露头。如三台陈宛溪赁田设"神农桑田","接种各种佳种桑秧十万余株",除自种外,余皆出售。④这类富农大多租地雇工,种植商品农业,讲求农业技术,追求利润,是比较典型的新式富农。

---

① 本人使用的"早期现代化",是指中国近代历史时期发生的近代化,区别于社会主义现代化。
② 隗瀛涛编:《四川近代史稿》,四川人民出版社1990年版,第232~245页(《1891—1911年四川近代资本主义企业统计表》)。
③ [美]施特劳奇著,李孝同译:《重庆海关1902—1911年十年调查报告》,《四川文史资料选辑》(第11辑),1964年。
④ 林志茂等修、谢勤等纂:《三台县志》卷8、卷25。

最值得注意的动向是部分新式农业经营所积累的奖金转入了工业资本。如陈宛溪1902年创立裨农丝厂。此厂是四川第一家民族资本的缫丝工厂。由富农转为工业资本家。辛亥革命前夕，四川农村中新经济因素确有所成长。在三台县这个蚕桑业中心，"虽世家大族或有不农，罕有不蚕"①。该县成为四川新式缫丝工业的发源地与中心之一，与此有着密切的关系。至1911年，三台县已有机器缫丝厂4家，丝车400余部，改良缫丝厂约十家，亦有丝车数百部②，一定程度地促进了士绅向城乡工商业者的转化。

尽管当时的四川新式工业发展还很弱小，多数工厂还只能说是手工工场，农村新的经济因素更显微弱，但四川毕竟已经出现了新的经济形态。这种新的经济形态一经出土，它就要求摆脱帝国主义、封建主义的桎梏而得到发展，并像酵母一样将牵动社会其他层面的变动。

近代工业的不发达，使新式商人的活动比工业企业家更显活跃。随着进出口贸易的发展，四川（以重庆为中心）出现了一批新式商人。如刘继陶、汤子敬、杨文光等，这些新式商人，与前资本主义的商人是不同的。前资本主义的商业资本是依附于封建生产方式，以简单商品生产为基础的。新式商人的商业活动已有一定的资本主义性质，它是从属和服务于产业资本，并从产业资本那里分取一部分剩余价值。尽管他们身上还有某些旧式商人的痕迹，但他们经营的进出口贸易已与外国市场发生了联系并受制于国际市场，其购销活动已开始属于资本主义的流通过程。有的人已开始向近代工业投资，将商业资本向工业资本转化。商人的转化是四川工业资本家的一个主要来源。据《四川近代史稿》所列1897—1911年四川近代资本主义企业统计表，在企业创办人身份可考的30家近代企业中，商人创办的有15家，占50%。这批新式商人虽靠外商余沥以肥己，但他们作为中国商人对更大利润的追求而要争夺市场，与国内同业和洋人竞争。他们组成商会来维护自身的利益，要求有利的变革。1907年，重庆总商会的楹联写道："登高一呼，直召唤四百兆同胞共兴商战；纵目环顾，好凭此数千年创局力挽利权。"③ 反映了四川资本主义工商业要求发展的声音。所谓"商战"，按《渝报》的说法就是"转输与制造"，即为商业和工业谋发展之战。新的经济形态与社会力量呼唤为它进一步发展开辟道路的政治近代化运动的到来。

还值得注意的是，在辛亥革命前夕，重庆城市从商业中心城市逐渐向综合性经济中心城市转变，成为四川乃至西南的经济中心城市。在这里近代化因素最集中，近代化程度也最高，其辐射力已开始遍及全川和西南许多地区。重庆城市的近代化与它成为四川辛亥革命的中心是互为因果的。

上述可见，辛亥革命作为一场近代化的运动，即使在新式产业发展相对后进的

---

① 林志茂等修、谢勤等纂：《三台县志》卷8、卷25。
② 樊百川：《二十世纪初期中国资本主义的发展概况与特点》，《历史研究》1983年第4期。
③ 《广益丛报》光绪三十三年三月二十日。

四川也是有一定物质基础，是符合客观经济发展规律的历史运动。它并非无源之水，无本之木。

二、近代知识分子群体的出现

20世纪初年，四川近代教育的发展和留学生运动的勃兴，是四川社会近代化的一个重要标志，随新式教育而出现的近代知识分子，成为推动社会近代化的一支中坚力量。在20世纪上半叶，活跃在中国历史舞台上的四川人，几乎都可以从清末川省近代学堂和留学生队伍里找到他们的名字。

四川的近代教育从1896年开办，以后逐年增加，发展速度很快。1907年，川省共有各类学校7775所，仅次于直隶省（8300所），居全国第2位，但学生人数却高达24.2万多人，居全国之首，是第2位广东学生数（7.4万多人）的3倍。1907年，全国共有各类学校教师63873人，而四川的教师则达到12824人（实业学堂、专业学堂的教师计算在内）；占总人数的20.8%，远远超过其他省区的教师数量。① 在四川，普通教育学堂（小学、中学）遍布全川，有的大县已达到一百余所，小县也有十几、几十所，其他如师范教育、实业教育、女学教育、法政教育、军事教育的发展也较迅速。

自1901年，川督奎俊派出川省首批留日学生22人之后，留学热便在四川兴起，"风气渐开，东航衔尾"②。四川的百余州县，无论是繁盛之区，还是偏僻之地，"每县都派有留学生"③。1906年全国留日学生达到8000余人，这是历年最高数字。④ 这一年川省留日学生有800人，占全国留日学生的1/10。⑤ 大批留日学生受到西方文化的熏陶，不少人具有真才实学。他们对川省政治、经济和文化都有着深远的影响。

近代教育的兴起和留学热对四川社会的近代化有重大的意义。清末"新政"倡导兴办学堂，派遣留学的本意是培养"变法"人才，以便推行新政，挽救清政府的颓势。然而，这些由统治者提倡的新事物却助长了近代化的潮流，动摇了清王朝的统治基础，使四川从中世纪向近代化跨出了重要的一步。

其一，留学生引进了近代知识文化。中世纪的旧式书院和学塾，仅以四书五经之类教育子弟，一成不变，千篇一律，禁锢了人们的思想。在近代学堂里，西方科学文化知识大量进入学校。例如，四川高等学堂速成师范开设的课程，除经学伦理外，有教育、心理、国文、外语、中国史地、外国史地、算术、珠算、几何、物

---

① 《光绪三十三年京外学务一览表》。
② 《四川学报》1905年第2期"公牍"。
③ 吴玉章：《吴玉章回忆录》，第22页。
④ [日]实藤惠秀：《中国人留学日本史》，生活·读书·新知三联书店1983年版，第39页。
⑤ 《四川游学日本诸生调查表》，《四川学报》乙巳第9—10册。

理、化学、图画、生理卫生、体育等课。①

其二，传播了反清革命思想。近代学堂是启迪青年学生觉醒、培养民族主义意识和传播西方政治思想的温床。《民报》等革命刊物在这里传播，使许多学生的思想日趋革命化。

其三，促成了近代知识分子群体的形成。在近代学堂和国外接受了西方政治学说和科学文化知识的一大批青年学生，是当时四川最先觉悟的社会力量。他们反映社会近代化发展的要求，提出了发展民族经济、收回利权运动。有人组织革命团体，创办革命刊物——《鹃声》《四川》《广益丛报》《重庆日报》。其中佼佼者如邹容更成为著名的革命宣传家。川省同盟会会员绝大多数是青年学生，仅留日学生就达 120 余人之多。② 他们中不少是四川保路运动和武装起义的领导骨干。

其四，推动了新式工商业发展。各类专门学堂的毕业生分布在川省各行业，用新技术去改造落后的生产，有的自办工厂，在重庆果品公司、重庆瓷器厂、鹿蒿玻璃厂、广安广合缫丝厂、泸州印刷厂、成都星火火柴厂、成都电镀厂、富川造纸厂、重庆蜀眉丝厂、泸州火柴公司、乐山乐屏垦务公社等新式企业的创办经营中，都有他们的活动。

四川作为人口众多的大省，当然不能说清末时的新式教育已经发达了，何况有的学堂名新实旧，有的学堂形同虚设。但是，这毕竟是四川历史上前所未有的新事物，是四川近代化过程中的一个重要变革。由此产生的近代知识分子群在推动社会近代化中的作用尤其不容忽视。后进国家推动近代化的过程中，往往有三种力量起着比较突出的作用，即具有近代化意识的政治家、知识分子和新式军人。而知识分子往往又是其中最活跃的力量。

三、新式社团

社会的近代化发展有一个重要的特征，即人们逐渐走向社会，以群体利益的团体关系代替以血缘或感情为基础的关系。社团的出现，显示了社会向近代化的演进。

四川近代社团的出现是在戊戌时期。在变法思潮的冲击下，为探求社会变革的道路，一批知识分子具有了一定的群体意识，进而需要在组织上联合起来，以实现共同的政治理想。其中最有影响的社团就是 1898 年宋育仁等在成都建立的"蜀学会"。20 世纪初年，随着近代化进程的加快，近代团体组织也大量成立，商会、农会、教育会以及其他社团纷纷出现。

商会是近代商人的团体，是清末四川社会中影响甚大的社团。1904 年，四川

---

① 《四川学报》乙巳第 12 册"表"。
② 隗瀛涛编：《四川近代史稿》，第 413 页、419 页、419 页。

成立了第一个商会——重庆总商会。1905年，通省劝业道又规定：凡是"商务繁盛"之村、镇、乡应设立商务分所。于是，商会就像一张密织的网络分布在四川各地。至1912年统计，全省有商会会员30655人，会董有1841人。① 如果把商会会员数作为当时工商业资产阶级数量的参考数，那么，清末民初川省从事工商业的资产阶级人数估计已达三万余人，其领袖人物或上层便是这近两千个会董。

川省商会的政治倾向是：（1）吁呈清廷实施新政和立宪；（2）反对帝国主义的经济侵略；（3）倡导发展工商业。商会的成立标志着四川商人社会组织由传统的行帮组织向近代社会组织转变。商会成立之初，以官商之间的纽带出现，继而成为四川新兴社会群体政治经济活动的阵地，成为表达新兴社会群体近代化意识，从事政治、经济及社会活动的最好场所。随着新兴社会群体活动范围的扩大，他们开始不满足于分散的商会活动，要求联合起来。1911年3月，四川各地城镇商会推举代表集会于成都，成立了"四川省商会联合会"。这说明新的社团作为一股不可忽视的社会力量登上了历史舞台。

1909年在成都成立了四川农务总会，又在各府、州、县设立分会，乡镇、村落、市集等处设立分所。1910年，全川计有农务总会1处，农务分会114处，农务分所711处。农务分会会员1955人，农务所会员1697人，共计3642人。② 农会在清末可以说是与商会并驾齐驱的重要组织。1907年，四川教育总会成立。各州县设立教育分会，到1909年，全省教育会计有65处，会员9000余人，会数居全国第4位，会员数居全国第1位。③

新兴社会群体通过新式社团的聚集作用，而成为推动社会近代化的力量，在辛亥革命中发挥了重要的作用。从有关保路运动和武装起义的记载中，不难看到这些新式社团活动的事迹。1911年，四川保路运动中出现的四川保路同志会和各地保路协会更是全川性、跨行业的群众组织，它虽然只存在不到3个月，但显示了群体的巨大作用。促使保路风潮遍及全川，成为清末四川最有力量的群众联合体。

四、地方自治与绅权扩大

政治近代化是社会近代化的重要方面。民众能积极参与社会政治生活，被认为是近代化的一种特色。人们不仅对涉及切身利益的生活事务和政治事件感兴趣，而且对他们所在的地区乃至国家的问题也表示了强烈的关心。他们的活动和注意力超出了家庭、朋友和家族而扩大到广阔的现实世界。清末自治运动的客观后果是将政治近代化推进了一步。清朝实行地方自治的本意是拉拢地主士绅以加强基层的统

---

① 隗瀛涛编：《四川近代史稿》，第413、419、419页。
② 《四川第四次劝业统计表》第8表。
③ 清学部编：《教育统计图表》。

治，但不以其意志为转移的却是绅权的扩大，清朝专制统治基础的削弱。

四川在筹办谘议局的同时，又筹办"地方自治"，设立"自治公所"，以地方士绅为"乡董"，以"议事会"为机关，"辅官治之不及"①。1908年，护理川督赵尔丰设立成都自治局，筹备成都自治事宜。赵尔丰督川后，成都自治局于1909年改名为四川全省地方自治局，以布政、提学、按察三使为总办，巡警、劝业、盐业三道为会办。可见，在筹办自治之初是以地方官吏为主宰的。

从1909年开始，四川当局便指令各繁盛城镇筹备自治，各州县镇议事会、董事会乘势而起。1911年，护理川督王人文奏："计川省已成立城会一百处，镇会一百四十三处，乡会六十七处。"②自治机构在川省的普遍设立，是地方统治结构及统治秩序变化的一个引人注目的现象。

自治局、自治会、城镇议事会、董事会等自治机构的设立，大量地方士绅得以参与地方政务，在地方的政治生活中处于愈来愈重要的地位。各地议员、董事大体皆"依法选举，以符合自治制度"③。如中江县以得票最多者为议长，次多者为副议长，每年开会一次或数次，"凡本县政务及人民请愿事端皆得提议由议员共同表决，议长具禀移交地方行政官及公务官所照案执行"④。

城会、镇会等机构对社会生活的干预愈来愈多，一些城议事会甚至提出了建立武装的要求。1911年8月，巴县城议会提出："为维持地方治安，城乡居民，俱谓非速办团练不可。"这不能不视为是绅权扩大的表现。1909年成立的四川省谘议局所起的扩大绅权的作用，更不是可忽略的。在这些组织中有的人就是当时四川"新兴势力的领袖"⑤。

实行地方自治是近代政治思潮冲击的结果，反映了绅权的提高。地方自治是清末立宪的一个重要组成部分，是统治结构向近代演化和建立地方秩序新格局的一个明显标志。地方自治造成的绅权扩大对清政府的危险在于：一旦这个王朝的皇权侵犯了绅权，就必将引起士绅们不同程度的抵抗。保路运动中各地士绅反对铁路国有，同志军起义中有的士绅公然带领"民团"揭出反旗就是明证。

五、川汉铁路和租股

辛亥革命前，四川在经济、政治、文化、教育等层面显现了近代化的发展趋势，但是，比之全国，特别是长江中下游地区，经济发展是滞后的。

从商品经济发展与市场发展程度看，四川不仅比上海落后，与邻省湖北相比也

---

① 故宫博物院明清档案部编：《清末筹备立宪档案史料》下册，第726页。
② 《四川警务官报》第1年第3期"奏议"。
③ 朱之洪等修、向楚等纂：《巴县志·自治》。
④ 谭毅武修、陈品全等纂：《中江县志·政事下·创制》。
⑤ 郭沫若：《少年时代·反正前后》，第219页。

是有很大差距的。辛亥革命前,湖北市场平均商品流通量为二亿二千五百万海关两左右,人均商品流通量为8.4海关两;四川市场平均商品流通量为六千五百五十万海关两,人均商品流通量为1.49海关两。从绝对量讲,湖北是四川的3倍,从人均数讲是四川的5倍。[①] 从城市化水平讲,辛亥革命前夕,四川城市人口在总人口的比例略过5%(相当于1893年全国平均数),湖北已达到12.69%。[②] 全国平均数是7%。[③] 城市化水平很低。而城市化水平的高低是一个国家、一个地区经济发展水平高低的重要标志。

近代四川经济发展之滞后的主要原因是对外交通困难而造成的封闭状态难以打破,致使工业不发达,商品经济发展缓慢,自然经济牢不可破。长江有三峡之险,省内无一条标准轨铁路,也没有一条公路。直至民国初年有人倡议修成都至灌县的公路,但因政局动荡,财力枯竭,历时12年,到1925年才建成一条土路通车。[④]

当时,四川的有识之士认定四川经济发展的关键在于打破封闭,实现开放的问题。其首要的举措就是修铁路,搞交通运输现代化,用改善基础设施来振兴四川经济。《四川留日学生为川汉铁路事敬告全蜀父老书》(1904年11月27日)说:"吾蜀道之难,著称全国。其与他省交通也,陆则蚕丛鸟迹,水则惊流激湍;举国以畏途目之也,数千年矣!今若一旦安轨飞行,瞬息千里;凡我邦人,有不趋之若鹜者耶?"[⑤] 因此,"川汉铁路为大利所在"[⑥],是开发四川的关键。

四川人自办川汉铁路是当时全国范围内兴起的自办铁路,收回利权,发展近代交通及工矿事业热潮的一个部分。铁路是近代化的交通事业,其本身就是近代科学与经济发展的产物,对社会的近代化发展有着极大的推动作用。列宁指出:"铁路是资本主义工业最主要部门即煤炭工业和钢铁工业的总结,是世界贸易和资产阶级民主文明发展的总结和最显著的标志。"[⑦] 可以这样说,自办川汉铁路是20世纪初年四川绅民的近代化要求,近代意义的民族觉醒的集中表现以及为四川近代化所下的最大决心和努力。他们希望通过自力更生发展近代交通事业来反对侵略,同时改变四川闭塞落后的状况,以求民富国强。

川汉铁路预定路线是自宜昌起,经重庆达成都,全长约1175公里,由四川人负责修建,建筑铁路需要巨额资金,全部预算为7000万两。[⑧] 川省工商业不发达,要筹集如此巨额的股本绝非易事。川汉铁路公司不得不采取集微成巨的招股办法,规定股本来源有四种:认购之股、抽租之股、官本之股、公利之股。因此,川汉铁路集股的社会面广,成绩也相当可观。至1911年,实收股金达1645万元,为全国

---

① 王永年:《辛亥革命前的湖北、四川近代市场之比较研究》,硕士学位论文,未刊稿,第3页。
② 苏云峰:《中国现代化的区域研究(1860—1916):湖北省》,第516页。
③ 苏云峰:《中国现代化的区域研究(1860—1916):湖北省》,全国平均数据罗兹曼估算。
④ 王立显编:《四川公路交通史》上册,第51~53页。
⑤ 戴执礼编:《四川保路运动史料》,第25页。
⑥ 隗瀛涛:《四川保路运动史》,第172页。
⑦ 列宁:《列宁选集》第2卷,第733页。
⑧ 四川谘议局:《整理川汉铁路公司提案》,载金冲及、胡绳武:《四川辛亥革命史稿》上册,第49页。

各省商办铁路公司之首位。

川汉铁路招集的股本与封建王朝索取的赋税不同。它原则上是自愿入股,而且用于修筑川汉铁路。据1905年1月的《川汉铁路集股章程》规定:股权属于入股人所有,并"准将股标转售他人"(只准售中国人)。"本公司股票——无论官款、民款,均按周年四厘行息"(1907年起周年六厘行息)。路成获利,股东可以分红利。因此,尽管川汉铁路征收股本带有强制性质,且有苛扰民众之处而被时人称为"铁路捐",但是,这种"捐"的性质与臣民被迫向封建王朝缴纳的,以维持封建国家财政开支和统治者挥霍为用途的捐税是不同的。它已具有明显的资本主义股本性质。因此,川路的集股过程也是不同程度上将相当数量的四川人卷入近代化潮流的过程。

川汉铁路的股本来源以"租股"为大宗。抽收的办法是:"凡业田之家……收租在十石以上者,均按实收数,百分抽三。"①"不专抽自业主。"从1905年开始凭借官威绅势,实行强制性抽租入股。1911年"租股"的收入约占川汉铁路公司实收全部股金的80%。川汉铁路股本既然以"租股"为主要部分,征收对象不仅包括四川省的大中小地主,而且及于广大的自耕农和佃农,使全川的多数民众都与这条铁路的成败发生了经济上的利害关系。"租股"对于四川的地主来说(包括前述涉及的地方自治的士绅),无异是要他们将封建剥削而来的财富拿一部分投资于川汉铁路公司兴办的资本主义性质的近代交通事业。马克思和恩格斯说:"工业、商业、航海业和铁路愈是扩展,资产阶级也愈是发展,愈是增强自己的资本,愈是把中世纪遗留下来的一切阶级都排挤到后面去。"②"租股"具有垫支资本的意义。一部分地主的地租,一部分农民劳动所得,同样以货币形式投入近代资本主义交通事业中。这是四川历史上出现的一次引人注目、深入而广泛的近代化社会经济运动。郭沫若将川汉铁路的兴办称为是"一件最普遍最彻底的资本主义的表现","可以说中国自受资本主义化以来的新兴阶级的一个理想"③,确是真知灼见。

不可遏止的近代化趋势必然与反近代化势力——帝国主义及其走狗清王朝代表的封建势力发生日益尖锐的矛盾。一当反近代化势力严重阻挡近代化前进时(如清朝卖国卖路),一场旨在冲破反近代化势力的政治运动和革命运动——保路运动和同志军起义的爆发就不可避免。可以说,辛亥革命既是中国社会近代化的产物,也是中国社会近代化的动力。辛亥革命打破了反近代化势力对中国近代化的阻碍的历史作用是巨大的。这场革命凸显了中国近代化的时代特色与历史必然性。

(原载《文史杂志》2001年第6期)

---

① 《川汉铁路总公司集股章程》,《四川保路运动档案选编》,第132页。
② 马克思、恩格斯:《共产党宣言》,《马克思恩格斯选集》第1卷,第252页。
③ 郭沫若:《少年时代·反正前后》,第219页。

论同盟会与四川会党[*]

孙中山先生论及参加辛亥革命的社会势力时说："综计诸役，革命党人以一往直前之气，忘身殉国，其慷慨助饷，多在华侨，热心宣传，多为学界，冲锋破敌，则在新军与会党。"[①] 证以辛亥革命史实，在当年碧血横飞的革命战争中，会党确是勇敢奋斗的力量。在四川，会党势力雄厚，拥众甚多，作用显著，与同盟会关系密切，理所当然地是我们研究这一问题的一个重要领域。本文拟就近代四川会党势力的扩张及其成分，同盟会、会党的联合战线的形成和作用问题试作考察，提出一些初步意见向史学界同志求教。

一、近代四川会党势力的扩张及其成分

四川的会党（主要是哥老会）是一个有悠久历史的反清秘密组织。哥老亦名啯噜。据左宗棠查明："盖哥老会者，本川黔旧有啯噜之别名也。"[②] 刘师亮说："汉留宗郑成功。"[③] 康熙九年（1670），郑成功的部将陈近南奉郑之命入川，在四川雅州开精忠山并"取《诗经》同袍同仇之意，称为袍哥，又为警惕同人勿忘根本，内部又互称汉流"[④]。可见，四川哥老会早在康熙初年即已开始活动。哥老会"凡入会者称哥老弟，以示平等合作之精神"，其宗旨为"反清复明"[⑤]。创始之时，为避免清政府镇压，活动极其秘密，对官吏、士绅皆有所忌，并严为杜绝，主要在下层社会中进行活动。早期的会党组织并未深入农村，其活跃分子主要是江湖游子、绿林好汉。在陈近南之后，首领天佑洪率会众攻重庆失败，四川哥老会失去中心领导，行动分歧，各行其是，而且"海底"辗转失真，开始了四川会党山堂林立，公口遍地的局面。[⑥]

鸦片战争后，随着中国向半殖民地半封建社会沦落，社会经济日益凋敝，民族

---

[*] 本文由隗瀛涛与何一民合撰。
① 孙中山：《中国革命史》，黄季陆编：《总理全集·论著》，第40页。
② 左宗棠：《左宗棠奏疏》卷33。
③ 刘师亮：《汉留全史》，民国二十四年成都排印本。
④ 王蕴滋：《辛亥革命回忆录之一》，四川省政协藏手稿本。
⑤ 王蕴滋：《辛亥革命回忆录之一》，四川省政协藏手稿本。
⑥ 王蕴滋：《辛亥革命回忆录之一》，四川省政协藏手稿本。

矛盾和阶级矛盾日趋激化，四川会党有了很大的发展。其特点如下。

（一）会党组织遍布城市乡镇，渗入社会各阶层

据刘师亮统计，哥老会从清嘉庆十五年（1810）到宣统三年（1911）一百零一年中，在各省共开山堂三十六个，四川占十六个。其中1898年至1911年间开设的有八个。二十世纪初年"四川省会一区，仁字旗公口至三百七十四道之多，礼义两堂不与焉。至乡区各保与夫临路之腰店，靡不设有公口，招待往来者，日不暇给，故民间有'明末无白丁，清末无倥子'之谣"。"各省汉留之盛，莫过于四川。"① 1911年，四川巡警道《通饬解散公口文》称："秘密结合，私设公口，川省各属均不免"，而永川县则是"县属匪徒日多，实由城乡公口林立，几不知为法所必诛，相习成风"②。另一会党组织孝义会在川东北一带也发展迅速。"光绪二十二年，新宁、开县孝义会蔓延附近地方，县人附合之，以芭蕉场、峡口场、天生场诸处最盛。"③ 松理茂藏族地区也有了哥老会组织，汶川瓦司二十三世土司索代赓就是汶川、理县的哥老会首领。④ 1909年，四川省谘议局第一次会议提出的《解散会党案》上说："会党之增加，党类必在开山结盟时，开山一次，新入会者辄数十百人。如是不已，会党安往不多。其开山必在深宵僻地，又有衙蠹为之牒蒙，盖似不易察。然每开山，少者人以百计，多以千计，来程至数百千里。"⑤ 由于会党扩张迅速，势力不小，一些地方官吏只得"畏葸姑息"，"展转周旋"，甚至"顺匪保家"，"官尚仗匪以求安民，何敢拒匪以启祸"⑥。四川会党更有了迅速发展的条件和可能。

近代会党的发展是同封建经济结构的解体相联系的。在这解体过程中，既有大量农民和手工业工人破产失业，也分离出一批批终年流浪江湖的游民和出入营伍的游勇。会党既有反抗压迫的传统，也以互助互济为号召，因而不仅破产失业的农民和手工业工人纷至沓来，游民、游勇更是如水赴壑。会党"多利用下层工作"⑦。"其组织法，先询其人之身家己事。如身家清，己事明，不为群众遗弃者，即业惊、培、飘、猜、风、火、爵、耀、僧、道、隶、卒、戏、解、幻、听等均能入会。"因为"以上各界人士均有入汉留之必要，或作侦探，破彼方之秘密，或司传达，使各方之联络，或任调查，明各方之消息，均于汉留有绝大补益。至于各门，虽有种种骗术，或施之于悭吝之辈以伸其积愤，更发彼猛省以为快耳。而况是革命团体，主破坏性质，借以扰其后方耳"⑧。由此可见，四川会党对社会各阶层都是广泛容

---

① 刘师亮：《汉留全史》，民国二十四年成都排印本。
② 《四川官报》宣统八年八月六日第9号。
③ 汪承烈等修、邓方达等纂：《宣汉县志·历代兵事》。
④ 文史资料委员会编：《辛亥革命回忆录》（三），第227页。
⑤ 《四川省谘议局第一次议事录》第8编。
⑥ 《四川官报》宣统八年八月六日第9号。
⑦ 刘师亮：《汉留全史》，民国二十四年成都排印本。
⑧ 刘师亮：《汉留全史》，民国二十四年成都排印本。

纳的，只要拥护其反清宗旨，皆可入会。这样，不仅大量下层群众蜂拥参加，而且"绅富相率效尤，亦立各会"①。有的地主士绅或出于对帝国主义横行，清朝苛敛的不满，或出于为雄踞一方觅求凭借也注意掌握会党。"绅粮之家，亦有在会者，名为借此保家，实则广通声气，以自豪恣。"② 于是，会党便无孔不入，渗进四川社会各阶层之中。"入会者自绅商学界，在官人役以及劳动苦力群不逞之徒莫不有之。"③ "哥老会已深入社会各阶层，凡是满五七十户的村中，总不会没有堂口。"④ 在清政府的衙役、军队中会党势力也不小。1911年9月，龚宝琛致盛宣怀函说："昔随左文襄公西征，见有部下蜀军十营，官弁勇丁，无一不系会匪。全军哨弁见营主，营主谒统带，皆莫不以大哥呼之，而不闻有称大人者。此蜀产之〔深〕根固蒂也。"⑤ 著名会党首领佘英早年曾"擢领泸州州牧卫队"⑥。不少地方出现了会党、绅士、团练结合在一起的情况，即所谓"一绅、二粮、三袍哥，随处皆活跃"⑦。

据《四川官报》记载，会党"有仁、义、礼号之分（有些地区有仁、义、礼、智、信五号），上中下三堂之别，并有清水皮、浑水皮之称。清水皮者，树党结盟，自雄乡里，专尚交游，不事劫掠。浑水皮则良莠不齐，大率藏垢纳污，敢于触法犯禁。其公口名目不一，或置有产业，或备集金钱，皆推第三人当家，又谓之桓侯，主管接待结纳等事"⑧。从而可见：（1）四川会党成分是相当复杂的。尤其是"浑水皮"中集聚着大量下层群众，他们敢于触犯禁令，是会党中铤而走险的中坚势力。（2）会党有一定的产业和金钱，有招纳四方豪士的物质条件，可以一呼而集，自带钱粮相从。（3）封建等级制度严格。四川哥老会之所以要分三个号、三个堂（或五个号），是与会众所属的阶级、阶层有密切关系的。虽然原则上各人参加哪个堂口是出于自愿，但实际上，大概有田产和社会地位、文化程度高一些的人多半入上堂口"仁字旗"。因此，"仁字旗"是哥老会的最高级别。凡不能进入上堂口的人多进中下堂口，即义、礼、智、信字旗。义字旗号是最普遍的公口，参加者主要是小地主、小商、小贩、农民、城市平民、士兵、游民等。由于会党的等级差别，时常互相矛盾。"会党品类殊致，标帜各异。有曰仁者，有曰义者，不相能则械斗。"⑨ 在堂口内部也以会员的社会地位有九排席次，最高领导者是"龙头大爷"（又称舵把子），有指挥全权，一呼百诺。在哥老会内部，一方面标榜哥弟平等，另一面又是等级森严。哥老会堂口内部的席次，实际上是一种封建家长制组织形式，是封建等级制在哥老会这种旧式秘密结社中的反映。哥老会各码头所具有的独立

---

① 《四川省谘议局第一次议事录》第8编。
② 《四川官报》宣统八年八月六日第9号。
③ 《四川官报》宣统八年八月六日第9号。
④ 《哥老会组织一瞥》，《四川月报》第7卷第6期。
⑤ 陈旭麓、顾廷龙、汪熙编：《辛亥革命前后·盛宣怀档案资料选辑之一》，第161页。
⑥ 《清史补编·佘英传》。
⑦ 《哥老会组织一瞥》，《四川月报》第7卷第6期。
⑧ 《四川官报》宣统八年八月六日第9号。
⑨ 邹鲁：《中国国民党史稿·四川诸役》。

性，也是与四川小农业社会的分散性、孤立性相一致的。因此，近代会党仍然是一个具有封建性的组织，尽管它曾发动过多次反帝反封建斗争，但总是不能脱离旧式自发斗争的窠臼。旧式会党的自发起义的列车是驶不上近代民主革命的轨道的，要求有一个能把它牵引出来的新车头。

（二）以农民下层劳苦群众为主体

由于四川各地经济发展的不平衡，各地会党的成分也有差异。一般地讲，在城市是以平民、手工业工人居多，在农村则是以农民和破产农民为主，在水陆码头则是以船夫、苦力为多，个别公口则是以士兵为主，少数地区，如叙永一带又是以散兵游勇为主。① 但就全川总的情况而论，四川会党的主体是农民、城镇平民等下层劳苦群众。

对于这个问题，有的同志是持有不同看法的。认为四川会党的主要成员是游民、游勇、清军士兵。② 但据我们所掌握的材料看并非如此。诸如："哥老会势力蔓及全川，但其中绝大部分是劳苦人民。"③ 有的地方，如荣县一些场镇，会党成员"几乎全是贫苦的农民群众"④。1908年6月出版的《衡报》说：川北哥老会"各招党羽私结秘密团体，强迫农民入党。农民之安分者，若不相从，则身家莫保"⑤。辛亥革命前夕，李绍伊领导的大竹县孝义会的基本群众是贫苦农民。⑥ 宜宾大关河太平新场的哥老会大都是乡场上的农民和平民。⑦ "四川哥老会主要是农民。哥老会在城市中不易立足，因此在农村发展很快，容易隐蔽，农民无所适从，一盘散沙，也愿加入哥老会。"⑧ 自幼参加哥老会，在辛亥同志军中任过副目的八十六岁老人傅渊希说："哥老会成分复杂，但以农民为主，也还有不少由破产农民转化为城镇平民的人参加。我的父亲就是巴县老关口的舵把子，原来是农民，后因地主佃租太高，就到镇上为平民，有时做点小生意。各个码头的农民居多，大关场公口几个有势力的袍哥都是还在耕地的农民。"⑨《广益丛报》称：会党群众"若辈锄则为农，械则为匪"⑩。四川会党以农民、破产农民、城镇平民等下层人民为基本群众的事实是与四川农业经济占主要地位，农民占人口的大多数的情形相符合的。

诚然，会党中也有清军官兵、警察、衙役等人，但是他们的人数是有限的。查

---

① 据邹鲁《中国国民党史稿·四川诸役》，中法战争时，鲍超曾奉命率旧部由夔州溯江出滇赴前线增援，"至叙州，和议成，令解散所率卒伍"。他们成了叙永一带会党的主要成分。
② 参见《兰州大学学报》1979年2期所载《关于辛亥革命时期会党的几个问题》一文。
③ 王蕴滋：《辛亥革命回忆录之一》，四川省政协藏手稿本。
④ 四川大学历史系《辛亥革命史》调查小组1977年调查记录。
⑤ 《四川农民疾苦谈》，《衡报》第6号（1908年6月18日）。
⑥ 文史资料委员会编：《辛亥革命回忆录》（三），第295页。
⑦ 中国人民政治协商会议四川省委员会、四川省省志编辑委员会：《四川文史资料选辑》（第2辑），第61页。
⑧ 《访侯少煊先生记录》，侯现年84岁，曾亲历辛亥革命，新中国成立前是川西著名大袍哥。
⑨ 《访傅渊希先生记录》。
⑩ 《广益丛报》第7年第31号。

《会典事例》,"光绪二十五年,川省绿营兵共三万三千零八十一人"。二十世纪初,锡良任川督时将旧有绿营军改为巡防营三十营,赵尔丰督川时增加为四十营,宣统二年,川省新军第十七镇共计兵丁八千一百九十四名。可见,清末川省全部清军不过四万余人。警察尚属初办,衙役数量也不至很大。即使他们全部加入会党也不可能在拥有大量群众的会党中占多数。在二十世纪初年,四川由于"农商受困","工徒失业",游民确乎不少,但游民一般以破产农民和手工业工人居多。他们往往同农村保持着联系。

由于川省会党的主体是深受压迫的农民等下层群众,因此会党具有强烈的反抗精神,蕴藏着雄厚的革命潜力。只要时机成熟,引导得法,必须迸发出巨大的反清力量。会党势力的扩张,为辛亥革命时期普及全川的保路同志军起义准备了群众基础。

(三)反帝反封建斗争持续不断

四川会党是作为清朝封建专制统治的对立物出现的。它坚持反清复明的宗旨,"常与官吏冲突,故犹不忘其与清政府属反对之地位"①。随着会党组织的扩大,人民群众和清王朝矛盾的深化,会党的反清斗争也日益频繁。其规模较大者有以下一些。

1859年,太平天国革命时期的李永和、蓝朝鼎起义是由以会党联结而成的烟帮为核心发动的。起义军声势浩大,转战于四川各地,"开仓库以济贫,打土豪除暴安民",给了清政府以沉重的打击。

1875年,四川东乡袁廷蛟率众抗粮,拥众三四千人,"一旦揭竿起,战斗如素习"②。川东著名哥老会首领吴泰山、王锡三、张志五等率领会众参加了斗争。他们占据山寨与官军对垒,影响很大,曾被"官书"列为光绪初年四大案之一。

1884年,大邑县哥老会首领杨洪中反抗县官陷害无辜,率领二三百人袭击县城,打毁衙门,从监狱里救出受害者,又进入邛崃县境反抗清政府。③

1896年,仪陇县连续两年旱灾,饥民袭击地主,吃大户。云阳县洪水成灾,数千饥民吃大户。崇庆县饥民掀起抢米风潮。在这些反抗斗争中,哥老会极为活跃。"蜀中之盗匪,恐无一不属会中哥弟。"④

1908年,威远县会党首领刘香廷号召数千人,自称"天保元帅",反抗门牌捐,打毁教堂,"掳掠"票厘局。⑤

第二次鸦片战争后,外国宗教侵略势力伸进了四川。会党又承担起反侵略的任务。"哥老会宗旨与三合会无异,亦不过反清复明而已。自耶教传播,遂生嫌恶洋

---

① 孙中山:《孙中山选集》上卷,第171页。
② 汪承烈等修、邓方达等纂:《宣汉县志·历代兵事》。
③ 《大邑县志·杂志·战役》;《名山县新志·事纪》;《邛崃县志·共事志》。
④ 《四川的哥老会》,《四川月报》第8卷第5期。
⑤ 吴鸿仁等修、黄清凉等纂:《续修资州志·杂编》。

人之情，成为激烈之排外党。"① 1898年大足县余栋臣反帝起义便是四川哥老会发动的一次著名的斗争。这次起义的主要领导人余栋臣、蒋赞臣、张桂山等皆"哥老会魁杰"。他们率众活捉法国教士华芳济，发出檄文，宣布"驱异域之犬羊"②。起义军万余人，基本队伍是哥老会分子。影响所及，四川"三十余州县，焚教堂二十余处"③。两湖、贵州有的会党"效川匪余栋臣智，以仇教为名"，开展了反侵略斗争。

1902年，四川义和团以红灯教名义开始起义，提出"灭清、剿洋、兴汉"口号，在数十州县进行反帝反封建的斗争。四川义和团与会党是密切结合起来的。岑春煊说："查此次匪徒，虽以邪拳为名，其实系向来会匪、啯匪之类，假名煽惑。……川省会匪、啯匪，所在皆有。"④ 当时四川各地群众自发斗争的基本组合是："盗匪、饥民、会匪、义和拳分之为四，合之为一。"⑤ 四川义和团自1902年在资阳起义后，斗争不息，直到与辛亥四川保路同志军汇合。

四川会党持续不断的反帝反封建斗争，使会党的影响不断扩大，会党组织随着斗争的开展向社会各阶层渗透，特别是通过四川义和团的战斗，不仅聚集了更多的农民及其他劳动人民，而且进一步"混入各团"⑥，与本来是地主的武装团练发生了联系，促使团练向反清方向转变。四川会党在斗争中显示出来的越来越大的力量，引起了正在为反清革命奔走又苦于实力不足的中国资产阶级革命派的注意，推动了他们向会党伸手，争取联合。

二、同盟会、会党联合阵线的形成

二十世纪初年，四川会党的反帝反封建斗争还处于自发阶段，斗争是广泛而激烈的，但是分散。此伏彼起，连接不断，旋起旋灭。会党的斗争向自觉的资产阶级民主革命靠近是在1905年中国同盟会成立以后的事。

中国同盟会的成立，标志着中国革命进入了比较完全意义的资产阶级民主革命的新时期。此时，中国资产阶级革命派成了时代的中心，掌握着时代发展的主要方向。资产阶级反对封建专制势力的运动成了社会历史发展的"主要动力"。⑦ 从此，民主革命风潮席卷全国，四川也处于这种新潮流的激荡之中。

中国民主革命的先行者孙中山从事革命活动之始就十分重视会党。同盟会成立

---

① ［日］平山周：《中国秘密社会史》，第77页。
② 《大足县志·余栋臣传》。
③ 张之洞：《张文襄公电稿·王蕃台来电》，载《张文襄公全集》第158卷。
④ 四川大学历史系藏巴县档案，"义和团专卷"。
⑤ 高枬：《高给谏奏牍·沥陈四川乱象请更换川督折》。
⑥ 四川大学历史系藏巴县档案，"义和团专卷"。
⑦ 列宁：《打着别人的旗帜》，载《列宁全集》第21卷，第121页。

后，武装起义频繁，与会党的联系日形密切。同盟会主要负责人之一黄兴主张"重整会党，并告以今之倡义，为国民革命，而非古代之英雄革命"。"且以四川地险民富，足资割据，乃嘱李肇甫、谢持、张知竟、熊成章、尹骞、李为纶招邀熊克武、但懋辛、佘蒉臣（竟成）、张百祥之在会党有声势者先后东渡，深相结合，授以机宜。"① 四川同盟会会员熊克武等也认为："四川帮会势力强大，散布地区也广，这是我们必须争取的社会力量。"② 因此，他们很重视会党工作，通过四川会党动员群众参加民主革命。著名哥老会首领佘英被吸收入同盟会，是四川资产革命派开始与会党联合的一个重要标志。

佘英字竟成，原名俊英，四川泸州小市人，"出身于贫民家庭。早年丧父，母氏以针黹所入维持生活"③。二十岁入武庠，曾任泸州州官卫队队长。佘英出身贫苦又亲见清吏贪酷，对清朝统治产生了不满，投身哥老会。1897年，被推为"舵把子"掌握小市义字公口。他在《自述》中写道："因见巴县邹容作的《革命军》，湖南陈天华作的《警世钟》，才知道我们汉人被满清压迫了二百多年。……甲午年中日战争，清政府打败了，订的《马关条约》赔银子二万万两，又割台湾、澎湖与日本，并允许他在中国设工厂，才显露出清政府是一个腐败无能的政府。……《辛丑条约》赔银子四万万两，拆毁了大沽口炮台，准各国驻兵在北京使馆区域内，从此瓜分中国的话，愈闹愈大。我们汉人如不起来革命，推倒满清无能为的政府，除去一般贪官污吏，恐怕不能救四百兆同胞出于水火，眼见我几千年来黄帝之子孙还有亡国灭种之惨。"④ 于是"日持两书在市井讲演，听者如堵，皆大感动。州牧示禁，复驰乡村讲演，不稍畏避，更益结客，四方有志之士均听号召"⑤。1906年，川省同盟会会员黄复生、杨兆蓉等邀佘英东游日本，谒孙中山，入同盟会。孙中山"见其魁梧奇伟，言论风生，大为器重，付以打通川滇黔会党之责，状委为西南大都督，派同井研熊克武、自贡谢奉琦回川，共策进行"⑥。此后，佘英奔走于四川各地，为资产阶级民主革命赴汤蹈火。他带领会党群众参加同盟会在四川策动的成都、叙府、泸州、广安、嘉定等地的多次起义，直至1910年英勇牺牲。继佘英之后，孝义会首领李绍伊也参加了同盟会，使同盟会又获得了另一会党势力的支持。

资产阶级是要按照自己的世界观改造世界的。同盟会与会党联合的过程，也是会党在一定程度上被资产阶级革命派改造的过程。孙中山认为：会党是民族主义的遗产，"是平民革命的基础，不可埋没，所以教同志赶紧加以整理和指导"⑦。黄兴

---

① 刘揆一：《黄兴传记》，载中国史学会编：《辛亥革命》（四），"中国近代史资料丛刊"本，第284页。
② 文史资料委员会编：《辛亥革命回忆录》（三），第6页。
③ 中国人民政治协商会议四川省委员会、四川省省志编辑委员会：《四川文史资料选辑》（第1辑），第165页。
④ 《佘竟成自述》，《近代史资料》1958年第2期。
⑤ 邹鲁：《中国国民党史稿·佘俊英传》。
⑥ 杨兆蓉：《辛亥革命四川回忆录》，《近代史资料》1958年第2期。
⑦ 胡汉民：《七十二烈士的成仁就是成功》，载《革命先烈纪念专刊》，中国国民党广州特别执行委员会编印。

也指出:"洪会中人,尤以推翻满清,为袭取汉高祖、明太祖、洪天王之故智,而有帝制自为之心,未悉共和真理,将来群雄争长,互相残杀,贻害匪浅,望时以民族主义、国民主义多方指导为宜。"① 同盟会对四川会党的"整理与指导",具体表现如下。

(一) 灌输资产阶级民主革命思想,争取政治指导

四川会党虽具有反帝反封建的传统并表现出较大的革命主动性,但是他们的思想仍停留在旧式农民斗争的水平,"以为革命是想做皇帝。……都说'佘大哥(佘英)的星宿现了,不久做了皇帝我们就好了'"②。因此,提高会党的民主主义觉悟,使其适应新的革命形势,以成为资产阶级革命派的助手就成了同盟会的一项重要任务。同盟会的宣传工作是从向会党首领介绍革命书刊和个别密谈并通过他们传播革命思想入手的。佘英的觉醒得力于《革命军》和《警世钟》的启发。永宁会党首领黄方则靠同盟会会员熊克武、杨兆蓉等人秘密宣讲同盟会纲领,使他"知中山先生真先觉者",感到"从前若无人领导,今得其人矣,毅然加盟"③。李绍伊则是由同盟会会员萧德明等通过"大竹书报社"灌输革命思想而加入同盟会的。于是,在会党中"觉悟汉流来源,知道革命大义的各码头都有"④。著名的四川同志军首领周鸿勋的思想转变是会党人士接受同盟会政治指导的一个典型例子。

周鸿勋原是清巡防军第八营录事,"以哥老结纳同营,同营士兵惟周马首是瞻"⑤。1911年9月,四川保路同志军起义后,周鸿勋于同月12日在邛州率士兵杀管带起义,改第八营为武字营,自任统领,占据新津。同时发出大红名片,号召各地会党武装来新津汇合。周鸿勋在由新津向名山转战途中经同盟会会员范爱众等"陈述排满之意,劝周加入同盟会正式从事革命。周乃欣然下发",表示决心接受同盟会的政纲,加入同盟会。"改换旗帜,用大黄旗上书'中华国民军',旁书'驱逐鞑虏,恢复中华,创立民国,平均地权'十六字,并于士兵肩章上写'中华国民军'。周则用中华国民军武字营统领头衔。"⑥ 他所发布的《中华国民军邀集革命同人启》中有"汉族云亡,翻身实为排满","共和创政,平等分疆,直捣黄龙城,痛饮自由酒一盏,横销长白岭,乃还雪愤矢三枝,献虏先王,重戴尧天舜日,扬名后世,同祝美雨欧风"等句,表示了周鸿勋由会党首领转变成了资产阶级民主革命战士。

李绍伊原率孝义会在大寨坪起义的宗旨只是"兴汉排满",但在他加入了同盟会,率众参加同志军起义后宣布:"我们这次起义的目的是为了推翻满清王朝,打

---

① 刘揆一:《黄兴传记》,中国史学会编:《辛亥革命》(四),"中国近代史资料丛刊"本,第284页。
② 杨兆蓉:《辛亥革命四川回忆录》,《近代史资料》1958年第2期。
③ 杨兆蓉:《辛亥革命四川回忆录》,《近代史资料》1958年第2期。
④ 杨兆蓉:《辛亥革命四川回忆录》,《近代史资料》1958年第2期。
⑤ 范爱众:《辛亥四川首难记》。
⑥ 范爱众:《辛亥四川首难记》。

倒专制余毒,恢复汉族自由,解救人民痛苦,并不是争城夺地想当帝王。"① 从此可见,同盟会的政纲,特别是推翻清朝专制统治建立共和制的主张,在一定程度上已为四川会党所接受。这是同盟会与四川会党建立联合阵线的政治基础。同盟会通过会党逐步取得了对四川革命的政治指导者的资格。

(二)采取参加进去和吸收过来的办法对会党进行组织改造

参加进去就是同盟会会员加入会党并担任一定的领导职务直接对会党做工作。如熊克武回川后由佘英介绍加入哥老会当大爷。侯橘园"为了运用哥老会,本人特加入广汉向阳乡的哥老会组织,当上了码头上一步登天的大爷,和向阳乡龙头大爷张命三密切联系,并联络三水关龙头大爷向裕如等,对外地他又与孙泽沛等联系"②。杨靖中为联络川西会党,他介绍哥老会首领张捷先、张达三入盟,再由他们介绍入哥老会。吴玉章也加入过哥老会。古蔺县的同盟会会员为团结哥老会和巡防营,"党人纷纷加入袍哥"③。在辛亥革命时期,四川加入会党的同盟会会员为数不少。保路同志军首领王天杰、秦载赓等都是身兼会党首领的同盟会会员。喻培伦的两个叔父——喻汉之、喻彤甫也是同盟会会员兼哥老会舵把子。这样,从组织上给会党输入了新血液,使会党有了拥护和参加资产阶级民主革命的可能。吸收过来,就是将会党中有革命意识的首领吸收进同盟会中来,负担同盟会的革命任务。张百祥、佘英、李绍伊、周鸿勋、刘天成、张捷先、张达三等都先后入盟。在川东南,"先后加入同盟会数以百计,会党中人尤多"④。在川西,通过张捷先、张达三、高杏村等"袍界巨子","运动有知识、有豪侠气者,数月之间,收入同盟会会员七百余人"⑤。这些会党首领兼同盟会会员的人,是同盟会在四川发动各次武装起义和辛亥四川同志军起义的领导骨干。

1907年,共进会的成立更加强了资产阶级革命党人同会党的联系。共进会是当时在日本东京的同盟会会员焦达峰、孙武、邓文辉、熊越、吴玉章、张百祥等人鉴于会党"在下层社会有巨大的革命潜力"⑥,联络哥老会、孝义会、三合会、三点会等在日本的首领组成的一个统一的组织,由四川孝义会首领张百祥任第一任会长,从而将中国南方各省绝大部分会党都在反清的旗帜下联合起来。共进会通过它的四川会员张百祥、熊克武、佘英等把四川会党进一步团结了起来。

"万国青年会"是同盟会从组织上改造会党的一个重要措施。四川会党山堂林立,各不相属,不利于发动会党参加革命。于是,佘英、熊克武、黄方等人在会党

---

① 四川大学历史系《辛亥革命史》调查小组1977年调查记录。
② 广汉政协:《广汉同志军的活动》,手稿。
③ 文史资料委员会编:《辛亥革命回忆录》(三),第273页。
④ 杨兆蓉:《辛亥革命四川回忆录》,《近代史资料》1958年第2期。
⑤ 《公孙靖中郎自述历史》。
⑥ 吴玉章:《辛亥革命》,第97页。

中倡导"仁""义"不分上下,用"万国青年会"名义,合二会为一。① 同盟会希望用资产阶级平等思想去冲淡会党的封建等级制度,把分散的会党团结起来以备革命驱使。余英利用自己在会党中的威望,调解各会党的矛盾,努力将川南一带的会党改组成直接由同盟会领导的新组织——"万国青年会"。他们曾经拟订章程,刊印成册,分发给各地会党,使川南地区的会党"仁义扯平,专讲会口"而无"占左占右之分"②。在川西,同盟会会员设立"汉流改良自治会",以罗致群众,作为同盟会的外围组织。保路运动发生前,该会会员已达万人。③

由于同盟会对四川会党的改造工作不可能彻底,四川会党的旧式帮会性质远没有得到普遍和根本的改造,然而,他们毕竟在旧式会党的躯体上注射了新的药剂,涂抹了新的色彩,把会党引入了资产阶级民主革命的洪流,成为同盟会在四川武装反清的社会支柱。

(三) 把会党自发起义引导到资产阶级革命的轨道

同盟会宣传和改造会党的根本目的在于依靠会党力量举行武装起义,即所谓:"以前历史潮流,靠会党起事,靠绿林效忠。"④ 1907年,川东发生刘天成起义,"党羽甚众且与革命勾结"⑤。刘天成,四川崇庆州人,川滇黔边哥老会的著名首领,"自入同盟会,即以实行改革为己任,窜身滇黔之交,冀可乘间窃发"⑥。1909年,他响应谢奉琦、余英等发动的叙泸起义,失败后被清吏逮捕,1911年在重庆就义。1907年,同盟会谋成都起义,"内则结合新军弁目,外则招致民间会党"⑦。一时在成都集中各路会党达四千人左右。同年,江安、泸州、叙府起义更是以余英为首的会党力量为主力的。1909年广安起义除由余英发动哥老会参加外,还借助了李绍伊领导的孝义会的力量。在辛亥革命前夕,同盟会与会党的共同战斗,不仅加强了两者之间的联系,而且扩大了同盟会的政治影响,把四川会党的自发斗争开始纳入了资产阶级民主革命的轨道。

从1911年6月起,四川会党借保路同志会取得了公开或半公开活动的机会。由于会党既拥有广大群众,又渗进了军队、团练、绅商之中,因此,四川各地同志协会都是由立宪派或同盟会通过会党建立起来的。"同志会者哥老会也"⑧的说法不是没有道理的。会党群众参加同志会对保路爱国运动转变为武装反清斗争起了不可忽视的作用。1911年8月7日,盛宣怀在成都的坐探周祖佑报告说:"更可恨者,川省向有哥老会匪,党羽甚众。……因此次各州县协会一开,一般会匪死灰复

---

① 邹鲁:《中国国民党史稿·四川诸役》。
② 范爱众:《辛亥四川首难记》。
③ 《公孙靖中郎自述历史》。
④ 莫纪彭:《何振事略》。
⑤ 赵尔丰:《赵季和电稿》,手抄本。
⑥ 朱之洪编:《蜀中先烈备征录·刘天成事略》。
⑦ 邹鲁:《中国国民党史稿·四川诸役》。
⑧ 民国《重修名山县志·附论》。

燃，争赴协会书名，现假协会名目，煽惑滋事，其祸尚小。诚恐将来愈聚愈众，贻患滋大，实于川省人民治安大有关系。此系同志会有以启之也，其罪何可胜言。"①同志会"每次开会，旁听居十之八九，则哥老会与余蛮子（指余栋臣）余党均窜入，大乱在此"②。

四川保路运动发生后，同盟会采取了同立宪派"明同暗斗"的策略，积极引导会党开展武装斗争，为保路同志军的迅速兴起做了准备。

同盟会重庆机关部派朱之洪以重庆股东代表的身份至成都，"与曹笃、方潮珍、萧参、曾昭鲁、刘玉光、王殿飚、杨伯谦、刘泳闿、龙鸣剑、刘永年及新军中党人密议，谓争路者，日与政府言法律，辩是非，政府终不悔悟，不如激扬民气，导以革命"。决定让同盟会会员分道四出，"部署徒众，阴为之备"③。新津会议和罗泉井会议的召开是同盟会改同志会为同志军的重要步骤。

新津会议是由川西南著名哥老会首领侯宝斋出面召开的。同盟会会员、华阳哥老会首领秦载赓参加了会议并给会议以积极影响。侯宝斋"名邦富，夙尚侠义……蜀西南一带江湖游士无不知其名者"④。1904年，他召集川省九府哥老数千人，秘密结成"九成团体"。1911年7月，侯宝斋在同盟会的影响下，假借六十寿筵，集中"九成团体"百余人于新津密谋起义。会上，秦载赓"主张甚烈"，"决议各回本属预备，相机应召，一致进行，如兵力不足，不能一致下成都，则先据川东南，扼富庶之区，再规进取。遂推载赓为川东一带主动，宝斋自任川南"⑤。新津会议为川东南同志军起义确定了战略方针和主要领导人。以后，川东南同志军的战略方针基本上是按照会议的决议进行的。同年8月，同盟会会员龙鸣剑、王天杰、秦载赓等约集会党首领罗子舟、胡潭、孙泽沛、张捷先、张达三、侯国治等在资州罗泉井秘密会议，决定将各路同志会改为同志军，推秦载赓、侯宝斋主持川东南起义工作，川西北则由张达三、侯国治号召进行，并决定在阴历七月间各地同时或前后参差几天起义。会后，龙鸣剑回成都，在四圣祠召开秘密会议，向党人传达了罗泉井会议决议，分派同志到仁寿、荣县、威远、井研等县策动。罗泉井会议是同盟会为实现武装推倒清朝所召开的一次与哥老会的联席会议，是新津会议的扩大。这次会议通过一些著名的哥老会首领将川西南的主要会党组织团结到了同盟会的周围。

在川西平原，同盟会会员见保路运动发生，"同人等始借题作文，大肆鼓吹，分头各路宣传，奔走号呼，不遗余力。在省者，即加入保路同志会，任各县代表，如张捷先、蒋纯风、杨蓑阶、罗仁普等皆在省中任同志会宣传员。七月初间，张、蒋、杨即返西川各县组织分会，暗集武力，以作后援。罗仁普、汪联三等去自井王子骧（天杰）处组合部伍"。9月7日，"成都血案"一发生，他们立即先发制

---

① 陈旭麓、顾廷龙、汪熙编：《辛亥革命前后·盛宣怀档案资料选辑之一》，第123页。
② 陈旭麓、顾廷龙、汪熙编：《辛亥革命前后·盛宣怀档案资料选辑之一》，第133页。
③ 熊克武等：《蜀党史稿·辛亥革命纪事》（未刊本）。
④ 朱之洪编：《蜀中先烈备征录·侯宝斋事略》。
⑤ 朱之洪编：《蜀中先烈备征录·侯宝斋事略》。

人,"赶急函告邻封各县,围攻都城,以援救蒲(殿俊)、罗(纶)为名,实行我们的种族革命工作,借此问题,可以推翻满清专制,创立民国"。于是,同志军"风起云涌,轰动川西各属矣"①。

以上事实表明,在辛亥革命前夕,同盟会为争取会党,在思想上、组织上和军事上确曾做了不少工作。由于会党有反清的传统,同盟会的工作得以卓有成效。尽管当时革命党人的主要工作对象多在会党首领,没有深入下层,更缺少足资发动农民的土地纲领。但是,由于会党的家长制组织原则,历来是首领说了算。首领的背向对会党的去从有举足轻重的作用。因此,同盟会得以通过一些会党首领同会党建立起反清革命联合阵线,并在这一阵线中取得领导地位。这一阵线的建立对四川资产阶级民主革命高潮的涌现起了重大的作用。

三、同盟会以会党为纽带,集中革命动力

武装斗争是阶级斗争的最高形式。在辛亥革命时期,四川人民进行反清武装斗争的组织形式是保路同志军,领导者是同盟会。以农民为主体的同志军在全川的艰苦奋战是埋葬清朝在四川的反动统治的决定力量。"同志军为兴汉首功,死者巨万。"②

同志军起义的根本原因,无疑是四川保路爱国运动深入发展激化了社会阶级矛盾,而同志军的迅速组成则是同盟会联合会党的成果。以下材料提供了足资征信的证据:

是时党人与民间会党糅杂,皆以同志军为标帜。③

革党土匪,乘机混合,兵民交战,全川骚动。④

清宣统三年辛亥秋,继保路同志会而起有同志军。同志军者,哥老魁杰,号召群不逞之徒,乌合蚁附,非有营伍之编制及训练之素也。⑤

同志会招附近党羽围攻省城,各分会响应,哥老会与同志会互相表里,蜂起屯聚,民匪混杂,兵皆川人,莫肯力剿。⑥

当蒲、罗等初捕时,有所谓水电报。……哥老会之起即于是时,附有数百里内,凡平日所谓光棍者,无良莠者,皆纠伙持械,奔走相属,而不可止。而所至之处,各光棍码头又相与供给馈饟,无稍匮乏。当此之时,行者居者,前

---

① 《公孙靖中郎自述历史》。
② 戴执礼编:《四川保路运动史料》,第 504 页。
③ 熊克武等:《蜀党史稿·辛亥革命纪事》,未刊本。
④ 伦父:《川路事变记》,《东方杂志》第 8 卷第 8 号。
⑤ 民国《重修大足县志·杂记·匪患与济乡》。
⑥ 《赵尔丰列传》,手抄本,四川大学图书馆藏。

者后者，无不自号同志会，而自政府目之，则同为乱民。①

邛州陆军倡应，哥老和之，檄文所到，袍泽四起，川局于是大紊。②

前面我们已经提到，会党是一个包括各阶层反清势力的集体。同盟会同会党建立的联合阵线，从实际上把聚集在会党旗帜下的四川各种反清力量集中到了自己的手里。会党的主要成分是以农民为主的下层群众，同盟会与会党联合阵线的主要阶级内容便是中国资产阶级革命派与农民的间接联盟。同盟会从这一联盟中，在相当大的幅度上集中了当时反清革命的基本动力。同志军的旗帜被当作四川各革命阶级、各革命派别共同战斗的旗帜。同志军成了四川各革命阶级、各革命派别反清联合阵线的主要组织形式，也是资产阶级革命派与农民联盟的主要组织形式。关于这一点，我们可以用四川同志军是以农民为主体的劳动群众的史实加以证明：

（同志军）人不过佣工牧竖，器不过抬炮鸟枪。③

富者输财，贫者执械。④

此次团兵，多系村民，倚富有田产之人为生。⑤

皆系乡愚无知之人……农事未毕（即来）。⑥

其人皆满身泥涂，并有尚持割谷镰刀之农佣。⑦

官兵在各场所得器械，皆系数十年前练团之物，腐锈不堪。……且拿获之人口供皆系乡间田夫，集团争路。⑧

所拿之人，泥手泥足，多系乡间田夫，搜获之物，锈刀锈叉及团练号褂而已。⑨

拿的武器有刀有矛，有前膛枪和牛儿大炮，多数是农民。⑩

这是辛亥革命时期的同盟会做四川会党工作所取得的最大成就。由此，同盟会聚集了致清朝统治于死命的巨大力量。

在辛亥革命时期，四川的武装斗争是十分激烈和残酷的。清王朝视四川为统治西南的根本，使尽浑身解数，调动鄂、湘、黔、陕、滇等省军队前来镇压四川革命。有"屠夫"恶名的川督赵尔丰拥兵疯狂反扑，与同志军反复较量。端方气势汹

---

① 周翔等修、刘锡纯等纂：《彭山县志·民俗·附论二》。
② 《名山县志·事纪》。
③ 聂述文等修、程德音等纂：《江津县志·前事志》。
④ 贺泽等修、张赵才等纂：《荥经县志·武功》。
⑤ 《美国蓝皮书》，《辛亥革命》（八），"中国近代史资料丛刊"本，第273页。
⑥ 《赵尔丰文告》，原件藏新津县档案室。
⑦ 《川路国有血》，抄本。
⑧ 中国第二历史档案馆编：《中华民国史档案资料汇编》第1辑，第148、153页。
⑨ 中国第二历史档案馆编：《中华民国史档案资料汇编》第1辑，第148、153页。
⑩ 文史资料委员会编：《辛亥革命回忆录》（三），第253页。

汹带鄂军杀来。岑春煊口蜜腹剑，费尽心机。如果没有遍布全川的同志军的浴血奋战，使清军"防内攻外，东驰西击，刻无暇晷"，"顾此失彼，势处两难"①，直至土崩瓦解，端方、赵尔丰安能授首，清王朝专制统治岂肯自动退出历史舞台？农民劳动群众作为四川辛亥革命的主力军是当之无愧的。

同盟会以会党为纽带同劳动群众结成的联盟，使自己取得了武装斗争的领导权。尽管那时还有一些同志军是自发的，缺少革命党人直接领导，但历史潮流却把这些涓涓细流汇入了资产阶级领导的革命大海之中。同盟会对同志军的领导作用，其主要表现如下。

第一，同志军起义在相当大的程度上是由同盟会策动的。新津会议、罗泉井会议及成都血案发生后，同盟会会员龙鸣剑、曹笃、朱国琛发出号召起义的"水电报"都是同盟会组织、发动武装起义的重要活动。同盟会会员王蕴滋被派为郫县、崇宁、灌县三县联络员，吸收了哥老首领张捷先、张达三入盟。在同志会成立之初，二张即开始起兵准备。他们号召哥老会支持同盟会。在改同志会为同志军之日，张达三首先"在新场集合一二千人，以为各路倡"②。他们由五路军和一个学生大队所组成的川西同志军是成都附近同志军的一支主力。重庆同盟会机关部为了动员起义，"命张颐等走万，说下东党人同时起义。以萧参返荣、威、自贡与党人谋投身同志军，俾倾向革命"③。据保路运动的参加者曹笃的记载："四川保路同志会与四川保路同志军实为吾党辛亥革命之始，促亡满虏，不可谓无功。然不知者，以为同志保路与同志军无关，而其实……该军亦为同盟会所促成。"④

第二，几支最大、最有影响的同志军的领导人都是同盟会会员或与同盟会有关系的会党首领。如川西同志军统领是哥老会首领兼同盟会会员张捷先、张达三，东南路同志军首领秦载赓、王天杰、龙鸣剑、陈孔白、范华阶、胡御阶都是同盟会会员，雅州同志军首领罗子舟是会党首领兼同盟会会员。南路同志军统领侯宝斋是与同盟会关系密切的会党首领，副统领周鸿勋在起义后也加入了同盟会。温江孙泽沛、崇庆吴庆熙、犍为胡潭都是参加过罗泉井会议的会党领袖。川东北同志军统领李绍伊是孝义会首领兼同盟会会员，曾省斋也是同盟会会员。有的地方领导起义的会党首领，如綦江的池列五、江津的郭云程等是共进会会员。下川东著名的同志军首领高亚衡、廖树勋也是同盟会会员。可见四川同志军的主要领导权掌握在同盟会的手中。

第三，同盟会的政纲已为多数同志军所接受。川南同志军，"各军皆树旗四面，文曰'驱除鞑虏，恢复中华，创立民国，平均地权'"⑤。参加同志军的哥老会，"向来以'排满兴汉'为固定不移的宗旨，他们在群众中以汉界、汉流自称。因之

---

① 赵尔丰：《赵季和电稿·致内阁》，手抄本。
② 文史资料委员会编：《辛亥革命回忆录》（三），第219页。
③ 熊克武等：《蜀党史稿·辛亥革命纪事》（未刊本）。
④ 曹叔实：《四川保路同志会与四川保路同志军真象》。
⑤ 曹叔实：《四川保路同志会与四川保路同志军真象》。

对孙中山先生提出'驱除鞑虏,恢复中华,建立民国,平均地权'的口号非常拥护"①。这表明,同盟会的政纲,特别是打倒清朝专制统治,建立民主共和国的主张已为多数同志军所接受。因此,同志军的口号由最初的营救蒲先生(殿俊)、罗先生(纶)被驱除鞑虏与革命独立所代替。随着同盟会领导的加强,四川同志军亦由起义初期"散漫之团甲,进而为有组织之首长"②,形成了以同盟会为核心的领导中心,如秦载赓、王天杰领导的"东路民军总部"。侯宝斋、周鸿勋担任了川南全军正副统领,李绍伊任同志军川北都督,罗子舟任"川南同志军水陆都督"等等。此时,同志军的战争既不是为建立太平天国式的旧式农民政权,也不再充当封建帝制改朝换代的工具,而是在资产阶级革命派的领导下为推翻封建帝制,建立新的政治制度——资产阶级共和国而奋斗了。仅据四川重庆、成都、涪州、万县、内江、雅州、西昌、广安、泸州等三十五个府州县革命独立的材料考察,这三十五个地方的独立具有如下特点:(1)都是在同志军战斗洗礼中实现的。(2)绝大多数是同盟会会员参与或策划的。(3)组织形式虽多,有称"都督"的,有称"司令"的,还有个别称"正统"的,但都按照同盟会的《革命方略》,设立了军政府。川东五十七州县的军政府视由同盟会会员组成的重庆蜀军政府为当然领导,表示拥戴。这就确切地证实了同志军起义的资产阶级民主革命性质,显示了同盟会在同志军战争中的领导地位和作用。在当时,资产阶级革命派确实是一切爱国革命势力的重心。

当然,我们应肯定地指出,会党虽然在辛亥革命时期有过某些新色彩,并对革命做出过贡献,但是资产阶级革命派是没有也不可能彻底改造它的。会党带着强烈的反清意识参加革命的同时,又拖着沉重的封建尾巴进入革命。它既给这次革命输入了大量农民和其他劳动群众,又给革命塞进了一些横行乡里的恶棍,游荡江湖的流氓无产者。在革命中,有的会党仍然"不解革命运用,以为保路之举,所仇者赵尔丰,所救者蒲、罗诸人,而反对排满逐杀官吏",与同盟会发生龃龉。③ 有的争权夺利,肆行虐杀。如会党头目邓大兴杀秦载赓于井研,邓儒轩杀侯橘园于汉州。有的被敌人收买,叛变革命,杀害革命领导人。如赵尔丰厚赂南路同志军军需长杨虎臣系统领侯宝斋于邛州古松庵。在川东北,哥老会与孝义会大动干戈,互相仇杀。有的会党武装借同志会之名滋扰群众,危害革命。特别是在四川军政府成立后,会党由秘密而公开,有的首领由受压而掌权,尹昌衡、罗纶等又率先提倡设立公口以作当权的凭借,会党更"骄蹇不受约束",其革命因素显然衰退,封建意识恶性膨胀,沉渣泛起,竟至成为反动派的帮凶。从总的情形来看,辛亥革命乃四川会党由革命走向反动的转折点。

还必须指出,辛亥革命时期,同盟会虽以会党为纽带曾一度集中了全川的革命

---

① 文史资料委员会编:《辛亥革命回忆录》(三),第280页。
② 范爱众:《辛亥四川首难记》。
③ 熊克武:《蜀党史稿·辛亥革命纪事》(未刊本)。

动力，但是，由于中国资产阶级的软弱性和妥协性，只能凭借现存的毛病甚多的会党来间接动员群众。因此，这种集中是极其有限的，其最大限度仅能把四川的革命动力集中到覆亡四川清政权的程度，而远不能广泛深入地发动群众，特别是号召农民群众将反帝反封建革命进行到底。中国资产阶级革命派通过会党与农民所建立的间接联盟，是在特定的历史条件下，剥削阶级与被剥削阶级的联盟。"资产阶级革命不能把千百万被剥削的劳动群众稍微长期地团结在资产阶级的周围，正因为这些群众是被剥削的劳动者。"[①] 在资产阶级革命派的眼里，农民只不过是他们夺取政权的工具。清政府一倒，他们在暂时地取得了某些统治权力之后，便以为"素志已达"，掉转头来，抛弃农民，甚至反对和镇压农民继续进行的反帝反封建斗争。辛亥革命时期，在四川昙花一现的资产阶级革命派与农民的联盟，被资产阶级认敌为友、过河拆桥所破坏。农民没有从这一联盟中找到解放的道路。

（原载《纪念辛亥革命七十周年学术讨论会论文集》上，中华书局，1983年）

---

① 斯大林：《列宁主义问题》，第127页。

一页不该忘记的历史

伟大的民主革命先行者孙中山先生在 1912 年 2 月 22 日有《祭蜀中死义诸烈士文》，曰："在昔胗清，恣淫肆虐，天厌其德，豪俊奋发，共谋倾圮，以清禹域。惟蜀有材，奇瑰磊落①，自邹（容）迄彭（家珍），一仆百作，宣力民国，厥功尤多②。岷江泱泱，蜀山峨峨，奔放磅礴，导江干岳，俊哲挺生，厥为世率。"③ 这是孙中山对辛亥革命时期蜀中俊杰的褒赞。同年 3 月 29 日，孙中山在《令陆军部抚恤邹谢喻彭四烈士文》中又说："邹容当国民醉生梦死之时，独能著书立说，激发人心；喻培伦则阐明利器，以充发难军实；彭家珍则歼除大憝，以收统一速效"，准"照陆军大将军阵亡例赐恤，并请崇祀忠烈（祠）。"④ 这是孙中山亲封辛亥四川三大将军的由来。四川人有大功于辛亥革命是载诸史册而不容忽视的。孙中山的褒奖之辞，基于史实，出于真情，而并非溢美之言。在辛亥革命时期四川人追随孙中山革命所做的贡献是一页不该忘记的历史。

一、"为义师先声"

"为义师先声"，是章太炎 1903 年 5 月在他所撰《序〈革命军〉》中对邹容《革命军》一书的评语。

邹容（1885—1905），四川省巴县（今重庆市）人。他"居于蜀十有六年，以辛丑（1901）出扬子江，旅上海，以壬寅（1902）游海外，留经年"⑤。《革命军》一书（1903 年 5 月上海大同书局印行）是邹容短暂一生中的主要著作，它为辛亥革命做了强有力的舆论准备。

《革命军》全书近二万字，分七章。邹容以西方资产阶级革命理论为指导，用明快锋利、通俗流畅的语言，淋漓尽致地揭露了清朝代表的封建君主专制制度和封建意识形态，深刻有力地阐述了革命的必要性和正义性。"革命排满"和"民主共

---

① 黄季陆编《总理全集》（成都近芬书屋 1944 年版）作"奇俊瑰落"。
② 黄季陆编《总理全集》作"尤多"，《孙中山全集》（第 2 卷，中华书局 1982 年版，第 115 页）作"允多"，此处从黄季陆编《总理全集》。
③ 孙中山：《孙中山全集》第 2 卷，第 115 页。
④ 孙中山：《孙中山全集》第 2 卷，第 292 页。
⑤ 邹容：《革命军》。

和"是当时时代的主题,也是《革命军》一书的主旋律。

关于革命的必然性和正义性,邹容写道:"革命者,天演之公例也;革命者,世界之公理也;革命者,争存争亡过渡时代之要义也;革命者,顺乎天而应乎人者也;革命者,去腐败而存良善者也;革命者,由野蛮而进文明者也;革命者,除奴隶而为主人者也",把革命看成是历史发展的必然规律,社会进步的根本动力。因此,他将资产阶级民主革命当作拯救中国的唯一途径:"我中国今日不可不革命;我中国今日欲脱离满洲人羁缚,不可不革命;我中国欲独立,不可不革命;我中国欲与世界列强并雄,不可不革命;我中国欲为地球上名国,地球上主人翁,不可不革命。"革命对于中国来说是事关存亡的"得之则生,不得则死"的头等大事。

邹容指出:中国革命的首要任务是反对清朝专制统治,"扫除数千年之专制政体,脱去数千年种种之奴隶性质"。他号召民众效法美国、法国的资产阶级革命,与爱新觉罗氏"相驰骋于枪林弹雨中",然后再扫荡干涉中国主权"外来之恶魔"。邹容的反清革命与反对帝国主义侵略是一致的。这是因为在帝国主义侵华过程中,清政府扮演着可耻的角色。义和团运动失败以后,帝国主义与清王朝公开结成了奴役中国的反动联盟,清朝统治者成了帝国主义的走狗。人民爱国必须革这个走狗的命,即"欲御外侮,先清内患"。邹容的"革命排满"思想,有着鲜明的反帝爱国性质。

《革命军》指出了用暴力手段取代维新改良手段来改造旧中国的正确道路,从而使康有为、梁启超等人鼓吹的改良思想黯然失色,使资产阶级民主革命思想开始深入人心,并为孙中山领导反清武装斗争提供了理论依据。在邹容以前,以孙中山为首的中国资产阶级革命派进行了一系列活动(包括建立兴中会,举行广州、惠州起义),但是,直到1903年,他们还没有写出一部比较系统的宣传革命思想的著作;一些具有革命倾向的报刊,如东京留日学生创办的《国民报》等,也没有从正面提出革命的口号。因此,《革命军》是近代中国第一部系统地、旗帜鲜明地阐述资产阶级民主革命思想的著作,在中国近代思想发展史上占有十分重要的位置,不愧"为义师先声。"

《革命军》这部著作之所以有十分重要的历史地位,不仅是因为它旗帜鲜明地宣传反清革命,更重要的是它在中国近代史上第一次明确而系统地提出了在中国建立资产阶级民主共和国的纲领,这是一个重大的历史功绩。

1894年,孙中山在檀香山建立了第一个资产阶级革命小团体——兴中会,率先提出了"驱除鞑虏,恢复中国,创立合众政府"[1]的誓词。这个誓词的基本思想就是实行反清革命,建立美国式的资产阶级共和国,但因孙中山忙于革命的组织工作和武装斗争,对这一主张还来不及阐述,以致在国内影响不大。年轻的邹容接受了孙中山的民主共和国思想,模拟美国革命独立之大义[2],在中国向何处去的这一

---

[1] 孙中山:《孙中山全集》第1卷,第20页。
[2] 邹容:《革命军》。

重大问题上,提出了资产阶级共和国方案,制定了建立自由、独立、平等的"中华共和国"的 25 条政治纲领。这个纲领的主要内容可以归纳为以下几点:(1) 推翻清政府,诛杀封建专制皇帝,"以儆万世不复有专制之君主"。(2)"对敌干预我中国革命独立之外国人及本国人",建立资产阶级共和政权——"中华共和国"。(3) 在新政权下,全国男女皆国民;凡国民,男女一律平等,人人有生存、言论、思想、出版等天赋之自由权利;国民有纳税、服兵役和忠于国家的义务。(4) 政府的权力是人民授予的,政府的责任在于保护人民的权力;如果政府干犯人民的权利,人民即可随时起来革命,更新政府。(5) 实行议会制,各府州县选举议员,总统由各省总议员投票公举。(6) 以美国宪法和法律为蓝本,参照中国具体情况,制定法律和宪法。(7) 新政府有独立的国家职能。在对外关系上,所有宣战、议和、订盟、通商及独立国一切应为之事,具有十分权利并与各大国平等。

邹容的这一纲领浸透着战斗的革命民主主义精神,充分表示了中国资产阶级革命的政治要求,集中体现了辛亥革命的资产阶级民主革命的性质。

用资产阶级民主共和国去取代地主阶级的君主专制制度,用民主选举总统去更换一家一姓的君主,对于中国社会无疑是一个巨大的进步。邹容建立共和制度的要求,不仅摆脱了千百年来农民阶级的"皇权主义"束缚,同时也摒弃了资产阶级改良派的君主立宪方案。邹容的共和国方案,前承兴中会的誓词,并使之具体化、系统化,民主色彩更为浓厚,更为强烈,对资产阶级革命派起了深刻的启迪作用,为他们接受同盟会的"驱除鞑虏,恢复中华,创立民国,平均地权"的政纲打好了思想基础。

列宁指出:"判断历史的功绩,不是根据历史活动家没有提供现代所要求的东西,而是根据他们比他们的前辈提供了新的东西。"[①] 邹容在他短暂的一生中,在革命理论上为中国民主革命提供的上述一些新东西,达到了当时中国资产阶级、小资产阶级革命家的思想可能达到的最高水平,有深刻而广泛的社会影响。自《革命军》出版,反清革命运动的政治前途是建立资产阶级共和国就成为时代的定论。资产阶级共和国方案在中国行不通是历史运动的结论,但《革命军》指导历史前进的功绩应该是不可磨灭的。

据不完全统计,武昌起义前,《革命军》一书总印数超过 100 万册,销量在清末革命书刊中占第一位。孙中山十分重视《革命军》,1903 年他携带若干《革命军》到檀香山宣传革命,开展工作。《革命军》受到华侨欢迎,"感动皆捷,其功效真不可胜量",他在此将革命党改为革命军,"所以记邹容之功也"[②]。1904 年,孙中山在旧金山又组织力量刊印《革命军》11000 册,分寄美洲、南洋各地。1912 年,孙中山因邹容"著书立说,激发人心"的特殊功勋,追赠邹容这位只活了 20 岁的四川人为大将军。

---

① 列宁:《列宁全集》第 2 卷,第 150 页。
② 孙中山:《孙中山全集》第 1 卷,第 228 页。

二、不屈不挠的追随者群体

辛亥革命时期,四川不仅出了邹容、喻培伦、彭家珍三位功勋卓著的"大将军",而且还有一个以近代知识分子为主的革命群体。他们追随孙中山的革命事业,不屈不挠,卓厉敢死,奇瑰磊落,"一仆百作,宣力民国,厥功尤多"。

(一) 同盟会成立初期,四川籍同盟会会员占会员总数的13%

1905年是中国革命的一个转折年。这一年8月20日,孙中山领导的中国资产阶级革命政党——中国同盟会在日本成立了。从此,中国资产阶级民主革命有了全国性的领导中心。

四川留日学生中的进步分子从孙中山组建同盟会时起就积极支持。在同盟会成立前,黄复生、吴鼎昌等十几位四川留日学生组织了一个革命小团体。他们拥护孙中山的领导,表示"随时可以听候号召,放弃学业,投身革命"①。同盟会成立后,四川留日学生纷纷加入。据《革命文献》所载1905—1906年同盟会会员名册,四川籍同盟会会员有127人,占会员总数960人的13%,仅次于湖南(158人)、广东(155人)。自1906年初,同盟会重庆支部建立后,成都支部、泸州支部相继建立。到1911年,四川大多数州县都有了同盟会的分支组织。②

同盟会成立后,四川革命党人四处奔走,历尽艰险。他们不仅在四川省内进行革命宣传和发动武装起义,而且足迹遍及海内外。

同盟会成立之初,四川革命党人在总部担任工作的有评议部的评议员董修武、熊克武、但懋辛、吴鼎昌、吴玉章、黄复生,在执行部任书记的有李肇甫。当同盟会机关报《民报》发生经济困难时,吴玉章带头募捐,帮助解决困难。这使章太炎非常感动地说:"同盟会中只有四川人才是好的,才靠得住。"③ 此语虽失之偏颇,但从一个侧面反映了四川同盟会会员克己奉公、顾全大局的品格。

1907年,川籍同盟会会员王仰思、秦彝鼎应云南干崖土司于安仁(同盟会会员)的约请,前往干崖发动革命。稍后,喻培棣也到此地工作。龙鸣剑到云南从事过一段时期的活动。谢持、邹杰在陕中办农场、牧场,与陕西革命党人和军校中的川籍学生"密结规度","潜储武器"。刘克强在西安二军校中"亟欲实行革命宗旨,交游多志士,与钱鼎尤属莫逆。西安起义,克强及鼎之功最著"。刘汉伯建粤西共和会支部,策划起义。④ 黎怀瑾在宜昌隐身于川汉铁路工程部门中,组织工人,准备起义。赵铁桥去北京主办《民意报》,"凡四年,铮铮有声,与上海《民国日报》

---

① 熊克武:《辛亥前我参加的四川几次武装起义》,载文史资料委员会编:《辛亥革命回忆录》(3)。
② 隗瀛涛主编:《四川近代史稿》,四川人民出版社,1990年,第521页。
③ 吴玉章:《辛亥革命》,第96页。
④ 均见《革命人物志》第11集。

相呼应，皆以推倒满清政权为职志"①。武昌起义后，为开展北方革命，彭家珍、赵铁桥、陈宪民等川籍革命党人与北方革命同志组织津京同盟会，彭家珍任军事部部长。1912年1月27日凌晨，彭家珍炸死宗社党首领良弼。本人当场壮烈牺牲，"奸除大憝，以收统一速效"。

在孙中山、黄兴发动震撼全国的1911年广州起义时，四川同盟会会员张懋隆、萧德明、曾宝森、于希闵、李功照等积极参加筹备工作。②亲身参加这次起义的有喻培伦、吴玉章、熊克武、秦炳、饶国梁、但懋辛、蔡体平等人。喻培伦在同盟会中以"炸弹大王"著称。广州起义前，喻培伦到广州设立了专门制造炸弹的机关，为起义准备利器。秦炳、饶国梁应黄兴召经香港到广州参加战斗，吴玉章奉命去日本购运枪弹。

1911年4月27日下午，黄兴率百余名"先锋队员"进攻督署。喻培伦、熊克武、但懋辛、秦炳、饶国梁等人从督署后面进攻。喻培伦"一人当先，抛掷炸弹，防勇为之披靡"③，身负数处重伤，力竭被执。在刑庭上，他坚贞不屈，慷慨宣言："学术是杀不了的，革命党尤其杀不了。"④ 英勇就义。饶国梁臂受重伤，被执遇害。秦炳在战斗中饮弹阵亡。

这次起义虽然失败了，但它在当时的影响是不可低估的。孙中山在《黄花岗烈士事略序》中写道："是役也，碧血横飞，浩气四塞，草木为之含悲，风云因而变色。全国久蛰之人心乃大兴奋。怨愤所积，如怒涛排壑，不可遏抑，不半载而武昌之大革命成。则斯役之价值，直可惊天地，泣鬼神，与武昌革命之役并寿。"在这次具有重大意义的起义中，四川革命党人曾血溅广州城，埋骨黄花岗，当与斯役并寿。

在革命宣传方面，四川革命党人的成绩亦十分突出。雷铁崖即是一位代表。雷铁崖于1905年在日本东京创办《鹃声》杂志。1907年与吴玉章等人主办《四川》杂志，大力鼓吹反帝爱国，革命排满；同时在《民报》上发表文章，编辑《远东见闻录》。1909年，他回上海，以中国新公学等校为基地，"以革命思想灌输青年"；并编辑《越报》。次年，又在上海创办留学预备学校，"内幕纯为主义与军事训练。后各省起义，多有该校学生在内"⑤；同时任《民声》杂志的主要撰稿人。秋，应孙中山之召前往南洋槟榔屿筹办《光华日报》，主持该报笔政一年有余，发表文章百余篇，与保皇派"日日笔战，敌报大败"，"英荷两属侨胞为之一振"⑥。

（二）反清武装斗争最频繁的一省

辛亥革命时期，同盟会会员在内陆省区策动起义次数最多的是四川省。

① 赖佐唐等修、朵曙等纂：《叙永县志》第3卷。
② 郑国翰等修、陈步武等纂：《大竹县志》第9卷。
③ 曹亚伯：《广州三月二十九日之役》。
④ 喻培棣：《喻培伦年谱》。
⑤ 雷承道、雷宁哀：《雷铁厓家传》，手稿。
⑥ 冯自由：《南洋光华报记者方岗南》，《革命逸史》第3集。

毛泽东同志说："革命的中心任务和最高形式是武装夺取政权，是战争解决问题。"① 孙中山革命的特点和优点在于他从组织革命小团体起就十分重视武装斗争，坚持用战争解决中国的问题。在武昌起义前，他领导过十次武装反清起义，以百折不回、愈挫愈奋的精神坚持武装斗争。孙中山为取得海外接济，他直接领导的起义主要是在两广、云南等沿海和边疆发动的，没有在内地进行。孙中山从外援的角度来选择发动武装起义的重点地区并不等于不重视四川等内地省区的武装起义。熊克武写道：同盟会成立不久，孙中山即指出："扬子江流域将为中国革命必争之地，而四川位居长江上游，更应及早图之。"因此，同盟会总部派熊克武等人回川，"组织学生，联合会党，运动新军发动起义"②。在保路同志军起义以前，四川的同盟会会员于省内先后发动了9次起义。

1906年9月，同盟会会员李实发动了江油起义。与清军战斗数日失败，李实牺牲。

1907年11月，熊克武、黄复生、谢奉琦、佘英等密谋江安、泸州起义。事泄失败。戴皮等15人被清政府杀害。

同年同月，张培爵、谢持、余切、黎靖瀛等同盟会会员，召集各地党人赴成都，决定于14日西太后生日这天，"乘清吏朝贺会府，聚而歼之"。因叛徒告密，清吏调兵戒严，起义失败。新军中的同盟会会员伍安全被杀害。革命党人杨维、张治祥、黄方、黎靖瀛、江永成、王述怀等六人被捕下狱，史称"丁未成都六君子之狱"。新加坡同盟会《中兴日报》专门发表《成都革命党狱记》一文，报道了四川起义的真相。

1908年1月，佘英、熊克武、曾省斋、谢奉琦、黄金鳌等在隆昌决定于26日在叙府和隆昌两处同时起义。由于隆昌事泄，刘绍峰、詹树堂牺牲，黄金鳌被迫出走，叙府起义亦半途而废。谢奉琦英勇就义。孙中山以"其功在民国不小"，追赠谢奉琦为陆军左将军，"仍准崇祀忠烈祠，以慰忠魂而垂不朽"③。

1908年10月，同盟会会员母安国等人在成都北郊龙潭寺"树旗起义"，失败后，母安国殉难于成都。在母安国筹备起义的同时，崇宁县同盟会会员杨靖中、王禾平、张捷先、高杏村等密谋成都凤凰山起义，并与新军中党人会合进攻成都，未发而败。

1909年3月，佘英、熊克武等人领导了广安起义，攻入广安州衙门大堂，击退军警，缴获枪械数十支。后因敌众我寡失败。革命党人何忠恕、雷大和、蓝绍先被斩，王晓澄、陈云九、萧俊等被捕。

同年6月，佘英、熊克武等人决定在嘉定、屏山等地起义。1910年1月23日，秦炳、程德藩等率百余人突至嘉定童山场团练局夺械起义。佘英等人也夺获白

---

① 毛泽东：《毛泽东选集》合订本，第506页。
② 熊克武：《辛亥前我参加的四川几次武装起义》，文史资料委员会编：《辛亥革命回忆录》(3)。
③ 孙中山：《孙中山全集》第2卷，第293页。

马梗、杨家场、板桥溪处团局枪支并夺取炮船8只,夺快枪百余支。起义军"遍张文告,晓谕居民,公然以汉军政府著称",拟"乘夜潜攻嘉定郡城"①,但因消息走漏、佘英突发疾病,起义军未能及时进军,在清军压迫下退走屏山。次日,受清军夹攻,起义失败。嘉定之役,起义军死伤二百余人,同盟会不少骨干分子牺牲。佘英不幸被捕,在叙府被害。佘英,泸州人,1906年在日本参加同盟会,被孙中山"属以四川革命重任",回川发动会党起义。他为革命赴汤蹈火,发动和领导了多次起义斗争,直至流尽最后一滴血。临刑前,佘英高吟:"牡丹将放身先残,未饮黄龙酒不甘。我本为国兼为民,拼将热血洒红毡"②,悲壮就义。

1910年12月,同盟会会员温朝钟、王克明等人为发动起义,在黔江成立了以同盟会会员为核心、以同盟纲领为宗旨的"铁血英雄会",印《革命军》万余册发给每个会众③,为起义做思想准备。1911年1月初,温朝钟、王克明率领"二百余人截辫发起义",队伍很快发展至千余人。1月7日,兵分三路攻下黔江县城。清政府调川、湘、鄂、黔4省军队会剿,起义军坚持数日后分散突围。温朝钟、王克明牺牲。

虽然这些起义有的是未发而败,有的是旋起旋灭,但是,四川同盟会会员坚持不懈的斗争不断地打击和削弱了清朝统治,扩大了同盟会的影响,使辛亥革命时期四川爆发同志军大起义成水到渠成之势。

1911年5月,四川保路运动发生后,同盟会会员采取"外以保路之名,内行革命之实"④的策略,积极策动变保路同志会为保路同志军,派同盟会会员分赴各州县组织民军,共同革命。经过成都、新津、资州罗泉井三次会议,同盟会为大规模的保路同志军起义斗争做了准备。因此,1911年9月7日,赵尔丰在成都屠杀群众的枪声一响,同志军起义立即呼啸而起,"不及三日聚集到成都周围的保路同志军,多达数十万人"⑤。四川以冠于全国各省的大规模武装反清起义而震动全国。

在同志军起义的高潮中,吴玉章、王天杰策动了荣县独立,建立了革命政权。此事早武昌起义十余日,"首义实先天下"。它是辛亥革命时期,由同盟会会员建立的全国第一个县政权,为反清起义指明了按照同盟会的《革命方略》,实行革命独立,建立军政府的方向,树立了一个典范。此后,四川各州县纷纷仿效,宣布革命独立、建立军政府成了不可遏止的历史趋势。

在四川,清朝统治是被全川范围内的以农民为主体,由同盟会领导的同志军起义打倒的。这和许多省份取得独立的情况有所不同。在辛亥革命中,革命化的新军在许多省份的独立中曾起主要作用,湖北、云南、陕西等省即是。湖南、山西等省

---

① 朱之洪编:《蜀中先烈备征录·邹国宾、税临(联)三合传》。
② 中国政治协商会议四川省委员会、四川省省志编辑委员会:《四川文史资料选辑》(第1辑),第187页。
③ 向楚:《四川党人革命大事记》,《四川辛亥革命史料》上册,四川人民出版社,1981年。
④ 《辛亥四川革命纪事》,《四川辛亥革命史料》上册,四川人民出版社,1981年。
⑤ 黄绶:《保路运动亲历记》,《成都文史资料》(第1辑),1988年。

的独立是由新军和会党联合进行的。有的省份(如江苏)则是当群众起义尚未爆发时,清朝地方大吏自动应变宣布独立的。四川是同志军与赵尔丰反动势力反复较量、殊死战斗而取得独立的。清朝为扑灭四川革命,一时用三名总督级大员对付四川。其中,太子少保、头品顶戴、会办剿抚事宜的岑春煊,被四川起义的声威震慑,知难而退,发了一个文告后始终不敢入川。钦差查办大臣、调遣四川全省新旧水陆各军、督办粤汉川汉铁路大臣端方在资州被起义鄂军诛杀。四川总督赵尔丰在成都授首。这在当时各省的历史上都是罕见的。四川同志军在残酷的斗争中以成千上万人流血牺牲才换来了辛亥革命的胜利。

三、武昌起义的导火线

1911年10月10日,武昌起义成功将辛亥革命在全国范围内推向高潮。四川辛亥革命是作为武昌起义的导火线而载入史册的。孙中山曾公正地指出:"若没有四川保路同志会的起义,武昌革命或者要迟一年半载的。"①

1911年8月,同盟会中部总会在上海成立后,资产阶级革命家宋教仁"精心擘画于长江流域,遍立分会,准备大举"。他敏锐地看到四川保路运动将给全国革命形势发展带来巨大影响,加强了在长江流域起义的策动,把同盟会起义的重点地区由南方沿海转移到长江上下游腹心地区来。"川人争路风潮发动,先生(指宋教仁)遂拟定乘时大举,乃决定长江上下游及秦晋速为整备,即于八九月间起义。"②他为了声援四川的斗争并扩大其影响,鼓吹武装革命,在《民立报》上连续发表了《论川人争路事》《川乱感论》等文章;《民立报》还以《论川鄂有连合之势》为题发表社论。宋教仁称赞四川人民说:"始事以来坚忍不懈,以与政府相抗者已二阅月,其意志之强固,毅力之宏大,迥非湘、鄂、粤人所能及。"进而指出:"吾人于是而不得不有所感焉。以谓有此一役而后乃知专制之威,非平和所能克,群众之力,非压迫所能制,实为政治现象之原则。虽吾中国亦不能外之者也。""自兹以往吾民苟不欲真正之立宪政治则已,而不然者,则断非和平手段所能动其毫末,此固事有至理,有固然者也。"因此,宋教仁大力提倡各省人民响应四川的斗争,打倒专制主义,建立共和政体。他说:"假全川人潜察政治盛衰倚伏之故,达观世界大势变化推移之数,不复规规于争路,由消极而进于积极,为四万万汉、满、蒙、回、藏人民首先请命,以建设真正民权立宪政治为期,湘、鄂、粤人及各省人亦同时并发、风起云涌,以与川人同其目的,吾恐数千年充塞东亚大地之专制恶毒或将一扫而尽亦未可知。区区借债夺路之虐政云乎哉!"③ 宋教仁的这些议论充分肯定

---

① 冯玉祥:《我所以认识的蒋介石》,第161页。
② 邹鲁:《中国国民党史稿·宋先生传略》。
③ 宋教仁:《论川人争路事》,《民立报》辛亥七月二十二日。

了四川人爱国革命的方向,提出了革命党人在四川民众创造的新形势下的战斗任务,对当时各地特别是长江流域的反清革命是很有影响的。

在湖北,"铁路事起,清失人心,天下骚然。凡有血气者,莫不痛心疾首、力锄专制。自蜀发难,武汉各镇,翕然响风"①。"七月,四川铁路风潮起,清政府调端方带鄂兵入蜀,时鄂同志急谋起义,举居正、杨玉如赴泸总机关,共商进行方法。"② 居正在同盟会中部总会与各省同志联系后去香港见黄兴,请黄兴"回鄂主持军务"③。在四川革命的影响下,领导武昌起义的革命组织文学社社员人数增加,革命情绪高涨。"川路事起,鄂省风声鹤唳,人心动摇。本社(指文学社)社员增至三千余人。同人等知时会已至,因谋与共进会联络一致进行。蒋翊武为正司令,刘复基副之,定于九月初旬大举。"④ 同盟会重要领导人黄兴、朱执信认定继黄花岗起义后,再次发动武装斗争的时机已经成熟。9月30日,黄兴致书冯自由提出:"近以蜀路风潮激烈,各主动人主张急进办法,现殆有弦满欲发之势。……际此路潮鼓涌之时,尤易推广。"他主张起义"以武昌为中枢,湘粤为后劲,宁、皖、陕、蜀亦同时响应以牵制之,大事不难一举而定。"他要冯自由转告在美洲的孙中山,"请设法急筹大款,以谋响应",并说他不日即将赴长江中游参加鄂省起义。10月3日,黄兴在《致同盟会中部总会书》中说:"自蜀事起,回念蜀同志死事之烈,已灰之心复燃,是以有电公等,求商响应之举。"他指出:"迩者蜀中风云激发,人心益愤,得公等规画一切,长江上下自可联贯一气,更能力争武汉。……光复之基,即肇于此,何其如之。"⑤ 四川革命促使黄兴重整旗鼓,发出取武昌为中枢,一举而定天下的战斗号召。

至于端方带鄂军入川,与其说是造成了武昌清朝兵力的空虚,毋宁说此举促进了武昌革命党人起义的准备。当四川保路运动进入罢市罢课、抗捐抗粮阶段时,清廷于9月2日派端方"迅速前往四川,认真查办"。9月6日准端方调遣川省水陆新旧各军,3日后又准端方调鄂军入川"平乱"。湖广总督瑞澂以湖北新军中多革命党人,采取分割办法,将"不稳新军"分调各处,既分散革命力量,又可镇压地方性暴动。端方以督办粤汉川汉铁路大臣驻湖北,野心勃勃,觊觎总督职位。瑞澂恐端方不利于己,遂趁端方请调鄂军入川之机,顺水推舟,派兵送客。新军第八镇所属第三十一标中多革命党人,瑞澂将这一标由第十六协统领邓承拔、标统曾广大率领开往四川,令第三十二标第一营作为端方卫队随行。瑞澂这种分割新军建制的办法,给湖北革命党人发动新军起义带来困难,迫使他们不得不加紧起义的准备。革命党人决定加强与入川鄂军的联络,一旦武昌起义,入川部队马上响应,埋下了1911年11月27日鄂军在资州杀端方起义的伏笔。由此可见,四川辛亥起义对武

---

① 邹鲁:《中国国民党史稿·彭义烈传略》。
② 邹鲁:《中国国民党史稿·黄毓英事略》。
③ 刘揆一:《黄兴传记》,中国史学会编:《辛亥革命》(四),"中国近代史资料丛刊"本,第299页。
④ 中国史学会编:《辛亥革命》(五),"中国近代史资料丛刊"本,第4页。
⑤ 以上引文均见《黄克强先生翰墨迹》。

昌起义所起的催生作用。

四川辛亥革命不仅促进了全国革命高潮的到来,而且有力地推动了各省革命斗争的开展。由于这种形势的出现,武昌起义得以一举成功,并得到全国响应,清王朝专制统治由是崩塌。朱德同志1961年10月7日在《辛亥革命杂咏》中写道:"群众争修铁路权,志同道合会全川。排山倒海人民力,引起中华革命先。"辛亥革命时期,四川人民为四万万同胞"首先请命""引起中华革命先"的历史功勋是不可磨灭的。

(原载《巴蜀近代史论集》,四川人民出版社,2004年)

邹容与 20 世纪中华民族的第一次腾飞

《中华人民共和国宪法》序言指出："二十世纪，中国发生了翻天覆地的伟大的历史变革。"这一伟大的历史变革，是由一九一一年孙中山先生领导的辛亥革命开始的。这次具有比较完全意义的资产阶级民主革命，以推翻了在中国延续二千余年的封建帝制，使民主共和国观念深入人心，给中国人民带来空前的思想解放的历史功绩载入史册。胡耀邦同志一九八四年十月十九日在各民主党派、全国工商联负责人、无党派民主人士和其他知名人士座谈会上曾把二十世纪称为中华民族腾飞的世纪，将辛亥革命誉为 20 世纪中华民族的第一次腾飞，给予崇高的评价。

一百周年前，诞生于四川重庆的邹容，正是我中华民族第一次腾飞的时势造就的腾飞的人物。一九一二年孙中山在《令陆军部抚恤邹、谢、喻、彭四烈士文》中说："邹容当国民醉生梦死之时，独能著书立说，激发人心。"① 在所著《建国方略》中又指出："邹容著有《革命军》一书，为排满最激烈之言论。"② 可见，在辛亥革命准备时期，邹容是为中华民族第一次腾飞做出了卓越贡献的资产阶级民主革命宣传家。

邹容的一生是短暂的，牺牲时年仅二十岁，生命的光华刚刚迸发出强烈的火花便转瞬即逝。但是，他的英名却光照千秋，永垂青史。《革命军》一书是邹容的主要作品，也是当时整整一代中华民族有志之士热血与理想的光辉结晶，它不仅喊出了打倒封建专制王朝的战斗口号，而且描绘了"中华共和国"的美好蓝图，为辛亥革命的到来呼风唤雨，成为中华民族争取腾飞的时代强音。当邹容诞生一百周年的时候，我们正在进行中华民族 20 世纪第三次腾飞的炎黄子孙在他的故乡重庆纪念邹容，继承和发扬他奋发进取，知难而进，开拓前进，为国献身的爱国主义精神，是很有意义的。

腾飞的时势造就了腾飞的人物

马克思主义认为，时势造就英雄。"主要人物是一定阶级和倾向的代表，因而也是他们时代的一定思想的代表，他们的动机不是从琐碎的个人欲望中，而正是从

---

① 《南京临时政府公报》第 51 号。
② 孙中山：《孙中山选集》，第 200 页。

他们所处的历史潮流中得来的。"① 年轻的邹容正是适应十九世纪末二十世纪初特定历史任务的需要,在激烈的阶级斗争和民族斗争中成长起来的时代英雄。

十九世纪末、二十世纪初,是一个形势动荡、政治风云巨变的年代。世界资本主义体系从一六四〇年开始的英国资产阶级革命,到一七七五年的美国独立战争;从一七八九年的法国资产阶级革命,到一八六一年的美国南北战争,完成了发生、发展的过程,以一八七一年巴黎公社起义和一八七三年世界资本主义经济危机为转折点,开始走向了它的最高阶段——帝国主义阶段。资本主义是一个世界现象,自从一八四〇年鸦片战争后,世界资本主义潮流以列强侵略的形式猛烈地冲击着中国。特别是中国的近邻日本,在一八六八年明治维新后,不仅摆脱了西方列强的侵略,而且发展了资本主义,并且迅速帝国主义化,于一八九四年,发动了侵略中国的甲午战争,在把中国打败以后,强迫中国签订了辱国丧权的《马关条约》。各个帝国主义列强乘机一拥而上,用资本输出这个特殊的侵略手段,对中国社会的经济结构进行渗透,进而全面控制中国的经济命脉,将中国彻底变成他们的商品倾销市场,资本投资场所,原料生产基地。为了配合这一殖民目的,帝国主义列强在中国大肆抢夺"租借地",划分"势力范围",企图把中华民族推向亡国灭种的深渊。在空前深重的民族危机面前,爱国的仁人志士喊出了"救亡图存"这个最响亮、最能激动人心的口号。迫切的救亡任务使刚刚诞生不久的中国资产阶级以维新派作为自己的政治代表,匆匆跳上政治舞台,在戊戌之年,发起了一场政治改良运动,这场史无前例的资产阶级性质的运动,同时也是一场资产阶级启蒙运动,资产阶级文化运动。然而,这个以慷慨激昂的"公车上书"为序曲的维新运动,最后却以清政府的血腥镇压而告终。失败的原因在于:资本主义发展不充分和代表资本主义发展要求的维新派的妥协性,他们不敢也不可能针对封建专制制度,实行政治革命,而是采取了和平改良的方式以期达到君主立宪的目的。这就注定了这场运动必然失败的结局。资产阶级民主革命的先行者孙中山先生,早在一八九四年便组织了资产阶级第一个革命团体——兴中会,并提出了"创立合众政府"的政治主张,最先举起了反清革命的大旗。但是,这时国内尚缺乏实施这一主张的政治条件,以致"劝者谆谆,听者终归藐藐",革命共和的观念一时还不能被广大民众所接受。"风气未开,人心闭塞","应者寥寥"。② 理论未能与当时中国实际结合,不能产生出物质的力量。随着民族危机的迅速加深,中国农民阶级又以义和团的形式掀起了轰轰烈烈的反帝爱国运动,然而,由于农民不是新的阶级力量,最终也没能避免在封建统治阶级的骗杀和帝国主义的枪杀下失败的厄运。

资产阶级自上而下的改良运动不能使中国摆脱困境,旧式的农民斗争也不可能力挽狂澜。而这时的中国,外受帝国主义的吞噬,内遭清王朝的荼毒。特别是清王朝,在义和团运动之后,为了使自己摇摇欲坠的统治得以苟延,不惜加倍出卖民族

---

① 马克思、恩格斯:《马克思恩格斯选集》第四卷,第485页。
② 孙中山:《孙中山选集》,第193页。

利益和国家主权，与帝国主义结成共同奴役中国人民的反动联盟，心甘情愿地成为帝国主义用更加险恶的"保全政策"侵略中国的忠实工具。要拯救民族于危机之中，必须推翻帝国主义的代理人——封建专制的清王朝；要振兴中华，必须建立资产阶级民主共和国。这是近代先进的中国人在痛苦的沉思后得出的结论，也是摆在历经了半个多世纪艰难险途的中国人民面前的一条唯一的出路。

到了二十世纪初年，随着民族资本主义的初步发展，中国资产阶级开始形成。戊戌维新和义和团失败的教训使欧风美雨在中国产生了更大的冲击波。中国革命开始由农民的自发骚动向自觉的资产阶级民主革命转变。"革命""共和"被时代作为最迫切的任务提上了日程。朝气蓬勃的中国资产阶级急切地需要有远见卓识的优秀代表来引导他们登上领导中国革命的政治舞台，为资产阶级领导的革命灌输新的意识，提出奋斗纲领，中华民族也需要仁人志士来为自身的解放破颡裂喉，振臂疾呼。在这特定的历史背景下，伟大的资产阶级民主革命宣传家——邹容，得以应运而生。因此，邹容的成材，"与其说是个别人物，即使是非常杰出的人物的动机，不如说是广大群众、使整个整个的民族以及在每一个民族中间又使整个整个阶级行动起来的动机；而且也不是短暂的爆发和转瞬即逝的火花，而是持久的、引起伟大历史变迁的行动"①。

不过，邹容之所以能够在资产阶级民主革命中冲锋陷阵，成为革命军中的马前卒，除了这场革命的潮流是一次中华民族从来没有经历过的伟大腾飞，是一个需要英雄而产生了英雄的伟大时代外，还在于邹容本身自觉顺应历史潮流的可贵品质和不断追求救国真理的求索精神。

在邹容短短一生中，始终胸怀远大的抱负。他的改造社会的政治理想，萌芽于前人反清兴汉的斗争史迹，发展于救亡图存的改良维新，成熟于革命反清的时代觉醒。其思想的轨迹经历了民族自尊感，爱国责任感，时代使命感三个阶段。邹容从小深受中华民族的思想传统的影响。他宣称："仁义所在，虽粉身碎骨不计也。"②他具有强烈的民族感情，以郑成功、张煌言等抗清志士的后继者自居："吾但信郑成功、张煌言诸先生地下有灵必笑曰：'后起有人，吾其瞑目。'"并特别崇敬反清复明的少年志士夏完淳，时常背诵夏的一些悲壮感人的诗文，以激励自己，决心像夏完淳那样反抗清封建统治者，发扬光大汉族传统的民族气节。

邹容这种单纯的民族自尊感，在资产阶级改良维新思潮的熏陶下迅速上升为爱国的责任感。当时，具有一定的资产阶级政治意识和相当程度的西方文化素养的近代知识分子，在戊戌维新运动中逐渐开始崛起。他们从西方引进"新学"，广泛传播政治改革的观念，从而使传播资本主义政治文化在中国渐成风气，猛烈地冲击着封建专制主义。当时的邹容，尽管只是一个十二三岁的少年，但是，由于他出生在一个富有的商业资本家家庭，从小便对资产阶级在帝国主义、封建主义的双重压迫

---

① 马克思、恩格斯：《马克思恩格斯选集》第四卷，第245页。
② 周永林编：《邹容文集》，重庆出版社，1983年，第38页。以下邹文，凡未注明出处者均见此书。

下，无政治地位，无经济保障，随时都可能破产的命运有深刻的了解。阶级的烙印，使邹容有着争取中国资产阶级政治、经济地位的潜意识。加上一八九七年改良主义思想家宋育仁在重庆创办了《渝报》，次年，成都的"蜀学会"也创办了《蜀学报》，这些宣传改良主义思想的报刊很快将维新的信息传到四川，给万马齐喑的四川思想界以巨大的震动。对救国救民的新思想特别敏感的邹容，在资产阶级改良思想的启迪下，由原来以民族自尊感为前提的改造旧中国的思想逐渐发展为用资产阶级思想来改造旧中国的愿望。在这种爱国责任感的激励下，邹容公开向封建主义文化挑战。他"与人言，指天画地，非尧舜、薄孔子，无所讳"[①]，弃八股、科举、辞章如敝屣，如饥似渴地阅读维新派的报刊书籍，将资产阶级改革家对封建专制制度和封建意识的批判视为至理。在清末的维新志士中，邹容最钦佩的是谭嗣同。谭嗣同是维新派中的激进派代表。这位维新志士不仅具有特别锐利的思想锋芒，而且也具有为维新事业"卓厉敢死"的献身精神。当谭嗣同遇难的消息传到重庆后，邹容称赞道："若谭者，可谓杀身成仁也。"他以诗悼念，以诗言志，表示要"继起志勿灰"，决心要像谭嗣同那样，为了爱国事业，"我自横刀向天笑"。维新志士的斗争事迹和他们所倡导的资产阶级政治、文化、经济观念触发了邹容的爱国责任感，滋润了邹容追求真理的心，也丰富了他的精神世界。

然而，邹容将爱国的责任感自觉地上升为时代的使命感，成为一个真正的资产阶级民主革命战士，还是在他走出中国，面向世界，到日本留学，广泛地接触到资产阶级革命的系统而全面的理论，并将这些理论付诸实践之后。

自甲午战争以来，中国一部分有识之士，从"堂堂天朝"被"蕞尔岛夷"打败的惨痛事实中意识到，中国的传统制度、思想准则和道德结构的腐朽落后性，他们怀着"要救国、只有维新；要维新，只有学外国"的认识，纷纷东渡日本，寻求改造中国的真谛。到了二十世纪初，这支留学生队伍逐渐壮大，充实了最初产生于戊戌维新运动的近代知识分子队伍，其中的激进分子"感慨风云、悲愤时局，忧河山之破碎，惧种族之沦亡，多欲为奋为雄，乘时报国"[②]，在国家存亡的紧急关头，挺身而出，勇敢地接受资本主义时代潮流的冲击和改造，不仅成为资产阶级的代言人，而且比他们所代表的阶级主体更加成熟和进步。

一九〇二年，邹容乘着留学生运动的东风，来到日本东京，入同文书院学习。这时，正值民主革命思想在留日学生中蓬勃兴起。邹容在这个爱国青年云集，革命斗争潮涌的新天地里，像其他有志青年一样，"头脑新洁，志气不凡，对于革命理想感受极速"[③]。他对西方资产阶级革命的历史非常感兴趣，像海绵般地吸收西方资产阶级革命的理论。正如他在《革命军·绪论》中所说的那样："吾幸夫吾同胞之得卢梭《民约论》、孟德斯鸠《万法精理》、弥勒约翰《自由之理》《法国革命

---

① 章炳麟：《邹容传》，载《章太炎政论选集》上册，第353页。
② 孙中山：《国父全集》第四册，第391~392页。
③ 孙中山：《孙中山选集》，第199页。

史》、美国《独立檄文》等书译而读之也",并"录达人名家言印于脑中"。从而大大扩展了他的精神境界,提高了认识世界的能力。在资产阶级启蒙思想家中,卢梭的思想对邹容影响最大。他认为,卢梭等人的学说不仅是"法、美文明之胚胎",也是中国"起死回生之灵药,返魄还魂之宝方"。他"惟思为法国大英雄卢梭后第二人"①,自比法国卢梭②,"请执卢梭诸大哲之宝幡,以招展于神州土"。与此同时,邹容自觉地接受了孙中山的民族、民主革命思想,用各种革命的理论来武装和丰富自己,并且自觉地投身于火热的斗争中,"凡留学生开会,容必争先演说,犀利悲壮,鲜与伦比"③。在斗争的实践中,邹容更进一步地意识到时代所赋予的使命,决心以革命为己任。在一九〇三年的新年团拜会上,邹容登台演说,号召反清革命,以革命宣传家的姿态脱颖而出。同年的四月份,邹容因"辫事"被迫从日本回到上海,住在由蔡元培任总理的爱国学社里。这时,爆发了爱国学生掀起的反对沙俄侵华的拒俄运动,邹容在运动中发表了他的"宣布革命之旨于天下"的《革命军》一书,为中国近代知识分子吹响了从爱国跃进到革命的时代号角。从此,邹容更加勇敢地站在民主革命的前列,为中华的腾飞呼欧风唤美雨,成为中国资产阶级民主革命的政治指导者之一。由于邹容的思想,在狂飙突进的时代风暴中迅速完成了由民族自尊感,爱国责任感,到历史使命感这样一个上升的发展过程,达到了当时思想界所能达到的最高水平,因此,邹容不仅能够以创造新社会的开拓精神,将自己的政治抱负和理想提高到时代需要的高度;而且还能够批判地继承曾对自己产生过深刻影响的前人的精神遗产,将同时代的思想精华熔于资产阶级民主革命一炉。关于这一点,集中地体现在《革命军》一书中。

我们仔细读《革命军》就会发现,这本书不仅是资产阶级民主革命的战斗檄文,同时也是当时各种具有民主性合理内核思想的荟萃。为了迅速杀向思想战场,邹容的《革命军》披坚执锐,以"由它的先驱传给它便由此出发的特定的思想资料作为前提"④。这些思想资料包括中国传统的民族主义思想,维新改良思想,西方资产阶级民主主义思想,孙中山的民主革命思想及其他先进人物的反清革命思想。其中以资产阶级的民主革命思想为核心。比如:邹容从历代民族英雄身上提炼出汉民族的强烈的反抗精神,并将这一民族特性加以资产阶级民族主义的内容:"当知中国者,中国人之中国也。中国之一块土,为我始祖黄帝所遗传,子子孙孙,绵绵延延,生于斯,长于斯,衣食于斯,当共守其勿替。有异种贱族,染指于我中国,侵占我皇汉民族之一切权利者,吾同胞当不惜生命共逐之,以复我权利。"他鲜明地提出:"我中国今日欲脱满洲人之羁缚,不可不革命。"

另外,邹容吸取了改良派思想中反对封建专制主义,要求发展资本主义等积极因素。比如:谭嗣同在《仁学》中,以西方资产阶级启蒙思想家卢梭的《民约论》

---

① 《会讯续志》,《新闻报》1903年12月5日。
② 朱之洪编:《蜀中先烈备征录》卷一,新记启渝公司代印。
③ 邹鲁:《中国国民党史稿·邹容传略》。
④ 马克思、恩格斯:《马克思恩格斯选集》第四卷,第485页。

为主要依据,揉以中国古代的民本思想,提出"生民之初,本无所谓君臣,则皆民也。民不能相治,亦不暇治,于是共举一民为君。夫曰共举之,则非君择民,而民择君也"。"君末也,民本也。天下无有因末而累及本者,亦岂可因而累及民哉?夫曰共举之,则且必可共废之。"在这里,谭嗣同借此来说明封建专制的反动性和民主的正义性,通过对封建专制的否定,以表达资产阶级要求参政的愿望。邹容将这一观点借过来,在《革命军·革命之教育》中写道:"有生之初,无人不自由,即无人不平等。初无所谓君也,所谓臣也。若尧舜,若禹稷,其能尽义务于同胞……实不过一团体之头领耳。大盗、巨寇举众人所有而独有之,以为一家一姓之私产……故我同胞今日之革命,当其共逐君临我之异种,杀尽专制我之君主,以复我天赋之人权。"所不同的是,邹容不是将这一观点作为与封建统治分享政权的理论依据,而是作为进行资产阶级民主革命的理论武器了。

谭嗣同还在《仁学》中写道:"为大盗乡愿,吞剥愚弄,绵延长夜,丰蔀万劫,不闻一新理,不睹一新法,则二千年由三代之文化降而今日之土番野蛮者,再二千年,将由今日之土番野蛮降而猿狖,而犬豕,而蛙蚌,而生理殄灭,惟余荒荒大陆,若未始生人生物之沙漠而已。"谭嗣同在这里把赫胥黎《天演论》中的物竞天择,优胜劣汰的进化论观点用以证明"全变则强,小变仍亡"的必然性和变法维新的重要性。而邹容的《革命军》却转借过来为"中国不可不革命"大造舆论。"吾故曰:革命必先去奴隶之根性。非然者,天演如是,物竞如是,有国民之国,群起染指我中土,我同胞其将由今日之奴隶,以进为数重奴隶;由数重奴隶,而猿猴,而野豕,而蚌介,而荒荒之大陆绝无人烟之沙漠也。"

梁启超曾在《新民说》中写道:"不破坏之建设,未有能建设者也,玛志尼曰:破坏也者,为建设而破坏,非为破坏而破坏。"梁启超的"破坏"是指的自上而下的改良,"建设"是指的建立君主立宪制。邹容接受了梁启超这个破坏和建设的辩证观,但赋予"破坏"和"建设"以推翻清王朝反动专制的革命和建立资产阶级共和国的崭新内容,从而在《革命军·革命之教育》中提出了:"欲大建设,必先破坏,欲大破坏,必先建设"的观点,以说明革命、共和两者之间的手段和目的之关系。

至于《革命军·自序》中的"文字收功日,全球革命潮",来自《新民丛报》第三号所刊蒋智由《卢骚诗》最后两句,《革命军·革命之原因》中所引的"忍令上国衣冠沦于夷狄,相率中原豪杰还我河山!"亦来自《新民丛报》第十二号所载:"石达开所作檄文,全篇骈丽,中有语云:'忍令上国衣冠沦于夷狄,相率中原豪杰还我河山!'"《革命军·革命必先去奴隶之根性》一文引用的《奴才好》,据查原载《清议报》第八十六册。由此可见,邹容的《革命军》从改良派的诗文、报刊和著作中提取了不少有利于革命宣传的思想资料。

邹容的《革命军》更是直接从资产阶级革命派的报纸、杂志中吸取丰富的思想养料。比如:邹容在《革命军·革命之原因》中写道:"且夫我中国固具有囊括宇内,震耀全球,抚视万国,凌轹五洲之资格者也。有二百万方里之土地,有四百兆灵明之国民，有五千余年之历史，有二帝三王之政治，且也（疑为衍字）地处温带，人性聪明，物产丰饶，江河源富，地球各国所无者，我中国独擅其有，倘使不受努尔哈赤、皇太极、福临诸恶贼之蹂躏，早脱满洲人之羁缚，吾恐英吉利也，俄罗斯也，德意志也，法兰西也，今日之张牙舞爪以蚕食瓜分于我者，亦将屏气敛息以惮我之威权，惕我之势力。"邹容这段以爱国主义热情来唤起革命积极性的文字来自革命派办的《国民报》所载《二十世纪之中国》一文："且夫我中国具有雄视宇内，威震环球，操纵万国，轶轹五洲之资格也。方里二千万（?），有尧舜禹汤文武周孔之遗教，有英雄豪杰龙战虎斗之历史；且地处温带，人性聪慧，国多平原，物产饶裕，皆地球万国之所无，而我中国所独有者也。由是而早进其国于文明，吾恐今日瞵其鹰视，张其狼牙，攘臂奋袂，号称雄邦，争我中国者，亦将屏气敛迹，怵我之威势，惮我之权力，柔顺屈从，就我范围，亦必然之势也，而奈何反而？"

《国民报》载《说国民》一文写道："故父以戒（诫）子，师以率徒，兄以诏弟，夫妇、朋友之相望，莫不曰安分，曰韬晦，曰柔顺，曰服从，曰做官，曰发财。是数者皆奴隶之根本，国民之仇敌。"邹容在《革命军·革命必先去奴隶之根性》一节中对中国传统的封建伦理观念进行鞭挞时，便将此作为武器："柔顺也，安分也，韬晦也，服从也，做官也，发财也，中国人造奴隶之教科书也。"

在《革命军》中，邹容还引用《说国民》中对清王朝盘剥广大农民和压榨民族工商业的揭露，作为反清革命理论的有力论据。

更为重要的是，邹容还将他从西方资产阶级启蒙思想家和西方资产阶级革命的文件那里学来的自由、平等、天赋人权等民主观念渗透到《革命军》的字里行间，特别是在《革命军·革命独立之大义》一节中，邹容以法国的《人权宣言》，美国的《独立檄文》以及美国的一七八七年宪法等资产阶级革命成果为模式，制定了建立自由的"中华共和国"的二十五条政纲。其中的主要内容除了推翻清王朝的封建专制政府，抵抗外来入侵之敌外，几乎都是从这些文件中借鉴而来的。这是对西方资产阶级革命的民主精华的继承。

从上面简单的对照中，我们可以看出：不仅邹容本人是伟大时代的产物，而且他的《革命军》也是这个伟大时代的各种进步思想的凝聚物。不过，邹容的《革命军》并不是简单地集时代进步思潮之大成，而是将它们高度地体现在孙中山最先举起的反清革命的旗帜上，进而代表那些追求救国救民真理的，从爱国走向革命的近代知识分子，向全中国，乃至全世界有力地宣告了他们的最高理想——推翻帝国主义的走狗封建清王朝的统治，建立一个"天清地白"的"中华共和国"。因此，《革命军》得以雷霆之声，使"举国上下无不震动"，"惊醒数千年之睡狮而起舞"，对辛亥革命起了"义师之先声"的巨大历史作用。

为腾飞呐喊　为腾飞导航

20世纪中华民族的第一次腾飞是在资产阶级民主主义旗帜下进行的。邹容的《革命军》一书，之所以在中国近代思想发展史上占有突出的地位，主要在于它是中国近代史上第一部系统地、旗帜鲜明地宣传革命、宣传资产阶级民主主义和共和国思想的著作。在辛亥革命准备时期，明确回答了急待回答的两大问题。这两大问题：一是要不要革帝国主义走狗清朝的命；二是革命后中国建立何种政治制度。这都是关系到这次腾飞的发动、性质、任务和前途的根本问题。

在邹容之前，孙中山的资产阶级民主革命思想无疑是明确的，但是，他因忙于筹划武装起义和组建革命政党，一直没有写出比较系统的宣传革命思想的著作。鲜明地举起革命旗帜，痛快淋漓地宣传革命主张的著作，《革命军》应该算是第一部。

革不革清朝的命？为什么要革清朝的命？这在当时并不是众多的知识分子所理解、所赞同的问题。邹容为了宣传反清革命的必要性，在《革命军》中开宗明义地歌颂革命："革命者，天演之公例也；革命者，世界之公理也；革命者，争存争亡过渡时代之要义也；革命者，顺乎天而应乎人者也；革命者，去腐败而存良善也；革命者，由野蛮而进文明者也；革命者，除奴隶而主人者也。"邹容在阐明一般意义上的革命是历史发展进程中的天然环节，是社会进步的根本动力之后，进而鞭辟入里地说："我中国今日不可不革命；我中国今日欲脱满洲人之羁缚，不可不革命；我中国欲独立，不可不革命；我中国欲与世界列强并雄，不可不革命；我中国欲长存于二十世纪新世界上，不可不革命；我中国欲为地球上名国、地球上主人翁，不可不革命。"革命对于中国来说有关生死存亡。"嗟乎！嗟乎！革命！革命！得之则生，不得则死。"而中国革命的首要任务就是反对清朝封建政府，之所以要将革命的矛头指向清政府，这是因为"自秦始统一宇宙，悍然尊大，鞭笞宇内，私其国，奴其民，为专制政体，多援符瑞不经之说，愚弄黔首，矫诬天命，揽国人所有而独有之，以保其子孙帝王万世之业。"这种视国家为一家一姓之私产的专制制度，是中国兵连祸结，国贫民穷以及一切罪恶的根源，而清朝封建专制政府将这一反动制度发展到了登峰造极的地步。更为严重的是，清政府已经沦为将中华民族置于亡国灭种危机之中的帝国主义的帮凶。邹容在《革命军》中揭露了清政府"量中华之物力，结友邦之欢心"的卖国主义政策。"割我同胞之土地，抢我同胞之财产，以买其一家一姓五百万家奴一日之安逸。""若香港，若大连，若旅顺，若胶州，若广州"，都拱手送于外人，甚至连他们的发祥地东三省也甘愿"顿首再拜奉献于俄罗斯"。帝国主义愈是蛮横，清政府越是恭顺，竟无耻到了"杀一教士而割地赔款，骂一外人而劳上谕动问"的令人发指的地步，清政府不仅甘于做"洋人的奴隶"，而且还要强制人民成为奴隶的奴隶，使其"我同胞处今之地，立今之日，内受满洲之压制，外受列强之驱迫，内患外侮，两相刺激，十年灭国，百年灭种"。因此，要拯斯民于水火，扶大厦之将倾，"欲御外侮"，就必须"先清内患"。用革命的手段来与清王朝进行斗争，"掷尔头颅，暴尔肝脑，与尔之世仇满洲人，与尔之公敌爱新觉罗氏，相驰骋于枪林弹雨之中，然后再扫荡干涉尔主权外来之恶魔，则尔历史之污点可洗，尔祖国之名誉飞扬，尔之独立旗已高标于云霄，尔之自由钟已哄哄于禹域……"邹容在《革命军》中鲜明地回答了为什么要革清王朝的命，用什么方式革清王朝的命这一重大的理论课题，冲破了资产阶级维新派和平改良的局限，对资产阶级民主革命的迅速发展起到了不可估量的作用。当然，在邹容反清革命的宣传中，也表现出了浓厚的大汉族主义思想和狭隘的民族复仇情绪，不过，这种资产阶级民族主义反动的一面，虽然影响了人们对反清革命进步性的正确理解，但却没有减少反清革命本身所具有的时代进步性。

邹容在《革命军》中把继承和创造结合起来，其所制定的建立"中华共和国"的二十五条政纲，就是为了解决中国资产阶级民主革命将中国引向何处的重大的方向性问题。

还在维新运动开始高涨的时候，孙中山先生就提出了"驱逐鞑虏、恢复中华，创立合众政府"的主张，戊戌变法失败的血的历史教训本来已经证明了孙中山这一主张的正确性。但是康有为、梁启超等维新志士却没有从失败中觉醒，他们不审时势，死抱着君主立宪主张不放，甚至公开反对革命，反对共和制度，与革命派在政治上日益水火难容而成为革命的绊脚石。为了使资产阶级共和国的旗帜更加鲜明夺目，邹容及时地用高度的革命热情，对孙中山提出的共和国理想进行了系统的阐述和具体的描绘，大大充实了中国资产阶级民主共和国方案的理论内容，为以后的中国同盟会纲领提供了直接的借鉴。

邹容在《革命军》中所提出的建立"中华共和国"二十五条政纲的历史意义，除了它在资产阶级民主革命理论的发展中所具有的承前启后的地位外，更重要的是，它在20世纪初中华民族第一次腾飞中所起到的解放思想的巨大作用。

邹容提出的建立"中华共和国"二十五条政纲的主要内容是：（一）推翻清王朝，诛杀封建专制皇帝，"以儆万世不复有专制之君主"，"对敌干预我中国革命独立之外国人及本国人"，建立资产阶级民主国家——"中华共和国"。（二）在新国家里，全国男女皆国民，一律平等，人人享有生命、言论、思想、出版等天赋之自由权利，国民有纳税、服兵役和忠于国家的义务。（三）政府的权力是人民授予的，因此，政府的责任在于保护人民的权利。如果政府干犯人民的权利，人民可以随时起来革命，更新政府。（四）实行议会制度，各府州县选举议员，总统由各省总议员投票公举。（五）以美国宪法和法律为蓝本，参照中国具体国情，制定法律和宪法。（六）新政府有独立的国家职能，与各大国平等。这一政纲浸透着革命民主主义精神，充分体现了中国资产阶级的政治要求。

在中国建立资产阶级共和国的方案，是在近代中国特定的社会矛盾下，使中国摆脱民族危机，走向近代化的唯一进步的方案。因为，它不仅从根本上否定了统治中国达几千年之久的封建专制制度；而且也彻底抛弃了长期以来存在于中国农民起义中的皇权主义；同时，又坚决与资产阶级改良派的君主立宪制主张划清了界线。当然，从国家政体的性质来看，资产阶级共和国和资产阶级立宪制都具有资产阶级的属性，但是，在半殖民地化不断加深的中国，站在新兴资产阶级对立面的不仅有封建阶级，而且还有站在封建阶级后面的帝国主义。这两个已经结成反动联盟的凶恶敌人，借清王朝统治中国的传统封建专制主义，对中国实行残酷的殖民压迫和剥削。为了维持中国现有的社会秩序和统治形式，清王朝和帝国主义是绝不允许在中国进行任何改革的，那种企图不触动封建统治基础，与封建阶级分享政权的君主立宪方案，不能不是幼稚可笑的。因为，在民族矛盾和阶级矛盾这两大中国近代社会的主要矛盾以人民大众与帝国主义走狗——清王朝的矛盾形式尖锐激化的特定历史环境下，不打倒封建专制主义，不仅仅是资本主义得不到发展的问题，而且是中华民族存亡的问题。因此，只有以革帝国主义走狗清王朝的命为手段，在中国实现"中华共和国"的方案，才能成为中国资产阶级争取发展和中华民族争取独立，进行阶级斗争和民族斗争的战斗旗帜，中华民族才有可能在20世纪初实现一次腾飞，一次变革。

资产阶级的"中华共和国"方案是以平等、自由、民权等民主主义为其思想基础的，这对于长期辗转于封建专制主义暴政下，处于完全无权和极端贫困境地，渴望取得平等、自由权利的广大人民来说，具有强大的吸引力。加之邹容这位"中华共和国"方案的年轻宣传者，以他在苏报案中的革命锋芒和牺牲精神，表现了资产阶级民主革命战士对君主专制的坚决挑战和对民主共和原则的极大忠诚，这对于传播民主主义思想，唤起人民觉悟，吸引更多的人参加资产阶级民主革命起到了巨大的作用。因此，尽管年轻的邹容壮志未酬便英勇献身，没能直接参加推翻清王朝的斗争，但是，他的《革命军》始终为实现腾飞呐喊，为实现腾飞导航，一直鼓舞着继起的民主革命战士浴血奋战，坚决斗争，直至辛亥年，终于推翻统治中国几千年之久的封建专制制度，建立了具有资产阶级共和国性质的南京临时政府，实现了20世纪初中华民族的第一次腾飞。不过，这场以辛亥革命命名的资产阶级民主革命最终还是半途而废，邹容的"中华共和国"二十五条政纲，除了"先打倒满洲人所建立北京之野蛮政府"这一条得以实现外，其他的均付之东流。之所以如此，其根本原因在于：时代和阶级的局限，使孙中山、邹容等为之呕心沥血的共和国方案不可能是反帝、反封建的彻底革命的战斗纲领。因而，在这个方案指导下进行的资产阶级民主革命不可能改变中国半殖民地、半封建社会的性质。不过，我们不可因之而忘掉邹容的"共和国方案"在推翻封建帝制，解放人民思想，促进民主精神高涨等方面所具有的不可代替的意义。特别不能忘掉，正是这个方案的破产，才使先进的中国人真正认识到资本主义不能救中国，从此开始了更加艰巨而伟大的探索，最后找到了马克思主义。正如列宁所说，贯穿在马克思一切著作中的基本思想是：民主共和国是走向无产阶级专政的捷径。"在推翻封建制度、专制制度和异族压迫以前，根本谈不上无产阶级争取社会主义的斗争发展。"① 如果没有孙中山提出、邹容发展、同盟会纲领确定的资产阶级共和国方案和对这个方案的实验，也就不可能有无产阶级领导的新民主主义革命的迅速到来，不可能有"本世纪中叶新中国的成立和进行社会主义改造"的中华民族第二次腾飞。胡耀邦同志之所以把在"共和国方案"指导下所进行的推翻清王朝的革命胜利称为 20 世纪初中华民族的第一次腾飞，除了废除封建帝制是中国历史上前所未有之创举外，更在于这个创举给中国社会的发展带来的深远而伟大的影响。

"现在是八十年代，我们要进行第三次腾飞，目标就国内而言是两大项，一是实现祖国的大统一，一是到本世纪末使工农业年总产值翻两番。"② 面临着新的时代赋予我们新的历史使命，我们要发扬开拓精神和奋斗精神，为中华民族的第三次腾飞做出自己的贡献，用振兴中华的实际行动作为对为"国强民富"奋斗了一生的近代民主革命战士——邹容的最好纪念。

（本文原题"邹容与本世纪中华民族的第一次腾飞"，载《论邹容》，西南师范大学出版社，1987 年）

---

① 列宁：《列宁全集》第二十一卷，第 28 页。
② 胡耀邦在各民主党派、全国工商联负责人、无党派民主人士和其他知名人士座谈会上的讲话，载《人民日报》1984 年 10 月 22 日。

文化新军"马前卒"邹容[*]

在半殖民地半封建的近代中国,一大批忧国忧民的有识之士,无时无刻不为国家的命运和民族的前途思考、探索。1895年中日甲午战争后,极大的社会动荡和深重的民族危机,更大大地激发了他们的爱国热情,促使他们走上了维新改良或反清革命的道路。出于特定历史任务的需要,他们在从事资产阶级政治运动的同时,又开展了资产阶级文化运动。他们既是资产阶级政治运动的指导者,又是资产阶级文化运动的先锋。邹容就是这一优秀人群中的佼佼者。他是近代中国思想文化界一颗明亮的新星,曾经迸发出异常强烈的思想火光,给同时代人以深刻的影响。

一、优秀文化传统的继承者

在中国,要建立资产阶级新文化,必须对传统文化进行反思和批判。邹容既是传统文化的批判者,又是传统文化精华的继承者。

邹容于1885年出身于重庆一个富商家庭。他天资聪慧,才思敏捷,从6岁开始,熟读"四书""五经"、《史记》《汉书》。由于他从小受到传统文化的熏陶,同时又较早地接触到维新思想的新学,因此,他能够比较正确地区分传统文化的精华和糟粕,并从传统文化中吸取丰富的养料。

他崇拜明末抗清少年英雄夏完淳,将其奉为楷模。他对爱国英雄郑成功、张煌言等更是推崇备至,以他们的后继人自居。邹容的这种受传统文化滋养的爱国主义思想,在他到日本留学寻求救国救民的真理时,便上升为历史的责任感和时代的使命感。在他的光辉著述《革命军》中,他饱注深情,高声赞美祖国,以唤起人们对祖国的热爱:中国"有二百万万里之土地,有四百兆灵明之国民,有五千余年之历史,有二帝三王之政治。且也地处温带,人性聪明,物产丰饶,江河源富,地球各国所无者,我中国独擅其有"。"中国之一块土,为我始祖黄帝所遗传,子子孙孙,绵绵延延,生于斯,长于斯,衣食于斯,当共守其勿替。"出于这种强烈的爱国主义激情,邹容愤怒地揭露卖国的清朝政府"量中华之物力,结友邦之欢心"的投降方针,列举清王朝让中国的土地和人民任列强宰割,把东北"顿首再拜奉献于俄罗斯"等罪行,对清王朝和帝国主义破坏祖国的文化、文物古迹非常愤慨:"中国之

---

[*] 本文由隗瀛涛与蒋晓丽合撰。

有孔子，无人不尊崇为大圣人也。曲阜孔子庙，又人人知为礼乐之邦，教化之地，拜揖不置，如耶稣之耶路撒冷也。乃贼满人割胶州于德，而请德人侮毁我尧舜禹汤文武周公遗教之地，生民未有神圣不可侵犯之孔子之乡，使神州四万万众无教化而等伦于野蛮。是谁之罪欤！"为了保卫祖国的一切，他发出了"扫荡"一切侵略中国的"恶魔"的呐喊。由此可见，邹容之所以能够在"国民醉生梦死之时，独能著书立说，激发人心"①，正在于他内心蕴藏着深厚的爱国主义热情，而这个热情的形成，却得力于传统文化中积极因素的滋养。

邹容还深受传统文化中注重国事、关心民瘼、以天下为己任的积极人生观的影响。他自幼即对国家的兴亡极为关心，对劳动人民十分同情，并把自己的前途和命运与祖国的前途和命运紧紧地连在一起。当邹容在上海准备为寻求拯救祖国的真理而东渡扶桑时，他的舅父以狭隘、自私心理规劝他："中国之弱，乃是天运盛衰之理，陈陈相因。前满人盛，今洋人盛，所谓报应。天下汝一人岂能挽回。士农工商皆为衣食耳，汝将英文读好，即吃着不尽，何必别生他念。若欲为国，试看谭嗣同将头切去，波及父母，好否自知。"②邹容义正词严地反驳道："长篇大言，思之未尝无理。然惜乎其去圣人之道远矣！春秋世乱已极，孔子尚困于陈蔡，奔走风尘。苟世道治乱与人无关，孔子亦可谋其衣食，终老名山也，何为栖迟道路哉！是知不可为而为，此圣人之所以俎豆万古也。"③邹容同他舅父截然不同的人生态度，正说明了传统文化对邹容所起到的潜移默化的积极影响，而这种积极影响，正是促使邹容奋不顾身地投入资产阶级民主革命的洪流，甘当革命军中马前卒的动力之一。

邹容还信守中国传统文化中所提倡的"见义勇为""宁以义死，不苟幸生，而视之如归"的精神，他非常推崇为维新事业而卓厉敢死的谭嗣同，"若谭者，可谓杀身成仁也"，并认为："仁义所在，虽粉身碎骨不计，乃人之义务也。"④当"苏报案"发生后，章太炎被送进了上海租界监狱，邹容一得知这个消息，便立即步行到租界监狱，自报姓名，要求入狱，与章太炎共患难、同生死。在狱中，他们"忧国心如焚"，写诗唱和，尽情抒发"长歌召国魂"，"愿力能生千猛士"的战斗豪情，充分表现出中国知识分子不失气节、操守的传统美德。当时有人记载说："童邹见危授命，可死而不可屈，可杀而不可辱。"⑤总而言之，在年轻的资产阶级文化战士邹容身上，无不积淀着传统文化的精华，无不闪现出民族精神的异彩。

---

① 《孙中山令陆军部抚恤邹谢喻彭四烈士文》，见《南京临时政府公报》第51号。
② 周永林编：《邹容文集》，重庆出版社，第37页。
③ 周永林编：《邹容文集》，第37页。
④ 周永林编：《邹容文集》，第38页。
⑤ 转引自纪念邹容一百周年诞辰学术讨论论文《辛亥革命先驱邹容烈士生平》，第5页。

二、批判封建文化的猛士

在半殖民地半封建社会的历史背景下，邹容更多地感受到的是传统文化中以纲常伦理为核心的封建意识形态对中国社会和民众的毒害。因此，当邹容在少年时，一接触到维新思想和西方新学，便逐步走上了与封建文化决裂的道路。有一首神童诗："少小须勤学，文章可立身。满朝朱紫贵，都是读书人。"邹容针锋相对，反唇相讥："少小休勤学，文章误了身。贪官与污吏，尽是读书人。"①邹容的父亲是一个受封建文化毒害较深的人，他要求邹容学好八股文，"循科举致仕之道"。但是，邹容不顾父亲的鞭打、责骂，毅然表示："臭八股儿不愿学，满场儿不爱人，衰世科名，得之又有何用？"以后，邹容的父亲又把他送进经学书院。在书院里，邹容更崭露出反封建文化的锋芒。他经常与人辩论，"非尧舜，薄周孔，无所避"②，"攻击程朱及清儒学说，尤体无完肤"③，结果被书院开除。邹容对封建文化教育的鄙弃，还表现在他给其兄的信中："近国家多难，而必欲糜费千百万之国帑，以于百千万帖括、卷折、考据、词章之辈中，而拣其一二尤者，于天下国家，何所裨益？"④他恳切地劝说道："兄明察者也，切勿奔走于词章帖括中，以效忠于前人；其从事于崇实致用之学，以裨于人心世道可也。"⑤为了寻找封建文化的对立物，借"他山""攻玉"，邹容在1901年到成都参加了官费留学日本的考试，因成绩优异而被录取。但是，官府得知邹容在渝时离经叛道的言行，便"以其聪颖而不端谨，不合条件"⑥为由，取消了他的官费留日资格。但是，邹容没有向封建势力屈服，他通过种种努力，终于在1902年由上海到日本，成为资产阶级文化运动的先锋。这时，邹容已不仅仅停留在对封建文化极端愤恨的感情上，而是上升为理性的批判。在《革命军》中，他把批判矛头主要指向封建文化专制主义和在专制主义钳制下封建文化人的畸形心理行为，以及专制主义的副产品——奴性这三大问题上，以便从文化深层次上摇撼封建专制统治的根基。正如当时统治阶级内部的人极为恐惧的惊呼那样："此书逆乱，从古所无，竟敢谤及列祖列宗，且敢直书庙讳，劝动天下造反。"⑦

专制主义是中国几千年来封建国家的政体形式，它渗透于封建国家的政治、经济、文化及社会生活的各个领域，集中代表了封建制度的反动落后性，特别是到了

---

① 周永林编：《邹容文集》，第35页。
② 章太炎：《邹容传》，载朱之洪编：《蜀中先烈备征录》卷1。
③ 冯自由：《革命逸史·邹容传》。
④ 周永林编：《邹容文集》，第35页。
⑤ 周永林编：《邹容史集》，第35页。
⑥ 朱必谦：《对〈四川学生官费留日考订〉之商榷》，见《四川文史资料选辑》（第15辑）。
⑦ 《苏报鼓吹革命清方档案》，中国史学会编：《辛亥革命》（一），"中国近代史资料丛刊"本，第446页。

封建社会的后期,专制主义恶性发展,成为封建社会的万恶之源。因此,邹容在《革命军》中,首先鞭辟入里,向封建专制主义猛烈开火。他指出:"自秦始皇统一宇宙,悍然尊大,鞭笞宇内,私其国,奴其民,为专制政体,多援符瑞不经之说,愚弄黔首,矫诬天命,攘国人所有而独有之,以保其子孙帝王万世之业。"由于清王朝为了巩固反动统治,不择手段地推行极端专制主义,严重阻碍了中国社会的发展;尤其是他们在文化领域内实行严酷的专制制度,大兴文字狱,以刀斧刑狱相威胁;同时,又用八股科举、功名利禄相引诱,致使无数文人丧失了对社会的责任感,丧失了对新思想、新事物的兴趣,造成了文化界死气沉沉,万马齐喑,愚昧、迂腐之气弥漫的局面。邹容在《革命军》中,愤怒地揭露了文化专制主义对文人的迫害和扭曲:"困之者何?困之以八股、试帖、楷折,俾之穷年矻矻,不暇为经世之学。辱之者何?辱之以童试、乡试、会试、殿试〔殿试时无坐(座)位,待人如牛马〕,俾之行同乞丐,不复知人间有羞耻事。涸之者何?涸之以科名利禄,俾之患得患失,不复有仗义敢死之风。罨之者何?罨之以痒序卧碑,俾之柔静愚鲁,不敢有议政著书之举。贼之者何?贼之以威权势力,俾之畏首畏尾,不敢为乡曲豪举游侠之雄。牵连之狱,开创于顺治(朱国治巡抚江苏,以加钱粮株连诸生百余人);文字之狱,滥觞于乾隆(十全老人以一字一语征诛天下,群臣震恐)。"

邹容在列举了文化专制主义摧残知识分子的种种罪行后,又用哀其不幸、恨其不争的笔调,勾勒了在文化专制主义重压下的封建文人可怜而可悲的群像:"以故海内之士,莘莘济济,鱼鱼雅雅,衣冠俎豆,充牣儒林,抗议发愤之徒绝迹,慷慨悲咤之声不闻,名为士人,实则死人之不若。"

为了进一步揭露程朱理学、三纲五常对知识分子的毒化,邹容对那些从事各种封建文化活动的文人们的昏聩、愚昧、迂腐、贪鄙进行了辛辣的尖刻的嘲讽:"中国士人,又有一种岸然道貌、根器特异,别树一帜,以号于众者,曰汉学、曰宋学、曰词章、曰名士。汉学者流……日守其《五子近思录》等书,高谈其太极、无极性功之理,以求身死名立,于东西庑上一啖冷猪头。词章者流,立其桐城、阳湖之门户流派,大唱其姹紫嫣红之滥调排腔。名士者流,用其一团和气、二等才情、三斤酒量、四季衣服、五声五律、六品官阶、七言诗句、八面张罗、九流通透、十分应酬之大本领,钻营奔竞,无所不至。此四种人,日演其种种之活剧,奔走不遑。而满洲人又恐其顿起异心也,乃特设博学鸿词一科以一网打尽焉。"

与此同时,邹容还鞭笞那些企图用西方的皮毛为封建统治作点缀的御用文人,说他们是"所谓通达时务者,摭腐败报纸之一二语,袭皮毛西政之二三事,求附骥尾于经济特科中"。

邹容在《革命军》中,通过对封建文人的无情剖析,将其专制主义转移在他们身上的封建文化的恶性肿瘤暴露于众,从而使人们从更深层次看到封建专制文化对中国知识分子身心的毒害、性格的扭曲和创造力的扼杀,以唤起知识分子的自我觉悟、自我批判和自我解放意识,使他们能够真正承担起建立近代资产阶级新文化的社会责任。

此外，邹容还对在专制主义和封建文化的温床上培植出来的特殊精神产品——奴性进行了淋漓尽致的描写和谴责。

"曰奴隶也，则既无自治之力，亦无独立之心，举凡饮食、男女、衣服、居处，莫不待命于主人，而天赋之人权，应享之幸福，亦莫不奉之主人之手。衣主人之衣，食主人之食，言主人之言，事主人之事，倚赖之外无思想，服从之外无性质，谄媚之外无笑语，奔走之外无事业，伺候之外无精神。"

邹容在陈述了奴性的特征后，一针见血地指出："吾谓宴息于专制政体之下者，无所往而非奴隶。"他直截了当地对封建纲常伦理之核心——"忠""孝"提出自己的见解："数千年来，名公巨卿，老师大儒，所以垂教万世之二大义：曰忠，曰孝，更释之曰：'忠于君，孝于亲。'……夫忠也，孝也，是固人生重大之美德也，以言夫忠于国也则可，以言夫忠于君也则不可。何也？人非父母无以自生，非国无以自存，故对于父母国家，自有应尽之义务焉，而非为一姓一家之家奴走狗者所得冒其名以相传习也。"在此，邹容将忠君与爱国明确地区分开来，并且义正词严地强调，那些借忠君的名义以维护封建专制统治的人，绝不能与爱国混为一谈。他主张"革命必先去奴隶之根性"，扫荡封建专制文化糟粕。

三、把思想批判与武器批判结合起来

邹容并没有将反对专制主义的封建文化的斗争停留在口诛笔伐它的各种现象和危害上，更不将这种斗争只局限于狭义的文化领域。他深知中国封建文化深深植根于中国封建社会的土壤上，有着广阔的社会历史背景。要彻底否定封建文化，建立资产阶级新文化，就必须来一次彻底的社会变革，对封建专制制度进行根本的清除。于是，邹容把对封建文化的批判同要求革命联系起来，从而站在时代的高度，把他的主要精力倾注于资产阶级民主革命之上，主张对封建专制制度及维护这一制度的封建文化进行武器的批判。他在《革命军》一书中喊出了"巍巍哉，革命也，皇皇哉，革命也"的时代最强音。并着力论证了革命的伟大功能："革命者，天演之公例也；革命者，世界之公理也；革命者，争存争亡过渡时代之要义也；革命者，顺乎天而应乎人者也；革命者，去腐败而存良善者也；革命者，由野蛮而进文明者也；革命者，除奴隶而为主人者也。"

邹容将革命分为平常的革命和非常的革命。所谓平常革命，是"居处也，饮食也，衣服也，器具也，若善也，若不善也，若美也，若不美也，皆莫不深潜默运，盘旋于胸中，角触于脑中，而辨别其孰善也孰不善也，孰美也孰不美也。善而存之，不善而去之，美而存之，不美而去之，而此去存之一微识，即革命之旨所出也……试放眼纵观，上下古今，宗教、道德、政治、学术，一视一谛之微物，皆莫不数经革命之掏摝；过昨日，历今日，以致有现象于此也"。同时，邹容将英国资产阶级革命，法国资产阶级革命，美国独立战争归之于非常革命，并对这种革命给予高度赞美。为了强调在中国进行类似英、法、美的资产阶级民主革命的迫切性，邹容破嗓裂喉，大声疾呼："嗟乎，嗟乎！革命，革命！得之则生，不得则死，毋退步，毋中立，毋徘徊，此其时也！此吾之所以倡言革命，以相与同胞共勉共勖，而实行此革命主义也。"

这样，邹容把反封建的各项内容，包括政治的、经济的、文化的都高度集中在推翻现存的封建政权——清王朝这一迫在眉睫的资产阶级民主革命的首要任务上来了。而只有在这一根本任务完成的前提下，才有可能彻底进行各个领域内的清除封建的斗争，特别是在文化领域内的反封建斗争。

四、为建立中国新文化而学习西方

在近代中国的资产阶级文化运动中，批判封建文化与吸收西方资产阶级文化观念是彼此配合，缺一不可的。邹容不仅仅是批判封建文化的英勇战士，也是借鉴西方文化观念的积极倡导者，并以中国的卢梭自居。邹容在少年时，便对新事物非常敏感，对新书、报刊的阅读更是如饥似渴。他在14岁时，曾拜日本驻重庆领事馆的一个名叫成田安辉的日本人为师，此人是一个精通英语、学识丰富的知识分子。邹容又跟一个名叫井户川辰三的日本人学习日语，从他们那里得到了不少关于欧美的科学、政治、历史知识以及日本"明治维新"的史事，从而使身处西南一隅的邹容，对中国以外的世界，特别是对欧美和日本有了一个初步的了解，并使他产生了向西方寻求救国救民真理的最初愿望。

1902年秋天，邹容到了日本东京，与其他具有爱国热忱的留日青年一样，"急于寻求的大抵是新知识。除学习日文，准备进专门的学校以外，就赴会馆（指留日学生会馆），跑书店，往集会，听讲演"①。只要是西方新道理，什么书也看。邹容在这里认真学习和研究了西方资产阶级启蒙思想家的著作，西方资产阶级革命的历史。正如他在《革命军》中所说的那样，"吾幸夫吾同胞之得卢梭《民约论》、孟德斯鸠《万法精理》、弥勒约翰《自由之理》《法国革命史》《美国独立檄文》等书译而读之也，是非吾同胞之大幸也夫！是非吾同胞之大幸也夫！"

邹容一经置身于当时日本的那种浓厚的西方文化氛围中，便产生了用西方的文化观念来唤醒国人，振兴中华的信念。他认为："夫卢骚诸大哲之微言大义，为起死回生之灵药，返魄还魂之宝方，金丹换骨，刀圭奏效，法、美文明之胚胎皆基于是。我祖国今日病矣，死矣，岂不欲食灵药、投宝方而生乎？若其欲之，则吾请执卢骚诸大哲之宝幡，以招展于我神州土。"出于这种为中国资产阶级民主革命启蒙、宣传的目的，邹容"录达人名家言印于脑中"，不辞辛劳地搜集资料，广泛学习各种能够接触到的西方进步的文化观念和激进思想，制造出振聋发聩的重型精神炮

---

① 鲁迅：《鲁迅全集》，第6卷，第556~557页。

弹——《革命军》。

在《革命军》中，邹容拿来了西方的自由平等观念，天赋人权论、革命与教育并行的观念及民主共和的观念。邹容写道："有生之初，无人不自由，即无人不平等，初无所谓君也，所谓臣也。若尧舜，若禹稷，其能尽义务于同胞，开莫大之利益以孝敬于同胞，故吾同胞视之为代表，尊之为君，实不过一团体之头领耳，而平等自由也自若。后世之人不知此义，一任无数之民贼独夫、大盗巨寇举众人所有而独有之，以为一家一姓之私产，而自尊曰君，曰皇帝，使天下之人无一平等，无一自由……"

因此，他主张"当共逐君临我之异种，杀尽专制我之君主，以复我天赋之人权，以立于性天智日之下，以与我同胞熙熙攘攘，游幸于平等自由城郭之中"。邹容提出了文明革命的概念："文明之革命，有破坏、有建设，为建设而破坏，为国民购自由平等独立自主之一切权利，为国民增幸福。"既然这个"文明革命"是为所有国民争取应得之权利的，所以，邹容得出"革命者，国民之天职也"的结论，并以此号召广大民众加入资产阶级民主革命的行列，为扫除那些"障碍吾国民天赋权利之恶魔"而斗争。

为了真正使国民逐渐提高从事"文明革命"的觉悟和素质，邹容十分强调进行民主革命教育。他说："意大利建国豪杰玛志尼之言曰：'革命与教育并行。'吾于是鸣于我同胞前曰：'革命之教育'，更译之曰：'革命之前，须有教育，革命之后，须有教育。'"

邹容阐述教育的重要性说："吾闻法国未革命以前，其教育与邻邦等；美国未革命以前，其教育与英人等；此兴国之往迹，为中国所未梦见也。吾闻印度之亡也，其无教育与中国等；犹太之灭也，其无教育与中国等；此亡国之往迹。"

与此同时，邹容又高度赞美了西方资产阶级革命中涌现出来的那些"革命之健儿，建国之豪杰，流血之巨子"，说他们"其道德、其智识、其学术，均具有振衣昆仑顶，濯足太平洋之概焉"。而他们之所以能够将自己造就成令人"崇拜"、令人"倾慕"的有用之才，"吾究其所以致此之原因，要不外乎教育耳"。

为了使"革命之教育"这个资产阶级文化运动的重要命题更加完整和充实，邹容又进一步提出了普及革命教育以造就无量的"革命健儿"的观点。"若华盛顿、若拿破仑，此地球人种所推尊为大豪杰者也。然一华盛顿、一拿破仑倡之，而无百千万亿兆华盛顿、拿破仑和之，一华盛顿何如？一拿破仑何如？其有愈于华、拿二人之才之识之学者又何如？有有名之英雄，有无名之英雄，华、拿者，不过其时抛头颅溅热血无名无量之华、拿之代表耳！今日之中国，固非一华盛顿一拿破仑所克有事也。然必须制造无量无名之华盛顿、拿破仑，其庶乎有济。"

接着邹容又提出了普及革命教育的几点主要内容。

首先，要唤起广大民众的爱国主义热情。

其次，要使"人人当知平等自由之大义"。

再次，要培养人们的政治法律之观念，要使民众知道："法律者，所以范围我同胞，使之相无过失耳。"

另外，邹容吸取西方民族某些值得肯定的特性，并结合中华民族的某些传统美德，对革命普及教育提出了培养新的民族精神的内容：

一曰，养成上天下地，惟我自尊，独立不羁之精神。
一曰，养成冒险进取，赴汤蹈火，乐死不避之气概。
一曰，养成相亲相爱，爱群敬己，尽瘁义务之公德。
一曰，养成个人自治，团体自治，以进人格之人群。

邹容在《革命军》中，一再强调进行资产阶级教育，首先是革命教育，同时也包括科学、文化的教育。他说："自格致学日明，而天予神授为皇帝之邪说可灭；自世界文明日开，而专制政体一人奄有天下之制可倒；自人智日聪明，而人人皆得有天赋之权利可享。"同时，邹容在《革命军》中，也反复指出在中国进行资产阶级文化运动的根本宗旨："以恢复我声明文物之祖国，以收回我天赋之权利，以挽回我有生以来之自由，以购取人人平等之幸福。"为了实现这一目的，除了必须推翻封建清王朝外，邹容"模拟美国革命独立之义"，创造性地提出中国近代史上第一个明确而系统的资产阶级共和国纲领，从而将建立资产阶级新文化与建立资产阶级政权两大任务最终都统一在民主共和国的旗帜下，并且坚定地表示："尔其率四万万同胞之国民，为同胞请命，为祖国请命，掷尔头颅，暴尔肝脑……与尔之公敌爱新觉罗氏，相驰骋于枪林弹雨中，然后再扫荡干涉尔主权外来之恶魔"，一洗祖国历史之污点，使祖国之名誉飞扬。

结束语

我们说，邹容在近代中国民主革命的斗争中劈波斩浪，英勇搏击，不愧是一个伟大的资产阶级革命宣传家。同时，邹容在中国近代资产阶级文化运动中先声夺人，不啻为杰出的资产阶级文化战士。对于推翻封建清王朝，建立资产阶级共和国的民主革命来说，邹容的《革命军》是号角，是武器。正如鲁迅所说，"便是悲壮淋漓的诗文，也不过是纸片上的东西，于后来的武昌起义怕没有什么大关系。倘说影响，则别的千言万语，大概都抵不过浅近直截的'革命军中马前卒'邹容所做的《革命军》"①。对于批判封建旧文化，吸收西方资产阶级文化，建立近代中国的资产阶级新文化来说，邹容的《革命军》是檄文，是宣言。当时的章太炎便说："容之署斯名何哉？谆以其所规划，不仅驱除异族而已，虽政、教、学术、礼俗、材性犹有当革者焉，故大言之曰'革命'也。"② 在当时的知识界，邹容的《革命军》

---

① 鲁迅：《鲁迅全集》第1卷，第205页。
② 周永林编：《邹容文集》，第126~127页。

引起了极大反响,"士议沸腾,赞否不一"[①],而那些有识之士却拍案叫绝,谓之"义师先声"。如章太炎在为《革命军》作序时说:"呜呼,世皆瞀昧而不知语言,主文讽切,勿为动容,不震以雷霆之声,其能化者几何?"对当时广大民众而言,《革命军》也起到了很大的启蒙教育作用。当时的《苏报》曾登载了一篇文章对《革命军》加以评论:"此诚今日国民教育之一教科书也。"[②]

毋庸置疑,年轻的邹容在近代思想文化战场上披坚执锐,冲锋陷阵,为近代资产阶级文化运动立下了不朽的功绩,做出了卓越的贡献。不过,邹容毕竟是在时代的急切呼唤下匆促上阵的热血青年,他的《革命军》不可避免地有着若干不成熟之处。比如,没有从根本上去认识封建文化的实质,也没有能全面地认识封建文化的危害,这就不免给人以批判虽然猛烈,深刻却显得不够的感觉;同时,对西方资产阶级的文化的认识也较肤浅,对于如何判断西方资产阶级文化观念的优劣,如何区分传统文化的精华和糟粕等问题都缺乏理性的系统思考,这些不足之处恰恰是近代资产阶级革命派的共同毛病。由于他们忙于用武装斗争推翻封建清王朝,以解决近代中国救亡图存的问题为当务之急,因而对于建立资产阶级新文化的系统理论和有目的的行动,相对来说重视不够,这就使得近代资产阶级文化运动尽管一直伴随着政治运动而不断开展,但却始终不甚明显和完备,这也正是辛亥革命的胜利得而复失的一个重要原因。

(原载《巴蜀近代史论集》,四川人民出版社,2004年)

[①] 景梅九:《悲忆太炎师》,《制言》第25期。
[②] 周永林编:《邹容文集》,第128页。

喻培伦自题小像

1980年秋，访黄花岗烈士喻培伦的弟媳、同盟会会员喻培棣夫人马聪慧于成都，蒙赠喻培伦照片一张。烈士英姿勃勃、奋发有为的气概溢于颜表。照片上书："丁未正月二十八日于日本摄题。"据喻培棣撰《追赠大将军喻公培伦年谱》：喻培伦"光绪十二年，丙戌，一月二十八日卯时生于四川省内江县文英街"。可知此为1907年喻培伦二十一岁生日的纪念留影。当时他正就读于日本大阪高等工业学校。照片上有喻培伦亲笔题词及楚辞体诗一首：

伦生十有九年矣，得骋驾外出，又屈身东海以观慕扶桑，日何独吸引回射之速哉？极目倾心，不胜大洋浩歌之慨。

盖曰：轨轴奔腾兮如流之不居。二十之年兮，忽焉又过一。挥戈盍及兮（注），冒险进取。天海廓寥兮，此生夫何极。

（注：《淮南子·览冥训》："鲁阳公与韩构难，战酣日暮，援戈而撝之，日为之反三舍。"撝同挥。）

真是诗文并茂，爱国激情洋溢，青年热血沸腾，抱负远大，为祖国奋斗不息的誓言铿锵有声。

1905年底，十九岁的喻培伦偕其弟培棣，由灾难深重的祖国"骋驾外出"，为"富强家国"去日本留学。喻培伦和当时许多先进知识分子一样，决心"观慕扶桑"，考察日本何以善于"吸引"西方社会制度和先进的科学技术，如何结合自己国家的实际，运用西方的长处，使其"回射"而富强起来的道理，作为振兴中国的借鉴。他到日本后，初入警监学校，后进经纬学堂，再改入大阪高等工业学校，不顾自己体弱多病，发奋攻书。他在1907年10月27日的家书中写道："刻间英语所读《英国史谭》，其书生字过多，以一日之心神，难记数十字。代数已教完，形学（几何、三角）定理是非熟记不适于用。物理、化学不胜深研。晨起仍是七点，夜睡十二点。""尽日穷夜，乐学而无厌。"[①] 以期"练干济之才，共襄时世，恢复国家权利，报雪公私仇恨"[②]。他作为一个半殖民地半封建中国的游子，见日本工业发达，对中国虎视眈眈；想祖国国病民贫，挨打受辱，既有"屈身东海"的叹息，更有奋发图强的雄心。他说：中国"内忧外患，几有不能一朝留。惟是隐忍衔忿，

---

① 喻培伦：《丁未九月二十九日家书》。
② 喻培伦：《己酉三月二十五日家书》。

重足而立，人之侵我终将报之。其乘我也，则有日促一日，已见韩国矣，不言可知"①。喻培伦临滔滔大海，望祖国河山，念自己所肩负的重任，真是壮怀激烈，感慨万千。国难当头时不待我，挥戈岂能返日，唯有趁青春正在，及时努力，"冒险且进取"，毕生奋斗不息，为祖国的富强献身。

21岁的生日正是喻培伦学业上成绩卓著的起点。他写道："伦当□（初）出家时固已深知矣。然矣后于时，且鉴于诸速成先生之覆辙，决不敢稍忽以遗长久忧，故退警监学校而入普通科，既又因经纬学校之迂缓孤诣，乃离棣弟及各亲友，苦心孤诣，以至于大阪。幸未背我志，已早经纬一学期毕业，且学科较经纬二年多善，并得实受各学，未至糊涂自欺。"② 在政治上，喻培伦初到日本时，还是个风流倜傥的少年。1908年夏天，他住进吴玉章同志主办的《四川》杂志社内，受民主革命潮流的熏陶，要求加入中国同盟会。吴玉章介绍他入会时，向他说明了革命者必须竭尽精力以奉行革命的道理。从此以后，喻培伦便舍豪华而尚朴实，坚定不移地走上了旧民主主义革命征途，参加了同盟会专为造就革命军事人才而设立的大森体育学校暑期速成军事班学习。他认为："革命须凭借武力……非有猛烈之利器不以为功。"③ "利器实用，莫便于炸烈药弹。"④ 于是入千叶专门医学校药学科钻研化学，制造炸弹，使科学为革命服务。一次试验时炸药爆炸，喻培伦受重伤，左手废三指而不顾，刻意研求安全炸药，终于成功，著《安全炸药制造法》约万言，被革命者誉为"炸弹大王"。1909年，喻培伦回国赴汉口谋炸原两江总督端方未成。年底去北京与汪精卫、黄复生等人谋炸清摄政王载沣，因事前炸弹被敌人发现而没有成功，遂化名王光明（望光明）或尤国楠（忧国难）赴香港响应孙中山、黄兴组织的广州起义，被任为实行部部员，专为起义制造炸弹。1911年4月27日下午，广州起义爆发，喻培伦蹈刃以从，胸挂一筐炸弹，炸破督署后墙攻入衙门，又攻袭督练公所。从黄昏到半夜，他以炸弹为武器战斗在前列，身被数创，弹尽力竭，为清军所俘。在刑庭上，他坚贞不屈，慷慨宣言："学术是杀不了的，革命党尤其杀不了。"⑤ 最后英勇就义，时年二十六岁，成为我国旧民主主义革命时期一代英杰。

"轨轴奔腾兮，如流之不居。"喻培伦牺牲后不过半年，武昌首义成功，全国响应，清王朝迅速土崩瓦解。1912年2月，临时大总统孙中山以肇造民国功追赠喻培伦为大将军，倍加褒奖。喻培伦以自己的革命实践证明了自己并未虚度年华，为中国民族革命事业立下了丰功。1961年，吴玉章同志在《纪念喻云纪殉难五十周年》诗中写道：

---

① 喻培伦：《戊申四月二十五日家书》。
② 喻培伦：《丁未十二月五日家书》。
③ 《喻培伦年谱》。
④ 中国社会科学院近代史研究所编：《民国人物传记》，第85页。
⑤ 《喻培伦年谱》。

当时少年正翩翩,慷慨悲歌直入燕。
几尺电丝难再续,一筐炸弹奋当先。
成仁烈迹惊环宇,起义欢声壮故园。
五十年来天下变,神州春色遍人间。

喻培伦虽死犹生,天海廓寥,与世长存。

(原载《巴蜀近代史论集》,四川人民出版社,2004年)

从喻培伦家书看中国资产阶级革命派的经济倾向

1980年秋,访黄花岗烈士喻培伦的弟媳,同盟会会员、河口起义参加者喻培棣的夫人马聪慧先生,求教辛亥革命史事。蒙其子喻钟珏同志出示喻培伦家书及喻培棣撰《追赠大将军喻公培伦年谱》(以下简称《年谱》)。现存喻培伦家书三十九封①,时间从1907年至1911年黄花岗起义前夕。其中有喻培伦兄弟在日本留学情况报告,有他们进行革命活动的隐约吐露。当年爱国志士忧国忧民,挽救民族危亡,振兴中华的决心跃然纸上。家书以大量文字表达了喻培伦和当时在日本的同盟会会员吴玉章等人发展中国实业的理想与活动。本文拟就喻培伦家书中的这部分内容试作剖析,从一个侧面窥探当时中国资产阶级革命派的经济倾向和喻培伦等革命志士为之献身的辛亥革命性质。

一

喻培伦,字云纪,四川省内江县人,生于清光绪十二年(1886)。"自幼闻塾师讲历史兴亡,至明清鼎革时,辄致愤慨,复得读留日学生编译书报,益动民族光复之念。"②"性精敏,好技术,少时见时辰表即仿为之。又尝刻石,自署世界恶少年。"③ 1905年底,喻培伦偕弟培棣去日本留学。初入警监学校,后转入经纬学校,再改考入大阪高等工业预备学堂。1908年夏天,由吴玉章介绍入同盟会④,并入同盟会专门造就革命军事人才而设立的大森体育学校暑期速成军事班学习。此时,由于同盟会发动的武装起义迭遭失败,一部分革命青年转而热心于暗杀清吏的恐怖活动。喻培伦亦受无政府主义思想的影响。他在1908年8月24日的家书中说:"法国巴黎新世纪社所出之《世界》第一期第一册,可留意细读,当知我之旨趣矣。"他赞成暗杀活动,认为:"革命须凭借武力,而清廷方募练新军,势甚张,欲以少

---

① 原件藏重庆市博物馆、四川省社会科学研究院历史研究所两处。
② 喻培棣:《追赠大将军喻公培伦年谱》(以下简称《年谱》)。
③ 章炳麟:《喻培伦传》。
④ 《年谱》:"丁未一月,改入大阪高等工业预备学校肄业。冬间入同盟会。"喻培伦加入同盟会的时间与吴玉章《辛亥革命》一书所记出入半年。

数党人致其死命，非以猛烈之利器不以为功。"① "利器实用，莫便于炸烈药弹。"②于是考入千叶医学校药科，钻研化学，试验炸药，制造炸弹，著《安全炸药制造法》约万言，被革命党人誉为"炸弹大王"。他的炸弹制造法被称为"喻氏法"。1909年，喻培伦回国赴汉口谋炸原两江总督端方未成。年底去北京与汪精卫、黄复生等谋炸清摄政王载沣，又为敌人事先发觉，没有成功，遂化名王光明或尤国楠赴香港响应孙中山、黄兴组织的广州起义，负责制造炸弹。1911年4月27日起义爆发，喻培伦奋不顾身，冲锋陷阵，身被数创，弹尽力竭被俘牺牲，成为我国旧民主主义革命时期的一代英雄人物。

1907年3月12日（丁未正月二十八日）是喻培伦二十一岁生日。这一天，他在日本照了一张纪念像，自题辞曰："伦生十有九年矣，得骋驾外出，又屈身东海以观慕扶桑，日何独吸引回射之速哉？极目倾心，不胜大洋浩歌之慨。"③ 可见，他由灾难深重的祖国，赴日留学的目的在于探求救国救民的道路。当时的日本是学习西方最有成效的国家。明治维新后，日本由弱而强，以小胜大的事实，对求上进的中国人是很有吸引力的。喻培伦决心"观慕扶桑"，考察日本为什么能善于吸收西方的社会学说和自然科学，迅速使国家富强起来的道理，作为振兴中国的借鉴。他说：中国"内忧外患，几有不能一朝留。惟是隐忍衔愤，重足而立，人之侵我终将报之"。④ 喻培伦在日本亲见近代科学所产生的巨大生产力，下决心"必即速学得一实业，可以兴工致富"⑤。他说："实业之于现今，苟得一以专精，而利源永流，且后之发达于何底犹未可知，故今不若再筹价以为资本，创立此业，而成功不费，转足自立，是伦处此逼厄之路，日夜谋犹而得寻之远大之道也。"⑥ 又说："我国处此时代，不急兴一专业以开财源，恐渴急而掘井，力更不及矣。"⑦ 可见，喻培伦把兴办实业，"兴工致富"，即仿效日本建立资本主义工业作为自己所找到的一条救国的"远大之道"。因此，他热衷于实业救国，科学救国。从家书看，喻培伦这一理想不仅在他加入同盟会前是十分强烈的，即使在加入同盟会后，在致力于革命的同时仍为发展中国的资本主义工业而孜孜不倦，一再提出自己兴办实业的计划，要求家中筹集资金开办。他把倡导实业、科学技术与革命斗争结合在一起，为中国的独立富强而努力奋斗。

喻培伦擘画的主要实业项目如下。

1. 洋磁工厂。喻培伦鉴于"洋磁工业近时中国未见能造，而到处无人不用之"⑧，"其本不夥且兴厂亦易。而现在我国消用此者，如面盆诸日用器具，较窑烧

---

① 《年谱》。
② 中国社会科学院近代史研究所编：《民国人物传记》，第85页。
③ 照片原件现存喻钟珏同志处。
④ 戊申四月二十五日家书。
⑤ 戊申七月初五日家书。
⑥ 戊申七月十二日家书。
⑦ 戊申三月十二日家书。
⑧ 戊申一月十二日家书。

磁器较轻便赖久，且价较廉。凡从西洋输入者，其货本不值若是之贵，因各口厘税乃尔，如有自国所出，则立价必贱，用之者当广"①。为此，喻培伦见习于日本洋磁工场，并提出在家乡建立洋磁工厂，在上父禀中写道："伦素好于家禀中多说兴论，罕见采用，然亦未为急要，非今日之事可同语。筹款之难亦伦所深知，然以吾家现在出价二三千金，即稍费手段必能得之，一年内外，当可偿还，亦无久累之虑。"②

2. 机制糖厂。内江是四川的产糖区。喻培伦之父喻学庵经营漏棚（加工白糖的作坊），兼营盐业。所以喻培伦十分关心糖业生产的改良。他在日本见到机制白糖其色"白雪之白"，原料又少浪费，立即写信回家要求在内江开办机制糖厂。他在参观大阪精糖会社后的家书中说："伦素谙糖业，得察其与我色异点，透辙（彻）其精制层次，且因曾经说明得实睹而心识焉。其用机械固速，而其精制法则全与我邑异，少废弃物。……问其机械由苏格兰布列克烈公司购来，价值八十万，年中所出精糖共六十万包，价值六十七万元，前次邑中议以百万资金为资本，洽足以成立一工场。忆邑中岁出糖价亦若至三百万金，苟得共和（合）为一，当不逊于大阪会社。"③他希望资州五属"同声共起"，"共同购机制糖"。"伦俟款兑到时，当台湾一行，庶几全得，可举我川制法悉事改良。"④企图建立机制糖厂，将四川传统的手工制糖业"悉事改良"，提高产量和质量，以赶上世界先进水平。

3. 机器缫丝厂。1908 年 10 月 22 日，喻培伦又向其父提出了在省内开办机器缫丝厂的计划，询问"县中蚕桑公社可否以二三百购养蚕桑制丝器械"。同年 11 月的家书又说，"顷川中留学日本蚕业者，曾成立有一四川蚕丝总会。其章程及公启，昨仁寿柳子俊名伯郁及资州朱俊来京，言已寄与父亲，且举有父亲为内邑代办，已刊名在册。父尽可尽力为之募股，且视有亲戚朋友之贫乏妇女愿学缫丝者于明春送嘉定。初年有工资，俟后自以为艺，可以营生（稍加劝勉）。蚕丝之发达为川中富有之基之一，不可不急为提倡"⑤。他又与柳子俊等人联络，"约办资（州）五属联合蚕业振兴社"。拟有一公函"与留东同乡会议，誊写寄回公布，资（州）五属当同声共起"。他还说："曾与吴庶咸（内江人，同盟会会员）商定"，由吴"回邑鼓吹"，"产利主权即生民之衣食所赖依，不可不共争之"⑥。

4. 川流电气公司。1909 年，喻培伦同吴玉章等同盟会会员在日本竭力筹备在自贡设立川流电气公司。他在家书中写道："电气公司一二月来伦竭力组织，与伦平素深交友三四人合办。吴永珊（原注：吴玉章，荣县人，其兄永栩前禀言之，吴玉章现在第六高等学堂，前办《四川》杂志者）；吴景英号秉均，吴尚龄之三弟；

---

① 丁未十二月五日家书。
② 戊申正月十二日家书。
③ 戊申正月二十三日家书。
④ 戊申正月二十六日家书。
⑤ 戊申正月二十六日家书。
⑥ 1908 年西历 11 月 22 日家书。

余际唐号蕴兰，荣昌人，其兄现办川省窑业公司；朱华经号子康，资州人，主设电灯、电话于自贡两厂并制造其他电气机械，电镀器具，名曰川流电气公司。资本五万龙元。余、朱各任一万五千，二吴各任五千，余一万吾家任之。名定五万，实只以一万五千开办，且分三期收。大概第一期收四千元谱，以订购机器。在明年中历端节，五家当出五百余两银。第二期收八千元作取机械及运费与购厂地金，期在明年暑期伦同各友回川出来时带出，约在中秋节前。其余二三千元俟开办收用。此公司以伦主意，似专为棣（喻培棣）而设，其实关系地方文明最大。年来伦日夜思筹，至今仅以此一小作且将就以作基础。"① 他希望他的父亲迅速筹集资本并在自贡为公司的设立排除阻力。川流电气公司设总办、协办、工事主任员各一人，内定由吴玉章的大哥吴永枬，喻培伦的父亲喻学庵分别担任总办、协办。

5. 星火火柴厂。由于喻培伦等人家计日艰，川流电气公司资本筹集困难，"公司诸伙计亦主缓办"，于是喻培伦又发起兴办小工业，主张办"洋烛及洋火工厂"。1910年，他由香港经上海转赴东京，研究出安全无毒洋火制造法，即同原筹办川流电气公司的吴玉章、余际唐等人商议开办洋火工厂。"各出平均股金。每家五百元或五百两，共成三千，以一千元作药品费，一千作开厂费。此厂规模虽小，一日可出货五大箱以上，一箱卖价闻在二十两上下，则共有百两生意，成本不过五十两，应赚一半。其制法已着实教与棣弟及吴景熙，工场设置及机械药料价格皆已全部调查妥实。"② 原定厂址设在叙府，"以其可以四通八达，消（销）场广大"。"除叙府一厂之外，尚有数友人亦以此业创设于泸州外，当运动外省如陕西、山东、广东、广西、云南各省友人皆以此业相传，劝其急办。"③ 《星火工厂成立约章》载明：

第一，商号：星火工厂
第二，本店：四川叙府河府
第三，业务：制造最新安全无毒火柴
第四，设立年月：辛亥年　月　日
第五，出资姓名、原籍，现住所及出资金额：
　　四川荣县吴永珊，现住日本西京帝国大学。
　　四川荣县吴景熙，现住日本海军工机学校。
　　四川资阳朱华经，现住日本海军炮术学校。
　　四川万县张维新，现住日本海军炮术学校。
　　四川荣昌余际唐，现住日本海军工机学校。
　　四川内江喻华伟（培棣），现住日本东京电机学校。
　　各出资本五百元。

---

① 己酉年家书未写明月、日。
② 己酉家书，十月二十四日。
③ 己酉家书，十月二十四日。据《年谱》，川流电气公司招股公启系由汪精卫拟稿。

经过喻培伦等人的努力,这个火柴厂终于办成,只是厂址由叙府改为成都。据喻培棣民国三十一年(1942)改撰《年谱》:"先是培棣拟归办电气公司不成,家计益窘,兄(喻培伦)谋办小工业救济之。十月(1910年)由香港经上海赴东京为各种工业之试验,乃得火柴、洋烛、肥皂等制造法。今之成都星火火柴厂即为兄遗业纪念之一。"可见这个星火火柴厂直至1942年还存在。①

二

尽管喻培伦"兴工致富"的理想除星火火柴厂外大多没有实现,但是,他兴办实业的努力仍然是值得我们研究的历史题材。

首先,喻培伦的实业理想具有明确的发展民族资本主义的意向,而且我们从其机器缫丝厂、川流电气公司、星火火柴厂的筹办中还清楚地看出,具有这种意向的不仅喻培伦一人,吴玉章等一些同盟会会员也在内。这对我们研究辛亥革命时期中国资产阶级革命派的经济倾向具有重要意义。

喻培伦等人实业计划的民族资本主义性质可以从以下各点窥见:(1)采取独资或"邀人合股,订办机器"②,创办近代工业。(2)实行雇佣劳动制度为追求剩余价值而生产,即喻培伦所说:"实业为生财之道,较之旧时商业获利相差倍蓰。"如机器缫丝厂准备招募"亲戚朋友之贫乏妇女愿学缫丝者","初年有工资,俟后自以为艺,可以营生"。火柴厂追求"成本不过五十两,应赚一半"的利润。(3)提倡资本主义自由竞争,喻培伦在筹办川流电气公司时说:"此公司并未要专利,人能之则人人做之,彼此竞争,实业乃能强进。"③(4)有明确的反对帝国主义侵略和封建压迫的要求。"欲中国富强,不由实业无以开源。……至今国势愈穷而外国之工商战愈急,我国败之垂危,故不能不急急为之也。"④喻培伦还说:中国必须"练干济世之才以共襄时世,恢复国家权利,报雪公私仇恨"⑤,中国人"岂能坐视利权外失耶"!家书中对封建势力"恶潮"也是万分憎恶的。

喻培伦等人发展民族资本主义的理想和活动反映了时代和阶级的动向。

中国民族资本主义经济产生于十九世纪七十年代,到十九世纪末二十世纪初进入了它的初步发展阶段。在四川,民族资本主义经济从十九世纪末开始产生,在二十世纪初年有了初步发展,据不完全统计,在1889—1911年的二十余年间,成都、重庆、合川、三台等地先后开设的民族资本厂矿企业有六十多家。其中,1900年

---

① 庚戌十二月二十三日家书。
② 这封家书未写明年、月、日,据《年谱》,当写于1910年。
③ 又据喻钟珏同志讲,星火火柴厂于新中国成立后私营工商业社会主义改造时,改为公私合营。后合并于今成都火柴厂。
④ 戊申七月初五日家书。
⑤ 己酉家书,月、日未写。

以前有重庆森昌火柴厂、聚昌火柴厂等四家。1900年至1911年间先后开办的有神农丝厂、鹿蒿玻璃厂、四合公司、川江轮船有限公司等六十余家，个别企业的资本达到了三十万元以上。这些企业，"或本非固有而创始发明，或依仿成法而集资兴办"①。川汉铁路的自办，"租股"的普遍征收，使四川广大地区在不同程度上开始同资本主义发生了联系。在抵制洋货，力挽利权，收回路矿主权的运动中，四川的资本主义经济又有了初步发展。这些运动促使工商业者发展民族资本主义企业的呼声高涨。1906年，重庆商会屋宇落成，其正厅外有联曰："商战有何奇哉，只期补塞漏卮，共谋公益；会心不在远也，要识挽回大局，各保利权。"正厅内有联曰"商量二十纪权宜，与欧美人争一点雄心，思将地宝运输，路线西来通蜀道；会际数千年创局，倘梁益部增几分特色，窃愿星球移动，日光东转照龙旗"②。革命派的《四川》杂志也发表文章鼓吹自办铁路，发展资本主义工商业。有的指出："今之世纪一经济竞争之世纪也。今之国家一经济生命之国家也。""吾国数千年来，高谈治理，鄙夷经济，不屑称述……流演至今，拥四百万万里，四万万民族，土地沃饶，物产丰蔚，素称殷富之国，而近年来……人民生计日益迫促，从各方面观察无一非穷困窘迫之象。顾念将来，恐国土无恙而人民生存之资料先已丧失，不亦大可危耶？"③有的则指出：加速川汉铁路的建筑，"整顿经济，发展实业"④。因此，其抵制帝国主义，发展民族经济的要求是强烈的。马克思和恩格斯指出："资产阶级除非使生产工具，从而使生产关系，从而使全部社会关系不断革命化，否则就不能生存下去。"⑤喻培伦等人的实业理想和实践，实质上反映了中国民族资产阶级在二十世纪初年要求进一步发展，使生产工具、生产关系乃至全部社会关系不断革命化的阶级意志。

还值得我们注意的是，喻培伦在短短的四年间提出了前面所列举的五个实业项目，真算得身在日本心向祖国，雄心勃勃，欲致家国富强于一旦。但是，喻培伦和他的"伙计们"所筹划的工厂，成本最高的川流电气公司也才五万元（实际上只收一万五千元），并因资金困难，力不从心，"诸伙计亦主缓办"。至于机制糖厂，合内江全县之力筹一百万金为资本，更是喻培伦良好的愿望和热情的呼吁，他自己也知道是不能实现的。唯一办成了的星火火柴厂，其资金不过三千元，真是少得可怜。这是因为他们在帝国主义掠夺和封建主义的统治下，家计日艰，甚至有朝不保夕之虞。喻培伦家世业糖坊，在二十世纪初年，四川的糖业却大为不妙。"清末糖税增加，糖额锐减。农人以工本亏折而种蔗日少，霜户以罚

---

① 庚戌十二月二十三日家书。
② 《广益丛报》第5年第4期。
③ 南溪子：《中国与世界之经济问题》，《四川》第1号。
④ 思群：《为川汉铁路当先修成渝谨告全蜀父老》，《四川》第2号。
⑤ 马克思、恩格斯：《马克思恩格斯选集》第一卷，第254页。

垫重累而歇业者多。"① 喻培伦"家产将破"②，支付他兄弟两人在日本的学费和生活费都感困难，岂有大量资金投入工业！资金极为短缺是中国民族资产阶级中下层先天不足的特征之一。所以，我们只能把喻培伦等人的实业理想与活动看成是受帝国主义、封建压迫较深，经济力量微弱的中国民族资产阶级中下层为谋求生存和发展而斗争的一部分。喻培伦等革命志士正是作为这一阶层的政治代表活动于历史舞台的。

由于喻培伦等人代表着中国民族资产阶级中下层的利益，与帝国主义及其走狗清王朝有着深刻的矛盾。因此，他们拥护资产阶级民主革命，而且能坚决进行这场革命，成为中国资产阶级革命派的骨干力量。他们的政治立场归根到底是由其经济地位所决定的。这正是恩格斯所说："我们自己创造着我们的历史，但是第一，我们是在十分确定的前提和条件下进行创造的。其中经济的前提和条件归根到底是决定性的。但是政治等等的前提和条件，甚至那些存在于人们头脑中的传统，也起着一定的作用，虽然不是决定性的作用。"③ 中国资产阶级革命派为了发展资本主义经济，要求实行政治革命，把推翻严重阻碍中国资本主义发展的上层建筑——清朝专制统治当作首要任务并自觉地肩负起了这一历史任务。《四川》杂志发表的文章写道："各国商业势力遂磅礴于中国全境……转使中国各省变而为彼商货销售场，国家经济、国民生业两受损害，甚可危也。""然则挽救之法奈何？曰：政治不改良，专制不剔除，枝节为之无裨益也。故欲解决中国存亡之问题，必先解决中国之经济之问题，而经济问题之解决，要必先通过政治革命之第一关键。政治既定，夫而后于开放之商埠收回治外法权以保存领土主体，于路矿之借债，组织商民会社集巨大资本收回自办，于商业之失败改订关税章程以保护本国利权，更为提倡工业以抵制外货之输入。如是则吾国经济之生命庶有复活之日。"④ 实行政治革命是资产阶级革命派复活中国经济的关键，以革命求独立，以革命求富强是资产阶级革命派处理政治和经济的关系准则，喻培伦为了实现作为解决中国经济的前提的政治革命，鞠躬尽瘁，英勇献身。在就义之前还满怀信心地宣告："学术是杀不了的，革命党尤其杀不了。"⑤

喻培伦在家书中强烈地提出了实业救国的主张，但是他并非改良主义的实业救国论者。这是因为：(1) 自他参加同盟会后，"他便舍豪华而尚质朴，与前判若两人"⑥，一直将反清革命放在第一位。他在1907年5月14日的家书中曾隐约地叙其革命之志："生斯世也，人负重远天职，父亲生我小有聪明，故不能如愚驽之下居。……父亲！父亲！男兄弟尽天职，来年快意事有之，而苦泣无告者亦有之。"

---

① 李凌霄等修、钟朝煦纂：《南溪县志·财赋》。
② 《年谱》。
③ 马克思、恩格斯：《马克思恩格斯选集》第四卷，第477~478页。
④ 南溪子：《中国与世界之经济问题》，《四川》第3号。
⑤ 《年谱》。
⑥ 吴玉章：《辛亥革命》，第102页。

1911年1月23日的家书又说:"然药品一事,为男现在要务。中国欲文明进步,尚必待此业发达也。"信中所谓"尽天职",即尽革命天职,所谓"来年快事",指其弟喻培棣参加的同盟会1908年河口起义。"药品一事",指制炸药,为革命制造利器。还在1908年,他炼制炸药时身受重伤,以致左手残废三指,而他毫不畏缩,精益求精。因为他相信,只有用革命武装推翻清王朝的反动统治中国才有文明进步的希望。(2)喻培伦兴办工厂的计划是与革命事业联系在一起的。他同吴玉章等人开办火柴厂的政治目的就在于以火柴厂为掩护,给革命制造炸药。所以,他们不仅自己办厂,而且动员同盟会其他会员办厂,不仅要在四川办厂,而且要在省外办厂。据同盟会会员杨兆蓉回忆:"余自爪哇到上海,适熊克武在川屡次失败,早来上海。……未几,喻培伦在北京与汪精卫、黄复生同炸摄政王失败亦来同住,商议今后四川革命当以炸药为利器。……喻新发明的炸药很安全,黑头火柴所用药品内,有可以造安全炸药的,推余回泸州创办黑头火柴公司,暗中可以制造炸药,于庚戌年冬月回泸州,约席乾生、陈宝镛、余明秋集资创办。"① 同盟会另一会员侯橘园(在辛亥保路同志军起义时牺牲)也曾用办工厂的办法来掩护革命。据《四川官报》载:"留学日本卒业生侯君日前具禀劝业道,请在资洲、汉州、铜梁等地集资设厂,以新法造纸。"② 再据广汉县政协撰《广汉辛亥保路同志会同志军之活动》(手稿)一文:"侯橘园留学日本早稻田大学,宣统初回县即筹计进行革命工作,为了在他的本乡(向阳乡)得到掩护,他就创办了一个岷华庆纸厂公司。"同盟会会员石青阳也曾在巴县设立蜀眉丝厂,就南岸为机关,密谋革命,又设蚕桑传习所于浮图关。③ 可见,当时的革命党人不仅把建立工厂作为"兴工致富"的事业,而且将其当作掩护革命的手段。这种集生产与革命为一体的工厂,可以将其看成是革命党人将政治斗争与经济斗争相结合的一种形式。

辛亥革命是中国资产阶级革命民主派领导的,反对帝国主义走狗清王朝,力图用资本主义制度取代半殖民地半封建制度的革命运动。辛亥革命的洪流并非无源之水。它是当时社会生产力和生产关系、经济基础和上层建筑的矛盾尖锐化的产物。喻培伦的家书告诉人们,从经济关系看,在资产阶级革命派中与资本主义有直接关联的不止湖南革命志士禹之谟一人,还有喻培伦、吴玉章等一些革命者。他们呼唤资本主义,筹办资本主义企业,明确地要求中国走资本主义道路。他们代表中国民族资产阶级中下层的政治和经济利益,拥护孙中山的三民主义。世界上所有的资产阶级革命,主要不是靠商人、资本家来亲自完成的。革命的组织者可兼有资本家的身份,但他们主要是资产阶级、小资产阶级知识分子,是资产阶级的思想家、政治家、军事指挥员。所以,我们不能因为辛亥革命不是由大商人、资本家直接出面领导而说它不是"一次资产阶级革命"。如果有人实在要从那些指导辛亥革命的资产

---

① 杨兆蓉:《辛亥革命回忆录》,《近代史资料》1958年第2期。
② 《四川官报》丙午七月第12册"新闻"。
③ 《巴县志·人物》。

阶级、小资产阶级知识分子身上嗅出资本主义味道，才承认辛亥革命的资产阶级民主革命性质的话，那么，喻培伦家书便给我们提供了这种可能。资产阶级革命派致力于革命的目的是要在中国建立资产阶级共和制度以为中国资本主义经济发展开辟道路。正因为这样，历史把指导辛亥革命的任务赋予了他们。

（原载《社会科学研究》1981 年第 5 期）

《四川》杂志的反帝爱国思想*

《四川》杂志,是四川留学日本的革命学生于一九○七年在东京创办的革命刊物②,由同盟会会员吴玉章主持,以雷铁崖、邓絜等为主要编辑和撰稿人。这个杂志是中国资产阶级革命派的一个重要舆论阵地。"它对外坚决反对帝国主义,对内坚决反对清朝反动统治,主张革命。所以它一出世,即受到人们热烈的欢迎,销路很广,每期出版后不久都又再版发行。"③ 在当时的中国,"要算是最进步和最革命的刊物之一"④。正因为这样,它引起了帝国主义和清王朝的极端仇恨,必欲置之死地而后快。一九○八年秋,《四川》杂志仅出版了三期,就与同盟会总部机关报《民报》同时被清王朝勾结日本帝国主义查禁,即将出版的第四期也遭没收。但是,在迄今为止的辛亥革命史研究中,对《四川》杂志的研究是很不够的,对它缺乏应有的评价。这不能不是一个需要填补的课题。本文拟就《四川》杂志的反帝爱国思想做一些初探,希望能引起辛亥革命史的研究者们对《四川》杂志的注意,并予以指教。

一、撕开帝国主义"保全主义"的画皮,揭露清王朝"结与国之欢心"的卖国嘴脸

一九○一年《辛丑条约》签订后,帝国主义为了欺骗中国和世界人民,暂时缓和他们彼此之间的冲突,改变了瓜分中国的策略,提出"以华治华""扶植满洲政府"为中心的新的侵华政策,并把这一政策吹嘘为"保全主义"。怎样揭露帝国主义的所谓"保全主义"的实质,这是当时思想战线所面临的一个重大课题。《四川》杂志为解决这一课题做出了贡献。

---

* 本文由隗瀛涛、何一民、谢放合撰。
② 《四川》杂志是以《鹃声》为基础创办的。《鹃声》是四川留日学生创办的白话文杂志,1906 年于东京出版。据《中国革命运动二十六年组织史》"东京《鹃声》月刊"条载:"是一种月刊,主张革命排满最激烈。撰述人有雷铁崖、董修武、李肇甫等,均蜀省留日学生",因清廷严禁被迫停刊。1907 年下半年,四川留日革命学生决定以《鹃声》为基础创办《四川》杂志,公推吴玉章主持。创刊号于 1907 年底问世。
③ 吴玉章:《重印的话》,《四川》1961 年影印版第一号。
④ 吴玉章:《辛亥革命》,第 95 页。

《四川》杂志发表许多文章,分析《辛丑条约》后帝国主义的侵华方式,从"瓜分"到"保全"的演变过程,揭露了这一转变的实质,指出:列强放弃瓜分,倡言"保全",绝不是出于发善心,而是因为它们之间争夺侵华权益,矛盾重重;实行瓜分,利益冲突,"将不免于干戈相见,不如使中国暂任管辖之权而各国徐图进取之策也"[①]。同时又慑于中国人民"万感如潮之忿怒,揭竿斩木,共赋同仇,以致死于强敌"的反帝爱国斗争,所以帝国主义不得不改变其侵略手法,以达到掠夺和瓜分中国的罪恶目的。这些文章列举大量事实,揭露了当时列强从启衅边疆,到蚕食内地,对中国进行疯狂的政治侵略和经济掠夺,说"彼不用武力瓜分即转而用经济瓜分,彼之政策未尝一息稍辍",并且"各挟其最阴毒最猛辣之手段,层出不穷,以集中我国之经济界,而大饱其鲸吞蚕食之野心"。指出这伙强盗中,俄国是"跋扈鸱张,震撼全球之庞然大国"。"自彼得大帝以后,世守其囊括宇宙之雄图,乃既不得志于地中海,则以全力专注东方,故由西伯利亚而蒙古而满洲,蚕食鲸吞,由边及内";"英人首创保全中国者,在巩固一己之利权,而隐瞒排斥他国之沾润"。

在此基础上《四川》杂志对"保全主义"的危害性和欺骗性进行了深刻的剖析,指出:"彼等非仅有强硬手段也,又挟有平和之政策,以吸取吾之脂膏。"这种表面"平和"的侵略方式,不过是一种"亡中国者无形"的更为恶毒狡猾的手段,它以"保全中国领土之名,而己得全攫中国之利源也"。瓜分和"保全",并无质的区别,仅仅是"侵略派之亡中国者速,而保全派之亡中国者缓;侵略派之亡中国者有形,而保全派之亡中国者无形"。因此,不管是瓜分还是"保全",中国早已成为列强恣意宰割的对象。铁厓在《警告全蜀》一文中更是一针见血地指出:"保全之权属于列强,灭亡之权又岂不属于列强!中国之存亡既操于列强之掌握,则保全之固由彼,灭亡之亦由彼。今日共保全,安知明日不共灭亡耶?""世界弱国一有被保全之名,无不召灭亡之祸。"

《四川》杂志还就与"保全主义"有关的帝国主义的"门户开放""机会均等"侵略政策痛加鞭笞:"曰门户开放,曰机会均等,既曰开放,则惟有任彼纵横,畅其所欲。至于机会二字,则含义甚广,极言之,即分割土地之机会矣。"这种政策和划分势力范围相比,划分势力范围则是"大盗之经营","势力范围者"不过是"小盗之强夺"。列强实行"门户开放""机会均等",既可避免"干戈之抗争",又能"安全可期"达到"瓜分经济界"之目的。

《四川》杂志以犀利的笔锋,剥下了帝国主义乔装自饰的和平外衣,暴露出它们疯狂侵略的狰狞面目。这对提高中国人民的认识,激起对帝国主义同仇敌忾的意志是有重要作用的。

《四川》杂志在揭露帝国主义侵略的同时,还对清王朝在这种"保全主义"的面前,已经完全成为帝国主义的忠实走狗,进行了无情的揭露。他们在文章中分析

---

① 《四川》第2号。以下未注出处者均见《四川》杂志。

道：列强之所以能够在中国不断扩大侵略权益，恣意横行，完全是"利用吾国政治之为助……借傀儡政府为之管理镇压"，"比年以来，政府卖铁路，卖矿山，卖航路，卖海港以及森林、渔业、关税诸权……慷人之慨，咸三揖三让，拱手而献诸外人。……不及数年吾完全之土地、主权将一一为卖国政府掉尽而不留孑遗"，"今日之外务部，一卖国部耳，官大则多卖，官小则少卖"，"所谓中央政府直如卖路矿之本店，各有大吏实分设卖路矿之支店"。"从前间接为人之奴隶，今并直接为外人鱼肉而宰割我。"《四川》杂志还痛斥了清王朝残酷镇压中国人民的反帝爱国行动，以取媚于主子的罪行："恐亡国之不速，而更助外人以驱雀"，"若恐束缚未固，不能完全断送于外人，以获报酬之目的也"。不少文章愤慨而言："政府误国之罪万死讵足蔽其辜乎？"发出了"中国危弱之原实政府腐败之故"，"政府亡我！外人亡我"的沉痛呼声。并以此同资产阶级改良派"爱国即保皇"的谬论对立起来。《四川》杂志对清王朝的揭露和批判，是它反帝爱国思想一个不可分割的组成部分。

《四川》杂志还联系当时处于列强虎视鹰瞵下的四川的严重局势，作了深刻的剖析。二十世纪初年，帝国主义各国正在四川疯狂抢夺铁路、矿山，开办工厂、洋行，大量输入商品，实行无孔不入的宗教文化侵略，造成了四川地区严重的民族危机。《四川》杂志本着"推爱四川以爱中国之义"，自觉地担负起为四川人民反帝斗争大造舆论的"西南半壁警钟"的使命，向全川人民发出警告说："四川即为列强竞争之大战场"，"英、日既怀攘夺之心，法人又宣吞灭之策，吾四川非危如朝露者乎！"《警告全蜀》一文节译日人神田正雄的言论，"四川古称天府，浴天然恩惠，物产丰饶，且地下包藏无限之宝藏，故欧米人无不垂涎。……四川者不可不谓吾日本之好个活跃场"。《四川》杂志第二号还转载了《云南》杂志所译法国人得酿得勒所著《吞灭四川》。并大声疾呼"中国全局与四川一隅，其危岌之势，均岌岌不可终日"。针对列强各挟阴谋，攫夺路权的狂潮，《四川》杂志把保卫路权的任务放在重要地位，站在发展民族资本主义的立场上，喊出了"铁路者，为吾生死与共，存亡与系之要素……铁路关四川之存亡，四川关中国之存亡"的呼声。果敢地号召四川人民团结起来，为保卫路权而斗争："合七千万之心而为一心，合七千万之个人体，谁得而侮之乎？"这对于当时四川以保卫路权，自办铁路为中心的反帝斗争无疑是起了积极推动作用的。

综上可见，在当时情况下，《四川》杂志不愧是"西南半壁警钟"。

二、对帝国主义本质的新探索

中国人民对帝国主义的认识，经历了一个逐步深化的长期过程。1904年孙中山在《中国问题的真解决》一文中，开始从帝国主义的殖民扩张，揭示列强在中国的"许多互相冲突的利害关系"，必然要加剧它们在中国的争夺，并指出："中国终究要成为那些争夺亚洲霸权的国家之间的主要斗争场所。"① 但是，这一时期，资产阶级革命派对帝国主义的认识基本上仍处于感性认识阶段，陈天华的反帝爱国思想就集中而突出地表现了这一特点。在同盟会成立后，一些革命志士对帝国主义进行了新的探索，《四川》杂志正是这样的探索者。它不仅体现了这一时期资产阶级革命派的反帝爱国思想，而且对帝国主义的认识有了更为深刻的地方：表现在对帝国主义侵略中国的根源和最终目的，对帝国主义的政治压迫和经济掠夺的关系，做了较深的揭露和入微的剖析。

十九世纪末二十世纪初，世界资本主义发展到了帝国主义阶段。各国列强的对外侵略有了新的特点：资本输出代替了商品输出，为保证获得高额垄断利润，展开了扩张殖民地，分割世界领土，争夺世界霸权的剧烈争夺。急骤变化的历史现象，使《四川》杂志的革命志士们清楚地看到了："方今世界列强莫不汲汲以广殖民地争雄长。"白热化的争夺，已经造成"世界掠夺者之间的战争就不可避免了"②，美西、英布、日俄战争就是世界资本主义进入帝国主义阶段的重要标志。《四川》杂志列举了这三大战争来说明帝国主义加紧侵略扩张的根源："近世英杜之战、美菲之战、日俄之战，无非欲扩张领土以膨胀本国经济。"在瓜分世界领土的争夺中，最大的帝国主义列强早已把世界领土分割完毕。《四川》杂志的革命志士看到了帝国主义这个基本经济特征，分析了列强分割世界领土的局势，从而进一步论证了帝国主义加紧对中国侵略的根源："南美洲一带，土地颇广大……当为列强所共争矣，然美国自'门罗宣言'其主义以来，即不置南美诸国于势力范围之外……则列强之不能垂涎南美洲可知矣；非洲为列强所分割而尚余不尽之地，似列强又当共争矣。然气候土产之宜，惟在南端，已归英人所有，北非诸国又均为法意两国所略定……故非洲至今日已无复有相争之势矣；至小亚细亚与印度之北边，领土渐归确定，且列强见其盛衰之象，已知无相争之价值。……由斯言之，则所余者惟有东亚，而东亚之中，中国之版图实列强竞争之中心点也。"

资本主义的垄断阶段是在全世界范围推行殖民政策的时代，殖民地作为原料产地，资本输出场所和销售市场的作用日趋重要。列宁说："资本主义愈发达，原料愈缺乏，竞争和追逐全世界原料来源的斗争愈尖锐，那末占据殖民地的斗争也就愈激烈。"③ 对于帝国主义殖民扩张的这个经济根源，《四川》杂志第一号所载南冥子《中国与世界之经济问题》一文，在一定程度上做了探索："十九世纪终期以来，世界政局一变，列国倾向悉狂热于领土扩张，殖民发展，激进经营，不遗余力，倾囊倒箧，各出其侵略政策，以图己国利益而谋经济界之膨胀，惟限于地狭国众，势力平均，无所用其方略以饱吞噬之野心，工商业界制造物品亦复奇巧，相衡不能输出。……英法德三国，始着手于非洲大陆之分割，实不外此目的。"为此，该文进

---

① 孙中山：《孙中山选集》上卷，第 56 页。
② 列宁：《列宁全集》第 28 卷，第 62 页。
③ 列宁：《列宁选集》第二卷，第 802～803 页。

一步指出列强必然加强对中国的侵略掠夺:"近日欧人言曰'判断各国经济之盛衰,当以在中国所获利益之多寡为准',广大无边之中国实变而为欧洲大陆、东亚三岛经济界之竞技场。"

在帝国主义时代,列强各国在金融资本的基础上形成了金融寡头的反动统治,把国家机器完全变成他们对内实行垄断统治,对外推行殖民侵略政策的工具。"这种统治趋势的结果,就是在一切政治制度下都发生全面的反动,这方面的矛盾也极端尖锐化,民族压迫、兼并的倾向……也变本加厉了。"①《四川》杂志在这方面的认识也迈出了可喜的一步。《警告全蜀》一文指出:"国家之竞争何由而起乎?盖国家之性质,以扩张势力范围为目的。"《中国与世界之经济问题》一文也论述道:"举世界列强,无东无西,瘁精励力各种政治上之设备,直接间接之经营,无不以发达经济为目的,而以政治为活动之手段。"这些论述尽管还显得肤浅,但表明他们已蒙眬地看出了帝国主义就是侵略,初步认识到帝国主义的侵略与其国家性质、政治制度的密切关系。

由上可见,《四川》杂志从帝国主义的经济特征,殖民政策的经济根源以及国家性质发生变化等方面,来分析论证列强必然加深对中国的侵略和掠夺,而不是把帝国主义的侵略看作个别现象或偶然因素,也不是简单地归罪于反洋教斗争、义和团运动"招祸启衅"的结果。这在当时说来,确是难能可贵的。

如果我们再把《四川》杂志的这种认识,同当时部分资产阶级革命党人的认识相比较,就会更清楚地看到《四川》杂志在认识帝国主义本质上的高明之处。《民报》第六期所载精卫《驳革命可召瓜分说》一文中有这样一段话:"中国革专制而为立宪(指民主立宪),与各国无密切之利害关系。""若内地有警,各国派兵舰防护,可谓之防卫之准备行为,与干涉不同也。……征调兵舰,一领事所优为,非出于其政府之意。"显然,这种看法完全否认了帝国主义加深侵略中国的必然性,否认了帝国主义侵略同其国家政策的关系,而归结于个别人的意愿。这篇文章在当时资产阶级革命党人中影响颇大,代表了相当一部分人的看法。与之相比,《四川》杂志的反帝思想就显得更为深刻了。

《四川》杂志,还论证了帝国主义的政治侵略和经济掠夺的关系,说明两者是相互依赖,互为因果的。他们指出:列强在政治上攫夺中国主权,控制清王朝,是为了"自有他人政府为之保护,使其经济政策畅行无阻",从而进一步扩大经济掠夺。则政治上扶持、保全清王朝是"借傀儡政府为彼任管理镇压之责,而彼坐得利权之为快"。列强扩大经济上的掠夺,就是进一步加深对中国的政治统治。列强"欲确定其势力范围者必攫夺其路权",一旦掌握了中国的经济命脉,就会更进一步"施行政治侵我主权,以保护路线,屯置军队,缚我手足,一旦势力巩固,由经济界之瓜分以逮及于国土之瓜分"。《四川》杂志用大量的事实和数据对比来揭露列强对中国进行经济掠夺的罪行,反复强调这种经济掠夺越是加剧,就越是说明帝国主

---

① 列宁:《列宁选集》第二卷,第839页。

义侵略的加深，因为"经济丧失之问题，实国家存亡关系之问题也"。通过对帝国主义政治侵略和经济掠夺关系的分析，《四川》杂志进一步尖锐地指出帝国主义侵略中国的最终目的："先利用其政治，以竭尽其脂膏，迨吸收即饱而躯壳自颓……经济既尽，国家随亡，于是分割领土以为殖民地，中国完结矣。"并以饱含血泪的语言，控诉了帝国主义残酷压迫，疯狂虐杀中国人民的种种兽行，"欲族灭我以扩张其殖民区域"，揭示出帝国主义侵略中国的"最后之目的即殖民地也"。

《四川》杂志对帝国主义较为深刻的认识充分说明：在辛亥革命前，随着帝国主义对中国侵略的加深，中华民族同帝国主义矛盾的深刻化，中国人民反帝反封建斗争的深入发展，资产阶级革命派中的一部分人相当认真地思考了反帝爱国的这一严峻主题。他们努力探索，使中国人民对帝国主义的认识前进了一步。

在对帝国主义本质的新探索的基础上，《四川》杂志的革命志士深深感到不能对帝国主义抱任何幻想，他们集中火力批驳了当时流行的"外侮不足患""外侮未为患"的错误观点，形象地把帝国主义比喻成凶恶的吃人老虎，告诫人们：如果对列强抱有幻想，则无异于"谓虎曰：'尔毋噬我'，虽愚者亦知其无效"，在凶恶的帝国主义面前"虽欲为其驯伏之奴隶，而彼有不容者矣，而懵懵为者尚欲抱顺民旗帜，乞哀于英、法、俄、德、美、日大皇帝陛下之前，以求保全生命财产焉，非但自视过高，恬不知耻，亦愚不可及"，真是字字切中要害！

同时，《四川》杂志告诫人们：绝不可畏惧帝国主义，只有团结起来，坚持斗争，才能争取民族独立。《四川》杂志一方面号召人们"群起攻伐政府"，推翻封建专制，实行政治改革，然后"收回治外法权，以保存领土主体；于路矿之借债，组织商民会社集巨大资本收回自办；于商业之失败，改良关税章程以保护本国利权，更为提倡工业抵制外货之输入"；另一方面提出准备对帝国主义进行武装反抗。它从"人民为孕育国家之元祖"的民本思想出发，大声疾呼："我同胞睡者醒，醒者起者，立拔剑投袂以从事于救亡之途"，"以无量铁血保无缺金瓯，以众志成城卫一片净土"，充满了英勇豪迈，不屈不挠的斗争精神："与其平和死，吾宁死以激烈；与其死以降伏，吾宁死以抗拒。死以激烈，虽死犹生；死以抗拒，死中有活，壮哉！"决心"舍身国事，百折不回"。这些慷慨激昂的言辞，视死如归的精神，表现出资产阶级革命派在上升时期所具有的革命性和战斗性，他们不仅要勇敢地担负起历史的使命，还要自觉地为此做出牺牲，并有对帝国主义毫不畏惧的斗志和对祖国前途充满胜利的信心。"我中国者，实大可为之国也""苟其为之即人人皆拿破仑、华盛顿"，只要奋发起来"以刚勇之精神，练其雄豪之资质，扫尽九州之陋习，重振昭代之英风，一出而雪东南之耻，再出而挫英美之锋"，"虽举数什百之英俄亦不能跨马饮江，逾鸿沟一步。纵或不然，马革裹尸，沙场暴骨，宁为波亚、菲律宾之血战而亡，毋为安南、朝鲜之臣妾而亡！"① 这对振奋中国人民的民族精神，推动中国人民的反帝斗争，起了不小的积极作用。正如吴玉章同志指出的那样："在当

---

① 思群：《列强协约与中国之危机》，《四川》第3号。

时,它却鼓舞着人们去进行冒险的革命斗争,主要作用还是积极的。"①

在辛亥革命前夕,帝国主义侵略势力正加紧向我国西南伸入,以英法为首的帝国主义为了扩大自己的势力范围而疯狂地争夺云南和四川两省,全面开展侵略活动,致使民族矛盾迅速加深。因此,这两省留学日本的革命青年,从自己故乡"群虎搏噬,危如朝露"的现实出发,痛切地感到反对帝国主义是眼前的当务之急。所以他们创办《云南》②和《四川》杂志,把斗争矛头直接指向站在清王朝背后的帝国主义。但是由于他们的"爱国主义还是比较简单和笼统的"③,其反帝思想没有同反封建任务辩证地联系起来。在打倒清王朝已成为全国人民的头等任务的条件下,《四川》杂志虽然以大量篇幅揭露了清王朝的腐朽统治和卖国罪行,但是在宣传同盟会的政纲即宣传民主主义思想方面又显然逊于《民报》和其他革命刊物,甚至个别地方还残留着改良主义的碎片。例如《四川兵事谈》一文主张"奋全力以练新军外,别无救亡之道也",《警告全蜀》一文也称:"诸君子若毫不尽力而惟坐咎政府,吾恐亦与政府同归于尽,吾既不能恣吾咎,而政府亦无从受吾咎矣。"无政府主义思潮的痕迹在《四川》杂志中也依稀可见。

《四川》杂志虽然洋溢着反帝爱国的激情,对帝国主义的某些特征也开始有了初步的认识,但仍不可能科学地解释帝国主义产生的根源,而只能以西方"物竞天择"的进化论来看待帝国主义的侵略和殖民活动。认为:"世界本平和也,有一弱国侧于其间,而平和之局遂因之而破焉。故夫扰乱平和之局者非列强为之,而弱国致之也。"只要世界各国都"势均力敌",世界就会"永保和平之局"。把中国遭受帝国主义侵略的原因仅仅归结于自身的积弱不振,而不能认识到帝国主义才是战争和掠夺的最终根源。这种本末倒置的看法使当时中国资产阶级革命党人只能提出若干自救方案,而不能提出一条明确的反帝纲领。

《四川》杂志对人民群众的反帝力量也缺乏足够认识。虽然它号召人民武装起来,反抗帝国主义的侵略,可是对人民自发的反帝斗争却又是害怕和反对的。《排外与仇教》一文指责义和团和反洋教斗争是"野蛮排外"。认为"排外而以仇教为手段,则其愚不可及,其祸尤不可量","其结果乃至丧失利权"。这种过分夸大群众斗争的落后因素,轻视群众的错误看法,使《四川》杂志处于既要反帝,又不敢相信和充分发动群众的矛盾惶惑状态之中。这都说明:无论从革命理论到革命实践,中国资产阶级革命派都不可能完成民主革命的基本任务。

列宁指出:"判断历史的功绩,不是根据历史活动家有没有提供现代所要求的

---

① 吴玉章:《辛亥革命》,第95页。
② 《云南》杂志是云南留日学生在日本东京创办的革命刊物,1906年10月创刊。1911年武昌起义后停刊,中间曾几次被迫停刊。共出二十三期及特刊"滇碎"一期。由李根源、赵伸负责,总编辑张镕西、席上珍、孙志曾。这个刊物以宣传民主主义、反对英法帝国主义侵略为主旨,在清末民主主义革命运动中,有一定影响。
③ 吴玉章:《辛亥革命》,第95页。

东西,而是根据他们比他们的前辈提供了新的东西。"① 从历史唯物主义的观点来看《四川》杂志,我们就必须充分肯定《四川》杂志崇高的爱国主义精神以及在认识中华民族最凶恶的敌人——帝国主义上所做的理论探索与新的贡献,对中华民族的觉醒和民主运动的勃兴起所起的促进作用。至于革命老前辈为探索救国救民的真理而英勇奋斗的精神,更是我们今天为加速实现四个现代化,建设繁荣富强的社会主义祖国而奋斗的珍贵历史遗产。

(原载《社会科学研究》1980年第6期)

---

① 列宁:《列宁全集》第2卷,第150页。

近代重庆城市史研究

中国近代城市史的研究，在国内刚刚起步，有许多问题需要探索。我们在研究过程中，对城市史研究的理论和方法进行了一些思考，对重庆城市近代化的进程、近代重庆发展的原因与特点等方面的问题做过一些探索，有一些初步看法。现将这些思考与看法提出，谨向读者们求教。

一、近代中国城市史研究的几个理论问题

城市史学作为历史学和城市学相交叉的一门新兴学科，兴起于20世纪20年代前后，至六七十年代，国外城市史研究取得了长足的进展，以城市史为题的团体、刊物、著作、会议和课程大量涌现。但总的说来，城市史作为一门新兴学科或新的研究领域，还很不成熟，尤其是城市史还没有形成自己的理论体系。为了完成本课题的研究任务，我们对近代中国城市史的一些理论问题做了如下探索。

（一）近代中国城市史研究的意义

1. 推动中国近代史研究的深入。

新中国成立后中国近代史研究已取得了长足进展，但比较偏重于政治斗争史，对近代中国的经济、社会、文化研究则比较薄弱。我们认为，开展近代中国城市史研究不失为推动中国近代史研究深入的一个有效的途径。

首先，可为认识近代中国社会的过渡特征和复杂局面提供新的视角。从总体上讲，近代中国是一个过渡的社会形态，呈现出错综复杂的历史运动过程：一方面由一个独立的封建社会逐步变为半殖民地半封建社会，另一方面又逐渐从中世纪社会向近代社会演进，从闭关自守的孤立状态向世界开放转变，其重要特点是半殖民地化和近代化同步进行，既相互依存又相互斗争，使近代中国的历史事件、历史人物、社会思潮都呈现出复杂矛盾的特色。近代中国城市是近代中国社会变化的集中点，其半殖民地化较深，其近代化水平也较高，错综复杂的历史过程在近代城市中表现得最为突出，因此，研究近代中国城市，便可以为我们认识近代中国社会的过渡特征和复杂局面提供新的视角。

其次，可以为目前近代史学界争议颇大的一些问题开辟新的研究领域。近代中国城市既是帝国主义侵略中国的主要基地，又是西方近代文明输入的窗口；既是封

建势力盘踞的政治中心，又是近代中国资本主义发生发展的场所。目前中国近代史研究中的一些重大课题，诸如半殖民地化和近代化的关系、中国资本主义的发展与不发展，中西文化的冲突和交融，等等，在近代城市更具有典型意义。而且在不同的城市，这些问题会有共同的和不同的表现形式，也有共同的和不同的特点。那么，通过对近代中国城市具体而深入的研究分析，便有可能深化对这些问题的认识，得出一些新的结论。

再次，可以为中国近代史研究中比较薄弱的环节提供研究成果。中国近代史研究需要拓宽研究领域已是史学界同仁的共识，加强近代经济史、文化史、社会史的研究也为更多的学者所赞同。城市作为一个综合的实体，能涵盖政治、经济、文化、社会各方面的内容，而在以往的近代中国政治、经济、文化、社会研究中，因研究的范围分属不同的专史，其研究虽可在各自的领域深入细致，但却难以做到整体性、综合性的研究。把原来分属不同专史的研究课题放在城市这个综合实体中进行整体性研究，必然会注意彼此之间的相互关系，这样既能为各专门史的深入提供研究成果，又能弥补各专门史研究的不足。

2. 为我国当代城市的规划、建设、管理以及城市化道路提供历史借鉴和历史依据。

城市是人类文明发展的产物，"是经济、政治和人民精神生活的中心，是前进的主要动力"[①]。在我国的社会主义现代化建设中，城市的发展越来越起着举足轻重的作用。不了解城市发展的历史背景，就难以准确地把握和认识当前城市的发展及其问题。当代中国城市是古代中国城市尤其是近代中国城市的继承、发展和变革，近代城市发展中的一些规律性因素和条件在不同程度上仍影响至今。例如从城市体系的布局看，近代中国地区之间城市发展的不平衡性至今仍有影响。近代以来，城市发展明显地表现为沿海与内地的不平衡，因近代工商业和新式交通业畸形集中于东部沿海地区，一些沿海城市迅速崛起并繁荣，相反一些内地城市的发展却出现后滞乃至衰落的趋势。这种东西部城市发展的不平衡性在新中国成立以来有了较大的改变，内地城市有了较大的发展，但不平衡性仍然存在，这既有自然地理的因素，也有历史遗留的因素。如何使东部沿海城市作为对外开放的前沿阵地，带动内地城市的发展；如何使内地城市凭借其丰富的自然资源，克服地理和历史的局限而发展起来，并进一步促进沿海城市的对外开放；这些问题都需要从近代中国城市的研究入手，寻求历史借鉴和历史依据。

（二）近代中国城市史研究的基本内容

城市史无疑是以城市为研究对象的。但城市是一个众多因素复杂地结合在一起的有机整体，涉及的范围十分广泛，几乎包容了一个社会所有的现象。如果不能确定它研究的基本内容和基本线索，就很难抓住城市发展史的主题，也就不能显示城

---

① 列宁：《列宁全集》第 19 卷，第 269 页。

市史研究的特色。近代城市史和其他历史著作相比，应具有不同的特点，既不同于以政治为主要内容，严格按照时间顺序编写的一般编年史，也不同于仅探索某一特定领域的专门史，更不同于旨在整理、研究、保存史实的地方志、城市志，它应该是综合研究一个城市的经济、政治、社会、文化等各方面近代化的历史。我们写的《近代重庆城市史》就不是一般的重庆近代史，而是重庆这个内陆山城近代化的历史。

关于城市史研究的基本内容，国内外有不同的看法，比较有代表性的看法是将城市史列为社会史的分支[①]。我们认为把城市史仅仅视为社会史的分支不尽妥当。社会史是一个涵盖面很广的领域，其本身的学科内容国内外尚无定见，把城市史仅作为社会史的分支，难以显出城市史研究的特色。城市社会虽然是城市史研究中一个十分重要的方面，但还不能说是城市史研究的全部内容。

我们主张城市史应该以研究城市的结构和功能的发展演变为基本内容。首先这有利于揭示城市发展最基本、最重要的规律。因为不同时代、不同地区、不同类型的城市总是具有不同的城市结构，而不同的结构又决定了城市具有不同的功能。城市各种功能的形成和发展反过来又影响城市结构的变化。城市的结构和功能一般是由简单初级形式向复杂高级形式演变，探讨这一演变过程，不仅能揭示城市发展的共同规律，而且能够揭示不同时代、不同地区、不同类型的城市发展的特殊规律。其次，比较明确地与城市志、地方志划清了研究界线。城市史和地方志、城市志的根本区别，在于它重视的是城市本身的发展演变，而不仅是城市范围内发生的历史事件和历史现象，只有当这些历史事件和历史现象同城市结构和功能的演变有密切关系时，才成为城市史研究的内容。再次，可以比较直接地为当代城市的规划、建设和管理提供历史依据。这一作用是其他历史学科所不能代替的。因为城市的规划、建设和管理中最重要的是确定城市的性质。所谓城市的性质，即是城市的最主要功能所决定的城市的根本性特点，也可称为"城市的个性"。城市的性质在很大程度上又是以历史形成的结构和功能为依据的。因此，探索城市结构功能的发展演变，认识其历史优势和历史局限，才能增加城市规划、建设和管理的科学性。

为了进一步明确城市史研究的基本内容，还有必要区分两种类型的城市史，一种是以国家或地区城市体系或城市群体为研究对象的城市史，如中国近代城市史、长江上游城市史等，姑称之为"群体城市史"；一种是以单个城市为研究对象的城市史，如近代天津城市史、近代武汉城市史等，姑称之为"个体城市史"。这两类城市史研究的内容既有密切联系又有一定区别。"群体城市史"应着重研究城市体系或城市群体的总体结构和总体功能，"个体城市史"则研究某一城市的具体结构和具体功能。

城市的结构和功能是多种多样的，又是发展演变的。近代中国城市史又应该重点研究城市在近代发生重大变化的主要结构和主要功能。近代中国城市结构发生的

[①] 金哲等编：《世界新学科总览》，重庆出版社，1986年，第441页。

重大变化主要有以下一些。

1. 城市地域结构。地域结构是城市的基础结构。城市的各种功能总要在一定的地域范围内实施。城市地域结构的基本内容是城市功能的空间配置问题。中国古代城市因政治功能占主导地位，城市地域多呈四方型，城市中心区是皇宫或官府衙门，城市以井字式建街道并划分坊、市、里、巷。这种四方型的地域结构在近代开始被打破，随着近代工商业在城市的发展，地域结构出现了复杂化和多样化的特点。城市中心逐渐由商业区、服务区占据。这种变化在近代崛起的新兴城市中尤为明显。

2. 城市经济结构。城市经济是城市产生发展的基础，是制约、影响城市结构功能变化的重要因素。城市和农村相比，其显著的特征之一，便是有较为复杂的经济结构。因近代工业、商业、金融、交通在城市的发展以及近代城市基础设施的出现，使近代城市经济结构较之古代城市发生了较大变化。研究城市经济结构不仅要分析城市中各产业部门的发展变化，还需要从总体上，从相互联系中考察各种产业的结构和配置问题。

3. 城市社会结构。是指城市社会体系的构成及其相互关系。和古代城市相比，近代城市社会发生了较大变化。诸如人口结构中工商业人口比重增加，阶级结构中新兴阶级的出现，社会组织中业缘关系逐步取代血缘、地缘关系，社会流动增加，社会价值观强调变革、效率、进取、竞争，等等。

近代城市的功能较之古代城市同样发生了明显的变化。这种变化最主要的特征和趋向是城市的经济、文化功能日益加强。在一些近代崛起的沿海、沿江城市，其经济功能已逐步成为城市的主要功能。一般地讲古代中国城市中政治功能占主导地位，其经济、文化功能多依附于政治功能，由于政治功能凌驾于其他功能之上，便限制了城市其他功能尤其是经济功能的发展。近现代城市由于商品交换范围扩大，工业化和科学技术的发展，不仅城市经济功能日益占据主导地位，而且其他功能也日臻多样化和复杂化。近代教育、新闻、出版业在城市的出现促进了城市文化功能的增强。随着城市经济功能、文化功能的发展又引起城市政治功能的变化。近代重庆是四川同盟会的中心，武昌是辛亥革命首义之区，上海是资产阶级各派政治力量的大本营，都显然与这些城市近代经济功能和文化功能的成长有直接关系。城市政治功能最重要的变化则是城市行政管理经历了由简单到复杂，由传统的向近代化的演变过程。

（三）近代中国城市的西方影响和半殖民地化问题

中国城市近代化是与半殖民地化同步进行的。近代城市既是中国的政治经济文化中心，又是外国侵略中国的中心，这是历史的事实。所以，在近代中国特定的历史条件下，城市发展的道路，城市结构和功能的演变以及近代化的过程，不是一个单向的历史过程，而是西方资本主义的冲击与中国内部应变相结合的错综复杂的历史过程。既是封建城市变为半殖民地、半封建城市的过程，同时又是逐渐从中世纪城市向近代化城市演变的过程。

研究近代中国城市史,必然涉及近代中西关系。应该注意的是,这个关系的基本点是外国侵略中国,中国被迫自觉或不自觉地去接受或采用外国的文明。侵略成了不自觉的历史工具,刺激了中国城市变化,开始了曲折的近代化过程。欧风美雨对中国城市的近代化在客观上起了"孵化"作用,同时又起了压制作用。中国城市的近代化不能只视为欧风美雨孵化的结果,还要看到中国人为适应新局面所做的近代化的努力,要看到城市人民反帝反封建、争取民主自由等活动的推动作用。正是这些活动使得城市近代化有了进步,又或多或少地阻止了城市半殖民地化、殖民地化的过程。

近代中国城市半殖民地化的特征主要有以下一些。

1. 城市结构和功能受外国帝国主义侵略的影响发生了变化。这一变化过程打上了半殖民地的烙印。如城市中外国租界的设立和扩大,改变了城市的地域结构和管理结构,外国工厂、公司、银行的设立和增多,改变了城市的经济功能等。

2. 城市的畸形发展和布局的极不平衡。从城市体系的角度看,沿海沿江的一些城市因成为帝国主义侵略中国的主要据点而膨胀迅速,广大内地城市则又多数发展缓慢;大城市的畸形繁荣和中小城市的落后。从城市的内部结构看,市中心和个别社区畸形繁荣,而多数社区又十分落后,拥有众多的贫民窟。

3. 城市中民族资本受帝国主义的压迫,为帝国主义服务的买办活跃。

4. "城市病"流行。城市失业人口增多,嫖、赌、吸鸦片烟等城市犯罪不胜枚举,绑票、凶杀,城市治安混乱,这种社会弊病在很大程度上是帝国主义和买办所庇护、纵容制造的。西方腐朽的生活方式、奴化文化也在城市里蔓延。如近代最大城市上海,"因名副其实地被当作世界上最邪恶的城市之一而闻名"[①]。

(四)近代中国城市史的基本线索有两条相互推进、相互制约的主线,一是近代城市化过程,二是城市近代化过程

马克思主义的城市观,不仅建立在分析城市内部矛盾运动的基础上,而且是建立在分析城乡分离、对立运动的基础上。这种城乡分离、对立运动"贯穿着全部文明的历史并一直延续到现在"[②]。这一运动最基本的规律,在古代是"城市乡村化",在近现代则是"乡村城市化"[③]。因此,用城市化作为近代中国城市史的一条主线,能比较准确地把握近代城市发展的历史规律。

城市化的定义和内涵至今尚无一完整统一的解释。我们理解的城市化具有四个方面的内容:(1)人口流动方面的城市化现象,即农村人口向城市转移、集中的过程,城镇人口在总人口中的比重增长。(2)地域景观方面的城市化观象,即城市状

---

① [美]罗兹·墨菲:《上海——现代中国的钥匙》,第8页。
② 马克思、恩格斯:《马克思恩格斯全集》第3卷,第57页。
③ 马克思、恩格斯:《马克思恩格斯全集》第46卷,第480页。

态在地域范围的扩大,城市数目的增长。(3)经济领域方面的城市化现象,即第二、三产业在空间上向城市集中、聚积的过程。(4)社会文化方面的城市化现象,即城市生活方式、价值观念的普及。

近代中国城市化的过程既符合马克思讲的一般规律,是在近代资本主义产生以后才加速的,同时又具有自己的一些特点,如城市化速度缓慢,程度不高,空间上不平衡,等等。在乡村城市化过程中又伴随着城市近代化过程。中国城市近代化也具有自己的一些特点,如中国城市产生时间早而近代化迟,城市的近代化与半殖民地化同步进行等。

近代中国城市史虽然以这两条主线作基本线索,但有两点需要加以说明:

第一,在不同类型的城市史中,这两条主线应有所侧重,全国或区域城市史可以侧重于城市化这一线索。重点探讨全国或区域城市体系中人口在不同城镇中的分布、密度,城镇的层次、空间分布,城镇的经济类型、产业布局以及城镇之间的社会经济的联系。以某一城市为研究对象的城市史则可侧重于城市近代化这一主线,重点探讨城市结构功能的近代化过程。

第二,这两条主线的划分,在一定程度上是为表述上的方便。实际上这两条线又是同一历史过程,城市化本身就是近代化的一个重要内容和标志。而城市近代化不过是城市化水平提高的反映。当然,也应该看到在近代中国,乡村城市化和城市近代化并非是一致进行的,比如在人口城市化过程中,并非是由于农业劳动生产率大大提高,造成大量农村相对人口过剩,从而促使农村人口向城市转移集中,而是由于农村经济破产、农村人口压力加重所造成的"流民"涌向城市。结果城市人口虽然增长,而人口素质却没有相应的提高。

(五)近代中国城乡关系问题

城乡关系是城市发展中的一个基本问题,也是城市史研究的一个重要课题。城市史研究不能仅仅孤立地研究城市本身,必须扩大研究的视野。国外一些城市史专家已经提出"纯粹的城市现象"是不存在的,主张在广阔的社会、经济和文化背景下来考察城市发展的过程。

马克思主义对城市的分析,不仅建立在城市内部矛盾运动的基础上,而且是建立在剖析城乡分离、城乡对立运动的基础上,特别注意城乡的关系。马克思在《政治经济学批判1857—1858年草稿》中说:"中世纪(日耳曼时代)是以乡村这个历史舞台出发的,然后,它进一步发展是在城市和乡村的对立中进行的。"[1] 从城市发展史看,随着三次社会大分工,出现了"城乡的分离和城乡利益的对立"[2]。在西欧,中世纪是"乡村在经济上统治城市"[3],到了近代,随着大工业的发展,世

---

[1] 马克思、恩格斯:《马克思恩格斯全集》第46卷,第480页。
[2] 马克思、恩格斯:《马克思恩格斯全集》第3卷,第25页。
[3] 马克思、恩格斯:《马克思恩格斯全集》第21卷,第189页。

界市场的形成,"资产阶级已经使农村屈服于城市的统治"①。所以,西欧城市史中城乡的关系主要表现为城乡的社会分工以及乡村土地权力与城市货币权力的对立。在西欧,封建领主居住在农村庄园中,凭借分封制度和庇护制度占有土地,用租税等形式剥削农村。随着商品货币经济的发展,货币权力逐渐成为摧毁封建特权的武器。土地权力和货币权力的日益对立,导致了由城市商人、高利贷者和手工业主等组成的市民阶级的兴起,他们通过赎买乃至武装对抗,取得城市自治权,封建阶级则日益衰微,终至资产阶级革命爆发并取得胜利。

但在中国城市发展史上,城乡关系则有不同于西欧的特色。

第一,在古代中国城乡之间并没有比较明显的社会分工。如同马克思所说:"亚细亚的历史是城市和乡村无差别的统一。"②古代中国的农村,不仅自然经济占统治地位,作为自然经济的补充,在农村小市场上又活跃着手工业和商业,而不像西欧工商业主要集中于城市。同时,城市中的工商业虽较农村发达,但仅是以满足封建阶级的消费为主要目的,在很大程度上仍带有农村那种自给自足的自然经济色彩。"城市市场的繁荣主要是反映封建经济的成熟(地租量扩大),不必是代表商品经济的发展。因为在这种交换中,农村流入城市的产品,尽管也经商人之手,但大半是单向流通,没有回头货与之交换,不是真正的商品。"③

第二,没有西欧那种土地权力和货币权力的尖锐对立,而农村地产与城市商业资本、高利贷资本是相互转化的,地主、商人和高利贷者三位一体。所以,在中国社会中更突出的对立运动是城乡封建统治阶级和城乡农民、手工业者之间的对立和斗争,而不像西欧那样是市民阶级和封建阶级的对立和斗争。

第三,城市在中国的地位,往往不是经济起决定作用,而是政治起决定作用,至少首先是政治、军事地位决定了城市的设置和发展,随后才是为政治、军事服务的经济的发展。

第四,没有西欧的城市自治和市民阶级的产生。

近代中国城市既然是历史上城市的发展,在研究近代中国城市史时,就不能不考虑这些与西欧城市和城乡关系的不同历史特点。在近代,由于外国资本的入侵,以及中国内部资本主义的成长,城乡关系也发生了相应的变化。

首先,城市经济功能有所发展,并对农村地区发生了较为广泛的辐射和吸引力,扩大了城乡之间的经济联系。如在四川,就初步形成了以重庆为中心,从城市到乡村的商品分销网和原料购销网。其次,城乡之间的社会分工有了较明显的发展,主要表现在机器工业大多集中城市,而城市工业所需的原料,市民生活物质的供应又主要来自农村。

但是,也应该看到,即使到了近代,中国传统的城乡关系的格局并没有根本性

---

① 马克思、恩格斯:《马克思恩格斯选集》第1卷,第255页。
② 马克思、恩格斯:《马克思恩格斯全集》第46卷,第480页。
③ 许涤新、吴承明主编:《中国资本主义发展史》第1卷,第13页。

的改变，仅是有了一些新特征而已。一般地讲，近代城市的政治功能仍占相当重的地位，城市是封建主义和帝国主义政治统治的中心。其次，城乡的矛盾，实质上是帝国主义、封建主义同人民大众的矛盾，城市不仅在政治上压迫乡村，而且通过乡村中的商业资本、高利贷资本剥削乡村，使乡村破产。在城市经济萧条的情况下，城市工人失业倒回农村，又进一步加剧了农村的负担。结果，城市的发展没有更多地带动农村的发展，反而加剧了城乡的差别。再次，城乡之间存在错综复杂的双向交流运动。例如，一方面城市的近代化因素对农村产生了影响，或多或少地促进了乡村社会的变迁；另一方面，乡村落后的、中世纪的封建因素又不断地向城市渗透，或多或少地阻碍着城市的近代化。再如，城市对乡村的压迫和剥削，加深了乡村的贫穷落后，延缓了乡村城市化的进程；广大贫穷落后的乡村的存在又使城市近代化进程受阻。

在近代中国，由于资本主义经济始终没有占统治地位，自然经济如同汪洋大海，落后的生产力和生产关系决定了中国近代城市化和城市近代化过程缓慢，远远没有像欧美发达国家那样逐步实现了"乡村城市化"，还只能说尚处于"乡村城市化"的过渡状态中。直到1949年，我国城市人口仅仅占全国人口的1/10的低比例，与唐代中国城市人口比例相等。这不能不是近代中国经济、社会落后的一个标志，也是近代中国国情的一个重要方面。

近代城市经济是以资本主义大生产为基础的，对农村的影响很大，也在许多方面依赖农村（如销售市场、原料市场及农副产品市场等），特别是近代商业城市向工业城市转化，更须以农村经济商品化的发展为前提。城市工业的发展必须以该城市近郊，至少是附近地区农村经济商品化的发展为基础才有出路。在近代交通运输力量有限和封建关卡尚存的条件下，如果没有附近地区的销售市场和原料市场是很难与帝国主义竞争而立住脚跟的。可以这样讲，城郊农村自然经济解体的程度，往往是衡量该城市近代化程度的一个重要尺度。按照列宁的分析，只有农民成为小商品生产者，才有接受民主主义思想的基础，才可能成为资产阶级民主革命的助手。所以，对农村经济，首先是近郊或附近区域农村自然经济解体状况的考察，对于该城市近代化的研究有着重要意义。特别着重考察附近地区农村经济与该城市工商业发展的相互关系与影响，并总结出一些经验和教训，对研究今天城乡关系，市管县体制都有积极意义。

所以，在近代中国城市史研究中，不能仅局限于探讨城市本身的发展，而必须从城乡关系的更广阔的背景来探讨城市的发展；也不能局限于个别城市的研究，应在个别研究的基础上，进而对一个区域甚至全国的有代表性的城市做比较研究，对城市体系、城乡网络进行整体的宏观的考察，由点及面来弄清近代中国城市的历史、特点和发展规律。这也是我们研究国情，促进城乡改革、城乡结合共同发展战略所需要的。

二、重庆城市近代化的过程

重庆城市的发展，经历了两个既有联系又有区别的过程，即由城邑到城市的城市化过程和城市的近代化过程（或称近代历史时期的现代化过程）。

（一）因商而兴——由城邑到城市

"商业依赖于城市的发展，而城市的发展也要以商业为条件。"① 重庆是一个因商而兴的城市。

重庆位于嘉陵江与长江汇合口。周朝时为巴国国都。公元前 316 年，秦灭巴国，设巴郡，郡治在江州县（今重庆市），张仪在此筑城，作为秦王朝统治川东地区的军事、政治据点。三国蜀汉时期，江州仍为巴郡治所，都护李严屯军于此，筑大城，周围十六里。隋、唐、宋时期称渝州。北宋徽宋崇宁元年（1102）改渝州为恭州。南宋孝宗淳熙十六年（1189）光宗即帝位，升"潜藩"恭州为府，名重庆。

在古代的漫长时期内，重庆及附近地区，其经济发展落后于川西平原和嘉陵江中游地区，社会发展相对落后，文化上也是"不学少儒"。自隋唐迄北宋为朝廷贬谪流放罪犯之地。因地势险要，重庆长期只是一个高垒深墙的军事城邑和区域统治中心。

经过隋唐时期汉人与少数民族人民的共同开发，到宋代，因生产力有所发展，重庆才开始由有城垣的城向人口密集、商业繁荣的城市渐进。明清时期，尤其是清朝中前期，更是重庆城市形成的重要阶段。

明末清初的战乱，使四川的社会经济遭到极大破坏。重庆乃征战之地，所受破坏更加严重，"民靡有遗"。清朝在四川建立统治秩序后，为了恢复四川经济，实行了休养生息的政策，移大量湖广、江西、陕西、福建、广东等省无地或少地农民入川垦荒，使四川经济逐渐恢复和发展，耕地面积迅速扩大，粮食大幅度增产，经济作物产量增加，井盐、制茶、制糖、矿冶、陶瓷业皆有发展，商品经济逐渐活跃起来，为重庆的繁荣提供了丰厚的物质条件。

当时，重庆—汉口—苏州的长江航线，是米、木、盐、棉、布、洋广杂货的交流主干。这条主干道上的商品流通，具有长距离运销、全国性流通的性质。川江（长江宜宾到宜昌段）的航运主要是在清代因经济发展的需要而开拓的。长江上游的商运以水路为主体，长途贩运往往以河流为依托，与沿河城市串通，形成了以重庆为枢纽的商业贸易网络。川江主要支流嘉陵江、沱江、岷江流域都是粮、棉、糖、盐产区，汇流而下，集中重庆再转运汉口。重庆是长江东西贸易主干道的起点，又是长江上游商品集散中心，从而大大增强了商品吞吐量和城市的经济吸引力

---

① 马克思：《资本论》第 3 卷，第 371 页。

和辐射能力,并通过长江主干道与全国范围的流通网络连接起来。

转口长距离贩运贸易的发展,促进了重庆城市商业的兴旺,重庆优越的地理位置和发达的贸易,吸引了大量商业性移民。商业人口比重在某些街区已超过了官僚、地主、军队、僧尼等人口的比重了[①]。在鸦片战争以前,重庆已是一个人口较多且向以非农业人口为主方向发展,成了长江上游最大的,以转口贸易为主的商业性城市了。

重庆自古就是川东的政治、军事中心,也是四川东部的文化教育中心。在清代,重庆的教育是比较发达的,到19世纪末,重庆城先后建有书院19所,这些书院为传授儒学,准备科举服务。此外,重庆城还有不少私塾,承担启蒙教育和初等教育的任务。重庆城市的文化教育职能日益显露。

重庆自宋代开始的城市化过程,经历了近9个世纪,直到清朝才基本上走完由城邑到城市的发展道路。就城市类型而言,古代的重庆是一个商业城市。从地理上形成的水运优势是四川各地所不能比拟的。古代重庆因水运而商盛,商盛而城市兴。因此,充分地开发和利用长江、嘉陵江的水运,发挥自己转口贸易的优势,站住长江连接上游"天府之国",中游"鱼米之乡",下游"金三角"的枢纽位置,仍是今日建设重庆所必须重视的问题。

(二) 跨入近代门槛

1. 从封闭到开放

重庆城市的近代化过程,是从1876年中英《烟台条约》签订后开始的。

重庆因其地理和古代已形成的政治、军事和商业中心的优越地位,引起了为开拓世界市场而奔走于全球的以英国为首的外国资产阶级的密切注意。开辟重庆市场成了有远见的外国资产者深入中国腹地,占领西南市场的战略决策。中英《烟台条约》有关川江门户宜昌开为商埠,重庆府可由英国派驻寓官查看川省英商事宜的规定,为英国实现了开放重庆的第一步。1890年,中英《烟台续增专条》正式规定"重庆即准作通商口岸"。经过一段时间准备,1891年3月,重庆正式开埠,向世界市场开放。自此以后,洋领事、洋行、挂洋旗的木船和乘风破浪的洋船越来越多,洋货输入量越来越大,作为工业原料的土特产品输出也越来越多。在这些现象的背后,隐藏着重庆传统商品市场性质的深刻变化。如果说,世界贸易和世界市场在16世纪揭开了资本主义的近代生活史,那么,重庆的开埠就揭开了重庆城市的近代生活史。

从1875年到20世纪20年代之间,重庆进口货值呈不断上升趋势。其中洋货进口总值上升的情况是:1875年15.6万海关两,1891年436.1万海关两,1911年1255.9万海关两,1929年1451.1万海关两[②]。进口洋货以洋纱、洋布为大宗。

---

① 隗瀛涛:《重庆城市研究》,四川大学出版社,1989年,第17页。
② 周勇、刘景修译编:《近代重庆经济与社会发展》,四川大学出版社,1987年,第501~505页。

外国商品通过重庆冲击西南。

重庆市场被迫由封闭而开放,不仅使洋货进口不断增加,而且刺激了土货的出口。土货出口总值由 1885 年 105.7 万海关两上升到 1916 年 1780.3 万海关两①。出口货中的蚕丝、白蜡、猪鬃、牛羊皮、鸭毛、羊毛等全部或部分是销往国外的。这些土产作为工业原料出口,四川地区已开始成为外国资本主义的原料市场,从而加速了农副产品的商品化过程。由于我国工业落后,农副产品中的大部分原料很少被利用,价格也低,甚至弃而不用,一当外国人插手经营,这些冷门货顿时身价百倍。在利润的引导下,农村商品经济渐趋活跃,民族资本经营的山货买卖和加工业以重庆为中心得到发展。

考察重庆开埠后进出口贸易进展情况,我们可以看出重庆城市的商业贸易功能的明显扩大以及重庆城市商品结构所发生的重大变化。四川(包括重庆)与外部交换的传统商品结构是以粮食为大宗,兼及少数丝绸、夏布、药材、山货、糖、盐,与江浙湖广等地的原棉、土布以及少量手工业品交换。重庆开埠后,以 1891—1898 年为例,洋货的进口值与土货进口值的比例为 4.27∶1.00。传统的湖广土布、手工业品已逐渐被洋纱、洋布、洋杂货所取代。至于出口货丝、茧、白蜡等,有一部分已开始向外国出口,新增的品种因国外市场需要而发展较快;猪鬃、羽毛、羊毛等从无到有,由少到多。可见,以重庆为中心的四川外贸商品结构基本上改变了传统的外贸商品结构。四川经济与国外市场发生了联系。当然,在中国被列强侵略的大局下,这种联系不是独立自主而是屈从依赖于外国的。但是,这种变化明确表明,封闭的重庆市场已转向开放。世界性的商品交换,使重庆既开始走向世界,又增强了自己对四川和西南的经济能力。城市的开放性是城市近代化不可缺少的条件。开放使城市一面半殖民地化,一面近代化,这是旧中国近代城市发展的轨迹。

随着进出口贸易的发展,重庆出现了一批新式商人。这些新式商人与前资本主义的商人是不同的。前资本主义的商业资本是依附于封建生产关系,以简单商品生产为基础的。新式商人的商业活动已有一定的资本主义性质,它从属和服务于产业资本,并从产业资本那里分取一部分剩余价值。重庆的新式商人尽管还有某些封建商人的痕迹,但他们经营的进出口贸易是从属于和服务于外国产业资本的。清末民初,新式商人经营的进口商品多是外国的机器制造品,已不同于原来的中国城乡小生产者之间的交易。经营出口山货,则与洋行和国际市场发生了联系,受制约于国际市场,其购销活动已开始纳入资本主义的流通过程。近代重庆资本的积累,在很大程度上依靠商人的资本积累,并主要依靠这些新式商人从外商口中分得的余沥。这批新式商人虽靠外商余沥以肥己,但他们作为中国商人,需要对更大利润的追求而与国内同业和洋人争夺市场,为此,他们举起了民族主义旗帜,提出了"商战"的口号。1904 年 10 月成立的重庆总商会,是四川的第一个商会,也是全国较早设立的商会之一。它是重庆商业发达,商人的地位提高和近代意识增强,乘清政府行

---

① 周勇、刘景修译编:《近代重庆经济与社会发展》,四川大学出版社,1987 年,第 501~505 页。

新政之机而出现的。重庆总商会发出"登高一呼,直唤四百兆同胞共兴商战;纵目环顾,好凭数千年创局力挽利权"①的号召,在较大程度上反映了重庆新式商人的呼声,所表现的开放意识、竞争意识、市场意识是农业小生产者所无,而是近代城市企业家所应有的。

2. 从商业贸易中心向综合性经济中心转变

工业中心是重庆城市在近代才具有的新功能,也是重庆向近代工商城市发展的一个最主要的表征。重庆因深处内陆,开埠较晚,近代工业起步的时间比沿海和长江中下游城市要晚二三十年。直到19世纪末20世纪初,重庆的近代工业才开始出现。在重庆,近代工业首先发生在火柴业,随后扩及丝纺、棉织、玻璃、采矿、航运、电灯等行业。这些行业的手工工场或近代工厂以及近代金融的产生和近代教育、近代大众传播事业的兴起,使重庆城市的经济功能由单纯的商业贸易中心向商业、工业、金融、交通等综合性经济中心以及近代科学技术和信息中心转变,呈现出日益近代化的趋势。

19世纪末到抗日战争前的40余年,重庆近代工业从无到有,重庆城市初步改变了单纯的商业中心态势而向既是商业中心又是工业中心的大城市进步。全面抗战前的重庆近代工业已在较广泛的部门和行业产生,机器生产有了发展,钢铁工业、机器工业、化学工业、水泥制造业也开始出现。据国民党经济研究所《中国工业调查报告》下册统计,到1933年,重庆共有近代工厂和手工工场415家。又据《四川经济季刊》统计,到1936年,四川所有工厂和手工工场共583家。我们用1933年的重庆数据与1936年的四川全省数据相比较,重庆的工厂(场)数占全省工厂(场)数的71%,资本数、工人数皆占全省的2/3。重庆显然是四川工业最集中、最发达的城市。

近代重庆工商业的发展要求金融业的发展和近代化来支持。重庆最早的金融组织是山西人开的票号。随着重庆商业的发展,票号因不适应需要于辛亥革命以后纷纷歇业,让位给钱庄。钱庄的前身是"换钱铺"和"倾销店"。清末民初,重庆的金融业基本上掌握在钱庄手中。1905年,四川出现了最早的官办地方银行"濬川源银行",该行隶属于四川藩司,分设成都、重庆两行。但官方银行不办理私人工商汇兑。1909年4月,大清银行重庆分行成立,代理国库。辛亥革命以后,重庆银行业有较大发展,中国银行、交通银行、大中商业银行、中和银行等相继在重庆设立分行。特别值得注意的是:1915年重庆出现了民族资本经营的第一家商业银行——聚兴诚银行②。

在近代,重庆的交通运输,特别是两江航运有了明显进展。1911年以前,虽然外国侵略者野心勃勃地企图开辟川江轮船航运,但川江上下货物仍依赖木船运

---

① 《广益丛报》第5年第4期"纪闻"。
② 参见中国民主建国会重庆市委员会、重庆市工商业联合会文史资料工作委员会编:《聚兴诚银行》,西南师范大学出版社,1987年。

输。据重庆海关统计，20世纪最初10年中，重庆港常年进出口的木船约2万只，运输货物量约50万吨。辛亥革命后，外国轮船公司太古、怡和、日清、捷江的轮船相继入川航行。中国人在川江经营航运是由1908年成立的官商合办"川江行轮有限公司"开始的。民国初年，四川革命党人筹备成立了华川轮船公司。1926年，著名的民生轮船公司成立，揭开了重庆航运史的新篇章。卢作孚以小轮船"民生"起家，锐意经营，轮船从1930年的3只增加到1935年的44只，经营了川江航运业务的61%。1937年全面抗战前夕，民生轮船公司承担了长江上游70%以上的运输业务，航线由重庆延伸上海，并在宜昌、汉口、九江、南京、上海设立了分公司或办事处，成为中国最大的民族资本航运企业①。在陆上交通方面，1928年重庆成立商办北川铁路公司。1936年修成北川铁路16.8公里，这条四川最早的铁路是运煤专线，对重庆、江北一带的煤矿开发起了一定作用。川黔、川湘、川鄂、川陕等公路干线亦于全面抗战前修成。重庆是这些公路干线的转运中心。重庆作为长江上游的交通中心地位已经确立。

发达的近代教育是城市近代化的动力和标志。1892年，重庆出现了四川第一所新式学堂——洋务学堂②。1894年，美国教会在重庆创办求精中学、广益中学、启明小学。1898年，法人在重庆开办法文学堂。20世纪初年，清朝实行教育改革，重庆的留学运动和新式学堂应运而生。据统计，全面抗战以前，重庆已有公私中学20所，小学99所（加上郊区小学达396所）。1929年，刘湘创办的重庆大学，到全面抗战前夕已建成3院、10系、1个体育专修科，学生达720人，教职员196人（其中教授79人）。1936年，四川省教育学院由乡村建设学院改组而成，有两系一科，以民众教育为主，尤重乡村教育。至全面抗战前，重庆的近代教育体系已初步建立。

在近代报刊方面，从1897年《渝报》创刊到1929年重庆建市前后，大约有100家报刊先后问世。其中《渝报》《重庆日报》《广益丛报》《重庆商会公报》《新蜀报》等颇有名气。报刊这种大众传播工具是重庆近代经济发展的产物，也是重庆民主爱国运动兴起和发展的产物。它们的出现增加了重庆城市的信息传播功能。

在重庆城市向综合性经济中心转变的过程中，城市人口逐渐集聚。在20世纪初年，"重庆人口现时估计约30万人"③。1932年，重庆城市居民已有499693人④。由于经济发展，人口增加，重庆建市已势在必行。1929年，国家正式置重庆市，定为省辖市，潘文华任市长。划定重庆的范围除巴县城区外，还包括江北县城附近和南岸部分地区，设江北市政管理处，南岸市政管理处，从此开始了重庆地跨两江的布局。到1933年，全市面积共187平方公里⑤，重庆成了西南地区近代化最早、

---

① 凌耀伦：《卢作孚与民生公司》，四川大学出版社，1987年，第4~5页。
② 朱之洪等修、向楚等纂：《巴县志》第11卷下。
③ 《重庆海关税务司1892—1901年十年报告》。
④ 《重庆海关税务司1932年报告》。
⑤ 重庆地方史资料组：《重庆简史和沿革》，内部印行，1981年，第84~85页。

近代化程序最高的城市。

（三）内迁而盛，成为多功能中心城市

抗日烽火连天，民族灾难深重。中华子孙同仇敌忾，开展了正义的民族自卫战争。一时，灾难、奋斗、牺牲的血与泪洒满重庆。日寇步步进逼，国土大片沦丧。炮火把国民政府赶到了重庆，炮火将沿海、沿江的工业、人力、财力赶到了重庆。历史的机遇终于降临。重庆开始了特定历史条件下的特殊进步。因内迁而盛，救国而兴，重庆成了人所共知的名城，登上了城市近代化的高峰。

1. 从区域性中心城市到全国性中心城市

全面抗日战争时期，重庆是全国的政治、军事中心。一方面，1937 年 11 月 20 日，国民政府发表移住重庆宣言。1939 年 5 月 5 日，又将重庆市改为直辖市，直隶行政院。1940 年 3 月 6 日，明令重庆为陪都。1941 年 12 月 8 日，太平洋战争爆发，美国总统罗斯福提议组织同盟国中国战区。次年 1 月 2 日，同盟国中国战区统帅部在重庆成立，负责指挥中国、越南、泰国、缅甸、马来亚等地盟军作战。另一方面，1938 年 10 月，八路军办事处和《新华日报》由武汉迁来重庆。1939 年 1 月 13 日，中共中央决定在重庆设立中共中央南方局作为党中央在国民党统治区的派出机构。以周恩来为首的中共中央南方局负责领导四川、云南、贵州、湖北、湖南、广东、广西、江苏、上海、江西、福建和港澳地区的党组织，领导人民进行了八年艰苦卓绝的全面抗日战争。重庆成了有重要国际地位和重大国际影响的大城市。

2. 城市经济功能空前发展

中国的政治中心迁渝不仅大幅度升高了重庆的地位，而且也推动了重庆经济的发展。

全面抗日战争逼使我国工业布局进行大调整。国民政府在紧急状态下不得不动员沿海及长江中下游的工厂大批内迁。于是，我国原有以上海为中心的工业重心，便以长江为中轴由东部向重庆为中心的西部地区转移。据统计，全面抗日战争中，沿海及沿江地区大约有 1000 万人先后迁移到西南和西北。其中有 700 万人迁移到四川，有 100 万以上人员迁移到重庆及其附近沿江地区[①]。有 400 多家工厂迁渝，加上为适应战时需要新建的一批工厂，使重庆全市工矿企业增至 1690 家，工业职工达 10 万人，占当时"国统区"工厂总数的 1/3[②]。重庆的工业结构由轻工业为主转变成以重工业为主，同时兵工、机械、冶金、采矿等行业占较大比重，初步建立门类比较齐全、力量比较雄厚的工业基础，形成了全面抗战时期我国最重要、最集中的重庆工业区。

---

① 中国人民政治协商会议四川省重庆市委员会文史资料研究委员会编：《重庆抗战纪事》，重庆出版社，1985 年，第 12 页。

② 《重庆年鉴 1987 年》，科技文献出版社重庆分社，1987 年，第 3 页。

这一时期，钢铁与机器工业的发展最令人注目。全面抗战开始后，进口钢铁来源断绝，军需与众多工厂的重建、扩建又需大量钢材，在重庆建立钢铁工业成了各方面重视的焦点。据1942年"重庆金属冶制工业同业公会"统计，重庆共有会员工厂22家，其中炼铁厂18家、炼钢厂4家（未入会者还有2家）。至1943年底，增加到26家，资金总额达4.6亿多元①。

全面抗战时期，重庆是整个大后方的钢铁生产基地。最高年（1943年）产钢约4万吨，占后方全部钢产量约5万吨的80%②。尽管仍然十分薄弱，但是促进了西南地区近代工业的发展，为重庆成为近代工业中心奠定了基础，重庆因此成为"国统区"最大的兵工基地，兵工署属的第十、二十、二十一、三十一、五十等5个兵工厂皆在重庆。同时，冶炼业的发展也带动了重庆近代机器工业的猛进。

重庆的机器工业是全面抗战时期发展最快的行业之一。据《陪部工商年鉴》记载，重庆机器工业，1940年底已有185家，资本7948万元，技工4200人。到1942年底，增加到436家，资本17388万元，技工11762人，各种工作母机2400台，业务兴旺，在整个大后方具有举足轻重的地位。

全面抗战时期重庆的动力工业首推天府煤矿。1943年，天府煤矿拥有各种车辆百余辆，各种船只156只，正式职工5000余人，年产煤352131吨，占当时"国统区"机煤产量66万吨的53%，成为后方最大的煤矿公司③。

全面抗战时期重庆的交通运输以长江水运为主干，以民生轮船公司为魁杰。1942年，民生轮船公司拥有大小轮船116艘，3.6万多吨位，占后方轮船吨位的90%以上，职工近万人，成了后方最大的民族资本企业。

全面抗战时期，重庆人口激增，各类商品需求量大，社会游资增多，促进了重庆商业贸易和金融业的繁荣。据统计，全面抗战时期，重庆的大小公司、商店有27481家，各商业同业公会123个。金融业方面，1943年10月底，重庆的银行、钱庄多达162家，其中银行总行37家，分支行89家，钱庄银号36家④。当时的重庆是全国的金融中心。

城市的近代化，从根本上讲，首先要生产力的近代化。特别是在旧中国，生产力发展的落后是农村和城市长期停滞在中世纪的根本原因。对于城市，生产力要近代化又必须依赖于工业近代化。社会化的大生产是近代文明城市的物质基础。重庆在全面抗日战争时期，从整体看，它仍然处于大后方强大的自然经济的包围中，但在特殊的历史条件下，依靠内迁的他力和由内迁产生的带动力，工商业盛极一时，城市的经济综合功能迅速扩大，在国家的经济生活中起着重大的影响，对国家的经济和社会进步发出了强大的辐射推力。这正是近代中心城市必备的中心作用。

---

① 《抗战时期重庆民营工业掠影》，《重庆工商史料选辑》（第5辑），第53页。
② 《重庆战时经济大事记》，《重庆商务日报》，1943年12月。
③ 《民生档案》《天府概况》。
④ 王斌：《四川现代史》，西南师范大学出版社，1988年，第275页。

3. 城市教育文化空前繁荣

城市的近代化不仅需要经济的近代化,而且需要科学文化的近代化和思想意识的近代化,即人的素质的近代化。全面抗战时期,重庆学校密集,人才荟萃,文化发达,思想进步,这是重庆城市近代化深入发展的重要标志。

全面抗战前,我国共有高等学校108所,多在平津沪宁等地。全面抗战发生后,这108所高等学校迁到四川的有48所,占全面抗战前"国统区"高校总数的44％[①]。全面抗战时期,重庆有高等学校近30所,还有一批中学、中等师范学校迁来重庆。北碚对岸的夏坝、小龙坎,磁器口的沙坪坝,江津的白沙镇形成了三个学校文化区。外省学校迁渝,使重庆的教育事业得到了空前发展,教育层次和教育水平大为提高。一批著名专家、教授都到重庆执教,将一大批爱国忧民、勤学奋进的青年培养成了我国科学文化事业的一代骨干力量。许多学校师生频繁地开展坚持抗战救国、反对独裁倒退的活动,使学校成了爱国民主阵地,影响及于社会。

全面抗战时期,重庆的文化事业也空前繁荣和进步。从武汉迁来的中华全国文艺界抗敌协会、中华全国戏剧界抗战协会、中国青年新闻记者协会等全国性抗日爱国团体,在抗战救国的旗帜下,以争取民族自由与解放为宗旨,团结文化战线各方面力量,推动了大后方文化的进步与繁荣。1940年10月,中共中央南方局周恩来领导成立了文化工作委员会。"文工会"由郭沫若任主任,利用合法地位,团结"文协""剧协""青协"等团体,开展多种文化学术活动,使重庆文化学术昌明,民主潮流上涨。在"文工会"的委员、兼任委员和各组工作人员中,有国内著名的历史学家、文学家、社会学家、教育学家、经济学家、自然科学家、戏剧家、美术家、音乐家、电影艺术家等。他们或著书立说,或讲学传道,或从事文学艺术创作,在大后方文化运动中起着青年导师、舆论先声的作用。

重庆的新闻出版广播事业在全面抗战时期有很大发展。大型和有影响的报社达20余家。《新华日报》是进步舆论的主导。出版事业方面,著名的商务印书馆主要出版质量较高的学术著作,中华书局出版大量古典文史书籍,正中书局是国民党官方出版社,出版教科书及国民党政治书籍,生活书店出版进步文学、哲学等社会科学书籍。1942年,重庆每月出版书籍81种,占全国图书出版数量的1/3,杂志66种,占全国杂志出版数量的1/4[②],堪称知识生产中心和信息传播中心。

全面抗战时期,我国学术文化的精华多集于重庆。以此为中心的学术文化震波,波及整个大后方。这对长期处于闭塞状态、学术文化不发达的后方人来说,无异是一次大学习,大启蒙。科学文化知识的传播,无疑会提高人的知识水平和觉悟程度,提高人的素质。这是社会进步、城市或农村近代化的关键。

4. 城市民主潮流空前高涨

全面抗战前的重庆是一个缺少民主空气的城市,到了全面抗战时期,这种情形

[①] 王斌:《四川现代史》,西南师范大学出版社,1988年,第275页。
[②] 《新华日报》1943年2月1日。

有不小的改变。深重的民族危机的刺激、科学文化知识的传播，使民众的主体意识有所增强。全面抗日时期，重庆成了"国统区"民主运动的中心。一批爱国民主人士，在重庆进行了民主党派的组建工作。1941 年 7 月 19 日，由一批政治家和知识分子组织的中国民主政团同盟在重庆成立。1944 年 9 月 14 日，中国民主政团同盟又在重庆召开代表会议，改称中国民主同盟。1945 年 12 月 16 日，由民主工商业者和一部分同工商界有联系的知识分子组成的中国民主建国会在重庆成立。由一部分文教科技界人士组成的九三学社，亦于 1945 年 9 月 3 日组成于重庆。还在 1941 年，中国民主革命同盟（简称小民革）在重庆成立，三民主义同志联合会（简称民联）自 1944 年上半年起开始在重庆吸收成员，开展活动。这些民主党派的组建，反映出重庆民主势力的增强。抗战胜利后，中国共产党和全国人民开展了争取和平、民主，反对内战、独裁的斗争。中国民主运动史上的两件大事都发生在重庆：一、重庆谈判的举行；二、政协会议的召开。民主与独裁，和平与内战，国共两党由合作到分道扬镳，都在重庆的政治舞台上拉开了帷幕。解放战争时期，反内战反独裁的民主潮流仍在重庆继续发展。

三、近代重庆城市兴起的特点和问题

考察近代重庆城市的发展，我们发现可从地理环境、成长动力和演变过程等三方面来概括其特点。

1. 从地理环境看，重庆处于中国东西部的结合点，内接腹地、外联江海，地位十分重要。从小环境考察，重庆是四川与外部联系的一个重要枢纽，"重庆者，四川之咽喉，而扬子江上流之锁钥"①。四川的地理环境特殊，四周皆高山峻岭环绕，与外部联系主要依赖长江水道；而重庆地处长江、嘉陵江的交汇处，乃四川水道之总汇，成为四川交通与航运的中心。由此衍生的主要经济活动有：（1）四川的商业贸易中心；（2）四川的工业基地；（3）四川的金融中心。从大位置考察，重庆地处四川盆地东南部，青藏高原与长江中下游平原的过渡地带，成为西南与华中、华北、华东及国外联系的枢纽。由于重庆居于东西部结合点，故战略地位十分重要。外部的洋货、国货要进入西南，大都需要经过重庆，重庆成为西南的门户。省际的人口流动，往往在这里聚集，然后再往西部疏散。由此衍生的经济活动主要有：（1）长江上游最大的洋货分销中心；（2）长江上游最大的土货购运中心。重庆在四川的小位置和在全国的大位置都有利于它的发展。

2. 从成长动力看，重庆在近代的发展是内因和外力综合作用的结果，而外力又起了主要作用。世界各国的中世纪城市向近代资本主义城市转化，主要有两种模式。一种是内部结构变动引起城市功能的改变，从而导致城市性质的变化。另一种

---

① 金沙：《四川贸易谭》，《四川》第 2 号。

是由于城市外部力量的直接作用，使城市功能发生变化，进而导致城市结构的变化。这种由外力引起的变化，一般不是从工业化开始，而是从商业贸易开始。由于是外力影响的结果，所以演变过程是突变的。中国沿海沿江的新兴城市基本上是属于这种发展模式，重庆即其中之一。但应指出处于腹地的重庆，"外力"并不是单纯指外国势力，实际上可分为"东力"（指国内四川以东各省的影响）、"西力"（指西方资本主义势力）两种，两种力量都推动了近代重庆的发展。开埠以后，"西力"影响显著，全面抗战时期，"东力"作用突出。

3. 从演变过程看，重庆城市的发展起步晚，发展快，呈突变型，特别得益于全面抗战内迁的强刺激。1937年，"七·七"事变发生，这在中华民族历史上是一个苦难的标志，但对重庆城市来说，却是兴盛的机遇。如果说开埠是重庆城市兴起的契机，那么全面抗战爆发，国民政府迁渝则是重庆城市兴盛的关键。在短短的几年内，重庆城市呈跃进式、突变型发展，经济空前发展，文化迅速进步，城市的地位很高，城市的作用显著，城市的贡献也大。从城市功能看，它是全国的政治、军事、经济、文化中心，其综合性经济功能和文化教育功能也大大增强，政治民主空气亦有所激扬。当时的重庆在全国确有举足轻重的地位。海外有些人士是在全面抗日时期才闻重庆之名的。从城市结构看，这时，重庆形成了沿长江东起唐家沱，西到大渡口，沿嘉陵江北到磁器口、童家桥，沿川黔公路南到綦江的工业区。这是当时后方唯一的以兵工、炼钢、机械、造船、纺织、化工为主干的综合性工业区；形成了北碚、夏坝、沙坪坝学校文化区。还有因避日机轰炸，由机关和居民疏散而形成的歌乐山、青木关与北碚之间的"迁建区"①，城市规模空前扩大。1940年划定的市区范围水陆面积约328平方公里②。当时市区内有人口70万人，加上郊区及"迁建区"人口，约在150万到200万人之间③。

重庆城市的近代化十分明显而迅速，但它的发展是特定环境下进行的，发展的同时出现了许多问题。

1. 对国外市场的依赖

开埠以后，重庆被纳入帝国主义在中国造成的买办商业剥削网之中，成为世界资本主义市场的一环。由于重庆商业的发展主要是对外贸易，因此对国外市场的依赖性较大，受到国外市场的制约。进出口贸易的发展，一方面使重庆城市经济开始摆脱过去地域封闭型经济，外部关系呈开放状态。另一方面，进出口商品结构不合理，进口的洋货和长江下游及东南沿海地区的商品大都是最终制成品和部分初级产品，而从重庆出口的西南地区的产品大都是农副土产品和初级产品及少数中间产品如生丝、猪鬃、牛皮、羊皮、烟叶、药材等。从进出口商品结构不合理可以看出，重庆在对外经济贸易关系中处于不利地位，商业贸易利润的大部分积累到了外国资

---

① 中国人民政治协商会议四川省重庆市委员会文史资料研究委员会编：《重庆抗战纪事》，第12~19页。
② 重庆地方史资料组编：《重庆简史和沿革》，第129~130页。
③ 中国人民政治协商会议四川省重庆市委员会文史资料研究委员会编：《重庆抗战纪事》，第15页。

本家及其代理人手中,重庆和四川的商人只能从外国人口里得到一点余沥,而广大人民却只积累了贫困。这严重地影响了重庆城市的工业化和近代化。

2. 工业发展水平低

全面抗战以前,重庆城市基本的或主要的功能仍限于商业贸易,近代工业不仅起步晚,发展缓慢,基础薄弱,生产社会化的程度不高,而且发展水平也较沿海和长江中下游大城市为低。如在 1933 年,重庆仅及上海工厂数的 12.0%,资本额的 4.0%,工人数的 5.0%,产值的 1.4%。重庆的工业产值和资本额都在上海、天津、广州、武汉、青岛、无锡、北京、南京之下,在全国名列第九位[①]。机器工业是近代工业之母,全面抗战前,重庆虽有十余家机器厂,但除民生、华兴两厂外,其余皆是修理工场。规模最大的民生机器厂亦是民生轮船公司附属的船舶修理厂,仅有动力 52 匹马力[②]。全面抗战时期重庆近代工业发展的特点是重工业快于轻工业,官僚资本工业快于民族资本工业。发展时间短促,呈大起大落之势。重庆近代工业即使在自己的"黄金时期"也存在许多局限和困难。一是能源不足。据西南事业协会调查,1943 年已有 1/3 的迁川工厂因能源不足不能全部开工生产[③]。二是设备陈旧,资金不足。1942 年以后,通货膨胀加剧,商业投机活跃,银行利息提高,工矿的贷款和投资下降。三是国民政府的经济政策、通货膨胀政策和官僚资本对民族资本的侵吞。一到抗战胜利,重庆的工业便陷入危机与衰落之中。国民党发动大规模的内战,政治极端腐败,美国剩余物资大量倾销市场,恶性通货膨胀,国民经济全面崩溃。1946 年 4 月,国民政府迁回南京,重庆的陪都地位实际上已经丧失。有的迁川工厂和学校纷纷复员回籍。重庆的工厂除棉纺织业外,多数先后停业、破产。1946 年 6 月,仅迁川工厂经批准停业的机器制造业即达 98 家,占该业总数的 54.0%;电工器材制造业 15 家,占该业总数的 45.0%。到了 1947 年 7 月,重庆开工的机器厂只有 63 家。1949 年,全川土铁厂 90.0% 停工,430 家机器业中倒闭了 200 家左右[④]。挣扎最力的棉纺织业在一度回升后,到 1949 年也是摇摇欲坠了。重庆城市近代化进程由是停滞。这不能不说是重庆城市近代化过程中的一个特点。

3. 重庆城市的近代化与半殖民地化同步进行

1891—1930 年的 40 年间,重庆进出口商品值增加了 24.7 倍[⑤]。商业的发展主要是对外贸易发展的结果,因此,受外国市场的制约较大。外国商品自不待言,出口货亦是如此。据甘祠森编《最近四十五年来四川进出口贸易统计》分析:1895 年到 1913 年的 12 种主要农副产品的出口值,其中以适应外国市场需要的生丝、猪鬃、牛羊皮、烟叶、大黄等增长最快。这 5 种商品在出口总值中所占比重从 1895

---

① 刘大钧:《中国工业调查报告》下册,国民经济统计研究所,1937 年;严中平等:《中国近代经济史统计资料选辑》,科学出版社,1957 年,第 106 页。
② 四川省文史研究馆编:《四川军阀史料》(第 5 辑),四川人民出版社,1988 年,第 139 页。
③ 孙健编:《中国经济史论文集》,中国人民大学出版社,1987 年,第 388 页。
④ 《新华日报》1950 年 11 月 23 日。
⑤ 甘祠森:《最近四十五年来四川进出口贸易统计》,1936 年。

年的 15.51% 上升到 1913 年的 55.25%。这一方面说明，重庆开埠后，四川农副产品商品化的加速主要是外国市场的导向所致，另一方面也说明，为外国资本主义市场代销代购成了重庆市商业功能的一个突出部分。这种情形与西方某些独立发展城市的近代化是大有不同的。

4. 缺乏城市政治民主化

在近代，重庆既沐浴过戊戌维新的风雨，又经历过辛亥革命时期资产阶级民主思想的振荡。五四时期，重庆曾掀起过响应的浪潮，马克思主义在五四以后也开始在重庆传播。这一切都在重庆播下了爱国、革命、民主的种子。但是，近代重庆是由一个没有民主传统的封建城市发展而来的。重庆城市化的模式是中国式的而不是西方式的。重庆长期在清朝统治下饱受专制之苦。尽管 1910 年巴县县城成立了地方自治组织城议事会及董事会，又成立了巴县参事会，但在"大权统于朝廷"的限制下，根本起不到促进城市政治民主化的作用。在军阀割据时期，又遇武人专权。军阀们为了扩军、养军、打仗，向重庆工商界恣意勒索。在近代，四川军阀混战在全国是很突出的。重庆又是争夺的焦点，受害尤烈。专制主义的超经济势力，阻碍了重庆城市近代化发展。当政者的意旨与进退足以影响整个城市。例如，重庆电力炼钢厂筹建于 1919 年，由四川督军熊克武发起创办。1920 年从美国引进容量 3 吨的电炉及有关发电的机器设备，拟就近用綦江出产的土铁为原料冶炼电炉钢，计划月产钢 120 吨，期于一年半内建成投产。但因政局生变，原当权者下台，建厂计划无形终止，所购机器锈蚀。1922 年上台的执政者以筹款困难将其改为官商合办，旋又因政局变化而停顿。这个钢厂直到全面抗战爆发仍未全部建成。一个原计划一年半建成，年产量 1000 余吨的小厂，竟因政治原因拖延近 20 年之久还不能竣工。全面抗战时期，在民族矛盾上升为主要矛盾的历史条件下，重庆的爱国民主空气在中国共产党的指导下有所激扬。但是，蒋介石政府坚持专制独裁，镇压民主运动，使重庆成了蒋介石政府实行专制统治的中心。缺少政治民主不能不是重庆城市近代化的困难和近代化程度不高的表现。在近代，反帝反封建，争取独立与民主仍然是重庆城市近代化的主要课题。

（原载《近代史研究》1991 年第 4 期）

近代中国区域城市研究的初步构想[*]

近代中国城市史通过对沿海、沿江有代表性的重要城市的研究,已经取得可喜的成果,为阐明近代中国城市发展规律提供了依据。但是,要进一步深化对近代中国城市发展规律的认识,还需扩大研究视野和研究范围,在个案研究的基础上,进而对区域甚至对全国有代表性的城市做比较研究,对城镇体系、城乡网络进行整体的宏观考察,由点及面地弄清城市发展的历史、特点和规律。因此,区域城市史研究亟应提上日程,并有若干理论方法问题需要探讨:近代中国区域城市研究的对象、内容是什么?可以采取何种研究模式?有哪些值得研究的理论方法问题?我们拟提出一些不成熟的构想,向专家、学者请教。

一

区域史的概念是随着地方史研究的深入而提出来的,它实际上是地方史的延伸和扩大。地方史,人们习惯以行政区划为研究范围,以地方和全国相对应;区域史则是以一个政治、经济、社会、文化等方面有共同联系和特色的地区为研究范围,以局部和整体相对应。区域城市史既是区域史的一个分支,又是城市史的一个分支;确切地说,是区域史和城市史相结合而形成的一个新的研究领域。

在探讨中国近代城市史研究的基本内容时,我们曾提出有必要区分两种不同类型的城市史:一种是以国家或地区城市体系或城市群体为研究对象的城市史,如中国近代城市史、长江上游城市史;一种是以单个城市为研究对象的城市史,如近代重庆城市史、近代天津城市史。区域城市史便是以一个政治、经济、社会、文化诸方面有共同联系和特色的地区的城市体系、城市群体为研究对象的城市史。

国内外对于中国区域城市研究的体系、规范虽然还缺乏深入的讨论,但具体的研究工作已经开展,并取得了一些有影响的成果。

国外研究比较有名的代表,是美国学者施坚雅(William Skinner)主编的《中华帝国晚期的城市》,该书提出了中国城市和集镇的空间分布模式,并根据中国近代城市化发展水平的地区差异,把中国大部分地区划为八个大区,即(1)长江下游区。包括江、淮分水岭以南的江苏、安徽两省,上海市及浙江省的钱塘江和甬江

---

[*] 本文由隗瀛涛、谢放合撰。

流域。(2) 岭南区。包括广东和广西。(3) 东南区。包括福建省及前述浙江、广东两省的剩余地区。(4) 西北区。包括宁夏和甘肃、陕西两省的黄河流域。(5) 长江中游区。即湖南、湖北、江西三省,并包括陕西、黔东及河南、广西的长江流域。(6) 华北区。包括山西、河南、河北三省大部(京、津在内),山东全省及江、淮分水岭以北的江苏、安徽两省。(7) 长江上游区。包括四川大部,甘南及黔北。(8) 云贵区。包括云南、贵州两省大部分地区。施坚雅认为,晚清中国城市没有形成一个一体化的完整的城市系统,而只是若干个地区性的系统,每个系统与相邻系统之间只有些脆弱的联系,因此分区域研究近代城市的发展状况是必要的。该书对每一大区的城市分布、城市结构和市场网络进行了分析研究,在国外学术界有很大影响。尽管施坚雅的研究主要侧重于经济地理学的角度,其划分区域的标准以及一些结论尚可进一步商榷,但他主张划分区域来研究近代中国城市的思路和方法确是符合近代中国城市发展历史的实际情况的。

台湾"中央研究院"近代史研究所自1973年起组织了《中国现代化的区域研究1860—1916》的研究项目,选取沿海、沿江现代化现象显著的14个省市,分十个区域,作为系列研究对象。研究成果已问世的有湖北省、山东省、闽浙台地区、湖南省和江苏省。这些成果中包含了区域内城市的数量、规模以及城市化水平的专题研究。

大陆学者近年来也已开始重视城市发展历史的区域研究,尤其是城市经济史、城市社会史的研究引起了更多学者的关注。其中明清时期江南地区市镇发展及其结构、功能的研究成果比较丰硕。但总的说来是微观、个案研究较多,而宏观、整体的分析较少;古代城市研究较多,而近现代城市研究较少;从经济史领域研究较多,从其他领域研究较少。

从国内外目前已有的区域城市史研究成果看,除施坚雅运用城市经济地理学的有关理论研究城市体系外,多数学者的研究模式大体可分为两种类型:一种是对有代表性的城市逐个进行个案研究,具体分析论述城市兴起、发展及其特点。这种研究模式的优点是突出了区域内每一个代表性城市的形成、发展的历史和特点,其局限则是对区域城市体系的总体结构和功能、城镇之间和城乡之间的社会经济联系缺少宏观的分析;另一种是对城市群体所涵盖的各方面内容,包括政治、经济、社会、文化等,分门别类地进行研究,其优点是突出了城市发展的方方面面,且对于原专攻某一领域研究的专家来说,在资料搜集和研究手段上亦能驾轻就熟,其局限则不易同地方专史(如经济史、社会史、文化史)划明研究界限,难以发挥城市史"整体性、综合性研究"的优势和特色。当然,上述两种研究模式,作为区域城市史的基础研究工作仍是必不可少的,因为只有首先通过对区域内城市群体逐一的个案研究和各方面内容的深入分析,才可能谈得上对区域城市体系的宏观、整体的研究。不过,要突出区域史研究的特色,建立具有中国特色的城市史学,还需在这两种研究模式基础上提高、升华。

二

要突出近代中国区域城市研究的特色,需要首先确定研究的基本内容。我们认为近代中国区域城市最基本的研究内容至少包括以下三个方面。

(一) 区域内城市体系发育演变的历史

所谓城市体系,是指一定地区范围内若干规模不等、性质不同的城市相互联系、相互依赖而形成的城市群系统。具体包括如下内容:(1) 区域内不同规模、类型城市的结构和功能,以及由此形成的城市体系的总体结构和总体功能。(2) 各类城市的数量、规模、地理布局和等级结构。(3) 城市之间、城乡之间政治、经济、社会、文化的联系内容和形式。(4) 中心城市在城市体系中的地位和作用。

我国曾是世界历史上城市发达的国家。城镇之多,城市规模和城市人口数量之大,城市经济和城市文化之发达,早已闻名于世。城市体系自有其长期发育的历史,在这一发育过程中,自然的、政治的、经济的、社会的、文化的各种因素,社会的稳定和动荡都对城市体系的形成、发展有影响。自明清以来在长江下游、岭南地区,随着城镇和农村商品经济的发展,城市的数量和规模,城市体系的结构和功能都发生了明显变化。据估计,明代全国共有大中型城市百余个,小城镇2000多个,农村集镇4000~6000个[①]。清代又有了进一步发展,1843年不包括东北和台湾在内,中国计有大小城镇1653个[②]。近代以来,随着沿海、沿江新兴工商业城市的崛起和航运、铁路、公路等近代交通的发展,城市体系的空间布局、结构和功能都有了较大变化。除东南沿海地区城市发展外,东北地区随着近代工矿业和铁路的发展,城市网络迅速兴起。1902年以前,东北地区拥有20万人口的城市仅2个,东清铁路修建后,沿线产生了一批人口聚集的新城市,到1915年,10万~20万人口的城市发展到3个,5万~10万人口的城市3个,3万~5万的城市10个,1万~3万的城市34个[③]。西南地区由于长江航运业的不断扩大,特别是全面抗战时期中国经济、政治、文化中心向该地区的转移,也获得较快发展。重庆20世纪初城市人口估计30万人,到1946年已增至125万人。成都1939年人口为30.9万,1945年亦增至71万。同时一批中等城市如万县、南充、自贡、内江、泸州等亦较快崛起,初步形成了以重庆、成都为中心,以中小城市为网点,以众多的农村集镇为基点的城市体系。因此,以区域城市体系发育演变的历史作为近代中国城市研究的一个主要内容,这就和单纯的地方史、区域史划明了研究界限,也和一系列

---

① 郑宗寒:《试论小城镇》,《中国社会科学》1983年第4期。
② Skinner, G. W. "The city in Late Imperial China", Stanfard, 1977.
③ 宓汝成:《帝国主义与中国铁路》,第601、602页。

专史确定了分工关系,突出了城市史研究的特色。区域内社会、经济、文化的发展,政治体制、行政区划的演变,政治事件、社会活动的发生发展,这些一般区域史研究的内容,只有和城市体系的发育演变历史密切相关,才成为近代区域城市研究的对象。

(二) 区域城市化的历史道路和发展水平

我们曾提出"近代中国城市史的基本线索有两条相互推进、相互制约的主线,一是近代城市化过程,二是城市近代化过程","在不同类型的城市史中,这两条主线应有所侧重,全国或区域城市史可以侧重城市化这一线索","以某一城市为研究对象的城市史则可侧重于城市近代化这一主线"[1]。所以,近代中国区域城市研究的另一个基本内容便是区域城市化的历史道路和发展水平。通过这项研究不仅能把握近代中国城市发展的基本规律,也可以为探索当代中国城市化道路提供历史依据和历史借鉴。

城市化的定义和内涵至今尚无一完整统一的解释。经济学家、社会学家、人口学家、地理学家分别从各自学科的领域出发,提出了城市化的各种定义。城市化无疑包括人口流动、地域景观、经济领域、社会文化诸多方面的丰富内涵,而且随着历史的发展,城市化的内涵也在发生演变。但是在近代中国区域城市研究中确定一个学术界大体认同的城市化定义仍是十分必要的。根据马克思主义关于城市发展的基本原理,即城乡分离、对立运动"贯穿着全部文明的历史并一直延续到现在"[2]。这一运动最基本的规律,在古代是"城市乡村化",在近现代则是"乡村城市化"[3]。所以,我们同意将城市化的定义基本概括为"城市化是一个变传统落后的乡村社会为现代的城市社会的自然历史过程"[4]。近代中国区域城市研究便应探讨城市化的这一自然历史过程。必须强调的是,城市的出现并不是城市化的开始,城市化只是始于以大机器工业为主要标志的近代,从世界范围看,这一过程的起点是18世纪60年代英国产业革命,终点则是整个人类社会彻底转变为一个现代先进的城市社会。因此,城市化并非古已有之,而是近代历史的产物。明确了这一点,就突出了近代城市史研究的重点,并和古代城市史研究有了不同的特色。

近代中国城市化是中国城市化道路的起始阶段,也是当今中国城市化道路和水平的历史前提。在探讨当今中国城市化道路时,学者们提出了各种不同的观点和发展战略,或主张"优先发展大城市",或主张"小城镇是具有中国特色的城市化道路的标志",或主张"大城市和小城市都有难以克服之弊端,唯有中等城市才是中国城市化道路的重点"。可是,我们不能不考虑到中国幅员广大,人口众多,地域差异悬殊,社会经济发展不平衡,城市化道路不可能采取"一刀切"的单一模式。

---

[1] 隗瀛涛:《近代重庆城市史研究》,《近代史研究》1991年第4期。
[2] 马克思、恩格斯:《马克思恩格斯全集》第3卷,57页。
[3] 马克思、恩格斯:《马克思恩格斯全集》第46卷,480页。
[4] 高珮义:《关于城市化概念含义的研究》,《城乡建设》1991年第1期。

各地区需要结合各自的历史和现状,自然的、经济的、社会的各种条件,选择符合本地区实际情况的城市化道路,而要达此目的,就不能没有对城市化道路和水平的区域的、历史的研究分析。所以,近代区域城市史把研究城市化历史道路和发展水平作为其主要内容之一,就更能体现城市史研究的学术价值和社会价值,做到比较直接地为中国现代化建设服务。

(三)区域内的城乡关系

城市和乡村是相互依存、相互促进的有机整体,城市和乡村的发展是同一个社会发展过程中的两个侧面。就城市研究城市,难以正确认识城市的性质、功能和发展规律,必须从区域的角度特别是区域内广大乡村的社会经济状况进行研究。在城市体系中,城市处于中心地位,而广阔的乡村腹地则是城市中心地位确立、城市辐射力和吸引力强弱不可或缺的依托,乡村社会经济的发展状况,很大程度上制约、影响着城市功能和规模的发展。近代重庆城市的兴起,得益于进出口贸易的发展,而进出口贸易的发展,又得益于长江上游广阔的农村作为其商品市场和原料基地。近代成都之所以成为著名的商业消费城市,也离不开自然条件优越、物产丰饶的川西平原农村。

近代城乡关系主要体现在城乡分离、城乡联系和城乡对立三个层面。城乡关系的变化,既有传统的延续,也有近代的演变。近代中国区域城市史应该研究这三个层面的变化及其特点。诸如城乡人口流动、城乡职业构成、城乡联系的形式和内容、城乡市场结构和功能、城乡社会分工状况、城乡对立程度和特点都是值得深入研究的问题。

三

近代中国区域城市研究既有确定理论体系和研究规范的问题,也有若干研究方法论的问题。这些问题在个案城市研究中,似乎还容易解决,而在城市群体的研究中,要解决这些问题确非易事。下面试就近代区域城市研究中首当其冲的两个问题进行分析。

(一)关于区域范围的划分

地方史研究是以行政区域为研究范围,仅需解决历史上的行政区划与当今行政区划如何协调统一的问题,而区域城市史如何划分区域范围却是一个复杂的问题。经济史学界曾对历史经济区域的划分标准展开过讨论,提出了三种意见:(1)以行省作为社会经济区域划分的基础。(2)打破行政单位界限,按自然经济条件划分。(3)采取多元标准,既可以按行政区域划界,也可以打破它的界限,按山脉走向、江河流域、市场网络和人文风俗等不同情况来确定[①]。这三种意见均有各自的依据,其划分标准亦各有利弊和适用范围。区域城市研究除了考虑行政的、地理的、经济的具体情况确定研究范围外,还应考虑结合城市史的特点来确定划分标准。我们认为至少要考虑以下两点因素。

(1) 城市体系中中心城市的作用范围。城市体系中,中心城市是对整个系统起着控制作用的支撑点,中心城市向周围地区的辐射力、吸引力的大小,相应就形成大中小不同规模的城市及其各自相应的作用区域;一个中心城市往往统辖一定数量的中等城市和更多数量的小城市,中心城市的作用和影响通过这些中小城市逐级传输到一定的区域范围。而这一范围,便可视为区域城市史研究的范围。

(2) 城市体系的区域范围是动态的。城市体系的区域范围总是随着社会经济的发展演变而发生相应变化。城市政治中心的作用和影响范围,一般说来,表现为三个相对稳定的圈层。第一圈层是直接管辖区域,第二圈层是紧邻地域,第三圈层是影响地带。而城市经济中心、文化中心的作用范围则较为复杂。在近代社会以前,因农业经济占主导地位,其分散性和自给性使其经济中心、文化中心和政治中心的作用范围大致重合。但是,随着近代资本主义工商业、交通运输业和文化教育事业的兴起、发展,城市的经济、文化功能大大加强,从而超越出其政治辖区的范围而对更广阔的地区产生作用和影响。所以,区域城市史研究的区域范围也应根据城市体系的发展演变,采取历史的动态的划分标准。

(二) 关于城乡人口的统计口径

研究城市体系内城市的数量、规模、分布、等级以及城市化水平,都离不开对城市人口的分析研究。城市人口和农村人口的差异主要表现为在空间上聚居的集中程度不同和社会生活中所承担的经济职能不同。但要在城乡人口之间划一条泾渭分明的界限,却非易事。而且城市人口和农村人口都属于历史范畴,一直处于不停地发展运动之中,在各历史时期由于社会经济发展水平不同,政治体制和行政区划的变动,城市人口和农村人口的含义都会发生变化。

从国际上通行的划分标准看,欧洲多数国家以 2000~2500 人的居民聚集点为界,在此人口集中数以上的地方为城市,以下者为乡村;或在人口标准的基础上再加上职业标准,即以从事非农业工作的人口占一定比例(一般为 50% 以上)作为城乡的分界。发展中国家则又多根据本国具体情况制定相应的标准。近代中国一直没有法定的"城市人口"和"农村人口"的定义,虽曾有一些中外学者按国际常用的划分标准进行研究,但因各自依据的历史资料和研究手段的差异,得出的结论往往相差甚远。20 世纪 30 年代,国内一些学者对此问题也进行过探讨,如许仕廉《人口论纲要》和孙本文《现代中国社会问题》中均主张以 2500 人为界,两人的划分标准虽然相同,但得出的结论仍有出入。许先生认为 1932 年前后中国城镇人口

[①] 见《历史研究》1988 年第 3 期,第 159 页。

比重为 34.0%，孙先生则认为 1936 年前后中国的城镇人口比重为 28.1%。再如我国台湾当代学者吕实强先生以 2500 人为界，对清末民初四川 68 个城市以及附近市镇城市人口进行统计，得出约 260 万城市人口的结论；而当时在华外国教会对清末民初四川 21 个城市的人口统计，已达 210 余万[①]。两者统计的结果出入甚大。可见，城乡人口的定义、统计标准的差异，给研究近代城市人口数量、城市规模以及城市化水平都会带来诸多困难。如果区域城市研究依据不同的资料、不同的标准，那么，其研究成果便很难进行比较分析。显然，确定一个学术界认同的研究标准是十分必要的。

区域城市史研究涉及的问题远不止上述这些，在理论体系、研究方法、资料整理等方面还有许多艰巨的工作要做。我们仅提出了一些不成熟的构想，以求正于史学界同仁。

（原载《天津社会科学》1992 年第 1 期）

---

① 见吕实强：《清末民初期间四川城市的发展》，《四川文献》总 177 期；中国社会科学院世界宗教研究所编：《中华归主：中国基督教事业统计 1901—1920》下册，第 1186~1189 页。

上海开埠与长江流域城市近代化*

自上海开埠后,长江流域逐步形成了以上海—武汉—重庆三个经济中心城市为支点的东西贯通的经济带,长江流域城市的近代化也成为中国近代化的主流。150年后的今天,以上海为龙头,带动长江流域经济的全面腾飞,加快中国现代化的进程,又成为跨世纪的战略任务。研究上海开埠与长江流域城市近代化的历史便具有现实的意义。城市的近代化即早期现代化,自然应包括经济、政治、思想文化和人的近代化。本文主要从城市经济的角度进行初步探讨,并求教于专家、学者。

一

长江流域几乎拥有人口最密集、物产最富饶的半个中国;上海地处长江入海口、我国南北海疆之中点,这一经济地理位置决定了上海必然会在长江流域城市近代化进程中扮演重要的领头角色。上海开埠后,迅速崛起,成为长江流域乃至整个中国的经济中心,它带动长江流域走向近代化,它又依托长江流域加入世界近代化的潮流。

(一) 以贸易中心的作用带动长江流域城市内外贸易的发展

现代化社会以前,最便利的交通莫过于水路运输,最迅速的财富积累莫过于商业活动,"因水而兴,因商而盛"便成为中国城市迈开近代化步伐的起点。上海凭借其得天独厚的自然地理条件,依托其广阔的腹地以及内地的商品市场,在开埠后很快取代广州成为全国对外贸易的中心。1853年起,上海的进出口贸易已超过广州。从生丝和茶叶出口情况看,上海已成为中国最大的出口基地。1855年,上海生丝出口量已达58319包,占两地生丝出口总量的92.7%;而广州仅出口4577包,占7.3%。上海茶叶出口为69431千磅,占两地出口总量的68.6%;广州为31796千磅,占31.4%①。从1864年开始有海关系统的贸易统计时起,到1948年,上海的对外贸易始终保持占全国对外贸易总值的50%左右。所以,"这座城市不靠

---

* 本文由隗瀛涛、谢放合撰。
① [美]马士著,张汇文等译:《中华帝国对外关系史》第1卷,第413页。

皇帝，也不靠官吏，而只靠它的商业力量逐渐发展起来"①。

上海的开放既是对外开放，也是对内开放，在对外贸易发展的带动下，上海的对内贸易也得到了发展。上海有相当部分的进口货要转送到内地或其他通商口岸，而内地尤其是长江流域和沿海邻近地区的土货也多集中上海出口。1900—1930年，经上海出入内地的贸易货值增长了14.7倍，其中输入增长了30倍，输出增长了12倍②。上海内外贸易的发展带动了中国内地尤其是长江流域各城市贸易的增长，长江流域各城市贸易的增长又进一步推动上海贸易中心功能的加强。

长江中游贸易枢纽城市汉口，1863年——汉口正式开埠后两年，在11个中国沿海沿江城市外籍船只运输的进出口货物净值比较中即已超过广州、福州等沿海城市，仅次于上海而居第二位③。甲午战争后，汉口的贸易进一步发展，1895—1911年汉口的直接对外贸易额由540万海关两增加到3700万海关两。15年增长了5.9倍，间接对外贸易则由4500万海关两增加到1.35亿海关两，15年增长了2倍。在20世纪最初10年里，其对外贸易额始终保持全国对外贸易总额的10%左右，超过天津、广州，仅次于上海而居全国第二位④。"今直位于中国要港之第二，将进而摩上海之垒，使视察者艳称为东洋芝加哥。"⑤汉口贸易的增长，使之成为上海进口洋货运销长江上游地区和长江上游地区土货运销上海的最大转口贸易中心，起到承接下游，辐射上游的作用。

长江上游的重庆是四川乃至西南地区与外部联系的重要通道，"重庆者，四川之咽喉，而扬子江上游之锁钥"⑥。鸦片战争前后，重庆同长江中下游地区的贸易已有发展，主要是通过汉口转运。19世纪后期，除继续依靠汉口转运外，也开始直接由上海进货。"重庆洋布进口贸易全部操纵在27家商号之手，他们都直接派有代理人常驻上海。除了重庆这些商号在上海有代理人之外，成都有3家，嘉定有1家，也在上海有代理人，随时按他们的需要购买。"⑦ 1871年，四川生丝6000包也首次从上海出口国外，"在沿海省份和外国市场上，已开始与浙江丝竞争了"⑧。1891年重庆正式开埠后，其对外贸易与上海的联系更为密切，经重庆海关出口的商品大部运往上海，"重庆海关的统计只反映了直接出口上海的那部分"⑨。1891年重庆海关进出口贸易总值为285万海关两，到1910年已增加到3231万海关两，到1915年又增加到3541万海关两。重庆成为长江上游最大的贸易中心。但是，重庆的贸易格局有内陆城市自身的特点，一是在内外贸易的比例上，内贸一直占主导地

---

① ［美］霍塞：《出卖的上海滩》，商务印书馆，1962年，第4页。
② 张仲礼主编：《近代上海城市研究》，上海人民出版社1990年版，第60页、61页。
③ 班思德：《中国对外贸易史》，第59页。
④ 王永年：《晚清汉口对外贸易的发展与传统商业的演变》，《近代史研究》1988年第6期。
⑤ 侯祖畬、吕寅东纂辑：《夏口县志·商务志》。
⑥ 金沙：《四川贸易谭》，《四川》第2号。
⑦ 姚贤镐：《中国近代对外贸易史资料》第3册，第1548页。
⑧ 彭泽益编：《中国近代手工业史资料》第二卷，第90页。
⑨ 《1898年英国驻重庆领事报告》。

位；二是在土货洋货的比重上，土货贸易一直占优势；三是商业贸易的控制权一直掌握在华商手中。在重庆开埠前，洋货贸易额仅占内外贸易总额的 1/10，开埠后也只占 1/3。进入民国后，外国进口商品逐年减少。1912 年经重庆海关进口的商品中洋货占 49.5%，1920 年下降到 23.0%，1938 年仅有 7.0%①。重庆主要成为上海、汉口等地民族工业的商品市场。

长江流域城市贸易的增长，不仅从沪、汉、渝这三个最重要的商业中心反映出来，而且整个长江流域的对外贸易在全国都占有最重要的地位。1871—1947 年，包括长江流域各主要城市在内的华中地区进口贸易价值所占的比重超过了华南、华北和东北三大地区之和，占全国总值的 50%～70% 以上，出口贸易也占全国总值的 50% 左右②。内外贸易的发展为民族资本主义在长江流域城市的产生和发展积累了资本，创造了条件。

（二）以航运中心的作用推动长江流域城市交通运输的近代化

近代以前，交通运输的落后是造成中国商品经济不发达的重要原因。素有"黄金水道"之称的长江在上海开埠之前虽然木船航运业已有了较快发展，但始终处于从属于以汉水、大运河为主体的南北航运格局。第二次鸦片战争后，长江被迫向西方列强开放。对于西方人来说长江流域是一个极富诱惑力的巨大市场，他们迫切希望用最快的运输速度把商品从上海扩散到广阔的内地。列强各国以上海为基地展开了争夺长江航运的角逐。1861 年，美商琼记洋行"火箭号"轮船作为第一艘美国商轮首次驶抵汉口。紧接着，上海的 20 多家洋行纷纷将轮船驶入长江。首先称霸长江中下游航运的是美商旗昌轮船公司，继之为英商怡和、太古轮船公司。轮船航运的高额利润，使长江航运线上出现了空前剧烈的竞争，各公司之间拼命压价竞载竞运，以至上海到汉口每吨货物的运价从最初的 18 两一度猛降至 3 两。外国资本主义的经济侵略表现出了强盗般的贪婪，资本主义的商业竞争也同样残酷无情。列强可以凭借政治军事强权把轮船驶入长江，但要赢得长江两岸顾客的青睐最终还得靠经济的手段。1861—1938 年，在中国设立的主要外轮公司共有 44 家，其中就有 25 家设在上海③。

外轮公司在长江航运的角逐，刺激了中国近代航运业的兴起。1872 年，中国第一家近代航运企业轮船招商局在上海诞生。招商局在同外轮的竞争中虽然难同实力雄厚的外轮公司抗衡，但几经磨难，仍然在长江航运中争得一席之地，形成了太古、怡和、日清、招商"四分天下"的局面。四大公司中，招商局 1903—1936 年在长江航运中所配吨位最多时占 27.0%（1903 年），最少时为 16.2%（1911 年）；1927—1936 年所载货量最多时占 16.9%（1936 年），最少时仅 2.1%（1927 年）④。

---

① 郑励俭：《四川新地志·四川省历年进口之土货洋货比》，正中书局，1946 年。
② 严中平等：《中国近代经济史统计资料选辑》，第 67～68 页。
③ 严中平等：《中国近代经济史统计资料选辑》，第 239～243 页。
④ 严中平等：《中国近代经济史统计资料选辑》，第 248～251 页。

继外轮公司和招商局之后,中国私人资本经营的轮船公司开始出现。中国商人先在外轮公司和招商局搭股,继而自己集资试办。但是,因外轮势力的压抑和封建顽固势力的反对,华商试办轮船公司屡受挫折。直到1890年,在上海创办的鸿安轮船公司开始订造江轮2只,航行长江。甲午战争前,华商仅创办了3家轮船公司,有2家在上海。进入20世纪之后,商办轮船公司风起云涌,据统计,1901—1913年,规模较大的共有35家,设立时的资本总额达1160万元,平均每家33万元;其中上海有6家,长江流域主要城市中,南通、杭州各2家,宁波、九江、无锡、沙市、宜昌、长沙、重庆各1家①。另据统计,1921年华资大中型轮船企业106家,共有轮船366艘,总吨位370211吨,其中在长江航行的近80艘,总吨位77371吨。这106家轮船企业总部设在上海的就有39家②。

在长江航运近代化进程中,以重庆为中心的川江航运业的开拓和发展尤其具有特殊意义。19世纪70年代,汉口与宜昌通航,而宜昌以上川江仍处于木船时代。1898年,英人立德乐驾驶在上海订制的7吨小轮船"利川号"试航重庆成功。1908年,官商合办的"川江行轮有限公司"在重庆成立。次年,该公司第一艘商轮"蜀通"号开航,很快便开辟了重庆到宜昌间的固定航班。"蜀通"的成功,激发起重庆商界投资航运的热潮。辛亥革命以后,到五四运动以前,川江航运业开始了它的第一次发展。"四川省敞开商业的汽船航行,是目前这10年间的突出特点。对一般旅行者来说,重庆已不再像从前年间只有依赖民船作为唯一的交通工具才能达到的遥远城市了。"③ 到1922年,进出重庆的轮船已达639艘次,货物装载量达279009吨,比1912年分别增长了24.5倍和55.9倍。1926年卢作孚在重庆创办民生轮船公司,是为川江航运近代化进程中又一里程碑。民生轮船公司由一只小客轮起家,经过十年奋斗,一跃而为近代中国最大的民营轮船公司。到1936年底止,在重庆的川江轮船公司共有16家,其中中国10家,外国6家;共有船只77艘,总吨位34756吨。其中中国船58艘,占75.3%,21727吨,占62.5%;外国船19艘,占24.7%,13029吨,占37.5%。而这其中民生轮船公司一家,即有船48艘,19137吨,分别占总数的62.3%和总吨位的55.0%④。民生轮船公司的出现,开辟了川江航运的新时代。

(三) 以金融中心的作用推动长江流域城市金融的近代化

上海开埠后,金融业迅速扩展,到20世纪30年代,上海已成为中国和远东的金融中心,1935年全国共有银行164家,总行设在上海的就有58家,占35.0%,其中有28家在内地各处开设了629个分支机构和数千个通汇点,构成了一个全国

---

① 许涤新、吴永明主编:《中国资本主义发展史》第2卷,人民出版社,1990年,第500~501、674~675页。
② 樊百川:《中国轮船航运业的兴起》,四川人民出版社,1985年,第637~643页。
③ 《1912—1921年重庆海关十年报告》。
④ 据张肖梅:《四川经济参考资料》,H8、H21—23统计。

性的金融网。上海作为全国最大的贸易中心,每日每时产生大量的金融周转,申汇势力,遍及全国。其中长江流域各城市同上海的金融往来尤为紧密。以中国银行在20世纪30年代初期办理内汇的情况为例。1932年长江流域占汇款总数的49.5%,1933年占59.3%。上海银行对民族工业的贷款亦不限于上海一地,通过其分支机构扩展至南通、无锡、常州、镇江、南京、芜湖、九江、汉口、沙市、重庆等长江流域各城市①。

金融业的近代化一方面表现为旧式金融机构向近代金融业的转变;另一方面也是更主要的方面是近代银行业的兴起。

旧式金融业的转变,汉口钱庄比较典型。清末时,汉口已有钱庄121家,资本从两三千两到四五万两不等,每年对商业的放款总数都在4500万两到5000万两之间。到20世纪以后,汉口钱庄除向商业放款外,还向近代工业放款,开始向近代意义的金融业转化②。重庆钱庄在重庆开埠后作为商业性的金融机构应运而生,20世纪初,重庆约有30~40家金融机构,每年吸收存款总数约为1000万两,给商帮的贷款一年达1500万两,其中仅贷给丝帮的即达300万两③,起到了促进商业发展和金融调剂的积极作用。

上海是中国近代银行业的发源地。最早在上海出现的是外资银行,1847年第一家外资银行英国丽如银行在上海设分理处,到20世纪30年代,全国各主要城市共有外资银行84家,上海就有28家,占总数的33.0%,"这是上海成为国际金融中心和国际汇兑中心的主要原因之一"④。1897年,中国本国第一家新式银行中国通商银行在上海设立总行,发行货币,经营存放业务,并先后在全国各主要城市设立分行。随着中国通商银行的设立,中国民族资本金融业有了明显的发展。1911年,中国共有本国银行30家,1912—1927年又新设银行313家,这343家银行,其中上海就有62家,长江流域其他的主要城市南昌12家、重庆8家、汉口6家、苏州5家,南京、南通、常州、芜湖、镇江各1家⑤。民族资本银行业的发展与长江流域城市经济的发展关系密切。重庆第一家私人资本银行聚兴诚银行,便是在"单上海、汉口、宜昌、万县等地与重庆贸易相互收交的款子,一年不下数千万,非有一家商业银行,断难流转活跃金融"的情况下应运而生⑥。其创办人杨文光还多次赴汉口、上海考察商业市场和金融业务,于1915年集资100万,正式创办聚兴诚银行,开四川民营银行之先河。

---

① 洪葭管、张继风:《上海成为旧中国金融中心的若干原因》,中国近代经济史丛书编委会编:《中国近代经济史研究资料》(三),上海社会科学院出版社,1985年。
② 皮明庥、欧阳植梁主编:《武汉史稿》,中国文史出版社,1992年,第372页。
③ 中国民主建国会重庆市工商业联合会编:《重庆工商史料选辑》(第5辑),第122~123页。
④ 张仲礼主编:《近代上海城市研究》,第290页。
⑤ 据杜恂诚《民族资本主义与旧中国政府》(上海社会科学院出版社1991年版)"附录"统计。
⑥ 李其猷等:《聚兴诚银行创立初期组织股份两合公司的真相》,中国民主建国会重庆市工商业联合会编:《重庆工商史料选辑》(第3辑)。

（四）以工业中心的作用推动长江流域城市工业的近代化

城市的近代化，从根本上讲，首先是生产力的近代化。而生产力的近代化又首先要靠工业近代化。但是近代工业的产生又需要有资本的积累，资本积累在很大程度上要依靠商业资本的积累，在"因商而兴"的长江流域城市中更是如此。中国的近代工业最早出现在通商口岸城市，最先创办近代企业的多是从事进出口贸易的买办和商人，最早出现的近代工厂又多与进出口贸易有关，由商而工便成了长江流域城市近代工业产生的主要途径。

上海是近代中国最早出现外资工厂的城市之一，也是洋务军事、民用工业的发源地，还是孕育私人资本近代企业的摇篮。但它作为中国近代工业的中心是在1895—1911年形成的。这一时期，上海的外资企业在全国占了绝对优势，以开办资本在10万元以上作为标准进行统计，全国有外资企业91家，其中有41家在上海，占总数的45.1％；开办资本总额约4855.4万元，上海就有2090.3万元，占总额的42.8％。上海的华商工矿企业在全国也占相当比例：全国共开办了490余家，上海有66家，占13.5％；全国华商工矿企业资本总额约11131.3万元，上海有1991.3万元，占17.9％。上海开始成为近代化大工业生产向内地各省传播的基地。1895—1905年，上海输入内地的近代工业设备，从以往每年三四十万两，猛增了8倍，1905年以后输入量更大，1914年达到860万两[①]。到1933年，上海在全国12个城市工业中，厂数占36.0％，资本额占60.0％，工人数占53.0％，生产净值占66.0％[②]，成为全国最大的工业中心城市。

武汉最先出现的外资企业是俄国于19世纪70年代在汉口建立的茶叶加工厂。清末汉口外资企业达40多家，多是与进出口贸易有关的加工业。武汉又是洋务企业的一大基地。从19世纪90年代起，张之洞先后在此创办湖北枪炮厂、汉阳铁厂、湖北丝麻四局等军工、民用企业。虽然武汉开埠在长江沿岸城市中较早，又是洋务企业的一大基地，但其商办近代企业的产生不仅较上海、广州等沿海城市晚了近20多年，甚至比内地城市重庆还稍迟，直到1895年左右才出现了第一家商办企业。个中原因，颇值得研究，其中不乏地理、政治和文化的因素。若从城市功能的角度考虑，和汉口长期以转口贸易为主要功能亦不无关系。甲午战争后，武汉民族工业有了较快的发展，至辛亥革命前共创办了122家近代工厂，且多为与对外贸易和转口贸易有关的加工厂、修配厂，这是它一个突出的特点。其另一个突出特点，就是投资创办者多为外地商人，在已知由商人投资开办的31家工厂中，有17家是外地商人来汉创办的[③]。武汉工业中心的初步形成是在20世纪二三十年代。第一次世界大战及其后一个时期，武汉兴起了建厂热潮，1926年发展到301家工厂。

---

① 陈正书：《试论上海近代工业中心的形成》，唐振常等：《上海史研究》第二编，学林出版社，1988年。
② 严中平等：《中国近代经济史统计资料选辑》，第106页。
③ 皮明庥：《辛亥革命与近代思想》，陕西师范大学出版社，1986年，第218页。

到全面抗战前夕，武汉近代工业进入旧中国时期的最高峰。1936 年共有民营工厂 516 家，资本总额 4724.7 万元，年产值达 18853.66 万元①，形成了比较完整的近代工业格局。

重庆商办企业的产生较上海要晚近 20 年，与武汉相似。另一个重要特点就是商办企业产生之前，重庆没有出现外资企业和洋务企业。第一家外资企业（英商立德乐创办的猪鬃加工厂）和第一家商务企业（森昌洋火公司）同时出现于 1891 年。辛亥革命前，重庆共兴办了 53 家企业，轻纺工业占 92.0%。辛亥革命后，重庆近代工业仍发展缓慢，这与当时四川军阀混战、政局动荡有关，直到 20 世纪 30 年代，近代工业才初具规模。1933 年，重庆共有近代工厂和手工工场 415 家，其工厂数、资本额和工人数均占四川近代工业的 2/3，为四川工业最集中的城市。但在长江流域 5 个主要城市（上海、武汉、南京、无锡、重庆）中，重庆的工厂数和工人数仅占第 4 位，资本额和生产净值均处末位②，差距较大。全面抗日战争爆发后，重庆开始了在特定历史条件下的特殊进步。上海、武汉等沿海、沿江工业大量内迁，其中迁渝工厂总数 243 家，占内迁工厂总数（450 家）的 54.0%。到 1940 年重庆已有工厂 429 家，占西南地区工厂的 50.7%，占大后方工厂的 31.7%；并且主要集中在机械、冶金、化工等重工业部门，重工业产值在 1945 年占全市工业产值的 81.3%③。这一时期，重庆的产业结构较全面抗战前发生了巨大变化，城市经济功能空前增强。

综上所述，上海作为近代中国最大的经济中心城市，在长江流域城市近代化的进程中起到了先导、示范和推动的作用。而长江流域各个城市对上海近代化的响应，对上海商品的容纳，为上海输送资源以及与上海产生的经济互动，又推动上海成为中国第一个近代化程度最高的大都市。

二

近代商业、交通、金融和工业在城市的兴起和发展，引起了城市结构功能的演变及其近代化。这种演变既有历史的传统又有近代的内容；既有共同的规律，又有各自的特色，从而使长江流域城市近代化呈现出丰富的内涵和层面。

（一）城市结构的演变

城市的结构具有多层面的内容，这里不拟作全面论析，仅就作为城市载体和形态的地域空间结构的演变略加概述。

---

① 皮明庥、欧阳植梁主编：《武汉史稿》，第 593～594 页。
② 严中平等：《中国近代经济史统计资料选辑》，第 106 页。
③ 隗瀛涛主编：《近代重庆城市史》，四川大学出版社，1991 年，第 215、248、262～263 页。

开埠前的上海,城市的重心在县城。上海县城,建成于明嘉靖三十二年(1553),周长4.5公里;到1911年前后,城高一丈四五尺(初建时约2丈4尺),有城门10个(初建时有6个)、水门3座,环城有城堞3600个,敌楼4座、箭台20所、层台3座①。县城的商业区集中在城内大小东门和北门附近。它体现了以行政和防御为主要功能的传统城市结构。上海开埠后,在县城北门外先后划定了英、美、法三国租界。昔日偏僻冷落的农村乡间,迅速出现了一片新城区,滨江的外滩地区,洋行林立,高楼耸峙。租界内市政建设规范,基础设施先进,突破了中国传统的城市布局,展现出近代工商业城市的风貌。"上海的外国租界是一个实例,阐明西方文明的优点。每年成千成万的中国人由帝国他处去过上海,他们可以看到美丽的建筑,整洁的街道,燃着电灯,或瓦丝灯;他们可以看到机器、自来水、电报、电话、火轮船、公园。他们在这里所得到的印象,必然多少传到内地去。"②近代西方的物质文明,以最形象生动的直观,引起了中国人的惊奇、震动和效法。租界与县城城市面貌形成了强烈的对照,昔日"万商云集,百货山积,人马喧阗,舟车如织"的县城;已是城垣破落,城门低隘,交通梗塞。"行于洋场则履道坦坦,而一过吊桥便觉狭仄兼多秽恶","殊有天渊之隔"③。上海城市的商业中心随着城市结构的演变而迅速北移,"租界日盛,南市日衰"。到1914年租界最后一次扩展,面积已近5万亩,是旧县城面积的十多倍。同年,历经300多年已成为城市经济发展障碍的城墙终于被拆除,环绕旧城修建起民国路、中华路,南北市商业区逐渐融为一体,旧城区被纳入了近代化的轨道。

上海城市结构的又一巨变是闸北的兴起。闸北在开埠前,除有少数集镇外,是一片农田旷野。租界建立后,不断从地域上扩张,外资工厂沿苏州河西进,租界越界筑路直逼闸北。到19世纪末20世纪初,"闸北地区的东面已与租界紧相毗连,西面和南面与租界仅是以苏州河一水相隔"④。为抵制租界的扩张,1900年,闸北绅商联合上海、宝山两县人士,组织"闸北工程总局",在闸北修桥筑路,开辟商场。与此同时,民族资本纷纷在此投资建厂,闸北成为上海民族工业相对集中的地区,集中了上海民族工业中纺织业的54.0%,面粉业的92.0%,针织业的49.0%,棉织业的54.0%,缫丝业的97.0%⑤,成为上海新兴工业区。1898年淞沪铁路通车,上海车站设于闸北宝山路南端西侧。1908年沪宁铁路又全线通车,上海车站设于淞沪铁路上海站西首。车站附近的地域,各种商店、服务设施竞相开设,闸北一改旧貌,日趋繁荣,迅速成为上海的又一新兴城区。租界扩张、旧城改造和闸北兴起使上海城市结构发生了巨变,成为中国、远东著名的近代大都市。

武汉城市结构在开埠后逐渐发生了较大变化。开埠前,依靠木船运输的商业活

---

① 唐振常主编:《上海史》,上海人民出版社,1989年,第514~515页。
② 中国史学会主编:《洋务运动》第8册,第437页。
③ 《申报》1880年4月25日。
④ 郑祖安:《近代闸北的兴衰》,《上海史研究》第二编,1988年。
⑤ 张仲礼主编:《近代上海城市研究》,第235页。

动主要集聚在汉水岸边,汉口镇的旧城区亦集中于汉水沿岸至汉水入江口,基本上是沿河(汉水,当地人称为小河)市镇,面积仅11.2平方公里,有狭窄的正街、河街、堤街。开埠后,随着租界的建立和城市经济的扩张,城市结构发生了变化,其基本走向由沿河(汉水)折向沿江(长江)。首先在沿江约10平方公里的租界形成了一片滨江市区。租界内近现代化的建筑和公用设施的相继出现,洋行、银行和工厂的纷纷建立,使这一滨江市区成为汉口日益重要的经济中心。20世纪初京汉铁路通车、后湖长堤(张公堤)修筑、旧城墙被拆毁,进一步改变了汉口城市结构。原来荒僻的地段,仓库、工厂、商店、搬运所拔地而起,华界市区有了明显扩展,商业中心发生位移,从汉正街、长堤街、黄陂街等沿河旧市区,沿长江和铁路向下推移,逶迤几十公里,六渡桥、江汉路取代汉正街、黄陂街,成为市区中心。这一变化正如《夏口县志》所言:"自后湖筑堤,芦汉通轨,形势一年一变,环镇寸地寸金","从前为人迹罕到之处,近则轮轨交通、店铺林立,几令人不可思议矣"。到清末初民,城区面积从原来的11.2平方公里扩展到28平方公里[①]。随着汉口城市结构的变化,原受江河阻隔,各自为政的武汉三镇,因行政、经济和交通联系的加强,逐渐从分离走向融合,形成一个统一的近代大城市,到1927年武汉国民政府将三镇正式汇合成为统一的武汉市。

继上海、武汉之后,重庆城市结构在近代化的进程中也在发生演变,但其特点是起步迟,呈突变型。重庆城市结构由三部分组成,城区主体为重庆府(巴县)城,位于长江和嘉陵江环抱的半岛之上,两江汇合处北岸为江北厅署,长江南岸原仅有稀疏村落,清末始有街市出现。重庆全城以山脊线分为上下半城,城市重心为下半城,是一长约3公里余,宽仅300~600米的狭长地带。主要商业区分布在沿江一带,政治中心亦位于此,由东向西分别为川东道署、重庆府署、巴县署、重庆镇署,沿江码头也主要位于这一带。城市结构虽无四方规整的布局,但仍体现了中国古代城市的传统,即行政功能和经济功能重合,缺乏明显的功能分区。加之半岛高差较大,街道依山而布,凌乱不堪,缺乏规律。开埠后,随着城市经济的发展,旧的城市结构早已不能适应。但因辛亥革命后,地方当局更迭频繁,城市建设规划皆未遑及此,在很大程度上制约了城市经济的发展。20年代末30年代初,开始了扩展新市区和改造旧城区的工程,先后修成中区、南区两大干道,城区面积增加了2倍,商业区渐由两江沿岸向干道两侧转移。全面抗战发生后,重庆因内迁而盛,城市结构发生很大变化。江北和南岸地处两江沿岸,有航运之便,遂为内迁厂矿布局的重要地区。据统计,20世纪40年代南岸工厂数占全市的25.0%,江北占11.0%,两地人口亦占全市人口36.0%,成为新兴工业区。重庆市区西部郊区,原仅有稀疏村落,30年代中朝初步形成以磁器口、沙坪坝为中心的文化、工业小区,全面抗战时,大量工厂、学校迁建于此,又形成新兴的文化和工业区。30年

[①] 王永年:《论晚清汉口城市的发展和演变》,载杨蒲林、皮明庥主编:《武汉城市的发展轨迹——武汉城市史专论集》,天津社会科学院出版社,1990年。

代在重庆市区以北开始建立卫星城镇北碚，1939年划为迁建区，一些重要的国家机关、大专院校、文化团体陆续迁入，城市建设有了较快发展，成为又一重要的文化区。重庆城市在全面抗战时期基本形成了近代大城市的结构，不仅建成区面积迅速扩大（达30平方公里），而且有了明显的功能分区①。

（二）城市功能的演变

城市功能是指城市在国家或地区的政治、经济、文化和社会生活中所承担的任务和发挥的作用。城市的功能往往决定城市的性质和发展方向，它既受城市自身的条件和周围的环境制约，又由城市结构和经济实力等因素所决定。中国传统城市功能从总体上讲一般有三个特征：一、功能单一，非经济功能和经济功能相重合，非经济功能往往大于经济功能。二、非专业化，城市的地域分工不明显，城市功能大同小异。三、非生产性，农村是社会财富的主要生产基地，城市以消费功能为主。城市功能近代化，一方面是随着工商业和科学技术的发展，城市的经济功能大大增强，日益占据主导地位；城市的功能也开始多样化、复杂化，各种功能相互促进，使城市具有越来越大的成长能力，加速了综合性、多功能中心城市的形成。另一方面是商品经济发展、市场网络形成，促进了城市的地域分工和社会分工，导致以某种功能为主导功能的专业化城市崛起。综合性城市和专业化城市相互联系加强，形成布局、等级和结构渐趋合理的城市体系。

开埠前上海只是一个以国内埠际贸易为主要功能的中等城镇，其地位远不及苏州、杭州，而近代上海是中国最大的综合性、多功能的中心城市。汉口原仅是长江中游一个以转口贸易为主要功能的城市，虽因商业发展而跻身中国四大名镇，但功能单一。进入20世纪以后，武汉才逐渐形成具有综合性功能的近代大城市。重庆在全面抗战以前最多是长江上游的商业中心，因全面抗战后内迁而盛，登上城市近代化高峰，城市的综合性功能迅速扩大，从区域性的中心城市成为全国性的中心城市。正是有了上海—武汉—重庆这三座综合性大城市的崛起，并发挥它们的辐射和吸引作用，长江流域才初步形成了具有一定整体功能的城市体系。

在综合性城市兴起的同时，长江流域也形成了一批功能相对专业化的中小城市，如以丝绸产销为主导功能的苏州、湖州，以棉纺织业为主导功能的南通、常熟，以过境转口贸易为主导功能的沙市、宜昌。其中苏州、南通、宜昌尤为典型。

苏州在明清时代已是丝织手工业和丝绸商业发达的城市。同时，苏州地处大运河与娄江（今浏河）交汇之处，内河航运与海上交通十分便利，其贸易中心的功能十分显著。"姑苏控三江跨五湖而通海，阊门内外，居货山积，行人水流，语其繁华，都门不逮"②，有"苏城繁庶甲江左"之称。在上海崛起之前，苏州是长江三角洲地区的经济中心，上海还只称"小苏州"。上海崛起后，苏州贸易中心的功能

---

① 参见隗瀛涛主编《近代重庆城市史》第8章第1节。
② 孙嘉淦：《南游记》，《皇朝经世文编·学术》。

相形见绌,逐渐为上海所取代,连苏州一向发达的丝绸商业也向上海转移。"本口(苏州)丝货,本为天下第一,四方商人,群至此间购办。迨自上海通商以来,轮船麇集,商贾辐辏,以致丝货均至上海贸易。"① 苏州作为江南贸易中心的功能丧失,成为以丝绸生产为主导功能的专业化城市而依附于上海。

如果说苏州是因传统的经济中心转移而成为专业化城市的典型,那么,南通则是另一类典型,即因近代工业的发展而出现的新兴的专业化城市。南通在近代以前虽然是一个商业市镇,并有"南通州"之称,但与长江三角洲其他城市相比,经济仍然落后。直到1895年以前,南通不仅没有一家机器工厂,连小工业作坊也为数不多。自1895年张謇在南通创办大生纱厂后,逐渐成为一个以棉纺业为主导功能的专业化城市。张謇继而又创办了垦殖、航运、电气、冶铁等近代工业,但都是为适应棉纺工业发展的需要。从张謇对所属企业的投资比例看,到1913年,总投资额340万两,其中大生一、二两厂投资金额近200万两,占58.8%,重工业22万两,其他轻工业45万两,交通运输业26万多两,农垦企业近31万两,盐业15万两。这说明其发展重心仍在棉纺业②。所以,近代南通是以棉纺业发达而闻名于世,有张謇而后有大生,有大生而后有南通。

宜昌位于长江中上游分界处,素称"川鄂咽喉"。开埠前宜昌虽已成为一商业市镇,但盛衰无常。"此港原不过一荒寒之村市而已,规模并不甚宏廓,商业亦不甚炽盛。"③ 1877年开埠后这里成为外国商品入川和四川土货出川的必经之路。因长江航运业的发展,"若招商局、怡和洋行、太古洋行及日本大阪商船会社,皆陆续于此地设分局,以营转运之业。查各局承运出入货物之额,皆蒸蒸日上,而昔日萧索之迹,不数年即泯然无有矣"④。据统计,清末民初,每年进入宜昌的中外轮船常达300~400艘,木船常达25000只以上,年贸易额平均常在4200万海关两以上。宜昌的商号从开埠之初的38家,发展到民初已有商帮46个,商店891家;钱庄也由8家发展到47家⑤,成了一个以过境转口贸易为主导功能的城市。

三

在近代中国特定的历史条件下,城市发展的道路、城市结构和功能的演变及其近代化的进程,不是一个单向的历史过程;它既是封建城市变为半殖民地半封建城市的过程,同时又是逐渐从中世纪城市向近代化城市演变的过程,所以中国城市近代化便具有过渡性、交叉性和复杂性的特征。

---

① 彭泽益编:《中国近代手工业史资料》第二卷,第326页。
② 《大生系统企业史》编写组:《大生系统企业史》,江苏古籍出版社,1990年,第35~36页。
③ 《扬子江》,载《清议报全编》第3册。
④ 《扬子江》,载《清议报全编》第3册。
⑤ 《中华民国二年湖北宜昌商务会报告书》。

(一) 传统与近代化

传统与近代化的问题不仅是自上海开埠以来，几代中国人一再关注、探索的历史课题，也是当今学者争论的热点之一。从中国近代城市尤其是长江流域城市近代化的角度审视，传统和近代化便有复杂而多面的关系，并非截然对立。以城市工业近代化为例，不同的城市有不同的特点。南通的工业近代化便是既依靠了近代化（机器工业）也依靠了传统（农村手工业）。大生纱厂在农村家庭手工业中找到了商品市场和劳动力市场，它的工业产品不但没有排斥农村传统的手工织布业，反而促使其兴盛。在较长一段时间内，大生纱厂与农村手工织布业几乎是共存共荣，表现了近代化对传统的亲和兼荣，以至于有学者把"南通模式"概括为一种中国式的近代化途径。"这种以大工业为中心，以农村为基地的区域或乡土经济发展的路线，不失为中国式的近代化途径之一。它比之那种以洋行为中心，以租界为基地，脱离农村以至于对立于农村的口岸经济发展路线，应当有更广阔的前途。"① 然而，当离南通不远的上海成为大都市时，"南通模式"却随着大生系统的解体而夭折。这里不仅仅是经济的原因，还有政治、社会和文化诸方面的制约，其中又不乏传统的因素。近代经济和传统经济并存的，还有苏州、杭州和南京的丝绸业。"苏、杭、宁是中国传统丝绸业向近代化迈进起步最早，发展程度较高的城市，却也十分明显地表现为传统经济与近代工业并存的格局"②。在金融业中，钱庄和银行也长期并存，就连银行业最发达的上海，钱庄仍是其三大金融势力之一。钱庄灵活的经营手段、简单的组织形式，尤其是放款注重信用和交谊，而不注重抵押方式，使钱庄较之银行亦自有其优越性。在近代化程度最高的上海，还可以发现另一层面的传统基因。上海租界先进的城市设施显示了近代化的魅力，以至于孙中山称租界为市政模范。与租界"文明窗口"相对应的却是"罪恶渊薮"，十里洋场中攀比斗富、挥金如土、声色犬马、纸迷金醉，使上海"名副其实地被当作世界上最邪恶的城市之一而闻名"③。这无疑是半殖民地半封建社会的产物。但是，如果将其完全归结于殖民统治的结果或视为近代化过程中传统道德的沦落，却又未必全面。其实，这种社会现象和社会心态也隐含着另一层面的传统——在魏晋、宋代尤其是晚明的城市风尚中亦有类似现象。

(二) "外力"和"内力"

在现代化的发展模式中，有所谓内生的现代化和外生的现代化两种类型。前者是一个自发的、渐变的过程，内部因素的作用超过外部因素，现代化过程能保持较大的连续性。后者是一个被动的、突变的过程，外部因素的作用超过内部的因素，

---

① 吴承明：《中国近代经济史若干问题的思考》，《中国经济史研究》1988年第2期。
② 王翔：《近代中国丝绸业的结构与功能》，《历史研究》1990年第4期。
③ [美] 罗兹·墨菲：《上海——现代中国的钥匙》（中译本），上海人民出版社，1986年，第8页。

现代化过程不易保持连续性①,这是从现代化发生学上的宏观概括。不过,宏观的概括不能完全代替具体的分析。中国城市近代化的动力因时间和空间的转移而出现差异。从时间上讲,中国城市近代化初期"外力"作用大于"内力"。随着近代化进程的推进,城市内部的发展潜力逐渐集聚动员起来,"内力"的作用逐渐增强,在一定的历史发展阶段,"内力"的作用便可能超过"外力"。从空间上讲,在沿海地区"外力"的作用大于"内力",当近代化过程渐次推向内地时,"外力"的作用会渐次递减,而"内力"的作用会逐渐增强。在一定地域范围内,"内力"的作用也有可能大于"外力"。从具体的城市讲,"外力"的作用和"内力"的作用也会因城市结构功能的演变而此消彼长,彼消此长。我们以典型的沿海城市上海和典型的内陆城市重庆为例略加说明。

近代上海的崛起受西方资本主义("外力")的冲击和影响无疑是很大的,因而是近代中国"受西方影响最大的城市","从器物到精神,从行为方式到价值观念,乃至语言风习,上海都受到西方广泛而深刻的影响"②。不承认西方资本主义对中国城市近代化的推动作用,这不符合历史事实。承认西方的作用不等于承认中国城市近代化的动力完全来自西方。应该指出,上海城市的近代化并不完全是被动地接受西方冲击的结果,它也包括上海人顺应世界潮流,主动选择,推进近代化的努力。西方资本主义的近代文明不全是侵略者带来的,也是中国人民自觉向西方学习的结果。闸北的兴起便是上海人主动推进城市近代化的最好例证。上海的学者已经指出,不能忽视民族资本工业对上海近代化的作用。在上海城市近代化的进程中,民族资本主义的发展起着十分重要的作用。只有当社会内部的发展潜力和积极因素被广泛有效地动员起来时,近代化才会有持久而强大的动力。

重庆城市近代化是"内力"和"外力"的综合作用,而"外力"又起了主要作用。但应该指出的是,处于内陆腹地的重庆,"外力"并不单纯指外国势力一种,实际上可分为两种:一为"东力"(指国内四川以东各省的影响),一为"西力"(指西方资本主义势力)。在重庆城市近代化进程中,"东力"的作用一直居主导地位,"西力"的作用居次要地位。1901年日本在重庆南岸王家沱设立了面积约为420亩的日租界,但对城市结构功能变化影响不大,远不能与上海、武汉相比。从1890—1911年,外国商人先后在重庆开设了51家洋行、公司,多属商业性机构,主要是倾销商品、掠夺原料,很少有外资工厂设立,仅有的几家火柴厂、猪鬃加工厂,也主要靠手工技术,并没有引进多少先进的生产力,对重庆近代工业的产生也没有起到"示范"效应。重庆的商业外贸主要控制在华商手中,除山货业外,外商很难控制其他行业的贸易。1896年,法国商人便感叹道:"自重庆开埠通商以来,已阅五年,初惟有英商一人主持,而无官绅。如扬子各口岸进口之货,皆由华商经

---

① 罗荣渠:《论现代化的世界进程》,《中国社会科学》1990年第5期。
② 张仲礼主编:《近代上海城市研究》,第21页。

手,而洋商不得过问。"① 直到 20 世纪初,在进出口贸易额中,仍然是"华籍商家得到了贸易扩张的最大的一份,洋商公司虽然从 1902 年的 3 家增为 1911 年的 28 家,他们做的生意却不曾照这个比例增加"②。重庆的航运业和金融业一直以华资居首位。辛亥革命前,航运绝大部分是由华商控制的民船承担;辛亥革命后,外轮仅在 20 世纪 20 年代乘四川军阀混战,华轮公司受摧残之机,一度垄断重庆至宜昌之间的航运。但从 30 年代民生轮船公司兴起后,外轮公司便逐渐被挤出了川江。重庆金融业在辛亥革命前,主要是票号、钱庄"稳操金融市场之大权",辛亥革命后也一直是以聚兴诚银行为首的川帮银行占优势。当然,我们并不否认重庆城市的发展,在全国范围内要受到外国资本主义控制的商品市场、金融市场的影响,但具体分析这种影响在沿海城市和内地城市的不同程度和特点却是必要的。重庆城市近代化的主要特点是呈跃进式、突变型,这特别得益于全面抗战后国家政治、经济、文化中心内迁的强刺激。

(三) 联系与分离

城市的近代化促使城市日益成为一个动态的开放系统。中心城市的辐射作用和吸引作用,近代化的交通工具和联络工具,使物资和人口的移动、信息的转换和传播更加频繁,城市之间、城乡之间的联系日益加强。长江流域各城市的对外联系,在上海开埠之前,基本格局是以南北走向为主,以东西走向为次,这主要是由于中国的政治中心在北京,而外贸中心在广州。上海开埠后,凭借长江航运和上海—武汉—重庆三座中心城市的辐射力和吸引力,形成了以东西走向为主的长江流域经济带,长江流域各城市和上海之间以及各城市之间的联系逐渐加强。1910 年《国风报》曾评论道:"上海者为外国贸易之总汇,汉口者为内地贸易之中枢,扬子江流域其它各港,皆不过为此两地之附庸而已。"③ 在长江流域城市近代化进程中,一方面是联系的加强,另一方面又产生了新的分离。首先是东西部城市化水平的差距拉大。1843—1893 年长江下游地区的城市化水平(城市人口占总人口的百分比)由 7.4%增加到 10.6%,长江中游地区由 4.5%增加到 5.2%,而长江上游地区仅由 4.1%增加到 4.7%④。其次是工业的地域分布极不平衡。长江流域的近代工业主要集中在沿海、沿江的几个大城市,特别是上海。这一方面说明上海近代工业发展迅速,但是另一方面也是近代工业在特定历史条件下的畸形集中。1933 年上海的工业生产净值占全国 12 个主要城市总数的 66.0%,而南京、汉口、重庆、无锡

---

① 《重庆开埠情形》,《渝报》第 10 册。
② [美]施特劳奇著,李孝同译:《重庆海关 1902—1911 年十年调查报告》,《四川文史资料选辑》(第 9 辑),1964 年。
③ 《国风报》第一年第 23 号,第 4 页。
④ [美]施坚雅:《十九世纪中国的区域城市化》,载李范文主编:《国外中国学研究译丛》(2),青海人民出版社 1988 年版。

四个城市之和才占 12.0%①。再次是城乡差距扩大，和上海等少数大城市的繁荣形成鲜明对比的是广大农村的落后贫穷。不仅内地如此，就是紧邻上海的苏南地区，这种反差也十分强烈。农民无论是出售农产品或购入日用品，都忍受着从城市到集镇的层层商业资本的剥削。"农民出售的农产品，经过多层结构的市场几次转手，中间商人层层加价，都市价格与产地价格差异很大。如松江与上海的粮价，50 公里的地理距离，价格增加近 50%。若地理距离更远，则转运层次更多，价格差异更大，产地农民得到的实际售价就更低。"② 在城市近代化的过程中，农村只是消极地适应城市，提供廉价的粮食、原料和劳力。正如上海的学者在研究汉口和上海间的贸易结构后所得出的结论："大量未经加工的原料及商品从汉口流向了上海，在这里上海是真正的城市，而汉口只是作为内地农村的中心才显示出其城市的功能。"③ 这就是近代化进程中所谓的"城市偏向"（urban bias），其结果是，在少数大城市走向近代化时，广大农村仍滞留在中世纪。少数先进的城市建立在广大落后的乡村之上，其基础之脆弱可想而知。

在中国走向现代化的今天，作为一个有悠久历史和文化传统的国家，不能不面临传统与现代化的问题；作为一个有 12 亿人口的泱泱大国，不能不面临既要借鉴、利用国外的一切文明成果又要广泛动员国内发展潜力的问题；作为一个幅员辽阔、东西部发展不平衡的发展中国家，又不能不面临先进地区带动落后地区、城市带动农村的问题。那么，正视和研究城市近代化进程中传统与近代化、"外力"与"内力"、联系与分离的历史影响便是十分必要的。

（原载《城市史研究》1995 年第 00 期）

---

① 严中平等：《中国近代经济史统计资料选辑》，第 106 页。
② 曹幸穗：《旧中国苏南市镇结构与农产市场》，《中国农史》1991 年第 4 期。
③ 张仲礼主编：《近代上海城市研究》，第 160~161 页。

第一个提出"灭洋"口号的余栋臣

1898年,四川省大足县群众掀起了声势浩大的反帝起义,在中国最早举起了"顺清灭洋"的旗帜。这次起义的领导者就是名播遐迩的余栋臣。

余栋臣(1842—1913)①,大足县龙水镇人。家贫穷,少失学,靠挑煤为生。因膂力过人,人呼为余蛮子。起义前,他在龙水镇西山下种田,兄弟四人共有田地二十亩。②他慷慨好义,喜为人雪不平,在苦力和农民中颇有威信。龙水镇一带,"多哥老会,余隶籍其间,俨然翘楚,为同党所推尊"③。

1882年,作为侵略工具的天主教势力伸到了余栋臣的家乡。法国教士彭若瑟在龙水镇修建教堂,并以教堂为据点,霸占田地,包揽词讼,欺压百姓,使群众忿不可遏,于1886、1888年两次将龙水镇教堂捣毁。农民的反抗斗争虽被清朝官府所镇压,但群众反侵略的怒火却愈燃愈烈。

1890年8月4日,值龙水镇传统的灵官会期,四乡群众多至镇上迎神赛会。教民王槐之仗势启衅,声言要捕捉前两次打教堂的人,更逞凶杀死平民蒋兴顺,激起了群众的旧恨新仇。余栋臣见义勇为,率蒋赞臣、唐翠坪等多人将龙水镇教堂再次打毁,并率领西山煤窑、纸厂工人百余人举行武装起义,占领龙水镇,"整队抗官,对垒鏖战",发出《檄文》声讨殖民者的侵略罪行,指出:"洋人禀夫犬羊之性,假以虎狼之威,不惟凭陵小国,又敢欺侮中华。"④号召群众响应斗争,使"数百里汹汹骚动"⑤。清政府急派重庆知府王增文到大足镇压。余栋臣率部时起时伏,坚持斗争。1892年8月,余栋臣部约三百人,在大足十万场与清大足县令桂天培所率勇丁作战失利。余栋臣弟余翠坪牺牲,起义失败。余栋臣不得不在龙水镇、邮亭铺一带潜藏;清政府"胥吏通谋,每欲捕余"⑥,但未得逞。

1898年4月,川东道道台任锡汾,徇法国重庆主教杜昂的要求,悬赏银一千二百两缉捕反洋教首领余栋臣。4月18日,巴县县令王炽昌贿买余道生等人将余栋臣诱捕,解至荣昌县狱中,拟加重惩,借以扑灭四川人民的反帝斗争。

---

① 余栋臣生年缺记载。据民国重修《大足县志》卷五《余栋臣传》"民国元年栋臣释归,时年已七旬矣"一语推算,余栋臣生于1842年。
② 《四川大学学报》(社会科学版),1956年第1期,第111页。
③ 《汇报》第174号《译华司铎被掳记》。
④ 《四川大学学报》(社会科学版),1956年第1期,第112页。
⑤ 《清史稿·张华奎传》。
⑥ 《汇报》第174号《译华司铎被掳记》。

余栋臣被捕的消息传出，"同党……顿失所依，四处喧传，几成狂国"①。4月20日，蒋赞臣、张桂山等人，集众百余人，冲入荣昌县城，强开狱门，将余栋臣释放。荣昌城"士民空巷塞途，同声称贺"②。蒋赞臣等拥余栋臣回龙水镇，"郊迎者几千人以上"③。余栋臣趁机号召大举，"从死中以求生"，赢得群众热烈响应，他被推为首领，积极准备起义。

1898年7月3日夜，余栋臣派人潜赴荣昌河包场郑家湾天主堂，趁法国司铎华芳济酣睡之际将他逮捕，捣毁教堂，焚烧经馆后回龙水镇。"乡民闻声麇集，络绎追踪"，龙水镇上，"市商来贺，合镇哗然"④。对此，当时的《蜀学报》评论说："金谓西人要挟，有求必应。今余蛮子即以其人之道，还治其人之身，固称快事。"⑤

8月3日，余栋臣发檄起义，宣布"誓雪国耻"，"脱目前之水火，逐异域之犬羊"。于是"人心感动，附从者日众"⑥。余栋臣广招士兵，令大足、荣昌、铜梁三县富户捐银助饷，并"开始以自己的名义征税"⑦。"一时负炭夫顿作大元帅，唯诺千金，声势赫濯"，"俨然南面，生杀惟其所欲，出伪示理民讼"⑧。起义军以龙水镇为据点分兵五路，逐洋人，打教堂，抗清军。蒋赞臣领兵攻安岳；唐翠坪领兵经荣昌、隆昌，攻入资州境，后转战至内江；张桂山领兵攻铜梁；余绍文由璧山攻入江北厅土沱；余栋臣自率主力攻永川，顺道将跑马场的教民房屋焚毁，将所得衣物向群众削价拍卖。白米每石值三千钱的以三百钱出售，绸衣值七八千钱的以数百钱出卖。在此，余栋臣当众演说："中国之患二，一西教日昌，二西人日盛"，号召大家"众志成城"，"出国家于危急"。"居民闻语，慷慨解囊，献刀械者有之，纳银钱者有之，集腋成裘，黄白累累。"⑨这支以农民、苦力为主力的反帝义军，人数最多时达万人，斗争波及四川三十余县，各处教堂被打毁二十余处，震动全川。湖北施南府所属利川，宜昌府所属长扬、长乐、老河口等地以及湖南澧州都有群众借余栋臣旗号，"广播余蛮子伪示"，打毁教堂，痛击清兵。

1898年余栋臣领导的反帝起义是他1890年发动的反洋教起义的继续。但因这次起义发生在帝国主义瓜分中国的狂潮时期，反洋教斗争与反瓜分斗争相结合成了这次起义的一个重要特点。余栋臣在《檄文》中写道：帝国主义在割台湾之后，"胶州强立埠，国土欲瓜分，自古夷狄之横，未有甚于今日者"⑩。8月24日，余栋

---

① 《汇报》第174号《译华司铎被掳记》。
② 《汇报》第174号《译华司铎被掳记》。
③ 民国重修《大足县志·余栋臣传》。
④ 《汇报》第175号《译华司铎被掳记》。
⑤ 《蜀学报》第7册。
⑥ 民国重修《大足县志·余栋臣传》。
⑦ [英]华特生著，李孝同译：《重庆海关1892—1901年十年调查报告》，《四川文史资料选辑》（第9辑），1963年。
⑧ 《汇报》第177号《译华司铎被掳记》。
⑨ 《汇报》第176号、184号《译华司铎被掳记》。
⑩ 民国重修《大足县志·余栋臣传》。

臣向群众说："今朝廷百官，昏不解事，徒受西人之贿，而国将瓜分，民将瓦解，茫然不介于怀。鄙人此举为国家计，亦为诸君计也。苟有志气，当与我戮（勠）力同心，群起剿除西教。行见西人虽强，必以众寡不敌，不复敢蹈我中原。"① 10月25日，他在同清军泰安营统领张继谈判时，"谓欲得洋枪一千杆，带兵三十营，逐德人出胶州，驱日人出台湾，强欧人尽出中国境地"②。可见他反对列强瓜分中国、挽救中华危亡的要求是十分明确的。当时，中华民族同帝国主义的矛盾已经成为主要矛盾，由于农民小生产者的阶级与历史的局限性，余栋臣在起义之初便举出了"顺清灭洋"的旗帜③。这比山东冠县义和团提出的"助清灭洋"口号还早两个多月。这一口号，将斗争矛头集中在民族大敌帝国主义身上，是符合广大群众反侵略、反瓜分的正义要求的，有很大的号召力。但是，这一口号也反映了当时的群众没有，也不可能认识帝国主义与封建主义相勾结的实质，而把清朝当成了争取的对象来扶持，表示了起义的笼统排外性，预伏了失败的结局。

在余栋臣起义之初，清朝即令四川总督恭寿，要他"严密拿犯，务获重惩，以靖地方"。后因华芳济被余栋臣逮捕当作了人质，加之兵力未集而强调"剿抚兼施"，图谋用招抚之计，使余栋臣"释华自首"，"解散党与，安分归农"④。9月，护理川督文光派提督周万顺、统领张继去余栋臣营招抚，又集大足附近十县绅士六十四人劝降。余栋臣提出的条件是：蒋赞臣部由张继许编一营，余栋臣与唐翠坪等共编成安抚军五营，由清政府发给械弹，另发银一万八千两，并由华芳济自给和款五兆，编余之人，资遣归农。但清朝借故延宕，招抚未成。余栋臣于11月27日将周万顺扣留，并出示募兵，"设备与官军鏖战。首尾三日，来附者得三四千人"⑤，军威大振。此时，湖广总督张之洞因余栋臣起义已影响湖北，"宜昌各属岌岌可危"，建议清廷进兵围攻。于是，清廷改抚为剿，命四川布政使王之春亲率重兵至大足镇压。余栋臣奋起抵抗。12月7日与清军激战于铜梁三校场，打败清军。但余栋臣在地方士绅的游说下，将周万顺释放。

1899年1月15日，清军占领龙水镇附近的双龙埠。第二天，王之春督队经铜梁三校场进攻玉口坳，用大炮向余栋臣营轰击，余部二千余人败退。王之春军进占龙水镇，更在余栋臣的家乡余家坝"举火烧屋，直至焦土"⑥。这时，义军将领唐翠坪在资州贾家场战败牺牲，何希然在内江阵亡，张桂山部败散。余栋臣率三千余人退入西山，被清军重兵围困，战守俱穷，乃力排众议，于1月19日交出华芳济，自携眷属请降。历时半年之久的起义失败。

---

① 《汇报》第177号《译华司铎被掳记》。
② 《汇报》第184号《译华司铎被掳记》。
③ 关于余栋臣曾提出"顺清灭洋"的记载：见《大足县志》《巴县志》《犍为县志》《南川县志》《武胜县志》等志书。
④ 《清德宗实录》卷428，第14页。
⑤ 《汇报》第186号《译华司铎被掳记》。
⑥ 《汇报》第189号《译华司铎被掳记》。

王之春认为余栋臣"如虎在押",想杀余邀功。但清廷因余栋臣余部未灭,又"恐滋川省人士之议",令将余栋臣交周万顺钤束,后锁押至成都提法使署监狱禁锢终身。将蒋赞臣遣戍西安,交地方官管制。

辛亥革命后,余栋臣于1912年被释归里。但他仍以"大清义民"自居,与革命格格不入,竟在当年反帝起义的西山称"大清将军"反对辛亥革命。1913年,川军第一师师长周骏派兵捕剿,将余栋臣拿获,杀于永川。

余栋臣在帝国主义疯狂侵略中国的时候,举出"顺清灭洋"的旗帜,领导群众进行了较大规模的武装起义,打击了帝国主义势力并多次重创维护侵略者的清军。他所散播的反帝爱国火种,我们在四川义和团斗争直至保路运动中仍可见其光华。余栋臣作为一面反帝爱国的旗帜曾在近代四川人民反抗斗争中产生过深远影响。外国侵略者也不得不承认:"此人因屡次反对外教骚动而在全省驰名。""余栋臣被多数人敬仰为爱国之人","被多数人民称为英雄义士"[①]。但是,在起义胜利发展的同时,余栋臣吸食鸦片,收受田地,并始终对清廷抱有幻想,把自己的斗争当作"但诛洋人,非叛国家"的义举,终于在清朝的"剿抚兼施"下放弃了斗争而成为阶下囚犯。起义的惨遭镇压,披枷带锁的折磨也未能使他正确总结经验教训,让自己赶上历史前进的步伐。最后走向了革命的反面而被历史洪流所淹没,其教训是沉痛的。

(说明:文中所引《汇报》连载及《译华司铎被掳记》是由日本花园大学教授小野信尔从日本复印赠给笔者的,特此说明。)

(原载《文史知识》1982年第11期)

[①] [英]华特生著,李孝同译:《重庆海关1892—1901年十年调查报告》,《四川文史资料选辑》(第9辑),1963年。

端方被杀日期考

端方（1861—1911），托活络氏，字午桥，号匋斋，满洲正白旗人。历任清朝湖北、江苏、湖南巡抚，湖广、两江、直隶总督，1911 年 5 月任川粤汉铁路督办大臣。四川等省保路运动蓬勃兴起时，端方于 9 月奉命率鄂军三十一标及三十二标一部入川镇压，行至四川资州，即停驻该地。随着武昌起义爆发和重庆独立，鄂军官兵在革命党人策动下起而响应，将端方兄弟处死，然后反正。

然而，关于端方被杀日期却众说纷纭，兹选录如下。

吴玉章《辛亥革命》：

> 十一月二十五日（十月初五）端方的队伍果然在资州起义了……对这个作恶多端的无耻家伙，起义的士兵们毫无怜惜地把他杀死了。

《四川文史资料选辑》第五辑《四川近百年大事提纲》：

> 端方被所带鄂军中革命党人杀于资州，传首重庆。（宣统三年十月初六日，1911 年 11 月 26 日）

《东方杂志》第八卷第十号"中国大事记"：

> 初八日：清署川督端方被杀。端方入川之初曾抽调鄂军数营以自卫，行至资州，遂为军士所杀。

《中国近代史知识手册》（中华书局 1980 年出版），历史人物"端方"条：

> 九月清政府命端方率兵入川镇压。十一月十七日行至四川资州，部下响应武昌起义，将其处死。

同书"大事简表"：

> 11.26（一〇·六）入川湖北新军在资州反正，杀署川督端方。

但懋辛《四川辛亥革命亲历记》（《辛亥革命回忆录》第 3 集）：

> 十月初七日，成都宣布独立……同日，端方所率驻资中的部队以陈镇藩为首宣布独立，把端方杀了，要回湖北参加北伐。

此外，郭瑞庭《湖北新军在资州反正的回忆》记为十月初二（11 月 22 日）。《陈镇藩传》的作者又记为十月初六日（11 月 26 日）。

以上可见，端方被杀日期至少有六种说法，最早为 11 月 17 日（九月二十七日），最晚为 11 月 28 日（十月初八日）。1980 年中华书局出版的《辛亥革命史丛刊》第二辑所载熊克武等《蜀党史稿》中，整理者所加的一个小注，虽列举了五种说法，但所得结论仍是"可见，端方被杀当在渝独立之后。确切日期待考"。

端方是清末大员，奉命率军入川镇压保路运动，但在汹涌澎湃的革命浪潮冲击下，这个不可一世的家伙终于被鄂军革命士兵处死。这在四川保路运动史上是一件大事，也是辛亥革命史上的重要事件。它证明了革命潮流势不可挡，任何企图阻止历史发展的反动者都将落得可耻的下场。端方被杀，鄂军士兵反正，消除了四川革命运动深入发展的一大障碍。因此，研究这一事件是四川辛亥革命史的一个课题。弄清该事件发生的确切日期，对于正确评价这次事件对四川辛亥革命的影响具有重要意义。为此，根据有关资料，提出自己的一点看法。

据《广益丛报》第九年第二十五期"纪闻"所载《妄自惊疑者看此布告》一文记载：重庆独立（11月22日，十月初二）后"本都督亟谋联合，专人递书，冀以剪除端方而杜吾川后患，此书方达于资州，而端方之首即应时而膏斧锧……"郭孝成《四川光复记》所载："重庆独立时，以赵尔丰据省城，端方据资州，民贼未除，生民涂炭，拟布置略定，即日出师讨贼，光复蜀都。十月初八闻鄂军已诛端方，省垣亦于初七日宣告独立。"可见，端方被杀日期当在11月22日（十月初二）之后，而不晚于11月28日（十月初八）。

《广益丛报》第九年第二十五期"纪闻"中《补录端方被杀之详情》一文记载了端方被杀的详情及确切日期：

> 各军士悉有死方于途之心……至资州又闻重庆独立，成都亦将宣告独立，各军士相与谋……十月初七日，军士借要饷为名直入方坐帐。先一日方之幕僚剽客已尽逃，独方与其弟二人在帐中……遂挟方与其弟偕行至天上宫……三十二标军士，荆州人卢保清者，素骁健，挥刀直劈其颈，断其半遂仆，更截之，其弟骤欲奔往，任永森拔指挥刀自后击之，应手头落。是日也，军中欢呼雷动而资城人民安堵如恒云。

《广益丛报》是重庆出版的报刊。第九年第二十五期封面所署日期为1911年11月20日。但从其中内容来看，当在11月底或12月初发行，具体发行时间暂且不论，总之，所记载的端方被杀日期和详情是目前所见到的各种资料中最早的一种；且鄂军在杀了端方后，即"电蜀军政府，报鄂军反正"（民国二十八年修《巴县县志》卷22《蜀军革命始末》）。因此《广益丛报》记载的日期是可信的。

民国十八年资中县《续修资州志·资中县民国实录》关于端方被杀的记载也证实了《广益丛报》的报道：

> 端留资州不敢西上……曾广达、陈知勇党人也……适闻武昌、重庆先后独立，爰集军官会议于北关外东狱决议复仇，初七夜禁止行人通过，鄂军杀端方及其弟璁（锦）于东大街天上宫。

民国二十八年修《巴县县志》卷22《蜀军革命始末》亦有同样记载：

> 七日平明，军士群拥入端方坐帐，索饷，挟端方、端锦至天上宫行辕。……荆州人卢保清者，三十二标军士，素骁健，挥刀刺之，任永森复手断

端锦头。

证明端方被杀日期为十月初七的资料还有以下一些。

清军机处折包档所存《宣统三年十一月十九日外务部参事继先呈》：

十月初七日黎明，有队官兵丁持械入室，情形悖逆，语多强逼……辛因不受挠屈，遂致殉难。[《辛亥革命》（四），"中国近代史资料丛刊"本，第517页]。

清军机处函件档存《宣统三年十二月□日典礼院直学士端绪致内阁呈》：

十月初七，兵心哗溃，是晚职兄即被戕害。（同上第519页）

这些当时的档案所说的日期当是可信的。

邹鲁《中国国民党史稿·四川光复》：

七日平明，军士群拥入端方坐帐，挟端方、端锦至天上宫行辕……挥刀刺之，全军反正。

四川辛亥革命的亲历者向楚、朱必谦、石体元、陈农友、黄应乾等所写的《蜀军政府成立前后》（载《四川文史资料选辑》第一辑）也这样讲：

七日黎明，起义士兵拥入帐内，执端方、端锦至天上宫行辕……军中有卢保卿者挥刀直刺，端方立毙。

熊克武等《蜀党史稿》亦说：

七日（十一月二十七日）平明，军士群拥入端方室，坐帐索饷，挟端方、端锦至天后宫行辕。……荆州人卢保清者，三十二标军士，素骁健，挥刀刺之。任永森复手断端锦头。次日，与田智亮电蜀军政府，报鄂军反正……

对四川保路运动深有研究的李劼人先生在《大波》一书中叙述道：

十月初七日（就是成都独立的同一天）……一大群兵士拖着两个半死不活的革命目的物到天上宫时，天色刚刚微明……突然从人丛中跳出一条大汉，刺刀一举，只听端方大叫一声，胸膛上涌出鲜血。……当天下午，他们便发了一个电报到重庆，报告鄂军在资州反正的情形。所以距离资州较远的重庆，倒先得到端方、端锦授首的消息，而成都反而三天后才晓得。军政府把这个消息交报馆用二号铅字在报纸上一披露，那天报纸便多卖了几百份。

《大波》虽是小说体裁，但众所周知，《大波》中的重大历史事件都并非杜撰，相反，是有根有据，极其准确的。

从上引各种资料中有关记载看，都确切地证明，端方被杀、鄂军反正的日期是在蜀军政府成立后的第五天，成都独立的同一天，即1911年11月27日（宣统三年十月初七日）。

（原载《巴蜀近代史论集》，四川人民出版社，2004年）

詹天佑与川汉铁路的修建

一、闻鼙鼓而思上将

20世纪初年,帝国主义列强以"保全主义"为幌子,利用清朝这个"洋人的朝廷",加紧了对中国的侵略。掠夺中国铁路主权就是列强扩张势力的一个重要手段。因此,中国铁路主权的丧失,成了国家半殖民地化愈加深重的象征。保卫铁路主权不被侵夺就成了当时爱国者挽救民族危亡的一项重要任务。

1903年7月,新任四川总督锡良,顺应舆情奏请自办川汉铁路,得清廷批准。次年1月,在成都成立了官办川汉铁路总公司,"以辟利源而保主权",规定川路"不招外股,不借外债","专集华股","严杜外资",由四川人自集资金,自主筑路。事前,锡良与湖广总督张之洞协议,川汉铁路自宜昌,经夔州、万县、重庆、内江达成都一段,全长约1175公里,由四川人负责修建。

1907年3月,川汉铁路公司由官办、官绅合办改为商办,定名为"商办川省川汉铁路有限公司",《续订章程》59条,加紧川汉铁路的筹建工作。《续订章程》规定:川汉铁路分3段修筑——成都至重庆,重庆至万县,万县至宜昌。决定先延本国人为总工程师,其应聘东、西洋各国人,均由本公司商同总工程师妥立合同,规定权限,仍归公司监督。若应聘人怠于职务,本公司可随时知照总工程师辞退。所以,物色一位爱国铁路专家任总工程师是川汉铁路建设头等重要的事情。

川汉铁路公司改为商办后,列强夺路之心日急。清政府正在与外国银行团进行借款,出卖路权。四川民众切望川汉铁路迅速动工以抵制借款卖路阴谋。在川汉铁路预定的三段工程中,宜万段"山路崎岖,嶂峦峻置,屡穿洞凿岩,其工程最难"[1]。"工事绝难,若隧洞、若桥梁、若斜坡、若弯绕者皆国内它线所未有"[2]。但川汉铁路公司董事会因先修成渝、渝万段材料运输十分困难,决定从宜万段险工开始修路。这不仅在路款上给自己出了难题,而且在选聘工程技术人员,特别是聘请主持如此险工的总工程师上也出了大难题。真是闻鼙鼓而思上将啊!

1907年初,护理川督赵尔丰以"此路关系西南大局,未可轻率。但本国于工

---

[1] 胡栋朝:《川汉铁路宜由何地开工论》,《四川》第1号。
[2] 李稷勋:《川汉铁路工场志痛之碑》。

程有经验者推詹天佑一人"①。电请清廷邮传部派詹天佑为川汉铁路总工程师,主持川汉铁路宜万段工程。

詹天佑(1861—1919),号眷诚,广东南海人。1872年,他作为清政府选派的首批出洋幼童到美国求学。时年12岁。1881年,在耶鲁大学雪菲尔德理工学院土木工程系专修铁路工程毕业。回国后,致力于我国早期的铁路建设,特别是在修筑京张铁路中,以大无畏的气概,自强不息的精神,为国争光。他还为发展我国的工程事业创建了多种学科的中华工程师学会,被誉为"中国工程之父"。他任京张铁路总工程师兼会办时曾说:"这个职业是我国人民现在亟为需要的。""我感到中国正在赶上来","中国正在觉醒,已感到需要铁路。几乎在中国各地,现在都需要中国工程师,用本国的资金,修筑中国自己的铁路"②。赵尔丰力争这样一位著名的爱国工程师来主持关系西南大局的川汉铁路工程是十分明智的。只是此时,詹天佑正在指挥京张路的重点工程八达岭隧道施工,对于四川的聘请他只能说:"我能离开时即前往。"因京张铁路工程难以分身,他未能到川汉铁路任职视事。但是,他的心一直萦绕着川汉铁路的建筑事业,决定请颜德庆任副总工程师先去宜昌主持,他本人在北京与颜德庆频繁通信指示路工,并将京张路一批工程师调往川汉铁路工程开展工作。

二、团结是成功的秘诀

1906年,川汉铁路公司内部因先修成渝段或宜万段问题发生争论。胡栋朝、陆耀庭两位工程师意见相左,各行其道,分别勘测路线。詹天佑于是年12月5日在北京致函胡栋朝说:"使我感到奇怪的是,使你位于此路路线的一端,而使陆先生位于另一端。在中国如此缺少本国工程师之际,为何不将你们每一个人都安置在宜昌,集中成为一股力量,以取得成功呢?团结是成功的秘诀。"③

1909年10月,京张铁路在南口举行通车典礼,詹天佑终于就任了商办川汉铁路公司总工程师兼会办。此事"一经宣布,万口欢腾"。在同年4月19日,他即由北京写信致宜昌川汉铁路副总工程师颜德庆,对川汉铁路的码头,测量与定线、材料及职员等问题都提出了意见,并说:"我已用等高线地形图做出此路的纵断面。"主张宜昌至归州段沿长江修筑以省路工。7月24日,詹天佑向天津启新洋灰有限公司为川汉铁路订购水泥1000桶,要求运至宜昌交颜德庆签收。他主张中国修铁路应该用中国工程师,"窃谓我国地大物博,而于一路之工,必需借重外人,引以为耻"④。他既调用修建京张铁路有经验的工程师温维清、程锡培、苏以昭、耿瑞

---

① 赵尔丰:《赵季和电稿·致邮传部》,手抄本。
② 詹同济编译:《詹天佑日记书信文章选》,第93、99页。
③ 詹同济编译:《詹天佑日记书信文章选》,第101页。
④ 詹同济编:《詹天佑大江南北主持筑路文献资料集》,四川大学出版社,1992年,第14页。

芝等来川汉铁路工作,又重视起用、培养四川铁路学堂毕业的学员王成烈、黄炳星、文桢等,并为他们写上"很好"二字的评语。他要求"所有在路诸生,要知精勤向学,谨慎从公,万勿不自振作,稍涉苟且,致坏名誉"①。为了采用标准轨,他通知汉阳钢铁厂,川汉铁路需用 2000 吨 85 磅平底钢轨,1000 吨 60 磅平底钢轨,索取该厂技术规范和断面图以及英国钢轨标准断面图。为了保证安全施工,詹天佑指出:"我不愿使用烈性的硝酸甘油炸药,因其危险性较大⋯⋯我宁愿使用拉克洛炸药,我不愿发生意外事故。"表现了高度的负责精神。

1909 年 11 月下旬,詹天佑由北京去宜昌。12 月 28 日,川汉铁路在宜昌举行开工典礼,"东西宾侣,联袂来观,诧为盛事",宜昌至归州 150 余公里间,"同时兴作,徒夫万千"②。

此后,詹天佑为川汉铁路从中国木材输入公司订购木材,用招标方式购买拉克洛炸药⋯⋯他认为:川汉铁路采用螺形环山线比采用之字线更为优越,并说:"我将走行全线并做出决定。"1910 年夏天,他又到宜昌直接指挥筑路工程。8 月 5 日,他写信给美国倍尔皮克有限公司的友人芬奇,提出改进和制造川汉铁路专用机车的设想:"我希望机车在上述连续坡道上能牵引尽可能多的载重,速度至少为每小时 15 英里,但平道上行驶时,每小时 45 英里。我们需要机车具有尽可能大的推挽力,不少于 600 吨列车载重。""在列车推进时,机车逆向上坡,烟囱位于列车最后部,当行驶在山洞时,烟和废气不致影响车厢内的乘客。"詹天佑为川汉铁路呕心沥血,殚精竭虑。但由于"款悬路危",川汉铁路公司内部矛盾重重,以致路工进展迟缓,至辛亥革命时,宜万段仅铺垫 15 余公里。

三、"未了之血忱"

正当川汉铁路宜万段工程在艰难中前进之时,清朝"皇族内阁"为讨取帝国主义的支持于 1911 年 5 月 9 日宣布了"铁路干线国有"政策。这是列强对中国实行"借款筑路"侵略政策的产物。20 日,清朝邮传部大臣盛宣怀与英、德、美、法四国银行团在北京正式签订借款合同 25 款,借款 600 万英镑,出卖了两湖境内粤汉、川汉铁路修筑权,"乃举吾国之国权、路权,一畀之四国",引发了川、湘、鄂、粤四省的保路运动。

川汉铁路被迫停工,前功尽弃。詹天佑对清朝的卖国政策极为不满。他在 1911 年 5 月 21 日写道:"邮传部正在收回所有铁路(干线?)是善是恶,终将有报。我强忍着不做任何评论,而每一个人都和我一样,洞悉此事。"③ 6 月 13 日更

---

① 詹同济编:《詹天佑大江南北主持筑路文献资料集》,第 11 页。
② 李稷勋:《川汉铁路工场志痛之碑》。
③ 詹同济编译:《詹天佑日记书信文章选》,第 140 页。

沉痛地说:"至于四川铁路的未来,可以肯定的是,美国人将予接管,而对中国人来说,则无任何希望。因此,我们如果再花费心思,即将如修筑空中楼阁,毫无意义了。我们的好日子已经过去了!!!所有的好运均已离开中国人而去,而我们必须甘心居于次等地位,二等地位?不!!!比这还坏。是啊!我想我们必须另谋职业了!"① 清王朝勾结帝国主义扼杀了四川民众自办川汉铁路的爱国事业,也扼杀了伟大爱国工程师振兴中华的事业。他不能不以极端悲愤的心情与清朝决裂。由詹天佑领导的粤汉铁路公司于1911年6月7日致电汉铁川路公司,请协力抗争,坚决保路,促进了作为辛亥革命导火线的四川保路运动的开展。清朝的反动统治终于在由保路运动引发的武昌起义的烈火中走向覆灭。

1913年,四川省议会通过决议,将川汉铁路资产交给民国交通部接管。同年,詹天佑任交通部技监,主持全国交通技术工作,仍兼任汉粤川铁路会办。次年任督办。他曾以汉口留美同学恳亲会会长名义发表演说,号召青年"各出所学,各尽所知,使国家富强,不受外侮,以自立于地球之上"。但由于国家政局紊乱,川汉铁路工程一直停顿废弛。直至1949年四川仍无一寸标准轨铁路。1919年4月24日,詹天佑因病在汉口逝世,终年59岁,临终遗言,语不及私,向国家陈述他"未了之血忱"三事。其中有"就款计工,唯力是视,脚踏实地建成汉粤川全路"一事。"出师未捷身先死,长使英雄泪满襟。"在半殖民地半封建的旧中国,即如詹天佑这样的卓越工程师,也只能怀抱救国壮志难酬的遗憾而离去!

(原载《巴蜀近代史论集》,四川人民出版社,2004年)

---

① 詹同济编译:《詹天佑日记书信文章选》,第142页。

蒲殿俊

蒲殿俊（1878—1935），字伯英，又字沚盦，四川广安人。"家世诗礼，在邑为大姓"[1]。祖父端溪，通六经三史百家之学，是廪贡生。父玉林，是县学生员。蒲殿俊自幼受祖父教训，加以母亲李氏督课甚严，故为学能强记博涉。十八岁应童试，以第一名入学。十九岁补为廪膳生员。光绪二十三年（1897）经考选获拔贡。次年，赴北京参加朝考，落第而归。

蒲殿俊在北京应试时，正值戊戌维新运动迅速高涨。同年秋，维新运动被镇压，遭杀害的"六君子"中有四川人刘光第、杨锐，素为蒲殿俊所敬仰。因此，他对清廷顽固势力产生了不满情绪。回乡后，即致力于时务之学，企望改革时政。二十五年（1899），于广安城北创立紫金精舍，请胡骏为主讲，聘吕翼文、张澜等有真才实学的人为教员，对学生传授经史词章、时务、舆地，以及博物等知识，"力矫旧时书院群惰之风"[2]，被当地守旧势力称为紫派，并指为康党。二十九年（1903），蒲殿俊参加乡试，中解元。次年，入京会试，中进士，授法部主事。旋留学日本，入法政大学学习。在日本期间，常与友人聚谈，探讨中西学问，主张效法日本，实行君主立宪制度。

光绪二十九年十二月（1904年1月），四川总督锡良奏设川汉铁路总公司于成都，主张"不招外股，不借外债"[3]，自办川汉铁路。议定以募股和租股充铁路路款。租股以全川粮额为标准，百分取三。可是，川汉铁路公司全以官场规章行事，公司事务川民丝毫不得过问；而官吏追逼股款，民不能堪；所收路款又被挪用。致川汉铁路公司有名无实，迁延蹉跎，不见成效。

蒲殿俊鉴于英、法强索川汉铁路的危殆形势，于光绪三十年（1904）九月，联合川省留日学生三百余人，开同乡会商量对付办法。议各自量力认股四万余两，又主动承担向亲友劝募二十万两以为倡导的任务。嗣即上书锡良，提出川路公司应"悉遵外国有限公司之格式"，"厘定股东权利义务以著大公"[4]。在收回权利爱国运动中，蒲殿俊以首倡铁路商办而崭露头角。

光绪三十二年（1906），蒲殿俊又约集川省留日学生组成"川汉铁路改进会"，自任正干事（会长），出刊《川汉铁路改进会报告》（月刊），提出《改良川汉铁路

---

[1] 肖湘：《广安蒲君伯英行状》，重庆安庆印书局版。
[2] 肖湘：《广安蒲君伯英行状》，重庆安庆印书局版。
[3] 中国科学院历史研究所第三所编：《锡良奏稿》第一册，第455页。
[4] 戴执礼编：《四川保路运动史料》，第12页。

公司议》，要求改川汉铁路为商办，明定股东权利，改订租股征收办法。这份由蒲殿俊等四十四人署名的意见书，集中表达了四川绅商的要求，蒲殿俊也因此成了四川新派人物中的佼佼者。

光绪三十四年（1908）秋，蒲殿俊回国，任司法部主事兼宪政编查馆行走。适清廷颁布《各省谘议局章程及议员选举章程》，谕令各督抚迅速举办有关事宜。蒲被广安原籍选为议员，经川中士绅函电催促回川。宣统元年（1909）九月初一，四川谘议局开第一次常会，蒲当选为议长。在他主持这次常会期间，谘议局通过了若干弹劾贪官污吏的议案，就省财政预算也对当局多所诘难。这样，他在川省绅、商、学界声望日高。

各省谘议局成立后，江苏议长张謇倡议，邀请各省谘议局派代表齐聚上海，组成代表团，赴北京向清廷请愿速开国会。四川未派代表参加，却由蒲殿俊倡首，于宣统二年（1910）夏，配合立宪派在京发动的第二次国会请愿，于四川成立"国会请愿同志会"，集众三千人到督署请愿。在此前后，蒲曾邀约一部分议员及省城绅、商、学各界人士，集资五千元，创办《蜀报》，自任社长，聘朱山为总编辑，吴虞为主笔（第六期后改由邓孝可任主笔）。《蜀报》于七月十一日创刊，其主要任务是鼓吹速开国会，"欲使政治思想普及于吾蜀，造成健全之舆论。直接而为本省谘议局之补助，间接而裨益政府之实力进行，以促国会之成立者也"①。

立宪派人士第二次国会请愿不获成效，驻京请愿代表团决定发动第三次请愿。蒲殿俊专程进京，出席各省谘议局联合会，当选为副议长。在当年秋第三次国会请愿中，蒲殿俊态度坚决，持论激进，成为全国立宪派人士中很有影响的首脑人物。

第三次请愿仍被拒绝，清廷且谕令请愿代表"即日散归，各安生业"，不许在京逗留。请愿的人们都异常愤懑。蒲殿俊也怀着这种心情，返回四川，更积极地进行立宪运动。宣统三年（1911）三月，他在《广益丛报》上发表《流年之慨》一文，指责清廷"以专制为私利之宗旨，固未有改，宜不以舆论政治为便"。要求成立"真国会"，"形成一种舆论政治"。②五月，各省立宪派首脑在北京成立"宪友会"，推举蒲殿俊、萧湘、罗纶等为四川负责人。随后，蒲即组成"宪友会四川支部"，宣布以"尊重君主立宪政体"，"督促责任内阁"，"厘理行省政务"，"开展社会经济"为宗旨。

宣统三年（1911）四月，清廷皇族内阁宣布铁路国有政策，夺商办铁路转送帝国主义，激起了湘、鄂、粤、川等省保路运动联翩兴起。四川省谘议局曾数次请求护督王人文代奏，乞清廷收回铁路国有成命。清廷不但不允所请，且一意孤行，步步进逼。盛宣怀、端方公然来电夺路夺款。四川群情激愤，人心浮动，蒲殿俊、罗纶等人于是倡议组织四川保路同志会，群起争路。五月二十一日，保路同志会成立，蒲殿俊、罗纶分任正副会长，（虽无名义）号召实行"破约保路"。全川群众爱

---

① 《蜀报·发刊词》，《蜀报》第1期。
② 《广益丛报》第9年第5期"粹论"。

国精神迅即高涨，保路风潮大起。闰六月初五日，蒲殿俊等人提出了《遵先朝谕旨四川川汉铁路仍归商办意见书》，提出川路不可不争，"惟争路可以拒约，不争路并难保款"①。由于清廷坚持夺路卖路和高压政策，四川绅、商、学界即进一步谋求抵制，于七月初起，从成都开始，相率举行罢市、罢课。七月初九日，川汉铁路公司股东大会又通告全省：自本日起即实行不纳正粮，不纳捐输，不担任外债分厘。四川保路运动进入了抗捐抗粮斗争，全国为之震动。清廷仍怙恶不悛，严令川督赵尔丰加以镇压。

七月十五日，赵尔丰借口有人在股东会场散发《川人自保商榷书》，"其中条件隐含独立"②，将蒲殿俊、罗纶、张澜等九位保路运动首领诱捕。消息传出，成都全城轰动，群众齐奔督署请愿，要求释放蒲殿俊等人。赵尔丰竟下令屠杀请愿者，制造了骇人听闻的成都血案。赵尔丰的屠杀，迅速激化了阶级斗争，四川保路同志军起义全面爆发。

八月十九日，武昌起义奏捷，不旋踵而湖南、陕西响应。清廷为笼络人心计，于九月五日以蒲殿俊等人"对于匪事绝无干涉"，下令释放，并责成他们去"分头开导，迅速解散"③同志军。二十三日，被囚禁了七十天的蒲殿俊等人得"一律礼请出署"。他们立即发出《哀告全川叔伯兄弟书》，诬指同志军起义为"祸毒"，要同志军"息事归农，力挽和平"④。作为资产阶级上层和绅商界政治代表的蒲殿俊，在领导保路运动时，本寓有抑制革命的意图，所以，他虽被囚禁，险遭不测，但一经释放就对同志军抱敌视态度，是可以理解的。

此时，反清革命在全国已成燎原之势，重庆的同盟会会员建立了蜀军政府。赵尔丰"鉴于武汉之事，川不可不自以为计"⑤，图谋将四川政权暂交立宪派人士以逃避覆亡的命运，经与蒲殿俊等协议，签订了《四川独立条约》三十条后，赵尔丰于十月七日发出《宣告四川地方自治文》，宣称"四川全省事务，暂交四川谘议局议长蒲殿俊设法自治"⑥。同时，大汉四川军政府在成都成立，蒲殿俊任都督，军权则掌握在副都督、原新军十七镇统制朱庆澜手中。这个政府发布的《独立宣言》说："大汉四川独立军政府之宗旨，基于世界之公理，人道之主义，组织共和宪法，以巩固我大汉联邦之帝国而与世往极，所当与吾川七千万人子子孙孙共守之。"既云共和，又称帝国，新旧杂糅，不伦不类，充分显露出立宪派同清朝旧势力妥协的形迹。因此，这个军政府不孚众望，不顺人心，毫无威信。成立之后，成都社会秩序十分混乱，成分复杂的哥老会党开始公开活动，各州县同志军大批进城，与旧陆

---

① 《四川保路同志会报告书》第 28 号。
② 隗瀛涛：《四川保路运动史》，第 285~289 页。
③ 戴执礼编：《四川保路运动史料》，第 472 页。
④ 彭芬：《逊清政变发源记》，成都福民公司，1933 年。
⑤ 中国史学会：《辛亥革命》（四），"中国近代史资料丛刊"本，第 429 页。
⑥ 诵清堂主人编：《辛亥四川路事纪略》，民国四年成都排印本。

军、巡防军,"怨仇未泯,互相水火,哄斗时闻"①。赵尔丰的亲信田征葵、王棪等则煽兵构乱。蒲殿俊无力防止旧军队叛乱,竟异想天开,令各军休假十日,发恩饷三月。结果,军队四出,招摇过市,局面更难收拾。

十月十八日,蒲殿俊在成都东较场阅兵。旧军队借口索饷哗变,枪口指向将台射击。蒲殿俊仓皇逃走,隐匿不敢出,作书向平定兵变的原陆军小学总办尹昌衡辞去都督职,带着"十日都督"的诨号,回广安"闭户读书以自娱"②。叛军则大肆烧抢,成都大火三日不熄,全省精华毁于一旦。

1913年,蒲殿俊当选为众议院议员,去北京开会,被共和党举为理事。1914年,袁世凯复辟帝制,蒲殿俊在上海"讽议共和不可复摇"③,著文抨击帝制复辟。1916年,张勋拥溥仪复辟,蒲在天津与梁启超等人协助段祺瑞马厂誓师,讨伐辫子军,后任段内阁内务部次长兼市政公所督办。不久辞职,脱离政治生涯。五四运动后,任《晨报》总编辑,用笔名止水著文,又创办《实话报》和《戏剧月刊》,设立"人艺戏剧专门学校",谋求创造新剧。1927年回广安,"卖文鬻字,不问世事"④。1935年再去北京,十月三日(10月29日)病逝于首善医院。

(原载《清代人物传稿》下编,第一卷,辽宁人民出版社,1984年)

---

① 周开庆编:《民国川事纪要》,第16页。
② 肖湘:《广安蒲君伯英行状》,重庆安庆印书局版。
③ 肖湘:《广安蒲君伯英行状》,重庆安庆印书局版。
④ 肖湘:《广安蒲君伯英行状》,重庆安庆印书局版。

爱国主义的杰出典范
——纪念吴玉章校长 120 周年诞辰

在吴玉章校长 120 周年诞辰之际，各地专家学者聚集一堂，纪念他为中国革命事业做出的杰出贡献，追忆他顺应潮流、与时俱进的光辉道路，学习他"一辈子做好事""一贯的有益于人民"的伟大品格，研究他关于革命斗争和现代化建设的深刻思想，是很有意义的。

在中国近现代史上，吴玉章的功绩和地位也许不是最突出和最显要的，但是像他那样亲见、亲闻、亲历自戊戌变法以后几乎所有民主革命和社会主义革命的重大事件，并在其中发挥重要影响和作用的人，恐怕很少很少。他的一生最显著的特点就是随着时代的前进而前进，随着历史的发展而发展，用他自己的话说，就是"最初是从旧思想的忠君爱国到变法维新，又发展到资产阶级民主革命，三民主义，最后到了马列主义共产主义"[1]。联想到中国近现代是个风云变幻、大浪淘沙的时代，一些人退隐了，一些人向后转，一些人停滞不前，像吴玉章这样坚持改造自己，不断追求真理、始终站在时代前列的人，确实是"最难最难的呵"！

什么力量是吴玉章不断前进、不断奋斗的动力？综观吴玉章的经历和思想，不难看出，这个动力就是他对祖国和人民深厚的感情，是他救国救民的使命感，是他强烈的爱国主义精神。1903 年，他忍受妻离子别的痛苦，东渡日本留学，为的是"救国图强""亚洲崛起"。他是受甲午中日战争后深重的民族危机的强烈震撼出国的，他说：《马关条约》"真是空前未有的亡国条约！它使全中国都为之震动。从前我国还只是被西方大国打败过，现在竟被东方的小国打败了，而且失败得那样惨，条约又订得那样苛，这是多么大的耻辱啊！"[2] 要救国，就要维新，要维新，就要学外国，这正是吴玉章及其他知识青年一时的理想。但是到日本后不久，吴玉章并没有追随康有为和梁启超，而是投入了革命的洪流。创办革命刊物，鼓吹革命排满，加入同盟会，成为同盟会评议部的评议员。这是因为他认识到康梁那一套办法不能救中国，只有革命的手段才能解决中国的问题，"我中国欲独立，不可不革命；我中国欲与世界列强并雄，不可不革命；我中国欲长存于二十世纪新世界，不可不革命；我中国欲为地球上名国，地球上主人翁，不可不革命"[3]。这一段由邹容表

---

[1] 吴玉章：《吴玉章传略》，《吴玉章文集》下卷，重庆出版社，1987 年，第 1340 页。
[2] 吴玉章：《吴玉章回忆录》，中国青年出版社，1978 年，第 2 页。
[3] 邹容：《革命军》绪论、第一章。

达的语言可以看作包括吴玉章在内的许多革命党人的思想觉悟。在"五四"时期和大革命时期,吴玉章从一个民主主义者转变为一个共产主义者,促成这次转变的仍然是爱国主义,仍然是救国救民的理想。因为经过多次的建立民主共和和捍卫民主共和的斗争及其失败,他逐渐对资产阶级的救国方案产生怀疑和动摇,相信只有社会主义才能真正使中国走上独立、民主和富强的道路。正如他自己所说的,"爱国主义是通向社会主义的思想和感情的桥梁,很多人都是由爱国主义走向社会主义的"①。

说到这里,问题就出来了。中国近现代志士仁人都有爱国主义的思想和感情,但是他们中的很多人都没有像吴玉章那样由改良走向革命,并由民主主义发展到社会主义。

这是怎么回事?我想,原因无非在于爱国主义的阶级性和历史性。古代爱国主义和近现代爱国主义,近现代爱国主义和当代爱国主义有很大的不同,地主阶级的爱国主义与农民阶级的爱国主义,资产阶级的爱国主义和无产阶级的爱国主义有明显的区别。近现代一些人物和团体的爱国主义受时代的阶级的局限,或者局限在传统的圈子里,或者打有他们所代表的那个阶级、阶层利益的烙印。吴玉章的爱国主义开始时也有朴素、传统的色彩,但是他的爱国主义随着时代的发展而发展,具有忘我无私的风格、科学理性的特点和现代性的高度。

第一,彻底的爱国主义。把祖国的利益看得高于一切,个人的利益、团体的利益无条件地服从祖国的利益,便算得是彻底的爱国主义。与之相对应的则是近现代一些人物从自身的利益出发,参加维护国家主权和利益的运动,表现出某种程度的爱国热情。这种爱国主义的最大特点就是不能持久,当爱国运动的发展损害或有可能损害他们个人或团体利益时,他们就打退堂鼓。反对帝国主义宗教侵略斗争中的绅士,抵制美货运动中的民族资产阶级就是如此。吴玉章说:"这些人的情况也极复杂:真正爱国者固然不少;但有的人却是利用群众运动作为升官发财的阶梯;有的人则是想出出风头;而有的人干脆只是凑凑热闹而已。就是那些真心爱国的人,也多半只有'五分钟的热忱'。"② 而吴玉章在为祖国的前途而奋斗时,从不计较个人的得失荣辱,在危难时刻,总是挺身而出。1908 年,《四川》杂志被控告,按理应由继任的编辑兼发行人廖希贤出席受审,但廖胆小怕事,不肯出庭,而吴玉章则见义勇为,承担责任,以杂志创办人的身份出庭,与帝国主义和封建势力做斗争。1912 年南京临时政府成立时,吴玉章抱定"革命不是为了做官"的宗旨,没有赶到南京谋求官职。有人先后给他送来疆土局局长的委任状和参事的委任状,都被他退回去。但是在南京临时政府结束,很多人为了个人另谋出路时,吴玉章却来到总统府秘书处,协助孙中山收拾残局。③

---

① 谢韬:《作人・爱国・革命》。
② 吴玉章:《从甲午战争前后到辛亥革命前后的回忆》,《吴玉章文集》下卷,第 982 页。
③ 吴玉章:《吴玉章文集》下卷,第 1042 页。

在发扬爱国主义的时候，还经常会碰到私交和公谊的矛盾。真诚的爱国主义总是将公谊（即对祖国的感情）放在首位，而那种带有私心杂念的爱国主义常常把私交看得更重要。比如康有为，他是出于救国的愿望而上书光绪皇帝的，得到光绪皇帝的赏识和倚重，康有为便对光绪感恩戴德。他把对光绪的忠诚放在对国家的忠诚之上。保皇不能救国，他偏偏要保皇。康有为说："朋友之交犹贵久要不忘，安有君臣之际，受人之知遇，因人之危难，中道就弃乃反戈倒攻者。"对此，章太炎一语破的："诚如是，则载湉者固长素之私友，而汉族之公敌也。"在吴玉章的革命生涯中，我们看到的是完全相反的情况，他结识了很多朋友，其中有些只是一时的同路人，这些人坚持旧的立场和观念而不知改变（如黄芝、邓孝可），吴玉章便与他们分道扬镳。至于那些不断追求真理的志同道合者（如杨闇公、林伯渠、谢觉哉、董必武），吴玉章则始终与他们保持着深厚的友谊。1904年在日本成城学校的一件事，更能说明吴玉章在这方面的原则立场。当时学校当局对吴玉章很照顾，见他经济困难，不但不催交学费，还按月给他发零用钱，但是他没有因私交而妨害公谊，放弃正义的斗争。1904年元旦，学校悬挂各国国旗，其中没有中国国旗。吴玉章便领导中国同学进行斗争，并且明确表示："学校对我好，我很感谢，但是对于国家荣辱的大事，我们是不能不誓死力争的呀！"①

在中国近现代，还存在一个如何处理强调个性解放和维护国家利益的问题。千百年来，封建统治者以各种名义剥夺个人的自由，以"忠孝节义"的旧道德压制个人的意志。辛亥革命和五四时期，资产阶级民主主义者们鼓吹天赋人权，激扬个性解放，有着积极的意义，但是有些人由此而忽视国家和社会的利益，则是错误的。章太炎就属于这一类人，在革命组织内经常闹派性，出个人风头，稍不如意，就大吵大闹。他说："人类非为世界而生，非为社会而生，非为国家，非互为他人而生，虽凉薄少恩，非他人所能干预也。"② 而吴玉章在这个问题上则有完全不同的见解，他认为，革命者鼓吹天赋人权，不是少数个人的权利，而是广大人民的权利，激扬个性解放，不是少数个人的解放，而是劳苦大众的解放。他说："吾人革新之志，在以少数者之劳苦，博大多数者之幸福；决不愿以少数者之幸福，增大多数者之痛苦。吾人欲贯彻此志于今日，所悉力以求之者，在均人民之幸福而已。"③ 正因为有这样一种以解放全人类为己任的信念，所以吴玉章总是以革命事业为重，积极维护革命队伍的团结，维护革命领袖的威信，至于个人的利害得失，从不计较。毛泽东说吴玉章"一贯的有益于广大群众，一贯的有益于青年，一贯的有益于革命，艰苦奋斗几十年如一日"，是非常中肯的评价。

第二，科学理性的爱国主义。与科学理性的爱国主义相对应的是朴素的感性的爱国主义。二者本来不是矛盾对立的关系，而是相互依存的关系，但是朴素的感性

---

① 吴玉章：《吴玉章回忆录》，第26页。
② 张枬、王忍之编：《辛亥革命前十年间时论选集》第三卷，第67页。
③ 《全川自治联合会宣言》，载《吴玉章文集》上卷，第43页。

的爱国主义有待于发展到科学的理性的爱国主义。所谓科学理性的爱国主义就是在为祖国而奋斗的过程中，以科学世界观为指导，了解人类历史发展规律，使自己的爱国行为最大限度地顺应历史发展的潮流。吴玉章说过："中国有句老话：'识时务者为俊杰。'所谓'时务'，我们可以把它叫做历史的潮流，客观发展的趋势。作为一个革命者，应该而且也只能根据历史发展的客观规律，才能正确地领导群众，推动历史的前进。因此洞察'时务'是一个革命家最重要的才能和最可贵的品质。"①吴玉章在这里是赞扬孙中山伟大革命精神的，其实这段话也正是他自己爱国主义特点的真实写照，他就是一位洞悉历史发展趋势的识时务者，一位顺应历史发展潮流的爱国主义的杰出典范。

吴玉章的科学理性的爱国主义来源于他早期的朴素的本能的爱国主义。在少年时代，吴玉章阅读《通鉴辑览》《天崇百篇》等书，为岳飞、文天祥等民族英雄的爱国事迹所感动。尤其从明末爱国烈士黄淳耀的"忍之须臾，而已与日月争光"的壮举受到启发，由是培养起了他的民族气节和革命气节。吴玉章在这种爱国热情的激励下走上了救亡图存、振兴中华的道路。但是在他接触到科学世界观之前，他的爱国热情带有朴素本能的色彩，因此对一些事情也有过模糊的认识。比如，1903年吴玉章加入了留日学生的拒俄运动，1904年日俄战争发生时，他也像其他留学生一样，把同情寄予日本方面，听到日本打了胜仗，感到很高兴。他后来反省说：这是多么幼稚可笑，两边都是帝国主义，都是侵略中国的敌人，为什么还有厚薄之分？不过，即使在接触科学世界观之前，吴玉章的爱国主义因为他勤于思考和探索也是比较理智的。在辛亥革命时期，在革命队伍里先后出现暗杀和自杀的风气，这是一些革命志士空有一腔爱国热情又找不到报国的途径因而悲观失望所导致的。吴玉章虽然因革命屡遭失败而苦闷，但他并没有失去胜利的信心，1913年，同盟会会员、蜀军书记及《新中华报》总编辑任季彭，因袁世凯祸国，宋教仁被杀，痛感国事无望，在杭州投水而死。吴玉章在致任季彭之兄任鸿隽的信中说："现在时局，早死为乐，但如季彭之死，弟不敢赞成。"②

在五四时期，吴玉章由革命民主主义者成为共产主义者，这样，他的爱国主义就建立在科学的基础之上。南京临时政府结束之后，吴玉章虽然没有失去革命的信心，并且跟随孙中山不断地展开捍卫民主共和国的斗争，但是一次又一次的失败使他不得不对资产阶级的救国方案进行反思，他想："从辛亥革命起，我们为了推翻清朝而迁就袁世凯，后来为了反对北洋军阀而利用西南军阀，再后来为了抵制西南军阀而培植陈炯明，最后陈炯明又叛变了。这样看来，从前的一套革命老办法非改变不可，我们要从头做起。"③ 正在苦闷彷徨的时候，十月革命送来了马克思主义，吴玉章接受这一科学的世界观，完成了政治立场的根本转变。

---

① 吴玉章：《孙中山先生伟大的革命精神》，载《吴玉章文集》下卷，第891页。
② 吴玉章：《致任鸿隽书》，载《吴玉章文集》上卷，第12页。
③ 吴玉章：《回忆"五四"前后我的思想转变》，载《吴玉章文集》下卷，第1063页。

在五四运动以前，爱国主义与资产阶级民主主义是一致的，以民主主义为武器，以自由、平等、博爱相号召，坚持革命排满，反对北洋军阀的统治，就是爱国主义。五四运动以后，中国革命性质发生了变化，爱国主义也就有了新的内容和要求。只有接受马克思主义，承认中国共产党在民主革命中的领导地位，才是真正的爱国主义。民主革命胜利后，爱国主义又与社会主义在本质上是统一的，因为只有社会主义能够救中国，能够发展中国，所以真正的爱国主义者必然是在共产党的领导下，坚持走社会主义道路，为现代化建设贡献力量。在这些方面，吴玉章正是我们学习的楷模。1943 年他在总结和展望自己的人生道路时说，五四以前，"好像我毫无定见，只是随波逐流，崇尚时髦似的，那么将来思想还会不会转变？自己坚决相信，我是一定不会放弃共产主义的。因为我数十年辛苦追求的就是科学的正确的宇宙观、人生观"①。

第三，爱国主义与世界主义。传统的爱国主义的主要表现，就是像岳飞、文天祥那样坚决抵抗异族的入侵，保卫自己民族的土地、人民和比较先进的文化。但是，近现代中国与古代中国的处境发生了根本的变化，近现代的入侵者与以往的入侵者大不相同，它们是资本帝国主义对落后的中国的侵略，凭借的是先进的技术和发达的文化。这时中国的反侵略斗争，就不只是单一的军事战争，而且还有经济上的竞争和文化上的较量。所以近现代爱国者就有一个为了战胜敌人而向敌人学习的严峻任务。义和团面对现代意义上的敌人，而仍然沿用古代的反抗方式，他们在反对帝国主义侵略的同时，拒绝承认资本主义生产方式比封建主义生产方式进步的事实，他们的爱国主义停留在感性认识的阶段上表现为笼统的排外主义。②到了 20 世纪初，先进的中国人认识提高了，辛亥革命是革帝国主义的命，同时又面向世界，拜西方资产阶级为老师，学习他们的学说和制度，美国学者爱默森（Rupert Emerson）认为，孙中山爱国主义的主要方面不再是为了已经被历史证明为失败的旧世界而与入侵者斗争，而是寻求一种新的途径，即认同于西方并努力接受西方的新事物。③陈天华也说："须知要拒外人，须要先学外人的长处。""越恨他，越要学他；越学他，越能报他。"④ 19 世纪末，吴玉章和其他许多知识分子不辞艰辛求学日本，五四时期，他发起留法勤工俭学运动，大革命后，他又到莫斯科和西欧学习和工作。为什么要三番五次地出国求学？他说："欲求利国福民之术，非学莫由。国内学术未备，势非留学不可。"⑤

吴玉章经常告诫人们要认清世界发展的大势，看到中国与世界先进国家的差距。承认落后，急起直追。1916 年吴玉章在给吴稚晖的信中说："自世界交通便利

---

① 《吴玉章略传》，载《吴玉章文集》下卷，第 1340 页。
② 胡绳：《从鸦片战争到五四运动》下册，人民出版社，1981 年，第 581 页。
③ Emerson, Frum Empire to Nation, p. 205。
④ 中国科学院近代史研究所史料编译组：《辛亥革命资料》第 2 册，第 131、133 页。
⑤ 吴玉章：《甚愿吾国青年目光注于全世界》，载《吴玉章文集》上卷，第 28 页。

以来，大有以天下为一家，中国为一人之概。"① 1926 年在黄埔军校演讲时说："自二十世纪科学发达，交通便利，全世界打成一片……我们生活在这样的时代中，就不能不受此时代的影响，而闭关可以自守的。"② 正因为有这样一种世界观念和现代化的意识，吴玉章的爱国主义就比那些单纯排满等理论的境界要高得多，"吾人眼光，不徒在颠覆恶劣政府，而尤在促进社会文明，俾吾国由升平世至于太平世，以跻世界大同之域，实吾人之素望也！"③

因为世界已打成一片，中国革命就成为世界革命的一部分，中国只有联合世界上以平等待我之民族，争取西方国家正义人士的同情和支持，才能取得胜利。1916年，护国战争爆发，吴玉章在法国为反袁斗争积极从事外交活动。向西欧正义人士和舆论界宣传护国战争的正义性质，争取他们的同情和支持，揭露袁世凯独裁的面目，阻止西欧国家给袁世凯提供贷款。全面抗日战争时期，吴玉章受党的派遣，从苏联到法国，历尽艰险，创办《救国时报》，向世界各国宣传中国的抗日战争。特别是 1937 年 12 月世界反侵略大会上，吴玉章做了感情炽烈、说理透彻的演讲，揭露日本法西斯在中国犯下的罪行和称霸世界的野心，阐述中国抗战的前途和意义，受到热烈欢迎。吴玉章等的奔走呼号取得显著的效果，"为正义所激发出的努力正在世界到处滋长，从显贵到质朴的劳动者，自北欧到约翰牛斯堡，我们每天可以听到和见到同情我们的舆论与实际援助行为的记载"④。

值得注意的是，近现代中国的仁人志士经常会碰到这样的问题，即在承认自己落后要求学习西方的同时，如何保持民族自信心和自豪感，以及在争取国际的同情和支持的同时，如何坚持民族的独立和自主。胡适、陈序经等人，就认为中国一切不如人，鼓吹全盘西化，康有为为了争取西方国家对中国变法的支持，竟接受李提摩太的把中国变为美、英、日三国保护国"合邦"的建议，都是反面的例子。而吴玉章则是辩证地处理这个问题。在发起留法勤工俭学时，吴玉章要求青年学生不要盲目崇拜他人，"以为欧洲如天堂一般的乐土"，对于外国的东西，要善于鉴别："我辈生于现代，凡事不可盲从，必须经自身考察，决其合乎理性才能认为真理。"不要失去民族自信心和自豪感，要知道中国文化有很多优秀的东西，"我国学术发达极早，而足以补益现世界者尤多"⑤。在争取国际力量对中国全面抗战的支援的同时，强调要夺取全面抗战的胜利，最根本的保证是动员和依靠中国人民自己的力量，批评国民党当局始终不相信人民，"而把胜利的信心依靠在外援上"的思想。在呼吁世界各国对中国伸出友谊之手的同时，强调，因为日本法西斯的阴谋是要称霸世界，因此中国人民的持久抗战，"本身就是拯救世界人类"，"为世界和平而

---

① 吴玉章：《致吴稚晖书》，载《吴玉章文集》上卷，第 15 页。
② 吴玉章：《中国革命与世界革命的关系》，载《吴玉章文集》上卷，第 96 页。
③ 吴玉章：《致吴稚晖书》，载《吴玉章文集》上卷，第 15 页。
④ 吴玉章：《一年来国际援华运动概况》，载《吴玉章文集》上卷，第 159 页。
⑤ 吴玉章：《吴玉章文集》上卷，第 35、38、29 页。

战",是中华民族对人类正义事业的杰出贡献。①

爱国主义是中华民族最宝贵的精神财富,是中国人民的崇高理想和坚定信念。过去,老一辈革命家凭着这个理想和信念,打倒了帝国主义和封建主义,建立了独立、民主的新中国。今天,我们要继承先辈的遗志,"以热爱祖国、贡献全部力量建设社会主义祖国为最大光荣,以损害社会主义祖国利益、尊严和荣誉为最大耻辱"②,一心一意,群策群力,争取早日实现现代化建设的宏伟目标。

(原载《爱国重教务实求真 纪念吴玉章同志诞辰一百二十周年》,四川大学出版社,1998年)

---

① 吴玉章:《中国能战胜日本》,载《吴玉章文集》上卷,第144页。
② 《邓小平文选》,人民出版社,1993年,第3页。

黄季陆先生在四川的几件史事

值黄季陆先生百岁诞辰即将来临之际,学长胡春惠教授特赐函代达《近代中国》杂志社约我写一点文字供纪念专号选用之厚意。这自然是应当遵嘱命笔的。

黄季陆先生是四川省叙永县人,是巴山蜀水孕育过的历史人物。我生长在四川,并是四川大学毕业的学生,长期在四川大学从事高等教育和中国近代史、地方史的研究工作,因此,早闻黄先生的大名,更在四川所存史料中得到了一些有关黄先生的史料。现试写一二以纪念黄先生并备研究黄先生的参考。

一、童子保路同志会会长

辛亥四川保路运动是一次伟大的民众反帝爱国运动。这次运动不但直接导发了全川同志军武装反清起义,而且成了武昌起义的导火线。孙中山先生曾经指出:"若没有四川保路同志会的起义,武昌起义或者要迟一年半载的。"

四川保路运动发生时,黄季陆先生年仅十二岁,学名黄学典。我在 1981 年四川人民出版社出版的《四川保路运动史》一书中曾经写道:"在保路运动中,小学生的活动颇为引人注目。成都小学生三百余人,由黄学典、黄斌等发起组织小学生保路同志会,签名簿上'间有血书者'。有的小学生在省同志会评议会上登台演说,报告童子保路协会成立的理由及进行方法,提议初等小学学堂学生每日每人捐钱一文,高等小学学堂学生每日每人捐二钱,积少成多,助修商办川汉铁路。"(见该书第 241 页)我写这段文字的主要史料依据是辛亥年四川保路同志会所发行的《四川保路同志会报告》第十一号和第十二号。兹照原文抄录如下,以证黄先生等之爱国精神。

小国民大发爱国热

十一日午后三钟,有小学生六人持保路同志会简章来公司(指川汉铁路公司)晤总务部袁君,三揖言曰:余等愤盛(指盛宣怀)贼卖国,欺我皇上,原设小学生保路同志会以死争,已集合同志三百余人,但未有会所,恳假贵公司空舍一间暂做会地。言时慷慨,急欲得所办事。当答以此事须经干事会议,私人碍难即复,约以明日午后三钟答复。袁君恐失小学生热情,转请蒙君公甫招待。学生等见蒙仍三揖言如上。蒙问渠以宗旨。渠曰:破约保路。蒙曰:约不破路不保当何如？曰：我等原赴京面见摄政王、邮传部死争。蒙曰：君等小豪杰何必死，我等当先死，留君等他日成我等强国之志可矣。言时泣，小学生等也相对泣，起别出门，犹见其挥泪不已也。学生发起人黄学典、黄斌，赞成员汤士浚、周桃、舒士杰、曾杰。

感天地泣鬼神之学生

有小学生多人，提出组织童子保路同志会，假会所于事务所，已见昨报告矣。干事会昨决议，婉劝其解散。今十二日午后三时，童子中举出代表十五人至本会事务所听取复音。当由颜君（颜楷）、罗君（罗纶）、邓君（孝可）接见，即据干事会决议婉劝之。代表黄（当为黄学典）、汤数童坚执不从，语极肫挚。时旁观者麇集，皆叹息泪下。后经再三以缓急轻重反复譬晓，劝其暂且读书，养成大国民资格，备将来爱国之用。童子等谓其报告章程业已发出，不能失信于人，并备述其昨欲集会海会寺，事阻不遂，遍寻会所不得诸苦状。旁观等皆深感其诚，重违其意，商许假会场听其定期一集演说，而集会则断然谢绝，乃携其名册谓议定覆答而散。今祝该可爱之童子家中父兄婉解其意，勿纵勿遏，勉其成大，则匪独本会同人之幸也。童子队中签名册间有血书者。嗟呼！为父兄者慎劝其勿再如此。天乎！演出此极端悲惨之剧，罪果在同志会众乎？抑在盛宣怀之荧惑政府耶？该童等章程甚有理，致因甚不欲再言，此事避不登，惟录其名如下：

发起人：黄学典、典斌

赞成员：林先荣、舒士杰、林明川、黄乃淦、周桃、张传本、甘宝清、邓海全、余朝荣、史汇源、陈家骏、晏永清、汤士清、张国权、曾杰、曾申如、舒昌龙、刘绍承、程光灿、陈风、汤士浚

二、抗议请愿的参加者

1911年9月7日（农历七月十五日），四川总督赵尔丰借口9月5日川汉铁路特别股东大会门口出现的《川人自保商榷书》是"隐含独立"，向保路运动抽出了屠刀，逮捕蒲殿俊、罗纶等保路领导人，囚之督署，拟予杀害。消息传出，成都全城震骇。民众扶老携幼，号泣呼冤，潮水一般地从四面八方齐奔督署抗议请愿，要求释放蒲、罗诸人。赵尔丰丧心病狂，竟下令士兵开枪屠杀手举光绪皇帝牌位的民众，当场击毙数十人，制造了"成都血案"，激起了全川同志军反清大起义。

黄季陆先生作为保路运动积极分子，愤怒而勇敢地参加了抗议请愿的行列，是赵尔丰屠刀所向的民众之一。只是因人多混乱，先生人小灵活，才侥幸免死而已。传记文学丛刊《黄季陆先生怀往文集·黄季陆先生小传》所记："七月十五日……赵尔丰令军队开枪，杀死请愿群众数十人，学典亦在请愿人群中，幸安然脱险。"

《黄季陆先生纪念文集·黄季陆先生事略》所记："七月十五日之血案，先生亦在请愿人群中，幸能安全脱险。……史家论定川路风潮为辛亥革命之导火线者有由来也，先生身与斯役，于中华民国之缔造亦有力焉。"征诸四川辛亥革命史实，以上两文的有关说法是有历史根据的。黄季陆先生自幼经受爱国运动的洗礼，也自幼亲历了清政府的迫害。

三、四川大学的老校长

自1943年1月起，黄季陆先生任四川大学校长达八年之久。1996年9月，四川大学出版社出版发行了一本由已故校友张廷茂主编，本人作序言的书，名为《百年名校四川大学》。其中写道："黄季陆接长川大第一件事即是把学校从峨嵋山迁回望江楼现址。嗣后，千方百计扩建校园，不断扩大办学规模，积极开展教学科研业务，建树颇多。"又说："在1937年到1945年八年抗战时期，北平、天津、上海、南京等沦陷区的高等学校纷纷内迁西南，师生员工颠沛流离，图书仪器设备损失殆尽。而设在抗战大后方的国立四川大学却以优越的办学条件，在相对安定的环境中不断向前发展，成为'国立大学中最完整的一校'，在国内具有举足轻重的地位。"（见该书第32页）以上两段文字说明，时至今日，四川大学师生仍十分尊重学校的历史，不忘黄季陆校长建设与发展学校的建树。

四、一件想办而没有办成的事

在1984年4月，本人被任为四川大学副校长后，即从学界人士获悉黄季陆校长在晚年很思念故土，特别是他长校八年的四川大学。不久，在美国工作的戴教授（四川人）来学校访问。本人代表学校设便宴欢迎，席间谈及黄校长，戴教授亦转达了黄校长对四川大学的思念。本人即将当时四川大学教职工所佩戴的校徽一枚及校景照片一帧托戴教授经过台湾时转交，以慰黄校长思念之心。同时表示学校欢迎黄校长在他认为方便的时间回四川大学看看，最好在1985年9月四川大学八十周年校庆节，并请为校庆题词和演说，我们将礼貌热烈地接待他。过了一段时间，传来信息说：黄校长乐意回川参加四川大学八十周年校庆并询问四川大学领导人对他的题词、演说的内容有什么要求。我们当即答复，一切由黄校长自己决定，想写什么，说什么自便。从这时起，我们盼望黄校长能回故土故园。谁知，一九八五年五月初，我收到了戴教授来信，同时寄来载有"中国近代史的见证人，黄季陆昨因病逝世"的报纸。噩耗传来，川大校长办公室立即发出唁电，对黄校长辞世表示深切的悼念，为他生前未能重回四川大学而遗憾。

（原载《巴蜀近代史论集》，四川人民出版社，2004年）

向封闭宣战　为开放呐喊*

[摘　要] 巴蜀文化与四川开发，就是要寻求巴蜀文化研究与西部大开发尤其是与四川开发的结合点。这个结合点就是加强学术研究的深度和发挥学术的时代功能的问题。这个选题决定了它要发挥历史研究古为今用的功能，不能食古不化、闭门造车。因此，应当比较深入地研究总结巴蜀历史上开发的经验和教训，既要发掘于今有用的历史文化遗产和创造精神，又要探索四川经济发展滞后的诸多原因。这是不能回避的问题。为什么党中央决定要实施西部开发，要作为一个大战略来考虑？"开发"本身就是针对"滞后"而言，就是要把落后变为先进。只有把滞后的原因弄清楚了，并从历史上提供依据，我们才能从各方面奋起直追，从而论证我们现在实施的追赶型、跨越式发展的必要性、可行性。

[关键词] 封闭；差距；开发；开放；城镇；四川

[中图分类号] G127　　[文献标识码] A　　[文章编号] 1000－0139（2001）04－0019－06

一、寻求巴蜀文化研究与四川开发的接合点

四川发展的滞后状态，在历史上就已经发生了。在中国历史上，东西部发展的差距至少在宋元以后就已经明显地出现。新中国成立以后，特别是近 20 年来更加大了这种差距。只是改革开放以来我们注意到了这种差距的严重性而已。这种差距，是以东部的发展而更加体现出来的。正是因为注意到了这种差距的严重性，所以中央适时地提出了西部大开发这样一个大战略问题。

我认为，四川历史的发展有这样一种带规律性的问题。从秦汉以后的历史看，四川经济的发展，总的来看是一个从高到低的发展过程，特别是经过唐宋以后，这种从高到低的状况尤其明显。而长江中下游，特别是长江下游、珠江三角洲这些地区，则是由低到高的发展过程。四川秦汉到唐宋的经济发展是显著的，主要是农业、手工业和商业，这有大量的历史资料可以证明，如"五大都市""扬一益二""天府之国"等等美名。文化成果也比较突出。尽管发展有所曲折，但四川历史总

---

* 本文是作者在四川省人民政府参事室和四川省文史研究馆《巴蜀文化与西部四川开发》一书开题会议上所做的学术报告。

的趋势是在向前发展。自宋元以后,特别是从元朝起,四川在经济文化各方面呈现出走下坡路的趋势,到了近代更为突出。这时的四川基本上是一个发展程度不高的、封闭的、以自然经济为主体的社会。而江南,从隋唐起,随着全国经济中心南移,商品经济不断发展,出现了苏州、杭州等新兴的工商业中心城市,走的是我国古代城市化的一种特殊道路,即城镇化、市镇化。工商业发展较快,资本主义手工工场在江南出现,资本主义萌芽在江南产生。在四川,出现资本主义手工工场的就只有一个自贡,因为盐业是一个特殊的产业。在明代,上海出现了徐光启这样一些注意学习西方科学技术的代表人物。到近代,以上海为代表的地区走到了向西方学习技术的前列,形成了以上海为中心的江南城市带,经济文化的发展都居于我国的前列。上海开埠后,迅速崛起,成了中国的经济中心。从1864年至1948年,上海对外贸易始终保持占全国对外贸易总值的50%左右。1933年上海的工业总产值占了当时全国工业总产值的一半,1947年上海的工厂数占全国工厂总数的54.90%。

四川自1891年重庆开埠以后,由于洋货输入,适合外贸的农副产品的商品化程度增高,新式工业如缫丝、纺织逐渐出现,但由于交通阻塞,仍处于封闭或半封闭状态,自给自足的自然经济牢而不破,经济和社会的发展显得十分缓慢。不说与上海比,就是与邻近的湖北省比,差距也是不小的。从商品经济发展与市场发展的程度看,有学者统计在辛亥革命前湖北市场年均商品流通量为二亿二千五百万海关两左右,人均商品流通量为8.04海关两;四川市场年均商品流通量为六千五百五十万海关两,人均为1.49海关两。从绝对量讲,湖北是四川的3倍多;从人均数讲是四川的5倍。从城市化水平讲,辛亥革命前夕四川城市人口与总人口的比例略过5%(大约相当于1893年的全国平均数),而湖北已达到12.60%。在很大程度上,城市的发展是衡量现代化的尺度。

从文化上讲,四川在汉、唐、宋时期有过文化发达、人文荟萃的历史,在宋代以后则是滞后的。即使从科举考试这样一个传统的选择人才的方式看,四川也是落后的。有清一代,朝廷举行的进士考试有122场,全国取中的进士有26391人,四川仅有786人,占1/35。如果与江苏、浙江比较,四川更少得可怜。四川在清朝两百多年间仅考中一个状元,即骆成骧,而江苏出了49个状元,浙江出了20个状元。所以在清朝一代,很明显地表现出四川在文化教育上的后进。张之洞来四川当学政后,对四川教育文化上的落后极为不满,骂了四川士人的学风和文风,说四川士人品行不好,水平低下、恶劣,有的是讼棍,有的不学无术,并因此而支持办尊经书院,以图改变四川文化教育的落后状况。到了20世纪初年,随着新式教育的兴起和留学生运动的涌现,四川的科学文化教育有所进步,但从成果看,尤其是科技成果远未达到全国先进水平。

历史要从纵向比,才看得出历史的前进;也要从横向比,才看得出发展的速度。不仅要与江南比较,还应与世界进行比较。四川是中国的一部分,也是世界的一部分。只有把四川放到世界的坐标中去,才能真正看出世界的发展状况以及四川所处的真实地位。在世界上中国最明显的落后时间是18世纪。这个时候是清朝康熙、雍正、乾隆三朝。如果仅单独从中国看，纵向比较，那是很不错的历史时期，是"康乾盛世"，农业的发展，祖国的统一，疆域的开辟，四川的开发，都是很不错的。正是由于全国生产力发展，人口增长很快，突破了二亿人口的大关。有《康熙字典》《四库全书》的编纂，文化成就是很大的。但如果把中国放到世界历史中去比较，中国当时的发展就很不够了。18世纪是世界发展非常重要的时期，英国发生了产业革命，法国发生了启蒙运动和资产阶级革命，美国独立了，而且资产阶级走遍世界，开发了过去从来没有过的强大生产力。科技飞速发展，蒸汽机的发明使地球缩小了，世界连成一片，世界进入了资本主义上升发展的时代。而当时的中国，仍然是农业时代，科技不发达。康、雍、乾三世，尤其是乾隆朝，仍坚持闭关锁国政策，就是仗恃有"天朝物产丰盈，无所不有"这么一个自然经济基础。闭关锁国政策与自然经济是必然相联系的。18世纪是中国从先进到落后的转折点。我们研究中国历史，研究四川地方史，应该重视对18世纪的研究。所谓缩小差距，赶上发达国家或地区的说法，就是从横向比较而来的。

我们找四川滞后的原因，就是要承认差距，承认落后，这样我们才可以求得发展，改变落后，从而促进开放。数典不能忘祖，是为了从优秀的传统文化上获取精神动力。但是老是躺在祖宗的成就上，在祖宗成就的光环下，不往前看，老是往后看，就会背上包袱，闭目塞听，这正是农业文明封闭性、保守性的表现。我主张对待历史既不抹黑，也不护短。18世纪前，英国等欧洲国家也是小农经济，科技也不发达。是工业革命，科技的进步，蒸汽机的发明，使英国一跃成为海上霸王。到19世纪末20世纪初，发生了以电力应用为标志的第二次科技革命，英国却忽视了新兴工业的发展，丧失了"世界工厂"的地位。而美国、德国，以多种电器的发明和应用，把社会的进步大大地往前推动。第一次世界大战后，世界经济中心转移到了美国。美、德依靠科技的迅猛发展，与英国相比，就是跨越式的发展。所以，我们如果不从历史上把滞后的原因找一找，进行科学的论证，我们就会缺少压力和动力来实现跨越式发展，也无法接受跨越式发展的观念。

二、把文化的研究与经济基础的研究结合起来

巴蜀文化是一种有地区特色的文化，巴蜀文化实际上就是指的巴蜀地区的古代文化。我们现在所谓的地方文化都是用古代文化的名字来作为广义的地方文化代表，如巴蜀文化、荆楚文化、吴越文化，等等。（只有上海提出了近代的海派文化。我们在研究近代重庆城市史时，提出了"重庆精神"。）古代巴蜀文化的基础是农业，整个中国文化都如此，而不是工业（指现代工业，而非手工业）。因此，这些文化在我们今天看来是历史遗产，其中的许多珍贵品，我们应当发掘、继承并发扬。特别是我们在创建现代文化时，如何吸收古代的珍贵品，包括一些精神，是值得研究的。

我觉得，最近四川在吸收古代的珍贵品并与现代相结合中做得很好的一件事是府南河工程，这一工程得了国际三个大奖①，使四川和成都名扬海外。古代李冰修建都江堰水利工程"凿二江穿成都"，唐朝高骈创"二江抱城"的格局，奠定了成都的水利基础。李冰修建都江堰体现了一种人文精神，代表了一种传统文化，即中国传统文化中的天人合一；用今天的话来说就是要搞可持续发展，要与自然和谐相处，人利用自然，但不要残害它，摧毁它，否则就要受到自然的报复。天人合一的精神是传统的优秀文化，老子、庄子到儒家都主张天人合一，人与自然和谐相处。司马迁的"究天人之际，通古今之变，成一家之言"中的"究天人之际"即是要研究和处理人与自然的相互关系。府南河工程是传统的天人合一精神与现代的可持续发展精神相结合。广大的市民踊跃参与，在古代留下来的河道的基础上，将已成为臭水河的府南河融入现代化的都市建设的项目中去。通过宣传教育，提高了群众的环保意识，使古代文化为现代化服务。这样的结合点是值得肯定的。府南河工程既是历史文化的积淀，又是现代物质文明的体现。这种对人类地球高度负责的精神和力量，形成了我国社会主义精神文明独放光彩的"成都精神"。

中国是一个历史非常悠久的国家，留下了许多珍贵的、优秀的东西。如何把这些优秀文化与现代化建设的需要结合起来，这是一个大题目。对传统文化怎么去发掘、整理，使其为现代化建设服务，这正是我们从事历史研究及其学术活动的生命力所在。

在近代，传统文化遗产成为许多学者思想上的营养品，为近代先进文化的代表的产生提供了资料并帮助其发展。近代先进文化的代表是什么？从康有为、梁启超的维新思想，孙中山的三民主义，五四运动时期的"德先生""赛先生"，都是当时先进文化的代表，这些思想和主义，都是在传统文化的基础上接受西方文化的影响，适应社会的需要而产生和传播的。所以，研究、继承、弘扬传统文化中的优秀内容是十分重要的。

当西方势力冲进中国以后，中国逐渐成了一个半殖民地、半封建国家，一穷二白，与世界发达国家的差距愈来愈大，尤其是中国西部，在中西文化的交流碰撞中，比起东部来更显得滞后。一些先进人物的思想光辉，主要来自国外和省外。巴蜀这块土地上孕育了一些优秀人才，但他们很多都成长于省外，都是在出川、出国后才大放光彩，如郭沫若、巴金等人，真是"墙内开花墙外香"。

四川发展滞后的根本原因不是因为四川在盆地，不是说四川人就必然会产生"盆地意识"。盆地是自然地理条件。过去四川是盆地，现在也是盆地，可以预见的将来还是盆地。如果因为是盆地就必定思想落后，经济落后，那么，四川当前的发展和今后的希望就是不可思议的事了。四川发展滞后的根本原因在于长期以来发达的自给自足的农业自然经济基础上产生的农业文明的历史局限性。对这种历史的局

---

① 府南河工程先后获得"联合国人居奖""迪拜最佳范例奖""地方首创奖"，见《成都晚报》2001年6月8日第1版。

限性应该本着历史唯物主义精神给予科学的剖析，合理地扬弃，以促使农业文明向工业文明转换和思想观念的现代化。

四川有些地方农副特产，曾经是非常重要的外贸出口产品，如猪鬃、蚕丝、桐油等，在四川近代贸易史上发挥过很重要的作用，但是由于不思进取，不重科技，随着塑料、化纤等化工产品的问世，这些科技含量非常低的产品就没有竞争力了，逐渐遭到淘汰。所以，研究历史的文化，就是要为今天的发展提供历史的借鉴，不能老是躺在"天府之国"的历史荣誉上沾沾自得，这是一种不思进取的心态。存在决定意识，对本土文化的优点和缺点，都应结合经济基础深入研究，以求获取正确的认识。

三、大开发必须以大开放为前提

经济封闭地区的文化是很难进步、发展的。有学者认为巴蜀文化具有开放性，最主要的论据就是巴蜀文化中具有大量的移民文化。这种观点值得研究。四川历史上有几次重要的移民活动，秦朝、明朝都有过相当规模的移民入川，尤其是清初的"湖广填四川"更为声势浩大。这些移民所带来的外地文化，确实对巴蜀文化产生了很大的影响。但是，移民文化只能说明巴蜀文化兼收并蓄，具有包容性，多元性。移民入川是政府行为，并不是四川主动开放接纳的。当然也不可否认，移民入川所带来的各种文化及先进生产经验，对四川经济、文化发展是起了很大作用的。在当时以自然经济为基础的封闭情况下，四川是不可能真正开放的。"湖广填四川"，就是四川因战争而残破，才要人家来"填"嘛！四川是被动接纳，而不是主动开放。

在中国古代历史上，包括四川在内，就没有真正意义的开放，只有真正意义上的封闭。即使明朝煊赫一时的郑和下西洋，也并非真正意义上的开放，其宣扬国威的政治因素远远大于经济因素。到了近代，所谓的开放是被迫的，近代文化的发展是与半殖民地半封建化同步进行的。新中国成立以后的前30年，由于各种原因的制约，基本上也是封闭的。正是因为中国的封闭，尤其是作为曾经是远东经济金融中心的上海的封闭，使得香港因为开放获得了飞速的发展。

总结历史的经验，应该得出这样的结论：四川大开发必须以大开放为前提。

在这里，有必要认真理解马克思关于"开放"的理论。马克思认为：开放是相对封闭而言，是一种顺应世界潮流的进步，体现的是一种历史的首创精神。封闭的基础是自给自足的自然经济，这种经济在古代曾出现过发达的农业文明，但是到了工业革命以后，这种经济状况显然落后于世界经济步伐。马克思在《大不列颠在印度的统治》一文中说："这些田园风味的农村公社不管初看来怎样无害于人，却始终是东方专制制度的牢固基础，它们使人的头脑局限在极小的范围内，成为迷信的驯服工具，成为传统规则的奴隶，表现不出任何伟大和任何历史首创精神。"

（见《马克思恩格斯选集》第 2 卷第 67 页）中国古代的农业文明，必然造成一种如马克思所讲的"每一个这样的小单位都成为独立的组织，过着闭关自守的生活"的封闭状态。这种孤立的封闭状态正是社会发展停滞的主要原因。（参见上书第 66 页、71~72 页）因此，封建经济基础决定了封建时代不可能实现自觉的面向国内外的开放。在省内外经济上只是调剂余缺，互通有无，并不是大规模的商品经济的流通；文化上是自发互补，并没有有意识地通过开放来发展文化，互相促进；在国际交往方面政治因素大于经济因素，在经济上起的作用微乎其微。历史上的唐朝长安的"开放"，所谓"万国衣冠拜冕旒"，郑和下西洋，都不是经济因素在起主导作用，而是政治因素起主导作用。中国长城，公认为世界奇迹，但所起的主要是政治、军事作用而非经济作用，所以它的生命力就远不及都江堰。而都江堰因为与人民的生活、生产有关，主要是经济因素在起作用，所以它尽管修得比长城早，却至今仍在人们的社会经济生活中发挥作用，原因就是它抓住了国计民生，充分利用了本地资源。

说四川古代文化就是开放性的，我认为是脱离了古代四川的经济基础来看问题，是将现代的开放概念套到古人身上去，而且对开放概念有错误的理解。认为有人进来，有外省文化进来就是开放，这是值得商榷的。

马克思主义认为，开放是世界性的交往，是资本主义体系建立之后才有的，是社会生产力发展超越了古代的产物，并非古已有之，它是全球一体化的产物。开放之所以必要，是在于工业革命之后开拓了世界市场，使一切国家的生产和消费都成为世界性的，世界联系更加密切了。过去那种地方的和民族的、自给自足的、闭关自守的状况被各个民族的互相往来、互相依赖所代替了。物质生产是如此，精神生产也是如此，这是马克思的原话，而且马克思讲文学也是如此，是国际性的。马克思在《共产党宣言》中指出："民族的片面性和局限性日益成为不可能，于是由许多种民族和地方的文学形成了一种世界的文学"（这里的文学指的是科学、哲学、艺术等方面的书面著作）。世界性的联系要求人们必须依赖它，孤立就会被打破。这对中国是如此，对其他落后国家和民族也是如此。近代史上的中国以及其他落后国家被迫纳入世界体系的原因也在于此。资本主义国家用它的大炮、廉价的商品摧毁一切落后民族的"万里长城"，把它们卷到世界资本主义发展的漩涡中来，成为世界资本主义市场体系的一部分。当然，这是血腥的掠夺，但对于世界文明来讲却是进步。这才有真正的、现代意义的开放的必要和可能。而交通运输的发达，便是开放的基础。

近代开放的意义究竟是什么，马克思讲了很好的一段话。他说："一方面要造成全人类互相依赖为基础的世界交往，以及进行这种交往的工具，另一方面要发展人的生产力，把物质生产变成在科学的帮助下对自然力的统治。"（见上书第 75 页）马克思在这里讲了两个方面，一是加强基础设施，提供交往的工具；二是依靠科技，发展人的生产力。全人类的互相依赖，这个观点很重要。改革开放，不仅是我们依赖国外的先进技术，同时也是国外对我们的依赖，所以改革开放后，国外大批的企业、商人涌进中国，不仅是他们要依赖中国的市场、劳动力，而我们也要依赖他们，比如资金、技术。这就是一种世界性的交往，而不是闭塞于某一个地域内的交往。交往的基础设施就是基础建设，交往的工具，即如高速公路、铁路、航空设施等，以缩短地球的距离。马克思所说的另一方面也十分重要，即依靠科技帮助开发，要在科技的基础上进行发展。可见，现代意义上的开放，是全人类互相依赖为基础的交往，目的就是发展生产力；而这种发展是在科学技术的帮助下，使人由自然的被支配者变成自然的统治者，就是物质生产的高度发展。过去那种地方的、民族的、自给自足的经济状态被各民族的各方面的互相依赖的交往、需要所代替，这也是马克思所说的为什么要"交往"，为什么要科技兴国的原因。特别是在世界大交往的开放的形势下，马克思更强调交通工具和依靠科技发展物质生产力，使人类成为自然的统治者，改造自然，而不是成为自然的奴隶。在农业文明的基础上不可能产生高度发达的科技。科技是因社会的需要而产生和发展的，它不可能超越社会生产的发展。人的意识、政策也不可能超越社会的需要。瓦特发明蒸汽机，是因为英国纺织业的发展、市场需求扩大，需要用这种动力来提高产量，满足市场需求，蒸汽机才会应运而生并发挥出巨大作用。

所以，我认为："开放"是一个现代词汇，是近现代因资本主义的发展才产生的。在中国的近代历史上是被迫开放，直到党的十一届三中全会以后才是主动开放。开放的倡导者必须有高度的世界觉悟、世界眼光和必备的世界环境。邓小平之所以了不起就是因为他具有世界觉悟和世界眼光与历史的首创精神。他要使中国立足于世界，立足于发展社会生产力，这是符合马克思主义的。马克思主张无产阶级联合起来打倒资本主义，前提条件仍然是要生产力发展起来，才有打倒资本主义的资本。因此，我建议提出一个口号，这就是："向封闭宣战，为开放呐喊！"我们的责任是用学术突破封闭，用成果支持开放。

四、四川城镇发展的历史特点

四川城镇的发展有其自身的特点。一是四川在历史上有繁荣的古代都会。自从有了都江堰，川西平原的农业就表现为稳定地发展，手工业如丝、绸、布以及印刷术、造纸等相当发达。都江堰水利工程所造成的沟渠纵横，还形成了川西平原农村居住点的特殊景观。没有大的村庄，只有小的居落。一户两户三户人家住在一座座竹林围绕的林盘里，一般都在沟渠边。川西平原的民居特色与都江堰水利工程和以水稻种植为主要品种的农业结构有很大关系。因为水稻种植需要密集劳动力，随时要看水、灌水、放水，要薅田，要除草，再加上沟渠纵横的自然条件，使生产者往往选择与自己田地较近的地方居住，便于进行精耕细作的生产。这种居住的分散性，使农民离不开附近的场镇以通有无，赶场成为日常生活的一部分，这可能是川西平原场镇发展的一个原因。这即是说，因为都江堰的缘故，川西平原很早就有发达的农业和场镇。清朝中后期，以成都城区为中心，四郊遍布市场达50个，形成了一个市场网络。成都很早就出现了各种"市"，成为古代的大都市。汉代成都已有30多万人。唐朝有"扬一益二"之说，成为中央王朝的财政支柱之一。古代的诗歌、辞赋中对成都的繁荣状况有不少描述。这一点不用多说。以成都为代表的古代都市文化在历史上是有一席之地的。

二是四川城镇的相当多数有一个从毁灭到重建的过程。明末清初半个世纪的战乱，成都、重庆这两个重要城市及其附近的场镇基本上都被毁灭殆尽。毁灭到哪种程度呢？以成都来说，清初政府派来的官员都没有地方住，只得把衙署暂设在保宁（今阆中）；直到康熙时代，才把统治机构搬到成都。当时的成都人口锐减，史书记载成都已是虎豹成群。重庆人口也是所剩无几。到清初，随着移民大量入川，农业生产的恢复，包括成都在内的城镇才逐渐发展起来。但清初，四川城镇的重建并没有什么新意，而是传统城镇的恢复。中国的城市历来没有独立地位，不像中世纪欧洲的城市那样有自治权，封建王朝实行的是城乡合治，城市和乡村由县太爷一体管理。直到20世纪初清王朝预备立宪才开始酝酿城乡分治，城市才有了一定的自治权。这种松动直到孙科等人从美国、欧洲留学归来，才把欧美的市长制度引入中国，进行宣传；而当时中国城市经济的发展情况又确实需要市政的改变，要求城市的独立地位，所以在20年代开始建市。成都是1928年建市的，重庆是1929年建市的，自贡是1939年才建市的。所以近代四川城市是沿着传统的道路、方式重建和发展起来的。

清初，经济基础的恢复就是对农业经济的恢复。城镇的经济基础主要是商业和手工业的结合。它们建立在周围农业的基础之上，农业用农副产品、原材料支持城市手工业和商业。农业又需要城市商业和手工业供应劳动工具和部分生活用品，形成城乡互动关系。由于外部交通不便，而内部交通又因河流纵横十分畅通；又因为省内物产的丰富而需要交往，与外省区的商品交换仅是补充，形成了区域市场的格局，构成区域性市场的主体是一个发达的农村市场网络系统。所以四川小场镇很多。小场镇多，赶场的人就多。场镇在城镇体系扮演着兵头将尾角色，是农村的头，城市的尾，是商品交易的起点和终点。场镇最早的居民是坐商，赶场的小贩不断地在各场间流动，促进商品交流，但他们不会固定于某一场镇。由于需求使然，尽管农民自给自足，却仍然依靠场镇进行商品交易来调剂余缺。根据经济需要而形成场期，便于商贩流动。据统计，到清末，四川的场镇已有4000个左右。这些场镇就是初级市场，是联系城乡的纽带，为大、中城市的发展提供了动力。当时成都有30万人，一年要消费大米100万石，需要周围的场镇为它提供。有人统计，民国时期，全川（包括西康）场镇有7000多个。有的场镇已很有特色，如中坝的药材，大足龙水镇的铁器……还有一些土特产品，因为具有优势（如内江的糖），逐渐发展成为专业市场，金融业也开始发展起来，银行、借贷，都比较兴旺。做生意的人一多，服务行业也逐渐兴起，造成县城的繁荣，如合川、泸州，形成中级网络。重庆，成为商品大进大出的中心口岸，进行转口贸易，因商而兴，转口而兴。

三是中国西部的城市近代化晚于东部，近代化的程度低于东部。近代化即资本主义化，是顺乎世界潮流的社会发展趋势。四川的近代化过程较之东部的上海、天津、广州，甚至邻近的湖北都要缓慢得多。四川近代化的起点是重庆开埠（1891年正式开埠）。开埠就是被迫向世界开放，成为世界市场的一部分。洋货要进来，土特产品要出口。商人的利润也改变了性质，他们销售工业产品，提供工业原料，赚取的是资本主义工业中剩余价值的一部分。

四川近代化的发展带动了一些民族工商业的发展，出现了一些近代的实业家。如卢作孚，他创办的民生公司的轮船从内河走向世界，这是向世界开放。重庆就因开放而获得了发展的机会。在近现代四川史上，重庆尽管开放了，但是因为它的开放晚于上海等东部城市，而且交通较之东部要困难得多，所以它的发展速度仍然低于上海、天津、武汉等城市。直到全面抗战时期，重庆作为大后方，特殊时期的特殊情况才大大加速了重庆的发展。就整个四川情况而言，自然经济的状况仍然相当牢固，谈不上有多大程度的开放。较之东部而言，四川的经济就大大地落后了。

成都在近现代史上也有相当发展。不过成都的绝大多数行业都是为消费服务，工业极少。但近代文化对成都的冲击却相当大，办新式学堂，出国留学，形成了社会潮流。值得一提的是华西协合大学，它的教育完全是西方式的，内容是现代医学理论与实践，招女生，学外语，开设了现代生物学、解剖学课程，不仅为中国培养了一批医生，更重要的是在成都撒下了现代文明的种子。华西协合大学的开办，当然也是资本主义对中国侵略的主观产物，但它却不自觉地充当了历史前进的工具。摩托车、照相机等这些西方文明的东西，逐渐融入中国社会，对引导成都人缓慢地进入现代文明社会起了启蒙作用。

发展必然依靠科技。依靠科技，对农业进行结构调整，农业才能发展。农业发展了，产生推力，将农村剩余劳动力推向城市，要求城市接纳。而现在四川城镇的城市化程度还是很低的。城镇吸收不了大量涌入的外来人口，就会出现很多城市病。过去在农业文明的时代，中国人致富后往往买土地，靠此守业；军阀混战，实际上就是对土地控制权的争夺。这与西方致富后积累货币，发展其他产业是不同的。

我们研究四川开发，首先要把四川的封闭意识好好地披露一下，对农业文明的历史局限性好好地剖析一下，从而为西部以及四川的大开发提供历史的借鉴。

（原载《中华文化论坛》2001年第4期）

从文化转型谈中介论
——关于巴蜀文化转型的研究实例[*]

中介论既是认识论又是方法论。运用中介论的观点和方法，不但可以成功地解决许多哲学问题、经济问题以及自然科学领域内的各种认识问题[②]，而且还可以作为历史学、考古学以及人类学的一种解释系统，为我们更科学地解释人类的过去提供理论和方法论钥匙。本文试从文化转型的角度，主要以战国末秦汉之际巴蜀文化转型的典型史事为例，从中介论的观点和方法入手，进行一些有关文化转型的理论探讨。不当之处在所难免，希望同行专家和博学君子予以斧正。

一

秦灭巴蜀（前316）以后，巴蜀地区纳入以秦汉王朝为代表的中华国家的统一疆域之中，巴蜀的政治、经济、社会组织和各种制度被秦汉王朝予以根本改造，巴蜀文化也在秦汉文化的强烈感应下日益发生演变，逐渐转型，最终同秦汉文化化为一统，成为中华文化多元一体结构框架的重要组成部分。

战国秦汉之际巴蜀文化的转型，从性质上看，是由一种作为独立王国形态和民族性质的文化，向作为秦汉统一帝国内的一种地域形态和汉民族组成部分之一的亚文化的转型，其中的关键有两点：一是国家形态，从以前的"独立王国"转化为秦汉中央王朝的郡县；一是民族性质，从过去的以戎狄、南夷为主体转化为秦汉时期的以汉族为主体。这两个关键之点，前一个主要是政治上的、制度上的，后一个主要是文化上的、心态上的。正因为这两个关键之点存在于巴蜀和秦汉双方，既引起双方之间尖锐的对立和冲突，更有互为中介的融合、转化，因此要促使巴蜀文化转型为秦汉文化的地域亚文化，就必须突破并彻底消除其间的各种障碍。正是因为如此，所以秦并巴蜀后，立即就展开了对巴蜀的政治经济改造，直接目的在于为秦的统一战争提供战略物资和战略基地，但政治经济政策实施的结果，却促使巴蜀的一批精英人物率先转化为秦王朝的坚定支持者，这部分人也就率先感应了秦文化，在思想和精神面貌上向着秦文化转变，成为巴蜀文化与秦文化相整合的重要中介。民

---

[*] 本文由隗瀛涛与刘茂才、段渝合撰。
[②] 详见刘茂才著：《中介论与相似论》，四川人民出版社，1996年。

族上的转化，却不是首先依靠政策法令去推行，而是依靠政治经济改造所产生的巨大成果，以及多次大批移民巴蜀所产生的文化认同以至涵化，再凭借一系列法令来达到的。因此，在政治和民族这两个关键之点上，政治上的转变是强制性的、暴力的；民族上的转化则是自然的、和平的、互为中介的。所以，这个时期的巴蜀文化具有国家民族意义上的和秦文化的地域亚文化意义上的二重性质，前者愈来愈少，后者愈来愈多。

不难看出，联系秦汉文化与巴蜀文化之间的中介，最重要的是秦汉王朝的政策、制度、法律、法令及其贯彻执行的一系列措施，以及从中原地区大批迁往巴蜀的各种移民。

秦王朝通过一系列政策、制度的强制推行，使巴蜀地区作为"独立王国"的原有基础分崩离析，荡然无存，并经过互为中介的融合过程，彻底转变为秦制，其中包括土地制度、赋役制度、田租制度、户籍制度、文字制度、车轨制度、度量衡制度、货币制度、城市制度、工商业制度、军事制度、庞旌制度、历法制度、法律制度、服饰制度、郡县制度等各个方面。这些制度，对于绝大多数巴蜀民众都具有直接的制约作用，其中有些制约是共同的，对每个人都概莫例外，有些则针对不同阶级、阶层、社会集团、民族群体等，分别发生制约作用。通过一系列制度全面地强制地推行，从秦并巴蜀（前316）到秦始皇统一中国（前221）再到秦灭之年（前206），秦制在巴蜀地区的统治已达百余年，按三十年一世计算也约及四世。在这样一个较长久的历史时期中，秦制在巴蜀代相遵奉，累世相传，日益巩固，已化为巴蜀的根本制度，达到充分的稳定状态。《华阳国志·蜀志》记载说："秦惠文、始皇克定六国……家有盐铜之利，户专山川之材，居给人足，以富相尚。故工商致结驷连骑，豪族服王侯美衣，娶嫁设太牢之厨膳，归女有百辆之从车，送葬必高坟瓦椁，祭奠而羊豕夕牲，赠襚兼加，赠赙过礼，此其所失。原其由来，染秦化故也。"所列举的巴蜀文化几个主要方面的变迁，原因在于"染秦化故也"，即从文化形态上大体转化为秦文化。正因如此，汉武帝时司马迁作《史记》，从全中国的文化区系出发来划分，把巴蜀地区划入以关中为中心的秦地以内，而与齐、晋、三楚等文化区系相区别（详见《史记·货殖列传》，参考《汉书·地理志》）。

考古学所提供的一系列实物证据与此恰相符合。在战国末叶秦代之际的巴蜀墓葬内，往往是巴蜀式器物与秦器并存，表现出巴蜀文化转型过程中的二重性特征和中介性，而且愈是晚期，巴蜀本土文化因素就愈少，秦文化因素就愈多，同时，巴蜀式器物的形制、风格等也在发生变化。这表明，通过秦制的强制推行，累代相承，巴蜀文化从外在形式（器物形态）到内容实质（所表现的制度）都发生了明显变化，基本上转型为秦文化。

而这种由秦与巴蜀文化的抗衡，冲突对立为中介的融合、渗透的过程，实际上是一种中介化的过程，虽然由于秦制的强制推行，经过互为中介的累代相承，产生质变。但质变的关键是秦与巴蜀互为中介化。

秦灭后，汉王朝继续在巴蜀地区强制推行汉化政策，楚汉战争中刘邦为汉王，把巴、蜀、汉中作为战略基地,粮食兵员等绝大部分军备出自巴蜀,而萧何在巴蜀具体置办,这对巴蜀文化的汉化产生了重要作用。尤其汉武帝时,实行盐铁官营制度,在全国 40 个郡国中设置铁官 49 处,其中在巴蜀地区设有 3 处。铁官的设置,强制性地使人们把在物质文化生产中使用最普遍的铁制农具采取同一的官样形式,从而迅速取代了残存的巴蜀文化器物形制,对于巴蜀特有的青铜文化产生了根本性的冲击。这样,从物质形态上保存下来的巴蜀文化残余,就最终被汉文化所取代了。所以,到汉武帝时期,从考古学上所发现的物质文化上看,巴蜀地区已绝少见到原先的巴蜀主体文化形式,而转型为汉文化了。

二

巴蜀文化的转型过程,可从时序和空间形态两个方面(两种结构)进行分析,将能更清楚地揭示其转形机制。

从时间序列上看,巴蜀文化的转型可以分为两个大的阶段,从战国末到秦王朝的崩溃为一段,从汉初到武帝时为一段,武帝时巴蜀文化的转型过程基本结束。在两大阶段中,还可分别划分出不同的小阶段。对此,本文不再详细讨论。下面从空间形态方面结合时序做些简略分析。

从空间形态上看,巴蜀文化的转型是以成都为中心,以若干县城为次级中心,有中心、分层次地逐步向周边地区扩展、推进的。即是说,转型在空间关系上也存在着互为中介的融合、过渡的过程,有一个从点到面的发展、互为中介的推进过程。中心城市被置于秦的直接统治之下,转型快;边远地区由于秦统治薄弱,甚至鞭长莫及,转型就慢,或至极少发生变化。

成都是西南地区的政治经济文化中心,秦于并灭巴蜀后的第六年(前 311)筑成都城,"营广府舍,置盐、铁、市官并长丞,修整里阓,市张列肆,与咸阳同制"[1],城市在规模、格局和建置诸方面均与秦都咸阳同制,转型比较迅速,成为巴蜀文化转型在空间组织上的第一级中介,从此带动其他地区的相继转型。临邛(今四川邛崃市)是第二级中介,秦惠文王时有大量秦移民迁入临邛以南的严道(今四川荥经),又与成都同时筑城,"周回六里,高五丈"[2];秦始皇时,迁中原赵人卓氏和山东程郑于临邛,卓氏在临邛"即铁山鼓铸,运筹策,倾滇、蜀之民,富至僮千人,田池射猎之乐,拟于人君"[3],程郑"亦冶铸,贾椎髻之民,富埒卓氏"[4]。此外,秦还修筑了郫城(在今四川郫县境),"周回七里,高六丈"[5],也是

---

[1] 《华阳国志·蜀志》。
[2] 《华阳国志·蜀志》。
[3] 《史记·货殖列传》。
[4] 《史记·货殖列传》。
[5] 《华阳国志·蜀志》。

巴蜀文化转型的第二级地域中介。

秦之所以同时修筑成都、郫县、临邛三座城池，首先向这三座城市大量移民，在于这三座城市在先秦时代就是古蜀王国的中心城市体系，分别发挥着古蜀文化的中心地区同四川北部、西部和南部的不同类型生产性经济及其文化之间的中介作用，对古蜀文明的进步产生了巨大的组织、协调和推动作用①，其中成都是高级中心，郫城和临邛是次级中心。秦充分利用古蜀城市的网络体系作为其在空间组织形态上使巴蜀文化转型的有力的中介，属于一种功能借用，而这个政策无疑是相当成功的。

除成都、郫城和临邛外，葭萌（今四川广元市老昭化）、南安（今四川乐山市）、南郑（今陕西省汉中），以及江州（今重庆市中区）等原先巴蜀王国时的城市，都在文化转型过程中发挥了不同级别的中介功能和作用。从秦惠文王并巴、蜀，首批修筑成都、郫城、临邛、江州四县，到秦王朝末年秦在巴蜀共置三十一县②，不难看出巴蜀文化转型在空间形态上以中心城市作为不同级别的中介，从点到面的扩展、过渡和推进过程。

转型时期巴蜀文化的二重性明显地表现在空间形态的变化当中。一方面，中心城市是秦王朝的统治中心，是秦政府的郡署和县署所在地，具有掌握和执行各项政策、制度、律令的功能，同时又具有文化转型中心的领导和示范作用，是空间形态转型的重要中介。另一方面，由于以蜀王为代表的故蜀政权仍然存在，经历了秦惠文王、武王和昭王之间的三十一年时间，虽然秦王朝"贬蜀王更号曰侯"③ 称"蜀侯"，但蜀王室及其臣僚机构仍完整保存下来，政治势力仍较强大，不但蜀侯有反叛举动，而且蜀王子安阳王所率旧部兵力3万驻在中心城市以外④，伺机反扑，同时在青衣江两岸的丹、犁二族也公开表示支持故蜀政权而反秦⑤，"戎伯尚强"⑥。因而，这个时期的中心城市仍然是"独立王国"和民族意义上的巴蜀文化中心和政治中心。

中心城市体现出来的这种二重性表明，秦王朝对于巴蜀文化的改造，最初只是分布了几个中介点，从中心城市做起，逐步加以改造，再以中心城市为中介，向整个巴蜀地区顺次推开的，所以直到秦末，秦王朝才在巴蜀地区设置了三十一个县。在秦刚灭蜀时，出于战略全局的考虑，没有立即消灭蜀王室，直到秦昭王二十二年（前285），秦统一战争胜利大局已定，同时西南地区较为安定，才采取消灭蜀王室的措施，使蜀地成为单一的秦统治中心，"但置蜀守"⑦，郡县制最终确立。若从文

---

① 段渝：《巴蜀古代城市的起源、结构和网络体系》，《历史研究》1993年第1期。
② 此据《华阳国志》的《巴志》和《汉中志》，按《汉书·高帝纪》则为四十一县，当以《华阳国志》所记为确，参考刘琳《华阳国志校注》（巴蜀书社，1984年）的考证，第33、34页。
③ 《史记·张仪列传》。
④ 《水经·叶榆水注》引《交州外域记》。
⑤ 《史记·秦本纪》。
⑥ 《华阳国志·蜀志》。
⑦ 《华阳国志·蜀志》。

化上分析，这同时也具有加速巴蜀文化转型的重要意义，消灭了蜀王室，古蜀文化的象征和表率随即破灭不存，有利于推进蜀文化加速秦化的进程。因此，彻底消灭蜀王室，不仅仅是一个政治事件，在蜀文化的转型上也具有重要意义的。这样，中心城市转型的初步完成，便使周边地区的转型加速展开。

三

在巴蜀文化的转型过程中，政策、制度的变革具有关键作用和决定意义。在蜀文化的中心地区成都平原，文化转型较快，是因为秦王朝在这个地区的统治力量强大到足以战胜各种形式的反抗、克服各个方面的阻力才得以推行的，否则就绝不可能促使广大蜀人接受那些与古蜀王国截然不同的秦制的统治。

与此形成鲜明对照的是，由于秦在西南夷地区（巴蜀以南的少数民族地区）的统治力量严重不足，虽然这一地区"近蜀，道亦易通，秦时尝通为郡县"①、"诸此国颇置吏焉"②，但因兵力不足，加上该地区也不是秦必须改造的重心所在，秦的政策、制度等几乎未对这个地区发生影响，政治不达，经济未通，文化未染③，所以一当秦王朝分崩离析，西南夷就"皆弃此国"④，一反到底，干脆独立。由此可见，所谓"秦时尝通为郡县"，"诸此国颇置吏焉"，仅流于形式而已，不可能推动西南夷的文化转型。汉兴，汉王朝内部矛盾错综复杂，汉初七十年实际上是中央朝廷与各地诸侯王激烈斗争的七十年，没有力量顾及"化外之地"的西南夷地区，直到汉武帝时中央集权得到极大加强和巩固，再加上为寻找通往西方的通路，才把精力顾及西南夷地区。汉武帝开西南夷，劳师费时，几经反复，才把西南夷地区纳入汉王朝的统一疆域之中，使之逐步成为汉王朝的一支地方文化。不过，由于多种原因，也由于西南夷地区不是汉王朝统治的重心，所以西南夷各族的文化仍然作为富于鲜明特色的民族文化保存下来，而没有转型为汉文化。

以政策、制度作为文化转型中介的动力的另一对实例是巴与蜀，由于秦对巴、蜀实施各不相同的政策和制度，因而致使巴地和蜀地的文化转型程度颇不一致，不论在转型的深度还是广度上都存有较大差别。

蜀地的文化转型较快，较彻底，毋庸再述。在巴地，秦王朝实施了与蜀不同的优容政策，"以巴氏为蛮夷君长，世尚秦女，其民爵比不更，有罪得以复除，其君长岁出赋二千一十六钱，三岁出义赋千八百钱，其民户出幏布八丈二尺，鸡羽三十

---

① 《史记·司马相如列传》。
② 《史记·西南夷列传》。
③ 段渝：《支那名称起源之再研究》，载四川大学历史系编：《中国西南的古代交通与文化》，四川大学出版社，1994年。
④ 《史记·西南夷列传》。

錼"①。在政治上，秦仍以巴地原来的大姓首领为君长，让其继续进行血缘集团统治，并通过世代通婚和交纳轻赋的形式来维系同巴地大姓首领集团的政治统属关系；对巴地各族的普通民众，则通过普遍赐予不更爵级（不更是秦二十级军功爵制中的第四级）的形式，来广泛收揽民心。在经济上，秦在巴地迅速推行原商鞅变法以来所实行的"舍地税人"征赋办法，按户按口征收赋税。同时，为了优容安抚巴地各族，又规定法令，使血缘大姓集团的部民免服更卒之役②。秦昭王时，还与巴地板楯蛮订立盟约，"乃刻石盟要，复（免除）夷人顷田不租（田租），十妻不算（算赋），伤人者论，杀人得以赎钱赎死。盟曰：'秦犯夷，输黄龙一双；夷犯秦，输清酒一钟。'夷人安之"③。

秦在巴地所实施的这些优容政策，固然其直接目的在于求得巴地政治秩序的稳定，以便造成一个缓冲地带，阻隔秦在长江流域同位于巴地以东的赫赫楚国直接发生军事冲突（因为秦的主要军事力量部署在关中、汉中，而不在长江流域④），但这些政策实施的结果，使得秦对巴地社会组织的改造收效甚微，从而使川东鄂西巴地各族的文化几乎原封不动地保留下来，完全没有转型，而巴地各族文化转型的任务，又遗留给后来历朝历代，直至南北朝隋唐时代才逐步走上文化转型的道路。从巴、蜀这一对文化转型实例不难看出，政策、制度是推动文化转型的重要中介和主动力，所实施的政策、制度不同，所引起的文化转型结局和程度就不同。

由于巴蜀文化的转型在时序上具有分阶段发展的特点，在空间形态上具有从中心向周边渐次推进的特点，这就决定了转型的长期性、复杂性和地域不平衡性，因而中心城市及附近地区转型较快、较彻底，边远地区转型较慢、较不彻底，就成为巴蜀文化转型过程的必然特征。所以，尽管中心城市曾经是"独立王国"和民族意义上巴蜀文化的核心、堡垒和象征，边远地区仅仅是非中心区和外围地区；但中心城市由于文化转型较快、较彻底，"染秦化"、被汉风既深且广，原先巴蜀文化的许多特征化于无形，从总体上已转化为秦汉文化区；而边远地区由于文化转型缓慢、较不彻底，甚至少有变化，保留了相当浓厚的巴蜀文化因素及其特色，反而成为巴蜀文化因素的集中分布区和传播区，这样就引起了巴蜀文化空间形态和位置的明显变化，而这种文化存在于文化演变的时序之中，不论在历史文献还是考古资料上均能征实。用孔子的话来说，这种空间位置的转化，就是"礼失而求诸野"，也就是"天子失官，学在四夷"⑤，这是文化转型的一般特点和规律。

以上事实表明，在文化转型过程中，作为中介（起着中介的作用，发挥着中介的功能）的政策、制度、法律、法令等是极端重要的。一种全局性的或较强盛的文化通过经选择确定的中介与另一种或另几种局部性的或较弱小的文化相联系，联系

---

① 《后汉书·巴郡南郡蛮传》。
② 《汉书·百官公卿表》颜师古注。
③ 《后汉书·巴郡南郡蛮传》。
④ 段渝、谭晓钟：《涪陵小田溪战国墓及所见之巴楚秦关系诸问题》，《四川文物》1991年第2期。
⑤ 《左传》昭公十七年。

越直接、越紧密、越深入、越广泛,那么另一种或另几种文化的转型就越迅速、越彻底、越深刻、越全面,转型程度就越高,状态也就越稳定,反之亦然,一切都相反。以上事实还表明,通过中介的作用,还会导致同一文化内部原来处于不同地位的部分之间各自朝着自己相反的方向转化,引起空间位置和空间形态的变化,以及文化主体或群体地位的变化等,以致演变出若干新的文化现象及其特征。由此可见,中介的选择对于促使和推进一种或几种文化向另一种文化转化,发生着至关重要甚至是决定性的作用。

四

除以上所论一种文化转型的程度(广度和深度)以它同中介相联系的程度(广度和深度)而定以外,还应当说明的是,为中介所不曾直接联系的事物,就不会发生文化转型。在巴蜀文化的转型过程中,就存在一些不曾为秦汉中介所直接联系因而未曾发生转型的文化因素。这类事物中最明显的是巴蜀文化"尚五"的宗教观念、鬼神崇拜和方术、神仙之术等文化因素。

秦始皇统一天下后,采丞相李斯之议,焚天下《诗》《书》,百家语,只保留《秦记》和医药、卜筮、种树之书[①],此令对于东方六国地区的文化具有直接的法律效力,导致了严重的文化摧残,但对巴蜀却几乎不发生任何制约和影响。巴蜀地区原来就不传《诗》《书》。百家语中仅道、杂两家在巴蜀极少数人中传习,并且在当时的巴蜀文化中不占重要地位。相反,巴蜀文化的精神动力是自古以来风行不衰的各种宗教崇拜和观念,不但不在秦王朝的文化专制主义所高压钳制的思想文化之列,反而在秦法予以保留的思想文化之列。因而,巴蜀文化深内层的各种因素(即巴蜀文化的底蕴)在其文化表层和中层(指政治制度、经济体系、服饰、器物形制等)俱已根本变革的情况下,却能够继续保留下来,发扬光大,并受到秦王朝的中央政府和地方政府的容忍,又经汉代的继续演变,进而在东汉发展成为道教(五斗米道)的主要精神渊源和方术,使巴蜀成为道教的重要发源地和中心地[②]。这表明,尽管政治、经济层面的巴蜀文化已相继转型为秦文化和汉文化,但思想深内核层面的各种宗教信仰的崇拜却未予触动,得以原封不动地保留下来。秦汉时期及以后的巴蜀文化之所以仍具鲜明特色,保持了先秦巴蜀文化精髓的发展连续性,原因正在于此。而齐、鲁、中原的文化精英,不是被秦王朝的文化专制主义所消灭,就是被秦王朝所强迫迁走,因而急剧衰落了,即使汉初"除(废除)挟书律"[③],准许《诗》《书》及百家语行世,但文化也难以在短期内恢复过来,更谈不上蓬勃发

---

① 《史记·秦始皇本纪》。
② 段渝:《巴蜀文化与汉晋学术和宗教》,待刊稿。
③ 《汉书·惠帝纪》。

展，重现昔日的辉煌。

巴蜀文化的转型，重在政治、经济、社会等子系统及其所涉及的各个层面。尽管政策、制度、法律、法令是推动转型的关键，但文化最核心的因素除了政治、经济和社会等子系统而外，还有处于认知结构水平的心理素质和文化精神等子系统，由此才决定其行为方式的外在表现形式及结果。秦汉王朝在巴蜀地区的先后统治，在经济生活中只从生产关系和经济制度上破旧立新，没有强迫改变巴蜀原先的经济生活类型，蜀人仍以稻作农业为主，巴人仍以狩猎和粗耕农业为主；在政治上则彻底消灭了巴国、蜀国这两个"独立王国"，使广大巴人、蜀人从服从一个权威、一个政权转变为服从另一个权威和另一个政权，而权力服从和政治依附这一抽象观念并未变化，变化的只是所服从和依附的具体权力对象。所以，巴蜀文化的转型并不是所有子系统全面地同时转变，不是彻底地被同化，而是形态上的转化。同时，与千百年来几乎极少有所变化的生态环境相适应而产生的一些文化因素，诸如生活方式、性情、风俗习惯、经济活动等，则几乎一成不变地保留下来，这些文化因素又成了巴蜀文化深层要素（各种宗教信仰，心态）得以继续发展的基础和源源不断的能量源泉。

既然秦汉王朝没有改变处于巴蜀人认知结构水平的心理素质和文化精神，没有改变巴蜀人的行为方式、性情和风俗习惯，那么也就没有促使巴蜀文化的底蕴发生转变，这就决定了秦汉巴蜀文化同先秦巴蜀文化具有相似性。这一结果，一方面可使我们判断秦汉时期巴蜀地区的文化仍然是巴蜀文化，另一方面又可使我们判断秦汉时期的巴蜀文化已经不是先秦时期"独立王国"形态和民族性质的文化，而是以秦汉王朝为符号的中华文化圈内的地域亚文化。

五

事实上，从中国历史上万邦林立到统一国家的发展演变过程来看，全国许多区域文化都有着与巴蜀文化转型相类似的历程和结果，正应了《周易·系辞》的一句话："天下同归而殊途，一致而百虑。"所以从古代经近世而到今天，尽管经历了千百年的沧桑演变，政治、经济、社会的变化一直在持续进行，文化的交流融合更是从未间断，但是各个区域文化仍然具有与众不同的、十分鲜明的地域特色，始终保持了独特的基本文化因素。从这个意义上说，不了解中国的地域亚文化及其发展演变历史，就不可能真正深刻地了解中华文化及其发展演变历史。同样，不从全局上把握中华文化的总体特征及其发展演变历史，也就不可能真正深刻地把握地域亚文化及其发展演变历史，这是必然的结论。从中介论的观点来看，地域文化与中华文化的关系，正是一对互为中介的融合、渗透、转化的关系。

不论在中华文化圈内的哪一个文化区，当这个文化的表层和中层相继转型以后，处于深内层面的文化核心部分其实也会与时俱变，随着历史的发展而演进。不过这种变化并不是突变的，而是一种渐变的过程，通过若干中介在时序中逐步演化，它的演化形态表现一个相似性跟着另一个相似性，无数相似形态的连续发展就构成了它自身的演变史，即中华区域文化史。因此，地域文化作为一种具有其独特内涵和外在形式的文化，必须从历史的视角、用历史的观点来分析考察，根据相似性原理，从无数相似性当中去发现它们的中介因素，找出它们的中介关系，进而探索其整个演变进程，才可能既辨章学术，又考镜源流，明了并把握其全部历史的和现实的形态以及其间的各种联系，从而展望其未来走向。如果不是这样，仅作断章取义性的应用，或牵强地作古今比附，就绝不可能取得任何符合实际的有价值的结论和科学的成果。

这就说明，要探其渊源、明其流变，最重要的研究对象是引起事物之间各种联系的中介。而中介本身又是多样性的，不同类型的事物之间有着不同的中介，同一事物也可以成为不同类型事物之间的中介，中介也可以相互转化，对此，必须加以悉心研究、探讨。只要从对中介的分析研究入手，就能看出各种演变因素之间的复杂联系，以及联系的性质（本质性的还是非本质性的）、程度（深层的还是表层的、中层的）、范围（普遍性的还是个别性的）、广延性（空间上是广泛性的还是狭隘性的）、规模（大规模的还是少量的），如此等等，从而得出既符合历史、又符合逻辑的正确的判断、认识和结论。而通过这种研究所得出的判断、认识和结论，就会具有充分的可靠性，从而具有相当的权威性。

（原载《中华文化论坛》，1998年第3期）

立足于巴蜀文化的研究

我认为,《中华文化论坛》在今后的办刊宗旨中,在面向全国,对中华传统文化进行全方位研究的同时,更应加重对区域文化中之巴蜀文化的研究。

所谓"巴蜀文化",其实是巴蜀地域文化不断与包括中原文化在内的邻近周边文化乃至域外文化交流、荟萃的产物。巴蜀文化既有着属于中华文化共性的一面,亦有着区别于中华文化圈内的其他地域文化,如中原文化、齐鲁文化、荆楚文化、吴越文化、岭南文化等的一面。从这个意义上理解,研究巴蜀文化也是研究中华文化。

巴蜀文化虽然处于祖国的西南腹心,并且被崇山峻岭所环抱所阻塞,以致有"蜀道难,难于上青天"这样的感慨,但是,它在历史上的每一时期,都仍然与整个中华文明的演进血脉相连,休戚与共,与海内外其他先进文化相比,其呈现出的开拓性、开放性、包容性等特色,是毫不逊色的。

《华阳国志·蜀志》中所记载的"五丁迎石牛"一类传说,反映出古蜀先民力求打通闭塞,走出盆地,渴望与外界交流的观念行为。在距今5300—6000年的大溪遗址、距今3000—5000年的三星堆遗址所出土的海螺、海贝、象牙,则明显地具有强烈的外来因素。三星堆文明曾在夏商之世及周初,以成都平原为辐射中心,其影响向北达到汉水流域与渭水上游,向东远及今宜昌长江两岸,向西则深入青衣江、大渡河流域。此外,它还通过包括古栈道、古长江及其支流水系、古蜀布之路等四通八达的交通网络,将中原文明、荆楚文明、滇濮文明以及南亚文明、西亚文明、埃及文明、爱琴海文明等诸文明的优秀成分采借过来,用来发展和壮大自己。

巴蜀文化还以博大的胸怀,接纳来自四面八方的人才。如传说中取代鱼凫王的杜宇、取代杜宇王的鳖灵,都是从外进入成都平原的。秦时迁蜀的赵人卓氏、山东程郑,都是在临邛东山再起,成为富可敌国的大商贾的。正是因为巴蜀文化具有较强的开拓性、开放性、包容性,才使得巴蜀文化呈现出一种丰富多彩、生机勃勃的局面,不仅孕育了成百上千的大思想家、大诗人、大文豪,而且涌现出许多领先于全国乃至世界的经济、科技以及思想文化成果。

对巴蜀文化的研究要更深入。尤其是最近几年,成都平原的考古发掘又取得了一系列令人惊讶的重大成果,在广汉、郫县、崇州、都江堰、新津等地,均发现了史前古城址。对这些古城遗址的发掘,不仅再次证明成都平原是长江文明的发源地之一,亦是中华古文明的发祥地之一;同时还把现今已知的巴蜀文化的历史又向前推进了一两千年。这表明,巴蜀文化的研究,还有许多工作需要我们去做。

因此，在《中华文化论坛》今后的工作中，对巴蜀文化进行重点研究，是十分必要的。只有立足于对巴蜀文化的重点研究，历史科学所具有的对现实的深刻的借鉴作用，才会更加充分地体现为"科技兴川"的服务意识、参谋意识。

（原载《中华文化论坛》1998年第1期）

弘扬巴蜀文化 传承巴蜀文明
——关于"巴蜀文化走进千家万户丛书"的编写

一、巴蜀历史简说

据史书记载,公元1001年,中国北宋政权重新划分地方行政区域,建置"川峡四路",即益州、梓州、利州、夔州四路,简称四川路,从而古老巴蜀大地始有"四川"之名。在此之前,四川地区建立过蜀国和巴国。公元前316年,秦灭巴、蜀,从此,四川地区便成为中国各朝代直接管辖地区,期间也曾建立过割据王朝。

蜀国是一个历史悠久的文明古国,其管辖北起今陕西与甘肃的南部,南至今云南与贵州的北部。所以,蜀人活动的地区不只是今四川地区,但中心地带一直是今四川西部地区,早期在川西北的岷山山区,后期在川西平原。由此,蜀人、蜀族、蜀王、蜀国便自然而然地在历史演进中诞生。据史载,蜀国大地上先后有蚕丛、柏灌、鱼凫、杜宇、开明等王朝。

"巴"是一个古老的部族,巴人的远祖是兴起于西北高原的黄帝部落的一支,与黄帝同为姬姓。大约在夏、商之际,巴人先祖南迁至今陕西南部汉水上游一带活动。此时的巴人已从原先的部落中分裂出来,另立宗氏,别为氏族,并进入父系氏族公社阶段。商朝末年,周武王率西土之师讨伐殷纣王,以巴人充当先锋,"武王既克殷,以其宗姬封于巴",巴国成为最早受周王室分封的姬姓诸侯国之一。巴地十分广阔,辖区东至鱼腹(今奉节),西至僰道(今宜宾),北接汉中,南极黔涪(今渝、鄂、湘、黔边)。但是,巴地并不是巴国同时占有的疆域,应是巴人曾经活动过的地域;或者说巴国先后所占有的版图,在不同时期其疆域也不断变化。大体说来,商周时代的巴国据有汉中东部,春秋时代向巴山东缘发展,春秋末叶举国南迁长江川、鄂之间,战国时代进入今重庆和四川东部兼及与鄂、湘、黔相邻之地。从此"川东巴国,川西蜀国"的局面正式形成。

巴国和蜀国长期为近邻,周初巴蜀同时受周王分封,地域仍相毗邻。蜀国杜宇王朝时期,蜀国的经济文化东传巴地,"巴亦化其教而力务农",古蜀文字也东传于巴。长期以来,巴、蜀文化相互影响、渗透,以至渐趋同一而形成"巴蜀文化"。秦灭蜀国后,立即移师东进,取巴之江州、阆中,俘虏巴王,巴国为秦所灭。秦统一蜀后,采取存其国号而夺其实权的策略,保留蜀国称号,降蜀王为蜀侯。

自公元1001年四川得名，历经宋、元、明、清、中华民国、中华人民共和国，四川行政区划建制几经变革和调整。1286年，元朝设四川等处行中书省（简称四川行省或四川省），从此开始了四川独立建省的历史，四川省由此得名。在国民党蒋家王朝统治前期，四川处于军阀割据混战局面。1932年12月至1935年6月，中国共产党建立川陕革命根据地，实行红色"工农武装割据"，蒋介石国民政府的势力实际上并未伸入四川。直至1935年1月，以"追剿"红军为名，蒋家王朝的势力才乘机开始控制四川。1949年10月中华人民共和国成立后，四川又经历了始四分四川（川东、川南、川西、川北行署区）、旋合并恢复四川省建制（1952年），西康省撤销、辖区划归四川省（1955年），重庆分出建立中央直辖市（1997年）等多次变革和调整，最终形成如今的四川行政区划建制。

二、巴蜀文化研究组织简述

巴蜀文化源远流长，内涵丰富。1952年经中央批准成立四川省文史研究馆，其主要职责就是组织团结一大批社会贤达、知名人士和历史见证人，组织他们研究和撰写一些亲历、亲见、亲闻的历史文化资料，如《成都城坊古迹考》《四川军阀史料》《四川保路风云录》《川军抗战亲历记》《四川与抗战》等书出版，为四川近代史的研究提供了弥足珍贵的资料。党的十一届三中全会召开后，1979年2月，"巴蜀史研究会"成立，继后建立"四川省巴蜀文化研究会"，从广度、深度上对巴蜀文化做了系列研究，如《巴蜀史丛》《巴蜀文化研究丛书》。2003年，西华大学与四川省文史研究馆联合成立了"蜀学研究会"，开展蜀学研究。但是，巴蜀文化方面的普及读物，尤其是系列性的普及读物还很少。为了加强四川文化强省建设，提高全民族的哲学社会科学文化素质，促进人们的综合素养得到全面发展，根据四川省省长张中伟的指示，在副省长张作哈的亲自领导下，四川省政府参事室、四川省文史研究馆及时组织一批资深的政府参事、文史馆馆员和知名学者，从巴蜀文脉、科学技术、文史哲学、书画艺术、民族宗教、民风民俗、历史事件、历史名人、名城古镇等诸方面，择其要者，进行研究，撰写成稿，形成"巴蜀文化走进千家万户丛书"，以分批分册出版。丛书每册6万字左右，文笔流畅，史料确实，图文并茂，浅显通俗，适宜于候车等船、茶余饭后和工作闲暇时阅读。丛书装帧、印制考究，开本小巧，便于携带，旨在服务于广大干部、青少年和普通群众。

三、"巴蜀文化走进千家万户丛书"第一批简介

"巴蜀文化走进千家万户丛书"全套规模在30册至50册之间，首批《话说"天府之国"》等10册已于2004年10月与读者正式见面，第二批《锦里街名话旧》

等10册也脱稿,第三批《天府哲学面面观》等10册正在编写中。在中共四川省委、四川省政府的正确领导下,本套丛书在编写过程中,得到省级有关部门的鼎力支持,也得到四川出版集团巴蜀书社的全力帮助;尤其是张中伟省长在百忙之中抽出时间为丛书撰写总序,张作哈副省长亲自多次过问并鼓励,敖玉明副秘书长狠抓督促落实,使我们既感到责任重大,又感到无上光荣。为此,我们将在日后的编写组织工作中,更加勤奋努力,更加敬业奉献,以表感谢。

1.《话说"天府之国"》(屈小强著)

西部四川集物华天宝,聚龙光凤鸣,汉晋以来一直享有"天府之国"的美誉。本书以宏阔的眼界、生动的笔触与严谨的历史叙事风格,展示这片由大山怀抱、大江哺育的神奇土地上的风云聚会、沧桑巨变,介绍数千年间居住和来往于这片土地上的各族人民顺应时代潮流的历史活动、踔厉风发的精神风貌及独具特色的文化传统。本书提出:巴蜀儿女重和合、重交流的气概,讲大义、讲奉献的精神,重统一、重安定的品质以及敢为天下先的勇气,是巴蜀社会得以不断发展、进步的源头活水,亦是留给今天川人的一笔流光溢彩的宝贵财富,值得永远珍惜、继承与弘扬。

2.《因水而兴:世界奇迹都江堰》(冯广宏著)

都江堰为战国李冰所创建,迄今已2260年。本书认为,由于历代水利家的苦心经营,综合利用、开发水资源,方使成都平原成为"天府之国"。其所控制的农田灌溉区域,由秦汉的三郡万顷,发展到明清达14州县近三万顷。新中国成立后,不仅调整巩固了老灌区,还突飞猛进地扩展新灌区;岷江水源通过都江堰,已延伸到沱江和涪江流域,1994年灌溉面积突破十万顷。这种发展势头,现在仍未止步。本书对都江堰创造的世界奇迹,做了全景式的描述,具有丰富的史料性、知识性与可读性。

3.《巴蜀趣联解读》(张绍诚著)

对联是唯独中国才有的融诗词、书法、雕刻于一体的民族传统文学艺术形式。巴蜀是春联的发祥地,趣对妙联琳琅满目,美不胜收。文字记载的最早的春联出自何时、何地、何人之手?苏东坡怎么对"三光日月星",令辽使"大骇服"?明朝内阁学士杨廷和幼年怎么对"半夜五更半"?杜甫草堂、薛涛井、峨眉山、都江堰、青城山等地陈列了哪些历代名联?巴蜀文士留下哪些传世的诙谐、讽刺对联?制作趣联的语言文字技巧有什么特点?……如果你逐页翻阅本书所选辑的两百余副名联趣对,定能满足你的求知欲,开阔眼界,启迪思维,让你了解更多的历史文化知识,增强对民族传统文化的理解和热爱,学得遣词造句,属对组联,提高运用语言文字、表达思想感情的能力。

4.《蜀中汉赋三大家》(万光治著)

古蜀国在先秦时期虽未创造出可以和中原、楚地相媲美的文学,但在西汉,却石破天惊似地连续出现了司马相如、王褒、扬雄三位雄视赋坛的作家。应该说,有深厚文化积淀的土壤,才能孕育出文化的巨人。为什么在当时被视作"边鄙之地"

的成都，会突然升起这一颗颗令人目眩的文学之星？他们在汉世文坛上的叱咤风云，难道是游离于文学规律之外的一个偶然现象？蜀中辞赋三大家留下的，既是文学之谜，也是文化之谜。它令人困惑不解，更令人抚案沉思。本书为广大读者洞悉巴蜀文化之谜，打开了一扇小窗户。

5.《四川古代著名史学家》（王定璋著）

这是一本评价、阐释四川古代历史学家生平事迹、治史思想及其史学著作的读物。此书以名列"前四史"中的《三国志》破题，引领相关章节，将陈寿的身世仕履、人品操守、师承渊源、史学观念及其代表作《三国志》作为主线予以审视；对《三国志》的史料来源、编纂方法、义例与历史地位进行评价、阐解；同时还对常璩的《华阳国志》、张唐英的《蜀梼杌》、李焘的《续资治通鉴长编》和李心传的《建炎以来系年要录》做了提要勾玄的论述。

6.《青莲谪仙》（王定璋著）

本书审视主体是诞生于江油，成长于蜀中的文学家，伟大诗人李白。它重点探讨、阐述李白浓厚的故乡情结、四海为家的漫游生涯、豪放飘逸的神韵气质、清新俊逸的审美趣尚、异常可贵的独立人格与强烈的主体意识以及其创作的艺术魅力；尤其对李白主体意识开掘颇深，对其艺术造诣归纳中肯。此外，本书对巴蜀文化的杰出典型如李白之前的司马相如、严君平、扬雄、陈子昂，李白之后的欧阳迥、孙光宪、苏轼、杨升庵也有论及。

7.《苏门三杰》（邓卫中著）

北宋文学家苏洵和他的两个儿子苏轼与苏辙，都是在中国文学史上享有崇高地位的杰出文豪，并称"三苏"。本书简要而清晰地介绍了苏洵、苏轼和苏辙曲折的人生经历和辉煌的文学成就。作者在吸取以往研究"三苏"成果的基础上，深入眉山三苏祠进行认真考察并收集资料，数易其稿而成。全书分为"中年发愤成名的苏洵""博学多才爱国恤民的苏轼"和"与父兄比肩的苏辙"三部分，并在适当位置配发了有关的画像、手迹或图片。其内容丰富，文字精练，叙述生动，富有可读性和启迪性。

8.《四川书画名家》（王灭著）

四川的书画艺术几千年来代代在发展，出了不少民间专业的书画家。其中，在川内乃至全国成就卓著、颇负盛名者较多。《四川书画名家》一书，把从汉代以来川籍部分书画家的艺术作品与艺术思想繁简不等地做了介绍。如汉代画像砖石，唐代诗人、书家李白，宋代画家黄筌、文同、书画家苏轼，五代画家石恪，元代书家邓文原、虞集，清代书画家张问陶、龚晴皋，近现代书画家蒋兆和、张大千、石鲁、冯灌父、陈子庄、冯建吴、吴一峰、江梵众、刘既明、伍瘦梅、包弼臣、赵熙、谢无量、刘孟伉、刘东父、游丕承等数十人。该书图文并茂，叙论结合，具有一定的知识性、普及性和可读性。

9.《成都东山的客家人》(谢桃坊著)

成都通行的语言是标准的西南官话,川东、川北和川南的语言也基本上与成都话大同小异,都属北方话系统。然而在成都居民中却存在一种声调、发音和词汇都很奇特的方言,说这种奇特方言的人自称"广东人",成都人则叫他们为"土广东",以区别于操粤语的广东人。他们居住在成都近郊自保和镇至龙泉山麓,自新店子(泰兴)至高店子(三圣)的四百余平方公里内。这些"土广东"在清代初年从粤东北山区经长途跋涉入蜀成为客家人,因聚族而居,保存了非常丰厚的客家文化。成都客家人往往自称是"东山上来的"。但是关于这些客家人聚族而居的东山,他们的历史、入川创业的经过以及保存的古老语言和文化,对现在的成都人来说都是甚为陌生的。这本小书对成都东山客家人试作了历史与现状的描述,将会引起广大读者的兴趣,到东山去领略客家风情;也希望东山的客家人由此对自己的传统有更深入的认识,以便让具有古老汉族地方特色的东山客家文化得以留存。

10.《从文翁石室到尊经书院》(李殿元著)

本书对四川古代、近代教育史做了简略勾勒,重点叙述了汉代文翁兴学、后蜀石经、宋元重学及新式教育兴起等四川教育史上的四次高潮以及对全国教育、文化产生过重大影响的其他教育活动。作者意在说明,社会的发展与繁荣,教育之力功莫大焉。四川曾经在若干历史阶段中,在政治、经济、文化方面领先于全国;其中起重要作用的一个原因,就是重视教育。

承担本套丛书编写的工作者,主要是省政府参事室、省文史研究馆馆员,另有部分中青年专家、学者。他们的共同特点都是执着于巴蜀文化的研究和传播,熟悉巴蜀文化,具有知识广博、阅历丰富、学有专长的优势。因此,丛书的内容和形式,虽浅显而不浅薄,通俗而不庸俗。作者们积极响应党的号召,以学术大家艾思奇和历史学家吴晗为榜样,把自己的研究成果像他们当年写《大众哲学》《中国历史小丛书》一样,删繁就简,去粗取精,化神奇为普通,化深奥为浅显,面向大众、面向社会,力图把古老而优秀的巴蜀文化送进千家万户,把古老而优秀的巴蜀文明推向神州大地和国际社会,进而做到将学术提高与普及传播相结合。在目前市场经济大发展的社会环境中,他们的这种治学精神和治学方向是难能可贵的,是很值得在新一代学人中提倡发扬的。

在本丛书首批与大家见面之际,我作为本套丛书的主编,有责任和义务向大家做出上述说明。当然,由于我缺乏组织编写这种通俗易懂的普及读物的经验,加之我们这一代学人与新时代的学人在遣词造句和文笔陈述方面有一定差异,可能有缺点甚而错谬,这也是在所难免的。我殷切期待着领导、专家、学者和广大读者的批评和宝贵意见,以利于我们在今后的编写中改进完善。

(原载《文史杂志》2005年第1期)

四川近代文物与爱国主义教育

中华民族是一个具有几千年灿烂文明和爱国主义光荣传统的伟大民族，中国人民的爱国主义精神，从来就是一种推动我们民族发展、前进的巨大精神。学习祖国历史，特别是近代史，发扬爱国主义的光荣传统，在建设社会主义的物质文明和精神文明的过程中，日益显示出了十分重大的意义和作用。祖国的历史，其内容是丰富多彩的；从史入手，进行爱国主义的宣传教育，其方式也应该是多种形式的。除了进行文字、讲演等方式进行宣传普及外，利用历史文物来进行爱国主义的宣传教育，已成为一个不可忽略的重要内容。用具体的文物进行宣传，可以使广大群众获得更形象更生动的历史知识，可以给群众以更直接更真实的爱国主义感受，往往有文字、讲演等方式所起不到的效果。胡乔木同志在中国博物馆学会座谈会上指出："我们要向青年进行爱国主义教育，除了用历史教科书去讲解，或者选一些文字作品去讲解外，就缺少充分的、实际的资料，从而增加很大的困难。这应该说是我们博物馆工作中很大的弱点。我们对群众和青年进行爱国主义教育，让群众知道我们的国家是一个什么样的国家，经历过什么样的斗争和发展，各项建设事业是在什么样的基础上进行的，现在的新事物又在怎样的日新月异地前进着，这些就都需要博物馆提供大量的实物作为最生动的教材。"[①] 胡乔木同志十分清楚地讲明了利用历史文物进行爱国主义宣传教育的重大意义，是值得引起我们重视的。

近代四川近百年的历史中，救国斗争悲壮激烈，爱国运动风起云涌，革命志士人才辈出，因而遗留下丰富的文物遗迹；加上多年来文物工作者做了大量地搜集、整理和保护工作，使许多文物遗迹得以完整地保存下来，为我们进行爱国主义的宣传教育提供了丰富而生动的教材。四川近代历史文物，真实而形象地记录了近代四川人民为救亡图存、振兴中华而走过的战斗历程，向我们展现了一个又一个声势浩大的人民群众反帝反封建斗争的场面。通过这些文物，我们仿佛看到了当年叱咤风云的农民起义领袖，奔走呼号的维新变法志士，英勇献身的辛亥革命烈士以及追求真理而不断进步的革命前辈。

通过四川近代历史文物，进行爱国主义的宣传教育，可以向群众和青年阐明这样一些道理。

---

① 《人民日报》1983年5月11日。

一、近代四川人民的艰难险阻、失败挫折的斗争历程，说明没有共产党就没有新中国，只有社会主义才能救中国的历史真理

从鸦片战争以来，由于帝国主义的疯狂侵略，封建主义的残酷压迫，不得不使四川人民起来进行反抗。在近代四川近百年风云激荡的时代里，人民的斗争连绵不断，历久不衰；所焕发出来的爱国主义精神，使巴山蜀水增添异彩。

当太平天国革命震荡全国之时，1859年，李永和、蓝朝鼎领导的农民大起义，从云南昭通兴起，迅速席卷了整个四川，给清王朝在四川的反动统治以沉重打击，使四川各州县的地主豪绅惊恐万状。保留在富顺县赵化公社普安寨沱江边的摩崖石刻"保障东南"，就是当地地主豪绅组织团练，对抗农民起义的记录。

1861年，太平军翼王石达开挥师入川，转战四川各地，推动了四川人民反封建斗争的高涨。当我们看到保存下来的石达开军旗（一面用黄绸为底，镶蓝色牙边，上书"太平天国左军主将翼王石"十一个朱红大字的战旗），就好像看到了当年石达开英姿勃发，挥师战斗的情形；听到了太平军将士奋勇杀敌，气吞山河的呐喊。竖立在石棉县的"太平天国翼王石达开紫大地蒙难纪实碑"，记述了太平军在紫大地的顽强搏斗，壮烈牺牲的经过。在清军的围追堵截下，太平军处于绝境，"粮尽食及草根，草尽食及战马，兼之疟痢流行，死亡枕藉"。但是，太平军将士却"阅时一月而军屹然不动"。表现了高度的坚韧性。他们宁死不屈，投河自殉，"相率自溺者以万计，烈矣！"这个碑竖于1945年，说明太平军英勇奋战的革命精神，视死如归的英雄气概，长期铭刻在四川人民心中。

近代四川农民群众不仅在反对封建统治的斗争中留下了可歌可泣的业绩，而且在反对帝国主义侵略的斗争中也显示了中国人民不屈不挠的反抗精神。自第二次鸦片战争之后，随着帝国主义对四川侵略的加深，四川人民的反帝斗争也前仆后继，势如燎原。重庆、成都以及许多州县都相继发生过轰轰烈烈的反洋教斗争。其中尤以大足余栋臣领导的反帝武装起义最为引人瞩目。1890年，大足县农民及炭山工人，由余栋臣率领，揭竿而起，一举焚毁了法国天主教教堂。1898年，余栋臣又率领群众，捕捉了法国传教士华芳济，示众于大足龙水镇，传檄四方"爱起义师，誓雪国耻"[①]，声讨帝国主义侵侮中华的种种罪行，并同前来镇压的清军展开武装斗争。影响所及四川数十州县，"各处教堂被打毁二十余处"，并波及两湖地区。位于大足县龙水镇乡下的余栋臣墓，成为后人凭吊这位反帝义士的地方。1903年，法国天主教在余栋臣起义焚毁的教堂原址上，用庚子赔款重修了规模较大的新教堂，为了防范人民斗争的打击，这座教堂围墙高达数丈，筑有炮楼及地下室。它保存至今，成为帝国主义侵略奴役中国人民的罪证。

---

① 《余栋臣起义檄文》，大足县文管所藏。

近代四川人民的反帝反封建斗争潮流一浪高过一浪，终于在 1911 年爆发了规模宏大的四川保路运动。矗立在成都市人民公园内的"辛亥秋保路死事纪念碑"高约 31 米，雄伟挺拔，是四川保路运动的历史见证。当年，四川人民为了反帝国主义掠夺中国的铁路主权和清王朝卖国卖路，掀起了气势磅礴的保路运动，继而发展为推翻帝国主义的走狗清王朝统治的武装革命，导发了举世震惊的武昌起义。这场运动是近代四川人民爱国主义精神的大发扬，全川各族人民，发扬爱国主义传统，同仇敌忾、万众一心，投入了救亡图存，反帝爱国的崇高事业。显示了爱国主义作为教育群众，团结群众，鼓舞群众的巨大作用。正如朱德同志咏赞的："群众争修铁路权，志同道合会全川。排山倒海人民力，引起中华革命先。"这座纪念碑底座四周中部有灰沙塑造的铁路、火车图案浮雕，东面为轨道和号志灯，西面为转撤器，南、北两面为自动联结器。浮雕反映了当年四川人民含辛茹苦，集资筑路，渴望改变"蜀道之难，难于上青天"的旧貌，建设铁路交通的强烈愿望。为了改变祖国落后挨打的惨况，多少爱国群众，忧心如焚；多少革命志士，血洒巴蜀。保路同志军首领王天杰，同吴玉章等领导了同志军武装起义，在荣县建立了辛亥革命时期全国第一个由同盟会建立的县政府。位于荣县王家坝的王天杰墓以及荣县富南公社的王天杰碑，记下了这位革命志士的事迹，肯定了他领导荣县独立"首义实先天下"的功绩。

辛亥革命后，袁世凯窃取革命果实，妄图复辟帝制。蔡锷首先起兵声讨。在四川纳溪县城南 30 公里处，永宁河边的岩石上，铭刻有当年蔡锷题的"护国岩"三个大字以及相关的诗文，记述了护国军与袁军"遇于纳溪，血战弥月"的情形。其诗曰："嗟彼袁逆，炎隆耀赫；曾几何时，光沉响绝。"证明辛亥革命后，民主主义深入人心，任何妄图复辟帝制的人都只能落得可耻下场。

近代四川文物，再现了四川人民反帝反封建斗争的历程。人们看到这些文物，凭吊这些遗迹，怀念当年的革命志士，总会热血上涌，浮想联翩。这些壮烈的斗争一次又一次地失败了，资产阶级的共和国方案在中国没有实现，四川人民盼望修建的铁路又在哪里呢？中国仍然是那样一个贫穷落后，外侮相逼的国家。只有四川人民有了中国共产党的领导，巴山蜀水才得以焕然一新；建设事业，蒸蒸日上；铁路交通，四通八达。睹文物而忆往昔，观新貌而思今朝，四川人民将从近代人民八十年的苦难与奋斗中得出没有共产党就没有新中国，只有社会主义才能救中国的结论。

二、学习爱国志士，追求真理，勇于献身的精神，为振兴中华，实现四化而加倍努力

近代四川人民，为了变革封建专制制度，争取民族独立、国家富强，前赴后继地进行过改革和革命的斗争。

在十九世纪末年民族危机空前严重的关头，爱国志士挺身而出，奔走呼号，宣传变法维新，救亡图存。为维新事业而献身的"戊戌六君子"中，有两位四川人：刘光第和杨锐。1898年，刘、杨二人在北京加入康有为组织的"保国会"，并组织"保川会""蜀学会"，联络在京川籍人士，支持变法，宣传维新。百日维新中，刘、杨二人作为军机章京，为推行变法，不遗余力。变法失败，壮烈殉难。在刘光第的家乡——富顺县赵化公社，刘光第故居和读书处至今保持原貌。近年来又发现于富顺县赵化公社普安寨的刘光第墓以及刻在八块大石板上的刘光第1894年致其叔父、叔母的"祝寿辞"。"祝寿辞全文二千八百字。文中痛斥了慈禧太后不顾民族危亡，挪用海军经费营造颐和园，大肆挥霍民脂民膏给自己祝寿的行径，劝勉叔父母'尚诚朴，去奢伪'"。这些文物展现了维新志士的爱国襟怀。睹物思人，人们将永远怀念为祖国的进步事业而献身的家乡志士。

辛亥革命时期著名的"三大将军"——邹容、喻培伦、彭家珍，为了中国人民的解放事业，献出了自己年轻的生命。其事迹更是长留天地，永垂史册。

在重庆市中区南区公园内，矗立着"邹容烈士纪念碑"，高5.5米，花木环绕、庄严肃穆。这座纪念碑是邹容朝气蓬勃、勇往直前的革命精神的象征。邹容，生于1885年，字蔚丹，四川巴县（今重庆）人。十六岁赴日求学，追求救国真理，参加留日学生革命活动。1903年回上海参加拒俄运动，慷慨陈词，演说革命。并发起组织"中国学生同盟会"，拟建立学界的统一大团体，以鏖战于中国前途。十七岁就写了搏龙屠虎的《革命军》——这一本反清革命的奠基之作。邹容在《革命军》中"宣传革命之旨于天下"；喊出了"我中国欲独立，不可不革命！""中华共和国万岁！"的时代强音，对促进人民的觉醒，推动资产阶级民主革命高潮的到来起了积极作用，在中国人民反帝反封建的民主革命史上产生了巨大而深远的影响，像一颗划破黑夜的彗星，光彩照人。

著名的黄花岗七十二烈士之一的喻培伦，十九岁赴日留学，怀抱改变祖国贫穷落后状况的志向，勤奋而刻苦地学习科学技术。不久，加入同盟会，投身革命，殚精竭虑地为革命研制炸弹，被革命者誉为"炸弹大王"。在1911年4月27日，广州起义时，他奋勇当先，猛掷炸弹，不幸受伤被俘。在刑庭上，他坚贞不屈，慷慨宣言："学说是杀不了的，革命尤其杀不了！"最后英勇就义。喻培伦在日本期间，寄给家人的部分书信和照片，至今保留完好。这些遗物，向人们展示了一个革命志士的爱国抱负和成长过程。喻培伦在书信中叙述他为拯救祖国，孜孜求学的动人情形："尽日穷夜，乐学而无厌。"① "未敢安居乐逸，以求学长。"② 烈士二十一岁生日摄于日本的照片，其英姿勃勃、奋发有为的气概溢于颜表，上有烈士亲笔题词："挥戈盍击兮，冒险且进取。"烈士的家书中还规划了在家乡发展实业以振兴中华、洗尽国耻的蓝图。那种矢忠矢信地追求救国良方的热情，充牣字里行间。

---

① 喻培伦1907年11月4日家书。
② 喻培伦1907年10月27日家书。

坐落在成都市青白江区家珍公园内的彭大将军专祠，面积二十二亩，包括正殿一栋，纪念馆一座，以及"彭大将军纪念碑"和彭大将军衣冠墓。专祠搜集了不少有关彭家珍烈士的文物。辛亥革命时期，彭家珍去乡远游，奔走革命。1912年1月26日，烈士身携炸弹，在北京勇炸清吏良弼，壮烈牺牲。遗留的绝命书中这样写道："呜呼者，与诸兄弟姊妹以此永诀矣！诸君忽悲，忽悲。……共和成，虽死亦荣；共和不成，虽生亦辱。与其生受辱，不如死得荣。"孙中山肯定彭家珍"歼除大憝，以敢统一速效"①的功绩，亲自批准将其崇祀忠烈祠。新中国成立后，党和政府向烈士家属颁发了光荣纪念证书，上有毛泽东主席签署的"永垂不朽"四字，肯定了彭家珍同志在革命斗争中光荣事迹。②

"三大将军"是我国旧民主主义革命的一代英杰。用他们的英雄事迹向今天的青年人进行爱国主义教育，激励青年人在建设四化的进军中勤奋学习，勇于献身，最能拨动青年人的心弦，引起他们强烈的共鸣。

近代先进的中国人，在追求真理的道路上，历挫折险阻而不屈，处穷途困苦而不挠；以愈挫愈奋，再接再厉的斗志，不断探索，不断进步。伟大的爱国主义者和民主主义者孙中山先生，正是以"顺乎世界之潮流，合乎人群之需要"的精神，为中国的革命事业，鞠躬尽瘁，死而后已。建立在成都市春熙路北段街心花园内的孙中山铜坐像，造型逼真，再现了孙中山的风貌和气质。他左手持着一卷翻开的《建国大纲》，两眼炯炯，凝视前方，仿佛在向人民大众宣布他建设富强祖国的宏伟方案。人们站在这座铜像面前，就像听到了孙中山"生在中国实为幸福"这句名言。缅怀他晚年在国际无产阶级和中国共产党帮助下，毅然采取"联俄，联共，扶助农工"三大政策，重新解释三民主义，改组国民党，同中国共产党结成反帝反封建的统一战线，实现第一次国共合作这一伟大历史功绩，就更加激发起人们为祖国的统一大业做出贡献的爱国热忱。每一个爱国者自然会被孙中山先生"天下为公"的坦荡胸怀，坚韧不拔的革命意志所深深感染，振兴中华的劲头和信念不禁油然而生。

三、揭示从爱国主义到共产主义是先进的中国人必然经历的道路，坚定广大群众对共产主义事业必胜信念

从爱国主义到共产主义是近代仁人志士走过的必由之路，是先进的中国人经过近代八十年救国斗争的历史抉择。朱德同志早年怀着救国救民的极大热忱，亲自参加了孙中山领导的辛亥革命、护国战争和护法战争，当这些斗争失败之后，朱德同志和当时许多仁人志士一样，"陷入了一种怀疑和苦闷的状态，在黑暗中摸索而找

---

① 孙中山：《孙中山全集》第二卷，第293页。
② 中国人民政治协商会议四川省重庆市委员会文史资料研究委员会编：《重庆文史资料选辑》第12辑，第169页。

不到真正的出路"①。然而，他重新做起，继续探索，终于走上了新的革命旅程，成为杰出的无产阶级革命家。有关朱德在四川的早年革命活动，也在一些珍贵的文物上反映出来。泸县况场陈家花园有当地人民于1918年为朱德树立的"德政碑"，高1.95米，宽1.03米，上书"除暴安民"四个大字。纳溪县城东南17公里的丰乐公社玉登坪石滩上，保存着1919年当地人民为纪念朱德而建立的"救民水火"功德碑。这是一座四方柱体的石碑。碑的南侧，阴刻有"救民水火"四个大字，北侧阴刻有一百多字的序文。当时，朱德任靖国第二军第十三旅旅长兼四川下南道清乡司令，负责泸州、纳溪一带的剿匪任务。他率领部下，卓厉果敢，肃清匪患，使当地群众得以安家乐业。朱德在《辛亥革命回忆》一文中追述了他在这段历史时期，探索新的救国道路的经历："我当时担任云南军队的旅长驻防四川……由于四川军队和云南军队之间的矛盾，我已亲身认识到用老的军事斗争的办法不能达到革命的目的，加上受到十月革命的影响，我深深感到有必要学习俄国的新式革命理论和革命方法，来从头进行革命。"他便毅然放弃高官厚禄，离开军队，赴德求学，在德国认真研读了马克思列宁主义，加入了中国共产党，由一个爱国的民主主义者转变为了一个共产主义者。通过这些历史文物，宣传革命前辈从爱国主义向共产主义的转变，有助于把爱国主义的教育活动，提高到建设以共产主义思想为核心的精神文明上来，使广大群众树立无产阶级的世界观，坚定他们对共产主义事业的必胜信念。

近代四川人民的革命斗争，为我们留下了不少珍贵的历史文物。充分利用这些历史文物，作为进行爱国主义宣传教育的生动教材，已是势在必行的迫切任务。通过丰富的历史文物，向广大群众宣传近代人民反帝反封建的革命事迹，介绍近代爱国志士走过的艰难道路；向广大群众揭示没有共产党就没有新中国，只有社会主义才能救中国的真理；揭示从爱国主义到共产主义是先进的中国人曾经走的，正在走的和将要走的必由之路。这些珍贵的历史文物一定能够在新的历史条件下闪烁光彩，激发人们为振兴中华、实现四化而奋斗。

在四川，除了近现代文物之外，还有为数更多的古代文物古迹，表现了我省古代人民创造的灿烂的物质文明和精神文明，是值得我们珍惜的历史遗产。这些具有浓郁乡土味的文物古迹是向广大群众进行热爱祖国，热爱家乡教育的不可忽视的资料。我们应该古为今用，推陈出新，让它们为建设社会主义精神服务。

要利用历史文物，首先必须保护历史文物。失掉了文物，也就失掉了根据。在这方面，党和政府做了大量工作，效果十分显著，但也还大有事情可做。例如，内江的圣水寺是四川八大禅林之一，号称"中川第一禅林"，始建于唐朝咸通年间（860—873），经宋代、清代增培修复，规模宏大。寺内有历代名人书法石刻，后山有摩崖造像，造型独特，雕刻精湛。但是，该寺长期由某单位使用而不保护，至今年久失修，濒于毁灭。石刻毁坏严重，殿堂里的佛像头破衣落，风雨飘摇；寺内杂

---

① 朱德：《辛亥革命回忆》，载《辛亥革命回忆录》，文史资料出版社，1962年。

草丛生，狗粪遍地。这种情况希望能得到有关单位的高度关注，采取迅速而果断的措施将我省文物古迹妥善保护起来。这项工作，在我们根据党中央的指示，加强祖国历史的学习的时候，更显得必要了。

（原载《四川文物》1984 年第 4 期）

发扬爱国主义的优良传统
增强青年学生的历史责任感

翻开世界文明史册,我们便可看到:无论是尼罗河畔建造金字塔的古埃及居民,还是印度次大陆上创造灿烂的古代文明的达罗毗荼人;无论是爱琴岛上现代西方文明的前辈——希腊人,还是居住在黄河流域的中华民族的先民——华夏各族,他们无不对生于斯、长于斯的国土怀有一种深层次、潜意识的依恋之情,这种感情在历史的长河中,经过千百年的凝聚,最终被各个民族的社会心理所认同,升华为爱国意识,也就是我们所说的爱国主义。

爱国主义是一种深厚的感情,一种道德的规范,一种巨大的精神力量。它对每个国家、民族的个人都具有不可估量的感召性。中华民族的爱国主义产生于特定的社会政治、经济、文化的土壤之中,具有特别强大的凝聚力和号召力。在党的十三大召开,全面改革开放、迅速走向世界已成为大势所趋的今天,爱国主义仍然是我们对广大青年学生进行政治理想、思想品质、道德情操、社会责任等教育的基本内容之一。我们要使青年学生了解爱国知识分子的历史作用,发扬爱国主义的优良传统,增强对祖国的主人翁感和责任感。

一、知识分子的责任和作用

一般地说,知识分子是那些具有一定的文化知识,从事各种脑力劳动,并以脑力劳动为主要谋生手段的人。他们不仅参与社会物质财富的创造和积累,更重要的是,他们用吸收知识、创造知识和传播知识等精神文明形式服务于社会,是社会意识和精神生产的主要承担者,正如爱因斯坦所认为的那样:由于知识分子受过特殊的训练,对精神产品、社会舆论的形成能够发挥特别重大的影响,并能够运用理性和知识去解决人类的问题。

作为全民族共同意识的爱国主义,属于精神文明的范畴,必然和参与创造精神文明的知识分子有着一种特别紧密的关系。正是千百年来的知识分子,通过著书立说等精神生产的方式和手段,高度提炼和理性化了蕴藏在广大民众中的朴素的、原始的、感性的、不自觉的爱国感情,并在千百年知识分子所造成的文化环境的熏陶和舆论氛围的影响下,将这种爱国感情强化成了一种民族的精神;同时,知识分子运用他们的知识和智慧,不停顿地继承、发扬、传播、丰富和创新了这种爱国精神，使之成为一条奔流在民族历史中的无间断的主流，从而将这种爱国精神传统化。毫无疑问，知识分子对爱国主义从感性上升为理性，从精神发展成传统起到了不可代替的作用，而爱国主义又塑造了优秀知识分子忧国忧民的光辉形象，成为激励他们为祖国为人民做出卓越贡献的动力。

在五四爱国运动和"一二·九"救亡运动中，广大青年学生站在运动的前列，发挥了先锋和桥梁的作用，谱写了爱国主义的光辉篇章。今天，我们中华民族面临着把一个经济、文化落后的国家建设成为一个富强、民主、文明的社会主义现代化强国的艰巨历史任务。在这样一个人类历史上最伟大的创造性系统工程中，走在向现代化进军前列的广大知识分子如何认识、继承、发扬、丰富、传播、创新爱国主义传统，便成为一个非常重要的问题。

在现代化建设中，作为知识分子的青年学生将肩负建设高度发达的物质文明和精神文明的伟大使命，而爱国主义本身又是精神文明建设中的一项重要内容，它是物质文明建设的可靠保证和思想基础。因此，不仅青年学生自身要做到热爱祖国、热爱社会主义、热爱科学、热爱劳动，把自己的一切全部倾注在现代化建设上；而且青年学生还应该自觉履行所担负的社会责任，用爱国主义精神去感染、激发广大人民为现代化奋斗的主动性和积极性，运用科学知识的手段，帮助广大人民逐步深入理解我们民族的光辉历史和爱国主义传统，理解近百年来我们民族深重灾难的根源和反帝反封建斗争，理解当代世界的潮流，社会的矛盾和人类的前途，从而提高和增强整个民族的自信心和自豪感，使我国各族人民建设有中国特色的社会主义的共同理想建立在科学基础之上。

二、发扬历史上的爱国主义优良传统

从中国历代优秀知识分子所走过的爱国主义历史道路中，我们可以得知，由于中国古代独具异彩的经济、政治和文化形态，使得中华民族的爱国主义精神异常突出和强烈，有着巨大的内聚力和向心力。它在历代知识分子身上表现为一种深切的民族忧患意识，故"先天下之忧而忧，后天下之乐而乐"，"位卑未敢忘忧国"，"贤者不悲其身之死，而忧其国之衰"等名言就是这种心忧天下和国家的具体写照；表现为一种强烈的历史责任感，故"天下兴亡，匹夫有责"，"常思奋不顾身，而殉国家之急"等名言就是这种以天下为己任的生动体现；还表现为一种积极探索研究现实世事和坚持真理的实践精神。这些都是闪现于各个时代，反映在绝大多数知识分子身上的爱国主义的共同特征。

但是，爱国主义是一定历史的产物，"爱国主义的具体内容，看在什么样的历史条件下来决定"，同时，随着时代的变化而变化，随着历史的发展而发展，并且，由于阶级、阶层的不同，表现爱国主义内容的形式也各不相同。在中国古代，爱国主义具有丰富多彩的内容和表现形式：当中华民族出现分裂时，和平统一便成为当时人们的爱国目标，在爱国主义的感召下，就有统一祖国的志士挺身而出，力挽狂澜；当中华民族遭到异族觊觎，外敌入侵的紧要关头，团结御侮便成为当时人们的爱国动员令，在爱国主义的号召下，便有打击侵略的民族英雄冲锋陷阵，血战沙场；当旧王朝严重地阻碍了社会历史的发展时，反对统治阶级压迫就成了当时人民的爱国任务，在爱国主义的启示下，就有推翻反动统治的起义领袖一马当先，揭竿而起；当历史的发展要求对当时的政治、经济制度进行各种改革时，除旧布新就成为当时爱国的行为准则，在爱国主义的鼓励下，就有励精图治的政治家力排万难，应运而生。毋庸置疑，中国古代的爱国主义在其时代所允许的范围内，给当时的社会和人民以广泛的号召力，在一定程度上推动了中国历史的进步，而中国古代知识分子用他们自己独有的形式参与了以上各项爱国事业，并为之做出了独特的贡献。但是，古代知识分子的爱国业绩更主要地表现在他们用智慧和脑力劳动与广大人民一起创造了中华民族丰富的物质文明和灿烂的精神文明，这些中华文明使得中华民族兴旺发达，延续至今，并在很长一段时间内遥遥领先于世界上其他民族，为我们中国赢得了历史的尊严和荣誉，为整个人类文明增添了奇光异彩。

在中国近代，由于中华民族遭受到了帝国主义和封建主义的双重压迫，社会历史发生了深刻的变化，反帝反封建，救亡图存便成为爱国主义迫在眉睫的任务。为了探求救国救民的真理，近代先进的知识分子首先走上了向西方学习的道路，他们从提出"师夷长技以制夷"，到要求发展资本主义经济；从用君主立宪制来改良封建君主专制演进到为资本主义民主共和国而奋斗，这正是近代先进的知识分子为抗敌御侮，振兴中华所进行的不断尝试。

辛亥革命以后，中国社会没有改变半殖民地半封建的性质。五四爱国运动爆发后，中国爱国主义事业发生了新的变化，有了焕然一新的光明前途，即建立一个崭新的人民民主国家，走向社会主义。为此，一批最早从向西方学习转向以俄为师，把马克思主义引入中国的先进知识分子创建了中国共产党，最先完成了从爱国主义向共产主义的转变。他们坚定、忠实地继承了中华民族的爱国主义传统，而且用马克思主义的唯物史观科学地解决了一系列重大的理论问题，建立了广泛的爱国统一战线，调动了中国社会各阶层人民蕴藏着的爱国主义潜在力量，使之成为改造旧中国，建立新中国的巨大物质基础。这一时期的爱国主义特点是：有了代表历史发展方向，顺应时代前进的潮流的最坚定、最忠诚、最彻底、最卓越的爱国者集团——中国共产党的正确领导，有了马克思主义理论科学的武装，有了最可靠、最广泛的群众力量，并且把爱国主义的传统事业同争取中华民族的彻底解放，实现祖国的社会主义前途联系起来，并将爱国主义同促进全世界劳苦大众的解放斗争联系起来，同国际主义联系起来。由于这一时期的爱国主义运动有了正确的思想指南和物质保证，最终取得了推翻三座大山，建立新中国的辉煌胜利。这个辉煌胜利，充分说明了在半殖民地、半封建的中国，只有马克思主义才能救中国，只有社会主义才能救中国，只有共产党才能救中国，因此，热爱社会主义、热爱共产党，理所当然地成为新民主主义革命胜利后的爱国主义的一个最重要的内容。

三、增强青年学生的历史责任感

通过对历代知识分子爱国主义事业的历史回顾，可以帮助青年学生进一步认识中国进步的知识分子走爱国主义道路的历史必然性，从而使他们更加坚定走爱国主义历史道路的思想信念，增强他们作为主人翁对祖国前途的历史责任感。

爱国主义传统在不同的时代有不同的确定内容。那么，时代赋予当代中国的爱国主义有哪些具体内容呢？首先，要加深对所处时代和国情的认识。深刻理解我国还处于社会主义初级阶段，深入认识当前所面临的落后状况、挑战局面与发展机会，深切了解改革、开放与现代化建设的具体进程。时代和任务都要求全国各族人民团结起来，以党的建设有中国特色的社会主义的基本路线为指针，在祖国统一和振兴中华的爱国主义伟大旗帜下，为把我国建设成为富强、民主、文明的社会主义现代化国家而英勇奋斗。这是当代爱国主义的主要内容。其次，要明确当代青年学生肩负的重大历史使命与时代责任。由于人们不可能随心所欲地创造历史，因此每个国家或民族不同时期的人们都只能在历史提供的现实的社会基础和现实土壤中谋求发展与进步。把我国的现代化建设搞上去，使中国经济早日腾飞于世界，这是我们当前最为重要的任务，也是青年学生的历史使命，也就是当代爱国主义思想最集中、最鲜明、最典型的生动体现。要使青年学生认识到：只有把现代中国的事办好，才有中国未来的地位；只有把中国自己的事办好，才能走向世界，造福人类；只有充分发挥每一个青年的聪明才智，完成青年学生的历史使命，才能早日建成社会主义现代化强国。再次，爱国主义对青年学生还有特殊的具体要求。这不仅要把爱国主义同经济建设、同坚持四项基本原则、同全面改革开放联系起来，同走向世界、走向未来联系起来，还要求青年学生把个人的人生追求和岗位职责联系起来。把勇于开拓、锐意创新的改革精神同脚踏实地、一丝不苟的科学态度联系起来，把建设有中国特色的社会主义同在全世界实现共产主义远大理想联系起来。置身于伟大改革时代的青年学生，不仅是改革成就的体现者和受惠者，更应该是改革事业的参与者与实践者。他们应以天下为己任，勇于开拓，奋发有为，立报国之志，把自己铸造成建国之才。社会主义现代化建设的伟大实践与火热生活为青年学生报效祖国提供了广阔的天地，为他们到达理想境界展示了更加现实的道路。

与此同时，我们也应该看到，由于各种历史的、现实的复杂原因，在一些青年学生中，对国家、民族、政治等观念淡漠，对理想前途缺乏信心，对学习、生活缺乏热情，对集体，对公众事务缺乏责任感，疏于学业，思想消沉。认为"读书吃亏"，热衷经商，或追求享受，注重实惠；或伦理观念淡薄，道德修养低下，早恋成风；或酗酒斗殴，寻求刺激，等等。所有这些，不仅搞乱了学习风气，严重地影响了我们培养的人才素质，这对于精神文明建设和提高全民族的科学文化水平的战略任务都产生了消极的影响。

针对这些现象，我们既不要掉以轻心，也不可惊慌失措，而应该从当前实际出发，按教育规律办事，在教育工作上狠下功夫。特别是通过认真开展深入的爱国主义教育是可以收到显著效果的。因此，在当前的爱国主义教育中，要根据分层次教育的原理，以教育对象区别教育内容、教育方法，从内容、形式到方法，都要加强教育的针对性，注重教育的实效。要特别强调指出的是，无论是讲课、做报告，还是创作、写文章，新时代的爱国主义教育，都要有鲜明的时代感，强烈的紧迫感，光荣的责任感，生活的亲切感；做到内容丰富，思想深刻，形式多样，事例生动，引证具体实在，既富有感染力、鼓动性，又发人深省、耐人寻味；既有理论概括，又有事实的生动描述。这样从形式到内容，从思想到风格，都能适合青年学生特点，使他们易于接受，乐于接受，从而在这种教育氛围的熏陶中潜移默化地受到深刻的爱国主义教育。

在当前建设有中国特色的社会主义的伟大进军中，我国的知识分子，尤其是青年知识分子，必将在完成这一时期的爱国主义任务中发挥重大的作用。正如赵紫阳同志在十三大报告中提出的那样："我们的事业是走向未来的事业。党和人民总是把自己的最大希望，寄托在代表未来的蓬勃向上的青年身上。中华民族的振兴，美好未来的创造，社会主义现代化事业的胜利，要靠全体人民的努力，归根到底，要靠广大青年继往开来，脚踏实地，艰苦奋斗。"肩负伟大时代的伟大任务的青年学生一定要在新的历史时期发扬爱国主义优良传统，通过勤奋学习与不懈的努力，以爱国主义的伟大精神和伟大力量，激励自己的历史责任感，在社会主义现代化的伟大实践中，以自己的实际行动和杰出贡献，为知识分子的爱国主义谱写新一代人的光辉篇章！

（原载《中国电力教育》1988年第Z1期）

创新扶青是《历史研究》的两大特色

《历史研究》创刊40年了。40年前我正在大学学历史,至今对《历史研究》创刊号上的一些文章记忆犹新。作为一名老读者,我对《历史研究》40年的成就表示祝贺,同时想借此机会谈一谈史学领域的创新和扶青问题,这也正是《历史研究》的两个重要特色。

创新是任何一门学科发展的必然要求。历史学是门古老的学问,同时又是长青的科学。我们所处的时代,给我们提出了许多新的问题,需要历史科学来回答;历史学本身也有一个发掘新材料,提出新观点,拓宽新视野的问题。一方面是开拓新领域,回答新问题,另一方面是深化和推进原有领域的研究。从这一点看,历史学的创新是永无止境的。此外,我们还处在一个各门类学科大发展的时代,其他学科的发展也给历史学的发展提供了新的方法、角度和条件。历史学和其他学科的交叉、边缘学科的出现,也是历史学创新的重要内容,在这一方面,历史学的创新也是永无止境的。

我们目前从事的中国近代城市史研究,就是适应史学创新要求而进行的探索。这一领域的研究在国外兴起于20世纪20年代前后,在国内则是从国家哲学社会科学"七五"规划期间才系统展开的,是伴随城市化的快速发展而形成的新兴学科或新的研究领域。当代中国城市是古代尤其是近代中国城市的继承、发展和变革。近代城市发展过程中的一些规律性因素和条件在不同程度上影响至今,这就需要从近代中国城市的研究入手,为我国当代城市的规划、建设、管理以及城市化道路提供历史借鉴和历史依据。就历史研究本身来说,城市史研究可为认识近代中国社会的过渡特征和复杂局面提供新的视角,可为目前近代史学界争议颇大的一些重大课题开辟新的研究领域,推动中国近代史研究的深入。

与创新相关的另一个问题是扶青。创新总要有人来做,历史学的创新同时也就是史学界的新人辈出。中国史学研究从古至今,大师林立,在世界史学之林是有一席之地的,如何保住这一领先地位,培养后辈力量是个关键。如何扶持青年史学工作者的成长,创造条件使他们脱颖而出,这是史学界应该认真对待的问题。

在创新和扶青这两方面,《历史研究》做了大量艰苦细致的工作,贡献很大。

创新是《历史研究》一向坚持的基本要求,这个起点定得比较高。近年又根据史学发展的新趋势和社会发展的需要,强调"刊登反映我国历史学研究中具有新观点、新材料及探索新课题的高水平的作品",作为中国史学界最权威的刊物,这个标准就是一把尺子,对作者和读者都具有很强的导向性。40年来,《历史研究》发表了大量创造性的高水平文章,起到了很好的示范作用,有力地推动了新中国史学的发展,其意义远远超过了这些文章本身。

除了内容上坚持创新要求,《历史研究》还利用其在国内外的广泛影响,组织和倡导重大问题和重要领域研究的讨论。在创刊号上,发表了侯外庐的《中国封建土地所有制形式问题》和胡绳的《中国近代历史的分期问题》,引起了一场广泛的讨论,以后又多次组织类似的学术争鸣。这些重大问题的持续大规模的讨论,对新中国史学的创新和发展具有非常重要的意义。近十年来,《历史研究》尤其重视新的研究领域的开拓,利用组织学术讨论,发表研究综述和集中刊载某一研究领域的新成果等方式,倡导和推动了中国经济史、社会史、城市史等许多新领域的拓展。就中国近代城市史研究来说,能在较短的时间内在全国范围取得一定影响,与《历史研究》的倡导和推动是分不开的。

《历史研究》一向坚持以文章质量论取舍的原则,这在客观上有利于青年史学工作者的成长。创刊40年来,《历史研究》为新中国史学发展培养了一代人材;今天,我们又高兴地看到一批青年史学工作者已崭露头角,活跃在当今史坛上。《历史研究》的作者群已初步形成老中青结合的梯队,这正是中国史学繁荣的希望所在。对于这批青年学者的脱颖而出,《历史研究》功不可没。

对于一个刊物来说,提出创新扶青的目标比较简单,但要真正做到却很不容易,这需要独具慧眼,需要有远见卓识,更需要有一种推进中国史学繁荣的责任感和使命感。

"四十而不惑",《历史研究》历经40年的风风雨雨,已经长成一棵大树,根深叶茂,硕果累累。我祝愿《历史研究》能继续发扬创新扶青的好传统,成为广大史学工作者的良师益友。

(原载《历史研究》1994年第1期)

成都府南河整治精神简论

从 1992 年开始,经过五年左右时间的艰苦努力,府南河中心地段综合整治这一成都市 20 世纪最大的一项城市改造建设和环保工程已经基本就绪。这一工程的完成,不仅对成都市这一著名历史文化名城阔步迈向现代化的大都会具有重要意义,而更重要的是这一工程的实施,体现了一种对优秀传统文化的继承与弘扬以及对现代化精神的完善和推动,意义十分深远。

一、府南河工程体现了"天人合一"的传统文化精华

府南河被称为是成都市的"生命河",它体现人与自然的辩证关系。人类应当怎样利用自然,怎样与自然相处,府南河的历史本身就是很好的说明。在历史上,府南河是经过一定改造的自然河道,它将都江堰水引入成都,不仅提供生产、生活用水,而且具有泄洪、航运、排污等多种功能。这些功能对成都城市的发展起着重要作用。"二江抱城"是成都市最重要的特色,在今后城市持续发展中保持和强化这一特色,是延续成都历史命脉的关键。

府南河是为成都人服务的。中国历史文化历来崇尚人类的价值和尊严,接受府南河为其服务是理所当然。但是,中国历史文化在崇尚人类价值和尊严的同时,并不把自然看作是与人决然分离的对立物。肯定人的至上价值并不一定要以否定自然本身的独立价值为前提,在中国人的观念中,人的存在与自然的存在是互为包容的。这种观念就是所谓的"天人合一"。孔子说:"唯天为大,唯尧则之。"[①] 他认为"天"最伟大,只有"尧"这位圣君真正效法了"天"的崇高品德。孔子讲"仁者乐山,智者乐水"[②],也是把观察自然的过程看作是人的道德观念需求在自然物上再现的过程。而庄子,更希望达到"天地与我并生,而万物与我为一"[③] 的境界,主张人应当与自然混为一体,"无以人灭天"。

"天人合一"观念对人的价值的肯定,事实上也就包含着对自然的价值的肯定。

---

① 《论语·泰伯》。
② 《论语·雍也》。
③ 《庄子·齐物论》。

人与自然之间是一种融洽的关系，自然不是外化于人类的自然，人类也不是外化于自然的人类。府南河是自然物，它是因为成都人的需要而存在的。由于人与自然不是相对抗的，所以府南河与成都人也就应该是相辅相成的。"天人合一"思想强调人与自然的和谐协调，认为人应该尽力体察天道，践履天道，使自己的行为合于天道。成都人对府南河倘能如此，府南河对成都人的服务效能就更为显著。

西方人过去是不赞成"天人合一"的。他们长期把自然看作是为人类服务的东西，强调人类对自然的征服和利用。这推动过人类历史的进步。但是，无保留地开发自然，无节制地消费、享受自然物，也促使了人类与自然关系的高度紧张。今日世界已经面临资源枯竭的困境，人类盲目地征服自然已经遭到了自然界的报复，环境危机、能源危机等不断涌现。现在，人们已经认识到人类与自然共处在宇宙大系统之中，人类与自然的协调关系被广泛地重视起来，以人为绝对中心的西方人文主义在西方已经遭到抨击。而"天人合一"思想把整个世界作为有机体看待，把自然看成内化于人的存在，主张协调人与自然的关系，这种观点虽然在古人那里是没有科学依据的，但却是合理的。人应当顺应天道，方可与自然处好关系。《易大传》主张"裁成天地之道，辅相天地之宜"，"范围天地之化而不过，曲成万物而不遗"。人类既应改造自然，也要顺应自然；既要调节自然，又不能破坏自然。这种古代的智慧，可以说是在府南河工程中得到了淋漓尽致地体现与弘扬。

成都之所以能成为著名的历史文化名城，而且城址与城名能历两千多年而不变，从某种意义上完全可以说正是"天人合一"精神发挥了作用。因为有了府南河，它把都江堰的充足水资源供给了成都，保证了城市所赖以生存的基本条件。自从李冰建成都江堰，"穿二江于成都"之后，"二江"在历史上曾具有灌溉、航运、泄洪、动力、水产、娱乐、防御等多种功能，对成都的经济和社会发展起了巨大的作用。

不论古代的成都人是否认识到与府南河的关系应当是"天人合一"的关系，但是，古代成都人与府南河和谐相处的实践却充分体现了"天人合一"的精神。历代的成都地方官吏都重视成都水利建设，丰富的水资源和良好的水环境也因此带给了成都以辉煌和荣耀。府南河用清澈的河水滋润了成都平原，养育了一代又一代的成都儿女，创造与丰富了蜀文化的光华。到了近代，正是由于对水资源的过分利用与污染，破坏了人与自然的和谐协作精神，反过来受到了自然的惩罚。府南河在20世纪60年代后，不仅变成了藏污纳垢的死水沟，而且还是多种疾病的制造源，困乏的水资源及功能不全的水利设施，严重地制约了成都的社会经济的发展。

现在，府南河工程的基本建成，可以说是正本清源，重现恢复了人与自然和谐相处的大环境。可以肯定地认为，人对自然的尊重，只会得到加倍地偿还，府南河也就因此而重新具有了多种功能。这一"翡翠项链"必定会使成都市由一个污染的工业化城市，逐步变为秀丽的生态城市、山水城市、园林城市，成为既是现代化的大都市，又是历史文化名城的新型城市，为成都的可持续发展奠定了基础。

二、府南河工程蕴含了现代化精神

府南河工程是在改革开放，建设具有中国特色的社会主义的今天所实施的，与成都在历史上的几次大型治水工程比较起来，自有不同的意义。

历史上的成都曾经有过四次大型治水工程，它们都为成都的经济文化发展带来过飞跃。第一次是古蜀国开明氏治水，产生了古蜀灿烂文化。第二次是秦国蜀守李冰治水，它推动巴蜀文化进入铁器农耕时代，使成都经济超越关中而成为"天府之国"。第三次是西汉文翁治水兴学，使蜀学并肩齐鲁，产生了以司马相如、扬雄为代表的文学高峰。第四次是唐朝高骈治水，巴蜀经济获得大发展，扬、益并冠天下。今天的府南河工程可以说是成都历史上的第五次大型治水，它将牵动包括成都基础设施、城市小区布局、成都环境保护、城市生态改善等整个城市面貌的内在变化。府南河工程实质上已经成了成都市迈向现代化城市的"龙头工程"，它在成都市建设名都过程中意义非同一般，它所蕴含的是成都历史上的几次治水活动所从未有过的现代化精神。

这种现代化精神不仅是将府南河综合整治与城市的现代化紧密联系，而且高度重视了城市的可持续发展，力求现在与未来的和谐与繁荣。

可持续发展理论是现代化理论的一项极为重要的成果。1992年，联合国在巴西里约热内卢召开的世界发展大会，通过的《21世纪议程》这个有关全球可持续发展文件是20世纪国际社会最重要的文件。20世纪70年代以前的发展理论强调的只是经济增长，没有认识到工业文明与自然环境之间的矛盾。70年代开始，发展理论重视了社会问题，强调经济增长与社会协调发展，但对环境和资源等问题却未能予以重视。直到80年代，由于资源短缺（包括水资源）和环境污染问题日趋严重，人们才提出了可持续发展的理论，并成了国际社会和各国政府的行动纲领。发展的教训是必须实行可持续发展，即从单纯追求经济增长，向追求社会进步、环境保护相协调的整体发展，从追求以物质为中心的增长，到以人为中心的全面发展。这是人类在"究天人之际"认识史上的一个重大的进步，也可以看成我国传统的"天人合一"思想在现代化时代生命活力的再现，并得到了世界的认同。在90年代，成都实施的府南河综合整治工程，架起了历史与未来的桥梁，将传统的"天人合一"思想与现代的可持续发展理论结合起来，其最终目标是"实现可持续发展，造福子孙万代"。这是成都城市现代化建设产生的一项极为珍贵的精神财富。因此，联合国组织及美国、德国等国的官员在参观府南河工程之后，认为"发展中国家欠发达地区，在没有外援的情况下，依靠自己的力量，组织实施如此浩大的工程，体现了城市政府对人民，对人类共有的地球高度负责的精神"[①]。为表彰这种

---

① 谭力：《当代成都简史》，第422页。

"对人类共有的地球高度负责的精神",1998年10月5日,联合国人居中心,授予成都市"世界人居日"奖牌。

实现现代化,既是时代的需要也是民族的愿望。但是,对"现代化"的认识,仍有一个逐步深入的问题。工业化是现代化的主要标志之一。但长期以来,有的人错误地以为现代化就是工业化,把工业化当成了现代化的唯一标志。初级工业盲目发展,破坏了环境,致使府南河丧失了千百年来所具有的大多数功能,这反过来又制约了成都市经济的持续发展。

其实,现代化绝不只是工业化。"现代化不只是经济发展,也是政治发展,同时又是文化发展和精神的发展。……现代化的过程有若干不同的层面:经济发展是物质的层面;政治发展是制度的层面;而思想与行为则是社会的深度层面。"[①] 现代化,归根到底是文化的现代化,是人的现代化。中国的现代化只有最终落脚在一种新型的文化形态,才算有了真正的根基和牢固的基础,否则其他方面的现代化或者将难以达到,或者可能得而复失。而府南河工程的实施过程,可以说正是蕴含了现代化所应当具有的不同层次的内容。

府南河工程是一个综合工程、系统工程,集防洪、环保、绿化、道路、安居、文化于一体。工程所造就的秀丽的水环境,形成的府南河内环路及外侧通道,改善了旧城区和综合开发沿江两岸,开辟了"二江抱城"的滨江绿化带,从而大大改善了成都市区的生态、交通、通讯、商贸和旅游环境,为成都市经济、社会的持续发展提供了一个更加良好的条件,必然有利于成都的进一步扩大开放,加快成都经济的发展步伐。

府南河工程是现代化事业,现代化事业需要现代化的人来完成,现代化事业也就造就了现代化的人,这是同一过程的两个方面。在府南河工程的筹备和实施过程中,成都市人民因为参与这一现代化的事业而使其现代化意识和城市文明素质均得到了很大的提高,其表现出来的参与性是少见的。

府南河工程伊始,成都市民便对这一工程怀有极大的热情。"为整治尽言,为工程尽力",成了全市人民共同的心声和一致的行动。工程展览的参观人数、人次均创全市之最;工程知识竞赛、支持府南河工程签名人数过百万;大专院校的同学们发起组织了护河队;孩子们捐出了自己的零花钱、压岁钱;老人们送上了积攒多年的退休金;驻蓉部队也积极出资捐建小游园。老百姓说,这是政府在给我们装修大环境,在给我们城市装空调,受益者是我们老百姓自己,有钱出钱,有力出力应该。真正是人心齐泰山移。正是有980万成都人民的民心认同做基础,在府南河工程难度最大的拆迁中,拆迁户们都能舍小家为大家,单位也能弃眼前为将来。十万人的大搬迁,无一例司法性强拆,成功地解决了旧城改造面临的拆迁这一世界性难题。现在,府南河的水环境与绿色环境已经基本形成,成都市民又自觉组织起维护队,主动认养河边树木和草坪。这种参与精神,正是现代化意识的体现。

---

① 罗荣渠:《现代化新论》,第16页。

府南河工程既是历史文化的积淀，又是现代物质文明的体现。人类创造环境，同时环境也造就人。没有一个造就和培育现代人的社会文化生态环境意识，高水平、高素质的市民是难以造就的；而没有高素质的市民群体，成都市要成为现代大都会也就只能是空谈。府南河工程的实施已经证明，它有利于改善成都市民的人际关系，提高市民的生活质量，并凝聚为一种精神和力量。这种"对人类的地球高度负责的精神"和力量，形成了我国社会主义精神文明的一种独放光彩的"成都精神"。伦敦梅西河西区管理办公室负责人彼德·沃尔顿赞扬府南河工程，说："这一伟大的成就不仅使我，也使整个世界相信，在中国，在成都，任何奇迹都可能发生。"[①] 可以认为，成都人在整治府南河实践中发扬民族文化的优良传统，吸收世界新的理论成果，经过融会贯通，开创的"成都精神"的确是创造人间奇迹的精神力量，这也是成都综合整治府南河得到的一项丰硕的成果。

三、府南河工程形成的"成都精神"需要弘扬

府南河工程的主体部分已经基本就绪，它所产生的经济效益、社会效益、环境效益已经有目共睹。现在的问题是，要使这些效益持续发展，甚至产生更大的效益，很重要的一个环节就是应当把在府南河工程中所形成的精神加以弘扬。

成都市要迈向现代化大都会，还有许多工程需要去做。在今后的城区改造和建设中，其规划应像府南河工程一样，体现时代性和综合性，重点考虑文化内涵和生态环境；其组织应像府南河工程一样，强调统一性，以利于经济、社会、环境诸效益的最佳体现。

人民群众在府南河工程中所表现出来的参与性尤其值得继续发扬。现在，府南河的水环境和绿化环境虽然形成，但是人为地破坏现象时有发生，这是应当引起重视的，不要等到破坏程度已经很严重时再采取措施。城市文明素质的提高有一个过程，不仅要靠宣传与教育，也需要有一定的强制手段。企图在短时间内就可以提高全体市民甚至包括不断涌入成都市区的外地民工和游客的文明素质，是不现实的。西方资本主义社会是法制社会，但那也是经历了一二百年的时间才建成的。因此，府南河环境的保护需要全体市民的积极参与，更需要在保护初期有一定的规章制度和一定数量的专职维护人员，以督促保护环境意识和习惯的形成。

府南河的生命在于充足的水源，现有的水源是不够的。这个问题若不能尽快解决，不仅会影响府南河综合整治之后总体效益的发挥，对整个城市今后的生存和发展也十分不利。府南河的水源来自都江堰，由于都江堰是无坝引水工程，上游至今无大型调节设施，只能按天然来水状态运行，造成每年丰水期大量余水流失，而枯水期缺水的状况。要解决枯水期供给城区适宜的环境生态水量这个问题，只能立足

---

① 《成都晚报》2000年1月15日。

于岷江上游水资源的开发，建成上游梯级水库，调节径流，以丰补枯。这同样是一个系统工程，需要综合规划。当前，应当加快紫坪铺—鱼嘴水利枢纽工程的建设，以保证府南河有足够的环境生态水量，让府南河工程发挥出最佳效益。

府南河工程的实施已经在成都市形成了一种从未有过的时代精神，这种精神的继续弘扬，无疑可以加快成都市的发展步伐。因此，总结"一号工程"即府南河工程的成功经验，再推出新的"二号工程""三号工程"，成都市在不远的将来，就一定会成为名副其实的现代化大都会。

（原载《西南交通大学学报》2000年第1期）

爱国主义教育的好教材
——评《中国近代史纲》

吴雁南同志（主编）和杜文铎、肖堂炎同志（副主编）编写的《中国近代史纲》上、下册（以下简称《史纲》）由福建人民出版社正式出版了。《史纲》是在贵阳师范学院历史系、重庆师范学院历史系合编的试用教材的基础上，经过精心修订成书的。为了适应当前高等师范学院教学、函授和中学教师、干部、广大青年自学的需要，同时也为了向广大青年阐明近代历史发展的规律，对他们进行爱国主义教育，《史纲》除了广泛地吸收近年来中国近代史研究的新成果外，还在内容、体例上做了改革的尝试。

在内容方面，《史纲》注意到了在重点叙述政治斗争的同时，加强了经济、文化以及典章制度方面的内容，如经济方面，以前有的教材只是作为重要政治事件发生的背景提到，而在《史纲》里，则辟专节阐述，如第七章第二节"外国经济侵略的深入"，第八章第一节"中国自然经济的初步分解"。文化方面，《史纲》也有专节阐述，如第七章第三节"资本主义列强的文化侵略"，第二十章第三节"史学和文学"等。《史纲》对典章制度也给予了重视，在脚注里对所涉及的清代官制、兵制及其沿革都做了简明扼要的介绍。同时，对于一些在近代史上有过活动、但又不为人所熟悉的人物，在脚注里也做了简要的注释，如包世臣、黄爵滋、琦善、伊里布、桂良、普提雅廷、吴熙、崇厚、杨衢云、夏曾佑、陈宝箴等。特别值得一提的是，《史纲》专辟一章对近代进化论思想、史学、文化及科学技术的发展做了阐述。虽然这部分的内容薄弱了一些，但对于读者全面了解近代史的面貌，仍然是有好处的。

在体例上，《史纲》在每一章后面都有小结，对一章内容进行概括性阐述，并从整个近代史的高度来做结论，这就有利于读者从纷繁的历史事件中把握住历史发展的线索。同时，每一章后面还附有"经典著作和参考书目"及"复习思考题"，这就为读者进一步学习和提高提供了便利的条件。

但是，一本好的历史教科书，不仅仅只是为了使人们获取历史知识，更重要的是要"鉴往知来"。历史科学的基本任务，就是要从讲述过去的事情中，来回答现在和未来的问题；就是要从复杂的历史现象中总结出规律性的东西，为现实服务。中国近代历史，与今天的中国现实有着密切的联系。因此，近代史教科书的编者，更责无旁贷地应该从近代史的讲述中，阐述中国近代史的发展规律，阐述没有共产党就没有新中国，只有社会主义才是中国唯一出路的真理，激发广大青年对党和社会主义祖国的热爱。《史纲》对这一点有着高度的重视。

一部中国近代史，就是一部帝国主义侵略势力与封建势力相勾结，把中国一步步变为半殖民地半封建社会的历史；同时也是一部中国人民不断反抗帝国主义及其走狗的压迫、奴役、掠夺，不断为独立、富强斗争的历史。《史纲》在第一次鸦片战争后、第二次鸦片战争和太平天国革命失败后、甲午战争后、八国联军战争和义和团运动失败后，都分别列专章叙述了中国社会性质的变化，叙述了帝国主义是如何通过一次次侵略战争、一个个不平等条约，逐渐控制了中国的政治、经济、军事大权的，封建统治阶级是如何一次次退让、妥协，最后与帝国主义相勾结，成为"洋人的朝廷"的。帝国主义与封建统治阶级相勾结，给中国人民带来了深重的苦难，使得中国沦入半殖民地半封建社会的深渊。中国人民为了摆脱帝国主义及其走狗的奴役，在近代史上进行了可歌可泣的斗争。《史纲》通过对近代史上历次争取独立、解放的斗争的叙述和经验的总结，深刻地阐明了"只有社会主义才能救中国"的伟大真理是几代人经过一次次流血牺牲和失败后才领悟到的。

在近代史上，最早起来用武装斗争反抗帝国主义和封建主义的是农民群众。1851年爆发的太平天国起义，沉重地打击了清政府的反动统治和外国侵略势力。十九世纪末，当民族危机深重的时候，广大农民又发动了义和团反帝运动，与外国侵略军进行了猛烈的战斗。继之而起的是资产阶级，从十九世纪末以来，他们为摆脱严重的民族危机和国内黑暗腐朽的统治，建立一个独立的资产阶级民主共和国，进行了英勇的斗争。但是，戊戌维新那样的资产阶级改良运动失败了，甚至辛亥革命那样全国范围的革命运动也失败了。虽然农民和资产阶级的英勇斗争，在历史上留下了不可磨灭的光辉，却都没有根本改变中国的社会状况。这是什么原因呢？《史纲》通过对这一系列斗争的叙述和剖析，令人信服的证实：在半殖民地半封建社会的中国，小生产者的农民不可能领导斗争取得胜利，资产阶级的先天不足也决定他不可能领导斗争取得胜利。历史的经验说明，无论是太平天国的农业社会主义方案，或是资产阶级维新派的君主立宪方案，还是资产阶级革命派的资产阶级民主共和国方案，在中国都是行不通的。革命的任务只能落到正在壮大起来的无产阶级身上，只有在共产党领导下走社会主义道路，才是解救中国的唯一出路。

近代中国，由于帝国主义疯狂侵略压迫，封建阶级、买办阶级投降卖国，中华民族危在眉睫。面对着深重的民族危机，各个阶级和阶层里都涌现出了一批爱国志士，他们所焕发出来的爱国主义精神，在中国历史上是独具异彩的。《史纲》对于近代史上的爱国志士，无论是统治阶级里的林则徐、邓廷桢、陈化成、邓世昌、龚自珍、魏源，还是农民阶级里的洪秀全、杨秀清、陈玉成、曹福田、张德成、余栋臣，无论是资产阶级维新派的冯桂芬、郑观应、马建忠、康有为、梁启超、严复、谭嗣同，还是资产阶级革命派的孙中山、黄兴、邹容、陈天华、秋瑾、朱执信、宋教仁，都从历史唯物主义的立场出发，给予了不同程度的讴歌。就是对于个人历史上有污点或严重污点，但在关键时刻能为捍卫祖国利益而英勇斗争的左宗棠、冯子材、曾纪泽、杨儒、裕谦等人，也给予了客观的、实事求是的评价。同时，对于那些默默无闻、埋头苦干、为中国科学技术的发展奠定了初步基础的早期科学家、工程师，如李善兰、华蘅芳、徐寿、徐建寅、詹天佑、冯如等人也做了介绍和赞扬。从林则徐到孙中山，无数爱国志士的光辉业绩，将永远彪炳于史册。他们的爱国主义精神，将成为宝贵的精神遗产，成为激励我们今天更加热爱社会主义祖国，更好地为建设社会主义祖国服务的精神力量。

总之，无论从内容、体例，还是从思想性来看，在目前所出的若干种近代史教材中，《史纲》可以算是一部有特色、有风格的作品，是一部值得推荐的较好的书。

（原载《重庆师院学报》1984年第4期）

在救亡图存的旗帜下
——《强国之梦》总序

我们正处在一个现代化建设的伟大时代。走具有中国特色的社会主义道路,把中国建成世界强国,这是当代中国人执着追求的理想。

宏伟的现代化事业,需要人们脚踏实地立足于现实,也要高瞻远瞩于未来,还要回头看看历史。究天人之际,通古今之变,走历史必由之路。

中国曾经是一个强国,但近代中国不是。近代中国人不甘落后,致力变弱为强。一代又一代人探索奋斗,百折不回,辛辛苦苦,觅觅寻寻,追求强国之路。这条路,坎坷不平,荆天棘地,有诗的意境,梦的虚幻。留下的是:发人深省的经验,令人振奋的目标,中国人的自尊与自信以及一颗颗滴着血的爱国心。

1840年的中英鸦片战争迫使中国向古代告别,蹒跚地走向近代。

西方资本主义的侵略使中国一步步地陷入了屈从于世界列强的半殖民地半封建深渊之中。外祸日亟,国贫民困,亡国大祸迫在眉睫之间。要么是封闭窒息,丧失生存权利,沦为世界资本主义的奴隶;要么是走向世界,挣脱侵略者的锁链,使国家独立富强,自立于世界民族之林。两种前途、两种命运,二者必择其一。

中国人选择了后者。正如孙中山所说:"方今列强环列,虎视鹰瞵……蚕食鲸吞,已效尤于接踵,瓜分豆剖,实堪虑于目前。有心人不禁大声疾呼,亟拯斯民于水火,切扶大厦之将倾。"(《兴中会宣言》)在近代史上,各种反帝反封建斗争此伏彼起,一浪高过一浪。各阶级、阶层、集团提出过不同的救国方案,探求过各种不同的救国道路。殊途同归,在历史的画卷上凸现出了整个近代中国压倒一切的主题:救亡图存。

救亡图存只能靠自己去奋斗:"苟我发愤自雄,西人将见好于我不暇,遑敢图我。"(孙中山:《在东京中国留学生欢迎大会上的演说》)

自强之路在何方?为了寻求这条道路,中国人不得不睁开眼睛看世界,不得不重新审视自己。先驱者们为了寻找救国真理,开始了急切而勇敢、曲折又坚毅的学习探索的进程。千秋功罪,自待后人评说。

那时,中国面临的世界是:"资产阶级,由于一切生产工具的迅速改进,由于交通的极其便利,把一切民族甚至最野蛮的民族都卷到文明中来了。它的商品的低廉价格,是它用来摧毁一切万里长城、征服野蛮人最顽强的仇外心理的重炮。它迫使一切民族——如果它们不想灭亡的话——采用资产阶级的生产方式;它迫使它们在自己那里推行所谓文明制度，即变为资产者。一句话，它按照自己的面貌为自己创造出一个世界。"（马克思、恩格斯：《共产党宣言》）世界的大势，为"不想灭亡"的中国人，规定了学习西方，走资本主义道路的方向。

那时的中国，清政府已腐败不堪。它所提倡的汉学与宋学也完全脱离实际，空疏僵化，中国人已不能靠祖宗成法去抵抗外国侵略，保持独立自主了。

在这种历史条件下，中国人要救亡图存，除了去向自己的对头西方资本主义国家学习外，实在没有其他路可走。"要救国，只有维新；要维新，只有学习外国。"（毛泽东：《论人民民主专政》）这是中国近代仁人志士们坚定的信念。

在中华民族和中国人民反抗外国侵略和封建压迫的斗争中，产生了新的政治、经济力量和新的文化形态。中国新的文化形态不是在中国封建社会自然经济和宗法制度的土壤上自发生长的意识形态。它是外国侵略造成中国封建经济结构逐渐解体和民族意识的逐渐觉醒而产生的。中国传统文化与西方近代文化的冲击和反应，引进和拒绝，吸收和融合，经过"师夷之长技"与"用夏变夷"之争，"中体西用"与"大兴西学"之争，科举与学校之争，新学与旧学之争，"打倒孔家店"与保存"国粹""国故"之争，本位文化与全盘西化之争，近代新文化逐渐战胜与取代了封建的旧文化。近代新文化是一种以爱国、革命、革新、开放为特征的文化。尽管带有半殖民地半封建社会特有的弱点，但它作为新的文化形态和新的精神力量与救亡图存相联系，给中国近代社会以新的导向，注入新的活力。通过它的一批杰出代表，对中国近代历史变革与革命运动起着先导作用与指导作用。

林则徐是中国人向西方学习的先驱。魏源发挥林则徐的思想，在《海国图志》中首先提出了"师夷之长技以制夷"的著名见解。这个见解包含有辩证法思想："师夷"是手段，"制夷"是目的；能否"制夷"，关键在于是否"善师四夷"。"善师四夷者，能制四夷；不善师外夷者，外夷制之。"（《海国图志》）"师夷之长技"主要限于学习西方的坚船利炮及养兵练兵之法，但这是近代中国第一个救亡图存的方案。它的历史作用在于开始打破深闭固拒的传统，为中国人提出了睁眼看世界的新视角与新的参照系。

李鸿章等洋务派人士实践林则徐、魏源的方案，"师夷智以造船制炮"，举办以军事工业为中心的洋务运动（或称自强运动）凡 30 余年。洋务运动以"强兵"为重点，也在"富国"上大做文章。凡军事工业、民用工业、水陆交通、电报电话、新式学堂、译西书、讲西学、派遣留学生皆次第举办。尽管主持者李鸿章等人在镇压人民、屈服列强等方面大节有亏，但洋务运动对中国社会新经济、新文化所起的倡导与推动作用，确是客观的历史事实。洋务派也曾极力将学习西方局限于"中体西用"的范围内，但不可能阻挡中国人日渐深化的学习西方潮流，反而启动了近代中国开放、变革的车轮。

张之洞是"中学为体，西学为用"的代表人物。但"中体西用"说并非张之洞发明的。这个词的确切提出是甲午战争以后，但"中体西用"思想出现于 19 世纪 60 年代，冯桂芬的《校邠庐抗议》、薛福成的《筹洋刍议》中已提出了这种思想。

至 19 世纪八九十年代，此说日益明朗。郑观应在《盛世危言》的《西学》篇中说："中学其本也，西学其末也；主以中学，辅以西学。"

张之洞讲"中体西用"始于 1898 年，原文是"中国（学）为体，西学为用。"（《张文襄公全集》"奏议"卷 47 卷第 22 页）同年，他在《劝学篇》中又说："新旧兼学，四书五经、中国史事、政书、地图为旧学，西政、西艺、历史为新学，旧学为体，新学为用。"所以，梁启超在《清代学术概论》中说："甲午丧师，举国震动。年少气盛之士疾首扼腕言'维新变法'，而疆吏若李鸿章、张之洞辈，亦稍稍和之。其流行语，则有所谓'中学为体，西学为用'者，张之洞最乐道之而举国以为至言。"可见，"中体西用"是当时的一种流行语，一种救亡图存的"至言"，是半个世纪以来，有识之士的共识共行的"至言"。

"中体西用"作为一个文化模式，反映了自鸦片战争以来，特别是戊戌变法之前的一种居于主流的文化心态，即在中西文化交流问题上的矛盾；既不放弃中学，又不排斥西学，保护中学，将西学作为维护封建体制的添加剂，反映了文化开放初级阶段的特点，显示了中国近代化道路的艰难与曲折。

"唤起中国四千年之大梦，实自甲午一役也。"（《戊戌变法》一，第 296 页）中日甲午之战，中国惨败，创巨痛深，激起了救亡图存的新高潮。此时，中西文明对比的反差更为明显，中国贫弱落后的状况暴露无遗。严复说："彼乘骐骥，我独骑驴；彼驾飞舟，我偏结筏。"（《救亡决论》）人们从重创了中国人的日本的强盛发现了西方资本主义文明在东方的威力、近代化的胜利。康有为、梁启超等维新志士独领风骚，决心要全面地而不是片面地，全方位地而不是枝节地学习西方，用西方的思想、技术、制度、文化，改良强国。他们大声疾呼"优胜劣败"，力主中国应该"尽革旧俗，一意维新"，"若决欲变法，势当全变"（康有为：《上清帝第五书》）。为人们指出了一条维新改革、救国强国之路，掀起了戊戌维新运动——中国近代第一次思想解放的潮流。维新派反对急骤的变革，以逐步改良的方式谋求社会进步，反映了刚由封建士大夫脱胎而来的改革家们的理想。

孙中山表现了与旧体制决裂的非凡勇气和才能。他坚持革命进化论，举民主革命大旗于禹域。他认为救亡图存首在武装革命，推翻封建专制，建立资产阶级共和国。他向西方追求真理，但坚持独立自主，为我所用，促使中国富强昌盛进而突驾欧美日本之上。他不仅要进行政治革命而且要进行社会革命，声言举政治革命社会革命毕其功于一役。他既领导与团结资产阶级小资产阶级知识分子，也联络与运用会党和新军，为中国革命事业百折不回，一往无前，愈挫愈奋，终于领导人民推翻了清朝，赶跑了皇帝，并给中国的建设描绘了许多绚丽的蓝图，寄托着无限希望。孙中山将学习西方与中国革命的实践相结合，立足中国，放眼世界，开始了中国人向西方追求救国真理的新阶段。他根据中国革命的需要，选择向西方学习的内容。批判中国封建文化又继承优秀的传统文化，宣传西方文明的进步又揭发西方社会的矛盾，不让西方的痼疾再现于中国。孙中山说："余之谋中国革命，其所持之主义，有因袭吾国固有之思想者，有规抚欧洲之学说事迹者，有吾所独见而创获者。"

(《中国革命史》)正是这种批判地继承,选择地吸收,独立地思考,创造了作为中国民主革命理论基础的三民主义。在孙中山以前,还没有任何中国人提出过像三民主义那样较完整、自成体系的资产阶级民主革命的理论和纲领。

孙中山伟大之处,正在于他为了实现振兴中华的思想,从不满足于革命事业的初步成果,从不讳言革命的挫折与失败,总是不断吸收经验教训,再接再厉,奋斗到底。他在晚年更以"适乎世界之潮流,合乎人群之需要"的一贯精神,坚持与中国共产党合作,重新解释三民主义,制定联俄、联共、扶助农工三大政策,无愧为中国革命民主派的旗帜。只可惜,他没有亲眼看到独立、富强新中国的出现,而不无遗憾地过早地离开了人世。

历史已经说明,在旧中国只有反帝反封建革命才能救国。但是,能不能说除了革命之外,其他所有的救国主张和行为都是错误的,不爱国的呢?不能!以救亡图存这一历史主题而论,除了坚持革命救国的民主革命者外,某些统治者为自强而做的某些有利于国家进步的改革(如李鸿章、张之洞等人的有关作为),康有为、梁启超为代表的改良维新,还有一些爱国人士追求的"教育救国""实业救国""科学救国"等主张和实践,我们都应给以重视。

有一些爱国志士真诚地,甚至呕心沥血、历尽艰辛地兴办教育,阐扬文化,开办实业,提倡科学事业,旨在救国强国。虽然,在旧中国不可能真正达到此目的;但是,兴办实业,发展资本主义工商业,开办教育,阐扬文化,提高民族素质,兴办科学事业,发展社会生产力,都是改变旧中国贫穷落后所必需的,是爱国的、进步的。

张謇本是天子门生、翰苑清品。但他却视官爵如过眼云烟,在洋货横流、利权外溢、民益贫、国益病之际,以全部精力创办新式实业与教育,与列强进行商战,锲而不舍,鞠躬尽瘁。他从1895年起状元办厂,陆续创办起包括农、工、商、运输、银行的"南通实业"体系,不仅开拓了他的家乡南通发展近代工业的道路,亦为我国民族资本的一项盛举。直至今日,人们谈及中国纺织工业时仍然对张謇念念不忘。

在中国近代的杰出人物中,由清朝的翰林院编修变为著名的革命党人,以民国教育总长的高位而留学西欧,长北京大学而支持学生运动,除蔡元培外,再无第二人。蔡元培比他同辈的任何人更重视教育事业,着意培养新式人才,提高国民素质。从1902年成立中国教育会为开端,他毕生与教育事业相始终。"思想自由,兼容并包"是蔡元培揭橥的办学方针。这一方针改造了北京大学,提高了北京大学,使北京大学成了五四运动的摇篮。蔡元培的教育思想、科学精神、长者风度,给我国的科学与教育事业留下了丰厚的遗产。他是名副其实的"学界泰斗、人世楷模"。

张元济别具光辉。他早年以翰林参加戊戌维新运动之后,以"戊戌政变孑遗"投身文化教育事业,主持商务印书馆数十年,在出版事业和文化教育事业上做出了许多突出贡献。他主持商务印书馆时期,不但出版了大量教科书,而且出版了相当数量的古今中外社会科学和自然科学书籍,创办了多种综合性和专门的杂志。他在

《印行四部丛刊启》中主张:"睹乔木而思故家,考文献而爱旧邦,知新温故,二者并重。"他认为保存祖国传统文化是"事关国脉,士与有责"。其思想境界与历史责任感不可与专心射利发财为目的的书商同日而语,更不可与哗众取宠、粗制滥造、毒害人群的奸商同日而语。

胡适一生讴歌西洋文明,是一个有争议的历史人物。但是,他是五四新文化运动的主将之一应该是没有争论的。与五四新文化运动诸同仁一样,胡适的动机和目的是要从他们认为是最根本的文化上考察中国不亡的远因,即为中国"再造文明",以达到中国在世界上各方面都不落后于人,实际是要复兴中国文明在世界上的领先地位。这就是胡适将他所参与并认同的运动命名为"中国的文艺复兴"的深意。这在特定的历史条件下,何尝不是从文化上探索强国之路呢?正是这共同的梦想,共同的努力方向,与本丛书所列入的诸人物一线相连,貌殊途而实同归。胡适所说全盘西化,在当时有反封建文化的意义。其实,他的本意还在"取法乎上","仅得其中",建立一种"折衷调和的中国本位新文化"。他说过:"我们提倡自责的人并非不爱国,也并非反民族主义者。我们正因为爱国太深,故决心为他作诤臣、作诤友。"(《致陶希圣信稿》)胡适是一个提倡"尝试"和"努力"的实验主义者。他一心把中国引上美英的发展模式。这终归是一场美梦。但他在近代中国强国之路上留下了独特而永久的历史痕迹则是其批判者与拥戴者都能接受的看法。

胡适曾经对封建文化进行过大力批判,看到了吸收西方文化的必要性和必然性,主张"用有效的方式吸收现代化,使它能同我们的固有文化相一致,相协调,并继续发展"(《先秦名学史》)。当然,我们在肯定他对封建学者批判的进步意义的同时应否定他过分的美化、崇拜西方资本主义文化,又否定西方文化发展的最新成果——共产主义文化的误区。

救亡图存的旗帜召唤与培育了近代无数英杰。他们或以革命救国,或以改良图存,或以"实业救国""教育救国""科学救国",或以"再造文明"救国,林林总总,其共同点都在不同程度上按西方资本主义模式改造中国。这是历史的必然,也是历史的进步与局限。他们都在特定历史舞台上演出了一幕又一幕的活剧,有声有色地使中国迈出了近代化的步伐,促进了近代中国新的应变力量和进步驱动力量的生长,并从不同的侧面、不同的角度显示了中华民族不甘屈服于侵略压迫的倔劲和对自强之路的渴求。"身既死兮神以灵,魂魄毅兮为鬼雄。"(屈原:《九歌·国殇》)这是多么高尚而珍贵的精神财富!

历史的发展总是曲折的。它像一级级阶梯,由低级向高级上升。它的发展有一个由量变到质变的过程。在那些从下而上,不畏艰险,攀登历史阶梯的人们中,有的并非是身强体健,洁白无瑕者。但是,只要他们曾做过救亡图存的好事,我们就应该历史地承认。当然,我们也不能忽视批评其错误乃至罪过。

本丛书共十位传主:林则徐、李鸿章、张之洞、康有为、梁启超、孙中山、蔡元培、张謇、张元济、胡适,看来是品类不齐,地位各异的。但他们有一个共同之点:他们都是各历史发展阶段的代表人物,都走过自强之路,做过自强之梦。我们不仅重在再现他们的思想与实践，尤重在发掘他们的经验与教训。我们把他们都看成近代历史的产物；他们不同的思想与实践，多角度、多层面地反映了近代中国人救亡图存的选择与尝试、成功与失败的基本过程。对不同的历史人物，自应有不同的评价，但中国近代自救自强之路，却是由这些不同色调的历史人物探索的。路，总是人走出来的。歧路也是历史遗产，因为没有歧路的挫折，又哪来正道的开拓呢？

近代仁人志士们走过了80年学习西方资本主义以救亡图存之路。这是一条真实之路。他们的许多业绩是永载史册，很有启发借鉴意义的。他们是近代化的先驱者，面向世界和未来的启蒙者，中国革命胜利和现代化建设的开路者。历史就是这样教训中国人的，只有用向资本主义学习失败的沉重代价才能换取社会主义光明前途的到来。

近代中国自强的根本问题是用革命推翻压迫中国的帝国主义、封建主义，改变中国半殖民地半封建性质，取得民族独立，人民民主。中国近代的仁人志士在这个根本问题上，或对帝国主义抱有幻想，或与封建主义含情脉脉，以致他们最多解决了某个局部，某个环节，或创造了促进解决这些问题的某些因素，却未能解决中国自强的根本问题。世界之大势，中国的国情，注定了中国自强的根本问题是不可能由他们来解决的。因而，从学习西方近代生产技术到实行政治经济文化改良，再到革命共和，一浪被一浪所冲退，一次运动被另一次运动所否定，直到孙中山逝世之时，仍然是"革命尚未成功，同志仍须努力"。中国依旧是一个贫穷落后的半殖民地半封建国家。历史证明：近代的改良与革命都没有解决中国的独立富强问题。真是路漫漫，夜漫漫，黑夜难明赤县天！

在这个根本要义上，近代中国仁人志士们的自强之路，就可以说成自强之梦了。梦是绚丽多彩的："师夷制夷"之梦，"中体西用"之梦，和平改良之梦，武装搏杀之梦，"再造文明"之梦……也许在梦中，他们曾看到一个富强的中国，雄姿英发，屹立于世界，并因此而额手称庆，欢忭不已。但当他们被侵略者大炮的吼叫、中国民众啼饥号寒的呻吟惊醒时，所看到的仍是一幅幅血迹斑斑的图画。"中国的情况不但无进步可言，且有江河日下之势。"（《孙中山全集》第9卷第115页）他们不得不拊膺叹息：没能为中国找到自强之路！中国人必须去重新求索。

因此，本丛书将近代一些代表人物的强国奋斗称之曰强国之梦。日有所思，夜有所梦。梦是现实事物在人的头脑中的再现和加工。美好的梦并不都是虚幻的。它往往给人以憧憬与希望，启示与力量。好梦成真，现在，我们不是踏着前人的脚迹已经和正在把前人自强之梦变成实实在在的自强之路了吗？本丛书是一套关于中国近代历史的学术著作。我们希望它有较高的学术价值，也有较好的社会效益，为爱国主义教育、革命传统教育提供有用的参考材料。

学术的发展，离不开继承与创新，更需要百家争鸣，取长补短。将近代中国的著名人物，分别按人立传的著作已经不少，高论迭见。但将各代表人物有选择地串成一线，知人论世，从一个群体展示中国近代史的全局，还属尝试。由于我们学识所限，本丛书的缺点乃至错误势难避免，敬请专家和读者们指教。

本丛书是一项集体研究成果。作为主编，我衷心地感谢本丛书的副主编李殿元、孙旭军两同志，他们在策划、组织、审稿方面做了大量的工作；衷心地感谢各传的撰写者：屈小强、成晓军、谢放、何一民、杨天宏、李殿元、张学君、马征、陈建民、罗志田诸同志操觚的辛劳与精诚的合作；并向倡导、支持本丛书写作与出版的四川人民出版社的领导邓星盈、蔡行端同志和综合编室的同志们致以诚挚的谢意。

1995年4月于四川大学桃林书舍

编者附注：

《强国之梦》丛书共十部，约计270万字，已由四川人民出版社1995年8月出版。该书由隗瀛涛主编。十部著作分别是：《制夷之梦——林则徐传》（屈小强著）、《洋务之梦——李鸿章传》（成晓军著）、《中体西用之梦——张之洞传》（谢放著）、《维新之梦——康有为传》（何一民著）、《新民之梦——梁启超传》（杨天宏著）、《实业之梦——张謇传》（张学君著）、《教育之梦——蔡元培传》（马征著）、《智民之梦——张元济传》（陈建民著）、《再造文明之梦——胡适传》（罗志田著）、《共和之梦——孙中山传》（李殿元著）。

（原载《文史杂志》1995年第5期）

承前启后继往开来的力作
——读《重庆通史》

新年之际，喜读周勇教授主编的《重庆通史》，在高兴与振奋的同时，谨向重庆市地方史研究会的领导和学者们致以热烈的祝贺和深切的敬意。

《重庆通史》是一部分量重，质量高的学术著作，难能可贵。

底气充足，此难能可贵者一也。

随着中国区域史研究蓬勃开展，学术界对重庆史的研究有浓厚的兴趣，倾注了大量心血，产生了大量研究成果。1978—1998年间出版的有关重庆历史的著作就达701部，发表的论文、资料达8042篇。重庆市地方史研究会的学者们对重庆史更是进行过深入的研究，他们曾与四川大学合作完成了国家"七五"期间哲学社会科学重点课题《近代重庆城市史》，直接编撰出版了重庆史著作74部，论文、资料500多篇，从而为《重庆通史》提供了丰富的思想与资料，打下了良好的基础。正是这充分的前期准备，丰硕的学术成果，扎实的研究基础，才产生了这部长达115万字的学术著作。所以《重庆通史》绝非急就之章，更非潦草之作，而是一部集思广益、深思熟虑、承前启后、继往开来的力作。

班子强劲，此其难能可贵者二也。

《重庆通史》有一个老中青结合、学术实力强劲的班子。老一辈领军人孟广涵、周永林同志长期致力于重庆史的研究与组织工作，广涵同志曾任《近代重庆城市史》的顾问组组长，永林同志是该课题负责人之一。如今永林同志年过八旬，仍老当益壮，研究重庆历史之志毫不稍懈，尊重人才，奖掖后进，联系学者，不分中外，有"天下英雄入吾彀中"之气概。《重庆通史》的主编周勇教授，得其父永林同志之严格家教，勤敏好学，敬业乐群，学风朴实，思路开阔。20世纪80年代初，就学于四川大学历史系时，由我指导他写作毕业论文，后又同他合作写成《重庆开埠史稿》，他才华初露，研究重庆历史的方向亦由此明确。80年代后期，他作为《近代重庆城市史》课题组学术秘书、主研人员之一，着重研究重庆作为长江上游经济中心的形成与发展，表现出了强劲的研究实力，为他如今主编《重庆通史》做了扎实的准备工作。课题组成员胡道修、胡大牛、张瑾也毕业于四川大学历史系，"科班出身"，学有专长，进步迅速，已成骨干。有老一辈学者领军前进，有好的主编集腋成裘，有中青年学者实干苦干，加上学术界同仁的关注支持，这种强劲的合力效应必然产生优秀的成果。

特别需要指出的是，他们把编纂《重庆通史》看成"是重庆历史学界特别是地方史学界的历史责任"，"神圣事业"。这种强烈的历史责任感和使命感使他们能够谦虚谨慎，把自己的成果看成是"20年来重庆地方史学界学术研究成果的总结"和"集中体现"。海纳百川，有容乃大，顾全大局、团结合作的精神难能可贵。

原创性强，此难能可贵者三也。

《重庆通史》的作者坚持实事求是的原则，结合本地区的历史实际，突出了地方历史的特色，在历史分期问题上的见解，便集中体现了鲜明的原创性。

中国是一个土地辽阔、历史悠久的大国，社会经济发展是极不平衡的，各地区的历史发展既有统一性又有特殊性。中华民族是多元一体的，中国历史文化也是多元一体的。因此，我们研究历史时，既要重视历史发展的统一性，也要重视历史发展的多样性，既见森林，又见树木。

《重庆通史》既按中国历史发展的一般规律来叙述重庆发展的历史，又在近代史的分期上有自己的独到见解。他们不套用1840年为中国近代史开端的说法，而是将重庆近代历史的上限定在1876年《烟台条约》——1890年《烟台条约续增专条》——1891年重庆开埠这样一个历史过程里。这个断限是符合重庆的历史实际的。重庆是一座内陆城市。由于地理和交通的独特性，比之上海、广州、天津、武汉等城市，遭受列强直接侵略的时间要晚一些，程度上也有差别。1840年鸦片战争以及以后的30多年，整个四川仍然在封建社会里酣睡，重庆还是一座封建城市，尚未跨入近代城市的门槛。只有经《烟台条约》——《烟台条约续增专条》而被迫开辟为通商口岸的15年时间，重庆才被迫向世界开放、开始走进半殖民地半封建社会。关于近代史的下限，该书也没有定在1949年而定在民主革命任务彻底完成的1952年，这也是一种创新的表现。

江泽民同志在考察中国社会科学院时提出了"努力建设具有中国特色中国风格、中国气派的哲学社会科学"。《重庆通史》应被看成实现这一目标的艰苦努力和有益探索。

新的起点，此难能可贵者四也。

《重庆通史》写的是重庆的历史。重庆历史是向前发展变化的。特别是直辖以后，重庆的发展速度更快。老重庆成了新重庆，小重庆成了大重庆。写历史的人也有历史的局限性。如何跟上重庆发展的步伐，写出重庆不断前进的历史，这部《重庆通史》还只能说是一个新的起点，好的开端。作者们在完成这部著作的同时，在反思，在前瞻，提出了写新重庆、大重庆历史的展望。如今的重庆市，大城市与大农村并存。如何写出大城市的中心作用以及重庆市的城乡互动，乃至重庆与上海、武汉、成都等长江流域大城市的比较研究，浓墨重染重庆特色等等，还是任重道远的。1952年以后的50年历史是精彩纷呈的，有许多历史过程和历史经验与教训，这些都尚待历史研究者去描绘与总结，为加速重庆市的建设提供思想动力和理论支撑。

我期望周勇教授等年富力强的学者能毅然担负起这一任务，将《重庆通史》扩大容量，延长时段，加强论证，使之内容更加丰富与深刻。如今，周勇教授们已认识到了这一点并有所规划。望他们学无止境，前进不已，不断攀登历史科学的高峰。

（原载《重庆行政》2003 年第 1 期）

雷鸣之前的闪电
——在《重庆通史》首发座谈会上的发言

周勇教授主编的《重庆通史》是一部分量重、质量高的学术著作，这是继《北京通史》《上海通史》出版后又一部描写中央直辖市历史的好书，是重庆市社会主义精神文明建设的一项重要成果，它对于重庆市的现代化建设提供了丰富的历史经验，对提高群众的思想道德境界和文化素质，将起着直接的促进作用。

下面我简单地谈几点意见。

一

该书有充分的前期准备，有丰硕的前期学术研究成果，基础是扎实的。据我所知，随着中国区域史研究蓬勃开展以来，学术界对重庆史的研究，有浓厚的兴趣，倾注了大量心血，产生了大量研究成果。

在这样的基础上，经过《通史》作者们12年的共同努力，写出了这部长达115万字的学术专著。所以该书绝非急就之章，更非潦草之作，而是一部集思广益，深思熟虑，承前启后，继往开来的力作。是20年来重庆地方史学界学术研究成果的总结。

二

《重庆通史》的作者坚持实事求是原则，结合本地区的历史实际，突出了地方历史的特色，在历史分期问题上的见解，便集中体现了鲜明的原创性。

中国是一个土地辽阔，历史悠久的大国。社会经济发展是极度不平衡的。各地区的历史发展既有统一性又有特殊性。中华民族是多元一体的，中国历史文化也是多元一体的。因此，我们研究历史时，既要重视历史发展的统一性，也要重视历史发展的多样性，既见森林，又见树木。

《重庆通史》既按中国历史发展的一般规律：原始社会、奴隶社会、封建社会、半殖民地半封建社会次序来叙述重庆发展的历史，但在近代史的分期上又有自己的独到见解，不套用1840年为中国近代史开端的说法，而是将重庆近代历史的上限定在1876年《烟台条约》—1890年《烟台条约续增专条》—1891年重庆开埠这样一个历史过程里。这个断限是符合重庆的历史实际的。

重庆是一座内陆城市。由于地理的独特位置与交通状况,比之上海、广州、天津、武汉等城市,遭受列强直接侵略的时间要晚一些,程度上也有差别。1840年鸦片战争以及以后的30多年,整个四川仍然在封建社会中酣睡。重庆还是一座封建城市,尚未跨入近代城市的门槛。只有经《烟台条约》《烟台条约续增专条》和被迫开辟为通商口岸的15年时间,才被迫向世界开放,开始走进半殖民地半封建社会。

江泽民主席在考察中国社会科学院时提出了"努力建设具有中国特色,中国风格,中国气派的哲学社会科学"。《重庆通史》应被看成实践这一任务的努力。

三

《重庆通史》写的是重庆的历史。重庆历史是向前发展变化的。特别是直辖以后,重庆市的发展速度更快。老重庆成了新重庆,小重庆成了大重庆。如何跟上重庆发展的步伐,写出重庆不断前进的历史,这部《重庆通史》还只能说是一个新的起点,好的开端。该书的作者们在完成这部著作的同时,提出了写新重庆、大重庆历史的展望。现在重庆市的特点是大城市、大农村。写出大城市的中心作用以及重庆市的城乡运动,乃至与上海、武汉、成都等长江流域大城市的比较研究,四个直辖市的比较研究,深入挖掘重庆特色等等,还是任重道远的。1952年以后的50年历史是精彩纷呈的。有许多历史过程和历史经验与教训,尚待历史研究者去描绘与总结,为加速重庆市的建设提供思想动力和理论支撑。我希望周勇教授等年富力强的学者,能毅然担负起这一任务,与时俱进,开拓创新,将《重庆通史》扩大容量,延长时段,加强论证,使《重庆通史》的内容更加丰富与深刻。

哲学社会科学是指导社会变革发展的理论先导。历史学是了解过去,把握现在,预见未来的思想武器。重庆有着深厚的历史文化底蕴,有繁荣发展哲学社会科学的巨大潜力,能够担当起变革和建设事业的先导。德国诗人海涅说过:"思想走在行动之前,就像闪电出现在雷鸣之前一样。"我希望重庆的历史学能成为重庆经济建设雷鸣之前的闪电。

(原载《重庆市地方史研究会会议论文集》,内部印行,2003年)

血肉长城　历史丰碑

今年是抗日战争胜利60周年。为了纪念抗战胜利，四川省文史研究馆和四川省楹联学会编印了《血肉长城——四川纪念抗日战争胜利60周年楹联集》。这是一件很好的事情。

抗日战争是中国人民团结在以国共合作为基础的抗日民族统一战线旗帜下进行的一场艰苦卓绝的民族战争和人民战争，也是世界反法西斯战争的重要组成部分。日寇入侵，国难当头。中国人民万众一心，同仇敌忾，用血肉筑起新的长城，以3500万军民伤亡和6000多亿美元财产损失的巨大代价换得了这场战争胜利。抗战胜利，不仅挽救了中华民族的危亡，刷洗了百年来中国被世界列强侵略、奴役和压迫的国耻，使中国从此由衰转盛，雄踞于世界民族之林；而且还为世界反法西斯战争胜利和促进人类和平、进步做出了重大贡献。

四川是抗战的大后方和根据地。八年全面抗战期间，四川人民满怀爱国激情，300多万巴蜀儿女走上前线，参战兵员人数占全国1/5；征缴粮食8400余万石，约占全国1/3；上缴税捐公债7360亿元（法币），占全国1/2；各界献金和捐送劳军物资不计其数。此外还征调300万民工，不畏酷暑严寒和日机轰炸，使用锄头、扁担和畚箕等粗劣工具，夜以继日，胼手胝足，新建和扩建为全面抗战服务的33处机场和川黔、川滇、川湘、川陕等4条公路。

300多万巴蜀儿女着单衣，穿草鞋，背斗笠，手握大刀，肩扛"汉阳造"，奔赴南北12个战区，英勇杀敌，屡建奇功。特别是淞沪、徐州、武汉、长沙、常德和豫中会战，四川劲旅立下"不杀尽鬼子绝不回川"的钢铁誓言，与敌人殊死作战，喋血沙场，无数英烈马革裹尸，青山埋骨。近65万川籍伤亡将士中，王铭章、李家钰、饶国华、许国璋将军壮烈牺牲；刘湘将军抱病出征，以身殉国。可以无愧地说，八年全面抗战，四川人民贡献最大，牺牲最大，厥功至伟，永光史册！

这本集子有两个特点，一是主题鲜明，史料翔实，时代感强，具有地方特色。700余副楹联从不同视角，不同层面，紧扣"抗战"主题，讴歌国共合作，全民抗战的胜利；缅怀川籍将士浴血奋战，英勇献身的丰功伟绩；颂扬数千万四川人民为抗战做出的巨大贡献。同时，它还以无数铁的事实揭露和控诉日本帝国主义发动侵略战争，对中国人民犯下的滔天罪行。从某种意义上讲，这本集子是四川抗战画面的"闪回"，是一部以对联这种传统文学形式编纂而成的四川抗战史，是一本弥足珍贵的爱国主义教材。翻阅这本楹联集，能使我们的思考不断延伸，从中认识到无数抗日先烈用鲜血和生命换来的这样一个警示：一个国家，一个民族，弱了就要受欺，穷了就要挨打。因此，我们一定要着力把自己的事情办好，聚精会神抓和谐，抓发展，把经济建设搞上去，才能使我们国家更加强大而无惧于天下。第二个特点，该书所收录的全面抗战以来不同时期、不同地区的对联作品，不仅字里行间洋溢着作者强烈的爱国主义热忱，而且遵循对联格律要求，达到了高度的思想性和尽可能完美的艺术性相统一，可谓今天学习和研究对联的样品。

  前事不忘，后事之师。当前，中日两国关系蒙上一层阴影。一小撮日本右翼分子参拜"靖国神社"，竭力为东条英机等日本战犯鸣冤叫屈，涂脂抹粉；蓄意篡改历史教科书，歪曲侵华史实，掩盖战争罪行。我们必须保持高度警觉，看清日本军国主义阴魂不散，亡我之心不死，彻底揭露和粉碎他们的帝国美梦与扩张阴谋；不断改善中日关系，与日本人民世世代代友好下去[①]。

（原载《文史杂志》2005年第6期）

---

① 该文作于2005年，故作者有以上的说法。2020年，武汉新冠肺炎爆发，疫情汹汹，病毒肆虐，日本向中国伸出了友好的援助之手，一时间，"山川异域，风月同天"传遍中华大地。随后，新冠肺炎在日本爆发，中国人民"投之以桃，报之以李"，对日本给予了真诚的援助。隗先生在文中的说法，显然已不契合今天的中日关系，但为保留史料原貌，我们一仍其旧，未进行删改。

文明起源与城市史研究

呈现在读者面前的这本论文集是数十位专家学者多年心血的结晶。2002年6月，来自全国各地上百名专家学者汇聚在中国西部特大城市成都，共同围绕"文明起源与城市发展"这一主题展开了为期三天的广泛研讨。

"长江上游城市文明起源学术研讨会暨中国古都学会2002年学术年会"是经过数年策划和一年多的精心准备，在数十名工作人员的辛勤工作下，经过全体与会代表的共同努力才成功举办的，可以认为本次会议取得了圆满的成功。在研讨会即将闭幕之际，我谨代表组委会和成都古都学会向关心和支持本次研讨会的中国古都学会的会长、副会长，向来自全国各地的与会代表，以及承办此次研讨会的成都市文物考古研究所、成都古都学会表示衷心的感谢！

"长江上游城市文明起源学术研讨会暨中国古都学会2002年学术年会"是中国古都学会自成立以来的第19次年会，是一次高层次、高规格的学术研讨会。来自全国23个省（市）的133位专家学者莅临成都，出席了本次学术研讨会。他们从考古学、城市学、古都学、地理学、经济学等不同学科领域就区域城市文明的起源、发展，城市的功能结构、城市发展与环境、城市区域空间、古都学研究的理论建构、历史地理学与古都研究、运河交通、名城古都的开发等具体问题进行了深入的研究。

文明起源与城市发展是近年来引起世界关注的一个热门话题。对于城市研究的发展，我希望各位与会专家、学者能够在以下三个方面给予更多的重视：

第一，人类社会已进入21世纪，人类文明起源的多元性已为不断发现的考古材料所证明。学术研究必须与时代发展的步伐紧密结合。因此，以后的城市研究还应该放在世界大背景下来考察。不仅要对中国不同起源的文明进行比较研究，探讨其共同性与差异性及彼此之间的关系，而且还要更多地与世界各地的学者充分交流，尽可能多地通过中国城市与世界城市的比较研究来推动城市研究水平的不断提高。

第二，城市是非常复杂的研究客体，城市研究涉及考古学、历史学、城市学、地理学、人类学、古生物学、建筑学等各个学科的知识，单凭任何一个学科都不可能对古都进行全面深入透彻的研究。因此，多学科知识的综合运用、不同专业学者之间的交流就成为不断推进古都研究向前发展的迫切需要。本次研讨会上已有学者在这方面做出了相当的努力。今后应加大这方面的工作力度。希望各位学者在今后通过多学科知识的综合运用而在城市研究上有更大的理论突破。

第三，我们的城市研究绝对不能脱离现实的需要，应当充分发挥我们研究的长处来为我国社会主义现代化建设服务。从这次会议来看，已有学者在这方面做了一些工作。今后的城市研究，还应在历史与现实的结合方面进一步加强。

(原载《中华文化论坛》2002年第2期)

城市发展史研究的新视野
——评《传统与变革——中国内陆城市成都现代化的轨迹》

近年来，我国城市史研究领域可谓硕果累累，呈现出蓬勃的学术生命力和强劲的发展势头。在已有的研究基础上，不少学者大胆突破，以一种新的视角和更加生动细致的笔触来解读中国城市发展的历史，不仅拓宽了城市史研究的领域，而且也丰富了城市史研究的理论和方法。四川大学城市研究所何一民教授新近所著的《传统与变革——中国内陆城市成都现代化的轨迹》就是这样一部力作，它以一种全面、客观、科学的眼光和方法解释中国城市发展，不仅为城市现代化研究开辟了新的视角，也为单体城市研究和不同类型城市研究提供了一个良好的借鉴。

该书2001年由四川大学出版社出版。全书分上下两篇，共十章，90余万字。上篇"传统与变革"为国家社科青年基金资助课题，下篇"世纪之交的崛起"为四川省社科十五规划课题和学术带头人培养资金课题。本书以现代化为主，着力研究了中国内陆城市成都从传统城市向现代城市演变的历程。

成都是一个具有4500多年城市文明发展史的古城，也是当代中国西部日益繁荣的现代化超大城市，但是关于近代以来成都城市现代化的研究至今仍是薄弱环节。该书以成都为研究对象，重点探寻其近代以来百余年间的现代化艰难曲折进程，不仅将城市史学关注的目光引向中国广大的中西部地区，更注意借鉴东部开放城市已有的研究理论和模式，将西部内陆城市成都与东部沿海沿江城市进行比较，在总结中国近代城市发展共性规律的同时，也探求不同地区不同类型城市发展的个性特征。作者以细致的笔触、深入透彻的分析，揭示了成都独特的城市个性、超强的历史延续性、传统的"商强工弱"特征，以及改革开放以来，现代城市建设的巨变、现代经济中心的形成等。

通观该书，作者始终将成都的现代化进程放在整个中国城市发展的历史连续过程中来考察，将19世纪下半叶至20世纪末的百余年间成都城市发展历史作为一个整体阶段来研究。该书首先研究了成都城市的形成，以大量确凿和雄辩的考古资料说明了成都具有4500年辉煌灿烂的城市文明发展史，以成都为中心的长江上游地区是中华文明的发源地之一。作者认为："成都城市从秦灭蜀国以后经历了2000余年，到19世纪末20世纪初开始发生质的变化，即从农业文明时代的传统城市向工业文明的现代城市转化，这一转化过程也就是城市现代化的过程。"（第1页）该书围绕着现代化这一主题，从城市的历史写到城市的现在，并展望城市的将来，以一种开阔的眼光和大历史的笔调为我们展现了一幅纵贯古今、鉴往知来的城市历史长卷，不仅便于更为全面科学地对成都城市发展史进行宏观把握，也强化了研究的现实意义。

《传统与变革——中国内陆城市成都现代化的轨迹》以成都由传统农业城市向现代化工业城市的转型为主线，将19世纪中叶以来成都城市的现代化过程分为两个阶段：19世纪中叶到20世纪中叶是成都城市早期现代化的启动和初步发展时期。作者从国际国内的大环境考察了成都城市早期现代化的背景，分别从经济变动、政治结构与社会控制、地域结构与城市规划、人口、教育、市民消费生活多个侧面探讨了成都早期现代化的进程，不求面面俱到，但集中地体现了成都这一内陆城市现代化进程中最突出的特征。正如作者所言："成都等大多数内陆城市受外力影响较小、较间接，而受内力影响相对较大、较直接。成都城市经济方面的现代化进展较慢，而文化教育方面则较突出，社会变化也较大。"（第15页）

从中华人民共和国成立到20世纪末是成都城市现代化发展的第二个阶段。此一阶段，中国的现代化领导权顺利地完成了从传统领导集团向现代领导集团手中的转移，现代化的城市建设在中国共产党的领导下全面铺开，其间先后经历了起步阶段（1949—1957）、曲折阶段（1958—1976）和现代大都市的兴起（1976年以后）三个阶段。作者在总结成都城市发展的历史特点和城市建设经验的基础上，结合世界先进城市发展建设中的规律和经验，提出了新世纪成都城市建设的新思路。统览全书，作者以其对成都城市历史的深入了解，广博的专业知识和关注现实的人文主义精神，将成都古老的城市文明、近代以来曲折的现代化历程和世纪之交西部大开发充满机遇与挑战有机地结合在一起，使得全书更添理性的光芒和深远的现实意义。

这本著作的研究对象虽然是一个单体城市，但作者并没有将视野局限于一个城市的孤立的研究中，而是将成都的发展放在全国城市现代化变迁的整体系统中，通过对单体城市的探讨引出整体性的结论，在增强单体城市研究的厚度和立体感的同时，也发展和丰富了中国城市现代化的理论。作者认为中国现代化承担者主要集中在沿海沿江的少数开埠大城市中，内陆的大城市很少，是导致中国现代化发展缓慢而不平衡的重要原因。通过与欧美等国现代化和亚非等后发展现代化国家的比较研究，作者将中国这类后发展现代化国家现代化的独特发展过程总结为：推翻专制统治；现代化的精英集团取得中央政权；现代化实际承担者的涌现；现代化部门与传统部门之间二重结构的消解等。

城市是一个复杂的有机体，由若干相互联系的子系统组成，因而单纯采用历史学的传统方法无法适应城市研究的需要。而城市现代化更是一种全方位、多角度的转变，几乎涉及人类活动和人类思想的各个领域，其范围涵盖了社会整体系统中的所有子系统。要全面、准确地把握城市现代化的基本内容，必须从不同角度对城市生活的各个侧面进行全面考虑，避免孤立地看问题。因此，有关城市现代化的研究是一种综合性研究，必须尽可能广泛地运用其他学科的理论，在方法上尽可能采用多种学科的研究方法。该书的作者以历史唯物主义和辩证唯物主义为指导，以城市学和现代化理论为基础,广泛采用历史学、经济学、社会学、人口学、市政管理学、大众传播学、教育学、规划学、建筑学、城市地理学等多学科的理论和研究方法,对20世纪成都的现代化进程中的经济变动,政治结构、地域结构、人口、教育、市民生活多个侧面进行了深入的分析,多学科理论和方法的交叉运用不仅显示出作者在诸多学科的多年积累,也使该书更具时代感和立体感,使作者的观点更具说服力和感染力。

(原载《中华文化论坛》2006年第1期)

城市史研究的新里程
——评《近代中国城市发展与社会变迁》（1840—1949 年）

《近代中国城市发展与社会变迁》（1840—1949 年），是第一部系统研究近代中国城市发展与社会变迁互动关系的著作，2004 年由科学出版社出版。"近代中国城市发展与社会变迁"这一课题作为国家哲学社会科学"九五规划"重点研究项目，四川大学"十五""211"工程子项目，通过何一民教授和其他学人的共同努力，几经寒暑，数易其稿，历经出版波折，终于呈现在读者眼前。

该书作者综合运用城市学、社会学、发展经济学、地理学、人口学等多学科交叉研究的方法，力图向读者描绘近代中国城市发展与社会变迁之间的互动关系，并加以理性的剖析。全书除"前言"外，共 8 章 30 个小节，88 万字，由五个部分组成。

第一部分主要从宏观角度阐释近代中国城市发展演变的过程、规律、特点，共包括一、二、三章："近代中国城市的演变及城市发展动力机制的转变""近代中国城市的进程""近代中国城市等级规模结构的演变与区域城市的发展"。作者试图通过这一部分的研究和描述，从整体的角度认识中国城市发展的一般规律。

第二部分主要论述城市管理，即第四章："近代中国城市管理的现代化趋势"。作者从行政、立法、司法、社会控制、地方自治等多个方面分析了近代中国城市管理的现代化趋势。

第三部分论述近代中国城市社会结构的变迁，即第五章："近代中国城市社会结构的演变"。作者分析了近代中国等级职业结构向功能职业结构的演变，再进入一步，把社会结构分为六个阶层分析：经济阶层、知识阶层、工商阶层、劳工阶层、游民阶层、城市特殊阶层，作者从六个阶层入手探寻每个阶层在近代的发展演变。

第四部分阐述城乡关系，即第六章："近代中国城乡关系的变迁"。作者分析了自然经济条件下传统城乡关系向近代城乡关系的发展，由于生产力与社会形态的发展，城乡在互动作用下角色地位也发生了改变。

第五部分论述近代中国城市居民生活、家庭、婚姻的变迁，包括第七章和第八章："近代中国城市社会生活的变迁""近代中国城市婚姻与家庭变迁"。在这部分中，作者通过分析近代城市居民生活观念、社交消费娱乐、生活水平与劳动方式、婚姻观念与现实状况、家庭规模结构与功能等，试图证明近代中国由于受西方冲击影响，居民生活、家庭婚姻从内涵到形式都发生较大变化，并日益走向现代化、民主化。

《近代中国城市发展与社会变迁》一书，特点鲜明，意蕴深远，揭开了中国城市史研究的新里程，其史料价值、学术含量、现实意义，跃然纸上。闪耀出研究者深厚的专业功底和严谨的治学风范。该书的主要学术建树如下。

首先是拓展了城市史研究的领域。

城市史研究在中国于20世纪80年代中期兴起，经过学者奋斗，取得丰硕的成果，据不完全统计，从20世纪80年代中期到90年代末，中国大陆出版的有关近代城市史的专著和资料集达500多部，相关文章上千篇[①]。这些成果在单体城市和区域城市研究等方面都有所突破，理论框架和研究方法均有创建。虽然如此，城市史的研究仍然只能说是初具形态，无论是研究的广度还是深度都有待拓展、深入。关于城市发展与社会变迁之间互动关系的研究，也是城市史研究发展的方向之一，虽然一些论文和专著对此有所涉及，但是从整体进行系统研究则由《近代中国城市发展与社会变迁》（1840—1949年）肇始，由此也给城市史研究开拓了一条新途径，为以后的相关研究奠定了前进的基础。

其次是对城市发展理论的突破性贡献。

纵观全书，最突出的是提出了农业时代中国政治中心城市优先发展规律和工业时代经济中心城市优先发展规律。作者给政治行政中心城市优先发展规律定义为此，"即一个城市的发展规模和发展速度与其政治行政地位的高低成正比，政治行政地位越高的城市，规模也越大，发展速度就越快；反之，政治行政地位越低的城市，规模也越小，发展速度就越慢。"[②] 接着作者分析了出现此种情况的原因，肯定了统治集团的政治行政推动力是古代城市发展的最大动力，然后分析总结了三条因素，"首先与中国城市的形成、发展动力机制有着十分密切的关系"，"与中国中央集权政治制度的不断强化有着直接的联系"，"由中国农业社会经济形态所决定"[③]。该书作者进一步提出，进入工业时代，城市发展的规律发生了新的变化，政治中心城市优先发展规律虽然仍然发生着作用，但新的规律——经济中心城市优先发展规律则成为城市发展的一个主要规律。作者以为，此一规律的形成，首先，在于现代工业的发展改变了城市发展的动力机制；其次，城市的地位、作用和功能在工业时代发生了巨大变化，成为经济中心城市优先增长规律形成的重要原因；此外，近代中国之所以会形成经济中心城市优先发展的规律，除了与西方城市有共同的原因外，还在于近代以来中国城市出现了新的发展变量，一是近代中国外力强行锲入使经济对城市发展变得十分重要，二是中国被强制拉入资本主义世界，"经济成为城市发展的重要杠杆"，这些都是导致近代中国经济中心城市优先发展的重要原因。这两条规律的发现对于学术研究和实践活动都有重要的意义。在"前言"部

---

① 何一民：《城市史》，载曾业英编：《五十年来的中国近代史研究》（上海书店出版社，2000年），转引自四川大学城市研究所编：《中国近代现代的城市史论文索引》，《城市史研究》（13）（14）。
② 何一民主编：《近代中国城市发展与社会变迁》，科学出版社，2004年。
③ 何一民主编：《近代中国城市发展与社会变迁》，科学出版社，2004年。

分,作者就陈述道:"中国城市发展两大规律的发现,不仅对中国城市史研究具有重要的学术意义,而且对于指导当前城市的发展,尤其对于西部大开发战略的实施具有重要的现实意义。"这里同时也体现出作者重视理论与实践相结合的学术研究取向。

第三,在城市史研究方法上也有创新和发展。

在研究近代中国城市发展的进程中,作者注意到整体和局部的关系,把局部置于整体环境之中。在"前言"中作者就指出:"本课题不是就城市研究城市,而是将近代城市的发展置于近代社会变迁的全过程来考察。"在以后的具体研究过程中也贯穿这一思想,细致阐述了整体社会演变与个体城市演变之间的互动关联。如作者在研究晚清城市警察制度兴起和城市早期现代化管理之时,就注意把近代城市警察制度兴起的背景、过程、作用与城市早期现代化的关系放在当时半殖民地半封建社会的大背景下来考察,分析警察制度产生的必然性,从而使读者能够充分认识近代中国由城乡合治走向城乡分治,城市管理日趋现代化的演变历程。

在研究方法上另一个发展创新,就是在研究中注意把宏观研究与微观研究有机结合起来,例如在第三章第二节"区域城市的发展与城市体系的初步形成"中,作者把不同区域的城市置于全国社会变迁的大环境中,对城市与区域的发展进行了宏观论述,同时作者又注意微观研究,认真考察沪宁杭地区、华北、四川盆地、辽宁中部、东北地区及其他区域的城市发展,乃至对单个城市也加以认真分析,如在考察沪宁杭地区城市体系时,分别研究了上海、南京、苏州、镇江、杭州等城市。在研究方法上由于强调大处着眼,小处着手,从而使宏观论述易生空洞,微观研究易生狭隘的问题得以避免,在宏观与微观的综合研究中取长补短。

研究方法上的第三个突破,就是重视并采用多学科交叉的研究方法,城市史学本来是一个新兴的、交叉的边缘科学,学者在研究城市的过程中需要借鉴其他学科的研究方法,但是在借鉴过程中是采用强行嵌入还是融会贯通却显得至为重要,这与研究者本身对各学科知识系统的掌握有很大关系。而该书作者通过努力学习各学科的理论与方法,较好地把历史学、社会学、经济学、政治学、管理学、人类学等多学科融合起来,在研究过程中将其轻重有序地运用于近代中国城市史研究中,取得仅用单一学科的研究方法和各学科拼凑型的研究方法进行研究所不能达到的成果,如在第四章研究城市管理的过程中,作者充分吸收管理学、市政学等相关学科的理论知识,分析近代城市管理的现代化历程。

《近代中国城市发展与社会变迁》(1840—1949年)还有一个特点就是对新资料的开发和旧资料的挖掘。在学术研究中,资料的运用本来就能彰显学者的学术功底,新资料的发现虽然与学者自身所处的客观环境有重要的关系,但能发现新资料的价值也是与学术功底的深厚相关的,而对旧资料的挖掘则更能显示学者的学术底蕴。面对同样的资料而能研究出不同水平的成果,得出不同深度的结论是由学者的治学功底决定的。在这本书中不仅有新资料的开发,如在分析"近代城市劳工阶层的来源构成"时,引用了华西协合大学社会学系梅仲敏于1948年所做的毕业论文

《成都市一百个人力车夫生活调查》（第394页）；在分析游民阶层时引用《成都华西协合大学社会学系研究社社会科学学报》1939年发表的张玉琏的文章《成都市乞丐生活之调查及其救济方案》（第396页）等。同时也立足于本课题，审视和运用了许多较大众化的资料，如严中平等编辑的《中国近代经济史统计资料选辑》，王铁崖编的《中外旧约章汇编》，汪敬虞编的《中国近代史工业资料》等。

《近代中国城市发展与社会变迁》一书的很多新贡献，不同的读者受自身知识结构的影响会有不同的发现，笔者在此就不多言。但是世上没有绝对完善的事物，文章著述更是难免，该书同样如此，如对城市社会变迁的研究还可拓展范围，例如运用心理学的方法研究近代城市各阶层心理状态的变化等，在涉及单体城市进行个案研究时也可更细致深入。

即便如此，该书仍瑕不掩瑜，这些不足之处，从某方面说反而给以后的城市史研究提供了更为广阔的天地，为后来的学者提供了更多施展才能的机会，就学术发展而言，也就更有价值，该书承前启后的开拓性意义更为显著。

一个历史学家的历史

——古稀之年的回忆

本书所收《一个历史学家的历史——古稀之年的回忆》，以四川教育出版社1999年版为底本，略有删节。读者欲窥其全貌，可参阅该书原版。

引　言

　　从 1953 年起，我便开始了历史学的学习、教学和研究，至今四十又六年矣！与历史学结缘大半生，如今已是史学队伍里的一员白头老兵了。忝任着四川省历史学会会长、成都古都学会会长、四川省文史研究馆馆长等老头子才能担当的职务。数十年来，得时代之陶熔，师友之提携，写了一些浅薄的著作，教了许多优秀的学生。拙作虽难传之久远，但学生们却是生命和事业的延续，未来的希望。

　　1994 年元旦日，余长安君在我书房内同我和老伴陈可清饭余闲话。他见我日渐衰老，满怀师生之情提出：老师何不将自己一生的事情，特别是学生们难以从文字上找到的事情及时写一些出来，以免在生命打最后句号时，学生们追忆老师时在资料上发生困难，直截了当地将新陈代谢的真理摊出。这的确是一个令人心悸又十分中肯的建议。

　　人生易老，到今年我已活了 69 个春秋。从旧中国到新中国，我虽活得庸庸碌碌，但也经历了几多风雨，几多事故，而且势必带上时代的烙印并从一定角度反映时代的特征。人到老年，总爱反思过去，对过去的事情记忆犹新。根据余君建议，曾想写点自己的历史，但总感自己在生命的旅程上留下的有意义的迹印不多，提笔的念头屡兴屡废。

　　现在，学生们正在酝酿为我祝 70 岁寿辰和从教 50 年，要老师交卷了。我在教学中一贯强调，在事业上学生一定要立志超越自己的老师。要超越老师就得全面了解老师，知其短长，取其所长，避其所短。历史是一面大镜子，老师是一面小镜子。我义不容辞地留点材料给他们，不管是正面的或是反面的，积极的或是消极的。这是感情所系、责任所在的事。研究历史的人应该保存历史，哪怕是个人的历史。我只得写了，真实地写，写一个知识分子的过去。我相信居里夫人的一句话："即使在人类知识宝库里投进一粒沙子也是伟大的。"

　　谨以此文献给我的妻子陈可清女士和儿孙们；献给我的亲友和学生们。

1999 年 2 月
于四川大学桃林村书舍

一　山区里的故乡

也许是传统文化基因的作用，中国人的乡土观念是牢不可破的。一个人很难忘记自己的故乡。我虽然长期在他乡生活，但对故乡仍是一往情深的。故乡的水甜，故乡的月明，儿时的故乡景观风情，像一部拍摄得极好的电视片，随时显现在头脑中的荧屏上，多么清晰、多么亲切、多么令人流连。

开县是我的故乡。这个县有久远的历史。在距今1770年前的东汉时期建县。初名汉丰，后有永宁、盛山、开州、开江等名。明朝初年，洪武皇帝时始命名为开县。

开县位于四川东部，北依巴山，南近长江，境内多山，地貌结构大体是"六山三丘一分坝"。县城汉丰镇坐落在南河与东河交汇处的一个四山环抱的小坝子上。唐武德元年（618），开州盛山县治所设此，迄今已有1370余年，曾称城厢镇、城关镇。咸丰《开县志》描绘该镇是："水陆所辖，货殖所萃。面毗卢之苍翠，枕盛山之巍峨，彭溪带其右，清水环其左，雄峙巴国，冠冕夔巫。"这里是开县的政治、经济、文化的中心。县城临南河有一座城门，名曰"带彭门"，取"彭溪带其右"之义，可见彭溪是南河的雅称。南河发源于邻封县开江，多泥沙。我就是喝这条河水长大的。东河又名清水，河底多卵石，平日清澈见底，游鱼可见，是小孩们嬉水的好去处。毗卢山在我家的后面，以山顶形似毗卢帽得名。盛山又名凤凰头，与我家隔河相望。因山形似盛字，不知何时，由哪位雅士命名。山上有大觉禅林，是川东著名的佛教禅院，是众多善男信女膜拜的古刹。每逢正月初九日，县人登高郊游多在此山。届时，人群流动，姹紫嫣红，老幼相扶，步步登高。鸟瞰城关景物，一一尽收眼底。中午时分，各陈酒食于青松翠柏之中，炊烟袅袅，欢声阵阵，直至尽欢而归。盛山多景点，唐朝开州刺史韦处厚著有盛山十二景诗，"应而和之者几十人"；张籍亦有和诗，韩愈还写了诗序，称"盛山十二景诗与其和者大行于时，联为大卷，家有之焉"。

汉丰镇是一座被坚固的石头城墙围着的小城。像样的街道是横贯县城的东街和西街，由北向南横卧的南街，其他如教门街、横街子、老关嘴等都是些小街，还有全兴巷、灵土地巷等小巷子布满城区。十字街当东西南街的结合部，是全城的中心，因县衙门在那里，又称衙门口。街心矗立着一座抗日阵亡将士暨死难同胞纪念碑。据《开县志》"抗日烈士名录"，抗日战争时期牺牲的开县籍烈士达1378人，其中有在古北口抗战牺牲的王润波团长，足见故乡人对抗战是做出了很大贡献的。南渠河是农产品交易市场，肉食、蔬菜、豆制品都在此买卖。每日自晨至午，人流摩肩接踵，十分热闹。在这条街边上，有一座似庙宇非庙宇的古建筑叫宣讲亭，是过去宣讲皇帝圣谕、崇拜君权的地方。后来演变为说书场所。在课余，我也去那里听过讲。但是，听的人虽多，讲的却不甚精彩。再一处热闹的地点叫狮子楼。这是一条短街,连接着南街与东街,南渠河与烟巷子,位居通衢。那里有一些适合一般民众需要的餐馆,卖蒸肉、酥肉、卤菜、面条、小菜等,还供应帽儿头白米饭和不要钱的合汤。每到中午时分,满条街热气腾腾,香气四溢。小孩子爱赶热闹,又贪嘴,十处打锣九处在。所以,我对故乡热闹的街市都有较深的印象,至今不忘。还有一条教门街在西街与带彭门之间。居民多信奉伊斯兰教,开县人将他们称为教门人。他们聚居的街道就被称为教门街。这条街并不宽,但相当热闹,街上有不少卖牛肉的摊点和好几家牛肉馆子,还有一座被人们视为神秘的清真寺。当时牛肉馆的价格比一般餐馆便宜些,味道也是好的。学生们打平伙往往到牛肉馆去,花钱少但可饱餐一顿。在这条街上有马家开的皮鞋店,前店后坊,有当时最时新的皮鞋出售,讲究穿着的人都爱到那里去购买或定做皮鞋。他家的子女有的曾是我小学同学。当时女人中穿高跟鞋的很少。有一位赶时髦的女学生,穿了一双高跟皮鞋招摇过市,为人们侧目。不幸的是,石板街凹凸不平,这位小姐在街上当众摔了一跤,脚扭跛了。人们非但不同情,反而幸灾乐祸地说这叫现眼报。

县城的街道是用青石板铺成的,中高边低呈小弧形,没有水泥路和柏油路,不能行车。在石板街面上有许多不规则的小窝窝,是打杵戳成的。这是劳动者艰辛地开发家乡的痕迹。打杵是开县人挑担子常用的木质工具。为了防滑,下端装有一个菱形的铁尖头。力夫们要稍歇时即将铁尖头置地,将重担放在上端半圆形厚木夹的打杵帽中,将重物转移至直立的打杵杆上。日积月累,挑来担去,反反复复,石板街上就留下了许多窝窝点点,这可能是开县县城旧时路面的特色。打杵窝里盛满过劳动者的汗水。只是,这样的石板街,因不适应现代化要求被淘汰了。真该留下几块满布打杵窝点的街石,作为历史文物保存下来,让今日故乡那些穿着洋装革履进出卡拉OK厅、夜总会的青年男女看看,昔日县城所谓"水陆所辏,货殖所萃"之景象是怎样来的。

在自然经济时代,开县是比较富庶的。农产品有水稻、小麦、玉米、油菜、花生、桐油、甘蔗等,矿产品有煤、铁。温汤井有无烟煤,质优价廉,又是四川古盐井之一。大慈山、九龙山所产大米滋润晶莹,被县人视为上品。但是开县地处偏僻,交通闭塞,商品经济不发达,又多旱涝灾害,加上社会制度的桎梏,老百姓的生计一直是十分艰难的。一穷二白是开县社会经济的基本特征。

故乡文风蔚盛,多读书人。《开县志》载:科举时代,据不完全统计,出进士10人,举人36人。1895年,康有为发起"公车上书",开县在京应试的举人有6人签名响应,将近占四川省签名举人的十分之一。可见开县的知识分子是有爱国传统的。川东一带有"开县举子云阳盐,新宁(开江)坝子梁山(梁平)田"的民谣。

在我的少年时代,乡亲们津津乐道的是开县曾经出了一个李大人。城郊双合店口的官道上,矗立着一块大乌龟(赑屃)① 驮着的高大石碑,上面镌刻着"诰封兵

---

① 赑屃:传说为龙之子,善负重,寿命长。

部尚书兼都察院右都御史、振威将军、光禄大夫、两江总督李公神道"一行楷书大字。这就是名震开县的李大人神道碑了。这位李大人确是晚清时开县出的一位大人物。他名宗羲，号雨亭，生于1818年，由举人而进士。他的发达是因为镇压太平天国起义很卖力，得到曾国藩器重的缘故。他任过安徽按察使、江宁布政使、山西巡抚，两次受慈禧太后传见并于1873年继曾国藩任两江总督。1875年告老致仕，衣锦还乡。1876年，东乡（宣汉）民众抗粮，清提督李有恒杀民邀功，纵兵滥杀平民千余人，全国震骇。东乡百姓上京告御状呼冤，但因官官相卫，真相难明。李宗羲奉旨就近查明此案。他不顾官场阻挠，据实上报，加上张之洞的弹劾，清王朝不得不杀官平反，为四川民众伸张了正义。这是他晚年所做的一件大得人心的好事、大事。也许因此，他的神道碑和迎仙山麓李家祠堂的坟墓一直保存至新中国成立后，没听说有谁去造他的反。李宗羲在1884年逝世，享年六十七岁。剑州李榕撰《李宗羲墓志铭》，称道他"为政廉勤，所在称治"。"官巡抚，去任犹就贷而行"。在两江总督任内"崇实黜华"。日本侵台湾时，李宗羲积极备战，"饬什五、具器械，筑炮台于吴淞口、江阴焦山、象山、乌尤山"，保卫疆土（见《开县志》）。可见官声甚佳。

刘伯承元帅是出生在开县的一位最伟大的人物，是享誉中外的大军事家、无产阶级革命家。他1892年12月4日，出生于开县赵家场。在开县，一提起他的大名，人们莫不肃然起敬、交口称颂，莫不以开县是"帅乡"为荣。我幼年时，刘伯承的名字已在民众中广泛流传了。在新中国成立前，因为他是中国共产党的大将军，人们还不敢公开颂扬他。但是茶馆酒肆，田间地头仍流传着许多刘将军的故事传说。传说之一，是刘伯承的祖坟是埋在火龙地脉上的。天降伟人，所以刘家出了一个了不起的英雄。国民党挖了他家的祖坟，破坏了风水，伤了火龙的眼睛，刘伯承因此右眼中枪而失明。他家的祖坟被挖毁是确有其事的。右眼被枪击失明却是在1916年护国战争时期，而不是他当了共产党的将领之后。这个传说，可以看成是淳朴的乡民们从根深蒂固的天人合一、天人感应观念对刘伯承的颂扬，对国民党反动派的诅咒。

故乡还出了一位著名的作曲家，即为岳飞《满江红》词谱曲的潘大谋。他1873年生，开县临江市人，1913年在成都逝世。20世纪60年代我读《蜀中先烈备征录》时，发现了这位故乡先贤及其事迹。他是同盟会会员，在成都读书时热心宣传孙中山、章太炎的革命主张。为了激发群众反清革命，他为《满江红》词谱曲并教群众演唱，该曲很受欢迎，迅速传遍全国，影响至深。

如果说我的故乡因经济发展滞后，在经济方面对国家、对民族贡献不多的话，那么，在人才输出方面却出力不小。特别是近代以来，故乡的土地上曾抚育了一批政治家、军事家、学问家、艺术家。这似乎是因为穷则思变，深受闭锢之苦的人总是渴望通达，走出小天地去闯大世界。所以，近代以来，开县外出求学求职的人不少，奋斗成材的也就不少了。古语说："地灵人杰"。"地灵"是自然的赐予，能陶冶人的情操，影响人的性格，铸造人的风度，但"人杰"却要依靠教育和锻炼，靠人的努力奋斗。"地灵"不一定"人杰",有了"人杰"才显"地灵"。这是我从故乡的人杰们身上悟出的一点道理。

故乡给我最深的印象是她那优美的景色。群山环抱,襟山带河,如嵌在大地上的一颗晶莹的翡翠。树木葱茏,群山滴翠,百花吐艳,群鸟争鸣。山溪河水易涨易跌,变幻无常。枯水时分,那连接城乡的木板桥横跨两岸。桥下水平如镜,鱼翔浅底,微风吹来,阵阵涟漪。一群群鹅鸭,红爪绿波,轻浮水上,悠闲自得。在木桥岸的一边,有卖红甘蔗的小摊贩,一根红色的甘蔗经他们灵巧的双手,用小刀车成一圈圈螺旋形花纹,深红与淡黄相间,用一二枚铜板买上一节,既赏心悦目,又清甜润口。木桥另一端的岸边,又有卖零食的人字形小窝棚。一位老大娘满脸皱纹在那里经营小本生意,接待顾客。那儿有花生、麻花、糖块,还有劣质香烟,常有一群人在那里购物或歇脚聊天,一切都显得那么宁静、朴实,线条分明,古色古香。洪水季节的景象则迥然不同。那时,浑黄的河水,奔腾咆哮,一泻千里。城南水南桥附近更是惊涛拍岸,浪如山涌,吼声如雷,气吞山河。城乡交通就得依靠摆渡船来冒险航行了。一条可载数十人的无篷木船,由四五个壮实又识水性的船工驾驶与激流大浪搏斗而进。乘客们一个个蹲在船舱里,不得喧哗走动,把自己的一条命交给看头的、掌舵的、划桡的船工。船工们本着行善积德的良心,拼命把船划到对岸,用如雨的汗水和苦涩的微笑送走心有余悸的乘客。即使这样,也有翻船的时候,全船的人少有不葬身鱼腹的。这种渡船又叫"义渡",意思是乘船的不付钱,撑船的是为民众尽义务。这对于贫苦的百姓来说不能不是一件好事,船工们的生活费则来自约定俗成的"义田"。地方人士捐募数十亩田地作为义渡产业,交给负责"义渡"的船工耕种。其收获物全部作为修理船只、船具和船工们的生活费用。我年幼时,多次乘船过渡,领略过那种浪遏飞舟的滋味,悬心吊胆又豪情满腔。顶着风浪前进,是很能激发人的。直到现在,在我的眼里仍随时浮现出故乡那条激流勇进、冒险犯难的摆渡船。

在饮食方面,故乡似乎没有独特的有名气的菜肴。一般人家红白喜事宴客,不过办八大碗或九大碗的席桌,也就是上八碗菜或九碗菜。讲究一点的加上四个冷盘,盛着花生、杂糖、猪心舌之类的食品。富裕人家才有办海参、鱼翅席的。那时,城内已有专业厨师和包席馆,但请得起厨师和有钱包席的人不多。记得当时有一位名叫汪海鹏的厨师,个子瘦瘦的,但擅长办鱼翅、海参席,殷实人家办席,非他莫属。他称得上是开县的"特级厨师"。平时办席,一般是邀请几位略通烹饪的亲朋好友来操办。

故乡有许多大众小食品吸引着贪嘴的小孩子们。这些小食品物美价廉,用不多的几个钱即可一饱口福。我印象最深的是城门洞卖的油炸萝卜丝粑。这是一种带三角形的素食品,原料是面粉、米粉、红萝卜丝、蒜苗、干海椒面、盐、菜油等。工具是一灶一锅,一只三角形铁质带把勺子。做法是将三角形勺的底部浇上一层米面粉糊,再将红萝卜丝拌蒜苗、海椒面、盐放入勺子内,上面再浇上米面粉糊,放进油锅炸至焦黄色即可入口。我进城上学,总爱买一两个,用竹签穿上,边走边吃,又热又香又酥又脆。这种食品我在其他地方还没有见到,大概算故乡独具的风味小食。可惜至今已很难吃到了。这可能是它品位不高,赚钱不多,不能跻身新潮的缘故。十几年前,我曾偕妻子回了一次家乡。我的姨母特地做了萝卜丝粑来招待我。我带着儿时的兴致,大食一通,直至声音嘶哑咽喉肿痛而后已。

故乡是有爱国革命斗争传统的。唐朝开元年间,农民造反杀开州刺史。北宋淳化年间,农民攻破开州。1641年(明崇祯十四年),张献忠部义军与明朝官兵曾大战于县城附近之黄陵城。这段历史颇受史家重视,四川大学胡昭曦教授曾亲自去开县考察。在他和几位教授合著的《四川古代史稿》一书中写道:正月十三,张献忠、罗汝才联军抵开县。明将猛如虎亦率兵追至,亲自督战。张献忠侦知明军并无后援,乃以精锐绕谷中间道,从侧翼包抄。明军大溃,参将刘士杰与猛如虎之子先捷皆战死。如虎突围出,马仗军符尽失。1797年(清嘉庆二年),白莲教首领达州徐天德,东乡王三槐率领教军攻入开县,占首场临江市,矛头直指县城,激战数日,因清军防备严密,退回临江市,继续在开县与清军和乡勇转战达7年之久。1955年,我在四川大学历史系求学时,曾随同两位老师领导的调查小组,到达县、宣汉就白莲教起义史实进行调查,只是隔时已久,收获不大。但我沿着当年白莲教打开县的道路走了一趟,找到了一点历史的感觉。

在近代,开县民众进行过反帝反封建斗争。著名的事件是1907年(清光绪三十三年)的红灯教起义。红灯教是白莲教的一个支派。自白莲教在川楚起义失败以后,教徒们为避免清朝的缉拿镇压,曾以青莲教、灯花教、红灯教、无生门教等名目继续进行反清斗争。到了同治年间,红灯教"以照光拜灯拳勇各术"组织教徒,在四川马边、灌县、万县及川南各地活动,其宗旨仍是"反清复明"。随着外国侵略势力的深入和清王朝日益媚外,红灯教担负起了反帝反清的双重任务。

1902年,在北方义和团的影响及其入川成员的参与下,川西义和团起义,提出了"灭清、剿洋、兴汉"的口号。这次起义主要是红灯教发动的。1907年春,开县红灯教群众"打毁教堂学堂多处"。起义者初为200余人,因进行抗土药捐和以打教堂相号召,数日之间众至数千。开县县令侯昌镇率兵前往镇压。起义者奋起迎击于陈家场,打败官兵。侯昌镇败回县城,"夔万大震"。此后,起义群众分路出击。一股至万县新场,"意在扑城";一股至新宁(开江),捣毁酒捐油厘各局。留在本地的则在岳溪、陈家、南门、铁桥等场活动。护理四川总督赵尔丰奏报:"此次开匪之起,众至数千,拢及三县……其害岂可胜言。"清朝军机处电赵尔丰:"着即严饬各军迅速兜剿……并将各处市镇学堂、教堂饬属一律保护"。赵尔丰急忙由重庆等地调重兵将这次起义镇压下去。

据《开县志》统计,清末开县人参加孙中山先生领导的中国同盟会的有潘大道等18人。1911年辛亥革命,潘大道在万县策动清军管带刘汉卿于11月25日反正,宣布独立。此事,潘大逵前辈曾在成都给我讲过。潘老说:他的父亲是本乡一位深孚众望的绅士。他家院落的一侧,有一座庙子,叫"川主庙",有一次一个人称"刘管带"的军官率部住在这里。这管带名秉章、字汉卿,因驻在隔壁,很快便与他父亲和长兄潘大道建立了深厚的交情。辛亥革命前,刘管带移驻万县。革命爆发后,潘大道遂以同盟会会员的身份,竭力劝说刘汉卿响应革命。在清朝土崩瓦解的形势下,刘表示愿意响应,任川东蜀军副都督。这些话,潘老已写进了他的回忆录——《风雨九十年》一书中。

1933年,红四方面军建立了川陕革命根据地。王维舟将军率领的红33军在宣汉、开江、开县交界处杨柳关打败刘存厚、刘湘部队,并派兵进入开县西北部的事迹曾传遍开县。当时,老百姓喜闻乐道,把红军视为天兵神将,地主豪绅们则谈虎色变,惶恐难安。

中共在开县的活动,始于1927年中共开县党团小组成立。地下党组织曾于1935年和1948年两次遭到严重破坏,但共产党人前仆后继进行了不屈不挠的斗争。在全面抗战时期,党领导了抗日救亡宣传活动,还输送了一批党员和知识青年去延安学习。在解放战争时期,领导了开县人民反内战、反独裁、反饥饿,开展了武装斗争,迎来了开县的解放。新中国成立前夕,在重庆白公馆、渣滓洞被国民党反动派杀害的开县籍中共党员和在开县工作的党的干部、进步群众达14人之多。在他们当中有的还是我的同学。

上面所写的是我记忆中的故乡,也就是过去故乡的点点滴滴。今天的故乡已经发生和正在发生着巨变,已非昔日的故乡可比了。正像我现在回故乡与许多乡亲已是似曾相见不相识一样,我对现在的故乡也很有点陌生了。但是,今天的故乡是昨天和前天的故乡发展而来的,追忆一下过去,会令人更热爱现在和将来。

二 消失了的家庭

1930年4月17日(庚午年三月十九日)我出生在开县城郊水南桥隗(wěi)家院子里。我是长子,我的出世给家庭带来的喜庆是不在话下的。但据《开县志》载:是年"天大干,饿殍载道,穷于生计而乞讨要饭、卖儿鬻女者,比比皆是"。生在荒年,并非一个幸运儿。

因为我是长子,家里看得特别珍贵,起名"家声",暗寓远播家声之意。请相命先生卜问吉凶祸福,先生言曰:我命中忌火,有火烧身,不易长大成人。消灾之物唯有水焉。水克火,有水即可转祸为福,转危为安。于是,父母亲来个水淹七军,取号曰"瀛涛"。瀛者,大海也,多的是水。又恐海水流不上身,难以灭火,又请波涛助之。此隗瀛涛姓名之来历。我从小以号行,"家声"之名非长辈不知。可能真应该谢那位相命先生,不是他的"指点",父母费尽心思,我少了水恐怕是难以活至今日,因为任何人少水甚至无水都必定是活不成的。但是,父母未曾想到此名字字体太繁,三个繁体字的笔画共达49画之多,书写困难,加上"隗"这个稀有的姓,不少人不识,常将我的姓名叫错。有的同事干脆叫我"老鬼"。相命先生的话假的居多,信则信之。有一点是算准了的,就是我生性似火,毛焦火辣。这个毛病从落地时起至今改得不多，倾瀛洲之水，涌大海之波也没有冲刷掉。

当我来到人世时，家庭可能已开始发达了。我家的院子虽是一座三合院式的土墙瓦屋，但很宽敞、幽静。门前还有几亩蔬菜地。房屋坐南朝北，面对盛山，前临彭溪，背枕毗卢，遥看清水，烟云如带。院子有鹅卵石加三合土砌成的围墙，墙内树木葱郁。两株要双人合抱的丹桂树，每到中秋时节，桂蕊飘香，浓烈无比。还有几株梅花，时至寒冬，傲然吐艳，妍媚动人。院内还有几株广柑树，年年结出橙黄色的果子，可是酸而少甜。我最喜爱的是院墙根的一圈李子树。它开的花纯白芬芳，结的果又多又甜。每逢果实渐熟的时候，我总爱骑在院墙上去摘吃不厌。有时攀到树枝上边吃边玩，十分惬意。父亲爱牡丹的华贵，芍药的多姿，在花台里栽上牡丹花、芍药花；母亲喜兰花之幽香，种了几盆兰草。我至今爱闻兰花的香味，可能就是母亲熏染给我的。房后有竹林，还有一株硕大无朋的黄桷树，枝叶茂密，绿荫覆地。黄桷树的木质不坚韧，难充建筑材料，甚至不堪作烧材。但它生长迅速，不用几年即成大树。它以繁茂的枝叶，给人类造成一片片绿色世界。每一棵黄桷树仿佛一只巨大的绿色穹庐覆盖着大地，给人们送来一派清凉。而且，它生命力极强，很有意志。它的根强劲有力，弯而不折，无孔不入，虽卵石、石缝皆可长驱而入，使自己生存、壮大。它最爱生长在悬崖峭壁之上，显出高大与挺拔的风采，给人以与天奋斗，其乐无穷的启迪。1987年，我为研究近代重庆史拜访当时的中共重庆市委书记廖伯康同志，请教如何准确而形象地概括近代重庆人的精神。伯康同志说："用黄桷树精神就好。"他的意思不是指重庆黄桷树多，而是指重庆人像黄桷树一样，拥有艰苦奋斗、开拓进取、自强不息的精神。我家后墙外的小山包是个乱葬岗，杂草丛生，鸦雀乱飞。有的坟墓已无后人祭扫添土，以致腐烂了的棺木裸露在外，骷髅狼藉，相当阴森可怕。小孩子爱探险猎奇，到乱葬岗去探生死之谜。心中虽忐忑不安，但兴趣则无稍减，也未遇见鬼。我不信鬼，也不怕鬼，可能与这个乱葬岗有关。

夏天，门前的彭溪是最能挑逗小孩的地方。我曾多次偷偷地下过几次河，在浅水中乱游一番。但下河游泳是干家中禁例的事，违者一经发觉必遭严斥，乃至罚跪，挨屁股。我小时缺少了游泳锻炼，至今还是个旱鸭子。

查考史籍，我的姓是一个古姓，而且是少数民族狄人的姓。

中国是一个多民族的国家。作为主体民族的华夏族（即后来的汉族）也不是统一的所谓"炎黄"后裔，而是以炎黄集团为主体，长期接纳和融合其他少数民族形成的。

在商周时期，我国北方（包括东北地区）有许多少数民族国家、部落、民族或其他人类共同体。北狄是其中最为强大的一个民族，曾经南北征战，东侵西扰，奔驰在陕西、山西、河南、河北、山东等广大土地上，足迹遍及大半个中国。

王国维《鬼方昆夷猃狁考》云：赤狄有隗姓。《世本》称鬼方嬇姓。《大戴礼记·帝系》亦曰："鬼方氏之妹，谓之女嬇氏。"嬇、隗相通，即隗也。故以隗姓之狄为鬼方之后（《观堂集林》卷十三）。颛顼之孙陆终是昆吾之父，鬼方之妹是昆吾之母，生六子。颛顼部族与隗姓之狄的祖先曾为互婚部落。颛顼是传说中古代一个部落首领，号高阳氏，为"五帝"之一。《史记·五帝本纪》："帝颛顼高阳者，黄帝之孙而昌意之子也。"这可能是隗姓之狄与黄帝一族融合的最早传说。

蒙文通师的《周秦少数民族研究》认为：鬼方（狄族）最早的居住地在西域天山之东麓，后沿天山东南而下，始与中原华夏有了接触。在殷商中叶时，鬼方已与商王朝发生持续的战争。殷纣王时，鬼侯内附，为殷三公之一。周初，鬼方狄族活动在今甘、陕、宁夏之间。其后，自北而东。西周末年，已遍布于河套内外至太行山东西地带。周幽王太史伯谓："当成周（今洛阳）者，……北有卫、燕、狄、鲜虞、潞、洛、泉、徐、蒲；西有虞、虢、晋、隗、霍、杨、魏、芮。"（《国语·郑语》）韦昭注曰："潞、洛、徐、蒲，皆赤狄，隗姓也"。可见，今日姓隗的是在长期的民族斗争与融合中被汉化了的一个古远的少数民族的姓。东汉初年的隗嚣曾据天水、武都、金城，自称西州上将军。此人是今甘肃秦安人，很可能是狄族的后代。

至于四川的隗姓是在何时、何地迁入四川的？限于资料目前尚不可考。

我们隗家不是显族，是个小姓。开县同姓的人加起来也只有四五十人。云阳有本家，人数更少。没有祠堂，没有家塾，也不是书香门第。堂号虽叫"五本堂"，取《诗》《书》《易》《礼》《春秋》为立家之本的意思，但在历史上秀才也没有出一位，说不上有什么值得炫耀的家史。据祖辈传说，我家的祖籍是湖北麻城县孝感乡，祖宗是随清初湖广填四川大迁徙潮流进入四川的。入川始祖文元公来川时仅有一条扁担，靠下苦力为生。所以，我的祖辈是劳动者，也许还是苦大仇深的贫苦劳动者。在晋朝常璩撰写的《华阳国志》中有东汉时"隗通石横中流"的记载。据刘琳教授《华阳国志校注》：隗通，字叔相，犍为僰道人，是位孝子。旧志云：宜宾南大江对岸有孝子石，即隗通石。从这一材料看，隗姓在四川古已有之。我们开县隗家到底是由宜宾一带迁来的，或真是"湖广填四川"来的，因无族谱可考，难以断定，但族人多信湖广说。

大约到了清朝同治、光绪年间，有一位叫隗世英的祖辈可能有点社会地位了。他与两江总督李宗羲有表亲。李为他写了寿屏，红缎金字，共16幅，落款除李氏的官衔外，还有"姻愚表弟顿首拜书"字样。这套寿屏成了我家最体面的饰物，只有年节时才挂在堂屋的左右墙壁上使蓬荜增辉。

我的祖父母死得很早，我没有见过他们。祖父名象笏。从名字上看是要手捧牙笏，上朝面君的人。其实不然，他穷困异常，毫无作为。祖母祁氏是勤劳的治家模范，靠帮人洗衣服挣钱养家，将父辈三兄弟拉扯成人。据父亲讲，祖母是带着满手茧疤进棺材的。她的妹妹也是苦命人，丈夫是开县的名画家汪海门，在1921年因反对种植鸦片烟被开县知事彭某捕杀。她的独子汪文仲由她苦养成人，在中央大学艺术系师从徐悲鸿，毕业后去台湾谋职，现是台南师范大学教授、著名画家，已退休。

我的父亲名齐麟，号云阁（1893年7月24日—1951年3月26日），以号行，居兄弟之长，出生于贫寒微贱之家。青年时代在一个叫"全鑫和"的布店当学徒，因勤敏任事，珠算好，字写得好，记忆力强而得店东喜爱。辛亥革命后，因生计窘迫出外当兵，随刘伯承将军转战川内，参加孙中山领导的"二次革命""护国战争"，并与刘将军等人结拜为异姓兄弟，关系密切。父亲懂经济、善理财，得到刘将军信任，曾任刘部营军需官。后因得肺病吐血，不胜军旅生活被迫离队回籍。刘伯承念其积劳成疾又缺钱治病养家，为他谋到开县烟酒公卖局局长一职，以尽义兄之谊。在旧社会，做官不论大小皆少有不敛财的。从此我父亲开始发迹，由小地主而中等地主。据父亲讲，他回开县后，常同刘将军互通讯息。1927年，刘伯承赴苏联学习军事前曾给他一封信，信中有"兄又操杀人术矣！今将远游，从此音讯隔绝"等语。可惜这些信件都没有能保存下来。但是，刘、隗两家的情谊还是继续下来的。正如刘帅的侄儿刘宽泰给我的信中所说："你家同刘帅关系是最亲密的。"在我幼年时，曾亲见刘帅原配夫人程宜之和儿子刘俊泰不时到我家做客，父亲待之若上宾。刘帅的弟弟刘叔禹与我父亲更是亲如手足，往来频繁，曾合伙做药材生意。他家婆媳之间如闹意见，总要由我父亲出面调解。有一次，刘伯承的侄儿刘容泰被开县陈家场的区长（一说是镇长）周翼之逮捕拟枪杀。程宜之曾亲到我家中要父亲和谢南城设法营救。我父亲立即赶去陈家场找周翼之说情。周翼之也是我父亲的兰交兄弟，只得准予保释。我曾多次见到过周翼之，喊他周伯伯。他是一个胖子，诙谐仗义，爱看戏打牌，临终前曾说他一生有三大憾事："妻不贤、子不孝、牌不和。"宽泰兄还说：1942年或1943年，父亲曾专程到重庆看望刘帅的母亲（周寅香）和刘叔禹，住重庆恒丰泰药行（刘叔禹经营的）。因避日机轰炸，刘叔禹家住石桥乡六店子。父亲由刘宽泰陪同前往看望。见面时称刘帅的母亲为干妈，刘帅二弟媳为二嫂，对刘叔禹夫妇则喊老三、三弟媳。几天后告辞回城时，刘帅的母亲和二弟媳亲自送了一二里路才分手。当时，刘帅的二弟媳曾吩咐宽泰说："隗军需是你幺祖母的干儿子，在城内要好好接待，不准怠慢。"后来，父亲与刘叔禹等同返开县，过赵家场时，在刘家住了几天。可见，我父亲与刘家的关系是密切的。刘帅为了人民革命事业长期在外，我父亲受刘帅知遇之恩，在家乡照顾他的家庭是义不容辞的。在传统道德的规范下，我父亲即使没有革命意识，也会自觉地认定这是职责所在。但是，正因这种历史关系，在复杂的历史演变中，我父亲成了一个旧社会不能容忍，新社会难以存在的悲剧性人物。

烟酒公卖局局长是个肥缺，其合法与不合法收入奠下了父亲发家致富的经济、政治基础，也强化了他发家致富的欲望。在此以后，他一心挣钱，经营药材生意（主要是黄连、党参等开县特产）、贩卖食盐，甚至贩卖鸦片积累钱财，并逐渐添买田地。1949年新中国成立时，他在东河（清水）一带大约有了140担租的土地，还有街房二间，宅院一座，并兼营药材、百货等商业。到过广州、香港等地经商，成了开县城颇有资财的地主兼工商业者，被老百姓称作"发财人"。聚敛钱财是要靠政治权力来支撑的。他在谋求致富的同时，又混迹官场，参加国民党，当过区长、县参议员、国民党县党部监察委员等职。由于他没有学历资格，也没有政治后台,只能当这些小官,不足以加强自己的地位。于是,他又从袍哥这个复杂的社团中去寻找力量。当时,开县袍哥势力强大,公口林立,无孔不入。仅县城中就有"西胜公""集信长"等较大的公口码头争强斗胜。父亲是西胜公的大爷,有一定号召力。为了扩张势力,他又另开山堂建立"鼎胜公"码头,其成员多是东河一带上自地主、士绅的实力派和下至农民和无业游民的劳苦大众。他是这个公口的龙头大爷,掌握发号施令权。在东河一带,只要他打了招呼,真可以一呼百诺,通行无阻。这个公口当然做了不少坏事,但在客观上,它为父亲掩护中共地下党活动也帮了一定的忙。

我的父亲既有由贫而富的奋斗,又有富而思富的贪婪。剥削、压迫劳动人民,干坏事、造罪孽自然是势所必然。这是他阴暗的一面。

由于他追随刘帅多年,共过患难,对刘帅甚有了解。他一直敬佩刘帅的高尚人品,以致念念不忘。刘伯承当年的故事,是他在没有外人在场时对我们进行教育的常用口头教材。有些故事我们至今尚有依稀记忆。

其一,勤奋学习。

刘帅自幼酷爱学习,字写得很好。刘帅早年在开县当警察兵时,常手持警棍在大南街一带巡逻,与街坊百姓友善。街坊凡有红白喜事,便请刘帅书写对联,刘帅则面带笑容磨墨展纸,一挥而就。字体俊逸刚劲,深得百姓喜爱。当军官以后,生活极有规律:平时6时起床后即出外骑马锻炼身体,早餐后,处理公文,午后开会、会客或外出查看部队。每晚必读书、看报,《三国演义》是他最爱读的书。习惯躺在床上朗读至深夜,勤务兵待他朗读声停止,方入寝室替他熄灯、盖被。虽戎马倥偬,读书从不废止。

其二,生活俭朴,事母至孝。

刘帅生活俭朴。他原有吸香烟的习惯,而且烟瘾不小。当团长后,他倡节俭之风,宣传吸烟是浪费。自己率先把吸香烟之习坚决戒掉。从此,刘帅就不吸香烟了。刘帅自幼得母亲严格教育,他对母亲是十分孝敬的。从军以后,长期在外作战,更增思母之情。除指挥作战外,他平时总是穿着母亲亲手给他做的圆口布鞋,以寄思念,并常指着鞋子吟孟郊《游子吟》诗:"慈母手中线,游子身上衣。临行密密缝,意恐迟迟归。谁言寸草心,报得三春晖?"以此教育部属孝敬老人。

其三,讽劝部属。

刘帅有位做秘书工作的部属名谢南城,开县大南街人,是刘帅当警察兵时的朋友。此人有才气,工文笔,但性疏懒,放荡不拘,县人称他为谢叫花子。因抽鸦片精神委顿,早上贪睡不起,晚上深夜不归,虽与刘帅同住营房但他俩很难见面。刘帅早起,他迟起,刘帅已睡,他未归。一天早上,刘帅来找他,见他酣睡未起,只得一面摇头一面提笔写了一张条子留下。条子上写道:"同住营房,日不能见面,夜不能对语,呜呼南城!呜呼南城!"警示他将恶习改掉。

其四,宽以待兵。

刘帅有一位勤务兵名邓云和,开县中和场人,没有文化但做事耐劳。某日,熊克武穿便服来刘部驻地。门卫不知是熊督军驾到，要熊等待通报后进门，但哨兵又不能擅离岗位。正在为难时，邓云和从院内走出。熊克武抢上一步请邓向刘团长通报一下，他很客气地说："请你先生进去报告刘团长，说熊锦帆（熊克武字锦帆）要会你们团长刘伯承先生。"邓云和不知熊锦帆就是熊克武，但他迅速跑步进去，向副官行礼，学着熊的客气话大声报告道："报告副官先生，外面有位熊锦帆先生，他请我先生来报告副官先生，他要会刘伯承先生。"副官听罢，怒眼圆睁，破口大骂："他妈的，那里来这样多的先生，你是他妈啥子先生，老子要揍你！"刘伯承当即制止，不准副官责骂士兵，并说邓云和没有文化闹了笑话，但他把事情是报告清楚了的。此事熊克武听说后亦大笑不止。

这个故事中的邓云和常到我家，带我们玩耍，帮父亲做事。我曾当面问过他究竟有无这个事情？他亲自答复是有的，还含笑说刘团长待人真谦和。

父亲总是通过这一类故事，要我们以刘帅为学习的楷模。因此，他对刘帅所奋斗的事业，所走的革命道路没有什么疑惧。他从与刘家的关系延伸至与共产党的关系。他要对得起刘伯承就得对得起共产党。所以，对于共产党，他不仅不反目成仇，而且还敢于冒险相助。

在国民党统治下白色恐怖的年代里，他利用自己的财力和政治地位，尽力资助中共地下党员，掩护地下党员。如原开县城厢中共特支委员刘江泰，是刘伯承的侄儿，在国民党特务追捕时，父亲把他请到我家中住一段时间，以保安全。我学会珠算加减法，就是他在这时教的。父亲还掩护过中共开县城关区委委员田学元、地下党开县负责人王奎以及李宅仁、刘绍棠、隗聘轩、陈仪生等多名中共党员从事地下活动。有一些同志不仅对我父亲是政治身份公开的，对年幼的我也是公开的。一天晚饭后，父亲交给我几个大洋，要我到门外交给一位头戴草帽的农民模样的人，叮咛我不要找他讲话，注意看前后左右有无旁人。我照样做了。后来才知道，来取钱的人是一位共产党地下党员，父亲是为了掩护他出走送盘缠的。那时，开县东街有一个"民治"商号，门市上经营布匹绸缎，内部则是开县的头面人物们聚会打牌之处。父亲是这个商号的协理。他将我的表兄祁化之安排去管账。在账上立了一个专门的户头（名字记不清了），只要来人说出这个户头，即照要求付款。用这个户头取钱的人，多数是我父亲熟悉的中共党员。他们之中，有些人我是认识的。当时没有什么政治头脑，也不知父亲在冒风险干好事，只觉得这些人不是国民党污称的草寇大王，而是些被父亲看重善待的人，是父亲的朋友。

父亲与共产党的关系，没能逃过国民党鹰犬的耳目。1949年旧历七月初六，国民党到开县清剿中共的孙元良部370团胡团长，派兵一排突将我家包围搜查，将父亲逮捕、捆绑押至大觉寺伪团部威逼审讯。说他是刘伯承旧部，掩护共产党谋乱，要他交出刘江泰等已列入他们黑名单的十余名地下党员。剑拔弩张，饮弹在即。母亲惊惧悲痛不已，命我偕雇工阮有恒去找父亲相好的国民党亲友营救。在外西街一个商号内，我找到了陈宝田（国民党开县党部书记长、我妻子的叔父）、刘聚星（开县参议会议长）等头面人物。他们正在打麻将。我向他们说明情况和要求后,他们都感惊诧,答应设法营救。他们知道,胡团长是特务,一般的人是难以出面说情的。只好去请任过酉阳、长寿、开江等县县长的肖洪九找该部政训处副处长刘某疏通,贿以银圆500元才获保释。但严令父亲限期交出上述那些共产党员并暗中监视他的行动。父亲不仅没有交出他们,而且亲自将刘江泰等转移到了安全的地方,没有出卖任何一位共产党员。因此,我们一家也难以在县城安身,不得不到后兴坝去躲避,直到国民党军队从开县逃走才回家。

对刘帅在开县的家属,我父亲一直是十分关照的,冒险履危也在所不辞。大约在1946年,刘帅的母亲患重病由重庆回到开县赵家场老家,不久便逝世了。当时,正值解放战争初期,刘帅正指挥千军万马鏖战疆场,绝不可能回家奔丧。刘叔禹在国民党特务的追逐下也不能出面治丧。我父亲毅然不顾环境的险恶,为成全刘帅孝母之心,与刘江泰赶赴赵家场为刘奶奶举行了隆重的丧礼,照习俗按高规格用石内棺安葬。父亲在挽联上称刘奶奶为义母,自称犹子。这次丧事有一个插曲。我父亲念及刘帅事母至孝之心,要将这场丧事办得热热闹闹,风光体面,于是公告四邻,凡来吊唁者,无论贫富一律设宴招待,随到随吃,不限就餐次数。这种办法,开县叫办敞席,意即敞开吃。殊不知,当时正是饥民遍野、民不聊生之时。办丧事的那天,前来吊唁的人特多。有的是出于对刘母的敬重而来,吃了席就走了;有的则是借机果腹而来,吃了不走,吃了再吃,吃饱了歇一轮席再上桌就餐。闹了一天,开了几百桌席也送不完客。事前预备的东西吃光了,只得说好话,关门送客,乃至用竹篙逐客。刘家的丧事场面办得如此之大,开县的老百姓猜测说:是刘伯承派飞机送钞票回来办的。许多人不知主持操办刘家丧事的人是我父亲。在当时,他确实做了一件刘帅应该做而无法做的事情,老百姓希望做而不敢做的事情。新中国成立前夕我结婚时,刘叔禹也命刘宽泰夫妇持厚礼专程来我家祝贺。隗、刘两家的友谊是历久未衰的,正如宽泰兄所说:"你家同刘帅关系最亲密。"此话就开县隗、刘两个家庭的关系而言,确非虚言。

1949年12月8日,开县和平解放,成立了治安委员会,廖敬安任主任委员。父亲对解放是持欢迎态度的。特别是他听说解放军的首长路过赵家场时曾亲到刘帅故居瞻仰的事后,对我们说:到开县来的解放军是你们刘伯伯亲自派来解放家乡的,一定是最好的部队。我们一定要拥护。今后,你们要学会劳动,自食其力。所以他当上了"开明士绅",乡调解委员,成为党的统战对象。县委书记李明村曾亲到我家拜访,宣传政策,态度诚恳热情。不久,父亲听说刘帅回重庆了,刘叔禹、刘宽泰奉刘帅之召,将去重庆,他特托宽泰兄代呈书信一封向刘帅问候,并希望回到刘帅领导下做点工作。事后,宽泰兄告诉我,刘帅会见家属时曾问起我父亲,并说,他懂药材,喊他来搞医药方面的工作。

我的母亲张玉如(1908年6月13日—1975年2月23日)是一个没有进过正规学校,但有粗浅文化知识的家庭妇女。她出生在一个堂号曰"百忍"的大家庭里。张公百忍,似乎是汉代张良的后代。她的母亲隗象云是我隔房的姑婆,是一个非常慈祥的老人,对我们的宠护是无以复加的。外婆有一部手纺车。她成天坐在小凳子上摇得纺车呼呼直响。一根洁白的细纱不断从她的手中吐出。外婆家早年比较兴旺，开有"全鑫和"布店。我的父亲曾经是这个布店的学徒，但是，很快就衰落了，原因是死人太多。外婆生有4子3女。可是接连死了3个青壮年的儿子，唯一的一个孙子也患伤寒病死了。剩下满门遗孀孤女，境况十分凄惨黯淡。幺舅张大方又染上了吸鸦片的恶习。外婆家的日子越来越困难了。在全面抗战时期，沦陷区的民众大量逃难来川。开县也来了许多湖北一带的"难民"。一时，四川人口骤增，生活的需求量大幅度上升。由于外纱、外棉、外布来源几乎断绝，四川的手工纺织业曾有一度发展。外婆一家为了谋生，在我母亲的擘画下，成立了一个纺纱小作坊。姨母们用改良木机纺纱出卖。她们天不亮即上机劳作，晚上还要在油灯下搓好第二天需用的棉条，其辛苦是可以想见的。由于她们勤劳认真，纺的纱非常细匀光洁，在市场上极好出手，只是作坊规模太小，收入不多。抗战一结束，因物价猛涨，外货充斥，外婆家的小棉坊终于垮台了。

母亲生有五子一女，老四竣涛在新中国成立初患脑膜炎早逝。现存瀛涛、明涛[①]、久涛、五涛兄弟及妹艺涛。我最思念母亲。她出身贫苦之家，善良而有同情心。对于周围的穷人，她总是尽力帮助，从不以势压人。逢年过节，她主动拿米和钱送给那些需要帮助的人，还爱力所能及地为贫苦人家排忧解难。有的人家子弟被抓了壮丁，她总是要我父亲去营救。有位叫刘方兴的农民，是独子，家境十分困难，被国民党无理抓壮丁，他的母亲来我家求救，母亲要父亲出面据理力争，终于得免。刘方兴在新中国成立后曾担任我家所在村的生产大队队长、支部书记等职，是很好的农村干部。因为他了解我家的一些情况，对我的弟妹们有一些照顾。20世纪90年代初，我回开县时曾去看望过他。这时他已年近古稀，但他还清楚地记得我母亲的为人。

严父慈母是中国家庭一个十分普遍的现象。母亲对我们真是慈爱至极了，她是我们在家庭的保护伞。由于她的袒护，我们不知少挨了多少父亲的训斥。我们的要求总是对母亲说，不敢对父亲说。出外读书，父亲给的钱只够学费、伙食费，少有零用钱。母亲每每在临行之夜悄悄将一些钱放在我的衣袋里，叮咛说：饿了去吃一碗面条什么的，不要饿坏身体，要好好学习。我在外地读书时，在用钱上父亲有严

[①] 二弟明涛，曾就读于四川省立成都中学。新中国成立后，参加税务工作，去开县边远山区白泉乡为国收税，艰苦备尝。后调万县地区税务局工作至退休，在税收战线上整整工作了42年。他廉洁奉公，严于律己，自学成才，熟悉业务。二弟不幸于1997年初身患肺癌，手术后，他面对死神，坚持抗争，操琴娱心，吟诗述志。1998年夏，几经修改而成《为长兄瀛涛七十而歌》一诗赠我。诗曰：

雪雨阴晴七十秋，德功两立喜回眸。
编修累案探经纬，桃李盈园竞秀优。
以史育人弘爱国，为今用古导专畴。
布儒忧国参时政，良匠思匡领要酋。
执教知名扬海外，操纵绩显享殊酬。
清风两袖从无染，正气一身终白头。
县志名标荣故里，宗祠垂范勉家侪。
子牛忠骨杜鹃血，甘化烛明照后舟。

格的规定，不准乱用一分钱，每月必须向他报账。母亲给的钱虽然不多，但是额外收入，是不必报账的。旧时学校的伙食很坏。年轻人又是吃长饭的时候，肚子里确乎需要多填一点东西。母亲确实爱在点子上了。

新中国成立以后，母亲的困境是不言而喻的，但她独自承担和忍受着一切，绝不累及子女，甚至帮助我们与旧家庭划清界限。我也不能去看她，偶尔相遇也得匆匆离去。那时，久涛、艺涛、五涛尚未成人，母亲拉扯着他们在困境中长大。

大约是1964年初，我在四川大学工作。当时阶级斗争的弦似乎松了一点，我和妻子请母亲到成都来。尽管当时我们的经济条件相当拮据，没有什么好东西招待老人，母亲十分高兴地和我们住在一起。她不是来依靠儿子度晚年，而是来帮助儿子料理家务的，粗茶淡饭她也甘之如饴。

殊不知，一个月后，"四清"运动开始，要求把流入城镇的地主分子清理回乡。母亲怕累及我们，主动提出要回开县去。在一个黄昏时刻，我送她到成都火车站，她栖栖惶惶地登上了开往重庆的列车，独自一人走了。临别时再三嘱咐我要好好工作，注意身体，教好孩子，不要以她为念。我望着东去的列车，默祝她能顶风冒雨，好好改造，再来成都。哪知这就是我和母亲的永别。

三　在旧社会的19年

在旧社会里，我生活了19个年头，主要活动是读书求学。由幼稚园而小学而初中、高中，居家时少，在外时多。所以新中国成立后我的家庭出身是地主，本人成分是学生。

1932年，即我出生后的第二个年头，县城里创办了幼稚园。我被送进去开始了人生最初的学习。在这里学了些什么？现在已模糊不清了。这所幼稚园设在开县西街的文庙里，临街有一壁红色的大墙，上面写有"万仞宫墙"四个大字。老辈人说：因为开县没有出状元，所以这壁墙上没有开门，有宫墙万仞不得其门而入的意思。墙后有石桥，桥下的池塘就是泮池了。大殿里有孔夫子的圣像和红底金字的牌位。这说明，我在入学之初就和孔夫子在一起，受过大成至圣先师感化之恩的。

我7岁时上小学。最初就读于县城横街子列圣宫小学，后来转学到本乡的成达小学。转学的原因，可能是因为上列圣宫小学要过河进城，父母怕我失足落水，在本乡小学要放心些，也可能是成达小学的名气要大一些。成达小学是一所新建的两级小学校，在当时算是开县最漂亮的学校。这是一所私立小学，由开县的巨富何成之、何达洲兄弟出资兴办。校名从两人的名字中各取一字，联曰"成达"。学校在离我家不远的向家坝，有宽敞的校舍和运动场，课桌椅全是崭新的。我不知道何氏兄弟出资办学的动机，是为乡梓兴学或是为满足何氏子弟入学，甚而是附庸风雅，沽名钓誉。但是，他们能出资兴学对社会总是有些好处的。在学校礼堂的屋檐下，高悬着一块黑底金字匾额，上书"成德达材"四个字，以示办学的煌煌宏旨。

礼堂后壁上有白底蓝字:"忠孝仁爱信义和平",宣布以八德为教育方针。后来,这所学校改为公办,名叫文峰乡中心小学。

那时的社会风气是"万般皆下品,唯有读书高"。教育的准则是"严师出弟子","黄荆条子出好人";教育的方法不是说服教育而是"干笋子拌肉"(触及皮肉的体罚)。学校的教学是认真的,老师多数也是负责和严格的。维护校纪和督促学习用的是板子教育,带有若干旧私塾封建主义教育特征。学生上学时,家长要自备若干块楠竹或斑竹板子,即所谓"干笋子"与子弟一道送给老师,并再三拜托老师用此拌子弟的肉,做到"黄荆条子出好人"。考试成绩用百分制记分,学生考不及格则用板子凑数。60分及格或及格成绩以上者免打;60分以下者差多少分,打多少板。女生打手心,男生挨屁股。挨屁股时,被打者还要自己搬长条凳,放在黑板前,趴在长凳上,冬天还要脱去棉裤子。挨打时不准叫痛,否则重新打,直到两股被打得红肿而后已。如涉及全班违纪,则打"满堂红",按座次先后打手心,无人可以幸免。有一次作文,我写字潦草,被周心明校长狠揍了四个手心,左右手各二个。顿时双手红肿,以致吃饭难以端碗。我又不敢回家诉说这不光彩的事,说了家长还要补打,家长/学生与老师的配合是相当默契的。手痛得难忍时,只得将双手放在潮湿的泥土上,让凉气来缓解手掌的疼痛。

这种教育,对少年的身心起着摧残压抑的作用,但也有点正面效应:可以强制人从不自觉到自觉,从不认真学习、玩忽纪律到养成遵纪好学的习惯。对不自觉的人,总是需要某种强制的,只是各人的强制方法有所不同而已。后来,我当了小学教师也师承这种教育方法,打了一些学生的手心。直至新中国成立初,学校开展肃清封建、买办、法西斯教育运动才收手。

不管怎样说,我自小受严师教导的影响是至深的。它使我初步学会在学习上严以律己。老师中的多数人,在旧时代的历史局限下,对学生是以打为爱,以打为尽责,以打来维护师道尊严,以打来教书育人的。他们在我幼年时给了我一个严字。有了这个字,他们就堪称我的良师,令我终身感念。

学校教育严,家教更严。前面已经谈及,我父亲在县里虽然颇有社会地位,但因他不是书香门第出身,自己没有什么学历,这在旧社会不能不是他不能跻身高层而始终被人轻视和自悲的根源。因此,他对我们兄弟唯一的希望和要求就是"学而优则仕",光耀门庭,雪家族无文之耻,实现他不甘居人下的心愿。他不准我们在学习上有半点懈怠,更不准介入社会活动。他是国民党人,但不准我们与国民党、三青团沾边。他是袍哥大爷,但绝对不准我们涉足袍哥,甚至遇袍哥集会的热闹场合也不准我们去看一眼。他打麻将牌,但绝对不准我们去观望。他对我们的口头禅只有几个字:"发愤读书",并反复强调头悬梁、锥刺股的精神。所以,在旧社会,我们兄弟与反动政治团伙是绝缘的。

也许父亲懂得"易子而教"的道理。我们从读小学起就没有住在家里而是寄养在贫寒的外婆家。为此他不惜要外婆家随我们读书地而搬迁。长期生活在外婆家,使我不仅初知下层民众衣食之苦,而且受到严格甚至近乎残酷的基础教育。

我的两位姨母,大姨张大贵、小姨张大蓉是我最敬重的两位启蒙老师。她们给我的严格教育使我受益终身,没齿难忘。她们非常聪敏好学,只因家计困窘而辍学在家。说文化程度,她们只有高小,至多有初中水平。她们渴望学习机会而不可得,故深知学习之可贵。加之她们受我父母的重托,对我和明涛弟的课外学习、家庭作业抓得特别认真,特别严格。

不论是春夏秋冬,夜晚,在一盏昏暗的油灯下,总传出我们琅琅的读书声。按照姨母们的规定,所有算术作业务须于当晚正确无误地做完而且要记熟作业的内容。所有语文、常识等课文务须背诵流利,否则不准睡觉。她们陪着我们一道熬夜,守着我们学习。有时作业多,熬至深夜,精疲力竭,迷迷糊糊地打起瞌睡来。姨母们往往拿出"灯火助学法"来烧醒我们。在开县民间,遇有头疼脑热一类小病,爱用烧灯火来治。办法是将一节灯草芯,蘸上一点灯盏窝里的菜油,点燃后烧疼痛的部位。一烧一个小泡,但经高温消毒,一般不会感染,也不会留下伤疤。我们读书打瞌睡时,姨母们就使用这个办法来对付我们,帮我们赶走瞌睡虫,让我们带着起了小油泡而疼痛的眼皮继续学习,直至完成任务而后止。所以,我在小学时得到了记忆力和学习耐久力的锻炼,学习成绩是不错的。

"烧灯火"的教育手段确实是近乎残酷的。今天,当我督促孙子学习时,无论他怎样调皮贪玩,我是绝对不忍心用这种助学法的。孙儿也难以想象爷爷像他那样年纪的时候被"烧灯火"的滋味。我不赞成这类旧教育方法,但主张用历史的眼光去透视旧教育法。在旧社会,这种方法体现了长辈们的苦心。玉不琢不成器,要子弟成器就得琢,想方设法地琢。为了后辈的将来,姨母们确是费尽了心力。她们虽然不能完全做到循循善诱,但能力矫惰性,令人学好。这对家庭环境比较优裕,容易荒疏学业、沾染恶习的我来说是很有必要的。我以后读书时记着幼年的学习生活,当教师时更记着这时的生活。很幸运的是,我的小姨至今健在,大姨在1999年1月11日逝世,享年80岁。我十分感谢她们。我们见面时总爱谈论当年那些难以忘怀的灯下往事。如果儿时没有"烧灯火"的经历,也许就没有以后的苦学精神,也许今天就会少一位大学教授。

我从小学到初中的学习阶段,正值全面抗战时期。中华民族与日本帝国主义的矛盾空前尖锐,成为社会的主要矛盾。中华民族到了最危险的时候。深重的民族灾难,普遍的救亡呼喊,震撼着少年的心灵,启迪着爱国主义的觉醒。

"七七"事变以后,开县的爱国者们组织了抗日剧社、歌咏队、壁报社等广泛宣传抗日。一时出现了浓烈的抗日救亡的氛围。在学校里,抗日歌声嘹亮,抗日口号高昂,爱国救亡旗帜高扬。"起来!不愿做奴隶的人们!把我们的血肉筑成我们新的长城"是我们最爱唱、最受激荡的歌曲。学校的活动,包括写作文,皆以抗日为主题。抗日战争带来了中华民族的新觉醒。救亡浪潮将祖国观念、民族观念注入我们的心田。"爱国可敬,名存千古;卖国可耻,遗臭万年"等大是大非,我们开始逐渐明了。

1941年8月17日中午,日本飞机轰炸了开县城。开县并非战略要地,也不是交通枢纽,日寇轰炸,不外是妄图摧毁中华民族抗战胜利的意识,造成全社会的恐怖情绪。时值暑假,我正在家中,空袭紧急警报发出后,我同母亲朝房后的防空掩体跑。忽然,听到沉重的飞机轰响,抬头一望,一群机翼上有日本太阳旗的敌机已飞临县城上空,共有16架。霎时,几声巨响,天崩地裂,满城烟火。由于自全面抗战以来,开县城是第一次遭日机轰炸,民众缺乏防空知识与经验,某家人不避空袭而忙着吃饭,突然祸从天降,全家遇难。有的人好奇看飞机突被炸死。日寇竟在一个小县城制造出一次炸死170余人,炸伤400余人的惨案。被轰炸的地方,血肉狼藉,公园的树木成了肉林,断胳膊、残大腿悬挂其间,令人心惊胆战,目不忍睹。对这次轰炸,我小学时的校长周心明先生曾写了一首题为"故乡"的诗,发表在1942年10月3日的《川东日报》上:"有那么一日啊!成队黑翼,横断你胸膛而过,一阵轰隆,震撼你那从没跳过的心房,你的四肢,染遍了血印;你的头颅无数窟窿……满耳都是哭声,满目都是尸体,东渠河毁成难民窟,艺林苑合葬了'艺术,天才'……"这确是当时的实景。最后一句,讲的是开县两位善书画的父子——雷聘九、雷殷白惨死一事。他们租的是我家在东街的房子,店名"艺林"。敌弹将后院全部炸毁,雷氏父子当场罹难。此后,我们便经常过着提心吊胆"跑警报"的日子。学校也无法正常行课了。有时整天躲在山上饿肚子,品尝着弱国挨打的苦味。

1943年,我就读于万县石麟中学初中部。这是一所私立中学,坐落在一碗水山区。这里风景幽美,给人世外桃源之感。那时,有不少外省教师避难到万县,所以学校的师资条件相当好,教学认真,学习氛围也浓厚。可是,在这一年我差点被日本飞机炸死。

万县是川东门户,扼川江咽喉。城市于东汉时建成,明洪武六年(1373)称万县,寓"大江至此,万川毕汇"之意。在历史上,万县为川东、鄂西、湘西、陕南及黔东北的物资集散地。从唐、宋至明、清,巴蜀的粮食、井盐、蜀锦、桐油等物资大多由此运至荆楚转销中原地区。1902年,根据《中英续议通商行船条约》,确定万县开辟为商埠。全面抗战时期,万县又成为省内棉花、猪鬃、药材、布匹等的主要市场,城市人口增至17.5万人。因此,万县与成都、重庆齐名,同时也成为日寇轰炸的主要目标之一。

我在校读书得靠家中邮汇学费。为了到邮局取钱,我在一个星期天进城到二马路吉祥街口的刻字摊上刻私章。当刻至我的名字最后一个字的最后一划时,突发空袭紧急警报。待私章刻竣后,我立即向西山路方向奔跑,想到西山公园内防空洞避难。哪知,日寇为了轰炸停泊在长江上的轮船,集中空袭万县港码头。西山路正处长江之滨,是遭轰炸的重灾地区。敌机临空,轰炸扫射,西山路上顿时火光冲天,烟尘迷漫。我怀着求生的欲望,下意识地朝前奔跑,日寇的炸弹在前后左右炸裂,机枪子弹在身边横飞。不少的人纷纷中弹倒下,我却侥幸跑进了西山公园,筋疲力尽,坐在石梯上不能动弹了。放眼一看,四周尸体累累,受伤者呻吟叫嚷之声撕裂心肺,西山公园的钟楼顶也被炸掉。我居然大难不死回到了学校。我又一次体念到民族的命运与个人的吉凶是紧密相连的。1994年4月初,重游西山公园,至当年所坐石梯,请内侄陈全民为我摄了一张照片以作纪念。那颗私章我亦保留至今。

由于敌机对万县轰炸频繁,父母亲要我转回开县中学读书,插班进入初三十班二组。校长李士毅是清华大学毕业生,教我们的英语。可他发音不标准,很有些"土英文"的味道。国文由张先生教。这位先生乃一皓然老者,酷爱古文。倘发现有学生在课堂上打瞌睡,先生则用教科书卷击其头部,高声曰:棒打愚儿不醒也。几何老师上课画圆不圆,倒像县城小食店卖的椭圆形"清明粑"。我们因此给他取了一个"清明粑"的外号,见他来上课就喊"清明粑"来了。在这一班,我同汪叔九同坐一张课桌,结成好友,至今50余年矣!他现在是西南财经大学财政系的教授。他的爱人陈海莲是我妻子的本家姊妹,忠厚老实,在财大图书馆工作(二人皆退休)。我们见面时总爱畅谈当年趣事。

由于敌机的骚扰,我初中阶段的学习是不正常的,学业进步不大。但每逢寒暑假,父亲要聘请老师给我补习功课。这些老师中有教英语的张遂五先生。他毕业于清华研究院,是金岳霖、冯友兰先生的学生,后来成为四川大学哲学系的老教授(已故)。有落魄秀才、教《孟子》的胡惠成老先生。还有我的堂兄,中共地下党员,教《古文观止》的隗聘轩先生。他们教授了不少有用的知识给我。

1945年是抗日战争胜利的一年。我初中毕业了,父亲指定我去万县报考四川省立万县中学。当时,这所学校在川东地区颇有名气,有点像今日的省属重点中学。于是,我又到万县求学,考入该校高中第十一班。这所学校的确办得不错。校长王疏九先生堪称一位教育家,他热爱教育事业,聘任了一批有真才实学的教师。学校的一切工作集中在将学生引导到专心致志勤奋学习的境地。高中三年,是我认真学习、树立学习自觉性的重要时期。

省立万中坐落在万县塘坊右侧的一个山沟里,离万县城约5公里,在铁凤山麓,洮河之畔。学生一律住校,教育"严"字当头,表现在招生严,考试严,管理严。学校面向川东乃至川北各县招生,入学考试题是比较难的,经选拔合格者方张榜录取入校。期终考试,各班集中礼堂混合按梅花形编号入场。考试成绩不及格者,准许补考一次;补考不及格者,留级;任何一科,凡考试成绩不满30分者,退学。在管理上,该校更独具特色。训导主任是川东著名的教育家,开江县的曾孟久先生。曾先生对学生极其负责,执行生活准则和校纪一丝不苟。早上,他是全校第一位早起的人。练太极拳,洗冷水浴,虽严冬时节手耳长满冻疮亦不废。起床时间一到,他手提一盏长方形玻璃罩油灯,准时命司号员吹起床号。号声未毕,他已到各寝室,特别是那些爱睡懒觉的学生寝室检查起床情况了。对于教室、寝室的清洁卫生,他特别注意,不惜吹毛求疵反复检查。他检查时戴上白手套触摸那些容易忽略的角落,发现不合要求之处,即令重做,重新受检。每逢星期日,重点整内务。要求被子铺平,上罩白色床单,并用两块特制的木质棱角板压将床铺四隅压成平整的棱角。面盆、洗脸用具得一一照规定的位置放好,否则不放假。放假前还得集合,检查学生的服装,合格才吹号放假。严禁学生吸香烟和谈恋爱。学校实行男女分班,严格实行男女有别。男女学生宿舍,以洮河为界。虽有石桥相连,但非上课和集会,不得擅越雷池一步。兄妹姐弟相会,亦必须在训导处登记而后行。男生不准留长发,一律光头,像一群和尚,即使冬季,教室内也不准戴帽子。女生穿蓝布旗袍,发齐耳根,不准将毛线衣穿在外面,更不准涂脂抹粉。曾先生常住在男生宿舍内,还教我们的三角课。他与同学吃一样的饭菜,只是有一个可以俯览全局的特殊座位。开饭时,他一人端坐在食堂兼礼堂的台子上,值日生高呼全体立正,向他敬礼后才喊开动。学生们八人一桌,不得违纪先吃,不得敲击碗筷、高声谈笑,做到"食不语""寝不言",更不准抛洒饭菜。曾先生为教好学生确是勤劳辛苦。他以身作则,言传身教,从不搞特殊,也不轻易训人。所以,尽管他有时严格得让人难以忍耐,但学生们仍理解他,敬重他,亲昵地称他为 Toil 先生(辛苦先生),称赞他是墨子的门徒,有"摩顶放踵,利天下为之"的实践精神,服他的管教。

1959年,我带领川大历史系和川师历史系部分学生到通(江)南(江)巴(中)地区调查红四方面军的革命史实,曾在达县见到了曾先生。他当时以民主人士任达县地区文教局副局长。他见到自己的学生和学生的学生十分高兴,还问及省万中的袁明一等一些学生。为了对我们表示欢迎和慰问并增加我们的感性认识,他特地要达县地区文工团为我们专场演出一场歌颂红军的节目。

校长王疏九曾亲任我们毕业班的班主任,教代数课。他为鼓励学生上进,对本校毕业后考进名牌大学,特别是国立大学的学生优礼有加。这些校友一旦返校,校长必设宴招待,而且将宴会安排在大食堂的台子上与在校生同时开饭。我们在校生吃平常的水煮豆芽,他们则鸡鸭鱼肉。这是吃给我们看的,是校长有意树立榜样,要我们看出学而优的好处和光荣,效法那些学长们为学校争光。王校长这一着棋是有效的。他使我们对上大学的学长们肃然起敬,立志发奋上国立大学。这也许是我后来报考四川大学的一个动因。据说,王校长在我们毕业后即受国民党的排斥离开了省万中,另由一个特务当了校长,学校也就学风日下,黯然失色了。新中国成立后,王校长仍在万县教育界工作。

国文老师杜庆朴先生是一位特点十分显露的人。他也是开江县人,武汉大学中文系毕业。着长袍,好古文,不拘小节,有名士风度。课文全是文言文,要求背诵。学生作文,非文言者不阅。板书端正,讲解明晰,教学效果好。我就是跟着他学做文言文的。所授文章的一些段落,我至今还能背诵。如曹丕的《典论·论文》中,"盖文章,经国之大业,不朽之盛事。年寿有时而尽,荣乐止乎其身,二者必至之常期,未若文章之无穷。是以古之作者,寄身于翰墨,见意于篇籍,不假良史之辞,不托飞驰之势,而声名自传于后"的名句,对我以后致力专业乃至人生观的形成都有影响。杜先生嗜酒,常在醉乡之中。改学生作文时,书桌上置酒一坛,酒杯一只,边改边饮,醉则掷笔和衣而卧。他愤世嫉俗,常借酒骂当道,上课时每每抛书大骂国民党,甚至指名道姓骂其中央大员。有人称他为"杜疯子",他却我行我素,不屑一顾。

省万中的教师多开明之士,主张"教育救国""科学救国",所以他们不大引导学生介入政治活动。国民党、三青团在学校不大活跃吃香。因此，在我们相好的同学中是没有国民党员和三青团员的。这就保护了我们的纯洁心灵和净化了学习环境。

当时高中要实施军训，但很不受学生欢迎。军训教官，每每是学生嘲弄的对象。有一位姓冯的教官，身体不好（肺气肿），管事不多，而且很怕他那矮胖的老婆。学生们盛传：某次冯教官在家中与老婆吵嘴，将至动武。冯教官大声提劲说：你敢打我堂堂少校教官？殊不知，胖老婆竟扑上前去扇了这位少校教官一耳光。教官则声嘶力竭地高喊救命，直待附近的学生前来劝解方休。从此，凡冯教官训学生时，学生们就高呼"救命"，戳到他的痛处，只得不了了之。后来，又来了一位佩戴上校军衔的王教官。他新官上任三把火，一到教室即用粉笔板书："教官王×武，家住岳州府，来到省万中，卖武！"摆出一副来者不善的教师爷架势，吓唬学生。可是学生们在民主革命风潮激荡下并不买他"武棒棒"的账。王教官可能患有鼻炎症，呼吸不畅，随时张着口，下颚下斜，又戴着大盘盘军帽，外表像一只公鸡。不知哪位同学给他起了一个"王鸡公"的诨号。男生宿舍是新建的一幢土墙二层楼房。王教官住在二楼中间靠里的一间房子里，随时纠察学生。学校有人请张群给这座楼房题写了"庄敬楼"三字，并勒石嵌入二楼土墙上面。一个晚上，有位同学悄然用纸将"庄敬楼"三字覆盖，另用毛笔题写了楼名。次日，教官率队早操，抬头一看，"粉庄楼"三字赫然入目。他气急败坏，声言追查。学生们心中欢快，谁也不愿告密，追查毫无结果。这件事表示了学生们对国民党法西斯统治的愤懑与蔑视。

有箴言说："人就像一把镰刀，经过锤炼加工铸成的钢刃，方可发挥收割的作用，获得丰硕的果实。"在旧社会，像省万中这样认真锤炼学生钢刃的学校不是很多的。她校舍简陋，生活艰苦。但是，她抓住了青年人必须学习好这个人生的主题，在教学上、学风上严格要求。这三年的教育，为我们以后的学习和工作奠下了好的基础。这所学校在新中国成立初期被裁撤了。但她的许多学生在中国共产党的培育下成材，其中有教授、高级工程师、革命干部。当他们得机会重逢时，仍然怀着留念的心情回忆着自己的高中时代。

省万中的学生来自川东北各县，同学间联系的纽带是同乡会。也许是川东地区家乡观念特重，学校的学生自治会反而黯然失色，不起作用了。同乡会依县籍组成，同县籍的学生都参加，民主选举会长。主要活动是组织迎新送旧的茶话会、办壁报、调解本籍同学间或本籍同学与外县籍同学间的纠纷。同乡会在学校是合法的，活动是公开的。开县籍同学多，我们开县同乡会是一个大会，尤其是它与云阳县同乡会有较好的关系，在学校是令人注目的。每当新生进校时，同乡会必备花生、水果等物召集全体会议欢迎新生。其亲热气氛足以使每个新同学有宾至如归之感。同乡同学毕业时，亦召开全体会员茶话送别，相互鼓励，乡情依依，大有"亲不亲故乡人"之意。

当时，交通极不方便。从开县城到省万中相距约85公里，途中要翻越大垭口、大石板坡两座大山，每座山上下约 25 公里，我们上学全靠步行。我们一群要好的同学——向传安、邓长近、袁明一、汪叔九、周必光等，每逢假期都是结伴来往。一路谈笑竞走，日行 85 公里路不在话下。更有甚者，每过刘伯承元帅故里赵家场时，还要在大路边的赵家场小学的篮球场上打一场球。用小皮球代替篮球，打得龙腾虎跃。球赛一完立即带着满身热汗急急赶路。有时，一人出一点钱在场上买上三五斤猪肉带上，直奔大石板坡下的桥湾。桥湾是个小地方，石桥连接着几家小店铺。桥下溪水清澈见底，流水叮咚。有几棵大黄桷树把店铺覆盖成一片浓荫，微风阵阵，沁人心脾，是行路人歇脚的好地方。我们把带来的肉交店家加工做菜，再买上当地鲜嫩无比的豆腐做汤，每人一大碗帽儿头白米干饭，狼吞虎咽如风卷残云。顷刻食毕，背上行囊，一声呼啸，登山而上。一临山顶，开县城尽收眼底，缕缕炊烟发出了召唤信息。我们一群稍事喘息后立即飞奔下山，突进十余公里，分别归家度假。这群"英雄"第二天皆闭门不出，各因两腿疼痛寸步难移，甚至因无法蹲下解便而困扰不堪。但到第三天，大家又精神抖擞，你来我往，谈笑风生，饮食如故。假满上学又是一路奔驰，只是情绪比归家略低。

我的这些朋友们，相当活泼调皮。陈家场是由万县去开县的中间站。有一个寒假，我们决定分两天行军，第一晚歇在此处一个叫某旅行社的客栈里。这个客栈的老板工于计算。开饭时，对下苦力的人以碗计饭钱，对"斯文人"则以顿计饭钱，即以食量的大小要钱，用心在于刻薄体力劳动者，使他们难以吃饱。他见我们一群学生到来，误认为属于"斯文人"之列，要我们以顿计饭钱。由于事前客栈的伙计不把较好的房间给我们住，学友邓长近为了医治一下贪婪的老板，提议：今日晚饭开展大食竞赛，八碗干饭算及格，不及格者罚。走了一天路，大家正饥肠辘辘，一致同意邓君的建议。开饭时，我们屏声敛气，努力吃饭。顿时，饭瓢飞舞，喊老板添饭添菜之声不绝。老板有言在先，有苦难言，忍痛给"斯文人"添饭菜。竞赛结果，全部及格，邓君独领风骚创十碗纪录。老板亏了。同行的一位姓洪的同学大吐了一番，也亏了。

我的这些青年朋友们有一个共同的特点：朴实好学，疾恶如仇，注重情义。有的人虽出身在较为富有的家庭，却无纨绔习气，且能对纨绔者嗤之以鼻。追求进步与正义是我们共同的理想，从而凝聚成了数十年的深厚友谊。新中国成立后，他们参军，执教，就业，各有显著的成就。近朱则赤，近墨则黑。一个人，特别是青少年人，择友不可不慎。在一定程度上，朋友的影响甚于学校与家庭的影响。物以类聚，人以群分，哥们的相互渗透力是有重大作用的。在旧社会，我有一群品学兼优的朋友，相互砥砺，相互学习，真人生之一大幸也。

高中刚毕业，我的父母就忙着为我操办结婚的事了。在那新旧社会转型的时代，我的婚姻也是少新多旧的。当时的习俗是早婚。当父母的总想早点将子女的婚事办妥，早抱孙子以了心愿。所以，我尚在读初中一年级（13 岁）时就订婚了。婚姻是由父母包办的，一切由他们做主。我的妻子陈可清是开县临东乡人，1927 年 8 月 17 日生，兄弟姐妹 6 人。家有几亩田地，有一酿酒的家庭小作坊。岳父陈舜田是经商里手，十分精明，做桐油、粮食等生意。岳母姓祁，是一位十分贤良慈善、细致勤劳的人。陈氏兄弟在开县的军、政、商界都有一定地位。陈家又是本县临江市的大姓。可以说我们两家基本上是门当户对的。我的父母看中这门亲事的原因，不仅是她的家庭，更重要的是我妻子本身。他们听说她长得相当漂亮，性情温顺又很能干，刺绣功夫在开县女子中学很有名气，认定是理想的儿媳人选。那时订婚要合八字，还要相亲。合八字是请算命先生问双方是否命中相克。这一点，见风使舵的算命先生为多得钱总是说吉利话，何况，八字本来是不足信的。相亲是硬功夫，眼见为实。在一个星期天，我母亲亲自出马到开县女中去看人。殊不知，陈可清已风闻此事，躲在床上的被窝里不肯见人。我母亲费尽周折只看到了她一只露出的手。母亲看到的手，皮肤白嫩，五指纤纤，于是窥斑见豹，判定此人是长相好，能干而有福分的，立即拍板同意。所以，经我嫁在临江市张家的堂姐隗家庆一撮合，我们就订婚了。这样一件终身大事，我事前一无所知。迨寒假回家后，父母才郑重向我宣布。由于年幼不省事体，我既未因此动心，也未表示抗议，只说了一句她年龄比我大，不好。父亲一听厉声斥责说：有什么不好，年龄大点比你懂事些。我再也不敢多言，只得听候安排去岳父家拜年，同未来的妻子见面了。

婚前男女见面、对话，在我的家乡还是一件新鲜的事，所以我的婚姻史是有一点新意的。第一印象不坏。我的未婚妻的确长得漂亮，一对明亮的大眼睛（当时觉得大得吓人），高高的鼻梁，浅浅的酒窝，苗条的身材，穿着天蓝色的旗袍，黑色的布鞋，一色女学生素打扮，显得文静淡雅，稳重大方。那时，她的身材比我略高一点。挂在衣架上的帽子因高度不够我自己取不下来，她主动伸手取下给我，弄得我相当尴尬，感到自己是一堂堂男子汉反比她矮了一截。此后，每逢春节我都要按乡规习俗去她家拜年。有时暑假也去住几天。女婿是"娇客"，每次都受到她一家人的高规格款待，每次也可以和未婚的妻子见面。我们互相有了一定的了解，感情的幼芽也开始萌发。拜年度假逐渐成了借口和机会，同未婚妻见面则成了真正的动机和目的。

我和妻子婚前感情的确立，是在省万中同学的时期。双方的父母为了让我们共同进步并培育我们的爱情，在我上省万中一年以后，把未婚妻也送进了这所学校女五班学习。从此，我们得以经常见面，心照不宣地互相关心，也有了更多的共同语言。有时还背着老师传递书信，或偷偷地在洮河的小桥流水边谈情说爱。在假期还可以约她到我家来度假。没有过门的媳妇公然抛头露面到婆家来，也是一件引人注目的新事，但是我们并不去管它。我的父母爱子心切，不仅很好地接待她，而且很少拘束我们，让我们得到一块自由天地。我们尽情地在乡间的小路上畅谈心曲，流连忘返；在灯前月下窃窃私语，缠缠绵绵。先订婚后恋爱是我们婚姻史的一个特点。

我们结婚的日子是1949年旧历十二月二十四日（1950年1月22日）。婚前的一切都是双方父母操办的，婚期也是他们协商预定的。为什么要选这个日子？因为这一天是民间公认的婚事"老期"，又是灶神菩萨回天堂的日子，是大吉大利的。

事前不知从哪里冒出一个谣言，说我不愿早婚，准备私自由万县乘轮船去重庆，使父母精心导演的这场戏无法开场。父母听说后，十分着急，认为学生是新派人物，有可能干出这种惊世骇俗的事来。于是，想方设法要把我弄回家去。他们先礼而后兵。先是派人送精印的结婚请柬要我分送师友，继而派人来校，监视行动，护送回家。待我回家时，婚礼的一切事务皆已准备停当。家中张灯结彩，一派喜气。父母一见我，一块石头落地，像得了宝贝似的欢迎我。母亲立即带我到新房去参观她老人家的精心杰作。崭新的一套家具都是当时开县最时新的；墙壁早已粉饰一新，挂上了红底金字的条幅；陈家的陪奁已错落有致地陈列出来；白色桃花的帐檐上别着两朵紧相依偎的大红花。整个房间布置得明亮堂皇，与我的学生宿舍相比，仿佛是另外一个世界。母亲的唠叨未了，父亲又叫去训话。他谆谆教言，结婚乃人生之大事，家中之盛典，切不可任性疏忽，怠慢客人，有失家规。

我们的婚礼是盛大的，基本上是按照旧俗办的。因为与岳父家相距约25公里，迎亲的花轿和鼓乐仪仗队得头一天出发。这支队伍由迎亲总管统辖调度。这位总管虽属临时聘请的差事，但是要求颇高。他既要能得到联姻两家的信任，善于处理各种礼仪，又能沿途拿言语，打招呼，保证迎亲队伍顺利往返。我结婚的迎亲总管由我的表兄祁化之担任。此人是我的岳母的同宗晚辈，又是我父亲的表侄，而且是开县仁字号大公口"西胜公"的红旗大管事，精明能干，深得我父亲的信任，是我家迎亲的全权代表。

婚礼的前一天，新郎要行加冠礼。身着长袍对家神叩头礼拜后，由外婆家的人赐以左右插有宫花的呢制礼帽和结有花朵的红绸将新郎打扮起来，准备迎亲。晚上得奉行"伴郎"宴会。新郎坐首席，陪客都是新郎的未婚朋友（以省万中的同学为主），以此表示新郎即将成人成家，告别了童年时代。

婚礼当天，贺客盈门。设在大门口的以唢呐为主的鼓乐队轮番吹奏迎宾曲，贺喜之声不绝于耳。"天作之合""白头偕老""钟鼓乐之"一类喜联喜幛组成一片红海洋。时近中午，迎亲队伍回来了。婚礼瞬即进入高潮，几队乐队同时吹奏，无数鞭炮同时炸响。花轿一进大门，轿夫抖擞精神，跑步前进，一口气抬至堂屋之前，骤然停住。"回车马"的仪式迅即开始。一人手缚一只公鸡，一只手持利刃至花轿前，一刀将鸡杀死，把鸡血滴洒在花轿的四周。这叫作"退煞"，说是将新娘可能带来的魔鬼驱走，去不吉利为吉利。待轿夫得了红纸包好的喜钱后，吆喝一声将花轿飞快送至堂屋，由喜娘撩开轿帘，扶出凤冠霞帔的新娘，举行拜堂大礼。不知出于何典，从新娘的花轿进门时起，新郎就得肃立在红毡之上，面对家神，不得向后张望。待新娘出轿，男左女右，先拜天地，后拜祖宗，再拜父母及诸长辈，然后互拜，方成大礼。接着是新郎、新娘进洞房，相互见面，饮交杯酒，坐新床。这时，我看到被婚礼折腾了几天的妻子已疲惫不堪了。进洞房时还有讲究，据说新郎要先进才不会怕老婆。我进去时因人多拥挤慢了一步，堂姐家凤突然在我背上击一猛掌，使我跟跄而进，但毕竟抢先了半步。我一生不怕老婆，大概得益于这一猛掌。

婚礼行毕，宴会开始。宴会时，新郎、新娘得毕恭毕敬挨桌敬酒以谢客人。

新郎特别苦,还必须到每张餐桌前磕头致谢,和着笛子与小鼓的拍节频频磕头。乐曲轻快悦耳,大约是:1 65 | 2 65 | 3 — | 12 65 | 32 65 | 1·65 | 2 65 | 3·23 | ……要磕多少头,得看客人的多少,特别是看"知客士"是否开恩。他喊道:"起动各位,感谢大驾光临,新郎公下四礼。"新郎就得磕四个头,少一个也不行。如果他开恩说:"下四礼,免二礼",则磕二个头就行了。我家的客人多,上百桌酒席,即使"免二礼",我也磕了200多个头,弄得天旋地转,狼狈不堪。外婆还说应该磕,媳妇是头磕来的,真令人啼笑皆非。

晚上闹新房又是一个高潮。照规矩长辈们要回避,这大概是为年轻人大闹一场开绿灯。闹房的一般是本家同辈、表兄弟和同学朋友,极尽嬉笑刁难之能事。我们隗家的人少,特别是出嫁了的姐妹不多,加之有母亲暗中维护,没有出现难堪的局面。闹房时,送亲客也是照例不参加的。

送亲客是女家专派的送新娘的贵客,一般由女方的哥嫂充任,要夫妻双双,不能单行,随新娘花轿之后行走,代表女方父母到男方贺喜并示将新娘交代给婆家,有女方主婚人之义。还有"押轿娃",由新娘的弟弟扮演,亦随花轿送姐。他们在婚礼的第二天即告辞回家报告婚礼情况。

从订婚到结婚的全过程看,我的婚姻基本上是旧式的,很有旧时代的特征:父母之命,媒妁之言。这种婚姻具有封建性,是为新派人物所反对的。但是,事物的发展总是复杂的,种豆得瓜,坏事也可变成好事。也许真是"天作之合"吧!封建性的婚姻却给了我一个很好的妻子。她对我情深义重,五十余年如一日,是我人生之大幸。她的好,不在于年轻时长相漂亮,因为长相是随着岁月的增添要逐渐褪色的,而在于她心地善良,深明大义,心细如发,与我风雨同舟,甘苦与共。她是我事业的主要支持者和鼓舞者。为免除我的各种后顾之忧,她长期教小学,兢兢业业,并承担了一切家庭困难而绝不叫苦,乃至累成重病也无怨无悔。在我的学术事业点滴成就上,无不浸透着她的劳动与心血。没有她这位得力的内助,我是难有今日的。①

1949年,正值解放之年。因交通梗阻,我不能外出报考大学,只有在本乡小学谋得一席教职,教语文、自然等课,同时复习功课,等待时机外出求学。随着人民革命胜利的隆隆炮声,我在旧社会的19年的旧生活也结束了,新的生活,新的追求,新的命运开始了。

---

① 1950年10月10日我女儿晓清在开县出生,1952年7月12日儿子晓苏在开县出生。外孙女余玫1980年6月27日生于石棉县,因望她生机蓬勃,光彩照人并像玫瑰花一样长点防卫刺以应对人生,取名余玫。孙儿是在成都市出生的,他在医院一出生,我即从电话里得到信息,我们夫妻真是狂喜不已,当即写了记录。现照抄如下:"一九八四年九月五日(甲子年八月初十)下午7时15分,晓苏得一子,重六斤八两,时近中秋,乃秋风送爽季节,取其送来明朗清亮之意,名曰:送爽,隗氏。"

四 从小学教师到大学教授

从小学到大学

新中国成立，是我由旧而新的转折点，由此，我开始了新的人生。旧的家庭被革命浪潮所湮没，我曾迷惘一时，像是一片被狂风吹掉的落叶，听天由命。但是，革命的大潮吸引着年轻人去随波逐浪，寻求新的人生之路。这条新的人生之路，就是投身革命，在革命中去求得新生。新精神就是自力更生，艰苦奋斗，顺乎革命之潮流，合乎人民之需要。我以青年人特有的敏感，很快地接受了一些新的观念，选择了跟着共产党走的一条光明之路。在新中国成立初期，国家需要大批新干部，中国共产党对青年知识分子的革命要求也是十分重视和欢迎的。只要是愿意革命，经过短期学习就可以给予工作。因此，在解放不久的地区，总会形成一个青年人参军、参干、参教的热潮。1950年初，我被任为开县文峰乡中心校校务委员、教导主任。不久，我的妻子陈可清也被接纳到这所小学当教师。从此，我与人民教育事业结下了终生不解之缘。1951年上学期，我调任开县城关一小教导主任，参加了新民主主义青年团（共青团），是开县解放后发展的第一批团员之一。这年下学期，我被任为开县城关二小校长，时年21岁。1952年初调任开县城郊丰乐乡中心小学校长。

在小学工作的大约三年时间里，正是新中国成立初期进行减租退押、清匪反霸、抗美援朝、土地改革、镇压反革命、"三反""五反"等运动，建立革命秩序，恢复发展生产的时期。一个运动接着一个运动，社会震动十分剧烈。我从旧家庭中走了出来，在党团组织的教育下，以全副精力投入了新的工作，相当积极主动。

那时，学校工作与政治运动是紧密联系着的。配合中心工作，即一定时期的政治运动是学校工作的主要任务。学校搞学习和宣传，排演革命话剧、歌剧、活报剧，组织师生参加各种游行集会，打腰鼓，扭秧歌，还要参加斗地主的大会，接受阶级斗争教育。各种会议都要由工、农、兵、学、商的代表组成主席团。一个乡的小学校长是学界的当然代表，是必须参加主席团的，即使是开妇女会也不例外。学校放晚学以后，全校教师都要下到分配给自己的行政村去教识字班，组织互助组，工作至深夜才回学校，第二天照常上课。当时的村长都是苦大仇深的贫苦农民，他们是欢迎和支持教师去帮助工作的，但个别村长，由于素质关系，骤然当家做主，颇有目空一切，看不起知识分子的脾气。有一位村长公然对下村的教师宣布：我，堂堂一村之长，管一千多人，相当于一个团长，你们教师算得了老几！但是，我们的教师不为所动，仍然坚持工作，取得了成绩。

学校的教学工作主要是贯彻教育向工农开门，教育为生产服务的方针，大力肃清封建的、买办的、法西斯的教育思想。新中国成立不久，农民的生活水平还相当低，贫苦农民的子弟都负担着放牛、割草、带小孩乃至田间劳作等工作，被家长依为指臂。加之他们对新教育又缺乏了解，不少家长不愿送子弟到学校读书。学校的门是为工农开了，但工农子弟不来上学。所以，动员学生入学是学校一个十分艰巨的任务。教师们只得通过家庭访问，苦口婆心地去劝说并帮助解决一些实际问题，才有学生入学。为稳定在校学生人数，以致在一个时期内，将各班级实到学生数列为考核教师的一个标准。

当时的小学教师，工资待遇很低，每月发给大米220斤左右，有时还发给小麦、豌豆等杂粮，但工作却很杂很累。学校纪律严格，全体教师住校，集体开伙，集体办公、备课。学校设备简陋，住房仅避风雨，大家仍能专心致志于教育事业，兢兢业业，以累以苦为荣，从不计较个人得失。学校令行禁止，团结一致，校长与教师一起工作、生活、任课，绝无任何特殊，而且身先士卒，事事起带头作用。记得，我在文峰乡中心校工作时，一个夏夜，我们教师集中学习。妻子将熟睡的女儿晓清放在一张小竹床上置于户外草丛中纳凉，没有时间再去管她。老朋友杜毓开偶然外出，路过小床，突然惊叫不已。原来有条毒蛇正沿着小竹床脚盘旋而上，向孩子爬去，真令人惊心动魄。后经同事们努力将毒蛇击毙，方使小孩化险为夷。

我任丰乐乡中心校校长时，除负责本校校务工作外，还要负责督导五所村小。由于经常去听课和帮助工作、考核教师，因此深夜摸黑回校，走十来里山路已是家常便饭。当时学校仅设校长1人，教导主任1人，重要的事情由全体教职员开会商定，一切工作是民主的、有透明度的。人民政府对教育也很重视，每逢寒暑假都要开办师资训练班，集训全县的教师，以学习政治、改造思想为主题。学员按学区编成大队、中队、小组。学习的内容是反复阅读毛主席的《中国革命和中国共产党》《论人民民主专政》。讨论的重点是参加革命的动机、谁养活谁等问题。有时由县里的领导干部做报告，讲形势和当前的中心工作及政策。偶尔还请人讲点历史唯物论、社会发展史等知识。学习是十分紧张的。我们出于对真理的热烈追求，学习得很认真。凡听报告必认真记笔记、整理笔记、阅读笔记，将报告的内容奉为圭臬。对于工农干部的报告尤其注意听讲，不得稍懈。那时，有的工农干部开口就讲：我是大老粗，斗大的字认不得几箩筐。我们一听，立即肃然起敬，认为这些人就是革命领导阶级的代表，是学习的楷模。师训班的学习生活是紧张而活泼的，每逢开大会前，都要唱《团结就是力量》等歌曲，各队的啦啦队吼声不断，直至大会开始而后止。我是个大嗓门，常任本队的啦啦队队长。

这些学习是我学习马列主义、毛泽东思想的最初阶段，懂得了一些初步的但很重要的革命道理。新的名词，新的概念，新的知识激发了我的学习积极性。我努力学习当时能见到的几本毛泽东著作单行本、艾思奇的《大众哲学》，读《新华日报》和《时事手册》，几乎到了手不释卷的地步。对一些还不能理解的理论就死背硬记、生吞活剥。所以，每次时事政治考试，我总是名列前茅的。

对于工作，我是不敢稍有懈怠的。当时有一句常说的话是：知识分子要夹着尾巴做人。我这个出身成分不好的小知识分子，自然理解夹着尾巴的分量。压抑与自觉的撞击，使我认定只有自觉才能主动，才能生存，才能前进。所以，我的工作是做得相当好的。当然，由于刚刚步入新社会，许多革命理论、人生哲理、处世方法我都不懂。学历也只是一个高中毕业，在实践中深感"书到用时方恨少"。加之我少不更事，头脑简单、幼稚，工作是粗糙的。好在那时是中心工作高于一切，对学校教学质量要求不高，只要你拥护党和政府，积极勤奋地工作就是好同志。在从事小教工作的三年里，我懂得了干革命就要全心全意为人民服务，但并没有解决怎样为人民服好务的问题。这大概也是我们这一代人成长的一个共同的过程。

1953年暑期，我因工作与学习表现甚好，又具有高中毕业学历，开县文教科王益三科长为了向高等学校输送人才，不论我的家庭出身，大胆保送我去报考大学，并宽厚地决定如果我考不起仍可回原工作岗位。王益三同志是山东人，参加西南服务团到开县。他任过小学教师、校长，1952年任县文教科科长，很注意为国育材。凡发现有培养前途的青年，皆尽力帮助其深造，不论私人关系及家庭出身如何，唯按国家利益办事，以致在"文化大革命"时，他受到了严酷的批判斗争。其"罪状"之一，即选送了一些牛鬼蛇神的子女上了大学，执行了反革命修正主义教育路线。党的十一届三中全会以后，王益三同志恢复了名誉，任开县人大常委会副主任，现已离休。

我是到万县市去参加高校统考的。考试的课程有政治、语文、数学、历史、生物等科（保送生免试外语）。三天考毕，即回学校坚持工作。不久，《新华日报》公布了高校录取新生名单，我在四川大学历史系的名单里找到了自己的名字，并得到了学校的正式录取通知书。我向教务主任吴永发办完工作移交手续后，到县文教科领取了保送入学介绍信，离开了小学教育岗位，迈出了我一生中关键的一步。

到省城上大学是我梦寐以求的事。现在机遇来了，本该是喜出望外的，但是，我是在思想十分矛盾的情况下进入大学之门的。为了求知识，找出路，我急欲上大学。为了避开因家庭问题而深感压抑的环境，我急欲到外面去觅寻一处较为宽松的天地。可是，家境的困难又令我裹足难行。这时，我已有了两个孩子，女儿晓清，儿子晓苏，嗷嗷待哺。妻子在丰乐乡中心小学教书，工资很低，养家糊口，确乎万分困难。何况，她因工作劳累，孩子拖累，精神压抑，身体已相当坏了。我一离开，一切重担将全部落在她的肩上，无异雪上加霜，于心难忍。好在她是一个十分支持丈夫上进的人。在我徘徊犹豫之时，她勇敢地推动了我，主动表示愿意承担一切困难，情深意切地鼓励我外出深造，免去了我后顾之忧。到成都，我没有必需的路费，得堂叔隗林深、妻兄陈仪生各资助了10元钱。同学周必光、汪叔九也在困难中伸出了援助之手，赠以胶鞋等物。我就是靠这20元钱到成都上大学的。

进川大以后，我享受了调干助学金，每月有17元钱。除缴7元伙食费和书籍、零用钱外，我将剩下很少的钱存起来准备用于假期探亲。所以，在大学时期，在经济上我是无力帮助家庭的。妻子全靠每月的低工资来养活儿女和自己，过着十分贫苦的生活，进城开会或办事，也不能用5分钱买一碗面条充饥。因此，她患了严重肺结核病，卧床不起，凭着顽强的生命力和有限的治疗，得以死里逃生。

幸遇名师

四川大学是一所有悠久历史和革命传统的学府,位于成都锦江之畔,望江楼侧。校园宽广,浓荫覆地,鸟语花香,景色清幽宜人,是我前所未见的最好的学习圣地。1953年我背着简单的行装,以无比振奋的心情投入了她的怀抱,以成为她的一名学子而万分自豪,决心于此人杰地灵之处,多学些知识,以为立身之本。

这时的四川大学刚经过院系调整,成了一所文理结合的综合性大学。校长是著名的经济学家彭迪先教授,副校长是谢文炳、刘绍禹教授和革命前辈戴伯行同志。戴校长平易近人,很有办学经验,讲话深入浅出,以理服人。师生们在校园内随时可以见到笑容满面的戴校长,和他谈心,毫无拘束。他深受全校师生的爱戴。

四川大学历史系是以学风严谨、师资阵容强大而闻名全国的。我一进校即遇名师教导与优良学风熏陶,实为一生之大幸事。

我在校学习的4年,正是学校比较注意稳定教学秩序、提高教学质量的时期。入校不久,国家又发出了向科学进军的号召,学习气氛是浓烈的。政治环境也相对宽松安定,基本没有反右派斗争开始后的动荡局面。特别是数位硕学宏识的教授,正值年富力强之时,亲自上课,传道授业。他们各有专长,教学方法各异,但都学而不厌,诲人不倦,真是巍巍师表,学术楷模。

系主任徐中舒先生是安庆怀宁(属安徽省)人,是我国著名的历史学大师,专精中国古代史、考古学、中国古文字学,又曾参加内阁大库档案的整理,对明清史料也有深刻研究。他得知我对中国近代史有兴趣,特要我阅读《热河密扎》,研究慈禧、奕䜣密谋政变等史实。他担任我们先秦史课的教师,讲课严谨朴实,以自己独到的学术见解和研究方法教导学生,尤其注意培养学生的独立研究能力。所授大禹的传说、殷商之宗法、西周封建论、合纵与连横、耒耜与牛耕、赵武灵王胡服骑射等,给学生们的印象很深,学者视野,大师风度,音容宛在。先生坚持求实存真,绝不屈附谬说。1958年"大跃进"时,学校组织学者到郫县红光公社参观"水稻卫星"。他听说该社放出了亩产82525斤的特大"卫星"时,连连摇头,表示根本不信。此事成了"拔白旗"时先生反对"大跃进"的一大罪状。"文化大革命"初期,先生被揪上了批斗的舞台。红卫兵硬逼他承认自己是"资产阶级反动学术权威"。他则认真而固执地辩说:自己出身贫苦,母亲帮人洗衣养家,一生都在做学术研究和教书,是无产阶级而非资产阶级,引起一片打倒的口号和臭骂,但先生仍不改口。徐先生的文章写得很好,但讲课不大能深入浅出,本科生听他的课难度较大,必须在课后反复阅读他的文章和指定参考书才能理解他所讲的宏旨。徐中舒先生的道德文章深受学生们的崇敬,潜移默化地影响了一代学人。

蒙文通先生教我们的宋元史和史学史课。他是四川盐亭县人。先生博古通今,尤长于中国古代史、宋明理学。谈川省掌故如数家珍,古籍背诵如流,讲课信口而出,滔滔不绝,"飞流直下三千尺,疑是银河落九天"。蒙先生对佛、儒、道三教九流无所不通。讲课时引经据典,议论磅礴,尤重学术源流,究天人之际,通古今之变，成一家之言，常以"观水要观澜"的治学心得揭示学生要注意掌握历史与学术发展的关键问题。先生讲课还有两个特点：其一，不带讲稿。有时仅携一纸仅数十字的提要置于讲台上，但从不看它，遇风拂走亦不顾。其二，不管下课时间。先生每发议论如江河行地，不可阻挡，下课钟响，听而不闻，照讲不停。一直到上下节课的教师上堂，他才哈哈大笑而去。先生坚持学术真理，对不同意见，虽老友、师生、兄弟，皆无所回避。讲王安石变法，先生贬王安石而褒司马光，曾对郭沫若先生的观点大张挞伐。并撚须笑曰：我讲这些是为了求真理。至于郭先生本人，我们是毛根朋友，他回成都必请他到望江楼吃茶。蒙先生重视学生自学，特别强调习作文章。蒙先生考试学生也独具特色：其一，先生不出试题，由学生出题问先生。这是一着高招。如果学生未能较深入地掌握所学内容，未读懂指定参考书，一开口就要现相。往往考生的题目一出口，先生即能考核出学生的成绩了。如学生题目出得好，他总是大笑不已，并点燃叶子烟猛吸一口，给予评价。其二，试场不在教室而特设在望江楼公园绿竹丛中的茶铺里。学生按指定分组去品茗应试，由先生掏钱招待吃茶，给学生一种幽静、轻松、亲切的考试环境。蒙先生好诙谐，嬉笑怒骂皆成文章。在课堂上曾以清末成都有的皇室贵族、八旗子弟用汤圆水洗脸的故事，来揭露其懒惰腐败的生活。在诸位师长中，徐中舒先生宽厚，缪钺先生严谨，蒙文通先生豁达。学生们都尊敬蒙先生，但不怕蒙先生，最爱亲近他。学生如众星捧月，向蒙先生求教。他家住校外水津街，晚上常有学生登门求教，先生总是有问必答，侃侃而谈，总想多给知识。夜深，学生们告辞时，先生每不准走，要再谈下去，等他燃过两根抽水烟的纸捻后再行回校。蒙先生治学一丝不苟。因为读我的姓，他与徐中舒先生、冯汉骥先生曾反复考证，并赌了一桌荣乐园的酒席。我一进校，隗字的读音就引起了三老的争论。蒙先生说：此姓读 wěi；徐先生说：此姓应该读 kuāi；冯先生则说：此姓该读 kuí。各有所据，争执不下。蒙先生建议名从主人，我们喊他本人来问以定输赢。一天，我突然被叫到系办公室，见三老端坐桌前。蒙先生大声问道：你叫什么名字？我不解其意但恭敬地回答：我叫隗（wěi）瀛涛。先生一听，望着徐、冯二老大笑曰：我赢也。有一次在九眼桥头遇他坐三轮车去学校，他一见我就高声喊道：隗（wěi）先生到我家来看资料写文章。又说：我的文章发表了可以上耀华餐厅，你的发表了也可以吃一顿回锅肉嘛！先生随时都勉励我们勤奋成材。蒙先生在"文化大革命"中被扣上"反动学术权威"的帽子，受到残酷迫害，有的红卫兵竟将他受之父母的大胡子一根一根、一撮一撮地拔掉。先生悲痛不可言状，于逆境中患食道癌于1968年不幸逝世。此时，"工宣队"正领导运动，为划清界限竟不让我们这些学生去向先生遗体告别。这真是历史悲剧中的一场悲剧！

缪钺先生是我们中国文学史课和魏晋南北朝史课的主讲教师。他是江苏溧阳县人，文史兼备，尤长诗文，以严谨治学为人称颂。教学十分认真细密，要求学生练好基本功，讲究科班出身，在读音遣词上一丝不苟并注意史德的磨炼。缪先生讲课，内容丰富、技巧娴熟、逻辑性特强。记下他的讲话，勿须整理，即成文章。先生不仅在学习上要求严格，在道德规范、生活作风上也是严格的。他对学生的要求是"为人耿介，治学谨严，作事精敏"。他律己以严，身教言教，虽小事亦无丝毫马虎。去先生家求教，必得先生热心指点；临行，先生定要亲送至门口，道"再见"而回。在缪先生面前，我们不敢像在蒙先生面前那样随便，必须正襟危坐，非礼勿动，不得抽烟，不得跷二郎腿，更不得出口不逊，务必宁静致远，聆听教导，以此养成学生尊师重业的德行。这些规矩，我们是数年养成，多年不变的。即使我任川大副校长、教授以后，在先生面前也是不逾矩的。唯一的一次例外是，先生在家宴请加拿大华裔学者叶嘉莹教授，令我作陪。先生赐以醇酒并知我有烟癖，特准我吸了一支香烟。先生晚年老弱体衰，常卧床褥。每去看望，先生常自憾不能为历史系的振兴而多做工作了，殷切期望我们加倍努力，继承师辈之大业，光大学术，教好学生，特别要加强博士学位点的增加与建设工作，使川大历史系名播中外。言之谆谆，先生有厚望焉。

当时川大培养学生有几项措施是很收实效的。一是十分重视基础课的教学。基础课都由著名教授亲自授课，由讲师、助教担任教学辅导。他们各展所长，传道授业。基础课教师在教学中不仅传授本门学科的基础知识，而且注重介绍有关的学术争论，引导学生进入本门学科研究的前沿，产生研究兴趣，明确研究方向。对于助教，不仅选拔严格，而且训练严格，每个助教都有教授任指导教师。从备课、试讲、上课乃至研究工作，指导教师皆要具体指导、考核。助教必须随班听主讲教授上课，还要定期去辅导学生，了解学生的学习情况和问题，并向主讲教授汇报。因此，年轻教师的成长是较快的。德育重在教师为人师表，教书育人。提倡教师全面负责，少喊口号，少谈假、大、空之辞，也少搞形式上轰烈的课外活动。马列主义、毛泽东思想主要是通过马列主义课、中国革命史课、哲学课、政治经济学课和各种专业课传播给学生的。二是重视写作论文的训练。学校规定三年级时须写学年论文，四年级时须写好毕业论文，配有教师专门指导。从选题、阅读参考资料、收资料、写卡片、编年表、写提纲、写论文等各个环节，都得有计划地练基本功，进行科班训练，绝不草率。这项工作贵在"认真"二字，教师、学生一认真，便可使学生终身受益。

我的学年论文和毕业论文的指导教师是四川省泸县（今泸州市）王介平先生。王先生出身贫苦之家，苦学成才，为人耿介方正，宁折不弯。他对学生循循善诱，关怀备至。新中国成立初期，他从中国人民大学研究班学习回校，担任我们的中国近代史课，力图用马列主义、毛泽东思想指导中国近代史的教学与研究，使我们耳目为之一新，堪称川大新的中国近代史课的奠基人。他注重理论，更注重史料，要求学生在充分掌握史料的基础上，用马列主义理论研究历史。我的毕业论文题目是《洋务运动与中国半殖民地半封建化的关系》。他首先要求我认真通读他本人所藏的《李文忠公全集》线装书100本。一周借几本，读毕后带上卡片、笔记向他报告学习情况，不得怠慢。因此，我在大学时就在老师的严格课读下，读过了《李文忠公全集》《筹办夷务始末》《光绪朝东华录》等基本书籍，甚至查阅过《大清实录》等大部头书和若干地方志，有了一些入门的基础知识。

1984年，王先生患肝癌逝世。逝世前先生曾上书川大党委，恳切地希望死后绝不给组织增添任何麻烦，不开追悼会，不要花圈，不要抚恤金，把后事全交给子女办理。遗言绝不许子女向组织上提任何要求。先生逝世后，我曾以学生和川大副校长的身份迅至医院告别并嘱咐他的子女，先生的后事一切由学校负责操办。殊知第二天早上我再去医院时，先生的遗体已在当晚由其子女用板板车运至磨盘山火葬场火化了。先生把自己的一生毫无保留地献给了教育事业，生得光明，死得磊落。

　　现在，每忆及大学生活，最深的幸福感是我们得到了一代名师的指导。他们不仅传授了知识，更重要的是给我们树立了治学和做人的准则。青出于蓝，没有蓝岂有青？师恩难忘啊！

　　由于有了上述的一些得天独厚的条件，我在大学四年的学习是很有收获的。四年之中，所有考试课程，除原始社会史课得"良等"外，其余20余门课全部是优秀成绩，毕业论文也是优等。这就为我留校任教和继续深造打下了基础。"书山有路勤为径，学海无涯苦作舟。"在新社会，我是一个毫无退路的、家庭出身不好的人。共产党和人民政府能够送我上大学已是恩比天高了。学校就是我的天堂，学习就是我的未来。我只有破釜沉舟去闯一条生存与发展的路子。所以，在学习上我给自己提出了力争上游的奋斗目标。居下游固然会被淘汰，居中游也将日处危局。危机感强烈地驱动我的学习生活。后来有学生问我当年的学习经验，我说，我是置之死地而后生的。这种说法有点过分，但是超人的勤奋，不怕一切困难的奋斗精神，忘我的艰苦劳动，无论如何是学习之本的。

　　新中国成立初期，大学教育也不能说是尽善尽美的。由于实行"一边倒"的政策，事事学习苏联，综合大学就是搬用的苏联莫斯科大学的模式。对学生的学习来说，这种硬搬，影响至大者莫过于与苏联及东欧社会主义国家以外的世界隔绝。不知日本，何论美、英？对世界各国的学术研究动态几乎无知，从而养成社会科学唯我独革、唯我独尊的封闭保守，助长了思维单一化、僵化，不利于创造精神的发扬。至于外语学习更是重形式而轻实效的。在新中国成立前，我们一般是学英语的，而且有一定基础。但在那时，英语被当作"帝国主义语言"赶出了学校。俄语作为"革命语言"成了学校唯一的外语课，学与不学成了对苏联老大哥的政治态度问题。同学们不得不弃英语而学俄语。学习俄语未尝不好，问题在于如何学习？我们三年的俄语学习不能说毫无收获，但由于搞形式主义，学习至少是事倍功半的。初学阶段由完全不懂中文的俄国教师上课，让学生云里雾里不知所云。所学的东西极少，但因考试简单，拿100分并非难事。到了三年级时又由一位苏联专家夫人上俄语课。她不懂中文，更不懂中国历史，讲的是地道的俄语，但学生不懂。学校不得不请何文昆先生（现已故）来担任翻译，与专家夫人同台上课。这样一来，一小时课成了半小时课。乍看起来，全校都在教俄文，读俄文，其实学到的东西相当少。众多的同学把英语丢掉了，俄语也没学好。因此，我们这一代人中，外语好的不多。

劳动锻炼

1957年秋,我拿到了四川大学历史系历史专业本科的毕业文凭,幸运地留校担任助教,开始了我在大学的教书生涯。

此时,正值反"右"斗争和即将出台"大跃进",阶级斗争激烈起来了。一个接一个的政治运动,有如滚滚巨浪,铺天盖地而来。改造知识分子的资产阶级世界观,是这些运动的一个重要的内容。我和一批年轻的助教,还有一些被认为有历史问题的人,加上一些"右派分子"或"准右派分子",一起被下放到农村劳动锻炼,以求脱胎换骨。

在一个隆冬季节,我们被送到了宝成铁路线上的马角坝地区的青龙乡山区,分住在贫下中农家里,每队一人,与农民同吃、同住、同劳动。我被指派到幸福社第二生产队。这个社,当时还是初级社,位于马角坝车站北上第一个隧道口的下面,大山夹着的一块名叫陈家坝的小平地上。有一条小溪蜿蜒流过全队地面,这是人和耕牛、稻谷的水源,也是农民们淘菜、洗衣的地方。这队有十来户农民,姓李的居半数以上,他们长期生活在闭塞的小天地里,民风是古朴而又后滞的。老一点的农民把身上长的虱子视为生命之虫而不清除,并认定如果活人身上无虱子便将死去了。冬天烤柴火时,虱子咬得他们奇痒难忍,只得伸手到腰带等处去抓,很快能抓出一小把,撒在火里,发出毕毕剥剥的响声。唯有火车的汽笛声在为他们呼唤着新的前景。

初到农村,我们的处境是相当不妙的。不会农业劳动,挑水担粪如"苏秦背剑",一头高一头低,寸步难行,常引起村姑农妇大笑不止。特别是农民们一时还不了解我们:这些从省城来的戴着眼镜的男女究竟是来干啥子的?有的认为,都是反动分子下来劳改的;有的则认为可能是来调查粮食产量加收农业税的。因此,他们对我们表面上客客气气,实际上时时察言观色,如敬鬼神而远之。到队上落户得先有一个住处。我被派住在一户姓李的老农家里的一间可见星月的茅屋之中。没有床,只有棺材木头。(大概由于新中国成立前当地生活太苦,人口死亡率较高的缘故。在50年代后期仍残留着孩子三岁时,父母就在山上为他选定一棵做棺材的树,并早早地做好棺材待用。)好在棺木是新的,我只得以棺为床,聊以栖身。开始几次,心理上有说不出的恐惧与凄凉,仰望夜空,不寒而栗,但劳动后的疲倦又强迫自己非睡不可。数日以后便能安然入睡了,甚至还有点欣赏棺木发出的阵阵树脂的清香味。

不久,好心的生产队队长李友清要我搬到他家去吃住。生活条件有了改善,有了床,还有了一个小木柜放油灯和书籍,一把旧竹椅代替了土砖作坐凳。他们一家人对我十分关心和友好,主食多是玉米粥,但能吃饱。我开始适应环境,安心劳动了。

我对农村的劳动是认真的,虔诚的,认为这是知识分子改造的必由之路,必学之课。在李队长的耐心指教下,担水、挖土、栽秧、割麦甚至使牛犁田、耙田都在半年的时间内初步学会了,可以勉强够一个农业的全劳力。最艰苦的活是上山参加播种、除草和收获玉米的刀耕火种的原始劳动。冬季放火烧山,春天播种。高山上无水源,背水去解渴亦无济于事。农民们真聪明,他们在种玉米时,顺便撒些黄瓜种子,让其自生自灭。因少肥料,结的黄瓜又瘦又小,但可以补充水分。玉米林中又热又闷,劳作时汗如雨下,每遇黄瓜随手摘来食用,既解渴又充饥。农民们说:种玉米、豆子时,施牛粪要用手撒才有好收成。我入乡随俗学着用手将稀湿的牛粪一把一把地撒进地里。干这种活令人恶心呕吐,但吐的次数多了,肚里再也没有东西可吐了,也就挺过去了。

我在农村锻炼时,正值"大跃进"的热浪滚滚,"人民公社化"运动呼啸在中华大地。晚上,我们得照例参加社里的学习,主要是听社队干部传达报告和大辩论,中心是割资本主义的大小尾巴,实施社会主义教育。被辩论的对象,有地主这类当然的反面教员,但更多的是农民。农民如做了不利于"一大二公"的事,说了不利于"一大二公"的话总是要被辩论的。大事大辩论,小事小辩论。其实,辩论就是批判,甚至是斗争。人世间的事有时是很奇怪的。那时,人们喜爱穷而不敢言富。穷则思变,穷才不是资本主义,越穷革命性越强。也有说富的时候,那只能说国家富,社会主义富,说苏联富得流油。这大概是要一张白纸,好写最新最美的文字,好画最新最美的图画吧!

最荒唐的事莫过于发动人民战争去歼灭麻雀了。也许是劫数,麻雀被列入了破坏生产、危害人群的"四害"之一,成为全民捕杀的对象。所有民众,无论男女老少来了一个大动员,人人手持竹竿一根,不论日夜均到户外,吼叫着驱赶麻雀(有的地方还有锣、鼓、锅、盆齐鸣),务使它们无法停歇、饮水、捕食,企图用疲劳战术去累死麻雀,渴死麻雀,饿死麻雀,以便干净、彻底、全部消灭之。岂知,麻雀是能在天上飞的,而人只能在地下走,实力对比不利于人。加之,该地多山,到处是丛林与杂草。人在平坝吼,雀往山上飞;人去山上赶,雀在平坝停。虽然上级要求各社逐日上报歼雀战果,又实行划片包干以加重责任,歼雀声势是很大的,但是,20世纪50年代末期的人们却在夸父追日。闹了好几个日日夜夜,人们受尽了累、渴、饿的折磨,嗓子哑了,腰腿也痛了。"蓬间雀"仍飞跃在"仙山琼阁",品尝着与人奋斗其乐无穷的韵味。

另一件荒唐的事就是大办公共食堂了。为了体现社会主义的优越性和实行生产生活军事化,1958年,决策者一声号召,大办公共食堂,吃大锅饭。我所在的农村生产力低下(有的农活还在刀耕火种),农民还很穷苦,根本没有办公共食堂的条件,但也硬办起来了。干部们为了办食堂,强迫农民将自家的粮食、蔬菜、油盐等交公,统一食用,甚至不惜挨户搜查,做到"有饭同吃"。在公共食堂吃的是南瓜加玉米熬成的稀粥,没有菜,而且粮食越吃越少,粥汤越来越汤稀。农民吃不饱,当然无法加紧生产劳动了。他们出人工,但无劲出力,可谁也不敢说公共食堂不好,即使饿着肚皮还得唱一曲曲"共产主义是天堂,人民公社是金桥"的赞歌。我即景想起太平天国的"人人不受私,物物归主上"和"无处不均匀,无人不饱暖"的平均主义乌托邦。

在农村，劳动是沉重的，思想也是沉重的。领导人的指示是要我们扎根农村一辈子，劳动锻炼是没有结业期限的，似乎永无止境。农村的运动形势是热火朝天，但生产与生活却一天天变坏。社会主义的口号越响亮，农民维护自己小家小私的冲动越强烈。口头上的好和实际的好，反差越来越大。我对在这所农村大课堂到底能学到些什么的怀疑也与日俱增。每晚拖着疲惫不堪的身子回到住处，一盏小油灯昏昏沉沉，根本无法读书学习，专业日渐抛荒。听着南来北往的火车汽笛声，一遍空虚，一遍渺茫。为排除心中的块垒，我开始喝烧酒，借酒浇愁，借酒催眠。劳动锻炼赐予了我嗜酒的癖好。

1958年，学校也在"大跃进"。开新课就是"跃进"步子之一。历史系将四川近现代史列入了课程表，调我回校准备上这门课。我怀着解脱的喜悦与农友们依依告别，离开了我苦修苦练了8个月的马角坝山村。

现在想来，在农村劳动还是有收获的。其一是，自己的汗水换来了"粒粒皆辛苦"的实感，尊重劳动，尊重劳动成果成了比较自觉的准则。其二是，对农民有了实际的了解。中国农民是最能刻苦耐劳的。他们强劳动，低生活，默默奉献，其逆来顺受的精神实在令人感叹。其三是，中国农村的实情是贫穷落后的。要改变这种状况，需要的是正确的政策和长期踏实的工作。一切浮夸、瞎指挥、搞唯意志论，只能给农村造成破坏，给农民带来灾害。这些看来并不深奥的道理，不付出代价是学不到手的。理解占中国人口百分之八十以上的农民，了解汪洋大海似的农村，对一个研究社会科学的人来说是十分必要的。

破坏性的劳动发生在大炼钢铁运动中。我回校时，正值全民开展为夺取1070万吨/年钢产量而大炼钢铁的运动。人们异想天开地认为，凭人的冲天干劲加上小土群的方式，就可以生产出大量钢铁，企图超过英国赶上美国。一时间小钢炉林立，夜以继日，你追我赶，热火朝天。在"要算政治账，不算经济账"口号的鼓动下，师生齐上阵，确保钢铁元帅升帐。不知谁发明了一种炒钢法，简便易行，书生们一学也可得心应手。其办法是，用耐火砖、耐火泥在地上砌一个小炉子，炉前掘一个操作的土坑。炒钢时将碎锅铁置于炉中，借木风箱煽风助火。操作者手执钢钎在炉内反复拨动如炒菜状，待锅铁熔化成团后，用抱钳夹出，碎铁块便百炼成钢矣！至于是钢抑或是铁，倒是无人过问的。历史系教师们的炒钢炉名曰"红专"，我任炉长。为了炼钢又炼人，我们干得很出色。系上的党政领导亲自督阵，老教师王介平先生是得力的鼓风手，蒙文通、缪钺、蒙思明诸教授砸碎锅铁，女教职员管后勤。某晚，教育部部长杨秀峰到炉前视察，亲自拉了一阵风箱，使我们大受鼓舞。有人因表现出色在炼钢场上参加了中国共产党，成了"火线入党"的幸运儿。我们则发扬连续作战的作风，几天几晚不睡觉，一心为社会主义建设贡献力量。后来才知道，我们所炼的成品完全是一堆堆废铁，并造成了对木材、耐火材料和铁等原料的浪费和大破坏。历史确乎嘲弄人，我刚从农村学得分辨五谷，现在又成了钢、铁不分的书呆子了。

我国曾是一个饱受外国侵略的国家，是一个贫穷落后的国家。人口众多，经济与科技不发达，国弱民贫。在变幻莫测的世界风云之中，列强环伺，虎视鹰瞵。出于深重的民族危机感和存亡的紧迫感，国人要求以"只争朝夕"的奋斗精神和"一年等于二十年"的飞快速度使国家民族由贫变富，由弱而强，自立于民族之林，本是无可非议的。孙中山提出了"突驾"日本欧美的理想，毛泽东发动"三面红旗"（总路线、"大跃进"、人民公社）运动，从主观上讲都反映了国家民族生存与发展的要求。但是，小生产者意识的桎梏，传统的平均主义乌托邦和国外的空想社会主义的严重影响，又往往将民族的英杰们引入歧途，使近代历史上一次又一次地出现了程度不同的种瓜得豆、事与愿违的事。主观冒进不顾国情，瞎乱指挥不重科学，一手撑天脱离群众，大伤国家民族之元气，实可浩叹！我们这些事后诸葛亮也深感历史的教训是苛重的。

在"文化大革命"中

我20年的讲师生涯是从1960年开始的。开初，也许是严重的灾难，上上下下都忙于去对付饥饿的肚子，无暇大搞阶级斗争了。因此，环境相对平静。我趁机致力于中国近代史和地方史的教学与研究，同时参加《四川省志》的编撰工作，初步取得了一些研究成果。

但是，树欲静而风不止。继1964年"四清运动"（清思想、清政治、清组织、清经济）和1965年初重点整"党内那些走资本主义道路的当权派"之后，1966年"文化大革命"开始了。这场全称为"无产阶级文化大革命"的政治运动，从1966年5月至1976年10月，持续了十年之久，给中华民族带来严重灾难，这的确是史无前例的。从批判"三家村"到横扫一切"牛鬼蛇神"至揪党内一小撮"走资派"，自上而下又自下而上，天翻地覆。整个国家都在大动荡、大分化、大改组。国无宁日，家无宁日，人无宁日。一切都是见所未见，闻所未闻。

在"文化大革命"初期，我的师辈们被加了"反动学术权威"的罪名而入"群丑图"首先遭难。我们这些小人物因有大树挡风，较少受直接冲击。但是，血统论与唯成分论甚嚣尘上，"老子英雄儿好汉，老子反动儿混蛋"，"龙生龙，凤生凤；老鼠生儿打地洞"等口号，以及"红五类""麻五类""黑五类"定人生死的政治标准，对我们这些"混蛋"来说有如泰山压顶、雷电击身，深感人命危浅，朝不保夕。我认定自己本来是一块黑煤，越洗越黑，无论怎样改造也是变不白的，更不能变成红的，在劫难逃，听天由命。

时势不允许任何人逍遥于阶级斗争的大风大浪之外，不管你是为了求发展抑或是求生存，都得响应"要关心国家大事"的号召参加这场运动。我在"文化大革命"初期，本着顺大流求生存的心情加入了"红色战斗团"。殊不知，这个群众组织保护"当权派"，被"革命造反派"宣布为"吃了省里当权人物的麻饼"的"保皇组织"，迅即被砸烂了。于是，我们几个对"文化大革命"很不理解，但又不得不做出革命姿态的教师，即今天的胡昭曦、王庭科、冉光荣教授，陈贤齐副教授和我，自行组建了"红鹰战斗组"，企图站在既不保皇又不带头造反的中间立场来附和"文化大革命"。我们曾夜以继日地刻写传单，写大字报，无非想表明我们是要紧跟毛主席干革命的。但是，有着极为灵敏政治嗅觉的革命造反派是不能容忍这个中性组织存在的，甚至认为它比"保皇组织"更坏、更阴险、更有破坏性，必须本着痛打落水狗的精神勒令解散。"红鹰"成了"黑鹰"，再也飞不起来了。从此，我们不愿意也没有资格革命造反了。除了奉命参加"红色政权"组织的欢呼最高指示的发布、中央"文化大革命"的伟大胜利的集会外，就是在学校看大字报、红卫兵小报、听马路消息、躲武斗。当时，时兴大串联，可以到全国各地免费旅行。我顾虑到自己的家庭出身，怕离校后的事说不清楚而没敢外出串联。

我和原"红鹰组"的胡昭曦、陈贤齐是川大桃林村的邻居，相处得很好。我们对"文化大革命"的许多人和事都是看不惯、想不通的，甚至有一种消极抵制情绪。我们常常在家门口议论时事，其中免不了有对造反派不恭顺的言辞。这些言论不知被那位造反派侦悉而向造反派组织告发了，顿时，祸从天降，一场揭发"桃林三家村"的战斗拉开了。大字报点名我是这个"三家村"的掌柜，说这个"三家村"是潜伏得很深的保皇第三线。并成立了专案组，要我们老实交代严重问题，猛揭深挖。大概是因为我们既非"权威"，又非"当权派"，是几个没有多少油水可捞的"癞皮狗"，加之此时造反派的威风已非昔日可比，成了强弩之末，搞了一阵子就不了了之。

"文化大革命"另一件使我苦不堪言的事是知识青年上山下乡。1969年初，在"知识青年到农村去，接受贫下中农的再教育"的号召下，我的两个子女为大势所迫，随成都锦江中学的下乡队伍，远赴川滇边的会理县彰冠公社当知青。他们才十几岁，到远离成都的陌生乡村劳动，已足以令当父母的格外操心。混乱时期，社会风气日坏，武斗频仍，孩子们的命运搅得人彻夜难眠。更值经济困难，缺食少穿。孩子们在乡下饥不得食，回家住上十天半月，亦因粮食定量有限，不得不以洋芋和厚皮菜为主食充饥。饿饭的滋味确是很难受的。待到工厂招工，大学招收工农兵学员，我的孩子们尽管在农村表现甚好，但因家庭出身问题，屡次被拒之门外。他们不得不背上沉重的家庭包袱，忍气吞声地长期留在农村。直到女儿晓清1973年暑期考上四川省粮食学校，儿子晓苏1974年考入成都纺织工业学校，才告别了长达四五年的知青生活。

"文化大革命"的确触及人的灵魂。它在中华大地上咆哮呼叫了十个年头，考验了人，也促使人去反思与展望。我在"文化大革命"中较有自知之明，随时自我警惕，没有忘乎其形地去当弄潮儿或造反派，更没有去整人害人，因此较早地察觉此运动悖逆人心，有伤天理，而明哲保身，但求无过。这次运动对我来讲，有一个赐予就是养成了处变不惊的气度。造谣中伤的大字报看多了，哗众取宠的言辞听厌了，损人害己的行为见惯了，神经麻痹了但也清醒了，胆子吓破了但也吓大了。所谓阶级斗争的大风大浪，在头脑的反映上，成了小风小雨乃至不风不雨。荒唐的群众运动，再也难以运动群众。神灵自己亵渎了自己，芸芸众生得以悟道新生。人整人的最后受害者还是人。多灾多难的中华民族需要的不是动乱而是安定。作为中华子孙，还是各得其所，各尽所能的好。于是，在"文化大革命"后期，我躲进书房，闭门读书，淡泊明志，宁静致远，继续进行四川保路运动史及其他研究工作。这也许算得是一次明智的觉醒。

加入中国共产党

粉碎"四人帮"确是我国历史上一件大得人心、大快人心的大事情，被颠倒了的历史终于反正了。1978年底，中国共产党十一届三中全会决定停止宣传"以阶级斗争为纲"和"无产阶级专政下继续革命"的口号，将工作重点转移到社会主义现代化建设上来。中国开始出现了前所未有的安定局面，这次会议也成为中国现代历史的一个意义深刻的转折点。党的十一届三中全会的决定，是符合全国民众的利益和愿望的，它极大地振奋了人民。不再搞政治运动了！深受饱经折腾的知识分子的欢迎而有否极泰来之感。1984年2月17日，我曾作为中华人民共和国文科教育考察团的一员，在美国柏克莱大学会见了中美关系委员会创始人斯卡平罗教授。他说："作为知识分子，我希望中国少搞一点政治运动，运动搞多了中国教育就没有希望了。"可见，关心中国发展的外国知识分子和我们有着同样的感受。人们在经历了空前浩劫、迷惘失神之后，吃了定心丸，看到了国家民族的新希望。

多灾多难的中国知识分子的一颗忧民爱国之心，总是不会丢失的。即使在"文化大革命"那种惊涛骇浪、荒唐至极的日子里，他们或沉默抗议，或闭门治学，长歌代哭，以泪洗面，强烈的民族忧患意识随时敲击着他们正在被践踏破碎的心。现在，他们从党的会议决定里，从邓小平的讲话中，看到了真理战胜邪恶、科学战胜迷信的伟绩，得到了思想的解放，心灵的平衡，迸发出了振兴中华的火花。值此报国有路，事业有望之际，作为知识分子的我们务期努力工作，把"文化大革命"的损失，特别是时间上的损失夺回来。重振旧业，重新做起，关心国事，服务人民的冲动与责任感油然而生。人们把教师比成一支蜡烛。现在一支支几乎被吹灭了的蜡烛又开始熊熊燃起来而光焰照人了。时代为我扬起了风帆，我当乘风前进以无愧于时代！

"文化大革命"的破坏性是最严重最全面的，其后果最可怕的莫过于对人的破坏。它不仅触及皮肉毁灭了一些人的生命，更触及灵魂破坏了一批人的心灵。"破四旧"破掉了中华民族优秀的文化传统和应该继承与弘扬的道德规范，使一些人，特别是青年人不知做人行事之正当准则。"四人帮"以假马列主义乱真马列主义，又使一批崇信马列的人真假莫辨，无所适从。"打、砸、抢、抄、抓"，无法无天，人人自危。残酷的阶级斗争，逼使人圆滑自保。"权！权！权！命相连"，人们为了宗派、集团权力和个人权力而相互厮杀，弹雨横飞，使人联想起历史上太平天国的"天京事变"而战栗心冷。人人都说自己是"最正确""最革命"的，但做的事情却是最荒唐、最失人心的。所以，在"文化大革命"后，人们突然发现：中国出现了"信仰危机"。"新生活，各管各"，呈现出散沙一盘。思想上拨乱反正既迫切又艰难。而要实现振兴中华的伟业，首先必须振奋中华民族的人心。

我认为，当时在思想工作上重在扶正去邪；在基础工作上应该从爱国主义教育着手，从正面教育着手。爱国主义是中华民族的优良传统，也是民族凝聚力、创造力的源泉，是一种不可或缺的基础教育。只有举出爱国主义旗帜才能加强人民的团结，集中人民的意志，克服思想的混乱，为四化建设做好思想准备工作。我的专业——历史学是爱国主义教育的基础学科，因此作为中国近代史教师的我，主动承担起对人民，特别是对青少年进行爱国主义教育的任务，是义不容辞的责任，也是使教学更好地适应社会需要，加强社会效应的途径。

在1979年至1983年间，我有意识地通过讲课和专题报告，运用中国近代史实向学生进行爱国主义教育；并根据社会需要，走出校门，奔走呼号于祖国各地，向青年学生、机关干部、部队官兵、厂矿职工、科研人员专题宣讲中国近代史130多场次，直接听众达十万余人，收到了普及历史知识、激发爱国感情的效果。1982年6月4日《光明日报》在头版头条报道了我结合近代史教学进行爱国主义教育的事迹后，许多关心祖国命运的同行和朋友们对我的工作表示了赞扬和支持。同时，我与同志编写了《八十年的苦难与奋斗》（重庆出版社1984年版）、《巨人身上的镣铐》（四川人民出版社1985年版）、《爱国主义教育手册》（四川人民出版社1990年版）等书作为爱国主义的教材和参考资料。1989年我主编的国家教委下达的国家哲学社会科学"六五"重点课题《中国知识分子的历史道路》一书，由四川教育出版社出版，并于1990年获得四川省哲学社会科学优秀成果一等奖。这些工作绝非什么了不起的功绩，但它表现了一颗炽热的中华赤子之心。1984年我荣获四川省人民政府授予的省劳动模范称号。

一个历史教师进行爱国主义教育，自然是从史实入手的。摆事实，讲道理，以史实服人正是我的职业本能和工作优势。其中一些具体的做法，我曾写了一篇《了解祖国的过去，更爱祖国的今天》的文章，发表在《光明日报》1983年8月12日第三版上，算是一个小结。但是，爱国主义教育并不等于讲历史故事。因为爱国主义教育的任务不是简单地传授历史知识，而是运用历史知识宣传以爱国主义思想为基础的社会主义思想，以达到思想教育的目的。因此，教师必须将感性知识提高到理性认识，从理论高度来认识与宣传爱国主义。1989年10月14日、10月28日、11月4日、11月11日、11月18日，《四川政协报》连载了我的《论中华民族的爱国主义》一文，在文中我比较全面地提出了一些看法，反映了20世纪80年代我对这一问题的认识水平。我认为：

1. 爱国主义是一种对祖国无比深厚的感情，也是调节个人与国家、民族关系的道德规范、行为准则。爱国主义就是对祖国的爱。这种爱国感情是在历史的长河中经过千百年的凝聚，无数次的激发，最终被各民族心理所认同，升华而成的爱国意识。爱国主义也是人们评定美丑、好坏、是非的标准。爱国有功，功垂千古；卖国有罪，遗臭万年。这种道德力量既是无形的，又是无限的。它渗透在人们深层意识之中，凝聚成人们的内心信念，具有稳定的持久性和广泛性，从正面培养了人们为祖国独立解放、繁荣富强做贡献的强烈责任感和献身精神。

2. 爱国主义对每个国家、民族的生存和发展都具有不可估量的作用。中华民族的爱国主义产生于中国特定的社会经济、政治、文化的土壤之中，具有特别强大的凝聚力和创造力，为民族的自强不息，历史的持续发展提供了巨大的精神能源和坚实的精神支柱。源远流长的爱国传统是我们特有的历史遗产，它的博大、悠久与坚固，是世界所罕见的。因此，持续的而不是一阵风的，深入的而不是浅尝辄止的，多面的而不是单一的爱国主义教育，应该是建设社会主义精神文明的基础工程。

3. 爱国主义既是现实的又是历史的。爱国主义是在一定的社会经济条件下产生的观念形态，是一种不同时代具有不同内容的历史现象。因此，爱国主义将随着社会存在的发展而发展，其具体内容是要随时代变化而变化的。并且由于阶级的不同，爱国主义的内容及其表现形式也不同。我们要将各个时期的爱国思想和行为，严格地置于当时特定的历史条件下加以分析和评价。爱国主义既有历史的继承性又有一定时代特色的独立性。我们要把爱国主义传统，看成有层次、有特定历史内涵的历史发展过程。我们充分肯定爱国主义传统，但不主张非历史地、抽象地理解爱国主义，承袭历史上爱国主义由于时代和阶级造成的某些缺陷和过了时的东西。离开了时代使命，就谈不上爱国主义。

教学相长乃至理名言。教师的蜡烛在照亮别人的同时也照亮了自己。从爱国主义到共产主义这条中国几代先进分子成长的道路，吸引了我，使我产生了加入中国共产党的要求。

这个要求，在我的心中萌发甚早，但是由于家庭出身问题，屡次被拒之于大门之外，甚至断绝了入党的希望。直至党的十一届三中全会以后，党组织才给我们这些家庭出身不好，但在政治上、工作上长期表现较好的人开了大门，使我有机会实现多年的愿望。

我是研究中国近代史的学者，对新旧中国有较多较深的对比和了解，懂得一点历史发展的客观规律。我确认中国共产党是中国历史上最彻底的爱国集团，是中国历史上唯一能振兴中华的政治指导者。没有中国共产党就没有新中国，已是历史认定了的真理。党组织理所当然地是追求进步的人民的最高司令部。凡立志献身祖国的人，无不拥护乃至加入中国共产党，以尽为祖国为人民奋斗终生的职责。1984年1月20日，我郑重地向党组织递交了入党申请书。1984年11月24日，川大历史系党支部全体党员一致通过我入党。12月7日，原川大党委书记赵铎同志代表党委与我谈话。他说："你有家庭问题包袱。背包袱而始终靠拢党，不是与党离心离德，另谋出路，这是很不容易的。"又说："解放以后，反反复复，总的是推动了社会前进。在反复过程中，能坚定共产主义信念是一件不容易的事情。"12月23日，校党委组织部部长贾大铃同志通知我：经党委常委讨论，通过接收我为中共党员的提议，预备期一年。一年以后，《中国共产党四川大学委员会校委纪（1986年）第3号》文件称："1986年1月16日，党委常委讨论决定：同意隗瀛涛同志按期转正为中共正式党员。"是年7月1日,我向党旗宣誓,履行了入党的全部手续。岁月不居,我入党已有十余年,事业建树不多,思想上暮气日增,中夜扪心,不禁汗颜。

1980年,我被晋升为副教授。1983年5月,晋升为教授。我一生经历了一个从小学教师到大学教授的行程。1983年,经张秀熟、潘大逵两位前辈的推荐,省委统战部批准,由四川省省长蒋民宽聘任我为四川省文史研究馆馆长,我时年五十三岁,据说是当时全国最年轻的省文史馆馆长。四川省文史研究馆成立于1952年,是党和政府为安排部分有文史专长、有名望的老年知识分子而设置的、具有统战性、荣誉性的文史研究事业单位(正厅级)。我是该馆第四任馆长,前三位都是德高望重的老前辈。第一任馆长刘孟伉,四川云阳县人,老共产党员,工诗文、书法、篆刻,以能文著称。第二任馆长张宾吾,四川长寿县人,前清进士,曾任工部、吏部主事、弼德院秘书官、重庆大学教授等职。第三任馆长潘大逵,四川开县人,早年留学美国,曾任重庆大学、四川大学等校教授、系主任、院长等职,是著名的法学家、政治家。比起他们,我真是滥竽充数了。好在我是兼职,只过问学术上的大事和某些协调与应付场面的工作,具体馆务概由副馆长管理。只是在1997年文史馆参事室党组成立后,我作为党组成员,接触的事情才稍多一些。在文史馆,我做的事不多,但做事必认真,不因是兼职而有所敷衍,更从不在物质待遇上提任何特殊要求。因此,得到了前馆长潘老的奖掖。潘老在他的回忆录《风雨九十年》一书中写道:"继我者为精力充沛,年事不高,于史学颇有造诣的四川大学历史系教授(后任副校长)隗瀛涛。此年馆中各项业务蒸蒸日上,硕果累累,虽皆后来者之力,我亦觉得有荣焉!"事情是馆内全体同仁做的,我个人何足道哉!

1984年4月,我被国务院任命为四川大学副校长。在大学里,我一贯读书教书,未担任过任何职务,突然受命参加学校领导班子,真感惶恐不安,如芒在背。由于缱念专业,不胜"双肩挑"之苦,又很不习惯成天泡会议室的生活,我一上台就想下台,毫无恋栈之感。我辅佐校长鄢国森教授分管文科各系、所和研究生部的工作,曾兼任过四川大学出版社第一任社长、图书馆馆长等职。这一时期,正是十一届三中全会后教育改革与发展时期,我为学校文科的发展改革、新系的建立、科研的策划做了一些分内的事。特别是对"轻文"的现象,进行过比较坚决、有力的抗争。每遇有关文科的发展及其地位的争论,我必唇枪舌剑,绝不让人。以致在学校党委和兼通文史的化学专家鄢国森校长的支持下,在主管后勤部门的校长和同志们的支持下,使四川大学文科的办学条件有了一定改善,教学、科研工作皆有进展。在任职期间,我以不脱离教学科研实际、不脱离群众自律,对下级绝不颐指气使,盛气凌人,注意肝胆相照,协商共事。所以,我在近五年的副校长任内,虽然做的事情不多,但朋友交了不少。

1992年10月,我获得了国务院的政府特殊津贴奖。1981年,作为近代史学科的第一名指导教师,我为学校创建了中国近代史硕士学位授权点。1986年,又作为第一名指导教师,为学校创建了中国地方史硕士授权点。自1989年3月,我因年龄原因离开副校长岗位后，抓紧了博士学位授权点的创建工作，踏踏实实地出了一批较有质量的研究成果。1993年，经国务院学位委员会第十二次会议批准，我校中国地方史学科成为博士学位授权学科，认定我为博士生指导教师。这是我国第一个中国地方史学科博士点。中国地方史的教学与研究由此迈上了一个新的台阶。1998年经首届四川省学术和技术带头人专家委员会认定，我为人文社会科学学术带头人。

五　学术上的跋涉和探索

探索之一：从《四川保路运动史》到《辛亥革命与四川社会》

学术是无止境的。各门学问都需要在不同的历史条件下，从不同的角度和层次去发展与创新，这正是学术的生命力所在。我40余年的学术生涯，走的是一条相当艰难的探索之路。我不满足于已有成果，不愿人云亦云，重视学习继承，更重开拓创新。我的探索主要有两个方面：一是学科的拓展与深化，二是寻求学科与现实社会的合适的结合点，即如何在保证学术科学性的前提下，使学科为现实服务。

还在上大学的时候，我开始对中国近代史，特别是近代四川地方史发生了兴趣。这主要是因为我在大学二年级时有幸随伍仕谦、李祖桓两位先生参加了大足教案和川东北地区白莲教起义的历史调查。毕业后，又带领川大历史系、川师历史系的部分同学到川陕苏区做红军革命史调查工作。我深感四川这个历史悠久、特点显著的内陆大省的近代史，有许多方面还是未开垦的处女地，很值得我们去劳作开发。1958年，学校在"大跃进"浪潮的推动下搞教育改革，决定历史系开设四川近现代化史课程，研究省情。我从下放劳动的江油县马角坝农村被调回学校，担任了这门课的教学与研究工作。我最初在基本史实，如鸦片战争的影响、石达开部太平军在四川的斗争、教案和四川红灯教（四川义和团）等问题上摸索，后来才集中精力从事辛亥革命史（主要是四川保路运动）的研究。这项研究的入门导师是老同盟会会员、著名的无产阶级革命家吴玉章老前辈。

1959年6月13日，吴玉章先生回到了四川。他在四川省人民政府的平房会议室召开了一次研究辛亥革命史的座谈会。我作为年轻的四川地方史工作者参加了会议。在此次会议上，吴老详细地讲解了辛亥革命在四川的历史。他指出："辛亥革命时期四川最突出的事件就是保路运动，这个运动对辛亥革命起了巨大的作用。这次运动的特点是群众性的动员面很宽，政治性强，一开始就是反对帝国主义的。说明人民有力量来办铁路。"他希望史学工作者尽快地把这段历史整理研究出来。①在吴老的启示和张秀熟前辈的关怀下，我开始了四川保路运动史的资料收集和初步研究工作。1961年写成《四川保路运动》一文，参加纪念辛亥革命50周年学术讨论会，该文后被收入了中华书局出版的《纪念辛亥革命50周年学术讨论论文集》。时逢张秀熟前辈主编的《四川文史资料选辑》创刊，为纪念辛亥革命，张老命我写一篇论四川保路运动的文章于刊首发表，有代序言之意。前辈们的鼓励、教导、鞭策，引动了我研究四川保路运动史的兴趣，也坚定了我的信心。

当时，有关四川保路运动的研究成果，国内仅有少数论文，有了一本《四川保路运动史料》，但还没有一部专史问世。我下定决心来填补这一学术空白，力争写出国内第一本保路运动史专著。但当时收集资料特感困难，有关资料相当零碎分散，加之政治因素的影响，一些当事人有顾虑而不愿意深谈或提供资料。至于我国港、台地区和国外的有关资料，在那时是看不到也不敢看的。特别是政治运动频繁，占去了不少时间，以致研究工作时起时停，进展缓慢。"文化大革命"开始后，对此工作，再也无力问津而完全停顿了下来。直至"文革"后期，人们对大风大浪已见惯不惊，对一些"革命行动"也看透了，我才将旧有的资料从床底下翻检出来，重新开始了研究工作，锲而不舍地苦撑苦干。

我主张地方史的研究不能局促于一隅，应该立足地方，放眼全国乃至全世界，使地方史与全国史结合互补。1976年，我应邀参加了章开沅、林增平教授担任主编的大型专著《辛亥革命史》的编写工作。其时，林增平还戴着"反动学术权威"的帽子在乡下劳改。本书组织者、人民出版社的林言椒和章开沅的最初意见是要我任该书副主编。但"左"的余威尚存，学校有的领导警惕性甚高，以我家庭出身不好，根子不正，底子不红不予同意。我只能作为编写组一个主要成员参加工作，与吴雁南教授同任中册主编（该书由人民出版社在1980年出版）。通过这项集体攻关项目，我了解了国内外研究辛亥革命史的学术动态和许多整体性的问题，又结识了一批学有专长、胸有大志的朋友。在《辛亥革命史》编写开始时，"四人帮"尚在台上大施淫威，形势相当严峻。据说姚文元放话：现在有那么些人对资产阶级革命如此感兴趣，很值得注意。意即这是阶级斗争的新动向的一种表现。但是，我们却团结一致，顶住压力，艰苦创业，患难与共。没有研究经费，就依靠林言椒设法在人民出版社预支稿费。我们开会不可能住高级宾馆，更没有经费和时间去游山玩水，酸甜苦辣为一书。在夏日炎炎的季节，我们挤住在武昌造船厂简陋的招待所内，躺在烫人的床上，大汗淋漓地思考问题。我们曾经在贵阳的一个劳改局招待所内摸黑聊天，也曾在成都的"好吃街"（即总府街，因小食品多，章开沅教授称之

---

① 20世纪80年代中期，中国人民大学著名经济学家宋涛教授率国务院学位委员会检查组，来川大检查经济学研究生培养情况。我当时任川大副校长，分管研究生工作，在接待他时谈及四川保路运动等。宋涛教授说：吴老任人大校长期间，我等常去拜访，曾问吴老，新民主主义革命时期四川为何出了好几位元帅？吴老回答说：一个重要的原因就是辛亥革命时期的保路运动，使爱国主义精神得到了较大发扬，激扬了一代青年的救国救民志气，接着是留法勤工俭学运动。爱国主义抚育了一代革命者，脱颖而出了好几位元帅。

曰"好吃街")上津津有味地品尝成都廉价的风味小食。至于贵阳街头卖的"恋爱豆腐"(一种包有佐料的煎豆腐块),更是章开沅教授首先发现并大力推广的心爱之物。在林增平教授家的饮酒大赛,不仅推出了李侃、金冲及、李时岳(已故)、林增平(已故)、汤志钧等"五虎上将",还令龚书铎教授和我甘拜下风而成为诸大将之侍从。著名的章开沅教授在今天盛宴待客已是轻而易举,但当年他款待客人唯有冬瓜煮汤,最豪华是开一个午餐肉罐头。但是,我们不仅写出了新中国第一部大型辛亥革命史专著①,而且谱写了学者们患难之交的赞歌。除上述几位学者外,张磊、王天奖、刘望龄、肖致治、崇汉玺、林家有、冯祖贻几位教授、研究员,对我的许多教益和帮助也是令我终生难忘的。可痛者,博学厚重的林增平教授不幸于1992年底病逝。1998年,刘望龄教授又逝世了。巨星先后陨落,是我国史学界的大损失。学术的探索不仅靠书本,也要靠学友。能有一批学有专长、品格高尚的学友,就有学术思想的交流和前进的支撑力量,从而形成学术的整体优势。

在参加《辛亥革命史》的编著工作中,我突出地感到写一本《四川保路运动史》的必要。四川保路运动是辛亥武昌起义的导火线。辛亥革命发轫在广东,导发在四川,首义在武昌,结束在南京。四川保路运动的历史作用必须肯定,前此有关辛亥史著作,论述保路运动史却相对薄弱。作为四川的历史学工作者有责任写出较翔实的论著去填补辛亥革命史研究的一个薄弱环节。我与吴雁南教授主编《辛亥革命史》(中册)时,就力主将保路风潮列为专章(该书第9章)来写,以确立这次运动应有的历史位置。同时,我抓紧了《四川保路运动史》一书的写作。这本历时20余年的书,终于成稿,全书27万余字。在四川人民出版社责任编辑顾亚同志的帮助下,于1981年9月正式出版。它的出版,引起了近代史学界的注意。章开沅教授评价该书说:"在同类著作中堪称领先地位"。《中国历史学年鉴》则视为地方区域史研究"行将扩大和深入的先声"。《国内外辛亥革命史研究综览》(湖北教育出版社1991年版)写道:

> 《四川保路运动史》共分5章,前两章作为保路运动的背景,深入考察了列强势力的入侵、清王朝的暴政、群众的自发反抗斗争以及资本主义经济在四川的初步发展、资产阶级立宪派和革命派的活动。由此提出,四川保路运动是近代四川社会基本矛盾的总爆发,是四川各种爱国力量和革命力量的大汇合。
>
> 在其后的几章中,作者分析了川汉铁路公司的成立演变,保路爱国运动的三个发展阶段直至保路同志军的武装起义和四川独立。作者认为,保路运动以鲜明的反帝反封建性、群众性以及武装起义的广泛性为特色,它在全国革命形势的推动下发生,并给全国的革命运动以巨大影响,起了"引起中华革命先"的历史作用,因而是辛亥革命史研究中不可缺少的部分。
>
> 作者以丰富的史料和有力的逻辑证明,保路运动的基本动力是以农民为主

---

① 此书由宋庆龄题写书名。

体的人民大众,资产阶级则充当了这一运动的领导。所以保路运动和保路同志军起义不同于历史上旧式的农民运动和农民战争,而是中国资产阶级民族民主运动的一部分。该书认为,川汉铁路租股的普遍抽收,具有资本积累的性质,从而将四川封建经济的一统天下打开了一道缺口,产生了(应为"加强了")民族资产阶级,并促使封建地主在不同程度上向资本主义转化。因而领导保路爱国运动的立宪派士绅,尽管是由封建营垒中分化而出,身上还沾连着封建主义的色彩,也没有资产阶级民主革命意识,但他们又明显不同于封建士大夫,而是一群在政治上要求改变封建君主专制,实行一定资产阶级民主,在文化思想上接受了一些西方资产阶级政治和社会学说的新的近代知识分子集团,是民族资产阶级的上层。这种绅权与官权的斗争,不是封建阶级内部的斗争,而是资产阶级反对帝国主义及其走狗的斗争。

上述评论比较准确地概括了《四川保路运动史》的基本内容和作者的写作思想。《四川保路运动史》是我国最早出版的一部论述这一历史事件的专著,曾获得四川省哲学社会科学优秀成果二等奖。[①] 它问世在党的十一届三中全会召开不久的80年代初期。现在回头来看,这本书也有明显的时代局限性。主要表现在:

1. 史料不够充实,内容不丰满,有些问题没能发现,更没有展开与深化。

2. 有"左"的影响痕迹,"以阶级斗争为纲"的影响比较明显,对思想文化领域涉足甚浅,对清王朝的"新政"等问题缺少客观评价。

3. 为了赶上纪念辛亥革命70周年,本书在渡口市(今攀枝花市)新华印刷厂印制,时值夏季,四川发大水,交通梗阻,责任编辑与作者对书稿无法反复校对,因而错字、漏字、文字错乱之处不少。从许多方面看,《四川保路运动史》是不成熟的。有些问题我虽然在《四川近代史稿》一书的有关章节做了一些订正、补充,但《四川保路运动史》仍有修订、增订之必要。

四川是我国的一个多民族的大省,在重庆市直辖以前,有1亿多人口,57万平方公里的辽阔土地。这里,除汉族外还世居着彝、藏、土家、苗、羌等14个民族。四川各族人民有着久远的历史文化和优秀的爱国革命传统,特别是在近代,四川人民进行了前赴后继的反帝反封建斗争。四川虽僻处祖国西南,但在世界大趋势的影响下,开始了缓慢的早期现代化过程,出现了许多与封建传统社会不同的新事物,并在政治、军事、经济、文化诸方面为国家和各民族做出了许多新的贡献。但解放30余年,四川还没有一部通史性的四川近代史问世,这是一个历史研究的空白,也是历史工作者的遗憾。

1983年10月,四川省社会科学院副院长谭洛非同志(已故)建议,邀约四川大学历史系和四川省社科院从事地方史研究的同志组成《四川近代史》编写组,由我和李有明任主编(后增加了李润苍同志),在已有的研究成果的基础上,编写一

[①] 不知何故,我国哲学社会科学迄今未进行全国性评奖活动,因此最高奖只有省部级奖。

部较全面反映近代四川人民反帝反封建斗争的书。这本书有 60 万字，于 1985 年 11 月由四川省社科院出版社出版。作为第一本《四川近代史》，受到了学术界的重视与赞扬，并获得四川省哲学社会科学优秀成果三等奖。开拓之功，人所公认。

随着我国改革开放的深化与学术思想的发展，从学术的视角来重新审视《四川近代史》一书，发现它还是不尽如人意的：

1. 它基本上以政治斗争史为主要内容，经济、文化史的叙述相对薄弱，未能更好地反映四川近代社会发展的各个侧面与层面，也不利于对政治斗争史认识的深入。书的框架结构与内容新意不够。

2. 编写组成员都是些老朋友。我虽忝列该书第一主编，但不便将自己的学术思想强加于人。编写过程大致是根据统一的提纲，各就分配的章节各抒己见。我写前言时也只得看菜吃饭，就事论事。且书稿出自众人之手，排印仓促，各章节轻重不匀，详略失当，我未能恪尽职守内疚于心。本书是群策群力，集腋成裘而成的。没有"腋"，成不了"裘"，但要成"裘"，又要依靠科学的剪裁和主刀者的统筹安排。集腋不易，成裘更难，这应该是我主编《四川近代史》的一个重要的经验与教训。

认识缺点与不足，往往成为新探索的驱动力量。主编一本《四川近代史稿》来弥补《四川近代史》的某些不足，并深化对近代四川社会的研究，借此较系统地亮出我对四川近代历史的若干看法的计划，提上了我的工作日程。

《四川近代史稿》的编写框架与基础，是我多年来的教学笔记和发表的有关论著。班子主要是我指导的中国近代史研究生。组织青年人上阵，既深化他们的学习，培养他们的研究能力，更借重他们思想的敏锐而少束缚，也有利于学术队伍的成长。

此书 59 万字，1990 年 4 月四川人民出版社出版。该书比之《四川近代史》确实前进了一步。台湾"中央研究院"中国近代史研究所前所长、研究员吕实强先生 1993 年 6 月在《中国现代史书评选辑》第 10 辑上发表了《吕实强评：隗瀛涛主编〈四川近代史稿〉》一文，对本书进行了详细的评论。从整体看，正如吕先生所指出："本书出版于 1990 年并且称为史稿，但前此 5 年，已有本书主编隗瀛涛与李有明、李润苍主编，而由四川省社会科学院出版的一部'四川近代史'，总页数为 707 页，仅比本书少约 130 余页，其整体架构亦有不少相类之处。以此推测，则本书必有胜过前书之处，且大略查对，本书亦较前书紧密均衡。故本评乃舍'史'而就'稿'。"吕先生的看法是客观的、深透的。至于为什么书名加了一个"稿"字，这是因为我认为本书仍然是不成熟的，尚待学者和读者斧正、补充乃至重写。

《四川近代史稿》注重探讨了以下问题：

1. 四川省作为中国内陆地区的一个大省，特殊的自然环境使之自古以来就形成一个颇具特色的区域空间。因此，着重研究近代四川历史发展的特色，将四川近代史放在全国近代史中去考察，更注意其发展的特点，即立足四川，放眼全国，注意共性，突出个性。地理环境的封闭性和人口众多的农业大省，是四川两个很值得注意的省情。

2. 当时，在四川有人将社会经济发展滞后的原因，归结为四川人保守而不开放的"盆地意识"作怪。我不同意这种提法，因为它不科学。这种提法有地理环境决定论与唯意识论的成分。从社会发展的角度看，居住在盆地的人，不一定必然是保守的。四川在改革开放的大潮中，比起一些先进省区来说是后进的。有的四川人思想保守而跟不上形势是后进的一个重要因素，确实需要改变。但是产生思想保守的根本原因应该从四川落后的农业经济中去找，这是根深蒂固的小农意识在新时期的表现。因此，本书的一个重点就是研究与揭示四川近代经济特征，以便为认识与克服这种保守意识找到根源和出路。我们通过四川资本主义的分析，说明了近代四川经济的落后性。自然经济直至新中国成立时，在四川的经济中仍占绝对的主导地位，没有新的强劲的经济动力就不可能牵引思想近代化的根本变革，厚重的小生产者传统意识也不可能被冲刷掉。

3. 注意了四川历史上的早期现代化（近代化）问题。我们不仅加强了近代资本主义经济的研究，也注意了四川人思想近代化的研究。将维新思潮、近代教育以及资产阶级民主思想的传播，作为四川早期现代化的浪花，列为专章专节叙述，还对在思想文化上产生过重大作用的尊经书院给予高度重视。阐明了经济近代化是社会近代化的基础，而思想文化的近代化则是社会近代化的先导。在阶级和阶层上，我们相当注重资产阶级和代表这个阶级利益的近代知识分子群体，也实事求是地澄清了一些由于"左"的政治影响模糊了真相的问题。如：肯定了清末"新政"对四川近代经济、文化发展的推动作用；谘议局在传播民主与法制、揭露封建专制，为保路运动推波助澜的作用；肯定了立宪派人士的爱国精神、削弱清朝专制和促进辛亥革命的客观作用等，在这些方面我们做了一些与前此不同的评说。在近代，尽管四川的近代化是迟缓的，程度也很低的，但开始了近代化的过程却是勿庸置疑的。这是历史的新内涵，也是历史发展的大方向。

对于这本书，吕实强先生还有一些中肯的评论。如：

> 本书有许多优点，值得称道介绍。如在资料方面，不仅广泛地参考了一般的有关著作，并且充分地利用了该省丰富的地方志书、地方人的记述、各种保存下来的档案，许多资料，为从前未被用过，甚至不曾被发现。这是十分难能可贵的。在撰写的布局方面，则兼重政治、经济、社会文化各方面，不似过去往往仅偏重政治斗争史。尤其在政治立场方面，则对所谓"资产阶级"的变法维新与革命运动，均给予了较为客观的评价。
>
> ……
>
> 在10页的前言中……具体表明了理想、架构的方向。这些目标与构想，都很具有理想性与开拓性；于区域史研究也提供了一项具有参考价值的模式；而且在以次的章节中，亦确是循这些目标与构想而进行，均深值肯定与称道。

我与吕实强先生虽忝列学术同行，但为海峡所隔离，没有见面的机会，甚至书信未通。本书能得吕先生重视并撰专文评论，我是十分感谢的。吕先生对我们工作的肯定是对我们很好的鼓励。吕先生以学者风采从学术上指出本书的某些缺点，我们也愿意继续研究。至于吕先生所说："至本书的缺点，主要在于意识形态的局限，对于许多问题的解释甚至描述难免失之于偏颇"。这说明了我们与吕先生在治学指导思想上的不同。对此，只好求同存异了。

辛亥革命史研究如何深入？这是我与学术界朋友们经常讨论的一个问题。我认为开辟新的研究领域，将视角触及新的历史境地，探求新的理论，采用新的方法，产生新的成果，应该是深入研究的一个途径。而将比较单一的政治斗争史模式，改变为综合比较研究模式，是认识深化的一个关键。《辛亥革命与四川社会》一书的编写就是将上述设想进行的一次新的尝试，该书企图用区域史的综合研究来强化辛亥革命史。这一课题是作为四川省哲学社会科学"八五"重点项目来完成的。《辛亥革命与四川社会》一书（25万字），在省社科联的资助和成都出版社及川大社科处的同志们支持下，于1991年9月出版，作为一份薄礼纪念辛亥革命80周年。

这本书的特色是将四川辛亥革命放在广阔的历史背景中去考察，即将研究的视野投放在经济、政治、社会、文化诸侧面，多角度、多层面地考察这次革命产生的原因、性质及意义。我们认为，辛亥革命既是近代中国社会基本矛盾发展的产物，也是中国社会早期现代化（即资本主义化）一定程度发展的产物。在当时，不可遏止的早期现代化趋势，必然与反对、压抑中国早期现代化的势力发生日益尖锐的矛盾。当反动势力严重阻挡早期现代化前进时（如帝国主义夺取铁路和清政府出卖铁路），以资产阶级为主要动力，旨在冲破反动势力的政治运动和革命运动的爆发是不可避免的。我们以辛亥革命时期四川的政治、经济、文化、社会诸方面确切的早期现代化趋势，说明了四川保路运动和保路同志军起义的深层次原因，并从一个有代表性的内陆省区的史实，由小及大，由近及远来深化对中国辛亥革命是一场比较完全意义的资产阶级民主革命的认识。

南开大学历史系李喜所教授在《近代史研究》1992年第3期上发表了《新领域·新特色——辛亥革命与四川社会评介》一文，对本书进行了专题评论。指出本书有两个主要的特色：

1. 区域研究和对近代中国社会的总体考察相结合，从近代的新角度探讨四川辛亥革命。2. 注重区域社会的综合考察，从农村、城市、自然经济、商品经济、市场、人口、社团、会党、教育、知识群体、地方自治等多方面去科学地论证辛亥革命时期的四川社会。改变了过去一些史学论著的单一模式，展现的是一幅多彩的辛亥革命时期四川社会的风情画。这对于从区域社会方面去研究辛亥革命史是一大贡献。

李喜所教授是辛亥革命史专家。他的评论可谓把握住了本书的精髓，表示了开拓创新是史学界同仁的共同愿望和共同事业。

从《四川保路运动史》、《辛亥革命史》（中册）、《四川近代史》、《四川近代史稿》到《辛亥革命与四川社会》，反映了我在学科领域内数十年留下的一些浅浅的、坎坷的、前进的足迹。这些足迹还不能说是成功者的足迹，只能是一些知难而进的足迹。

附：

隗瀛涛教授谈深化辛亥革命研究的构想

李殿元　屈小强

在辛亥革命80周年前夕，我们采访了四川省文史研究馆馆长隗瀛涛教授。这位在辛亥革命研究领域有着筚路蓝缕之功的学者，在谈到今后辛亥革命研究如何深化时，畅述了近年他经常琢磨并正在实施的三个课题构想：

第一，应把包括保路运动在内的辛亥革命放到更加广阔的社会背景中考察。辛亥革命发生时的中国资产阶级其实还很弱小，资本主义很不发达，也缺乏理论建设，所以辛亥革命建立的政权未能得以巩固，革命也未能给中国社会带来独立的资本主义经济。这种情形，使得包括被认为对中国革命持比较客观立场的法国白吉尔教授等也不能接受我们关于辛亥革命是一次比较完全的资产阶级民主革命的观点。为了真正讲清辛亥革命的性质，我们要首先摸清当时中国及世界历史发展的总趋势，要从经济（包括现代企业、交通）技术、文化思想教育（包括留学生运动）、科学等广阔的大背景上考察。可以说：19世纪末至20世纪初的中国，在世界大潮影响下，出现了一种要求实行资本主义制度、发展资本主义经济的近代化潮流。因为当时的中国人要生存、要发展，就只有接受资本主义的生产方式和生活方式。这就形成了一股要求发展资本主义的力量，震撼了整个半封建半殖民地社会。帝国主义及其走狗清王朝竭力反对这股潮流。辛亥革命正是中国人民同封建主义、帝国主义尖锐矛盾激化的产物，也是中国近代化潮流发展的产物；辛亥革命本身就是一次大的近代化运动。这次革命的目的，就是为中国近代化扫清道路。由此考察，才能回答为什么它没有成为旧式农民革命，为什么广大农民会成为资产阶级的追随者，为什么辛亥革命是一次比较完全的资产阶级革命……这一连串过去难以圆满解释的疑问。

第二，必须搞好城市近代化研究。辛亥革命时期的几乎所有重大事件，特别是1911年辛亥革命高潮期间的主要斗争都集中在长江流域的几个大城市：成都、重庆、武汉、长沙、南京、上海，成为革命高潮的中心。这个历史表象诚然与当时革命党人以城市起义夺取政权的方式有关系，但也不要忽略了城市是中国社会近代化潮流的中心这样一个历史事实。近代城市既是帝国主义侵略中国的主要基地，又是西方文明输入的窗口；既是封建势力盘踞的政治中心，又是近代中国资本主义发展和新阶级产生的场所。辛亥革命既然是在近代化潮流推动下发生并为中国近代化扫清障碍，那么它先在城市中爆发就有历史的必然性。尽管上述城市发展程度不一，但无疑都是全国或地区近代化水平最高的地方。因此，这表明辛亥革命是依靠资本主义势力来促成社会性质的改变的，解决的是资本主义的问题；或者说是以资产阶级革命的方式解决资本主义发展问题的。

第三，要加强区域史研究。中国是一个大国，近代政治、经济、思想、文化的发展在各地极不平衡，所以资产阶级革命的发展也在各地极不平衡。这就带来了在中国近代化潮流总趋势基础之上的各地资产阶级革命的不同特色。从这出发，要在研究全国辛亥革命的共同规律时，注意区域史的研究，以区域史研究补充全国史研究，丰富辛亥革命规律的总体理论。现在各地通过修志，发现了不少有关辛亥革命或辛亥革命背景的新资料，要充分利用，进行从个别到一般的归纳研究，使过去所了解和认识的辛亥革命的面貌更加完整。

隗教授最后介绍他在"八五"期间的研究课题：目前为搞好长江上游的近代城市史研究，他正在主编《辛亥革命与四川社会》，逐步把自己关于深化辛亥革命研究几点构想付诸实践。

（李殿元、屈小强：《隗瀛涛教授谈深化辛亥革命研究的构想》，载上海社会科学院主办：《社会科学报》，1991年9月19日）

探索之二：近代中国城市史研究

从20世纪80年代中期起，我将研究的视角投向了一个新的学术领域——中国近代城市史。在国内，研究近代城市史，我和我的同事们可以算是一群开拓者。这方面的研究工作是从1987年，由近代重庆城市史这一国家社会科学"七五"重点科研项目带动起来的。课题组先后出版了《重庆城市研究》（论文集，35万字）、《近代重庆城市史》（专著，65万字），并在《近代史研究》《城市史研究》《天津社会科学》等杂志上发表了多篇文章，在学术界产生了较大的影响，初步形成了自己的特色和研究队伍。区域城市史研究成了我国第一个中国城市史专业博士点的支柱研究方向。这表明，我们的新探索是符合国家社会科学发展之需要的，前景是好的。

下面就几个问题谈谈自己的看法。

为什么要选择近代城市史研究方向？

这与中国共产党的十一届三中全会后，我国史学界思想的解放，学术发展的要求，特别是以经济建设为中心的改革开放的新形势很有关系。近代城市史是我国源远流长的史学母体中分娩出的一门新学科。它兴起的驱动力来自史学自身，也来自史学以外的社会背景中。

欧美的城市学是在十七八世纪伴随着工业化、城市化而创立的。20世纪20年代，在城市化发育充分、"城市问题"日趋严重的美国首先构建了城市史学。第二次世界大战以后，欧美的城市史研究有了进一步的发展。据统计，国外有关城市史著作在20世纪60年代按年度平均计算已突破了500种，70年代中期为1000种，1982年已达1400种。

在中国，古代和近代都没有出现独立的城市史学。新中国成立后20多年，这一领域亦为学术视野所不及。这不能不是我国经济、学术发展滞后的一个表征。我国传统史学和近代史学是很有成就的，但是，视野不广，课题老化，领域狭隘等问题也一定程度存在。因此，史学界屡屡有学者提出如何深化，如何创新，乃至如何摆脱困境的问题。我也深感现代文明对史学的挑战是咄咄逼人的。拓宽研究领域，吸取新的研究方法，构建具有现代精神的新学科是历史学改革的一条出路。

在改革开放的新形势下，我国城市建设有了很大发展。1982年，国家提出了"要以经济比较发达的城市为中心，带动周围农村，统一组织生产和流通，逐步形成以城市为依托的各种规模和各种类型的经济区"。如何从历史的深度把握城市的形成、发展和功能的演变，文明的进化，并进而考察当今城市的状况、布局和发展，规划和预测城市发展的走向和城市化、城市近代化的道路，就成了一个有机交融在一起的理论与实践课题。构建历史学与经济学、社会学、城市管理学等学科交叉的新学科——城市史学就成了社会与学科发展所必需了。适逢国家在制定"七五"社会科学重点研究课题指南时，中国社会科学院近代史研究所所长王庆成研究员建议，将研究近代城市史列入计划。我作为国家社会科学规划历史学科组的成员，立即表示赞同，并承担了《近代重庆城市史》课题，与上海、天津、武汉的有关学者一道投入了我国近代城市史的构建工作。1989年，邀请有关学者在四川大学召开了全国第一次中国近代城市史学术讨论会，学校决定成立四川大学城市研究中心，使四川大学成为我国近代城市史研究的基地之一。

实现史学现代化的关键，首先在于寻求史学与现代化经济建设的科学结合点，寻找新的时代、新的历史任务向历史学提出的新问题。我反对庸俗而肤浅的以史注论，更反对"四人帮"的阴谋史学，主张坚持科学的严肃性、客观性，加强基础理论的研究。但是，我认为学术不应该脱离现实，不食人间烟火。学术为社会服务，为人类造福，正是它的科学性和功能的表现。因此，我也反对食古不化、闭门造车、僵化而无生命力的史学。在选择科研方向时，力求把科学性与时代使命结合起来，从国家富强、人民康乐的大局来考虑自己的研究工作。这是我从事中国近代城市史研究的指导思想。

列宁讲："城市是经济、政治和人民精神生活的中心，是前进的主要动力。"有人统计，至1992年，我国已有400多个建制市，1900多个县城，还有大量小镇（1987年底县辖建制镇有9121个）。其中有北京、上海、天津、武汉、重庆、沈阳、广州等一二十个中心城市。这些城市是具有综合性多功能的经济中心，是推动商品经济发展的主要动力，对我国的经济建设起着特别重要的作用。今天的城镇是由前天和昨天的城镇发展而来的。研究城市史，特别是中心城市史，可以为我国的城市改革提供有用的历史经验。

1949年新中国建立以后，党的工作重心从过去"农村包围城市"转到了城市领导农村上来。在第一个五年计划时期，国家有计划地建设了一批作为工业基地的中心城市。其中最突出的是沈阳市、长春市、哈尔滨市等得到了较快的发展，逐步建立了一批有明确支柱性产业的中心城市。北京、上海、天津、武汉、重庆、西安、广州等中心城市的基础设施也有明显的改善。60年代和70年代又逐步建设了一些新的城市，如鞍山市、攀枝花市等。但是，从1958—1978年的20年间，由于在城市理论和政策上的失误，阻碍了城市、特别是中心城市的发展。从经济学的角度看，这些失误主要是：

1. 在理论上用产品经济的理论否定了城市经济的商品性。城市经济的本质就是商品经济。城市本身就是人类社会分工和商品经济发展的产物，因商而兴是城市发展的普遍规律。城市的基本功能也就是发展商品经济。否定了城市经济的商品性，中心城市的大市场作用实际上就被取消了。早期形成的商品集散功能，被产品经济和计划调拨取而代之，中心城市的作用不可能发挥出来。有的人主观上要缩小城乡差别，但错误地不去提高农村的发展水平，而是去压制城市的发展，不是以先进去带动落后，而是以落后来改变先进。

2. 条块分割的管理体制割裂了城市经济的内在联系。商品经济是一种由社会各方面分工协作组成的联系极为紧密的经济，需要专业化分工和协作的发展，使整个城市经济成为一个有机整体。但在1958—1978年这20年间，一时采用以块块（即地方）为主的管理体制，一时又采用以条条（即部门）为主的管理体制。最终形成一个部门壁垒森严、地方相互割据的条块分割的体制，把一个有机整体经济分割得七零八落。城市在历史上已经形成的各种内在联系遭到了人为的破坏，各部门自搞"大而全""小而全"，很难从城市的社会化中得到提高经济效益的外部条件。

3. 以封闭的行政区划进行经济活动，阻碍了中心城市作用的发挥。商品经济的内在本质决定了它不可能局限在某一区域内，其经济活动范围是不可能有一个明确的疆界的。正因为如此，中心城市才可能成为一个大区域的经济中心。新中国成立后实行的管理体制，却是按行政区划，用行政手段来管理城市经济活动的。城市的经济活动只能在它划定的行政区域内进行，不得与外省外市外地发生经济联系，至于同外国贸易往来，开展经济、技术合作就更没有权利了。这样，就割断了城市与乡村长期自然形成的经济联系，工业品和原料、副食品都不能直接交流；也中断了城市与城市之间的经济联系，分工协作关系被打乱，经济效益降低。同时又破坏了城市本身具有的、可以远远超出行政区域范围进行各种经济活动的功能，失去了中心城市的经济中心作用。

4. 片面地强调生产性城市，削弱了中心城市的多种功能。商品经济的运行和发展，是由生产、流通、分配和消费四个环节组成的再生产统一体。中心城市在商品经济发展中的各种功能，具体要通过这四个环节来实现。城市功能不是单纯生产物质产品，中心城市的流通功能应该是基本功能。这个功能和分配、消费功能如果被忽视了，中心城市的大市场优势也就被否定了。片面地追求工业建设，将城市仅看成工业基地，忽视城市基础设施和第三产业建设，造成了城市产业结构畸形发展（以上诸种失误，在林凌主编的《中心城市综合改革论》一书中有更为详尽的论述）。

以上失误，造成了我国城市 20 年发展的停滞甚至萎缩，给国家的经济文化建设带来了巨大的影响。这些失误，有认识上的局限，思想上的偏差，体制上的弊端，政策上的失策。一句话，就是不按城市发展的规律办事。造成失误的一个重要原因，就是没有认真去研究中国和世界历史上城市发展的基本规律。对城市的发生、发展以及中心城市的作用、城市发展的历史特点几乎一无所知，而主观地盲目地在城市建设上拍板行令，跟着感觉走，没有不在客观事物面前碰壁的。

我国的城市有久远的发展历史。在古代就有一批起过经济中心作用的城市，如唐代的长安，宋代的汴梁。近代以来，又有一批中心城市兴起并发挥出一定经济中心作用，特别是一批开埠城市（从鸦片战争至清末，包括自开的商埠，总数已超过 100 个）。这些城市发展迅速，一般都成了一个地区或一个大区乃至全国的经济中心城市。它们发展在特定的历史条件下，城市的性质与社会主义城市相比自有根本不同，它们是封建性或半殖民地、半封建，甚至殖民地性质的城市。其发展受着帝国主义、封建主义的严重束缚，但是都作为历史的遗产交给了人民。它们发展的若干经济条件和规律以及管理方面的经验教训，也应该作为历史的遗产，历史的借鉴，而不应一概摈弃。前车之鉴，这对克服今天建设者的某些盲目性、随意性是很有好处的。作为历史研究工作者，主动地了解当前城市建设中的问题，急民生所急，科学地总结城市发展的规律和经验教训，面向经济建设主战场，是改革科研，发展学术，发挥学术功能，增强学术生命力的义不容辞的责任。

一门学科的盛衰，归根到底是这门学科社会需要的程度。城市研究适应了国家经济、文化建设之需要，合乎改革开放之潮流，必将富有生命力而得到发展。

近代城市史研究为什么从近代重庆城市史着手？

我的近代城市史研究工作是以重庆城市史为突破口的。这一课题是国家"七五"社会科学研究的重点课题，得到了国家社会科学基金的资助。这不仅有人缘和地缘的有利条件，更为重要的是：

1. 重庆在近现代中心城市中具有典型性和代表性。

重庆是一个因商而兴的城市，商品经济是其城市化的动力。从宋代起，重庆就向商业繁荣、人口密集的城市演进，在明代已成为我国著名的商业城市，到了清代重庆成了长江东西贸易主干道的起点，是长江上游商品集散中心。1891 年，重庆被迫开为商埠，向资本主义世界市场开放，揭开了重庆的近代历史，进出口贸易大幅度增加，并逐步从商业贸易中心向多功能综合性经济中心转变。19 世纪末 20 世纪初，重庆的近代工业开始出现。全面抗日战争时期，沿海和长江中下游的工业大量内迁（约有 400 家工厂迁渝），加上适应抗战需要新建的一批厂矿，使重庆全市工矿企业达 1600 家，工业职工人数达 10 万人。工业结构由轻工业为主转变成以重工业为主，兵工、机械、冶金、采矿等行业比较齐全，是西南最大的工业城市，也是当时"国统区"最大的工商城市，国民政府的陪都。人口从 30 多万，增至 100 多万。大小公司商店发展到 27481 家，银行、钱庄多达 162 家。新中国成立以后，重庆经济建设有较大的发展，经济实力明显增强，但是，中心作用衰落了，与国内其他中心城市如上海、天津、广州、大连有同样的情形。从 1958 年起，在生产、建设、流通等各方面都不断滑坡，到 1966 年"文化大革命"开始后，在行政上成了相当于地区专署一级的一般城市，不仅难以带动原有经济区的发展，而且自身难保。至 1978 年，清朝末年引进的动力设备仍是重庆一些骨干企业的主要装备，生产发展缓慢，城市面貌基本上没有多大改变，人民群众的衣食住行均遇到了较大困难。重庆不仅在全国乃至西南经济发展中的地位和作用急剧下降，城市的中心地位和作用也基本上被否定了。重庆这样一个老中心城市为什么 20 年内就迅速衰落了？重庆如何重振雄风？不是很值得研究的问题吗？

2. 重庆是我国实行综合体制改革最早的大城市。

1978 年，中国共产党十一届三中全会以后，开始了以扩大城市的企业自主权为标志的经济体制改革。为寻找我国整个城市经济体制改革的突破口，党和国家进一步提出了以城市为单位进行的经济体制综合改革，而这一探索最早是在沙市和常州等中等规模的城市中进行试点的。重庆自 1978 年起进行扩大企业自主权试点以后，改革步子加快，进行综合改革试点的条件比较成熟，所以大城市的这种改革首先在重庆开展，以探索发挥城市中心作用的路子。1983 年 2 月 8 日，中共中央、国务院批准了中共四川省委、省人民政府《关于在重庆进行经济体制综合改革试点意见的报告》。从此，重庆综合体制改革正式开始，进入了以城市经济体制改革为主要内容的新阶段。这一改革很快推向武汉、大连、沈阳、哈尔滨、西安、广州、青岛、厦门、深圳、宁波以及成都、南京、长春等我国一大批中心城市。改革的潮流浩浩荡荡，要求从各方面提供推动力量，也需要历史学家去研究这个城市的历史（特别是近代历史）以推波助澜。改革形势的发展，呼唤我们去研究近代重庆城市史这一崭新的课题，从调查研究入手，结合历史实际，联系现实改革，写出一本符合重庆历史发展实情并能为改革开放所用的著作。

《近代重庆城市史》的研究思路是以重庆城市近代化（早期现代化）的历史发展过程为主线，以研究城市的结构和功能的发展演变为基本内容的。研究的主要问题是：

1. 城市地域：包括城市空间、城市腹地、城郊结构、城市社区结构等。

2. 城市经济：包括城市工业、商业、金融、交通的发展以及产业结构，流通渠道，分配与消费，城市基础设施和公用事业，城市外部经济联系等。

3. 城市社会：包括人口、阶级和阶层、社会组织、社会流动、市民生活方式、社会习俗、社会问题等。

4. 城市政治：包括城市政权、城市行政管理、政治组织和政治活动等。

5. 城市文化：包括教育、科技、新闻、出版、大众文化、价值观念等，力图探求"重庆精神"。

研究的主要结果说明：（1）重庆是一个因商而兴的城市，城市的发展是以商业为条件的。重庆从地理上形成的水运优势是四川各地所不能比拟的。因此，充分开发和利用长江、嘉陵江的水运系统，发展自己转口贸易的优势，站住长江上游"天府之国"与中游"鱼米之乡"、下游"金三角"直接联系的枢纽位置，仍是当今建设重庆所必须重视的问题。（2）我们通过内外贸易情况的研究，强调了重庆作为商业中心的重要性。并指出：近代以来，重庆商业的发展引导着传统城市走上了近代化道路，城市的主要功能开始由政治中心让位于经济中心。还指出：近代重庆经济发展的历史表明，重庆近代经济中心的形成经历了商业——金融——交通——工业的发展过程，而带领重庆走向近代化道路的是商业的近代化，重庆具有大市场的优势。课题组运用历史证明了城市经济本质上就是商品经济，找出了重庆城市发展停滞、萎缩的根源就是否定了城市经济的商品性和片面强调生产性。（3）我们还着力研究了近代重庆城市发展的特点，从其地理环境考察了重庆的位置特征以及由此衍生的主要经济特征，提出解除分割，打破封闭以发挥其优势。从其成长的动力分析，指出了开放是重庆城市近代化不可缺少的条件。

我们说明的问题，是重庆城市发展史上的客观存在，是不以人们的意志为转移的。有许多东西是可以为我所用的，对今天的改革仍有参考价值。因此，《近代重庆城市史》（65万字）1991年由四川大学出版社出版后，社会反映是很好的。著名学者戴逸、张岂之、王庆成、汪敬虞、李侃、林增平、胡绳武、汤志钧、张磊、吴雁南等评阅此书后认为：该书"篇幅浩瀚、内容丰富、材料翔实、叙述畅达而立意新颖，为城市史研究开辟了蹊径，这是一部很有学术价值和现实意义的重要著作"，"是一部功力深厚的著作，为我国近代城市史研究奠定了很扎实的基础"，"具有开拓性意义"。从学科发展而论，有的作者评论说：《近代重庆城市史》"突破了中国近代史的传统格局，显示出史学向社会、经济、文化以及贯穿其中的近代化历程的倾斜"。有的学者预言："城市史有可能成为中国近代史研究的一个突破口。"（《历史研究》1992年第3期）因此，这本书获得了1992年四川省哲学社会科学优秀成果一等奖。

怎样拓展与深化城市史的研究？

构建近代中国城市史学科，当前尚在起步的阶段。作为一个研究工程，应该多方位地去开拓，还要有理论的深化，课题和研究方法的更新。作为一门新学科的内涵，在深入城市个案研究的同时，应该进行区域城镇体系与全国不同类型城市以及中外城市的比较研究。为此，我在1991年天津召开的第三届中国近代城市史研究学术讨论会上，代表"近代重庆城市史"课题组提出了近代中国区域城市研究的初步构想。文章发表在《天津社会科学》1992年第1期上。

我认为：要进一步深化对近代中国城市发展规律的认识，还需要扩大研究视野和研究范围。在个案研究的基础上，进而对区域甚至对全国有代表性的城市进行综合比较研究，对城镇体系、城乡网络进行整体宏观考察，由点及面地弄清城市发展的历史、特点和规律。

在探讨中国近代城市史研究的基本内容时，我们曾经提出有必要区分两种不同类型的城市史：一种是以国家或地区城市体系或城市群体为研究对象的城市史，如中国近代城市史，长江上游城市史；一种是以单个城市为研究对象的城市史，如近代重庆城市史，近代天津城市史。区域城市史是以一个在政治、经济、社会、文化诸方面有共同联系和特色的地区的城市体系、城市群体为研究对象的历史。这是我们提出的关于区域城市史研究对象的看法。

至于区域城市史研究的基本内容至少应包括三个方面：

1. 区域内城市体系发育演变的历史，即一定地区范围内若干规模不等、性质不同的城市，互相依存而形成的城市系统。考察的主要内容：（1）区域内不同规模、类型城市的结构和功能以及由此形成的城市体系的总体结构和总体功能。（2）各类城市的数量、规模、地理布局和等级结构。（3）城市之间、城乡之间的政治、经济、社会、文化的联系内容和形式。（4）中心城市在城市体系中的地位和作用。

2. 区域城市化的历史道路和发展水平。我在《近代重庆城市史·绪论》中提出："近代中国城市史的基本线索有两条相互推进、相互制约的主线，一是近代城市化过程，二是城市近代化过程。""在不同类型的城市史中，这两条主线应有所侧重，全国或区域城市可以侧重城市化这一线索。"所以，近代区域城市研究的一个基本内容应是区域城市化的历史道路和发展水平，把握近代中国城市发展的基本规律。从马克思主义关于城市发展的基本原理，即城乡分离和城乡对立运动"贯穿着全部文明的历史并一直持续到现在"出发，城市化运动最基本的规律，在古代是"城市乡村化"，在近代则是"乡村城市化"。所谓城市化的定义应基本概括为：城市化是一个变传统落后的乡村社会为现代的城市社会的自然历史过程，但这一过程从世界城市史看，并非古已有之，而是近代历史的产物。中国的城市化当有自己的特色，尚待研究。

3. 区域内的城乡关系。在城市体系中，城市处于中心地位，而广阔的乡村则是城市中心地位确立不可或缺的依托。乡村社会经济的发展变化，很大程度上制约着城市功能和规模的发展。近代城乡关系主要体现在城乡分离、城乡联系和城乡对立三个层面。城乡关系的变化，既有传统的延续，也有近代的演变。近代区域城市史应该研究这个层面的变化及其特点。

以上是我和谢放教授在 20 世纪 90 年代初提出的关于研究区域城市史的一些看法，这些看法已引起有关专家的注意。武汉皮明庥研究员在《城市史研究略述》一文中说："隗瀛涛还具体提出区域城市划分标准以及研究要点，即研究区域内城市发育历史、区域城市化水平、区域内城乡关系等，这些都是可以引发思考的见解。"（《历史研究》1992 年第 3 期）

1992 年 6 月，我作为课题负责人申请的《中国近代不同类型城市综合研究》，获准列入国家哲学社会科学"八五"期间重点研究课题。这一课题是在近代个体城市和区域城市研究成果的基础上，就近代中国各种不同类型的典型城市进行综合研究，以城市近代化为基本线索，从微观到宏观探讨中国近代城市发展的特点和规律，希望将近代城市史研究推向一个新阶段。

研究学术旨在弘扬学术。为此，既要虚心学习，吸收前人的成果，积极地吸收外国文化，更要不断前进，推陈出新。前人的成就，后人的宏扬都是创新的结晶。要创新就要开拓。开拓是严肃的，也是十分艰辛的。这需要开拓者在强烈的学术使命感和责任感的驱动下，筚路蓝缕，披荆斩棘。开拓有成功的喜悦，有失败的折磨，有不足的困扰，还有流言蜚语的责难，但是无一不是对学术的奉献。从学术发展的角度看问题，开拓被承认固然是好事，被扬弃也不是坏事，事物总是在匡谬求真中进步的。做学问的人应有甘当一粒铺路石子的精神，有了路就可以便利交通。踏碎了路上最初铺下的石子，是可以由后来者补上的。我在《近代重庆城市史》的前言中说："如果这本书能成为我国近代城市史研究之路上的一颗最初掷下的石子，我们将感到无限的满足。我们热忱地请求学术界同仁和读者们来关心这颗石子，打磨这颗石子。"这是我的真实心声。我珍惜这颗小石子，尤其期待这颗小石子被学术车轮磨光，乃至辗得粉碎。

探索之三：历史研究的新视角

近20年来，随着国家社会主义现代化事业的进步，历史学研究也出现了新的动向：现代化的理论与实践牵动了历史研究的现代化变革；历史研究向贴近现实、贴近经济建设和社会发展的方向运转。

通过在理论上与实践上否定"两个凡是"（凡是毛主席做出的决策，我们都要坚决维护；凡是毛主席的指示，我们都始终不渝地遵循），以及实践是检验真理的唯一标准和建设有中国特色的社会主义的讨论与学习，史学界逐步地解放了思想，明确了以下一些重大认识问题：

1. 马列主义、毛泽东思想是我们的指导思想，其基本原理和方法论是历史研究的根本指南，但是，指导思想不能代替具体事物的具体分析，也不能代替历史研究。这就让史学研究者摒弃了新中国建立以来逐渐滋长的以原则代替具体分析，以史注论，以语录代替结论的教条主义倾向，研究工作更加实事求是。

2. 摆脱了"以阶级斗争为纲"的思想束缚，出现了生动活泼、多层面、多角度的历史研究活动。将单一的政治史、革命史的研究，拓展至经济、文化、社会等多领域研究。将只歌颂劳动者，咒骂统治者，延伸至对社会各阶级、阶层的研究并给予历史唯物主义的评论。历史研究出现了百花齐放，百家争鸣的繁荣景象。

3. 随着改革开放，社会科学（包括历史学）由唯我独尊转为吸收诸家之长，从排斥国外学术到注重国际学术交流，从一言堂变为博采众议，既重视自己的传统，又不轻率地否定外部世界的学术成果，承认了世界文化多元化，各国各族文化各有特色，各有所长。历史研究开始主动引进、思考国外和我国港台地区的成果，吸收国外一些科学研究方法，从而开阔了视野，扩大了研究工作的参照系，促进了史学研究的现代化改革。

4. 以经济建设为中心的基本路线，促使历史学界更注意学术研究的社会功能，力图探求历史研究为经济建设服务的结合点。城市研究、区域经济与发展研究、民族地区的开发研究等应运而兴,文化史学(包括企业文化、旅游文化、饮食文化、酒文化、茶文化等)研究引人注目。这些研究都是以促进经济建设为动力的。史学研究出现了为国家经济发展、社会进步服务的新动态。

5. 出现了对史学研究现代化的探索。国家的现代化建设,要求社会科学联系实际,研究现代化建设中出现的新问题,为现代化建设鸣锣开道,提供科学的历史经验,用历史发展规律为现代化建设导向,促进社会主义现代化建设,使国家日臻富强。现代化时代呼唤历史研究现代化。历史研究必须适应新的形势,进行新的探索,而探索的核心问题即如何使历史研究现代化。传统的史学研究在新时期也应有时代特色才能符合时代要求,既要尊重优良传统,又要开拓创新。

历史研究的现代化,不仅是研究手段、研究方法的现代化,更重要的是研究观点的现代化。现代化也是一种观念,一种看问题的新视角。古人言:"登东山而小鲁,登泰山而小天下。"只有站到新的制高点,从新的视角看问题,才能有所开拓,有所前进。

我认为近代化观点(或称早期现代化观点)是深入研究中国近代史的一个新视角。

马克思的社会发展理论,十分重视对现代社会发展问题的阐述。《德意志意识形态》《共产党宣言》等书曾多次指出:由蒸汽机和其他机器为标志的工业革命,开始了世界历史的新时期——"现代时期"。这个时期以现代大工业生产及其所造成的世界市场为基本特征。这是人类历史发展的"新阶段",也就是"历史中的资产阶级时期"。

可见,世界历史的现代时期是从工业革命开始的,以大工业生产和世界市场为基本特征。时代的主角是资产阶级。

西欧的这一历史巨变对整个世界有着巨大的影响:(1)大工业把世界各国人民互相联系起来,所有的地方性小市场联合成一个资本主义的世界大市场。(2)在人类历史上首次使世界成为一个彼此相联系的体系。这个体系由两部分构成:"大工业发达的国家"("文明国家")和"非工业国家"("半野蛮国家")。(3)西方工业国家对非西方的农业国家的影响是不可抗拒的。它迫使一切民族,甚至最野蛮的民族在自己那里推行资本主义制度。这种影响有双重使命:破坏性的使命——消灭旧的亚洲式社会;建设性的使命——在亚洲为西方式社会奠定物质基础。这是一个完整的现代观念,是一个以历史的进步为出发点的科学观念。

马克思的社会发展理论包含两个层次:其一,是分析资本主义的发展理论,即认为资本主义取代封建主义是历史的巨大进步,因而势必带来世界范围内的巨大变化。其二,是关于无产阶级的革命理论,即认为随着历史的发展,社会主义必将取代资本主义。马克思认为:社会向现代化的转变是指工业革命以来,西欧国家的传统的农业社会向现代工业社会的发展过程。非工业化的落后国家也将走"欧洲化"的道路。

关于中国现代化的问题。

我们首先在概念上要区别资本现代化和社会主义现代化，即区别历史上（1949年以前）的现代化（近代化或早期现代化）和现时的社会主义现代化（四个现代化）。

问题是，在新中国成立以前（即近代史时期），中国是否有过早期现代化过程。我认为，在近代中国确是发生过一个畸形的、不充分的早期现代化过程的。

旧中国处于半殖民地、半封建地位，没有成为一个独立的资本主义社会，也没有成为一个工业化的资本主义国家。但是，在鸦片战争以后，中国实际上已如马克思所说的逐渐地卷入了世界资本主义体系，并有了仿效西方、向"欧洲化"的态势。近代中国已不完全是原来的传统社会了，她缓慢地出现了一个早期现代化的发展过程。具体表现在：

1. 传统的自给自足的自然经济开始解体，中国出现了新式工业，有了资本主义性质的商业、航运、金融业等，并出现了新的资产阶级和无产阶级。

2. 向西方学习是近代先进的中国人追求的主要目标。中国陆续出现了留学生运动，新式学堂，产生了近代知识分子群体。

3. 出现了一批近代化比较突出的城市，如上海、天津、武汉、重庆等。

4. 从政治上看，开始了从传统的政治领导向现代化政治领导的转变过程（如戊戌维新、辛亥革命）。

当然，我们也要看到中国的早期现代化与西方现代化有着重大差别。主要之点在于半殖民地、半封建的现代化，畸形的、缓慢的、艰难的现代化。这种现代化并没有使中国真正富强起来，它是与中国半殖民地化同步进行的。早期现代化创造的财富的绝大部分，为世界资本主义侵略者掠走。

但是，这个早期现代化过程却是中国近代历史发展的方向和主流。我们很有必要用现代化理论，从新的角度来审视中国近代史，理解这个方向，把握历史的主流。

历史学家的任务，不仅是整理、校勘史料，保存和传递史实，而且要通过研究，揭示社会历史发展的规律，引导民众面向现实，面向未来。研究死人、死事是为了活人、活事，祭起历史上的亡灵是为了让现代人演出威武雄壮的活剧。

在近代，中国人渴望实现近代化使国家富强，民族独立。今天的四个现代化建设正是中国历史发展所必需，是中国历史发展的正确方向。从现代化的角度总结历史经验，也是建设有中国特色的社会主义所必需的工作。因为今天的中国是昨天和前天的中国发展而来的。

现代化观念的精髓是历史进步的观念，是着眼于历史的前进来研究历史。它可以透视出过去我们较少注意甚至忽视的一些历史事件和问题，可以校正对历史人物是非功过的评价砝码，还可以颂扬与提倡民族觉醒、竞争、奋斗、创造的意识，也有利于中国近代史研究领域的拓展和觅寻多学科的交叉与结合点。

历史上的现代化过程是多面的，复杂的。从现代化的角度观察历史：要以经济发展为中心，还要注意研究政治、文化、军事、社会；既要注意研究全国，也要研究区域；要研究农村，也要研究城市；要研究中国，也要研究外国。这就促进研究工作跨出单一的模式，朝着整体性、综合性、全方位、多角度发展，也能较全面地认识外国资本主义的侵略本质及其在中国所起的不自觉的历史作用与中国人向西方追求真理的过程及其意义。

城市研究是现代化研究的钥匙。

城市是近代中国社会变化的窗口。中国早期的现代化是从城市开始，以城市为基地进行的（特别是通商口岸城市）。

城市集中了中国早期现代化的多种因素、多种社会力量的互动与冲突。西方势力与新经济、新阶级、新思想文化主要出现在城市，新事物、新信息、新观念大多发生在城市。近代中国新的进步运动总是在城市酝酿，在城市开始的（共产主义运动产生在城市而不在农村）。研究城市可以看成是研究近代历史新动向、新变化的一个十分重要的枢纽工程。

研究城市有利于揭示旧中国历史发展的规律（如资本主义的发展与不发展，政治经济发展不平衡等）。而城市研究必须研究城镇体系、城市腹地、城乡关系，也就是研究不同的区域，大而至于全国。

我国的经济建设为什么要发挥中心城市的作用，以城市为重点带动农村？这是从实行社会主义市场经济出发的。要实行市场经济就必须发挥城市在商品经济活动中的中心作用。

城市一出现，就是一个商品经济的中心。现代城市是一个国家（地区）各种经济活动最集中、经济生活最活跃、经济建设最发达、经济信息最灵敏、经济实力最雄厚的地点，必成为现代商品经济发展的中心。城市的出现来自市场的形成。从本质来说，小城市是个小市场，大城市是个大市场，对外开放的城市是一个国际市场。商品经济的运行特征是横向联系。生产与生产之间要有协作联系，商品交换与流通要有商业联系，商品的生产、流通、分配、消费都会有各种各样的联系，形成一个错综复杂的经济网络。这个网络要求有一个中心地方作为商品的集散地和经济技术联系的枢纽，这个中心就是城市。商品经济越发达，城市中心的作用就越显著。在现代，城市是一个国家的工业化、现代化水平的标志。可以说，一个国家城市现代化的状况，在很大程度上体现了一个国家综合的经济实力。研究城市就是研究这些大大小小的中心，也就是研究国家经济建设的中心，提供城市建设的历史经验，推动国家经济建设。

附：

隗瀛涛教授的科研成果和学术特色

谢 放

隗瀛涛，男，汉族，1930年4月生，开县人，中共党员，著名的中国地方史和中国近代史专家。1957年毕业于四川大学历史系历史专业本科。历任四川大学历史系讲师、副教授、教授。1984年至1989年任四川大学副校长。现任国家社会科学基金中国历史评审组成员、四川省历史学会会长、四川省文史研究馆馆长、四川大学城市研究中心主任、历史学教授、博士生导师、四川省学术带头人、教育部人文社会科学研究专家咨询委员会委员。

隗瀛涛教授长期从事中国近代史和中国地方史的教学和科研工作。早在20世纪60年代初，便对四川地方史尤其是四川保路运动史作了开拓性的研究，被国内外公认为这一研究领域的著名专家。此后，在中国近代史和中国地方史领域，作出了许多开拓性的重要研究，取得了突出的学术成就，学术造诣精深，科研成果甚丰，在中国地方史研究方面，居于国内外领先地位。先后完成并出版学术专著十余部，并在《历史研究》《近代史研究》等刊物上发表了有关中国地方史和中国近代史的论文50多篇，总字数达600多万字。连续两次获四川省政府颁发的四川省哲学社会科学优秀成果一等奖。

1980年出版的《辛亥革命史》（中册）和1981年出版的《四川保路运动史》两部代表著作，以丰富的第一手资料，对辛亥革命史和四川保路运动史做了深入、系统的研究，提出了有相当建树的学术见解，填补了中国近代史、中国地方史研究的空白，使我国在这一领域的研究水平提高到一个新的高度，在国内外史学界产生了重大影响，被誉为中国"最有影响的辛亥革命史著作"，"是最能体现目前中国辛亥革命史研究的观点、方法和水平的上乘之作"，"为中国研究四川保路运动史的名著"，"在同类著作中堪称领先地位"。《四川保路运动史》获四川省哲学社会科学优秀成果二等奖，《辛亥革命史》获湖北省社会科学优秀成果一等奖，并获国家教委优秀教材一等奖。

1989年，出版了由他主编的国家教委下达的国家哲学社会科学"六五"重点课题成果《中国知识分子的历史道路》一书。该书比较系统地论述了近现代先进的知识分子追求救国真理的历程，论证了中国走社会主义道路的必然性，受到社会各界的高度评价，中央人民广播电台、《四川日报》予以报道。四川教育出版社专门举行发布会，四川省委领导及大专院校专家学者出席座谈，称誉该书是进行爱国主义、社会主义教育的优秀教材。1990年该书获四川省哲学社会科学优秀成果一等奖。

从1986年起，隗先生开拓了中国地方史的一个新的研究方向——中国近代区域城市史研究。他是国内最早开拓这一研究领域的学者之一，连续主持承担了国家哲学社会科学"七五"重点课题"近代重庆城市史"、国家哲学社会科学"八五"重点课题"中国近代不同类型城市的综合研究"，出版或发表了一系列在国内外有相当影响的专著和论文，为中国地方史研究的深入和发展做出了突出的贡献。城市史学作为历史科学和城市科学相交叉的一门新兴学科，近年来已成为国际学术界瞩目的研究领域。在国内，城市史学作为晚近兴起的研究领域，还没有成熟的理论体系和研究规范。隗瀛涛教授近几年就城市史研究的基本内容和线索、城市近代化和近代城市化等有关的理论问题发表了一系列论文，提出了以研究城市的结构功能演变及其近代化为主要内容和基本线索的研究模式，在学术界已产生了重大的影响，被称为这一研究领域的"结构—功能学派"，"在研究城市近代化的理论上有重大突破"。他主编的国家哲学社会科学"七五"重点课题《近代重庆城市史》（最终成果67万字，四川大学出版社1991年出版），是新中国成立以来第一批研究中国近代城市史的学术专著。该书从城市地域、城市经济、城市社会、城市政治、城市文化等不同方面对我国内陆大城市重庆的发展历史进行了全方位的考察，阐明了近百年来重庆兴起的条件、动力、特点和局限性，拓宽了中国地方史和中国近代史的研究领域，为我国当代的城市规划、建设、管理以及选择正确的城市化道路提供了借鉴，具有重要的学术价值和现实意义。该课题的研究受到国内外史学界的高度重视和评价。我国著名学者戴逸、张岂之、王庆成、汪敬虞、李侃、林增平、胡绳武、汤志钧、张磊、吴雁南评阅后，认为该书是"一部开拓创新的力作"，"篇幅浩瀚、内容丰富、材料翔实，叙述畅达而立意新颖，为城市史研究开辟了蹊径，这是一部很有学术价值和现实意义的重要著作"。"是一部功力深厚的著作，为我国的近代城市史研究奠定了很扎实的基础。""全书结构和选材均臻上乘"，"具有开拓性意义"，"是迄今为止所见到的以马克思主义为指导，以历史事实为基础，全面系统剖析中国近代城市的优秀著作之一"，"无愧为国家哲学社会科学规划中的重点成果"。美国中美学术交流委员会会刊《中国交流新闻》还专文介绍该课题的研究情况。《中国日报》（CHINA DAILY）发表专文《研究重庆城市史的专著》，向国外做了详尽的报导和评价。《历史研究》《城市史研究》《中国图书评论》等刊物也分别载文作了评介。

1992年该书荣获四川省哲学社会科学优秀成果一等奖。同年，国务院颁发证书，为表彰他为发展我国高等教育、社会科学事业做出的突出贡献，发给政府特殊津贴。

隗瀛涛教授在长期从事中国地方史研究中，提出了对该学科发展具有指导意义的学术思想。他认为，中国地方史是历史学中一门新兴的学科，它既是一门基础学科又是一门应用学科和交叉学科。主要研究带有区域特征的经济、政治、社会、文化、民族等方面历史，在历史科学乃至整个社会科学中都占有特殊的地位，并已成为当今国际上一股颇有声势的学术潮流。由于中国幅员辽阔，各地区的社会经济发展不平衡，区域特征各异，深入开展地方史研究不仅是推动全国通史、断代史、专门史研究向深度和广度进展的有效途径，而且有利于准确认识中国的国情和各地区、各省（市）的省（市）情。为建设有中国特色的社会主义提供历史依据，并形成了突出的学术特色：

第一，开拓创新，促进学术发展。隗瀛涛教授总是在研究中积极开拓新的领域，在理论方法上创新。他是国内最早开拓中国地方史研究的学者之一，其研究成果具有为中国地方史研究的发展提供"范式"的意义。近年来作为我国近代区域城市研究的主要开拓学者,对我国城市史学的建立和发展做出了重要贡献,取得了重大的研究成果,学术界赞誉为"结束了外国人研究中国近代城市的历史"。并对历史研究如何更好地为社会主义现代化建设做了有益的探索。

第二,将地方史和全国史研究相结合,使研究成果既有较广阔的学术视野又有浓郁的地方特色;努力开拓历史研究中相对薄弱的经济史、社会史、文化史等领域,对所研究的区域的经济、政治、社会、文化作更深层次的研究,突出地方历史发展的特点。他近年主编出版的《四川近代史稿》《辛亥革命与四川社会》两书即将区域社会研究和对近代中国历史的总体考察相结合,加强了地方经济、社会、文化方面的研究,具有了新的特色,已引起了国内外史学界的极大关注,被誉为"反映四川地方史最新研究动向和水平的代表著作","改变了过去一些史学论著的单一模式","从区域社会方面去研究辛亥革命史是一大贡献","具有理想性和开拓性,于区域史研究,也提供了一项具有参考价值的模式"。

第三,以科研育人才,培养造就学术队伍。他坚信:我国史学的未来,唯有靠后起之秀者,后起之强者。为此,组织中青年学者参加他主持的国家重点科研课题,通过科研培育人才,使一批年青的学者脱颖而出。参加由他主持的研究项目的年青学者,不少已晋升为教授、副教授,除承担集体科研项目外,还独立承担完成多项国家科研项目,成为学校的重要学术骨干,在学术界也有了知名度。以隗瀛涛教授为学术带头人的四川大学中国地方史专业,被国务院学位委员会批准为该专业的第一个博士点,具有结构合理、实力雄厚的学术队伍,并建立了城市研究所作为固定的科研基地,能够承担较大型的科研项目。

目前隗瀛涛教授带有10名博士生(已有4人毕业,均获博士学位)和20名硕士生(皆获硕士学位),即将出版由他主持的国家"八五"重点科研项目《中国近代不同类型城市的综合研究》。这是我国第一部从全国范围内系统研究中国近代不同类型城市的重要学术著作,必将在国内外学术界产生更大的影响,也会将中国地方史研究水平提高到一个新的高度。

(此文系四川大学推荐隗瀛涛教授为四川省学术带头人的介绍,由谢放整理)

附　录

山高水长　春华秋实
——记当代历史学家隗瀛涛教授

何一民*

巴蜀大地，人杰地灵。位于长江三峡边的开县，群山环抱，襟山带河，树木葱茏，如嵌在大地上的一颗晶莹的翡翠。然而在自然经济时代，开县却因地处偏僻，交通闭塞，商品经济不发达，又多旱涝灾害，加上落后的社会制度桎梏，当地百姓生计一直十分艰难困苦，一穷二白是其社会经济的基本特征。穷则思变，深受闭锢之苦的人总是渴望通达，走出小天地去闯大世界。所以，近代以来，开县外出求学求职的人不少，奋斗成材的也就不少，这块土地曾抚育了一批政治家、军事家、学问家、艺术家，如享誉中外的大军事家、无产阶级革命家刘伯承元帅就是出生于开县的一位伟大的人物。在开县的杰出人物中，当代中国著名历史学家隗瀛涛教授也是其中一位。

引　子

1930年4月17日（庚午年三月十九日），开县城郊水南桥一个隗姓人家院子传出一阵婴儿洪亮的哭声，随即就是欢呼和大笑声溢出。这家主人姓隗，名齐麟，号云阁，时年37岁。隗姓是一个古老的姓氏，在远古时为少数民族狄人的姓。隗氏家族是清初从湖广移民开县，在当地是一个小姓。隗齐麟年少时家贫，曾在布店当学徒。辛亥革命后隗齐麟参加四川的"二次革命""反袁战争"，后追随刘伯承转战四川各地，任刘部军需官。刘伯承与隗齐麟因是同乡，关系密切，感情深厚，故刘与隗等人结拜为异姓兄弟。但因战争环境异常艰苦，隗齐麟身体单薄，不能适应军旅生活，不幸染肺病吐血，后被迫回家休养。在刘伯承的帮助下，隗齐麟谋得开县烟酒公卖局局长一职，由此生活境况发生较大变化。但隗齐麟因长期在外，身体又欠佳，故多年无子，直到37岁，夫人才身怀六甲。因而当长子出世后，给隗门

---

* 何一民，1953年生，四川成都人，四川大学历史学院城市研究所所长，二级教授，博士生导师，1982年成为隗瀛涛先生指导的硕士研究生，1985年毕业，后留校任教至今。

本文参考和较多地引用了赫志清、胡昭曦、刘传英、谭继和、罗志田、谢放、陈建明等人以及笔者所撰写纪念隗瀛涛先生的文章；另外，还参考和引用了隗瀛涛先生所写《一个历史学家的历史——古稀之年的自述》的相关内容。因是纪念性文章，故没有在文中一一注明，特此说明，并表示感谢。

带来了莫大的喜庆和希望,隗齐麟即为其子起名"家声",意寓远播家声。但是,就在这一年川东地区"天大干,饿殍载道,穷于生计而乞讨要饭,卖儿鬻女者,比比皆是"。故隗家长子出生后,隗齐麟请相命先生卜问吉凶祸福,相命先生则称该孩子命中忌火,有火烧身,不易长大成人,因而需要在名字中增加水,水可灭火,有水即可转祸为福,转危为安。于是,隗齐麟即给其子取号"瀛涛"。瀛者,大海也,又恐海水流不上身,又请波涛助之。虽然改名并不能改变一个人的命运,但却能给其家人以心灵的慰藉。隗瀛涛成年后,从小学教师到大学教授,再到川大副校长和四川省文史馆馆长,成为四川历史学界的带头人和中国著名的历史学家和教育家,其实和他的改名并无直接关系,但是他每每论及这次改名,都甚为满意。

一、从小学教师到大学教授

隗齐麟在开县担任的官职虽然不大,但是隗家却因此而发达起来,隗瀛涛也就从小受到了良好的教育,从幼稚园、小学、初中,一直读到高中毕业。1949年,正值国内战争进行到关键时刻,兵荒马乱,交通梗阻,年仅19岁的隗瀛涛便在开县的一个乡村小学担任小学教员。未几,国民党在大陆溃败,共产党领导的新中国建立,中国人的命运由此发生变化,隗瀛涛及家人的命运也随之发生变化。1950年1月,隗瀛涛奉母命与一名美丽的女子陈可清完婚。其时,新政府要大力发展教育,而教师极为缺乏,初中毕业即担任老师,因而高中毕业的隗瀛涛受到重用,于1951年出任开县城关二小校长,因其教育和管理成绩较优,又于1952年初调任开县城郊丰乐乡中心小学校长,并加入共青团。在小学从教的三年时间里,隗瀛涛勤勤恳恳坚守在岗位上,不敢稍有懈怠,教学工作十分突出。正因如此,1953年暑期,隗瀛涛被开县文教科选为向四川高等学校输送的人才。从此,隗瀛涛及其家人的命运发生根本性的转变,他得以走出大巴山,来到四川省的政治、经济、文化中心——成都,并成功地考上四川省最高学府——四川大学,进入到当时川大文科学术水平最高、教学科研实力最强的历史系学习。

1953年至1957年,是新中国第一个"五年计划"时期,社会环境相对安定,政治运动相对较少,校园环境也较为和谐安稳,因而给予了隗瀛涛等学子在四川大学历史系求学的一个美好环境。四川大学历史系是四川大学历史最悠久的学科,可以追溯至清末的尊经书院和四川高等学堂,向来名师云集,他们各有专长,虽教学方法各异,但皆传道解惑,诲人不倦。隗瀛涛进校学习之始即遇名师指导,受到徐中舒、蒙文通、冯汉骥、缪钺、王介平等文史兼通、学养趣味皆备的大师们集体熏陶。在这些大师的感染和教导下,隗瀛涛亦渐渐养成了文史兼备的学术底蕴与学术风韵。1957年夏,隗瀛涛经过四年的努力学习即将毕业,因德才兼备而为时任系主任的徐中舒等教授看中,将其留系任教,从此开始了在四川大学长达半个世纪的教书生涯。1960年,隗瀛涛先生即因科研成就突出,教学效果甚佳,深受学生欢迎，而被评为讲师，这在当时是极为少有的现象，一般本科生留校后至少要五年以上才能从助教上升为讲师。

20世纪60年代是中国政治运动风起云涌的年代，家庭出身不好的隗瀛涛先生没有资格参加政治运动，因而只有埋头读书和照料家庭，其时他和夫人陈可清已经有了一儿一女两个孩子。正是因为如此，在暴风骤雨般的政治运动中，隗瀛涛先生反而沉下心来对中国近代史和四川地方史进行了深入的研究。当"文化大革命"一结束，隗瀛涛先生的研究成果立即得到学术界的高度关注，因而于1980年擢升为副教授，又于1983年晋升为教授，经历了一个从小学教师到大学教授的转变历程。1986年1月，隗瀛涛先生加入了中国共产党，1993年成为博士生导师。

二、爱国主义教育家

经历了"文化大革命"十年动乱，隗瀛涛先生深感改革开放新局面的来之不易，他非常努力勤奋地工作，每天早晨5点钟就起床伏案写作，先后完成了《辛亥革命史》中册、《四川保路运动史》等重要专著，在中国近代史学界脱颖而出。其时，年届半百的隗瀛涛先生在历经了20世纪中华民族的大动荡年代之后，对其中的苦难、屈辱和抗争自有深刻体会，有着真诚的民族情怀，因而他希望通过讲述鸦片战争以后中国人民所经历的苦难历程，来激发年轻人的爱国主义思想，形成振兴中华的强大精神力量。最初他只是在学校通过讲课和专题报告从爱国主义教育着手，有意识地运用中国近代史的基本史实向学生进行爱国主义教育，但枯燥的历史讲座因他那充满激情的演讲变得十分精彩，引人入胜而大受欢迎。于是这种以中国近代史为主要内容的爱国主义讲座开始走出校园，受到普通大众的欢迎。从1979年至1983年间，隗瀛涛先生根据社会需要，奔走呼号于全国各地，先后向青年学生、机关干部、部队官兵、厂矿职工、科研人员专题宣讲中国近代史130多场次，直接听众达十万多人，收到了普及历史知识、激发爱国感情的效果。由于隗先生高深的学养和幽默风趣的谈吐，吸引的听众越来越多，邀请宣讲的单位也越来越多，有时一天要连续讲两场，讲得声音嘶哑，喉咙出血，他都不休息。这些讲演全是义务性的，没有任何报酬，但隗先生不仅没有丝毫计较，反而热忱不坠于地，只要单位有请必到。老家开县邀请隗先生回乡讲课，他即安排时间前往，听众之多，主动前往者使会场爆棚，为多年没有的盛况。与此同时，隗瀛涛先生还组织同仁和学生编写《八十年的苦难与奋斗》（与刘传英联合主编，重庆出版社1984年版）、《爱国主义教育手册》（四川人民出版社1990年版），盖乃隗先生爱国主义演讲的心得。隗瀛涛先生用他那充满激情的演讲震撼和清醒了千万青年学生和干部的心灵和头脑，他认为，一个人无论有多高的理想境界，多远大的人生抱负，都必须从做好人、爱国家开始，要学习历史上无数优秀人物的优秀品行，探索他们的人生历程，看中华民族几千年的悠久历史和灿烂文化，怀一颗爱国之心。他认为总结历史，特别是近代历史上先进知识分子们的爱国救国经历,必然得出结论:只有社会主义才能够救中国,只有在中国共产党的领导下,走有中国特色的社会主义道路,中国才能够以现代化强国的形象自立于世界民族之林!

在20世纪70年代末至80年代初,隗瀛涛先生努力探索出了一条用中国近代历史对广大青年学生进行爱国主义教育的路子,享有"南隗(隗瀛涛)北李(李燕杰)"之誉,罗志田教授也曾将隗师的"口锋"与梁启超的"笔锋"并提,认为隗瀛涛先生堪称"师者典范"。故而隗瀛涛深受到青年学生的爱戴,赢得了广泛的赞誉,并得到党和国家的褒奖。故而中宣部领导称誉隗先生是"传播共产主义火种的人"。

三、川大副校长与四川省文史馆馆长

1984年4月,隗瀛涛先生被国务院任命为四川大学副校长,主要辅佐校长鄢国森教授分管文科各系、所和研究生部的工作,在此期间还兼任四川大学出版社第一任社长、图书馆馆长等职,一直到1989年3月卸任校长之职。虽然隗瀛涛先生在回忆中自称"突然受命参加学校领导班子,真感惶恐不安,如芒在背",但却在任职的五年里踏踏实实地为学校文科的发展改革、新系的建立、科研的策划做出了颇多贡献,特别是对当时普遍的"轻文"现象进行了比较坚决有力的抗争,以致四川大学文科的办学条件有了较大的改善,不仅学校的文科博士点和硕士点有所增加,文科方面的国家大型项目和重点科研项目都取得了较大的成绩,使得20世纪90年代四川大学的文科教学、科研工作获得了大幅度的提升,并为日后学科建设的迅猛发展奠定了基础。时任研究生部主任的胡昭曦教授回忆:"在这五年里(1984—1989),四川大学校学科建设的整体实力有了明显增长。""作为分管文科和研究生教育的隗瀛涛先生,是恪尽职守,工作卓有成效,他向学校党政领导不断提出并实施文科改革和完善研究生教育、学科建设的意见和方案,并身先士卒,深入文科各系、各研究所,与有关领导和学术带头人一起共同研究如何调整和加强学科点,参与拟定并实施有关措施。他不顾疲劳和病痛,数次赴京向教育部有关部门汇报情况,争取得到主管部门的支持。他曾向人袒露这样的决心:要为学校学科建设尽心竭力,力争取得研究生教育的明显进展,不然将抱憾终生,'死不瞑目'!"可见隗瀛涛先生对川大学科建设的贡献有口皆碑。

隗瀛涛先生除担任四川大学副校长外,还长期担任四川省文史馆馆长一职。四川省文史研究馆成立于1952年,是党和政府为安排部分有文史专长、有名望的老年知识分子而设置的,具有统战性、荣誉性的正厅级文史研究事业单位。历任馆长皆是四川著名学者,如刘孟伉、张宾吾、潘大逵皆蜀中学界名宿。1983年,四川省政府正式任命隗瀛涛先生为该馆第四任馆长。自1983年起至2005年止,隗瀛涛先生担任四川省文史研究馆馆长长达23年之久。在馆长职位上,隗瀛涛先生积极推动文史馆工作和四川地方史研究,而从不在物质待遇上提任何特殊要求,先后主编有《四川文史资料集萃》《治蜀史鉴》"巴蜀文化走进千家万户丛书"(共三批)等书籍,其中文史馆参与编撰的《四川文史资料集萃》荣获了四川省一等奖。隗瀛涛先生在20多年间对四川省文史馆的科研成果所做的贡献并不止于此。1985年,四川省文史研究馆在馆长隗瀛涛先生的主持下创办了《文史杂志》,并长期担任《文史杂志》编委会主任及主编,为杂志的建设与进步做出过重大贡献。《文史杂志》是一本综合性的通俗文史读物,开辟有"史坛纵论""文化透视""人物春秋""艺术长廊""文苑漫步""论语说文""文史杂谈""文史信息"等栏目,其栏目特色鲜明,文章也有较大影响力。隗瀛涛先生虽然长期担任四川省文史馆馆长一职,但并在馆里领过工资和补助,其工作业绩和高风亮节的个人品德,得到了前任馆长潘大逵的奖掖,潘老在他的回忆录《风雨九十年》一书中写道:"继我者为精力充沛,年事不高,于史学颇有造诣的四川大学历史系教授(后任副校长)隗瀛涛。此年馆中各项业务蒸蒸日上,硕果累累,虽皆后来者之力,我亦觉得有荣焉!"

隗瀛涛先生还是一位社会活动家,长期担任国内和省内若干学会的负责人,如担任四川省历史学会会长、成都古都学会会长、成都历史学会会长等,成为四川省的历史学科带头人,对于促进我国和四川省的学术繁荣发展做出了重要的贡献。同时,他还担任了四川省政协第五届、第六届、第七届常委和省政协文史委副主任。在此期间,由于他为人诚挚风趣,直言不讳,广交朋友,有着广泛的社会联系,对参政议政,服务大局,深入调研,建言立论,有很高的热忱,为人民政协倾注了心血,做了大量的工作,在政协和社会各界中有很高的威信。此外,他为编辑出版四川省政协的各类文史书籍,付出了艰辛的劳动;为了办好《四川政协报》,他提出了很多很好的意见和建议,为巩固和发展我省的爱国统一战线做出了积极的贡献。最能体现隗先生为人耿介忠直风范的,是他在省政协提出了保留"四川大学"校名和保护"四川大学"校门的提案。20世纪90年代四川大学与成都科技大学合校时,把1927年以来就以"四川大学"命名的校名"牺牲"了,改名为"四川联合大学"。这无论从办学的角度,还是从社会影响力角度,都是一种很大的失误,尤其有损于几代学生和老师的感情,更重要的是,对四川大学的发展极为不利,招生和分配都面临困境。对此,隗瀛涛先生敢于直抒自己的观点,多次在不同场合慷慨陈词,痛陈丢掉校名的不利影响,主张恢复校名,并撰写提案。由于改校名是当时的四川省省长决定的,因而需要有力排众议而直面权力的勇气。后来的事实证明,恢复四川大学校名是正确的主张。另外,由于四川大学改名为四川联合大学,原来由邓小平所题写的校名门楣就要换掉,因此隗先生及时提出保护有小平同志题字的校门的提案,也得到相关部门的支持。这既体现了隗老师对保护当代革命文物的敏锐性,又艺术地保留了在丢掉校名的那几年里有望得以恢复的实证。如果不是这个提案,恐怕当代一个极有意义的革命文物会从我们的眼皮底下消失。从这件事上可以看出隗老师坚持原则、不畏物议的正直品格。

隗瀛涛先生虽然长期担任领导,但身上却没有一丝官僚气息,仍是一个醇正的学者风范，事实上先生对于行政领导有"一上台就想下台"的想法，他是以学术作为终身事业的。先生的挚友——林家有先生（中山大学历史系博导）就谈道："我喜欢与隗先生交朋友，不是因为他具有大学副校长的头衔，也不是因为他是一位带有厅级干部头衔的官员，会给我带来什么好处，而是因为他是一位谦虚和蔼，不骄不躁，思维敏捷，敢于开拓进取，勇于创新的学人，又是一位由爱国主义而共产主义，甘于蒙耻修辱，热爱党和社会主义祖国有情有义的杰出知识精英。"① 在担任四川大学副校长和四川省文史馆馆长期间，隗先生始终持着正直无私、淡泊名利的秉性，做事光明磊落，生活两袖清风，在临终之前也不忘吩咐家人其后事要操办简单，不要给川大领导添麻烦，让该知道的人知道就可以了。真可谓高风亮节！

四、保路运动与辛亥革命研究

隗瀛涛先生既是教育家，也是著名的历史学家，他在中国近代史、中国地方史和中国城市史研究领域中自成体系，做出了许多开拓性的重要研究，取得了突出的学术成就，学术造诣精深，科研成果甚丰，是继徐中舒先生之后四川历史学界的带头人和学会领导者。隗瀛涛先生学识渊深，思想开放，站在历史与现实的交汇点，立足于当今世界学术前沿制高点，经过不断地跋涉和探索，在史学界开拓了学术新领域，先后在中国近代史、中国地方史和中国城市史领域出版学术专著十余部，并在《历史研究》《近代史研究》等刊物上发表了有关中国地方史和中国近代史的论文 50 多篇，总字数达 600 多万字。由于科研成果影响甚著，隗瀛涛先生连续两次获四川省政府颁发的四川省哲学社会科学优秀成果一等奖。

中国近代史的研究工作是隗瀛涛先生最早涉猎的一个领域，研究时间也最为长久。隗瀛涛先生对中国近代史的兴趣和研究，可以追溯到大学时代，大二时他曾随伍仕谦、李祖桓两位先生参加了大足教案和川东北地区白莲教起义的历史调查。1957 年，隗瀛涛先生自四川大学毕业后留校，在历史系中国近现代史教研室任教，开始了中国近代史的教学和研究工作。后隗瀛涛先生自己又带领川大历史系、川师历史系的部分同学到川陕苏区做红军革命史调查工作。经过文献梳理、学习及实地调查，隗瀛涛先生深感四川近代史尚有许多未开垦的领域值得研究。隗瀛涛先生最初涉及的研究主要有鸦片战争对中国的影响、太平天国石达开部在四川的斗争、义和团在四川的活动等问题②。其后，先生将研究重点放在四川近代发生的重大历史事件上，钻研史料，忘我工作，撰写出若干重要的学术著作和论文，在学术界产生了广泛影响，受到国内外同行专家的高度评价。先生在中国近代史研究领域成果颇

---

① 林家有：《隗瀛涛先生的智慧与学术成就》，载《瀛涛先生追思录》，内部刊印本，2010 年，第 58 页。

② 隗瀛涛、林寿荣：《太平军在四川的战斗》，《四川大学学报》1979 年第 2 期。隗瀛涛、林寿荣：《关于石达开评价的几个问题》，《四川大学学报》1979 年第 3 期。

丰，其中，以保路运动史、辛亥革命史研究方面成果最为斐然。

1."隗保路"与保路运动研究

先生是保路运动研究的先驱，被国内外公认为这一研究领域的著名专家，故时人称之为"隗保路"，这是对他的一种褒奖。隗瀛涛先生对保路运动的研究源于一次重要的座谈会。1959 年 6 月 13 日，隗瀛涛先生参加了老革命家、辛亥四川起义的参加者和领导者吴玉章在四川召集的研究辛亥革命史的座谈会。在这次会议上，吴老详细介绍了辛亥革命在四川的情况，并指出："辛亥革命时期四川最突出的事件就是保路运动。这个运动对辛亥革命起了巨大的作用。这次运动的特点是群众性的，动员面宽，政治性强，一开始就是反对帝国主义的。说明人民有力量来办铁路"。吴玉章同志希望史学工作者尽快把这段历史整理研究出来。在吴玉章同志的启示下，在张秀熟同志的关怀下，隗瀛涛先生开始了四川保路运动史的资料收集和初步研究工作。1961 年，隗瀛涛先生写成了《辛亥四川保路运动》，发表在《历史教学》上（1961 年 2 期），由此开始了对四川保路运动的最初研究。

1961 年秋，值辛亥革命 50 周年之际，中国历史学会和湖北省的学术机构在武汉举行了全国性的学术讨论会，会后出版了代表辛亥革命史研究最新成果的《辛亥革命五十周年纪念会论文集》（中华书局，1962 年版），收录了与会论文 32 篇，近 50 万字，隗瀛涛先生撰《四川保路运动》一文，亦被收入。《辛亥革命五十周年纪念会论文集》所收入的论文代表了当时国内辛亥革命研究的最高水平，至今仍然受到中外学者的重视。隗瀛涛先生作为青年学者参会，以高水平的论述受到关注，逐渐崭露头角。与先生同期参会的大批学者如陈旭麓、胡绳武、金冲及、李时岳、章开沅、林增平、李文海、龚书铎、汤志钧、吴雁南、张磊等，后来都成为辛亥革命研究的中坚力量，并成为新中国成长起来的第一批著名学者。

1966 年起，中国十年浩劫，隗瀛涛先生撰写《四川保路运动史》的时间遂被废延，对于这段经历，先生曾对学生感叹："多大一个川大曾经安不下一张平静的书桌。"然而，先生并没有停下对四川保路运动史研究的步伐，"文化大革命"后期，先生躲进书斋，翻阅旧有资料，锲而不舍地研究。"文化大革命"结束，人们开始重新恢复正常的生活，于是隗瀛涛先生更是夜以继日地全力以赴投入保路运动的研究中。1981 年，隗瀛涛先生积 20 年心血的力作《四川保路运动史》（四川人民出版社，1981 年版）一书终于出版，成为国内第一本研究四川保路运动的专著，填补了这一学术空白。该书从四川社会结构的特点出发，利用大量地方史资料，考察了当时四川社会基本矛盾，指出四川保路运动是近代四川社会基本矛盾的总爆发，"这次运动的基本动力是以农民为主体的农民大众。资产阶级作为这一时代的'主要动力'充当了运动的领导者"。阶级关系的新特点，使四川保路运动和保路同志军起义不同于历史上旧式的农民运动和农民战争，而是中国资产阶级民族民主运动的一个组成部分。《四川保路运动史》对川汉铁路资本积累的特点、四川地主阶级在不同程度上向资本主义的转化、同盟会在四川的政治作用等，均提出了不少新的见解。该书不论在篇幅上还是在内容上都有新的突破，让人耳目一新，成为此一时期辛亥革命史与地方史结合的最具代表性的成果。《国内外辛亥革命史研究综览》（湖北教育出版社，1991年版）一书就《四川保路运动史》进行了专题评介，并在"国内知外学者简介"中对先生亦做了介绍。1984年，《四川保路运动史》被四川省政府授予首届哲学社会科学优秀成果二等奖。隗瀛涛先生也因之而有"隗保路"的美誉。

2. 隗瀛涛先生与辛亥革命史研究

隗瀛涛先生主张地方史研究不能局促于一隅，应该立足地方，放眼全国乃至全世界，使地方史与中国史研究结合互补，而辛亥革命史的研究就是他对此种研究方法的实践。1976年，隗先生应邀参加由章开沅、林增平先生主持的3卷本、120万字的《辛亥革命史》（人民出版社，1980年版）的编纂工作，与吴雁南教授一同任中卷主编。这部著作是新中国成立后关于辛亥革命史研究篇幅最大，体例、观念最新，最系统的著作。先生参与主编的中卷，共五章，内容包含"同盟会的建立""思想展现上的斗争""资产阶级革命派的反清起义和群众自发斗争""预备立宪和立宪运动""保路风潮"等。2015年9月笔者率数名博士生专程赴华中师范大学拜访章开沅先生时，章先生就回忆了他与隗师共同编纂《辛亥革命》史的难忘时光，他讲道："那时我们在四川调研，虽然生活环境较为艰苦，但我与瀛涛兄等以学术研究为乐趣，丝毫不觉困苦，瀛涛兄是大家欢乐的源泉，隗兄走到哪里，哪里就有欢笑。"其真挚的言辞饱含了与隗先生的深深情谊。可能也正是由于编著三卷本《辛亥革命史》的契机，章开沅先生、林增平先生和隗瀛涛先生成为挚友，三位先生早期的研究生也相识较早，来往较密，故有三门学生不分，如出一师之说。

隗瀛涛先生参加编写的这部《辛亥革命史》资料翔实，观点新颖，突破了前人的框架，开辟了新的研究领域，尤其是用较大篇幅评述了20世纪初资产阶级革命党人中出现的国粹主义、无政府主义思潮，以及晚清的立宪运动，收回利权运动等，受到了国内外学者的好评。《辛亥革命史》作为建国三十五周年人民教育事业的重大成就之一，获国家教委高等学校优秀教材一等奖，孙中山优秀学术成果二等奖，并入选中共中央党校出版的《二十世纪中国学术要籍大辞典》[①]。

隗瀛涛先生在中国近代史研究领域的两部代表著作——1980年出版的《辛亥革命史》（中册）和1981年出版的《四川保路运动史》，皆以丰富的第一手资料，对辛亥革命史和四川保路运动史做了深入、系统的研究，提出了有相当建树的学术见解，填补了中国近代史、中国地方史研究的空白，使我国在这一领域的研究水平提高到一个新的高度，在国内外史学界产生了重大影响，被誉为中国"最有影响的辛亥革命史著作"，"是最能体现目前中国辛亥革命史研究的观点、方法和水平的上乘之作"，"为中国研究四川保路运动史的名著"，"在同类著作中堪称领先地位"。

20世纪80年代初，先生还研究了辛亥革命时期的重要人物邹容，撰写了人物传记《邹容》一书（江苏人民出版社，1982年版），并先后发表了一系列有关辛亥

---

① 严昌洪、马敏：《20世纪的辛亥革命史研究》，《历史研究》2000年第3期。

革命的论文，主要有《孙中山与四川辛亥革命》(《文史杂志》1985 年第 1 期创刊号)，《论四川辛亥革命时期资产阶级革命派和农民的联盟问题》(《四川大学学报》1978 年第 2 期)，《论四川辛亥革命的社会历史背景》(上)(《文史杂志》1991 年第 4 期)，《论四川辛亥革命的社会历史背景》(下)(《文史杂志》1991 年第 5 期)，《从喻培伦家书看清末资产阶级革命派的经济倾向》(《社会科学研究》1981 年第 5 期)，《辛亥革命与中国社会近代化——以四川为例》(华中师范大学近代史研究所编：《辛亥革命与 20 世纪中国》，湖北人民出版社，2001 年版)，《论同盟会与四川会党》[《纪年辛亥革命七十周年学术讨论会论文集(上)》，中华书局，1983 年版]等①。

在辛亥革命七十周年之际，先生与赵清先生合作编写了《四川辛亥革命史料》(四川人民出版社，1982 年版) 一书，全面搜集了 1905 年至 1913 年四川谘议局、保路运动、四川各地起义、四川地方志和辛亥人物传记等方面的史料，为从事辛亥革命史教学和研究工作的同志提供了详细的研究资料。

20 世纪 80 年代中期以后，先生在学术上的春潮以瀛海之势喷发而出，相继出版了一系列重要书籍，并在中国近代史的研究基础之上，探索出中国地方史和中国城市史两个新的学术领域。

五、中国地方史的开拓与探索

隗瀛涛先生在历史研究中高瞻远瞩，积极开拓新的领域，包括在理论方法上的创新。中国地方史研究虽然历来已久，但作为一门新兴的独立学科，却是近 30 年以来发展起来的。作为著名的中国地方史研究专家，先生在这一研究领域具有开拓之功。早在 20 世纪 60 年代初，隗瀛涛先生就开始了四川地方史的研究，成为国内最早开拓中国地方史研究发展的学术带头人之一，对地方史专门学科的建立和理论方法的奠基做出了杰出的贡献，其研究成果颇具有为中国地方史研究的发展提供"范式"的意义。

早在隗瀛涛先生致力于四川保路运动史研究之时，就对近代四川地方史做了系统研究，并在义和团运动、太平军在四川的战斗、四川近代教案等重要课题方面都取得一些开创性的成果。1960 年，先生发表了《义和团在四川迅速发展的原因及其特点》《义和团在四川的活动》等重要论文，最早开展了四川义和团运动的研究。1979 年，先生又发表了《太平军在四川的战斗》《关于石达开评价的几个问题》等论文，对石达开部太平军在四川的战斗的过程、特点及有关的评价问题做了新的探

---

① 《四川杂志的反帝爱国思想》(隗瀛涛、何一民、谢放：《社会科学研究》1980 年第 6 期)，《从喻培伦家书看清末资产阶级革命派的经济趋向》(《社会科学研究》1981 年第 5 期)，《中国资本主义萌芽与近代资本主义的产生》(隗瀛涛、王永年：《贵州文史丛刊》1984 年第 3 期)。

索，提出了独到的见解，丰富了四川近代史的内容。

正是在对四川近代史进行系统研究的基础上，先生进一步开展了《四川近代史》的编写工作。1983年应谭洛非先生之约，隗先生与多位同仁一起编撰《四川近代史》，此书于1985年出版。这部著作的编写思路，正如该书"前言"所说："从实际出发，立足四川，放眼全国，既重全国历史的共性，更重本省历史的个性来撰写《四川近代史》，为《中国近代史》的整体研究努力做开拓一个区域性研究领域的尝试，为本省的社会主义物质文明和精神文明建设提供历史的依据和历史的借鉴。"这种"立足四川，放眼全国"，"既重全国历史的共性，又重本省历史的个性"的指导思想，对于地方史的研究和编写工作，是颇有启示意义的。该书出版后，受到海内外史学界的重视。

盛誉之下，先生仍精益求精，率领一众弟子另辟蹊径，用了数年的时间，重新编撰《四川近代史稿》。该书于1990年正式出版，总字数达60余万字。这部著作虽名为"史稿"，但相较此前出版的《四川近代史》，内容更为丰富、结构更为严谨、观点更为鲜明，新增加了丰富的地方志书、档案、报刊及人物记述等史料，对四川近代历史的政治、经济、文化各方面做了更深入的、系统的研究，提出了一系列新的见解。诚如台湾吕实强教授评价：本书的研究目标和构想，"都很具有理想性与开拓性，于区域史研究，也提供一项具有参考价值的模式"。一些海外学者也评价本书"反映了四川近代史研究的最新水平"。

隗瀛涛先生在长期从事中国地方史研究的过程中，形成了对地方史学科具有指导意义的学术思想，颇具"范式"意义。先生在《四川近代史稿》"前言"中对研究地方史的重要意义和学术价值作了深刻的论述。第一，先生认为地方史研究不仅可以推动全国通史、断代史、专门史的深度和广度，也可以为认识国情、省情提供一定的历史依据和历史借鉴；第二，先生认为地方史研究体现了历史发展的统一性和多样性的辩证统一，指出应将四川近代史放在全国近代史中进行考察，四川发生的重大历史事件和全国性的历史事件是相互影响、相互推动的，既要放眼全国，从宏观上把握四川近代历史的发展规律和特点，又要立足四川，注意历史发展的多样性，突出四川近代史与全国近代史比较所具有的不同特点；第三，先生指出，对以往研究中比较薄弱的经济史、社会史、文化史等领域，地方史研究者应努力开拓。正是在这一学术思想的指导下，以先生为首的四川大学中国地方史研究群体，一直将探索地方史内涵及有关的理论方法作为研究的一个重要内容，对中国地方史学科建设做出了应有的贡献。

在多年的地方史研究实践中，隗瀛涛先生也十分重视地方史研究在理论方法上的突破。1989年，在重庆召开的重庆城市史研讨会上，先生代表"近代重庆城市史"课题组作了题为"关于地方史研究的几个问题"的长篇发言，除了对地方史的内涵及学术价值、现实意义做了系统的阐述外，还强调地方史研究中应注意汲取其他学科的理论和方法，以开阔的学术视野更新地方史研究的方法。例如，先生主张借鉴社会学关于"社区"的理论，提出除了按省市县的行政区划进行研究外，更应注意由于自然、社会经济、文化等因素所形成的特定区域，如"文化区"，地方史研究只有注意区域文化的特征，才能使研究更富有地域文化特色。先生对社会学中"社区"理论的引入，大大扩展了地方史的研究视野，对巴蜀文化划分为若干层次的次文化区的构想，正是先生借鉴这一理论的表现。先生认为，巴蜀文化就整体而言，其地域范围在历史上与作为行政区的四川省大致重合，但还应考虑划分若干层次的次文化区，如川东、川西、川北、川南等区域，或长江、嘉陵江、沱江、岷江等流域，分门别类进行细致的研究，这些不同区域内的文化有何异同，对各地区社会历史的发展有何影响，都是四川地方史值得深入探讨的问题。

在地方史研究方法上，先生还主张重视和加强三个方面工作：一是个案研究。选择有代表性的社会历史现象、事件、人物或集团进行典型研究，这样既有利于问题的深入、研究的细致，也有助于加深对同类历史现象及整个社会历史的总体认识。二是比较研究。地方史虽然是以一个特定的区域作为研究范围，但要使研究深入，又必须视野开阔，与其他地区进行横向比较，或者从历史发展的不同阶段从纵向比较，通过比较，才能对所研究的地方历史的发展及其特点做出更恰当的把握和定位。三是定量分析。定量分析要求研究者下功夫，注意收集整理统计资料，反复进行核算考证。

从《四川保路运动史》《四川近代史》《四川近代史稿》到《辛亥革命与四川社会》，可以看出先生在中国近代地方史方面的贡献，先生不仅身体力行，数十年笔耕不辍以致力于地方史研究的实践，更以高瞻远瞩的学术眼光，"脉"住了地方史学科的发展、走向。先生对地方史的贡献可称开拓之功。

六、近代中国城市史研究的开拓者

城市是人类文明的产物，也是文明的载体。近代以来城市在国家和区域发展中的地位和作用日益突出，城市的发展水平决定着国家现代化的成败得失。改革开放以后，中国以城市为中心，推动区域改革开放，因而迫切需要加强对城市和城市历史的研究。隗瀛涛先生高瞻远瞩，从20世纪80年代中期开始，致力于创建和推进中国城市史研究，成为国内最早开拓城市史研究领域的学者之一。此后，先生连续主持承担了国家哲学社会科学"七五"重点课题"近代重庆城市史"、国家哲学社会科学"八五"重点课题"中国近代不同类型城市的综合研究"，并出版及发表了一系列在国内外有相当影响的专著和论文，为近代中国城市史研究的发展做出了突出的贡献。

隗瀛涛先生自从1986年主持"近代重庆城市史研究"以来，直至2007年因病去世，在长达20余年的时间里，一直在中国城市史研究领域探索开拓，笔耕不辍，为中国城市史研究学科的创立与发展做出了重要的贡献。就理论贡献而言，隗瀛涛先生对于城市史研究的学科理论思考主要集中于以下三点：

1. 关于城市史研究的关键与重点。作为人类文明发展的重要空间载体，城市涵盖了人类活动的政治、经济、文化、社会等各个主要层面，可谓万象纷陈。因此，城市史研究应从何处楔入？其研究的关键与重点在哪里？这是城市史研究在中国兴起之初迫切需要解决的理论问题。作为中国城市史研究的开创者与奠基人之一，隗瀛涛先生认为：为揭示城市发展最基本、最重要的特征与规律，城市史研究应以城市结构、功能的演变为研究重点，这主要是因为不同时代、不同类型的城市普遍具有不同的城市结构，而不同的城市结构则决定了城市的功能差异。与此同时，城市功能的形成及稳定又对城市结构的变化产生作用与影响。因此，以结构与功能作为城市史研究的关键与重点，便既抓住了城市发展历史的普遍特征，也能够发现不同时期、不同类型城市发展的特殊规律。隗瀛涛先生所提出的这一研究模式被国内学者称为城市史研究的"结构—功能"学派。

2. 关于中国近代城市史研究的基本线索。由于中国城市史研究的起点源自国家"七五"社会科学规划的近代上海、天津、武汉、重庆等四个沿海、沿江通商口岸城市的研究，因而最初的城市史研究在历史时段上主要集中于1840—1949年的近代时期。对于如何研究近代中国城市史，隗瀛涛先生开创性地认为：近代中国城市史研究应以近代城市化与城市近代化为主线，近代城市化与城市近代化的发展、演变基本过程既相互推进，又相互制约，共同构成为近代中国城市发展、演变的基本脉络。与此同时，针对不同的研究主题，这两条主线又各有侧重。在区域城市体系中，城镇的等级、空间分布以及城镇的社会经济类型、产业布局、经济联系各有不同，因而区域城市研究应以城市化为主线，而以近代以来的单体城市为研究对象时，城市近代化则应成为研究的主线，从而可以通过深入研究城市政治、经济、文化、社会等各个层面的结构、功能演变以及城市的近代化发展。当然，这两条主线并非完全彼此分立，事实上，近代城市化与城市近代化都是鸦片战争以来中国区域城市发展、演变的重要内容，因而这两条主线实际上是同一个历史进程的两个不同方面，因而隗瀛涛先生又指出：在进行研究时，必须注意这两条主线之间的密切结合。

3. 关于近代中国城市的半殖民地化与近代化。有关近代中国城市史的研究，无法脱离其所处的半殖民地半封建社会的背景。在开创近代城市史研究的过程中，隗瀛涛先生对这一问题也进行了深入的理论探讨与高屋建瓴式的论述。在明确肯定近代中国社会的半殖民地性质的同时，隗瀛涛先生认为：半殖民地化与近代化是同步进行的，近代中国的城市既是欧美列强对中国进行侵略的政治、经济中心，同时，又是近代性因素传入中国的中心，因此，近代中国的城市发展方向不仅仅是日益半殖民地化，同时其近代化进程也随之而启动，近代中国的城市史实际上既是独立的城市变为半殖民地城市的过程，又是封建城市演变为近代化的半资本主义城市的过程。

除对中国近代城市史的诸多理论问题进行探讨而外，隗瀛涛先生也一直在探索与拓展中国近代城市史的研究领域。他主编的国家哲学社会科学"七五"重点课题成果《近代重庆城市史》，是新中国成立以来第一批研究中国近代城市史的学术专著之一，被学术界公认为是"一部开拓创新的力作"。当时有多位著名学者评价该书，"篇幅浩瀚、内容丰富、材料翔实，叙述畅达而立意新颖，为城市史研究开辟了蹊径，这是一部很有学术价值和现实意义的重要著作"；"为我国的近代城市史研究奠定了很扎实的基础"；"具有开拓性意义"；"是迄今为止所见到的以马克思主义为指导，以历史事实为基础，全面系统剖析中国近代城市的优秀著作之一"，"无愧为国家哲学社会科学规划中的重点成果"。1992年该书荣获四川省哲学社会科学优秀成果一等奖。

在完成《近代重庆城市史》研究之后，隗瀛涛先生的研究视野又从单体城市扩展到区域城市，这集中体现在"八五"社会科学规划重点课题"中国近代不同类型城市综合研究"的申报与主持研究。隗瀛涛先生认为，中国国土辽阔，各区域间的自然、地理、经济、社会等发展有着诸多的差异，不仅各区域的发展不平衡，而且同一地区内的城市发展也存在着多种不同的类型，因此，将研究视野拓展到区域乃至全国，对不同地区、不同类型的城市进行分类，并在此基础上进行综合研究，就可以进一步深入地认识近代中国城市发展的类型多元化与区域多元化。《中国近代不同类型城市综合研究》一书的出版，也就标志着中国近代城市史的研究从单体城市研究进入到区域城市研究以及整体性的综合性的宏观研究，对中国近代城市史的研究发展起到了重要的推动作用，在学术界引起较强烈的反响。该书扩大了近代城市史研究的成果，无论在城市研究理论和学术水平方面，都达到了国内该领域的领先水平。

在对区域城市进行综合研究的同时，隗瀛涛先生又敏锐地觉察到，作为区域的中心，城市的发展从来离不开其广大的农村腹地。因此，对于近代中国城市史的研究，不能仅局限于探讨城市本身的发展，还应从城乡关系这一更为广阔的背景出发，来探讨城市的发展。隗瀛涛先生认为：近代以来中国城市关系的变化主要表现为两个方面：一是城市经济功能的发展使其对农村产生了较前更为广泛的辐射力与吸引力，二是城乡之间的社会分工有较明显的发展。但是，受近代中国半殖民地半封建社会背景的影响，中国传统城乡关系的格局并没有于近代发生根本性的变化。这种城乡关系改变的有限性又进一步限制了城市的发展。2003年，隗瀛涛先生主编的《近代长江上游城乡关系研究》出版，正是先生对城市与乡村关系理论的实践成果。

七、古稀之年，壮心不已，主持《清史·城市志》纂修

新修清史，是党中央、国务院的重大决策，是新中国成立以来最大的文化工程。21世纪初，国家大型文化工程《清史》纂修被正式列入工作日程。隗瀛涛先生虽然已是古稀之年，但是仍然感到《清史》工程的伟大历史使命与重要的时代

意义。

2004年10月，经国家《清史》编委会主任办公会议研究，一致同意《清史·典志》增设《城市志》。由于隗先生在中国城市史研究方面所取得的卓越成就，所以当《清史》编委会决定编纂《清史·城市志》后，即决定打破招标惯例，直接委托已经年逾古稀的隗先生来主持该项目。隗先生此时身体虽然已经欠佳，但编修《清史》是中国文化建设和史学界的大事，因而他毅然表示可以接受该项任务，但提出一个条件，即在主持人之外再增加一位首席专家。主持人之外增设首席专家，这在《清史》编纂中是没有这样的规定，但《清史》编委会经过郑重研究后，考虑到隗先生的身体状况，决定破例在《清史·城市志》项目中除设主持人外，同意增设首席专家，以分担隗先生的工作。可见，国家《清史》编委会对隗瀛涛先生是多么尊重。

自从2005年1月《清史·城市志》正式立项，作为项目负责人，隗瀛涛先生不顾年迈，亲自指导四川大学城市研究所的师生进行项目攻关。在隗先生的指导下，四川大学城市所的研究开始实现五大转变：从中国近代城市史研究为主转向以清代城市史研究为主；从以研究地方城市史为主转向研究全国城市史为主；从论述体研究为主转向纪事本末体、史志研究为主；从重史论为主转向论史并重为主；从纵横议论为主转向基本述而不作，力争将志书的史学性、著述性、资料性、检索性融为一体为主。经过数月的努力，四川大学城市研究所就《清史·城市志》的工作目标、计划、规章制度等方面都做了具体安排。"2005年6月底，课题组完成了24万字的《清代城市史研究综述》《清史城市志编纂体例》《撰写大纲》，工作走在了典志组各个三、四级项目的前面。"①

2007年1月，正当《清史·城市志》走上正轨、不断取得纂修工作新进展时，病魔却无情地夺去了隗瀛涛先生宝贵的生命。先生在临终时还挂念着《清史·城市志》的编纂工作，遗憾自己完不成国家交给他的任务。为了告慰老师英灵，四川大学城市研究所的师生毅然挑起了继续纂修《清史·城市志》的重担，继承了老师未竟的事业。现在，课题组克服了种种困难，最终完成了《清史·城市志》的纂修任务。望恩师在天之灵能得以欣慰。

八、倾注心血，推动学科建设

隗瀛涛先生不仅在历史研究领域卓有贡献，在推动中国近代史和地方史的学科建设方面先生也有首创之功。20世纪80年代，隗瀛涛先生主要围绕四川近代史和重庆城市史两个领域展开研究，并于1981年作为该研究领域的第一名指导教师，

---

① 赫治清：《恩师·挚友——深切怀念隗瀛涛教授》，载《瀛涛先生追思录》，内部刊印本，2010年，第56页。

为四川大学创建中国近代史硕士学位授权点。以此为基础，隗先生萌发了构建中国地方史专业的想法。

对于地方史学科的发展，隗瀛涛先生曾提出了具有指导意义的五点建议：一、提高地方史研究和地方史学科建设重要性的认识。二、加强理论建设，提高研究水平。三、开拓研究领域，重视多学科的综合研究。四、加强研究单位的协作。五、重视后备队伍的培养。隗瀛涛先生一再呼吁："以总结各地历史发展规律为主要任务的地方史研究，对于我们深刻认识国情、建设中国特色的社会主义，有着十分重要的作用。在新的形势下，地方史作为一门新兴的学科，具有强大的生命力，将为各地建设物质文明和精神文明提供历史的经验。希望更多的学者、专家、各地党政领导和有关部门对地方史研究给予重视和大力支持。"

正是在隗瀛涛先生的倡导和努力下，1986年，四川大学获得了中国地方史硕士授权点，隗瀛涛先生成为中国地方史硕士授权点的第一位指导教师。随后隗瀛涛先生又抓紧了地方史博士学位授权点的创建工作。经过数年的努力，以隗瀛涛先生为学术带头人的四川大学中国地方史专业，于1993年被国务院学位委员会批准为该专业全国第一个博士授权点，并认定先生为博士生指导教师。这是我国第一个中国地方史学科博士点，中国地方史的教学与研究由此迈上了一个新的台阶。中国地方史研究的异军突起，日益受到国内外史学界的广泛重视，地方史研究所具有的学术价值和现实意义也日益彰显，并受到学界的普遍肯定。21世纪，中国地方史研究面临着立足地方、走向世界的全新机遇和挑战。1995年，在四川大学举办的"走向二十一世纪人文社会科学学术研讨会"上，先生做了题为"走向二十一世纪的中国地方史"的长篇发言，回顾了国内外中国地方史研究的成就和动态，展望了中国地方史研究在21世纪的发展趋向。

1997年，为适应学科发展的需要，四川大学历史文化学院整合城市史、民族史、思想文化史等研究方向的专家学者，将中国地方史调整为专门史。至此，四川大学专门史学科形成了以思想文化研究、城市史研究和西南民族研究为主的三个发展方向。由于四川大学专门史学科集中了多个领域著名的专家学者，因而得到快速的发展，1999年，四川大学专门史专业被评为四川省省级重点学科，三年后该专业又被国务院学位委员会批准为全国重点学科，当时全国范围内的专门史国家重点学科仅有两个。2007年，也就是先生去世的那一年，四川大学专门史专业再次被教育部认定为国家重点学科，这应该算是对隗先生的一个告慰。

九、构建新的学术平台，成立四川大学城市研究所

20世纪80年代中后期，中国城市现代化建设出现了翻天覆地的变化，城市的巨变呼唤着中国的社会科学工作者对中国城市在理论上进行深入的研究。为了适应时代的需要和学科建设，隗瀛涛先生在承担了国家"八五"重点课题之后，即提出

在四川大学建立城市研究中心,以培养城市研究人才和形成群体研究力量。隗瀛涛先生的想法得到了当时学校其他主要领导的支持。1988年四川大学城市研究中心正式成立,由隗瀛涛先生亲自担任中心主任。该中心成立后的一段时间,既无经费,也无办公地点,隗瀛涛先生四处呼吁,终于在文科楼争取到一席之地。中心的成立对于四川大学城市史研究起到了重要的推动作用,成绩显著,影响巨大,因而隗瀛涛先生又多次向学校领导建议加强四川大学城市研究的力量。1996年12月,四川大学校务会议决议,在原四川大学城市研究中心的基础上建立"四川大学城市研究所",并以隗瀛涛教授为名誉所长。毫无疑问,四川大学城市研究所的最终成立,是四川大学城市史研究进一步走向成熟的一个标志,也是四川大学"理工结合,文理渗透"优势的体现,这表明了城市史研究综合性和交叉性的特点,充分展现了隗瀛涛先生独特的学术眼光。以隗瀛涛先生为学术带头人的四川大学城市研究所成立后,发展十分迅速,不仅能够承担较大型的科研项目,并且产生了一批在全国有重大影响的成果。由于这些成果的取得,四川大学城市研究所先后承担了十余项国家社科基金项目,并获得国家社科基金项目优秀成果奖1项,四川省哲学社会科学优秀成果一等奖3项、二等奖4项、三等奖5项,中国图书奖1项,中国科协优秀建议奖一等奖1项,进而赢得了学界的广泛赞誉。这充分说明了四川大学城市研究所这一学术平台的雄厚实力和清新活力。

四川大学城市研究所是全国第一个城市史的专门研究机构和重要科研基地,作为城市研究所的创始人,隗先生为中国城市史学术领域培养了众多人才,做出了特殊贡献。

十、桃李遍天下,师生情谊深

隗瀛涛先生在四川大学从教近五十年,不仅以其学术上的成就受人称赞,而且更重要的是,他以桃李满天下的硕果,为历史学科特别是中国近现代史和城市史的长久发展带来了新的希望。

在隗瀛涛先生早年的学生中,赫志清和谭继和两位与隗瀛涛先生既是师生关系,也是忘年之交。

赫志清先生是中国社会科学院历史所的研究员,是颇有影响的历史学家。他与隗瀛涛先生既是师生关系,同时又是老乡和朋友关系。1958年秋,赫志清先生考入四川大学历史系,不久就结识了隗瀛涛先生。赫志清先生在四川大学的第一个除夕,就是在隗老师家中度过的。从此之后,赫志清先生不但和隗先生,而且和师母陈可清老师,以及他们的子女都结下了深厚情谊。在四川大学学习的五年中,但凡逢年过节,不是隗先生,就是他的孩子来请赫志清先生到他家欢度节日。特别是三年困难时期,赫志清先生成了隗先生家的常客,师母常为他加餐补充营养。在赫志清先生看来:隗先生"为人热情豪爽,正直耿介,是个性情中人。他一贯追求开拓创新，不喜欢人云亦云。他擅长演讲，口若悬河，激扬雄辩，讲课很受欢迎；著文如行云流水，逻辑性强"。因而他选择了隗先生为毕业论文指导老师，顺利地完成了毕业论文。其后，赫志清先生每当谈及当时在四川大学读书求学之事，都会对当年隗先生对他在学术上、思想上、生活上等各方面的帮助深表感谢。

谭继和先生与赫志清先生一样，与隗瀛涛先生既是师生关系，同时又是老乡和朋友。1951—1952年，谭继和先生在开县城厢二小就学，其时该小学的校长就是隗瀛涛先生。1957年，谭继和先生考进四川大学历史系，隗瀛涛先生正好于是年毕业留校任教，再次成为谭继和的老师，可谓人生何处不相逢。这样的机遇使隗瀛涛先生与谭继和先生的关系更加密切，后来隗先生不仅成为谭继和的论文指导老师，而且成为他终身的老师和朋友。隗先生亲切、热诚、健谈、风趣、敏捷，使谭继和这位刚进入史学殿堂的年青学子深受感染，很快就掌握了学习方法和写作的门径。在以后的数十年间，谭继和先生与隗瀛涛先生长期有着工作方面的接触，受到隗先生的影响很大，他认为自己是长期受到隗先生学术呵护的受惠者之一。他总结了隗先生一生的四个特点："在人品上，隗老师的特色有两点：一是忠诚爱国，耿介正直，具有独立不移、卷舒不随乎时的坚贞品格；二是强学力行、诲尔谆谆、无私奉献的从教育人精神。在学术上也有两点特色：一是立足近代，学具通识，放眼中外，善于掌握当代学术潮流；二是思虑明达，识解不凡，具有开拓性的原创思维和深邃敏锐的学术洞察力。这两方面的四个特色，都是值得弟子们孺慕学习的。古人说：经师易求，人师难得。作为隗老师历时最久的幸运弟子之一，人师经师兼得际遇。"

"文化大革命"结束后，高等教育改革，四川大学历史系创立了中国近现代史硕士学位授权点，地方史硕士学位授权点和博士学位授权点，隗瀛涛先生作为这些硕、博士授权点的导师，先后招收了一大批硕、博士生，培养了一代新的人才。

隗瀛涛先生与四川保路运动研究

谢　放[*]

隗瀛涛先生在其重要代表著作《四川保路运动史》"前言"中指出："四川发生的保路运动是辛亥革命时期的著名历史事件，这次运动以鲜明的反帝反封建性和群众性以及武装起义的广泛性为特色。它在全国形势的推动下发生并给全国的革命运动以重大影响，起了'引起中华革命先'的历史作用。四川保路运动作为研究辛亥革命史不可缺少的重大课题之一吸引着中外学者的注意。"在纪念孙中山诞辰150周年、四川保路运动105周年及《四川保路运动史》出版35周年之际，重读先生的这部重要代表作，总结先生的学术思想，学习先生的治学精神，以表示对先生的深切怀念。

一

先生从20世纪60年代初，就对保路运动史作了开拓性的研究，被国内外公认为这一研究领域的著名专家。1959年6月13日，先生参加了老革命家、辛亥四川起义的参加者和领导者吴玉章在四川召集的研究辛亥革命史座谈会。在这次会上，吴老详细地介绍了辛亥革命在四川的情况，希望史学工作者尽快把这段历史加以整理研究。在吴老的启示下，先生开始了四川保路运动史的资料收集和研究工作。1961年辛亥革命50周年之际，先生发表了《四川保路运动》这篇重要论文，旋被收入中华书局出版的《辛亥革命五十周年纪念论文集》，引起史学界的瞩目。从1966年起，十年浩劫，十年时间大浪费，先生虽然一直没有放弃资料的收集和研究工作，但写《四川保路运动史》的日程一再废延。1976年"文化大革命"结束后，先生参加了由章开沅、林增平教授任主编的《辛亥革命史》一书的研究工作，与吴雁南教授一起任该书中册主编。在研究过程中，先生深感辛亥革命史有分门别类，深入研究各省区的必要，写一部《四川保路运动史》对推动整个辛亥革命史研究的深入是有积极意义的。在《辛亥革命史》中册定稿付印后，他便开始了《四川保路运动史》一书的写作，于1980年10月定稿，1981年9月，由四川人民出版社正式出版。全书共五章，27.2万字，以宏富的第一手资料，在系统地论述四川

---

[*] 谢放，华南师范大学教授，博士生导师。

保路运动史实的基础上，就这一运动发生的原因和作用，性质和特点，资产阶级立宪派和资产阶级革命派的作用，农民和会党等问题做了深入的探索，提出了一系列具有相当建树的学术见解，填补了中国近代史在该领域的研究空白，使我国在这一领域的研究水平提高到一个新的高度，在国内外史学界产生了重要影响，被海内外学者誉为中国"研究四川保路运动史的名著"，"在同类著作中堪称领先地位"。该书后来获得四川省哲学社会科学优秀成果二等奖。先生也因之有了"隗保路"的美誉。

《四川保路运动史》出版迄今已35周年，我作为先生的入门弟子，正是从认真学习这部大著入手，并在先生的悉心指导下，进入中国近代史研究之门的。今天重读先生大著，依然深感其资料之宏富，分析之严谨，立论之公允，见解之精辟，不愧是保路运动史研究的一部经典著作。下面想就《四川保路运动史》着力探讨的一些重要问题及其学术创见，谈谈自己的一点学习体会。

二

四川保路运动作为辛亥革命史中的一件重大历史事件，是20世纪初年民族矛盾和阶级矛盾激化的产物，这与辛亥革命发生的社会矛盾具有同一性。值得关注的是，保路运动何以在四川声势浩大，在国内独步一时？这确实是需要深入研究的重要问题。《四川保路运动史》首先论述了保路运动前夕四川各族人民反帝反封建斗争高涨的态势，分别从帝国主义侵略势力的深入、清王朝的暴政、保路运动前夕四川人民自发斗争三个方面条分缕析了四川保路运动发生的社会矛盾。其中有两个问题，充分反映了四川社会矛盾激化及其特殊性，尤其值得重视。其一，是20世纪以四川义和团为代表的各族人民的自发斗争。对这一问题先生亦有长期深入的研究，早在1960年就发表了《义和团在四川迅速发展的原因及其特点》《义和团在四川的活动》等重要论文。在《四川保路运动史》中，先生以更详尽的史实，深入论析了以四川义和团（以红灯教的名义）为首的四川各族人民的自发斗争及其特点，详尽列出了1900—1910年四川各族群众自发斗争简表，考析了四川义和团是最早在全国提出"灭清、剿洋、兴汉"的口号这一重要史实；并指出，这一口号表明，四川各族群众的自发斗争"把反对帝国主义和反对清王朝的战斗任务联系了起来，主张用武装斗争去反对民族的和阶级的敌人，以达到'兴汉'的目的"。"不是简单地承袭此前的人民反帝运动，而是在新的历史条件下，不自觉地反映了客观存在的社会矛盾的特殊性，从而使人民的革命事业向前发展和深入了一步"。其发展趋势表现在"有的自发斗争开始与资产阶级革命派领导的起义相结合，成为资产阶级的革命同盟军"（《四川保路运动史》第59、61、67页，以下引该著仅注页码）。

其二，是20世纪初年具有反清传统的四川会党势力的发展。正如先生所指出："二十世纪初年，四川会党，是一个十分值得注意的历史现象。"（第65页）以哥老会为主的四川会党是一个有悠久历史的反清秘密组织,在保路运动中十分活跃且作用显著。先生对此进行了探讨,提出了"在保路运动中,会党成为资产阶级革命派与农民联盟的纽带"这一重要学术见解(第67页),并深入分析了同盟会与会党的关系,揭示了保路运动之所以深入城乡而迅速发展的一个重要因素。就在《四川保路运动史》出版的当年,先生出席了在武昌举行的"纪念辛亥革命70周年国际学术讨论会",提交了学术论文《论同盟会与四川会党》(与何一民合著),对这一重要问题做了全面、深入的研究,详细论述了近代四川会党势力的扩张及其成分,同盟会、会党的联合战线的形成和作用等问题;尤其深入剖析了同盟会对四川会党的"整理与指导"的具体表现,即(1)灌输资产阶级民主革命思想,争取政治指导;(2)采取参加进去和吸收过来的办法对会党进行组织改造;(3)把会党自发起义引导到资产阶级革命的轨道。该论文大大深化了辛亥革命时期同盟会与会党的关系的研究,引起了与会中外学者的极大关注,在辛亥革命史研究领域产生了重要影响。

三

四川保路运动作为辛亥革命的重要组成部分,也是20世纪初年资本主义经济初步发展和资产阶级独立登上历史舞台的产物。20世纪80年代前后,围绕辛亥革命的性质,中外学术界曾展开过激烈的争论。一部分海外学者,以20世纪初年中国资本主义经济和资产阶级发展微弱为由,否认辛亥革命是一场资产阶级革命。这样,研究中国资本主义经济和资产阶级的发展状况及其特点便成为当时学术界十分关注的重要课题。四川作为一个内地省份,较之沿海地区,其资本主义经济产生较晚,发展不足,确为事实。但四川保路运动的发生和发展与四川资本主义经济的发展状况有无直接关系,自然也成为学术界关注的重要问题。先生对这一问题同样给予相当重视,当年他招收硕士研究生的研究方向之一,即为"中国资产阶级研究"。在《四川保路运动史》中,先生亦以两章的篇幅,重点探讨了"资本主义经济在四川的发生和初步发展、资产阶级的活动"和"川汉铁路公司的成立及其演变"。先生在探讨资本主义经济和资产阶级在四川产生和发展状况时,提出值得重视的学术见解:一、一定程度上肯定了清末新政对资本主义经济的促进作用。清末新政虽然今天已经成为学术界研究的一个热点,但在三十年前研究十分薄弱,评价亦欠公允。先生则客观地指出:"清政府至少是宣布了自由发展实业为合法,奖励资本家兴办企业,并从口头承担了保护投资者利益的责任。民族资本在清政府推行这些'新政'的过程中,获得了一些发展的有利条件。"(第80页)他还客观地肯定了川督锡良率先倡设川汉铁路公司的作用。二、指出绅商发动的收回利权运动对四川民族资本经济初步发展的促进作用,四川的一些近代工矿企业正是在这一运动中陆续筹办起来的。三、论证了四川资产阶级大多由官僚、地主、商人转化而来,四川资产阶级立宪派较资产阶级革命派力量显得强大。"在辛亥革命前夕,已成为四川的一股显著的政治力量。"(第102页)先生还用较多的篇幅,论述了四川谘议局的成立及作用、立宪派的国会请愿活动及影响。当时,辛亥革命史以孙中山和同盟会为主线这一叙述框架在学术界还有较大的影响,而清末新政、绅商和立宪派的研究当时才刚刚开始受到大陆学者的关注,研究还相对薄弱。先生的这些见解对拓宽学术视野,丰富辛亥革命史研究内容,无疑具有启迪意义。

四川资本主义经济发展较之沿海沿江地区确实较为缓慢而落后,但四川保路运动却在全国保路风潮中独步一时,引人注目,其中的经济根源无疑是一个值得深入探讨的问题,而川汉铁路款股特别是"租股"的筹集更是一个值得探讨的重要问题。先生以第一手资料详细论证了这一问题,并与各省铁路公司集股情况做了比较研究,得出结论:"在各省铁路公司中,川汉铁路公司实收股额占第一位,实收股额占预筹股额的百分比居二位。"尤其是其中的租股占有相当大的比例,自铁路公司开办至1910年底,租股占76%以上,1908、1909两年租股所占的比例更高(第165页)。而租股是铁路公司凭借官府、依靠士绅征收,具有政治强制性质,当时被称为"铁路捐"。因此,租股的性质如何?与保路运动发生有何关系?成为保路运动史中的一个重要问题。先生通过对四川租股征收情况的深入研究,明确指出:"租股是川汉铁路公司经济命脉。大大小小的租股股东是它的社会基础,租股的征收与四川保路运动关系极大。"先生进而深刻分析了租股征收对四川社会产生的深远影响:(1)加重了群众的负担,从而加深四川社会阶级矛盾;(2)因租股征收的对象不仅包括四川大中小地主,而且及于广大自耕农和佃农,从而使川汉铁路的修筑成为四川各阶级、阶层人士利害与共的事,这就为保路运动的发动准备了广泛的群众基础;(3)租股的征收迫使四川地主"将封建剥削而来的财富的一部分投资于铁路这种资本主义性质的近代交通事业","因此,川汉铁路租股的筹集过程也就是四川的地主在不同程度上卷入资本主义漩涡,向资本主义转化的过程"(第168~170页)。这些分析为确定租股的资本主义性质及其与四川保路运动的关系,揭示了有相当学术价值的研究路径。当时林增平先生的开门弟子鲜于浩亦将川路租股作为研究课题,并奉师命前来向隗先生请教,撰写了《试论川路租股》一文,进一步论证了租股的资本主义性质,得出了租股是"'当作资本来发生作用的价值量',是垫支资本。因此,川路租股是近代中国社会资本原始积累的一种独特方式"这一重要结论。鲜于浩此文提交1981年12月在长沙举行的纪念辛亥革命七十周年青年研究工作者学术讨论会,经专家评议获得一等奖,并在《历史研究》1982年第2期上发表,得到学术界的充分肯定。

此后,先生对四川保路运动的发生和发展由社会矛盾和经济根源研究,又扩展到对四川保路运动的整个社会环境的研究。1991年,辛亥革命80周年之际,先生主编的《辛亥革命与四川社会》一书由成都出版社正式出版。该书将区域史与辛亥革命史研究相结合,从深入研究一个有代表性的内陆省区的史实出发,将四川保路运动放在更广阔的历史背景,包括经济、政治、文化和社会诸侧面,多角度、多层面地考察这次革命产生的原因、性质及意义。这本书最鲜明的特色有两点:第一,区域研究和对近代中国社会的总体考察相结合，从近代化的角度探讨四川保路运动；第二，注重社会的综合考察，从农村、城市、自然经济、商品经济、市场、人口、社团、会党、教育、知识群体、地方自治等多方面地科学地论证辛亥革命时期的四川社会。这一研究成果及其所体现的研究思路和方法，在史学界引起了较大的影响。正如辛亥革命史专家李喜所教授在为该书写的书评《新领域·新特色》（载《近代史研究》1992年第3期）中指出："该书改变了过去一些史学论著的单一模式，展现的是一幅多彩的辛亥革命时期四川社会的风情画，这对于从区域社会方面研究辛亥革命史是一大贡献。"

四

先生关于四川保路运动研究的又一个重要的学术贡献，就是明确将这场波澜壮阔的运动划分为两个重要阶段，即立宪派领导的保路爱国运动和同盟会领导的保路同志军武装起义，各用一章的篇幅进行了详尽论述，深入分析了两者的联系和区别，提出一系列新的见解。据先生的研究，前一阶段的保路爱国运动又具体划分为三个阶段：即第一阶段为四川绅商要求清政府收回铁路国有成命的斗争（1911年5月12日—6月17日）；第二阶段为四川保路同志会成立，破约保路（6月17日—8月24日）；第三阶段为罢市、罢课、抗捐、抗粮斗争（8月24日—9月7日）。对保路爱国运动三个阶段的划分，十分清晰地展示了这场爱国运动在四川各地发展的趋势和特点；尤其展示了四川保路同志会及各地保路同志协会成立后，所形成的遍及全川的声势浩大的群众性反帝爱国运动的格局。先生大量运用了极为珍贵的《四川保路同志会报告》等第一手资料，对四川各阶层的爱国力量不分地域和职业、不分民族和宗教信仰汇入保路洪流的壮举，进行了生动而翔实的论述，展现了一幅波澜壮阔的历史画卷。

当时，关于保路运动的性质，国内外学术界存在不同的见解。这场运动是资产阶级领导的、人民大众的、反对帝国主义及其走狗的群众运动，还是"绅士、地方和豪商的运动"？是中国人民同帝国主义、封建主义的一场阶级斗争还是"绅权"与"官权"即封建阶级内部的斗争？这是当时研究保路运动必须明确的问题，而问题的症结又在于如何判定立宪派的阶级属性和评价其在运动中的作用。先生分别就立宪派的阶级属性、政治纲领和组织形式等方面做了深入剖析，认为立宪派之所以起而领导保路运动，"这是四川社会的新经济、新政治决定了的"，他们是作为"中国民族资产阶级和有发展资本主义倾向的地主的政治代表活跃在历史舞台的"（第267~268页）。他们中的一些留学生更是接受了资本主义的社会学说和政治学说的新知识分子，与旧日依附于封建地主阶级的士大夫迥然不同。对于立宪派领导保路运动提出的最响亮的口号"庶政公诸舆论""铁路准归商办"，先生精辟地指出："这两个口号，前一个是参政权的要求，后一个是财产权的斗争，两者合起来正好是政治斗争和经济斗争的结合，集中反映了中国资产阶级的阶级利益。"（第269页）而"谘议局、川路董事局、同志会三位一体的领导体制，使立宪派人士以保路运动的领袖资格登台"。先生既根据中国民族资产阶级具有两重性的理论观点，指出了立宪派领导保路运动的历史局限性，也实事求是地肯定了立宪派的历史作用，指出"从保路运动而论，我们不能因立宪派人的软弱和妥协而否定他们确曾起过进步作用"，保路运动的"发动和发展成如此宏大的规模，产生巨大的影响也是和立宪派人的努力分不开的"，并且"在客观上促进了革命的到来"（第280页）。这些重要观点，在三十多年前学术界还较多存在将改良与革命对立起来的"语境"下，无疑是极具睿见的。

关于同志军武装起义研究，先生在第二章第三节"资产阶级民主革命运动的勃兴"中，详细考察了保路运动之前同盟会在四川的组织、宣传和武装斗争，以大量史实证明保路运动前"同盟会已经成了四川社会中的一个很有影响的政治集团"（第129页）。而四川保路同志军起义正是这些活动和斗争的延续和扩大。他在详尽而深入论述保路同志军武装起义的第五章中，提出了两个值得关注的重要观点：

其一，同盟会在同志军武装起义中发挥领导作用。当时，一些国外学者对孙中山和同盟会领导辛亥革命的历史作用持否定态度，而强调地方绅士所起的作用。先生则以大量的史实论证了同盟会对同志军的领导作用，主要表现在：(1) 同志军起义在多数情况下是由同盟会有计划策动的；(2) 几支最大、最有影响的同志军的领导人都是同盟会会员或与同盟会关系密切的会党首领；(3) 同盟会的政纲是同志军的政治指导（第319~322页）。同时，先生也指出，当时也确实存在一些同志军起义是自发的，"但是时代的特点和革命的性质决定了这些自发斗争，在实际上已经纳入了资产阶级领导的旧民主主义革命的范畴"。他还具体考察了四川35个府县革命独立的情况，充分论证了同盟会及其政纲在四川各地同志军起义的作用和影响（第322页）。

其二，保路同志军的主力是农民群众。先生以大量史实证明，四川同志军的主体是农民和其他劳动人民，他们加入同志军的渠道是会党和民团。如前所述，会党的问题，先生除在书中加以较多论析外，还在《同盟会与四川会党》一文进行专门讨论。而关于民团，先生认为，其本是地方绅士掌握的武装，但由于辛亥革命时期特殊的历史条件，原有的民团及其首领也发生了变化，或接受同盟会的影响而加入同盟会领导的武装斗争中来，或由于帝国主义和清王朝损害了自己的利益而成了反清人士。而且民团往往与会党合二为一，成为同盟会发动农民群众参与武装起义的重要组织形式。

通过上述问题的深入探讨，先生回应了当时学术界讨论的一个重要问题，即辛亥革命时期资产阶级革命派与农民群众的联盟问题，提出了关于这一问题的独到见解和重要结论："同志军和同盟会的关系说明了辛亥革命时期四川曾一度出现过资产阶级革命派与农民的革命联盟。这一联盟的政治基础是同盟会的政纲，组织形式是同志军，纽带是会党，领导是资产阶级革命派。"（第322页）

四川保路运动和保路同志军起义,作为武昌首义的导火线而载入史册。而历来对这一导火线作用的理解,大多只看到清政府为镇压四川保路运动,令端方率鄂军入川,造成清政府统治在武昌的空虚,从而为武昌起义创造了有利条件这一点。先生在总结四川保路运动的历史意义时,也对此提出了新的见解,指出导火线作用更重要的是当时的革命党人,在保路运动的鼓舞下,一扫黄花岗起义失败后的气馁情绪,振奋起革命精神,加速了武装起义,特别是在武昌起义前的准备工作。先生还用大量史实证明"四川保路运动为中国引来了新的革命高潮,推动了各省革命斗争的高涨。正由于这种新的革命形势的出现,武昌起义得以一举成功,并得到全国响应,使清王朝迅速土崩瓦解"(第361页)。这可以说是从更高的学术层面上提升了四川保路运动的历史意义,从更广阔的学术视野上,拓展了四川保路运动在辛亥革命中的历史地位。

　　总之,先生对四川保路运动研究的学术思想是十分丰富的,卓越的学术贡献也是中外学术界所公认的。本文仅谈了点自己学习的一些肤浅体会,挂一漏万,在所难免,尚祈专家学者指正。

本书所引文献简目

报　刊

晚清民国报刊

《申报》
《苏报》
《时报》
《民报》
《复报》
《晨报》
《捷报》
《汇报》
《快报》
《渝报》
《衡报》
《四川》
《蜀报》
《鹃声》
《禹贡》
《江苏》
《新中华》
《蜀学报》
《外交报》
《民立报》
《国民报》
《国风报》
《清议报》
《新闻报》
《西顾报》
《崇实报》

《中外日报》
《帝国日报》
《商务官报》
《广益丛报》
《新民丛报》
《启智画报》
《东西商报》
《新华日报》
《成都商报》
《东方杂志》
《湘路新志》
《四川官报》
《四川学报》
《经济汇报》
《农本月刊》
《农业周报》
《建设周讯》
《四川月报》
《学术月刊》
《康导月刊》
《建国月刊》
《说文月刊》
《华西学报》
《云南杂志》
《通讯与论文》
《国史馆馆刊》
《重庆商务日报》
《华西教会新闻》
《香港中国日报》
《正俗新白话报》
《重庆商会公报》
《四川教育官报》
《四川文献月刊》
《四川警务官报》
《西南实业通讯》
《中国近代史资料》
《革命先烈纪念专刊》

《川汉铁路改进会报告》
《四川保路同志会报告》
《南京临时政府公报》
《中兴日报》（新加坡）

中华人民共和国报纸

《人民日报》
《新华日报》
《新华月报》
《光明日报》
《北京晚报》
《成都晚报》

古　籍（附民国地方史料）[①]

杨伯峻：《论语译注》，北京：中华书局，1956年。
郭庆藩：《庄子集释》，北京：中华书局，1961年。
杨伯峻：《春秋左传注》，北京：中华书局，1981年。
司马迁：《史记》，北京：中华书局，1959年。
班固：《汉书》，北京：中华书局，1962年。
范晔：《后汉书》，北京：中华书局，1965年。
郦道元：《水经注》，北京：商务印书馆，1958年。
刘琳：《华阳国志校注》，成都：巴蜀书社，1984年。
顾禄：《清嘉录》，上海：新文化书社，1935年。
赵尔巽等：《清史稿》，北京：中华书局，1977年。
《清实录》，北京：中华书局，1985年。
刘锦藻：《清朝续文献通考》，北京：商务印书馆，1955年。
王先谦：《东华续录》，民国间撷华书局铅印本。
《清实录（附〈宣统政纪〉）》，北京：中华书局，1987年。
贺长龄：《皇朝经世文编》，道光丁亥（1827）本。
奕欣等：《剿平粤匪方略》，清光绪间内府铅活字体。
蔡乃煌：《约章分类辑要》，光绪二十六年（1900）本。

[①] 编按：在习惯上，学界多将1911年作为划分古籍与今籍的标准，但事实上，年代绝非判别古籍的唯一标准，如在体例上，有卷次和章节体的区别，在语言上，有文言和语体的区别，而且，随着时间的推移，古籍的时间下限，必定会向下延伸。因此，本书将民国间遵循传统史书体例，用文言撰写的地方史料，均以类相从，著录于相应的古籍文献之后。

王彦威：《清季外交史料》，民国二十一年（1932）本。

骆秉章：《骆秉章奏稿》，光绪十七年（1891）刊本。

胡林翼：《胡林翼全集》，上海：大东书局，1937年。

左宗棠：《左文襄公全集》，清光绪十四年（1888）本。

郭嵩焘：《罪言存略》，光绪丁酉（1897）本。

刘蓉：《养晦堂文集》，清光绪三年（1877）本。

卞宝第：《卞制军政书》，清光绪间刻本。

高枬：《高给谏奏牍》，清光绪间清翰堂刻本。

储仁逊：《闻见录》，天津人民图书馆藏稿本。

王增祺：《聊园诗存》，清光绪十七年（1891）本。

余鸿观：《蜀燹述略》，光绪二十七年（1901）本。

陈毅：《轨政纪要》，邮传部图书通译局光绪三十三年（1907）本。

唐鸿学：《唐公年谱》，清光绪三十四年（1908）石印本。

罗湘云：《怡云馆文牍略存》，清宣统二年（1910）本。

中国科学院历史研究所第三所编：《锡良遗稿》，北京：中华书局，1959年。

丁宝桢：《丁文诚公奏稿》，清光绪十九年（1893）本。

李鸿章著、吴汝纶编：《李文忠公全集》，上海：商务印书馆，1921年。

张之洞：《张文襄公全集》，民国十七年（1928）本。

袁世凯著、沈祖宪辑：《养寿园奏议辑要》，民国二十六年（1937）本。

朱之洪编：《蜀中先烈备征录》，民国十二年（1923）本。

甘熙：《白下琐言》，江宁甘氏民国十五年（1926）自刊本。

陈作霖：《凤麓小志》，民国间刊本。

徐秉元等修纂：《康熙桐乡县志》，康熙十七年（1678）本。

陈和志等修纂：《乾隆震泽县志》，乾隆十一年（1746）本。

李光祚等修纂：《乾隆长洲县志》，乾隆十八年（1753）本。

吴章祁等修、顾士英纂：《蓬溪县志》，道光二十五年（1845）本。

吕绍衣等修、王应元等纂：《重修涪州志》，同治九年（1870）本。

恩成修、刘德铨纂：《夔州府志》，光绪十七年（1891）本。

徐浚镛修纂：《丰都县志》，光绪十九年（1893）本。

彭洵修纂：《灌记初稿》，光绪二十年（1894）本。

马忠良等修、马湘等纂：《越西厅全志》，清光绪三十二年（1906）本。

余慎修、陈彦升纂：《新繁乡土志》，光绪丁未（1907）刻本。

邓元鏸等修、万慎纂：《续修叙永永宁厅县合志》，清光绪三十四年（1908）本。

杨应玑等修、谭永泰等纂：《石砫厅乡土志》，清宣统元年（1909）本。

王安镇修、夏璜纂：《潼南县志》，民国四年（1915）本。

贺泽等修、张赵才等纂：《荥经县志》，民国四年（1915）本。

郑贤书等修、张森楷纂：《合川县志》，民国六年（1917）本。

余谊密等修纂：《芜湖县志》，民国八年（1919）本。

侯祖畲、吕寅东纂辑：《夏口县志》，民国九年（1920）本。

王暨英修、曾茂林纂：《金堂续县志》，民国十年（1921）本。

谢汝霖修、罗元黼纂：《崇庆县志》，民国十五年（1926）本。

张骥修、曾学传纂：《温江县志》，民国十年（1921）本。

刘良模等修、罗春霖等纂：《丹棱县志》，民国十二年（1923）本。

王铭新等纂、郭庆琳等修：《眉山县志》，民国十二年（1923）本。

聂述文等修、程德音等纂：《江津县志》，民国十二年（1923）本。

伍彝章修、曾世礼纂：《蓬溪近志》，民国十四年（1925）本。

陈邦倬等修、田树勋等纂：《崇宁县志》，民国十四年（1925）本。

柳琅声修、韦麟书纂：《南川县志》，民国十五年（1926）本。

林志茂等修、汪金相等纂：《简阳县志》，民国十六年（1927）本。

郑国翰等修、陈步武等纂：《大竹县志》，民国十七年（1928）本。

汤化培修、李鼎禧纂：《长寿县志》，民国十七年（1928）本。

王鉴清等修、施纪云等纂：《涪陵县志》，民国十七年（1928）本。

王玉璋修、刘天锡等纂：《合江县志》，民国十八年（1929）本。

李良俊监修、王荃善总纂：《南充县志》，民国十八年（1929）本。

吴鸿仁等修、黄清凉等纂：《资中县续修资州志》，民国十八年（1929）本。

甘焘等修、王懋昭纂：《遂宁县志》，民国十八年（1929）本。

廖世英等修、赵熙等纂：《荣县志》，民国十八年（1929）本。

谭毅武修、陈品全等纂：《中江县志》，民国十九年（1930）本。

汪承烈修、邓方达等纂：《宣汉县志》，民国二十年（1931）本。

彭文治等修、卢庆家等纂：《富顺县志》，民国二十年（1931）本。

林志茂等修、谢勷等纂：《三台县志》，民国二十年（1931）本。

张九章等修、陈藩垣等纂：《黔江县志》，清光绪二十年（1894）本。

叶大锵修、罗骏声纂：《灌县志》，民国二十二年（1933）本。

叶大锵修、罗骏声纂：《灌县掌故》，民国二十二年（1933）本。

赖佐唐等修、宋曙等纂：《叙永县志》，民国二十二年（1933）本。

陈法驾等修、林思进等纂：《华阳县志》，民国二十二年（1933）本。

张方善修、许闻诗纂：《井研县志》，民国二十三年（1934）本。

唐受潘等修、黄镕等纂：《乐山县志》，民国二十三年（1934）本

曾世礼等修、庄喜泉等纂：《蓬溪近志》，民国二十四年（1935）本。

朱世镛等修、刘贞安等纂：《云阳县志》，民国二十四年（1935）本。

罗国钧等修、薛志清纂：《夹江县志》，民国二十四年（1935）本。

陈谦等修、罗绥香等纂：《犍为县志》，民国二十六年（1937）本。

李凌霄等修、钟朝煦纂：《南溪县志》，民国二十六年（1937）本。

刘复、宁湘等纂修：《邛崃县志》，民国十一年（1922）本。

洪宣禄纂修：《邛崃县志》，民国二十七年（1938）稿本。
王禄昌等修、高觐光等纂：《泸县志》，民国二十七年（1938）本。
熊卿云等修、洪烈森等纂：《德阳县志》，民国二十八年（1939）本。
朱之洪等修、向楚等纂：《巴县志》，民国二十八年（1939）本。
李仲阳等修、何鸿亮纂：《兴文县志》，民国三十二年（1943）本。
郭洪厚等修、陈习珊等纂：《大足县志》，民国三十四年（1945）本。
祝世德纂：《筠连县志》，民国三十七年（1948）本。
张锐堂修，程尚川、宋孝德纂：《续增黔江县志》，民国间刊本。
佚名纂：《江北县志初稿》，重庆市图书馆藏本。
杨光炯编：《彰明乡土志》，旧抄本。
佚名纂：《古宋县志》，稿本。
汪宗准修、冼宝乾纂：《佛山忠义乡志》，民国章酉年（1921）本。
李肇奎、陈崑纂修：《开县志》，咸丰三年（1853）本。
如柏纂修：《东乡县志》，光绪二十八年（1902）本。
赵懿、赵怡纂修：《名山县志》，光绪二十二年（1896）本。
胡存琮、赵正和纂修：《名山新县志》，民国十九年（1930）本。
蓝炳奎、张仲孝等纂修：《续修达县志》，民国二十年（1931）本。
宁南：《万氏年庚》，西昌博物馆藏本。
程昌祺：《静观斋日记》（稿本），藏四川大学图书馆。
彭芬：《逊清政变发源记》，成都：成都福民公司，民国二十二年（1933）本。
汪如海：《啸海成都笔记》，民国二十六年（1937）本。
秦枏：《蜀辛》，临海秦氏四休堂民国三十三年（1944）本。
周询：《蜀海丛谈》，重庆：大公报馆民国三十七年（1948）本。
张培爵：《张列五先生手札》，民国间铅印本。
诵清堂主人：《辛亥四川路事纪略》，民国四年（1915）成都刊本。
刘师亮：《汉留全史》，民国二十四年（1935）成都排印本。
三余书社主人编：《四川血》，宣统三年（1911）刊印本。
肖湘：《广安蒲君伯英行状》，民国间重庆安庆印书局本。
傅崇矩：《成都通览》，成都：巴蜀书社，1987年。
宋育仁：《哀怨集》，宣统二年（1910）羊鸣山房铅印本。
凌惕安：《咸同贵州军事史》，贵阳：贵州慈惠图书馆，1932年。

专著、文集

胡韫玉等：《满清野史》，成都：昌福公司，民国间刊本。
凌善清：《太平天国野史》，上海：文明书局，1923年。

李锡周：《中国农村经济实况》，北平：北平农民运动研究会，1928年。
杨大金：《近代中国实业通志》（上），南京：钟山书局，1933年。
杨大金：《近代中国实业通志》（下），杭州：浙江印刷公司，1933年。
金毓黻：《宣统政纪》，大连：辽东书社，1934年。
吕平登：《四川农村经济》，上海：商务印书馆，1934年。
重庆中国银行：《重庆之棉织工业》，重庆：中国银行总管理处经济研究室，1935年。
方兵生：《四川桐油贸易概述》，成都：四川省银行经济调查室，1937年。
冯自由：《革命逸史》（1—5），重庆、上海：商务印书馆，1939—1947年。
黄季陆：《总理全集》，成都：近芬书屋，1944年。
郑励俭：《四川新地志》，上海：正中书局，1946年。
卫聚贤：《中国帮会：红帮、汉留》，重庆：说文社，1946年。
尹良莹：《四川蚕业改进史》，上海：商务印书馆，1947年。
冯自由：《中国革命运动二十六年组织史》，上海：商务印书馆，1948年。
鲁迅：《鲁迅全集》，上海：光华书店，1948年。
冯玉祥：《我所认识的蒋介石》，上海：上海文化出版社，1949年。
郭沫若：《少年时代》，上海：新文艺出版社，1951年。
卿汝楫：《美国侵华史》（第1卷），北京：生活·读书·新知三联书店，1952年。
胡绳：《帝国主义与中国政治》，北京：人民出版社，1952年。
范文澜：《中国近代史》，北京：人民出版社，1953年。
漆树芬：《经济侵略下之中国》，北京：生活·读书·新知三联书店，1954年。
罗尔纲：《太平天国史稿》，北京：中华书局，1955年。
罗家伦编：《黄克强先生书翰墨迹》，台北：正中书局，1956年。
张国淦编：《辛亥革命史料》，上海：龙门联合书局，1958年。
吴杰：《中国近代国民经济史》，北京：人民出版社，1958年。
李时岳：《近代中国反洋教运动》，北京：人民出版社，1958年。
蔡寄鸥：《鄂州血史》，上海：龙门联合书局，1958年。
柳亚子：《柳亚子诗词选》，北京：人民文学出版社，1959年。
丁铭楠等：《帝国主义侵华史》，北京：人民出版社，1961年。
汤志钧：《戊戌变法人物传稿》，北京：中华书局，1961年。
吴玉章：《辛亥革命》，北京：人民出版社，1961年。
严中平：《中国棉纺织史稿》，北京：科学出版社，1963年。
周开庆：《四川与辛亥革命》，台北：四川文献研究社，1964年。
毛泽东：《毛泽东选集》（合订本），北京：人民出版社，1964年。
翁同龢：《翁同龢日记》，台北：台联国风出版社，1964年。
樊亢、宋则行：《外国经济史》，北京：人民出版社，1965年。

孙中山：《孙中山选集》（上、下），北京：人民出版社，1966年。
周开庆：《民国四川人物传记》，台北：台湾商务印书馆，1966年。
张朋园：《立宪派与辛亥革命》，台北："中国学术著作奖助委员会"，1969年。
吴玉章：《辛亥革命》，北京：人民出版社，1973年。
"中央委员会"、中国国民党党史委员会编：《国父全集》，台北："中央委员会"、中国国民党党史委员会，1973年。
复旦大学历史系中国近代史教研组：《中国近代简史》，上海：上海人民出版社，1975年。
郭沫若：《中国史稿》，北京：人民出版社，1976年。
陈毅：《陈毅诗词选集》，北京：人民文学出版社，1977年。
汤志钧：《章太炎政论选集》，北京：中华书局，1977年。
吴玉章：《吴玉章回忆录》，北京：中国青年出版社，1978年。
聂宝璋：《中国买办资产阶级的产生》，北京：中国社会科学出版社，1979年。
罗尔纲：《太平天国史事考》，北京：生活·读书·新知三联书店，1979年。
《蜀锦史话》编写组：《蜀锦史话》，成都：四川人民出版社，1979年。
故宫博物院明清档案部编：《清末筹备立宪档案史料》，北京：中华书局，1979年。
金冲及、胡绳武：《辛亥革命史稿》，上海：上海人民出版社，1980年。
湖南省志编纂委员会：《湖南近百年大事纪述》，长沙：湖南人民出版社，1980年。
云南大学历史系、云南省历史研究所地方史研究室：《云南冶金史》，昆明：云南人民出版社，1980年。
重庆地方史资料组：《重庆简史和沿革》，重庆：重庆地方史资料组印行，1981年。
李劼人：《李劼人选集》，成都：四川人民出版社，1981年。
胡绳：《从鸦片战争到五四运动》，北京：人民出版社，1981年。
吴长显：《四川保路风云录》，成都：四川人民出版社，1981年。
隗瀛涛、周勇：《重庆开埠史》，重庆：重庆出版社，1983年。
周永林编：《邹容文集》，重庆：重庆出版社，1983年。
蔡冠洛：《清代七百名人传》，北京：中国书店，1984年。
中国人民政治协商会议四川省重庆市委员会文史资料研究委员会：《重庆抗战纪事》，重庆：重庆出版社，1985年。
夏东元：《郑观应传》，上海：华东师范大学出版社，1985年。
樊百川：《中国轮船航运业的兴起》，成都：四川人民出版社，1985年。
许涤新、吴承明：《中国资本主义发展史》，北京：人民出版社，1985年。
郭廷以：《太平天国史事日志》，上海：上海书店，1986年。
皮明庥：《辛亥革命与近代思想》，西安：陕西师范大学出版社，1986年。

杜受祜等：《近代四川场镇经济志》（第二集），成都：四川省社会科学院出版社，1987年。

周勇、刘景修：《近代重庆经济与社会发展》，成都：四川大学出版社，1987年。

周勇等：《近代重庆经济与社会发展》，成都：四川大学出版社，1987年。

凌耀伦：《卢作孚与民生公司》，成都：四川大学出版社，1987年。

中国民主建国会重庆市委员会、重庆市工商业联合会文史资料委员会编：《聚兴诚银行》，重庆：西南师范大学出版社，1987年。

吴玉章：《吴玉章文集》，重庆：重庆出版社，1987年。

重庆市地方志编纂委员会编：《重庆年鉴1987》，重庆：科技文献出版社重庆分社，1987年。

唐振常等：《上海史研究》（二编），北京：学林出版社，1988年。

王斌：《四川现代史》，重庆：西南师范大学出版社，1988年。

王立显：《四川公路交通史》，成都：四川人民出版社，1989年。

唐振常：《上海史》，上海：上海人民出版社，1989年。

隗瀛涛：《重庆城市研究》，成都：四川大学出版社，1989年。

周勇：《重庆：一个内陆城市的崛起》，重庆：重庆出版社，1989年。

詹同济编：《詹天佑日记书信文章选》，北京：燕山出版社，1989年。

隗瀛涛：《四川近代史稿》，成都：四川人民出版社，1990年。

张仲礼：《近代上海城市研究》，上海：上海人民出版社，1990年。

《大生系统企业史》编写组：《大生系统企业史》，南京：江苏古籍出版社，1990年。

杜恂诚：《民族资本主义与旧中国政府》，上海：上海社会科学院出版社，1991年。

隗瀛涛：《近代重庆城市史》，成都：四川大学出版社，1991年。

隗瀛涛：《辛亥革命与四川省》，成都：成都出版社，1991年。

李世平：《近代四川人口》，成都：成都出版社，1991年。

皮明庥，欧阳植梁：《武汉史稿》，北京：中国文史出版社，1992年。

罗荣渠：《现代化新论》，北京：北京大学出版社，1993年。

邓小平：《邓小平文选》，北京：人民出版社，1993年。

刘茂才：《中介论与相似论》，成都：四川人民出版社，1996年。

谭力：《当代成都简史》，成都：四川人民出版社，1999年。

彭通湖：《四川近代经济史》，成都：西南财经大学出版社，2000年。

何一民：《变革与发展：中国内陆城市成都现代化研究》，成都：四川大学出版社，2001年。

何一民：《近代中国城市发展与社会变迁》，北京：科学出版社，2004年。

《瀛涛先生追思录》，成都：内部刊行本，2010年。

王蕴滋：《辛亥革命回忆录之一》，四川政协藏手稿本。
邓少琴：《川江航运史稿》，未刊稿。
熊克武：《蜀党史稿》，未刊稿。
沈祖基编：《太平天国诗文钞》，上海：商务印书馆，1935年。
［英］宓克著、严复译：《支那教案论》，上海：南洋公学铅印本。
［英］肯德著、李抱宏等译：《中国铁路发展史》，北京：生活·读书·新知三联书店，1958年。
［英］伯尔考维茨著，江载华、陈衍译：《中国通与英国外交部》，北京：商务印书馆，1959年。
［法］古洛东：《圣教入川记》，成都：四川人民出版社，1981年。
［美］马士著、张汇文等译：《中华帝国对外关系史》，北京：生活·读书·新知三联书店，1957年。
［美］威罗贝：《外人在华特权和利益》，北京：生活·读书·新知三联书店，1957年。
［美］菲利浦·约瑟夫：《列强对华外交》，北京：商务印书馆，1959年。
［美］霍塞：《出卖的上海滩》，北京：商务印书馆，1962年。
［美］罗兹·墨菲：《上海——现代中国的钥匙》，上海：上海人民出版社，1986年。
［日］平山周：《中国秘密社会史》，上海：商务印书馆，1927年。
［日］井上清：《日本近代史》，北京：商务印书馆，1959年。
［日］市古宙三：《中国近代的政治社会》，东京：东京大学出版社，1971年。
［日］实藤惠秀：《中国人留学日本史》，北京：生活·读书·新知三联书店，1983年。
［俄］博尔查诺夫等：《斯大林全集介绍》，北京：生活·读书·新知三联书店，1953年。
［俄］斯大林：《斯大林全集》，北京：人民出版社，1953年。
［德］马克思、恩格斯：《马克思恩格斯选集》，北京：人民出版社，1977年。

资料汇编（调查报告、统计、年鉴）

《四川对外关系统计》，民国二年（1913）版。
武群文：《辛亥革命前武汉民族资本工厂统计表》，未刊稿。
左舜生编：《中国近百年史资料》，上海：中华书局，1938年。
张肖梅编：《四川经济参考资料》，重庆：中国经济研究所，1938年。
洪开甫编：《启明年鉴》，民国二十九年（1940）版。
中国史学会编：《太平天国》（1—8），上海：神州国光社，1953年。

人民出版社编：《中国工农红军第一方面军长征记》，北京：人民出版社，1955年。

严中平等编：《中国近代经济史统计资料选辑》，北京：科学出版社，1955年。

王铁崖编：《中外旧约章汇编》，北京：生活·读书·新知三联书店，1957年。

孙毓棠编：《中国近代工业史资料》（第1辑），北京：科学出版社，1957年。

李文治编：《中国近代农业史资料》（第1辑），北京：生活·读书·新知三联书店，1957年。

中国史学会编：《义和团》，上海：上海人民出版社，1957年。

汪静虞编：《中国近代工业史资料》（第2辑），北京：科学出版社，1957年。

中国科学院历史研究所第三所编：《云南杂志选辑》，北京：科学出版社，1958年。

章有义编：《中国近代农业史资料》，北京：生活·读书·新知三联书店，1958年。

江苏省博物馆编：《江苏省明清以来碑刻资料选集》，北京：生活·读书·新知三联书店，1959年。

中国科学院历史研究所第三所近代史资料编辑组编：《太平天国资料》，北京：科学出版社，1959年。

戴执礼编：《四川保路运动史料》，北京：科学出版社，1959年。

中国科学院江苏分院文学研究所编：《太平天国歌谣传说集》，南京：江苏文艺出版社，1960年。

中国史学会编：《洋务运动》，上海：上海人民出版社，1961年。

中国科学院近代史研究所史料编译组编：《辛亥革命资料》，北京：中华书局，1961年。

陈真编：《中国近代工业史资料》（第4辑），北京：生活·读书·新知三联书店，1961年。

翦伯赞、郑天挺编：《中国通史参考资料》，北京：中华书局，1962年。

彭泽益编：《中国近代手工业史料》，北京：中华书局，1962年。

姚贤镐编：《中国近代对外贸易史资料》，北京：中华书局，1962年。

彭泽益编：《中国近代手工业史料》，北京：中华书局，1962年。

文史资料委员会编：《辛亥革命回忆录》，北京：文史资料出版社，1962年。

宓汝成编：《中国近代铁路史资料》，北京：中华书局，1963年。

张枬、王忍之编：《辛亥革命前十年间时论选集》，北京：生活·读书·新知三联书店，1963年。

齐思和等编：《筹办夷务始末》，北京：中华书局，1964年。

上海工商局机器工业史料组编：《上海民族机器工业》，北京：中华书局，1966年。

［日］《东京大学东洋文化研究所纪要》，东京：东京大学东洋文化研究所，

1968年。

中国社会科学院近代史研究所编:《民国人物传记》,北京:中华书局,1973年。

王芸生编:《六十年来中国与日本》,北京:生活·读书·新知三联书店,1979年。

重庆市地方史资料组编:《重庆蜀军政府资料选编》,内部印行,1981年。

隗瀛涛等编:《四川辛亥革命史料》,成都:四川人民出版社,1982年。

王明伦编:《反洋教书文揭帖选》,济南:齐鲁书社,1984年。

金哲等:《世界新学科总览》,重庆:重庆出版社,1986年。

四川省文史馆编:《四川军阀史料》(第5辑),成都:四川人民出版社,1988年。

詹同济编:《詹天佑大江南北主持筑路文献资料集》,成都:四川大学出版社,1992年。

中国人民政治协商会议四川省重庆市委员会文史资料研究委员会编:《重庆文史资料选辑》(第12辑),内部印行,1981年。

四川省荣县文史资料委员会编:《荣县文史资料选辑》(第1辑),内部印行,1983年。

中国政治协商会议四川省成都市委员会文史资料研究委员会编:《成都文史资料》(第一辑),内部印行,1988年。

四川省医药卫生志编辑室编:《四川卫生史料》(总第2期),内部印行,1984年。

四川省医药卫生志编辑室编:《四川卫生史料》(总第3期),内部印行,1985年。

杨端六、侯厚培编:《六十五年中国国际贸易统计》,南京:中央研究院社会科学所,1931年。

全国经济委员会蚕丝改良委员会编:《蚕丝改良事业工作报告》,南京:全国经济委员会蚕丝改良委员会印行,1934年。

甘祠森:《最近四十五年来四川省进出口贸易统计》,重庆:民生实业经济研究室,1936年。

刘大钧:《中国工业调查报告》,南京:国民经济统计研究所,1937年。

私立华西协合大学:《私立华西协合大学大事一览表》,成都:蓉新印刷工业合作社,1942年。

教育部教育年鉴编纂委员会编:《第二次中国教育年鉴》,上海:商务印书馆,1948年。

严中平等编:《中国近代经济史统计资料选辑》,北京:科学出版社,1957年。

四川少数民族社会调查组编:《四川彝族近现代史调查资料选集》,北京:中国科学院民族研究所,1963年。

［英］华特生著、李孝同译：《重庆海关1892—1901年十年调查报告》，中国人民政治协商会议四川省委员会、四川省省志编辑委员会编：《四川文史资料选辑》（第9辑），成都：中国人民政治协商会议四川省委员会、四川省省志编辑委员会印行，1964年。

［英］施特劳奇著、李孝同译：《重庆海关1902—1911年十年调查报告》，中国人民政治协商会议四川省委员会、四川省省志编辑委员会编：《四川文史资料选辑》（第11辑），成都：中国人民政治协商会议四川省委员会、四川省省志编辑委员会印行，1964年。

［英］克鲁滨著、李孝同译：《重庆海关1912—1921年十年调查报告》，中国人民政治协商会议四川省委员会、四川省省志编辑委员会编：《四川文史资料选辑》（第12辑），成都：中国人民政治协商会议四川省委员会、四川省省志编辑委员会印行，1964年。

［英］阿斯克尔著、李孝同译：《万县分关1917—1921年调查报告》，中国人民政治协商会议四川省委员会、四川省省志编辑委员会编：《四川文史资料选辑》（第12辑），成都：中国人民政治协商会议四川省委员会、四川省省志编辑委员会印行，1964年。

中国社会科学院世界宗教研究所：《中国归主：中国基督教事业统计1901—1920》，北京：中国社会科学出版社，1987年。

陈太先：《巴县、成都调查记》，载萧铮主编：《民国二十年代中国大陆土地问题资料》，台北：成文出版有限公司，1987年。

于能模编：《中外条约汇编》，上海：商务印书馆，1933年。

档　案

《英领事韦礼敦致巴县令函》，四川大学历史系原藏巴县档案。
《英商立德乐洋商黄升之等九人罢工案》，四川大学历史系原藏巴县档案。
《致四川总督照会》，四川大学历史系原藏巴县档案。
《改良川汉铁路公司议》，四川省图书馆藏。
《为川汉铁路事敬告全蜀父老书》，四川省图书馆藏。
《建设川汉铁道商办公司劝告书》，四川省图书馆藏。
《四川通省经征局札》，新津县档案馆藏。
《岑春煊告示》，四川大学历史系原藏。
《赵尔丰告示》，新津县档案馆藏。
《端方告示》，新津县档案馆藏。
《赵尔丰批示》，新津县档案馆藏。
《川督刘秉璋奏折》，故宫文献馆藏。

《蜀军政府财政部咨》,重庆市博物馆藏。

《实行地方司令官施行细则》,重庆市博物馆藏。

《余栋臣起义檄文》,大足县文管所藏。

陈旭麓、顾廷龙、汪熙编:《辛亥革命前后盛宣怀档案资料选辑》,上海:上海人民出版社,1979年。

四川省档案馆编:《四川保路运动档案选编》,成都:四川人民出版社,1981年。

四川省档案馆编:《四川教案与义和团档案》,成都:四川人民出版社,1985年。

"中央研究院"近代史研究所编:《教务教案档》,台北:"中央研究院"近代史研究所,1969年。

论文、论文集

赵大煊:《记粤匪两陷黔江始末》,《华西学报》1934年第2期。

徐义生:《甲午战争到辛亥革命时期清王朝政府的外债》,《经济研究》1957年第4、5、6期。

杨兆蓉:《辛亥革命四川回忆录》,《近代史资料》1958年第2期。

聂宝璋:《川江航权是怎样丧失的》,《历史研究》1962年第5期。

胡昭曦:《从甲午战争到辛亥革命时期帝国主义对四川的经济侵略》,《历史教学》1961年第11、12期。

吕实强:《晚清时期基督教在四川省的传教活动及川人的反映》,《台湾师范大学历史学报》第4期。

吕实强:《清末民初期间四川城市的发展》,《四川文献》第177期。

徐溥:《早期改良主义思想家宋育仁》,《社会科学研究》1979年第5期。

陈诗启:《中国近代海关总述之一》,《厦门大学学报》1980年第1期。

陈诗启:《中国近代海关总述之二》,《厦门大学学报》1980年第2期。

陈诗启:《论中国海关行政的几个特点》,《历史研究》1980年第5期。

周开庆:《杨庶堪先生的生平与功业》,《近代中国》1980年第12期。

萧国亮:《沙船贸易的发展与上海商业的繁荣》,《社会科学》1981年第4期。

夏东元:《郑观应两游重庆》,《历史知识》1981年第4期。

徐新吾:《中国和日本棉纺织业资本主义萌芽的比较研究》,《历史研究》1981年第6期。

胡滨、李时岳:《李鸿章和轮船招商局》,《历史研究》1982年第4期。

姜铎:《旧中国民族资本史料集锦》,《近代史研究》1983年第2期。

彭泽益:《鸦片战争前广州新兴的轻纺工业》,《历史研究》1983年第3期。

樊百川：《二十世纪中国资本主义的发展概况与特点》，《历史研究》1983年第4期。

郑宗寒：《试论小城镇》，《中国社会科学》1983年第4期。

王永年：《晚清汉口对外贸易的发展与传统商业的演变》，《近代史研究》1988年第6期。

吴承明：《中国近代经济史若干问题的思考》，《中国经济史研究》1988年第2期。

王翔：《近代中国丝绸业的结构与功能》，《历史研究》1990年第4期。

罗荣渠：《论现代化的世界进程》，《中国社会科学》1990年第5期。

高珮义：《关于城市化概念含义的研究》，《城乡建设》1991年第1期。

段渝、谭晓钟：《涪陵小田溪战国墓及所见之巴楚秦关系诸问题》，《四川文物》1991年第2期。

隗瀛涛：《近代重庆城市史研究》，《近代史研究》1991年第4期。

曾幸穗：《旧中国苏南市镇结构与农产市场》，《中国农史》1991年第4期。

段渝：《巴蜀古代城市的起源、结构与网络体系》，《历史研究》1993年第1期。

严昌洪、马敏：《20世纪的辛亥革命史研究》，《历史研究》2000年第3期。

中国科学院山东分院历史研究所编：《义和团运动六十周年纪念论文集》，北京：中华书局，1961年。

湖北省社会科学学会联合会编：《辛亥革命五十周年纪念论文集》，北京：中华书局，1961年。

中华书局编辑部编：《中华学术论文集》，北京：中华书局，1981年。

《四川大学学报》编辑部编：《辛亥革命论文集》，成都：四川人民出版社，1981年。

中华书局编辑部编：《纪念辛亥革命七十周年学术讨论会论文集》，北京：中华书局，1983年。

孙健编：《中国经济史论文集》，北京：中国人民大学出版社，1987年。

李范文编：《国外中国学研究译丛》，西宁：青海人民出版社，1988年。

杨蒲林、皮明庥编：《武汉城市的发展轨迹——武汉城市史专论集》，天津：天津社会科学院出版社，1990年。

曾绍敏编：《荣县首义与辛亥革命》，成都：四川大学出版社，1991年。

武昌辛亥革命研究中心编：《辛亥革命史丛刊》，北京：中华书局，1991年。

孟广涵等：《一个世纪的历程——重庆开埠100周年》，重庆：重庆出版社，1992年。

四川大学历史系编：《中国西南的古代交通与文化》，成都：四川大学出版社，1994年。

曾业英编：《五十年来的中国近代史研究》，上海：上海书店出版社，2000年。

后 记

  光阴荏苒，不知不觉间瀛涛先师离开我们已经12年了。12年来，世界、中国都发生了巨大的变化，中国的人文社会科学和历史学也发生了很大的变化，唯一不变的是我们对学术追求的初心。

  2020年，是瀛涛先师90冥寿之年，为了缅怀和纪念先师，我和谢放、余长安、蒋晓丽、陈建明等先师早期的弟子共议出版一本文集，将先师的主要论著汇编成书，以传之后世。

  瀛涛先师出生在长江三峡边的开县，1953年辞去小学校长之职，毅然报考了四川省最高学府四川大学，进入历史系学习，此后大半生都与历史学教学与研究结缘。

  瀛涛先师从教50余年，从小学教师到大学教授，甘当人梯，呕心沥血，无私奉献，对此我与各位同门师兄弟都深有感受。我于1979年秋与谢放兄一起请瀛涛先师作为学年论文指导教师，其时瀛涛先师还住在桃林村小园的平房里，与他同住小园里的还有胡昭曦老师。谢放兄与瀛涛先师之子晓苏是同学，故而有他的引见，瀛涛先师欣然同意做我们的指导老师，由此与瀛涛先师相识相处37年，直到他溘然离世。瀛涛先师对学生一贯高标准，严要求，故而此后数十年间，没有少挨批评，当然也有表扬。由于"文化大革命"的原因，我们这一代人白白耽误了10年的光阴，1978年秋，仅读了一年初中的我靠自学侥幸考入了四川大学历史系，刚进校门时，除了拼命看书和听课以外，还不懂得什么是历史研究，如何撰写论文。但在瀛涛先师的指导下，开始从收集资料入手，撰写论文。记得所发表的第一篇论文就是1980年与瀛涛先师和谢放兄一起署名的《〈四川〉杂志的反帝爱国思想》。次年，时逢辛亥革命70周年，由中国历史学会和湖北省社科联等单位联会召开了纪念辛亥革命70周年国际学术研讨会，我在瀛涛先师的指导下着手研究四川会党与辛亥革命的关系，并合作撰写了《同盟会与四川会党》，该文被选入这次国际学术研讨会，我作为本科生虽然未能参加此次会议，聆听各位大家的高见，但由此也开始了迈入史学学术殿堂的大门。与此同时，谢放兄、王笛兄、蒋晓丽学妹（皆为川大历史系78级本科生）等都在瀛涛先师的指导下，除了撰写本科毕业论文外，还各自相继发表了多篇颇有学术创见的论文，受到同行关注。1982年秋，谢放兄、王笛兄和我三人一同考入瀛涛先师门下，三年后我们三人又一同留在四川大学历史系任教；晓丽学妹也于1985年投入先师门下，并在毕业后也留校任教。先师一生的学生甚多，早期学生如赫志清、谭继和等，改革开放以后则有王炎、谢放、王笛、何一民、蒋晓丽、余长安、陈建明等数十人，在此就不一一列举。各位学长、学弟学妹皆在各自的研究或工作领域内成绩卓著，可以说，数十年来，大家的成长都与瀛涛先师的教诲有着密切关系。

瀛涛先师早年以研究四川保路运动在史学界闻名，有学者开玩笑称他为"隗保路"，可以说这是对瀛涛先师的很高褒奖。早在"文化大革命"以前，瀛涛先师就开始对四川保路运动十分关注，并进行了初步研究，撰写了多篇相关论文，受到学界普遍关注，章开沅先生说他就是通过论文与瀛涛先师神交，然后才是在开会时面交（见本书序言）。"文化大革命"期间，虽然学术研究受到禁锢，但瀛涛先师仍然利用各种机会收集有关辛亥革命与保路运动的相关资料。"文化大革命"即将结束之时，人民出版社组织编写《辛亥革命史》，主编章开沅先生首先推荐林增平先生和瀛涛先师一起作为编写组成员，后来瀛涛先师担任了中册主编。这部1980年出版的《辛亥革命史》是世界范围内第一部研究辛亥革命的通史性、综论性大型专著，与之前对辛亥革命研究立足于"批"不同，该书是按照唯物史观，深入地论证了辛亥革命发生的历史原因，全面地叙述了辛亥革命的发生、发展过程，深刻地阐明了辛亥革命取得胜利及其失败的原委，并对近代中国错综复杂的历史发展规律和特点进行了探究，客观地评价了这场由新兴的资产阶级领导的革命在中国历史上的地位和作用。全书取精用宏，材料丰富，充分体现了20世纪80年代中国辛亥革命研究的观点、方法和水平，受到国内外史学界的高度赞誉，影响深远，成为当时在中国最有影响的史学著作之一（可参见相关评论）。瀛涛先师在编写《辛亥革命史》一书结束后，立即着手撰写《四川保路运动史》。1981年，集瀛涛先师多年研究之大成的《四川保路运动史》一书问世。瀛涛先师在该书中提出了一系列具有相当建树的学术见解，填补了中国近代史研究的空白，使我国在这一领域的研究水平提高到一个新的高度，在国内外史学界产生了重要影响，被海内外学者誉为中国"研究四川保路运动史的名著"，"在同类著作中堪称领先地位"。

1986年，国家社科"七五"规划确定开展上海、天津、重庆、武汉四个城市近代历史的研究，并将其列为国家社科重点项目，由此开启了中国城市史学科的新篇章。瀛涛先师作为《近代重庆城市史》项目的主持人，成为中国城市史学科的开拓者之一。《近代重庆城市史》与《近代上海城市研究》《近代天津城市史》《近代武汉城市史》这四部书是新中国成立以来第一批以新的理论和方法来研究中国近代城市历史发展变迁的学术专著，每一本书都是篇幅宏大，资料丰富，观点新颖，成为迄今为止代表中国近代单体城市研究水平的权威性著作，对后起的近代中国城市史研究者产生了重要影响。

瀛涛先师早在对近代重庆城市史展开研究之前，就已经率领团队对城市史进行了探索。他1982年与周勇师弟合作撰写了《重庆开埠史稿》，次年加以修订，以《重庆开埠史》为名出版，由此为近代重庆城市史研究打下了基础。

其后，瀛涛先师又主持了国家社科"八五"重点科研项目"中国近代不同类型城市的综合研究"。2004年，瀛涛先师再次受国家清史办委托主持《清史·城市史》,由于他年事已高,身体欠佳,故而特向国家清史编纂委员会申请由我来担任该项目的首席专家,共同负责《清史·城市志》的编写工作。不幸的是,《清史·城市志》还处于提纲修改和试写阶段,瀛涛先师就撒手而去,只好由我率领团队来完成他未竟之事业,现该项目已经完成,即将出版,可以告慰九泉之下的先师。

瀛涛先师一生著述甚丰,本文集受经费等因素影响,规模有限,故而难以一一收录,其著作仅收录了《四川保路运动史》和《重庆开埠史》,论文则分类收录了50余篇,还收录了先师的自传《一个历史学家的历史——古稀之年的回忆》。另外为了让读者对先师的生平和学术有进一步的了解,也将我所写《山高水长,春华秋实——记当代历史学家隗瀛涛教授》与谢放兄所写《隗瀛涛先生与四川保路运动史研究》作为本文集"附录"。

瀛涛先师文集即将出版,由谁来为之作序?

瀛涛先师当年的老朋友或已离世,或年事皆高。思考再三,觉得还是请章开沅先生为之作序最为合适,当今之时,除了章先生以外可能没有更好的人选。当年章先生主编《辛亥革命史》时,与瀛涛先师和林增平先生的关系最为密切,他们三位先生门下弟子之间也多有联系。1981年,瀛涛先师带领谢放、王笛和我三人前往东中部高校进行学术考察,顺长江而下出川第一站就是到华中师范大学拜见章先生,章先生则设家宴招待瀛涛先师以及我们几位学生。数十年来,经常在不同场合见到章先生,他对我们后辈学人是爱护有加,鼓励有加。2015年夏,我率多名博士生到武汉去参加城市史方面的会议,会后也带他们前往华中师范大学拜望章先生。其时,章先生虽已年近九十,但精神矍铄,鹤发童颜,说话中气十足,尤其令人佩服的是他的记忆力惊人,一谈起全面抗战时期在川东江津读书,谈起他与瀛涛先师的往事就滔滔不绝。今年春夏间,华中师范大学原党委书记马敏教授到成都来开会,我与他见面,提起为瀛涛先师编文集之事,并说到想请章先生作序,不知章先生身体还好否,能为之作序否?马敏兄对瀛涛先师也非常敬重,他听我讲了之后,立即表示找章先生写序没有问题,给其他人可以不写,但给瀛涛先师作序,章先生肯定乐意,他回去就与章先生讲。果然,正如马敏兄所言,章先生欣然应允。

2019年12月4日,我到武汉参加由中国城市史学会、四川大学城市研究所、《城市史研究》编辑部和江汉大学联合主办的首届中国城市史研习班开班典礼,并于6日上午前往华中师范大学拜望章先生。因事先通过马敏兄安排,章先生已在办公室等候,并热情地接待了我与同行的范瑛教授。这次见到章先生,与四年前变化不大,仍然是精神健旺,目光炯炯、面色红润,谈笑风生,风采依旧。章先生为了给瀛涛先师写序,将我所寄去的近百万字文稿一一翻阅。序言原定年底完成,但因我到了武汉,章先生为了让我将序言直接带回去,就连夜赶写完成,实在令人感动。序言是章先生用钢笔书写在华中师范大学中国近代史所稿笺上,一共6页3000余字,讲述了他与瀛涛先师相识相交的过程,特别着重写了当年编写《辛亥革命史》的曲折经历,描写了他们之间的友情。文章并无过多的修饰,但读来情真意切,深深地感受到老一辈学人之间的君子之交和高尚情操。尤其令人感动的是,

后　记

章先生为了表示对我的关爱，将所写序言手稿直接赠予我留作纪念。当我接过手稿时，一股热流从心底升起，其激动之情难以言表。我想在适当的时候也要将手稿转赠给华中师范大学，让它保存在一个可供更多的人参观学习的地方。

瀛涛先师的文集能够得以顺利出版，实得多方支持。瀛涛先师曾任四川大学副校长，为四川大学文科的学科体系、学术体系和话语体系建设做出了重要的贡献，因而现任党委副书记曹萍、四川大学副校长晏世经等对出版瀛涛先师文集十分支持，四川大学社科处处长傅其林、副处长张洪松等将其列入四川大学建设世界一流大学专项；四川大学出版社原任社长熊瑜和现任社长王军也对出版瀛涛先师文集高度重视，安排专人精心策划、编辑、校对，对于他们的支持和关心深表衷心感谢。

另外，瀛涛先师文集的资料收集和编纂，也多得谢放兄支持，他对《四川保路运动史》一书进行了校勘，并将校勘后的书稿复印寄给我；长安兄、建明兄、晓丽学妹等也多方出力，恕不一一言表。书不尽言，简略陈述，以表对先师的怀念之情。

何一民

2019 年 12 月 31 日